А. Н. Тихонов, Л. З. Бояринова, А. Г. Рыжкова

СЛОВАРЬ

РУССКИХ

ЛИЧНЫХ

ИМЕН

Москва
"ШКОЛА-ПРЕСС"
1995

ББК 81.4
Т46

Оформление Е. Кожуховой

Тихонов А.Н., Бояринова Л.З,, Рыжкова А.Г. Словарь
Т46 русских личных имен — М.: Школа-Пресс, 1995. - 736 с.

ISBN 5-88527-108-9

Словарь содержит мужские и женские личные имена со всеми созданными на их базе производными. Это первый гнездовой словарь таких имен. В гнезде, кроме главного — полного официального имени, приводятся все уменьшительно-ласкательные варианты с учетом их словообразовательных связей и отношений, а также этимологические справки, сведения о первоначальном значении личного имени, днях ангела и т.д.

Приложения содержат различные сведения о личных именах и отчествах (склонение, правописание, образование, употребление), а также данные об употребительности имени в современном обществе.

Для студентов-филологов, учителей-словесников, работников печати, работников ЗАГСов и всех, кто интересуется собственным и другими именами.

Т 4602 030000-092
   ───────────────
   С79 (О3)-95

ББК 81.4

ISBN 5-88527-108-9

СОСТАВ И СТРУКТУРА СЛОВАРЯ

§1. Словарь включает: 1) гнезда м у ж с к и х личных имен в алфавитном порядке; 2) гнезда ж е н с к и х личных имен в алфавитном порядке; 3) *Приложение 1* «Склонение и правописание личных имен»; 4) *Приложение 2* «Образование, склонение, употребление отчеств»; 5) *Приложение 3* «Именинный календарь»; 6) *Приложение 4* «Список имен, которыми называли новорожденных детей в Смоленской области с 1989 по 1992 годы»; 7) *Приложение 5* «Из инструкции о порядке регистрации актов гражданского состояния в Российской Федерации».

§2. Гнезда являются частью словарной статьи. С л о в а р н а я с т а т ь я имеет следующую структуру: 1) возглавляет ее полное официальное личное имя в современном написании, выступающее в роли заглавного слова; 2) после имени дается этимологическая справка, включающая сведения о языке-источнике и о первоначальном значении личного имени; 3)затем приводятся отчества; 4) варианты личного имени с образуемыми от них отчествами; 5) далее следуют гнезда, которые включают все уменьшительно-ласкательные производные, образуемые от заглавных слов и их вариантов; 6) после гнезд приводятся (если имеются) однокоренные женские соответствия к заглавным словам; 7) в последнем разделе словарной статьи перечисляются дни ангела и святые, имеющие отношение к заглавному имени.

§3. Заглавные слова и их варианты снабжены ударением. Прямая вертикальная черта при мужских именах обозначает, что они в исходной форме имеют нулевое окончание. При женских именах эта черта отделяет окончание от основы слова. После исходной формы (именительного падежа) приводится окончание родительного падежа заглавного слова и с помощью помет *м* (мужской род) и *ж* (женский род) обозначается родовая принадлежность личного имени. В Словаре используется простая фонетическая запись, если орфография не передает подлинной границы между основой и окончанием слова. В этом случае приводится не окончание, а вся форма родительного падежа:

АДРИА́Н|, а, *м*	**ВАЛЕРИА́Н**|, а, *м*	**ГАВРИИ́Л**|, а, *м*
Адрия́н|, а	**Валерья́н**|, а	**Гаври́л**|, а
Андриа́н|, а	**Вале́р**|, а	**Гаври́л**|а, ы
Андрия́н|, а		

АВДЕ́Й\|, Авде́|я (Авде́[й\|а]), *м*   **АНДРЕ́Й**\|, Андре́|я (Андре́[й\|а], *м*

А́вдий\|, А́вди|я (А́вди[й\|а]), *м*   **АРСЕ́НИЙ**\|, Арсе́ни|я (Арсе́ни[й\|а]), *м*

АГА́ФЬ|Я (Ага́фь[й\|а]), Ага́фь|и (Ага́ф[ь\|и]), *ж*
А́ГНИ|Я (А́гни[й\|а]), Агни|и (А́гни[й\|и]), *ж*

АНАСТАСИ́|Я (Анастаси[й|а]), Анастаси́|и (Анастаси[й|и]), *ж*
Настаси|я (Настаси[й|а]), Настаси́|и (Настаси[й|и]), *ж*
Наста́сь|я (Наста́сь[й|а]), Наста́сь|и (Наста́сь[й|и]), *ж*

§4. Этимологические справки включают указание на язык-источник и значение слов или словосочетаний, на базе которых образованы имена. Они даются в квадратных скобках. Сами производящие слова и сочетания слов языка-источника не приводятся. Например:

А́ВГУСТ|... [*лат.* 'величественный, священный']
АГА́П|... [*греч.* 'любить'; 'любимый']
АГАФО́Н|... [*греч.* 'благо, добро'; 'добрый']
АНАТО́ЛИЙ|... [*греч.* 'восток'; 'восток, восход солнца'; 'восточный']

А́Д|А... [*др.-евр.* 'наряжать, надевать украшения'; 'украшение']
АДЕЛИ́Н|А... [*др.-герм.* 'благородный']
А́СТР|А... [*греч.* 'звезда']

§5. В Словаре приводятся все этимологии, какие встречаются в его источниках:

ААРО́Н|... [*др.-евр. предположительно* 'ящик, ковчег завета'; 'имя первосвященника, брата Моисея']
А́ГНИЙ|... [*греч.* 'чистый, непорочный' или *лат.* 'агнец, ягненок']
АНТО́Н|... [*римск.* родовое имя; возможно, *греч.* 'вступать в бой, состязаться'; 'набивающий цену']
ВЛАС|... [*греч.* 'вялый, неповоротливый, тупой', 'простой, грубый']

А́НН|А... [*др.-евр.* 'грация, миловидность'; 'милость'; 'благодать']

§6. Женские имена, соотносительные с мужскими, не имеют этимологической справки. Они отсылаются к мужским именам:

    А́ВГУСТ|А... [*женск. к* Август]
    АВГУСТИ́Н|А... [*женск. к* Августин]
    АЛЕКСА́НДР|А... [*женск. к* Александр]
    АНАСТАСИ́|Я... [*женск. к* Анастасий]
    АНТОНИ́Н|А... [*женск. к* Антоний]
    ВАЛЕ́РИЯ... [*женск. к* Валерий]

§7. Отчества приводятся не только при полных официальных мужских именах, но и при их вариантах:

ВАЛЕНТИ́Н|,а, *м* [*лат.* 'сильный, здоровый']. О т ч е с т в о:
Валенти́нович, Валенти́новна; Валенти́ныч (*разг.*).

ГАВРИЍЛ|,а, *м*... О т ч е с т в о: Гаврии́лович, Гаврии́ловна;
Гаврии́лыч (*разг.*).
Гаври́л|,а (*разг.*). О т ч е с т в о: Гаври́лович, Гаври́ловна;
Гаври́лыч (*разг.*).
Гаври́л|а, ы (*разг.*). О т ч е с т в о: Гаври́лович, Гаври́ловна;
Гаври́лыч (*разг.*).
Гаври́л|о, ы (*стар. разг.*). О т ч е с т в о: Гаври́лович, Гаври́ловна.
ГЕО́РГИЙ|... О т ч е с т в о: Гео́ргиевич, Гео́ргиевна; Гео́ргич (*разг.*).
Его́рий|... О т ч е с т в о: Его́рьевич, Его́рьевна; Его́рич (*разг.*).
Его́р|... (*народн.*). О т ч е с т в о: Его́рович, Его́ровна; Его́рыч (*разг.*).

§8. Гнездо представляет собой совокупность всех уменьшительно-ласкательных образований от заглавного слова и его вариантов. Оно состоит
из исходного (заглавного) слова и суффиксальных производных. В качестве исходного (заглавного) слова выступают имена, являющиеся в настоящее время официальными, стилистически нейтральными, которые
записываются в документ, удостоверяющий личность (документы ЗАГ-
Са, свидетельство о рождении, паспорт).

Каждое гнездо включает определенное количество производных, которые размещены на его территории с учетом их словообразовательных
связей и отношений. Каждое производное слово следует после своего
производящего. В производном слове выделен суффикс, с помощью которого оно образовано, выделены чередования, участвующие в образовании имени:

ВАВИ́Л|**А**...
П р о и з в о д н ы е (14):
Вавил|а → Вавил|к|а, Вавил|ушк|а
Вав(ил|а) → **Вав**|**а** → Вав|к|а → Вав*о*ч|к|а 1
Вав|ул|я → Вавуль|к|а → Вавул*еч*|к|а 1
Вавул|ечк|а 2

· ·

АВЕЛИ́Н|**А**...
П р о и з в о д н ы е (10)
Авелин|а → Авелин|к|а → Авелин*о*ч|к|а 1
Авелин|очк|а 2, Авелин|ушк|а
Ав(елин|а) → Ав|а
(Аве)лин|а → Лин|а → Лин|к|а 1, Лин*о*ч|к|а 1
Лин|ок 1 → Лин*о*ч|ек
Лин|очк|а 2, Лин|ушк|а 1
Лин|к|а 2, Лин|ок 2, Лин|очк|а 3, Лин|ушк|а 2

§9. Гнезда личных имен (как и нарицательных слов) состоят из с л о в о-
образовательных цепочек и словообразовательных парадигм. С л о в о-

о б р а з о в а т е л ь н а я ц е п о ч к а — это ряд однокоренных слов, которые находятся в отношениях последовательной производности:

ВАРВА́Р|А

   П р о и з в о д н ы е (48):

Варвар(а) → Варвар|к|а → Варвароч|к|а
Вар(вар|а) → Вар|а → Вар|к|а → Вароч|к|а 1
                Вар|юн|я → Варюнь|к|а → Варюнеч|к|а 1
                Вар|юс|я → Варюсь|к|а → Варюсеч|к|а 1
                Вар|ют|а → Варют|к|а → Варюточ|к|а 1
  . . . .

Направление производности от производящего к производному показывают стрелки.

§10. С л о в о о б р а з о в а т е л ь н а я п а р а д и г м а — это совокупность производных одного производящего. Члены словообразовательной парадигмы расположены на одной ступени словообразования и являются равнопроизводными. Они имеют одну и ту же производящую основу, но разные суффиксы:

Дми(трий) →*Дим*|а → Дим|ах|а	**Вар(вар|а)** → Вар|а → Вар|к|а
Дим|аш|а	Варь|к|а
Дим|к|а	Вар|юн|я
Дим|он|я	Вар|юс|я
Дим|ул|я	Вар|ют|а
Дим|ус|я	Вар|юх|а
Дим|ух|а	Вар|юш|а
Дим|уш|а	Вар|еньк|а
Дим|ик	Вар|ечк|а
Ди́м|ушк|а	Вар|юшк|а

Это наборы производных не исходных слов (Дмитрий, Варвара), а производных слов I ступени словообразования — Дима, Вара.

§11. Словообразовательную парадигму имеют как исходные (непроизводные) слова, так и производные слова I–V ступени словообразования. См., например, гнезда *Александр, Виктор, Василиса* и т.п.

В гнезде *Вера* в словообразовательную парадигму исходного слова входят:

Вер|ан|я	Вер|ун|я	Вер|еньк|а	Вер|ушк|а	Ве|ш|а
Вер|ах|а	Вер|ус|я	Вер|ик	Вер|ч|а	
Вер|аш|а	Вер|ут|а	Вер|ок	Вер|чик	
Вер|к|а	Вер|ух|а	Вер|очк|а	Вер|ш|а	
Вер|ул|я	Вер|уш|а	Вер|унь|я	Вер|юс|я	

В этом же гнезде производные слова образуют свои словообразовательные парадигмы. Так, от слова *Веруля* образованы: Верулька, Веруленька, Верулечка; на базе *Веруня* созданы: Верунька, Верунья, Верунечка 2, Верунок, Верунчик 2, Верунша; в парадигму *Веруся* входят: Веруська, Верусенька, Верусечка 2, Верусик, а от усеченной основы *(Ве)р|ус|я* образованы Руся, Рус|еньк|а 2, Рус|ечк|а 2, Рус|ик 2, Русь|к|а 2 и т.д.

§12. Члены словообразовательной парадигмы в Словаре даются двумя способами — столбиком и в виде перечня слов через запятую.

Столбиком обычно приводятся члены парадигмы, если они далее участвуют в словообразовании, имеют свои производные. Так даются парадигмы *Саша* и *Шура* в гнезде *Александра*:

Саша 1 → Саш|к|а → Сашеч|к|а 1	**Шур|а** → Шур|ён|а → Шурён|к|а
Саш|к|о	Шур|к|а → Шуроч|к|а
Саш|ок 1 → Сашоч|ек 1	Шур|ун|я → Шурунь|к|а
Саш|ул|я → Сашуль|к|а	Шур|еньк|а, Шур|енок
Саш|ун|я → Сашунь|к|а	Шур|ик 1, Шур|ок 1
Саш|ур|а → Сашур|к|а	Шур|оньк|а 1, Шур|очк|а 2
Саш|ут|а → Сашут|к|а	Шур|уш|а 1, Шур|ушк|а 1
. . . .	Шур|чик 2
	. . . . . .

В парадигме *Шур\|а* 1 использованы оба способа представления производных.

Столбиком даны парадигмы *Катя* (в гнезде *Екатерина*), *Лена* (в гнезде *Елена*), *Леня* (в гнезде *Алексей*), *Гера* (в гнезде *Герман*), *Груня* (в гнезде *Агриппина*), *Валя* (в гнезде *Валент*). Производные слова размещены в них в алфавитном порядке суффиксов:

Кат|я	**Лен|а**	**Лён|я**	**Гер|а**
Кат|ён|а 1	Лен|к|а 1	Лёнь|к|а 1	Гер|к|а 1
Кат|ун|я 1	Лен|т|я 1	Лён|ечк|а 2	Гер|ун|я 1
Кать|к|а 1	Лен|ус|я 1	Лён|ик 1	Гер|ус|я 1
Кат|юл|я 1	Лен|уш|а 1	Лён|к|а 1	Гер|ух|а 1
Кат|юн|я 1	. . . .	Лёнь|ш|а 1	Гер|уш|а 1
Кат|юр|а 1		Лён|юшк|а 1	Гер|чик
Кат|юс|я 1		. . . .	. . . .
Кат|юх|а 1	**Грун|я 1**	**Вал|я**	
Кат|юш|а 1	Грунь|к|а	Валь|к|а	
Кат|ях|а 1	Грун|ят|а	Вал|юн|я	
Кат|яш|а 1	Грун|ях|а	Вал|юс|я	
. . . .	Грун|яш|а	Вал|юх|а	
	. . . .	Вал|юш|а	

§13. Перечнем через запятую в алфавитном порядке суффиксов даются члены словообразовательной парадигмы, если при них отсутствуют производные слова следующей ступени словообразования:

Васс|а → Васс|оньк|а 1, Васс|очк|а 1, Васс|ушк|а 1
Вил(ен) → Вил|еньк|а 3, Вил|ечк|а 4, Вил|ик 3, Вил|к|а 3, Вил|оньк|а 3,
　　　　　　Вил|очк|а 4, Вил|ушк|а 3, Виль|к|а 3, Вил|юшк|а 3.

Это позволяет делать гнездо более компактным. В первом примере сэкономлено две строки, а во втором — восемь. В связи с этим чаще всего два способа подачи словообразовательных парадигм в Словаре используются вместе: одна часть слов приводится столбиком, другая — перечнем через запятую:

Влад(имир) → **Влад|а** → Влад|к|а 1 → Владоч|к|а 1
　　　　　　　　　　　Владь|к|а 1 → Владеч|к|а 1
　　　　　　　　　　　Влад|еньк|а 1, Влад|ечк|а 2, Влад|ик 1,
　　　　　　　　　　　Влад|оньк|а, Влад|очк|а 2, Влад|юш|а 1,
　　　　　　　　　　　Вла́д|юшк|а 1
(Вяче)слав → Слав|а → Слав|к|а → Славоч|к|а, Славч|ик 1
　　　　　　　　　　Слав|ун|я → Славунь|к|а → Славунеч|к|а 1,
　　　　　　　　　　│　　　　　　│　　　　　　　　Славунч|ик 1
　　　　　　　　　　│　　　　　　Славун|ечк|а 2, Славун|чик 2,
　　　　　　　　　　│　　　　　　Славун|юшк|а
　　　　　　　　　　Слав|ус|я → Славусь|к|а → Славусеч|к|а 1
　　　　　　　　　　│　　　　　　Славус|еньк|а, Славус|ечк|а 2
　　　　　　　　　　│　　　　　　Славус |ик
　　　　　　　　　　Слав|еньк|а 1, Слав|ик 1, Слав|оньк|а 1
　　　　　　　　　　Слав|очк|а 2, Слав|ух|а 1, Слав|ушк|а 1
　　　　　　　　　　Слав|чик

§14. При размещении производных в парадигме учитываются также морфонологические изменения производящей основы: первыми приводятся слова, образованные от полной формы производящего, затем слова, образованные от усеченного варианта производящего, и, наконец, слова, образованные с помощью чередования фонем:

Валерьян → Валерьян|к|а
　　　　　　Валерьяш|а
(Ав)ксен(тий) → Ксен|а
　　　　　　Кс(ен|а) → Кс|юр|а 1
　　　　　　Ксеш|а
　　　　　　Кс(еш|а) → Кс|юр|а 2
　　　　　　Ксён|а
　　　　　　Кс(ён|а) → Кс|юр|а 3

§15. Словарь отражает очень характерное для словообразования русских личных имен явление усечения производящей основы при создании уменьшительно-ласкательных образований. В отличие от словообразования нарицательных слов, где главным образом происходит усечение финали производящей основы, при образовании производных личных имен может усекаться любая часть производящего слова — начало, середина, конец — в любом объеме. Это приводит к тому, что производящее и производное могут иметь минимальное фонемное совпадение. Нередко оно сводится к одной-единственной согласной фонеме. Усекаемые элементы производящих слов взяты в скобки:

(А)настас(ий) → (Н)ас(тас) → Ас|я
(На)стас → (Ст)ас|я → Ас|я

Андр(ей) → Андр|я → (Ан)др|юн|я → Д(р)юн|я → Дюн|я
(Ан)д(р)юш|а → Дюш|а

А(н)д(рей) → Ад|ик
(Ан)д(рей) → Д|юк|а
(Анд)ре(й) → Ре|н|а
Анто(н) → (Ан)то|с|я → Тос|я
Анто|х|а → Антош|к|а
(Ан)тош|а → Тош|а
Ант(он) → Ант|я → Ант|юх|а
(Ан)тон → Тон|я → Тонь|к|а

Усечение основы обычно показывается от конца к началу слова, от меньшего количества усекаемых элементов к большему:

Ага(п) → Ага|н|я 1   Аг(афон) → Аг|а 1
Аг(ап) → Аг|а 1   Ага(фо)н → Аган|я 1
(А)га(п) → Га|н|я 2   А(га)фон → Афон|я
(А)гап → Гап|а 1   (А)гаф(он) → Гап|а 1
(Ага)фон → Фон|я 2

§16. Производящие основы, одинаковые по твердости-мягкости, но отличающиеся нулевым и материально выраженным окончанием, являются равноправными:

Ав(густ), Ав(густ|а) → Ав|а

§17. Как равноправные выступают производящие имена с финалями **ей|ий, ий|ия, ий|ья** и т.п.:

Евтихий → Евт(ифий),
Евт(ифей) → Евт|я

§18. Как самостоятельные производящие использованы слова, различающиеся твердостью-мягкостью финали основы:

Андрон(ик) → Андрон → Андронь|к|а 1
Андрон|я → Андрон|ечк|а 3, Андронь|к|а 2

§19. В Словаре нашло отражение явление множественности словообразовательной структуры производного имени. Уменьшительно-ласкательные образования способны иметь в гнезде нресколько или множество производящих. Множественность словообразовательной структуры слова обозначается с помощью арабских цифр 1,2,3,4,5...,которые следуют после производных:

(Андро)ник → Ник|а → Ник|ан|а 1 → Никан|ушк|а
                 Ник|ах|а 1 → Никаш|к|а 1 → Никаш*еч*|к|а 1
                                  Никаш|еньк|а 1, Никаш|ечк|а 2
                 Ник|аш|а 1 → Никаш|еньк|а 2, Никаш|ечк|а 3
                                    Никаш|к|а 2
                 Ник|ус|я 1 → Никусь|к|а → Никус*еч*|к|а 1
                                    Никус|еньк|а, Никус|ечк|а 2
                                    Никус|ик
                 Ник|уш|а 1 → Никуш|к|а → Никуш*еч*|к|а
                                    Никуш|еньк|а, Никуш|ечк|а 2
                 Ник|оньк|а 1, Ник|очк|а 1, Ник|ушк|а 1
       Ник|ан|а 2, Ник|ах|а 2, Ник|аш|а 2, Ник|оньк|а 2,
       Ник|очк|а 2, Ник|ус|я 2, Ник|уш|а 2, Ник|ушк|а 2

§20. Ударение в производных словах (в гнездовой части) ставится только в тех случаях, когда оно свидетельствует о наличии в статье однокоренного слова, совпадающего с ним по написанию, но отличающегося от него по словообразовательной структуре:

           Ган|я → Ган|юш|а → Ган*ю*ш|к|а
                      Га́н|юшк|а

§21. После гнездовой части мужского имени дается отсылка к женскому имени (при наличии в языке параллели):

АЛЕКСА́НДР|... С р.: *ж* Александра

При женском имени отсылка к мужскому имени приводится в квадратных скобках, т.е. там, где обычно даются этимологические справки о мужских именах:

АЛЕКСА́НДР|А, ы, *ж* [*женск.* к Александр].

Отсутствие отсылки в статье свидетельствует об отсутствии параллельного имени в языке.

§22. В конце словарной статьи приводятся сведения о каноническом имени: дата, посвященная святому, указание, кем был святой при жизни.

АЛЕКСАНДР|...

Дни ангела и святые (Александр): 16 марта — *папа в Риме;* 12 августа, 22 октября, 12 декабря — *епископы;* 2 июня, 30 августа — *патриарх;* 30 августа, 23 ноября — *князь Александр Невский;* 23 февраля, 20 апреля, 9 июня, 3 июля, 30 августа — *преподобные;* 25 января, 9, 15 марта, 10 апреля, 13, 20 мая, 10 июня, 9, 10 июля, 1, 11 августа, 28 сентября, 9 ноября — *мученики.*

Даты приводятся по старому стилю.

Отсутствие в статье таких сведений свидетельствует об отсутствии их в "Житиях всех святых..." и в "Православном церковном календаре".

Словарь подготовлен в Институте языков народов России по проспекту А. Н. Тихонова

Условные обозначения

[ ]   В квадратных скобках даются этимологические справки.

| Прямая вертикальная черта используется для отделения материально выраженного окончания от основы слова и для выделения словообразующего суффикса.

( )   В овальные скобки помещены усекаемые элементы производящей основы.

СПИСОК ПРИНЯТЫХ В СЛОВАРЕ СОКРАЩЕНИЙ

болг.	—	болгарский
греч.	—	греческий
др.-герм.	—	древнегерманский
др.-евр.	—	древнееврейский
др.-русск.	—	древнерусский
испанск.	—	испанский
лат.	—	латинский
мифол.	—	мифология, мифологический
нариц.	—	нарицательное существительное
нем.	—	немецкий
нескл.	—	несклоняемое существительное
нов.	—	новый
прост.	—	просторечный
разг.	—	разговорный
рус.	—	русский
слав.	—	славянский
стар.	—	старый
ст.-русск.	—	старорусский
ст.-сл.	—	старославянский
сущ.	—	существительное
чешск.	—	чешский

МУЖСКИЕ ИМЕНА

А

ААРО́Н|, а, *м* [*др.-евр. предположительно* 'ящик, ковчег завета'; горный, высокий'; 'имя первосвященника, брата Моисея']. О т ч е с т в о: Ааро́нович, Ааро́новна; Ааро́ныч (*разг.*).

Аро́н|, а (*разг.*). О т ч е с т в о: Аро́нович, Аро́новна; Аро́ныч (*разг.*).

П р о и з в о д н ы̇ е (21):

Аарон → Аарон|к|а

Ааро(н) → **Ааро|х|а** → Аарош|к|а 1

                               Аарош|а 1 → Аарош|к|а 2

               Ааро|ш|а 2

(А)арон → **Арон** → Арон|к|а 1 → Арон|ч|ик 1

                      Арон|ушк|а 1, Арон|чик 2

           (А)рон → **Рон|а 1** → Рон|к|а 1 → Рон*оч*к|а 1

                          Рон|ь|к|а 1 → Рон*еч*к|а 1

                          Рон|юш|а 1 → Рон|юш|к|а

                          Рон|ечк|а 2, Рон|очк|а 2, Рон|ушк|а 1

                   Рон|я 1 → Рон|ечк|а 3, Рон|к|а 2, Рон|очк|а 3,

                          Рон|ушк|а 2, Рон|ь|к|а 2, Рон|юш|а 2

                   Рон|ечк|а 4, Рон|к|а 3, Рон|очк|а 4, Рон|ушк|а 3,

                   Рон|ь|к|а 3, Рон|юш|а 3

                   Арош|а 1 → Арош|к|а → Арош*еч*к|а 1

                          Арош|еньк|а 1, Арош|ечк|а 2

                 Арош|еньк|а 2, Арош|ечк|а 3, Арош|к|а 2

            Арон|к|а 2, Арон|ушк|а 2, Арон|чик 3

            Арош|а 2; Арош|еньк|а 3, Арош|ечк|а 4, Арош|к|а 3

(Аа)рон → Рон|а 2, Рон|я 2; Рон|ечк|а 5, Рон|к|а 4, Рон|очк|а 4,

           Рон|ушк|а 4, Рон|ь|к|а 4, Рон|юш|а 4

           Аарош|а; Аарош|к|а 3

День ангела и святой (Аарон): 20 июля — *праведный*.

АВВАКУ́М|, а, *м* [*др.-евр.* 'обнимать'; 'объятие Божье'; 'объятие, т.е. любовь Божия']. О т ч е с т в о: Авваку́мович, Авваку́мовна; Авваку́мыч (*разг.*).

Абаку́м|, а (*разг.*). О т ч е с т в о: Абаку́мович, Абаку́мовна; Абаку́мыч (*разг.*).

П р о и з в о д н ы е (14):

Аввакум → Аввакум|к|а → Аввакумч|ик 1
              Аввкум|ушк|а, Аввакум|чик 2
Аввуку(м) →**Авваку|ш|а** → Аввакуш|к|а → Аввакуш*еч*|к|а 1
                    Аввакуш|еньк|а, Аввакуш|ечк|а 2
А(в)вакум → **Абакум** → Абакум|к|а, Абакум|ушк|а
         Абаку(м) → Абаку|р|а → Абакур|к|а
         Аба(кум) → **Аба|ш|а** → Абаш|к|а

Дни ангела и святые (Аввакум): 6 июля — *мученик*; 2 декабря — *пророк*.

А́ВГУСТ|, а, *м* [*лат.* 'величественный, священный']. О т ч е с т в о: А́вгустович, А́вгустовна.

П р о и з в о д н ы е (16):

Август
Ав(густ) → **Ав|а** → Ав|к|а 1 → Ав*оч*|к|а 1
             Ав|оньк|а 1, Ав|очк|а 2
         Ав|к|а 2, Ав|оньк|а 2, Ав|очк|а 3
(Ав)гус(т) → **Гус|я 1** → Гусь|к|а 1
         Гусь|к|а 2
(Ав)гу(с)т → **Гут|я 1** → Гуть|к|а → Гут*еч*|к|а 1
             Гут|еньк|а 1, Гут|ечк|а 2, Гут|ёнок 1
         Гут|еньк|а 2, Гут|ечк|а 3, Гут|ёнок 2
(Ав)густ → **Густ|а** → Густ|еньк|а 1, Густ|ечк|а 1, Густ|очк|а 1
         Гус(т|а) → Гус|я 2; Гусь|к|а 3
         Гу(с)т|а → Гут|я 2; Гут|еньк|а 3, Гут|ечк|а 4, Гут|ёнок 3
         Густ|я → Густ|еньк|а 2, Густ|ечк|а 2, Густ|очк|а 2
         Гус(т|я) → Гус|я 3; Гусь|к|а 4
         Гу(с)т|я → Гут|я 3; Гут|еньк|а 4, Гут|ечк|а 5, Гут|ёнок 4
         Густ|еньк|а 3, Густ|ечк|а 3, Густ|очк|а 3

С р.: *ж* Августа.

АВГУСТИ́Н|, а, *м* [*лат.* 'величественный, священный'; 'относящийся к Августу, Августов']. О т ч е с т в о: Августи́нович, Августи́новна; Августи́ныч (*разг.*).

А́вгуст|, а (*разг.*). О т ч е с т в о: А́вгустович, А́вгустовна.

П р о и з в о д н ы е (22):

Августин → Августин|к|а, А́вгустин|ушк|а
Август(ин) → **Август, А́вгуст|а**
         Ав(густ)
         Ав(густ|а) → **Ав|а 1** → Ав|к|а 1 → Ав*оч*|к|а 1

Ав|оньк|а 1, Ав|очк|а 2

Ав|к|а 2, Ав|оньк|а 2, Ав|очк|а 3

(Ав)гус(т)

(Ав)гус(т|а) → **Гусь|я 1** → Гусь|к|а 1 → Гус*еч*|к|а 1

Гус|еньк|а 1, Гус|ечк|а 2

Гус|еньк|а 2, Гус|ечк|а 3; Гусь|к|а 2

(Ав)густ

(Ав)густ|а → **Густ|а 1** → Густ|к|а 1 →Густ*оч*|к|а 1

Густь|к|а → Густ*еч*|к|а 1

Густ|ечк|а 2, Густ|очк|а 2

Гус(т|а) → Гус|я 2; Гус|еньк|а 3, Гус|ечк|а 4,

Гусь|к|а 3

Густ|я 1 → Густ|ечк|а 3, Густ|к|а 2,

Густ|очк|а 3, Густь|к|а 2

Гус(т|я) → Гус|я 3; Гус|еньк|а 4, Гус|ечк|а 5,

Гусь|к|а 4

Густ|ечк|а 4, Густ|к|а 3, Густ|очк|а 4,

Густь|к|а 3

(Авг)уст

(Авг)уст|а → Уст|я 1

Ав(густин) → Ав|а 2; Ав|к|а 3, Ав|оньк|а 3, Ав|очк|а 4

(Ав)густ(ин) → Густ|а 2, Густ|я 2; Густ|ечк|а 5, Густ|к|а 4,

Густ|очк|а 5, Густь|к|а 4

(Ав)гус(тин) → Гус|я 4; Гус|еньк|а 5, Гус|ечк|а 6, Гусь|к|а 5

(Авг)уст(ин) → Уст|я 2

(Авгус)тин → **Тин|а** → Тин|к|а 1 → Тин*оч*|к|а 1

Тин|очк|а 2

Тин|к|а 2, Тин|очк|а 3

С р.: *ж* Августина.

День ангела и святой (Августин): 15 июня — *блаженный.*

АВДЕ́Й|, Авде́|я (Авде́[й|а]), *м [др.-евр.* 'служитель (Бога) Яхве'; *возможно, др.-евр.* 'слуга Бога' или *греч.* 'благозвучный, говорящий'; 'слуга Господень']. О т ч е с т в о: Авде́евич, Авде́евна; Авде́ич (*разг.*).

А́вдий|, А́вди|я (А́вди[й|а]) (*стар.*). О т ч е с т в о: А́вдиевич, А́вдиевна.

П р о и з в о д н ы е (32):

Авдей 1 → Авдей|к|а 2 → Авдейч|ик 1

Авдей|чик 2, Авде|юшк|а (Авде[й|у]шк|а)

Авд(ей) → Авд|а → Авд|аш|а1 → Авдаш|к|а → Авдаш*еч*|к|а 1

Авдаш|еньк|а, Авдаш|ечк|а 2

Авд|ус|я 1 → Авдусь|к|а → Авдус*еч*|к|а 1

Авдус|еньк|а, Авдус|ечк|а 2

Авд|юн|я 1 → Авдюнь|к|а → Авдюн*еч*|к|а 1

Авдюн|ечк|а 2

Авд|юс|я 1 → Авдюсь|к|а → Авдюс*еч*|к|а 1
Авдюс|еньк|а, Авдюс|ечк|а 2

Авд|юх|а 1 → Авд|ю́ш|к|а 1 → Авдюш*еч*|к|а 1
Авдюш|еньк|а 1, Авдюш|ечк|а 2

Авд|юш|а 1 → Авдюш|еньк|а 2, Авдюш|ечк|а 3,
Авд|ю́ш|к|а 2

Авд|ечк|а 1, Авд|очк|а 1, А́вд|юшк|а 1

А(в)д|а → Ад|я 1 → Адь|к|а 1 → Ад*еч*|к|а 1
Ад|еньк|а 1, Ад|ечк|а 2

Ад|еньк|а 2, Ад|ечк|а 3, Адь|к|а 2

Авд|я → Авд|аш|а 2, Авд|ечк|а 2, Авд|очк|а 2, Авд|ус|я 2,
Авд|юн|я 2, Авд|юс|я 2, Авд|юх|а 2, Авд|юш|а 2,
А́вд|юшк|а 2

А(в)д|я → Ад|я 2; Ад|еньк|а 3, Ад|ечк|а 4, Адь|к|а 3

Авд|аш|а 3, Авд|ечк|а 3, Авд|очк|а 3, Авд|ус|я 3, Авд|юн|я 3,
Авд|юс|я 3, Авд|юх|а 3, Авд|юш|а 3, А́вд|юшк|а 3

А(в)д(ей) → Ад|я 3; Ад|еньк|а 4, Ад|ечк|а 5, Адь|к|а 4

А́вдий → Авди|юшк|а (Авди[й|у]шк|а)
Авдей 2

Дни ангела и святые (Авдий): 19 ноября — *пророк*; 31 марта, 5 сентября — *мученики*.

АВЕ́РКИЙ|, Аве́рки|я (Аве́рки[й|а]), м [*предположительно лат.* ʻобращать в бегствоʼ; ʻудерживать, отвращатьʼ; ʻудерживающийʼ]. О т ч е с т в о: Аве́ркиевич, Аве́ркиевна; Аве́ркич (*разг.*).

Аверья́н|,а (*разг.*). О т ч е с т в о: Аверья́нович, Аверья́новна; Аверья́ныч (*разг.*).

Аве́рий|, Аве́ри|я (Аве́ри[й|а]) (*разг.*). О т ч е с т в о: Аве́рьевич, Аве́рьевна; Аве́рьич (*разг.*).

П р о и з в о д н ы е (23):

Аверкий

Аверк(ий) → Аверк|а 1 → Авер*оч*|к|а 1
Аверь|к|а → Авер*еч*|к|а 1

Авер(кий) → **Авер|а 1** → Авер|ечк|а 2, Авер|очк|а 2, Авер|ушк|а 1,
Авер|юшк|а 1

(А)вер|а → **Вер|а 1** → Вер|к|а 1 → Вер*оч*|к|а 1
Вер|очк|а 2, Вер|ушк|а 1

Вер|к|а 2, Вер|очк|а 3, Вер|ушк|а 2

Авер|я 1 → Авер|ечк|а 3, Авер|очк|а 3, Авер|ушк|а 2,
Авер|юшк|а 2

(А)вер|я → Вер|а 2; Вер|к|а 3, Вер|очк|а 4, Вер|ушк|а 3

Авер|ечк|а 4, Авер|очк|а 4, Авер|ушк|а 3, Авер|юшк|а 3

Авер(к)ий → **Аверий** → Аверь|юшк|а (Аверь[й|у]шк|а)
Аверь|ян (Аверь[й|а]н) → Аверьян|к|а,

                                     Аверьян|ушк|а

(Аверь)ян → **Ян, Ян|а** → Ян|к|а 1 → Яноч|к|а 1

                                  Ян|очк|а 2, Ян|ушк|а 1

                   Ян|к|а 2, Ян|очк|а 3, Ян|ушк|а 2

      Авер(ий) → Авер|а 2, Авер|я 2; Авер|ечк|а 5, Авер|очк|а 5,

                Авер|ушк|а 4, Авер|юшк|а 4

    (А)вер(ий) → Вер|а 3; Вер|к|а 4, Вер|очк|а 5, Вер|ушк|а 4

(А)вер(кий) → Вер|а 4; Вер|к|а 5, Вер|очк|а 6, Вер|ушк|а 5

    Дни ангела и святые (Аверкий): 22 октября — *равноапостольный;* 29 февраля, 26 мая — *мученики.*

АВКСЕ́НТИЙ|, Авксе́нти|я (Авксе́нти[й|а]), *м* [*греч.* 'расти'; 'увеличиваться, возрастать'; 'возрастающий']. О т ч е с т в о: Авксе́нтиевич, Авксе́нтиевна *и* Авксе́нтьевич, Авксе́нтьевна.

Аксе́нтий|, Аксе́нти|я (Аксе́нти[й|а]) (*разг.*). О т ч е с т в о: Аксе́нтиевич, Аксе́нтиевна *и* Аксе́нтьевич, Аксе́нтьевна; Аксе́нтьич (*разг.*).

Аксе́н|, а (*разг.*) О т ч е с т в о: Аксёнович, Аксёновна; Аксёныч (*разг.*).

Аке́нтий|, Аке́нти|я (Аке́нти[й|а]) (*прост.*).

    П р о и з в о д н ы е (50):

Авксентий → Авксенть|юшк|а (Авксенть[й|у]шк|а)

Авкс(ентий) → Авкс|ют|а → Авксют|к|а → Авксюто́ч|к|а 1

                         Авксют|очк|а 2

        Авксюш|а → Авксюш|еньк|а, Авксюш|к|а

А(в)ксен(тий) → **Аксён 1** → Аксён|к|а 1, Аксён|ушк|а 1

        Акс(ён) → **Акс|я 1** → Акс|ют|а 1 → Аксют|к|а → Аксюто́ч|к|а 1

                               Аксют|очк|а 2

                  (А)кс|ют|а → Ксют|а 1 → Ксют|к|а →

                                   Ксюто́ч|к|а 1

                                 Ксют|оньк|а,

                                 Ксют|очк|а 2,

                                 Ксют|ушк|а

                  Акс|юш|а 1 → Аксюш|к|а → Аксюш*е*ч|к|а 1

                                 Аксюш|еньк|а,

                                 Аксюш|ечк|а 2

                  (А)кс|юш|а → Ксюш|а 1 → Ксюш|к|а → Ксюш|ечк|а 1

                                    Ксюш|еньк|а,

                                    Ксюш|ечк|а 2

                 Акс|еньк|а 1, Акс|ечк|а 2

       Акс|еньк|а 2, Акс|ечк|а 2, Акс|ют|а 2, Акс|юш|а 2

    (А)кс(ён) → Ксюр|а 1 → Ксюр|к|а → Ксюроч|к|а 1

                   Ксюр|оньк|а, Ксюр|очк|а 2

         Ксюр|та 2, Ксюш|а 2

    (А)ксён →   **Ксён|а 1**

Кс(ён|а → Кс|юр|а 2, Кс|ют|а 3, Кс|юш|а 3
Аксён|к|а 2, Аксён|ушк|а 2
(Ав)ксен(тий) → **Ксен|а 1** → Ксен|к|а 1 →Ксенноч|к|а 1
Ксень|к|а 1 → Ксенеч|к|а 1
Ксен|ечк|а 2, Ксен|ёк 1, Ксен|ик 1, Ксен|очк|а 2,
Ксен|ушк|а 1, Ксен|юшк|а 1
Кс(ен|а) → Кс|юр|а 3, Кс|ют|а 4, Кс|юш|а 4
(К)сен|а → **Сен|я 1** → Сень|к|а 1 → Сенеч|к|а 1
Сен|ечк|а 2
Сен|ечк|а 3, Сень|к|а 2
Ксеш|а 1
Кс(еш|а) → Кс|юр|а 4, Кс|ют|а 5, Кс|юш|а 5
Ксен|а 2
Кс(ён|а) → Кс|юр|а 5, Кс|ют|а 6, Кс|юш|а 6
Ксен|я 1 → Ксен|ечк|а 3, Ксен|ёк 2, Ксен|ик 2, Ксен|к|а 2,
Ксен|очк|а 3, Ксен|ушк|а 2, Ксень|к|а 2,
Ксен|юшк|а 2
Кс(ен|я) → Кс|юр|а 6, Кс|ют|а 7, Кс|юш|а 7
(К)сен|я → Сен|я 2; Сен|ечк|а 4, Сень|к|а 3
Ксеш|а 2, Ксён|а 3
Ксен|ечк|а 4, Ксен|ёк 3, Ксен|ик 3, Ксен|к|а 3, Ксен|очк|а 4,
Ксен|ушк|а 3, Ксень|к|а 3, Ксен|юшк|а 3
Ксеш|а 3, Ксён|а 4
(Ав)кс(ентий) →Кс|юр|а 6, Кс|ют|а 8, Кс|юш|а 8
(Авк)сен(тий) →Сен|я 3; Сен|ечк|а 5, Сень|к|а 4
А(в) ксентий → **Аксентий** → Аксенть|юшк|а (Аксен[т'й/у]шк|а)
Аксен(тий) → Аксён 2
Акс(ентий) → Акс|я 2
Ак(с)ентий → Акентий 1
А(в)к(с)ентий →Акентий 2

Дни ангела и святые (Авксентий): 14 февраля, 18 апреля, 12 июня — *преподобный;* 18 апреля — *епископ;* 13 декабря — *мученик.*

АВРАА́М|, а, *м* (*стар.редк.*) [*др.-евр.* 'возвышенный отец'; 'отец множества (народов)'; 'имя библейского патриарха, от которого, по легенде, произошли люди, заселившие Палестину']. О т ч е с т в о: Авраа́мович, Авраа́мовна.
Абра́м|, а (*разг.*). О т ч е с т в о: Абра́мович, Абра́мовна; Абра́мыч (*разг.*).
    П р о и з в о д н ы е (30):
Авраам → Авраам|к|а → Авраамоч|к|а 1, Авраамч|ик 1
Авраам|очк|а 2, Авраам|ушк|а, Авраам|чик 2
Авраа(м) →**Авраа|х|а** → Аврааш|к|а 1 →Авраашеч|к|а 1
Аврааш|еньк|а 1, Аврааш|ечк|а 2
Аврааш|а 1 → Аврааш|еньк|а 2, Аврааш|ечк|а 3,

2*

```
                                        Авраа́ш|к|а 2
                    Авраа́|ш|а 2    │
Авра(ам) →Авра́|х|а 1 → Авра́ш|к|а 1 →  Авраше́ч|к|а 1
                    Авра́ш|еньк|а 1, Авра́ш|ечк|а 2
                    Авра́ш|а 1 → Авра́ш|еньк|а 2, Авра́ш|ечк|а 3,
                                Авра́ш|к|а 2
                                Абра́ш|а 1 → Абра́ш|к|а 1 →
                                                    Абраше́ч|к|а 1
                                            Абра́ш|еньк|а 1,
                                            Абра́ш|ечк|а 2
                                Абра́ш|еньк|а 2, Абра́ш|ечк|а 3,
                                Абра́ш|к|а 2
                    Абра́х|а 1 →  Абра́ш|а 2; Абра́ш|еньк|а 3,
                                Абра́ш|ечк|а 4, Абра́ш|к|а 3
                    Абра́ш|а 3
                Авра́|ш|а 2, Абра́|х|а 2, Абра́|ш|а 4
Ав(раам) →Ав|а́ 1
Авра(а)м → Авра́м → Авра́м|к|а 1 → Авра́моч|к|а 1, Авра́мч|ик 1
        │              Авра́м|очк|а 2, Авра́м|ушк|а 1, Авра́м|чик 2
        Авра(м) → Авра́|х|а 2, Авра́|ш|а 3
        │         Абра́|х|а 3, Абра́|ш|а 5
        Ав(рам) → Ав|а́ 2
                    Абра́м 1 → Абра́м|к|а 1 → Абра́моч|к|а 1
                    │          Абра́м|ок 1, Абра́м|очк|а 2,
                    │          Абра́м|ушк|а 1
                    Абра(м) → Абра́|х|а 4, Абра́|ш|а 5
                    Абра́м|к|а 2, Абра́м|ок 2, Абра́м|очк|а 3,
                    Абра́м|ушк|а 2
                Авра́м|к|а 2, Авра́м|очк|а 3, Авра́м|ушк|а 2, Авра́м|чик 3
                Абра́м 2; Абра́м|к|а 3, Абра́м|ок 3, Абра́м|очк|а 4, Абра́м|ушк|а 3
```

День ангела и святой (Авраам): 9 октября — *патриарх*.

АВРАА́МИЙ|, Авраа́ми|я (Авраа́ми[й|а]), *м* (*стар. редк.*). [*др.-евр.* 'возвышенный отец'; 'отец множества (народов)']. О т ч е с т в о: Авраа́миевич, Авраа́миевна.

Абра́мий|, Абра́ми|я (Абра́ми[й|а]) (*разг.*). О т ч е с т в о: Абра́миевич, Абра́миевна.

    П р о и з в о д н ы е (34):

Авраамий

```
Авраам(ий) → Авраа́м →  Авраа́м|к|а 1 → Авраа́моч|к|а 1, Авраа́мч|ик 1
        │                  Авраа́м|очк|а 2, Авраа́м|ушк|а 1, Авраа́м|чик 2
        Авраа(м) →Авраа́|х|а 1 →  Авраа́ш|к|а 1 → Авраа́ше́ч|к|а 1
        │                         Авраа́ш|еньк|а 1, Авраа́ш|ечк|а 2
        │                         Авраа́ш|а 1 → Авраа́ш|еньк|а 2,
```

Аврааш|ечк|а 3,
Авраашк|а 2

Авраа|ш|а 2

Авра(ам) → **Авра|х|а 1** → Авраш|к|а 1 → Авраше*ч*к|а 1

Авраш|еньк|а 1, Авраш|ечк|а 2

Авраш|а 1 → Авраш|еньк|а 2,

Авраш|ечк|а 3, Авраш|к|а 2

Абраш|а 1 →

Абраш|к|а 1 →

    Абраше*ч*к|а 1

Абраш|еньк|а 1,

Абраш|ечк|а 2,

Абраш|еньк|а 2,

Абраш|ечк|а 3,

Абраш|к|а

Абрах|а 1 → Абраш|а 2; Абраш|еньк|а 3,

Абраш|ечк|а 4, Абраш|к|а 3

Абраш|а 3

Авра|ш|а 2, Абра|х|а 2, Абра|ш|а 4

Ав(раам) → **Ав|а 1** → Ав|к|а 1 → Ав*о*чк|а 1

Ав|оньк|а 1, Ав|очк|а 2

Ав|к|а 2, Ав|оньк|а 2, Ав|очк|а 3

Авра(а)м → **Аврам 1** → Аврам|к|а 1 → Аврамо*ч*к|а 1, Аврамчик 1

Аврам|очк|а 2, Аврам|ушк|а 1,

Аврам|чик 2

Авра(м) → Авра|х|а 2, Авра|ш|а 3

Абра|х|а 3, Абра|ш|а 5

Ав(рам) → Ав|а 2; Ав|к|а 3, Ав|оньк|а 3, Ав|очк|а 4

Абрам 1 → Абрам|к|а 1 → Абрамо*ч*к|а 1

Абрам|ок 1, Абрам|очк|а 2,

Абрам|ушк|а 1

Абра(м) → Абра|х|а 4, Абра|ш|а 6

Абрам|к|а 2, Абрам|ок 2, А*б*рам|очк|а 3,

Абрам|ушк|а 2

Аврам|к|а 2, Аврам|очк|а 3, Аврам|ушк|а 2,

Аврам|чик 3

Абрам 2; Абрам|к|а 3, Абрам|ок 3, Абрам|очк|а 4,

Абрам|ушк|а 3

Авраа(мий) → Авраа|х|а 2, Авраа|ш|а 3

Авра(амий) → Авра|х|а 3, Авра|ш|а 4

Абра|х|а 5, Абра|ш|а 7

Ав(раамий) → Ав|а 3; Ав|к|а 4, Ав|оньк|а 4, Ав|очк|а 5

Авра(а)м(ий) → Аврам 2; Аврам|к|а 3, Аврам|очк|а 4, Аврам|ушк|а 3,

Аврам|чик 4

Абрам 3; Абрам|к|а 4, Абрам|ок 4, Абрам|очк|а 5, Абрам|ушк|а 4

День ангела и святой (Авраамий): 14 февраля — *епископ;* 23 мая — *святитель.*

АВРА́М|, а, м [*др.-евр.* 'возвышенный отец'; 'отец высокий, знаменитый'].
О т ч е с т в о: Авра́мович, Авра́мовна.

Авра́мий|, Авра́ми|я (Авра́ми[й|а]) (*стар.*). О т ч е с т в о: Авра́миевич, Авра́миевна.

П р о и з в о д н ы е (10):

Аврам 1 → Аврам|к|а → Аврамоч|к|а 1, Аврамч|ик 1
| Аврам|очк|а 2, Аврам|ушк|а, Аврам|чик 2
Авра(м) → **Авра|х|а 1** → Авраш|к|а 1→ Авраш*еч*|к|а 1
| Авраш|еньк|а 1, Авраш|ечк|а 2
| **Авраш|а 1**→ Авраш|еньк|а 2, Авраш|ечк|а 3,
| Авраш|к|а 2
| Авра|ш|а 2
Ав(рам) → **Ав|а**
Аврамий
Аврам(ий) → Аврам 2

Дни ангела и святые (Авраамий): 29 октября — *архимандрит;* 20 июля, 21 августа, 24 сентября, 28 сентября — *преподобные*; 4 февраля, 1 апреля — *мученики.*

АВСЕ́Й|, Авсе́|я (Авсе́[й|а]), м (*редк.*). О т ч е с т в о: Авсе́евич, Авсе́евна; Авсе́ич (*разг.*).

Абсе́й|, Абсе́|я (Абсе́[й|а]) (*стар.*). О т ч е с т в о: Абсе́евич, Абсе́евна.

П р о и з в о д н ы е (3):

Авсей → Авсей|к|а, Авсе|юшк|а (Авсе[й|у]шк|а)
Авс(ей) → Авс|ечк|а

Абсей

АГА́П|, а, м [*греч.* 'любить'; 'любимый']. О т ч е с т в о: Ага́пович, Ага́повна; Ага́пыч (*разг.*).

Агапе́й|, Агапе́|я (Агапе́[й|а]) (*прост.*).

Ага́пий|, Ага́пи|я (Ага́пи[й|а]) (*стар.*). О т ч е с т в о: Ага́пиевич, Ага́пиевна и Ага́пьевич, Ага́пьевна.

П р о и з в о д н ы е (25):

Агап 1
Ага(п) → **Ага|н|я 1** → Агань|к|а → Аган*еч*|к|а 1
| Аган|ечк|а 2
| (А)га|н|я → **Ган|я 1** →Гань|к|а 1 → Ган*еч*|к|а 1
| Ган|юш|а 1 → Ганюш||к|а
| Ган|ечк|а 1, Га́н|юшк|а 1
| **Гаш|а 1** → Гаш|к|а 1 → Гаш*еч*|к|а 1

             Гаш|еньк|а 1, Гаш|ечк|а 2
           Гаш|еньк|а 2, Гаш|ечк|а 3, Гаш|к|а 2
         Ган|ечк|а 2, Гань|к|а 2, Ган|юш|а 2, Гáн|юшк|а 2
         Гаш|а 2; Гаш|еньк|а 3, Гаш|ечк|а 4, Гаш|к|а 3
         Агаш|а 1 → Агаш|еньк|а 1
         (А)гаш|а → Гаш|а 3; Гаш|еньк|а 4, Гаш|ечк|а 5,
            Гаш|к|а 4
         Агаш|еньк|а 2
      Ага|ш|а 2
Аг(ап) → **Аг|а 1** → Аг|оньк|а 1, Аг|очк|а 1
      Аг|оньк|а 2, Аг|очк|а 2
(А)га(п) → Га|н|я 2, Га|ш|а 4
(А)гап → **Гап|а 1** → Гап|к|а 1 → Гап|оч|к|а 1
         Гап|ош|а 1 → Гапош|еньк|а, Гапош|ечк|а
         Гап|очк|а 2
      Гап|к|а 2, Гап|очк|а 3, Гап|ош|а 2
Агап(ей), Агап(ий) → Агап 2
Ага(пей), Ага(пий) → Ага|н|я 2, Ага|ш|а 3
Аг(апей), Аг(апий) → Аг|а 2; Аг|оньк|а 3, Аг|очк|а 3
(А)гап(ей), (А)гап(ий) → Гап|а 2; Гап|к|а 3, Гап|очк|а 4, Гап|ош|а 3
(А)га(пей), (А)га(пий) → Га|н|я 3, Га|ш|а 5

 С р.: *ж* Агапа, Агапия.

 Дни ангела и святые (Агапий): 24 января, 15 марта, 19 августа, 21 августа, 20 сентября, 3 ноября — *мученики.*

АГАПИÓН|, а, *м* (*стар. редк.*) [*греч.* 'любить']. О т ч е с т в о: Агапиóно-вич, Агапиóновна.

АГАФÓН|, а, *м* [*греч.* 'благо, добро'; 'добрый']. О т ч е с т в о: Агафóно-вич, Агафóновна; Агафóныч (*разг.*).
Агапóн|, а (*прост.*). О т ч е с т в о: Агапонович, Агапоновна; Агапоныч (*разг.*).
 П р о и з в о д н ы е (40):
Агафон → Агафон|к|а → Агафон*оч*|к|а 1
     Агафонь|к|а 1 → Агафон*еч*|к|а 1
     Агафон|ечк|а 2, Агафон|очк|а 2, Агафон|ушк|а 1, Агафон|юшк|а 1
Аг(афон) → **Аг|а 1**
Ага(фо)н → **Аган|я 1** → Агань|к|а → Аган*ечк*|а 1
     Аг(ан|я) → Аг|а 2
        Агаш|а 1 → Агаш|к|а 1 → Агаш*еч*|к|а 1
         Агаш|еньк|а 1, Агаш|ечк|а 2
       Агаш|еньк|а 2, Агаш|ечк|а 3, Агаш|к|а 2
     Аган|ечк|а 3, Агань|к|а 2
     Агаш|а 2; Агаш|еньк|а 3, Агаш|ечк|а 4, Агаш|к|а 3

А(га)фон → **Афон|я** →   Афонь|к|а 1
   (А)фон|я → **Фон|я 1** → Фонь|к|а 1 → Фон*еч*|к|а 1
                    Фон|ечк|а 2, Фон|юшк|а 1
             Фош|а 1 → Фош|к|а 1 → Фош*еч*|к|а 1
                        Фош|еньк|а 1, Фош|ечк|а 2
             Фош|еньк|а 2, Фош|ечк|а 3, Фош|к|а 2
             Фон|ечк|а 3, Фонь|к|а 2, Фон|юшк|а 2
             Фош|а 2; Фош|еньк|а 3, Фош|ечк|а 4, Фош|к|а 3
   Афонь|к|а 2
(А)гаф(он) → **Гап|а 1** → Гап|к|а 1 → Гап*оч*|к|а 1
             Гап|очк|а 2
   Гап|к|а 2, Гап|очк|а 3
(А)гафон → **Гапош|а 1** → Гапош|к|а 1 → Гапош*еч*|к|а 1
             Гапош|еньк|а 1, Гапош|ечк|а 2
   Гап(ош|а) → Гап|а 2 →   Гап|к|а 3, Гап|очк|а 4
   Гапош|еньк|а 2, Гапош|ечк|а 3, Гапош|к|а 2
(Ага)фон →   Фон|я 2; Фон|ечк|а 4, Фонь|к|а 3, Фон|юшк|а 3
   Фош|а 3; Фош|еньк|а 4, Фош|ечк|а 5, Фош|к|а 4
   Агафош|а 1 → Агафош|к|а 1 → Агафош*еч*|к|а 1
             Агафош|еньк|а 1, Агафош|ечк|а 2
   Аг(афош|а) → Аг|а 3
   Ага(фо)ш|а → Агаш|а 3; Агаш|еньк|а 4, Агаш|ечк|а 5,
             Агаш|к|а 4
   (А)гаф(ош|а) → Гап|а 3; Гап|к|а 4, Гап|очк|а 5
   (Ага)фош|а → Фош|а 4; Фош|еньк|а 5, Фош|ечк|а 6,
             Фош|к|а 5
             Агап*ош*|а 1 → Агапош|еньк|а 1, Агапош|к|а 1
             Аг(апош|а) → Аг|а 4
             Ага(по)ш|а → Агаш|а 4; Агаш|еньк|а 5,
                    Агаш|ечк|а 6, Агаш|к|а 5
             (А)гап(ош|а) → Гап|а 3; Гап|к|а 4, Гап|очк|а 5
             (А)гапош|а → Гапош|а 2; Гапош|еньк|а 3,
                    Гапош|ечк|а 4, Гапош|к|а 3
             Агап*ош*|еньк|а 2, Агапош|к|а 2
   Агафош|еньк|а 2, Агафош|ечк|а 3, Агафош|к|а 2
Агапон 1
Аг(апон) → Аг|а 5
Ага(по)н → Аган|я 2; Аган|ечк|а 4, Агань|к|а 3
          Агаш|а 5; Агаш|еньк|а 6, Агаш|ечк|а 7, Агаш|к|а 6
(А)гап(он) → Гап|а 4; Гап|к|а 5, Гап|очк|а 6
           Агапош|а 2; Агапош|еньк|а 3, Агапош|к|а 3
Агапош|а 3; Агапош|еньк|а 4, Агапош|к|а 4
Агафон|я → Агафон|ечк|а 3, Агафон|к|а 2, Агафон|очк|а   3,
          Агафон|ушк|а 2, Агафонь|к|а 2, Агафон|юшк|а 2

Аг(афон|я) → Аг|а 6
Ага(фо)н|я → Аган|я 3; Аган|ечк|а 5, Агань|к|а 4
Агаш|а 6; Агаш|еньк|а 7, Агаш|ечк|а 8,
Агаш|к|а 7
А(га)фон|я → Афон|я 2; Афоньк|а 3
(А)гаф(он|я) → Гап|а 5; Гап|к|а 6, Гап|очк|а 7
(А)гафон|я → Гапош|а 3; Гапош|еньк|а 4, Гапош|ечк|а 5,
Гапош|к|а 4
(Ага)фон|я → Фон|я 3; Фон|ечк|а 5, Фонь|к|а 4, Фон|юшк|а 4
Фош|а 5; Фош|еньк|а 6, Фош|ечк|а 7, Фош|к|а 6
Агап|он 2
Агафош|а 2; Агафош|еньк|а 3, Агафош|ечк|а 4,
Агафош|к|а 3
Агапош|а 4; Агапош|еньк|а 5, Агапош|к|а 5

Дни ангела и святые (Агафон): 20 февраля — *епископ;* 2 марта, 28 августа — *преподобные.*

АГАФО́НИК|, а, м (*стар.редк.*) [греч. 'добрый, хороший' и 'победа'; 'благопобедитель']. О т ч е с т в о: Агафо́никович, Агафо́никовна.
П р о и з в о д н ы е (17)
Агафоник
Агафон(ик) → **Агафон|я** → Агафонь|к|а 1 → Агафон*ечк*|а 1
Агафон|ечк|а 2, Агафон|к|а 1, Агафон|ушк|а 1
Агафош|а 1 → Агафош|к|а 1 → Агафош*ечк*|а 1
Агафош|еньк|а 1, Агафош|ечк|а 2
Агафощ|еньк|а 2, Агафош|ечк|а 3, Агафош|к|а 2
Агафон|ечк|а 3, Агафон|к|а 2, Агафон|ушк|а 2
Агафош|а 2; Агафош|еньк|а 3, Агафош|ечк|а 4, Агафониш|к|а 3
(Агафо)ник → **Ник|а** → Ник|ан|а 1 → Никан|ушк|а
Ник|ах|а 1 → Никаш|к|а 1 → Никаш*ечк*|а 1
Никаш|еньк|а 1, Никаш|ечк|а 2
Ник|аш|а 1 → Никаш|еньк|а 2, Никаш|ечк|а 3,
Никаш|к|а 2
Ник|ан|а 2, Ник|ах|а 2, Ник|аш|а 2
День ангела и святой (Агафоник): 22 августа — *мученик.*

АГГЕ́Й|, Агге́я (Агге́[й|а]), м [*др.-евр.* 'праздничный, веселящийся'; 'торжественный, праздничный']. О т ч е с т в о: Агге́евич, Агге́евна; Агге́ич (*разг.*).
Аге́й|, Аге́я (Аге[й|а]) (*разг.*). О т ч е с т в о: Аге́евич, Аге́евна; Аге́ич (*разг.*).
П р о и з в о д н ы е (4)
Аггей
Аг(гей) → **Аг|а 1**
Аг(г)ей → **Агей** → Агей|к|а 1, Аге|юшк|а 1 (Аге[й|у]шк||а)

Аг(ей) →Аг|а 2

Агей|к|а 2, Аге|юшк|а 2 (Аге[й/у]шк|а)

День ангела и святой (Аггей): 16 декабря — *пророк*.

АГЛА́Й|, Агла́|я (Агла́[й|а]), *м* (редк.) [*греч.* 'блистающий, великолепный, прекрасный'; 'светлый']. О т ч е с т в о: Агла́евич, Агла́евна.

Агла́ий|, Агла́и|я (Агла́и[й|а])(*стар.*). О т ч е с т в о: Агла́иевич, Агла́иевна.

П р о и з в о д н ы е (8):

Аглай 1

Агла(й) →**Аглаш|а** → Аглаш|к|а → Аглашеч|к|а 1

         | Аглаш|еньк|а, Аглаш|ечк|а 2

    (А)гла|ш|а → **Глаш|а 1** → Глаш|к|а 1 → Глашеч|к|а 1

                      | Глаш|еньк|а 1, Глаш|ечк|а 2

               Глаш|еньк|а 2, Глаш|ечк|а 3, Глаш|к|а 2

(А)гла(й) → Гла|ш|а 2

Аглаий

Агла(и)й → Аглай 2

   С р.: *ж* Аглая

День ангела и святой (Аглаий): 9 марта — *мученик*.

А́ГНИЙ|, А́гни|я (А́гни[й|а]), *м* (*стар. редк.*) [*греч.* 'чистый, непорочный' или *лат.* 'агнец, ягненок']. О т ч е с т в о: А́гниевич, А́гниевна.

П р о и з в о д н ы е (6):

Агний

Агн(ий) → **Агн|я** → Агн|юш|а 1 →   Агнюш|к|а → Агнюшеч|к|а 1

             | Агнюш|ечк|а 2

        Агн|ечк|а 1, А́гн|юшк|а 1

      Агн|ечк|а 2, Агн|юш|а 2, А́гн|юшк|а 2

С р.: *ж* Агния.

День ангела и святой (Агний): 9 марта — *мученик*.

АГРИ́ПП|А, ы, *м* (*стар. редк.*) ['римское фамильное имя'; 'дикая конница'; *лат.* 'родившийся вперед ногами']. О т ч е с т в о: Агри́ппич, Агри́ппична.

П р о и з в о д н ы е (8):

Агрипп|а → Агрипп|ушк|а

Агрип(п|а) → Агрип|к|а → Агрипоч|к|а 1

| Агрип|очк|а 2, Агрип|ушк|а

  (А)грип(па) → **Грип|а** → Грип|к|а 1 → Грипоч|к|а 1

            | Грип|очк|а 2, Грип|ушк|а 1

          Грип|к|а 2, Грип|очк|а 3, Грип|ушк|а 2

С р.: *ж* Агриппина.

День ангела и святой (Агриппа): 1 ноября — *мученик*.

АДА́М|, а, *м* [*др.-евр.* 'человек из красной глины'; 'красный муж']. О т ч е с т в о: Ада́мович, Ада́мовна; Ада́мыч (*разг.*).

П р о и з в о д н ы е (8):

Адам → Адам|ик, Адам|ушк|а, Адам|чик, Адам|к|а

Ада(м) → **Ада|ш|а** → Адаш|к|а → Адаш*еч*|к|а 1
                      Адаш|еньк|а, Адаш|ечк|а 2

Ад(ам) → **Ад|а, Ад|я**

День ангела и святой (Адам): 14 января — *преподобный*.

АДРИА́Н|, а, *м* [*лат.* 'происходящий из г.Адрия'; 'житель Адрии, государства венетов']. О т ч е с т в о: Адриа́нович, Адриа́новна, Адриа́ныч (*разг.*).

Адрия́н|, а (*разг.*). О т ч е с т в о: Адрия́нович, Адрия́новна; Адрия́ныч (*разг.*).

Андриа́н|, а (*народн.*). О т ч е с т в о: Андриа́нович, Андриа́новна; Андриа́ныч (*разг.*).

Андрия́н|, а (*народн.*). О т ч е с т в о: Андрия́нович, Андрия́новна; Андрия́ныч (*разг.*).

П р о и з в о д н ы е (50):

Адриан → Адриан|к|а, Адриан|ушк|а, Адриан|ш|а

Адриа(н) → **Адриа|х|а** → Адриаш|к|а 1 → Адриаш*еч*|к|а
                         Адриаш|еньк|а 1, Адриаш|ечк|а 2
                      Адриаш|а 1 → Адриаш|еньк|а 2, Адриаш|ечк|а 3,
                                      Адриаш|к|а 2
          Адриа|ш|а 2

Адр(иан) → **Адр|я 1** → Адр|ик 1
          Ад(р|я) → **Ад|я 1** → Ад|еньк|а 1, Ад|ечк|а 1, Ад|ик 1
                             Ад|еньк|а 2, Ад|ечк|а 2, Ад|ик 2
          Адр|ик 2

Ад(риан) → Ад|я 2; Ад|еньк|а 3; Ад|ечк|а 3, Ад|ик 3
          Адриаш|а 3; Адриаш|еньк|а 3, Адриаш|ечк|а 4, Адриаш|к|а 3
          Адриян → Адриян|к|а 1, Адриян|ушк|а 1
          Адрия(н) → **Адрия|х|а** → Адрияш|к|а 1 → Адрияш*еч*|к|а 1
                                   Адрияш|еньк|а 1, Адрияш|ечк|а 2
                                Адрияш|а 1 → Адрияш|еньк|а 2,
                                               Адрияш|ечк|а 3,
                                               Адрияш|к|а 2
                          (Адри)яш|а → **Яш|а 1** → Яш|еньк|а 1,
                                                  Яш|к|а 1
                                      Яш|еньк|а 2, Яш|к|а 2
          Адрия|ш|а 2

Адр(иян) → Адр|я 2; Адр|ик 3
Ад(риян) → Ад|я 3; Ад|еньк|а 4, Ад|ечк|а 4, Ад|ик 4
(Адри)ян → **Ян 1** → Ян|к|а 1, Ян|ушк|а 1
                     Яш|а 2; Яш|еньк|а 3, Яш|к|а 3
          Ян|к|а 2, Ян|ушк|а 2

Яш|а 3; Яш|еньк|а 4, Яш|к|а 4

Адрияш|а 3; Адрияш|еньк|а 3, Адрияш|ечк|а 4, Адрияш|к|а 3

Адриян|к|а 2, Адриян|ушк|а 2

Адрияш|а 4, Адрияш|еньк|а 4, Адрияш|ечк|а 5, Адрияш|к|а 4

Андриан →Андриан|к|а 1, Андриан|ушк|а 1, Андриан|ш|а 1

Андриа(н) → **Андриа|х|а** → Андриаш|к|а 1 → Андриашеч|к|а 1

Андриаш|еньк|а 1,
Андриаш|ечк|а 2

Андриаш|а 1 →Андриаш|еньк|а 2,
Андриаш|ечк|а 3,
Андриаш|к|а 2

Андриа|ш|а 2

Андр(иан) → **Андр|я 1** → Андр|юш|а 1 →Андрюш|к|а →
Андрюшеч|к|а 1
Андрюш|еньк|а 1,
Андрюш|ечк|а 2

А(н)д(р|я) → Ад|я 4; Ад|еньк|а 5, Ад|ечк|а 5,
Ад|ик 5

А(н)др|я → Адр|я 3; Адр|ик 4

Андр|юш|а 2

Андриаш|а 3; Андриаш|еньк|а 3,
Андриаш|ечк|а 4, Андриаш|к|а 3

Андриан|к|а 2, Андриан|ушк|а 2, Андриан|ш|а 2

Андриаш|а 4; Андриаш|еньк|а 4, Андриаш|ечк|а 5,
Андриаш|к|а 4

Андриян → Андриян|к|а 1, Андриян|ушк|а 1

Андрия(н) →**Андрия|х|а** → Андрияш|к|а 1 → Андрияшеч|к|а 1
Андрияш|еньк|а 1,
Андрияш|ечк|а 2

Андрияш|а 1 → Андрияш|еньк|а 2,
Андрияш|ечк|а 3,
Андрияш|к|а 2

Андрия|ш|а 2

Андр(иян) →Андр|я 2; Андр|юш|а 3

(Андри)ян →Ян|2; Ян|к|а 3, Ян|ушк|а 3

Яш|а 3; Яш|еньк|а 4, Яш|к|а 4

Андрияш|а 3; Андрияш|еньк|а 3,
Андрияш|ечк|а 4, Андрияш|к|а 3

Андрияш|а 4; Андрияш|еньк|а 4, Андрияш|ечк|а 5,
Андрияш|к|а 4

Дни ангела и святые (Адриан): 3 февраля, 17 апреля, 26 августа, 1 ноября — *мученики*; 5 марта, 5 мая, 23 мая, 26 августа — *преподобные*; 19 ноября — *преподобномученик*.

А́З|А, ы, *м* (*стар. редк.*) [*предположительно др.-евр.* ‘сильный, крепкий’; ‘исцелитель’]. О т ч е с т в о: А́зич, А́зична.
С р.: *ж* Аза.

День ангела и святой (Аза): 19 ноября — *мученик.*

АЗА́РИЙ|, Аза́ри|я (Аза́ри[й|а]), *м* [*др.-евр.* ‘Яхве (Бог) помог’; ‘помощь Божия’]. О т ч е с т в о: Аза́риевич, Аза́риевна *и* Аза́рьевич, Аза́рьевна; Аза́рьич *и* Аза́рич (*разг.*).
Аза́р|, а (*разг.*). О т ч е с т в о: Аза́рович, Аза́ровна; Аза́рыч (*разг.*).
Аза́ри|я (Аза́ри[й|а]), Аза́ри|и (Аза́ри[й|и]) (стар.). О т ч е с т в о: Аза́рич, Аза́рична.
П р о и з в о д н ы е (22):
Азарий 1
Азар(ий) → **Азар 1** → Азар|к|а 1 → Азаро́ч|к|а 1
| Азар|оньк|а 1, Азар|очк|а 2, Азар|ушк|а 1
| Аз(ар)   **Аз|а 1** → Аз|к|а 1 → Азо́ч|к|а 1
| | Аз|оньк|а 1, Аз|очк|а 2, Аз|ушк|а 1
| |'Аз|к|а 2, Аз|оньк|а 2, Аз|очк|а 3, Аз|ушк|а 2
| (А)зар →   **Зар|а 1** → Зар|к|а 1 → Заро́ч|к|а 1
| | Зарь|к|а 1 → Заре́ч|к|а 1
| | Зар|еньк|а 1, Зар|ечк|а 2, Зар|ик 1,
| | Зар|оньк|а 1, Зар|очк|а 2, Зар|ушк|а 1,
| | Зар|юшк|а 1
| | **Зар|я 1**→ Зар|еньк|а 2, Зар|ечк|а 3, Зар|ик 2, Зар|к|а 2,
| | Зар|оньк|а 2, Зар|очк|а 3, Зар|ушк|а 2,
| | Зарь|к|а 2, Зар|юшк|а 2
| | Зар|еньк|а 3, Зар|ечк|а 4, Зар|ик 3, Зар|к|а 3,
| | Зар|оньк|а 3, Зар|очк|а 4, Зар|ушк|а 3,
| | Зарь|к|а 3, Зар|юшк|а 3
| Азар|к|а 2, Азар|оньк|а 2, Азар|очк|а 3, Азар|ушк|а 2
Аз(арий) → Аз|а 2; Аз|к|а 3, Аз|оньк|а 3, Аз|очк|а 4, Аз|ушк|а 3
(А)зар(ий) → Зар|а 2, Зар|я 2; Зар|еньк|а 4, Зар|ечк|а 5, Зар|ик 4, Зар|к|а 4,
                      Зарь|оньк|а 4, Зар|очк|а 5, Зар|ушк|а 4, Зарь|к|а 4,
                      Зар|юшк|а 4
            Азари|я (Азари[й|а])
            Азар(и|я) → Азар 2; Азар|к|а 3, Азар|оньк|а 3, Азар|очк|а 4,
            | Азар|ушк|а 3
            Аз(ари|я) →Аз|а 3; Аз|к|а 4, Аз|оньк|а 4, Аз|очк|а 5,
            | Аз|ушк|а 4
            (А)зар(и|я) → Зар|а 3, Зар|я 3; Зар|еньк|а 5, Зар|ечк|а 6,
                           Зар|ик 5, Зар|к|а 5, Зар|оньк|а 5, Зар|очк|а 6,
                           Зарь|к|а 5, Зар|юшк|а 5
Дни ангела и святые (Азарий): 3 февраля — пророк, 17 декабря — *отрок.*

АЗА́Т|, а, *м* [*предположительно перс.* 'оскопленный'].О т ч е с т в о: Аза́тович, Аза́товна.

П р о и з в о д н ы е (5):

Азат

Аз(ат) → **Аз|а** → Аз|к|а 1 → Аз*оч*|к|а 1
| Аз|оньк|а 1, Аз|очк|а 2, Аз|ушк|а 1
| Аз|к|а 2, Аз|оньк|а 2, Аз|очк|а 3, Аз|ушк|а 2

Дни ангела и святые (Азат): 14 апреля, 17 апреля, 20 ноября — *мученики.*

АЛЕВТИ́Н|, а, *м* [*предположительно греч.* 'отражать, отбивать']. О т ч е ст в о: Алевти́нович, Алевти́новна; Алевти́ныч (*разг.*).

П р о и з в о д н ы е (10):

Алевтин → Алевтин|к|а → Алевтин*оч*|к|а 1
                    Алевтин|очк|а 2, Алевтин|ушк|а

Ал(евтин) → **Ал|я** → Аль|к|а 1 → Ал*еч*|к|а 1
                  Ал|ечк|а 2, Аль|к|а 2

(Алев)тин → **Тин|а** → Тин|к|а 1 → Тин*оч*|к|а 1
                      Тин|ушк|а 1
             Тин|к|а 2, Тин|очк|а 2, Тин|ушк|а 2

С р.: *ж* Алевтина.

АЛЕКСА́НДР|, а, *м* [*греч.* 'защищать' *и* 'муж, мужчина'; 'защитник мужей
(людей)'; 'мужественный, помощник']. О т ч е с т в о: Алекса́ндрович, Алекса́ндровна; Алекса́ндрыч (*разг.*).

Лекса́ндр|, а (*прост.*).

П р о и з в о д н ы е (126):

Александр → Александр|ушк|а

Алексан(др) →
| **Алексан|а** → Алексан|к|а 1 → Алексан*оч*|к|а 1
| Алексань|к|а 1 → Алексан*еч*|к|а 1
| Алексан|ечк|а 2, Алексан|очк|а 2,
| Алексан|ушк|а 1
| Алекса(н|а) →
| **Алекса|х|а 1** →
| Алексаш|к|а 1 → Алексаш*еч*|к|а 1
| Алексаш|еньк|а 1, Алексаш|ечк|а 2
| **Алексаш|а 1** → Алексаш|еньк|а 2, Алексаш|ечк|а 3,
| Алексаш|к|а 2
| Алекс(аш|а) →
| **Алекс|я 1** → Алекс|юх|а 1 → Алексюш|еньк|а 1,
| Алексюш|к|а 1
| Алекс|юш|а 1 → Алексюш|еньк|а 2,
| Алексюш|к|а 2

Алекс|еньк|а 1,
Алекс|ечк|а 1

Ал(екс|я) → **Ал|я** → Аль|к|а 1 → Ал|*еч*|к|а 1, Альчик 1
    Ал|еньк|а 1, Ал|ечк|а 2, Ал|ик 1,
    Аль|чик 2
   Ал|еньк|а 2, Ал|ечк|а 3, Ал|ик 2, Аль|к|а 2,
   Аль|чик 3

А(лек)с|я → **Ас|я 1** → Ась|к|а 1
   Ась|к|а 2

(А)ле(к)с|я → **Лес|я 1** → Лес|ун|я 1
               Лёс|а 1 → Лёс|к|а 1
   Лес|ун|я 2
   Лёс|а 2; Лёс|к|а 2

(А)лекс|я → Лекс|а 1 → Лёкс|а 1
   Лёкс|а 2

Алекс|еньк|а 2, Алекс|ечк|а 2, Алекс|юх|а 2, Алекс|юш|а 2

Ал(ексаш|а) → Ал|я 2; Ал|еньк|а 3, Ал|ечк|а 4, Ал|ик 3,
    Аль|к|а 3, Альчик 4

А(лек)с(аш|а) → Ас|я 2; Ась|к|а 3

(А)ле(к)с(аш|а) → Лес|я 2; Лес|ун|я 3
    Лёс|а 2; Лёс|к|а 3

(А)лекс(аш|а) → Лекс|а 2; Лёкс|а 3

(А)лек(са)ш|а → **Лёкш|а 1**

(А)лексаш|а → **Лексаш|а 1** → Лексаш|еньк|а 1, Лексаш|к|а 1
   Лекс(аш|а) → Лекс|а 3, Лёкс|а 4
   Ле(к)с(аш|а) → Лес|я 3; Лес|ун|я 4
        Лёс|а 3; Лёс|к|а 4
   Лек(са)ш|а → Лёкш|а 2
   (Лек)саш|а →

   Саш|а 1 →
    Саш|к|а 1 → Саш|*еч*|к|а 1
    Саш|ок 1 → Саш|оч|ек 1
    Саш|ул|я 1 → Сашуль|к|а → Сашул|*еч*|к|а 1
        Сашул|еньк|а,
        Сашул|ечк|а 2
    (Са)ш|у(л|я) → **Шу|ш|а 1** → Шуш|к|а
        Шу|с|я 1, Шу|я 1(Шу|[й|а])
    Саш|ун|я 1 →Сашунь|к|а →Сашун|*еч*|к|а 1,
              Сашун|ч|ик 1
        Сашун|еньк|а,
        Сашун|ечк|а 2,
        Сашун|ч|ик 2
    (Са)ш|у(н|я) →Шу|с|я 2, Шу|ш|а 2,
        Шу|я 2 (Шу|[й|а])

Саш‖ур|а 1 →   Сашур|к|а →Сашуро*ч*|к|а 1
                Сашур|еньк|а,
                Сашур|оньк|а,
                Сашур|очк|а 2
(Са)ш|у(р|а) → Шу|с|я 3, Шу|ш|а 3,
                Шу|я 3 (Шу|[й|а])
(Са)шур|а → Шур|а → Шур|к|а 1 →
                        Шуроч|к|а 1,
                        Шурч|ик 1
                  Шур|ун|я 1 →
                        Шурунь|к|а →
                            Шурунч|ик 1
                        Шурун|ок,
                        Шурун|чик 2
                  Шур|уш|а 1→
                        Шуруш|к|а
                  Шур|ан|я 1,
                  Шур|ей 1,
                  Шур|еньк|а 1,
                  Шур|ец 1,
                  Шур|ёнок 1,
                  Шур|ик 1,
                  Шур|очк|а 2,
                  Шур|чик 2,
                  Шур|ыг|а 1
              Шур|ан|я 2, Шур|ей 2,
              Шур|еньк|а 2, Шур|ец 2,
              Шур|ёнок 2, Шур|ик 2,
              Шур|к|а 2, Шур|очк|а 3,
              Шур|ун|я 2, Шур|уш|а 2,
              Шур|чик 3, Шур|ыг|а 2
          Саш|еньк|а 1, Саш|ечк|а 2, Саш|очек 2
      Саш|еньк|а 2, Саш|ечк|а 3, Саш|к|а 2,
      Саш|ок 2, Саш|очек 3, Саш|ул|я 2,
      Саш|ун|я 2, Саш‖ур|а 2
  Лексаш|еньк|а 2, Лексаш|к|а 2
(Алек)саш|а → Саш|а 2; Саш|еньк|а 3, Саш|ечк|а 4, Саш|к|а 3,
        Саш|ок 3, Саш|очек 4, Саш|ул|я 3, Саш|ун|я 3,
        Саш‖ур|а 3
(Алек)са|х|а → **Сах|а 1** → Сах|ей → Сахей|к|а
              Сах|он 1, Сах|ун 1
      Сах|ей 2, Сах|он 2, Сах|ун 2
      Алексаш|еньк|а 2, Алексаш|ечк|а 3, Алексаш|к|а 2
Алекса|ш|а 2

Алекс(ан|а) → Алекс|я 2; Алекс|еньк|а 3, Алекс|ечк|а 3,
                    Алекс|юх|а 3, Алекс|юш|а 3

Ал(ексан|а) → Ал|я 3; Ал|еньк|а 4, Ал|ечк|а 5, Ал|ик 4, Аль|к|а 4, Аль|чик 5

А(лек)с(ан|а) → Ас|я 3; Ась|к|а 4

(А)ле(к)с(ан|а) → Лес|я 3; Лес|ун|я 4
                     Лёс|а 3; Лёс|к|а 4

(А)лекс(ан|а) → Лекс|а 4, Лёкс|а 4

(А)лек(сан|а) → Лёк|ш|а 3

(А)ле(кса)н|а → Лен|я 1, Лён|я 1

(Алек)са(н|а) → Са|х|а 2; Сах|ей 3; Сах|он 3, Сах|ун 3; Са|ш|а 3

(А)лексан|а → **Лексан|а 1** → Лексан|к|а 1 → Лексан*оч*к|а 1
                                  Лексань|к|а 1 → Лексан*еч*к|а 1, Лексан|чик 1
                                    Лексан|ечк|а 2, Лексан|ок 1, Лексан|очк|а 2,
                                    Лексан|чик 2, Лексан|юшк|а 1

Лекс(ан|а) → Лекс|а 5, Лёкс|а 5

Лек(сан|а) → Лёк|ш|а 4

Ле(к)с(ан|а) → Лес|я 4; Лес|ун|я 5
                   Лёс|а 4; Лёс|к|а 5

Ле(кса)н|а → Лен|я 2, Лён|я 2

(Лек)са(н|а) → Са|х|а 3, Са|ш|а 4

(Лек)сан|а → **Сан|а 1** → Сан|ай 1 → Санай|к|а
                                 Сан|к|а 1 → Сан*оч*к|а 1, Сан|чик 1
                                 Сан|ч|а 1 → Сан|чик 2
                                 Сань|к|а 1 → Сан*еч*к|а 1
                                 Сан|ют|а 1 → Санют|к|а →
                                                  Санюто*ч*к|а 1
                                     Санют|очк|а 2,
                                   Санют|ушк|а 2
                                 Сан|юх|а 1 → Саню*ш*|к|а 1 →
                                                  Санюше*ч*к|а 1
                                   Саню*ш*|еньк|а 1,
                                   Саню*ш*|ечк|а 2
                                 Сан|юш|а 1 → Санюш|еньк|а 2,
                                   Санюш|ечк|а 3,
                                   Санью́ш|к|а 2
                               Сан|ел|я 1, Сан|ечк|а 2, Сан|ик 1,
                               Сан|к|о 1, Сан|очк|а 2, Сан|ук 1,
                               Сан|чик 3, Сан|ш|а 1, Сань|к|о 1,
                               Сань|ш|а 1, Са́н|юшк|а 1, Сан|яг|а 1
                          Са(н|а) → Са|х|а 4; Са|ш|а 5
                          Са*ш*|а 6; Саш|еньк|а 4, Саш|ечк|а 5,
                          Саш|к|а 4, Са*ш*|ок 4, Са*ш*|очек 5,
                          Са*ш*|ул|я 4, Са*ш*|ун|я 4, Са*ш*|ур|а 4
                       Сан|я 1 → Сан|ай 2, Сан|ел|я 2, Сан|ечк|а 3,

Сан|ик 2, Сан|к|а 2, Сан|к|о 2,
Сан|оч|к|а 3, Сан|ук 2, Сан|ч|а 2,
Сан|чик 4, Сань|ш|а 2, Сань|к|а 2,
Сань|к|о 2, Сань|ш|а 2, Сан|ют|а 2,
Сан|юх|а 2, Сан|юш|а 2,
Са́н|юшк|а 2, Сан|яг|а 2

Са(н|я) → Са|х|а 5, Са|ш|а 6
Са|ш|а 7; Са|ш|ень|к|а 5, Са|ш|ечк|а 6,
Са|ш|к|а 5, Са|ш|ок 5, Са|ш|очек 6,
Са|ш|ул|я 5, Са|ш|ун|я 5, Са|ш|ур|а 5

Сан|ай 3, Сан|ел|я 3, Сан|ечк|а 4, Сан|ик 3,
Сан|к|а 3, Сан|к|о 3, Сан|оч|к|а 4, Сан|ук 3,
Сан|ч|а 3, Сан|чик 5, Сань|ш|а 3, Сань|к|а 3,
Сань|к|о 3, Сань|ш|а 3, Сан|ют|а 3, Сан|юх|а 3,
Сан|юш|а 3, Са́н|юшк|а 3, Сан|яг|а 3
Са|ш|а 8; Са|ш|ень|к|а 6, Са|ш|ечк|а 7, Са|ш|к|а 6,
Са|ш|ок 6, Сан|очек 7, Саш|ул|я 6, Саш|ун|я 6,
Саш|ур|а 6

Лекса|ш|а 2; Лекса|ш|ень|к|а 3, Лекса|ш|к|а 3

Лексан|я 1 → Лексан|ечк|а 3, Лексан|к|а 2, Лексан|ок 2,
Лексан|оч|к|а 3, Лексан|чик 3, Лексань|к|а 2,
Лексан|юшк|а 2

Лекс(ан|я) → Лекс|а 6, Лёкс|а 6
Лек(сан|а) → Лёк|ш|а 5
Ле(к)с(ан|а) → Лес|я 5; Лес|ун|я 6
Лёс|а 5; Лёс|к|а 6
Ле(кса)н|а → Лен|я 3, Лён|я 3
(Лек)са(н|а) → Са|х|а 6, Са|ш|а 9
(Лек)сан|а → Сан|а 2, Сан|я 2; Сан|ай 4, Сан|ел|я 4,
Сан|ечк|а 5, Сан|ик 4, Сан|к|а 4, Сан|к|о 4,
Сан|оч|к|а 5, Сан|ук 4, Сан|ч|а 4, Сан|чик 6,
Сан|ш|а 4, Сань|к|а 4, Сань|к|о 4, Сань|ш|а 4,
Сан|ют|а 4, Сан|юх|а 4, Сан|юш|а 4,
Са́н|юшк|а 4, Сан|яг|а 4
Са|ш|а 10; Са|ш|ень|к|а 7, Са|ш|ечк|а 8, Са|ш|к|а 7,
Са|ш|ок 7, Са|ш|очек 8, Са|ш|ул|я 7, Са|ш|ун|я 7,
Са|ш|ур|а 7

Лекса|ш|а 3; Лекса|ш|ень|к|а 4, Лекса|ш|к|а 4

Лексан|ечк|а 4, Лексан|к|а 3, Лексан|ок 3, Лексан|оч|к|а 4,
Лексан|чик 4, Лексань|к|а 3, Лексан|юшк|а 3

Лекса|ш|а 3; Лекса|ш|ень|к|а 4, Лекса|ш|к|а 4

(Алек)сан|а → Сан|а 3, Сан|я 3; Сан|ай 5, Сан|ел|я 5, Сан|ечк|а 6, Сан|ик 5,
Сан|к|а 5, Сан|к|о 5, Сан|оч|к|а 6, Сан|ук 5, Сан|ч|а 5,
Сан|чик 7, Сан|ш|а 5, Сань|к|а 5, Сань|к|о 5, Сань|ш|а 5,

Сан|ют|а 5, Сан|юх|а 5, Сан|юш|а 5, Са́н|юшк|а 5, Сан|яг|а 5
Саш|а 11; Саш|еньк|ка 8, Саш|ечк|а 9, Саш|к|а 8, Саш|ок 8,
Саш|очек 9, Саш|ул|я 8, Саш|ун|я 8, Саш|ур|а 8
Алексаш|а 3; Алексаш|еньк|а 3, Алексаш|ечк|а 4,
Алексаш|к|а 3

Алексан|я → Алексан|ечк|а 3, Алексан|к|а 2, Алексан|очк|а 3,
Алексан|ушк|а 2, Алексань|к|а 2

Алекса(н|я) → Алекса|х|а 2, Алекса|ш|а 4

Алекс(ан|я) → Алекс|я 3; Алекс|еньк|а 5, Алекс|ечк|а 5, Алекс|юх|а,
Алекс|юш|а 5

Ал(ексан|я) → Ал|я 4; Ал|еньк|а 5, Ал|ечк|а 6, Ал|ик 5, Аль|к|а 5, Аль|чик 6

А(лек)с(ан|я) → Ас|я 4; Ась|к|а 5

(А)ле(к)с(ан|я) → Лес|я 6; Лес|ун|я 7
Лёс|а 6; Лёс|к|а 7

(А)лекс(ан|я) → Лекс|а 7, Лёкс|а 7

(А)лек(сан|я) → Лёк|ш|а 6

(А)ле(кса)н|я → Лен|я 4, Лён|я 4

(Алек)са(н|я) → Са|х|а 7, Са|ш|а 12

(А)лексан|я → Лексан|я 2; Лексан|ечк|а 5, Лексан|к|а 4, Лексан|ок 4,,
Лексан|очк|а 5, Лексан|чик 5, Лексань|к|а 4,
Лексан|юшк|а 4
Лексаш|а 4; Лексаш|еньк|а 5, Лексаш|к|а 5

(Алек)сан|я → Сан|а 4, Сан|я 4; Сан|ай 6, Сан|ел|я 6, Сан|ечк|а 7,
Сан|ик 6, Сан|к|а 6, Сан|к|о 6, Сан|очк|а 7, Сан|ук 6,
Сан|ч|а 6, Сан|чик 8, Сан|ш|а 6, Сань|к|а 6, Сань|к|о 6,
Сань|ш|а 6, Сан|ют|а 6, Сан|юх|а 6, Сан|юш|а 6,
Са́н|юшк|а 6, Сан|яг|а 6
Саш|а 13; Саш|еньк|а 9, Саш|ечк|а 10, Саш|к|а 9, Саш|ок 9,
Саш|очек 10, Саш|ул|я 9, Саш|ун|я 9, Саш|ур|а 9
Алексан|ечк|а 4, Алексан|к|а 3, Алексан|очк|а 4,
Алексан|ушк|а 3, Алексань|к|а 3
Алексаш|а 4; Алексаш|еньк|а 4, Алексаш|ечк|а 5,
Алексаш|к|а 4

Алексан|ечк|а 4, Алексан|к|а 3, Алексан|очк|а 4, Алексан|ушк|а 3,
Алексань|к|а 3
Алексаш|а 5; Алексаш|еньк|а 5, Алексаш|ечк|а 6, Алексаш|к|а 5

Алекса(ндр) → Алекса|х|а 3, Алекса|ш|а 6

Алекс(андр) → Алекс|я 4; Алекс|еньк|а 6, Алекс|ечк|а 6, Алекс|юх|а 6,
Алекс|юш|а 6

Ал(ександр) → Ал|я 5; Ал|еньк|а 6, Ал|ечк|а 7, Ал|ик 6, Аль|к|а 6, Аль|чик 7

А(лек)с(андр) → Ас|я 5; Ась|к|а 6

(А)лексан(др) → Лексан|а 2, Лексан|я 3; Лексан|ечк|а 6, Лексан|к|а 5,
Лексан|ок 5, Лексан|очк|а 6, Лексан|чик 6, Лексань|к|а 5,
Лексан|юшк|а 5

| Лекса*ш*|а 5; Лекса*ш*|еньк|а 6, Лекса*ш*|к|а 6

(А)лекс(андр) → Лекс|а 8, Лёкс|а 8

(А)лек(сандр) → Лёк|ш|а 7

(А)ле(кса)н(др) → Лен|я 5, Лён|я 5

(А)ле(к)с(андр) →Лес|я 7; Лес|ун|я 8
| Лёс|а 7; Лёс|к|а 8

(Алек)сан(др) → Сан|а 5, Сан|я 5, Сан|ай 7, Сан|ел|я 7, Сан|ечк|а 8, Сан|ик 7,
                        Сан|к|а 7, Сан|к|о 7, Сан|очк|а 8, Сан|ук 7, Сан|ч|а 7,
                        Сан|чик 9, Сан|ш|а 7, Сань|к|а 7, Сань|к|о 7, Саны|ш|а 7,
                        Сан|ют|а 7, Сан|юх|а 7, Сан|юш|а 7, Са́н|юшк|а 7, Сан|яг|а 7
                        Саш|а 14; Саш|еньк|а 10, Саш|ечк|а 11, Саш|к|а 9, Саш|ок 10,
                        Саш|очек 11, Саш|ул|я 10, Саш|ун|я 10, Саш|ур|а 10

(Алек)са(ндр) → Са|х|а 8

(А)лександр → **Лександр**

                        Лексан(др) → Лексан|а 3, Лексан|я 4; Лексан|ечк|а 7,
                                        Лексан|к|а 6, Лексан|ок 6, Лексан|очк|а 7,
                                        Лексан|чик 7, Лексань|к|а 6, Лексан|юшк|а 6
                                        Лекса*ш*|а 6; Лекса*ш*|еньк|а 7, Лекса*ш*|к|а 7

                        Лекс(андр) → Лекс|а 9, Лёкс|а 9

                        Лек(сандр) → Лёк|ш|а 8

                        Ле(к)с(андр) → Лес|я 8; Лес|ун|я 9
                                        Лёс|а 8, Лёс|к|а 9

                        Ле(кса)н(др) → Лен|я 6, Лён|я 6

                        (Лек)сан(др) → Сан|а 6, Сан|я 6; Сан|ай 8, Сан|ел|я| 8,
                                        Сан|ечк|а 9, Сан|ик 8, Сан|к|а 8, Сан|к|о 8,
                                        Сан|очк|а 9, Сан|ук 8, Сан|ч|а 8, Сан|чик 10,
                                        Сан|ш|а 8, Сань|к|а 8, Сань|к|о 8, Саны|ш|а 8,
                                        Сан|ют|а 8, Сан|юх|а 8, Сан|юш|а 8,
                                        Са́н|юшк|а 8, Сан|яг|а 8
                                        Саш|а 15; Саш|еньк|а 11, Саш|ечк|а 12,
                                        Саш|к|а 10, Саш|ок 11, Саш|ул|я 11, Саш|ун|я 11,
                                        Саш|ур|а 11

                        (Лек)са(ндр) → Са|х|а 9

                        (Лек)сандр → **Сандр 1** → Сандр|ик 1, Сандр|ул|я 1
                                        Сандр|ик 2, Сандр|ул|я 2

(Алек)сандр → Сандр 2; Сандр|ик 3, Сандр|ул|я 3

    С р.: *ж* Александра.

    Дни ангела и святые (Александр): 16 марта — *папа в Риме*; 12 августа,
22 октября, 12 декабря — *епископы*; 2 июня, 30 августа — *патриарх*; 30 августа, 23 ноября — *князь Александр Невский*; 23 февраля, 20 апреля, 9 июня,
3 июля, 30 августа — *преподобные*; 25 января, 9 марта, 15 марта, 10 апреля,
13 мая, 20 мая, 10 июня, 9 июля, 10 июля, 1 августа, 11 августа, 28 сентября, 9 ноября — *мученики*.

АЛЕКСЕ́Й|, Алексе́|я (Алексе́[й|а]), *м* [*греч.* 'защищать'; 'защищать, отражать, предотвращать'; 'защитник'; 'помощник']. О т ч е с т в о: Алексе́евич, Алексе́евна; Алексе́ич, Алексе́вна (*разг.*).

Лексе́й|, Лексе́|я (Лексе́[й|а]) (*прост.*).

Але́ксий|, Але́кси|я (Алекси[й|а]) (*стар.*). О т ч е с т в о: Але́ксиевич, Але́ксиевна.

   П р о и з в о д н ы е (76):

Алексей 1 → Алексей|к|а, Алексе|ищ|е (Алексе[й|и]щ|е),
         Алексе|юшк|а (Алексе[й|у]шк|а)

Алекс(ей) → **Алекс|а**
       Алек(с|а) →
          Алек|а 1 → Алек|очк|а 1
          Але(к|а) → **Але́|н|я 1** → Алён|ечк|а
             (А)лё|н|я → **Лён|я 1** → Лёнь|к|а 1 →
                                   Лён*еч*|к|а 1
                   Лён|ечк|а 2,
                   Лён|ик 1,
                   Лён|к|а 1,
                   Лёнь|ш|а 1,
                   Лён|юшк|а 1
                   Лёш|а 1 →
                       Лёш|к|а 1 →
                            Лёшеч|к|а 1
                       Лёш|еньк|а 1,
                       Лёш|ечк|а 2,
                       Лёш|ик 1,
                       Леш|ок 1,
                       Леш|онок 1
                   Лё*ш*|еньк|а 2,
                   Лё*ш*|ечк|а 3, Лёш|ик 2,
                   Лё*ш*|к|а 2, Леш|ок 2,
                   Леш|онок 2
                 Лён|ечк|а 3, Лён|ик 2, Лён|к|а 2,
                 Лёнь|к|а 2, Лёнь|ш|а 2,
                 Лён|юшк|а 2
               Алё|х|а 1 → **Алёш|а 1** → Алёш|к|а 1 →
                                Алешеч|к|а 1
                     Алеш|ай 1,
                     Алёш|еньк|а 1,
                     Алёш|ечк|а 2,
                     Алёш|ик 1
               (А)лёш|а → Лёш|а 2; Лёш|еньк|а 3,
                     Лёш|ечк|а 4,
                     Лёш|ик 3, Лёш|к|а 3,

Леш|ок 3, Леш|онок 3

(А)лё|х|а → **Лёх|а 1** → Лёш|а 3, Лёш|еньк|а 4,
Лёш|ечк|а 5, Лёш|ик 4,
Лёш|к|а 4, Леш|ок 4,
Леш|онок 4

Алеш|ай 2, Алёш|еньк|а 2,
Алёш|ечк|а 3, Алеш|ик 2,
Алёш|к|а 2

Алёш|а 2

Ал(ек|а) → **Ал|я 1** → Ал|юн|я 1 → Алюнь|к|а →
Алюнеч|к|а 1
Алюн|ечк|а 2

(А)л|юн|я → **Люн|я 1** → Люнь|к|а 1 →
Люнеч|к|а 1
Люн|еньк|а 1
Люн|ечк|а 2

Люн|еньк|а 2,
Люн|ечк|а 3, Люнь|к|а 2

Ал|еньк|а 1, Ал|ечк|а 1, Ал|ик 1,
Ал|ях|а 1

(А)л|я → **Л|ял|я** → Ляль|к|а → Лялеч|к|а 1
Лял|еньк|а, Лял|ечк|а 2,
Лял|ик

Л|юн|я 2

Ол|я 1 → Оль|к|а 1

(*О*)л|я → Л|юн|я 3, Л|ял|я 2

Оль|к|а 2

Ал|еньк|а 2, Ал|ечк|а 2, Ал|ик 2, Ал|юн|я 2,
Ал|ях|а 2

Ол|я 2; *Оль*|к|а 3

(А)ле(к|а) → **Ле|н|я 1** → Лень|к|а → Ленеч|к|а 1
Лен|ечк|а 2, Лен|ик, Лен|ок,
Лень|ш|а

Лён|я 2

Лё|л|я 1 → Лёль|к|а → Лёлеч|к|а 1
Лёл|еньк|а, Лёл|ечк|а 2, Лёл|ик
Лелёк|а

Лё|н|я 3, Лё|с|я 1, Лё|х|а 2, Лё|ш|а 4

(А)л(ек|а) → Л|юн|я 4, Л|ял|я 3

(А)лек|а → **Лек|а 1** → Лек|очк|а 1
Лек|очк|а 2

Лёк|а 1 → Лёк|очк|а 1
Лёк|очк|а 2

Алёк|а 1 → Алёк|очк|а

Алё(к|а) →   Алё|н|я 2, Алё|х|а 2, Алё|ш|а 3

Ал(ёк|а) →   Ал|я 2; Ал|еньк|а 3, Ал|ечк|а 3, Ал|ик 3,
               Ал|юн|я 3, Ал|ях|а 3
             Ол|я 3; *Оль|к|а* 4

(А)лё(к|а) →Лё|л|я 2, Лё|н|я 4, Лё|с|я 2, Лё|х|а 3, Лё|ш|а 5
               Ле|н|я 2

(А)л(ёк|а) →Л|юн|я 5, Л|ял|я 4

(А)лёк|а →   Лёк|а 2; Лёк|очк|а 3
               Лек|а 2; *Лек|очк|а* 3

    Алек|очк|а 2

Але(кс|а) → Алё|н|я 3, Алё|х|а 3, Алё|ш|а 4

Ал(екс|а) → Ал|я 3; Ал|еньк|а 4, Ал|ечк|а 4, Ал|ик 4,
               Ал|юн|я 4, Ал|ях|а 4
               Ол|я 4; *Оль|к|а* 5

(А)лек(с|а) → Лек|а 3; Лек|очк|а 4
               Лёк|а 3; Лёк|очк|а 4

(А)ле(кс|а) → Ле|н|я 3
               Лё|л|я 3, Лё|н|я 5, Лё|с|я 3, Лё|х|а 4, Лё|ш|а 6

(А)л(екс|а) → Л|юн|я 6, Л|ял|я 5

(А)лекс|а → **Лекс|а 1, Лекс|я 1**
               Лёкс|а 1, Лёкс|я 1
               Алёкс|а 1

               Алёк(с|а) → Алёк|а 2, Алек|а 2

               Алё(кс|а) → Алё|н|я 4, Алё|х|а 4, Алё|ш|а 5

               Ал(ёкс|а) → Ал|я 4; Ал|еньк|а 5, Ал|ечк|а 5,
                              Ал|ик 5, Ал|юн|я 5, Ал|ях|а 5
                              Ол|я 5; *Оль|к|а* 6

               (А)лёк(с|а) → Лёк|а 4; Лёк|очк|а 5
                              Лек|а 4; *Лек|очк|а* 5

               (А)лё(кс|а) → Лё|л|я 4, Лё|н|я 6, Лё|с|я 4,
                              Лё|х|а 5, Лё|ш|а 7
                              Ле|н|я 4

               (А)л(ёкс|а) → Л|юн|я 7, Л|ял|я 6

               (А)лёкс|а →   Лёкс|а 2, Лёкс|я 2
                            Лекс|а 2, *Лекс|я* 2

    Алёкс|а 2

Алек(сей) → Алек|а 2, Алёк|а 2

Але(ксей) → Алё|н|я 5, Алё|х|а 5, Алё|ш|а 6

Ал(ексей) → Ал|я 5; Ал|еньк|а 6, Ал|ечк|а 6, Ал|ик 6, Ал|юн|я 6, Ал|ях|а 6
          Ол|я 6; *Оль|к|а* 7

(А)лекс(ей) → Лекс|а 3, Лекс|я 3
               Лёкс|а 3, Лёкс|я 3

(А)лек(сей) → Лек|а 5; Лек|очк|а 6
               Лёк|а 5; Лёк|очк|а 6

(А)ле(ксей) → Ле|н|я 5
| Лёл|я 5, Лён|я 7, Лёс|я 6, Лёх|а 6, Лёш|а 8
(А)л(ексей) → Л|юн|я 8, Л|ял|я 7
(А)лексей → **Лексей** → Лексей|к|а, Лексе|юшк|а (Лексе[й|у]шк|а)
        Лекс(ей) → Лекс|а 4, Лекс|я 4
        | Лёкс|а 4, Лёкс|я 4
        Лек(сей) → Лек|а 6; Лек|очк|а 7
        | Лёк|а 6; Лёк|очк|а 7
        Ле(ксей) → Ле|н|я 6
        | Лёл|я 6, Лён|я 8, Лёс|я 6, Лёх|а 7, Лёш|а 9
        Л(ексей) → Л|юн|я 9, Л|ял|я 8
Алексий →   Алексей 2
    С р.: *ж* Алексина.
    Дни ангела и святые (Алексий): 12 февраля, 20 мая, 5 октября — *митрополиты*; 30 августа, 23 ноября — *князья*; 17 марта, 24 апреля, 28 сентября — *преподобные*; 9 августа —*мученик*.

АЛИ́М|, а, *м* [возможно, *греч.* 'помазанный'; *арабск.* 'всезнающий', 'ученый']. О т ч е с т в о: Али́мович, Али́мовна.
    П р о и з в о д н ы е (13):
Алим → Алим|к|а
Ал(им) → **Ал|я** → Аль|к|а 1 → Але*ч*|к|а 1
| Ал|е*ч*к|а 2, Ал|ик 1
| Ал|е*ч*к|а 3, Ал|ик 2, Аль|к|а 2
(А)лим → **Лим|а** →Лим|ан|я 1 → Лиман|ь|к|а → Лимане*ч*|к|а 1
| | Лиман|е*ч*к|а 2
| Лим|к|а 1 →   Лим*о*|чк|а 1
| Лим|онь|к|а 1, Лим|очк|а 2, Лим|ушк|а 1
        Лим|ан|я 2, Лим|к|а 2, Лим|онь|к|а 2, Лим|очк|а 3, Лим|ушк|а 2
    День ангела и святой (Алим): 1 августа — *мученик*.

АЛЬБЕ́РТ|, а, *м* [*др.герм.* 'благородный свет']О т ч е с т в о: Альбе́ртович, Альбе́ртовна; Альбе́ртыч (*разг.*).
    П р о и з в о д н ы е (2):
Альберт
Аль(берт) → **Ал|я**
(Аль)бер(т) → **Бер|а**

АЛЬФРЕ́Д|, а, *м* [*др.-герм.* 'мудрый совет' или 'весь' + 'мир']. О т ч е с т в о: Альфре́дович, Альфре́довна; Альфре́дыч (*разг.*).
    П р о и з в о д н ы е (4):
Альфред → Альфред|к|а
Альф(ред) →**Альф|а**
        Аль(ф|а) → **Ал|я 1**

Аль(фред) → Ал|я 2
(Аль)фред → **Фред|а**

АМА́НТИЙ|, Ама́нти|я (Аманти[й|а]), *м* (*стар. редк.*) [*лат.* 'любящий'; 'достойный любви', 'любящий, ласковый']. О т ч е с т в о: Ама́нтиевич, Ама́нтиевна *и* Ама́нтьевич, Ама́нтьевна.

АМВРО́СИЙ|, Амвро́си|я (Амвроси[й|а]), *м* [*греч.* 'принадлежащий бессмертным, божественный'; 'бессмертный, божественный']. О т ч е с т в о: Амвро́сиевич, Амвросиевна *и* Амвро́сьевич, Амвро́сьевна.

Абро́сим|, а (*разг.*). О т ч е с т в о: Абро́симович, Абро́симовна; Абро́симыч (*разг.*).

Амбро́сий|, Амбро́сия (Амброси[й|а]) (*прост.*).

   П р о и з в о д н ы е (13):

Амвросий

Амврос(ий) → Амврос|к|а, Амврось|к|а

А(м)вросий → Абросим 1

А(м)врос(ий) → **Аброс|я 1** → Абрось|к|а 1 → Абросе*ч*|к|а 1
  | Аброс|еньк|а 1, Аброс|ечк|а 2
  | (Аб)рос|я → **Рос|я 1** → Рось|к|а 1 → Росе*ч*|к|а 1
  | | Рос|еньк|а 1, Рос|ечк|а 2, Рос|ик 1
  | Рос|еньк|а 2, Рос|ечк|а 3, Рос|ик 2, Рось|к|а 2
  | Абрось|еньк|а 2, Аброс|ечк|а 3, Абрось|к|а 2
(Амв)рос(ий) → Рос|я 2; Рос|еньк|а 3, Рос|ечк|а 4, Рос|ик 3, Рось|к|а 3

            Амбросий

            А(м)бросий → Абросим 2

            А(м)брос(ий) → Аброс|я 2; Аброс|еньк|а 3, Аброс|ечк|а 4,
            | Абрось|к|а 3
            (Амб)рос(ий) → Рос|я 3; Рос|еньк|а 4, Рос|ечк|а 5,
                                   Рос|ик 4, Рось|к|а 4

   Дни ангела и святые (Амвросий): 7 декабря — *епископ*; 10 октября — *преподобный*.

АМО́С|, а, *м* [*др.-евр.* 'нагруженный, несущий ношу'; 'тяжесть, крепость']. О т ч е с т в о: Амо́сович, Амо́совна; Амо́сыч (*разг.*).

Ано́с|, а (*прост.*)

   П р о и з в о д н ы е (12):

Амос → Амос|к|а 1 → Амосо*ч*|к|а 1
  | Амось|к|а 1 → Амосе*ч*|к|а 1
  | Амос|ечк|а 2, Амос|ик 1, Амос|очк|а 2
(А)мос → **Мос|я 1** → Мось|к|а 1 → Мосе*ч*|к|а 1
  | Мос|ейк|а 1, Мос|еньк|а 1, Мос|ечк|а 2, Мос|ик 1
  | Мос|ейк|а 2, Мос|еньк|а 2, Мос|ечк|а 3, Мос|ик 2, Мось|к|а 2
       Анос 1

Амос|я → Амос|ечк|а 3, Амос|ик 2, Амос|к|а, Амос|очк|а 3,
        Амось|к|а 2
(А)мос|я → Мос|я 2; Мос|ейк|а 3, Мос|еньк|а 3, Мос|ечк|а 4,
        Мос|ик 3, Мось|к|а 3
        Анос 2
День ангела и святой (Амос): 15 июня — *пророк.*

АМУ́Р|, а, м [*в античной мифологии Амур — бог любви; лат.* 'любовь'].
О т ч е с т в о: Аму́рович, Аму́ровна.
   П р о и з в о д н ы е (6):
Амур → Амур|к|а
(А)мур → **Мур|а** → Мур|к|а 1→ Мур|оч|к|а 1
            Мур|ик 1, Мур|оньк|а 1, Мур|очк|а 2
     Мур|ик 2, Мур|к|а 2, Мур|оньк|а 2, Мур|очк|а 3

АНА́НИЙ|, Ана́ни|я (Анани[й|а]), м [*др.-евр.* 'Яхве (Бог) был милосерден,
милостив'; 'Бог благоволит'; 'благодать Божия']. О т ч е с т в о: Ана́ние-
вич, Ана́ниевна *и* Ана́ньевич, Ана́ньевна; Ана́ньич, Ана́ньична (*разг.*).
Ана́нь|я (Анань[й|а]), Ана́нь|и (Анань[й|и]) (*разг.*). О т ч е с т в о: Ана́нье-
вич, Ана́ньевна; Ана́ньич (*разг.*).
Ана́н|, а (*прост.*).
Ана́ни|я (Анани[й|а]), Ана́ни|и (Анани[й|и]) (*стар.*). О т ч е с т в о: Ана́-
нич, Ана́нична.
   П р о и з в о д н ы е (15):
Ананий 1
Анан(ий) → **Анан 1** → Анань|к|а 1 → Анан*еч*|к|а 1
             Анан|ечк|а 2
     (А)нан → **Нан|а 1** → Нан|к|а 1 →Нан*оч*|к|а 1
               Нань|к|а 1 → Нан*еч*|к|а 1
               Нан|ечк|а 2, Нан|очк|а 2, Нан|ушк|а 1
          Нан|я 1 → Нан|ечк|а 3, Нан|к|а 2, Нан|очк|а 3,
               Нан|ушк|а 2, Нань|к|а 2
          Нан|ечк|а 4, Нан|к|а 3, Нан|очк|а 4, Нан|ушк|а 3,
          Нань|к|а 3
          Ана*ш*|а 1 → Анаш|еньк|а 1, Анаш|к|а 1
          Ана*ш*|еньк|а 2, Анаш|к|а 2
     Анан|я 1 → Анан|ечк|а 3, Анань|к|а 2
     (А)нан|я → Нан|а 2, Нан|я 2; Нан|ечк|а 5, Нан|к|а 4,
             Нан|очк|а 5, Нан|ушк|а 4, Нань|к|а 4
             Ана*ш*|а 2; Ана*ш*|еньк|а 3, Анаш|к|а·3
     Анан|ечк|а 4, Анань|к|а 3
     Ана*ш*|а 3; Ана*ш*|еньк|а 4, Ана*ш*|к|а 4
     Анань|я 1
     Анан(ь|я) → Анан 2, Анан|я 2; Анан|ечк|а 5, Анань|к|а 4

| Анаш|а 3; Анаш|еньк|а 5, Анаш|к|а 5

(А)нан(ь|я) → Нан|а 3, Нан|я 3; Нан|ечк|а 6, Нан|к|а 5,
Нан|очк|а 6, Нан|ушк|а 5, Нань|к|а 5

Анани|я → Ананий 2, Анань|я 2

Дни ангела и святые (Анания): 4 января, 1 октября — *апостолы*; 26 января, 17 апреля, 1 декабря — *мученики*; 17 июня — *иконописец*; 17 декабря — *отрок*.

АНАСТА́СИЙ|, Анаста́си|я (Анаста́си[й|а]), *м* [*греч.* 'воскресший'; 'воскресший, возрожденный']. О т ч е с т в о: Анаста́сиевич, Анаста́сиевна; Анаста́сьич (*разг.*).

Наста́с|, а (*разг.*). О т ч е с т в о: Наста́сович, Наста́совна.

Наста́сий|, Наста́си|я (Наста́си[й|а]) (*разг.*). О т ч е с т в о: Наста́сиевич, Наста́сиевна *и* Наста́сьевич, Наста́сьевна.

Анастасе́й|, Анастасе́|я (Анастасе́[й|а]) (*прост.*).

П р о и з в о д н ы е (16):

Анастасий →Анастаси|юшк|а (Анастаси[й|у]шк|а),
Анастась|юшк|а (Анастась[й|у]шк|а)

Анастас(ий) → Анастас|к|а 1

А(наста)с(ий) → **Ас|я 1** → Ась|к|а 1 → Ас*е*ч|к|а 1
Ас|еньк|а 1, Ас|ечк|а 2
Ас|еньк|а 2, Ас|ечк|а 3, Ась|к|а 2

(А)настас(ий) → **Настас 1**
(Н)ас(тас) → Ас|я 2; Ас|еньк|а 3, Ас|ечк|а 4, Ась|к|а 3
(На)стас → **Стас|я 1** → Стась|к|а 1 → Стас*е*ч|к|а 1
Стас|еньк|а 1, Стас|ечк|а 2,
Стас|ик 1
(Ст)ас|я → Ас|я 3; Ас|еньк|а 4, Ас|ечк|а 5,
Ась|к|а 4
Стас|еньк|а 2, Стас|ечк|а 3, Стас|ик 2,
Стась|к|а 2

Настас|я 1
(Н)ас(тас|я) → Ас|я 4; Ас|еньк|а 5, Ас|ечк|а 6, Ась|к|а 5
(На)стас|я →Стас|я 2; Стас|еньк|а 3, Стас|ечк|а 4,
Стас|ик 3, Стась|к|а 3

(Ана)стас(ий) → Стас|я 3; Стас|еньк|а 4, Стас|ечк|а 5, Стас|ик 4,
Стась|к|а 4

(А)настасий →**Настасий**
Настас(ий) → Настас 2, Настас|я 2
(На)стас(ий) → Стас|я 4; Стас|еньк|а 5, Стас|ечк|а 6,
Стас|ик 5, Стась|к|а 5
(Наст)ас(ий) → Ас|я 5; Ас|еньк|а 6, Ас|ечк|а 7, Ась|к|а 6
Анастасей
Анастас(ей) → Анастас|к|а 2

А(наста)с(*ей*) → Ас|я 6; Ас|еньк|а 7, Ас|ечк|а 8, Ась|к|а 7
(А)настас(*ей*) → Настас 3, Настас|я 3
(Ана)стас(*ей*) → Стас|я 5; Стас|еньк|а 6, Стас|ечк|а 7,
                                    Стас|ик 6, Стась|к|а 6

С р.: *ж* Анастасия.

Дни ангела и святые (Анастасий): 20 апреля, 28 сентября — *преподоб-ные*; 22 января — *преподобномученики*; 8 января, 21 января, 24 января, 15 апреля, 29 августа, 25 октября, 5 декабря — *мученики*.

АНАТО́ЛИЙ|, Анато́ли|я (Анато́ли[й|а]), *м* [*греч.* 'восток'; 'восток, восход солнца'; 'восточный']. О т ч е с т в о: Анато́лиевич, Анато́лиевна и Анато́-льевич, Анато́льевна; Анато́льич (*разг.*).
Нато́лий|, Нато́ли|я (Нато́ли[й|а]) (*прост.*).
   П р о и з в о д н ы е (72):
Анатолий
Анатол(ий) → Анатоль|к|а → Анатолеч|к|а 1
| Анатол|еньк|а, Анатол|ечк|а 2, Анатол|ёнок, Анатол|ик
(А)натол(ий) → **Натол|я 1** → Натоль|к|а 1 →   Натолеч|к|а 1
| Натол|еньк|а 1, Натол|ечк|а 2
           Нато(л|я) →
                        Нато|х|а 1 → Нато*ш*|к|а 1 → Натош*еч*|к|а 1
                                         Нато*ш*|ечк|а 2
                                         Нато*ш*|а 1 → Натош|ечк|а 3,
                                         | Натош|к|а 2
                                         (На)то*ш*|а → **Тош|а 1** → Тош|к|а 1 →
                                                        | Тош*еч*|к|а 1
                                                        Тош|еньк|а 1,
                                                        Тош|ечк|а 2,
                                                        Тош|ик 1
                                                        Тош|еньк|а 2, Тош|ечк|а 3,
                                                        Тош|ик 2, Тош|к|а 2
                        (На)то|х|а → То*ш*|а 2; То*ш*|еньк|а 3, То*ш*|ечк|а 4,
                                     То*ш*|ик 3, То*ш*|к|а 3
                        Нато|ш|а 2
           Нат(ол|я) → Нат|ах|а 1
           На(то)л|я → Нал|ик 1
           Н(ат)ол|я → Нол|ик 1
           (На)то(л|я) → **То|к|а 1** → Ток|очк|а
                         То|с|я 1 → Тось|к|а → Тос*еч*|к|а 1
                         | Тос|еньк|а, Тос|ечк|а 2, Тос|ик
                         То|то 1 → Тото|ш|а → Тотош|к|а
                         То|т|я 1 → Тоть|к|а → Тот*еч*|к|а 1
                         | Тот|ечк|а 2, Тот|ик
                         То|ш|а 3

(На)т(ол|я) → **Т|ус|я 1** → Тусь|к|а → Тус*еч*к|а 1

           Тус|еньк|а, Тус|ечк|а 2, Тус|ик

(На)тол|я → **Тол|я 1** → Тол|ик 1 → Толич|ек

    Тол|ин|а 1 → Толин|к|а →

                Толин*оч*|к|а 1

        Толин|очк|а 2,

        Толин|ушк|а

    Толь|к|а 1 → Тол*еч*|к|а 1

    Тол|юн|я 1 →Толюнь|к|а →

                Толюн*ч*|ик 1

        Толюн|чик 2

    Тол|юс|я 1 → Толюс|еньк|а,

        Толюс|ик, Толюсь|к|а

    Тол|ян|а 1 → Толян|к|а →

                Толян*ч*|ик 1

        Толян|чик 2

    Тол|ях|а 1 →Толяш|а 1 →

            Толяш|еньк|а 1,

            Толяш|к|а 1

        Толяш|еньк|а 2,

        Толяш|к|а 2

    Тол|ящ|а 2 →Толяш|еньк|а 3,

        Толяш|к|а 3

    Тол|ей 1, Тол|еньк|а 1, Тол|ечк|а 2

    Тол|ёнок 1, Толь|ш|а 1, Тол|яй 1,

    Тол|як|а 1

То(л|я) → То|к|а 2, То|с|я 2, То|то 2, То|т|я 2,

    То|ш|а 4

Т(ол|я) → Т|ус|я 2

Тол|ей 2, Тол|еньк|а 2, Тол|ечк|а 3, Тол|ёнок 2,

Тол|ик 2, Тол|ин|а 2, Толь|к|а 2, Толь|ш|а 2,

Тол|юн|я 2, Тол|юс|я 2, Тол|яй 2, Тол|як|а 2,

Тол|ян|а 2, Тол|ях|а 2, Тол|ящ|а 3

Натол|еньк|а 2, Натол|ечк|а 3, Натоль|к|а 2

(А)нато(лий) → Нато|х|а 2, Нато|ш|а 3

(А)нат(олий) → Нат|ах|а 2

(А)на(то)л(ий) → Нал|ик 2

(А)н(ат)ол(ий) → Нол|ик 2

(Ана)тол(ий) → Тол|я 2; Тол|ей 3, Тол|еньк|а 3, Тол|ечк|а 4, Тол|ёнок 3,

        Тол|ик 3, Тол|ин|а 3, Толь|к|а 3, Толь|ш|а 3, Тол|юн|я 3,

        Тол|юс|я 3, Тол|яй 3, Тол|як|а 3, Тол|ян|а 3, Тол|ях|а 3,

        Тол|ящ|а 4

(Ага)то(лий) → То|к|а 3, То|с|я 3, То|то 3, То|т|я 3, То|ш|а 5

(Ана)т(олий) → Т|ус|я 3

(А)натолий → **Натолий**

Натол(ий) → Натол|я 2

Нато(лий) → Нато|х|а 3, Нато|ш|а 4

Нат(олий) → Нат|ах|а 3

На(то)л(ий) → Нал|ик 3

Н(ат)ол(ий) → Нол|ик 3

(На)тол(ий) → Тол|я 3; Тол|ей 4, Тол|еньк 4,
Тол|ечк|а 5, Тол|ёнок 4, Тол|ик 4,
Тол|ин|а 4, Толь|к|а 4, Толь|ш|а 4,
Тол|юн|я 4, Тол|юс|я 4, Тол|яй 4,
Тол|як|а 4, Тол|ян|а 4, Тол|ях|а 4,
Тол|яш|а 5

(На)то(лий) → То|к|а 4, То|с|я 4, То|то 4, То|т|я 4,
То|ш|а 6

(На)т(олий) → Т|ус|я 4

(На)толий → Толь|ян 1 (Толь[й|а]н) → Тольян|к|а

(Ана)толий → Толь|ян 2 (Толь[й|а]н)

С р.: *ж* Анатолия.

Дни ангела и святые (Анатолий): 3 июля — *патриарх*; 31 октября, 28 августа, 28 сентября — *преподобные*; 23 апреля, 20 ноября — *мученики*.

А́НГЕЛ|, а, *м* [*греч.* 'вестник']. О т ч е с т в о: А́нгелович, А́нгеловна.
А́ггел|, а (*стар. редк.*). О т ч е с т в о: А́ггелович, А́ггеловна.

П р о и з в о д н ы е (13):

Ангел → Ангел|еньк|а 1, Ангел|ечк|а 1

(Ан)гел → Гел|а 1 → Гел|к|а 1 → Гел|оч|к|а 1
Гель|к|а 1 → Гел|еч|к|а 1
Гел|еньк|а 1, Гел|ечк|а 2, Гел|оньк|а 1, Гел|очк|а 2

Гел|я 1 → Гел|еньк|а 2, Гел|ечк|а 3, Гел|к|а 2, Гел|оньк|а 2,
Гел|очк|а 3, Гель|к|а 2

Гел|еньк|а 3, Гел|ечк|а 4, Гел|к|а 3, Гел|оньк|а 3, Гел|очк|а 4,
Гель|к|а 3

Аггел

(Аг)гел → Гел|а 2, Гел|я 2; Гел|еньк|а 4, Гел|ечк|а 5, Гел|к|а 4,
Гел|оньк|а 4, Гел|очк|а 5, Гель|к|а 4

Ангел|а → Ангел|еньк|а 2, Ангел|ечк|а 2

(Ан)гел|а →Гел|а 3, Гел|я 3; Гел|еньк|а 5, Гел|ечк|а 6, Гел|к|а 5,
Гел|оньк|а 5, Гел|очк|а 6, Гель|к|а 5

Ангел|я → Ангел|еньк|а 3, Ангел|ечк|а 3

(Ан)гел|я →Гел|а 4, Гел|я 4; Гел|еньк|а 6, Гел|ечк|а 7, Гел|к|а 6,
Гел|оньк|а 6, Гел|очк|а 7, Гель|к|а 6

АНГЕЛИ́Н|, а, *м* [*от женск.* Ангелина]. О т ч е с т в о: Ангели́нович, Ан-
гели́новна; Ангели́ныч (*разг.*).

П р о и з в о д н ы е (15):
Ангелин
Ангел(ин) → **Ангел|а** → Ангел|к|а 1 → Ангел*оч*|к|а 1
                        Ангель|к|а 1 → Ангел*еч*|к|а 1
                        Ангел|еньк|а 1, Ангел|ечк|а 2, Ангел|очк|а 2
           (Ан)гел|а → **Гел|а 1** → Гел|к|а 1 → Гел*оч*|к|а 1
                         Гель|к|а 1 → Гел*еч*|к|а 1
                         Гел|еньк|а 1, Гел|ечк|а 2, Гел|оньк|а 1,
                         Гел|очк|а 2
                 Гел|я 1 → Гел|еньк|а 2, Гел|ечк|а 3, Гел|к|а 2,
                         Гел|оньк|а 2, Гел|очк|а 3, Гель|к|а 2
                 Гел|еньк|а 3, Гел|ечк|а 4, Гел|к|а 4, Гел|оньк|а 3,
                 Гел|очк|а 4, Гель|к|а 3
           Ангел|я → Ангел|еньк|а 2, Ангел|ечк|а 3, Ангел|к|а 2,
                      Ангел|очк|а 3, Ангель|к|а 2
           (Ан)гел|я → Гел|а 2, Гел|я 2; Гел|еньк|а 4, Гел|ечк|а 5,
                      Гел|к|а 5, Гел|оньк|а 4, Гел|очк|а 5, Гель|к|а 4
        Ангел|еньк|а 3, Ангел|ечк|а 4, Ангел|к|а 3, Ангел|очк|а 4,
        Ангель|к|а 3
(Ан)гел(ин) → Гел|а 3, Гел|я 3; Гел|еньк|а 5, Гел|ечк|а 6, Гел|к|а 6,
                 Гел|оньк|а 5, Гел|очк|а 6, Гель|к|а 5
    С р.: *ж* Ангелина.

АНДРЕ́Й|, Андре́|я (Андре́[й|а]), *м* [*греч.* 'мужественный, храбрый']. О т -
ч е с т в о: Андре́евич, Андре́евна; Андре́ич, Андре́вна (*разг.*).
    П р о и з в о д н ы е (33):
Андрей → Андрей|к|а → Андрей*ч*|ик 1
            Андрей|чик 2, Андрей|ш|а, Андре|юшк|а (Андре[й|у]шк|а)
Андр(ей) → **Андр|я** → Андр|юн|я 1 → Андрюнь|к|а → Андрюн*еч*|к|а 1
                             Андрюн|ечк|а 2
                 (Ан)др|юн|я → **Дрюн|я 1**
                         Д(р)юн|я → **Дюн|я 1** → Дюнь|к|а 1
                                 Дюнь|к|а 2
                 Андр|юх|а 1 → Андрюш|к|а 1 → Андрюш*еч*|к|а 1
                         Андрю*ш*|еньк|а 1, Андрю*ш*|ечк|а 2
                 Андр|юш|а 1 → Андрюш|еньк|а 2, Андрюш|ечк|а 3,
                       Андрюш|к|а 2
                 (Ан)д(р)юш|а → **Дюш|а 1**
                 Андр|ик 1
                 А(н)д(р)ик → **Адик 1**
             Ан(др|я) → **Он|я 1** → Онь|к|а 1, Он|юшк|а 1
                   *Он*ь|к|а 2, *Он*|юшк|а 2
            А(н)д(р|я) → Ад|ик 2
           (Ан)д(р|я) → Д|юк|а 1, Д|юн|я 2, Д|юш|а 2

        (Ан)др|я →   Др|юн|я 2

        Андр|ик 2, Андр|юн|я 2, Андр|юх|а 2, Андр|юш|а 2

Ан(дрей) → Он|я 2; Онь|к|а 3, Он|юшк|а 3

А(н)д(рей) → Ад|ик 3

(Ан)др(ей) → Др|юн|я 3

(Ан)д(рей) → Д|юк|а 2, Д|юн|я 3, Д|юш|а 3

(Анд)ре(й) → **Ре|н|а** → Рен|к|а 1 → Рен*оч*|к|а 1

                   Рень|к|а 1 → Рен*еч*|к|а 1

                   Рен|ечк|а 2, Рен|ик 1, Рен|очк|а 2, Рен|ушк|а 2,

                   Рен|юшк|а 2

        Ре|н|я → Рен|ечк|а 3, Рен|ик 2, Рен|к|а 2, Рен|очк|а 3,

                   Рен|ушк|а 3, Рень|к|а 2, Рен|юшк|а 3

(Анд)рей → **Ре|я** (Ре[й|а]) → Рей|к|а 1, Ре|юшк|а 1 (Ре[й|у]шк|а)

        Рей|к|а 2, Ре|юшк|а 2 (Ре[й|у]шк|а)

    Дни ангела и святые (Андрей): 30 июня, 30 ноября — *апостолы*; 4 июля — *епископ*; 23 мая, 29 июня, 4 июля, 10 сентября, 27 октября — *князья*; 2 декабря — *преподобный*; 4 июля — *преподобный Андрей Рублев иконописец*; 2 октября, 10 октября — *юродивый*; 15 апреля, 18 мая, 12 июня, 19 августа, 21 сентября, 23 сентября, 17 октября — *мученики*.

АНДРО́НИК|, а, м [*греч.* 'муж, мужчина' *и* 'победа'; 'муж-победитель'].
О т ч е с т в о: Андро́никович, Андро́никовна.

Андро́н|, а (*разг.*). О т ч е с т в о: Андро́нович, Андро́новна, Андро́ныч (*разг.*).

Андро́ний|, Андро́ни|я (Андро́ни[й|а]) (*разг.*). О т ч е с т в о: Андро́ниевич, Андро́ниевна *и* Андро́ньевич, Андро́ньевна.

    П р о и з в о д н ы е (36):

Андроник

Андрон(ик) → **Андрон** → Андронь|к|а 1 → Андрон*еч*|к|а 1

                   Андрон|ечк|а 2, Андрон|ий 1

        Андр(он) → **Андр|я 1**

        (Ан)дрон → **Дрон|я 1** → Дронь|к|а 1 → Дрон*еч*|к|а 1

                         Дрон|ечк|а 2, Дрон|ушк|а 1,

                         Дрон|юшк|а 1

                Дрон|ечк|а 3, Дрон|ушк|а 2, Дронь|к|а 2,

                Дрон|юшк|а 2

                Андро*ш*|а 1 → Андрош|к|а 1 → Андрош*еч*|к|а 1

                         Андрош|еньк|а 1, Андрош|ечк|а 2

                Андр(ош|а) → Андр|я 2

                Андро*ш*|еньк|а 2, Андро*ш*|ечк|а 3, Андро*ш*|к|а 2

        Андрон|я → Андрон|ечк|а 3, Андрон|ий 2, Андронь|к|а 2

        Андр(он|я) → Андр|я 3

        (Ан)дрон|я → Дрон|я 2; Дрон|ечк|а 4, Дрон|ушк|а 3,

                   Дронь|к|а 3, Дрон|юшк|а 3

                Андро*ш*|а 2; Андро*ш*|еньк|а 3,

| | Андрош|ечк|а 4, Андрош|к|а 3 |
Андрон|ечк|а 4, Андронь|к|а 3
Андрош|а 3; Андрош|еньк|а 4, Андрош|ечк|а 5, Андрош|к|а 4
Андр(оник) → Андр|я 4
(Ан)дрон(ик) → Дрон|я 3; Дрон|ечк|а 5, Дрон|ушк|а 4, Дронь|к|а 4,
Дрон|юшк|а 4
Андро(ни)к → **Андрок**
(Андро)ник → **Ник|а** → Ник|ан|а 1 → Никан|ушк|а
Ник|ах|а 1 → Никаш|к|а 1 → Никашеч|к|а 1
Никаш|еньк|а 1, Никаш|ечк|а 2
Ник|аш|а 1 → Никаш|еньк|а 2, Никаш|ечк|а 3,
Никаш|к|а 2
Ник|ус|я 1 → Никусь|к|а → Никусеч|к|а 1
Никус|еньк|а, Никус|ечк|а 2,
Никус|ик
Ник|уш|а 1 → Никуш|к|а → Никушеч|к|а 1
Никуш|еньк|а, Никуш|ечк|а 2
Ник|оньк|а 1, Ник|очк|а 1, Ни́к|ушк|а 1
Ник|ан|а 2, Ник|ах|а 2, Ник|аш|а 2, Ник|оньк|а 2,
Ник|очк|а 2, Ник|ус|я 2, Ник|уш|а 2, Ни́к|ушк|а 2

С р.: *ж* Андрона.

Дни ангела и святые (Андроник): 4 января, 17 мая, 30 июля — *апостолы*; 13 июня, 9 октября — *преподобные*; 12 октября — *мученик*.

АНИ́КИЙ|, Ани́кия (Аники[й|а]), *м* [*греч.* 'победа']. О т ч е с т в о: Ани́киевич, Ани́киевна.
Аникей|, Аникея (Аникей[й|а]) (*разг.*). О т ч е с т в о: Аникеевич, Аникеевна.
Иоанни́кий|, Иоанни́кия (Иоанники[й|а]) (*стар.*). О т ч е с т в о: Иоанни́киевич, Иоанни́киевна.
П р о и з в о д н ы е (10):
Аникий 1
Аник(ий) → **Аник|а 1**
(А)ник|а → **Ник|а 1** → Ник|ан|а 1 → Никан|ушк|а
Ник|ах|а 1 → Никаш|к|а 1 →
Никашеч|к|а 1
Никаш|еньк|а 1,
Никаш|ечк|а 2
Ник|аш|а 1 → Никаш|еньк|а 2,
Никаш|ечк|а 3,
Никаш|к|а 2
Ник|ан|а 2, Ник|ах|а 2, Ник|аш|а 2
(А)ник(ий) → Ник|а 2; Ник|ан|а 3, Ник|ах|а 3, Ник|аш|а 3
Аникей

Аник(ей) → Аник|а 2
(А)ник(ей) → Ник|а 3; Ник|ан|а 4, Ник|ах|а 4, Ник|аш|а 4

Иоанникий
(Ио)ан(н)икий → Аникий 2

Дни ангела и святые (Иоанникий): 30 августа — *патриарх*; 26 апреля, 4 ноября — *преподобные*.

АНИКИ́Т|А, ы, *м* [*греч.* 'непобедимый']. О т ч е с т в о: Аники́тич, Аники́-тична.

Ники́т|а, ы (*разг.*). О т ч е с т в о: Ники́тович, Ники́товна *и* Ники́тич, Ники́тична.

Ианики́т|а, ы (*стар.*). О т ч е с т в о: Ианики́тович, Ианики́товна *и* Ианики́тич, Ианики́тична.

П р о и з в о д н ы е (49):
Аникит|а 1 → Аникит|к|а → Аникито́ч|к|а 1
Аникит|очк|а 2, Аникит|ушк|а
Аник(ит|а) → **Аник 1, Аник|а 1** → Аник|уш|а 1 → Анику́ш|к|а,
Аникуш|еньк|а
Аник|очк|а 1, Ани́к|ушк|а 1
(А)ник, (А)ник|а → **Ник|а 1** → Ник|ан|а 1 → Никан|ушк|а
Ник|ах|а 1 → Никаш|к|а 1 →
Никаше́ч|к|а 1
Никаш|еньк|а 1,
Никаш|ечк|а 2
Ник|аш|а 1 → Никаш|еньк|а 2,
Никаш|ечк|а 3,
Никаш|к|а 2
Ник|ус|я 1 → Никусь|к|а →
Никусе́ч|к|а 1
Никус|еньк|а,
Никус|ечк|а 2,
Никус|ик
Ник|уш|а 1 → Нику́ш|к|а →
Никуше́ч|к|а 1
Никуш|еньк|а,
Никуш|ечк|а 2
Ник|оньк|а 1, Ник|очк|а 1,
Ни́к|ушк|а 1
Ник|ан|а 2, Ник|ах|а 2, Ник|аш|а 2,
Ник|оньк|а 2, Ник|очк|а 2, Ник|ус|я 2,
Ник|уш|а 2, Ни́к|ушк|а 2
Аник|очк|а 2, Аник|уш|а 2, Ани́к|ушк|а 2
(А)ник(ит|а) → Ник|а 2; Ник|ан|а 3, Ник|ах|а 3, Ник|аш|а 3, Ник|оньк|а 3,
Ник|очк|а 3, Ник|ус|я 3, Ник|уш|а 3, Ни́к|ушк|а 3

(А)никит|а → **Никит|а 1** → Никит|к|а 1 → Никито*ч*|к|а 1

Никит|ик 1, Никит|ок 1, Никит|оньк|а 1,
Никит|очк|а 2, Никит|ушк|а 1

Ник(ит|а) → Ник|а 3; Ник|ан|а 4, Ник|ах|а 4, Ник|аш|а 4,
Ник|оньк|а 4, Ник|очк|а 4, Ник|ус|я 4,
Ник|уш|а 4, Ни́к|ушк|а 4

(Ни)кит|а → **Кит|а 1** → Кит|к|а 1 → Кито́ч|к|а 1

Кит|ёк 1, Кит|ёнок 1, Кит|оньк|а 1,
Кит|очк|а 2, Кит|ушк|а 1

Кит|ёк 2, Кит|ёнок 2, Кит|к|а 2, Кит|оньк|а 2,
Кит|очк|а 3, Кит|ушк|а 2

Микит|а 1 → *Микит*|к|а 1 → *Микито́ч*|к|а 1
Микит|оньк|а 1, *Микит*|очк|а 2
Микит|ушк|а 1

(*Ми*)кит|а → Кит|а 2; Кит|ёк 3, Кит|ёнок 3,
Кит|к|а 3, Кит|оньк|а 3,
Кит|очк|а 4, Кит|ушк|а 3

Микит|к|а 2, *Микит*|оньк|а 2, *Микит*|очк|а 3,
Микит|ушк|а 2

Никит|ик 2, Никит|к|а 2, Никит|ок 2, Никит|оньк|а 2,
Никит|очк|а 3, Никит|ушк|а 2

Микит|а 2; *Микит*|к|а 3, *Микит*|оньк|а 3, *Микит*|очк|а 4,
Минкит|ушк|а 3

(Ани)кит|а → Кит|а 3; Кит|ёк 4, Кит|ёнок 4, Кит|к|а 4, Кит|оньк|а 4,
Кит|очк|а 5, Кит|ушк|а 4

Ианикит|а

(И)аник(ит|а) → Аник 2, Аник|а 2; Аник|очк|а 3, Аник|уш|а 3,
Аник|ушк|а 3

(Иа)ник(ит|а) → Ник|а 4; Ник|ан|а 5, Ник|ах|а 5, Ник|аш|а 5,
Ник|оньк|а 5, Ник|очк|а 5, Ник|ус|я 5, Ник|уш|а 5,
Ни́к|ушк|а 5

(И)аникита → Аникит|а 2

(Иа)никит|а → Никит|а 2; Никит|ик 3, Никит|к|а 3, Никит|ок 3,
Никит|оньк|а 3, Никит|очк|а 4, Никит|ушк|а 3

(Иани)кит|а → Кит|а 4; Кит|ёк 5, Кит|ёнок 5, Кит|к|а 5, Кит|оньк|а 5,
Кит|очк|а 6, Кит|ушк|а 5

Дни ангела и святые (Аникита): 12 августа, 7 ноября — *мученики*.

АНИ́СИЙ|, Ани́си|я (Ани́си[й|а]), *м* [*греч.* 'исполнение, завершение'; 'полезный']. О т ч е с т в о: Ани́сиевич, Ани́сиевна *и* Ани́сьевич, Ани́сьевна; Ани́сьич (*разг.*).

Ани́с|, а (*разг.*). О т ч е с т в о: Ани́сович, Ани́совна; Ани́сыч (*разг.*).

П р о и з в о д н ы е (12):

Анисий → Анись|юшк|а (Анись[й|у]шк|а)

Анис(ий) →**Анис, Анис|а** →Анис|к|а 1 → Анис*оч*|к|а 1
                              Анис|*очк*|а 2, Анис|*ушк*|а 1, Анись|к|а 1
              Ан(ис), Ан(ис|а) → **Он|я 1** → Онь|к|а 1 → Он*еч*|к|а 1
                              Он|*ечк*|а 2, Он|*юшк*|а 1
                          Он|ечк|а 3, Онь|к|а 2, *Он*|юшк|а 2
           Анис|я →   Анис|к|а 2, Анис|*очк*|а 3, Анис|*ушк*|а 2,
                 Анись|к|а 2
           Ан(ис|я) →Он|я 2; *Он*|ечк|а 4, Онь|к|а 3, *Он*|юшк|а 3
           Анис|к|а 3, Анис|*очк*|а 4, Анис|*ушк*|а 3, Анись|к|а 3
Ан(исий) → *Он*|я 3; *Он*|ечк|а 5, Онь|к|а 4, *Он*|юшк|а 4
Он(исий) → *Он*|я 4; *Он*|ечк|а 5, Онь|к|а 5, *Он*|юшк|а 5
      С р.: *ж* Анисья.
      День ангела и святой (Онисий): 5 марта — *мученик.*

АНТИГО́Н|, а, *м (стар. редк.)* [*греч.* 'вместо' *и* 'отпрыск, дитя']. О т ч е с т в о: Антиго́нович, Антиго́новна.
      С р.: *ж* Антигона.
      День ангела и святой (Антигон): 13 октября — *мученик.*

АНТИО́Х|, а, *м (стар. редк.).* [*греч.* 'сопротивляться'; 'противонесущий'; 'из Антиохия' (город в Сирии); имя сына Геракла]. О т ч е с т в о: Антио́хович, Антио́ховна.
      П р о и з в о д н ы е (5):
Антиох
Анти(и)ох →**Антох|а** → Анто*ш*|к|а → Антош*еч*|к|а 1
                 Анто*ш*|еньк|а 1, Анто*ш*|ечк|а 2
           Анто*ш*|а 1 → Антош|еньк|а 2, Антош|ечк|а 3,
                     Антош|к|а 2
           Анто*ш*|а 2; Антош|еньк|а 3, Анто*ш*|ечк|а 4, Анто*ш*|к|а 3
      Дни ангела и святые (Антиох): 23 февраля — *преподобный*; 8 июля, 16 июля — *мученик.*

АНТИ́П|, а, *м* [возможно, усечение имени полководца и преемника Александра Македонского; 'упорный, крепкий, против всего']. О т ч е с т в о: Анти́пович, Анти́повна; Анти́пыч (*разг.*).
Анти́пий|, Анти́пи|я (Анти́пи[й|а]) (*разг.*). О т ч е с т в о: Анти́пиевич, Анти́пиевна *и* Анти́пьевич, Анти́пьевна; Анти́пьич *и* Анти́пич (*разг.*).
Анти́п|а, ы (*стар.*). О т ч е с т в о: Анти́пич, Анти́пична.
      П р о и з в о д н ы е (5):
Антип 1 → Антип|к|а → Антип*оч*|к|а 1
      Антип|оньк|а, Антип|очк|а 2, Антип|ушк|а
(Ан)тип → **Тип|а 1**
      Антип|ий 1
      (Ан)тип(ий) →Тип|а 2

Антип|а → Антип 2, Антип|ий 2

День ангела и святой (Антипа): 11 апреля — *священномученик.*

АНТО́Н|, а, м [*римск.* родовое имя; *возможно, греч.* 'вступать в бой, состязаться'; 'набивающий цену'; 'приобретенный взамен']. О т ч е с т в о: Анто́нович, Анто́новна; Анто́ныч (*разг.*).

Анто́ний|, Анто́ни|я (Анто́ни[й|а]) (*стар.*). О т ч е с т в о: Анто́ниевич, Анто́ниевна *и* Анто́ньевич, Анто́ньевна.

П р о и з в о д н ы е (14):

Антон 1 → Антон|ечк|а 1, Антон|ик 1, Антон|ищ|е 1, Антон|к|а 1,
| Антон|юшк|а 1
Анто(н) → **Анто|сь 1,**
| **Анто|с|я 1** → Антось|к|а → Антосе*ч*|к|а 1
| | Антос|еньк|а, Антос|ечк|а 2, Антос|ик
| (Ан)то|сь
| (Ан)то|с|я **Тос|я 1** → Тось|к|а 1 → Тосе*ч*|к|а 1
| | | Тос|еньк|а 1, Тос|ечк|а 2, Тос|ик 1
| | Тос|еньк|а 2, Тос|ечк|а 3, Тос|ик 2, Тось|к|а 2
| **Анто|х|а 1** →Антош|к|а 1 → Антош*еч*|к|а 1
| | Антош|ек 1, Антош|еньк|а 1, Антош|ечк|а 2
| **Антош 1,**
| **Антош|а** →   Антош|ек 2, Антош|еньк|а 2,
| | Антош|ечк|а 3, Антош|к|а 2
| (Ан)тош,
| (Ан)тош|а → **Тош|а 1,** → Тош|к|а 1, →Тош*еч*|к|а 1
| | | Тош|еньк|а 1, Тош|ечк|а 2,
| | | Тош|ик 1
| | Тош|а → То|с|я
| | Тош|еньк|а 2, Тош|ечк|а 3, Тош|ик 2,
| | Тош|к|а 2
| (Ан)то|х|а →Тош|а 2; Тош|еньк|а 3, Тош|ечк|а 4, Тош|ик 3,
| | Тош|к|а 3
| Анто|ш 2, Анто|ш|а 2
Ант(он) → **Ант|я 1** → Ант|юх|а 1
| Ант|юх|а 2
(Ан)то(н) → То|с|я 3
(Ан)тон → **Тон|я 1** → Тонь|к|а → Тоне*ч*|к|а 1
| | Тон|ечк|а 2
| То(н|я) → То|с|я 4
| | Тош|а 2; Тош|еньк|а 3, Тош|ечк|а 4, Тош|ик 3,
| | Тош|к|а 3
| Тон|ечк|а 3, Тонь|к|а 2
| Тош|а 3; Тош|еньк|а 4, Тош|ечк|а 5, Тош|ик 4, Тош|к|а 4
| Антош 2, Антош|а 2; Антош|ек 3, Антош|еньк|а 3,

Антош|ечк|а 4, Антош|к|а 3

Антон|я 1→ Антон|ечк|а 2, Антон|ик 2, Антон|ищ|е 2,
Антон|к|а 2, Антон|юшк|а 2

Анто(н|я) → Анто|сь 2, Анто|с|я 2, Анто|х|а 2

Анто(он|я) → Ант|я 2; Ант|юх|а 3

(Ан)то(н|я) → То|с|я 5

(Ан)тон|я → Тон|я 2; Тон|ечк|а 4, Тонь|к|а 3
Тош|а ; Тош|еньк|а 5, Тош|ечк|а 6, Тош|ик 5,
Тош|к|а 5
Антош 3, Антош|а 3; Антош|ек 4,
Антош|еньк|а 4, Антош|ечк|а 5, Антош|к|а 4

Антоний

Антон(ий) → Антон 2, Антон|я 2; Антон|ечк|а 3, Антон|ик 3,
Антон|ищ|е 3, Антон|к|а 3, Антон|юшк|а 3
Антош 4, Антош|а 4; Антош|ек 5, Антош|еньк|а 5,
Антош|ечк|а 6, Антош|к|а 5

Анто(ний) → Анто|сь 3, Анто|с|я 3, Анто|х|а 3

Ант(оний) → Ант|я 3; Ант|юх|а 4

(Ан)тон(ий) → Тон|я 3; Тон|ечк|а 5, Тонь|к|а 4
Тош|а 5; Тош|еньк|а 6, Тош|ечк|а 7, Тош|ик 6, Тош|к|а 6

(Ан)то(ний) → То|с|я 6

С р.: *ж* Антония.

Дни ангела и святые (Антоний): 10 февраля — *епископ*; 12 февраля — *патриарх*; 17 января, 7 мая, 23 июня, 24 июня, 10 июля, 3 августа, 2 сентября, 28 сентября, 17 октября, 7 декабря — *преподобные*; 17 января — *великомученик*; 8 января, 1 марта, 14 апреля, 18 апреля, 4 мая, 6 июля, 10 июля, 9 августа, 9 ноября — *мученики*.

АНТОНИ́Н|, а, *м* [имя двух римских императоров II в.н.э. *проитяж.* к Антоний]. О т ч е с т в о: Антони́нович, Антони́новна; Антони́ныч (*разг.*).
П р о и з в о д н ы е (24):

Антони́н →Антонин|к|а → Антонино*ч*|к|а 1
Антонин|очк|а 2, Антонин|ушк|а

Антон(ин) → **Антон|я →**   Антон|ик 1 → Антонич|ек
Антонь|к|а 1 → Антоне*ч*|к|а 1
Антон|ечк|а 2, Антон|юшк|а 1

Анто(н|я) → **Анто|сь 1,**
Анто|с|я 1 → Антось|к|а → Антосе*ч*|к|а 1
Антос|еньк|а, Антос|ечк|а 2,
Антос|ик

(Ан)то|сь,
(Ан)то|с|я → **Тос|я 1** → Тось|к|а 1 → Тосе*ч*|к|а 1
Тос|еньк|а 1,
Тос|ечк|а 2,

```
                          │      Тос|ик 1
                          │      Тос|еньк|а 2, Тос|ечк|а 3, Тос|ик 2,
                          │      Тось|к|а 2
        (Ан)то(н|я) → То|с|я 2
        (Ан)тон|я → Тон|я 1 → Тонь|к|а 1 → Тонеч|к|а 1
                    │         Тон|ечк|а 2, Тон|ик 1,
                    │         Тонь|ш|а 1
                    │  То(н|я) → То|с|я 3
                    │  Тон|ечк|а 3, Тон|ик 2, Тонь|ш|а 2
           Антон|ечк|а 3, Антон|ик 2, Антонь|к|а 2,
           Антон|юшк|а 2
Анто(нин) → Анто|сь 2, Анто|с|я 2
(Ан)тон(ин) → Тон|я 2; Тон|ечк|а 4, Тон|ик 3, Тонь|ш|а 3
(Ан)то(нин) → То|с|я 4
```

С р.: *ж* Антонина.

Дни ангела и святые (Антонин): 23 февраля — *преподобный*; 19 апреля, 7 июня, 1 августа, 4 августа, 23 сентября, 22 октября, 7 ноября, 13 ноября — *мученики*.

АНФИМ|, а, *м* [*греч.* 'покрытый цветами, цветной'; 'цветущий']. О т ч е с т в о: Анфимович, Анфимовна; Анфимыч (*разг.*).

П р о и з в о д н ы е (19):

```
Анфим → Анфим|к|а → Анфимоч|к|а 1
│         Анфим|очк|а 2, Анфим|ушк|а
Анфи(м) → Анфи|ш|а → Анфиш|к|а → Анфишеч|к|а 1
│         │         Анфиш|еньк|а, Анфиш|ечк|а 2
│      (Ан)фи|ш|а → Фиш|а 1 → Фиш|к|а 1 → Фишеч|к|а 1
│                   │         Фиш|еньк|а 1, Фиш|ечк|а 2
│                   Фиш|еньк|а 2, Фиш|ечк|а 3, Фиш|к|а 2
(Ан)фи(м) → Фи|ш|а 2
(Ан)фим → Фим|а → Фим|к|а 1 → Фимоч|к|а 1
│                │  Фим|ул|я 1 → Фимуль|к|а → Фимулеч|к|а 1
│                │              Фимул|еньк|а, Фимул|ечк|а 2
│                Фим|очк|а 2, Фим|ушк|а 1
│         Фи(м|а) → Фи|ш|а 3
│         Фим|к|а 2, Фим|очк|а 3, Фим|ул|я 2, Фим|ушк|а 2
```

С р.: *ж* Анфима.

Дни ангела и святые (Анфим): 3 сентября — *священномученик*; 17 октября — *мученик*.

АНФИМИЙ|, Анфимми|я (Анфими[й|а]), *м* (*стар. редк.*) (*греч.* 'покрытый цветами, цветной']. О т ч е с т в о: Анфимиевич, Анфимиевна и Анфимьевич, Анфимьевна.

П р о и з в о д н ы е (13):

Анфимий

Анфим(ий) → **Анфим|а**

  (Ан)фи(м|а) → **Фи|ш|а** 1 → Фиш|к|а → Фиш*еч*|к|а 1
                              Фиш|еньк|а, Фиш|ечк|а 2

  Фим|а 1 → Фим|к|а 1 → Фим*оч*|к|а 1
              Фим|ул|я 1 →Фимуль|к|а →
              | Фимул*еч*|к|а 1
              | Фимул|еньк|а,
              | Фимул|ечк|а 2
              Фим|очк|а 2, Фим|ушк|а 1

  Фи(м|а) → Фи|ш|а 2
  Фим|к|а 2, Фим|очк|а 3, Фим|ул|я 2,
  Фим|ушк|а 2

(Ан)фим(ий) → Фим|а 2; Фим|к|а 3, Фим|очк|а 4, Фим|ул|я 3, Фим|ушк|а 3
(Ан)фи(мий) → Фи|ш|а 3

АПОЛЛИНА́РИЙ|, Аполлина́ри|я (Аполлина́ри[й|а]), *м* [*лат.* ‘относящийся
к Аполлону, Аполлонов’; ‘Аполлону посвященный’]. О т ч е с т в о: Апол-
лина́риевич, Аполлина́риевна *и* Аполлина́рьевич, Аполли́нарьевна.
Полина́рий|, Полина́ри|я (Полина́ри[й|а]) (*прост.*).

   П р о и з в о д н ы е (28):

Аполлинарий

Апол(линарий) → **Апол|я** → Аполь|к|а 1 → Апол*еч*|к|а 1
            | Апол|еньк|а 1, Апол|ечк|а 2
            Ап(ол|я) →**Ап|а 1** → Ап|к|а 1 → Ап*оч*|к|а 1
            | Ап|оньк|а 1, Ап|очк|а 2
            | Ап|к|а 2, Ап|оньк|а 2, Ап|очк|а 3
            (А)пол|я →**Пол|я 1** →Поль|к|а 1 → Пол*еч*|к|а 1
                           Пол|юн|я 1 → Полюнь|к|а →
                           | Полюн*еч*|к|а 1,
                           | Полюн*ч*|ик 1
                           | Полюн|ечк|а 2,
                           | Полюн|чик 2
                           Пол|юх|а 1 → Пол*ю*ш|к|а 1 →
                           | Полюш*еч*|к|а 1
                           | Полюш|еньк|а 1,
                           | Полюш|ечк|а 2
                           Пол|юш|а 1 →Полюш|еньк|а 2,
                           | Полюш|ечк|а 3,
                           | Пол*ю*ш|к|а 2
                           Пол|ян|а 1 → Полян|к|а →
                           | Поляноч|к|а 1
                           | Полян|очк|а 2
                           Пол|еньк|а 1, Пол|ечк|а 2,

                                        Поль|ч|а 1, Поль|ш|а 1,
                                        Пóл|юшк|а 1
                             Пол|еньк|а 2, Пол|ечк|а 3, Поль|к|а 2,
                             Поль|ч|а 2, Поль|ш|а 2, Пол|юн|я 2,
                             Пол|юх|а 2, Пол|юш|а 2, Пóл|юшк|а 2,
                             Пол|ян|а 2
                Апол|еньк|а 2, Апол|ечк|а 3, Аполь|к|а 2

Ап(оллинарий) → Ап|а 2; Ап|к|а 3, Ап|оньк|а 3, Ап|очк|а 4

(А)пол(линарий) → Пол|я 2; Пол|еньк|а 3, Пол|ечк|а 4, Поль|к|а 3,
                            Поль|ч|а 3, Поль|ш|а 3, Пол|юн|я 3, Пол|юх|а 3,
                            Пол|юш|а 3, Пóл|юшк|а 3, Пол|ян|а 3

(А)пол(л)инарий → **Полинарий**
                        Пол(инарий) → Пол|я 3; Пол|еньк|а 4, Пол|ечк|а 5,
                        Поль|к|а 4, Поль|ч|а 4, Поль|ш|а 4, Пол|юн|я 4,
                        Пол|юх|а 4, Пол|юш|а 4, Пóл|юшк|а 4, Пол|ян|а 4

   С р.: *ж* Аполлинария.

День ангела и святой (Аполлинарий): 23 июля — *священномученик*.

АПОЛЛÓН|, а, *м* [в античной мифологии Аполлон — бог солнца, мудрости; от *греч.* имени Аполлон — имени бога солнца и покровителя искусств; 'губитель']. О т ч е с т в о : Аполлóнович, Аполлóновна; Аполлóныч (*разг.*).

   П р о и з в о д н ы е (28):

Аполлон → Аполлон|ушк|а, Аполлон|ш|а

Апол(лон) → **Апол|а 1** → Апол|к|а 1 → Аполо*ч*|к|а 1
                             Аполь|к|а 1 → Апол*еч*|к|а 1
                             Апол|еньк|а 1, Апол|ечк|а 2, Апол|оньк|а 1,
                             Апол|очк|а 2

          Ап(ол|а) → **Ап|а 1** → Ап|к|а 1
                      Ап|к|а 2

          А(по)л|а → **Ал|я 1** →Аль|к|а 1 → Ал*еч*|к|а 1
                             Ал|ечк|а 2, Ал|ик 1
                      Ал|ечк|а 3, Ал|ик 2, Аль|к|а 2

          (А)пол|а → **Пол|я 1** → Поль|к|а 1 → Пол*еч*|к|а 1
                             Пол|юш|а 1 → Полю́ш|к|а
                             Пол|еньк|а 1, Пол|ечк|а 2, Пóл|юшк|а 1
                     Пол|еньк|а 2, Пол|ечк|а 3, Поль|к|а 2,
                     Пол|юш|а 2, Пóл|юшк|а 2

         Апол|я 1 → Апол|еньк|а 2, Апол|ечк|а 3, Апол|к|а 2,
                    Апол|оньк|а 2, Апол|очк|а 3, Аполь|к|а 2

          Ап(ол|я) → Ап|а 2; Ап|к|а 3

          А(по)л|я → Ал|я 2; Ал|ечк|а 4, Ал|ик 3, Аль|к|а 3

          (А)пол|я → Пол|я 2; Пол|еньк|а 3, Пол|ечк|а 4, Поль|к|а 3,
                      Пол|юш|а 3, Пóл|юшк|а 3

Апол|еньк|а 3, Апол|ечк|а 4, Апол|к|а 3, Апол|оньк|а 3,
Апол|очк|а 4, Аполь|к|а 3

Апол(лон) → Апол|а 2, Апол|я 2; Апол|еньк|а 4, Апол|ечк|а 5, Апол|к|а 4,
Апол|оньк|а 4, Апол|очк|а 5, Аполь|к|а 4

Ап(оллон) → Ап|а 3; Ап|к|а 4

А(по)л(лон) → Ал|я 3; Ал|ечк|а 5, Ал|ик 4, Аль|к|а 4

(А)пол(лон) → Пол|я 3; Пол|еньк|а 4, Пол|ечк|а 5, Поль|к|а 4,
Пол|юш|а 4, По́л|юшк|а 4

(А)пол(л)он → **Полош|а 1** → Полош|к|а 1
Полош|к|а 2

Аполлош|а → Аполлош|к|а 1 → Аполлош*еч*|к|а 1
Аполлош|ечк|а 2

Ап(оллош|а) → Ап|а 4; Ап|к|а 5

А(по)л(лош|а) → Ал|я; Ал|ечк|а 6, Ал|ик 5, Аль|к|а 5

(А)пол(лош|а) → Пол|я 4; Пол|еньк|а 5, Пол|ечк|а 6,
Поль|к|а 5, Пол|юш|а 5, По́л|юшк|а 5

(А)пол(л)ош|а → Полош|а 2; Полош|к|а 3

Аполлош|ечк|а 3, Аполлош|к|а 2

День ангела и святой (Аполлон): 5 июня — *мученик*.

АПОЛЛО́НИЙ|, Аполло́ни|я (Аполло́ни[й|а]), *м* (*стар. редк.*). ['Аполло-
нов, относящийся к Аполлону'; 'губитель']. О т ч е с т в о: Аполло́ниевич,
Аполло́ниевна *и* Аполло́ньевич, Аполло́ньевна.

П р о и з в о д н ы е (18):

Аполлоний

Аполлон(ий) → Аполлон|ушк|а, Аполлон|ш|а

Аполлош|а → Аполлош|к|а → Аполлош*еч*|к|а 1
Аполлош|ечк|а 2

Апол(лош|а) → **Апол|я 1** → Аполь|к|а 1 →   Апол*еч*|к|а 1
Апол|еньк|а 1, Апол|ечк|а 2
Апол|к|а 1

(А)пол|я → **Пол|я 1** → Поль|к|а 1 →
Пол*еч*|к|а 1
Пол|юш|а 1 →
Пол*ю́ш*|к|а
Пол|еньк|а 1,
Пол|ечк|а 2,
По́л|юшк|а 1

Пол|еньк|а 2, Пол|ечк|а 3,
Поль|к|а 2, Пол|юш|а * 2,
По́л|юшк|а 2

Апол|еньк|а 2, Апол|ечк|а 3, Апол|к|а 2,
Аполь|к|а 2

Апол(л)ош|а → **Аполош|а 1**

Апол(ош|а) → Апол|я 2; Апол|еньк|а 3,
Апол|ечк|а 4, Апол|к|а 3,
Аполь|к|а 3
(А)пол(ош|а) → Пол|я 2; Пол|еньк|а 3,
Пол|ечк|а 4, Польк|а 3,
Пол|юш|а 3, По́л|юшк|а 3
(А)пол(лош|а) → Пол|я 3; Пол|еньк|а 4, Пол|ечк|а 5,
Поль|к|а 4, Пол|юш|а 4, По́л|юшк|а 4
Аполлош|ечк|а 3, Аполлош|к|а 2
Апол(лоний) → Апол|я 3; Апол|еньк|а 4, Апол|ечк|а 5, Апол|к|а 4,
Аполь|к|а 4
Апол(л)он(ий) → Аполош|а 2
(А)пол(лоний) → Пол|я 4; Пол|еньк|а 5, Пол|ечк|а 6, Поль|к|а 5,
Пол|юш|а 5, По́л|юшк|а 5

С р.: *ж* Аполлония.

Дни ангела и святые (Аполлоний): 31 марта — *преподобный;* 10 июля, 30 июля, 14 декабря — *мученики.*

АРЕ́СТ|, а, *м* (*стар. редк.*) [*греч.* 'приятный']. О т ч е с т в о: Аре́стович, Аре́стовна.

АРЕ́ФИЙ| Аре́фия (Аре́фи[й|а]), *м* [*араб.* 'обрабатывать землю, пахать'; *возможно, греч.* 'доблесть, добродетель'; 'орел']. О т ч е с т в о: Аре́фие-вич, Аре́фиевна *и* Аре́фьевич, Аре́фьевна; Аре́фьич (*разг.*).
Аре́ф|, а (*разг.*). О т ч е с т в о: Аре́фович, Аре́фовна; Аре́фыч (*разг.*).
Аре́ф|а, ы (*стар.*). О т ч е с т в о: Аре́фич, Аре́фична.
П р о и з в о д н ы е (15):
Арефий
Ареф(ий) → **Ареф, Ареф|а** → Ареф|к|а 1 → Арефоч|к|а 1
Ареф|очк|а 2, Ареф|ушк|а 1
Аре(ф), Аре(ф|а) → **Аре|ш|а 1** → Ареш|к|а → Арешеч|к|а 1
Ареш|еньк|а, Ареш|ечк|а 2
Ар(еф), Ар(еф|а) → **Ар|я 1** → Арь|к|а 1 → Ареч|к|а 1
Ар|ип|а 1 → Арип|к|а
Ар|ечк|а 2, Ар|ик 1
Ар|ечк|а 3, Ар|ик 2, Ар|ип|а 2, Арь|к|а 2
Ареф|к|а 2, Ареф|очк|а 3, Ареф|ушк|а 2
Аре(фий) → Аре|ш|а 2
Ар(ефий) → Ар|я 2; Ар|ечк|а 4, Ар|ик 3, Ар|ип|а 3, Арь|к|а 3

Дни ангела и святой (Арефа): 24 октября — *мученик,* 28 сентября — *преподобный.*

А́РИЙ|, А́ри|я (А́ри[й|а]), *м* [*предположительно др.-евр.* 'лев'; 'храбрый'] О т ч е с т в о: А́риевич, А́риевна *и* А́рьевич, А́рьевна.

П р о и з в о д н ы е (4):

Арий

Ар(ий) → **Ар|я** → Ар|еньк|а 1, Ар|ик 1, Ар|ьк|а 1
            Ар|еньк|а 2, Ар|ик 2, Ар|ьк|а 2

День ангела и святой (Арий): 5 июня — *мученик*.

АРИСТА́РХ|, а, *м* [*греч.* 'самый лучший' *и* 'начальствовать'; *греч.* 'лучший' + 'повелевать, руководить'; 'лучший начальник (правитель)']. О т ч е с т - в о:Ариста́рхович,Ариста́рховна;Ариста́рхыч (*разг.*).

П р о и з в о д н ы е (13):

Аристарх

Арист(арх) →**Арист|я 1** →Аристь|к|а 1 → Аристеч|к|а 1
         | Арист|ечк|а 2, Арист|ик 1
         | Ар(ист|я) →**Ар|я 1** → Арь|к|а 1 → Ареч|к|а 1
         | | Ар|ечк|а 2
         | Ар|ечк|а 3, Арь|к|а 2
         | (А)рист|я →**Рист|я 1** → Рист|еньк|а 1, Рист|ечк|а 1
         | | **Лист|ик 1**
         | Рист|еньк|а 2, Рист|ечк|а 2
         | *Лист|ик 2*
         | Арист|ечк|а 3, Арист|ик 2, Аристь|к|а 2
Ар(истарх) →Ар|я 2; Ар|ечк|а 4, Арь|к|а 3
Ариста(р)х →Аристах|а → Аристаш|к|а 1
          Арист(ах|а) →Арист|я 2; Арист|ечк|а 4, Арист|ик 3,
         | Аристь|к|а 3
         | Ар(истах|а) →Ар|я 3; Ар|ечк|а 5, Арь|к|а 4
         | (А)рист(ах|а) → Рист|я 2; Рист|еньк|а 3, Рист|ечк|а 3
         | *Лист|ик 3*
         | (А)ристах|а → **Ристаш|а 1** →Ристаш|к|а 1, Ристаш|ок 1
         | Рист(аш|а) → Рист|я 3; Рист|еньк|а 4,
         | Рист|ечк|а 4
         | **Листаш|а 1** → Листаш|к|а 1,
         | | Листаш|ок 1
         | *Листаш|к|а 2, Листаш|ок 2*
         | Ристаш|к|а 2, Ристаш|ок 2
         | *Листаш|а 2; Листаш|к|а 3, Листаш|ок 3*
         | **Аристаш|а 1** → Аристаш|к|а 2
         | Арист(аш|а) → Арист|я 3; Арист|ечк|а 5,
         | Арист|ик 4, Аристь|к|а 4
         | Ар(исташ|а) → Ар|я 4; Ар|ечк|а 6, Арь|к|а 5
         | (А)рист(аш|а) → Рист|я 4; Рист|еньк|а 5,
         | Рист|ечк|а 5
         | *Лист|ик 4*
         | (А)ристаш|а → Ристаш|а 2; Ристаш|к|а 3,

                                            Ристаш|ок 3

                                            Листаш|а 3; *Листаш*|к|а 4,

                                            Листаш|ок 4

        Аристаш|а 2; Аристаш|к|а 3

(А)риста(р)х → Ристаш|а 3; Ристаш|к|а 4, Ристаш|ок 4

                  Листаш|а 4; *Листаш*|к|а 5, *Листаш*|ок 5

(А)рист(арх) → Рист|я 5; Рист|еньк|а, Рист|ечк|а 6

                  Лист|ик 5

(Арис)тар(х) → **Тар|я** → Тар|к|а 1 → Тар*оч*|к|а 1

                        Тарь|к|а 1 → Тар*еч*|к|а 1

                        Тар|ечк|а 2, Тар|очк|а 2

                (Т)ар|я → Ар|я 5; Ар|ечк|а 7, Арь|к|а 6

              Тар|ечк|а 3, Тар|к|а 2, Тар|очк|а 3, Тарь|к|а 2

Дни ангела и святые (Аристарх): 4 января, 15 апреля, 27 сентября — *апостол.*

АРКА́ДИЙ|, Арка́ди|я (Арка́ди[й|а]), *м* [*греч.* 'уроженец Аркадии'; 'житель Аркадии, пастух']. О т ч е с т в о: Арка́диевич, Арка́диевна *и* Арка́дьевич, Арка́дьевна; Аркадьич (*разг.*).

    П р о и з в о д н ы е (36):

Аркадий →Аркадь|юшк|а (Аркадь[й|у]шк|а)

Аркад(ий) →Аркад|ик

Арка(дий) →**Арка|н**

        (Ар)кан → **Кан|а 1** →Кан|к|а 1 → Кан*оч*|к|а 1

                        Кань|к|а 1 → Кан*еч*|к|а 1

                        Кан|ечк|а 2, Кан|ик 1, Кан|очк|а 2,

                        Кан|ушк|а 1

                Ка(н|а) →Ка|с|я 1

                Кан|я 1 → Кан|ечк|а 3, Кан|ик 2, Кан|к|а 2,

                        Кан|очк|а 3, Кан|ушк|а 2, Кань|к|а 2

                Ка(н|я) → Ка|с|я 2

                Кан|ечк|а 4, Кан|ик 3, Кан|к|а 3, Кан|очк|а 4,

                Кан|ушк|а 3, Кань|к|а 3

                Аркаш|а 1 →Аркаш|к|а 1 → Аркаш*еч*|к|а 1

                              Аркаш|еньк|а 1, Аркаш|ечк|а 2

                    Аркаш|еньк|а 2, Аркаш|ечк|а 3, Аркаш|к|а 2

        Арка|х|а → Аркаш|а 2; Аркаш|еньк|а 3, Аркаш|ечк|а 4,

                Аркаш|к|а 3

        Арка|ш|а 3

Ар(кадий) →**Ар|я** → Арь|к|а 1 → Ар*еч*|к|а 1

                Ар|еньк|а 1, Ар|ечк|а 2, Ар|ик 1

        Ар|еньк|а 2, Ар|ечк|а 3, Ар|ик 2, Арь|к|а 2

А(рка)д(ий) →**Ад|а 1** → Адь|к|а 1 → Ад*еч*|к|а 1

                Ад|еньк|а 1, Ад|ечк|а 2, Ад|ик 1

Ад|я 1 → Ад|еньк|а 2, Ад|ечк|а 3, Ад|ик 2, Адь|к|а 2
Ад|еньк|а 3, Ад|ечк|а 4, Ад|ик 3, Адь|к|а 3

(Ар)кад(ий) → **Кад|я** → Кадь|к|а 1 → Кад|ечк|а 1
Кад|еньк|а 1, Кад|ечк|а 2, Кад|ик 1, Кад|к|о 1,
Кад|оньк|а 1, Кад|яйк|а 1

Ка(д)я → Ка|н|а 2, Ка|н|я 2, Ка|с|я 3

(К)ад|я → Ад|а 2, Ад|я 2; Ад|еньк|а 4, Ад|ечк|а 5, Ад|ик 4,
Адь|к|а 4

Кад|еньк|а 2, Кад|ечк|а 3, Кад|ик 2, Кад|к|о 2, Кад|оньк|а 2,
Кадь|к|а 2, Кад|яйк|а 2

(Ар)ка(дий) → Ка|н|а 3, Ка|н|я 3, Ка|с|я 4

С р.: *ж* Аркадия.

Дни ангела и святые (Аркадий): 14 августа, 18 сентября, 26 января, 6 марта, 13 декабря — *преподобные*.

АРНО́ЛЬД|, а, *м* [*др.-герм.* 'могучий орел' + 'царить, господствовать'].
О т ч е с т в о: Арно́льдович, Арно́льдовна.
П р о и з в о д н ы е (5):
Арнольд → Арнольд|ик
Арно(льд) → **Арно|ш|а**
Ар(нольд) → **Ар|я**
(Ар)ноль(д) → **Нол|я**
(Ар)но(ль)д → **Нод|я**

АРО́Н|, *а, м* [*др.-евр. предположительно* 'ящик, ковчег завета']. О т ч е с т в о: Аро́нович, Аро́новна; Аро́ныч (*разг.*).
П р о и з в о д н ы е (16):
Арон → Арон|к|а → Арон|ч|ик 1
Арон|ушк|а, Арон|чик 2
(А)рон → **Рон|а** → Рон|к|а 1 → Рон|оч|к|а 1
Ронь|к|а 1 → Рон|еч|к|а 1
Рон|юш|а 1 → Рон|юш|к|а
Рон|ечк|а 2, Рон|очк|а 2, Рон|ушк|а 1
Рон|я → Рон|ечк|а 3, Рон|к|а 2, Рон|очк|а 3, Рон|ушк|а 2
Ронь|к|а 2, Рон|юш|а 2
Рон|ечк|а 4, Рон|к|а 3, Рон|очк|а 4, Рон|ушк|а 3, Ронь|к|а 3,
Рон|юш|а 3
Арош|а → Арош|к|а 1 → Арош|еч|к|а 1
Арош|еньк|а 1, Арош|ечк|а 2
Арош|еньк|а 2, Арош|ечк|а 3, Арош|к|а 2

АРСЕ́НИЙ|, Арсе́ни|я (Арсе́ни[й|а]), *м* (*греч.* 'мужественный']. О т ч е с т в о: Арсе́ниевич, Арсе́ниевна *и* Арсе́ньевич, Арсе́ньевна; Арсе́ньич (*разг.*).
Арсе́н|, а (*разг.*). О т ч е с т в о: Арсе́нович, Арсе́новна; Арсе́ныч (*разг.*).

Арсе́нтий, Арсе́нти|я (Арсе́нти[й|а]) (*разг.*). О т ч е с т в о: Арсе́нтиевич, Ар-
се́нтиевна *и* Арсе́нтьевич, Арсе́ньевна; Арсе́нтьич (*разг.*).

П р о и з в о д н ы е (31):

Арсений → Арсень|юшк|а (Арсень[й|у]шк|а)

Арсен(ий) → **Арсен 1** → Арсень|к|а 1→ Арсен*еч*|к|а 1
　　　　　　　　　　　　　　Арсен|ечк|а 2, Арсен|ик 1

　　　　Арсе(н) → **Арсе|к|а 1**

　　　　Арс(ен) → **Арс|а 1** → Арс|ют|а 1 → Арсют|к|а 1 →
　　　　　　　　　　　　　　　　　　　　　　　Арсюто*ч*|к|а 1
　　　　　　　　　　　　　　　　　　Арсют|очк|а 2,
　　　　　　　　　　　　　　　　　　Арсют|ушк|а
　　　　　　　　　　　Арс|юх|а 1 → Арсюш|еньк|а 1,
　　　　　　　　　　　　　　　　　　Арс*ю́ш*|к|а 1
　　　　　　　　　　　Арс|юш|а 1 → Арсюш|еньк|а 2,
　　　　　　　　　　　　　　　　　　Арс*ю́ш*|к|а 2
　　　　　　　　　　　(Ар)с|юш|а →**Сюш|а 1** →
　　　　　　　　　　　　　　　　　　Сюш|к|а →
　　　　　　　　　　　　　　　　　　　　　Сюшеч|к|а 1
　　　　　　　　　　　　　　　　　　Сюш|еньк|а,
　　　　　　　　　　　　　　　　　　Сюш|ечк|а 2
　　　　　　　　　　　　　　　Сюш|еньк|а 2,
　　　　　　　　　　　　　　　Сюш|ечк|а 2,
　　　　　　　　　　　　　　　Сюш|к|а 2
　　　　　　　　　　　А́рсенька 1, А́рсечка 4, А́рсюшка

　　　　　　　А(р)с|а → **Ас|я 1** → Ась|к|а 1 → Ас*еч*|к|а 1
　　　　　　　　　　　　　　Ас|еньк|а 1, Ас|ечк|а 2
　　　　　　　　　　　　(А)с|я → С|юш|а 2
　　　　　　　　　　　　Ас|еньк|а 2, Ас|ечк|а 3, Ась|к|а 2
　　　　　　　Арс|я 1 → А́рс|еньк|а 2, Арс|ечк|а 2, Арс|ют|а 2,
　　　　　　　　　　　　Арс|юх|а 2, Арс|юш|а 2, А́рс|юшк|а 2
　　　　　　　А(р)с|я → Ас|я 2; Ас|еньк|а 3, Ас|ечк|а 4, Ась|к|а 3
　　　　　　　А́рс|еньк|а 3, Арс|ечк|а 3, Арс|ют|а 3, Арс|юх|а 3,
　　　　　　　Арс|юш|а 3, А́рс|юшк|а 3

　　　А(р)с(ен) → Ас|я 3; Ас|еньк|а 4, Ас|ечк|а 5, Ась|к|а 4
　　　(Ар)с(ен) → С|юш|а 3
　　　(Ар)сен → **Сен|я 1** → Сень|к|а 1→ Сен*еч*|к|а 1
　　　　　　　　　　　　Сен|ечк|а 2

Арсен|я 1 → Арсен|ечк|а 3, Арсен|ик 2, Арсень|к|а 2
Арсе(н|я) → Арсе|к|а 2
Арс(ен|я) → Арс|а 2, Арс|я 2; Арс|еньк|а 4, Арс|ечк|а 4,
　　　　　　　Арс|ют|а 4, Арс|юх|а 4, Арс|юш|а 4, Арс|юшк|а 4
А(р)с(ен|я) → Ас|я 4; Ас|еньк|а 5, Ас|ечк|а 6, Ась|к|а 5
(Ар)с(ен|я) → С|юш|а 4
(Ар)сен|я → Сен|я 2; Сен|ечк|а 4, Сень|к|а 3

| Арсен|ечк|а 4, Арсен|ик 3, Арсень|к|а 3

Арсе(ний) → Арсе|к|а 3

Арс(ений) → Арс|а 3, Арс|я 3; Арс|еньк|а 5, Арс|ечк|а 5, Арс|ют|а 5,
| Арс|юх|а 5, Арс|юш|а 5, Арс|юшк|а 5

А(р)с(ений) → Ас|я 5; Ас|еньк|а 6, Ас|ечк|а 7, Ась|к|а 6

(Ар)сен(ий) → Сен|я 3; Сен|ечк|а 5, Сень|к|а 4

(Ар)с(ений) → С|юш|а 5

Арсентий

Арсен(тий) → Арсен 2, Арсен|я 2; Арсен|ечк|а 5, Арсен|ик 4, Арсень|к|а 4

Арсе(нтий) → Арсе|к|а 4

Арс(ентий) → Арс|а 4, Арс|я 4; Арс|еньк|а 6, Арс|ечк|а 6, Арс|ют|а 6,
| Арс|юх|а 6, Арс|юш|а 6, Арс|юшк|а 6

А(р)с(ентий) → Ас|я 6; Ас|еньк|а 7, Ас|ечк|а 8, Ась|к|а 7

(Ар)сен(тий) → Сен|я 4; Сен|ечк|а 6, Сень|к|а 5

(Ар)с(ентий) → С|юш|а 6

     С р.: *ж* Арсения

     Дни ангела и святые (Арсений): 19 января, 30 августа, 28 октября —
архиепископы; 2 марта, 2 июля — *епископ*; 8 мая, 12 июня, 12 июля, 24
августа, 28 августа, 13 декабря — *преподобные*.

АРТАМО́Н|, а, *м* [*греч.* 'невредимый, здоровый']. О т ч е с т в о: Артамо́-
нович, Артамо́новна; Артамо́ныч (*разг.*).

Артемо́н|, а (*стар.*) [*возможно, греч.* 'брамсель (парус)']. О т ч е с т в о: Ар-
темо́нович, Артемо́новна.

     П р о и з в о д н ы е (44):

Артамон → Ар|тамон|к|а, Артамон|ушк|а

Арт(амон) →**Арт|я 1** → Арт|юн|я 1 → Артюнь|к|а → Артюн*еч*к|а 1
                                          Артюн|е*ч*к|а 2
                       (Ар)т|юн|я → **Тюн|я 1** → Тюнь|к|а 1 → Тюн*еч*к|а 1,
                                                   Тюн*ч*ик 1
                                      Тю*ш***|а 1** → Тюш|к|а 1 →
                                                    Тюш*еч*к|а 1
                                                    Тюш|еньк|а 1,
                                                    Тюш|ечк|а 2
                                   Тю*ш*|еньк|а 2, Тю*ш*|ечк|а 3,
                                   Тю*ш*|к|а 2
                      Тюн|ечк|а 3, Тюн*ч*ик 3, Тюнь|к|а 2
                      Тюш|а 2; Тю*ш*|еньк|а 3, Тю*ш*|ечк|а 4,
                      Тю*ш*|к|а 3
                     Арт|юх|а 1 → Артю*ш*|к|а 1 → Артюш*еч*к|а 1
                                                Артю*ш*|ечк|а 2
                     Арт|юш|а 1 → Артюш|ечк|а 3, Артюш|к|а 2
                     (Ар)т|юш|а →Тюш|а 3; Тюш|еньк|а 4, Тюш|ечк|а 5,
                                 Тюш|к|а 4

| (Ар)т|я → Т|юн|я 2, Т|юш|а 4
Арт|юн|я 2, Арт|юх|а 2, Арт|юш|а 2
(Ар)там(он) → **Том|а 1** → Том|ик 1
| Том|ик 2
(Ар)т(амон) → Т|юн|я 3, Т|юш|а 5
(Арта)мон → **Мон|а 1** → Мон|к|а 1 → Мон*оч*к|а 1
                Мон|ьк|а 1 → Мон*еч*к|а 1
                Мон|ечк|а 2, Мон|очк|а 2, Мон|ушк|а 1,
                Мон|юк|а 1
         Мон|я 1 → Мон|ечк|а 3, Мон|к|а 2, Мон|очк|а 3,
         | Мон|ушк|а 2, Мон|ьк|а 2, Мон|юк|а 2
         Мон|ечк|а 4, Мон|к|а 3, Мон|очк|а 4, Мон|ушк|а 3,
         Мон|ьк|а 3, Мон|юк|а 3
         Артамо*ш*|а
         Арт(амош|а) → Арт|я 2; Арт|юн|я 3, Арт|юх|а 3, Арт|юш|а 3
         (Ар)там(ош|а) → Том|а 2; Том|ик 3
         (Ар)т(амош|а) → Т|юн|я 4; Т|юш|а 6
         Артемон → Артемон|к|а, Артемон|ушк|а
         Артем(он) → Артём,
                Артём|а → Артём|к|а → Артём*оч*|к|а 1
                             Артём|очк|а 2, Артём|ушк|а 1
                Арт(ём),
                Арт(ём|а) → Арт|я 3; Арт|юн|я 4, Арт|юх|а 4,
                             Арт|юш|а 4
                (Ар)т(ём),
                (Ар)т(ём|а) → Т|юн|я 5, Т|юш|а 7
                (Ар)тём,
                (Ар)тём|а → Тём|а 1 → Тём|к|а 1 → Тём*оч*|к|а 1,
                          | Тём*ч*|ик 1
                          Тём|оньк|а 1, Тём|очк|а 2
                          Тём|ушк|а 1, Тём|чик 2
                       Т(ём|а) → Т|юн|я 5, Т|юш|а 5
                       Тём|к|а 2, Тём|оньк|а 2, Тём|очк|а 3,
                       Тём|ушк|а 2, Тём|чик 3
                Артём|очк|а 2, Артём|ушк|а 2
         Арт(емон) → Арт|я 3; Арт|юн|я 4, Арт|юх|а 4, Арт|юш|а 4
         (Ар)тем(он) → Тём|а 2; Тём|к|а 3, Тём|оньк|а 3, Тём|очк|а 4,
         | Тём|ушк|а 3, Тём|чик 4
         (Ар)т(емон) → Т|юн|я 6, Т|юш|а 8
         (Арте)мон → Мон|а 2, Мон|я 2; Мон|ечк|а 5, Мон|к|а 4,
                     Мон|очк|а 5, Мон|ушк|а 4, Мон|ьк|а 4,
                     Мон|юк|а 4

Дни ангела и святые (Артемон): 24 марта — *епископ*; 13 апреля —
священномученик.

АРТЕ́МИЙ|, Арте́ми|я (Артеми[й|а]), *м* [*греч.* 'невредимый, здоровый'; 'посвященный Артемиде, богине охоты и луны'; 'здравый']. О т ч е с т-в о: Арте́миевич, Арте́миевна *и* Арте́мьевич, Арте́мьевна; Арте́мьич (*разг.*).
Артём|, а (*разг.*). О т ч е с т в о: Артёмович, Артёмовна; Артёмыч (*разг.*).
Артеме́й|, Артеме́|я (Артеме́[й|а]) (*прост.*).
Арте́м|а, ы (*стар.*). О т ч е с т в о: Арте́мич, Арте́мична.
     П р о и з в о д н ы е (40):
Артемий → Артемь|юшк|а (Артем[й|у]шк|а)
Артем(ий) →

        Артем|а 1 → Артем|он 1 → Артемон|к|а, Артемон|ушк|а
        Арте(м|а) → **Артё|ш|а 1** → Артёш|еньк|а, Артёш|к|а
        Арт(ем|а) → **Арт|а 1** → Арт|юн|я 1 → Артюнь|к|а → Артюн*еч*|к|а 1
                                                   Артюн|ечк|а 2
                                  (Ар)т|юн|я → **Тюн|я 1** → Тюнь|к|а 1 →
                                                                    Тюн*еч*|к|а 1,
                                                                    Тюнч|ик 1
                                                   Тюн|ечк|а 2,
                                                   Тюн|чик 2,
                                                   Тюнь|ш|а 1
                                                   Тю*ш*|а 1 →
                                                                    Тюш|к|а 1 →
                                                                        Тюш*еч*|к|а 1
                                                                    Тюш|еньк|а 1,
                                                                    Тюш|ечк|а 2
                                                   Тю*ш*|еньк|а 2,
                                                   Тю*ш*|ечк|а 3,
                                                   Тю*ш*|к|а 2
                                  Тюн|ечк|а 3, Тюн|чик 3,
                                  Тюнь|к|а 2, Тюнь|ш|а 2
                                  Тю*ш*|а 2; Тю*ш*|еньк|а 3,
                                  Тю*ш*|ечк|а 4, Тю*ш*|к|а 3
                        Арт|юх|а 1 → Артю*ш*|к|а 1 → Артюш*еч*|к|а 1
                                     Артю*ш*|ечк|а 2
                        Арт|юш|а 1 → Артюш|ечк|а 3, Артюш|к|а 2
                        (Ар)т|юш|а → Тюш|а 3; Тюш|еньк|а 4,
                                     Тюш|ечк|а 5, Тюш|к|а 4
                        Арт|ечк|а 1
                 (Ар)т|а → Т|юн|я 2, Т|юш|а 4
                        Орт|я 1
        Арт|я 1 → Арт|ечк|а 2, Арт|юн|я 2, Арт|юх|а 2, Арт|юш|а 2
        (Ар)т|я → Т|юн|я 3, Т|юш|а 5
                Орт|я 2
        Арт|ечк|а 3, Арт|юн|я 3, Арт|юх|а 3, Арт|юш|а 3
        Орт|я 3

 (Ар)тем|а → **Тём|а 1** → Тём|к|а 1 → Тём*оч*|к|а 1, Тём*ч*|ик 1
          Тём|оньк|а 1, Тём|очк|а 2, Тём|ушк|а 1,
          Тём|чик 2
      Тём|к|а 2, Тём|оньк|а 2, Тём|очк|а 3, Тём|ушк|а 2,
      Тём|чик 3
      Артём 1
      Артём|а 1 → Артём|к|а 1 → Артём*оч*|к|а 1, Артём*ч*|ик 1
            Артём|очк|а 2, Артём|чик 2
      Арт*ё*(м)
      Арт*ё*(м|а) → Арт*ё*|ш|а 2
      Арт(*ём*)
      Арт(*ём*|а) → Арт|а 2, Арт|я 2; Арт|ечк|а 3, Арт|юн|я 3,
           Арт|юх|а 3, Арт|юш|а 3, *Орт*|я 4
      (Ар)т(*ём*),
      (Ар)т(*ём*|а) → Т|юн|я 4, Т|юш|а 6
      (Ар)тём,
      (Ар)тём|а → Тём|а 2; Тём|к|а 3, Тём|оньк|а 3,
          Тём|очк|а 4, Тём|ушк|а 3, Тём|чик 4
      Артём|к|а 2, Артём|очк|а 3, Артём|чик 3
  Артем|он 2
   Артём 2, Артём|а 2; Артём|к|а 3, Артём|очк|а 4, Артём|чик 4
Арте(мий) → Арт*ё*|ш|а 3
Арт(емий) → Арт|а 3, Арт|я 3; Арт|ечк|а 4, Арт|юн|я 4, Арт|юх|а 4,
     Арт|юш|а 4
     Орт|я 5
(Ар)тем(ий) → Тём|а 3; Тём|к|а 4, Тём|оньк|а 4, Тём|очк|а 5, Тём|ушк|а 4,
     Тём|чик 5
(Ар)т(емий) → Т|юн|я 5, Т|юш|а 7
     Артемей
     Артем(*ей*) → Артем|а 2; Артем|он 3
        Артём 3, Артём|а 3; Артём|к|а 4,
        Артём|очк|а 5, Артём|чик 5
     Арте(*мей*) → Арт*ё*|ш|а 4
     Арт(*емей*) → Арт|а 4, Арт|я 4; Арт|ечк|а 5, Арт|юн|я 5,
        Арт|юх|а 5, Арт|юш|а 5
        Орт|я 6
     (Ар)тем(*ей*) → Тём|а 4; Тём|к|а 5, Тём|оньк|а 5,
        Тём|очк|а 6, Тём|ушк|а 5, Тём|чик 6
     (Ар)т(ем*ей*) → Т|юн|я 6, Т|юш|а 8
 С р.: *ж* Артемия.
 Дни ангела и святые (Артемий): 24 марта — *епископ*; 23 июня, 20 октября — *чудотворец*; 20 октября — *великомученик*; (Артема): 4 января, 30 октября — *апостол*; 29 апреля — *мученик*.

АРТУ́Р|, *а, м* [*кельтск.* 'медведь']. О т ч е с т в о: Арту́рович, Арту́ровна.
   П р о и з в о д н ы е (7):
Артур → Артур|к|а
Арт(ур) → **Арт|я** → Арт|юш|а 1 → Артюш|к|а → Артюш*еч*|к|а 1
                                                    Артюш|ечк|а 2
           А(р)т|я → **Ат|я 1**
           Арт|юш|а 2
А(р)т(ур) → Ат|я 2
(Ар)тур → **Тур|а**

АРХИМЕ́Д|, а, *м* (*стар. редк.*) [*предположительно греч.* 'главный, стар-
ший' *и* 'размышлять, обдумывать, заботиться']. О т ч е с т в о: Архиме́до-
вич, Архиме́довна.
   П р о и з в о д н ы е (5):
(Ар)хим(ед) → **Хим|а** → Хим|к|а 1 → Хим*оч*|к|а 1
                                      Хим|очк|а 2, Хим|ушк|а 1
                         Хим|к|а 2, Хим|очк|а 3, Хим|ушк|а 2
(Архи)мед → **Мед|а**

АРХИ́ПП|, а, *м* [*греч.* 'главный, старший' *и* 'всадник'; 'повелевать' + 'ло-
шадь', 'господин лошадей']. О т ч е с т в о: Архи́ппович, Архи́пповна; Ар-
хи́пыч (*разг.*).
Архи́п|, а (*разг.*). О т ч е с т в о: Архи́пович, Архи́повна; Архи́пыч (*разг.*).
   П р о и з в о д н ы е (7):
Архипп
Архип(п) → **Архип** → Архип|к|а 1, Архип|ушк|а 1
             Ар(хип) → **Ар|я** 1→ Арь|к|а 1 → Ар*еч*|к|а 1
                                   Ар|ечк|а 2, Ар|ик 1
                         Ар|ечк|а 2, Ар|ик 2, Арь|к|а 2
             Архип|к|а 2, Архип|ушк|а 2
Ар(хипп) → Ар|я 2; Ар|ечк|а 3, Ар|ик 2, Арь|к|а 2
   Дни ангела и святые (Архипп): 4 января, 19 февраля, 22 ноября —
апостолы; 6 сентября —*преподобный*.

АСКО́ЛЬД|, а, *м* (*редк.*). [*сканд.* — имя одного из первых киевских кня-
зей]. О т ч е с т в о: Аско́льдович, Аско́льдовна; Аско́льдыч (*разг.*).
   П р о и з в о д н ы е (13):
Аскольд → Аскольд|ик
Ас(кольд) → **Ас|я** → Ась|к|а 1 → Ас*еч*|к|а 1
               Ас|юн|я 1 →Асюнь|к|а → Асюн*еч*|к|а 1
                                     Асюн|ечк|а 2
               Ас|еньк|а 1, Ас|ечк|а 2, Ас|ик 1
            Ас|еньк|а 2, Ас|ечк|а 3, Ас|ик 2, Ась|к|а 2, Ас|юн|я 2
А(ско)ль(д) → **Ал|я** → Аль|к|а 1 → Ал*еч*|к|а 1

| Ал|ечк|а 2, Ал|ик 1
Ал|ечк|а 3, Ал|ик 2, Аль|к|а 2

АФАНА́СИЙ|, Афана́си|я (Афанаси[й|а]), *м* [*греч.* 'бессмертие'; 'бессмер-
тный']. О т ч е с т в о: Афана́сиевич, Афана́сиевна *и* Афана́сьевич, Афа-
на́сьевна; Афана́сьич (*разг.*).
Афана́с|, а (*разг.*). О т ч е с т в о: Афана́сович, Афана́совна; Афана́сыч (*разг.*).
Апана́с|, а (*прост.*).
   П р о и з в о д н ы е (50):
Афанасий → Афанась|юшк|а (Афанась[й|у]шк|а)
Афанас(ий) → **Афанас**
           Афанас|а →Афанас|к|а 1 → Афанасо*ч*|к|а 1
                      Афанась|к|а 1 → Афанасе*ч*|к|а 1
                      Афанас|ечк|а 2, Афанас|очк|а 2,
                      Афанас|ушк|а 1, Афанас|юшк|а 1

           Афан(ас),
           Афан(ас|а) → **Афон|я 1** → Афонь|к|а 1 → Афоне*ч*|к|а 1
                                   Афон|ечк|а 2, Афонь|ш|а 1,
                                   Афон|юшк|а 1
                      Афо(н|я) → Афо|с|я 1 → Афось|к|а 1 →
                                                       Афосе*ч*|к|а 1
                                           Афос|еньк|а 1,
                                           Афос|ечк|а 2
                      (А)фо|с|я → **Фос|я 1** →
                                           Фось|к|а 1 →
                                               Фосе*ч*|к|а 1
                                           Фос|еньк|а 1,
                                           Фос|ечк|а 2
                                 Фос|еньк|а 2,
                                 Фос|ечк|а 3,
                                 Фось|к|а 2
                      (А)фон|я → **Фон|я 1** → Фонь|к|а 1 →
                                             Фоне*ч*|к|а 1
                                 Фон|ечк|а 2, Фон|ик 1,
                                 Фон|юшк|а 1,
                                 Фон|як 1
                      Фо(н|я) →Фо|с|я 2
                                 Фош|а 1 →
                                   Фош|к|а 1 →
                                           Фоше*ч*|к|а 1
                                   Фош|еньк|а 1,
                                   Фош|ечк|а 2
                                 Фош|еньк|а 2,
                                 Фош|ечк|а 3,

Фош|к|а 2

Фон|ечк|а 3, Фон|ик 2,

Фонь|к|а 2, Фон|юшк|а 2,

Фон|як 2

Фош|а 2; Фош|еньк|а 3,

Фош|ечк|а 4, Фош|к|а 3

Афон|ечк|а 3, Афонь|к|а 2, Афонь|ш|а 2,

Афон|юшк|а 2

Аф(ан)ас,

Аф(ан)ас|а → Афос|я 2; Афос|еньк|а 2, Афос|ечк|а 3,

Афось|к|а 2

(А)фан(ас),

(А)фан(ас|а) → **Фан|а 1** → Фан|к|а 1 → Фан*оч*|к|а 1

Фань|к|а 1 → Фан*еч*|к|а 1

Фан|ечк|а 2, Фан|ик 1,

Фан|очк|а 2, Фан|ушк|а 1,

Фан|юшк|а 1

Фан|я 1 → Фан|ечк|а 3, Фан|ик 2, Фан|к|а 2,

Фан|очк|а 3, Фан|ушк|а 2,

Фань|к|а 2, Фан|юшк|а 2

Фан|ечк|а 4, Фан|ик 3, Фан|к|а 3,

Фан|очк|а 4, Фан|ушк|а 3,

Фань|к|а 3, Фан|юшк|а 3

Фон|я 2, Фош|а 3

(А)ф(ан)ас,

(А)ф(ан)ас|а → Фос|я 2; Фос|еньк|а 3, Фос|ечк|а 4, Фось|к|а 3

(А)фанас,

(А)фанас|а → *Панас 1*

(*Па*)нас → **Нас|а 1** → Нас|к|а 1 → Нас*оч*|к|а 1

Нась|к|а 1 → Нас*еч*|к|а 1

Нас|еньк|а 1, Нас|ечк|а 2,

Нас|ик 1, Нас|оньк|а 1,

Нас|очк|а 2

Нас|я 1 → Нас|еньк|а 2,

Нас|ечк|а 3, Нас|ик 2,

Нас|к|а 2, Нас|оньк|а 2,

Нас|очк|а 3, Нась|к|а 2

Нас|еньк|а 3, Нас|ечк|а 4,

Нас|ик 3, Нас|к|а 3, Нас|оньк|а 3,

Нас|очк|а 4, Нась|к|а 3

(Афа)нас,

(Афа)нас|а → Нас|а 2, Нас|я 2; Нас|еньк|а 4, Нас|ечк|а 5,

Нас|ик 4, Нас|к|а 4, Нас|оньк|а 4,

Нас|очк|а 5, Нась|к|а 4

Апанас 1 → Апанас|ушк|а 1
(А)панас → Панас 2
Апанас|ушк|а 2
Афанас|я → Афанас|ечк|а 3, Афанас|к|а 2, Афанас|очк|а 3,
    Афанас|ушк|а 2, Афанась|к|а 2,
    Афанас|юшк|а 2
    Апанас 2; Апанас|ушк|а 3
Афан(ас|я) → Афон|я 2; Афон|ечк|а 4, Афонь|к|а 3,
    Афонь|ш|а 3, Афон|юшк|а 3
Аф(ан)ас|я → Афос|я 3; Афос|еньк|а 3, Афос|ечк|а 4,
    Афось|к|а 3
(А)ф(ан)ас|я → Фос|я 3; Фос|еньк|а 4, Фос|ечк|а 5,
    Фось|к|а 3
(А)фан(ас|я) → Фан|а 2, Фан|я; Фан|ечк|а 5, Фан|ик 4,
    Фан|к|а 4, Фан|очк|а 5, Фан|ушк|а 4,
    Фань|к|а 4, Фан|юшк|а 4
    Фон|я 3, Фош|а 4
(А)фанас|я → *Панас 3*
(Афа)нас|я → Нас|а 3, Нас|я 3; Нас|еньк|а 5, Нас|ечк|а 6,
    Нас|ик 5, Нас|к|а 5, Нас|оньк|а 5,
    Нас|очк|а 6, Нась|к|а 5
Апанас 3; Апанас|ушк|а 4
Афан(асий) → Афон|я 3; Афон|ечк|а 5, Афонь|к|а 4, Афонь|ш|а 4,
    Афон|юшк|а 4
Аф(ан)ас(ий) → Афос|я 4; Афос|еньк|а 4, Афос|ечк|а 5, Афось|к|а 4
(А)фан(асий) → Фан|а 3, Фан|я 3; Фан|ечк|а 6, Фан|ик 5, Фан|к|а 5,
    Фан|очк|а 6, Фан|ушк|а 5, Фань|к|а 5, Фан|юшк|а 5
    Фон|я 4, Фош|а 5
(А)фанас(ий) → *Панас 4*
(Афа)нас(ий) → Нас|а 4, Нас|я 4; Нас|еньк|а 6, Нас|ечк|а 7, Нас|ик 6,
    Нас|к|а 6, Нас|оньк|а 6, Нас|очк|а 7, Нась|к|а 6
(А)ф(ан)ас(ий) → Фос|я 4; Фос|еньк|а 5, Фос|ечк|а 6, Фось|к|а 5

С р.: *ж* Афанасия.

Дни ангела и святые (Афанасий): 18 января, 2 мая — *архиепископ*; 24 октября — *патриарх*; 22 августа — *епископ*; 22 февраля, 8 марта, 5 июля, 20 июля, 28 августа, 5 сентября, 12 сентября, 28 сентября, 26 октября, 2 декабря — *преподобные*; 4 января, 9 марта, 23 апреля, 20 июня, 7 ноября — *мученики*.

АФИНОГЕ́Н|, а, *м* [*греч.* 'Афина, богиня мудрости' + 'род, потомок'; 'от Афины — Минервы происходящий']. О т ч е с т в о: Афиноге́нович, Афиноге́новна; Афиноге́ныч (*разг.*).
Финоге́н|, а (*разг.*). О т ч е с т в о: Финоге́нович, Финоге́новна; Финоге́ныч (*разг.*).

Афиноге́н|, а (*прост.*).

Производные (24):

Афиноген → Афиноген|к|а

(А)фин(оген) → **Фин|а 1** → Фин|к|а 1 → Финоч|к|а 1

Фин|ах|а 1 → Финаш|еньк|а 1, Финаш|к|а 1

Фин|аш|а 1 → Финаш|еньк|а 2, Финаш|к|а 2

Фин|ох|а 1 → Финош|к|а 1 → Финошеч|к|а 1

Финош|еньк|а 1, Финош|ечк|а 2

Фин|ош|а 1 → Финош|еньк|а 2,

Финош|ечк|а 3, Финош|к|а 2

Фин|очк|а 2, Фин|ушк|а 1

Фин|ах|а 2, Фин|аш|а 2, Фин|к|а 2, Фин|ох|а 2,

Фин|очк|а 3, Фин|ош|а 2, Фин|ушк|а 2

(А)финоген → **Финоген 1**,

Финоген|а 1 → Финоген|к|а 1 → Финогеноч|к|а 1

Финоген|очк|а 2, Финоген|ушк|а 1

Фин(оген),

Фин(оген|а) → Фин|а 2; Фин|ах|а 3, Фин|аш|а 3, Фин|к|а 3,

Фин|ох|а 3, Фин|очк|а 3, Фин|ош|а 3,

Фин|ушк|а 3

(Фино)ген,

(Фино)ген|а → **Ген|а 1** → Ген|к|а 1 → Геноч|к|а 1

Ген|очк|а 2, Ген|ушк|а 1

Ген|к|а 2, Ген|очк|а 3, Ген|ушк|а 2

Финоген|к|а 2, Финоген|очк|а 3, Финоген|ушк|а 2

(Афино)ген→ Ген|а 2; Ген|к|а 3, Ген|очк|а 4, Ген|ушк|а 3

Анфиноген

(Ан)фин(оген) → Фин|а 2; Фин|ах|а 3, Фин|аш|а 3,

Фин|к|а 3, Фин|ох|а 3, Фин|очк|а 4,

Фин|ош|а 3, Фин|ушк|а 3

(Ан)финоген → Финоген 2, Финоген|а 2; Финоген|к|а 3;

Финоген|очк|а 4, Финоген|ушк|а 3

(Анфино)ген → Ген|а 3; Ген|к|а 4, Ген|очк|а 5, Ген|ушк|а 4

День ангела и святой (Афиноген): 16 июля — *священномученик*.

АФО́НИЙ|, Афо́ни|я (Афони[й|а]), *м* [*греч.* 'щедрый, богатый'; 'независт-ливый, щедрый']. О т ч е с т в о: Афо́ниевич, Афо́ниевна *и* Афо́ньевич, Афо́ньевна.

Афо́н|, а (*разг.*). О т ч е с т в о: Афо́нович, Афо́новна; Афо́ныч (*разг.*).

Аффо́ний|, Аффо́ни|я (Аффо́ни[й|а]) (*стар.*). О т ч е с т в о: Аффо́ниевич, Аффо́ниевна.

Производные (7):

Афоний 1

Афон(ий) → **Афон** → Афонь|к|а 1

(А)фон → **Фон|я 1** → Фонь|к|а 1 → Фон*еч*|к|а 1
                     Фон|ечк|а 2, Фон|юшк|а 1
           Фон|ечк|а 3, Фонь|к|а 2, Фон|юшк|а 2
    Афон|я → Афонь|к|а 2
     (А)фон|я → Фон|я 2; Фон|ечк|а 3, Фонь|к|а 2, Фон|юшк|а 2
(А)фон(ий) → Фон|я 3; Фон|ечк|а 4, Фонь|к|а 3, Фон|юшк|а 3
Аффоний
Аф(ф)оний → Афоний 2
    День ангела и святой (Аффоний): 2 ноября — *мученик.*

АФРИКА́Н|, а, *м* [*лат.* 'африканский; африканец']. О т ч е с т в о: Африка́нович, Африка́новна; Африка́ныч (*разг.*).
    П р о и з в о д н ы е (21):
Африкан → Африкан|к|а → Африкан*ч*|ик 1
            Африкан|ушк|а, Африкан|чик 2
Афр(икан) → **Афр|а 1**
Афри(ка)н → **Афри*ш*|а 1** → Африш|еньк|а 1, Африш|к|а 1
         Афр(иш|а) → Афр|а 2
         Афри*ш*|еньк|а 2, Афри*ш*|к|а 2
Афр(ик)ан → **Афра*ш*|а 1** → Афраш|еньк|а 1, Афраш|к|а 1
         Афр(*аш*|а) → Афр|а 3
         Афр*аш*|еньк|а 2, Афр*аш*|к|а 2
(Афри)кан → **Кан|а** → Кан|к|а 1 → Кан*оч*|к|а 1
                Кань|к|а 1 → Кан*еч*|к|а 1
                Кан|ечк|а 2, Кан|ик 1, Кан|очк|а 2, Кан|ушк|а 1
        Кан|я → Кан|ечк|а 3, Кан|ик 2, Кан|к|а 2, Кан|очк|а 3,
                Кан|ушк|а 2, Кань|к|а 2
    Кан|ечк|а 4, Кан|ик 3, Кан|к|а 3, Кан|очк|а 4, Кан|ушк|а 3,
    Кань|к|а 3
    Африка*ш*|а → Африкаш|еньк|а, Африкаш|к|а
    Афр(икаш|а) → Афр|а 4
    Афри(ка)ш|а → Африш|а 2; Африш|еньк|а 3, Африш|к|а 3
    Афр(ик)аш|а → Афраш|а 2; Афраш|еньк|а 3, Афраш|к|а 3
    Дни ангела и святые (Африкан): 13 марта, 10 апреля, 28 октября — *мученики.*

АХИ́ЛЛ|, а, *м* (*редк.*). [*греч.* — имя героя Троянской войны]. О т ч е с т в о: Ахи́ллович, Ахи́лловна.
    П р о и з в о д н ы е (3):
Ахилл
Ахил(л) → Ахил|к|а → Ахил*оч*|к|а 1
        Ахил|очк|а 2, Ахил|ушк|а
    Дни ангела и святые (Ахила): 28 августа — *преподобный*; (Ахиллий): 15 мая — *епископ.*

Б

БАЖЕ́Н|, а, *м* (*ст.-русск.*) [*ср. диал.* бажать 'очень сильно желать чего-либо', 'жаждать'; *баженый* 'желанный, милый']. О т ч е с т в о: Баже́нович, Баже́новна; Баже́ныч (*разг.*).

П р о и з в о д н ы е (2):

Бажен

Баж(ен) → Баж|ай, Баж|ан

БЕЛОСЛА́В|, а, *м* (*слав. редк.*). [**бел**- (*ср.*белый, белеть) *и* **слав**- (*ср.* слава, славить)]. О т ч е с т в о: Белосла́вович, Белосла́вовна *и* Белосла́вич, Белосла́вна.

П р о и з в о д н ы е (10):

Белослав

Бел(ослав) → **Бел|а** → Бел|к|а 1 → Бело*ч*|к|а 1
| Бел|очк|а 2
| Бел|к|а 2, Бел|очк|а 3
(Бело)слав → **Слав|а** → Слав|к|а 1 → Слав*оч*|к|а 1
| Слав|еньк|а 1, Слав|ик 1, Слав|оньк|а 1,
| Слав|очк|а 2, Слав|ушк|а 1
| Слав|еньк|а 2, Слав|ик 2, Слав|к|а 2, Слав|оньк|а 2,
| Слав|очк|а 3, Слав|ушк|а 2
С р.: *ж* Белослава.

БЕНЕДИ́КТ|, а *м* [*лат.* 'благословенный']. О т ч е с т в о: Бенеди́ктович, Бенеди́ктовна; Бенеди́ктыч (*разг.*)

П р о и з в о д н ы е (8):

Бенедикт

Бен(едикт) → **Бен|а** → Бен|к|а 1 → Бен*оч*|к|а 1
| Бень|к|а 1 → Бен*еч*|к|а 1
| Бен|ечк|а 2, Бен|очк|а 2, Бен|юшк|а 1
         Бен|я → Бен|ечк|а 3, Бен|к|а 2, Бен|очк|а 3, Бень|к|а 2,

Бен|юшк|а 2

Бен|ечк|а 4, Бен|к|а 3, Бен|очк|а 4, Бень|к|а 3, Бен|юшк|а 3

(Бене)дик(т) → **Дик**

С р.: *ж* Бенедикта.

БЛАГОСЛА́В|, а, *м* (*слав. редк.*) [**благ**- (*ср. др.-русск.* благо 'добро', 'хорошо') *и* **слав**- (*ср.* слава)]. О т ч е с т в о: Благосла́вович, Благосла́вовна; Благосла́вич, Благосла́вна.

П р о и з в о д н ы е (8):

Благослав → Благослав|к|а, Благослав|ушк|а

(Благо)слав → **Слав**|а → Слав|к|а 1 → Слав*оч*|к|а 1

                 Слав|еньк|а 1, Слав|ик 1, Слав|очк|а 2,

                 Слав|ушк|а 1

          Слав|еньк|а 2, Слав|ик 2, Слав|к|а 2, Слав|очк|а 3,

          Слав|ушк|а 2

БОГДА́Н|, а, *м* (*слав.*). [*ст.-сл. от греч.* 'данный богами'; *др.-русск. и болг.* — перевод *греч.* имен Феодор и Феодот]. О т ч е с т в о: Богда́нович, Богда́новна; Богда́ныч (*разг.*).

П р о и з в о д н ы е (20):

Богдан → Богдан|к|а, Богдан|ушк|а

Богд(ан) → **Богд**|а 1

         Бог(д)а → **Бог**|а 1 → Бог|оньк|а 1, Бог|очк|а 1

                Бог|оньк|а 2, Бог|очк|а 2

         Бо(г)д|а → **Бод**|я 1 → Бодь|к|а 1 → Бод*еч*|к|а 1

                     Бод|еньк|а 1, Бод|ечк|а 2

            Бод|еньк|а 2, Бод|ечк|а 3, Бодь|к|а 2

Бог(дан) → **Бог**|а 2; Бог|оньк|а 3, Бог|очк|а 3

Бо(г)д(ан) → **Бод**|я 2; Бод|еньк|а 3, Бод|ечк|а 4, Бодь|к|а 3

(Бог)дан → **Дан**|а → Дан|к|а 1 → Дан*оч*|к|а 1

              Дань|к|а 1 → Дан*еч*|к|а 1

              Дан|ечк|а 2, Дан|к|о 1, Дан|очк|а 2

         Дан|я → Дан|ечк|а 3, Дан|к|а 2, Дан|к|о 2, Дан|очк|а 3,

              Дань|к|а 2

         Дан|ечк|а 4, Дан|к|а 3, Дан|к|о 3, Дан|очк|а 4, Дань|к|а 3

         Богда*ш*|а → Богдаш|к|а 1 → Богдаш*еч*|к|а 1

                Богдаш|ечк|а 2

         Богд(*аш*|а) → **Богд**|а 2

         Бог(да*ш*|а) → **Бог**|а 3; Бог|оньк|а 4, Бог|очк|а 4

         Бо(г)д(а*ш*|а) → **Бод**|я 3; Бод|еньк|а 4, Бод|ечк|а 5, Бодь|к|а 4

         Богда*ш*|ечк|а 3, Богда*ш*|к|а 2

С р.: *ж* Богдана.

БОЛЕСЛА́В|, а, *м* (*слав. редк.*) [**бол**- (*ср. др.-русск.* 'больше, более') *и* **слав**-

(*ср.* 'слава')]. О т ч е с т в о: Болесла́вович, Болесла́вовна; Болесла́вич, Болесла́вна.

    П р о и з в о д н ы е (14):
Болеслав → Болеслав|к|а → Болеславоч|к|а 1
| Болеслав|очк|а 2, Болеслав|ушк|а
Бол(еслав) → **Бол|я** → Боль|к|а 1 → Бол*еч*|к|а 1
| | Бол|еньк|а 1, Бол|ечк|а 2
| Бол|еньк|а 2, Бол|ечк|а 3, Боль|к|а 2
(Боле)слав → **Слав|а** →Слав|к|а 1 → Славоч|к|а 1
| | Слав|еньк|а 1, Слав|ик 1, Слав|оньк|а 1,
| | Слав|очк|а 2, Слав|ушк|а 1
| Слав|еньк|а 2, Слав|ик 2, Слав|к|а 2, Слав|оньк|а 2,
| Слав|очк|а 3, Слав|ушк|а 2

БОНИФА́ТИЙ|, Бонифа́ти|я (Бонифа́ти[й|а]), *м* [*лат.* 'благо' *и* 'рок'; *рус. см.* Вонифатий]. О т ч е с т в о: Бонифа́тиевич, Бонифа́тиевна *и* Бонифа́тьевич, Бонифа́тьевна.
Бонифа́т|, а (*разг.*). О т ч е с т в о: Бонифа́тович, Бонифа́товна; Бонифа́тыч (*разг.*).

    П р о и з в о д н ы е (10):
Бонифатий
Бонифат(ий) → **Бонифат** → Бонифат|к|а 1, Бонифат|ушк|а 1
| Бон(ифат) → **Боня 1** → Бонь|к|а 1 → Бон*еч*|к|а 1
| | | Бон|ечк|а 2
| | Бон|ечк|а 3, Бонь|к|а 2
| (Бони)фат → **Фат|я 1** → Фать|к|а 1 Фат*еч*|к|а 1
| | | Фат|еньк|а 1, Фат|ечк|а 2
| | Фат|еньк|а 2, Фат|ечк|а 3, Фать|к|а 2
| Бонифат|к|а 2, Бонифат|ушк|а 2
Бон(ифатий) → Бон|я 2; Бон|ечк|а 4, Бонь|к|а 3
(Бони)фат(ий) → Фат|я 2; Фат|еньк|а 3, Фат|ечк|а 4, Фать|к|а 3

БОРИМИ́Р|, а *м* (*слав.*) [*от* **бор**- (*ср.* борьба, бороться) *и* **мир**- (*ср.* мир, мирный)]. О т ч е с т в о: Борими́рович, Борими́ровна.
    П р о и з в о д н ы е (8):
Боримир
Бор(имир) → **Бор|я** → Борь|к|а 1 → Бор*еч*|к|а 1
| Бор|еньк|а 1, Бор|ечк|а 2
| Бор|еньк|а 2, Бор|ечк|а 3, Борь|к|а 2
(Бори)мир → **Мир|а** → Мир|к|а 1 → Мироч|к|а 1
| Мир|ик 1, Мир|очк|а 2
| Мир|ик 2, Мир|к|а 2, Мир|очк|а 3

БОРИ́С|, а, *м* (*слав.*) [сокращенное имя Борислав]. О т ч е с т в о: Борисович, Бори́совна; Бори́сыч (*разг.*).

П р о и з в о д н ы е (43):

Борис → Борис|ик, Борис|к|а, Борис|ушк|а

Бор(ис) → **Бор|я** → Бор|ул|я 1 → Борул|ьк|а 1 → Борул*ечк*|а 1
                Борул|ечк|а 2
      Бор|ус|я 1 → Борусь|к|а 1 → Борус*еч*к|а 1
             Борус|еньк|а 1, Борус|ечк|а 2
      Бор|ч|а 1 → Борч|ук
      Борь|к|а 1 → Бор*еч*к|а 1
      Бор|юн|я 1 →Боруньк|а → Борун*еч*к|а 1,
                Борюнч|ик 1
          Борюн|ечк|а 2, Борюн|чик 2
      Бор|юх|а 1 → Борю*ш*|еньк|а 1, Борю́*ш*|к|а 1
      Бор|юш|а 1 → Борюш|еньк|а 2, Борю́ш|к|а 2
      Бор|ях|а 1 → Боря*ш*|еньк|а 1, Боря́*ш*|к|а 1
      Бор|яш|а 1 → Боряш|еньк|а 2, Боря́ш|к|а 2
      Бор|еньк|а 1, Бор|ечк|а 2, Бор|ик|а 1, Бор|ин|а 1,
      Бор|иш|а 1, Бор|юк|а 1, Бор|юл|я 1, Бор|юс|я 1,
      Бо́р|юшк|а 1
    Бо(р|я) → **Бо|б|а 1** →Боб|к|а → Боб*оч*|к|а 1
             Боб|ик, Боб|очк|а 2
    Б(ор|я) → **Б|ус|я 1** → Бусь|к|а →Бус*еч*|к|а 1
             Бус|еньк|а, Бус|ечк|а 2
    Бор|еньк|а 2, Бор|ечк|а 3, Бор|ик|а 2, Бор|ин|а 2, Бор|иш|а 2,
    Бор|ул|я 2, Бор|ус|я 2, Бор|ч|а 2, Борь|к|а 2, Бор|юк|а 2,
    Бор|юл|я 2, Бор|юн|я 2, Бор|юс|я 2, Бор|юх|а 2, Бор|юш|а 2,
    Бо́|юшк|а 2, Бор|ях|а 2, Бор|яш|а 2

Дни ангела и святые (Борис): 2 мая, 24 июля — *князь.*

БОРИСЛА́В|, а *м* (*слав.*) [бор- (*ср.* борьба, бороться) *и* **слав-** (*ср.* слава)].

О т ч е с т в о: Борисла́вович, Борисла́вовна; Борисла́вич, Борисла́вна.

П р о и з в о д н ы е (12):

Борислав

Бор(ислав) → **Бор|я** → Борь|к|а 1 → Бор*еч*|к|а 1
         Бор|еньк|а 1, Бор|ечк|а 2
     Бор|еньк|а 2, Бор|ечк|а 3, Борь|к|а 2
(Бори)слав → **Слав|а** → Слав|к|а 1 → Слав*оч*|к|а 1
         Слав|еньк|а 1, Слав|ик 1, Слав|оньк|а 1,
         Слав|очк|а 2, Слав|ун 1, Слав|ушк|а 1
     Слав|еньк|а 2, Слав|ик 2, Слав|к|а 2, Слав|оньк|а 2,
     Слав|очк|а 3, Слав|ун 2, Слав|ушк|а 2

С р.: *ж* Борислава.

БОЯ́Н|, а, *м* (*слав. редк.*) [бой- (*ср.* боец, бой); имя легендарного певца, *возможно, тюрк.* 'богатый', переосмыслено болгарами как пожелательное имя, чтобы именуемого им боялись, а сам он был бесстрашным]. О т ч е с т в о: Боя́нович, Боя́новна; Боя́ныч (*разг.*).

П р о и з в о д н ы е (9):

Боян

Бо(я)н → **Бон|я** → Бонь|к|а 1 → Бон*еч*|к|а 1
│   │   Бон|ечк|а 2
│   Бон|ечк|а 2, Бонь|к|а 2
(Бо)ян → **Ян|а** → Ян|к|а 1 → Ян*оч*|к|а 1
│   │   Янь|к|а 1 → Ян*еч*|к|а 1
│   │   Ян|ечк|а 2, Ян|очк|а 2
│   **Ян|я** → Ян|ечк|а 3, Ян|к|а 2, Ян|очк|а 3, Янь|к|а 2
│   Ян|ечк|а 4, Ян|к|а 3, Ян|очк|а 4, Янь|к|а 3
С р.: *ж* Бояна.

День ангела и святой (Боян): 28 марта — *мученик*.

БРАТИСЛА́В|, а м (*слав.*) [*ю.-сл. от* **брати-** (*ср. ст.-сл.* брати 'бороться') *и* **слав-** (*ср.*слава); от основ со значением брат + слава]. О т ч е с т в о: Братисла́вович, Братисла́вовна; Братисла́вич, Братисла́вна.

П р о и з в о д н ы е (6):

Братислав

(Брати)слав → **Слав|а** → Слав|к|а 1 → Слав*оч*|к|а 1
│   Слав|еньк|а 1, Слав|ик 1, Слав|оньк|а 1,
│   Слав|очк|а 2
│   Слав|еньк|а 2, Слав|ик 2, Слав|оньк|а 2, Слав|очк|а 3
С р.: *ж* Братислава.

БРОНИСЛА́В|, а, м (*слав.*) [**брони-** (*ср. др.-русск.* боронить 'защищать', 'оберегать') *и* **слав-** (*ср.* слава)]. О т ч е с т в о: Бронисла́вович, Бронисла́вовна; Бронисла́вич, Бронисла́вна.

П р о и з в о д н ы е (10):

Бронислав

Брон(ислав) → **Брон|я** → Брон|ечк|а 1, Брон|ик 1
│   Брон|ечк|а 2, Брон|ик 2
(Брони)слав → **Слав|а** →Слав|к|а 1 → Слав*оч*|к|а 1
│   Слав|еньк|а 1, Слав|ик 1, Слав|оньк|а 1,
│   Слав|очк|а 2, Слав|ушк|а 1
│   Слав|еньк|а 2, Слав|ик 2, Слав|к|а 2, Слав|оньк|а 2,
│   Слав|очк|а 3, Слав|ушк|а 2
С р.: *ж* Бронислава.

БУДИМИ́Р|, а м (*слав.*) [**буди-** (*ср. др.-русск.* будити 'будить') *и* **мир-** (*ср.* мирный, мир)]. О т ч е с т в о: Будими́рович, Будими́ровна.

П р о и з в о д н ы е (6):

Будимир

Бу(ди)м(ир) → **Бум|я**

(Бу)дим(ир) → **Дим|а**

(Буди)мир → Мир|а → Мир|к|а 1 → Мир*оч*|к|а 1

      | Мир|ик 1, Мир|*оч*к|а 2

     Мир|ик 2, Мир|к|а 2, Мир|*оч*к|а 3

В

ВАВИ́Л|А, ы, *м* [*сирийск.*; *от греч.* имени патриарха Антиохии; 'смешение']. О т ч е с т в о: Вави́лич, Вави́лична.

П р о и з в о д н ы е (14):
Вавил|а → Вавил|к|а, Вавил|ушк|а
Вав(ил|а) → **Вав|а** → Вав|к|а 1 →   Вавоч|к|а 1
                 Вав|ул|я 1 → Вавуль|к|а → Вавулеч|к|а 1
                             Вавул|ечк|а 2
                 Вав|ус|я 1 → Вавусь|к|а → Вавусеч|к|а 1
                             Вавус|еньк|а, Вавус|ечк|а 2, Вавус|ик
                 Вав|очк|а 2
          Вав|к|а 2, Вав|очк|а 3, Вав|ул|я 2, Вав|ус|я 2
(Ва)вил|а → **Вил|я**

Дни ангела и святые (Вавила): 24 января, 4 сентября — *священномученики и мученики.*

ВАДИ́М|, а *м* (*ст.-русск.*) [*др.-русск.* вадити 'обвинять', 'клеветать' *или* сокращение слав. имени Вадимир]. О т ч е с т в о: Вади́мович, Вади́мовна; Вади́мыч (*разг.*).

П р о и з в о д н ы е (24):
Вадим → Вадим|к|а → Вадимоч|к|а 1, Вадимч|ик 1
          Вадим|оньк|а, Вадим|очк|а 2, Вадим|ушк|а, Вадим|чик 2
Вад(им) → **Вад|я** → Вад|иш|а 1 → Вадиш|к|а
               Вадь|к|а 1 → Вадеч|к|а 1
               Вад|юш|а 1 → Вадюш|к|а → Вадюшеч|к|а 1
                           Вадюш|еньк|а, Вадюш|ечк|а 2
               Вад|еньк|а 1, Вад|ечк|а 2, Вад|ик 1,
               Ва́д|юшк|а 1
          Ва(д|я) → **Ва|в|а 1**
          Вад|еньк|а 2, Вад|ечк|а 3, Вад|ик 2, Вад|иш|а 2, Вадь|к|а 2,
          Вад|юш|а, Ва́д|юшк|а 2

Ва(дим) → Ва|в|а 2
(Ва)дим → **Дим|а** → Дим|к|а 1 → Димо́ч|к|а 1
                    Дим|ик 1, Дим|оньк|а 1, Дим|очк|а 2, Дим|ушк|а 1
                    Дим|ик 2, Дим|к|а 2, Дим|оньк|а 2, Дим|очк|а 3, Дим|ушк|а 2
    День ангела и святой (Вадим): 9 апреля — *преподобный*.

ВАЛЕ́НТ|, а, *м* [*лат.* ‘сильный, здоровый’]. О т ч е с т в о: Вале́нтович, Вале́нтовна; Вале́нтыч (*разг.*).
    П р о и з в о д н ы е (21):
Валент → Валент|ик
Вал(ент) → **Вал|я** → Валь|к|а 1 → Вале́ч|к|а 1
               Валю́н|я 1 → Валюнь|к|а → Валюне́ч|к|а 1
               Валю́н|ечк|а 2
               Валю́с|я 1 → Валюсь|к|а → Валюсе́ч|к|а 1
               Валю́с|еньк|а 1, Валю́с|ечк|а 2,
               Валю́с|ик 1
               Валю́х|а 1 → Валю́ш|к|а 1 → Валюше́ч|к|а 1
               Валю́ш|еньк|а 1, Валю́ш|ечк|а 2
               Валю́ш|а 1 → Валю́ш|еньк|а 2, Валю́ш|ечк|а 3,
               Валю́ш|к|а 2
               Вал|еньк|а 1, Вал|ечк|а 2, Вал|ик 1, Валь|ш|а 1,
               Ва́л|юшк|а 1
          Вал|еньк|а 2, Вал|ечк|а 3, Вал|ик 2, Валь|к|а 2, Валь|ш|а 2,
          Вал|юн|я 2, Вал|юс|я, Вал|юх|а 2, Вал|юш|а 2, Ва́л|юшк|а 2
    Дни ангела и святые (Валент): 16 февраля, 9 марта — *мученики*.

ВАЛЕНТИ́Н|, а, *м* [*лат.* ‘сильный, здоровый’]. О т ч е с т в о: Валенти́нович, Валенти́новна; Валенти́ныч (*разг.*).
    П р о и з в о д н ы е (8):
Валентин → Валентин|к|а → Валентино́ч|к|а 1
             Валентин|очк|а 2, Валентин|ушк|а
Валент(ин) → Валент|ик
Вален(тин) → **Вален**
            Вал(ен) →**Вал|я 1** → Валь|к|а 1 → Вале́ч|к|а 1
                    Вал|юн|я 1 → Валюнь|к|а →
                                 Валюне́ч|к|а 1
                         Валюн|ечк|а 2
                    Вал|юс|я 1 → Валюсь|к|а →
                                   Валюсе́ч|к|а 1
                         Валюс|еньк|а,
                         Валюс|ечк|а 2, Валюс|ик
                  (В)ал|юс|я → Алюс|я 1 → Алюс|ик 1
                         Алюс|ик 2
                    Вал|юх|а 1 → Валю́ш|к|а 1 →

```
                                    |              Валюшечк|а 1
                                          Валюш|еньк|а 1
                          Вал|юш|а 1 → Валюш|еньк|а 2,
                                    |         Валюш|ечк|а 3,
                                              Валюш|к|а 2
                          Вал|еньк|а 1, Вал|ечк|а 2, Вал|ёк 1,
                          Вал|ик 1, Валь|ш|а 1, Вал|юк 1,
                          Вал|юк|а 1, Ва́л|юшк|а 1, Вал|як|а 1
                          Вал|ях|а 1
                     Ва(л|я) → Ва|к|а 1 → Вак|очк|а 1
                     Валь|еньк|а 2, Вал|ечк|а 3, Вал|ёк 2, Вал|ик 2,
                     Валь|к|а 2, Валь|ш|а 2, Вал|юк 2, Вал|юк|а 2,
                     Вал|юн|я 2, Вал|юс|я 2 Вал|юх|а 2, Вал|юш|а 2,
                     Ва́л|юшк|а 2
                Ва(лен) → Ва|к|а 2
Вал(ентин) → Вал|я 2; Вал|еньк|а 3, Вал|ечк|а 4, Вал|ёк 3, Вал|ик 3,
            Валь|к|а 3, Валь|ш|а 3, Вал|юк 3, Вал|юк|а 3, Вал|юн|я 3,
            Вал|юс|я 3, Вал|юх|а 3, Вал|юш|а 3, Ва́л|юшк|а 3
Ва(лентин) → Ва|к|а 3
Вале(н)т(ин) → Валет
(Вален)тин → Тин|а 1 → Тин|к|а 1 → Тиноч|к|а 1
              |            Тин|очк|а 2
              Тин|к|а 2, Тин|очк|а 3
```

С р.: *ж* Валентина.

Дни ангела и святые (Валентин): 24 апреля, 6 июля, 30 июля — *мученики.*

ВАЛЕНТИО́Н|, а, *м* (*стар. редк.*) [*лат.* 'сильный, здоровый']. О т ч е с т в о: Валентио́нович, Валентио́новна.

П р о и з в о д н ы е (16):

Валентион
```
Вал(ентион) → Вал|я → Валь|к|а 1 →  Валечк|а 1
                      Вал|юн|я 1 → Валюнь|к|а
                      Вал|юс|я 1 → Валюсь|к|а →  Валюсеч|к|а 1
                      |            Валюс|еньк|а, Валюс|ечк|а 2,
                      |            Валюс|ик
                      Вал|юх|а 1 → Валю́ш|к|а 1 → Валюшеч|к|а 1
                      |            Валюш|еньк|а 1, Валюш|ечк|а 2
                      Вал|юш|а 1 → Валюш|еньк|а 2, Валюш|ечк|а 3,
                      |            Валю́ш|к|а 2
                      Вал|ечк|а 2, Ва́л|юшк|а 1
                Вал|ечк|а 3, Валь|к|а 2, Вал|юн|я 2; Вал|юс|я 2, Вал|юх|а 2,
                Вал|юш|а 2, Ва́л|юшк|а 2
```

ВАЛЕРИА́Н|, а *м* [*лат.* — Валериев (*притяж. прилаг.*); 'из гор. Валерии или Валерианов']. О т ч е с т в о: Валериа́нович, Валериа́новна; Валериа́-ныч (*разг.*).

Валерья́н|, а (*разг.*). О т ч е с т в о: Валерья́нович, Валерья́новна; Валерья́-ныч (*разг.*).

Вале́р|, а (*разг.*). О т ч е с т в о: Вале́рович, Вале́ровна.

П р о и з в о д н ы е (57):

Валериан

Валер(иан) → **Валер 1**,

                Валер|а 1→ Валер|к|а → Валер*оч*|к|а 1

                     Валер|ик 1, Валер|оньк|а 1, Валер|очк|а 2,

                     Валер|ушк|а 1, Валер|ш|а 1

        Вал(ер),

        Вал(ер|а) → **Вал|я 1** → Валь|к|а 1 → Вал*еч*|к|а 1, Валь*ч*|ик 1

                     Вал|юн|я 1 → Валюнь|к|а →

                                 Валюн*еч*|к|а 1

                      Валюн|ечк|а 2

                     Вал|юс|я 1 → Валюсь|к|а →

                                 Валюс*еч*|к|а 1

                      Валюс|еньк|а 1,

                      Валюс|ечк|а 2,

                      Валюс|ик 1

                     Вал|юх|а 1 → Валю́ш|к|а →

                                 Валюш*еч*|к|а 1

                      Валюш|еньк|а 1,

                      Валюш|ечк|а 2

                     Вал|юш|а 1 → Валюш|еньк|а 2,

                      Валюш|ечк|а 3,

                      Валю́ш|к|а 2

                     Вал|еньк|а 1, Вал|ечк|а 2, Вал|ёк 1,

                     Валь|к|о 1, Валь|чик 2, Валь|ш|а 1,

                     Ва́л|юшк|а 1

                Ва(л|я) → **Ва|к|а 1** → Вак|*оч*|к|а 1

                Вал|еньк|а 2, Вал|ечк|а 3, Вал|ёк 2, Валь|к|а 2,

                Валь|к|о 2, Валь|чик 3, Валь|ш|а 2, Вал|юн|я 2,

                Вал|юс|я 2, Вал|юх|а 2, Вал|юш|а 2, Ва́л|юшк|а 2

        Ва(лер),

        Ва(лер|а) → Ва|к|а 2

        (Ва)лер,

        (Ва)лер|а → **Лер|а 1** → Лер|к|а 1 → Лер*оч*|к|а 1

                     Лер|ун|я 1 →Лерунь|к|а →

                                 Лерун*еч*|к|а 1,

                                 Лерун*ч*|ик 1

Лерун|ечк|а 2,
Лерун|чик 2
Лер|ус|я 1 → Лерусь|к|а →
Лерусе*ч*|к|а 1
Лерус|еньк|а,
Лерус|ечк|а 2
Лер|ух|а 1 → Леру*ш*|к|а 1 →
Леруш*еч*|к|а 1
Леруш|еньк|а 1,
Леруш|ечк|а 2
Лер|уш|а 1 → Леруш|еньк|а 2,
Леруш|ечк|а 3
Леру́ш|к|а 2
Лер|ик 1, Лер|оньк|а 1, Лер|очк|а 2
Ле́р|ушк|а 1, Лер|ш|а 1
Ле(р|а) → **Ле|к|а, Лё|к|а 1**
Лер|ик 2, Лер|к|а 2, Лер|оньк|а 2, Лер|очк|а 3,
Лер|ун|я 2, Лер|ус|я 2, Лер|ух|а 2, Лер|уш|а 2,
Ле́р|ушк|а 2, Лер|ш|а 2
(Ва)ле(р),
(Ва)ле(р|а) → Ле|к|а 2, Лё|к|а 2
Валер|ик 2, Валер|к|а 2, Валер|оньк|а 2, Валер|очк|а 3,
Валер|ушк|а 2, Валер|ш|а 2
Вал(ериан) → Вал|я 2; Вал|еньк|а 3, Вал|ечк|а 4, Вал|ёк 3, Валь|к|а 3,
Валь|к|о 3, Валь|чик 4, Валь|ш|а 3, Вал|юн|я 3, Вал|юс|я 3,
Вал|юх|а 3, Вал|юш|а 3, Ва́л|юшк|а 3
Ва(лериан) → Ва|к|а 3
(Ва)лер(иан) → Лер|а 2; Лер|ик 3, Лер|к|а 3, Лер|оньк|а 3, Лер|очк|а 4,
Лер|ун|я 3, Лер|ус|я 3, Лер|ух|а 3, Лер|уш|а 3, Ле́р|ушк|а 3,
Лер|ш|а 3
(Ва)ле(риан) → Ле|к|а 3, Лё|к|а 3
Валерьян → Валерьян|к|а, Валерьян|ушк|а
Валер(ьян) → Валер 2, Валер|а 2; Валер|ик 3, Валер|к|а 3,
Валер|оньк|а 3, Валер|очк|а 4, Валер|ушк|а 3,
Валер|ш|а 3
Вал(ерьян) → Вал|я 3; Вал|еньк|а 4, Вал|ечк|а 5, Вал|ёк 4,
Валь|к|а 4, Валь|к|о 4, Валь|чик 5,
Валь|ш|а 4, Вал|юн|я 4, Вал|юс|я 4,
Вал|юх|а 4, Вал|юш|а 4, Ва́л|юшк|а 4
Ва(лерьян) → Ва|к|а 4
(Ва)лер(ьян) → Лер|а 3; Лер|ик 4, Лер|к|а 4, Лер|оньк|а 4,
Лер|очк|а 5, Лер|ун|я 4, Лер|ус|я 4,
Лер|ух|а 4, Лер|уш|а 4, Ле́р|ушк|а 4,
Лер|ш|а 4

(Ва)ле(рьян) → Ле|к|а 4, Лё|к|а 4

Дни ангела и святые (Валериан): 21 января, 1 июня, 13 сентября, 22 ноября — *мученики*.

ВАЛЕ́РИЙ|, Вале́рия (Вале́ри[й|а]), *м* [Римское родовое имя. *От лат.* 'быть сильным, здоровым'; 'добрый, крепкий']. О т ч е с т в о: Вале́риевич, Вале́риевна *и* Вале́рьевич, Вале́рьевна; Вале́рьич (*разг.*).
Вале́р|, а (*разг.*). О т ч е с т в о: Вале́рович, Вале́ровна.
П р о и з в о д н ы е (64):

Валерий
Валер(ий) → **Валер**
           Валер|а → Валер|к|а 1 → Валер*оч*|к|а 1, Валер*ч*|ик 1
                   Валер|ик 1, Валер|оньк|а 1, Валер|очк|а 2,
                   Валер|ушк|а 1, Валер|чик 2, Валер|ш|а 1
           Вале(р),
           Валер|а) → **Вале|ш|а 1** → Валеш|к|а → Валеш*еч*|к|а 1
                            Валеш|еньк|а, Валеш|ечк|а 2
           Вал(ер),
           Вал(ер|а) → **Вал|я 1** → Вал|ёк 1 → Валё*ч*|ек 1
                      Валь|к|а 1 → Вал*еч*|к|а 1
                      Валюн|я 1 → Валюнь|к|а →
                              Валюн*еч*|к|а 1
                        Валюн|ечк|а 2
                      Вал|юс|я 1 → Валюсь|к|а →
                              Валюс*еч*|к|а 1
                        Валюс|еньк|а,
                        Валюс|ечк|а 2
                        Валюс|ик
                      Вал|юх|а 1 → Валю|ш|к|а 1 →
                              Валюш*еч*|к|а 1
                        Валюш|еньк|а 1,
                      Валюш|ечк|а 2
                      Вал|юш|а 1 → Валюш|еньк|а 2,
                          Валюш|ечк|а 3
                      Валюш|к|а 2
                      Вал|ейк|а 1, Вал|еньк|а 1, Вал|ечк|а 2,
                      Вал|ёнок 1, Вал|ёчек 2, Вал|ик 1,
                      Валь|к|о 1, Валь|ш|а 1, Вал|юк 1,
                      Вал|юн 1, Ва́л|юшк|а 1
                  Ва(л|я) → **Ва|к|а 1** → Вак|очк|а
                  Вал|ейк|а 2, Вал|еньк|а 2, Вал|ечк|а 3, Вал|ёк 2,
                    Вал|ёнок 2, Вал|ёчек 3, Вал|ик 2, Валь|к|а 2,
                    Валь|к|о 2, Валь|ш|а 2, Вал|юк 2, Вал|юн 2,
                    Вал|юн|я 2, Вал|юс|я 2, Вал|юх|а 2, Вал|юш|а 2,

Вáл|юшк|а 2
Ва(лер),
Ва(лер|а) → Ва|к|а 2
(Ва)ле(р),
(Ва)лер(р|а) → **Ле|к|а 1, Лё|к|а 1**
(Ва)лер,
(Ва)лер|а →**Лер|а 1** → Лер|к|а 1 → Леро́ч|к|а 1
                    Лер|ун|я 1 → Лерунь|к|а →
                                    Лерун*еч*|к|а 1,
                                    Лерун*ч*|ик 1
                                    Лерун|ечк|а 2, Лерун|чик 2
                    Лер|ус|я 1 →Лерусь|к|а →
                                    Лерус*еч*|к|а 1
                                    Лерус|еньк|а, Лерус|ечк|а 2
                    Лер|ух|а 1 →Леру́*ш*|к|а 1 →
                                    Леруш*еч*|к|а 1
                                    Леруш|еньк|а 1,
                                    Леруш|ечк|а 2
                    Лер|уш|а 1 → Леруш|еньк|а 2,
                                    Леруш|ечк|а 3
                                    Леру́*ш*|к|а 2
                    Лер|ик 1, Лер|оньк|а 1, Лер|очк|а 2,
                    Ле́р|ушк|а 1, Лер|ш|а 1
            Лер(р|а) → Ле|к|а 2, Лё|к|а 2
            Лер|ик 2, Лер|к|а 2, Лер|оньк|а 2, Лер|очк|а 3,
            Лер|ун|я 2, Лер|ус|я 2, Лер|ух|а 2, Лер|уш|а 2,
            Ле́р|ушк|а 2, Лер|ш|а 2
        Валер|ик 2, Валер|к|а 2, Валер|оньк|а 2, Валер|очк|а 3,
        Валер|ушк|а 2, Валер|чик 3, Валер|ш|а 2
Вале(рий) →Вале|ш|а 2
Вал(ерий) →Вал|ейк|а 3, Вал|еньк|а 3, Вал|ечк|а 4, Вал|ёк 3, Вал|ёнок 3,
            Вал|ёчек 4, Вал|ик 3, Валь|к|а 3, Валь|к|о 3, Валь|ш|а 3,
            Вал|юк 3, Вал|юн 3, Вал|юн|я 3, Вал|юс|я 3, Вал|юх|а 3,
            Вал|юш|а 3, Вáл|юшк|а 3
Ва(лерий) →Ва|к|а 3
(Ва)лер(ий) → Лер|а 2; Лер|ик 3, Лер|к|а 3, Лер|оньк|а 3, Лер|очк|а 4,
            Лер|ун|я 3, Лер|ус|я 3, Лер|ух|а 3, Лер|уш|а 3, Лер|ушк|а 3,
            Лер|ш|а 3
(Ва)ле(рий) → Ле|к|а 3, Лё|к|а 3
    С р.: *ж* Валерия.
    Дни ангела и святые (Валерий): 9 марта, 7 ноября — *мученики*.

ВАЛТАСÁР|, а, *м* (*стар. редк.*). [*др.-евр.* имя вавилонского царя].
О т ч е с т в о: Валтасáрович, Валтасáровна.

ВАРЛАА́М|, а, *м* [*возможно, из халдейск.* 'сын' + 'дородность, тучность'; *арам.* `сын Божий'], О т ч е с т в о: Варлаа́мович, Варлаа́мовна; Варлаа́мыч (*разг.*).

Варла́м|, а (*разг.*). О т ч е с т в о: Варла́мович, Варла́мовна; Варла́мыч (*разг.*).

Варла́мий|, Варла́ми|я (Варла́ми[й]а) (*разг.*). О т ч е с т в о: Варла́миевич, Варла́миевна *и* Варла́мьевич, Варла́мьевна.

П р о и з в о д н ы е (14):

Варлаам → Варлаам|к|а, Варлаам|ушк|а

Варла(а)м → **Варлам 1** → Варлам|ий 1, Варлам|к|а 1, Варлам|ушк|а 1

Варла(м) → **Варла|х|а 1** → Варлаш|еньк|а 1, Варлаш|к|а 1

Варлаш|а 1 → Варлаш|еньк|а 2, Варлаш|к|а 2

Варла|ш|а 2

(Вар)лам → **Лам|а 1** → Лам|к|а 1 → Ламоч|к|а 1

Лам|оч|к|а 2, Лам|ушк|а 1

Лам|к|а 2, Лам|оч|к|а 3, Лам|ушк|а 2

Варлам|к|а 2, Варлам|ушк|а 2

Варла(ам) → Варла|х|а 2, Варла|ш|а 3

(Вар)ла(а)м → Лам|а 2; Лам|к|а 3, Лам|оч|к|а 4, Лам|ушк|а 3

Дни ангела и святые (Варлаам): 19 июня, 28 сентября, 6 ноября, 19 ноября — *преподобные*; 19 июня, 19 ноября — *мученики*.

ВАРСОНО́ФИЙ|, Варсоно́фия (Варсоно́фи[й]а), *м* [*возможно, арамейск.* 'великий сын Божий']. О т ч е с т в о: Варсоно́фиевич, Варсоно́фиевна *и* Варсоно́фьевич, Варсоно́фьевна; Варсоно́фьич (*разг.*).

Варсоно́ф|, а (*разг.*). О т ч е с т в о: Варсоно́фович, Варсоно́фовна.

П р о и з в о д н ы е (13):

Варсонофий

Варсоноф(ий) →

Варсоноф → Варсоноф|ушк|а 1

Варс(оноф) → **Варс|я 1** → Варс|ун|я 1 → Варсунь|к|а →

Варсун*еч*|к|а 1

Варсун|ечк|а 2

Варзун|я 1

Варс|ечк|а 1, Варс|юх|а 1, Варс|юш|а 1

(В)ар(с|я) → **Ар|я 1** → Ар|к|а 1 → Ар*еч*|к|а 1

Ар|ечк|а 2

Ар|ечк|а 3, Арь|к|а 2

Варс|ечк|а 2, Варс|ун|я 2, Варс|юх|а 2, Варс|юш|а 2

Варз|ун|я 2

(В)ар(соноф) → Ар|я 2; Ар|ечк|а 4, Арь|к|а 3

Варсоноф|ушк|а 2

Варс(онофий) → Варс|я 2; Варс|ечк|а 3, Варс|ун|я 3, Варс|юх|а 3,

Варс|юш|а 3
Варз|ун|я 3

(В)ар(сонофий) → Ар|я 3; Ар|ечк|а 5, Арь|к|а 4

Дни ангела и святые (Варсонофий): 2 марта, 11 апреля, 4 октября — *епископы*; 6 февраля, 29 февраля — *преподобный*.

ВАРФОЛОМЕ́Й|, Варфоломе́|я (Варфоломе́[й|а]), *м* [*арамейск.* имя 'сын Толмая'; 'сын вспаханной земли', 'сын поля'; 'сын Толомея, т.е. брадато-го']. О т ч е с т в о: Варфоломе́евич, Варфоломе́евна; Варфоломе́ич (*разг.*).
Фоломе́й|, Фоломе́|я (Фоломе́[й|а]) (*разг.*). О т ч е с т в о: Фоломе́евич, Фоломе́евна; Фоломе́ич (*разг.*).
Вахрам|, а (*прост.*)
Вахраме́й|, Вахраме́|я (Вахраме́[й|а]) (*прост.*).

П р о и з в о д н ы е (15):
Варфоломей → Варфоломей|к|а, Варфоломе|юшк|а (Варфоломе[й|у]шк|а)
Варфолом(ей) →Варфолом|к|а, Варфолом|ушк|а
Вар(фоломей) →**Вар|я 1** → Вар|к|а 1 → Вар*о*чк|а 1
                                  Варь|к|а 1 → Вар*еч*к|а 1
                                  Вар|ечк|а 2, Вар|ик 1, Вар|очк|а 2
             Вар|я 1 → Вар|ечк|а 3, Вар|ик 2, Вар|к|а 2, Вар|очк|а 3
                  Вар|ечк|а 4, Вар|ик 3, Вар|к|а 3, Вар|очк|а 4
Варф(ол)омей →**Вах*р*омей**
             Вах*р*ом(ей) → **Вахром 1**
                                  Вахр(ом) → Вахр|уш|а 1 → Вахруш|к|а
                                  Ва(х)р(ом) → Вар|а 2, Вар|я 2;
                                                Вар|ечк|а 5, Вар|ик 4,
                                                Вар|к|а 4, Вар|очк|а 5
             Вахр(омей) → Вахр|уш|а 2
             Ва(х)р(омей) → Вар|а 3, Вар|я 3; Вар|ечк|а 6, Вар|ик 5,
                            Вар|к|а 5, Вар|очк|а 6
Варф(ол)ом(ей) → Вах*р*ом 2, Вахрам
Варф(оломей) →Вахр|уш|а 3
Вар(фоломей) →Вар|а 4, Вар|я 4; Вар|ечк|а 7, Вар|ик 6, Вар|к|а 6,
             Вар|очк|а 7
(Вар)фоломей →**Фоломей**

Дни ангела и святые (Варфоломей): 22 апреля, 11 июня, 30 июня, 25 августа — *апостолы*.

ВАСИ́ЛИЙ|, Васи́ли|я (Васи́ли[й|а]), *м* [*греч.* 'царь'; 'царский, царствен-ный']. О т ч е с т в о: Васи́льевич, Васи́льевна; Васи́льич (*разг.*).
Василе́й|, Василе́|я (Василе́[й|а]) (*прост.*).

П р о и з в о д н ы е (87):
Василий → Василь|юшк|а (Василь[й|у]шк|а)
Васил(ий) →

Василь 1 →Васил|ёк 1 →   Василёч|ек
                Василь|к|а 1 → Васильч|ик 1
                Васил|ец 1, Василь|к|о 1, Василь|чик 2,
                Васил|юк 1

Вас(иль) → **Вас|я 1** → Вас|ей 1 → Васей|к|а
                Вас|ен|я 1 → Васéнь|к|а
                Вас|ёк 1 → Васёч|ек 1
                Вас|ён|а 1 → Васён|к|а
                Вас|ён|я 1 → Васёнь|к|а
                Вас|ик 1
                (В)ас|ик → **Асик 1**
                Вась|к|а 1 → Вас*еч*|к|а 1
                Вас|юн|я 1 → Васюнь|к|а → Васюн*еч*|к|а 1
                | Васюнч|ик 1
                            Васюн|ечк|а 2, Васюн|чик 2,
                            Васюнь|ш|а
                Вас|юр|а 1 → Васюр|к|а → Васюр*оч*|к|а 1
                | Васюр|оньк|а, Васюр|очк|а 2
                (Ва)с|юр|а → **Сюр|а 1** →Сюр|к|а 1 →
                | Сюр*оч*|к|а 1
                | Сюр|очк|а 2
                            Сюр|к|а 2, Сюр|очк|а 3
                Вас|ют|а 1 → Васют|к|а → Васют*оч*|к|а 1
                | Васют|очк|а 2, Васют|ушк|а
                (Ва)с|ют|а → **Сют|а 1** → Сют|к|а 1 →
                | Сют*оч*|к|а 1
                | Сют|очк|а 2,
                | Сют|ушк|а 1
                            Сют|к|а 2, Сют|очк|а 3,
                            Сют|ушк|а 2
                Вас|юх|а 1 → Васю*ш*|еньк|а 1, Васю*ш*|к|а 1
                Вас|юш|а 1 → Васюш|еньк|а 2, Васюш|к|а 2
                Вас|яй 1 → Васяй|к|а
                Вас|як 1,
                Вас|як|а 1 → Васяк|очк|а, Васяк|с|а,
                | Васяк|ушк|а
                (Ва)с|як,
                (Ва)с|як|а → **Сяк|а 1** → Сяк|ушк|а 1
                | Сяк|ушк|а 2
                Вас|ян 1,
                Вас|ян|а 1→ Васян|к|а 1 → Васян*оч*|к|а 1
                | Васянь|к|а 1 →Васян*еч*|к|а 1
                            Васян|ечк|а 2,
                            Васян|очк|а 2,

Васян|ушк|а 1,
Васян|юшк|а 1
Вас|ян|я 1 → Васян|ечк|а 3, Васян|к|а 2,
              Васян|очк|а 3, Васян|ушк|а 2,
              Васянь|к|а 2, Васян|юшк|а 2
Вас|ят|а 1 → Васят|к|а → Васяточ|к|а 1
              Васят|очк|а 2, Васят|ушк|а
Вас|ях|а 1 → Васяш|еньк|а 1, Васяш|к|а 1
Вас|яш|а 1 → Васяш|еньк|а 2, Васяш|к|а 2
Вас|еньк|а 1, Вас|ечк|а 2, Вас|ёх|а, Вас|ёчек 2,
Вас|ик 1, Вас|ище 1, Вас|люк 1, Вась|к|о 1,
Вас|юк 1, Вá|сюшк|а 1, Вас|яг|а 1
Ва(с|я) → **Ва|к|а 1** → Вак|очк|а
         Ва|ш|а 1
(В)ас|я → Ас|ик 2
(Ва)с|я → С|юр|а 2, С|ют|а 2, С|як|а 2
Вас|ей 2, Вас|еньк|а 2, Вас|ен|я 2, Вас|ечк|а 3, Вас|ёк 2,
Вас|ён|а 2, Вас|ён|я 2, Вас|ёх|а 2, Вас|ёчек 3, Вас|ик 2,
Вас|ищ|е 2, Вас|люк 2, Вась|к|а 2, Вась|к|о 2, Вас|юк 2,
Вас|юн|я 2, Вас|юр|а 2, Вас|ют|а 2, Вас|юх|а 2,
Вас|юш|а 2, Вá|сюшк|а 2, Вас|яг|а 2, Вас|яй 2, Вас|як 2,
Вас|як|а 2, Вас|ян 2, Вас|ян|а 2, Вас|ян|я 2, Вас|ят|а 2,
Вас|ях|а 2, Вас|яш|а 2
Ва(силь) → Ва|к|а 2, Ва|ш|а 2
(В)ас(иль) → Ас|ик 3
(Ва)с(иль) → С|юр|а 3, С|ют|а 3, С|як|а 3
Васил|ец 2, Васил|ёк 2, Василь|к|а 2, Василь|к|о 2, Василь|чик 3,
Васил|юк 2
Вас(илий) → Вас|я 2; Вас|ей 3, Вас|еньк|а 3, Вас|ен|я 3, Вас|ечк|а 4,
              Вас|ёк 3, Вас|ён|а 3, Вас|ён|я 3, Вас|ёх|а 3, Вас|ёчек 4,
              Вас|ик 3, Вас|ище 3, Вас|люк 3, Вась|к|а 3, Вась|к|о 3,
              Вас|юк 3, Вас|юн|я 3, Вас|юр|а 3, Вас|ют|а 3, Вас|юх|а 3,
              Вас|юш|а 3, Вá|сюшк|а 3, Вас|яг|а 3, Вас|яй 3, Вас|як 3,
              Вас|як|а 3, Вас|ян 3, Вас|ян|а 3, Вас|ян|я 3, Вас|ят|а 3,
              Вас|ях|а 3, Вас|яш|а 3
Ва(силий) → Ва|к|а 3, Ва|ш|а 3
(В)ас(илий) → Ас|ик 4
(Ва)с(илий) → С|юр|а 4, С|ют|а 4, С|як|а 4
Василей
Васил(ей) → Василь 2; Василь|ец 2, Васил|ёк 2,
              Василь|к|а 2, Василь|к|о 2, Василь|чик 3,
              Васил|юк 2
Вас(илей) → Вас|я 3; Вас|ей 4, Вас|еньк|а 4, Вас|ен|я 4,
              Вас|ечк|а 5, Вас|ёк 4, Вас|ён|а 4, Вас|ён|я 4,

Вас|ёх|а 4, Вас|ёчек 5, Вас|ик 4, Вас|ище 4,
Вас|люк 4, Вась|к|а 4, Вась|к|о 4, Вас|юк 4,
Вас|юн|я 4, Вас|юр|а 4, Вас|ют|а 4,
Вас|юх|а 4, Вас|юш|а 4, Ва́с|юшк|а 4,
Вас|яг|а 4, Вас|яй 4, Вас|як 4, Вас|як|а 4,
Вас|ян 4, Вас|ян|а 4, Вас|ят|а 4, Вас|ях|а 4,
Вас|яш|а 4

Ва(силей) → Ва|к|а 4, Ва|ш|а 4
(В)ас(илей) → Ас|ик 5
(Ва)с(илей) → С|юр|а 5, С|ют|а 5, С|як|а 5

С р.: *ж* Василия.

Дни ангела и святые (Василий): 15 июля — *равноапостольный*; 10 февраля, 7 марта, 12 апреля, 26 апреля, 29 апреля, 30 апреля, 10 июня, 3 июля — *епископы*; 28 февраля, 26 марта, 28 сентября — *преподобные*; 11 августа — *преподобномученик*; 4 марта, 23 мая, 8 июня, 3 июля — *князья*; 30 января — *святитель*; 2 августа — *блаженный*; 22 марта — *священномученик*; 1 января, 23 марта, 6 июля, 28 ноября — *мученики*.

ВАСИЛЬКО́, а, *м* (*редк.*). [*ст.-русск. уменьш.* форма от имени Василий, ставшая документальной]. О т ч е с т в о: Василько́вич, Василько́вна.
П р о и з в о д н ы е (8):

Василько
Вас(ильк|о) → **Вас|я** → Вась|к|а 1 → Васеч|к|а 1
Вас|ют|а 1 → Васют|к|а → Васюточ|к|а 1
Васют|очк|а 2
Вас|еньк|а 1, Вас|ечк|а 2, Вась|к|о 1
Вас|еньк|а 2, Вас|ечк|а 3, Вась|к|а 2, Вась|к|о 2, Вас|ют|а 2
Вас(иль)к|о → Вась|к|о 3

День ангела и святой (Василько): 4 марта, 23 мая — *князья*.

ВАЦЛА́В|, а, *м* (*слав.*) [*Заимств. из чешск. яз.* Соответствует русск. имени Вячеслав]. О т ч е с т в о: Вацла́вович, Вацла́вовна; Вацла́вич, Вацла́вна.
П р о и з в о д н ы е (10):

Вацлав
Вац(лав) → **Вац|а** → Вац|ик 1, Вац|к|а 1
Вац|ик 2, Вац|к|а 2
(Ва)цлав → **Слав|а** → Слав|к|а → Славоч|к|а 1
Слав|еньк|а 1, Слав|ик 1, Слав|оньк|а 1,
Слав|очк|а 2, Слав|ушк|а 1
Слав|еньк|а 2, Слав|ик 2, Слав|к|а 2, Слав|оньк|а 2,
Слав|очк|а 3, Слав|ушк|а 2

С р.: *ж* Вацлава.

ВЕЛИМИ́Р|, а, *м* (*слав.*) [*вели-* (*ср. др.-русск.* велии 'великий', 'большой') *и* **мир** (*ср.* мирный, мир)]. О т ч е с т в о : Велими́рович, Велими́ровна; Велими́рыч (*разг.*).

Вельми́р|, а (*разг.*).

П р о и з в о д н ы е (11):

Вел*и*мир → Вельмир

Вель(мир) →**Вел|а 1** → Вел|к|а 1 → Вел*оч*|к|а 1

Вель|к|а 1 → Вел*еч*|к|а 1

Вел|ечк|а 2, Вел|очк|а 2

Вел|я 1 → Вел|ечк|а 3, Вел|к|а 2, Вел|очк|а 3, Вель|к|а 2

Вел|ечк|а 4, Вел|к|а 3, Вел|очк|а 4, Вель|к|а 3

(Вель)мир →**Мир|а 1** → Мир|к|а 1 → Мир*оч*|к|а 1

Мир|ик 1, Мир|очк|а 2

Мир|ик 2, Мир|к|а 2, Мир|очк|а 3

Вел(имир) → Вел|а 2, Вел|я 2; Вел|ечк|а 5, Вел|к|а 4, Вел|очк|а 5, Вель|к|а 4

(Вели)мир → Мир|а 2; Мир|ик 3, Мир|к|а 3, Мир|очк|а 4

С р.: *ж* Велимира.

ВЕНЕДИ́КТ|, а, *м* [*лат.* 'благословенный']. О т ч е с т в о : Венеди́ктович, Венеди́ктовна; Венеди́ктыч (*разг.*).

Венеде́й|, Венеде́|я (Венеде́[й|а]) (*прост.*).

Веденей|, Ведене́|я (Ведене́[й|а]) (*прост.*).

П р о и з в о д н ы е (26):

Венедикт → Венедикт|ушк|а

Венед(икт) → Венед|ей, Вед*ен*|ей 1

Вен(едикт) →**Вен|а** → Вен|к|а 1 → Вен*оч*|к|а 1

Вень|к|а 1 → Вен*еч*|к|а 1

Вен|ечк|а 2, Вен|очк|а 2, Вен|ушк|а 1, Вен|юшк|а 1

Вен|я → Вен|ечк|а 3, Вен|очк|а 3, Вен|ушк|а 2, Вен|юшк|а 2

Вен|ечк|а 4, Вен|очк|а 4, Вен|ушк|а 3, Вен|юшк|а 3

В(енед)и(кт) →**Ви|н|я** → Винь|к|а 1 → Вин*еч*|к|а 1

Вин|ечк|а 2, Вин|юшк|а 1

Ве(не)д(икт) →**Вед|я 1** → Вед*ен*|я 1 → Веден|ей 2, Веден|к|а

Ведь|к|а 1 → Вед*еч*|к|а 1

Вед|ечк|а 2

Вед|ен|я 2, Вед|ечк|а 3, Ведь|к|а 2

(Вене)дик(т) →**Дик** → Дик|оньк|а 1, Дик|очк|а 1

Дик|оньк|а 2, Дик|очк|а 2

(Вене)ди(кт) →**Ди|н|а** → Дин|к|а → Дин*оч*|к|а 1

Дин|очк|а 2

С р.: *ж* Венедикта.

День ангела и святой (Венедикт): 14 марта — *преподобный*.

ВЕНЕДИ́М|, а, *м* [*предположительно лат.* 'венеды'; происхождение неясно]. О т ч е с т в о: Венеди́мович, Венеди́мовна; Венеди́мыч (*разг.*).

П р о и з в о д н ы е (11):

Венедим

Вен(едим) → **Вен**|а → Вен|к|а → Вен*оч*|к|а 1

               Вень|к|а 1 → Вен*еч*|к|а 1

               Вен|ечк|а 2, Вен|очк|а 2

        Вен|я → Вен|ечк|а 3, Вен|к|а 2, Вен|очк|а 3, Вен|к|а 2

        Вен|ечк|а 4, Вен|к|а 3, Вен|очк|а 4, Вен|к|а 3

(Вене)дим → **Дим**|а → Дим|к|а 1 → Дим*оч*|к|а 1

               Дим|оньк|а 1, Дим|очк|а 2, Дим|ушк|а 1

        Дим|к|а 2, Дим|оньк|а 2, Дим|очк|а 3, Дим|ушк|а 2

День ангела и святой (Венедим): 18 мая — *мученик.*

ВЕНИАМИ́Н|, а, *м* [*др.-евр.* 'сын десницы (правой руки)', 'любимый сын'].

О т ч е с т в о: Вениами́нович, Вениами́новна; Вениами́ныч (*разг.*).

Веньями́н|, а (*разг.*). О т ч е с т в о: Веньями́нович, Веньями́новна; Веньями́ныч (*разг.*).

П р о и з в о д н ы е (48):

Вениамин →   Вениамин|к|а, Вениамин|ушк|а

Вен(иамин) → **Вен**|а 1 → Вен|к|а 1 → Вен*оч*|к|а 1, Венч|ик 1

               Вен|ул|я 1 → Венуль|к|а → Венул*еч*|к|а 1

                     Венул|еньк|а, Венул|ечк|а 2

               Вен|ур|а 1 → Венур|к|а → Венур*оч*|к|а 1

                     Венур|очк|а 2

               Вен|уш|а 1 → Венуш|к|а → Венуш*еч*|к|а 1

                     Венуш|ечк|а 2

               Вень|к|а 1 → Вен*еч*|к|а 1, Венч|ик 2

               Вен|юл|я 1 → Венюль|к|а → Венюл*еч*|к|а 1

                     Венюл|еньк|а, Венюл|ечк|а 2

               Вен|юр|я 1 → Венюр|к|а → Венюр*оч*|к|а 1

                     Венюр|очк|а 2

               Вен|юш|а 1 → Венюш|к|а → Венюш*еч*|к|а 1

                     Венюш|еньк|а, Венюш|ечк|а 2

               Вен|ечк|а 2, Вен|ик 1, Вен|ок 1, Вен|очк|а 1,

               Вен|ус|я 1, Вен|чик 3, Вен|юк 1, Вен|юс|я 1,

               Ве́н|юшк|а 1

        Вен|я 1 → Вен|ечк|а 3, Вен|ик 2, Вен|к|а 2, Вен|ок 2,

               Вен|очк|а 3, Вен|ул|я 2, Венур|а 2, Вен|ус|я 2,

               Вен|уш|а 2, Вен|чик 4, Вень|к|а 2, Вен|юк 2,

               Вен|юл|я 2, Вен|юр|а 2, Вен|юс|я 2, Вен|юш|а 2,

               Ве́н|юшк|а 2

        Вен|ечк|а 4, Вен|ик 3, Вен|к|а 3, Вен|ок 3, Вен|очк|а 4,

        Вен|ул|я 3, Вен|ур|а 3, Вен|ус|я 3, Вен|уш|а 3, Вен|чик 5,

        Вень|к|а 3, Вен|юк 3, Вен|юл|я 3, Вен|юр|а 3, Вен|юс|я 3,

Вен|юш|а 3, Ве́н|юшк|а 3

В(ениам)ин → **Вин|я 1** → Винь|к|а 1 → Вин*еч*|к|а 1

Вин|ечк|а 2

Вин|ечк|а 3, Винь|к|а 2

(Вениа)мин → **Мин|а 1** → Мин|к|а 1 → Мин*оч*|к|а 1

Мин|ок 1 → Мин*оч*|ек

Мин|очк|а 2, Мин|ушк|а 1

Мин|к|а 2, Мин|ок 2, Мин|очк|а 3, Мин|ушк|а 2

Веньямин (Вен[й|а]мин)

Вен(ьямин) → Вен 2, Вен|я 2; Вен|ечк|а 5, Вен|ик 4,

Вен|к|а 4, Вен|ок 4, Вен|очк|а 5, Вен|ул|я 4,

Вен|ур|а 4, Вен|ус|я 4, Вен|уш|а 4,

Вен|чик 6, Вень|к|а 4, Вен|юк 4,

Вен|юл|я 4, Вен|юр|а 4, Вен|юс|я 4,

Вен|юш|а 4, Ве́н|юшк|а 4

В(еньям)ин → Вин|я 2; Вин|ечк|а 4, Винь|к|а 3

(Венья)мин → Мин|я 2; Мин|к|а 3, Мин|ок 3,

Мин|очк|а 4, Мин|ушк|а 3

Вельямин 1

Ве(льями)н → Вен|а 3, Вен|я 3; Вен|ечк|а 6,

Вен|ик 4, Вен|к|а 5,

Вен|ок 5, Вен|очк|а 6,

Вен|ул|я 5, Вен|ур|а 5,

Вен|ус|я 5, Вен|уш|а 5,

Вен|чик 7, Вень|к|а 5,

Вен|юк 5, Вен|юл|я 5,

Вен|юр|а 5, Вен|юс|я 5,

Вен|юш|а 5, Ве́н|юшк|а 5

В(ельям)ин → Вин|я 2; Вин|ечк|а 5,

Винь|к|а 4

(Велья)мин → Мин|а 3; Мин|к|а 4,

Мин|ок 4, Мин|очк|а 5,

Мин|ушк|а 4

Вельямин 2

Дни ангела и святые (Вениамин): 14 января, 28 августа, 13 октября — *преподобный*; 31 марта, 13 октября — *мученики*.

ВЕНЦЕСЛА́В|, а, *м* (*слав.*). [*заимств. из польск.*, соотв. русскому Вячеслав]. О т ч е с т в о: Венцесла́вович, Венцесла́вовна; Венцесла́вич, Венцесла́вна.

П р о и з в о д н ы е (13):

Венцеслав

Вен(цеслав) → **Вен|а** → Вен|к|а 1 → Вен*оч*|к|а 1

Вень|к|а 1 → Вен*еч*|к|а 1

| Вен|ечк|а 2, Вен|очк|а 2

Вен|я → Вен|ечк|а 3, Вен|к|а 2, Вен|очк|а 3, Вен|к|а 2

(Венце)слав → **Слав|а** → Слав|к|а 1 → Славоч|к|а 1

| Слав|еньк|а 1, Слав|ик 1, Слав|оньк|а 1,
| Слав|очк|а 2, Слав|ушк|а 1

Слав|еньк|а 2, Слав|ик 2, Слав|к|а 2, Слав|оньк|а 2,
Слав|очк|а 3, Слав|ушк|а 2

С р.: *ж* Венцеслава.

ВИВИА́Н|, а, *м* [*лат.* 'живой'; 'живой, живучий']. О т ч е с т в о: Вивиа́-нович, Вивиа́новна; Вивиа́ныч (*разг.*).

П р о и з в о д н ы е (9):

Вивиан → Вивиан|к|а → Вивианоч|к|а 1

Вивиан|очк|а 2, Вивиан|ушк|а

Вив(иан) → **Вив|а** → Вив|к|а 1 → Вивоч|к|а 1

Вив|ок 1, Вив|оньк|а 1, Вив|очк|а 2, Вив|ушк|а 1

Вив|к|а 2, Вив|ок 2, Вив|оньк|а 2, Вив|очк|а 3, Вив|ушк|а 2

С р.: *ж* Вивиана.

День ангела и святой (Вивиан): 9 марта — *мученик*.

ВИКЕ́НТИЙ|, Вике́нти|я (Вике́нти[й|а]), *м* [*лат.* 'побеждающий']. О т-ч е с т в о: Вике́нтиевич, Вике́нтиевна *и* Вике́нтьевич, Вике́нтьевна; Вике́нтьич (*разг.*).

П р о и з в о д н ы е (22):

Викентий → Викенть|юшк|а (Викент[й|у]шк|а)

Викен(тий) → **Викеш|а 1** → Викеш|к|а 1 → Викешеч|к|а 1

Викеш|еньк|а 1, Викеш|ечк|а 2

Вик(еша) → **Вик|а 1** → Вик|аш|а 1 → Викаш|к|а →

| Викашеч|к|а 1
Викаш|ечк|а 2

Вик|очк|а 1

Вик|аш|а 2, Вик|очк|а 2

(Ви)кеш|а → **Кеш|а 1** → Кеш|к|а 1 → Кешеч|к|а 1

Кеш|еньк|а 1, Кеш|ечк|а 2,
Кеш|ун|я 1

Кеш|еньк|а 2, Кеш|ечк|а 3, Кеш|к|а 2,
Кеш|ун|я 2

Викеш|еньк|а 2, Викеш|ечк|а 3, Викеш|к|а 2

Вике(нтий) → **Вике|х|а** → Викеш|а 2; Викеш|еньк|а 2, Викеш|ечк|а 3,
Викеш|к|а 2

Вик(ентий) → Вик|а 2; Вик|аш|а 3, Вик|очк|а 3

(Ви)кен(тий) → **Кен|а** → Кен|к|а 1 → Кеноч|к|а 1

Кень|к|а 1 → Кенеч|к|а 1

Кен|ечк|а 2, Кен|очк|а 2

Кеш|а 2; Кеш|еньк|а 3, Кеш|ечк|а 4, Кеш|к|а 3,
Кеш|ун|я 3

Кен|я → Кен|ечк|а 3, Кен|к|а 2, Кен|очк|а 3, Кень|к|а 2
Кеш|а 3; Кеш|еньк|а 4, Кеш|ечк|а 5, Кеш|к|а 4,
Кеш|ун|я 4

Кен|ечк|а 4, Кен|к|а 3, Кен|очк|а 4, Кень|к|а 3
Кеш|а 4; Кеш|еньк|а 5, Кеш|ечк|а 6, Кеш|к|а 5, Кеш|ун|я 5

С р.: *ж* Викентия.

День ангела и святой (Викентий): 11 ноября — *мученик*.

ВИ́КТОР|, а, *м* [*лат.* 'победитель']. О т ч е с т в о: Ви́кторович, Ви́кторов-
на; Ви́кторыч (*разг.*).

П р о и з в о д н ы е (96):

Виктор → Виктор|к|а

Викт(ор) → **Викт|а** → Викт|ус|я

Вик(т|а) → **Вик|а 1**

Ви(кт|а) → **Ви|ш|а** → Виш|к|а → Виш*еч*|к|а 1
Виш|ут|а → Виш|ут|к|а →
Вишут*оч*|к|а 1
Вишут|очк|а 2
Виш|ечк|а 2

Ви(к)т|а →

Вит|а 1 → Вит|ан|а 1 → Витан|к|а
Вит|ас|я 1 → Витас|ик, Витась|к|а
Вит|ах|а 1 → Виташ|к|а → Виташ*еч*|к|а 1
Виташ|еньк|а 1, Виташ|ечк|а 2
Вит|аш|а 1 →Виташ|еньк|а 2, Виташ|ечк|а 3,
Виташ|к|а 2
Вит|к|а 1 → Вит*оч*|к|а 1
Вит|ош|а 1 → Витош|к|а → Витош*еч*|к|а 1
Витош|еньк|а, Витош|ечк|а 2
Вит|ул|я 1 → Витуль|к|а → Витул*еч*|к|а 1
Витуль|еньк|а,
Витул|ечк|а 2, Витул|ёк
Вит|ус|я 1 → Витусь|к|а → Витус*еч*|к|а 1
Витус|еньк|а, Витус|ечк|а 2,
Витус|ик
Вит|уш|а 1 →Вит*у́ш*|к|а → Витуш*еч*|к|а 1
Витуш|еньк|а, Витуш|ечк|а 2
Вить|к|а 1 → Вит*еч*|к|а 1
Вит|юл|я 1 →Витюль|к|а → Витюл*еч*|к|а 1
Витюл|еньк|а, Витюл|ечк|а 2
Вит|юн 1 → Витюнь|к|а 1 →Витюн*еч*|к|а 1,
Витюнч|ик 1

| Витюн|ечк|а 2, Витюн|чик 2
Вит|юн|я 1 → Витюн|ечк|а 3, Витюн|чик 3,
| Витюнь|к|а 2
Вит|юс|я 1 → Витюсь|к|а → Витюс*ечк*|а 1
| Витюс|еньк|а, Витюс|ечк|а 2
Вит|юх|а 1 → Витю*ш*|к|а 1 → Витюш*ечк*|а 1
| Витюш|еньк|а 1, Витюш|ечк|а 2
Вит|юш|а 1 →Витюш|еньк|а 2, Витюш|ечк|а 3,
| Витюш|к|а 2
Вит|ян|а 1 → Витян|к|а 1 → Витян*оч*|к|а 1
| Витянь|к|а 1 → Витян*еч*|к|а 1
| Витян|ечк|а 2, Витян|очк|а 2
Вит|ян|я 1 → Витян|ечк|а 3, Витян|к|а 2,
| Витян|очк|а 3, Витянь|к|а 2
Вит|яс|я 1 → Витяс|ик, Витясь|к|а
Вит|ях|а 1 → Витя*ш*|к|а 1 → Витяш*ечк*|а 1
| Витяш|еньк|а 1, Витяш|ечк|а 2
Вит|яш|а 1 →Витяш|еньк|а 2, Витяш|ечк|а 3,
| Витяш|к|а 2
Вит|ан|я 1, Вит|ей 1, Вит|еньк|а 1, Вит|ечк|а 2,
Вит|ёк 1, Вит|ёнок 1, Вит|ёш|а 1,
Вит|оньк|а 1, Вит|очк|а 2, Вит|ун|я 1,
Ви́т|ушк|а 1, Вит|юк 1, Ви́т|юшк|а 1
Ви(т|а) → Ви|ш|а 2
Вит|я 1 → Вит|ан|а 2, Вит|ан|я 2, Вит|ас|я 2, Вит|ах|а 2,
Вит|аш|а 2, Вит|ей 2, Вит|еньк|а 2,
Вит|ечк|а 3, Вит|ёк 2, Вит|ёнок 2, Вит|ёш|а 2,
Вит|к|а 2, Вит|оньк|а 2, Вит|очк|а 3,
Вит|ош|а 2, Вит|ул|я 2, Вит|ун|я 2, Вит|ус|я 2,
Вит|уш|а 2, Ви́т|ушк|а 2, Вить|к|а 2, Вит|юк 2,
Вит|юл|я 2, Вит|юн 2, Вит|юн|я 2, Вит|юс|я 2,
Вит|юх|а 2, Вит|юш|а 2, Ви́т|юшк|а 2,
Вит|ян|а 2, Вит|ян|я 2, Вит|яс|я 2, Вит|ях|а 2,
Вит|яш|а 2
Ви(т|я) → Ви|ш|а 3
Вит|ан|а 3, Вит|ан|я 3, Вит|ас|я 3, Вит|ах|а 3, Вит|аш|а 3,
Вит|ей 3, Вит|еньк|а 3, Вит|ечк|а 4, Вит|ёк 3, Вит|ёнок 3,
Вит|ёш|а 3, Вит|к|а 3, Вит|оньк|а 3, Вит|очк|а 4,
Вит|ош|а 3, Вит|ул|я 3, Вит|ун|я 3, Вит|ус|я 3, Вит|уш|а 3,
Ви́т|ушк|а 3, Вить|к|а 3, Вит|юк 3, Вит|юл|я 3, Вит|юн 3,
Вит|юн|я 3, Вит|юс|я 3, Вит|юх|а 3, Вит|юш|а 3,
Ви́т|юшк|а 3, Вит|ян|а 3, Вит|ян|я 3, Вит|яс|я 3,
Вит|ях|а 3, Вит|яш|а 3
Вик(тор) → Вик|а 2

Ви(ктор) → Ви|ш|а 4
Ви(к)т(ор) → Вит|а 2, Вит|я 2; Вит|ан|а 4, Вит|ан|я 4, Вит|ас|я 4,
Вит|ах|а 4, Вит|аш|а 4, Вит|ей 4, Вит|еньк|а 4, Вит|ечк|а 4,
Вит|ёк 4, Вит|ёнок 4, Вит|ёш|а 4, Вит|к|а 4, Вит|оньк|а 4,
Вит|очк|а 5, Вит|ош|а 4, Вит|ул|я 4, Вит|ун|я 4, Вит|ус|я 4,
Вит|уш|а 4, Ви́т|ушк|а 4, Вить|к|а 4, Вит|юк 4, Вит|юл|я 4,
Вит|юн 4, Вит|юн|я 4, Вит|юс|я 4, Вит|юх|а 4, Вит|юш|а 4,
Ви́т|юшк|а 4, Вит|ян|а 4, Вит|ян|я 4, Вит|яс|я 4, Вит|ях|а 4,
Вит|яш|а 4
(Вик)тор → Тор|а → Тор|к|а 1 → Торо*ч*|к|а 1
Торь|к|а 1 → Торе*ч*|к|а 1
Тор|еньк|а 1, Тор|ечк|а 2, Тор|ик 1, Тор|очк|а 2,
Тор|ушк|а 1
Тор|я → Тор|еньк|а 2, Тор|ечк|а 3, Тор|ик 2, Тор|к|а 2,
Тор|очк|а 3, Тор|ушк|а 2, Торь|к|а 2
Тор|еньк|а 3, Тор|ечк|а 4, Тор|ик 3, Тор|к|а 3, Тор|очк|а 4,
Тор|ушк|а 3, Торь|к|а 3

Дни ангела и святые (Виктор): 31 января, 10 марта, 20 марта, 18 апреля, 16 сентября, 11 ноября — *мученики.*

ВИКТО́РИЙ|, Викто́ри|я (Виктори[й|а]), *м* [*лат.* 'победа'; 'победитель'].
О т ч е с т в о : Викто́риевич, Викто́риевна *и* Викто́рьевич, Викто́рьевна.
Ви́ктор|, а (*разг.*). О т ч е с т в о : Ви́кторович, Ви́кторовна.
П р о и з в о д н ы е (30):
Викторий
Виктор(ий) →
Виктор → Виктор|к|а 1
Викт(ор) → **Викт|а 1**
Вик(т|а) → **Вик|а 1** → Вик|очк|а 1
Вик|очк|а 2
Ви(к)т|а → **Вит|а 1** → Вит|ах|а 1 → Вита*ш*|к|а 1 →
Виташе*ч*|к|а 1
Виташ|еньк|а 1,
Виташ|ечк|а 2
Вит|аш|а 1 → Виташ|еньк|а 2,
Виташ|ечк|а 3,
Виташ|к|а 2
Вит|к|а 1 → Вито*ч*|к|а 1
Вить|к|а 1 → Вите*ч*|к|а 1
Вит|юш|а 1 → Витюш|еньк|а,
Витю́ш|к|а
Вит|еньк|а 1, Вит|ечк|а 2,
Вит|оньк|а 1, Вит|очк|а 2,
Ви́т|юшк|а 1

Вит|я 1 →Вит|ах|а 2, Вит|аш|а 2, Вит|еньк|а 2,
Вит|ечк|а 3, Вит|к|а 2, Вит|оньк|а 2,
Вит|очк|а 3, Витьк|а 2, Вит|юш|а 2,
Вит|юшк|а 2
Вит|ах|а 3, Вит|аш|а 3, Вит|еньк|а 3,
Вит|ечк|а 4, Вит|ик 3, Вит|к|а 3, Вит|оньк|а 3,
Вит|очк|а 4, Вит|уш|а 3, Ви́т|ушк|а 3, Витьк|а 3,
Ви́т|юх|а 3, Вит|юш|а 3, Ви́т|юшк|а 3

Вик(тор) → Вик|а 2; Вик|очк|а 3
Ви(к)т(ор) → Вит|а 2, Вит|я 2; Вит|ах|а 4, Вит|аш|а 4, Вит|еньк|а 4,
Вит|ечк|а 5, Вит|к|а 4, Вит|оньк|а 4, Вит|очк|а 5,
Витьк|а 4, Вит|юш|а 4, Ви́т|юшк|а 4
(Вик)тор → **Тор|а 1** →Тор|к|а 1 →Тор*оч*|к|а 1
Торь|к|а 1 → Тор*еч*|к|а 1
Тор|еньк|а 1, Тор|ечк|а 2, Тор|ик 1,
Тор|очк|а 2, Тор|ушк|а 1
Тор|я 1 →Тор|еньк|а 2, Тор|ечк|а 3, Тор|ик 2,
Тор|очк|а 3, Тор|ушк|а 2
Тор|еньк|а 3, Тор|ечк|а 4, Тор|ик 3, Тор|очк|а 4,
Тор|ушк|а 3
Виктор|к|а 2
Вик(торий) → Вик|а 3; Вик|очк|а 4
Ви(к)т(орий) → Вит|а 3, Вит|я 3; Вит|ах|а 5, Вит|аш|а 5, Вит|еньк|а 5,
Вит|ечк|а 6, Вит|к|а 5, Вит|оньк|а 5, Вит|очк|а 6,
Витьк|а 5, Вит|юш|а 5, Ви́т|юшк|а 5
(Вик)тор(ий) → Тор|а 2, Тор|я 2; Тор|еньк|а 4, Тор|ечк|а 5, Тор|ик 4,
Тор|очк|а 5, Тор|ушк|а 4

С р.: *ж* Виктория.

ВИКТОРИ́Н|, а *м* [*лат.* 'победитель'; 'победный'; *притяж.* к Виктор].
О т ч е с т в о: Викторӥнович, Викторӥновна; Викторӥныч (*разг.*).
Ви́ктор|, а (*разг.*). О т ч е с т в о: Ви́кторович, Ви́кторовна.
П р о и з в о д н ы е (38):
Викторин → Викторин|к|а → Викторин*оч*|к|а 1
Викторин|очк|а 2, Викторин|ушк|а
Виктор(ин) →
Виктор,
Виктор|а → Виктор|к|а
Викт(ор),
Викт(ор|а) →**Викт|а 1**
Вик(т|а) → **Вик|а 1** → Вик|очк|а 1
Вик|очк|а 2
Ви(к)т|а → **Вит|а 1** → Вит|ах|а 1 → Вита*ш*|к|а 1 →
Виташ*еч*|к|а 1

```
                                              Виташ|еньк|а 1,
                                              Виташ|ечк|а 2
                            Вит|аш|а 1 →Виташ|еньк|а 2,
                                              Виташ|ечк|а 3,
                                              Виташ|к|а 2
                            Вит|уш|а 1 →Витуш|к|а
                            Виты|к|а 1 → Витеч|к|а 1
                            Вит|юх|а 1 →Витюш|еньк|а 1,
                                              Витю́ш|к|а 1
                            Вит|юш|а 1 → Витюш|еньк|а 2,
                                              Витю́ш|к|а 2
                            Вит|еньк|а 1, Вит|ечк|а 2,
                            Вит|ик 1, Вит|оньк|а 1,
                            Вит|очк|а 2, Ви́т|ушк|а 1,
                            Ви́т|юшк|а 1
                   Вит|я 1 → Вит|ах|а 2, Вит|аш|а 2,
                            Вит|еньк|а 2, Вит|ечк|а 3,
                            Вит|ик 2, Вит|к|а 2,
                            Вит|оньк|а 2, Вит|очк|а 3,
                            Вит|уш|а 2, Ви́т|ушк|а 2,
                            Виты|к|а 2, Вит|юх|а 2,
                            Вит|юш|а 2, Ви́т|юшк|а 2
                   Вит|ах|а 3, Вит|аш|а 3, Вит|еньк|а 3,
                   Вит|ечк|а 4, Вит|ик 3, Вит|к|а 3,
                   Вит|оньк|а 3, Вит|очк|а 4, Вит|уш|а 3,
                   Ви́т|ушк|а 3, Виты|к|а 3, Вит|юх|а 3,
                   Вит|юш|а 3, Ви́т|юшк|а 3
(Вик)тор,
(Вик)тор|а →Тор|а 1 →Торы|к|а →   Тороч|к|а 1
                   Торы|к|а 1 → Тореч|к|а 1
                   Тор|еньк|а 1, Тор|ечк|а 2, Тор|ик 1,
                   Тор|очк|а 2, Тор|ушк|а 1
           Тор|я 1 →Тор|еньк|а 2, Тор|ечк|а 3, Тор|ик 2,
                   Тор|к|а 2, Тор|очк|а 3, Тор|ушк|а 2,
                   Торы|к|а 2
                   Тор|еньк|а 3, Тор|ечк|а 4, Тор|ик 3, Тор|к|а 3,
                   Тор|очк|а 4, Тор|ушк|а 3, Торы|к|а 3
        Виктор|к|а 2
Викт(орин) → Викт|а 2
Вик(торин) → Вик|а 3; Вик|очк|а 4
Ви(к)т(орин) →  Вит|а 3, Вит|я 3; Вит|ах|а 4, Вит|аш|а 4, Вит|еньк|а 4,
                Вит|ечк|а 5, Вит|ик 4, Вит|к|а 4, Вит|оньк|а 4,
                Вит|очк|а 5, Вит|уш|а 4, Ви́т|ушк|а 4, Виты|к|а 4,
                Вит|юх|а 4, Вит|юш|а 4, Ви́т|юшк|а 4
```

(Вик)тор(ин) → Тор|а 2, Тор|я 2; Тор|еньк|а 4, Тор|ечк|а 5, Тор|ик 4,
          Тор|к|а 4, Тор|очк|а 5, Тор|ушк|а 4, Торы|к|а 4

    С р.: *ж* Викторина.

    Дни ангела и святые (Викторин): 31 января, 10 марта, 18 декабря —
мученики.

ВИЛЕ́Н|, а, *м* (*нов.*) [сокращение от Владимир Ильич Ленин]. О т ч е с т-
в о: Виле́нович, Виле́новна; Виле́ныч (*разг.*).
В(ладимир) И(льич) Лен(ин) → Вилен.
    П р о и з в о д н ы е (21):
Вилен → Вилен|к|а → Вилено*ч*|к|а 1
| Вилен|очк|а 2, Вилен|ушк|а
Вил(ен) → **Вил|а** → Вил|к|а 1 → Вило*ч*|к|а 1
              Виль|к|а 1 → Виле*ч*|к|а 1
              Вил|еньк|а 1, Вил|ечк|а 2, Вил|ик 1, Вил|оньк|а 1,
              Вил|очк|а 2, Вил|ушк|а 1, Вил|юшк|а 1
      Вил|я → Вил|еньк|а 2, Вил|ечк|а 3, Вил|ик 2, Вил|к|а 2,
              Вил|оньк|а 2, Вил|очк|а 3, Вил|ушк|а 2, Виль|к|а 2,
              Вил|юшк|а 2
      Вил|еньк|а 3, Вил|ечк|а 4, Вил|ик 3, Вил|к|а 3, Вил|оньк|а 3,
      Вил|очк|а 4, Вил|ушк|а 3, Виль|к|а 3, Вил|юшк|а 3
(Ви)лен → **Лен** → Лень|к|а 1 → Лене*ч*|к|а 1
| Лен|ечк|а 2
   Лен|я → Лен|ечк|а 3, Лень|к|а 2
      Лён|я 1 → Лёнь|к|а 1 → Лёне*ч*|к|а 1
            Лён|ечк|а 2
      Лён|ечк|а 3, Лёнь|к|а 2
   Лен|ечк|а 4, Лень|к|а 3
   Лён|я 2; Лён|ечк|а 4, Лёнь|к|а 3

    С р.: *ж* Вилена.

ВИССАРИО́Н|, а, *м* [греч. 'лесистое ущелье, долина'; 'лесной'].
О т ч е с т в о: Виссарио́нович, Виссарио́новна; Виссарио́ныч (*разг.*).
    П р о и з в о д н ы е (15):
Виссарион → Виссарион|к|а → Виссарионо*ч*|к|а 1
| Виссарион|очк|а 2, Виссарион|ушк|а
Виссар(ион) → **Виссар|а** → Виссар|к|а 1 → Виссаро*ч*|к|а
              Виссар|очк|а 2, Виссар|ушк|а 1
     Вис(сар|а) → **Вис|а 1** → Вис|к|а 1 → Висо*ч*|к|а 1
              Вись|к|а 1 → Висе*ч*|к|а 1
              Вис|ен|я 1, Вис|ечк|а 2,
              Вис|очк|а 2, Вис|яш|а 1
          Вис|я 1 → Вис|ен|я 2, Вис|ечк|а 3, Вис|к|а 2,
              Вис|очк|а 3, Вись|к|а 2,

Вис|яш|а 2
Вис|ен|я 3, Вис|ечк|а 4, Вис|к|а 3,
Вис|очк|а 4, Вись|к|а 3, Вис|яш|а 3
Виссар|к|а 2, Виссар|очк|а 3, Виссар|ушк|а 2
Вис(сарион) → Вис|а 2, Вис|я 2; Вис|ен|я 4, Вис|ечк|а 5, Вис|к|а 3,
Вис|очк|а 5, Вись|к|а 4, Вис|яш|а 4
День ангела и святой (Виссарион): 6 июня — *преподобный*.

ВИТА́ЛИЙ|, Вита́ли|я (Вита́ли[й|а]), *м* [*лат.* ‘жизненный’]. О т ч е с т в о:
Вита́лиевич, Вита́лиевна *и* Вита́льевич, Вита́льевна; Вита́лич (*разг.*).
П р о и з в о д н ы е (66):
Виталий
Витал(ий) → **Витал|я** → Виталь|к|а → Витале*ч*|к|а 1, Витальч|ик 1
Витал|еньк|а, Витал|ечк|а 2, Витал|ик,
Виталь|чик 2, Витал|юшк|а
Вита(л|я) → **Вита|с|я 1** → Витась|к|а → Витасе*ч*|к|а 1
Витас|еньк|а, Витас|ечк|а 2,
Витас|ик
Вита|х|а → **Вита*ш*|а 1** → Виташ|к|а 1 →
Виташе*ч*|к|а 1
Виташ|еньк|а 1,
Виташ|ечк|а 2
Вита|ш|а 1 → Виташ|еньк|а 2, Виташ|ечк|а 3,
Виташ|к|а 2
Вит(ал|я) → **Вит|а 1** → Вит|к|а 1 → Вито*ч*|к|а 1
Вит|ул|я 1 → Витуль|к|а →
Витуле*ч*|к|а 1
Витул|еньк|а,
Витул|ечк|а 2, Витул|ик
Вит|ус|я 1 → Витусь|к|а
Вить|к|а 1 → Вите*ч*|к|а 1
Вит|юл|я 1 → Витюль|к|а →
Витюле*ч*|к|а 1
Витюл|ечк|а 2, Витюл|ик
Вит|юн|я 1 → Витюнь|к|а →
Витюне*ч*|к|а 1
Витюнч|ик 1
Витюн|ечк|а 2,
Витюн|чик 2
Вит|юх|а 1 → Витю*ш*|еньк|а 1,
Витю*ш*|к|а 1
Вит|юш|а 1 → Витюш|еньк|а 2,
Витюш|к|а 2
Вит|ян|а 1 → Витян|к|а →

Витяноч|к|а 1
Витян|очк|а 2
Вит|ян|я 1 → Витянь|к|а →
Витянеч|к|а 1
Витян|ечк|а 2

Вит|еньк|а 1, Вит|ечк|а 2, Вит|ёк 1,
Вит|ик 1, Вит|оньк|а 1, Вит|очк|а 2,
Вит|ух 1, Вит|юн 1, Ви́т|юшк|а 1

Вит|я 1 → Вит|еньк|а 2, Вит|ечк|а 2, Вит|ёк 2,
Вит|ик 2, Вит|к|а 2, Вит|оньк|а 2,
Вит|очк|а 3, Вит|ул|я 2, Вит|ус|я 2,
Вит|ух 2, Вить|к|а 2, Вит|юл|я 2,
Вит|юн 2, Вит|юн|я 2, Вит|юх|а 2,
Вит|юш|а 2, Ви́т|юшк|а 2, Вит|ян|а 2,
Вит|ян|я 2

Вит|еньк|а 3, Вит|ечк|а 4, Вит|ёк 3, Вит|ик 3,
Вит|к|а 3, Вит|оньк|а 3, Вит|очк|а 4, Вит|ул|я 3,
Вит|ус|я 3, Вит|ух 3, Вить|к|а 3, Вит|юл|я 3,
Вит|юн 3, Вит|юн|я 3, Вит|юх|а 3, Вит|юш|а 3,
Ви́т|юшк|а 3, Вит|ян|а 3, Вит|ян|я 3

(Ви)тал|я → **Тал|а 1** → Тал|к|а 1 → Талочк|а 1
Таль|к|а 1 → Талеч|к|а 1
Тал|еньк|а 1, Тал|ечк|а 2, Тал|ик 1,
Тал|оньк|а 1, Тал|очк|а 2, Тал|ушк|а 1

Тал|я 1 → Тал|еньк|а 2, Тал|ечк|а 3, Тал|ик 2,
Тал|к|а 2, Тал|оньк|а 2, Тал|очк|а 3,
Тал|ушк|а 2, Таль|к|а 2

Тал|еньк|а 3, Тал|ечк|а 4, Тал|ик 3, Тал|к|а 3,
Тал|оньк|а 3, Тал|очк|а 4, Тал|ушк|а 3, Таль|к|а 3

Вита(лий) → Вита|с|я 2, Вита|х|а 2, Вита|ш|а 2
Вит(алий) → Вит|а 2, Вит|я 2; Вит|еньк|а 4, Вит|ечк|а 5, Вит|ёк 4,
Вит|ик 4, Вит|к|а 4, Вит|оньк|а 4, Вит|очк|а 5, Вит|ул|я 4,
Вит|ус|я 4, Вит|ух 4, Вить|к|а 4, Вит|юл|я 4, Вит|юн 4,
Вит|юн|я 4, Вит|юх|а 4, Вит|юш|а 4, Ви́т|юшк|а 4, Вит|ян|а 4,
Вит|ян|я 4

(Ви)тал(ий) → Тал|а 2, Тал|я 2; Тал|еньк|а 4, Тал|ечк|а 5, Тал|ик 4,
Тал|к|а 4, Тал|оньк|а 4, Тал|очк|а 5, Тал|ушк|а 4, Таль|к|а 4

С р.: *ж* Виталина.

Дни ангела и святые (Виталий): 22 апреля — *преподобный*; 25 января,
28 апреля — *мученики*.

ВИТО́ЛЬД|, а, *м* (*слав.*) [*заимств. из польск.*; *польск., возможно, из др.-
герм.* 'белый' + 'холм']. О т ч е с т в о: Вито́льдович, Вито́льдовна;
Вито́льдыч (*разг.*).

     П р о и з в о д н ы е (17):
Витольд
Вит(ольд) → **Вит|а** → Вит|к|а 1 → Вит*оч*|к|а 1
                          Вить|к|а 1 → Вит*еч*|к|а 1
                          Вит|юш|а 1 → Витюш|еньк|а, Витю́ш|к|а
                          Вит|еньк|а 1, Вит|ечк|а 2, Вит|оньк|а 1, Вит|очк|а 2,
                          Ви́т|юшк|а 1
              Вит|я → Вит|еньк|а 2, Вит|ечк|а 3, Вит|к|а 2, Вит|оньк|а 2,
                      │ Вит|очк|а 3, Вить|к|а 2, Вит|юш|а 2, Ви́т|юшк|а 2
              Вит|еньк|а 3, Вит|ечк|а 4, Вит|к|а 3, Вит|оньк|а 3, Вит|очк|а 4,
              Вить|к|а 3, Вит|юш|а 3, Ви́т|юшк|а 3
(Ви)толь(д) → **Тол|я** → Толь|к|а 1 → Тол*еч*|к|а 1
                          Тол|еньк|а 1, Тол|ечк|а 2, Тол|ик 1
              Тол|еньк|а 2, Тол|ечк|а 3, Тол|ик 2, Толь|к|а 2
     С р.: *ж* Витольда.

ВЛАДИЛЕ́Н|, а, *м* (*нов.*) [сокращение от Владимир Ильич Ленин].
О т ч е с т в о: Владиле́нович, Владиле́новна; Владиле́ныч (*разг.*).
Влад(имир) И(льич) Лен(ин) → Владилен.
     П р о и з в о д н ы е (38):
Владилен → Владилен|к|а → Владилен*оч*|к|а 1
             │ Владилен|очк|а 2, Владилен|ушк|а
Влад(илен) → **Влад|а** → Влад|к|а 1 → Влад*оч*|к|а 1
                          Владь|к|а 1 → Влад*еч*|к|а 1
                          Влад|еньк|а 1, Влад|ечк|а 2, Влад|ик 1,
                          Влад|оньк|а 1, Влад|очк|а 2
              В(л)ад|а → **Вад|я 1** → Вадь|к|а 1 → Вад*еч*|к|а 1
                                    │ Вад|еньк|а 1, Вад|ечк|а 2, Вад|ик 1
                         Вад|еньк|а 2, Вад|ечк|а 3, Вад|ик 2, Вадь|к|а 2
              (В)лад|а → **Лад|а 1** → Лад|к|а 1 → Лад*оч*|к|а 1
                                      Ладь|к|а 1 → Лад*еч*|к|а 1
                                      Лад|еньк|а 1, Лад|ечк|а 2, Лад|ик 1,
                                      Лад|очк|а 2
                         Лад|я 1 → Лад|еньк|а 2, Лад|ечк|а 3, Лад|ик 2,
                                   │   Лад|к|а 2, Лад|очк|а 3, Ладь|к|а 2
                         Лад|еньк|а 3, Лад|ечк|а 4, Лад|ик 3, Лад|к|а 3,
                         Лад|очк|а 4, Ладь|к|а 3
              Влад|я → Влад|еньк|а 2, Влад|ечк|а 3, Влад|ик 2,
                           Влад|оньк|а 2, Влад|очк|а 3
              В(л)ад|я → Вад|я 2; Вад|еньк|а 3, Вад|ечк|а 4, Вад|ик 3,
                         Вадь|к|а 3
              (В)лад|я → Лад|а 2, Лад|я 2; Лад|еньк|а 4, Лад|ечк|а 5,
                       │ Лад|ик 4, Лад|к|а 4, Лад|очк|а 5, Ладь|к|а 4
              Влад|еньк|а 2, Влад|ечк|а 3, Влад|ик 2, Влад|оньк|а 2,

Влад|очк|а 3

В(лад)ил(ен) → **Вил|я** → Виль|к|а 1 → Вил*еч*|к|а 1

Вил|еньк|а 1, Вил|ечк|а 2, Вил|юшк|а 1

Вил|еньк|а 2, Вил|ечк|а 3, Виль|к|а 2, Вил|юшк|а 2

В(л)ад(илен) → Вад|я 3; Вад|еньк|а 4, Вад|ечк|а 5, Вад|ик 4, Вады|к|а 4

В(л)а(ди)лен → Вален

(В)лад(илен) → Лад|а 3, Лад|я 3; Лад|еньк|а 5, Лад|ечк|а 6, Лад|ик 5,

Лад|к|а 5, Лад|очк|а 6, Ладь|к|а 5

(Влади)лен → **Лен** → Лень|к|а 1 → Лен*еч*|к|а 1

Лен|ечк|а 2

Лен|я → Лен|ечк|а 3, Лень|к|а 2

Лён|я 1 → Лёнь|к|а 1 → Лён*еч*|к|а 1

Лён|ечк|а 2

Лён|ечк|а 3, Лёнь|к|а 2

Лен|ечк|а 4, Лень|к|а 3

Лён|я 2; Лён|ечк|а 4, Лёнь|к|а 3

С р.: *ж* Владилена.

ВЛАДИ́МИР|, а, *м* [**влад-** (*ср.* владеть, власть) *и* **мир** (*ср.* мирный, мир); 'владеющий миром'; *очевидно, из др.-слав.* Владимир, что, в свою очередь, могло быть заимствовано *из др.-герм.* Вальдемар]. О т ч е с т в о: Влади́-мирович, Влади́мировна; Влади́мирыч (*разг.*).

П р о и з в о д н ы е (84):

Владимир → Владимир|ушк|а, Владимир|чик

Влад(имир) →

Влад|а →

Влад|к|а 1 → Владоч|к|а 1

Влады|к|а 1 → Влад*еч*|к|а 1

Влад|еньк|а 1, Влад|ечк|а 2, Влад|ик 1,

Влад|оньк|а 1, Влад|очк|а 2, Влад|юш|а 1,

Влá|дюшк|а 1

(В)лад|а → **Лад|а 1** → Лад|к|а 1 → Ладоч|к|а 1

Лады|к|а 1 → Лад*еч*|к|а 1

Лад|еньк|а 1, Лад|ечк|а 2, Лад|ик 1, Лад|оньк|а 1,

Лад|очк|а 2, Лад|ушк|а 1, Лед|ик 1

Лад|я 1 → Лад|еньк|а 2, Лад|ечк|а 3, Лад|ик 2, Лад|к|а 2,

Лад|оньк|а 2, Лад|очк|а 3, Лад|ушк|а 2, Ладь|к|а 2,

Лед|ик 2

Лад|еньк|а 3, Лад|ечк|а 4, Лад|ик 3, Лад|к|а 3,

Лад|оньк|а 3, Лад|очк|а 4, Лад|ушк|а 3

Ладь|к|а 3

Лед|ик 3

Волод|я 1 → Володь|к|а 1 → Волод*еч*|к|а 1

Волод|юн|я 1 → Володюнь|к|а → Володюн*ч*|ик 1

Володюн|чик 2

Володюх|а 1 → Володюш|еньк|а 1, Володюш|к|а 1

Володюш|а 1 → Володюш|еньк|а 2, Володюш|к|а 2

Володях|а 1 → Володяш|к|а 1

Володяш|а 1 → Володяш|к|а 2

Волод|еньк|а 1, Волод|ечк|а 2, Волод|ик 1,
Володь|ш|а 1, Волод|юк 1, Волод|юк|а 1,
Волод|юшк|а 1, Волод|як|а 1

Воло(д|я) → Воло|ш|а 1 → Волош|к|а

Вол(од|я) → Вол|я 1 → Воль|к|а 1 → Волечк|а 1

Вол|еньк|а 1, Вол|ечк|а 2,
Вол|ик 1

Во(л|я) → **Во|в|а 1** → Вов|к|а → Вовочк|а 1

Вовч|а 1, Вовчик 1

Вов|ул|я →Вовуль|к|а →

Вовулечк|а 1

Вовул|еньк|а,
Вовул|ечк|а 2
Вовул|ик

Вов|ун|я → Вовунь|к|а →

Вовунечк|а 1,
Вовунч|ик 1

Вовун|ечк|а 2,
Вовун|чик 1

Вов|ус|я → Вовусь|к|а →

Вовусечк|а 1

Вовус|ечк|а 2,
Вовус|ик

Вов|ан, Вов|еньк|а, Вов|ик,
Вов|иш|а, Вов|оньк|а,
Вов|очк|а 2, Вов|уш|а,
Вов|ушк|а, Вов|ч|а 2, Вов|чик 2

Во|к|а

Вол|еньк|а 2, Вол|ечк|а 3, Вол|ик 2, Воль|к|а 2

Волод|еньк|а 2, Волод|ечк|а 3, Волод|ик 2, Володь|к|а 2,
Володь|ш|а 2, Волод|юк 2, Волод|юк|а 2, Волод|юн|я 2,
Волод|юх|а 2, Волод|юш|а 2, Волод|юшк|а 2, Волод|як|а 2,
Волод|ях|а 2, Волод|яш|а 2

Влад|я →

Влад|еньк|а 2, Влад|ечк|а 3, Влад|ик 2, Влад|оньк|а 2,
Влад|очк|а 3, Влад|юш|а 2, Влад|юшк|а 2

(В)лад|я →

Лад|а 2, Лад|я 2; Лад|еньк|а 5, Лад|ик 4, Лад|к|а 4, Лад|оньк|а 4,
Лад|очк|а 5, Лад|ушк|а 4, Ладь|к|а 4

Лед|ик 4

Волод|я 2; Волод|еньк|а 3, Волод|ечк|а 4, Волод|ик 3, Володь|к|а 3,
Володь|ш|а 3, Волод|юк 3, Волод|юк|а 3, Волод|юн|я 3,
Волод|юх|а 3, Волод|юш|а 3, Волод|юшк|а 3, Волод|як|а 3,
Волод|ях|а 3, Волод|яш|а 3

Влад|еньк|а 3, Влад|ечк|а 4, Влад|ик 3, Влад|оньк|а 3, Влад|очк|а 4,
Влад|юш|а 3, Вла́д|юшк|а 3

Волод|я 3; Волод|еньк|а 4, Волод|ечк|а 5, Волод|ик 4, Володь|к|а 4,
Володь|ш|а 4, Волод|юк 4, Волод|юк|а 4, Волод|юн|я 4, Волод|юх|а 4,
Волод|юш|а 4, Волод|юшк|а 4, Волод|як|а 4, Волод|ях|а 4, Волод|яш|а 4

Вла(димир) → Воло|ш|а

(Вла)дим(ир) → **Дим|а** → Дим|к|а 1 → Дим*о*ч|к|а 1
                         Дим|оньк|а 1, Дим|очк|а 2, Дим|ушк|а 1
                   Дим|к|а 2, Дим|оньк|а 2, Дим|очк|а 3, Дим|ушк|а 2

(В)лад(имир) → Лад|а 3, Лад|я 3; Лад|еньк|а 5, Лад|ечк|а 6, Лад|ик 5,
                  Лад|к|а 5, Лад|оньк|а 5, Лад|очк|а 6, Лад|ушк|а 5,
                  Ладь|к|а 5
                  Лед|ик 5

С р.: *ж* Владимира.

Дни ангела и святые (Владимир): 15 июля — *равноапостольный*; 4 октября — *князь*; 22 мая — *князь Сербский* (Иоанн).

ВЛАДИСЛА́В|, а, *м* [*слав.* **влад-** (*ср.* владеть, власть) *и* **слав-** (*ср.* слава); 'владеющий славой']. О т ч е с т в о: Владисла́вович, Владисла́вовна; Владисла́вич, Владисла́вна.

П р о и з в о д н ы е (46):

Владислав → Владислав|к|а → Владиславо*ч*|к|а 1
               Владислав|оньк|а, Владислав|очк|а 2

Влад(ислав) → **Влад|а** → Влад|к|а 1 → Влад*о*ч|к|а 1
                 Владь|к|а 1 → Влад*еч*|к|а 1
                 Влад|еньк|а 1, Влад|ечк|а 2, Влад|ик 1,
                 Влад|оньк|а 1, Влад|очк|а 2, Влад|юшк|а 1

             В(л)ад|а → **Вадь|я 1** → Вадь|к|а → Вад*еч*|к|а 1
                           Вад|еньк|а 1, Вад|ечк|а 2, Вад|ик 1
                       Вад|еньк|а 2, Вад|ечк|а 3, Вад|ик 2, Вадь|к|а 2

             (В)лад|а → **Лад|а 1** → Лад|к|а 1 → Лад*о*ч|к|а 1
                       Ладь|к|а 1 → Лад*еч*|к|а 1
                       Лад|еньк|а 1, Лад|ечк|а 2,
                       Лад|оньк|а 1, Лад|очк|а 2
                       Лед|ик 1

             Лад|я 1 → Лад|еньк|а 2, Лад|ечк|а 3, Лад|к|а 2,
                     Лад|оньк|а 2, Лад|очк|а 3, Ладь|к|а 2
                     Лед|ик 2

             Лад|еньк|а 3, Лад|ечк|а 4, Лад|к|а 3,

Лад|оньк|а 3, Лад|очк|а 4, Ладь|к|а 3
Лед|ик 3

Влад|я → Влад|еньк|а 2, Влад|ечк|а 3, Влад|ик 2,
Влад|к|а 2, Влад|оньк|а 2, Влад|очк|а 3,
Владь|к|а 2, Влад|юшк|а 2

В(л)ад|я → Вад|я 2; Вад|еньк|а 3, Вад|ечк|а 4, Вад|ик 3,
Вадь|к|а 3

(В)лад|я → Лад|а 2, Лад|я 2; Лад|еньк|а 4, Лад|ечк|а 5,
Лад|к|а 4, Лад|оньк|а 4, Лад|очк|а 4, Ладь|к|а 4
Лед|ик 4

Влад|еньк|а 3, Влад|ечк|а 4, Влад|ик 3, Влад|к|а 3,
Влад|оньк|а 3, Влад|очк|а 4, Владь|к|а 3, Влад|юшк|а 3

В(л)ад(ислав) → Вад|я 3; Вад|еньк|а 4, Вад|ечк|а 5, Вад|ик 4, Вадь|к|а 4
(В)лад(ислав) → Лад|а 3, Лад|я 3; Лад|еньк|а 5, Лад|ечк|а 6, Лад|к|а 5,
Лад|оньк|а 5, Лад|очк|а 5, Ладь|к|а 5
Лед|ик 5

(Влади)слав → **Слав|а** → Слав|к|а 1 → Славоч|к|а 1, Славч|ик 1
Слав|ун|я 1 → Славунь|к|а → Славунеч|к|а 1,
Славунч|ик 1
Славун|ечк|а 2, Славун|чик 2,
Славун|юшк|а
Слав|ус|я 1 → Славусь|к|а → Славусеч|к|а 1
Славус|еньк|а, Славус|ечк|а 1
Славус|ик
Слав|еньк|а 1, Слав|ик 1, Слав|оньк|а 1,
Слав|очк|а 2, Слав|ух|а 1, Сла́в|ушк|а 1,
Слав|чик 2

Слав|еньк|а 2, Слав|ик 2, Слав|к|а 2, Слав|оньк|а 2,
Слав|очк|а 3, Слав|ун|я 2, Слав|ус|я 2, Слав|ух|а 2,
Сла́в|ушк|а 2, Слав|чик 3

С р.: *ж* Владислава.

День ангела и святой (Владислав): 24 сентября — *святой*.

ВЛАДЛЕ́Н|, а, *м* (*нов.*) [сокращение от Владимир Ленин]. О т ч е с т в о:
Владле́нович, Владле́новна; Владле́ныч (*разг.*).
Влад(имир) Лен(ин) — Владлен.
П р о и з в о д н ы е (27):
Владлен → Владлен|к|а → Владленоч|к|а 1
Владлен|очк|а 2, Владлен|ушк|а
Влад(лен) → **Влад|а** → Влад|к|а 1 → Владоч|к|а 1
Владь|к|а 1 → Владеч|к|а 1
Влад|еньк|а 1, Влад|ечк|а 2, Влад|ик 1,
Влад|оньк|а 1, Влад|очк|а 2
В(л)ад|а → **Вад|я 1** → Вадь|к|а 1 → Вадеч|к|а 1

Вад|еньк|а 1, Вад|ечк|а 2, Вад|ик 1
В(ад|я) → **В|ов|а 1** → Вов|к|а → Вов*о*ч|к|а 1
Вов|оньк|а, Вов|очк|а 2
Вад|еньк|а 2, Вад|ечк|а 3, Вад|ик 2, Вады|к|а 2
В(лад|а) → В|ов|а 2
(В)лад|а → **Лад|а 1** → Ладь|к|а 1 → Лад*е*ч|к|а 1
Лад|еньк|а 1, Лад|ечк|а 2
Лад|я 1 → Лад|еньк|а 2, Лад|ечк|а 3, Ладь|к|а 2
Лад|еньк|а 3, Лад|ечк|а 4, Ладь|к|а 3
Влад|я → Влад|еньк|а 2, Влад|ечк|а 3, Влад|ик 2, Влад|к|а 2,
Влад|оньк|а 2, Влад|очк|а 3, Владь|к|а 2
В(л)ад|я → Вад|я 2; Вад|еньк|а 3, Вад|ечк|а 4, Вад|ик 3,
Вады|к|а 3
В(лад|я) → В|ов|а 3
(В)лад|я → Лад|а 2, Лад|я 2; Лад|еньк|а 4, Лад|ечк|а 5,
Ладь|к|а 4
Влад|еньк|а 3, Влад|ечк|а 4, Влад|ик 3, Влад|к|а 3,
Влад|оньк|а 3, Влад|очк|а 4, Владь|к|а 3
В(ладлен) → В|ов|а 4
В(л)ад(лен) → Вад|я 3; Вад|еньк|а 4, Вад|ечк|а 5, Вад|ик 4, Вады|к|а 4
(В)лад(лен) → Лад|а 3, Лад|я 3; Лад|еньк|а 5, Лад|ечк|а 6, Ладь|к|а 5
(Влад)лен → Лен|я, Лён|я

С р.: *ж* Владлена.

ВЛАС| а, *м* [*греч.* 'вялый, неповоротливый, тупой'; 'простой, грубый'].
О т ч е с т в о: Вла́сович, Вла́совна; Вла́сыч (*разг.*).
Вла́сий|, Вла́си|я (Власи[й|а]) (*стар.*), О т ч е с т в о: Вла́сиевич, Вла́сиевна
и Вла́сьевич, Вла́сьевна.
П р о и з в о д н ы е (8):
Влас 1 → **Влас|я 1** → Влас|к|а 1 → Влас*о*ч|к|а 1
Влась|к|а 1 → Влас*е*ч|к|а 1
Влас|еньк|а 1, Влас|ечк|а 2, Влас|ик 1, Влас|очк|а 2,
Влас|юньк|а 1
Влас|еньк|а 2, Влас|ечк|а 3, Влас|ик 2, Влас|к|а 2, Влас|очк|а 3,
Влась|к|а 2, Влас|юньк|а 2
Власий
Влас(ий) → Влас 2, Влас|я 2
Дни ангела и святые (Власий): 3 февраля — *мученик*; 11 февраля -
священномученик.

ВОНИФА́ТИЙ|, Вонифа́ти|я (Вонифа́ти[й|а]), *м* [*лат.* 'благо' *и* 'рок'; 'добро, благо' + 'делать'; 'благотворитель']. О т ч е с т в о: Вонифа́тиевич, Вонифа́тиевна *и* Вонифа́тьевич, Вонифа́тьевна.
Вонифа́т|, а (*разг.*). О т ч е с т в о: Вонифа́тович, Вонифа́товна.

П р о и з в о д н ы е (10):

Вонифатий → Вонифать|юшк|а (Вонифать[й|у]шк|а)

Вонифат(ий) → **Вонифат**

          Вон(ифат) → **Вон|я 1** → Вонь|к|а 1 →·Вон*еч*к|а 1

                                 Вон|ечк|а 2, Вон|юшк|а 1

                        Вон|ечк|а 3, Вонь|к|а 2, Вон|юшк|а 2

          (Вони)фат → **Фат|я 1** → Фать|к|а 1 → Фат*еч*к|а 1

                                 Фат|еньк|а 1, Фат|ечк|а 2

                        Фат|еньк|а 2, Фат|ечк|а 3, Фать|к|а 2

Вон(ифатий) → Вон|я 2; Вон|ечк|а 4, Вонь|к|а 3, Вон|юшк|а 3

(Вони)фат(ий) → Фат|я 2; Фат|еньк|а 3, Фат|ечк|а 4, Фать|к|а 3

День ангела и святой (Вонифатий): 19 декабря — *мученик, святитель.*

ВСЕ́ВОЛОД|, а, *м* (*ст.-русск.*) [**все-** (*ср. др.-русск.* весь 'весь') *и* **волод-** (*ср. др.-русск.* володети 'владеть'; 'всем владеющий'). О т ч е с т в о: Все́володович, Все́володовна; Все́володыч (*разг.*).

П р о и з в о д н ы е (42):

Всеволод → Всеволод|ушк|а

Всев(олод) → **Всев|а** → Всев|к|а 1 → Всев*оч*к|а 1

                                 Всев|очк|а 2, Всев|ушк|а 1

          (В)сев|а → **Сев|а 1** → Сев|к|а 1 → Сев*оч*к|а 1

                                 Сев|ик 1, Сев|оньк|а 1, Сев|очк|а 2,

                                 Сев|ушк|а 1

                        Сев|ик 2, Сев|к|а 2, Сев|оньк|а 2, Сев|очк|а 3,

                      Сев|ушк|а 2

          Всев|к|а 2, Всев|очк|а 3, Всев|ушк|а 2

(В)сев(олод) → Сев|а 2; Сев|ик 3, Сев|к|а 3, Сев|оньк|а 3, Сев|очк|а 4,

          Сев|ушк|а 3

(Все)волод →   Волод|я →Володь|к|а 1 → Волод*еч*к|а 1

                      Волод|еньк|а 1, Волод|ечк|а 2, Волод|ик 1,

                      Волод|юшк|а 1

          Вол(од|я) → **Вол|я 1** → Воль|к|а 1 → Вол*еч*к|а 1

                               Вол|еньк|а 1, Вол|ечк|а 2, Вол|ик 1

                      Во(л|я) → **Во|в|а 1** → Вов|к|а → Вов*оч*к|а 1

                                 Вов|ик, Вов|оньк|а

                                 Ва|в|а 1 →Вав|к|а →

                                            Вав*оч*к|а 1

                                            Вав|очк|а 2

                      Вол|еньк|а 2, Вол|ечк|а 3, Вол|ик 2, Воль|к|а 2

          Во(лод|я) → Во|в|а 2, Ва|в|а 3

          Во(ло)д|я → **Вод|я 1** → Водь|к|а 1 → Вод*еч*к|а 1

                               Вод|еньк|а 1, Вод|ечк|а 2, Вод|ик 1

                      Во(д|я) → Во|в|а 3, Ва|в|а 4

                      Вод|еньк|а 2, Вод|ечк|а 3, Вод|ик 2, Водь|к|а 2

(Во)лод|я → **Лод|я 1** → Лодь|к|а 1 → Лодеч|к|а 1
Лод|еньк|а 1, Лод|ечк|а 2, Лод|ик 1
Лед|ик 1, Лёд|ик 1
Лод|еньк|а 2, Лод|ечк|а 3, Лод|ик 2, Лодь|к|а 2
Лед|ик 2, Лёд|ик 2
Волод|еньк|а 2, Волод|ечк|а 3, Волод|ик 2, Володь|к|а 2,
Волод|юшк|а 2

(Все)вол(од) → Вол|я 2; Вол|еньк|а 3, Вол|ечк|а 4, Вол|ик 3, Воль|к|а 3
(Все)во(ло)д → Вод|я 2; Вод|еньк|а 3, Вод|ечк|а 4, Вод|ик 3, Воды|к|а 3
(Все)во(лод) → Во|в|а 4, В|а|в|а 5
(В)сев(олод) → Сев|я 3; Сев|ик 3, Сев|к|а 3, Сев|оньк|а 3, Сев|очк|а 4,
Сев|ушк|а 3
(Всево)лод → Лод|я 2; Лод|еньк|а 3, Лод|ечк|а 4, Лод|ик 3, Лодь|к|а 3
Лед|ик 3, Лёд|ик 3

Дни ангела и святые (Всеволод): 11 февраля, 22 апреля, 27 ноября —
князья.

ВСЕМИ́Л|, а, *м* (*слав. редк.*) [**все-** (*ср. др.-русск.* вьсь 'весь') *и* **мил** (*ср.*
милый)]. О т ч е с т в о: Всеми́лович, Всеми́ловна; Всеми́лыч (*разг.*).
П р о и з в о д н ы е (9):
Всемил
(Все)мил → **Мил|а** → Мил|к|а 1 → Милоч|к|а 1
Мил|ок → Милоч|ек 1
Мил|ечк|а 1, Мил|ёш|а 1, Мил|оньк|а 1,
Мил|очек 2, Мил|очк|а 2, Мил|уш|а 1
Мил|ечк|а 2, Мил|ёш|а 2, Мил|к|а 2, Мил|ок 2, Мил|оньк|а 2,
Мил|очк|а 3, Мил|уш|а 2

ВСЕСЛА́В|, а, *м* (*слав. редк.*) [**все-** (*ср. др.-русск.* весь 'весь') *и* **слав** (*ср.*
слава). О т ч е с т в о: Всесла́вович, Всесла́вовна, Всесла́вич, Всесла́вна.
П р о и з в о д н ы е (8):
Всеслав → Всеслав|ушк|а
(Все)слав → **Слав|а** → Слав|к|а 1 → Славоч|к|а 1
Слав|еньк|а 1, Слав|ик 1, Слав|оньк|а 1,
Слав|очк|а 2, Слав|ушк|а 1
Слав|еньк|а 2, Слав|ик 2, Слав|к|а 2, Слав|оньк|а 2,
Слав|очк|а 3, Слав|ушк|а 2

ВЫШЕСЛА́В|, а, *м* (*слав. редк.*) [**выше-** (*ср.* вышина, высокий) *и* **слав** (*ср.*
слава)]. О т ч е с т в о: Вышесла́вович, Вышесла́вовна; Вышесла́вич, Вы-
шесла́вна.
П р о и з в о д н ы е (4):
Вышеслав
(Выше)слав → **Слав|а** → Слав|еньк|а 1, Слав|ик 1, Слав|к|а 1

Слав|еньк|а 2, Слав|ик 2, Слав|к|а 2

ВЯЧЕСЛА́В| а, *м* (*ст.-русск.*) [от **вяче-** (*ср. др.-русск.* вяче 'больше') *и* **слав-** (*ср.* слава); 'более славный, известнейший']. О т ч е с т в о: Вячесла́вович, Вячесла́вовна; Вячесла́вич, Вячесла́вна.

Вечесла́в|, а (*стар.*). О т ч е с т в о: Вечесла́вович, Вечесла́вовна; Вечесла́вич, Вечесла́вна.

П р о и з в о д н ы е (35):

Вячеслав → Вячеслав|к|а → Вячеславоч|к|а 1
                     Вячеслав|очк|а 2, Вячеслав|ушк|а
Вяч(еслав) → **Вяч**|а → Вяч|ек 1, Вяч|еньк|а 1, Вяч|ик 1, Вяч|к|а 1
            (В)яч|а → **Яч**|ек 1
                   Вич|к|а 1
         Вич|к|а 2
В(ячесл)а(в) → **Ва|тик** 1
В(яч)е(слав) → **Ве|т**|а → Вет|к|а
(В)яч(еслав) → Яч|ек 2
В(ячесл)ав → **Вав**|а → Вав|к|а 1 → Вавоч|к|а 1
                 Вав|очк|а 2
         Ва(в|а) → Ва|тик 2
         Вав|к|а 2, Вав|очк|а 3
(Вяче)слав → **Слав**|а → Слав|к|а 1 → Славоч|к|а 1, Славч|ик 1
                 Слав|ун|я 1 → Славунь|к|а → Славунеч|к|а 1,
                                        Славунч|ик 1
                 Славун|ечк|а 2, Славун|чик 2,
                 Славун|юшк|а
                 Слав|ус|я 1 → Славусь|к|а → Славусеч|к|а 1
                 Славус|еньк|а, Славус|ечк|а 2,
                 Славус|ик
                 Слав|еньк|а 1, Слав|ик 1, Слав|оньк|а 1,
                 Слав|очк|а 2, Слав|ух|а 1, Слав|ушк|а 1,
                 Слав|чик 2
         Слав|еньк|а 2, Слав|ик 2, Слав|к|а 2, Слав|оньк|а 2,
         Слав|очк|а 3, Слав|ун|я 2, Слав|ус|я 2, Слав|ух|а 2,
         Слав|ушк|а 2, Слав|чик 3

Дни ангела и святые (Вячеслав): 4 марта, 28 сентября — *князья*.

Г

ГАВРИЙЛ|, а, *м* [*др.-евр.* 'моя мощь — бог'; *др.-евр.* 'сильный муж + Бог';
'муж Божий' или 'крепость']. О т ч е с т в о: Гаврии́лович, Гаврии́ловна;
Гаврии́лыч (*разг.*).

Гаври́л|, а (*разг.*). О т ч е с т в о: Гаври́лович, Гаври́ловна; Гаври́лыч (*разг.*).

Гаврил|а, ы (*разг.*). О т ч е с т в о: Гаври́лович, Гаври́ловна; Гаври́лыч (*разг.*).

Гаврил|о, ы (*стар. разг.*). О т ч е с т в о: Гаври́лович, Гаври́ловна.

П р о и з в о д н ы е (52):

Гавриил

Гавр(иил) → **Гавр|я 1** → Гавр|юн|я 1 → Гаврюнь|к|а → Гаврюн*еч*|к|а 1
Гаврюн|ечк|а 2

Гавр|юс|я 1 → Гаврюсь|к|а → Гаврюс*еч*|к|а 1
Гаврюс|еньк|а, Гаврюс|ечк|а 2

Гавр|юх|а 1 → Гаврю*ш*|к|а 1 → Гаврюш*еч*|к|а 1
Гаврю*ш*|еньк|а 1, Гаврю*ш*|ечк|а 2

Гавр|юш|а 1 → Гаврюш|еньк|а 2, Гаврюш|ечк|а 3,
Гаврюш|к|а 2

Гавр|ан 1, Гавр|еньк|а 1, Гавр|ечк|а 1, Гавр|ик 1,
Гавр|ош 1, Гавр|ус|я 1, Гавр|уш|а 1

Гав(р|я) → **Гав|ш|а 1**

Га(вр|я → **Га|г|а 1** → Гаг|ан|я → Гагань|к|а → Гаган*еч*|к|а 1
Гаган|ечк|а 2

Га|н|я 1 → Гань|к|а →Ганеч|к|а 1
Ган|юс|я → Ганюсь|к|а
Ган|юх|а → Ганю*ш*|к|а 1 → Ганюш*еч*|к|а 1
Ганю*ш*|еньк|а 1,
Ганю*ш*|ечк|а 2

Ган|юш|а → Ганюш|еньк|а 2,
Ганюш|ечк|а 3,
Ганюш|к|а 2

Ган|ечк|а 2, Ган|ёк, Гань|ш|а,

Га́н|юшк|а
Гаш|а 1 → Гаш|к|а → Гаш*еч*|к|а 1
Гаш|еньк|а, Гаш|ечк|а 2

Га|ш|а 2

Га(в)р|я →**Гор|ик 1**

Гавр|ан 2, Гавр|еньк|а 2, Гавр|ечк|а 2, Гавр|ик 2, Гавр|ош 2,
Гавр|ус|я 2, Гавр|уш|а 2, Гавр|юн|я 2, Гавр|юс|я 2,
Гавр|юх|а 2, Гавр|юш|а 2

Гав(риил) → Гав|ш|а 2

Га(вриил) → Га|г|а 2, Га|н|я 2, Га|ш|а 3

Га(в)р(иил) → Гор|ик 2

Гаври(и)л → Гаврил, Гаврил|а,Гаврил|о → Гаврил|к|а → Гаврил*оч*|к|а 1
Гаврил|ец 1, Гаврил|ок 1,
Гаврил|очк|а 2,
Гаврил|ушк|а 1, Гаврил|юк 1

Гавр(ил), Гавр(ил|а), Гавр(ил|о)→   Гавр|я 2; Гавр|ан 3,
Гавр|еньк|а 3,
Гавр|ечк|а 3, Гавр|ик 3,
Гавр|ош 3, Гавр|ус|я 3,
Гавр|уш|а 3, Гавр|юн|я 3,
Гавр|юс|я 3, Гавр|юх|а 3,
Гавр|юш|а 3

Гав(рил), Гав(рил|а), Гав(рил|о) → Гав|ш|а 3

Га(врил), Га(врил|а), Га(врил|о) → Га|г|а 3, Га|н|я 3, Га|ш|а 4

Га(в)р(ил), Га(в)р(ил|а), Га(в)р(ил|о) →Гор|ик 3

Гаврил|ец 2, Гаврил|к|а 2, Гаврил|ок 2, Гаврил|очк|а 3,
Гаврил|ушк|а 2, Гаврил|юк 2

Дни ангела и святые (Гавриил): 11 февраля, 22 апреля, 27 ноября —
князь; 10 февраля — *епископ*; 26 марта, 13 июля —*архангел*; 22 января, 20
апреля, 8 ноября — *мученики*; 30 августа — *патриарх*; 15 января, 12 июля
— *преподобные.*

ГАЛАКТИО́Н|, а, *м* [*греч.* ʻмолокоʼ; ʻмолочныйʼ]. О т ч е с т в о: Галакти-
о́нович, Галактио́новна; Галактио́ныч (*разг.*).
Лактио́н|, а (*прост.*).

П р о и з в о д н ы е (38):
Галактион →Галактион|к|а, Галактион|ушк|а
Галак(тион) → **Галак**

Гала(к) → **Гала|н|я 1** →Галань|к|а 1 → Галан*еч*|к|а 1
Галан|ечк|а 2

Галаш|а 1 → Галаш|к|а 1 →
Галаш*еч*|к|а 1
Галаш|еньк|а 1,
Галаш|ечк|а 2

Гала|х|а 1 →Галаш|а 2; Галаш|еньк|а 2,
Галаш|ечк|а 3, Галаш|к|а 2
Гала|ш|а 3
Гал(ак) → **Гал|а 1** → Гал|к|а 1 → Галоч|к|а 1
Гал|ун|я 1 → Галунь|к|а
Галь|к|а 1 → Гал*еч*|к|а 1
Гал|юн|я 1 →Галюнь|к|а
Гал|ют|а 1 → Галют|ик
Гал|юх|а 1 → Галю*ш*|к|а 1 →
Галюш*еч*|к|а 1
Галюш|еньк|а 1,
Галю*ш*|ечк|а 2
Гал|юш|а 1 → Галюш|еньк|а 2,
Галюш|ечк|а 3,
Галю́ш|к|а 2
Гал|еньк|а 1, Гал|ечк|а 2, Гал|оньк|а 1
Гал|очк|а 2, Га́л|юшк|а 1
Га(л)а) → **Га|ш|а 1**
Гал|я 1 → Гал|еньк|а 2, Гал|ечк|а 3, Гал|к|а 2,
Гал|оньк|а 2, Гал|очк|а 3, Гал|ун|я 2,
Галь|к|а 2, Гал|юн|я 2, Гал|ют|а 2,
Гал|юх|а 2, Гал|юш|а 2, Га́л|юшк|а 2
Га(л)я) → Га|ш|а 2
Гал|еньк|а 3, Гал|ечк|а 4, Гал|к|а 3, Гал|оньк|а 3,
Гал|очк|а 4, Гал|ун|я 3, Галь|к|а 3, Гал|юн|я 3,
Гал|ют|а 3, Гал|юх|а 3, Гал|юш|а 3, Га́л|юшк|а 3
Га(лак) → Га|ш|а 3
(Га)ла(к) → **Ла|н|я 1**
(Га)лак → Лак|ш|а 1
Гала(ктион) → Гала|н|я 2, Гала|х|а 2, Гала|ш|а 4
Гал(актион) → Гал|а 2, Гал|я 2; Гал|еньк|а 4, Гал|ечк|а 5, Гал|к|а 4,
Гал|оньк|а 4, Гал|очк|а 5, Гал|ун|я 4, Галь|к|а 4, Гал|юн|я 4,
Гал|ют|а 4, Гал|юх|а 4, Гал|юш|а 4, Га́л|юшк|а 4
Га(лактион) → Га|ш|а 4
Гала(ктио)н → Галан|я 1; Галан|ечк|а 3, Галань|к|а 2
Галаш|а 5; Галаш|еньк|а 3, Галаш|ечк|а 4, Галаш|к|а 3
(Га)лакт(ион) → Лакт|я 1 →Лакт|еньк|а 1, Лакт|ечк|а 1
Лак(т)я) → Лак|ш|а 2
Ла(кт)я) → Ла|н|я 2
Лакт|еньк|а 2, Лакт|ечк|а 2
(Га)лак(тион) → Лак|ш|а 3
(Га)ла(ктион) → Ла|н|я 3
(Га)лактион → Лактион
Лакт(ион) → Лакт|я 2; Лакт|еньк|а 3, Лакт|ечк|а 3

Лак(тион) → Лак|ш|а 4
Ла(ктион) → Ла|н|я 4

Дни ангела и святые (Галактион): 12 января, 24 сентября — *преподобные*; 22 июня, 5 ноября — *мученики*.

ГВИДО́Н|, а, *м* О т ч е с т в о: Гвидо́нович, Гвидо́новна.
П р о и з в о д н ы е (2):
Гвидон → Гвидон|к|а
(Гви)дон → **Дон|а**

ГЕ́КТОР|, а, *м* [*греч.* имя героя Троянской войны. *От* 'вседержитель, хранитель']. О т ч е с т в о: Ге́кторович, Ге́кторовна.
П р о и з в о д н ы е (2):
Гектор
Гек(тор) → **Гек|а**
Ге(кто)р → **Гер|а**

ГЕ́ЛИЙ|, Ге́ли|я (Ге́ли[й|а]) [*греч.* 'солнце'; *вариант старого имени Еллий* 'солнце, солнечный']. О т ч е с т в о: Ге́лиевич, Ге́лиевна.
Е́ЛИЙ|, Е́ли|я (Ели[й|а]) (*стар.*). О т ч е с т в о: Е́лиевич, Е́лиевна.
П р о и з в о д н ы е (14):
Гелий
Гел(ий) → **Гел|а** →Гел|к|а 1 →   Гело*ч*|к|а 1
                         Гель|к|а 1 →   Гел*еч*|к|а 1
                         Гел|еньк|а 1, Гел|ечк|а 2, Гел|ик 1, Гел|оньк|а 1,
                         Гел|очк|а 2
           (Г)ел|а → **Ел|я 1** → Ель|к|а 1 → Ел*еч*|к|а 1
                                     Ел|еньк|а 1, Ел|ечк|а 2
                         Ел|еньк|а 2, Ел|ечк|а 3, Ель|к|а 2
           Гел|я →Гел|еньк|а 2, Гел|ечк|а 3, Гел|ик 2, Гел|к|а 2,
                      Гел|оньк|а 2, Гел|очк|а 3, Гель|к|а 2
           (Г)ел|я → Ел|я 2; Ел|еньк|а 3, Ел|ечк|а 4, Ель|к|а 3
           Гел|еньк|а 3, Гел|ечк|а 4, Гел|ик 4, Гел|к|а 3, Гел|оньк|а 3,
           Гел|очк|а 4, Гель|к|а 3
(Г)ел(ий) →Ел|я 3; Ел|еньк|а 4, Ел|ечк|а 5, Ель|к|а 4
(Г)елий → **Елий**
           Ел(ий) → Ел|я 4; Ел|еньк|а 5, Ел|ечк|а 6, Ель|к|а 5
     С р.: *ж* Гелия.
     День ангела и святой (Елий): 4 июля — *преподобный*.

ГЕ́НИЙ|, Ге́ни|я (Гени[й|а]), *м* (*нов.*) [употребление нарицательного существительного 'гений' в качестве личного имени]. О т ч е с т в о: Ге́ниевич, Ге́ниевна.
П р о и з в о д н ы е (10):

Гений
Ген(ий) → **Ген|а** → Ген|к|а 1 → Ген*оч*|к|а 1
                 | Гень|к|а 1 → Ген*еч*|к|а 1
                 | Ген|ю̈ш|а 1 → Ген|ю̈ш|к|а
                 | Ген|ечк|а 2, Ген|очк|а 2, Ген|ушк|а 1, Ге́н|юшк|а 1
      Ген|я → Ген|ечк|а 3, Ген|к|а 2, Ген|очк|а 3, Ген|ушк|а 2,
               | Гень|к|а 2, Ген|юш|а 2, Ге́н|юшк|а 2
      Ген|ечк|а 4, Ген|к|а 3, Ген|очк|а 4, Ген|ушк|а 3, Гень|к|а 3,
      Ген|юш|а 3, Ге́н|юшк|а 3
С р.: *ж* Гения.

ГЕННА́ДИЙ|, Генна́ди|я (Генна́ди[й|а]), *м* [*греч.* ‘благородный’, ‵родови-
тый’]. Отчество: Генна́диевич, Генна́диевна *и* Генна́дьевич, Генна́дь-
евна; Генна́дьич (*разг.*).
   П р о и з в о д н ы е (43):
Геннадий
Генна(дий) → **Генна|ш|а** → Геннаш|к|а
Ген(надий) → **Ген|а** → Ген|аш|а 1 → Генаш|еньк|а, Генаш|к|а
              | Ген|к|а 1 → Ген*оч*|к|а 1, Ген*ч*ик 1
              | Ген|ул|я 1 → Генуль|к|а → Генул*еч*|к|а 1,
              | Генуль*ч*|ик 1
              | Генул|ечк|а 2, Генуль|чик 2
              | Ген|ус|я 1 → Генусь|к|а → Генус*еч*|к|а 1
              | Генус|еньк|а, Генус|ечк|а 2
              | Гень|к|а 1 → Ген*еч*|к|а 1
              | Ген|юх|а 1 → Ген|ю̈ш|к|а 1 → Генюш*еч*|к|а 1
              | Генюш|ечк|а 2
              | Ген|юш|а 1 → Генюш|ечк|а 3, Ген|ю̈ш|к|а 2
              | Ген|арик 1, Ген|ечк|а 2, Ген|ик 1, Ген|ок 1,
              | Ген|очк|а 2, Ген|ух|а 1, Ген|уш|а 1, Ге́н|ушк|а 1,
              | Ген|чик 2, Гень|ш|а 1, Ген|юл|я 1, Ген|юс|я 1,
              | Ге́н|юшк|а 1
              | **Геш|а 1** → Геш|к|а 1 → Геш*еч*|к|а 1
              | Геш|еньк|а 1, Геш|ечк|а 2
              | Геш|еньк|а 2, Геш|ёчк|а 3, Геш|к|а 2
      Ге(н|а) → **Ге|к|а**
              | Ге|ш|а 2
              | **Ге|я 1** (Ге[й|а]) → Гей|к|а → Ге*еч*|к|а 1
              | Ге|ечк|а 2 (Ге[й|э]чк|а)
              | Ге|юшк|а (Ге[й|у]шк|а)
      Ген|я → Ген|арик 2, Ген|аш|а 2, Ген|ечк|а 3, Ген|ик 2,
              | Ген|к|а 2, Ген|ок 2, Ген|очк|а 3, Ген|ул|я 2,
              | Ген|ус|я 2, Ген|ух|а 2, Ген|уш|а 2, Ге́н|ушк|а 2,
              | Ген|чик 3, Гень|к|а 2, Гень|ш|а 2, Ген|юл|я 2,

Ген|юс|я 2, Ген|юх|а 2, Ген|юш|а 2, Ге́н|юшк|а 2

Ге(н)я → Ге|к|а 2, Ге|ш|а 3, Ге|я 2 (Ге[й|а])

Ген|арик 3, Ген|аш|а 3, Ген|ечк|а 4, Ген|ик 3, Ген|к|а 3, Ген|ок 3, Ген|очк|а 4, Ген|ул|я 3, Ген|ус|я 3, Ген|ух|а 3, Ген|уш|а 3, Ге́н|ушк|а 3, Ген|чик 4, Гень|к|а 3, Гень|ш|а 3, Ген|юл|я 3, Ген|юс|я 3, Ген|юх|а 3, Ген|юш|а 3, Ге́н|юшк|а 3

Ге(ннадий) → Ге|к|а 3, Ге|ш|а 4, Ге|я 3 (Ге[й|а])

Ген(н)а(дий) → Гена|ш|а 4

Дни ангела и святые (Геннадий): 23 января, 9 февраля, 23 мая — *преподобные*; 31 августа — *патриарх*; 4 декабря — *архиепископ*.

ГЕ́НРИХ|, а, *м* [*др.-герм.* 'дом' + 'могущество, богатство'; 'домоправитель']. О т ч е с т в о: Ге́нрихович, Ге́нриховна.

П р о и з в о д н ы е (8):

Генрих

Ген(рих) → **Ген|а** → Ген|ечк|а 1

           Ген|я → Ген|ечк|а 2

           Ген|ечк|а 3

Ге(н)р(их) → **Гер|а** →**Гар|я 1** → Гар|ик 1, Гарь|к|а 1, Гар|юсик 1

                Гар|ик 2, Гарь|к|а 2, Гар|юсик 2

                Гар|я 2; Гар|ик 3, Гарь|к|а 3, Гар|юсик 3

ГЕО́РГИЙ|, Гео́рги|я (Гео́рги[й|а]), *м* [*греч.* 'земледелец']. О т ч е с т в о: Гео́ргиевич, Гео́ргиевна; Гео́ргич (*разг.*).

Его́рий|, Его́ри|я (Его́ри[й|а]) (*разг.*). О т ч е с т в о: Его́рьевич, Его́рьевна; Его́рич (*разг.*).

Его́р|, а (*народн.*). О т ч е с т в о: Его́рович, Его́ровна; Его́рыч (*разг.*).

П р о и з в о д н ы е (91):

Георгий

Г(е)орг(ий) → **Горг|а** → Горг|очк|а 1

        Гор(г|а) → **Гор|а 1** → Гор|к|а 1 → Горо́ч|к|а 1

                Горь|к|а 1 → Гор*еч*|к|а 1

                Гор|еньк|а 1, Гор|ечк|а 2, Гор|ик 1, Гор|оньк|а 1, Гор|очк|а 2, Гор|ушк|а 1, Гор|ш|а 1

        Го(р|а) → **Го|г|а 1** → Гог|оньк|а, Гог|очк|а

                Го|т|я 1 → Готь|к|а → Гот*еч*|к|а 1

                Гот|еньк|а, Гот|ечк|а 2, Гот|ик

                Го|ш|а 1 → Гош|к|а → Гош*еч*|к|а 1

                Гош|ун|я → Гошунь|к|а →

                      Гошун*еч*|к|а 1

                      Гошун*ч*|ик 1

Гош|еньк|а, Гош|ечк|а 2,
Гош|ок, Гош|ул|я

Г(ор|а) →**Гул|я 1** → Гуль|к|а → Гул*еч*|к|а 1
Гул|еньк|а, Гул|ечк|а 2,
Гул|юшк|а

Гун|я 1 → Гунь|к|а 1 → Гун*еч*|к|а 1
Гун|ечк|а 2, Гун|юшк|а 1

Г(о)р|а →Гр|ечк|а 1

(Г)ор|а →**Ор|а 1** → Ор|к|а 1 → Ор*оч*|к|а 1
Ор|оньк|а 1, Ор|очк|а 2
Ор|к|а 2, Ор|оньк|а 2, Ор|очк|а 3

Г*ар*|я 1 → Гарь|к|а 1 → Гар*еч*|к|а 1
Гар|юс|я 1 → Гарюс|ик
Гар|ечк|а 2, Гар|ик 1,
Гар|юшк|а 1

Г(а)р|я → Гр|ечк|а 2

Гар|ечк|а 3, Гар|ик 2, Гарь|к|а 2,
Гар|юс|я 2, Гар|юшк|а 2

Жор|а 1 →Жор|к|а 1 → Жор*оч*|к|а 1
Жор|ик 1, Жор|оньк|а 1,
Жор|очк|а 2

(Ж)ор|а → Ор|а 2; Ор|к|а 3,
Ор|оньк|а 3, Ор|очк|а 4

Жор|я 1 → Жор|ик 2, Жор|к|а 2,
Жор|оньк|а 2, Жор|очк|а 3

(Ж)ор|я →Ор|а 3; Ор|к|а 4,
Ор|оньк|а 4, Ор|очк|а 5

Жор|ик 3, Жор|к|а 3, Жор|оньк|а 3,
Жор|очк|а 4

Гор|я 1 → Гор|еньк|а 2, Гор|ечк|а 3, Гор|ик 2,
Гор|к|а 2, Гор|оньк|а 2, Гор|очк|а 3,
Гор|ушк|а 2, Гор|ш|а 2, Горь|к|а 2

Го(р|я) → Го|г|а 2, Го|т|я 2, Го|ш|а 2

Г(ор|я) → Гул|я 2, Гун|я 2

Г(о)р|я → Гр|ечк|а 2

(Г)ор|я → Ор|а 4; Ор|к|а 5, Ор|оньк|а 5,
Ор|очк|а 6
Гар|я 2; Гар|ечк|а 4, Гар|ик 3,
Гарь|к|а 3, Гар|юс|я 3, Гар|юшк|а 3
Жор|а 2, Жор|я 2; Жор|ик 4,
Жор|к|а 4, Жор|оньк|а 4, Жор|очк|а 5

Гор|еньк|а 3, Гор|ечк|а 4, Гор|ик 3, Гор|к|а 3,
Гор|оньк|а 3, Гор|очк|а 4, Гор|ушк|а 3, Гор|ш|а 3,
Горь|к|а 3

Гар|я 3; Гар|ечк|а 5, Гар|ик 4, Гарь|к|а 4,
Гар|юс|я 4, Гар|юшк|а 4

Жор|а 3, Жор|я 3; Жор|ик 5, Жор|к|а 5,
Жор|оньк|а 5, Жор|очк|а 6

Го(рг|а) → Го|т|я 3, Го|ш|а 3
Г(орг|а) → Г|ул|я 3, Г|ун|я 3
Г(о)р(г|а) → Гр|ечк|а 3
Го(р)г|а → Гог|а 3
(Г)ор(г|а) → Ор|а 5; Ор|к|а 6, Ор|оньк|а 6, Ор|очк|а 7

          Жорж 1 → Жорж|еньк|а 1, Жорж|ик 1
          (Ж)ор(ж) →Ор|а 6; Ор|к|а 7, Ор|оньк|а 7,
                         Ор|очк|а 8
          Жорж|еньк|а 2, Жорж|ик 2

Горг|очк|а 2
Жорж 2; Жорж|еньк|а 3, Жорж|ик 3

Ге(о)р(гий) → **Гер|а** → Гер|к|а 1 → Геро*чк*|а 1
               Герь|к|а 1 → Гер*еч*к|а 1
               Гер|ечк|а 2, Гер|ик 1, Гер|оньк|а 1, Гер|очк|а 2
Ге(р|а) → **Ге|ш|а 1** → Геш|к|а → Геш*еч*к|а 1
                        Геш|ечк|а 2
Г(ер|а) → Г|ул|я 4, Г|ун|я 4
Г(е)р|а → Гр|ечк|а 4
Гер|я →   Гер|ечк|а 3, Гер|ик 2, Гер|к|а 2, Гер|оньк|а 2,
            Гер|очк|а 3, Герь|к|а 2
Ге(р|я) → Ге|ш|а 2
Г(ер|я) → Г|ул|я 5, Г|ун|я 5
Г(е)р|я → Гр|ечк|а 5
Гер|ечк|а 4, Гер|ик 3, Гер|к|а 3, Гер|оньк|а 3, Гер|очк|а 4,
Герь|к|а 3
Г(е)о(р)г(ий) → Гог|а 4
Г(е)о(ргий) →Го|т|я 4, Го|ш|а 4
Ге(оргий) → Ге|ш|а 3
Г(еоргий) → Г|ул|я 6, Г|ун|я 6
Г(ео)р(гий) →Гр|ечк|а 6
(Ге)ор(гий) →Ор|а 7; Ор|к|а 8, Ор|оньк|а 8, Ор|очк|а 9
Геор(г)ий →   *Его́рий*

Егор(ий) → **Егор,**
        Егор|а → Егор|ёк 1, Егор|ик 1, Егор|к|а 1,
                Егор|оньк|а 1, Егор|ушк|а 1, Егор|ш|а 1
        Его(р),
        Его(р|а) → **Его|н|я 1** → Егонь|к|а →Егон*еч*к|а 1
                         Егон|ечк|а 2
                Его́ш|а 1 → Егош|к|а 1→
                         Егош*еч*к|а 1

Егош|еньк|а 1
Егош|ечк|а 2
(Е)гош|а → Гош|а 5
Егош|еньк|а 2,
Егош|ечк|а 3, Егош|к|а 2

Его|ш|а 2

Ег(ор),
Ег(ор|а) → **Ег|ун|я 1** → Егунь|к|а → Егунечк|а 1
Егун|ечк|а 2
(Е)г|ун|я → Гун|я 7; Гун|ечк|а 3,
Гунь|к|а 2, Гун|юшк|а 2

Ёж|ик 1

(Е)го(р),
(Е)го(р|а) → Го|г|а 5, Го|т|я 5, Го|ш|а 6
(Е)г(ор),
(Е)г(ор|а) → Г|ул|я 7, Г|ун|я 8
(Е)г(о)р,
(Е)г(о)р|а → Гр|ечк|а 7
(Е)гор,
(Е)гор|а → Гор|а 2, Гор|я 2; Гор|еньк|а 4,
Гор|ечк|а 5, Гор|ик 4, Гор|к|а 4,
Гор|оньк|а 4, Гор|очк|а 5,
Гор|ушк|а 4, Гор|ш|а 4, Горь|к|а 4
Гар|я 4; Гар|ечк|а 6, Гар|ик 5,
Гарь|к|а 5, Гар|юс|я 5,
Гар|юшк|а 5
Жор|а 4, Жор|я 4; Жор|ик 6,
Жор|к|а 6, Жор|оньк|а 6,
Жор|очк|а 7

(Ег)ор, (Ег)ор|а → Ор|а 8; Ор|к|а 9,
Ор|оньк|а 9, Ор|очк|а 10

Егор|ёк 2, Егор|ик 2, Егор|к|а 2, Егор|оньк|а 2,
Егор|ушк|а 2, Егор|ш|а 2

Его(рий) → Его|н|я 2, Его|ш|а 3
Ег(орий) → Ег|ун|я 2, Ёж|ик 2
(Е)го(рий) → Го|г|а 6, Го|т|я 6, Го|ш|а 7
(Е)г(орий) → Г|ул|я 8, Г|ун|я 9
(Е)г(о)р(ий) → Гр|ечк|а 8
(Е)гор(ий) → Гор|а 3, Гор|я 3; Гор|еньк|а 5, Гор|ечк|а 6,
Гор|ик 5, Гор|к|а 5, Гор|оньк|а 5, Гор|очк|а 6,
Гор|ушк|а 5, Гор|ш|а 5, Горь|к|а 5
Гар|я 5; Гар|ечк|а 7, Гар|ик 6, Гарь|к|а 6,
Гар|юс|я 6, Гар|юшк|а 6
Жор|а 5, Жор|я 5; Жор|ик 7, Жор|к|а 7,

| Жор|оньк|а 7, Жор|очк|а 8

(Ег)ор(ий) → Ор|а 9; Ор|к|а 10, Ор|оньк|а 10, Ор|очк|а 11

Дни ангела и святые (Георгий): 8 января, 4 апреля, 27 июня, 24 августа — *преподобные*; 18 августа — *патриарх*; 21 февраля, 7 апреля, 19 апреля, 16 мая — *епископы*; 4 февраля, 14 июня — *князья*; 23 апреля, 26 мая, 3 ноября, 10 ноября, 26 ноября — *великомученики*; 22 января — *мученики*; 26 апреля — *блаженный*; 13 мая — *исповедник*.

ГЕРА́КЛ|, а, м [*В античной мифологии*: Геракл — популярный греческий герой, которому приписывается совершение многих подвигов. *От греч.* 'Гера' *и* 'слава']. О т ч е с т в о: Гера́клович, Гера́кловна; Гера́клыч (*разг.*). **Ера́кл**|, а (*стар.*).

П р о и з в о д н ы е (5):

Геракл

Гер(акл) → **Гер|а** → Гер|к|а 1 →   Гер*оч*|к|а 1
                                              Гер|оньк|а 1, Гер|очк|а 2
                    Гер|к|а 2, Гер|оньк|а 2, Гер|очк|а 3

(Г)еракл → **Еракл**

ГЕРА́СИМ|, а, м [*греч.* 'почтенный']. О т ч е с т в о: Гера́симович, Гера́-симовна; Гера́симыч (*разг.*).
Гара́сим|, а, (*разг.*). О т ч е с т в о: Гара́симович, Гара́симовна; Гара́симыч (*разг.*).

П р о и з в о д н ы е (26):

Герасим

Герас(им) → **Герас|я** → Герась|к|а → Герас*еч*|к|а 1
                                          Герас|еньк|а, Герас|ечк|а 2
              Гера(ся) → **Гера|н|я 1** →Герань|к|а → Геран*еч*|к|а 1
                                                  Геран|ечк|а 2
                          *Г*аран|я → Гарань|к|а 1
                          *Г*арань|к|а 2
              Гер(ася) → **Гер|а 1** → Гер|к|а 1 → Гер*оч*|к|а 1
                                          Гер|оньк|а 1, Гер|очк|а 2
                          Ге(р|а) →   **Ге|ш|а 1** → Геш|к|а → Геш*еч*|к|а 1
                                                        Геш|еньк|а, Геш|ечк|а 2
                          Гер|к|а 2, Гер|оньк|а 2, Гер|очк|а 3
              Ге(рас|я) → Ге|ш|а 2
              (Ге)рас|я → **Рас|я 1** → Рась|к|а 1 → Рас*еч*|к|а 1
                                          Рас|еньк|а 1, Рас|ечк|а 2
                          Рас|еньк|а 2, Рас|ечк|а 3, Рась|к|а 2
                          Гарас|я 1 → Гарась|к|а 1 → Гарас*еч*|к|а 1
                                                  Гарас|еньк|а 1, Гарас|ечк|а 2
                          *Г*ара(с|я) → Гара|н|я 2
                          *Г*а(рас|я) → Рас|я 2; Рас|еньк|а 3, Рас|ечк|а 4,

Рас|ь|к|а 3

Гарас|еньк|а 2, Гарас|ечк|а 3, Гарась|к|а 2

Гарас|я 2; Гарас|еньк|а 3, Гарас|ечк|а 4, Гарась|к|а 3

Гера(сим) → Гера|н|я 2

Гер(асим) → Гер|а 2; Гер|к|а 3, Гер|оньк|а 3, Гер|очк|а 4

Ге(расим) → Ге|ш|а 3

(Ге)рас(им) → Рас|я 3; Рас|еньк|а 4, Рас|ечк|а 5, Рась|к|а 4

Гарасим

Гарас(им) → Гарас|я 3; Гарас|еньк|а 4, Гарас|ечк|а 5, Гарась|к|а 4

Гара(сим) → Гара|н|я 3

(Га)рас(им) → Рас|я 4; Рас|еньк|а 5, Рас|ечк|а 6, Рась|к|а 5

Дни ангела и святые (Герасим): 29 января — *епископ*; 4 марта, 1 мая — *преподобные*; 24 января — *святитель*.

ГЕ́РМАН|, а, *м* [*лат.* 'родной, единокровный'; 'единоутробный']. О т ч е с т в о: Ге́рманович, Ге́рмановна; Ге́рманыч (*разг.*).

П р о и з в о д н ы е (35):

Герман

Герм(ан) → **Герм|а** → Герм|ус|я 1

(Гер)м|ус|я → **Мус|я 1** → Мусь|к|а 1 → Мус|ечк|а 1

Мус|еньк|а 1, Мус|ечк|а 2, Мус|ик 1

Мус|еньк|а 2, Мус|ечк|а 3, Мус|ик 2

Герм|ушк|а 1

Гер(м|а) → **Гер|а 1** → Гер|к|а 1 → Гер|очк|а 1, Герч|ик 1

Гер|ун|я 1 → Геруны|к|а → Герун|ечк|а 1

Герун|ечк|а 2

Гер|ус|я 1 → Герусь|к|а → Герус|ечк|а 1

Герус|еньк|а; Герус|ечк|а 2

Гер|ух|а 1 → Геру́ш|к|а 1 → Геруш|ечк|а 1

Геруш|еньк|а 1, Геруш|ечк|а 2

Гер|уш|а 1 → Геруш|еньк|а 2, Геруш|ечк|а 3, Геру́ш|к|а 2

Гер|оньк|а 1, Гер|очк|а 2, Ге́р|ушк|а 1, Герч|ик 2

Ге(р|а) → **Ге|ш|а 1** → Геш|к|а → Геш|ечк|а 1

Геш|еньк|а, Геш|ечк|а 2

Гер|к|а 2, Гер|оньк|а 2, Гер|очк|а 3, Гер|ун|я 2, Гер|ус|я 2, Гер|ух|а 2, Гер|уш|а 2, Ге́р|ушк|а 2, Герч|ик 3

Ге(рм|а) → Ге|ш|а 2

Ге(р)м|а → **Гем|а 1** → Гем|к|а 1 → Гем*оч*|к|а 1
Гем|очк|а 2, Гем|ул|я 1
Ге(м|а) → Ге|ш|а 3
Гем|к|а 2, Гем|очк|а 3, Гем|ул|я 2
(Гер)м|а → М|ус|я 2
Герм|ус|я 2, Герм|ушк|а 2
Гер(ман) → Гер|а 2; Гер|к|а 3, Гер|оньк|а 3, Гер|очк|а 4, Гер|ун|я 3,
Гер|ус|я 3, Гер|ух|а 3, Гер|уш|а 3, Гéр|ушк|а 3, Гер|чик 4
Ге(рман) → Ге|ш|а 4
Ге(р)м(ан) → Гем|а 2; Гем|к|а 3, Гем|очк|а 4, Гем|ул|я 3
(Гер)м(ан) → М|ус|я 3
(Гер)ман → **Ман|а**

Дни ангела и святые (Герман): 23 июня, 25 сентября, 6 ноября —
архиепископ; 10 февраля — *епископ*; 12 мая — *патриарх*; 28 июня, 27 июля,
30 июля, 11 сентября — *преподобные*; 7 июля, 13 ноября — *мученики*.

ГЕРМОГÉН|, а, м [*греч.* 'Гермес' *и* 'потомок, отпрыск']. О т ч е с т в о:
Гермогéнович, Гермогéновна.
П р о и з в о д н ы е (10):
Гермоген →Гермоген|к|а, Гермоген|ушк|а
Герм(оген) → **Герм|а**
Гер(м|а) →**Гер|а 1** → Гер|к|а 1 → Гер*оч*|к|а 1
Гер|оньк|а 1, Гер|очк|а 2
Гер|к|а 2, Гер|оньк|а 2, Гер|очк|а 3
Гер(моген) → Гер|а 2; Гер|к|а 3, Гер|оньк|а 3, Гер|очк|а 4
(Гермо)ген → **Ген|а** → Ген|к|а 1 → Ген*оч*|к|а 1
Гень|к|а 1 →Ген*еч*|к|а 1
Ген|ечк|а 2, Ген|очк|а 2
Ген|я → Ген|ечк|а 3, Ген|к|а 2, Ген|очк|а 3, Гень|к|а 2
Ген|ечк|а 4, Ген|к|а 3, Ген|очк|а 4, Гень|к|а 3

Дни ангела и святые (Ермоген): 27 февраля, 24 июля, 1 сентября, 10
декабря — *мученики*; 18 декабря — *праведный*; 24 ноября — *святитель*; 17
февраля, 12 мая, 5 октября — *священномученики*.

ГЛÉБ|, а, м [*раннее заимств. из сканд. яз.*; *др.-герм.* 'предоставленный
богу, отданный под защиту бога']. О т ч е с т в о: Глéбович, Глéбовна; Глé-
быч (*разг.*).
П р о и з в о д н ы е (4):
Глеб → Глеб|к|а → Глеб*оч*|к|а 1
Глеб|оньк|а, Глеб|очк|а 2, Глеб|ушк|а

Дни ангела и святые (Глеб): 2 мая, 20 июня, 24 июля, 5 сентября —
князья.

ГЛИКÉРИЙ|, Гликéри|я (Гликéри[й|а]), м [*греч.* 'сладкий']. О т ч е с т в о:

Глике́риевич, Глике́риевна *и* Глике́рьевич, Глике́рьевна; Глике́рьич (*разг.*).
Глике́р|, а (*разг.*). О т ч е с т в о: Глике́рович, Глике́ровна.

П р о и з в о д н ы е (31):

Гликерий

Гликер(ий) → **Гликер,**
    Гликер|**а** → Гликер|очк|а 1, Гликер|ушк|а 1
    Глик(ер),
    Глик(ер|а) → **Глик**|**а 1** → Глик|очк|а 1, Глик|ушк|а 1
        Гли(к|а) → Гли|т|я 1 → Глить|к|а → Глите*ч*к|а 1
                 Глит|еньк|а, Глит|ечк|а 2
        Гли|х|а 1
        (Г)лик|а → **Лик**|**а 1** → Лик|аш|а 1→
                   Ликаш|еньк|а,
                   Ликаш|к|а
              Лик|уш|а 1 →
                   Лику́ш|к|а
              Лик|очк|а 1
            Лик|аш|а 2, Лик|очк|а 2, Лик|уш|а 2
        Глик|очк|а 2, Глик|ушк|а 2
    Гли(кер),
    Гли(кер|а) → Гли|т|я 2, Гли|х|а 2
    Гл(ик)ер,
    Гл(ик)ер|а → Глер|а 1 → Глер|к|а 1 → Глеро*ч*к|а 1
        Глер|оньк|а 1, Глер|очк|а 2, Глер|ушк|а 1
        Глер|к|а 2, Глер|оньк|а 2, Глер|очк|а 3,
        Глер|ушк|а 2
    (Г)лик(ер),
    (Г)лик(ер|а) →Лик|а 2; Лик|аш|а 3, Лик|очк|а 3, Лик|уш|а 3
    (Гли)кер,
    (Гли)кер|а → Кер|а 1→ Кер|к|а 1→ Керо*ч*к|а 1
             Керь|к|а 1 → Кере*ч*к|а 1
             Кер|ечк|а 2, Кер|очк|а 2
          Кер|я 1 → Кер|ечк|а 3, Кер|к|а 2,
              Кер|очк|а 3, Керь|к|а 2
          Кер|ечк|а 4, Кер|к|а 3, Кер|очк|а 4,
          Керь|к|а 3
    Гликер|я → Гликер|очк|а 2, Гликер|ушк|а 2
    Глик(ер|я) → Глик|а 2; Глик|очк|а 3, Глик|ушк|а 3
    Гли(кер|я) → Гли|т|я 3, Гли|х|а 3
    Гл(ик)ер|я → Глер|а 2; Глер|к|а 3, Глер|оньк|а 3,
          Глер|очк|а 4, Глер|ушк|а 3
    (Г)лик(ер|я) → Лик|а 3; Лик|аш|а 4, Лик|очк|а 4, Лик|уш|а 4
    (Гли)кер|я → Кер|а 2, Кер|я 2; Кер|ечк|а 5, Кер|к|а 4,
          Кер|очк|а 5, Керь|к|а 4

| Гликер|очк|а 3, Гликер|ушк|а 3
Глик(ерий) → Глик|а 3; Глик|очк|а 4, Глик|ушк|а 4
Гли(керий) → Гли|т|я 4, Гли|х|а 4
Гл(ик)ер(ий) → Глер|а 3; Глер|к|а 4, Глер|оньк|а 4, Глер|очк|а 5,
                      Глер|ушк|а 4
(Г)лик(ерий) → Лик|а 4; Лик|аш|а 5, Лик|очк|а 5, Лик|уш|а 5
(Гли)кер(ий) → Кер|а 3, Кер|я 3; Кер|ечк|а 6, Кер|к|а 5, Кер|очк|а 6,
                      Керь|к|а 5

   С р.: *ж* Гликерия.

   День ангела и святой (Гликерий): 28 декабря — *мученик*.

ГОРА́ЦИЙ|, Гора́ци|я (Гора́ци[й|а]), *м* [*лат*. личное имя]. О т ч е с т в о: Гора́циевич, Гора́циевна.

ГО́РГИЙ|, Го́рги|я (Го́рги[й|а]), *м* [*греч*. 'грозный, страшный'; 'грозный, быстрый']. О т ч е с т в о: Го́ргиевич, Го́ргиевна; Го́ргич (*разг*.).
   П р о и з в о д н ы е (12):
Горгий
Горг(ий) → **Горг|а** → Горг|очк|а 1
           Гор(г|а) → **Гор|а 1** → Гор|к|а 1 → Гор*о*чк|а 1
                                 Гор|оньк|а 1, Гор|очк|а 2, Гор|ушк|а 1,
                                 Горь|к|а 1
                 Го(р|а) → **Го|н|я 1** → Гонь|к|а → Гон*е*чк|а 1
                                 Гон|ечк|а 2
                 Гор|я 1 → Гор|к|а 2, Гор|оньк|а 2, Гор|очк|а 3,
                                Гор|ушк|а 2, Горь|к|а 2
                 Го(р|я) → Го|н|я 2
                 Гор|к|а 3, Гор|оньк|а 3, Гор|очк|а 4, Гор|ушк|а 3,
                 Горь|к|а 3
            Го(рг|а) → Го|н|я 3
            Горг|очк|а 2
Гор(гий) → Гор|а 2, Гор|я 2; Гор|к|а 3, Гор|оньк|а 3, Гор|очк|а 4,
            Гор|ушк|а 3, Горь|к|а 3
Го(ргий) → Го|н|я 4
   День ангела и святой (Горгий): 5 июня — *мученик*.

ГОРДЕ́Й|, Горде́|я (Горде́[й|а]), *м* [*греч*. имя фригийского царя]. О т ч е с т в о: Горде́евич, Горде́евна; Горде́ич (*разг*.).
Го́рдий|, Го́рди|я (Го́рди[й|а]) (*стар*.). О т ч е с т в о: Го́рдиевич, Го́рдиевна.
   П р о и з в о д н ы е (15):
Гордей 1 → Гордей|к|а, Горде|юшк|а (Горде[й|у]шк|а)
Горд(ей) → **Горд|я** → Горд|юн|я 1 → Гордюнь|к|а → Гордюн*е*чк|а 1
                                Гордюн|ечк|а 2

Горд|юх|а 1 → Гордю́ш|к|а 1 →Гордюше́ч|к|а 1
Гордю́ш|еньк|а 1, Гордю́ш|ечк|а 2
Горд|юш|а 1 → Гордюш|еньк|а 2, Гордюш|ечк|а 3,
Гордю́ш|к|а 2
Горд|ечк|а 1, Го́рд|юшк|а 1
Гор(д|я) → **Гор|а 1** → Гор|к|а 1
Гор|к|а 2
Горд|ечк|а 2, Горд|юн|я 2, Горд|юх|а 2, Горд|юш|а 2,
Го́рд|юшк|а 2
Гор(дей) → Гор|а 2; Гор|к|а 3
Гордий → Гордей 2

День ангела и святой (Гордий): 3 января — *мученик.*

ГОРИСЛА́В|, а, *м* (*слав.*) [**гори**- (*ср.* гореть) *и* **слав** (*ср.* слава). О т ч е с т-
в о: Горисла́вович, Горисла́вовна *и* Горисла́вич, Горисла́вна.
П р о и з в о д н ы е (18):
Горислав → Горислав|к|а → Горисла́во́ч|к|а 1
Горислав|оньк|а. Горислав|очк|а 2, Горилав|ушк|а
Гор(ислав) → **Гор|а** → Гор|к|а 1 → Горо́ч|к|а 1
Горь|к|а 1 → Горе́ч|к|а 1
Гор|еньк|а 1, Гор|ечк|а 2, Гор|очк|а 2
Гор|я → Гор|еньк|а 2, Гор|ечк|а 3, Гор|к|а 2, Гор|очк|а 3,
Горь|к|а 2
Гор|еньк|а 3, Гор|ечк|а 4, Гор|к|а 3, Гор|очк|а 4, Горь|к|а 3
(Гори)слав → **Слав|а** → Слав|к|а 1 → Сла́во́ч|к|а 1
Слав|еньк|а 1, Слав|ик 1, Слав|оньк|а 1,
Слав|очк|а 2, Слав|ушк|а 1
Слав|еньк|а 2, Слав|ик 2, Слав|к|а 2, Слав|оньк|а 2,
Слав|очк|а 3, Слав|ушк|а 2
С р.: *ж* Горислава.

ГОСТОМЫ́СЛ|, а, *м* (*ст.-русск., редк.*) [**гост**- (*ср.* гость) *и* **мысл**- (*ср.* мыс-
лить, мысль)]. О т ч е с т в о: Гостомы́слович, Гостомы́словна.
П р о и з в о д н ы е (4):
Гостомысл
Гост(омысл) → **Гост|я** → Гость|к|а 1 → Госте́ч|к|а 1
Гост|еньк|а 1, Гост|ечк|а 2
Гост|еньк|а 2, Гост|ечк|а 3, Гость|к|а 2

ГРА́НИЙ|, Гра́ни|я (Грани[й|а]), *м* [*лат.* 'зерно']. О т ч е с т в о: Гра́ние-
вич, Гра́ниевна *и* Гра́ньевич, Гра́ньевна; Гра́ньич (*разг.*).
Гра́н|, а (*стар.*). О т ч е с т в о: Гра́нович, Гра́новна.
П р о и з в о д н ы е (7):
Граний

Гран(ий) → **Гран**|я → Грань|к|а 1 → Гранеч|к|а 1
Гран|юш|а 1 → Гранюш|к|а
Гран|ечк|а 2, Гра́н|юшк|а 1
Гран → Гран|ечк|а 3, Грань|к|а 2, Гра́н|юшк|а 2
Гран|ечк|а 4, Грань|к|а 3, Гра́н|юшк|а 3

ГРИГО́РИЙ|, Григо́ри|я (Григори[й|а]), *м* [*греч.* 'бодрствовать'; 'бодрству-
ющий','бдительный']. О т ч е с т в о: Григо́рьевич, Григо́рьевна; Григо́рь-
ич (*разг.*).
П р о и з в о д н ы е (62):
Григорий → Григорь|юшк|а (Григор[й|у]шк|а)
Григор(ий) →
⎸   **Григор**|а → Григор|к|а 1 → Горигоро́ч|к|а 1, Горигорч|ик 1
⎸   Григор|ик 1, Григор|оньк|а 1, Григор|очк|а 2,
⎸   Григор|ушк|а 1, Горигор|чик 2
⎸   Гри(гор|а) → **Гри**|**н**|а 1 →
⎸   ⎸   Грин|ь|к|а 1 → Гринч|ик 1
⎸   ⎸   Грин|ёк 1, Грин|чик 2, Гринь|к|о 1,
⎸   ⎸   Грин|ь|ш|а 1, Грин|юк|а 1, Грин|юх|а 1,
⎸   ⎸   Грин|юш|а 1, Гри́н|юшк|а 1
⎸   ⎸   **Гриш**|а 1 → Гриш|ак 1 → Гриша́ч|ок 1
⎸   ⎸   Гриш|ак|а 1 → Гриша́ч|ок 2
⎸   ⎸   Гриш|ан 1 → Гришан|к|а
⎸   ⎸   Гриш|ан|я 1 → Гришань|к|а →
⎸   ⎸   Гришане́ч|к|а 1
⎸   ⎸   Гришан|ечк|а 2,
⎸   ⎸   Гришан|юшк|а
⎸   ⎸   Гриц|ат|а 1 → Гришат|к|а →
⎸   ⎸   Гришато́ч|к|а 1
⎸   ⎸   Гришат|ок,
⎸   ⎸   Гришат|очк|а 2
⎸   ⎸   Гриш|к|а 1 → Гришеч|к|а 1
⎸   ⎸   Гриш|ун|я 1 → Гришунь|к|а →
⎸   ⎸   Гришуне́ч|к|а 1,
⎸   ⎸   Гришунч|ик 1
⎸   ⎸   Гришун|ечк|а 2,
⎸   ⎸   Гришун|чик 2,
⎸   ⎸   Гришун|юшк|а
⎸   ⎸   Гриш|ут|а 1 → Гришут|к|а →
⎸   ⎸   Гришуто́ч|к|а 1
⎸   ⎸   Гришут|ик,
⎸   ⎸   Гришут|оньк|а,
⎸   ⎸   Гришут|очк|а 2
⎸   ⎸   Гриш|ай 1, Гриш|еньк|а 1,

Гриш|ечк|а 2, Гриш|к|о 1,
Гриш|ок 1, Гриш|он|я 1,
Гриш|ук 1, Гриш|ук|а 1,
Гриш|ух|а 1

Гриш|ай 2, Гриш|ак 2, Гриш|ак|а 2,
Гриш|ан 2, Гриш|ан|я 2, Гриш|ат|а 2,
Гриш|еньк|а 2, Гриш|ечк|а 3, Гриш|к|а 2,
Гриш|к|о 2, Гриш|ок 2, Гриш|он|я 2,
Гриш|ук 2, Гриш|ук|а 2, Гриш|ун|я 2,
Гриш|ут|а 2, Гриш|ух|а 2

Гри|н|я 1→Грин|ёк 2, Грин|чик 3, Гринь|к|а 2,
Гринь|к|о 2, Гринь|ш|а 2, Грин|юк|а 2,
Грин|юх|а 2, Грин|юш|а 2, Грйн|юшк|а 2,
Гриш|а 2; Гриш|ай 3, Гриш|ак 3, Гриш|ак|а 3,
Гриш|ан 3, Гриш|ан|я 3, Гриш|ат|а 3,
Гриш|еньк|а 3, Гриш|ечк|а 4, Гриш|к|а 3,
Гриш|к|о 3, Гриш|ок 3, Гриш|он|я 3,
Гриш|ук 3, Гриш|ук|а 3, Гриш|ун|я 3,
Гриш|ут|а 3, Гриш|ух|а 3

Гри|х|а 1 → Гриш|а 3; Гриш|ай 4, Гриш|ак 4,
Гриш|ак|а 4, Гриш|ан 4, Гриш|ан|я 4,
Гриш|ат|а 4, Гриш|еньк|а 4, Гриш|ечк|а 5,
Гриш|к|а 4, Гриш|к|о 4, Гриш|ок 4,
Гриш|он|я 4, Гриш|ук 4, Гриш|ук|а 4,
Гриш|ун|я 4, Гриш|ут|а 4, Гриш|ух|а 4

Гри|к|а 1 → Гриш|а 4

(Гри)гор|а → **Гор|а 1** → Гор|к|а 1 → Гороч|к|а 1
Горь|к|а 1 → Гореч|к|а 1
Гор|еньк|а 1, Гор|ечк|а 2, Гор|ик 1,
Гор|оньк|а 1,
Гор|очк|а 2

Гор|я 1 → Гор|еньк|а 2, Гор|ечк|а 3, Гор|ик 2,
Гор|к|а 2, Гор|оньк|а 2, Гор|очк|а 3,
Горь|к|а 2

Гор|еньк|а 3, Гор|ечк|а 4, Гор|ик 3, Гор|к|а 3,
Гор|оньк|а 3, Гор|очк|а 4, Горь|к|а 3

Григор|я → Григор|ик 2, Григор|к|а 2, Григор|оньк|а 2,
Григор|очк|а 3, Григор|ушк|а 2, Григор|чик 3

Гри(гор|я) → Гри|к|а 2, Гри|н|а 2, Гри|н|я 2, Гри|х|а 2, Гри|ш|а 5

(Гри)гор|я → Гор|а 2, Гор|я 2; Гор|еньк|а 4, Гор|ечк|а 5, Гор|ик 4,
Гор|к|а 4, Гор|оньк|а 4, Гор|очк|а 5, Горь|к|а 4

Григор|ик 3, Григор|к|а 3, Григор|оньк|а 3, Григор|очк|а 4,
Григор|ушк|а 3, Григор|чик 4

Гри(горий) → Гри|к|а 3, Гри|н|а 3, Гри|н|я 3, Гри|х|а 3, Гри|ш|а 6

(Гри)гор(ий) → Гор|а 3, Гор|я 3; Гор|еньк|а 6, Гор|ечк|а 6, Гор|ик 5,
         Гор|к|а 5, Гор|оньк|а 5, Гор|очк|а 6, Горь|к|а 5

С р.: *ж* Григория.

Дни ангела и святые (Григорий): 12 марта — *папа в Риме*; 20 апреля — *патриарх*; 25 января, 30 января, 5 ноября, 14 ноября — *архиепископы*; 10 января, 4 марта, 30 августа, 30 сентября, 17 ноября, 23 ноября — *епископы*; 5 января, 8 января, 15 июня, 8 августа, 28 августа, 28 сентября, 5 октября, 20 ноября, 19 декабря — *преподобные*; 28 ноября — *мученики*; 26 февраля — *святитель*.

ГУ́РИЙ|, Гури|я (Гури[й|а]), *м* [*предположительно др.-евр.* 'львенок, молодой лев']. О т ч е с т в о: Гу́риевич, Гу́риевна *и* Гу́рьевич, Гу́рьевна; Гу́рьич (*разг.*).

Гурья́н|, а (*разг.*). О т ч е с т в о: Гурья́нович, Гурья́новна; Гурья́ныч (*разг.*).

Гуре́й|, Гуре́|я (Гуре́[й|а]) (*прост.*).

· П р о и з в о д н ы е (16):

Гурий → Гурь|ян (Гур[й|а]н) → Гурьян|к|а, Гурьян|ушк|а
         Гурь|юшк|а (Гурь[й|у]шк|а)

Гур(ий) → **Гур 1,**

    Гур|а 1 → Гур|к|а 1 → Гуроч|к|а 1
             Гурь|к|а 1 → Гуреч|к|а 1
             Гур|еньк|а 1, Гур|ечк|а 2, Гур|оньк|а 1, Гур|очк|а 2,
             Гур|ушк|а 1

    Гур|я 1 → Гур|еньк|а 2, Гур|ечк|а 3, Гур|к|а 2, Гур|оньк|а 2,
             Гур|очк|а 3, Гур|ушк|а 2, Гурь|к|а 2

    Гур|еньк|а 3, Гур|ечк|а 4, Гур|к|а 3, Гур|оньк|а 3, Гур|очк|а 4,
    Гур|ушк|а 3, Гурь|к|а 3

    Гурей → Гурей|к|а, Гуре|юшк|а (Гуре[й|у]шк|а)

    Гур(ей) → Гур 2, Гур|а 2, Гур|я 2; Гур|еньк|а 4, Гур|ечк|а 5,
             Гур|к|а 4, Гур|оньк|а 4, Гур|очк|а 5, Гур|ушк|а 4,
             Гурь|к|а 4

Дни ангела и святые (Гурий): 4 октября, 5 декабря — *епископы*; 1 августа, 15 ноября — *мученики*; 20 июня — *архиепископ*.

Д

ДАВИ́Д|, а, *м* [*др.-евр.* 'любимый'; 'возлюбленный']. О т ч е с т в о: Дави́-дович, Дави́довна; Дави́дыч (*разг.*).

Давы́д|, а (*разг.*). О т ч е с т в о: Давы́дович, Давы́довна; Давы́дыч (*разг.*).

П р о и з в о д н ы е (21):

Давид → Давид|к|а, Давид|ок, Давид|ушк|а 1

Дав(ид) → **Дав|а 1** →Дав|к|а 1 → Дав|очк|а 1

  Дав|очк|а 2

  Дав|к|а 2, Дав|очк|а 3

Да(ви)д → **Дод|я 1** → Додь|к|а → Дод|ечк|а 1

  Дод|еньк|а 1, Дод|ечк|а 2, Дод|ик 1

  Дод|еньк|а 2, Дод|ечк|а 3, Дод|ик 2, Додь|к|а 2

(Да)вид → **Вид|а** → Вид|к|а 1 → Вид|очк|а 1

  Видь|к|а 1 → Вид|ечк|а 1

  Вид|ечк|а 2, Вид|очк|а 2

Вид|я → Вид|ечк|а 3, Вид|к|а 2, Вид|очк|а 3, Видь|к|а 2

  Вид|ечк|а 4, Вид|к|а 3, Вид|очк|а 4, Видь|к|а 3

Давыд → Давыд|к|а 1, Давыд|ок 1, Давыд|ушк|а 1

Дав(ыд) → Дав|а 2; Дав|к|а 3, Дав|очк|а 4

Да(вы)д → Дод|я 2; Дод|еньк|а 3, Дод|ечк|а 4, Дод|ик 3, Додь|к|а 3

Дни ангела и святые (Давид): 26 декабря — *царь-пророк*; 7 мая, 26 июня, 6 сентября — *преподобные*; 26 января, 5 марта, 19 сентября, 2 мая, 23 мая, 25 июня, 24 июля, 5 сентября, 19 сентября — *князья*; 12 апреля — *преподобномученик*; 18 мая, 2 октября — *мученики*, 23 декабря — *праведный*.

ДАНИИ́Л|, а, *м* [*др.-евр.*['мой судья — Бог'; 'судья Божий']. О т ч е с т в о: Дании́лович, Дании́ловна.

Дани́л|, а (*разг.*). О т ч е с т в о: Дани́лович, Дани́ловна; Дани́лыч (*разг.*).

Дани́л|а, ы (*разг.*). О т ч е с т в о: Дани́лович, Дани́ловна; Дани́лыч (*разг.*).

Дани́л|о, а (*стар.-разг.*). О т ч е с т в о: Дани́лович, Дани́ловна.
   П р о и з в о д н ы е (44):

Даниил

Дани(и)л → Данил,
            Данил|а,
            Данил|о→ Данил|к|а 1 → Данилоч|к|а 1, Данильч|ук 1
                      Данил|ей 1, Данил|ок 1, Данил|очк|а 2,
                      Данил|ушк|а 1, Даниль|чук 2
            Дани(л),
            Дани(л|а),
            Дани(л|о) →**Даниш|а 1** → Даниш|к|а → Даниш*еч*|к|а 1
                                      Даниш|еньк|а, Даниш|ечк|а 2
            Дан(ил),
            Дан(ил|а),
            Дан(ил|о)→**Дан|а 1** → Дан|ус|я 1 → Данусь|к|а → Данус*еч*|к|а 1
                                   │   Данус|еньк|а,
                                   │   Данус|ечк|а 2
                                   │   Д(ан)ус|я → **Дус|я 1** → Дусь|к|а 1 →
                                   │   Дус*еч*|к|а 1
                                   │   Дус|еньк|а 1,
                                   │   Дус|ечк|а 2,
                                   │   Дус|ик 1
                                   │   Дус|еньк|а 2, Дус|ечк|а 2,
                                   │   Дус|ик 2, Дусь|к|а 2
                                   │   Дань|к|а 1 → Дан*еч*|к|а 1
                                   │   Дан|ечк|а 2, Дан|к|а 1, Дан|к|о 1,
                                   │   Дан|ч|а 1, Дан|ш|а 1, Дань|к|о 1,
                                   │   Дань|ш|а 1, Дан|юш|а 1
                         Д(ан|а) → Д|ус|я 2
                         Даш|к|о 1
                         Дон|а 1 → Донь|к|а 1 → Дон*еч*|к|а 1
                                    │ Дон|яш|а 1 → Доняш|к|а →
                                    │   Доняш*еч*|к|а 1
                                    │   Доняш|еньк|а,
                                    │   Доняш|ечк|а 2
                                    │ Дон|ечк|а 2, Дон|к|а 1,
                                    │ Дон|юшк|а 1
                         Д(*он|а*) → Д|ус|я 3
                         Дон|я 1 → Дон|ечк|а 3, Дон|к|а 2,
                                    │ Донь|к|а 2, Дон|юшк|а 2,
                                    │ Дон|яш|а 2
                         Д(*он|я*) → Д|ус|я 4
                         Дон|ечк|а 4, Дон|к|а 3, Донь|к|а 3,
                         ·Дон|юшк|а 3, Дон|яш|а 3

Дан|я 1 → Дан|ечк|а 3, Дан|к|а 2, Дан|к|о 2,
Дан|ус|я 2, Дан|ч|а 2, Дан|ш|а 2,
Дань|к|а 2, Дань|к|о 2, Даны|ш|а 2,
Дан|юш|а 2
Даш|к|о 2
Дон|а 2, Дон|я 2; Дон|к|а 3, Доны|к|а 3,
Дон|яш|а 3, Дон|юшк|а 3

Д(ан|я) → Д|ус|я 5
Дан|ечк|а 4, Дан|к|а 3, Дан|к|о 3, Дан|ус|я 3,
Дан|ч|а 3, Дан|ш|а 3, Дань|к|а 3, Дань|к|о 3,
Даны|ш|а 3, Дан|юш|а 3
Даш|к|о 3
Дон|а 3, Дон|я 3; Дон|к|а 4, Доны|к|а 4,
Дон|яш|а 4, Дон|юшк|а 4

Д(анил),
Д(анил|а),
Д(анил|о) → Д|ус|я 6
Данил|ей 2, Данил|к|а 2, Данил|ок 2, Данил|очк|а 3,
Данил|ушк|а 2, Даниль|чук 3

Дани(ил) → Дани|ш|а 2
Дан(иил) → Дан|а 2, Дан|я 2; Дан|ечк|а 5, Дан|к|а 4, Дан|к|о 4, Дан|ус|я 4,
Дан|ч|а 4, Дан|ш|а 4, Дань|к|а 4, Дань|к|о 4, Даны|ш|а 4,
Дан|юш|а 4
Даш|к|о 4
Дон|а 4, Дон|я 4; Дон|к|а 5, Доны|к|а 5, Дон|яш|а 5,
Дон|юшк|а 5

Д(аниил) → Д|ус|я 7
С р. ж. Даниила.
Дни ангела и святые (Даниил): 7 апреля, 23 мая, 21 сентября, 11 декабря — *преподобные*; 4 марта, 30 августа — *князья*; 17 декабря — *пророк*;
16 февраля, 10 июля — *мученики*. (Данила): 20 декабря — *архиепископ*.

ДА́РИЙ|, Да́ри|я (Дари[й|а]), *м* (*стар. редк.*) [*греч.* имя трех царей древней
Персии VI-IV в.в. до н.э.; *перс.* 'обладающий, владеющий']. О т ч е с т в о:
Да́риевич, Да́риевна *и* Да́рьевич, Да́рьевна.
П р о и з в о д н ы е (16):
Дарий
Дар(ий) → **Дар|а** → Дар|к|а 1 → Даро́чк|а 1
Дар|оньк|а 1, Дар|очк|а 2, Дарь|к|а 1
Да(р|а) → **Да|н|я 1** →Дань|к|а → Дане́чк|а 1
Дан|ечк|а 2
Даш|а 1 → Даш|к|а 1 → Даше́чк|а 1
Даш|еньк|а 1, Даш|ечк|а 2,
Даш|ик 1, Даш|ок 1, Даш|ук1

Даш|еньк|а 2, Даш|ечк|а 3, Даш|ик 2,
Даш|к|а 2, Даш|ок 2, Даш|ук 2
Да|ш|а 2
Дарь|я → Дар|к|а 2, Дар|оньк|а 2, Дар|очк|а 3, Дарь|к|а 2
Да(р|я) → Да|н|я 2, Да|ш|а 3
Дар|к|а 3, Дар|оньк|а 3, Дар|очк|а 4, Дарь|к|а 3
Да(рий) → Да|н|я 3, Да|ш|а 4
С р.: ж Дарья.

ДЕКАБРИН|, а, м (нов.) [от нариц. сущ. 'декабрь'. В честь декабристов].
О т ч е с т в о: Декабринович, Декабриновна; Декабриныч (разг.)
П р о и з в о д н ы е (13):
Декабрин
Декаб(рин) → **Декаб|а** → Декаб|к|а 1 → Декабоч|к|а 1
Декаб|очк|а 2
Декаб|к|а 2, Декаб|очк|а 3
Д(екабр)и(н) → **Ди|м|а 1** → Дим|к|а 1 → Димоч|к|а 1
Дим|оньк|а, Дим|очк|а 2
Д(екабр)ин → **Дин|а** → Дин|к|а 1 → Диноч|к|а 1
Дин|очк|а 2
Ди(н|а) → Ди|м|а 2
Дин|к|а 2, Дин|очк|а 3
(Дека)брин → **Брин|а** → Брин|к|а 1 → Бриноч|к|а 1
Брин|очк|а 2
Брин|к|а 2, Брин|очк|а 3
С р.: ж Декабрина.

ДЕМЕНТИЙ|, Дементи|я (Дементи[й|а]), м [лат. 'укрощать'; 'укротитель'].
О т ч е с т в о: Дементиевич, Дементиевна и Дементьевич, Дементьевна;
Дементьич (разг.).
Дометий|, Домети|я (Домети[й|а]) (стар.). О т ч е с т в о: Дометиевич, До-
метиевна и Дометьевич, Дометьевна.
П р о и з в о д н ы е (12):
Дементий → Дементь|юшк|а (Дементь[й|у]шк|а)
Демент(ий) → Демент|ечк|а
Демен(тий) → **Демен|я** → Демень|к|а → Деменечк|а 1
Демен|ечк|а 2
Дем(ен|я) → **Дём|а 1** → Дём|к|а 1 → Дём|оч|к|а 1
Дём|очк|а 2, Дём|ушк|а 1
Дём|я 1 → Дём|к|а 2, Дёмоч|к|а 3, Дём|ушк|а 2
Дём|к|а 3, Дём|очк|а 4, Дём|ушк|а 3
Демен|ечк|а 3, Демень|к|а 2
Деме(н)тий → **Дометий** → Дометь|юшк|а 1 (Дометь[й|у]шк|а)
Дометь|юшк|а 2 (Дометь[й|у]шк|а)

Дни ангела и святые (Дометий): 8 марта, 7 августа — *преподобные*.

ДЕМИ́Д|, а, *м* [*греч.* 'обдумывать'; 'божественный' + 'заботиться, покровительствовать'; 'Божий совет']. О т ч е с т в о: Деми́дович, Деми́довна; Деми́дыч (*разг.*).
Диоми́д|, а (*стар.*). О т ч е с т в о: Диоми́дович, Диоми́довна.
    П р о и з в о д н ы е (19):
Демид 1 → Демид|к|а, Демид|ушк|а
Дем(ид) → **Дёма** → Дём|к|а 1, → Дёмоч|к|а 1
                          │   Дём|очк|а 2, Дём|ушк|а 1
                          │   Дем|ур|а → Демур|ик, Демур|к|а
                  Дем|ур|а 2
                  Дём|к|а 2, Дём|очк|а 2
Д(е)ми(д) → **Ди́ма 1** → Дим|к|а 1 → Димоч|к|а 1
                              Дим|оньк|а 1, Дим|очк|а 2, Дим|ушк|а 1
                  Дим|к|а 2, Дим|оньк|а 2, Дим|очк|а 3, Дим|ушк|а 2
(Де)ми(д) → **Ми́тя 1** → Мит|еньк|а, Мить|к|а
Диомид → Диомид|к|а, Диомид|ушк|а
                  Демид 2
    Дни ангела и святые (Диомид): 3 июля, 16 августа — *мученики*.

ДЕМЬЯ́Н|, а, *м* [*предположительно греч.* 'покорять'; ᾿укрощенный'; возможно, посвященный богине Эгины и Эпидавра Дамии]. О т ч е с т в о: Демья́нович, Демья́новна; Демья́ныч (*разг.*).
Дамиа́н|, а (*стар.*). О т ч е с т в о: Дамиа́нович, Дамиа́новна.
    П р о и з в о д н ы е (11):
Демьян → Демьян|к|а → Демьяноч|к|а 1
                  Демьян|очк|а 2, Демьян|ушк|а
                  Демьяш|а → Демьяш|еньк|а 1, Демьяш|к|а 1
                  Дем(ьяш|а) → **Дём|а 1** → Дём|к|а 1 → Дёмоч|к|а 1
                                                  Дём|очк|а 2, Дём|ушк|а 1
                              Дём|я 1 → Дём|к|а 2, Дём|очк|а 3, Дём|ушк|а 2
                              Дём|к|а 3, Дём|очк|а 4, Дём|ушк|а 3
                  Демьяш|еньк|а 2, Демьяш|к|а 2
Дем(ьян) → Дём|а 2, Дём|я 2; Дём|к|а 4, Дём|очк|а 5, Дём|ушк|а 4
          Дамиан
    Дни ангела и святые (Дамиан): 23 февраля, 28 сентября, 5 октября — *преподобные*; 1 июля, 17 октября, 1 ноября — *мученики*.

ДЕНИ́С|, а, *м* [*греч.* 'бог жизненных сил природы, бог вина'; 'посвященный Дионису, богу вина, виноделия'; 'Бог виноделия, Вакх']. О т ч е с т в о: Дени́сович, Дени́совна; Дени́сыч (*разг.*).
Дени́сий|, Дени́си|я (Дениси[й]а) (*разг.*). О т ч е с т в о: Дени́сиевич, Дени́сиевна *и* Дени́сьевич, Дени́сьевна.

Диони́сий, Диони́си|я (Диониси[й|а]) (*стар.*). О т ч е с т в о: Диони́сиевич, Диони́сиевна.

П р о и з в о д н ы е (27):

Денис → Денис|к|а 1 → Денис*оч*|к|а 1

Денис|ок 1, Денис|оньк|а 1, Денис|очк|а 2, Денис|ушк|а 1

Ден(ис) → **Ден|а 1** → Ден|к|а 1 → Ден*оч*|к|а 1

Ден|ус|я 1 → Денусь|к|а → Денус*еч*|к|а 1

Денус|еньк|а, Денус|ечк|а 2

Д(ен)ус|я → **Дусь|я 1** → Дусь|к|а 1 → Дус*еч*|к|а 1

Дус|еньк|а 1, Дус|ечк|а 2, Дус|ик 1

Дус|еньк|а 2, Дус|ечк|а 3, Дус|ик 2, Дусь|к|а 2

День|к|а 1 → Ден*еч*|к|а 1

Ден|ечк|а 2, Ден|очк|а 2, Ден|юшк|а 1

Д(ен|а) → Д|ус|я 2

Деш|а 1 → Деш|еньк|а 1, Деш|к|а 1

Д(е*ш*|а) → Д|ус|я 3

Деш|еньк|а 2, Деш|к|а 2

Дён|а 1

Д(*ё*н|а) → Д|ус|я 4

Ден|я 1 → Ден|ечк|а 3, Ден|к|а 2, Ден|очк|а 3, Ден|ус|я 2, День|к|а 2, Ден|юшк|а 2

Деш|а 2; Деш|еньк|а 3, Деш|к|а 3

Дён|а 2

Ден|ечк|а 4, Ден|к|а 3, Ден|очк|а 4, Ден|ус|я 3, День|к|а 3, Ден|юшк|а 3

Деш|а 3; Деш|еньк|а 4, Деш|к|а 4

Дён|а 3

Д(енис) → Д|ус|я 5

Денис|а 1 → Денис|к|а 2, Денис|ок 2, Денис|оньк|а 2, Денис|очк|а 3, Денис|ушк|а 2

Ден(ис|а) → Ден|а 2, Ден|я 2; Ден|ечк|а 5, Ден|к|а 4, Ден|очк|а 5, Ден|ус|я 4, День|к|а 4, Ден|юшк|а 4

Деш|а 4; Деш|еньк|а 5, Деш|к|а 5

Дён|а 4

Д(енис|а) → Д|ус|я 6

Дио́нисий → **Дени́сий**

Денис(ий) → Денис 2, Денис|а 2; Денис|к|а 3, Денис|ок 3, Денис|оньк|а 3, Денис|очк|а 4, Денис|ушк|а 3

Ден(исий) → Ден|а 3, Ден|я 3; Ден|ечк|а 6, День|к|а 5, Ден|очк|а 6, Ден|ус|я 5, День|к|а 5, Ден|юшк|а 5

Деш|а 5; Деш|еньк|а 6, Деш|к|а 6

| | Дён|а 5
| Д(енисий) → Д|ус|я 6

Дионис(ий) → Денис 3

С р.: *ж* Денисия.

Дни ангела и святые (Дионисий): 4 января — *апостол*; 12 мая, 1 июня, 26 июня, 28 августа — *преподобные*; 5 октября — *епископ*; 3 октября — *священномученик*; 10 марта, 15 марта, 21 апреля, 6 мая, 18 мая, 3 июня, 4 августа, 18 августа, 22 октября — *мученики*.

ДИМ|, а, *м* (*стар. редк.*) [*греч.* 'народ']. О т ч е с т в о: Ди́мович, Ди́мовна.

П р о и з в о д н ы е (4):

Дим → Дим|к|а 1 → Димоч|к|а 1
Дим|оньк|а 1, Дим|очк|а 2
Дим|а → Дим|к|а 2, Дим|оньк|а 2, Дим|очк|а 3

ДИМА́С|, а, *м* (*стар. редк.*). О т ч е с т в о: Дима́сович, Дима́совна.

П р о и з в о д н ы е (5):

Димас
Дим(ас) → **Дим|а** → Дим|к|а 1 → Димоч|к|а 1
Дим|оньк|а 1, Дим|очк|а 2, Дим|ушк|а 1
Дим|к|а 2, Дим|оньк|а 2, Дим|очк|а 3, Дим|ушк|а 2

ДИОНИ́С|, а, *м*. [В античной мифологии: Дионис — бог жизненных сил природы, бог вина]. О т ч е с т в о: Диони́сович, Диони́совна; Диони́сыч (*разг.*).

П р о и з в о д н ы е (2):

Дионис → Дионис|к|а, Дионис|ушк|а

Дни ангела и святые (Дионисий): 1 июня, 12 мая — *преподобные*; 26 июня — *епископ*; 3 июня, 4 августа — *мученики*.

ДМИ́ТРИЙ|, Дми́три|я (Дми́три[й|а]), *м* [*греч.* — относящийся к Деметре, богине плодородия и земледелия]. О т ч е с т в о: Дми́триевич, Дми́триевна; Дми́трич (*разг.*).

Ми́трий|, Ми́три|я (Митри[й|а]) (*разг.*). О т ч е с т в о: Ми́триевич, Митриевна; Ми́трич (*разг.*).

Митре́й|, Митре́|я (Митре́[й|а]). (*прост.*).

Дими́трий|, Дими́три|я (Дими́три[й|а]). (*стар.*). О т ч е с т в о: Дими́триевич, Дими́триевна.

П р о и з в о д н ы е (116):

Дмитрий 1
Дми(трий) →
Дим|а 1 → Дим|ах|а 1 → Димаш|к|а 1 → Димашеч|к|а 1
Димаш|еньк|а 1, Димаш|ечк|а 2
Дим|аш|а 1 → Димаш|еньк|а 2, Димаш|ечк|а 3,

Димаш|к|а 2

Дим|к|а 1 → Дим*оч*|к|а 1, Дим*ч*|ик 1

Дим|оня|1

(Ди)м|он|я → **Мон|а 1** → Мон|к|а 1 → Мон*оч*|к|а 1

Монь|к|а 1 → Мон*еч*|к|а 1

Мон|ечк|а 2, Мон|очк|а 2,

Мон|ушк|а 1, Мон|юк|а 1

Мон|я 1 → Мон|ечк|а 3, Мон|к|а 2,

Мон|очк|а 3, Мон|ушк|а 2,

Монь|к|а 2, Мон|юк|а 2

Мон|ечк|а 4, Мон|к|а 3, Мон|очк|а 4,

Мон|ушк|а 3, Монь|к|а 3, Мон|юк|а 3

Дим|ул|я 1 → Димуль|к|а → Димул*еч*|к|а 1

Димул|еньк|а, Димул|ечк|а 2

(Ди)м|ул|я → **Мул|я 1** → Муль|к|а 1 → Мул*еч*|к|а 1

Мул|еньк|а 1, Мул|ечк|а 2

Мул|еньк|а 2, Мул|ечк|а 3, Муль|к|а 2

Дим|ус|я 1 → Димусь|к|а → Димус*еч*|к|а 1

Димус|еньк|а, Димус|ечк|а 2, Димус|ик

(Ди)м|ус|я → **Мус|я 1** → Мусь|к|а 1 → Мус*еч*|к|а 1

Мус|еньк|а 1, Мус|ечк|а 2,

Мус|ик 1

Мус|еньк|а 2, Мус|ечк|а 3, Мус|ик 2

Дим|ух|а 1 → Дим*у́ш*|к|а 1 → Димуш*еч*|к|а 1

Димуш|еньк|а 1, Димуш|ечк|а 2

Дим|уш|а 1 →Димуш|еньк|а 2, Димуш|ечк|а 3,

Дим*у́ш*|к|а 2

Дим|ик 1, Ди́м|оньк|а 1, Дим|он|я 1, Дим|очк|а 2,

Ди́м|ушк|а 1, Дим|чик 2, Дим|ш|а 1

Ди(м|а) → **Ди|ш|а** → Диш|к|а

Дим|ах|а 2, Дим|аш|а 2, Дим|ик 2, Дим|к|а 2, Ди́м|оньк|а 2,

Дим|он|я 2, Дим|очк|а 3, Дим|ул|я 2, Дим|ус|я 2, Дим|ух|а 2,

Дим|уш|а 2, Ди́м|ушк|а 2, Дим|чик 3, Дим|ш|а 2

(Д)митр(ий) →

Митр|а → Митр|аш|а 1 →Митраш|к|а →Митраш*еч*|к|а 1

Митраш|еньк|а, Митраш|ечк|а 2

Митр|ей 1 → Митрей|к|а 1, Митре|юшк|а 1 (Митре[й|у]шк|а)

Митр|юх|а 1 → Митр*ю́ш*|к|а 1 → Митрюш*еч*|к|а 1

Митрюш|еньк|а 1, Митрюш|ечк|а 2

Митр|юш|а 1 →Митрюш|еньк|а 2, Митрюш|ечк|а 3,

Митрюш|к|а 2

Митр|ак 1, Митр|ечк|а 1, Митр|ик 1, Митр|ух|а 1,

Ми́тр|юшк|а 1, Митр|яй 1, Митр|як 1

Мит(р|а) → **Мит|а 1** → Мит|к|а 1 → Мит*оч*|к|а 1

Мит|ул|я 1 → Митул|ик, Митуль|к|а
Мит|ух 1 → Митуш|к|а 1, Митуш|ок 1
Мит|уш|а 1 →Митуш|к|а 2, Митуш|ок 2
Мить|к|а 1 → Мит*еч*|к|а 1
Мит|юл|я 1 →Митюль|к|а → Митюл*еч*|к|а 1
        Митюл|еньк|а, Митюл|ечк|а 2,
        Митюл|ик
Мит|юн|я 1 → Митюнь|к|а, Митюнь|ш|а
Мит|юх|а 1 → Митю*ш*|к|а 1 → Митюш*еч*|к|а 1
        Митю*ш*|еньк|а 1,
        Митю*ш*|ечк|а 2, Митю*ш*|ок 1
Мит|юш|а 1 →Митюш|еньк|а 2, Митюш|к|а 2,
        Митюш|ечк|а 3, Митюш|ок 2
Мит|яй 1 → Митяй|к|а, Митя|юшк|а
               (Митя[й|у]шк|а)
Мит|ях|а 1 →Митя*ш*|к|а 1 → Митяш*еч*|к|а 1
        Митя*ш*|еньк|а 1, Митя*ш*|ечк|а 2
Мит|яш|а 1 →Митяш|еньк|а 2, Митяш|ечк|а 3,
        Митяш|к|а 2
Мит|ей 1, Мит|еньк|а 1, Мит|ечк|а 2,
Мит|ёк 1, Мит|ён 1, Мит|ёх|а 1,
Мит|оньк|а 1, Мит|очк|а 2, Мить|к|о 1,
Миты|ш|а 1, Мит|юк 1, Ми́т|юшк|а 1,
Мит|яг|а 1, Мит|як|а 1, Мит|ян|я 1

М(ит|а) → М|он|а 2, М|он|я 2, М|ул|я 2, М|ус|я 2

Мит|я 1 → Мит|ей 2, Мит|еньк|а 2, Мит|ечк|а 3,
      Мит|ёк 2, Мит|ён 2, Мит|ёх|а 2, Мит|к|а 2,
      Мит|оньк|а 2, Мит|очк|а 3, Мит|ух 2,
      Мит|ух|а 2, Мит|уш|а 2, Миты|к|а 2,
      Миты|к|о 2, Миты|ш|а 2, Мит|юк 2,
      Мит|юл|я 2, Мит|юн|я 2, Мит|юх|а 2,
      Мит|юш|а 2, Ми́т|юшк|а 2, Мит|яг|а 2,
      Мит|яй 2, Мит|як|а 2, Мит|ян|я 2,
      Мит|ях|а 2, Мит|яш|а 2

М(ит|я) → М|он|а 3, М|он|я 3, М|ул|я 3, М|ус|я 3
Мит|ей 3, Мит|еньк|а 3, Мит|ечк|а 4, Мит|ёк 3,
Мит|ён 3, Мит|ёх|а 3, Мит|к|а 3, Мит|оньк|а 3,
Мит|очк|а 4, Мит|ух 3, Мит|ух|а 3, Мит|уш|а 3,
Миты|к|а 3, Миты|к|о 3, Миты|ш|а 3, Мит|юк 3,
Мит|юл|я 3, Мит|юн|я 3, Мит|юх|а 3, Мит|юш|а 3,
Ми́т|юшк|а 3, Мит|яг|а 3, Мит|яй 3, Мит|як|а 3,
Мит|ян|я 3, Мит|ях|а 3, Мит|яш|а 3

М(итр|а) → М|он|я 3, М|он|я 3, М|ул|я 3, М|ус|я 3

Митр|я 1 →Митр|ак 2, Митр|аш|а 2, Митр|ей 2, Митр|ечк|а 2,

        Митр|ик 2, Митр|ух|а 2, Митр|юх|а 2, Митр|юш|а 2,
        Ми́тр|юшк|а 2, Митр|яй 2, Митр|як 2

Мит(р|я) → Мит|а 2, Мит|я 2; Мит|ей 4, Мит|еньк|а 4, Мит|ечк|а 5,
        Мит|ёк 4, Мит|ён 4, Мит|ёх|а 4, Мит|к|а 4,
        Мит|оньк|а 4, Мит|очк|а 5, Мит|ух 4, Мит|ух|а 4,
        Мит|уш|а 4, Мить|к|а 4, Мить|к|о 4, Мить|ш|а 4,
        Мит|юк 4, Мит|юл|я 4, Мит|юн|я 4, Мит|юх|а 4,
        Мит|юш|а 4, Ми́т|юшк|а 4, Мит|яг|а 4, Мит|яй 4,
        Мит|як|а 4, Мит|ян|я 4, Мит|яха 4, Мит|яш|а 4

М(итр|я) → М|он|а 4, М|он|я 4, М|ул|я 4, М|ус|я 4

Митр|ак 3, Митр|аш|а 3, Митр|ей 3, Митр|ечк|а 3, Митр|ик 3,
Митр|ух|а 3, Митр|юх|а 3, Митр|юш|а 3, Ми́тр|юшк|а 3, Митр|яй 3,
Митр|як 3

(Д)мит(рий) →

Мит|а 3, Мит|я 3; Мит|ей 5, Мит|еньк|а 5, Мит|ечк|а 6,
Мит|ёк 5, Мит|ён 5, Мит|ёх|а 5, Мит|к|а 5, Мит|оньк|а 5,
Мит|очк|а 6, Мит|ух 5, Мит|ух|а 5, Мит|уш|а 5,
Мить|к|а 5, Мить|к|о 5, Мить|ш|а 5, Мит|юк 5,
Мит|юл|я 5, Мит|юн|я 5, Мит|юх|а 5, Мит|юш|а 5,
Ми́т|юшк|а 5, Мит|яг|а 5, Мит|яй 5, Мит|як|а 5,
Мит|ян|я 5, Мит|ях|а 5, Мит|яш|а 5

(Д)м(итрий) →

М|он|а 5, М|он|я 5, М|ул|я 5, М|ус|я 5

(Д)митрий →

Митрий 1

Митр(ий) → Митр|а 2, Митр|я 2; Митр|ак 4, Митр|аш|а 4,
        Митр|ечк|а 4, Митр|ик 4, Митр|ух|а 4, Митр|юх|а 4,
        Митр|юш|а 4, Ми́тр|юшк|а 4, Митр|яй 4, Митр|як 4

Мит(рий) → Мит|а 4, Мит|я 4; Мит|ей 6, Мит|еньк|а 6,
        Мит|ечк|а 7, Мит|ёк 6, Мит|ён 6, Мит|ёх|а 6,
        Мит|к|а 6, Мит|оньк|а 6, Мит|очк|а 7, Мит|ух 6,
        Мит|ух|а 6, Мит|уш|а 6, Мит|уш|а 6, Мить|к|а 6,
        Мить|к|о 6, Мить|ш|а 6, Мит|юк 6, Мит|юл|я 6,
        Мит|юн|я 6, Мит|юх|а 6, Мит|юш|а 6, Ми́т|юшк|а 6,
        Мит|яг|а 6, Мит|яй 6, Мит|як|а 6, Мит|ян|я 6,
        Мит|ях|а 6, Мит|яш|а 6

М(итрий) → М|он|а 6, М|он|я 6, М|ул|я 6, М|ус|я 6

Митрей 4; Митрей|к|а 2, Митре|юшк|а 2
                    (Митре[й|у]шк|а)

Митрей 5; Митрей|к|а 3, Митре|юшк|а 3 (Митре[й|у]шк|а)

Димитрий

Д(и)митрий → Дмитрий 2

   Дни ангела и святые (Димитрий): 21 сентября, 28 октября — *митрополиты*; 11 февраля — *преподобный*; 15 мая, 23 мая, 3 июня — *царевич*;

19 мая — *князь Димитрий Донской*; 26 октября — *великомученик*; 9 августа, 11 сентября, 15 ноября — *мученики*.

ДОБРОСЛА́В|, а, *м* (*слав. редк.*) [**добр-** (*ср.* добрый, добро) *и* **слав** (*ср.* слава)]. О т ч е с т в о: Доброслáвович, Доброслáвовна; Доброслáвич, Доброслáвна.

П р о и з в о д н ы е (11):

Доброслав

Доб(рослав) → **Доб**|**а** → Доб|к|а 1 → Добо*ч*|к|а 1
                         Доб|оньк|а 1, Доб|очк|а 2
 | Доб|к|а 2, Доб|оньк|а 2, Доб|очк|а 3
(Добро)слав → **Слав**|**а** → Слав|к|а 1 → Слав*оч*|к|а 1
                         Слав|еньк|а 1, Слав|ик 1, Слав|оньк|а 1,
                         Слав|очк|а 2, Слав|ушк|а 1
 | Слав|еньк|а 2, Слав|ик 2, Слав|к|а 2, Слав|оньк|а 2,
            Слав|очк|а 3, Слав|ушк|а 2

С р.: *ж* Доброслава.

ДОБРЫ́Н|**Я**, и, *м* (*ст. русск. редк.*) [**добр-** (*ср.* добрый, добро)].
О т ч е с т в о: Добры́нич, Добры́нична.

П р о и з в о д н ы е (3):

Добрын|**я**

Добр(ын|я) → **Добр**|**а** → Добр|оньк|а 1, Добр|очк|а 1
                      Добр|оньк|а 2, Добр|очк|а 2

ДОМИ́НИК|, а *м* (*заимств.*) [*лат.* 'господский'; 'день божий, т.е. воскресенье']. О т ч е с т в о: Доми́никович, Доми́никовна.

П р о и з в о д н ы е (29):

Доминик

Дом(иник) → **Дом**|**а** → Дом|к|а 1 → Дом*оч*|к|а 1
                         Дом|очк|а 2
 | Дом|к|а 2, Дом|очк|а 3
(До)мин(ик) → **Мин**|**а** → Мин|к|а 1 → Мин*оч*|к|а 1
             | Мин|ок 1 → Мин*оч*|ек 1
                      Мин|очек 2, Мин|очк|а 2, Мин|ушк|а 1
             Мин|к|а 2, Мин|ок 2, Мин|очек 3, Мин|очк|а 3,
             Мин|ушк|а 2
(Доми)ник → **Ник**|**а** → Ник|ан|а 1 → Никан|ушк|а
                      Ник|ах|а 1 → Никаш|к|а 1 → Никаш*еч*|к|а 1
                   | Никаш|еньк|а 1, Никаш|ечк|а 2
                      Ник|аш|а 1 → Никаш|еньк|а 2, Никаш|ечк|а 3,
                   | Никаш|к|а 2
                      Ник|ус|я 1 → Никусь|к|а → Никус*еч*|к|а 1
                   | Никус|еньк|а, Никус|ик,

| Никус|ечк|а 2
              Ник|уш|а 1 → Нику́ш|к|а →   Никушеч|к|а 1
              | Никуш|еньк|а, Никуш|ечк|а 2
              Ник|оньк|а 1, Ник|очк|а 1, Ни́к|ушк|а 1
Ник|ан|а 2, Ник|ах|а 2, Ник|аш|а 2, Ник|оньк|а 2,
Ник|очк|а 2, Ник|ус|я 2, Ник|уш|а 2, Ни́к|ушк|а 2

ДОНА́Т|, а, *м* [*лат.*'подаренный']. О т ч е с т в о: Дона́тович, Дона́товна; Дона́тыч (*разг.*).

П р о и з в о д н ы е (26):

Донат → Донат|к|а → Донато*ч*|к|а 1
         Донат|очк|а 2, Донат|ушк|а
Дон(ат) → **Дон,**

         Дон|а → Дон|к|а 1 → Доно*ч*|к|а 1
                  Дон|ь|к|а 1 → Доне*ч*|к|а 1
                  Дон|юш|а 1 →Дон|юш|к|а
                  Дон|яш|а 1 → Доняш|к|а → Доняш*еч*|к|а 1
                              Доняш|еньк|а, Доняш|ечк|а 2
                  Дон|ечк|а 2, Дон|очк|а 2, До́н|юшк|а 1
         Дан|я 1 → Дан|к|а 1 → Дано*ч*|к|а 1
                    Дан|ь|к|а 1 → Дане*ч*|к|а 1
                    Дан|ечк|а 2, Дан|очк|а 2, Дань|к|о 1,
                    Дань|ш|а 1, Дан|юш|а 1
         Дан|ечк|а 3, Дан|к|а 2, Дан|очк|а 3, Дань|к|а 2,
         Дань|к|о 2, Дань|ш|а 2, Дан|юш|а 2
         Дон|я → Дон|ечк|а 3, Дон|к|а 2, Дон|очк|а 3, Донь|к|а 2,
                  Дон|юш|а 2, До́н|юшк|а 2, Дон|яш|а 2
                  Дан|я 2; Дан|ечк|а 4, Дан|к|а 3, Дан|очк|а 4,
                  Дань|к|а 3, Дань|к|о 3, Дань|ш|а 3, Дан|юш|а 3
         Дон|ечк|а 4, Дон|к|а 3, Дон|очк|а 4, Донь|к|а 3, Дон|юш|а 3,
         До́н|юшк|а 3, Дон|яш|а 3
         Дан|я 3; Дан|ечк|а 5, Дан|к|а 4, Дан|очк|а 5, Дань|к|а 4,
         Дань|к|о 4, Дань|ш|а 4, Дан|юш|а 4
(До)нат → **Нат|а** → Нат|к|а 1 → Нато*ч*|к|а 1
                   Нат|очк|а 2
         Нат|к|а 2, Нат|очк|а 3

С р.: *ж* Доната.

Дни ангела и святые (Донат): 30 апреля — *епископ*; 4 сентября — *мученик.*

ДОРИМЕДО́НТ|, а, *м* [*греч.* 'копье' *и* 'начальник'; 'на копьях носимый']. О т ч е с т в о: Доримедо́нтович, Доримедо́нтовна; Доримедо́нтыч (*разг.*). **Дормедо́нт**|, а (*разг.*). О т ч е с т в о: Дормедо́нтович, Дормедо́нтовна; Дормедо́нтыч (*разг.*).

П р о и з в о д н ы е (12):

Доримедонт → Доримедонт|к|а, Доримедонт|ушк|а

Дор(имедонт) → **Дор|а 1** → Дор|к|а 1 → Дороч|к|а 1

                              Дор|ы|к|а →Дор|еч|к|а 1

                              Дор|еньк|а 1, Дор|ечк|а 2, Дор|оньк|а 1,

                              Дор|очк|а 2

                Дор|я 1 → Дор|еньк|а 2, Дор|ечк|а 3, Дор|к|а 2,

                              Дор|оньк|а 2, Дор|очк|а 3, Дор|ы|к|а 2

                     Дор|еньк|а 3, Дор|ечк|а 4, Дор|к|а 3, Дор|оньк|а 3,

                     Дор |очк|а 4, Дор|ы|к|а 3

(Дори)медон(т) → **Медон 1**

Дор(и)медонт → **Дормедонт**

                Дор(медонт) →Дор|а 2, Дор|я 2; Дор|еньк|а 4,

                              Дор|ечк|а 5, Дор|к|а 4, Дор|оньк|а 4,

                              Дор|очк|а 5, Дор|ы|к|а 4

                (Дор)медон(т) → Медон 2

День ангела и святой (Доримедонт): 19 сентября — *мученик*.

ДОРОФЕЙ, Дорофе́|я (Дорофе[й|а]), *м* [*греч.* 'дар' *и* 'Бог'; 'дар Божий'].
О т ч е с т в о: Дорофе́евич, Дорофе́евна; Дорофе́ич (*разг.*).

П р о и з в о д н ы е (20):

Дорофей → Дорофей|к|а, Дорофе|юшк|а (Дорофе[й|у]шк|а)

Доро(фей) → **Доро|н|я** → Дорон|ь|к|а →Дорон*еч*|к|а 1

                              Дорон|ечк|а 2, Дорон|юшк|а

                     Дорош|а 1 → Дорош|к|а 1 →Дорош*еч*|к|а 1

                                       Дорош|еньк|а 1, Дорош|ечк|а 2

                  Доро|х|а → Дорош|а 2, Дорош|еньк|а 2, Дорош|ечк|а 3,

                              Дорош|к|а 2

                Доро|ш|а 3

Дор(офей) → **Дор|а** → Дор|к|а 1 → Дороч|к|а 1

                              Дор|ы|к|а 1 → Дор*еч*|к|а 1

                              Дор|еньк|а 1, Дор|ечк|а 2, Дор|оньк|а 1,Дор|очк|а 2,

                              Дор|ушк|а 1

                Дор|я → Дор|еньк|а 2, Дор|ечк|а 3, Дор|к|а 2, Дор|оньк|а 2,

                              Дор|очк|а 3, Дор|ушк|а 2, Дор|ы|к|а 2

                     Дор|еньк|а 3, Дор|ечк|а 4, Дор|к|а 3, Дор|оньк|а 3,

                     Дор|очк|а 4, Дор|ушк|а 3, Дор|ы|к|а 3

Ср.: *ж* Дорофея.

Дни ангела и святые (Дорофей): 5 июня, 16 сентября — *преподобные*; 5 июня — *священномученик*; 3 сентября, 7 ноября, 28 декабря — *мученики*.

ДОСИФЕ́Й|, Досифе́|я (Досифе[й|а]), *м* (*стар. редк.*) [*греч.* 'дар' + 'Бог'; 'данный Богом']. О т ч е с т в о: Досифе́евич, Досифе́евна.

П р о и з в о д н ы е (8):

Досифей → Досифей|к|а, Досифе|юшк|а (Досифе[й|у]шк|а)
Дос(ифей) → **Дос|я** → Дось|к|а 1 → Досеч|к|а 1
Дос|еньк|а 1, Дос|ечк|а 2, Дос|ик 1, Дос|юшк|а 1
Дос|еньк|а 2, Дос|ечк|а 3, Дос|ик 2, Дось|к|а 2, Дос|юшк|а 2
С р.: *ж* Досифея.

Дни ангела и святые (Досифей): 19 февраля, 8 октября — *преподобные.*

ДРАГОМИ́Р|, а, *м* (*слав. редк.*) [**драг**- (*ср.* драгоценный) *и* **мир** (*ср.* мир-
ный, мир)]. О т ч е с т в о: Драгоми́рович, Драгоми́ровна; Драгоми́рыч
(*разг.*).
П р о и з в о д н ы е (7):
Драгомир → Драгомир|к|а → Драгомир*оч*|к|а 1
Драгомир|очк|а 2, Драгомир|ушк|а
(Драго)мир → **Мир|а** → Мир|к|а 1 → Мир*оч*|к|а 1
Мир|очк|а 2, Мир|ушк|а 1
Мир|к|а 2, Мир|очк|а 3, Мир|ушк|а 2

Е

ЕВГЕ́Н|¹ , а, *м* (*стар. редк.*) [*греч.* 'благородный']. О т ч е с т в о: Евге́нович, Евге́новна.

ЕВГЕ́НИЙ|, Евге́ни|я (Евге́ни[й|а]), *м* [*греч.* 'благородный']. О т ч е с т в о: Евге́ниевич, Евге́ниевна и Евге́ньевич, Евге́ньевна; Евге́ньич (*разг.*)
Евге́н|², а (*разг.*). О т ч е с т в о: Евге́нович, Евге́новна; Евге́ныч (*разг.*).
Евде́ний|, Евде́ни|я (Евде́ни[й|а]) (*прост.*).
Веденей|, Веденé|я (Веденé[й|а]) (*прост.*)

П р о и з в о д н ы е (90):
Евгений → Евгень|юшк|а (Евгень[й|у]шк|а)
Евген(ий) → **Евген**,
        Евген|а →Евгень|к|а 1 → Евген*еч*|к|а 1
                Евген|ечк|а 2, Евген|юшк|а 1
        Евге(н),
        Евге(н|а)→ **Евге|х|а** 1 → Евге*ш*|к|а 1 → Евге*ш*ечк|а 1
                Евге*ш*|еньк|а 1, Евге*ш*|ечк|а 2
        Евг(ен),
        Евг(ен|а)→ **Евг|а** 1
        Е(вге)н,
        Е(вге)н|а→ **Ен|а** 1 → Ен|к|а → Ен*оч*|к|а 1
                Ень|к|а 1→ Ен*еч*|к|а 1
                Ен|юр|а 1
                (Ен)юр|а → **Юр|а** 1
                Ен|ют|а 1 → Енют|к|а → Енют*оч*|к|а 1
                    Енют|очк|а 2, Енют|ушк|а
                Ен|юх|а 1 → Еню́|*ш*|к|а 1 → Еню*ш*ечк|а
                    Еню*ш*|еньк|а 1,
                    Еню*ш*|ечк|а
                Ен|юш|а 1 → Енюш|еньк|а 2,
                    Енюш|ечк|а 3, Еню́ш|к|а 2

Ен|ях|а 1 → Еня*ш*|к|а 1 →Еняш*еч*|к|а 1
Еня*ш*|ек 1, Еняш|еньк|а 1,
Еня*ш*|ечк|а 2

Ен|я*ш*|а 1 → Еня*ш*|ек 2, Еняш|еньк|а 2,
Еня*ш*|ечк|а 3, Еня*ш*|к|а 2

Ен|ечк|а 2, Ен|ик 1, Ен|ок 1, Ен|очк|а 2,
Ен|ушк|а 1, Еньш|а 1, Ен|ышек 1,
Ен|юшк|а 1, Ен|яй 1

Ен|я 1 → Ен|ечк|а 3, Ен|ик 2, Ен|к|а 2, Ен|ок 2,
Ен|очк|а 3, Ен|ушк|а 2, Еньк|а 2,
Ень|ш|а 2, Ен|ышек 2, Ен|юр|а 2,
Ен|ют|а 2, Ен|юх|а 2, Ен|юш|а 2,
Е́н|юшк|а 2, Ен|яй 2, Ен|ях|а 2,
Ен|яш|а 2

Ен|ечк|а 3, Ен|ик 3, Ен|к|а 3, Ен|ок 3, Ен|очк|а 4,
Ен|ушк|а 3, Еньк|а 3, Ень|ш|а 3, Ен|ышек 3, Ен|юр|а 3,
Ен|ют|а 3, Ен|юх|а 3, Ен|юш|а 3, Е́н|юшк|а 3, Ен|яй 3,
Ен|ях|а 3, Ен|яш|а 3
(Ев)ген,
(Ев)ген|а→ **Ген|а 1** → Ген|к|а 1 → Ген*оч*|к|а 1
Гень|к|а 1 → Ген*еч*|к|а 1
Ген|ечк|а 2, Ген|очк|а 2, Ген|ушк|а 1
(Г)ен|а → Ен|а 2, Ен|я 2; Ен|ечк|а 5, Ен|ик 4,
Ен|к|а 4, Ен|ок 4, Ен|очк|а 5,
Ен|ушк|а 4, Еньк|а 4, Ень|ш|а 4,
Ен|ышек 4, Ен|юр|а 4, Ен|ют|а 4,
Ен|юх|а 4, Ен|юш|а 4, Е́н|юшк|а 4,
Ен|яй 4, Ен|ях|а 4, Ен|яш|а 4
Ге*ш*|а 1 → Ге*ш*|к|а 1 → Ге*ш*|еч*|к|а 1
Геш|еньк|а 1, Геш|ечк|а 2
Же*ш*|а 1 → Же*ш*|к|а 1 →
Же*ш*еч|к|а 1
Же*ш*|ечк|а 2
Жеш|ечк|а 3, Же*ш*|к|а 2
Ге*ш*|еньк|а 2, Ге*ш*|ечк|а 3, Ге*ш*|к|а 2
Же*ш*|а 2; Же*ш*|ечк|а 4, Же*ш*|к|а 3
Жен|а 1 →Жень|к|а 1 → Жен*еч*|к|а 1,
Жен*ч*|чик 1
Жен|юр|а 1 →Женюр|к|а →
Женюр*оч*|к|а 1
Женюр|очк|а 2,
Женюр|ушк|а
(Ж)ен|юр|а → Ен|юр|а 5
(Жен)юр|а → Юр|а 2

Жен|юш|а 1 →
    Женюш|к|а →
        Женюш*еч*к|а 1
    Женюш|еньк|а,
    Женюш|ечк|а 2
Жен|ечк|а 2, Жен|ёк 1,
Жен|ик 1, Жен|чик 2,
Жень|ш|а 1, Жен|юшк|а 1,
Жен|яй 1

Же(н|а) → **Же|к** 1, **Же|к|а** 1 → Жеч|ик,
                           Жеч|к|а

Же|с|я 1 → Жес|ик
Же|х|а 1 → Жеш|к|а 4 →
             Жеш*еч*к|а 5
    Жеш*ечк*|а 6

(Ж)ен|а → Ен|а 3, Ен|я 3; Ен|ечк|а 6,
Ен|ик 5, Ен|к|а 5, Ен|ок 5,
Ен|очк|а 6, Ен|ушк|а 5,
Ень|к|а 5, Ень|ш|а 5,
Ен|ышек 5, Ен|юр|а 6,
Ен|ют|а 5, Ен|юх|а 5,
Ен|юш|а 5, Е́н|юшк|а 5,
Ен|яй 5, Ен|ях|а 5, Ен|яш|а 5
Жон|я 1
Жеш|а 3; *Жеш*|ечк|а 7,
Жеш|к|а 5

Жен|я 1 → Жен|ечк|а 3, Жен|ёк 2,
Жен|ик 2, Жен|чик 3,
Жень|к|а 2, Жень|ш|а 2,
Жен|юр|а 2, Жен|юш|а 2,
Жен|юшк|а 2, Жен|яй 2

Же(н|я) → Же|к 2, Же|к|а 2, Же|с|я 2,
Же|х|а 2

(Ж)ен|я → Ен|а 4, Ен|я 4; Ен|ечк|а 7,
Ен|ик 6, Ен|к|а 6, Ен|ок 6,
Ен|очк|а 7, Ен|ушк|а 6,
Ень|к|а 6, Ень|ш|а 6,
Ен|ышек 6, Ен|юр|а 7,
Ен|ют|а 6, Ен|юх|а 6,
Ен|юш|а 6, Е́н|юшк|а 6,
Ен|яй 6, Ен|ях|а 6, Ен|яш|а 6

Жон|я 2
Жеш|а 4; *Жеш*|ечк|а 8, *Жеш*|к|а 6

Ге(н|а) → Же|к 3, Же|к|а 3, Же|с|я 3, Же|х|а 3

Жен|а 2, Жен|я 2; Жен|ечк|а 4,
Жен|ёк 3, Жен|ик 3, Жен|чик 4,
Жень|к|а 3, Жень|ш|а 3, Жен|юр|а 3,
Жен|юш|а 3, Жен|юшк|а 3, Жен|яй 3
Жон|я 3
Жеш|а 5; *Жеш*|ечк|а 9, *Жеш*|к|а 7

Ген|я 1 → Ген|ечк|а 3, Ген|к|а 2, Ген|очк|а 3,
Ген|ушк|а 2, Гень|к|а 2

Ге(н|я) → Же|к 4, Же|к|а, Же|с|я 4, Же|х|а 4

(Г)ен|я → Ен|а 5, Ен|я 5; Ен|ечк|а 8, Ен|ик 7,
Ен|к|а 7, Ен|ок 7, Ен|очк|а 8,
Ен|ушк|а 7, Ень|к|а 7, Ень|ш|а 7,
Ен|ышек 7, Ен|юр|а 8, Ен|ют|а 7,
Ен|юх|а 7, Ен|юш|а 7, Ён|юшк|а 7,
Ен|яй 7, Ен|ях|а 7, Ен|яш|а 7
Ге*ш*|а 2; Ге*ш*|еньк|а 3, Ге*ш*|ечк|а 4,
Ге*ш*|к|а 3
Жен|а 3, Жен|я 3; Жен|ечк|а 5,
Жен|ёк 4, Жен|ик 4, Жен|чик 5,
Жень|к|а 4, Жень|ш|а 4, Жен|юр|а 4,
Жен|юш|а 4, Жен|юшк|а 4, Жен|яй 4
Жон|я 4
Жеш|а 6; *Жеш*|ечк|а 10, *Жеш*|к|а 8

Ген|ечк|а 4, Ген|к|а 3, Ген|очк|а 4, Ген|ушк|а 3,
Гень|к|а 3
Ге*ш*|а 3; Ге*ш*|еньк|а 4, Ге*ш*|ечк|а 5, Ге*ш*|к|а 4
Жен|а 4, Жен|я 4; Жен|ечк|а 6, Жен|ёк 5,
Жен|ик 5, Жен|чик 6, Жень|к|а 5, Жень|ш|а 5,
Жен|юр|а 5, Жен|юш|а 5, Жен|юшк|а 5, Жен|яй 5
Жон|я 5
Жеш|а 7; *Жеш*|ечк|а 11, *Жеш*|к|а 9

Евге*ш*|а 1 → Евгеш|еньк|а 2, Евгеш|ечк|а 3,
Евгеш|к|а 2

Евг(е*ш*|а) → Евг|а 2

(Ев)ге*ш*|а → Ге*ш*|а 4; Геш|еньк|а 5, Геш|ечк|а 6,
Геш|к|а 5
Жеш|а 8; *Жеш*|ечк|а 12, *Жеш*|к|а 10

Евге*ш*|еньк|а 3, Евге*ш*|ечк|а 4, Евге*ш*|к|а 3

Евген|я → Евген|ечк|а 3, Евгень|к|а 2, Евген|юшк|а 2

Евге(н|я) → Евг|х|а 2

Евг(ен|я) → Евг|а 3

Е(вге)н|я → Ен|а 6, Ен|я 6; Ен|ечк|а 9, Ен|ик 8, Ен|к|а 8,
Ен|ок 8, Ен|очк|а 9, Ен|ушк|а 8, Ень|к|а 8,
Ень|ш|а 8, Ен|ышек 8, Ен|юр|а 9, Ен|ют|а 8,

Ен|юх|а 8, Ен|юш|а 8, Е́н|юшк|а 8, Ен|яй 8,
Ен|ях|а 8, Ен|яш|а 8

(Ев)ген|я → Ген 2, Ген|я 2; Ген|ечк|а 5, Ген|к|а 4,
Ген|очк|а 5, Ген|ушк|а 4, Гень|к|а 4

Геш|а 5; Геш|еньк|а 6, Геш|ечк|а 7, Геш|к|а 6

Жен|а 5, Жен|я 5; Жен|ечк|а 7, Жен|ёк 6,
Жен|ик 6, Жен|чик 7, Жень|к|а 6, Жень|ш|а 6,
Жен|юр|а 6, Жен|юш|а 6, Жен|юшк|а 6,
Жен|яй 6

Жон|я 6

Жеш|а 9; Жеш|ечк|а 13, Жеш|к|а 11

Евгеш|а 2; Евгеш|еньк|а 4, Евгеш|ечк|а 5,
Евгеш|к|а 4

Евгеш|а 3; Евгеш|еньк|а 5, Евгеш|ечк|а 6, Евгеш|к|а 5

Веденей 1

Евге(ний) → Евге|х|а 3

Евг(ений) → Евг|а 4

Е(вге)н(ий) → Ен|а 7, Ен|я 7; Ен|ечк|а 10, Ен|ик 9, Ен|ка 9, Ен|ок 9,
Ен|очк|а 10, Ен|ушк|а 9, Ень|к|а 9, Ень|ш|а 9, Ен|ышек 9,
Ен|юр|а 10, Ен|ют|а 9, Ен|юх|а 9, Ен|юш|а 9, Ен|юшк|а 9,
Ен|яй 9, Ен|ях|а 9, Ен|яш|а 9

(Ев)ген(ий) → Ген 3, Ген|я 3; Ген|ечк|а 6, Ген|к|а 5, Ген|очк|а 6,
Ген|ушк|а 5, Гень|к|а 5

Геш|а 6; Геш|еньк|а 7, Геш|ечк|а 8, Геш|к|а 7

Жен|а 6, Жен|я 6; Жен|ечк|а 8, Жен|ёк 7, Жен|ик 7,
Жен|чик 8, Жень|к|а 7, Жень|ш|а 7, Жен|юр|а 7,
Жен|юш|а 7, Жен|юшк|а 7, Жен|яй 7

Жон|я 7

Жеш|а 10; Жеш|ечк|а 14, Жеш|к|а 12

Евдений

Евден(ий) → Евдеш|а 1 → Евдеш|к|а 1
Евдеш|к|а 2

Евде(ний) → Евде|х|а 1 → Евдеш|к|а 3

Евд(ений) → **Евд|я** → Евд|еньк|а 1, Евд|ечк|а 1
Евд|еньк|а 2, Евд|ечк|а 2

(Ев)де(ний) → **Де|х|а**

Веденей 2

С р.: *ж* Евгения.

Дни ангела и святые (Евгений): 7 марта — *епископ*; 12 февраля, 19 февраля — *преподобные*; 21 января, 7 ноября, 13 декабря — *мученики*.

ЕВГРА́Ф|, а, *м* [*греч.* 'хорошо' *и* 'писать'; 'хорошо пишущий'; 'благонаписанный']. О т ч е с т в о: Евграфович, Евгра́фовна; Евгра́фыч (*разг.*).

Евгра́фий|, Евгра́фи|я (Евгра́фи[й|а]) (*разг.*). О т ч е с т в о: Евгра́фьевич,

Евгра́фьевна; Евга́фьич (*разг.*)

Егра́ф|, а (*прост.*).

П р о и з в о д н ы е (28):

Евграф → Евграф|к|а 1 → Евраф*оч*|к|а 1
        Евграф|оньк|а 1, Евграф|очк|а 2, Евграф|ушк|а 1

Евгра(ф) → **Евгра|ш|а 1** → Евграш|к|а → Евграш*еч*|к|а 1
        Евграш|еньк|а, Евграш|ечк|а 2
        (Ев)гра|ш|а → **Граш|а 1** → Граш|к|а 1 → Граш*еч*|к|а 1
                Граш|еньк|а 1, Граш|ечк|а 2
        Граш|еньк|а 2, Граш|ечк|а 3, Граш|к|а 2

(Ев)гра(ф) → **Гра|н|я 1** → Грань|к|а → Гран*еч*|к|а 1
        Гран|юш|а → Гранюш|к|а
        Гра́н|юшк|а
        Граш|а 2; Граш|еньк|а 3, Граш|ечк|а 4, Граш|к|а 3
    Гра|ш|а 3

(Ев)граф → **Граф 1** → Граф|к|а 1 → Граф*оч*|к|а 1
        Граф|ун|я 1 → Графунь|к|а → Графун*еч*|к|а 1
                Графун|ечк|а 2, Графун|юшк|а
        Граф|оньк|а 1, Граф|очк|а 2, Граф|ушк|а 1
    Гра(ф) → Гра|н|я 2, Гра|ш|а 4
    Граф|оньк|а 2, Граф|очк|а 3, Граф|ушк|а 2, Граф|ун|я 2

Е(в)граф → **Егра́ф 1**
    (Е)гра(ф) → Гра|н|я 3, Гра|ш|а 5
    (Е)граф → Граф 2; Граф|оньк|а 3, Граф|очк|а 4, Граф|ун|я 3,
                Граф|ушк|а 3
    Евграф|ий
    Евграф(ий) → Евграф|к|а 2, Евграф|оньк|а 2, Евграф|очк|а 3,
                Евграф|ушк|а 2
    Евгра(фий) → Евгра|ш|а 2
    (Ев)граф(ий) → Граф 3; Граф|оньк|а 4, Граф|очк|а 5,
                Граф|ун|я 4, Граф|ушк|а 4
    (Ев)гра(фий) → Гра|н|я 4, Гра|ш|а 6

День ангела и святой (Евграф): 10 декабря — *мученик*.

ЕВДОКИ́М|, а, *м* [*греч.* 'славный'; 'славный, окруженный почетом']. О т-
ч е с т в о: Евдоки́мович, Евдоки́мовна; Евдоки́мыч (*разг.*).

Авдоки́м|, а (*прост.*).

П р о и з в о д н ы е (52):

Евдоким → Евдоким|к|а → Евдоким*оч*|к|а 1
        Евдоким|очк|а 2, Евдоким|ушк|а

Евдок(им) → Евдок|уш|а → Евдоку́ш|к|а 1 → Евдокуш*еч*|к|а 1
                Евдокуш|еньк|а 1, Евдокуш|ечк|а 2
        Евдо́к|ушк|а

Евдо(ким) → **Евдо|х|а → Евдо***ш***|а 1**

Евдо|ш|а 2
Евд(оким) → **Евд|я** → Евд|ех|а 1 → Евде*ш*|к|а 1
　　　　　　　　Евд|еш|а 1 → Евдеш|к|а 2
　　　　　　　　Евд|еньк|а 1, Евд|ечк|а 2
　　　　　Евд|еньк|а 2, Евд|ех|а 2, Евд|ечк|а 3, Евд|еш|а 2
(Евдо)ким → **Ким 1, Ким|а 1** → Ким|к|а 1 → Ким*оч*|к|а 1
　　　　　　　　　　　　　　Ким|оньк|а 1, Ким|очк|а 2, Ким|ушк|а 1
　　　　　Ким|к|а 2, Ким|оньк|а 2, Ким|очк|а 3, Ким|ушк|а 2
　　　　　Авдоким → Авдоким|к|а 1, Авдоким|ушк|а 1
　　　　　Авдо(ким) → **Авдо|х|а** → Авдо*ш*|к|а 1 → Авдош*еч*|к|а 1
　　　　　　　　　　　　　　　　　Авдош|еньк|а 1, Авдош|ечк|а 2
　　　　　　　　　　　　　　Авдо*ш*|а 1 → Авдош|еньк|а 2,
　　　　　　　　　　　　　　　　　　　　Авдош|ечк|а 3,
　　　　　　　　　　　　　　　　　　　　Авдош|к|а 2
　　　　　　　　　　　　　　　　　　　　Алдош|а 1
　　　　　　　　　　　　Алдох|а 1
　　　　　　　　Авдо|ш|а 2, Алдо|х|а 2, Алдо|ш|а 2
　　　　　Авд(оким) → Авд|ан|я → Авдань|к|а → Авдан*еч*|к|а 1
　　　　　　　　　　　　　Авдан|ечк|а 2, Авдан|юшк|а
　　　　　　　　　(Ав)д|ан|я → **Дан|я** → Дань|к|а → Дан*еч*|к|а 1
　　　　　　　　　　　　　　　　Дан|юш|а → Дан*ю*ш|к|а
　　　　　　　　　　　　　　　　Дан|ечк|а, Да́н|юшк|а
　　　　　　　　　Авд|аш|а → Авдаш|к|а → Авдаш*еч*|к|а 1
　　　　　　　　　　　　Авдаш|еньк|а, Авдаш|ечк|а 2
　　　　　　　　　Авд|ул|я → Авдуль|к|а
　　　　　　　　　Авд|ус|я → Авдусь|к|а → Авдус*еч*|к|а 1
　　　　　　　　　　　　Авдус|еньк|а, Авдус|ечк|а 2
　　　　　(Авдо)ким → Ким 2, Ким|а 2; Ким|к|а 3, Ким|оньк|а 3,
　　　　　　　　　　　Ким|очк|а 4, Ким|ушк|а 3
　　　　　Авдоким|к|а 2, Авдоким|ушк|а 2
　День ангела и святой (Евдоким): 31 июля — *праведный*.

ЕВКА́РПИЙ|, Евка́рпи|я (Евка́рпи[й|а]), *м* [*греч.* 'плодородный'; 'плодо-
родный, плодовитый, оплодотворяющий'; 'благоплодный']. О т ч е с т -
в о: Евка́рпиевич, Евка́рпиевна *и* Евка́рпьевич, Евка́рпьевна.
Евка́рп|, а (*разг.*). О т ч е с т в о: Евка́рпович, Евка́рповна; Евка́рпыч (*разг.*).
　П р о и з в о д н ы е (12):
Евкарпий
Евкарп(ий) →
　　Евкарп
　　(Ев)карп → **Карп|а 1** → Карп|ун|я 1 → Карпунь|к|а → Карпун*еч*|к|а 1
　　　　　　　　　　　　　　　Карпун|ечк|а 2
　　　　　　　　　　　Карп|уш|а 1 → Карпу́ш|к|а → Карпуш*еч*|к|а 1
　　　　　　　　　　　　　　　Карпуш|еньк|а,

| Карпуш|ечк|а
                      Карп|ик 1, Карп|очк|а 1, Ка́рп|ушк|а 1
                      Карп|ик 2, Карп|очк|а 2, Карп|ун|я 2,
                      Карп|уш|а 2, Ка́рп|ушк|а 2
(Ев)карп(ий) → Карп|а 2; Карп|ик 3, Карп|очк|а 3, Карп|ун|я 3,
                      Карп|уш|а 3, Ка́рп|ушк|а 3

День ангела и святой (Евкарпий): 18 марта — *мученик.*

ЕВЛА́МПИЙ|, Евла́мпи|я (Евла́мпи[й|а]), *м* [*греч.* 'хорошо' *и* 'свет'; 'хорошо' + 'светить, сиять'; 'благосветный']. О т ч е с т в о: Евла́мпиевич, Евла́мпиевна *и* Евла́мпьевич, Евла́мпьевна; Евла́мпич (*разг.*).

П р о и з в о д н ы е (22):

Евлампий → Евлампи|юшк|а (Евлампи[й|у]шк|а)
Евла(мпий) → **Евла|н|а** → Евлан|к|а 1 → Евланоч|к|а 1
                        Евлань|к|а 1 → Евланеч|к|а 1
                        Евлан|ечк|а 2, Евлан|очк|а 2
            (Ев)ла|н|а → **Лан|а 1** → Лан|к|а 1 → Ланоч|к|а 1
                                  Лань|к|а 1 → Ланеч|к|а 1
                                  Лан|ечк|а 2, Лан|очк|а 2, Лан|ушк|а 1
                        Лан|я 1 → Лан|ечк|а 3, Лан|к|а 2, Лан|очк|а 3,
                                  Лан|ушк|а 2, Лань|к|а 2
                        Лан|ечк|а 4, Лан|к|а 3, Лан|очк|а 4,
                        Лан|ушк|а 3, Лань|к|а 3
                        Евлаш|а 1 → Евлаш|к|а 1 → Евлашеч|к|а 1
                                            Евлаш|еньк|а 1, Евлаш|ечк|а 2
                        Евлаш|еньк|а 2, Евлаш|ечк|а 3, Евлаш|к|а 2
            Евла|н|я → Евлан|ечк|а 3, Евлан|к|а 2, Евлан|очк|а 3,
                        Евлань|к|а 2
            (Ев)ла|н|я → Лан|а 2, Лан|я 2; Лан|ечк|а 5, Лан|к|а 4,
                        Лан|очк|а 5, Лан|ушк|а 4, Лань|к|а 4
                        Евлаш|а 2; Евлаш|еньк|а 3, Евлаш|ечк|а 4,
                        Евлаш|к|а 3
            Евла|х|а → Евлаш|а 3; Евлаш|еньк|а 4, Евлаш|ечк|а 5,
                        Евлаш|к|а 4
            Евла|ш|а 4
(Ев)ла(мпий) → Лан|а 3, Ла|н|я 3
(Евлам)пий → **Пи|я** (Пи[й|а]) → Пий|к|а 1 → Пиеч|к|а 1
                              Пи|еньк|а 1 (Пи[й|э]ньк|а),
                              Пи|ечк|а 2 (Пи[й|э]чк|а)
            Пи|еньк|а 2 (Пи[й|э]ньк|а), Пи|ечк|а 3 (Пи[й|э]чк|а),
            Пий|к|а 2

С р.: *ж* Евлампия.

Дни ангела и святые (Евлампий): 5 марта, 3 июля, 10 октября — *мученики.*

ЕВМЕ́НИЙ|, Евме́ни|я (Евме́ни[й]а), *м* [*греч.* 'благосклонный, милостивый']. О т ч е с т в о: Евме́ниевич, Евме́ниевна *и* Евме́ньевич, Евме́ньевна; Евме́ньич (*разг.*).

Евмен|, а (*разг.*). О т ч е с т в о: Евме́нович, Евме́новна.

Евме́нтий|, Евме́нти|я (Евме́нти[й]а) (*разг.*). О т ч е с т в о: Евме́нтиевич, Евме́нтиевна *и* Евме́нтьевич, Евме́нтьевна; Евме́нтьич (*разг.*).

П р о и з в о д н ы е (18):

Евмений

Еемен(ий) → **Евмен 1** → Евмен|к|а 1 → Евмено́ч|к|а 1
Евмень|к|а 1 → Евмене́ч|к|а 1
Евмен|ечк|а 2, Евмен|очк|а 2, Евмен|ушк|а 1,
Евмен|юшк|а 1
(Ев)мен → **Мен|а 1** → Мен|к|а 1 → Мено́ч|к|а 1
Мень|к|а 1 → Мене́ч|к|а 1
Мен|ечк|а 2, Мен|очк|а 2,
Мен|ушк|а 1, Мен|юшк|а 1
Мен|я 1 → Мен|ечк|а 3, Мен|к|а 2, Мсн|очк|а 3,
Мен|ушк|а 2, Мень|к|а 2
Евмен|я 1 → Евмен|ечк|а 3, Евмен|к|а 2, Евмен|очк|а 3,
Евмен|ушк|а 2, Евмень|к|а 2, Евмен|юшк|а 2
(Ев)мен|я → Мен|а 2, Мен|я 2; Мен|ечк|а 4, Мен|к|а 3,
Мен|очк|а 4, Мен|ушк|а 3, Мень|к|а 3
Евмен|ечк|а 4, Евмен|к|а 3, Евмен|очк|а 4, Евмен|ушк|а 3,
Евмень|к|а 3, Евмен|юшк|а 3
(Ев)мен(ий) → Мен|а 3, Мен|я 3; Мен|ечк|а 5, Мен|к|а 4, Мен|очк|а 5,
Мен|ушк|а 4, Мень|к|а 4
Евмен*т*ий → Евменть|юшк|а (Евменть[й]у]шк|а)
Евмен(тий) → Евмен 2, Евмен|я 2; Евмен|ечк|а 5,
Евмен|к|а 4, Евмен|очк|а 5, Евмен|ушк|а 4,
Евмень|к|а 4, Евмен|юшк|а 4
(Ев)мен(тий) → Мен|а 4, Мен|я 4; Мен|ечк|а 6, Мен|к|а 5,
Мен|очк|а 6, Мен|ушк|а 5, Мень|к|а 5

С р.: *ж* Евмения.

День ангела и святой (Евмений): 18 сентября — *епископ*.

ЕВСЕ́ВИЙ|, Евсе́ви|я (Евсе́ви[й]а), *м* [*греч.* 'благочестивый']. О т ч е с т в о: Евсе́виевич, Евсе́виевна *и* Евсе́вьевич, Евсе́вьевна.

Евсе́й|, Евсе́|я (Евсе́[й]а) (*разг.*). О т ч е с т в о: Евсе́евич, Евсе́евна; Евсе́ич (*разг.*).

Авсе́й|, Авсе́|я (Авсе́[й]а) (*прост.*).

П р о и з в о д н ы е (28):

Евсевий

Евс(евий) → **Евс|я 1** → Евс|ют|а 1 → Евсют|к|а → Евсюто́ч|к|а 1
Евсют|очк|а 2, Евсют|ушк|а

Евс|юш|а 1 → Евс*юш*|к|а
Евс|юк 1, Е́вс|юшк|а 1

Е(в)с|я → **Ес|я 1** → Есь|к|а 1 → Ес*еч*|к|а 1
Ес|еньк|а 1, Ес|ечк|а 2
Ес|еньк|а 2, Ес|ечк|а 3, Есь|к|а 2

Евс|юк 2, Евс|ют|а 2, Евс|юш|а 2, Е́вс|юшк|а 2

Е(в)с(евий) → Ес|я 2; Ес|еньк|а 3, Ес|ечк|а 4, Есь|к|а 3

Евсе(ви)й → **Евсей** → Евсей|к|а 1

Евс(ей) → Евс|я 2; Евс|юк 3, Евс|ют|а 3, Евс|юш|а 3,
Е́вс|юшк|а 3

Е(в)с(ей) → Ес|я 3; Ес|еньк|а 4, Ес|ечк|а 5, Есь|к|а 4

Авсей 1 → Авсей|к|а 1,
Авсе|юшк|а 1 (Авсе[й|у]шк|а)

А(в)с(ей) → **Ас|я** → Ась|к|а 1
Ась|к|а 2

А(в)сей → **Асей** → Асе|юшк|а 1 (Асе[й|у]шк|а)
Асе|юшк|а 2 (Асе[й|у]шк|а)

Авсей|к|а 2, Авсе|юшк|а 2 (Авсе[й|у]шк|а)

Евсей|к|а 2

*А*всей 2; *А*всей|к|а 3, *А*все|юшк|а 3 (*А*все[й|у]шк|а)

(Ев)сев(ий) → **Сев|а** → Сев|к|а 1 → Сев*оч*|к|а 1
Сев|ик 1, Сев|оньк|а 1, Сев|очк|а 2, Сев|ушк|а 1
Сев|ик 2, Сев|к|а 2, Сев|оньк|а 2, Сев|очк|а 3, Сев|ушк|а 2

С р.: *ж* Евсевия.

Дни ангела и святые (Евсевий): 14 января, 15 февраля — *преподобные*; 22 июня — *епископ*; 20 января, 24 апреля, 28 апреля, 21 сентября, 4 октября — *мученики*.

ЕВСТА́ФИЙ|, Евста́фи|я (Евста́фи[й|а]), *м* [*греч.* 'устойчивый'; 'хорошо построенный, уравновешенный, крепкий, здоровый'; 'твердостоящий']. О т ч е с т в о: Евста́фиевич, Евста́фиевна *и* Евста́фьевич, Евста́фьевна.

Евстафе́й|, Евстафе́|я (Евстафе́[й|а]) (*разг.*). О т ч е с т в о: Евстафе́евич, Евстафе́евна.

Астафе́й|, Астафе́|я (Астафе́[й|а]) (*прост.*).

Аста́фий|, Аста́фи|я (Аста́фи[й|а]) (*прост.*).

П р о и з в о д н ы е (51):

Евстафий

Евстаф(ий) → **Евстаф 1**,

Евстаф|а 1 → Евстаф|к|а 1 → Евстаф*оч*|к|а 1
Евстаф|очк|а 2, Евстаф|ушк|а 1

Евста(ф),

Евста(ф|а) → **Евста|х|а 1** → Евсташ|к|а 1 → Евсташ*еч*|к|а 1
Евсташ|еньк|а 1, Евсташ|ечк|а 2

Евсташ|а 1 → Евсташ|еньк|а 2,

```
                                          |                                      Евсташ|ечк|а 3,
                                          |                                      Евсташ|к|а 2
                              Евста|ш|а 2
Евст(аф),
Евст(аф|а) → Евст|я 1 → Евст|юх|а 1 →Евстю|ш|к|а 1 →
                                                                Евстюшечк|а 1
                                      |                  Евстю|ш|еньк|а 1,
                                      |                  Евстю|ш|ечк|а 2
                                      Евст|юш|а 1 → Евстюш|еньк|а 2,
                                      |                  Евстюш|ечк|а 3,
                                      |                  Евстюш|к|а 2
                              Евст|ечк|а 1, Евст|юн|я 1
              Евс(т|я) → Евс|я 1
              Ев(с)т|я → Евт|я 1 →Евт|юх|а 1 → Евтю|ш|к|а 1
                      |                  Евт|юш|а 1 → Евтюш|к|а 2
                      Евт|юх|а 2, Евт|юш|а 2
              Е(в)с(т|я) → Ес|я 1 → Есь|к|а 1→ Есеч|к|а 1
                                      Ес|ечк|а 2
                      |         Ес|ечк|а 3, Есь|к|а 2
              Е(в)ст|я →    Ест|я 1 → Ест|аш|а 1
                              Ест|аш|а 2
                      Евст|ечк|а 2, Евст|юн|я 2, Евст|юх|а 2,
                      Евст|юш|а 2
Евс(таф),
Евс(таф|а) →Евс|я 2
Ев(с)т(аф),
Ев(с)т(аф|а) → Евт|я 2; Евт|юх|а 3, Евт|юш|а 3
Е(в)ст(аф),
Е(в)ст(аф|а) → Ест|я 2; Ест|аш|а 3
Е(в)с(таф),
Е(в)с(таф|а) → Ес|я 2; Ес|ечк|а 4, Есь|к|а 3
(Ев)стаф,
(Ев)стаф|а→ Стаф|а 1 → Стаф|к|а 1 → Стафоч|к|а 1
                                      Стаф|ик 1, Стаф|очк|а 2,
                                      Стаф|ушк|а 1
                      Ста(ф|а) → Ста|ш|а 1 → Сташ|к|а →
                                                          Сташеч|к|а 1
                                      Сташ|еньк|а,
                                      Сташ|ечк|а 2
                      Стаф|ик 2, Стаф|к|а 2, Стаф|очк|а 3,
                      Стаф|ушк|а 2
              Евстаф|к|а 2, Евстаф|очк|а 3, Евстаф|ушк|а 2
Евста(фий) → Евста|х|а 2, Евста|ш|а 3
Евст(афий) → Евст|я 2; Евст|ечк|а 3, Евст|юн|я 3, Евст|юх|а 3, Евст|юш|а 3
```

Евс(тафий) → Евс|я 3

Е(в)стаф(ий) → **Остап 1** → Остап|к|а 1, Остап|ушк|а 1

Остап|к|а 2, *Остап*|ушк|а 2

Ев(с)т(афий) → Евт|я 3; Евт|юх|а 4, Евт|юш|а 4

Е(в)ст(афий) → Ест|я 3; Ест|аш|а 4

Е(в)с(тафий) → Ес|я 3; Ес|ечк|а 5, Есь|к|а 4

(Ев)стаф(ий) → Стаф|а 2; Стаф|ик 3, Стаф|к|а 3, Стаф|очк|а 4, Стаф|ушк|а 3

(Ев)ста(фий) → Ста|ш|а 2

Е(в)стафий → **Астафий**

*А*ста(фий) → **Аста|х|а 1** → Асташ|к|а 1

Асташ|а 1 → Асташ|к|а 2

Аста|ш|а 2

(*А*)стаф(ий) → Стаф|а 3; Стаф|ик 4, Стаф|к|а 4,

Стаф|очк|а 5, Стаф|ушк|а 4

(А)ста(фий) → Ста|ш|а 3

Астафей 1 → Астафей|к|а 1,

Астафе|юшк|а 1 (Астафе[й|у]шк|а)

*А*ста(фей) → Аста|х|а 2, Аста|ш|а 3

(*А*)стаф(ей) → Стаф|а 4; Стаф|ик 5, Стаф|к|а 5,

Стаф|очк|а 6, Стаф|ушк|а 5

(*А*)ста(фей) → Ста|ш|а 4

Астафей|к|а 2, Астафе|юшк|а 2 (*Астафе*[й|у]шк|а)

Евстафей → Евстафей|к|а 1,

Евстафе|юшк|а 1 (Евстафе[й|у]шк|а)

Евстаф(*ей*) → Евстаф 2, Евстаф|а 2; Евстаф|к|а 3,

Евстаф|очк|а 4, Евстаф|ушк|а 3

Евста(фей) → Евста|х|а 3, Евста|ш|а 4

Евст(афей) → Евст|я 3; Евст|ечк|а 4, Евст|юн|я 4,

Евст|юх|а 4, Евст|юш|а 4

Евс(тафей) → Евс|я 4

Е(в)стаф(ей) → *Остап* 2; Остап|к|а 3, *Остап*|ушк|а 3

Ев(с)т(афей) → Евт|я 4; Евт|юх|а 5, Евт|юш|а 5

Е(в)ст(афей) → Ест|я 4; Ест|аш|а 5

Е(в)с(тафей) → Ес|я 4; Ес|ечк|а 6, Есь|к|а 5

(Ев)стаф(*ей*) → Стаф|а 5; Стаф|ик 6, Стаф|к|а 6,

Стаф|очк|а 7, Стаф|ушк|а 6

(Ев)ста(фей) → Ста|ш|а 5

Е(в)стафей → *Астафей* 2; *А*стафей|к|а 3,

*А*стафе|юшк|а 3 (Астафе[й|у]шк|а)

Евстафей|к|а 2, Евстафе|юшк|а 2 (Евстафе[й|у]шк|а)

С р.: *ж* Евстафия.

Дни ангела и святые (Евстафий): 21 февраля, 29 марта — *епископы*; 20 сентября — *великомученик*; 14 апреля, 28 июля, 29 июля, 20 ноября — *мученики*; 30 августа — *святитель*.

ЕВСТА́ХИЙ|, Евста́хи|я (Евста́хи[й|а]), *м* [*греч.* 'пышно колосящийся'].
О т ч е с т в о: Евста́хиевич, Евста́хиевна *и* Евста́хьевич, Евста́хьевна; Евста́хьич (*разг.*).
Астахий|, Астахи|я (Астахи[й|а]) (*прост.*).
    П р о и з в о д н ы е (15):
Евстахий
Евстах(ий) → **Евстах,**
            Евстах|а → Евста́ш|к|а 1 → Евста́ш*еч*|к|а 1
                    Евста́ш|еньк|а 1, Евста́ш|ечк|а 2
            Евста́ш|а 1 → Евста́ш|еньк|а 2, Евста́ш|ечк|а 3,
                        Евста́ш|к|а 2
            (Ев)ста́ш|а → **Сташ|а 1** → Сташ|к|а 1 →
                                    Сташ*еч*|к|а 1
                            Сташ|еньк|а 1,
                            Сташ|ечк|а 2,
                            Сташ|ук 1
                    Сташ|еньк|а 2, Сташ|ечк|а 3,
                    Сташ|к|а 2, Сташ|ук 2
        Е(в)стах,
        Е(в)стах|а→ **Астах|а 1** → Асташ|к|а 1
                    Асташ|а 1→ Асташ|к|а 2
                    (А)сташ|а → Сташ|а 2;
                            Сташ|еньк|а 3,
                            Сташ|ечк|а 4,
                            Сташ|к|а 3,
                            Сташ|ук 3
            (*А*)стах|а → Сташ|а 3; Сташ|еньк|а 4,
                        Сташ|ечк|а 5, Сташ|к|а 4,
                        Сташ|ук 4
            Асташ|а 2; Асташ|к|а 3
        (Ев)стах,
        (Ев)стах|а → Сташ|а 4; Сташ|еньк|а 5, Сташ|ечк|а 6,
                    Сташ|к|а 5, Сташ|ук 5
        Евста́ш|а 2; Евста́ш|еньк|а 3, Евста́ш|ечк|а 4, Евста́ш|к|а 3
Е(в)стахий → **Астахий**
        *А*стах(ий) → Астах|а 2, Асташ|а 3; Асташ|к|а 4
        (*А*)стах(ий) → Сташ|а 5; Сташ|еньк|а 6, Сташ|ечк|а 7,
                    Сташ|к|а 6, Сташ|ук 6

ЕВСТИГНЕ́Й|, Евстигне́|я (Евстигне́[й|а]), *м* [*греч.* 'хорошо' *и* 'знак'; 'хорошо, хороший' + 'родственник']. О т ч е с т в о: Евстигне́евич, Евстигне́евна *и* Евстигне́ич, Евстигне́вна (*разг.*).
Евсигне́й|, Евсигне́|я (Евсигне́[й|а]) (*разг.*). О т ч е с т в о: Евсигне́евич, Евсигне́евна; Евсигне́ич, Евсигне́вна (*разг.*).

Сигне́й|, Сигне́|я (Сигне́[й|а]) (*прост*).

Евси́гний|, Евси́гни|я (Евси́гни[й|а]) (*стар.*). О т ч е с т в о: Евси́гниевич, Евси́гниевна.

   П р о и з в о д н ы е (27):

Евстигней → Евстигней|к|а, Евстигне|юшк|а (Евстигне[й|ушк|а])

Евст(игней) → **Евст|я** → Евст|юх|а 1 → Евстюш|к|а 1 → Евстюш*еч*|к|а 1

                                                       Евстюш|еньк|а 1, Евстюш|ечк|а 2

                     Евст|юш|а 1 → Евстюш|еньк|а 2, Евстюш|ечк|а 3,

                                      Евстюш|к|а 2

                     (Ев)стюш|а → **Стюш|а 1** → Стюш|к|а 1

                                      Стюш|к|а 2

                     Евст|ечк|а 1, Евст|юн|я 1

            Евс(т|я) → **Евс|я 1**

                  Ев(с|я) → **Ев|а 1**

            Ев(ст|я) → Ев|а 2

Евс(тигней) → Евс|я 2

Ев(стигней) → Ев|а 3

Евс(т)игней → **Евсигней** → Евсигней|к|а 1,

                             Евсигне|юшк|а 1 (Евсигне[й|ушк|а)

            Евс(игней) → Евс|я 3

            Ев(сигней) → Ев|а 4

            (Ев)сигней → **Сигней** → Сигней|к|а 1

                             Сыгней 1 → Сыгней|к|а 1

                             Сыгней|к|а 2

                     Сигней|к|а 2

                     Сыгней 2; Сыгней|к|а 3

                     Евси́гний 1

            Евси́гний 2

(Ев)стигн(ей) → Стигн|юш|а

(Ев)ст(игней) → **Ст|еш|а** → Стеш|к|а → Стеш*еч*|к|а 1

                             Стеш|еньк|а, Стеш|ечк|а 2, Стеш|ок

            Ст|юш|а 2

(Ев)с(т)игней → Сигней 2; Сигней|к|а 3

            Сыгней 3; Сыгней|к|а 4

(Ев)стигней → Стигней|к|а, Стигне|юшк|а (Стигне[й|у]шк|а)

   День ангела и святой: 5 августа — *мученик*.

ЕВСТРА́Т|, а, *м* [*греч.* 'хорошо' *и* 'воин'; 'хорошо, хороший' + 'войско, флот, население'; 'добрый воин']. О т ч е с т в о: Евстра́тович, Евстра́товна; Евстра́тыч (*разг.*).

Елистра́т|, а (*прост.*).

Евстра́тий|, Евстра́ти|я (Евстра́ти[й|а]) (*стар.*). О т ч е с т в о: Евстра́тиевич, Евстра́тиевна *и* Евстра́тьевич, Евстра́тьевна.

   П р о и з в о д н ы е (10):

Евстрат 1 → Евстрат|к|а, Евстрат|ушк|а
(Ев)страт → Страт 1,
                 Страт|а 1 → Страт|к|а 1 → Страточ|к|а 1
                             Страт|ик 1, Страт|очк|а 2, Страт|ушк|а 1
          Страт|ик 2, Страт|к|а 2, Страт|очк|а 3, Страт|ушк|а 2

Евстратий
Евстрат(ий) → **Евстрат 2**
(Ев)страт(ий) → Страт 2, Страт|а 2; Страт|ик 3, Страт|к|а 3,
                    Страт|очк|а 4, Страт|ушк|а 3
Елистрат → Елистрат|к|а, Елистрат|ушк|а
(Ели)страт → Страт 3, Страт|а 3; Страт|ик 4, Страт|к|а 4, Страт|очк|а 5,
                 Страт|ушк|а 4

    Дни ангела и святые (Евстратий): 9 января, 28 марта, 13 декабря —
преподобные; 4 января — *архиепископ Сербский*.

ЕВТИХИЙ|, Евти́хи|я (Евти́хи[й|а]), *м* [*греч.*'счастливый'; 'хорошо в цель
попавший, счастливый']. Отчество: Евти́хиевич, Евти́хиевна *и* Евти́хье-
вич, Евти́хьевна.
  Евти́фий|, Евти́фи|я (Евти́фи[й|а])(*разг.*) Отчество: Евти́фиевич, Евти́фи-
евна *и* Евти́фьевич, Евти́фьевна.
  Евтифе́й|, Евтифе́|я (Евтифе́[й|а]) (*прост.*).
   П р о и з в о д н ы е (35):
Евтихий
Евтих(ий) → **Евтих 1**,
        Евтих|а 1 → Евти*ш*|к|а 1 → Евтиш*еч*|к|а 1
                 Евти*ш*|еньк|а 1, Евти*ш*|ечк|а 2
      Евт(их),
      Евт(их|а) → **Евт|я 1** → Евт|ей 1 → Евтей|к|а
                     Евт|юх|а 1 → Евтю*ш*|к|а 1 →
                                   Евтю*ш*ечк|а 1
                                   Евтю*ш*|еньк|а, 1
                                   Евтю*ш*|ечк|а 2
                 Евт|юш|а 1 → Евтюш|еньк|а 2,
                             Евтюш|ечк|а 3,
                             Евтюш|к|а 2
                 Евт|еньк|а 1, Евт|ечк|а 1
           Евт|ей 2, Евт|еньк|а 2, Евт|ечк|а 2, Евт|юх|а 2,
          Евт|юш|а 2
      (Ев)тих,
      (Ев)тих|а → **Тих|а 1** → Тих|ан|я 1 → Тихань|к|а → Тихан*еч*|к|а 1
                           Тихан|ечк|а 2, Тихан|к|а,
                           Тихан|ушк|а
                  Тих|он|я 1 → Тихон|к|а, Тихон|ушк|а,
                           Тихонь|к|а

Тих|очк|а 1, Тих|ушк|а 1

Тиш|а 1 → Тиш|к|а 1 → Тиш*еч*|к|а 1

Тиш|*еньк*|а 1, Тиш|*ечк*|а 2

Тиш|*еньк*|а 2, Тиш|*ечк*|а 3, Тиш|к|а 2

Тих|ан|я 2, Тих|он|я 2, Тих|очк|а 2, Тих|ушк|а 2

Тиш|а 2; Тиш|*еньк*|а 3, Тиш|*ечк*|а 4, Тиш|к|а 3

Евтиш|а 1 → Евтиш|*еньк*|а 2, Евтиш|*ечк*|а 3,
Евтиш|к|а 2

Евт(*иш*|а) → Евт|я 2; Евт|ей 3, Евт|*еньк*|а 3,
Евт|*ечк*|а 3, Евт|юх|а 3, Евт|юш|а 3

(Ев)тиш|а → Тиш|а 3; Тиш|*еньк*|а 4, Тиш|*ечк*|а 5,
Тиш|к|а 4

Евтиш|а 2; Евтиш|*еньк*|а 3, Евтиш|*ечк*|а 4, Евтиш|к|а 3

(Ев)тих(ий) → Тих|а 2; Тих|ан|я 3, Тих|он|я 3, Тих|очк|а 3, Тих|ушк|а 3

Тиш|а 4; Тиш|*еньк*|а 5, Тиш|*ечк*|а 6, Тиш|к|а 5

Евтифий

Евтифей → Евтифей|к|а

Евти(*фий*),

Евти(*фей*) →   Евти|ш|а 3; Евтиш|*еньк*|а 4, Евтиш|*ечк*|а 5,
Евтиш|к|а 4

Евт(*ифий*),

Евт(*ифей*) →   Евт|я 3; Евт|ей 4, Евт|*еньк*|а 4, Евт|*ечк*|а 4,
Евт|юх|а 4, Евт|юш|а 4

Дни ангела и святые (Евтихий): 6 апреля - *патриарх*; 23 августа - *преподобный*; 24 августа - *священномученик*; 20 января , 9 марта, 21 апреля, 28 мая, 19 сентября, 7 ноября - *мученики*.

ЕГО́Р|, а, *м* [Егор, Егорий - варианты имени Георгий. Народная форма имени Георгий, ставшая документальной]. Отчество: Его́рович, Его́ровна; Его́рыч (*разг.*).

П р о и з в о д н ы е (62):

Егор → Егор|ёк 1, Егор|ик 1, Егор|к|а 1, Егор|оньк|а 1, Егор|ушк|а 1,
Егор|ш|а 1

Его(р) →   **Его|н|я 1** → Егонь|к|а → Егон*еч*|к|а 1
Егон|*ечк*|а 2

Егош|а 1 → Егош|к|а 1 → Егош*еч*|к|а 1
Егош|*еньк*|а 1, Егош|*ечк*|а 2

Его|ш|а 2

Ег(ор) →   **Ег|а 1** → Ег|ул|я 1
(Е)г|ул|я → **Гул|я** → Гуль|к|а 1 → Гул*еч*|к|а 1
Гул|*еньк*|а 1, Гул|*ечк*|а 2,
Гул|юшк|а 1

Гул|*еньк*|а 2, Гул|*ечк*|а 3, Гуль|к|а 2,
Гул|юшк|а 2

Ег|ун|я 1 → Егунь|к|а → Егунеч|к|а 1
                                           Егун|ечк|а 2
(Е)г|ун|я → **Гун|я** → Гунь|к|а 1 → Гунеч|к|а 1
                                           Гун|ечк|а 2, Гунюшк|а 1

Е(г|а) → **Е|ш|а 1** → Еш|к|о, Еш|ур|а
Ег|ул|я 2, Ег|ун|я 2

Е(гор) → Е|ш|а 2
Е(го)р → **Ё|р|а**
(Е)гор → **Гор|а 1** → Гор|к|а 1 → Гор*оч*|к|а 1
                          Горь|к|а 1 → Гор*еч*|к|а 1
                          Гор|еньк|а 1, Гор|ечк|а 2, Гор|ик 1, Гор|оньк|а 1,
                          Гор|очк|а 2, Гор|ушк|а 1, Гор|ш|а 1

Го(р|а) → **Го|г|а 1** → Гог|оньк|а, Гог|очк|а
                     Го|ш|а 1 → Гош|к|а → Гош|*еч*|к|а 1
                                Гош|ун|я→ Гошун|к|а → Гошунч|ик 1
                                              Гошун|ечк|а, Гошун|чик 2
                                Гош|еньк|а, Гош|ул|я

                     Жор|а 1 → Жор|ж 1 → Жорж|еньк|а, Жорж|ик
                                Жор|к|а 1 → Жор*оч*|к|а 1
                                Жор|ик 1, Жор|оньк|а 1, Жор|очк|а 2

                     Жор|я 1 → Жор|ж 2, Жор|ик 2, Жор|к|а 2,
                                Жор|оньк|а 2, Жор|очк|а 3
                     Жор|ж 3, Жор|ик 3, Жор|к|а 3, Жор|оньк|а 3,
                     Жор|очк|а 4

Гор|я 1 → Гор|еньк|а 2, Гор|ечк|а 3, Гор|ик 2, Гор|к|а 2,
            Гор|оньк|а 2, Гор|очк|а 3, Гор|ушк|а 2, Горь|к|а 2,
            Гор|ш|а 2
Го(р|я) → Го|г|а 2, Го|ш|а 2
            Жор|а 2, Жор|я 2; Жор|ж 4, Жор|ик 4, Жор|к|а 4,
            Жор|оньк|а 4, Жор|очк|а 5

Гор|еньк|а 3, Гор|ечк|а 4, Гор|ик 3, Гор|к|а 3, Гор|оньк|а 3,
Гор|очк|а 4, Гор|уш|к|а 3, Горь|к|а 3, Гор|ш|а 3
Жор|а 3, Жор|я 3; Жор|ж 5, Жор|ик 5, Жор|к|а 5, Жор|оньк|а 5,
Жор|очк|а 6

Егор|а → Егор|ёк 2, Егор|ик 2, Егор|к|а 2, Егор|оньк|а 2,
           Егор|ушк|а 2, Егор|ш|а 2
Его(р|а) → Его|н|я 2, Его|ш|а 3
Ег(ор|а) → Ег|а 2; Ег|ул|я 3, Ег|ун|я 3
Е(гор|а) → Е|ш|а 3
(Е)гор|а → Гор|а 2, Гор|я 2; Гор|еньк|а 4, Гор|ечк|а 5, Гор|ик 4,
           Гор|к|а 4, Гор|оньк|а 4, Гор|очк|а 5, Гор|ушк|а 4,
           Горь|к|а 4, Гор|ш|а 4
           Жор|а 4, Жор|я 4; Жор|ж 6, Жор|ик 6, Жор|к|а 6,
           Жор|оньк|а 6, Жор|очк|а 7

ЕЛЕФЕ́РИЙ|, Елефе́ри|я (Елефе́ри[й|а]), *м* (*редк.*) [*греч.*’свободный’]. О т-
ч е с т в о : Елефе́риефич, Елефе́риевна *и* Елефе́рьевич, Елефе́рьевна,
Елефе́рьич (*разг.*).

Алфе́рий|, (Алфе́ри|я А́лфе́ри[й|а])(*разг.*). О т ч е с т в о : Алфе́риевич, Ал-
фе́риевна *и* Алфе́рьевич, Алфе́рьевна; Алфе́рьич (*разг.*).

Алфёр|, а (*разг.*) О т ч е с т в о : Алфёрович, Алфёровна; Алфёрыч (*разг.*)

Елевфе́рий|, Елевфе́ри|я (Елевфе́ри[й|а]) (*стар.*). О т ч е с т в о : Елевфе́-
риевич, Елевфе́риевна *и* Елевфе́рьевич, Елевфе́рьевна.

П р о и з в о д н ы е (24):

Елеферий 1 → Елеферь|юшк|а (Елеферь[й|у]шк|а)

Елефер(ий) → **Елефер|я** → Елеферь|к|а 1

           Ел(ефер|я) → **Ел|я 1** → Ель|к|а 1 → Еле*ч*|к|а 1
                               Ел|аг|а 1, Ел|ечк|а 2
                               Ел|аг|а 2, Ел|ечк|а 3, Ель|к|а 2

           Е(лефе)р|я → **Ер|я 1** → Ерь|к|а 1 → Ере*ч*|к|а 1
                               Ер|ечка 2, Ер|ют|а 1
                               Ер|ечк|а 3, Ерь|к|а 2, Ер|ют|а 2

           (Е)лефер|я → **Лефер|а 1** → Лефер|к|а 1 → Леферо*ч*|к|а 1
                               Лефер|очк|а 2, Лефер|ушк|а 1

                (Ле)фер|а → **Фер|а 1** → Фер|к|а 1 →
                                            Феро*ч*|к|а 1
                               Ферь|к|а 1 →
                                            Фере*ч*|к|а 1
                             Фер|ечк|а 2,
                             Фер|очк|а 2
                             Фер|ушк|а 1

                    (Ф)ер|а → Ер|я 2; Ер|ечк|а 4,
                             Ерь|к|а 3, Ер|ют|а 3

                    Фер|я 1 → Фер|ечк|а 3,
                             Фер|к|а 2,
                             Фер|очк|а 3,
                             Фер|ушк|а 2,
                             Ферь|к|а 2

                    (Ф)ер|я → Ер|я 3; Ер|ечк|а 5,
                             Ерь|к|а 4, Ер|ют|а 4

                    Фер|ечк|а 4, Фер|к|а 3,
                    Фер|очк|а 4, Фер|ушк|а 3,
                    Ферь|к|а 3

                (Леф)ер|а → Ер|я 4; Ер|ечк|а 6, Ерь|к|а 5,
                            Ер|ют|а 5

                Лефер|к|а 2, Лефер|очк|а 3, Лефер|ушк|а 2

           (Еле)фер|я → Фер|а 2, Фер|я 2; Фер|ечк|а 5, Фер|к|а 4,
                    Фер|очк|а 5, Фер|ушк|а 4, Ферь|к|а 4

           Елеферь|к|а 2

Ел(еферий) → Ел|я 2; Ел|аг|а 3, Ел|ечк|а 4, Ель|к|а 3
Е(лефе)р(ий) → Ер|я 5: Ер|ечк|а 7, Ерь|к|а 6, Ер|ют|а 6
Ел(е)фер(ий) → **Алфёр 1**
(Е)лефер(ий) → Лефер|а 2; Лефер|к|а 3, Лефер|очк|а 4, Лефер|ушк|а 3
(Еле)фер(ий) → Фер|а 3, Фер|я 3; Фер|ечк|а 6, Фер|к|а 5, Фер|очк|а 6,
        Фер|ушк|а 5, Ферь|к|а 5
Ел(е)ферий → **Алферий**
       Алфер(ий) → Алфёр 2
       (Ал)фер(ий) → Фер|а 4, Фер|я 4; Фер|ечк|а 7, Фер|к|а 6,
           Фер|очк|а 7, Фер|ушк|а 6, Ферь|к|а 6

Елевферий
Еле(в)ферий → Елеферий 2
   Дни ангела и святые (Елевферий): 3 октября, 15 декабря — *священно-мученики*; 4 августа, 8 августа — *мученики*.

ЕЛИЗА́Р|, а, *м* [*др.-евр.* 'Бог помог'; 'Божья помощь']. О т ч е с т в о : Елиза́рович, Елиза́ровна; Елиза́рыч (*разг.*).
Елеаза́р| а (*стар.*). О т ч е с т в о : Елеаза́рович, Елеаза́ровна.
   П р о и з в о д н ы е (23):
Елизар 1 → Елизар|к|а → Елизар*оч*|к|а 1
         Елизар|очк|а 2, Елизар|ушк|а
Ел(изар) → Ел|аг|а 1, Ель|ш|а 1
(Е)л(и)за(р) → **Лаз|я 1** → Лазь|к|а 1 → Лаз*еч*|к|а 1
               Лаз|ечк|а 2
       Лаз|ечк|а 3, Лазь|к|а 2
(Е)лизар → **Лизар|а 1** → Лизар|к|а 1 → Лизар*оч*|к|а 1
              Лизар|ёнок 1, Лизар|очк|а 2, Лизар|ушк|а 1
     Л(и)за(р|а) → Л*аз*|я 2; Л*аз*|ечк|а 4, Лазь|к|а 3
      (Ли)зар|а → **Зар|а 1** → Зар|к|а 1 → Зар*оч*|к|а 1
                Зарь|к|а 1 → Зар*еч*|к|а 1
                Зар|еньк|а 1, Зар|ечк|а 2, Зар|ик 1,
                Зар|оньк|а 1, Зар|очк|а 2, Зар|ушк|а 1,
                Зар|юшк|а 1
          Зар|я 1 → Зар|еньк|а 2, Зар|ечк|а 3, Зар|ик 2,
                Зар|к|а 2, Зар|оньк|а 2, Зар|очк|а 3,
                Зар|ушк|а 2, Зарь|к|а 2, Зар|юшк|а 2
           Зар|еньк|а 3, Зар|ечк|а 4, Зар|ик 3, Зар|к|а 3,
           Зар|оньк|а 3, Зар|очк|а 4, Зар|ушк|а 3, Зарь|к|а 3,
           Зар|юшк|а 3
     Лизар|ёнок 2, Лизар|к|а 2, Лизар|очк|а 3, Лизар|ушк|а 2
(Ели)зар → Зар|а 2, Зар|я 2; Зар|еньк|а 4, Зар|ечк|а 5, Зар|ик 4, Зар|к|а 4,
        Зар|оньк|а 4, Зар|очк|а 5, Зар|ушк|а 4, Зарь|к|а 4, Зар|юшк|а 4

Елеазар
Еле(а)зар → Елизар 2

Дни ангела и святые (Елеазар): 13 января — *преподобный*; 1 августа — *мученик*.

ЕЛИСЕ́Й|, Елисе́|я (Елисе́[й|а]), *м* [*др.-евр.* 'Бог—спасение';'коего спасение Бог']. О т ч е с т в о : Елисе́евич, Елисе́евна; Елисе́ич (*разг.*).
Ели́с|, а (*прост.*) О т ч е с т в о : Ели́сович, Ели́совна.
Елиссе́й|, Елиссе́|я (Елиссе[й|а])(*стар.*). О т ч е с т в о : Елиссе́евич, Елиссе́евна.

П р о и з в о д н ы е (23):
Елисей 1 → Елисей|к|а 1
                       (Е)лисей|к|а → Лисейк|а
                       Елисе|юшк|а (Елисе[й|у]шк|а)
                       (Е)лисе|юшк|а → Лисеюшк|а
Елис(ей) → **Елис 1**
             Ел(ис) → **Ел|я 1** → Ель|к|а 1 → Елеч|к|а 1
                                          Ел|аг|а 1, Ел|еньк|а 1, Ел|ечк|а 2,
                                          Ель|ш|а 1
                                Ел|аг|а 2, Ел|еньк|а 2, Ел|ечк|а 3, Ель|к|а 2,
                                Ель|ш|а 2
             (Е)лис → **Лес|я 1** → Лес|к|а 1 → Лесоч|к|а 1
                                Лесь|к|а 1 → Лесеч|к|а 1
                                Лес|еньк|а 1, Лес|ечк|а 2, Лес|очк|а 2
                                Лес|очк|а 3, Лесь|к|а 2
                                Лес|еньк|а 2, Лес|ечк|а 3, Лес|к|а 2
             Елес|я 1 → Елес|к|а 1 → Елесоч|к|а 1
                                Елесь|к|а 1 → Елесеч|к|а 1
                                Елес|еньк|а 1, Елес|ечк|а 2, Елес|очк|а 2
             (Е)лес|я → Лес|я 2; Лес|еньк|а 3, Лес|ечк|а 4, Лес|к|а 3,
                                Лес|очк|а 4, Лесь|к|а 3
             Елес|еньк|а 2, Елес|ечк|а 3, Елес|к|а 2, Елес|очк|а 3,
             Елесь|к|а 2
Ел(исей) → Ел|я 2; Ел|аг|а 3, Ел|еньк|а 3, Ел|ечк|а 4, Ель|к|а 3, Ель|ш|а 3
(Е)лис(ей) → Лес|я 3; Лес|еньк|а 4, Лес|ечк|а 5, Лес|к|а 4, Лес|очк|а 5,
             Лесь|к|а 4
Елиссей
Елис(сей) → Елис 2
             Елес|я; Елес|еньк|а 3, Елес|ечк|а 4, Елес|к|а 3, Елес|очк|а 4,
             Елесь|к|а 3
Ел(иссей) → Ел|я 3; Ел|аг|а 4, Ел|еньк|а 4, Ел|ечк|а 5, Ель|к|а 4, Ель|ш|а 4
(Е)лис(сей) → Лес|я 4; Лес|еньк|а 5, Лес|ечк|а 6, Лес|к|а 5, Лес|очк|а 6,
             Лесь|к|а 5
Елис(с)ей → Елисей 2

День ангела и святой (Елисей): 14 июня — *пророк*; 23 октября — *преподобный*.

ЕМЕЛЬЯ́Н|, а, *м* [*греч.* ʼльстивыйʼ; *от слова* Емилий — ʼприятный в слове̓]. О т ч е с т в о : Емелья́нович, Емелья́новна; Емелья́ныч (*разг.*).
Амелья́н|, а (*прост.*).
Емилиа́н|, а (*стар.*). О т ч е с т в о : Емилиа́нович, Емилиа́новна.

П р о и з в о д н ы е (22):
Емельян 1 → Емельян|к|а → Емельяноч|к|а 1
                        Емельян|очк|а 2, Емельян|ушк|а
Емел(ьян) → **Емел|я 1** → Емель|к|а 1→ Емелеч|к|а 1
                        Емел|еньк|а 1, Емел|ечк|а 2, Емел|юшк|а 1
            (Е)мел|я → **Мел|я 1** →   Мел|ёх|а 1 →Мелёш|к|а 1 →
                                                        Мелёш*еч*|к|а 1
                                        Мелёш|еньк|а 1,
                                        Мелёш|ечк|а 2
                            Мел|ёш|а 1 → Мелёш|еньк|а 2,
                                        Мелёш|ечк|а 3,
                                        Мелёш|к|а 2
                        Мель|к|а 1 →Мелеч|к|а 1
                        Мел|еньк|а 1, Мелеч|к|а 2
                Мел|еньк|а 2, Мел|ечк|а 3, Мел|ёх|а 2,
                Мел|ёш|а 2, Мель|к|а 2
            Емел|еньк|а 2, Емел|ечк|а 3, Емель|к|а 2, Емел|юшк|а 2
            Емельяш|а 1 → Емельяш|к|а 1 → Емельяш*еч*|к|а 1
                            Емельяш|еньк|а 1, Емельяш|ечк|а 2
            Емель(яш|а) → Емел|я 2; Емел|еньк|а 3, Емел|ечк|а 4,
                            Емель|к|а 3, Емел|юшк|а 3
            (Е)мель(яш|а) → Мел|я 2; Мел|еньк|а 3, Мел|ечк|а 4,
                            Мел|ёх|а 3, Мел|ёш|а 3, Мель|к|а 3
            Емельяш|еньк|а 2, Емельяш|ечк|а 3, Емельяш|к|а 2
            Амельян
            (А)мель(ян) → Мел|я 3; Мел|еньк|а 4, Мел|ечк|а 5,
                            Мел|ёх|а 4, Мел|ёш|а 4, Мель|к|а 4

Емилиан → Емельян 2
Дни ангела и святые (Емелиан): 8 января, 7 марта, 8 августа — *преподобные*; 18 августа — *священномученик*; 18 июля — *мученик*.

ЕПИФА́Н|, а, *м* [*греч.* ʼвидный, известныйʼ; ʼславныйʼ, ʼ(Богом) объявленныйʼ]. О т ч е с т в о : Епифа́нович, Епифа́новна, Епифа́ныч (*разг.*).
Епифа́ний, Епифа́ни|я (Епифа́ни[й|а]) (*стар.*). О т ч е с т в о : Епифа́ниевич, Епифа́ниевна *и* Епифа́ньевич, Епифа́ньевна.

П р о и з в о д н ы е(38):
Епифан 1 → Епифан|к|а 1 → Епифаноч|к|а 1
            Епифань|к|а 1 → Епифанеч|к|а 1
            Епифан|ечк|а 2, Епифан|очк|а 2, Епифан|ушк|а 1
Епи(фан) → **Епиш|х|а 1** → Епиш|к|а 1 → Епиш*еч*|к|а 1

Епиш|еньк|а 1, Епиш|ечк|а 2
Епиш|а 1 → Епиш|еньк|а 2, Епиш|ечк|а 3,
     Епиш|к|а 2
(Е)пиш|а → **Пиш|а 1** → Пиш|к|а 1 → Пишечк|а 1
         Пиш|еньк|а 1, Пиш|ечк|а 2
      Пиш|еньк|а 2, Пиш|ечк|а 3, Пиш|к|а 2
Епи|ш|а 2
Е(пи)фан → **Ефан 1**→ Ефань|к|а 1 → Ефанеч|к|а 1
      Ефан|ечк|а 2
   (Е)фан → **Фан|а 1** → Фан|к|а 1 → Фаноч|к|а 1
         Фань|к|а 1 → Фанеч|к|а 1
         Фан|ечк|а 2, Фан|ик 1, Фан|очк|а 2,
         Фан|ушк|а 1, Фан|юшк|а 1
      Фан|я 1 → Фан|ечк|а 3, Фан|ик 2, Фан|к|а 2,
         Фан|очк|а 3, Фан|ушк|а 2, Фань|к|а 2,
         Фан|юшк|а 2
      Фан|ечк|а 4, Фан|ик 3, Фан|к|а 3, Фан|очк|а 4,
      Фан|ушк|а 3, Фань|к|а 3, Фан|юшк|а 3
      Ефаш|а 1 → Ефаш|к|а 1
      Ефаш|к|а 2
   Ефан|я 1 → Ефан|ечк|а 3, Ефань|к|а 2
   (Е)фан|я → Фан|а 2, Фан|я 2; Фан|ечк|а 5, Фан|ик 4,
      Фан|к|а 4, Фан|очк|а 5, Фан|ушк|а 4, Фань|к|а 4,
      Фан|юшк|а 4
      Ефаш|а 2; Ефаш|к|а 3
   Ефан|ечк|а 4, Ефань|к|а 3
   Ефаш|а 3; Ефаш|к|а 4
Епи(фа)н → Епиш|а 2; Епиш|еньк|а 3, Епиш|ечк|а 4, Епиш|к|а 3
(Е)пиф(ан) → **Пиф|а 1** → Пиф|к|а 1 → Пифоч|к|а 1
        Пиф|оньк|а 1, Пиф|очк|а 2
     Пиф|к|а 2, Пиф|оньк|а 2, Пиф,очк|а 3
(Е)пи(фа)н → Пиш|а 2; Пиш|еньк|а 3, Пиш|ечк|а 4, Пиш|к|а 3
(Епи)фан → Фан|а 3, Фан|я 3; Фан|ечк|а 6, Фан|ик 5, Фан|к|а 5,
   Фан|очк|а 6, Фан|ушк|а 5, Фань|к|а 5, Фан|юшк|а 5
   Епифаш|а 1 → Епифаш|к|а 1 → Епифашеч|к|а 1
       Епифаш|еньк|а 1, Епифаш|ечк|а 2
   Епи(фа)ш|а → Епиш|а 3; Епиш|еньк|а 4, Епиш|ечк|а 5,
      Епиш|к|а 4
   Е(пи)фаш|а → Ефаш|а 4; Ефаш|к|а 5
   (Е)пиф(аш|а) → Пиф|а 2; Пиф|к|а 3, Пиф|оньк|а 3,
      Пиф|очк|а 4
   (Е)пи(фа)ш|а → Пиш|а 3; Пиш|еньк|а 4, Пиш|ечк|а 5,
      Пиш|к|а 4
   Епифаш|еньк|а 2, Епифаш|ечк|а 3, Епифаш|к|а 2

Епифан|я 1 → Епифан|ечк|а 3, Епифан|к|а 2, Епифан|очк|а 3, Епифан|ушк|а 2, Епифань|к|а 2

Епи(фан|я) → Епи|х|а 2, Епи|ш|а 4

Е(пи)фан|я → Ефан 2, Ефан|я 2; Ефан|ечк|а 4, Ефань|к|а 3 Ефаш|а 5; Ефаш|к|а 6

Епи(фа)н|я → Епиш|а 5; Епиш|еньк|а 5, Епиш|ечк|а 6, Епиш|к|а 5

(Е)пиф(ан|я) → Пиф|а 3; Пиф|к|а 4, Пиф|оньк|а 4, Пиф|очк|а 5

(Е)пи(фа)н|я → Пиш|а 4; Пиш|еньк|а 5, Пиш|ечк|а 6, Пиш|к|а 5

(Епи)фан|я → Фан|а 4, Фан|я 4; Фан|ечк|а 7, Фан|ик 6, Фан|к|а 6, Фан|очк|а 7, Фан|ушк|а 6, Фань|к|а 6, Фан|юшк|а 6

Епифаш|а 2; Епифаш|еньк|а 2, Епифаш|ечк|а 3, Епифаш|к|а 2

Епифаний

Епифан(ий) → Епифан 2, Епифан|я 2

С р.: *ж* Епифана.

Дни ангела и святой (Епифаний): 12 мая, 7 ноября — *епископ*.

ЕРЕМЕ́Й|, Ереме́|я (Ереме́[й|а]), *м* [*др.-евр.* 'Яхве (Бог) возвысит'; 'бросать, метать' + 'Яхве'; 'возвышенный Богом'; 'вестник, посланец олимпийских богов']. О т ч е с т в о : Ереме́евич, Ереме́евна; Ереме́ич (*разг.*).
Ереми́|я (Ереми́[й|а]), Ереми́|и (Ереми[й|и]) (*разг.*). О т ч е с т в о : Ереми́евич, Ереми́евна.
Иереми́|я (Иереми́[й|а]), Иереми́|и (Иереми́[й|и]) (*стар.*). О т ч е с т в о : Иереми́евич, Иереми́евна.

П р о и з в о д н ы е (23):

Еремей 1 → Еремей|к|а, Ереме|юшк|а (Ереме[й|у]шк|а)

Ерём(ей) → **Ерём|а 1** → Ерём|к|а 1 → Ерёмо*ч*к|а 1
Ерём|очк|а 2, Ерём|ушк|а 1

Ер(ём|а) → **Ер|я 1** → Ер|он|я 1 → Ерон|ьк|а → Ерон*еч*к|а 1
Ерон|ечк|а 2, Ерон|юшк|а

Ерь|к|а 1 → Ер*еч*к|а 1
Ер|ечк|а 2, Ер|ют|а 1

Ер|ечк|а 3, Ер|он|я 2, Ерь|к|а 2, Ер|ют|а 2

Е(рё)м|а → **Ем|а 1**

(Ер)ём|а → **Ём|а 1** → Ём|к|а 1 → Ёмо*ч*к|а 1
Ём|оньк|а 1, Ём|очк|а 2, Ём|ушк|а 1, Ём|ш|а 1

Ём|к|а 2, Ём|оньк|а 2, Ём|очк|а 3, Ём|ушк|а 2, Ём|ш|а 2

               Ерём|к|а 2, Ерём|очк|а 3, Ерём|ушк|а 2
Ер(емей) → Ер|я 2; Ер|ечк|а 4, Ер|он|я 3, Ерь|к|а 3, Ер|ют|а 3
(Ер)ем(ей) → Ем|а 2
               Ём|а 2; Ём|к|а 3, Ём|оньк|а 3, Ём|очк|а 4, Ём|ушк|а 3,
               Ём|ш|а 3
               Веремей 1
Иереми|я → **Ереми|я**
           Ерем(и|я) → Ерём|а 2; Ерём|к|а 3, Ерём|очк|а 4, Ерём|ушк|а 3
           Ер(еми|я) → Ер|я 3; Ер|ечк|а 5, Ер|он|я 4, Ерь|к|а 4, Ер|ют|а 4
           (Ер)ем(и|я) → Ем|а 3
                 Ём|а 3; Ём|к|а 4, Ём|оньк|а 4, Ём|очк|а 5,
                 Ём|ушк|а 4, Ём|ш|а 4
                 Ерем*ей* 2
                 Веремей 2
           Ерем*ей* 3

Дни ангела и святые (Иеремия): 14 января, 28 сентября, 5 октября — *преподобные*; 1 мая — *пророк*; 16 февраля, 6 апреля — *мученики*; (Еремей): 4 ноября — *мученик*.

ЕРМА́К|, а, *м* [*разг.* форма имени Ермолай, ставшая документальной]. О т ч е с т в о : Ермако́вич, Ермако́вна.
   П р о и з в о д н ы е (5):
Ермак
Ерм(ак) → **Ерм|а** → Ерм|аш|а 1
         Ер(м|а) 1 → **Ер|я 1** → Ерь|к|а 1, Ер|ют|а 1
                 Ерь|к|а 2, Ер|ют|а 2
         Ерма|ш|а 2
Ер(мак) → Ер|я 2; Ерь|к|а 3, Ер|ют|а 3

Е́РМИЙ|, Е́рми|я (Е́рми[й|а]), *м* (*стар. редк.*) [*греч.* 'Гермес'; 'Гермесов', *иносказат.* 'дающий богатство'; 'Бог-вестник']. О т ч е с т в о: Е́рмиевич, Е́рмиевна.
   П р о и з в о д н ы е (7):
Ермий
Ерм(ий) → **Ерм|а** → Ерм|аш|а 1, Ерм|оньк|а 1, Ерм|очк|а 1
         Ер(м|а) → **Ер|я 1** → Ерь|к|а 1, Ер|ют|а 1
                Ерь|к|а 2, Ер|ют|а 2
         Ерм|аш|а 2, Ерм|оньк|а 2, Ерм|очк|а 2
Ер(мий) → Ер|я 2; Ерь|к|а 3, Ер|ют|а 3
Дни ангела и святые (Ермий): 4 января — *апостол*; 31 мая, 6 июля — *мученики*; (Ерм или Ерма): 4 января, 8 марта, 8 апреля, 31 мая, 18 августа, 5 ноября — *апостолы*.

ЕРМИ́Л|, а, *м* [*греч.* 'Гермес' *и* 'лес'; 'из Гермесовой (храмовой) рощи'].

Отчество: Ерми́лович, Ерми́ловна; Ерми́лыч (*разг.*).

Ерми́л|а, ы (*разг.*). Отчество: Ермилич, Ермилична.

Ерми́лий|, Ерми́ли|я (Ерми́ли[й|а]) (*разг.*). Отчество: Ерми́льевич, Ер-
ми́льевна; Ерми́льич (*разг.*) и Ермилич (*разг.*).

П р о и з в о д н ы е (10):

Ермил 1 → Ермил|к|а → Ермило*оч*|к|а 1
   Ермил|оньк|а 1, Ермил|очк|а 2, Ермил|ушк|а 1

Ерми(л) → **Ерми|ш|а 1**→ Ермиш|к|а → Ермиш*еч*|к|а 1
   Ермиш|еньк|а, Ермиш|ечк|а 2

Ермил|а 1 → Ермил|к|а 2, Ермил|оньк|а 2, Ермил|очк|а 3,
   Ермил|ушк|а 2

Ерми(л|а) → Ерми|ш|а 2

Ермилий

Ермил(ий) → Ермил|к|а 3, Ермил|оньк|а 3, Ермил|очк|а 4,
   Ермил|ушк|а 3

Ерми(лий) → Ерми|ш|а 3

День ангела и святой (Ермил): 13 января, 18 декабря — *мученик*.

ЕРМОЛА́Й|, Ермо́ла|я (Ермола́[й|а]), [*греч*, 'Гермес' *и* 'народ', 'вестник
народу', 'народ Гермеса']. Отчество: Ермола́евич, Ермола́евна; Ермо́-
лаич (*разг.*).

Ермак|, а (*разг.*). Отчество: Ермако́вич, Ермако́вна.

Ермол|, а (*разг.*). Отчество: Ермо́лович, Ермо́ловна; Ермо́лыч (*разг.*).

П р о и з в о д н ы е (20):

Ермолай → Ермолай|к|а, Ермола|юшк|а (Ермола[й|у]шк|а)

Ермол(ай) → **Ермол**,
   Ермол|а →Ермол|к|а 1→ Ермоло*оч*|к|а 1
      Ермол|оньк|а 1, Ермол|очк|а 2, Ермол|ушк|а 1

   Ермо(л),
   Ермо(л|а) → **Ермо|х|а 1** → Ермош|к|а 1 → Ермош*еч*|к|а 1,
      Ермошк|ай
      Ермош|ечк|а 2
      Ермош|а 1 → Ермош|ечк|а 3,
         Ермош|к|а 2
      Ермо|ш|а 2

   Ерм(ол),
   Е́рм(ол|а) → **Ерм|а 1** → Ерм|иш|а 1 → Ермиш|к|а →
         Ермиш*еч*|к|а 1
      Ермиш|еньк|а,
      Ермиш|ечк|а 2
      Ерм|ак 1
   Ерм|ак 2, Ерм|иш|а 2

Ермо(лай) → Ермо|х|а 2, Ермо|ш|а 3
Ерм(олай) → Ерм|а 2; Ерм|ак 3, Ерм|иш|а 3

День ангела и святой (Ермолай): 26 июля — *священномученик.*

ЕРОФЕ́Й|, Ерофе́|я (Ерофе́[й|а]), *м* [*греч.* 'священный' и 'Бог'; 'освященный Богом', 'освящен от Бога']. О т ч е с т в о : Ерофе́евич, Ерофе́евна; Ерофе́ич (*разг.*).

Иерофе́й|, Иерофе́|я (Иерофе́[й|а]) (*стар.*). О т ч е с т в о : Иерофе́евич, Иерофе́евна.

П р о и з в о д н ы е (16):

Ерофей 1 → Ерофей|к|а, Ерофе|юшк|а (Ерофе[й|у]шк|а)

Еро(фей) → **Еро|н|я** → Еронь|к|а → Еронеч|к|а 1
⎢⠀⠀⠀⠀⠀⠀⠀⠀⠀⠀⠀Ерон|ечк|а 2, Ерон|юшк|а
⎢⠀⠀⠀⠀⠀⠀⠀**Еро*ш*|а 1** → Ерош|к|а 1 → Еро*ш*еч|к|а 1
⎢⠀⠀⠀⠀⠀⠀⠀⠀⠀⠀⠀⠀⠀⠀⠀Ерош|еньк|а 1, Ерош|ечк|а 2
⎢⠀⠀⠀⠀⠀⠀⠀⠀⠀Ерош|еньк|а 2, Ерош|ечк|а 3, Ерош|к|а 2
⎢⠀⠀⠀⠀⠀⠀⠀**Еро|х|а** → Еро*ш*|а 2; Еро*ш*|еньк|а 3, Еро*ш*|ечк|а 4, Еро*ш*|к|а 3
⎢⠀⠀⠀⠀⠀⠀⠀Еро|ш|а 3

Ер(офей) → **Ер|а** → Ер|к|а → Ер*оч*|к|а 1
⠀⠀⠀⠀⠀⠀⠀⠀⠀⠀⠀Ер|ик 1, Ер|очк|а 2
⠀⠀⠀⠀⠀⠀⠀⠀⠀Ер|ик 2, Ер|к|а 2, Ер|очк|а 3

Иерофей

(И)ерофей → Ерофей 2

День ангела и святой (Иерофей): 4 октября — *епископ.*

ЕФИ́М|, а, *м* [*греч.* 'благочестивый, священный'; 'благодушный, благожелательный']. О т ч е с т в о : Ефи́мович, Ефи́мовна; Ефи́мыч (*разг.*).

Ефи́мий|, Ефи́ми|я (*разг.*). О т ч е с т в о : Ефи́миевич, Ефи́миевна и Ефи́мьевич, Ефи́мьевна.

Евфи́мий|, Евфи́ми|я (Евфими[й|а]) (*стар.*). О т ч е с т в о : Евфи́миевич, Евфи́миевна и Евфи́мьевич, Евфи́мьевна.

П р о и з в о д н ы е (25):

Ефим 1 → Ефим|к|а 1 → Ефим*оч*|к|а 1
⠀⠀⠀⠀⠀⠀⠀⠀Ефим|ок 1, Ефим|оньк|а 1, Ефим|очк|а 2, Ефим|ушк|а 1

(Е)фи(м) → **Фи|ш|а 1** → Фиш|к|а → Фиш*еч*|к|а 1
⠀⠀⠀⠀⠀⠀⠀⠀⠀⠀⠀⠀⠀Фиш|еньк|а, Фиш|ечк|а 2

(Е)фим → **Фим|а 1** → Фим|к|а 1 → Фим*оч*|к|а 1
⎢⠀⠀⠀⠀⠀⠀⠀⠀⠀⠀⠀⠀⠀Фим|ул|я 1 → Фимуль|к|а → Фимул*еч*|к|а 1
⎢⠀⠀⠀⠀⠀⠀⠀⠀⠀⠀⠀⠀⠀⠀⠀⠀⠀⠀Фимул|еньк|а, Фимул|ечк|а 2
⎢⠀⠀⠀⠀⠀⠀⠀⠀⠀⠀⠀⠀⠀Фим|очк|а 2, Фим|ушк|а 1
⎢⠀⠀⠀⠀⠀⠀⠀Фи(м|а) → Фи|ш|а 2
⎢⠀⠀⠀⠀⠀⠀⠀Фим|к|а 2, Фим|очк|а 3, Фим|ул|я 2, Фим|ушк|а 2

Еф(им) → **Ю|х|а 1** → Юх|анк|а
⠀⠀⠀⠀⠀⠀⠀⠀⠀⠀⠀Ю*ш*|к|а 1 → Юш*еч*|к|а 1
⠀⠀⠀⠀⠀⠀⠀⠀⠀⠀⠀Ю*ш*|ечк|а 2
⠀⠀⠀⠀⠀⠀⠀⠀⠀⠀⠀Ю*ш*|еньк|а 1, Ю*ш*|ок 1

Юш|а 1 → Юш|еньк|а 2, Юш|ечк|а 3, Юш|к|а 2,
Юш|ок 2

Юш|а 2; Юш|еньк|а 3, Юш|ечк|а 4, Юш|к|а 3, Юш|ок 3

Евфимий

Е(в)фимий → **Ефимий**

Ефим(ий) → Ефим 2; Ефим|к|а 2, Ефим|ок 2,
Ефим|оньк|а 2, Ефим|очк|а 3, Ефим|ушк|а 2

Еф(имий) → *Юх|а 2; Юш|а 3; Юш|еньк|а 4, Юш|ечк|а 5,
Юш|к|а 4, Юш|ок 4*

(Е)фим(ий) → Фим|а 2; Фим|к|а 3, Фим|очк|а 4,
Фим|ул|я 3, Фим|ушк|а 3

(Е)фи(мий) → Фи|ш|а 3

Е(в)фим(ий) → Ефим 3

С р.: *ж* Ефимия.

Дни ангела и святые (Евфимий): 4 января, 20 января, 1 апреля, 18 апреля, 4 июля, 28 августа, 15 октября — *преподобные*; 11 марта — *епископ*; 13 мая — *патриарх*, 1 мая — *преподобномученик*; 26 декабря — *священномученик*; 3 сентября, 28 декабря — *мученики*.

ЕФРЕМ|, а, *м* [*др.-евр.* название одного из древнеизраильских племен; 'плодовитый']. О т ч е с т в о: Ефре́мович, Ефре́мовна; Ефре́мыч (*разг.*).
Ефре́мий|, Ефре́ми|я (Ефре́ми[й|а]) (*разг.*). О т ч е с т в о: Ефре́миевич, Ефре́миевна *и* Ефре́мьевич, Ефре́мьевна; Ефре́мьич (*разг.*).
П р о и з в о д н ы е (16):
Ефрем → Ефрем|к|а → Ефремо́ч|к|а 1
Ефрем|очк|а 2, Ефрем|ушк|а
(Еф)рем → **Рем|а** → Рем|к|а 1 → Ремо́ч|к|а 1
Рем|ул|я 1 → Ремуль|к|а
Рем|ус|я 1 → Ремусь|к|а → Ремусе́ч|к|а 1
Ремус|ечк|а 2
Рем|ик 1, Рем|оньк|а 1, Рем|очк|а 2, Рем|ух|а 1,
Ре́м|ушк|а 1
Рем|ик 2, Рем|к|а 2, Рем|оньк|а 2, Рем|очк|а 3, Рем|ул|я 2,
Рем|ус|я 2, Рем|ух|а 2, Ре́м|ушк|а 2
Ефрем|ий
(Еф)рем(ий) → Рем|а 2; Рем|ик 3, Рем|к|а 3, Рем|оньк|а 3,
Рем|очк|а 4, Рем|ул|я 3, Рем|ус|я 3,
Рем|ух|а 3, Рем|ушк|а 3

Дни ангела и святые (Ефрем): 28 января, 16 мая, 11 июня, 26 сентября — *преподобные*; 7 марта — *епископ*; 8 июня, 30 августа — *патриарх*; 15 июня — *святитель*.

ЕФРОСИ́Н|, а, *м* [*греч.* 'радость, веселье']. О т ч е с т в о: Ефроси́нович, Ефроси́новна; Ефроси́ныч (*разг.*).

Ефроси́м|, а (*разг.*). О т ч е с т в о: Ефроси́мович, Ефроси́мовна; Ефроси́-мыч (*разг.*).

Афроси́н|, а (*прост.*).

Афроси́м|, а (*прост.*).

Евфроси́п|, а (*стар.*). О т ч е с т в о: Евфроси́нович, Евфроси́новна.

П р о и з в о д н ы е (13):

Ефросин 1

Ефроси(н) → Ефроси|м 1

           (Е)фрос(и|м) → **Фрос|я 1** → Фрось|к|а 1 → Фросеч|к|а 1

                                    Фрос|юш|а 1, Фрос|еньк|а 1,

                                    Фрос|ечк|а 2, Фро́с|юшк|а 1

                    Фрос|еньк|а 2, Фрос|ечк|а 3, Фрось|к|а 2,

                    Фрос|юш|а 2, Фро́с|юшк|а 2

                    Афросим 1

                    (А)фрос(им) → Фрос|я 2; Фрос|еньк|а 3,

                                  Фрос|ечк|а 4, Фрось|к|а 3,

                                  Фрос|юш|а 3, Фро́с|юшк|а 3

        Афроси|м 2

(Е)фрос(ин) → Фрос|я 3; Фрос|еньк|а 4, Фрос|ечк|а 5, Фрось|к|а 4,

                    Фрос|юш|а 4, Фро́с|юшк|а 4

(Ефро)син → **Син|а 1** → Син|к|а 1 → Синоч|к|а 1

                          Син|очк|а 2, Син|ушк|а 1

              Син|к|а 2, Син|очк|а 3, Син|ушк|а 2

              Афросин

              Афроси(н) → Афроси|м 3

              (А)фрос(ин) →Фрос|я 4; Фрос|еньк|а 5, Фрос|ечк|а 6,

                              Фрось|к|а 5, Фрос|юш|а 5, Фро́с|юшк|а 5

              (Афро)син → Син|а 2; Син|к|а 3, Син|очк|а 4, Син|ушк|а 3

Евфросин

Е(в)фросин → Ефросин 2

  С р.: *ж* Ефросиния.

Дни ангела и святые (Евфросин): 2 марта, 20 марта, 11 сентября — *преподобные*; 15 мая — *епископ.*

З

ЗАХА́Р|, а, *м* [*др.-евр.* 'Бог вспомнил'; 'память Господня']. О т ч е с т в о : Заха́рович, Заха́ровна; Заха́рыч (*разг.*).

Заха́рий|, Заха́ри|я (Заха́ри[й|а])(*разг.*). О т ч е с т в о : Заха́риевич, Заха́риевна *и* Заха́рьевич, Заха́рьевна.

Заха́ри|я, Заха́ри|и (Заха́ри[й|и]) (*стар.*). О т ч е с т в о : Заха́риевич, Заха́риевна *и* Заха́рьевич, Заха́рьевна.

П р о и з в о д н ы е (14):

Захар 1 → Захар|к|а 1 → Захаро*ч*|к|а 1
⎪   Захар|еньк|а 1, Захар|ок 1, Захар|оньк|а1, Захар|очк|а 2,
⎪   Захар|ушк|а 1

З(ах)ар → **Зор|а 1** → Зоры|к|а 1 → Зоре*ч*|к|а 1
                          Зор|еньк|а 2, Зор|ечк|а 2, Зор|ик 1, Зор|юшк|а 1

           Зор|я 1 → Зор|еньк|а 2, Зор|ечк|а 3, Зор|ик 2, Зоры|к|а 2,
                       Зор|юшк|а 2

           Зор|еньк|а 3, З*о*р|ечк|а 4, З*о*р|ик 3, З*о*ры|к|а 3, З*о*р|юшк|а 3

Захари|я →**Захарий**
(Захари[й|а]) → Захар(ий) → Захар 2; Захар|еньк|а 2, Захар|к|а 2,
                            Захар|ок 2, Захар|оньк|а 2, Захар|очк|а 3,
                            Захар|ушк|а 2

           З(ах)ар(ий) → Зор|а 2, Зор|я 2; Зор|еньк|а 4, Зор|ечк|а 5:
                          Зор|ик 4, Зоры|к|а 4, Зор|юшк|а 4

Захар(и|я) → Захар 3

Дни ангела и святые (Захария): 24 марта, 28 августа, 5 декабря — *преподобные*; 8 февраля, 5 сентября — *пророк*.

ЗЕНО́Н|, а, *м* [*греч.* 'Зевс'; 'Зевс, Божественный']. О т ч е с т в о : Зено́нович, Зено́новна; Зено́ныч (*разг.*).

Зино́н|, а (*стар.*). О т ч е с т в о : Зино́нович, Зино́новна.

П р о и з в о д н ы е (26):

Зенон

Зен(он) → **Зен|а** → Зен|к|а 1 → Зен*оч*|к|а 1
               Зен|уш|а 1 → Зен*ý*ш|к|а
               Зень|к|а 1 → Зен*еч*|к|а 1
               Зен|юш|а 1 →Зен*ю*ш|к|а
               Зен|ечк|а 2, Зен|ик 1, Зен|очк|а 2, З*é*н|ушк|а 1,
               Зень|ш|а 1, З*é*н|юшк|а 1
     Зен|я →Зен|ечк|а 3, Зен|ик 2, Зен|к|а 2, Зен|очк|а 3, Зен|уш|а 2,
               З*é*н|ушк|а 2, Зень|к|а 2, Зень|ш|а 2, Зен|юш|а 2,
               З*é*н|юшк|а 2
     Зен|ечк|а 4, Зен|ик 3, Зен|к|а 3, Зен|очк|а 4, Зен|уш|а 3,
     З*é*н|ушк|а 3, Зень|к|а 3, Зень|ш|а 3, Зен|юш|а 3, З*é*н|юшк|а 3
Зинон
Зин(он) → **Зин|а** → Зин|к|а 1 → Зин*оч*|к|а 1
               Зин|ок 1 → Зин*оч*|ек 1
               Зин|уш|а 1 → Зин*ý*ш|к|а
               Зинь|к|а 1 → Зин*еч*|к|а 1
               Зин|ечк|а 2, Зин|очек 2, Зин|очк|а 2,
               Зин|ушк|а 1
     Зин|я → Зин|ечк|а 3, Зин|к|а 2, Зин|ок 2,
               Зин|очек 3, Зин|очк|а 3, Зин|уш|а 2,
               З*й*н|ушк|а 2, Зинь|к|а 2
     Зин|ечк|а 4, Зин|к|а 3, Зин|ок 3, Зин|очек 4,
     Зин|очк|а 4, Зин|уш|а 3, З*й*н|ушк|а 3, Зинь|к|а 3
С р.: *ж* Зенона.

Дни ангела и святые (Зенон): 7 мая — *преподобный*; (Зинон): 30 января, 3 марта, 28 августа — *преподобные*; 12 апреля, 18 апреля — *священномученики*; 10 апреля, 28 апреля, 22 июня, 3 сентября, 6 сентября, 17 сентября, 28 декабря — *мученики*.

ЗИН**ÓВИЙ** |, Зин**ó**ви|я (Зин**ó**ви[й|а]), *м* [*греч.* 'Зевс' *и* 'жизнь'; 'Богоугодно живущий']. О т ч е с т в о : Зин**ó**виевич, Зин**ó**виевна *и* Зин**ó**вьевич, Зин**ó**вьевна; Зиновьич (*разг.*).
Зинове́й**|**, Зинове́|я (Зинове́[й|а])(*прост.*).
   П р о и з в о д н ы е (54):
Зиновий
Зин(овий) → **Зин|а 1** →Зин|ах|а 1 → Зинаш|к|а 1 → Зинаш*еч*|к|а 1
                       Зинаш|еньк|а 1, Зинаш|ечк|а 2
              Зин|аш|а 1 →Зинаш|еньк|а 2, Зинаш|ечк|а 3,
                       Зинаш|к|а 2
              Зин|к|а 1 → Зин*оч*|к|а 1, Зин*ч*|ик 1
              Зин|ок 1 → Зин*оч*|ек 1
              Зин|ул|я 1 → Зинуль|к|а → Зинул*еч*|к|а 1,
                            Зинуль*ч*|ик 1
                  Зинул|еньк|а, Зинул|ечк|а 2,

| Зинуль|чик 2

Зин|ус|я 1 → Зинусь|к|а → Зинусе*ч*|к|а 1
                        Зинус|енык|а, Зинус|ечк|а 2,
                        Зинус|ик

Зин|ух|а 1 → Зину́*ш*|к|а 1 → Зинуше*ч*|к|а 1
                        Зину*ш*|енык|а 1, Зину*ш*|ечк|а 2

Зин|уш|а →   Зинуш|енык|а 2, Зинуш|ечк|а 3,
                        Зину́*ш*|к|а 2

Зинь|к|а 1 → Зине*ч*|к|а 1

Зин|ечк|а 2, Зин|ёк 1, Зин|к|о 1, Зин|очек 2,
Зин|очк|а 2, Зи́нушк|а 1, Зинь|к|о 1, Зинь|ш|а 1,
Зин|як|а 1

Зен|а 1 → Зен|к|а 1 → Зено*ч*|к|а 1
                        Зен|уш|а 1 → Зену́*ш*|к|а
                        Зень|к|а → Зене*ч*|к|а 1
                        Зен|юш|а 1 → Зеню́ш|к|а
                        Зен|ёк 1, Зен|ик 1, Зе́нюшк|а 1,
                        Зены|ш|а 1, Зе́н|юшк|а 1, Зен|як|а 1

   Зен|я 1 → Зен|ечк|а 3, Зен|ёк 2, Зен|ик 2,
                        Зен|к|а 2, Зен|очк|а 3, Зен|уш|а 2,
                        Зе́н|ушк|а 2, Зень|к|а 2, Зены|ш|а 2,
                        Зен|юш|а 2, Зе́н|юшк|а 2, Зен|як|а 2

Зен|ечк|а 4, Зен|ёк 3, Зен|ик 3, Зен|к|а 3,
Зен|очк|а 4, Зен|уш|а 3, Зе́н|ушк|а 3, Зень|к|а 3,
Зены|ш|а 3, Зен|юш|а 3, Зе́н|юшк|а 3, Зен|як|а 3

Зин|я 1 → Зин|ах|а 2, Зин|аш|а 2, Зин|ечк|а 3, Зин|ёк 2,
Зин|к|а 2, Зин|к|о 2, Зин|ок 2, Зин|очек 3,
Зин|очк|а 3, Зин|ул|я 2, Зин|ус|я 2, Зин|ух|а 2,
Зин|уш|а 2, Зи́н|ушк|а 2, Зинь|к|а 2, Зинь|к|о 2,
Зины|ш|а 2, Зин|як|а 2

Зен|а 2, Зен|я 2; Зен|ечк|а 5, Зен|ёк 4, Зен|ик 4,
Зен|к|а 4, Зен|очк|а 5, Зен|уш|а 4, Зе́н|ушк|а 4,
Зень|к|а 4, Зены|ш|а 4, Зен|юш|а 4, Зе́н|юшк|а 4,
Зен|як|а 4

Зин|ах|а 3, Зин|аш|а 3, Зин|ечк|а 4, Зин|ёк 3, Зин|к|а 3,
Зин|к|о 3, Зин|ок 3, Зин|очек 4, Зин|очк|а 4, Зин|ул|я 3,
Зин|ус|я 3 , Зин|ух|а 3, Зин|уш|а 3, Зи́н|ушк|а 3, Зинь|к|а 3,
Зинь|к|о 3, Зины|ш|а 3, Зин|як|а 3

Зен|а 3, Зен|я 3; Зен|ечк|а 6, Зен|ёк 5, Зен|ик 5, Зен|к|а 5,
Зен|очк|а 6, Зен|уш|а 5, Зе́н|ушк|а 5, Зень|к|а 5, Зены|ш|а 5,
Зен|юш|а 5, Зе́н|юшк|а 5, Зен|як|а 5

Зиновей → Зиновей|к|а, Зинове|юшк|а (Зинове[й/у]шк|а)

Зин(овей) → Зин|а 2, Зин|я 2; Зин|ах|а 4, Зин|аш|а 4,
                        Зин|ечк|а 5, Зин|ёк 4, Зин|к|а 4, Зин|к|о 4,

Зин|ок 4, Зин|очек 5, Зин|очк|а 5, Зин|ул|я 4,
Зин|ус|я 4, Зин|ух|а 4, Зин|уш|а 4, Зи́н|ушк|а 4,
Зинь|к|а 4, Зинь|к|о 4, Зинь|ш|а 4, Зин|як|а 4
Зен|а 4, Зен|я 4; Зен|ечк|а 7, Зен|ёк 6,
Зен|ик 6, Зеп|к|а 6, Зен|очк|а 7, Зен|уш|а 6,
Зе́н|ушк|а 6, Зень|к|а 6, Зень|ш|а 6,
Зен|юш|а 6, Зе́н|юшк|а 6, Зен|як|а 6

С р.: *ж* Зиновия.

День ангела и святой (Зиновий): 30 октября — *священномученик*.

ЗОСИ́М|А, ы, *м* [*предположительно греч.* 'живой, живущий'; 'подпоясы-
ваться' (надевать пояс означало 'собираться в путь, готовиться к состяза-
ниям' и под.); 'сильный жизнью']. О т ч е с т в о: Зоси́мич, Зоси́мична;
Зоси́мыч (*разг.*).
Зо́сим|, а (*разг.*). О т ч е с т в о: Зо́симович, Зо́симовна; Зо́симыч (*разг.*).
Изо́сим|, а (*разг.*). О т ч е с т в о: Изо́симович, Изо́симовна; Изо́симыч
(*разг.*).
  П р о и з в о д н ы е (47):
Зоси́м|а 1 → Зосим|к|а 1 → Зосимо́ч|к|а 1
          Зосим|очк|а 2, Зосим|ушк|а 1
Зос(им|а) → **Зос|я 1** → Зось|к|а 1 → Зосеч|к|а 1
            Зос|еньк|а 1, Зос|ечк|а 2
          Зо(с|я) → **Зо|н|я 1** → Зонь|к|а → Зонеч|к|а 1
                              Зон|ечк|а 2, Зон|юшк|а
                  Зе|з|я 1
          Зос|еньк|а 2, Зос|ечк|а 3, Зось|к|а 2
Зо(сим|а) → Зо|н|я 2, Зе|з|я 2
(Зо)сим|а → **Сим|а 1** → Сим|к|а 1 → Симо́ч|к|а 1
                      Сим|он|я 1 → Симо́нь|к|а → Симонеч|к|а 1
                              Симон|ечк|а 2
                      Сим|ул|я 1 → Симуль|к|а → Симулеч|к|а 1
                              Симул|еньк|а, Симул|ечк|а 2
                      Сим|ун|я 1 → Симунь|к|а → Симунеч|к|а 1
                              Симун|ечк|а 2
                      Сим|ик 1, Сим|ок 1, Си́м|оньк|а 1, Сим|очк|а 2
            Сим|ик 2, Сим|к|а 2, Сим|ок 2, Си́м|оньк|а 2, Сим|он|я 2,
            Сим|очк|а 3, Сим|ул|я 2, Сим|ун|я 2
          Зосим →   Зосим|к|а 2, Зосим|очк|а 3, Зосим|ушк|а 2
          Зос(им) → Зос|я 2; Зос|еньк|а 3, Зос|ечк|а 4, Зось|к|а 3
          Зо(сим) → Зо|н|я 3, Зе|з|я 3
          (Зо)сим → Сим|а 2; Сим|ик 3, Сим|к|а 3, Сим|ок 3,
                    Си́м|оньк|а 3, Сим|он|я 3, Сим|очк|а 4,
                    Сим|ул|я 3, Сим|ун|я 3
Изосим → Изосим|к|а, Изосим|ушк|а

Изос(им) → **Изос|я** → Изось|к|а 1 → Изос*еч*|к|а 1
                      Изос|еньк|а 1, Изос|ечк|а 2
        Изо(с|я) → **Изо|л|я 1** → Изоль|к|а → Изол*еч*|к|а 1
                          Изол|еньк|а, Изол|ечк|а 2
                Изо|н|я 1 → Изонь|к|а → Изон*еч*|к|а 1
                          Изон|ечк|а 2, Изон|юшк|а
                (И)зо|н|я → Зон|я 4
        Из(ос|я) → **Из|я 1** → Изы|к|а 1 → Из*еч*|к|а 1
                        Из|еньк|а 1, Из|ечк|а 2
                        Из|еньк|а 2, Из|ечк|а 3, Изы|к|а 2
        (И)зо(с|я) → Зо|н|я 5, Зе|з|я 4
        (И)зос|я → Зос|я 3; Зос|еньк|а 4, Зос|ечк|а 5, Зось|к|а 4
        Изос|еньк|а 2, Изос|ечк|а 3, Изось|к|а 2
Изо(сим) → Изо|л|я 2, Изо|н|я 2
Из(осим) → Из|я 2; Из|еньк|а 3, Из|ечк|а 4, Изы|к|а 3
(И)зос(им) → Зос|я 4; Зос|еньк|а 5, Зос|ечк|а 6, Зось|к|а 5
(И)зо(сим) → Зо|н|я 6, Зе|з|я 5
(И)зосим → Зосим 2, Зосим|а 2; Зосим|к|а 3, Зосим|очк|а 4, Зосим|ушк|а 3
(Изо)сим → Сим|а 3; Сим|ик 4, Сим|к|а 4, Сим|ок 4, Си́м|оньк|а 4,
                  Сим|он|я 4, Сим|очк|а 5, Сим|ул|я 4, Сим|ун|я 4

    Дни ангела и святые (Зосима): 30 марта, 4 апреля, 17 апреля, 4 июня, 8 июня, 8 августа, 7 ноября — *преподобные*; 4 января, 15 апреля, 19 июня, 19 сентября, 28 сентября — *мученики*.

И

ИАКИ́М|, а, *м* [*др.-евр.* 'Яхве (Бог) воздвигает'; 'Бог поставил, утвердил'].
О т ч е с т в о: Иаки́мович, Иаки́мовна; Иаки́мыч (*разг.*).
Аки́м|, а (*разг.*). О т ч е с т в о: Аки́мович, Аки́мовна; **Аки́мыч** (*разг.*).
Еки́м|, а (*прост.*).
Яки́м|, а (*прост.*).
Иоаки́м|, а (*стар.*). О т ч е с т в о: Иоаки́мович, Иаоки́мовна.
   П р о и з в о д н ы е (23):
Иаким 1
(И)аки(м) → **Аки|ш|а 1**→ Акиш|к|а → Акиш*еч*к|а 1
                          Акиш|ечк|а 2
(И)аким →   **Аким 1** → Аким|к|а 1 → Аким*оч*к|а 1, Аким*ч*ик 1
                          Аким|ок 1, Аким|оньк|а 1, Аким|очк|а 2,
                          Аким|ушк|а 1, Аким|чик 2
          Аки(м) → Аки|ш|а 2
          (А)ким → **Ким 1, Ким|а 1** → Ким|к|а 1 → Ким*оч*к|а 1
                                      Ким|оньк|а 1, Ким|очк|а 2,
                                      Ким|ушк|а 1
                   Ким|к|а 2, Ким|оньк|а 2, Ким|очк|а 3, Ким|ушк|а 2
                   *Е*ким 1 → Еким|к|а 1, Еким|ушк|а 1
                   (*Е*)ким → Ким 2, Ким|а 2; Ким|к|а 3,
                                    Ким|оньк|а 3, Ким|очк|а 4, Ким|ушк|а 3
                   *Е*ким|к|а 2, *Е*ким|ушк|а 2
                   Яким 1 → Яким|ец 1, Яким|к|а 1, Яким|ушк|а 1
                   (*Я*)ким → Ким 3, Ким|а 3; Ким|к|а 4,
                                    Ким|оньк|а 4, Ким|очк|а 5, Ким|ушк|а 4
                   Яким|ец 2, Яким|к|а 2, Яким|ушк|а 2
          Аким|к|а 2, Аким|ок 2, Аким|оньк|а 2, Аким|очк|а 3,
          Аким|ушк|а 2, Аким|чик 3
          *Е*ким 2; *Е*ким|к|а 3, *Е*ким|ушк|а 3
          *Я*ким 2; *Я*ким|ец 3, *Я*ким|к|а 3, *Я*ким|ушк|а 3

(Иа)ким →   Ким 4, Ким|а 4; Ким|к|а 5, Ким|оньк|а 5, Ким|очк|а 6,
| Ким|ушк|а 5

Иоаким
И(о)аким → Иаким 2

   Дни ангела и святые (Иоаким): 10 февраля — *епископ*; 9 сентября — *праведный*.

ИАКИ́НФ|, а, *м* [*греч.* ‘гиацинт (название цветка)’; по названию цветка (гиацинт) или драгоценного камня (циркон, яхонт, гранат); ‘яхонт камень’]. О т ч е с т в о: Иаки́нфович, Иаки́нфовна.
Аки́нф|, а (*разг.*). О т ч е с т в о: Аки́нфович, Аки́нфовна; Аки́нфыч (*разг.*).
Аки́нфий|, Аки́нфи|я (Аки́нфи[й|а]) (*разг.*). О т ч е с т в о: Аки́нфиевич, Аки́нфиевна *и* Аки́нфьевич, Аки́нфьевна.
Аки́нтий|, Аки́нти|я (Аки́нти[й|а]) (*прост.*).
Аки́мфий|, Аки́мфи|я (Аки́мфи[й|а]) (*прост.*).
   П р о и з в о д н ы е (29):
Иакинф
(И)акин(ф) →
      Акин|я **1** → Акинь|к|а 1 → Акин*еч*|к|а 1
                     Акин|*ечк*|а 2
      (А)кин|я → **Кин**|а **1** → Кин|д|я 1 → Кинд|юш|а → Киндюш|к|а →
                                              Киндюш*еч*|к|а 1
                                              Киндюш|еньк|а,
                                              Киндюш|*ечк*|а 2
                            Кинд|*еньк*|а, Кинд|*ечк*|а
                 Кин|к|а 1 → Кин*оч*|к|а 1
                 Кинь|к|а 1 → Кин*еч*|к|а 1
                 Кин|*ечк*|а 2, Кин|*очк*|а 2
                 Кен|я **1** → Кен|к|а 1 → Кен*оч*|к|а 1
                        Кень|к|а 1 → Кен*еч*|к|а 1
                        Кен|*ечк*|а 2, Кен|*очк*|а 2
                 Кен|*ечк*|а 3, Кен|к|а 2, Кен|*очк*|а 3, Кен|к|а 2
             Кин|я **1** → Кин|д|я 2, Кин|*ечк*|а 3, Кин|к|а 2,
                 Кин|*очк*|а 3, Кинь|к|а 2
                 Кен|я 2; Кен|*ечк*|а 4, Кен|к|а 3,
                 Кен|*очк*|а 4, Кень|к|а 3
             Кинд|я 3, Кин|*ечк*|а 4, Кин|к|а 3, Кин|*очк*|а 4,
             Кинь|к|а 3
             Кен|я 3; Кен|*ечк*|а 5, Кен|к|а 4, Кен|*очк*|а 5,
             Кень|к|а 4
             Акиш|а **1** → Акиш|к|а 1 → Акиш*еч*|к|а 1
                      Акиш|*ечк*|а 2
             Акиш|*ечк*|а 3, Акиш|к|а 2
      Акин|*ечк*|а 3, Акинь|к|а 3

Акиш|а 2; Акиш|ечк|а 4, Акиш|к|а 3
(Иа)кин(ф) → Кин|а 2, Кин|я 2; Кин|д|я 4, Кин|ечк|а 5, Кин|к|а 4,
Кин|очк|а 5, Кинь|к|а 4
Кен|я 4; Кен|ечк|а 6, Кен|к|а 5, Кен|очк|а 6, Кень|к|а 5
(И)акинф → **Акинф 1** → Акинф|ий 1 → Акинтий, Акимфий
Акинф|ушк|а 1
Акин(ф) → Акин|я 2; Акин|ечк|а 4, Акинь|к|а 4
Акиш|а 3; Акиш|ечк|а 5, Акиш|к|а 4
(А)кин(ф) → Кин|а 3, Кин|я 3; Кин|д|я 5, Кин|ечк|а 6,
Кин|к|а 5, Кин|очк|а 6, Кинь|к|а 5
Кен|я 5; Кен|ечк|а 7, Кен|к|а 6, Кен|очк|а 7,
Кень|к|а 6
Дни ангела и святые (Иакинф): 3 июля, 18 июля, 24 декабря — *мученики.*

И́В|, а, м [*возможно, др. герм.* 'дерево тис, лук из тисового дерева, лучник (стрелок из тисового лука)']. О т ч е с т в о: И́вович, И́вовна.
Ив|**а**, ы (*стар.*). О т ч е с т в о: И́вич, И́вична.
П р о и з в о д н ы е (5):
Ив → Ив|к|а 1 → Ив|оч|к|а 1
Ив|оньк|а 1, Ив|очк|а 2, Ив|ушк|а 1
Ив|а → Ив|к|а 2, Ив|оньк|а 2, Ив|очк|а 3, Ив|ушк|а 2
С р.: *ж* Ива.

ИВА́Н|, а, м [*др.-евр.* 'Яхве (Бог) смилостивился, Яхве (Бог) помиловал'; 'Бог милует'; 'благодать Господня']. О т ч е с т в о: Ива́нович, Ива́новна; Ива́ныч (*разг.*).
Иоа́нн|, а (*стар.*). О т ч е с т в о: Иоа́ннович, Иоа́нновна.
П р о и з в о д н ы е (104):
Иван 1 → Иван|ей 1
(И)ван|ей → Ваней → Ваней|к|а 1
Ваней|к|а 2
Иван|к|а 1 → Иванноч|к|а 1, Иванч|ик 1
(И)ван|к|а → Ванк|а 1
Иван|к|о 1
(И)ван|к|о → Ванк|о 1
Ивань|к|а 1 → Иванеч|к|а 1
(И)вань|к|а → Ваньк|а 1 → Ванеч|к|а 1, Ванч|ик 1, Ванч|ур|а 1
Иван|юх|а 1 → Иванюш|к|а 1
(И)ван|юх|а → Ванюх|а 1 → Ванюш|к|а 1 → Ванюш|еч|к|а 1
Ванюш|еньк|а 1, Ванюш|ечк|а 2
Иван|юш|а 1 → Иванюш|к|а 2
(И)ван|юш|а → Ванюш|а 1 → Ванюш|еньк|а 2, Ванюш|ечк|а 3,
Ванюш|к|а 2
Иван|ец, Иван|ечк|а 2, Иван|ищ|е 1, Иван|ок 1, Иван|очк|а 2,

Иван|тей 2, Иван|ушк|а 1, Иван|чик 2, Иван|чук 1, Иван|юй 1,
Ива́н|юшк|а 1
Ива(н) → **Ива|сь 1, Ива|с|я 1** → Ивась|к|а → Ивасе*ч*|к|а 1
                                  Ивас|еньк|а, Ивас|ечк|а 2, Ивас|ик 1
                                  Ивас|иш|а
        Ива|х|а 1 → Ива*ш*|к|а 1 → Ива*ш*е*ч*|к|а 1
                      Ива*ш*|еньк|а 1, Ива*ш*|ечк|а 2, Ива*ш*|ок 1
                      Иваш|а 1 → Иваш|еньк|а 2, Иваш|ечк|а 3, Иваш|к|а 2,
                                  Иваш|ок 2
                      (И)ваш|а → **Ваш|а 1** → Ваш|к|а 1
                                Ваш|к|а 2
                      И(ва)ш|а → **Иш|а 1** → Иш|к|а → Иш*еч*|к|а 1
                                  Иш|ут|а → Ишут|к|а →
                                                  Ишуто*ч*|к|а 1
                                  Ишут|оньк|а,
                                  Ишут|очк|а 2
                              Иш|еньк|а, Иш|ечк|а 2,
                              Иш|к|о, Иш|ун|я
        Ива|ш|а 2
Ив(ан) → **Ив 1, Ив|а 1** → Ив|к|а 1 → Иво*ч*|к|а 1
                      Ив|ш|а 1
                      И(в)ш|а → Иш|а 2
                      Ив|ак|а 1, Ив|г|а 1, Ив|ик 1, Ив|оньк|а 1,
                      Ив|очк|а 2, Ив|ушк|а 1
        И(в), И(в|а) → Иш|а 3
        Ив|ак|а 2, Ив|г|а 2, Ив|ик 2, Ив|к|а 2, Ив|оньк|а 2, Ив|очк|а 3,
        Ив|ушк|а 2, Ив|ш|а 2
И(ван) → И|ш|а 4
(И)ван → **Ван|я 1** → Ван|ай 1 → Ванай|к|а
                      Ван|ёк 1 → Ванёч|ек 1
                      Ван|ён 1 → Ванён|к|а
                      Ван|ч|а → Ванч|ик 2, Ванч|ур|а 2
                      Ван|юн|я 1 → Ванюнь|к|а → Ванюне*ч*|к|а 1
                                  Ванюн|еньк|а, Ванюн|ечк|а 2
                      Ван|юр|а 1 → Ванюр|к|а → Ванюро*ч*|к|а 1
                                  Ванюр|очк|а 2, Ванюр|ушк|а
                      Ван|юс|я 1 → Ванюсь|к|а → Ванюсе*ч*|к|а 1
                                  Ванюс|еньк|а, Ванюс|ечк|а 2
                      Ван|ют|а 1 → Ванют|к|а 1 → Ванюто*ч*|к|а 1
                                  Ванют|очк|а 2, Ванют|ушк|а 1
                      Ван|ют|я 1 → Ванют|к|а 2, Ванют|очк|а 3,
                                Ванют|ушк|а 2
                      Ван|яй 1 → Ваняй|к|а
                      Ван|ят|а 1 → Ванят|к|а → Ванято*ч*|к|а 1

                           Ванят|очк|а 2, Ванят|ушк|а

               Ван|ей 2, Ван|еньк|а 1, Ван|ечк|а 2, Ван|ёчек 2,

               Ван|ик 1, Ван|к|а 2, Ван|к|о 2, Ван|чик 3,

               Вань|к|а 2, Вань|к|о 1, Вань|ш|а 1, Ван|юк 1,

               Ван|юх|а 2, Ван|юш|а 2, Ван|юшк|а 1, Ван|як|а 1

               Ва*ш*|а 2; Ва*ш*|к|а 3

               Ян|я 1 ([*Йа*]н|я)

Ван|ай 2, Ван|ей 2, Ван|еньк|а 2, Ван|ечк|а 3, Ван|ёк 2,

Ван|ён 2, Ван|ёчек 3, Ван|ик 2, Ван|к|а 3, Ван|к|о 3, Ван|ч|а 2,

Ван|чик 4, Вань|к|а 3, Вань|к|о 2, Вань|ш|а 2, Ван|юк 2,

Ван|юн|я 2, Ван|юр|а 2, Ван|юс|я 2, Ван|ют|а 2, Ван|ют|я 2,

Ван|юх|а 3, Ван|юш|а 3, Ван|юшк|а 2, Ван|яй 2, Ван|як|а 2,

Ван|ят|а 2

Ва*ш*|а 3; Ва*ш*|к|а 4

Ян|я 2 ([*Йа*]н|я)

Ива*ш*|а 3; Ива*ш*|еньк|а 3, Ива*ш*|ечк|а 4, Ива*ш*|к|а 3, Ива*ш*|ок 3

Иван|я → Иван|ей 2, Иван|ец 2, Иван|ечк|а 3, Иван|ищ|е 2,

               Иван|к|а 2, Иван|к|о 2, Иван|ок 2, Иван|очк|а 3,

               Иван|тей 3, Иван|ушк|а 2, Иван|чик 3, Иван|чук 2,

               Ивань|к|а 2, Иван|юй 2, Иван|юх|а 2, Иван|юш|а 2,

               Иван|юшк|а 2

Ива(н|я) → Ива|сь 2, Ива|с|я 2, Ива|х|а 2, Ива|ш|а 3

Ив(ан|я) → Ив 2, Ив|а 2; Ив|ак|а 3, Ив|г|а 3, Ив|ик 3, Ив|к|а 3,

               Ив|оньк|а 3, Ив|очк|а 4, Ив|ушк|а 3, Ив|ш|а 3

И(ван|я) → И|ш|а 5

(И)ван|я → Ван|я 2; Ван|ай 4, Ван|ей 4, Ван|еньк|а 3,

               Ван|ечк|а 4, Ван|ёк 3, Ван|ён 3, Ван|ёчек 4,

               Ван|ик 3, Ван|к|а 4, Ван|к|о 4, Ван|ч|а 3, Ван|чик 5,

               Вань|к|а 4, Вань|к|о 3, Вань|ш|а 3, Ван|юк 3,

               Ван|юн|я 3, Ван|юр|а 3, Ван|юс|я 3, Ван|ют|а 3,

               Ван|ют|я 3, Ван|юх|а 4, Ван|юш|а 4, Ван|юшк|а 3,

               Ван|яй 3, Ван|як|а 3, Ван|ят|а 3

               Ва*ш*|а 4; Ва*ш*|к|а 5

               Ян|я 3 ([*Йа*]н|я)

               Иван|ей 3, Иван|ец 3, Иван|ечк|а 4, Иван|ищ|е 3,

               Иван|к|а 3, Иван|к|о 3, Иван|ок 3, Иван|очк|а 4,

               Иван|тей 4, Иван|ушк|а 3, Иван|чик 4, Иван|чук 3,

               Ивань|к|а 3, Иван|юй 3, Иван|юх|а 3, Иван|юш|а 4,

               Иван|юшк|а 3

               Ива*ш*|а 4; Ива*ш*|еньк|а 4, Ива*ш*|ечк|а 5, Ива*ш*|к|а 4,

               Ива*ш*|ок 4

Иоанн

Иоан(н) → Иван 2

    С р.: *ж* Иванна.

Дни ангела и святые (Иоанн): 4 января, 25 апреля, 8 мая, 30 июня, 26 сентября, 27 сентября — *апостолы*; 7 января, 24 февраля, 25 мая, 24 июня, 29 августа, 23 сентября, 12 октября — *Креститель*; 18 августа, 30 августа, 2 сентября, 12 ноября, 4 декабря — *патриархи*; 19 мая, 26 июня, 7 сентября, 3 октября, 15 октября, 28 октября, 1 ноября, 3 декабря, 4 декабря — *епископы*; 15 января, 26 января, 23 февраля, 29 февраля, 27 марта, 29 марта, 30 марта, 11 апреля, 18 апреля, 19 апреля, 7 мая, 26 мая, 12 июня, 13 июня, 19 июня, 27 июня, 3 июля, 18 июля, 21 июля, 28 сентября, 19 октября, 9 ноября, 2 декабря, 7 декабря, 29 декабря — *преподобные*; 27 января, 30 января, 14 сентября, 13 ноября — *Златоуст*; 19 мая, 27 мая — *князья*; 31 января, 28 июня — *бессребреник*; 23 мая, 29 мая, 3 сентября, 10 декабря — *юродивые*; 12 апреля — *преподобномученик*; 2 июня — *великомученик*; 20 ноября — *священномученик*; 22 января, 24 января, 9 марта, 20 марта, 11 апреля, 18 апреля, 29 апреля, 24 мая, 12 июля, 30 июля, 4 августа, 9 августа, 23 сентября, 22 октября, 28 ноября — *мученики*; 27 мая, 24 июня — *праведные*; 10 июня — *святитель*.

ИГНА́ТИЙ|, Игна́ти|я (Игна́ти[й|а]), *м* [*предположительно лат.* ‘не родившийся’; ‘огненный’]. О т ч е с т в о: Игна́тиевич, Игна́тиевна *и* Игна́тьевич, Игна́тьевна.
Игна́т|, а (*разг.*). О т ч е с т в о: Игна́тович, Игна́товна; Игна́тыч (*разг.*).
П р о и з в о д н ы е (19):

Игнатий
Игнат(ий) →**Игнат** → Игнат|ик 1, Игнат|к|а 1, Игнат|ок 1, Игнат|ушк|а 1
Игна(т) → **Игна|х|а 1** →Игнаш|к|а 1 → Игнашеч|к|а 1
Игнаш|еньк|а 1, Игнаш|ечк|а 2
Игнаш|а 1 → Игнаш|еньк|а 2,
Игнаш|ечк|а 3,
Игнаш|к|а 2

Игна|ш|а 2, Игна|чок 1
Иг(нат) → Иг|он|я 1 → Игонь|к|а → Игонеч|к|а 1
Игон|ечк|а 2, Игон|юшк|а
Иг|ош|а 1 → Игош|к|а → Игошеч|к|а 1
Игош|еньк|а, Игош|ечк|а 2
Игнат|ик 2, Игнат|к|а 2, Игнат|ок 2, Игнат|ушк|а 2
Игна(тий) →Игна|х|а 2, Игна|ш|а 3, Игна|чок 2
Иг(натий) →Иг|он|я 2, Иг|ош|а 2

Дни ангела и святые (Игнатий): 23 октября — *патриарх*; 30 апреля, 28 мая — *епископ*; 19 мая — *князь*; 23 мая, 28 августа, 27 сентября, 28 декабря — *преподобные*; 29 января, 20 декабря — *богоносец*; 1 мая — *преподобномученик*.

И́ГОРЬ|, я, *м* [*раннее заимствование из скандин. яз.* ‘имя скандинавского бога изобилия’ + ‘охранять’]. О т ч е с т в о: И́горевич, И́горевна;

И́горич (*разг.*).

 П р о и з в о д н ы е (74):

Игорь → Игор|ёк → Игорёч|ек 1

  Игор|к|а → Игороч|к|а

  Игор|юх|а → Игорюш|к|а 1 → Игорюш*еч*|к|а 1

   Игорюш|еньк|а 1, Игорюш|ечк|а 2

  Игор|юш|а → Игорюш|еньк|а 2, Игорюш|ечк|а 3, Игорюш|к|а 2

  Игор|аш|а, Игор|ёх|а, Игор|ёчек 2, Игор|ий, Игорь|к|а,

  Игор|яш|а

Иго(рь) → **Иго|ш|а** → Игош|к|а → Игош*еч*|к|а 1

   Игош|еньк|а, Игош|ечк|а 2

  (И)го|ш|а → **Гош|а 1** → Гош|к|а → Гош*еч*|к|а 1

      Гош|ун|я →Гошунь|к|а → Гошун*еч*|к|а 1,

        Гошунч|ик 1

       Гошун|ечк|а 2, Гошун|чик 2

      Гош|еньк|а 1, Гош|ечк|а 2, Гош|ок 1

    Гош|еньк|а 2, Гош|ечк|а 3, Гош|ок 2

Иг(орь) → Иг|ул|я → Игуль|к|а → Игул*еч*|к|а 1

   Игул|еньк|а, Игул|ечк|а 2

  (И)г|ул|я → **Гул|я** → Гуль|к|а 1 → Гул*еч*|к|а 1

      Гул|еньк|а 1, Гул|ечк|а 2, Гуль|юшк|а 1

     Гул|еньк|а 2, Гул|ечк|а 3, Гуль|к|а 2, Гул|юшк|а 2

  Иг|ус|я → Игусь|к|а → Игус*еч*|к|а 1

   Игус|еньк|а, Игус|ечк|а 2, Игус|ик

  (И)г|ус|я → **Гус|я** →Гусь|к|а 1 → Гус*еч*|к|а 1

      Гус|еньк|а 1, Гус|ечк|а 2, Гус|ик 1, Гус|т|я 1

     Гус|еньк|а 2, Гус|ечк|а 3, Гус|ик 2, Гус|т|я 2,

     Гусь|к|а 2

И(горь) → **И|к|а** → Ик|очк|а

И(го)рь → Ир|а → Ир|к|а 1 → Ир*оч*|к|а 1

   Ир|ок 1 → Ир*оч*|ек

   Ир|оньк|а 1, Ир|очк|а 2, Ир|ушк|а 1

  Ир|к|а 2, Ир|ок 2, Ир|оньк|а 2, Ир|очк|а 3, Ир|ушк|а 2

(И)го(рь) → **Го|г|а** → Гог|оньк|а, Гог|очк|а

  Го|т|я → Готь|к|а → Гот*еч*|к|а 1

   Гот|еньк|а, Гот|ечк|а 2, Гот|ик

  Го|ш|а 2

(И)горь → **Гор|а** →Гор|ик 1, Гор|к|а 1, Горь|к|а 1

   Гар|я 1 → Гар|юс|я 1 → Гар|юс|ик

    Гар|ик 1, Гарь|к|а 1

   Гар|ик 2, Гарь|к|а 2, Гар|юс|я 2

  Гор|я →Гор|ик 2, Гор|к|а 2, Горь|к|а 2

   Гар|я 2; Гар|ик 3, Гарь|к|а 3, Гар|юс|я 3

  Гор|ик 3, Гор|к|а 3, Горь|к|а 3

Гар|я 3; Гар|ик 4, Гары|к|а 4, Гар|юс|я 4

День ангела и святой (Игорь): 5 июня, 19 сентября — *князья*.

ИЗМАИЛ, а, *м* [*др.-евр.* 'услышит Бог']. О т ч е с т в о : Измаи́лович, Из-
маи́ловна *и* Изма́йлович, Изма́йловна; Измаи́лыч (*разг.*).
Исмаи́л|, а (*стар.*). О т ч е с т в о : Исмаи́лович, Исмаи́ловна.
    П р о и з в о д н ы е (9):
Измаил → Измаил|к|а → Измаило́ч|к|а 1
        Измаил|очк|а 2, Измаил|ушк|а
(Из)ма(и)л → **Мал|я 1** → Маль|к|а 1 → Мале́ч|к|а 1
            Мал|еньк|а 1, Мал|ечк|а 2, Мал|юшк|а 1
        Исмаил|
        (Ис)ма(и)л → Мал|я 2; Мал|еньк|а 2, Мал|ечк|а 3,
                Маль|к|а 2, Мал|юшк|а 2
    День ангела и святой (Исмаил): 17 июня — *мученик*.

ИЗО́Т|, а, *м* [*греч.* 'дающий жизнь, животворный';'жизненный, живот-
ворный']. О т ч е с т в о : Изо́тович, Изо́товна; Изо́тыч (*разг.*).
Зо́т|, а (*разг.*). О т ч е с т в о : Зо́тович, Зо́товна; Зо́тыч (*разг.*).
Зоте́й|, Зоте́|я (Зоте́[й|а])(*прост.*).
Зо́тик|, а (*стар.*). О т ч е с т в о : Зо́тикович, Зо́тиковна.
    П р о и з в о д н ы е (28):
Изот → Изот|к|а → Изото́ч|к|а 1
        Изот|еньк|а, Изот|ечк|а, Изот|оньк|а, Изот|очк|а 2, Изот|ушк|а
Изо(т) → **Изо|н|я** → Изонь|к|а → Изоне́ч|к|а 1
            Изон|ечк|а 2, Изон|юшк|а
        (И)зо|н|я → **Зон|я 1** → Зонь|к|а 1 → Зоне́ч|к|а 1
                Зон|ечк|а 2, Зон|юшк|а 1
            Зон|ечк|а 3, Зонь|к|а 2, Зон|юшк|а 2
        Изо|с|я → Изось|к|а → Изосе́ч|к|а 1
            Изос|еньк|а, Изос|ечк|а 2
(И)зо(т) → Зо|н|я 2; Зон|ечк|а 4, Зонь|к|а 3, Зон|юшк|а 3
(И)зот → **Зот** → Зот|к|а 1 → Зоте́ч|к|а 1
            Зот|ей 1, Зот|еньк|а 1, Зот|ечк|а 2, Зот|ик 1, Зот|ушк|а 1,
            Зот|юк 1, Зот|юшк|а 1
        Зо(т) → Зо|н|я 3; Зон|ечк|а 5, Зонь|к|а 4, Зон|юшк|а 4
        Зот|я → Зот|ей 2, Зот|еньк|а 2, Зот|ечк|а 3, Зот|ик 2,
                Зот|к|а 2, Зот|ушк|а 2, Зот|юк 2, Зот|юшк|а 2
        Зо(т|я) → Зо|н|я 4; Зон|ечк|а 6, Зонь|к|а 5, Зон|юшк|а 5
    Дни ангела и святые (Зотик): 30 декабря — *преподобный*; 18 апреля, 22
августа, 13 сентября, 21 октября, 23 декабря — *мученики*.

ИЗРАИ́ЛЬ|, я, *м* (*стар. редк.*) [*др.-евр.* 'Бог властвует']. О т ч е с т в о :
Изра́илевич, Изра́илевна.

П р о и з в о д н ы е (12):

Израиль

Из(раиль) → Из|я → Изь|к|а 1 → Из*еч*|к|а 1

Из|еньк|а 1, Из|ечк|а 2

Из|еньк|а 2, Из|ечк|а 3, Изь|к|а 2

Из)ра(иль) → **Ра|я**

(Ра[й|а]) → Рай|к|а 1 → Ра*еч*|к|а 1

Ра|юш|а 1

(Ра[й|у]ш|а) → Раюш|к|а → Раюш*еч*|к|а 1

Раюш|*ечк*|а 2

Ра|еньк|а 1 (Ра[й|э]ньк|а),

Ра|ечк|а 2 (Ра[й|э]чк|а),

Ра|юшк|а 1 (Ра[й|у]шк|а)

Ра|еньк|а 2 (Ра[й|э]ньк|а), Ра|ечк|а 3 (Ра[й|э]чк|а),

Рай|к|а 2, Ра|юш|а 2, (Ра[й|у]ш|а), Ра|юшк|а 2 (Ра[й|у]шк|а)

ИЗЯСЛА́В|, а, *м* (*ст.-русск. редк.*) [*др.-русск.* изяти 'взять', 'брать' *и* слав (*ср.* слава)]. О т ч е с т в о : Изясла́вович, Изясла́вовна; Изясла́вич, Изясла́вна.

П р о и з в о д н ы е (23):

Изяслав → Изяслав|к|а → Изяслав*оч*|к|а 1

Изяслав|очк|а 2, Изяслав|ушк|а

Из(яслав) → **Из|я** → Изь|к|а 1

Изь|к|а 2

(Изя)слав → **Слав|а** → Слав|к|а 1 → Слав*оч*|к|а 1

Слав|ун|я 1 → Славунь|к|а → Славун*еч*|к|а 1,

Славунч|ик 1

Славун|ечк|а 2, Славун|чик 2,

Славун|юшк|а

Слав|ус|я 1 → Славусь|к|а → Славус*еч*|к|а 1

Славус|ик, Славус|еньк|а,

Славус|ечк|а 2

Слав|еньк|а 1, Слав|ик 1, Слав|оньк|а 1,

Слав|очк|а 2, Слав|утич 1, Слав|ушк|а 1

Слав|еньк|а 2, Слав|ик 2, Слав|к|а 2, Слав|оньк|а 2,

Слав|очк|а 3, Слав|ун|я 2, Слав|ус|я 2, Слав|утич 2,

Слав|ушк|а 2

День ангела и святой (Изяслав): 23 июня — *благоверный князь.*

ИЛА́РИЙ|, Ила́ри|я (Илари[й|а]), *м* [*греч.* 'весёлый'; *лат.* 'весёлый, радостный']. О т ч е с т в о : Ила́риевич, Ила́риевна *и* Ила́рьевич, Ила́рьевна; Ила́рьич (*разг.*).

П р о и з в о д н ы е (27):

Иларий

Илар(ий) → Илар|к|а → Иларо́ч|к|а 1
            Иларь|к|а → Иларе́ч|к|а 1
            Илар|ечк|а 2, Илар|очк|а 2, Илар|ушк|а, Илар|юшк|а
Ила(рий) → **Ила|х|а** → Илаш|к|а 1
            Илаш|а 1 → Илаш|к|а 2
            Ила|ш|а 2
Ил(арий) → **Ил|а**
(И)лар(ий) → Лар|а → Лар|к|а → Ларо́ч|к|а 1
             Ларь|к|а 1 → Ларе́ч|к|а 1
             Лар|юх|а 1 → Ларю́ш|еньк|а 1, Ларю́ш|к|а 1
             Лар|юш|а 1 → Ларю́ш|еньк|а 2, Ларю́ш|к|а 2
             Лар|еньк|а 1, Лар|ечк|а 2, Лар|ёк 1, Лар|ёнок 1,
             Лар|ик 1, Лар|оньк|а 1, Лар|очк|а 2, Лар|ушк|а 1,
             Ла́р|юшк|а 1
         Лар|я → Лар|еньк|а 2, Лар|ечк|а 3, Лар|ёк 2, Лар|ёнок 2,
             Лар|ик 2, Лар|к|а 2, Лар|оньк|а 2, Лар|очк|а 3,
             Лар|ушк|а 2, Ларь|к|а 2, Лар|юх|а 2, Лар|юш|а 2,
             Ла́р|юшк|а 2
             Лар|еньк|а 3, Лар|ечк|а 4, Лар|ёк 3, Лар|ёнок 3, Лар|ик 3,
             Лар|к|а 3, Лар|оньк|а 3, Лар|очк|а 4, Лар|ушк|а 3, Ларь|к|а 3,
             Лар|юх|а 3, Ла́р|юшк|а 3

С р.: *ж* Илария.

День ангела и святой (Иларий): 12 июля — *мученик*.

ИЛАРИО́Н|, а, *м* [*греч.* 'веселье'; 'веселый']. О т ч е с т в о : Иларио́нович,
Иларио́новна; Иларио́ныч (*разг.*).

Илларио́н|, а (*разг.*). О т ч е с т в о : Илларио́нович, Илларио́новна; Илла-
рио́ныч (*разг.*).

Ларивóн|, а (*прост.*).

Ларио́н|, а (*народн.*). О т ч е с т в о : Ларио́нович, Ларио́новна; Ларио́ныч
(*разг.*).

    П р о и з в о д н ы е (37):
Иларион 1 → Иларион|к|а 1, Иларион|ушк|а 1
Илар(ион) → Иларь|к|а 1 → Иларе́ч|к|а 1
            Илар|ечк|а 2
Ил(арион) → **Ил|а 1** → Ил|к|а 1 → Ил|оч|к|а 1
                          Ил|оньк|а 1, Ил|очк|а 2
            Ил|к|а 2, Ил|оньк|а 2, Ил|очк|а 3
(И)ларио(н) → **Ларио|с|я 1** → Лариос|ик
              Ларио|х|а 1 → Лариош|еньк|а 1, Лариош|к|а 1
                                Лариош|а 1 → Лариош|еньк|а 2,
                                             Лариош|к|а 2
(И)лар(ион) → **Лар|а 1** → Лар|к|а 1 → Ларо́ч|к|а 1
              Ларь|к|а 1 → Ларе́ч|к|а 1

Лар|юх|а 1 → Ларюш|еньк|а 1, Ларю́ш|к|а 1
Лар|юш|а 1 → Ларюш|еньк|а 2, Лары́ш|к|а 2
Лар|еньк|а 1, Лар|ечк|а 2, Лар|ёк 1, Лар|ёнок 1,
Лар|ик 1, Лар|оньк|а 1, Лар|очк|а 2,
Лар|ушк|а 1, Ла́р|юшк|а 1
  Рал|я 1

Лар|я 1 → Лар|еньк|а 2, Лар|ечк|а 3, Лар|ёк 2, Лар|ёнок 2,
Лар|ик 2, Лар|к|а 2, Лар|оньк|а 2, Лар|очк|а 3,
Лар|ушк|а 2, Ларь|к|а 2, Лар|юх|а 2, Лар|юш|а 2,
Ла́р|юшк|а 2
  Рал|я 2

Лар|еньк|а 3, Лар|ечк|а 4, Лар|ёк 3, Лар|ёнок 3, Лар|ик 3,
Лар|к|а 3, Лар|оньк|а 3, Лар|очк|а 4, Лар|ушк|а 3, Ларь|к|а 3,
Лар|юх|а 3, Лар|юш|а 3, Ла́р|юшк|а 3
  Рал|я 3

(И)ларио́н → **Ларио́н 1** → Ларио́н|к|а 1, Ларио́н|ушк|а 1
Ларио́(н) → Ларио́|с|я 2, Ларио́|х|а 2
Лар(ио́н) → Лар|а 2, Лар|я 2; Лар|еньк|а 4, Лар|ечк|а 5,
Лар|ёк 4, Лар|ёнок 4, Лар|ик 4, Лар|к|а 4,
Лар|оньк|а 4, Лар|очк|а 5, Лар|ушк|а 4,
Ларь|к|а 4, Лар|юх|а 4, Лар|юш|а 4, Ла́р|юшк|а 4
  Рал|я 4

Ларио́н → Ларио́ш|а 2; Ларио́ш|еньк|а 3, Ларио́ш|к|а 3
Лариво́н
Лар(иво́н) → Лар|а 3, Лар|я 3; Лар|еньк|а 5, Лар|ечк|а 6,
Лар|ёк 5, Лар|ёнок 5, Лар|ик 5, Лар|к|а 5,
Лар|оньк|а 5, Лар|очк|а 6, Лар|ушк|а 5,
Ларь|к|а 5: Лар|юх|а 5, Лар|юш|а 5,
Ла́р|юшк|а 5
  Рал|я 5

Ларио́н|к|а 2, Ларио́н|ушк|а 2
Ларио́ш|а 3; Ларио́ш|еньк|а 4, Ларио́ш|к|а 4

Илларио́н
Ил(л)арио́н → Иларио́н 2; Иларио́н|к|а 2, Иларио́н|ушк|а 2
Ил(л)ар(ио́н) → Илар|ечк|а 3, Иларь|к|а 2
Ил(ларио́н) → Ил|а 2; Ил|к|а 3, Ил|оньк|а 3, Ил|очк|а 4
(Ил)ларио́(н) → Ларио́|с|я 3, Ларио́|х|а 3
(Ил)лар(ио́н) → Лар|а 4, Лар|я 4; Лар|еньк|а 6, Лар|ечк|а 7, Лар|ёк 6,
Лар|ёнок 6, Лар|ик 6, Лар|к|а 6, Лар|оньк|а 6,
Лар|очк|а 7, Лар|ушк|а 6, Ларь|к|а 6, Лар|юх|а 6,
Лар|юшщ|а 6, Ла́р|юшк|а 6
  Рал|я 6

(Ил)ларио́н → Ларио́н 2; Ларио́н|к|а 3, Ларио́н|ушк|а 3
Лариош|а 4; Лариош|еньк|а 5, Лариош|к|а 5

Дни ангела и святые (Илларион): 19 ноября — *преподобный*; 28 марта, 6 мая, 6 июня, 28 августа, 21 октября — *преподобные*; (Иларион): 28 августа — *преподобный*.

ИЛИОДО́Р|, а, *м* [*греч.* 'солнце' *и* 'дар'; 'весёлый'; 'дар солнца(Гелия)'].
О т ч е с т в о : Илиодо́рович, Илиодо́ровна; Илиодо́рыч (*разг.*).
Лиодо́р|, а (*прост.*).
П р о и з в о д н ы е (10):
Илиодор → Илиодор|к|а, Илиодор|ушк|а
Ил(иодор) → **Ил|я** → Иль|к|а 1 → Илеч|к|а 1
Ил|еньк|а 1, Ил|ечк|а 2
Ил|еньк|а 2, Ил|ечк|а 3, Иль|к|а 2
(И)лиодор → **Лиодор**
(Лио)дор → **Дор|а 1** → Дор|к|а 1 → Дороч|к|а 1
Дор|очк|а 2
Дор|к|а 2, Дор|очк|а 3
(Илио)дор → Дор|а 2; Дор|к|а 3, Дор|очк|а 4
Дни ангела и святые (Илиодор): 28 марта — *преподобный*; 28 сентября, 19 ноября — *мученики*.

ИЛЬЯ́ (Иль[й|а]), Иль|и (Иль[й|и]), *м* [*др.-евр.* 'Яхве — мой Бог'; 'крепость Господня или Бог мой Иегова']. О т ч е с т в о : Ильи́ч, Ильи́нична.
Или|я́ (Или[й|а]), Или|и (Или[й|и])(*стар.*).
П р о и з в о д н ы е (48):
Иль|я 1 (Ил[й|а]) → **Илей 1** → Илей|к|а 1
Иль|юх|а 1 → Ильюш|к|а 1 → Ильюш|еч|к|а 1
Ильюш|еньк|а 1,
Ильюш|ечк|а 2
Ильюш|а 1 → Ильюш|еньк|а 2, Ильюш|ечк|а 3,
Ильюш|к|а 2
Илей|к|а 2, Иль|як|а 1 (Иль[й|а]к|а), Иль|яс 1 (Иль[й|а]с)
Ил(ья) (Ил[й|а]) → **Ил|я 1** → Иль|к|а 1 → Илеч|к|а 1
Ил|юня 1 → Илюнь|к|а
(И)люня → **Люн|я 1** → Люнь|к|а 1 →
Люнеч|к|а 1
Люн|еньк|а 1,
Люн|ечк|а 2
Люн|еньк|а 2, Люн|ечк|а 3,
Люнь|к|а 2
Ил|юс|я 1 → Илюсь|к|а → Илюсеч|к|а 1
Илюс|еньк|а, Илюс|ечк|а 2,
Илюс|ик
(И)люс|я → **Люс|я 1** → Люсь|к|а 1 →
Люсеч|к|а 1

Люс|еньк|а 1,
Люс|ечк|а 2,
Люс|ик 1

Ил|юх|а 1 → Илюш|к|а 1 → Илюш*еч*к|а 1
Илюш|еньк|а 1, Илюш|ечк|а 2

Ил|юш|а 1 → Илюш|еньк|а 2, Илюш|ечк|а 3,
Илюш|к|а 2

Ил|ят|а 1 → Илят|очк|а

Ил|еньк|а 1, Ил|ечк|а 2, Ил|ичк|а 1,
Ил|оньк|а 1, Ил|очк|а 1, Ильк|о 1, Ил|юк 1,
Ил|ют|а 1, Йл|юшк|а 1, Ил|як|а 1, Ил|ях|а 1

(И)л|я → **Л|юл|я 1** → Люль|к|а → Люл|ечк|а 1
Люл|еньк|а, Люл|ечк|а 2

Л|юн|я 2, Л|юс|я 2

Ил|еньк|а 2, Ил|ечк|а 3, Ил|ичк|а 2, Ил|оньк|а 2,
Ил|очк|а 2, Ильк|а 2, Ильк|о 2, Ил|юк 2, Ил|юн|я 2,
Ил|юс|я 2, Ил|ют|а 2, Ил|юх|а 2, Ил|юш|а 2,
Йл|юшк|а 2, Ил|як|а 2, Ил|ят|а 2, Ил|ях|а 2

Или|я (Или[й|а]) → Иль|я 2 (Иль[й|а]), Илей 2; Илей|к|а 3,
Иль|як|а 2 (Иль[й|а]к|а), Ильяс 2 (Иль[й|а]с)

Ил(и|я) → Ил|я 2; Ил|еньк|а 3, Ил|ечк|а 4, Ил|ичк|а 3, Ил|оньк|а 3,
Ил|очк|а 3, Ильк|а 3, Ильк|о 3, Ил|юк 3, Ил|юн|я 3, Ил|юс|я 3,
Ил|ют|а 3, Ил|юх|а 3, Ил|юш|а 3, Йл|юшк|а 3, Ил|як|а 3,
Ил|ят|а 3, Ил|ях|а 3

(И)л(и|я) → Л|юл|я 2, Л|юн|я 3, Л|юс|я 3

С р.: *ж* Илия, Ильина.

Дни ангела и святые (Илия): 8 января, 14 января, 28 сентября, 19 декабря — *преподобные*; 20 июля — *пророк*; 16 февраля, 13 сентября, 17 сентября, 19 декабря — *мученики*.

ИНА́Р|, а, *м* (*заимств.*). О т ч е с т в о : Ина́рович, Ина́ровна.
П р о и з в о д н ы е (11):

Инар → Инар|к|а

Ин(ар) → **Ин|а** → Ин|ур|а 1 → Инур|к|а
Ин|ус|я 1 → Инусь|к|а → Инус*еч*к|а 1
Инус|еньк|а, Инус|ечк|а 2, Инус|ик
Ин|ечк|а 1, Ин|к|а 1

Ин|ечк|а 2, Ин|к|а 2, Ин|ур|а 2, Ин|ус|я 2

И(на)р → **Ир|а**

ИННОКЕ́НТИЙ|, Инноке́нти|я (Инноке́нти[й|а]), *м* [*лат.* 'невинный', 'неповинный']. О т ч е с т в о : Инноке́нтиевич, Инноке́нтиевна *и* Инноке́нтьевич, Инноке́нтьевна; Инноке́нтич (*разг.*).
П р о и з в о д н ы е (28):

Иннокентий → Иннокенть|юшк|а (Иннокенть[й|у]шк|а)
Ин(нокентий) → **Ин|а** → Ин|к|а 1 → Ин*оч*|к|а 1
                           Ин|ок 1 → Ин*оч*ек 1
                           Инь|к|а 1 → Ин*еч*|к|а 1
                           Ин|ют|а 1 → Инют|к|а → Инют*оч*|к|а 1
                                       Инют|оньк|а, Инют|очк|а 2
                           Ин|юш|а 1 → Инюш|к|а → Инюш*еч*|к|а 1
                                       Инюш|еньк|а, Инюш|ечк|а 2
                           Ин|ечк|а 2, Ин|очек 2, Ин|очк|а 2
                  Ин|я → Ин|ечк|а 3, Ин|к|а 2, Ин|ок 2, Ин|очек 3,
                         Ин|очк|а 3, Инь|к|а 2, Ин|ют|а 2, Ин|юш|а 2
                  Ин|ечк|а 4, Ин|к|а 3, Ин|ок 3, Ин|очек 4, Ин|очк|а 4,
                  Инь|к|а 3, Ин|ют|а 3, Ин|юш|а 3
(Инно)кен(тий) → **Кен|а** → Кен|к|а 1 → Кен*оч*|к|а 1
                           Кень|к|а 1 → Кен*еч*|к|а 1
                           Кен|ечк|а 2, Кен|очк|а 2
                  Ке(н|а) → **Ке|х|а 1** →Ке*ш*|к|а 1,   Кеш*еч*|к|а 1
                                       Кеш|еньк|а 1, Кеш|ечк|а 2
                                       Ке*ш*|а 1 → Кеш|еньк|а 2,
                                                   Кеш|ечк|а 3, Кеш|к|а 2
                           Кеш|а 2
                           Ке*ш*|а 3; Кеш|еньк|а 3, Кеш|ечк|а 4, Ке*ш*|к|а 3
                  Кен|я → Кен|ечк|а 3, Кен|к|а 2, Кен|очк|а 3, Кень|к|а 2
                  Ке(н|я) → Ке|х|а 2
                           Ке*ш*|а 4; Кеш|еньк|а 4, Кеш|ечк|а 5, Ке*ш*|к|а 4
                  Кен|ечк|а 4, Кен|к|а 3, Кен|очк|а 4, Кень|к|а 3
                  Ке*ш*|а 5; Кеш|еньк|а 5, Кеш|ечк|а 6, Кеш|к|а 5
(Инно)ке(нтий) → Ке|х|а 3, Ке|ш|а 6

Дни ангела и святые (Иннокентий): 19 марта — *преподобный*; 9 февраля, 26 ноября — *епископы*; 6 июля — *мученик*; 31 марта, 23 сентября — *святители*.

ИОН|А, ы, *м* [*др.-евр.* 'голубь']. О т ч е с т в о : Иóнич, Иóнична.
Иóн|, а (*разг.*). О т ч е с т в о : Иóнович, Иóновна; Иóныч (*разг.*).
Ивóн|, а (*прост.*).
    П р о и з в о д н ы е (16)
Ион|а →Ион|к|а 1 → Ион*оч*|к|а 1
        Ионь|к|а 1 → Ион*еч*|к|а 1
        Ион|ечк|а 2, Ион|очк|а 2, Ион|ушк|а 1
    (И)он|а → **Он|я 1** → Онь|к|а 1 → Он*еч*|к|а 1
                      Он|ечк|а 2, Он|юшк|а 1
            Он|ечк|а 3, Онь|к|а 2, Он|юшк|а 2
            Ион|я → Ион|ечк|а 3, Ион|к|а 2, Ион|очк|а 3, Ион|ушк|а 2,
                     Ионь|к|а 2

(И)он|я → Он|я 2; Он|ечк|а 4, Онь|к|а 3, Он|юшк|а 3

      Ион → Ион|ечк|а 4, Ион|к|а 3, Ион|очк|а 4, Ион|ушк|а 3,
         Ионь|к|а 3

      (И)он → Он|я 3; Он|ечк|а 5, Онь|к|а 4, Он|юшк|а 4

Ивон → Ивон|к|а 1, Ивон|ушк|а 1, Ивонь|к|а 1, Ивон|юшк|а 1

(Ив) он → Он|я 4; Он|ечк|а 6, Онь|к|а 5, Он|юшк|а 5

      Ивон|я → Ивон|к|а 2, Ивон|ушк|а 2, Ивонь|к|а 2, Ивон|юшк|а 2

      (Ив)он|я → Он|я 5; Он|ечк|а 7, Онь|к|а 6, Он|юшк|а 6

Дни ангела и святые (Иона): 29 марта, 5 июня, 8 июня, 12 июня, 22 сентября — *преподобные*; 29 января; 6 июня, 5 ноября — *епископы*; 31 марта, 27 мая, 15 июня, 5 октября — *митрополиты*; 28 марта — *мученик*.

ИОСА́Ф|, а, м [*предположительно др.-евр.* 'Яхве (Бог) собрал' *или* видоизменение имени Иосиф; 'Господь есть судья']. О т ч е с т в о: Иоса́фович, Иоса́фовна.

Аса́ф|, а (*разг.*). О т ч е с т в о: Аса́фович, Аса́фовна.

Аса́фий|, Аса́фи|я (Аса́фи[й|а]) (*разг.*). О т ч е с т в о: Аса́фьевич, Аса́фьевна; Аса́фьич (*разг.*).

Иоаса́ф|, а (*стар.*). О т ч е с т в о: Иоаса́фович, Иоаса́фовна.

   П р о и з в о д н ы е (13):

Иосаф 1 → Иосаф|к|а

(Ио)саф → **Саф|а 1** → Саф|к|а 1 → Саф|очк|а 1
               Саф|ик 1, Саф|оньк|а 1, Саф|очк|а 2, Саф|ушк|а 1
          Саф|ик 2, Саф|к|а 2, Саф|оньк|а 2, Саф|очк|а 3, Саф|ушк|а 2

Иоасаф

Ио(а)саф → Иосаф 2

(Ио)асаф → **Асаф 1** → Асаф|к|а 1

      Ас(аф) → **Ас|я 1** → Ас|еньк|а 1, Ас|ечк|а 1
               Ас|еньк|а 2, Ас|ечк|а 2

      (А)саф → Саф|а 2; Саф|ик 3, Саф|к|а 3, Саф|оньк|а 3,
            Саф|очк|а 4, Саф|ушк|а 3
            Асаф|ий 1

      Асаф|ий 2

Дни ангела и святые (Иоасаф):: 27 июля — *митрополит*; 19 ноября — *царевич*; 4 сентября, 10 декабря — *епископ*; 4 марта, 10 сентября — *преподобные*.

ИО́СИФ|, а, м [*др.-евр.* 'он (т.е. Бог) приумножит, добавит'; 'приумножитель';',богом приумноженный']. О т ч е с т в о: Ио́сифович, Ио́сифовна; Ио́сифыч (*разг.*).

Ио́сип|, а (*разг.*). О т ч е с т в о: Ио́сипович, Ио́сиповна; Ио́сипыч (*разг.*).

Ёсип|, а (*прост.*). О т ч е с т в о: Ёсипович, Ёсиповна.

Оси́п|, а (*народн.*). О т ч е с т в о: О́сипович, О́сиповна; О́сипыч (*разг.*).

П р о и з в о д н ы е (21):

Иосиф

Иос(иф) → **Иос|я**   Иось|к|а 1 → Иосеч|к|а 1
Иос|еньк|а 1, Иос|ечк|а 2

(И)ос|я → **Ос|я 1** → Ось|к|а 1 → Осеч|к|а 1
Ос|ян|я 1 → Осянь|к|а
Ос|еньк|а 1, Ос|ечк|а 2, Ос|ик 1
О*ш*|к|а 1

Ос|еньк|а 2, Ос|ечк|а 3, Ос|ик 2, Ось|к|а 2, Ос|ян|я 2
О*ш*|к|а 2

Ёс|я 1 ([*Йо*]с|я) → Ёсь|к|а 1 → Ёс*еч*|к|а 1
Ёс|еньк|а 1, Ёс|ечк|а 2

Ес|я 1 ([*Йэ*]с|я) → Есь|к|а 1,
Есь|к|о 1

Есь|к|а 2 ([*Йэ*]сь|к|а),
Есь|к|о([*Йэ*]сь|к|о)

Ёс|еньк|а 2 ([*Йо*]с|еньк|а), Ёс|ечк|а 3 ([*Йо*]с|ечк|а),
Ёсь|к|а 2 ([*Йо*]сь|к|а)

Ес|я 2 ([*Йэ*]с|я); Есь|к|а 3 (*Йэ*сь|к|а),
Есь|к|о 3 ([*Йэ*]сь|к|о)

Иос|еньк|а 2, Иос|ечк|а 3, Иось|к|а 2

Ёс|я 2 ([*Йо*]с|я); Ёс|еньк|а 3 ([*Йо*]с|еньк|а),
Ёс|ечк|а 4 ([*Йо*]с|ечк|а), Ёсь|к|а 3 ([*Йо*]сь|к|а)

Ес|я 3 ([*Йэ*]с|я); Есь|к|а 4 ([*Йэ*]сь|к|а), Есь|к|о 4 ([*Йэ*]сь|к|о)

(И)ос(иф)) → Ос|я 2; Ос|еньк|а 3, Ос|ечк|а 4, Ос|ик 3, Ось|к|а 3, Ос|ян|я 3
О*ш*|к|а 3

(И)осиф → Осип → Осип|к|а 1, Осип|ушк|а 1

Ос(ип) → Ос|я 3; Ос|еньк|а 4, Ос|ечк|а 5, Ос|ик 4, Ось|к|а 4,
Ос|ян|я 4
О*ш*|к|а 4

Осип|к|а 2, Осип|ушк|а 2

Ёсип ([*Йо*]сип)

Ёс(ип) → Ёс|я 3; Ёс|еньк|а 4, Ёс|ечк|а 5, Ёсь|к|а 4
Ес|я 4 ([*Йэ*]с|я); Есь|к|а 5 ([*Йэ*]сь|к|а),
Есь|к|о 5 ([*Йэ*]сь|к|о)

Дни ангела и святые (Иосиф): 4 января — *апостол*; 14 января, 4 апреля, 23 июня, 28 августа, 9 сентября, 21 сентября, 18 октября — *преподобные*; 26 января, 7 мая, 15 сентября — *епископы*; 31 марта — *патриарх*; 26 декабря, 31 декабря — *праведные*; 16 сентября, 3 ноября, 20 ноября — *мученики*; 11 мая — *священномученик*.

ИПА́ТИЙ|, Ипа́ти|я (Ипа́ти[й|а]), *м* [*греч.* 'высочайший'; 'высокий консул']. О т ч е с т в о: Ипа́тиевич, Ипа́тиевна *и* Ипа́тьевич, Ипа́тьевна.
Ипат, а (*разг.*). О т ч е с т в о: Ипа́тович, Ипа́товна; Ипа́тыч (*разг.*).

Липа́т|, а (*прост.*). О т ч е с т в о: Липа́тович, Липа́товна.

Липа́тий|, Липа́ти|я (Липа́ти[й|а]) (*прост.*). О т ч е с т в о: Липа́тиевич, Липа́тиевна.

    П р о и з в о д н ы е (20):

Ипатий → Ипать|юшк|а (Ипать[й|у]шк|а)

Ипат(ий) → Ипат → Ипат|к|а 1 → Ипат*оч*|к|а 1

                        Ипат|оньк|а 1, Ипат|очк|а 2, Ипат|ушк|а 1

              (И)пат → **Пат|а 1** → Пат|к|а 1 → Пат*оч*|к|а 1

                             Пать|к|а 1 → Пат*еч*|к|а 1

                             Пат|еньк|а 1, Пат|ечк|а 2, Пат|ик 1,

                             Пат|оньк|а 1, Пат|очк|а 2, Пат|ушк|а 1

              Пат|я 1 → Пат|еньк|а 2, Пат|ечк|а 3, Пат|ик 2,

                             Пат|к|а 2, Пат|оньк|а 2, Пат|очк|а 3,

                             Пат|ушк|а 2, Пать|к|а 2

                     Пат|еньк|а 3, Пат|ечк|а 4, Пат|ик 3, Пат|к|а 3,

                     Пат|оньк|а 3, Пат|очк|а 4, Пат|ушк|а 3, Пать|к|а 3

             Ипат|к|а 2, Ипат|оньк|а 2, Ипат|очк|а 3, Ипат|ушк|а 2

(И)пат(ий) → Пат|а 2, Пат|я 2; Пат|еньк|а 4, Пат|ечк|а 5, Пат|ик 4,

              Пат|к|а 4, Пат|оньк|а 4, Пат|очк|а 5, Пат|ушк|а 4, Пать|к|а 4

Липатий

Липат(ий) → **Липат** → Липат|к|а 1, Липат|ушк|а 1

              Лип(ат) → **Лип|а 1** → Лип|ун|я 1

                    Лип|ун|я 2

              (Ли)пат → Пат|а 3, Пат|я 3; Пат|еньк|а 5, Пат|ечк|а 6,

                        Пат|ик 5, Пат|к|а 5, Пат|оньк|а 5, Пат|очк|а 6,

                        Пат|ушк|а 5, Пать|к|а 5

              Липат|к|а 2, Липат|ушк|а 2

Лип(атий) → Лип|а 2; Лип|ун|я 3

(Ли)пат(ий) → Пат|а 4, Пат|я 4; Пат|еньк|а 6, Пат|ечк|а 7, Пат|ик 6,

                 Пат|к|а 6, Пат|оньк|а 6, Пат|очк|а 7, Пат|ушк|а 6,

                 Пать|к|а 6

    Дни ангела и святые (Ипатий): 14 января, 28 августа — *преподобные*; 31 марта, 21 сентября — *священномученик*; 3 и 18 июня, 20 ноября — *мученики*.

ИППОЛИ́Т|, а, *м* [*греч.* 'конь' *и* 'развязывать, распрягать']. О т ч е с т в о: Ипполи́тович, Ипполи́товна; Ипполи́тыч (*разг.*).

Аполи́т|, а (*прост.*).

    П р о и з в о д н ы е (28):

Ипполит → Ипполит|к|а, Ипполит|ушк|а

(Ип)пол(ит) → **Пол|я 1** → Поль|к|а 1 → Пол*еч*|к|а 1

                  Пол|юн|я 1 → Полюнь|к|а → Полюн*еч*|к|а 1,

                                    Полюн|чик 1

                        Полюн|ечк|а 2, Полюн|чик 2

Пол|юс|я 1 → Полюсь|к|а →   Полюсе*ч*|к|а 1
| − Полюс|еньк|а, Полюс|ечк|а 2
Пол|юх|а 1 → Полю́ш|к|а 1
Пол|юш|а 1 → Полю́ш|к|а 2
Пол|еньк|а 1, Пол|ечк|а 2, Поль|ч|а 1, Поль|ш|а 1,
По́л|юшк|а 1
Пол|еньк|а 2, Пол|ечк|а 3, Поль|к|а 2, Поль|ч|а 2,
Поль|ш|а 2, Пол|юн|я 2, Пол|юс|я 2, Пол|юх|а 2,
Пол|юш|а 2, По́л|юшк|а 2

Ип(п)олит → **Аполит** → Аполит|к|а 1 → Аполито*ч*|к|а 1
Аполит|очк|а 2, Аполит|ушк|а 1
(*А*)пол(ит) → Пол|я 2; Пол|еньк|а 3, Пол|ечк|а 4,
Поль|к|а 3, Поль|ч|а 3, Поль|ш|а 3,
Пол|юн|я 3, Пол|юс|я 3, Пол|юх|а 3,
Пол|юш|а 3, По́л|юшк|а 3
(*А*)полит → **Полит 1** → Полит|к|а 1 → Полито*ч*|к|а 1
Полит|очк|а 2, Полит|ушк|а 1
Пол(ит) → Пол|я 3; Пол|еньк|а 4, Пол|ечк|а 5,
Поль|к|а 4, Поль|ч|а 4, Поль|ш|а 4,
Пол|юн|я 4, Пол|юс|я 4,
Пол|юх|а 4, Пол|юш|а 4,
По́л|юшк|а 4
Полит|к|а 2, Полит|очк|а 3, Полит|ушк|а 2
*А*полит|к|а 2, *А*полит|очк|а 3, *А*полит|ушк|а 2
(Ип)полит → Полит 2; Полит|к|а 3, Полит|о*чк*|а 4, Полит|ушк|а 3

Дни ангела и святые (Ипполит): 30 января — *священномученик*;
13 августа — *мученик*.

ИРА́КЛИЙ|, Ира́кли|я (Ира́кли[й|а]), *м* [*греч.* ‘посвященный Гераклу’,
‘Гераклов’]. О т ч е с т в о: Ира́клиевич, Ира́клиевна.
П р о и з в о д н ы е (13):
Ираклий
Иракл(ий) → **Иракл|я** → Иракл|еньк|а 1, Иракл|ечк|а 1
Ир(акл|я) → **Ир|а 1** → Ир|к|а 1 → Иро*ч*|к|а 1
Ир|ок 1 → Иро*ч*|ек 1
Ир|оньк|а 1, Ир|очек 2, Ир|очк|а 2,
Ир|ушк|а 1
Ир|к|а 2, Ир|ок 2, Ир|оньк|а 2, Ир|очек 3,
Ир|очк|а 3, Ир|ушк|а 2
(И)ракл|я → **Ракл|я 1** → Ракл|еньк|а 1, Ракл|ечк|а 1
Ракл|еньк|а 2, Ракл|ечк|а 2
Иракл|еньк|а 2, Иракл|ечк|а 2
Ир(аклий) → Ир|а 2; Ир|к|а 3, Ир|ок 3, Ир|оньк|а 3, Ир|очек 4,
Ир|очк|а 4, Ир|ушк|а 3

13*

(И)ракл(ий) → Ракл|я 2; Ракл|еньк|а 3, Ракл|ечк|а 3

Дни ангела и святые (Ираклий): 9 марта, 18 мая, 22 октября — *мученики*.

ИСАА́К|, а, м [*др.-евр.* 'он будет смеяться'; 'засмеется, засмеялся'; 'смех']. О т ч е с т в о: Исаа́кович, Исаа́ковна.
Иса́к|, а (*разг.*). О т ч е с т в о: Иса́кович, Иса́ковна.

Дни ангела и святые (Исаак): 14 января, 28 января, 12 апреля — *преподобные*; 4 мая — *святой*; 18 мая, 16 сентября — *мученики*.

ИСАА́КИЙ|, Исаа́ки|я (Исаа́ки[й|а]), м [*др.-евр.* 'он будет смеяться'; 'смех']. О т ч е с т в о: Исаа́киевич, Исаа́киевна.
Иса́кий|, Иса́ки|я (Иса́ки[й|а]) (*разг.*). О т ч е с т в о: Иса́киевич, Иса́киевна.

Дни ангела и святые (Исаакий): 14 февраля, 22 марта, 28 сентября — *преподобные*; 30 мая, 3 августа — *мученики*; (Исакий): 21 сентября — *епископ*; 21 апреля, 20 ноября — *мученики*.

ИСА́И|Я (Иса́и[й|а]), Иса́и|и (Иса́и[й|и]), м [*др.-евр.* 'помощь Яхве, спасение (посланное) Яхве'; 'спасение (Бога) Яхве'; 'спасение Господне']. О т ч е с т в о: Иса́иевич, Иса́иевна *и* Иса́евич, Иса́евна; Иса́ич (*разг.*).
Иса́й|, Иса́|я (Иса́[й|а]) (*разг.*). О т ч е с т в о: Иса́иевич, Иса́иевна; Иса́ич, Иса́ична (*разг.*).

П р о и з в о д н ы е (7):
Исаи|я → Исай → Исай|к|а 1, Иса|юшк|а 1 (Иса[й|у]шк|а)
　　　　　(И)сай → Сай|к|а 1 → Саеч|к|а 1
　　　　　　　　　　Са|еньк|а 1 (Са[й|э]ньк|а), Са|ечк|а 2 (Са[й|э]чк|а),
　　　　　　　　　　Са|юшк|а 1 (Са[й|у]шк|а)
(И)са(и|я) → Са|еньк|а 2 (Са[й|э]ньк|а), Са|ечк|а 3 (Са[й|э]чк|а),
　　　　　　Сай|к|а 2, Са|юшк|а 2 (Са[й|у]шк|а)

Дни ангела и святые (Исаия): 14 января, 28 сентября — *преподобные*; 15 мая — *епископ*; 9 мая — *пророк*; 16 февраля — *мученик*; 23 мая — *святитель*.

ИСИ́ДОР|, а, м [*греч.* 'Исида (древнеегипетская богиня земледелия)' *и* 'дар'; 'дар Исиды, египетской богини']. О т ч е с т в о: Иси́дорович, Иси́доровна.
Си́дор|, а (*разг.*). О т ч е с т в о: Си́дорович, Си́доровна; Си́дорыч (*разг.*).

П р о и з в о д н ы е (9):
Исидор
(И)сид(ор) → **Сид|а 1** → Сид|к|а 1 → Сидоч|к|а 1
　　　　　　　　　　　Сидь|к|а 1 → Сидеч|к|а 1
　　　　　　　　　　　Сид|ечк|а 2, Сид|оньк|а 1, Сид|очк|а 2,
　　　　　　　　　　　Сид|ушк|а 1, Сид|ш|а 1

Сид|я 1 → Сид|ечк|а 3, Сид|к|а 2, Сид|оньк|а 2, Сид|очк|а 3,
Сид|ушк|а 2, Сид|ш|а 2, Сидьк|а 2

Сид|ечк|а 4, Сид|к|а 3, Сид|оньк|а 3, Сид|очк|а 4,
Сид|ушк|а 3, Сид|ш|а 3, Сидьк|а 3

(И)сидор → **Сидор**

Сид(ор) → Сид|а 2, Сид|я 2; Сид|ечк|а 5, Сид|к|а 4,
Сид|оньк|а 4, Сид|очк|а 5, Сид|ушк|а 4,
Сид|ш|а 4, Сидьк|а 4

С р.: *ж* Исидора.

Дни ангела и святые (Исидор): 4 февраля — *преподобный*; 8 января, 14 мая, 23 мая — *блаженные*; 14 мая, 6 июля — *мученики*; 7 мая — *святитель*.

ИСТИСЛА́В|, а, *м* (*слав. редк.*) [**ист-** (*ср.* истина, истый) *и* **слав** (*ср.* слава)]
О т ч е с т в о: Истисла́вович, Истисла́вовна; Истисла́вич, Истисла́вна.

П р о и з в о д н ы е (10):

Истислав → Истислав|к|а → Истиславоч|к|а 1
Истислав|оньк|а, Истислав|очк|а 2, Истислав|ушк|а

(Исти)слав → **Слав|а** → Слав|к|а 1 → Славоч|к|а 1
Слав|еньк|а 1, Слав|ик 1, Слав|оньк|а 1,
Слав|очк|а 2

Слав|еньк|а 2, Слав|ик 2, Слав|к|а 2, Слав|оньк|а 2,
Слав|очк|а 3

ИУ́СТ|, а, *м* [*лат.* 'справедливый'; 'праведный']. О т ч е с т в о: Иу́стович, Иу́стовна.

Дни ангела и святые (Иуст): 4 января, 30 октября — *апостолы*; 14 июля — *мученик*.

К

КАЗИМИ́Р|, а, *м* (*слав.*) [*заимств. из польск. яз.* (от основ со значением предсказывать, проповедовать + мир)]. О т ч е с т в о: Казими́рович, Казими́ровна; Казими́рыч (*разг.*).

П р о и з в о д н ы е (14):
Казимир → Казимир|к|а → Казимироч|к|а 1
         Казимир|оньк|а, Казимир|очк|а 2, Казимир|ушк|а
Каз(имир) → **Каз|я** → Казь|к|а 1 → Казеч|к|а 1
         | Каз|еньк|а 1, Каз|ечк|а 2, Каз|ик 1
         Каз|еньк|а 2, Каз|ечк|а 3, Каз|ик 2, Казь|к|а 2
(Кази)мир → **Мир|а** → Мир|к|а 1 → Мироч|к|а 1
         | Мир|ик 1, Мир|оньк|а 1, Мир|очк|а 2
         Мир|ик 2, Мир|к|а 2, Мир|оньк|а 2, Мир|очк|а 3
С р.: *ж* Казимира.

КАЛЛИ́НИК|, а, *м* [*греч.* 'красота' и 'победа'; 'хороший, прекрасный' + 'побеждать'; 'добрый победитель', 'прекрасно-победный']. О т ч е с т в о: Калли́никович, Калли́никовна.
Калина|, ы (*разг.*). О т ч е с т в о: Калинич, Калинична.
Каленик|, а (*прост.*).

П р о и з в о д н ы е (36):
Каллиник
Кал(линик) → **Кал|я 1** → Каль|к|а 1 → Калеч|к|а 1
                Кал|еньк|а 1, Кал|ечк|а 2
         Кал|еньк|а 2, Кал|ечк|а 3, Каль|к|а 2
Кал(л)ин(ик) → **Калин|а** → Калин|к|а 1 → Калиноч|к|а 1
                Калин|очк|а 2, Калин|ушк|а 1
         Кал(ин|а) → Кал|я 2; Кал|еньк|а 3, Кал|ечк|а 4, Каль|к|а 3
         Ка(ли)н|а → **Кан|а 1** → Кан|к|а 1 → Каноч|к|а 1
                Кань|к|а 1 → Канеч|к|а 1
                Кан|ечк|а 2, Кан|очк|а 2,

```
                            |            Кан|ик 1, Кан|ушк|а 1
                            Кан|я 1 →  Кан|ечк|а 3, Кан|ик 2, Кан|к|а 2,
                                       Кан|очк|а 3, Кан|ушк|а 2, Кань|к|а 2
                            Кан|ечк|а 4, Кан|ик 3, Кан|к|а 3, Кан|очк|а 4,
                            Кан|ушк|а 3, Кань|к|а 3
                Калин|к|а 2, Калин|очк|а 3, Калин|ушк|а 2
Ка(лли)н(ик) → Кан|а 2, Кан|я 2; Кан|ечк|а 5, Кан|ик 4, Кан|к|а 4,
                Кан|очк|а 5, Кан|ушк|а 4, Кань|к|а 4
(Калли)ник → Ник|а 1 → Ник|ан|а 1 → Никан|ушк|а
                Ник|ах|а 1 → Никаш|к|а 1 → Никашеч|к|а 1
                                          Никаш|еньк|а 1, Никаш|ечк|а 2
                Ник|аш|а 1 → Никаш|еньк|а 2, Никаш|ечк|а 3,
                                           Никаш|к|а 2
                Ник|ус|я 1 → Никусь|к|а → Никусеч|к|а 1
                                          Никус|еньк|а, Никус|ечк|а 2,
                             |            Никус|ик
                Ник|уш|а 1 → Никуш|к|а → Никушеч|к|а 1
                                         Никуш|еньк|а, Никуш|ечк|а 2
                Ник|оньк|а 1, Ник|очк|а 1, Ник|ушк|а 1
        Ник|ан|а 2, Ник|ах|а 2, Ник|аш|а 2, Ник|оньк|а 2,
        Ник|очк|а 2, Ник|ус|я 2, Ник|уш|а 2, Ник|ушк|а 2
Кал(л)иник → Каленик
             Кал(еник) → Кал|я 2; Кал|еньк|а 3, Кал|ечк|а 3, Каль|к|а 2
             Ка(ле)н(ик) → Кан|а 3, Кан|я 3; Кан|ечк|а 6, Кан|ик 5,
                           Кан|к|а 5, Кан|очк|а 6, Кан|ушк|а 5,
                           Кань|к|а 5
             (Кале)ник → Ник|а 2; Ник|ан|а 3, Ник|ах|а 3, Ник|аш|а 3,
                         Ник|оньк|а 3, Ник|очк|а 3, Ник|ус|я 3,
                         Ник|уш|а 3, Ник|ушк|а 3
```

Дни ангела и святые (Каллиник): 23 августа — *патриарх*; 24 мая, 29 июля, 7 ноября, 14 декабря — *мученики*.

КА́ЛЛИСТ|, а, *м* (*стар. редк.*) [греч. 'самый красивый', 'прекрасный'].
О т ч е с т в о: Ка́ллистович, Ка́ллистовна.

П р о и з в о д н ы е (11):

```
Каллист → Каллист|к|а → Каллисточ|к|а 1
          Каллист|оньк|а, Каллист|очк|а 2, Каллист|ушк|а
Кал(лист) → Кал|я 1 → Каль|к|а 1 → Калеч|к|а 1
            |              Кал|еньк|а 1, Кал|ечк|а 2
            Кал|еньк|а 2, Кал|ечк|а 3, Каль|к|а 2
Кал(л)ист → Калист → Калист|к|а 1, Калист|ушк|а 1
            Кал(ист) → Кал|я 2; Кал|еньк|а 3, Кал|ечк|а 4, Каль|к|а 3
            Калист|к|а 2, Калист|ушк|а 2
```

С р.: *ж* Каллиста.

Дни ангела и святой (Каллист): 6 марта — *мученик.*

КАЛЛИСТРА́Т|, а‚м [*греч.* 'добрый воин']. О т ч е с т в о: Каллистра́тович, Каллистра́товна; Каллистра́тыч (*разг.*).
Калистра́т|, а (*разг.*). О т ч е с т в о: Калистра́тович, Калистра́товна; Калистра́тыч (*разг.*).
Калистра́тий|, Калистра́ти|я (Калистра́ти[й|а]) (*разг.*). О т ч е с т в о: Калистра́тьевич, Калистра́тьевна.
Калиста́р|, а (*прост.*). О т ч е с т в о: Калистарович, Калистаровна.
Листра́т|, а (*прост.*). О т ч е с т в о: Листратович, Листратовна.
     П р о и з в о д н ы е (15):
Каллистрат → Каллистрат|к|а, Каллистрат|ушк|а
Кал(листрат) → **Кал|я 1** → Каль|к|а 1 → Кале́ч|к|а 1
| Кал|еньк|а 1, Кал|ечк|а 2
| Кал|еньк|а 2, Кал|ечк|а 3, Каль|к|а 2
Кал(л)истрат → **Калистрат** → Калистрат|ий 1, Калистрат|к|а 1
| Кал(истрат) → Кал|я 2; Кал|еньк|а 3, Кал|ечк|а 4,
| Каль|к|а 3
| (Ка)листрат → **Листрат 1** → Листрат|к|а 1,
| Листрат|ушк|а 1
| Листрат|к|а 2, Листрат|ушк|а 2
| Калистра(т) → **Калиста́р 1** → Калистар|к|а 1,
| Калистар|ш|а 1
| Кал(истар) → Кал|я 3; Кал|еньк|а 4,
| Кал|ечк|а 5, Каль|к|а 4
| Калистар|к|а 2, Калистар|ш|а 2
| Калистрат|ий 2, Калистрат|к|а 2
(Кал)листрат → Листрат 2; Листрат|к|а 3, Листрат|ушк|а 3
Кал(л)истра(т) → Калистар 2; Калистар|к|а 3, Калистар|ш|а 3
     Дни ангела и святой (Каллистрат): 27 сентября — *мученик.*

КАЛЛИСФЕ́Н|, а, м (*стар. редк.*) [*греч.* 'красота' *и* 'сила']. О т ч е с т в о: Каллисфе́нович, Каллисфе́новна.
     С р.: *ж* Каллисфения.

КАМИ́ЛЛ|, а‚м [*лат.* 'молодой человек из знатной семьи, обязанный присутствовать при определенного рода жертвоприношениях']. О т ч е с т в о Ками́ллович, Ками́лловна.
     П р о и з в о д н ы е (15):
Камилл
Камил(л) → Камил|к|а → Камило́ч|к|а 1
           Камиль|к|а → Камиле́ч|к|а 1
           Камил|еньк|а, Камил|ечк|а 2, Камил|ёк, Камил|очк|а 2
           Камил|ушк|а, Камил|юшк|а

Кам(илл) → **Кам|а** → Кам|к|а 1 → Камо*ч*|к|а 1
| Кам|оньк|а 1, Кам|оч|к|а 2, Кам|ушк|а 1
      Кам|к|а 2, Кам|оньк|а 2, Кам|оч|к|а 3, Кам|ушк|а 2
Ка(мил)л → **Кал|я**
(Ка)мил(л) → **Мил|а**
    С р.: *ж* Камилла.

КАПИТО́Н|, а, *м* [*лат.* 'голова'; 'с большой головой'; 'головастый, упря-
мый']. О т ч е с т в о: Капито́нович, Капито́новна; Капито́ныч (*разг.*).
    П р о и з в о д н ы е (32):
Капитон → Капитон|к|а, Капитон|ушк|а
Капито(н) → **Капито|х|а** → Капито*ш*|к|а 1 → Капито*ш*е*ч*|к|а 1
                   Капито*ш*|еньк|а 1, Капито*ш*|еч|к|а 2
                   Капито*ш*|а 1 → Капито*ш*|еньк|а 2,
                   Капито*ш*|еч|к|а 3, Капито*ш*|к|а 2
Кап(итон) → **Кап|а 1** → Кап|к|а 1 → Капо*ч*|к|а 1, Кап*ч*|ик 1
                Кап|уш|а 1 → Капу́ш|к|а
                Кап|ок 1, Кап|оньк|а 1, Кап|оч|к|а 2, Ка́п|ушк|а 1,
                Кап|чик 2
      Кап|к|а 2, Кап|ок 2, Кап|оньк|а 2, Кап|оч|к|а 3, Кап|уш|а 2,
      Ка́п|ушк|а 2, Кап|чик 3
(Капи)тон → **Тон|я** → Тонь|к|а 1 → Тоне*ч*|к|а 1
               Тон|юх|а 1 → Тоню*ш*|к|а 1 → Тоню*ш*е*ч*|к|а 1
                        Тоню*ш*|еньк|а 1, Тоню*ш*|еч|к|а 2
               Тон|юш|а 1 → Тоню*ш*|еньк|а 2, Тоню*ш*|еч|к|а 3,
                    Тоню́ш|к|а 2
               Тон|еч|к|а 2, Тон|ик 1, Тонь|ш|а 1, Тон|юс|я 1
               То*ш*|а 1 → То*ш*|к|а 1 → То*ш*е*ч*|к|а 1
                      То*ш*|еньк|а 1, То*ш*|еч|к|а 2, То*ш*|ик 1
                   То*ш*|еньк|а 2, То*ш*|еч|к|а 3, То*ш*|ик 2, То*ш*|к|а 2
               Тон|еч|к|а 3, Тон|ик 2, Тонь|к|а 2, Тонь|ш|а 2, Тон|юс|я 2,
               Тон|юх|а 2, Тон|юш|а 2
               То*ш*|а 2; То*ш*|еньк|а 3, То*ш*|еч|к|а 4, То*ш*|ик 3, То*ш*|к|а 2
Капитон → Капито*ш*|а 2; Капито*ш*|еньк|а 3, Капито*ш*|еч|к|а 4,
      Капито*ш*|к|а 3
    Дни ангела и святые (Капитон): 7 марта — *епископ*; 12 августа — *муче-
ник.*

КАРЛ|, а, *м* [*др.-герм.* 'мужественный, мужчина' + 'человек']. О т ч е с т-
в о: Ка́рлович, Ка́рловна; Ка́рлыч (*разг.*).
    П р о и з в о д н ы е (3):
Карл → Карл|ун|я, Карл|уш|а, Ка́рл|ушк|а
    С р.: *ж* Каролина.

КА́РП|, а, *м* [*греч.* 'плод']. О т ч е с т в о: Ка́рпович, Ка́рповна; Ка́рпыч (*разг.*).

П р о и з в о д н ы е (12):

Карп → Карп|ун|я 1 → Карпунь|к|а → Карпуне*ч*|к|а 1
       | Карпун|ечк|а 2
       Карп|ух|а 1 → Карпу*ш*|к|а 1 → Карпуше*ч*|к|а 1
       | Карпуш|еньк|а 1, Карпуш|ечк|а 2
       Карп|уш|а 1 → Карпуш|еньк|а 2, Карпуш|ечк|а 3, Карпу́ш|к|а 2
       Карп|ик 1, Карп|очк|а 1, Ка́рп|ушк|а 1
Карп|а → Карп|ик 2, Карп|очк|а 2, Карп|ун|я 2, Карп|ух|а 2,
          Карп|уш|а 2, Ка́рп|ушк|а 2

Дни ангела и святые (Карп): 4 января, 26 мая — *апостолы*; 13 октября — *мученик*.

КАСЬЯ́Н|, а, *м* [*лат.* 'Кассиев сын, потомок' (*ср.* Каессий — римское родовое имя); 'порожний, пустой']. О т ч е с т в о: Касья́нович, Касья́новна; Касья́ныч (*разг.*).
Кассиан|, а (*стар.*). О т ч е с т в о: Кассианович, Кассиановна.

П р о и з в о д н ы е (7):

Касьян 1 → Касьян|к|а → Касьяно*ч*|к|а 1
| Касьян|очк|а 2, Касьян|ушк|а
Кас(ьян) (Кась[й|ан] → **Кас|я** → Кась|к|а 1 → Кас*еч*|к|а 1
| | Кас|еньк|а 1, Кас|ечк|а 2
                        Кас|еньк|а 2, Кас|ечк|а 3, Кась|к|а 2
Кассиан
Кас(с)иан → Касьян 2

Дни ангела и святые (Кассиан): 29 февраля, 16 мая, 21 мая, 23 мая, 15 июня, 28 августа, 28 сентября — *преподобные*.

КИ́М|, а, *м* (*нов.*) [*Из начальных букв названия* К(оммунистический) И(нтернационал) М(олодежи); *корейское* Ким — имя и фам.; *болг. сокр.* к Иоаким]. О т ч е с т в о: Ки́мович, Ки́мовна; Ки́мыч (*разг.*). К(оммунистический) И(нтернационал) М(олодежи) → Ким.

П р о и з в о д н ы е (6):

Ким → **Ким|а** → Ким|к|а 1 → Кимо*ч*|к|а 1
| Ким|оньк|а 1, Ким|очк|а 2, Ким|ушк|а 1
     Ким|к|а 1, Ким|оньк|а 2, Ким|очк|а 3, Ким|ушк|а 2
С р.: *ж* Кима.

КИПРИА́Н|, а, *м* [*греч.* 'остров Кипр'; *см* Куприян: 'кипрский, с острова Кипр']. О т ч е с т в о Киприа́нович, Киприа́новна; Киприа́ныч (*разг.*).
Куприя́н|, а (*разг.*). О т ч е с т в о: Куприя́нович, Куприя́новна; Куприя́ныч (*разг.*).

П р о и з в о д н ы е (13):

Киприан

Киприян → Киприян|к|а 1, Киприян|ушк|а 1

       Куприян → Куприян|к|а 1 → Куприянч|ик 1

             Куприян|ушк|а 1, Куприян|чик 2

     Купр(иян) → **Купр|я** → Купр|ей 1, Купр|яш|а 1

                  Купр|ей 2, Купр|яш|а 2

            Куприяш|а 1 → Куприяш|к|а 1 → Куприяшеч|к|а 1

                             Куприяш|еньк|а 1,

                             Куприяш|ечк|а 2

              Куприяш|еньк|а 2, Куприяш|ечк|а 3,

              Куприяш|к|а 2

          Куприян|к|а 2, Куприян|ушк|а 2

         Куприяш|а 2; Куприяш|еньк|а 3, Куприяш|ечк|а 4

Дни ангела и святые (Киприан): 27 мая, 16 сентября — *митрополит*; 31 августа — *епископ*; 2 октября — *священномученик*; 10 марта, 10 мая, 17 августа, 29 сентября — *мученики*.

КИР|, а, *м* [*греч.* 'господин, владыка'; 'власть, право, сила'; 'солнце, господин']. О т ч е с т в о: Ки́рович, Ки́ровна; Ки́рыч (*разг.*).

П р о и з в о д н ы е (12):

Кир → Кир|к|а 1 → Кироч|к|а 1

     Кирь|к|а 1 → Киреч|к|а 1

     Кир|еньк|а 1, Кир|ечк|а 2, Кир|ёк 1, Кир|ёнок 1, Кир|ик 1,

     Кир|оньк|а 1, Кир|очк|а 2, Кир|ш|а 1

Кир|а → Кир|еньк|а 2, Кир|ечк|а 3, Кир|ёк 2, Кир|ёнок 2,

         Кир|ик 2, Кир|к|а 2, Кир|оньк|а 2, Кир|очк|а 3,

         Кир|ш|а 2, Кирь|к|а 2

Кир|я → Кир|еньк|а 3, Кир|ечк|а 4, Кир|ёк 3, Кир|ёнок 3,

         Кир|ик 3, Кир|к|а 3, Кир|оньк|а 3, Кир|очк|а 4,

         Кир|ш|а 3, Кирь|к|а 3

С р.: *ж* Кира.

Дни ангела и святые (Кир): 31 января, 28 июня — *мученики*.

КИРИА́К|, а, *м* [*греч.* 'господень, господний'; 'день господний, т.е. воскресенье'; возможно, 'родившийся в воскресенье']. О т ч е с т в о: Кириа́кович, Кириа́ковна.

Кирья́к|, а (*разг.*). О т ч е с т в о: Кирья́кович, Кирья́ковна.

П р о и з в о д н ы е (16):

Кириак

Кир(иак) → **Кир|а 1** → Кирь|к|а 1 → Киреч|к|а 1

              Кир|ях|а 1 → Киряш|к|а 1 → Киряшеч|к|а 1

                           Киряш|еньк|а 1, Киряш|ечк|а 2

              Кир|яш|а 1 → Киряш|еньк|а 2, Киряш|ечк|а 3,

                       Киряш|к|а 2

Кир|ень́к|а 1, Кир|ечк|а 2, Кир|ёк 1, Кир|ёнок 1
Кир|як|а 1
Кир|я 1 → Кир|еньк|а 2, Кир|ечк|а 3, Кир|ёк 2, Кир|ёнок 2,
Кирь|к|а 2, Кир|як|а 2, Кир|ях|а 2, Кир|яш|а 2
Кир|еньк|а 3, Кир|ечк|а 4, Кир|ёк 3, Кир|ёнок 3, Кирь|к|а 3,
Кир|як|а 3, Кир|ях|а 3, Кир|яш|а 3
Кирьяк
Кирья(к) → Кирья|ш|а → Кирьяш|к|а → Кирьяшеч|к|а 1
Кирьяш|еньк|а, Кирьяш|ечк|а 2
Кир(ьяк) → Кир|а 2, Кир|я 2; Кир|еньк|а 4, Кир|ечк|а 5,
Кир|ёк 4, Кир|ёнок 4, Кирь|к|а 4, Кир|як|а 4,
Кир|ях|а 4, Кир|яш|а 4

Дни ангела и святые (Кириак): 28 октября — *патриарх*; 29 сентября — *преподобный*; 2 мая, 24 мая, 7 июня, 24 июня, 1 августа, 6 сентября — *мученики*.

КИРИ́ЛЛ|, а, *м* [*предположительно греч.* 'господин, владыка'; 'повелитель, владыка']. О т ч е с т в о: Кири́ллович, Кири́лловна; Кири́ллыч (*разг.*)
Кири́лл|а, ы (*разг.*). О т ч е с т в о: Кири́ллич, Кири́ллична.
Кири́л|а, ы (*разг.*). О т ч е с т в о: Кири́лич, Кири́лична.
П р о и з в о д н ы е (62):
Кирилл → Кирилл|ик 1, Кирилл|оньк|а 1, Кирилл|очк|а 1, Кирилл|ушк|а 1
Кирил(л) → Кирил|к|а 1 → Кирилоч|к|а 1
Кирил|оньк|а 1, Кирил|очк|а 2, Кирил|ушк|а 1
Кирил|а 1 → Кирил|к|а 2, Кирил|оньк|а 2, Кирил|очк|а 3,
Кирил|ушк|а 2
Кир(ил|а) →
Кир|а 1 → Кир|ей 1 → Кирей|к|а 1
Кир|к|а 1 → Кироч|к|а 1
Кир|ун|я 1 → Кирунь|к|а → Кирунеч|к|а 1
Кирун|ечк|а 2
Кир|ус|я 1 → Кирусь|к|а → Кирусеч|к|а 1
Кирус|еньк|а, Кирус|ечк|а 2
Кир|ух|а 1 → Киру́ш|к|а 1 → Кирушеч|к|а 1
Кируш|еньк|а 1, Кируш|ечк|а 2
Кир|уш|а 1 → Кируш|еньк|а 2, Кируш|ечк|а 3,
Киру́ш|к|а 2
Кирь|к|а 1 → Кореч|к|а 1
Кир|юн|я 1 → Кирюнь|к|а → Кирюнеч|к|а 1
Кирюн|ечк|а 2
Кир|юх|а 1 → Кирю́ш|к|а 1 → Кирюшеч|к|а 1
Кирюш|еньк|а 1, Кирюш|ечк|а 2,
Кирюш|ок 1
Кир|юш|а 1 → Кирюш|еньк|а 2, Кирюш|ечк|а 3,

Кирю́ш|к|а 2, Кирюш|ок 2

Кир|ях|а 1 →   Кирям|к|а 1 →   Киряшеч|к|а 1
                Киряш|еньк|а 1, Киряш|ечк|а 2

Кир|яш|а 1 →   Киряш|еньк|а 2, Киряш|ечк|а 3,
                Киряш|к|а 2

Кир|еньк|а 1, Кир|ечк|а 2, Кир|ёк 1,
Кир|ёнок 1, Кир|оньк|а 1, Кир|очк|а 2,
Ки́р|ушк|а 1, Кир|ш|а 1, Кирь|ш|а 1,
Кир|юк 1, Ки́р|юшк|а 1, Кир|як|а 1

Кир|я 1 → Кир|ей 2, Кир|еньк|а 2, Кир|ечк|а 3, Кир|ёк 2,
Кир|ёнок 2, Кир|к|а 2, Кир|оньк|а 2,
Кир|очк|а 3, Кир|ун|я 2, Кир|ус|я 2,
Кир|ух|а 2, Кир|уш|а 2, Ки́р|ушк|а 2,
Кир|ш|а 2, Кирь|к|а 2, Кирь|ш|а 2, Кир|юк 2,
Кир|юн|я 2, Кир|юх|а 2, Кир|юш|а 2,
Ки́р|юшк|а 2, Кир|як|а 2, Кир|ях|а 2,
Кир|яш|а 2

Кир|ей 3, Кир|еньк|а 3, Кир|ечк|а 4, Кир|ёк 3,
Кир|ёнок 3, Кир|к|а 3, Кир|оньк|а 3,
Кир|очк|а 4, Кир|ун|я 3, Кир|ус|я 3, Кир|ух|а 3,
Кир|уш|а 3, Ки́р|ушк|а 3, Кир|ш|а 3, Кирь|к|а 3,
Кирь|ш|а 3, Кир|юк 3, Кир|юн|я 3, Кир|юх|а 3,
Кир|юш|а 3, Ки́р|юшк|а 3, Кир|як|а 3,
Кир|ях|а 3, Кир|яш|а 3

Кер|я 1 → Кер|к|а 1 → Кероч|к|а 1
          Керь|к|а 1 → Кереч|к|а 1
          Кер|ечк|а 2, Кер|очк|а 2

Кер|ечк|а 3, Кер|к|а 2, Кер|очк|а 3, Керь|к|а 2

Курил 1, Курил|о 1

Кур(ил), Кур(ил|о) →Кур → Куры|ян 1 (Куры[й|а]н)
                    Куры|ян 2 (Куры[й|а]н)

Курил 2, Курил|о 2

Кир(илл) → Кир|а 2, Кир|я 2; Кир|ей 4, Кир|еньк|а 4, Кир|ечк|а 5,
Кир|ёк 4, Кир|ёнок 4, Кир|к|а 4, Кир|оньк|а 4, Кир|очк|а 5,
Кир|ун|я 4, Кир|ус|я 4, Кир|ух|а 4, Кир|уш|а 4, Ки́р|ушк|а 4,
Кир|ш|а 4, Кирь|к|а 4, Кирь|ш|а 4, Кир|юк 4, Кир|юн|я 4,
Кир|юх|а 4, Кир|юш|а 4, Ки́р|юшк|а 4, Кир|як|а 4, Кир|ях|а 4,
Кир|яш|а 4

Кер|я 2; Кер|ечк|а 4, Кер|к|а 3, Кер|очк|а 4, Керь|к|а 3

Кирилл|а → Кирилл|ик 2, Кирилл|оньк|а 2, Кирилл|очк|а 2,
Кирилл|ушк|а 2

Кирил(л|а)→ Кирил|а 2; Кирил|к|а 3, Кирил|оньк|а 3,
Кирил|очк|а 4, Кирил|ушк|а 3

Курил 3, Курил|о 3

Кир(илл|а) → Кир|а 3, Кир|я 3; Кир|ей 5, Кир|еньк|а 5,
Кир|ечк|а 6, Кир|ёк 5, Кир|ёнок 5, Кир|к|а 5,
Кир|оньк|а 5, Кир|очк|а 6, Кир|ун|я 5,
Кир|ус|я 5, Кир|ух|а 5, Кир|уш|а 5, Ки́р|ушк|а 5,
Кир|ш|а 5, Кирь|к|а 5, Кирь|ш|а 5, Кир|юк 5,
Кир|юн|я 5, Кир|юх|а 5, Кир|юш|а 5,
Ки́р|юшк|а 5, Кир|як|а 5, Кир|ях|а 5,
Кир|яш|а 5
Кер|я 3; Кер|ечк|а 5, Кер|к|а 4, Кер|очк|а 5,
Керь|к|а 4

Дни ангела и святые (Кирилл): 14 февраля, 11 мая — *равноапостоль-ный*; 18 января, 18 марта, 9 июня — *архиепископы*; 21 марта, 28 апреля, 9 июля, 6 сентября — *епископы*; 4 февраля, 9 июня, 7 ноября, 8 декабря — *преподобные*; 9 марта, 29 марта, 4 мая — *мученики*.

КЛА́ВДИЙ|, Кла́вди|я (Клавди[й|а]), *м* [*лат.* 'хромой'; 'хромоногий']. О т-ч е с т в о: Кла́вдиевич, Кла́вдиевна; Кла́вдич (*разг.*).
Клавде́й|, Клавде́|я (Клавде[й|а]) (*прост.*).
    П р о и з в о д н ы е (44):
Клавдий → Клавди|юшк|а (Клавди[й|у]шк|а)
Клавд(ий) → **Клавд|я 1** →

Клавд|юн|я 1 → Клавдюнь|к|а → Клавдюне*ч*к|а 1,
Клавдюн*ч*ик 1
Клавдюн|ечк|а 2, Клавдюн|чик 2
Клавд|юх|а 1 → Клавдю́ш|к|а 1 → Клавдюше*ч*к|а 1
Клавдюш|еньк|а 1, Клавдю*ш*|ечк|а 2
Клавд|юш|а 1 → Клавдюш|еньк|а 2, Клавдюш|ечк|а 3,
Клавдю́ш|к|а 2
Клавд|еньк|а 1, Клавд|ечк|а 1, Клавд|ик 1
Клав(д|я) → **Клав|а 1** → Клав|к|а 1 → Клаво*ч*к|а 1, Клав*ч*ик 1
Клав|ик 1, Клав|оньк|а 1,
Клав|очк|а 2, Клав|ушк|а 1,
Клав|чик 2

Кла(в|а) →

Кла|н|я 1 → Клань|к|а → Клане*ч*к|а 1
Клан|ечк|а 2, Клан|юшк|а
Клаш|а 1 → Клаш|к|а 1 →
Клаше*ч*к|а 1
Клаш|еньк|а 1,
Клаш|ечк|а 2
Клаш|еньк|а 2, Клаш|ечк|а 3,
Клаш|к|а 2
Кла|с|я 1 → Клась|к|а → Класе*ч*к|а 1
Клас|еньк|а, Клас|ечк|а 2

Кла|х|а 1 → Клаш|еньк|а 2, Клаш|ечк|а 3,
                        Клаш|к|а 2
                        Клаш|а 2

Кла|ш|а 3
(Кл)ав|а → **Ав|а 1** → Ав|к|а 1 → Ав|оч|к|а 1,
                                Ав|ч|ик 1
                     Ав|оньк|а 1, Ав|очк|а 2,
                     Ав|ушк|а 1, Ав|чик 2
             Ав|к|а 2, Ав|оньк|а 2, Ав|очк|а 3,
             Ав|ушк|а 2, Ав|чик 3
Клав|ик 2, Клав|к|а 2, Клав|оньк|а 2,
Клав|очк|а 3, Клав|ушк|а 2, Клав|чик 3

Клав(в)д|я → **Клад|я 1** → Клады|к|а 1
                    Клады|к|а 2
Клавд|еньк|а 2, Клавд|ечк|а 2, Клавд|ик 2, Клавд|юн|я 2,
Клавд|юх|а 2, Клавд|юш|а 2

Клав(дий) → Клав|а 2; Клав|ик 3, Клав|к|а 3, Клав|оньк|а 3, Клав|очк|а 4,
Клав|ушк|а 3, Клав|чик 4
Кла(в)д(ий) → Клад|я 2; Клады|к|а 3
(Кл)ав(дий) → Ав|а 2; Ав|к|а 3, Ав|оньк|а 3, Ав|очк|а 4, Ав|ушк|а 3, Ав|чик 4
Клавдей → Клавдей|к|а, Клавде|юшк|а (Клавде[й/у]шк|а)
Клавд(ей) → Клавд|я 2; Клавд|еньк|а 3, Клавд|ечк|а 3,
                    Клавд|ик 3, Клавд|юн|я 3, Клавд|юх|а 3,
                    Клавд|юш|а 3
Клав(дей) → Клав|а 3; Клав|ик 4, Клав|к|а 4,
                    Клав|оньк|а 4, Клав|очк|а 5, Клав|ушк|а 4,
                    Клав|чик 5
Кла(в)д(ей) → Клад|я 3; Клады|к|а 4
(Кл)ав(дей) → Ав|а 3; Ав|к|а 4, Ав|оньк|а 4, Ав|очк|а 5,
                    Ав|ушк|а 4, Ав|чик 5

С р.: *ж* Клавдия.

Дни ангела и святые (Клавдий): 31 января, 9 марта, 10 марта, 19 марта,
3 июня, 7 июня, 11 августа, 29 октября, 18 декабря — *мученики*.

КЛИМ|, а, *м* [*вариант имени* Климент]. О т ч е с т в о: Кли́мович, Кли́-
мовна; Кли́мыч (*разг.*).
    П р о и з в о д н ы е (10):
Клим → Клим|аш|а ⟶ Климаш|к|а → Климаш|ечк|а 1
                     Климаш|еньк|а, Климаш|ечк|а 2
      Клим|к|а → Климоч|к|а 1
      Клим|ец, Клим|очк|а 2, Клим|ух|а, Клим|уш|а, Клим|ш|а

КЛИМЕ́НТ|, а, *м* [*предположительно лат.* 'милостивый, снисходительный'
или греч. 'виноградная лоза']. О т ч е с т в о: Климе́нтович, Климе́нтовна.

Кли́м|, а, (*разг.*). О т ч е с т в о: Кли́мович, Кли́мовна,

Климе́нтий|, Климе́нти|я (Климе́нти[й|а]) (*разг.*). О т ч е с т в о: Климе́н-
тиевич, Климе́нтиевна *и* Климе́нтьевич, Климе́нтьевна; Климе́нтьич
(*разг.*).

П р о и з в о д н ы е (14):

Климент → Климент|ий

Клим(ент) → Клим,

        Клим|а →Клим|аш|а 1 →Климаш|к|а → Климаш*еч*|к|а 1

        | Климаш|еньк|а, Климаш|ечк|а 2

        Клим|к|а 1 → Клим*оч*|к|а 1

        Клим|ец 1, Клим|очк|а 2, Клим|ух|а 1,

        Клим|уш|а 1, Клим|ш|а 1

    Клим|аш|а 2, Клим|ец 2, Клим|к|а 2, Клим|очк|а 3,

    Клим|ух|а 2, Клим|уш|а 2, Клим|ш|а 2

С р.: *ж* Клементина.

Дни ангела и святые (Климент): 27 июля — *равноапостольный*; 4 января, 22 апреля, 10 сентября — *апостолы*; 23 января — *епископ*; 25 ноября —
папа в Риме; 4 мая — *мученик*.

КОНДРА́ТИЙ|, Кондра́ти|я (Кондра́ти[й|а]), *м* [*греч. от лат.* 'четы-
рехугольный'; *возможно, из лат.* 'квадратный, широкоплечий'; 'квадратный']. О т ч е с т в о: Кондра́тьевич, Кондра́тьевна; Кондра́тьич (*разг.*).

Кондра́т|, а (*разг.*). О т ч е с т в о: Кондра́тович, Кондра́товна; Кондра́тыч
(*разг.*).

Кодра́т|, а (*стар.*). О т ч е с т в о: Кодра́тович, Кодра́товна.

П р о и з в о д н ы е (11):

Кондратий → Кондрать|юшк|а (Кондрат[й|у]шк|а)

Кондрат(ий) → **Кондрат**→ Кондрат|ик 1, Кондрат|к|а 1

        Кондра(т) → **Кондра|х|а 1** → Кондраш|к|а 1 →

        | Кондраш*еч*|к|а 1

                      Кондраш|еньк|а 1,

                      Кондраш|ечк|а 2

                      Кондраш|а 1 →

                      Кондраш|еньк|а 2,

                      Кондраш|ечк|а 3,

                      Кондраш|к|а 2

                Кондра|ш|а 2

        Кон(драт) → **Кон|я 1** → Кон|ш|а 1

                Кон|ш|а 2

        Кондрат|ик 2, Кондрат|к|а 2

Кондра(тий) → Кондра|х|а 2, Кондра|ш|а 3

Кон(дратий) → Кон|я 2; Кон|ш|а 3

Кодрат

Дни ангела и святые (Кодрат): 4 января, 21 сентября — *апостолы*; 10

марта, 21 апреля — *мученики*; (Кондрат): 15 апреля — *мученик*.

КОНКО́РДИЙ|, Конко́рди|я (Конко́рди[й]а), *м* [*лат.* 'согласный, единодушный']. О т ч е с т в о: Конко́рдиевич, Конко́рдиевна *и* Конко́рдьевич, Конко́рдьевна.

П р о и з в о д н ы е (29):

Конкордий

Кон(кордий) → **Кон**|а → Кон|к|а 1 → Коно́ч|к|а 1
                           Кон|очк|а 2
             Ко(н|а) → **Ко|т|я 1** → Кот|к|а → Кото́ч|к|а 1
                                Коть|к|а → Коте́ч|к|а 1
                                Кот|еньк|а 1, Кот|ечк|а 2, Кот|ик 1,
                                Кот|очк|а 2
             Кон|к|а 2, Кон|очк|а 3
Ко(нкордий) → Ко|т|я 2
Ко(нкор)д(ий) → **Код**|а → Код|к|а 1 → Кодо́ч|к|а 1
                         Код|оньк|а 1, Код|очк|а 2
             Ко(д|а) → Ко|т|я 3
             Код|к|а 2, Код|оньк|а 2, Код|очк|а 3
Ко(н)к(ордий) → Кок|а → Кок|оньк|а 1, Кок|очк|а 1
             Ко(к|а) → Ко|т|я 4
             Кок|оньк|а 2, Кок|очк|а 2
К(о)н(к)ор(дий) → **Кнор**|а → Кнор|к|а 1 → Кноро́ч|к|а 1
                       Кнор|ик 1, Кнор|очк|а 2
             К(н)ор|а → **Кор|а 1** → Кор|к|а 1 → Коро́ч|к|а 1
                              Кор|очк|а 2
                  Кор|к|а 2, Кор|очк|а 3
             Кнор|ик 2, Кнор|к|а 2, Кнор|очк|а 3
(Кон)кор(дий) → Кор|а 2; Кор|к|а 3, Кор|очк|а 4
(Конкор)дий → **Дий, Ди|я** (Ди[й]а) → Дий|к|а 1 → Дие́ч|к|а 1
                                Ди|еньк|а 1 (Ди[й/э]ньк|а)
                                Ди|ечк|а 2 (Ди[й/э]чк|а)
             Ди|еньк|а 2 (Ди[й/э]ньк|а), Ди|ечк|а 3 (Ди[й/э]чк|а),
             Дий|к|а 2

С р.: *ж* Конкордия.

День ангела и святой (Конкордий): 4 июня — *мученик*.

КОНСТАНТИ́Н|, а, *м* [*лат.* 'стойкий, постоянный'; 'твердый, постоянный']. О т ч е с т в о: Константи́нович, Константи́новна; Константи́ныч (*разг.*).

П р о и з в о д н ы е (55):

Константин → Константин|к|а → Константи́нч|ик 1
             Константи́н|ушк|а, Константи́нч|ик 2
Конст(антин) → **Конст**|а

Ко(н)с(т)а → **Кос|я 1** → Кось|к|а 1 → Кос*еч*|к|а 1
　　　　　　　　　　　　　　 Кос|еньк|а 1, Кос|ечк|а 2,
　　　　　　　　　　　　　　 Кос|ик 1
　　　　　　 Ко(с|я) → **Ко|к|а 1** → Кок|оньк|а,
　　　　　　 　　　　　　　　　　　　Кок|очк|а
　　　　　　 Кос|еньк|а 2, Кос|ечк|а 3, Кос|ик 2,
　　　　　　 Кось|к|а 2
Ко(н)ст|а →
　　Кост|а 1 → Кость|к|а 1 → Кост*еч*|к|а 1
　　　　　　 Кост|юн|я 1 →Костюнь|к|а →
　　　　　　　　　　　　　　　　　　 Костюн*еч*|к|а 1
　　　　　　　　　　　　 Костюн|ечк|а 2,
　　　　　　　　　　　　 Костюнь|ш|а
　　　　　　 Кост|юр|а 1 → Костюр|к|а →
　　　　　　　　　　　　　　　　　　 Костюр*оч*|к|а 1
　　　　　　　　　　　　 Костюр|очк|а 2
　　　　　　 Кост|юх|а 1 → Кост*ю̄ш*|к|а 1 →
　　　　　　　　　　　　　　　　　　 Костюш*еч*|к|а 1
　　　　　　　　　　　　 Костю*ш*|еньк|а 1,
　　　　　　　　　　　　 Костю*ш*|ечк|а 2
　　　　　　 Кост|юш|а 1 → Костюш|еньк|а 2,
　　　　　　　　　　　　 Костюш|ечк|а 3,
　　　　　　　　　　　　 Кост*ю̄ш*|к|а 2
　　　　　　 Кост|ян|я 1 → Костянь|к|а →
　　　　　　　　　　　　　　　　　　 Костян*еч*|к|а 1
　　　　　　　　　　　　 Костян|ечк|а 2
　　　　　　 Кост|ях|а 1 → Кост*я̄ш*|к|а 1 →
　　　　　　　　　　　　　　　　　　 Костяш*еч*|к|а 1
　　　　　　　　　　　　 Костя*ш*|еньк|а 1,
　　　　　　　　　　　　 Костя*ш*|ечк|а 2
　　　　　　 Кост|яш|а 1 → Костяш|еньк|а 2,
　　　　　　　　　　　　 Костяш|ечк|а 3,
　　　　　　　　　　　　 Кост*я̄ш*|к|а 2
　　　　　　 Кост|еньк|а 1, Кост|ечк|а 2, Кост|ик 1,
　　　　　　 Кост|юк 1, Ко́ст|юшк|а 1, Кост|яй 1,
　　　　　　 Кост|як 1
　　Кос(т|а) → Кос|я 2; Кос|еньк|а 3,
　　　　　　 Кос|ечк|а 4, Кос|ик 3,
　　　　　　 Кось|к|а 3
　　Ко(ст|а) → Ко|к|а 2
　　Ко(с)т|а → **Кот|а 1** → Кот|аш|а 1 → Коташ|к|а →
　　　　　　 　　　　　　　　　　　　 Коташ*еч*|к|а 1
　　　　　　 　　　　　　　　 Коташ|еньк|а,
　　　　　　 　　　　　　　　 Коташ|ечк|а 2

Кот|к|а 1 → Кот*оч*|к|а 1
Коть|к|а 1 →Кот*еч*|к|а 1
Кот|еньк|а 1, Кот|ечк|а 2,
Кот|ик 1, Кот|очк|а 2
Ко(т|а) → Ко|к|а 3
Кот|я 1 → Кот|аш|а 2, Кот|еньк|а 2,
Кот|ечк|а 3, Кот|ик 2,
Кот|к|а 2, Кот|очк|а 3,
Коть|к|а 2
Ко(т|я) → Ко|к|а 4
Кот|аш|а 3, Кот|еньк|а 3, Кот|ечк|а 4,
Кот|ик 3, Кот|к|а 3, Кот|очк|а 4,
Коть|к|а 2
Кост|я 1 → Кост|еньк|а 2, Кост|ечк|а 3, Кост|ик 2,
Кость|к|а 2, Кост|юк 2, Кост|юн|я 2,
Кост|юр|а 2, Кост|юх|а 2, Кост|юш|а 2,
К*ó*ст|юшк|а 2, Кост|яй 2, Кост|як 2,
Кост|ян|я 2, Кост|ях|а 2, Кост|яш|а 2
Кос(т|я) → Кос|я 3; Кос|еньк|а 4, Кос|ечк|а 5,
Кос|ик 4, Кось|к|а 4
Ко(ст|я) → Ко|к|а 5
Ко(с)т|я → Кот|а 2, Кот|я 2; Кот|аш|а 4,
Кот|еньк|а 4, Кот|ечк|а 5, Кот|ик 4,
Кот|к|а 4, Кот|очк|а 5, Коть|к|а 4
Кост|еньк|а 3, Кост|ечк|а 4, Кост|ик 3, Кость|к|а 3,
Кост|юк 3, Кост|юн|я 3, Кост|юр|а 3, Кост|юх|а 3,
Кост|юш|а 3, К*ó*ст|юшк|а 3, Кост|яй 3, Кост|як 3,
Кост|ян|я 3, Кост|ях|а 3, Кост|яш|а 3
Ко(нс)т|а → Кот|а 3, Кот|я 3; Кот|аш|а 5, Кот|еньк|а 5,
Кот|ечк|а 6, Кот|ик 5, Кот|к|а 5, Кот|очк|а 6,
Коть|к|а 5

Ко(нстантин) → Ко|к|а 6
Ко(н)стан(тин) → Кастан|ай
Ко(н)ст(антин) →Кост|а 2, Кост|я 2; Кост|еньк|а 4, Кост|ечк|а 5,
Кост|ик 4, Кость|к|а 4, Кост|юк 4, Кост|юн|я 4,
Кост|юр|а 4, Кост|юх|а 4, Кост|юш|а 4, К*ó*ст|юшк|а 4,
Кост|яй 4, Кост|як 4, Кост|ян|я 4, Кост|ях|а 4,
Кост|яш|а 4
Ко(н)с(тантин) →Кос|я 4; Кос|еньк|а 5, Кос|ечк|а 6, Кос|ик 5, Кось|к|а 5
Ко(нс)т(антин) →Кот|а 4, Кот|я 4; Кот|аш|а 6, Кот|еньк|а 6, Кот|ечк|а 7,
Кот|ик 6, Кот|к|а 6, Кот|очк|а 7, Коть|к|а 6

С р.: *ж* Констанция.

Дни ангела и святые (Константин): 21 мая — *равноапостольный*; 5 июня
— *митрополит*; 29 июля, 2 октября, 26 декабря — *преподобные*; 5 марта, 23

мая, 8 июня, 3 июля, 19 сентября — *князья*; 6 марта, 4 августа, 22 октября, 10 ноября — *мученики*.

КОРНЕ́ЛИЙ|, Корне́ли|я (Корне́ли[й|а]), *м* [*предположительно лат.* 'рог' *или* 'ягода кизила'; 'рогатый, роговой']. О т ч е с т в о: Корне́лиевич, Корне́лиевна *и* Корне́льевич, Корне́льевна.

    П р о и з в о д н ы е (7):
Корнелий
Корнел(ий) → **Корнел|я** → Корнель|к|а 1 → Корнелеч|к|а 1
                             Корнел|еньк|а 1, Корнел|ечк|а 2,
                             Корнел|юшк|а 1
              Кор(нел|я) → **Кор|а** → Кор|к|а 1
                                       Кор|к|а 2
              Корнел|еньк|а 2, Корнел|ечк|а 3, Корнель|к|а 2,
              Корнель|к|а 2
Кор(нелий) → Кор|а 2; Кор|к|а 3
    С р.: *ж* Корнелия.

КОРНИ́ЛИЙ|, Корни́ли|я (Корни́ли[й|а]), *м* [*предположительно лат.* 'рог' *или* 'ягода кизила'; 'рогатый, сильный']. О т ч е с т в о: Корни́лиевич, Корни́лиевна *и* Корни́льевич, Корни́льевна.
Корне́й|, Корне́|я (Корне́[й|а]) (*разг.*). О т ч е с т в о: Корне́евич, Корне́евна; Корне́ич (*разг.*).
Корни́л|, а (*разг.*). О т ч е с т в о: Корни́лович, Корни́ловна; Корни́лыч (*разг.*).
Корни́л|а, ы (*разг.*). О т ч е с т в о: Корни́лыч, Корни́ловна.
    П р о и з в о д н ы е (12):
Корнилий
Корнил(ий) → Корнил,
              Корнил|а → Корнил|к|а 1, Корнил|ушк|а 1
              Корн(ил),
              Корн(ил|а) → Корн|ей 1 → Корней|к|а,
                          | Корне|юшк|а (Корне[й|у]шк|а)
                          Корн|юх|а 1 → Корнюш|к|а 1 →
                          | Корнюшеч|к|а 1
                          | Корнюш|еньк|а 1,
                          | Корнюш|ечк|а 2
                          Корн|юш|а 1 → Корнюш|еньк|а 2,
                                        Корнюш|ечк|а 3,
                                        Корнюш|к|а 2
              Корнил|к|а 2, Корнил|ушк|а 2
Корн(илий) → Корн|ей 2, Корн|юх|а 2, Корн|юш|а 2
    Дни ангела и святые (Корнилий): 20 февраля, 19 мая, 22 июля — *преподобные*; 13 сентября — *священномученик*.

КРАСНОСЛА́В|, а, *м* (*нов.*) [Образовано по модели славянских имен. Ср.:Святослав, Ярослав, Бронислав]. О т ч е с т в о: Красносла́вович, Краснославовна; Красносла́вич, Краснослав́вна.

П р о и з в о д н ы е (16):

Краснослав → Краснослав|к|а → Краснославоч|к|а 1
| Краснослав|оньк|а, Краснослав|очк|а 2, Краснослав|ушк|а
Крас(нослав) → **Крас|а** → Крас|к|а 1 → Красоч|к|а 1
| Крас|ик 1, Крас|оньк|а 1, Крас|очк|а 2
| Крас|ик 2, Крас|к|а 2, Крас|оньк|а 2, Крас|очк|а 3
(Красно)слав → **Слав|а** →Слав|к|а 1 → Славоч|к|а 1
| Слав|еньк|а 1, Слав|ик 1, Слав|оньк|а 1,
| Слав|очк|а 2, Слав|ушк|а 1
        Слав|еньк|а 2, Слав|ик 2, Слав|к|а 2, Слав|оньк|а 2,
        Слав|очк|а 3, Слав|ушк|а 2

КРОНИ́Д|, а, *м* [*греч.* 'сын Кроноса (Кронос — имя отца Зевса)'. *От* Кронид, сын Крона, т.е. Зевс'; 'Кронов, бога времени']. О т ч е с т в о: Крони́дович, Крони́довна; Крони́дыч (*разг.*).

Кро́ний, Кро́ни|я (Крони[й]а) (*разг.*). О т ч е с т в о: Кро́ниевич, Кро́ниевна *и* Кро́ньевич, Кро́ньевна.

П р о и з в о д н ы е (4):

Кронид
Крон(ид) → **Крон|я 1** → Кронь|к|а 1 → Кронеч|к|а 1
| Крон|ечк|а 2, Крон|ид 1
| Крон|ечк|а 3, Крон|ид 2, Кронь|к|а 2
Дни ангела и святые (Кронид): 23 марта, 13 сентября — *мученики*.

КСЕНОФО́НТ|, а, *м* [*греч.* 'чужестранец, иноземец' и 'голос'; 'говорящий на иностранном языке'; 'чужой, чужеземный' + 'голос']. О т ч е с т в о: Ксенофо́нтович, Ксенофо́нтовна; Ксенофо́нтыч (*разг.*).

П р о и з в о д н ы е (25):

Ксенофонт → Ксенофонт|ушк|а
Ксен(офонт) → **Ксен|а** → Ксен|к|а 1 → Ксеноч|к|а 1
| Ксень|к|а 1 → Ксенеч|к|а 1
| Ксен|ечк|а 2, Ксен|ёк 1, Ксен|ик 1,
| Ксен|очк|а 2, Ксен|ушк|а 1
| (К)сен|а → **Сен|я 1** →Сень|к|а 1 → Сенеч|к|а 1
| Сен|ечк|а 2, Сен|ошк|а 1
| Сен|ечк|а 3, Сен|ошк|а 2, Сень|к|а 2
| Ксеш|а 1 → Ксеш|к|а 1
| Ксеш|к|а 2
| Ксён|а 1 →Ксён|к|а 1
| Ксён|к|а 2
     Ксен|я → Ксен|ечк|а 3, Ксен|ёк 2, Ксен|ик 2, Ксен|к|а 2.

Ксен|очк|а 3, Ксен|ушк|а 2, Ксень|к|а 2
(К)сен|я → Сен|я 2; Сен|ечк|а 4, Сен|юшк|а 3, Сень|к|а 3
Ксеш|а 2; Ксеш|к|а 3
Ксён|а 2; Ксён|к|а 3
Ксен|ечк|а 4, Ксен|ёк 3, Ксен|ик 3, Ксен|к|а 3,
Ксен|очк|а 4, Ксен|ушк|а 3, Ксень|к|а 3
Ксеш|а 3; Ксеш|к|а 4
Ксён|а 3; Ксён|к|а 4
(К)сен(офонт) → Сен|я 3; Сен|ечк|а 5, Сен|ошк|а 4, Сень|к|а 4
(Ксено)фон(т) → **Фон|я** → Фонь|к|а 1 → Фон*еч*к|а 1
Фон|ечк|а 2, Фон|юшк|а 1
Фош|а 1 → Фош|к|а 1 → Фош*еч*к|а 1
Фош|еньк|а 1, Фош|ечк|а 2
Фош|еньк|а 2, Фош|ечк|а 3, Фош|к|а 2
Фон|ечк|а 3, Фонь|к|а 2, Фон|юшк|а 2
Фош|а 2; Фош|еньк|а 3, Фош|ечк|а 4, Фош|к|а 3
Дни ангела и святые (Ксенофонт): 26 января, 28 июня — *преподобные*.

КУЗЬМ|А́, ы, *м* [*греч*. 'мир, украшение'; 'мир, порядок, мироздание', *перен.* 'украшение, краса, честь'; 'заботящийся о красоте']. О т ч е с т в о: Кузьми́ч, Кузьми́нична.
Козьм|а, ы (*разг.*). О т ч е с т в о: Козьми́ч, Козьми́нична.
Косьм|а, ы (*стар. разг.*).
Косм|а, ы (*стар.*).
П р о и з в о д н ы е (21):
Кузьм|а 1 → Кузьм|ищ|е
Кузь(м|а) → **Куз|я** → Куз|ён|а 1 → Кузён|к|а → Кузён*оч*к|а 1
Кузён|очк|а 2
Кузь|к|а 1 → Куз*еч*к|а 1
Куз|ют|а 1 → Кузют|к|а → Кузют*оч*к|а 1
Кузют|оньк|а, Кузют|очк|а 2
Куз|ях|а 1 → Кузяш|еньк|а 1, Кузяш|ечк|а 1
Куз|яш|а 1 → Кузяш|еньк|а 2, Кузяш|ечк|а 2
Куз|еньк|а 1, Куз|ечк|а 2, Куз|ик 1, Куз|як 1,
Куз|ярь 1
Куз|еньк|а 2, Куз|ечк|а 3, Куз|ён|а 2, Куз|ик 2, Кузь|к|а 2,
Куз|ют|а 2, Куз|як 2, Куз|ярь 2, Куз|ях|а 2, Куз|яш|а 2
Косьм|а → Козьм|а, Косм|а, Кузьм|а 2
Дни ангела и святые (Косма и Косьма): 18 апреля — *епископ*; 18 февраля, 29 июля, 3 августа, 12 октября — *преподобные*; 17 октября — *священномученик*; 1 июля — *мученик*; 1 ноября — *бессребреник*.

Л

ЛАВР|, а, *м* [*лат.* 'лавровое дерево, лавровый венок']. О т ч е с т в о: Ла́в-
рович, Ла́вровна; Ла́врич (*разг.*).

П р о и з в о д н ы е (40):

Лавр → Лавр|ен|я 1 → Лаврень|к|а → Лавренеч|к|а 1
                                                Лаврен|ечк|а 2
        Лавр|ок 1 →   Лавроч|ек 1
        Лавр|ун|я 1 → Лаврунь|к|а → Лаврунеч|к|а 1
                                                Лаврун|ечк|а 2
        Лавр|ух|а 1 → Лавру́ш|к|а 1 → Лаврушеч|к|а 1
                                                Лавруш|еньк|а 1, Лавруш|ечк|а 2
        Лавр|уш|а 1 →Лавруш|еньк|а 2, Лавруш|ечк|а 3, Лавру́ш|к|а 2
        Лавр|юн|я 1 → Лаврюнь|к|а → Лаврюнеч|к|а 1
                                                Лаврюн|ечк|а 2
        Лавр|юх|а 1 → Лаврю́ш|к|а 1 →Лаврюшеч|к|а 1
                                                Лаврюш|еньк|а 1, Лаврюш|ечк|а 2
        Лавр|юш|а 1 → Лаврюш|еньк|а 2, Лаврюш|ечк|а 3, Лаврю́ш|к|а 2
        Лавр|ей 1, Лавр|еньк|а 1, Лавр|ечк|а 1, Лавр|ик 1, Лавр|ищ|е 1,
        Лавр|оньк|а 1, Лавр|очек 2, Лавр|очк|а 1, Лавр|ус|я 1,
        Ла́вр|ушк|а 1, Лавр|юс|я 1, Ла́вр|юшк|а 1
Ла(в)р → **Лар|а 1** → Лар|еньк|а 1, Лар|ечк|а 1, Лар|ёк 1, Лар|ёнок 1
         Лавр|а → Лавр|ей 2, Лавр|еньк|а 2, Лавр|ен|я 2, Лавр|ечк|а 2,
                      Лавр|ик 2, Лавр|ищ|е 2, Лавр|ок 2, Лавр|оньк|а 2,
                      Лавр|очек 3, Лавр|очк|а 2, Лавр|ун|я 2, Лавр|ус|я 2,
                      Лавр|ух|а 2, Лавр|уш|а 2, Лавр|ушк|а 2, Лавр|юн|я 2,
                      Лавр|юс|я 2, Лавр|юх|а 2, Лавр|юш|а 2, Лавр|юшк|а 2
         Ла(в)р|а → Лар|а 2; Лар|еньк|а 2, Лар|ечк|а 2, Лар|ёк 2, Лар|ёнок 2
         Лавр|я → Лавр|ей 3, Лавр|еньк|а 3, Лавр|ен|я 3, Лавр|ечк|а 3,
                      Лавр|ик 3, Лавр|ищ|е 3, Лавр|ок 3, Лавр|оньк|а 3,
                      Лавр|очек 4, Лавр|очк|а 3, Лавр|ун|я 3, Лавр|ус|я 3,
                      Лавр|ух|а 3, Лавр|уш|а 3, Ла́вр|ушк|а 3, Лавр|юн|я 3,

| Лавр|юс|я 3, Лавр|юх|а 3, Лавр|юш|а 3, Ла́вр|юшк|а 3
Ла(в)р|я → Лар|а 3; Лар|еньк|а 3, Лар|ечк|а 3, Лар|ёк 3, Лар|ёнок 3
С р.: *ж* Лавра.

День ангела и святой (Лавр): 18 августа — *мученик*.

ЛАВРЕ́НТИЙ|, Лавре́нти|я (Лавре́нти[й|а]), *м* [*лат.* 'лаврентский, житель г.Лаврента; 'лавровый']. О т ч е с т в о: Лавре́нтиевич, Лавре́нтиевна *и* Лавре́нтьевич, Лавре́нтьевна; Лавре́нтьич (*разг.*).
Лавре́н|, а (*разг.*). О т ч е с т в о: Лавре́нович, Лавре́новна; Лавре́ныч (*разг.*).
П р о и з в о д н ы е (27):
Лаврентий → Лаврентъ|юшк|а (Лаврентъ[й|у]шк|а)
Лаврен(тий) → **Лаврен** → Лаврень|к|а 1 → Лаврен*еч*|к|а 1
               | Лаврен|ечк|а 2
               | Лавр(ен) → **Лавр|а 1** → Лавр|ок 1 → Лавро́ч|ек 1
               | Лавр|ун|я 1 → Лавруны|к|а →
               | Лаврун*еч*|к|а 1
               | Лаврун|ечк|а 2
               | Лавр|уш|а 1 → Лавру́ш|к|а →
               | Лавруш*еч*|к|а 1
               | Лавруш|еньк|а,
               | Лавруш|ечк|а 2
               | Лавр|юш|а 1 → Лаврю́ш|к|а
               | Лавр|ей 1, Лавр|еньк|а 1,
               | Лавр|ечк|а 1, Лавр|ик 1,
               | Лавр|ище 1, Лавр|оньк|а 1,
               | Лавр|очек 2, Лавр|очк|а 1,
               | Ла́вр|юшк|а 1, Ла́вр|юшк|а 1
               | **Лавр|я 1** → Лавр|ей 2, Лавр|еньк|а 2,
               | Лавр|ечк|а 2
               | Лавр|ик 2, Лавр|ище 2, Лавр|ок 2,
               | Лавр|оньк|а 2, Лавр|очек 3,
               | Лавр|очк|а 2, Лавр|ун|я 2,
               | Лавр|уш|а 2, Лавр|ушк|а 2,
               | Лавр|юш|а 2, Лавр|юшк|а 2
               | Лавр|ей 3, Лавр|еньк|а 3, Лавр|ечк|а 3,
               | Лавр|ик 3, Лавр|ище 3, Лавр|ок 3,
               | Лавр|оньк|а 3, Лавр|очек 4, Лавр|очк|а 3,
               | Лавр|ун|я 3, Лавр|уш|а 3, Ла́вр|ушк|а 3,
               | Лавр|юш|а 3, Ла́вр|юшк|а 3
               | **Лаврен|я** → Лаврен|ечк|а 3, Лаврень|к|а 2
               | Лавр(ен|я) → Лавр|а 2, Лавр|я 2; Лавр|ей 4, Лавр|е́ньк|а 4,
                                       Лавр|ечк|а 4, Лавр|ик 4, Лавр|ище 4,
                                       Лавр|ок 4, Лавр|оньк|а 4, Лавр|очек 5,
                                       Лавр|очк|а 4, Лавр|ун|я 4, Лавр|уш|а 4,

| Ла́вр|ушк|а 4, Лавр|юш|а 4, Ла́вр|юшк|а 4
Лаврен|ечк|а 4, Лаврень|к|а 3
Лавр(ентий) → Лавр|а 3, Лавр|я 3; Лавр|ей 5, Лавр|еньк|а 5, Лавр|ечк|а 5,
Лавр|ик 5, Лавр|ищ|е 5, Лавр|ок 5, Лавр|оньк|а 5,
Лавр|очек 6, Лавр|очк|а 5, Лавр|ун|я 5, Лавр|уш|а 5,
Ла́вр|ушк|а 5, Лавр|юш|а 5, Ла́вр|юшк|а 5

Дни ангела и святые (Лаврентий): 28 сентября, 29 января — *святые*; 20 января, 16 мая, 28 августа — *преподобные*; 10 августа — *мученик*.

ЛАДИМИ́Р|, а, *м* (*слав.*) ['лад' и 'мир']. О т ч е с т в о: Ладими́рович, Ладими́ровна; Ладими́рыч (*разг.*).
П р о и з в о д н ы е (19):
Ладимир
Лад(имир) → **Лад|а** → Ладь|к|а 1 → Ладеч|к|а 1
| Лад|ус|я 1 → Ладус|еньк|а, Ладус|ечк|а, Ладус|ик
| Лад|еньк|а 1, Лад|ечк|а 2
Лад|я → Лад|еньк|а 2, Лад|ечк|а 3, Лад|ус|я 2, Ладь|к|а 2
Лад|еньк|а 3, Лад|ечк|а 4, Лад|ус|я 3, Ладь|к|а 3
(Ла)дим(ир) → **Дим|а** → Дим|к|а 1 → Дим|оч|к|а 1
| Дим|оньк|а 1, Дим|очк|а 2, Дим|ушк|а 1
| Дим|к|а 2, Дим|оньк|а 2, Дим|очк|а 3, Дим|ушк|а 2
(Лади)мир → **Мир|а** → Мир|к|а 1 → Мир|оч|к|а 1
| Мир|ик 1, Мир|очк|а 2, Мир|ушк|а 1
Мир|ик 2, Мир|к|а 2, Мир|очк|а 3, Мир|ушк|а 2

ЛАДИСЛА́В|, а, *м* (*слав.*) ['лад' и 'слав']. О т ч е с т в о: Ладисла́вович, Ладисла́вовна; Ладисла́вич, Ладисла́вна.
П р о и з в о д н ы е (23):
Ладислав
Лад(ислав) → **Лад|а** → Лад|ус|я 1 → Ладусь|к|а → Ладусеч|к|а 1
| Ладус|еньк|а, Ладус|ечк|а 2, Ладус|ик
| Ладь|к|а 1 → Ладеч|к|а 1
| Лад|еньк|а 1, Лад|ечк|а 2, Лад|ик 1
Лод|я 1 → Лодь|к|а 1 → Лодеч|к|а 1
| Лод|еньк|а 1, Лод|ечк|а 2, Лод|ик 1
| Лод|еньк|а 2, Лод|ечк|а 3, Лод|ик 2, Лодь|к|а 2
Лад|я → Лад|еньк|а 2, Лад|ечк|а 3, Лад|ик 2, Лад|ус|я 2,
Ладь|к|а 2
Лод|я 2; Лод|еньк|а 3, Лод|ечк|а 4, Лод|ик 3,
Лодь|к|а 3
Лад|еньк|а 3, Лад|ечк|а 4, Лад|ик 3, Лад|ус|я 3, Ладь|к|а 3
Лод|я 3; Лод|еньк|а 4, Лод|ечк|а 5, Лод|ик 4, Лодь|к|а 4
(Лади)слав → **Слав|а** → Слав|к|а 1 → Слав|оч|к|а 1
| Слав|еньк|а 1, Слав|ик 1, Слав|оньк|а 1,

| Слав|очк|а 2, Слав|ушк|а 1
Слав|еньк|а 2, Слав|ик 2, Слав|к|а 2, Слав|оньк|а 2,
Слав|очк|а 3, Слав|ушк|а 2

ЛА́ЗАРЬ, я, *м* [*др.-евр.* 'Бог помог'; 'Бог помощник']. О т ч е с т в о: Ла́за-
ревич, Ла́заревна; Ла́зарич (*разг.*).
П р о и з в о д н ы е (35):
Лазарь → Лазар|ик, Лазар|к|а, Лазар|ык|а
Лаз(арь) → **Лаз|я** → Лаз|ур|я 1 → Лазурь|к|а → Лазур*еч*|к|а 1
  Лазур|еньк|а, Лазур|ечк|а 2
  (Ла)з|ур|я → **Зур|я** → Зурь|к|а 1 → Зур*еч*|к|а 1
  Зур|ечк|а 2, Зур|ик 1
  Зур|ечк|а 3, Зур|ик 2, Зурь|к|а 2
  Лаз|ут|а 1 → Лазут|к|а → Лазут*оч*|к|а 1
  Лазут|оньк|а, Лазут|очк|а 2
  Лазь|к|а 1
  Лаз|ур|я 2, Лаз|ут|а 2, Лазь|к|а 2
(Ла)зарь → **Зар|а** → Зар|к|а 1 → Зар*оч*|к|а 1
  Зарь|к|а 1 → Зар*еч*|к|а 1
  Зар|еньк|а 1, Зар|ечк|а 2, Зар|ик 1, Зар|оньк|а 1,
  Зар|очк|а 2, Зар|ушк|а 1, Зар|юшк|а 1
  Зор|я 1 → Зорь|к|а 1 → Зор*еч*|к|а 1
  Зор|еньк|а 1, Зор|ечк|а 2, Зор|ик 1,
  Зор|юшк|а 1
  Зор|еньк|а 2, Зор|ечк|а 3, Зор|ик 2, Зорь|к|а 2,
  Зор|юшк|а 2
  Зар|я → Зар|еньк|а 2, Зар|ечк|а 3, Зар|ик 2, Зар|к|а 2,
  Зар|оньк|а 2, Зар|очк|а 3, Зар|ушк|а 2, Зарь|к|а 2,
  Зар|юшк|а 2
  Зор|я 2; Зор|еньк|а 3, Зор|ечк|а 4, Зор|ик 3,
  Зорь|к|а 3, Зор|юшк|а 3
  Зар|еньк|а 3, Зар|ечк|а 4, Зар|ик 3, Зар|к|а 3, Зар|оньк|а 3,
  Зар|очк|а 4, Зар|ушк|а 3, Зарь|к|а 3, Зар|юшк|а 3
  Зор|я 3; Зор|еньк|а 4, Зор|ечк|а 5, Зор|ик 4, Зорь|к|а 4,
  Зор|юшк|а 4

Дни ангела и святые (Лазарь): 7 и 17 ноября, 8 марта, 17 июля —
преподобные; 17 марта, 17 октября — *праведники*; 15 июня — *князь*; 17 октября — *святой*.

ЛЕВ|, а, *м* [*греч.* 'лев, царь зверей']. О т ч е с т в о: Льво́вич, Льво́вна.
П р о и з в о д н ы е (38):
Лев → Лев|он|я → Левонь|к|а → Левон*еч*|к|а 1, Левонч|ик 1
  Левон|ечк|а 2, Левон|чик 2
  Лев|ун|я → Левунь|к|а → Левун*еч*|к|а 1

| Левун|ечк|а 2
Лев|ус|я → Левусь|к|а → Левусе*ч*к|а 1
| Левус|еньк|а, Левус|ечк|а 2
Лев|ик, Лев|ок|а, Лев|ушк|а, Левш|а
Ле(в) → **Ле|к|а 1** → Лек|очк|а, Лек|оньк|а
    Ле|н|я 1 → Лень|к|а → Лене*ч*к|а
    Лё|к|а 1 → Лёк|оньк|а, Лёк|очк|а
    Лё|н|я 1 → Лёнь|к|а → Лёне*ч*к|а
    Лё|с|я 1 → Лёсь|к|а → Лёсе*ч*к|а 1
| Лёс|ечк|а 2, Лёс|еньк|а
    Лёв|а → Лёв|к|а 1 → Лёв*о*чк|а 1
| Лёв|ик 1, Лёв|оньк|а 1, Лёв|очк|а 2, Лёв|ушк|а 1,
| Лёв|ш|а 1
Лё(в|а) → Ле|к|а 2, Ле|н|я 2, Лё|к|а 2, Лё|н|я 2, Лё|с|я 2
Лёв|ик 2, Лёв|к|а 2, Лёв|оньк|а 2, Лёв|очк|а 3, Лёв|ушк|а 3, Лёв|ш|а 2

Дни ангела и святые (Лев): 18 февраля — *святой*; 20 февраля — *епископ*.

ЛЕО́Н|, а, м [*предположительно лат.* 'лев']. О т ч е с т в о: Лео́нович, Лео́новна; Лео́ныч (*разг.*).

Левóн|, а (*прост.*). О т ч е с т в о: Левóнович, Левóновна.

   П р о и з в о д н ы е (10):

Леон
Ле(о)н → **Лен|я 1** → Лень|к|а → Лене*ч*к|а 1
                 Лен|ечк|а 2
            Лён|я → Лёнь|к|а 1 → Лёне*ч*к|а 1
                     Лёне*ч*к|а 2, Лён|ик 1
             Лён|ечк|а 3, Лён|ик 2, Лёнь|к|а 2
       Лен|ечк|а 3, Лень|к|а 2
       Лён|я 2; Лён|ечк|а 4, Лён|ик 3, Лёнь|к|а 3
Левон
Лев(он) → **Лёв|а** → Лёв|к|а 1
             Лёв|к|а 2
Ле(во)н → Леня 2; Лен|ечк|а 4, Лень|к|а 3
       Лён|я 3; Лён|ечк|а 5, Лён|ик 4, Лёнь|к|а 4

ЛЕОНА́РД|, а, м. О т ч е с т в о: Леона́рдович, Леона́рдовна.

   П р о и з в о д н ы е (3):

Леонард
Ле(о)н(ард) → **Лен|я** → Лён|я 1
             Лён|я 2
Ле(она)р(д) → **Лёр|а**

ЛЕОНИ́Д|, а, м [*греч.* 'лев' *и* 'внешность'; `сын льва'; 'льву подобный'].

О т ч е с т в о: Леони́дович, Леони́довна; Леони́дыч (*разг.*).

П р о и з в о д н ы е (49):

Леони́д → Леони́д|к|а, Леони́д|ушк|а

Леон(и́д) → **Лео́н|я** → Лео́нь|к|а 1 → Леоне́ч|к|а 1

                         Леоне́ч|к|а 2, Лео́н|ушк|а 1

Ле(о)н|я → **Ле́н|я 1** → Лен|у́л|я 1 → Ленуль|к|а → Ленуле́ч|к|а 1

                                Ленул|ень|к|а, Ленул|е́ч|к|а 2

Ле́н|с|я 1 → Ле́нс|ик

Ле́нь|к|а 1 → Лене́ч|к|а 1

Лен|ю́с|я 1 → Леню́сь|к|а →

                               Ленюсе́ч|к|а 1

                               Ленюс|ень|к|а,

                               Ленюс|е́ч|к|а 2

Ле́н|ечк|а 2, Ле́н|ик 1, Ле́н|к|а 1,

Ле́нь|ш|а 1, Ле́н|юшк|а 1

Ле(н|я) → **Ле́|к|а 1** → Лек|онь|к|а, Лек|о́ч|к|а

                  Лёк|а 1 → Лёк|онь|к|а 1,

                            Лёк|о́ч|к|а 1

                  Лёк|онь|к|а 2, Лёк|о́ч|к|а 2

Лё|к|а 2

Ле́|с|я 1 → Лесь|к|а

                  Лёс|я 1 → Лёс|ик

Лё|с|я 2

Лё́|л|я 1 → Лёл|ечк|а

Лё́|х|а 1 → Лёш|к|а 1 → Лёшеч|к|а 1

                  Лёш|ень|к|а 1, Лёш|ечк|а 2

                  Лёш|а 1 → Лёш|ень|к|а 2,

                            Лёш|ечк|а 3,

                            Лёш|к|а 2

Лё́н|я 1 → Лёнь|к|а 1 → Лёне́ч|к|а 1

                  Лён|ечк|а 2, Лён|ик 1

            Лё(н|я) → Лё|к|а 3, Лё|л|я 2, Лё|с|я 3,

                        Лё|х|а 2, Ле|к|а 2, Ле|с|я 2

                        Лёш|а 2; Лёш|ень|к|а 3,

                        Лёш|ечк|а 4, Лёш|к|а 3

Лён|ечк|а 3, Лён|ик 2, Лёнь|к|а 2

Лён|я 2; Лён|ечк|а 4, Лён|ик 3, Лёнь|к|а 3

Лёш|а 4; Лёш|ень|к|а 5, Лёш|ечк|а 6, Лёш|к|а 5

Ле(он|я) → Ле|к|а 3, Ле|с|я 3, Лё|к|а 4, Лё|л|я 3, Лё|с|я 4, Лё|х|а 4

Леон|ечк|а 3, Лео́н|ушк|а 2, Лео́нь|к|а 2

Ле(о)н(ид) → **Лен|я 2**; Лен|ечк|а 4, Лен|ик 3, Лен|к|а 3, Лен|ул|я 3,
Лен|с|я 3, Лень|к|а 3, Лень|ш|а 3, Лен|юшк|а 3
Лён|я 3; Лён|ечк|а 5, Лён|ик 4, Лёнь|к|а 4
Лёш|а 5; Лёш|еньк|а 6, Лёш|ечк|а 7, Лёш|к|а 6
Ле(они)д → **Лед|я** → Ледь|к|а 1 → Ледечк|а 1
Лед|еньк|а 1, Лед|ечк|а 2, Лед|ик 1
Лед|еньк|а 2, Лед|ечк|а 3, Лед|ик 2

С р.: *ж* Леонида.

Дни ангела и святые (Леонид): 5 марта — *преподобный*; 10 марта, 16 апреля, 5 июня, 8 августа — *мученики*.

ЛЕОНТ|, а, *м* (*стар. редк.*) [*предположительно греч.* `львиный'; `лев']. О т- ч е с т в о: Лео́нтович, Лео́нтовна.
П р о и з в о д н ы е (9):
Леонт
Ле(о)н(т) → **Лен|я** → Лень|к|а 1 → Ленечк|а 1
Лен|ечк|а 2
Ле(н|я) → **Лёв|а 1** → Лёв|к|а → Лёвоч|к|а 1
Лёв|очк|а 2
Лён|я 1 → Лёнь|к|а 1 → Лёнечк|а 1
Лён|ечк|а 2
Лё(н|я) → Лёв|а 2
Лён|ечк|а 3, Лёнь|к|а 2
Лен|ечк|а 3, Лень|к|а 2
Лён|я 2; Лён|ечк|а 4, Лёнь|к|а 3
Ле(онт) → Лёв|а 3

Дни ангела и святые (Леонт): 22 января — *мученик*.

ЛЕО́НТИЙ|, Лео́нти|я (Лео́нти[й|а]), *м* [*греч.* `львиный']. О т ч е с т в о: Лео́нтиевич, Лео́нтиевна *и* Лео́нтьевич, Лео́нтьевна; Лео́нтьич (*разг.*).
Лео́н|, а (*разг.*). О т ч е с т в о: Лео́нович, Лео́новна; Лео́ныч (*разг.*).
Лево́нтий|, Лево́нти|я (Лево́нти[й|а]) (*прост.*).
П р о и з в о д н ы е (42):
Леонтий → Леонть|юшк|а (Леонть[й|у]шк|а)
Леон(тий) → **Леон** → Леон|ушк|а 1, Леонь|к|а 1, Леон|юшк|а 1
Ле(он) → **Лен|а 1** → Лен|к|а 1 → Леноч|к|а 1
Лен|ус|я 1 → Ленусь|к|а → Ленусечк|а 1
Ленус|еньк|а, Ленус|ечк|а 2,
Ленус|ик
Лень|к|а 1 → Ленечк|а 1
Лен|юс|я 1 → Ленюсь|к|а → Ленюсечк|а 1
Ленюс|еньк|а,
Ленюс|ечк|а 2,
Ленюс|ик

Лен|ечк|а 2, Лен|ик 1, Лен|очк|а 2,
Лень|ш|а 1

Лён|а 1 → Лёнь|к|а 1 → Лён*еч*|к|а 1
Лён|ечк|а 2, Лён|ик 1,
Лён|к|а 1, Лёнь|ш|а 1,
Лён|юшк|а 1

Лён|я 1 → Лён|ечк|а 3, Лён|ик 2,
Лён|к|а 2, Лёнь|к|а 2,
Лёнь|ш|а 2, Лён|юшк|а 2

Лен|я 1 → Лен|ечк|а 3, Лен|ик 2, Лен|к|а 2,
Лен|очк|а 3, Лен|ус|я 2, Лень|к|а 2,
Лень|ш|а 2, Лен|юс|я 2
Лён|а 2, Лён|я 2; Лён|ечк|а 4, Лён|ик 3,
Лён|к|а 3, Лёнь|к|а 3, Лёнь|ш|а 3,
Лён|юшк|а 3

Лен|ечк|а 4, Лен|ик 3, Лен|к|а 3, Лен|очк|а 4,
Лен|ус|я 3, Лень|к|а 3, Лень|ш|а 3, Лен|юс|я 3
Лён|а 3, Лён|я 3; Лён|ечк|а 5, Лён|ик 4, Лён|к|а 4,
Лёнь|к|а 4, Лёнь|ш|а 4, Лён|юшк|а 4

(Ле)он → **Он|я 1** → Онь|к|а 1, Он|юшк|а 1
Онь|к|а 2, Он|юшк|а 2

Леон|я → Леон|ушк|а 2, Леонь|к|а 2, Леон|юшк|а 2

Ле(о)н|я → Лен|а 2, Лен|я 2; Лен|ечк|а 5, Лен|ик 4,
Лен|к|а 4, Лен|очк|а 5, Лен|ус|я 4, Лень|к|а 4,
Лень|ш|а 4, Лен|юс|я 4
Лён|а 4, Лён|я 4; Лён|ечк|а 6, Лён|ик 5, Лён|к|а 5,
Лёнь|к|а 5, Лёнь|ш|а 5, Лён|юшк|а 5

(Ле)он|я → Он|я 2; Онь|к|а 3, Он|юшк|а 3

Леон|ушк|а 3, Леонь|к|а 3, Леон|юшк|а 3

Ле(о)н(тий) → Лен|а 3, Лен|я 3; Лен|ечк|а 6, Лен|ик 5, Лен|к|а 5,
Лен|очк|а 6, Лен|ус|я 5, Лень|к|а 5, Лень|ш|а 5, Лен|юс|я 5
Лён|а 5, Лён|я 5; Лён|ечк|а 7, Лён|ик 6, Лён|к|а 6,
Лёнь|к|а 6, Лёнь|ш|а 6, Лён|юшк|а 6

(Ле)он(тий) → Он|я 3; Онь|к|а 4, Он|юшк|а 4

Левонтий

Левон(тий) → **Левон|я** → Левонь|к|а 1 → Левон*еч*|к|а 1,
Левонч|ик 1
Левон|ечк|а 2, Левон|чик 2

Лев(он|я) → **Лёв|а 1** → Лёв|к|а 1 →
Лёв*оч*|к|а 1
Лёв|оньк|а 1,
Лёв|очк|а 2
Лёв|к|а 2, Лёв|оньк|а 2, Лёв|очк|а 3

Ле(в)он|я → Леон|я 2; Леон|ушк|а 4,

	Леонь	к	а 4, Леон	юшк	а 4
Ле(во)н	я →	Лен	а 4, Лен	я 4; Лен	ечк	а 7,
	Лен	ик 6, Лен	к	а 6,
	Лен	очк	а 7, Лен	ус	я 6,
	Лень	к	а 6, Лень	ш	а 6,
	Лен	юс	я 6
	Лён	а 6, Лён	я 6; Лён	ечк	а 8,
	Лён	ик 7, Лён	к	а 7, Лёнь	к	а 7,
	Лёнь	ш	а 7, Лён	юшк	а 7

(Лев)он|я → Он|я 4; Онь|к|а 5, Он|юшк|а 5
Левон|ечк|а 3, Левон|чик 3, Левонь|к|а 2
Лев(онтий) → Лёв|а 2; Лёв|к|а 3, Лёв|оньк|а 3, Лёв|очк|а 4
Ле(в)он(тий) → Леон|я 3; Леон|ушк|а 5, Леонь|к|а 5,
    Леон|юшк|а 5
Ле(во)н(тий) → Лен|а 5, Лен|я 5; Лен|ечк|а 8, Лен|ик 7,
    Лен|к|а 7, Лен|очк|а 8, Лен|ус|я 7,
    Лень|к|а 7, Лень|ш|а 7, Лен|юс|я 7
    Лён|а 7, Лён|я 7; Лён|ечк|а 9, Лён|ик 8,
    Лён|к|а 8, Лёнь|к|а 8, Лёнь|ш|а 8,
    Лён|юшк|а 8
(Лев)он(тий) → Он|я 5; Онь|к|а 6, Он|юшк|а 6

С р.: *ж* Леонтия.

Дни ангела и святые (Леонтий): 22 января, 9 марта, 24 апреля, 18 июня, 10 июля, 1 и 9 августа, 13 сентября, 17 октября — *мученики*; 14 мая, 23 мая — *святые*; 18 июня, 28 августа — *преподобные*.

ЛИВЕ́РИЙ|, Ливе́ри|я (Ливе́ри[й|а]), *м* [*лат.* 'свободный, вольный, независимый']. О т ч е с т в о: Ливе́риевич, Ливе́риевна *и* Ливе́рьевич, Ливе́рьевна; Ливе́рьич (*разг.*).

П р о и з в о д н ы е (9):

Ливерий

Лив(ерий) → **Лив|а** → Лив|к|а 1 → Ливоч|к|а 1
    Лив|ах|а 1, Лив|оньк|а 1, Лив|очк|а 2, Лив|ушк|а 1
    Лив|ах|а 2, Лив|к|а 2, Лив|оньк|а 2, Лив|очк|а 3, Лив|ушк|а 2
(Ли)вер(ий) → **Вер|а** → Вер|к|а 1 → Вероч|к|а 1
    Вер|очк|а 2
    Вер|к|а 2, Вер|очк|а 3

День ангела и святой (Ливерий): 27 августа — *святой*.

ЛИ́ВИЙ|, Ли́ви|я (Ли́ви[й|а]), *м* [*греч.* 'Ливия']. О т ч е с т в о: Ли́виевич, Ли́виевна.

П р о и з в о д н ы е (4):

Ливий

Лив(ий) → **Лив|а** → Лив|к|а 1 → Ливоч|к|а 1

| Лив|оньк|а 1, Лив|очк|а 2, Лив|ушк|а 1
   Лив|к|а 2, Лив|оньк|а 2, Лив|очк|а 3, Лив|ушк|а 2
С р.: *ж* Ливия.

ЛИН|, а, *м* [*греч.* 'скорбная песнь'; 'цветок прекрасный: молодой юноша']. О т ч е с т в о: Ли́нович, Ли́новна.
   П р о и з в о д н ы е (3):
Лин → Лин|к|а 1 → Лин*оч*|к|а 1
        Лин|*оч*к|а 2
        Лин|а → Лин|к|а 2, Лин|*оч*к|а 3
С р.: *ж* Лина.
   Дни ангела и святые (Лин): 4 января, 5 ноября — *апостолы*; 11 марта — *мученик*.

ЛУКА́|, и, *м* [*лат.* 'свет'; 'из Лукании']. О т ч е с т в о: Луки́ч, Луки́нична.
   П р о и з в о д н ы е (33):
Лук|а → Лук|ан|я → Лукань|к|а → Лукан*еч*|к|а 1, Лукан*ч*ик 1
        | Лукан|*еч*к|а 2, Лукан|*ч*ик 2, Лукан|к|а, Лукан|ушк|а,
        | Лукань|ш|а, Лукан|юшк|а
        Лук|ар|я → Лукарь|к|а →Лукар*еч*|к|а 1
                   Лукар|*еньк*|а, Лукар|*ечк*|а 2
        Лук|ас|я → Лукась|к|а →Лукас*еч*|к|а 1
                   Лукас|*еньк*|а, Лукас|*ечк*|а 2
        Лук|ах|а → Лукаш|к|а 1 → Лукаш*еч*|к|а 1
                   Лукаш|*еньк*|а 1, Лукаш|*ечк*|а 2, Лукаш|ок 1
        Лук|аш|а →Лукаш|*еньк*|а 2, Лукаш|*ечк*|а 3, Лукаш|к|а 2, Лукаш|ок 2
        Лук|он|я → Лук*о́*нь|к|а → Лукон*еч*|к|а 1
                   Лукон|*ечк*|а 2
        Лук|ищ|е, Лу́к|оньк|а, Лук|очк|а, Луч|к|а
Лу(к|а) → **Лу**|н|я → Лунь|к|а → Лун*еч*|к|а 1
                   Лун|*ечк*|а 2, Лун|юшк|а
   Дни ангела и святые (Лука): 4 января, 22 апреля, 18 октября — *апостолы*; 29 января, 30 июля — *мученики*; 7 февраля, 7 и 28 сентября, 6 ноября, 11 декабря — *преподобные*; 10 февраля — *епископ*.

ЛУКИ́Й|, Луки́|я (Луки́[й|а]), *м* [*лат.* 'свет'; 'светящий']. О т ч е с т в о: Луки́евич, Луки́евна.
   П р о и з в о д н ы е (16):
Лукий
Лук(ий) → Лук|а → Лук|ан|я 1 → Лукань|к|а →Лукан*еч*|к|а 1, Лукан*ч*ик 1
        | Лукан|*еч*к|а 2, Лукан|к|а, Лукан|ушк|а,
        | Лукан|*ч*ик 2, Лукань|ш|а, Лукан|юшк|а
        Лук|ах|а 1 → Лука*ш*|к|а 1 → Лукаш*еч*|к|а 1
        | Лука*ш*|*еньк*|а 1, Лука*ш*|*ечк*|а 2, Лука*ш*|ок 1

Лук|аш|а 1 →Лукаш|еньк|а 2, Лукаш|ечк|а 3,
Лукаш|к|а 2, Лукаш|ок 2
Лук|оньк|а 1, Лук|очк|а 1
Лук|ан|я 2, Лук|ах|а 2, Лук|аш|а 2, Лук|оньк|а 2, Лук|очк|а 2

Дни ангела и святые (Лукий): 10 сентября, 4 января — *апостолы.*

ЛУКЬЯ́Н|, а, *м* [*лат.* 'свет'; 'светлый'; Лукиев (сын, потомок)']. О т ч е -
с т в о: Лукья́нович, Лукья́новна; Лукья́ныч (*разг.*).
Лукиа́н|, а (*стар.*). О т ч е с т в о: Лукиа́нович, Лукиа́новна.
Лука́н|, а (*прост.*). О т ч е с т в о: Лука́нович, Лука́новна.
П р о и з в о д н ы е (34):
Лукьян 1 → Лукьян|к|а, Лукьян|ушк|а, Лукьян|ш|а
Лук(ьян) → **Лук|а** → Лук|ан 1 → Лукань|к|а 1 → Лукан*еч*|к|а 1, Лукан*ч*|ик 1
Лукан|ечк|а 2, Лукан|к|а 1, Лукан|ушк|а 1,
Лукан|чик 2, Лукань|ш|а 1, Лукан|юшк|а 1
Лук|ан|я 1 → Лукан|ечк|а 3, Лукан|к|а 2,
Лукан|ушк|а 2, Лукан|чик 3,
Лукань|к|а 2, Лукань|ш|а 2,
Лукан|юшк|а 2
Лук|ах|а 1 → Лука*ш*|к|а 1 →Лукаш*еч*|к|а 1
Лукаш|еньк|а 1, Лукаш|ечк|а 2,
Лукаш|ок 1
Лукаш|а 1 →Лукаш|еньк|а 2, Лукаш|ечк|а 3,
Лукаш|к|а 2, Лукаш|ок 2
Лук|он|я 1 →Луко́нь|к|а → Лукон*еч*|к|а 1
Лукон|ечк|а 2
Лутон|я 1 →Лутонь|к|а 1 →
Лутон*еч*|к|а 1
Лутон|ечк|а 2,
Лутон|юшк|а 1
Луто(н|я) → **Луто|х|а** →
Луто*ш*|к|а 1 →
Лутош*еч*|к|а 1
Луто*ш*|ечк|а 2
Лутош|а 1 →
Лутош|ечк|а 3,
Лутош|к|а 2
Луто*ш*|а 2; Лутош|ечк|а 4,
Луто*ш*|к|а 3
Лутон|ечк|а 3, Лутонь|к|а 2,
Лутон|юшк|а 2
Лут*он*|я 2
Лу́к|оньк|а 1, Лук|очк|а 1
Луч|а 1 → Луч|к|а 1

| Луч|к|а 2

Лук|ан 2, Лук|ан|я 2, Лук|ах|а 2, Лук|аш|а 2, Лук|он|я 2,
Лук|оньк|а 2, Лук|очк|а 2, Лут|он|я 3
Луч|а 2; Луч|к|а 3

Лукиан → Лукьян 2

Дни ангела и святые (Лукиан): 15 апреля, 3 июня, 6 и 7 июля, 13 сентября — *мученики*; 28 августа — *священномученик*; 15 октября, 23 июня — *преподобный*.

ЛУП|, а, *м* [*лат.* 'волк']. О т ч е с т в о: Лу́пович, Лу́повна.
Лупа́н|, а, (*прост.*).
    П р о и з в о д н ы е (9):
Луп → Луп|ан 1 →Лупань|к|а 1 → Лупан*еч*|к|а 1
    | Лупан|ечк|а 2, Лупан|юшк|а 1
    Луп|ан|я 1 → Лупан|ечк|а 3, Лупань|к|а 2, Лупан|юшк|а 2
    Луп|к|а 1 →Луп*оч*|к|а 1
    Луп|оньк|а 1, Луп|очк|а 2
    Луп|а → Луп|ан 2, Луп|ан|я 2, Луп|к|а 2, Луп|оньк|а 2, Луп|очк|а 3
День ангела и святой (Лупп): 23 августа — *мученик*.

ЛУЧЕЗА́Р|, а, *м* (*слав.*) ['луч' и 'зар (ср.заря)']. О т ч е с т в о: Лучеза́рович, Лучеза́ровна; Лучеза́рыч (*разг.*).
    П р о и з в о д н ы е (11):
Лучезар
(Луче)зар → **Зар|а** → Зар|к|а 1 → Зар*оч*к|а 1
    | Зарь|к|а 1 → Зар*еч*|к|а 1
    | Зар|еньк|а 1, Зар|ечк|а 2, Зар|ик 1, Зар|оньк|а 1,
    | Зар|очк|а 2, Зар|ушк|а 1, Зар|юшк|а 1
    Зар|я → Зар|еньк|а 2, Зар|ечк|а 3, Зар|ик 2, Зар|к|а 2,
    | Зар|оньк|а 2, Зар|очк|а 3, Зар|ушк|а 2, Зарь|к|а 2,
    | Зар|юшк|а 2
    Зар|еньк|а 3, Зар|ечк|а 4, Зар|ик 3, Зар|к|а 3, Зар|оньк|а 3,
    Зар|очк|а 4, Зар|ушк|а 3, Зарь|к|а 3, Зар|юшк|а 3

ЛЮБИ́М|, а, *м* [*др.-русск.* 'любимый']. О т ч е с т в о: Люби́мович, Люби́мовна; Люби́мыч (*разг.*).
    П р о и з в о д н ы е (7):
Любим → Любим|к|а → Любим*ч*|ик 1
    | Любим|ушк|а, Любим|чик 2
Люб(им) → **Люб|а** →Люб|к|а 1 →Люб*оч*|к|а 1
    | Люб|оньк|а 1, Люб|очк|а 2
    Люб|к|а 2, Люб|оньк|а 2, Люб|очк|а 3

ЛЮБОМИ́Р|, а, *м* (*слав.*) ['люб' *и* 'мир']. О т ч е с т в о: Любоми́рович,

Любоми́ровна; Любоми́рыч (*разг.*).

П р о и з в о д н ы е (8):

Любомир

Люб(омир) → **Люб|а** → Люб|к|а 1 → Люб*оч*|к|а 1
                     Люб|оньк|а 1, Люб|очк|а 2
        Люб|к|а 2, Люб|оньк|а 2, Люб|очк|а 3
(Любо)мир → **Мир|а** → Мир|к|а 1 → Мир*оч*|к|а 1
                Мир|ик 1, Мир|очк|а 2
        Мир|ик 2, Мир|к|а 2, Мир|очк|а 3

С р.: *ж* Любомира.

ЛЮДМИ́Л|, а, *м* (*слав.*) [люд- (*ср.* люди) *и* мил-(ср.милый)]. О т ч е с т-
в о: Людми́лович, Людми́ловна; Людми́лыч (*разг.*).

П р о и з в о д н ы е (23):

Людмил → Людмил|к|а → Людмил*оч*|к|а 1
               Людмил|оньк|а, Людмил|очк|а 2, Людмил|ушк|а
Люд(мил) → **Люд|а** → Люд|к|а 1 → Люд*оч*|к|а 1
                Люд|ок 1 → Люд*оч*|ек 1
                Люд|оньк|а 1, Люд|очек 2, Люд|очк|а 2
              Лю(д|а) → **Люс|я 1** → Люс*ьк*|а → Люс*еч*|к|а 1
                             Люс|еньк|а, Люс|ечк|а 2, Люс|ик
              Люд|к|а 2, Люд|ок 2, Люд|оньк|а 2, Люд|очек 3, Люд|очк|а 3
Лю(дмил) → Лю|с|я 2
(Люд)мил → **Мил|а** → Мил|к|а 1 → Мил*оч*|к|а 1
                Мил|ок 1 → Мил*оч*|ек 1
                Мил|ечк|а 1, Мил|ёш|а 1, Мил|оньк|а 1,
                Мил|очек 2, Мил|очк|а 2
        Мил|ечк|а 2, Мил|ёш|а 2, Мил|к|а 2, Мил|ок 2,
        Мил|оньк|а 2, Мил|очек 3, Мил|очк|а 3

С р.: *ж* Людмила.

М

МАВРИ́КИЙ|, Маври́ки|я (Маври́ки[й|а]), *м* [*греч.* 'мавр']. О т ч е с т в о:
Маври́киевич, Маври́киевна *и* Маври́кьевич, Маври́кьевна.
    П р о и з в о д н ы е (5):
Маврикий
Маврик(ий) → **Маврик**
                Мав(рик) → **Рик|а 1** → Рик|оньк|а 1, Рик|очк|а 1,
                        | Рик|ушк|а 1
                  Рик|оньк|а 2, Рик|очк|а 2, Рик|ушк|а 2
(Мав)рик(ий) → Рик|а 2; Рик|оньк|а 3, Рик|очк|а 3, Рик|ушк|а 3
    Дни ангела и святые (Маврикий): 10 июля, 22 февраля — *мученики.*

МАЙ|, Ма́|я (Ма́[й|а]), *м* (*нов.*) [по названию месяца май]. О т ч е с т в о:
Ма́евич, Ма́евна.
    П р о и з в о д н ы е (3):
Май→ Май|к|а → Ма*еч*|к|а 1
        Ма|еньк|а, Ма|ечк|а 2
        (Ма[й|э]ньк|а) (Ма[й|э]чк|а)
    С р.: *ж* Мая.

МАКА́Р|, а, *м* [*греч.* 'блаженный, счастливый']. О т ч е с т в о: Мака́рович,
Мака́ровна; Мака́рыч (*разг.*).
Мака́рий|, Мака́ри|я (Мака́ри[й|а]) (*стар.*). О т ч е с т в о: Мака́рьевич,
Мака́рьевна; Мака́рьич (*разг.*).
    П р о и з в о д н ы е (21):
Макар 1 → Макар|ей 1 → Макарей|к|а
               Макар|к|а 1 → Макар*оч*|к|а 1, Макар*ч*|ик 1
               Макар|ик 1, Макар|очк|а 2, Макар|ушк|а 1, Макар|чик 2,
               Макар|ш|а 1
Мака(р) → **Мака|ш|а 1** → Макаш|к|а → Макаш*еч*|к|а 1
                      Макаш|еньк|а, Макаш|ечк|а 2

Мак(ар) → **Мак|а 1** → Мак|оньк|а 1, Мак|очк|а 1
Мак|оньк|а 2, Мак|очк|а 2
Ма(ка)р → **Мар|а 1** → Мар|к|а 1 → Мар*оч*|к|а 1
Мар|ик 1, Мар|оньк|а 1, Мар|очк|а 2
Мар|ик 2, Мар|к|а 2, Мар|оньк|а 2, Мар|очк|а 3
Макар|а → Макар|ей 2, Макар|ик 2, Макар|к|а 2,
Макар|очк|а 3, Макар|ушк|а 2, Макар|чик 3,
Макар|ш|а 2
Мака(р|а) → Мака|ш|а 2
Мак(ар|а) → Мак|а 2; Мак|оньк|а 3, Мак|очк|а 3
Ма(ка)р|а → Мар|а 2; Мар|ик 3, Мар|к|а 3, Мар|оньк|а 3,
Мар|очк|а 4

Макарий
Макар(ий) → Макар 2
Дни ангела и святые (Макарий): 10, 14, 19 и 22 января, 19 февраля, 17 марта, 26 мая, 1 апреля, 18 и 28 августа, 25 июля, 28 сентября — *преподобные*; 5 февраля, 6 сентября — *мученики*; 1 мая — *митрополит*; 13 мая, 7 сентября — *преподобномученик*; 23 ноября — *чудотворец*.

МАКЕДО́Н|, а, *м* (*стар. редк.*) [*греч.* 'македонец'; 'македонский, великий']. О т ч е с т в о: Македо́нович, Македо́новна.
П р о и з в о д н ы е (12):
Македон → Македон|к|а, Македон|ушк|а
Македо(н) → **Македо|х|а** → Македош|к|а 1 → Македош*еч*|к|а 1
Македош|еньк|а 1, Македош|ечк|а 2
Македош|а 1 → Македош|еньк|а 2,
Македош|ечк|а 3
Македош|к|а 2
Мак(едон) → **Мак|а** → Мак|ей 1, Мак|оньк|а 1, Мак|очк|а 1, Мак|ушк|а 1
Мак|ей 2, Мак|оньк|а 2, Мак|очк|а 2, Мак|ушк|а 2
Македош|а 2; Македош|еньк|а 3, Македош|ечк|а 4,
Македош|к|а 3
Дни ангела и святой (Македон): 23 марта — *мученик*.

МАКЕДО́НИЙ|, Македо́ни|я (Македо́ни[й|а]), *м* (*стар. редк.*) [*лат.* 'македонский'; 'македонский, великий']. О т ч е с т в о: Македо́ниевич, Македо́ниевна.
П р о и з в о д н ы е (13):
Македоний
Македон(ий) → **Македон** → Македон|к|а 1, Македон|ушк|а 1
Македо(н) → **Македо|х|а 1** → Македош|к|а 1 →
Македош*еч*|к|а 1
Македош|еньк|а 1,
Македош|ечк|а 2

				Македош|а 1 →
				Македош|еньк|а 2,
				Македош|ечк|а 3,
				Македош|к|а 2
	Мак(едон) → **Мак|а 1** → Мак|ей 1, Мак|оньк|а 1,
		Мак|очк|а 1, Мак|ушк|а 1
	Мак|ей 2, Мак|оньк|а 2, Мак|очк|а 2,
	Мак|ушк|а 2
	Македош|а 2; Македош|еньк|а 3,
	Македош|ечк|а 4, Македош|к|а 3

Македо(ний) → Македо\|х\|а 2
Мак(едоний) → Мак\|а 2; Мак\|ей 3, Мак\|оньк\|а 3, Мак\|очк\|а 3, Мак\|ушк\|а 3
         Македош\|а 3; Македош\|еньк\|а 4, Македош\|ечк\|а 5,
         Македош\|к\|а 4

Дни ангела и святые (Македоний): 24 января — *преподобный*; 11 марта — *мученик*.

МАКСИ́М\|, а, *м* [*лат.* 'самый большой, величайший']. О т ч е с т в о: Макси́мович, Макси́мовна; Макси́мыч (*разг.*).
   П р о и з в о д н ы е (26):
Максим → Максим\|к\|а → Максим*оч*\|к\|а 1, Максим*ч*ик 1
      Максим\|ёнок, Максим\|очк\|а 2, Максим\|ушк\|а,
      Максим\|чик 2, Максим\|ш\|а
Макс(им) → **Макс** → Макс\|ют\|а 1 → Максют\|оньк\|а, Максют\|очк\|а
         Макс\|юш\|а 1 → Макс*юш*\|к\|а → Максюш*еч*\|к\|а 1
                   Максюш\|еньк\|а, Максюш\|ечк\|а 2
         Макс\|еньк\|а 1, Макс\|ечк\|а 1, Ма́кс\|юшк\|а 1
      Мак(с) → **Мак\|а 1** → Мак\|оньк\|а 1, Мак\|очк\|а 1, Мак\|ушк\|а 1
         Мак\|оньк\|а 2, Мак\|очк\|а 2, Мак\|ушк\|а 2
      Макс\|я → Макс\|еньк\|а 2, Макс\|ечк\|а 2, Макс\|ют\|а 2,
         Макс\|юш\|а 2, Ма́кс\|юшк\|а 2
      Мак(с\|я) → Мак\|а 2; Мак\|оньк\|а 3, Мак\|очк\|а 3, Мак\|ушк\|а 3
         Макс\|еньк\|а 3, Макс\|ечк\|а 3, Макс\|ют\|а 3, Макс\|юш\|а 3,
         Ма́кс\|юшк\|а 3
Мак(сим) → Мак\|а 3; Мак\|оньк\|а 4, Мак\|очк\|а 4, Мак\|ушк\|а 4
(Мак)сим → **Сим\|а** → Сим\|к\|а 1 → Сим*оч*\|к\|а 1
         Сим\|ик 1, Сим\|очк\|а 2
      Сим\|ик 2, Сим\|к\|а 2, Сим\|очк\|а 3

Дни ангела и святые (Максим): 21 января, 11 августа — *исповедники;* 23 января — *преподобный;* 6 и 19 февраля, 10, 28, 30 апреля, 14 мая, 30 июля, 11 августа, 5 и 15 сентября, 9 и 28 октября, 11 ноября — *мученики;* 13 августа, 11 ноября — *юродивые;* 16 января — *святой*.

МАКСИМИА́Н\|, а, *м* [*лат.* 'самый большой, величайший'; 'Максимов'].

О т ч е с т в о: Максимиа́нович, Максимиа́новна.

П р о и з в о д н ы е (6):

Максимиан

Максим(иан) → **Максим**

           Макс(им) → **Макс|я 1**

           (Мак)сим → **Сим|а 1** → Сим|к|а 1 → Симоч|к|а

                       Сим|ик 1, Сим|очк|а 2

           Сим|ик 2, Сим|к|а 2, Сим|очк|а 3

Макс(имиан) → Макс|я 2

(Мак)сим(иан) → Сим|а 2; Сим|ик 3, Сим|к|а 3, Сим|очк|а 4

    Дни ангела и святые (Максимиан): 21 апреля — *святой*; 7 ноября — *мученик.*

МАКСИМИЛИА́Н|, а, *м* [*предположительно лат.* 'принадлежащий к роду Эмилиев'; 'величайший']. О т ч е с т в о: Максимилиа́нович, Максимили-а́новна; Максимилиа́ныч (*разг.*).

Максимилья́н|, а (*разг.*). О т ч е с т в о: Максимилья́нович, Максимилья́-новна; Максимилья́ныч (*разг.*).

П р о и з в о д н ы е (20):

Максимилиан → Максимилиан|чик, Максимилиан|ушк|а

Максим(илиан) → **Максим 1** → Максим|к|а 1 → Максимоч|к|а 1,

                                 Максимч|ик 1

                  Максим|очк|а 2, Максим|ушк|а 1,

                  Максим|чик 2, Максим|ш|а 1

           Макс(им) → **Макс|я 1** → Макс|еньк|а 1, Макс|ечк|а 1

                  Макс|еньк|а 2, Макс|ечк|а 2

           (Мак)сим → **Сим|а 1** → Сим|к|а 1 → Симоч|к|а 1

                            Сим|очк|а 2

                  Сим|к|а 2, Сим|очк|а 3

           Максим|к|а 2, Максим|очк|а 3, Максим|ушк|а 2,

           Максим|чик 3, Максим|ш|а 2

Макс(имилиан) → Макс|я 2; Макс|еньк|а 3, Макс|ечк|а 3

(Мак)сим(илиан) → Сим|а 2; Сим|к|а 3, Сим|очк|а 4

(Максими)лиан → **Лиан** → Лиан|к|а 1 → Лианоч|к|а 1, Лианч|ик 1

                  Лиан|очк|а 2, Лиан|чик 2

           Лиан|к|а 2, Лиан|очк|а 3, Лиан|чик 3

           Максимильян → Максимильян|к|а 1

           Максим(ильян) → Максим 2; Максим|к|а 3,

                       Максим|очк|а 4, Максим|ушк|а 3,

                       Максим|чик 4, Максим|ш|а 3

           Макс(имильян) → Макс|я 3; Макс|еньк|а 4,

                       Макс|ечк|а 4

           (Мак)сим(ильян) → Сим|а 3; Сим|к|а 4, Сим|очк|а 5

                       Максимильян|к|а 2

Дни ангела и святые (Максимилиан): 4 августа, 22 октября — *мученики*.

МАЛА́ХИЙ|, Мала́хи|я (Мала́хи[й|а]), *м* [*др.-евр.* 'мой посланец'; 'посланец Божий']. О т ч е с т в о: Мала́хиевич, Мала́хиевна.

Малафе́й|, Малафе́|я (Малафе́[й|а]) (*прост.*). О т ч е с т в о: Малафе́евич, Малафе́евна.

Малахе́й|, Малахе́|я (Малахе́[й|а]) (*прост.*). О т ч е с т в о: Малахе́евич, Малахе́евна.

Мала́хи|я (Мала́хи[й|а]), Мала́хи|и (Мала́хи[й|и]) (*стар.*).

П р о и з в о д н ы е (12):

Малахий 1

Малах(ий) → Малах|а → Малаш|к|а 1 → Малашеч|к|а 1
                                                                  Малаш|еньк|а 1, Малаш|ечк|а 2
                        Мал(ах|а) → **Мал|я 1** → Маль|к|а 1 → Малеч|к|а 1
                                  | Мал|еньк|а 1, Мал|ечк|а 2,
                                  | Мал|юшк|а 1
                                  Мал|еньк|а 2, Мал|ечк|а 3, Маль|к|а 2,
                                  Мал|юшк|а 2
                        Малаш|а 1 → Малаш|еньк|а 2, Малаш|ечк|а 3,
                                                       Малаш|к|а 2

Мал(ахий) → Мал|я 2; Мал|еньк|а 3, Мал|ечк|а 4, Маль|к|а 3, Мал|юшк|а 3
                    Малаш|а 2; Малаш|еньк|а 3, Малаш|ечк|а 4, Малаш|к|а 3

Малахей 1

Малах(ей) → Малах|а 2
                    Малаш|а 3; Малаш|еньк|а 4, Малаш|ечк|а 5,
                    Малаш|к|а 4
Мал(ахей) → Мал|я 3; Мал|еньк|а 4, Мал|ечк|а 5,
                    Маль|к|а 4, Мал|юшк|а 4

Малафей 1

Малафей 2

Малахи|я → Малахий 2, Малахей 2

День ангела и святой (Малахия): 3 января — *пророк*.

МАНУ́ИЛ|, а, *м* [*др.-евр.* 'с нами Бог'; 'определение Божье']. О т ч е с т в о: Мануи́лович, Мануи́ловна; Мануи́лыч (*разг.*).

Мануи́л|а, ы (*разг.*). О т ч е с т в о: Мануи́лович, Мануи́ловна; Мануи́лыч (*разг.*).

Мануи́л|о, а (*разг. стар.*). О т ч е с т в о: Мануи́лович, Мануи́ловна; Мануи́лыч (*разг.*).

П р о и з в о д н ы е (14):

Мануил

Ману(ил) → **Ману|х|а** → Мануш|к|а 1
                      | Мануш|а 1 → Мануш|к|а 2
                      Ману|ш|а 2

Ман(уил) → **Ман|я 1** → Ман|ей 1 → Маней|к|а
           Ман|ох|а 1 → Манош|к|а 1
           Ман|ош|а 1 → Манош|к|а 2
           Ма́н|ушк|а 1, Мань|к|а 1
      Ман|ей 2, Ман|ох|а 2, Ман|ош|а 2, Ман|ушк|а 2, Мань|к|а 2
Мануйл|а
Мануйл|о → Мануйл|ушк|а 1
Ману(йл|а)
Ману(йл|о → Ману|х|а 2, Ману|ш|а 2
Ман(уйл|а)
Ман(уйл|о → Ман|я 2; Ман|ей 3, Ман|ох|а 3, Ман|ош|а 3,
        Ма́н|ушк|а 3, Мань|к|а 3
Мануйл|ушк|а 2

 Дни ангела и святые (Мануил): 22 января, 27 марта, 17 июня — *мученики.*

МАРДА́РИЙ|, Марда́ри|я (Марда́ри[й|а]), *м* (*стар. редк.*) [*предположительно греч.* 'марды — племя в Южной Армении'; 'из Мардары — местности в Армении']. О т ч е с т в о: Марда́риевич, Марда́риевна; Марда́рьевич, Марда́рьевна (*разг.*).
Мардар|,а (*разг.*). О т ч е с т в о: Марда́рович, Марда́ровна.
 П р о и з в о д н ы е (10):
Мардарий
Мардар(ий) → **Мардар**
    Мар(дар) → **Мар|а 1** → Мар|к|а 1 → Мароч|к|а 1
            Мар|оньк|а 1, Мар|очк|а 2
        Мар|к|а 2, Мар|оньк|а 2, Мар|очк|а 3
    (Мар)дар → **Дар|а 1** → Дар|к|а 1 → Дароч|к|а 1
          Дар|оньк|а 1, Дар|очк|а 2
       Дар|я 1 → Дар|к|а 2, Дар|оньк|а 2, Дар|очк|а 3
       Дар|к|а 3, Дар|оньк|а 3, Дар|очк|а 4
Мар(дарий) → Мар|а 2; Мар|к|а 3, Мар|оньк|а 3, Мар|очк|а 4
(Мар)дар(ий) → Дар|а 2, Дар|я 2; Дар|к|а 4, Дар|оньк|а 4, Дар|очк|а 5
 Дни ангела и святые (Мардарий): 28 августа, 13 декабря — *преподобные.*

МАРДО́НИЙ|, Мардо́ни|я (Мардо́ни[й|а]), *м* (*стар. редк.*) [*предположительно греч.* 'марды — племя в Южной Армении']. О т ч е с т в о: Мардо́ниевич, Мардо́ниевна.
 П р о и з в о д н ы е (5):
Мардоний
(Мар)дон(ий) → **Дон|я** → Доньк|а 1 → Донеч|к|а 1
         Дон|ечк|а 2, Дон|к|а 1, Дон|юшк|а 1
      Дон|ечк|а 3, Дон|к|а 2, Доньк|а 2, Дон|юшк|а 2

Дни ангела и святые (Мардоний): 3 сентября, 28 декабря — *мученики*.

МАРЕ́С|, а, *м* [*греч.* 'древняя народность на северном берегу Черного моря']. О т ч е с т в о: Маре́сович, Маре́совна.
Маре́сий|, Маре́си|я (Маре́си[й|а]) (*разг.*). О т ч е с т в о: Маре́сьевич, Маре́сьевна; Маре́сьич.
   П р о и з в о д н ы е (3):
Марес → Марес|ий 1
Мар(ес) → **Мар|я 1**
            Марес|я → Марес|ий 2
            Мар(ес|я) → Мар|я 2

МА́РИЙ|, Ма́ри|я (Ма́ри[й|а]), *м* [*лат.* 'море']. О т ч е с т в о: Ма́риевич, Ма́риевна *и* Ма́рьевич, Ма́рьевна.
Маре́й|, Маре́|я (Маре́[й|а]) (*прост.*). О т ч е с т в о: Маре́евич, Маре́евна.
   П р о и з в о д н ы е (14):
Марий
Мар(ий) → **Мар|а 1** → Мар|к|а 1 → Мар*оч*|к|а 1
              Марь|к|а 1 → Мар*еч*|к|а 1
              Мар|еньк|а 1, Мар|ечк|а 2, Мар|ик 1,
              Мар|оньк|а 1, Мар|очк|а 2, Мар|ук 1, Мар|ук|а 1,
              Марь|ш|а 1
          Мар|я 1 → Мар|еньк|а 2, Мар|ечк|а 3, Мар|ик 2, Мар|к|а 2,
              Мар|оньк|а 2, Мар|очк|а 3, Мар|ук 2, Мар|ук|а 2,
              Марь|к|а 2, Марь|ш|а 2
          Мар|еньк|а 3, Мар|ечк|а 4, Мар|ик 3, Мар|к|а 3, Мар|оньк|а 3,
          Мар|очк|а 4, Мар|ук 3, Мар|ук|а 3, Марь|к|а 3, Марь|ш|а 3
          Марей → Маре|юшк|а 1 (Маре[й|у]шк|а)
          Мар(ей) → Мар|а 2, Мар|я 2; Мар|еньк|а 4, Мар|ечк|а 5,
              Мар|ик 4, Мар|к|а 4, Мар|оньк|а 4, Мар|очк|а 5,
              Мар|ук 4, Мар|ук|а 4, Марь|к|а 4, Марь|ш|а 4
          Маре|юшк|а 2 (Маре[й|у]шк|а)

МАРК|, а, *м* [*предположительно лат.* 'молоток'; 'быть вялым, слабым или родившийся в марте'; 'сухой, увядающий']. О т ч е с т в о: Ма́ркович, Ма́рковна; Ма́ркыч (*разг.*).
   П р о и з в о д н ы е (29):
Марк → Марк|ус|я 1 → Маркусь|к|а → Маркус*еч*|к|а 1
              Маркус|еньк|а, Маркус|ечк|а 2, Маркус|ёнок
              Мар*тус***|я 1** → Мартусь|к|а 1 → Мартус*еч*|к|а 1
                  Мартус|еньк|а 1, Мартус|ечк|а 2
              (Мар)тус|я → **Тус|я** → Тусь|к|а 1 → Тус*еч*|к|а 1
                  Тус|еньк|а 1, Тус|ечк|а 2,
                  Тус|ик 1

Тус|еньк|а 2, Тус|ечк|а 3, Тус|ик 2, Тусь|к|а 2

Ма(рту)с|я → **Мас|я 1**

Мартус|еньк|а 2, Мартус|ечк|а 3, Мартусь|к|а 2

Марк|ух|а 1 → Маркуш|еньк|а 1, Маркуш|ечк|а 1

Марк|уш|а 1 → Маркуш|еньк|а 2, Маркуш|ечк|а 2

Марк|ушк|а 1

Март|ус|я 2

Мар(к) → **Мар|а 1** → Мар|к|а 1 → Мароч|к|а 1

Мар|ик 1, Мар|оньк|а 1, Мар|очк|а 2

Мар|ик 2, Мар|к|а 2, Мар|оньк|а 2, Мар|очк|а 3

Ма(р)к → **Мак|а 1** → Мак|оньк|а 1, Мак|очк|а 1

Мак|оньк|а 2, Мак|очк|а 2

Ма(рк) → Ма|с|я 2

Марк|а → Марк|ус|я 2, Марк|ух|а 2, Марк|уш|а 2, Марк|ушк|а 2, Март|ус|я 3

Мар(к|а) → Мар|а 2; Мар|ик 3, Мар|к|а 3, Мар|оньк|а 3, Мар|очк|а 4

Ма(р)к|а → Мак|а 2; Мак|оньк|а 3, Мак|очк|а 3

Ма(рк|а) → Ма|с|я 3

Дни ангела и святые (Марк): 4 января, 25 апреля, 27 сентября, 30 октября — *апостолы*; 5 марта, 29 марта, 5 апреля, 29 декабря, 14 января — *преподобные*; 3 июля, 27 октября, 28 сентября, 18 декабря — *мученики*.

МАРКЕ́ЛЛ|, а, *м* [*от лат.* 'марсовый, воинственный']. О т ч е с т в о: Маркé́ллович, Маркé́лловна.

Маркé́л|, а (*разг.*). О т ч е с т в о: Маркé́лович, Маркé́ловна.

П р о и з в о д н ы е (16):

Маркелл

Маркел(л) → **Маркел** → Маркел|к|а 1 → Маркелоч|к|а 1

Маркел|очк|а 2, Маркел|ушк|а 1

Марк(ел) → **Марк 1** → Марк|ех|а 1 → Маркеш|к|а 1 →

Маркешеч|к|а 1

Маркеш|еньк|а 1, Маркеш|ечк|а 2

Марк|еш|а 1 → Маркеш|еньк|а 2, Маркеш|ечк|а 3, Маркеш|к|а 2

Марк|ух|а 1 → Маркý́ш|к|а 1 →

Маркушеч|к|а 1

Маркуш|еньк|а 1, Маркуш|ечк|а 2

Марк|уш|а 1 → Маркуш|еньк|а 2, Маркуш|ечк|а 3,

```
                    |              |                Марку́ш|к|а 2
                    |              Ма́рк|ушк|а 1
                    |       Марк|ех|а 2, Марк|еш|а 2, Марк|ух|а 2,
                    |       Марк|уш|а 2, Ма́рк|ушк|а 2
                    Маркел|к|а 2, Маркел|очк|а 3, Маркел|ушк|а 2
Марк(елл) →  Марк 2; Марк|ех|а 3, Марк|уш|а 3, Марк|ух|а 3,
             Марк|уш|а 3, Ма́рк|ушк|а 3
```

Дни ангела и святые (Маркелл): 9 февраля, 7 июня, 14 августа — *священномученики*; 1 марта, 1 августа, 15 ноября — *мученики*; 29 декабря —
преподобный.

МАРКИА́Н|, а, *м* [*лат.* 'Марциев, ср. Марций — римское родовое имя';
'Марков']. О т ч е с т в о: Маркиа́нович, Маркиа́новна; Маркиа́ныч (*разг.*).
Маркия́н (Марки[й|а]н), а (*разг.*). О т ч е с т в о: Маркия́нович, Маркия́-
новна; Маркия́ныч (*разг.*).
    П р о и з в о д н ы е (15):
Маркиан → Маркиан|к|а → Маркианоч|к|а 1
             Маркиан|очк|а 2, Маркиан|ушк|а
Марк(иан) → **Марк|а 1** → Марк|ух|а 1 → Марку́ш|к|а 1 →Маркушеч|к|а 1
                            | Маркуш|еньк|а 1, Маркуш|ечк|а 2
                            Марк|уш|а 1 → Маркуш|еньк|а 2,
                            | Маркуш|ечк|а 3, Марку́ш|к|а 2
                            Ма́рк|ушк|а 1
             Марк|ух|а 2, Марк|уш|а 2, Ма́рк|ушк|а 2
(Марки)ан → **Ян 1** → Ян|к|а 1, Ян|ушк|а 1
             Ян|к|а 2, Ян|ушк|а 2
             Маркиян → Маркиян|к|а 1 → Маркияноч|к|а 1
                          Маркиян|очк|а 2, Маркиян|ушк|а 1
             Марк(иян) → Марк|а 2; Марк|ух|а 3, Марк|уш|а 3,
                          Ма́рк|ушк|а 3
             (Марки)ян → Ян 2; Ян|к|а 3, Ян|ушк|а 3
             Маркиян|к|а 2, Маркиян|очк|а 3, Маркиян|ушк|а 2
```

**Дни ангела и святые** (Маркиан): 2 ноября, 10 и 18 января — *преподоб-
ные*; 5 июня, 13 июля, 9 августа, 25 октября — *мученики*; 30 октября —
*епископ*.


**МАРЛЕ́Н|**, а, *м* (*нов.*) [сокращение сочетания 'Мар(кс) *и* Лен(ин)']. О т -
ч е с т в о: Марле́нович, Марле́новна.
Мар(кс) Лен(ин) →  Марлен
    П р о и з в о д н ы е (8):
**Марлен** →  Марлен|к|а →  Марлен*оч*|к|а 1
            Марлен|очк|а 2, Марлен|ушк|а
Марле(н) →  **Марле|с|я**
Мар(лен) →  **Мар|а** →  Мар|ик 1, Мар|к|а 1
```

Мар|ик 2, Мар|к|а 2
Марлеш|а
С р.: *ж* Марлена.

МАРТИ́Н|, а, *м* [*лат.* 'посвященный Марсу, воинственный'; 'Марсов']. О т ч е с т в о: Марти́нович, Марти́новна; Марти́ныч (*разг.*).
Марты́н|, а (*разг.*). О т ч е с т в о: Марты́нович, Марты́новна; Марты́ныч (*разг.*).
    П р о и з в о д н ы е (24):
Мартин → Мартин|к|а 1 → Мартино*ч*|к|а 1
        Мартинь|к|а 1 → Мартин*еч*|к|а 1
        Мартин|ечк|а 2, Мартин|ёк, Мартин|очк|а 2
Март(ин) → **Март|я 1** → Март|юн|я 1 → Мартюн|чик
            Март|юх|а 1 → Мартю*ш*|к|а 1 → Мартю*ш*ечк|а 1
                    Мартю*ш*|еньк|а 1, Мартю*ш*|ечк|а 2
            Март|юш|а 1 → Мартюш|еньк|а 2,
                    Мартюш|ечк|а 3, Мартюш|к|а 2
            Март|еньк|а 1, Март|ечк|а 1
        Мар(т|я) → **Мар|я 1**
        Март|еньк|а 2, Март|ечк|а 2, Март|юн|я 2, Март|юх|а 2,
        Март|юш|а 2
Мар(тин) → Мар|я 2
        Марти*ш*|а 1 → Мартиш|к|а 1 → Мартиш*еч*|к|а 1
                    Мартиш|еньк|а 1, Мартиш|ечк|а 2
        Марти*ш*|еньк|а 2, Марти*ш*|ечк|а 3, Марти*ш*|к|а 2
        Мартин|я → Мартин|ечк|а 3, Мартин|ёк 2, Мартин|к|а 2,
                    Мартин|очк|а 3, Мартинь|к|а 2
        Март(ин|я) → Март|я 2; Март|еньк|а 3, Март|ечк|а 3,
                    Март|юн|я 3, Март|юх|а 3, Март|юш|а 3
        Мар(тин|я) → Мар|я 3
                    Марти*ш*|а 2; Мартиш|еньк|а 3,
                    Мартиш|ечк|а 4, Марти*ш*|к|а 3
        Марты́н → Мартын|к|а 1 → Мартын*ч*|ик 1
                    Мартын|чик 2
        Март(ын) → Март|я 3; Март|еньк|а 4, Март|ечк|а 4,
                    Март|юн|я 4, Март|юх|а 4, Март|юш|а 4
        Мар(тын) → Мар|я 4
        Марты́н|к|а 2, Марты́н|чик 3
С р.: *ж* Мартина.
    Дни ангела и святые (Мартин): 14 апреля, 12 октября — *святые*;
27 июня — *блаженный*.

МАРТИНИА́Н|, а, *м* [*лат.* 'посвященный Марсу, воинственный']. О т-
ч е с т в о: Мартиниа́нович, Мартиниа́новна; Мартиниа́ныч (*разг.*).

Мартья́н|, а (*разг.*). О т ч е с т в о : Мартья́нович, Мартья́новна; Мартья́-
ныч (*разг.*).

Мартимья́н|, а (*прост.*). О т ч е с т в о: Мартимья́нович, Мартимья́новна.
    П р о и з в о д н ы е (16):

Мартиниан → Мартиниан|к|а

Март(иниан) → **Март**|**я 1** → Март|юн|я 1 →Мартюн|чик
                                            Март|юх|а 1 → Мартюш|к|а 1 →
                                                                          Мартюше*еч*|к|а 1
                                                             Мартю*ш*|еньк|а 1,
                                                             Мартю*ш*|ечк|а 2
                                            Март|юш|а 1 → Мартюш|еньк|а 2,
                                                             Мартюш|ечк|а 3,
                                                             Мартюш|к|а 2
                            Мар(т|я) → **Мар**|**я 1** → Марь|к|а 1 → Мар*еч*|к|а 1
                                                             Мар|ечк|а 2
                                            Мар|ечк|а 3, Марь|к|а 2
                            Март|юн|я 2, Март|юх|а 2, Март|юш|а 2

Мар(тиниан)   → Мар|я 2; Мар|ечк|а 4, Марь|к|а 3

Марти(ни)ан → **Мартьян 1** →Мартьян|к|а 1, Мартьян|ушк|а 1
                            Март(ьян) → Март|я 2; Март|юн|я 3, Март|юх|а 3,
                                            Март|юш|а 3
                            Мар(тьян) → Мар|я 3; Мар|ечк|а 5, Марь|к|а 4
                            Мартьян|к|а 2, Мартьян|ушк|а 2,
                            Мартимьян
                            Март(им)ьян → Мартьян 2; Мартьян|к|а 3,
                                            Мартьян|ушк|а 3
                            Март(имьян) → Март|я 3; Март|юн|я 4, Март|юх|а 4,
                                            Март|юш|а 4
                            Мар(тимьян) → Мар|я 4; Мар|ечк|а 6, Марь|к|а 5

С р.: *ж* Мартиниана.

    Дни ангела и святые (Мартиниан): 7 октября, 12 января, 13 февраля —
преподобные; 11 апреля, 4 августа, 22 октября — *мученики*.

МАТВЕ́Й|, Матве́|я (Матве́[й|а]), *м* [*др.-евр.* 'дар Яхвы Бога']. О т ч е с т -
в о: Матве́евич, Матве́евна; Матве́ич (*разг.*).

Матфе́й|, Матфе́|я (Матфе[й|а]) (*стар.*). О т ч е с т в о: Матфе́евич, Мат-
фе́евна.

Матфи́й|, Матфи́|я (Матфи́[й|а]) (*стар.*). О т ч е с т в о: Матфи́евич, Мат-
фи́евна.
    П р о и з в о д н ы е (29):

Матвей 1 → Матвей|к|а → Матвей*ч*|ик 1
                    Матвей|чик 2, Матвей|ш|а, Матве|юшк|а (Матве[й|у]шк|а)

Мат(вей)   → **Мат**|**я** → Мать|к|а 1 → Мат*еч*|к|а 1
                            Мат|юх|а 1 →Матю*ш*|к|а 1 → Матюше*еч*|к|а 1

Матюш|еньк|а 1, Матюш|ечк|а 2
Мат|юш|а 1 → Матюш|еньк|а 2, Матюш|ечк|а 3,
Матю́ш|к|а 2
Мат|ях|а 1 → Матяш|к|а 1 → Матяш*еч*|к|а 1
Матяш|еньк|а 1, Матяш|ечк|а 2
Мат|яш|а 1 → Матяш|еньк|а 2, Матяш|ечк|а 3,
Матяш|к|а 2
Мат|еньк|а 1, Мат|ечк|а 2, Маты|ш|а 1, Ма́т|юшк|а 1
Мо*т*|я 1 → Моты|к|а 1, Моты|ш|а 1, Мот|юшк|а 1
Моты|к|а 2, Моты|ш|а 2, Мо*т*|юшк|а2
Мат|еньк|а 2, Мат|ечк|а 3, Маты|к|а 2, Маты|ш|а 2,
Мат|юх|а 2, Мат|юш|а 2, Ма́|тюшк|а 2, Мат|ях|а 2,
Мат|яш|а 2
Мо*т*|я 2; Моты|к|а 3, Моты|ш|а 3, Мо*т*|юшк|а 3

Матфей 1 → Матфей|к|а, Матфе|юшк|а (Матфе[й/у]шк|а)
Мат*в*ей 2

Матфий → Матфий|к|а, Матфи|юшк|а (Матфи[й/у]шк|а)
Мат*в*ей 3

Дни ангела и святые (Матфий, Матфей): 30 июня, 9 августа — *апосто-лы*; 5 октября — *прозорливый*; 16 ноября — *евангелист*.

МЕЛЕ́ТИЙ|, Меле́ти|я (Меле́ти[й|а]), *м* [*греч.* ‘забота’; ‘пекущийся, за-ботливый’]. О т ч е с т в о: Меле́тиевич, Меле́тиевна *и* Меле́тьевич, Ме-ле́тьевна.

Меле́нтий|, Меле́нти|я (Меле́нти[й|а]) (*разг.*). О т ч е с т в о: Меле́нтиевич, Меле́нтиевна *и* Меле́нтьевич, Меле́нтьевна.

П р о и з в о д н ы е (24):
Мелетий → Мелеть|юшк|а (Мелет[й/у]шк|а)
Мел(етий) → **Мел|я 1** → Мел|ёх|а 1 → Мелёш|к|а 1 → Мелёш*еч*|к|а 1
Мелёш|еньк|а 1, Мелёш|ечк|а 2
Мел|ёш|а 1 → Мелёш|еньк|а 2, Мелёш|ечк|а 3,
Мелёш|к|а 2
Мель|к|а 1 → Мел*еч*|к|а 1
Мел|еньк|а 1, Мел|ечк|а 2
Мил|я 1 → Миль|к|а 1 → Мил*еч*|к|а 1
Мил|юш|а 1 → Милюш|к|а
Мил|еньк|а 1, Мил|ечк|а 2,
Мил|юшк|а 1
Мил|еньк|а 2, Мил|ечк|а 3, Миль|к|а 2,
Мил|юш|а 2, Ми́л|юшк|а 2
Мел|еньк|а 2, Мел|ечк|а 3, Мел|ёх|а 2, Мел|ёш|а 2, Мель|к|а 2
Мил|я 2; Мил|еньк|а 3, Мил|ечк|а 4, Миль|к|а 3,
Мил|юш|а 3, Ми́л|юшк|а 3
Ме(ле)т(ий) → **Ми*т*|я 1** → Миты|к|а 1 → Мит*еч*|к|а 1

| Мит|еньк|а 1, Мит|ечк|а 2
Мит|еньк|а 2, Мит|ечк|а 3, Мить|к|а 2

Мелетий
Мелен(тий) → **Мелен|я** → Мелень|к|а 1→ Меленеч|к|а 1
                          | Мелен|ечк|а 2
                    Мел(ен|я) → Мел|я 2; Мел|еньк|а 3,
                               Мел|ечк|а 4, Мел|ёх|а 3,
                               Мель|к|а 3, Мил|я 3;
                               Мил|еньк|а 4, Мил|ечк|а 5,
                               Миль|к|а 4, Мил|юш|а 4,
                               Мил|юшк|а 4, Мелёш|а 3;
                               Мелёш|еньк|а 3,
                               Мелёш|ечк|а 4, Мелёш|к|а 3
                    Мелен|ечк|а 3, Мелень|к|а 2
                    Мелёш|а 4; Мелёш|еньк|а 4, Мелёш|ечк|а 5,
                    Мелёш|к|а 4
Мел(ентий) → Мел|я 3; Мел|еньк|а 4, Мел|ечк|а 5,
             Мел|ёх|а 4, Мель|к|а 4;
             Мил|я 4, Мил|еньк|а 5, Мил|ечк|а 6,
             Миль|к|а 5, Мил|юш|а 5, Мил|юшк|а 5
Ме(лен)т(ий) → Мит|я 2; Мит|еньк|а 3, Мит|ечк|а 4,
               Мить|к|а 3

Дни ангела и святые (Мелетий): 12 февраля — *антиох*; 24 мая — *мученик*; 21 сентября — *святой*.

МЕРКУ́РИЙ|, Мерку́ри|я (Мерку́ри[й|а]), *м* [*лат.* 'вестник богов, покровитель торговли'; 'бог красноречия и торговли']. О т ч е с т в о: Мерку́риевич, Мерку́риевна *и* Мерку́рьевич, Мерку́рьевна.
Мерку́л|, а (*разг.*). О т ч е с т в о: Мерку́лович, Мерку́ловна.
   П р о и з в о д н ы е (7):
Меркурий
Меркур(ий) → **Меркур|а**
            Мерку(р|а) → **Мерку|х|а 1** → Меркуш|к|а 1 →
                         | Меркушеч|к|а 1
                         Меркуш|еньк|а 1,
                         Меркуш|ечк|а 2
            Мерку|ш|а 1 → Меркуш|еньк|а 2,
                          Меркуш|ечк|а 3,
                          Меркуш|к|а 2
Мерку(рий) → Мерку|х|а 2, Мерку|ш|а 2
            Меркул
Дни ангела и святой (Меркурий): 28 августа, 4 и 24 ноября — *преподобные*; 7 августа, 28 сентября — *святые*.

МЕФО́ДИЙ|, Мефо́ди|я (Мефо́ди[й/а]), *м* [*греч.* 'прослеживать', разыскивать'; 'метод, теория, исследование'; 'методический, в порядке идущий'].
О т ч е с т в о: Мефо́диевич, Мефо́диевна *и* Мефо́дьевич, Мефо́дьевна; Мефо́дьич (*разг.*).

Нефёд|, а (*народн.*). О т ч е с т в о: Нефёдович, Нефёдовна; Нефёдыч (*разг.*).

П р о и з в о д н ы е (16):

Мефодий → Мефодь|юшк|а (Мефодь[й/у]шк|а)

Мефод(ий) → **Мефод|я** → Мефодь|к|а 1

(Ме)фод|я → **Фед|я 1** → Федь|к|а 1 → Федеч|к|а 1

Фед|юш|а 1 → Федю́ш|к|а →

Федюше*ч*|к|а 1

Федюш|еньк|а,

Федюш|ечк|а 2

Фед|еньк|а 1, Фед|ечк|а 2,

Фёд|юшк|а 1

Фед|еньк|а 2, Фед|ечк|а 3, Федь|к|а 2,

Фед|юш|а 2, Фед|юшк|а 2

Мефодь|к|а 2

(Ме)фод(ий) → Фед|я 2; Фед|еньк|а 3, Фед|ечк|а 4, Федь|к|а 3,

Фед|юш|а 3, Фёд|юшк|а 3

Нефёд → Нефёд|к|а 1 → Нефёдо*ч*|к|а 1

Нефёд|очк|а 2, Нефёд|ушк|а 1

(*Н*е)фёд → Фед|я 3; Фед|еньк|а 4, Фед|ечк|а 5, Федь|к|а 4,

Фед|юш|а 4, Фёд|юшк|а 4

*Н*ефёд|к|а 2, *Н*ефёд|очк|а 3, *Н*ефёд|ушк|а 2

Дни ангела и святые (Мефодий): 6 апреля, 11 мая — *равноапостольные*; 20 июня — *священномученик*; 4 и 14 июня — *преподобные*.

МЕЧИСЛА́В|, а, *м* (*слав.*) [от основ со значением 'метать' + 'слава'].
О т ч е с т в о: Мечисла́вович, Мечисла́вовна; Мечисла́вич, Мечисла́вна.

П р о и з в о д н ы е (26):

Мечислав → Мечислав|к|а → Мечиславо*ч*|к|а 1

Мечислав|оньк|а, Мечислав|очк|а 2

Меч(ислав) → **Меч|а** → Меч|еньк|а 1, Меч|ик 1, Меч|к|а 1

Меч|еньк|а 2, Меч|ик 2, Меч|к|а 2

(Мечи)слав → **Слав|а** → Слав|к|а 1 → Славо*ч*|к|а 1

Слав|ун|я 1 → Славунь|к|а → Славуне*ч*|к|а 1,

Славун*ч*|ик 1

Славун|ечк|а 2, Славун|чик 2

Слав|ус|я 1 → Славусь|к|а → Славусе*ч*|к|а 1

Славус|еньк|а, Славус|ечк|а 2,

Славус|ик

Слав|ут|а 1 → Славут|ич

Слав|еньк|а 1, Слав|ечк|а 1, Слав|ик 1,

| Слав|оньк|а 1, Слав|очк|а 2, Слав|ушк|а 1
Слав|еньк|а 2, Слав|ечк|а 2, Слав|ик 2, Слав|к|а 2,
Слав|оньк|а 2, Слав|очк|а 3, Слав|ун|я 2, Слав|ус|я 2,
Слав|ут|а 2, Слав|ушк|а 2

МИЛА́Н|, а, *м* (*слав. редк.*) ['милый']. О т ч е с т в о: Мила́нович, Мила́-новна.
 П р о и з в о д н ы е (2):
Милан → Милан|к|а
Мил(ан) → **Мил**|а
 С р.: *ж* Милана.

МИЛЕ́Н|, а, *м* (*слав. редк.*) ['милый']. О т ч е с т в о: Миле́нович, Миле́-новна.
 П р о и з в о д н ы е (3):
Милен → Милен|к|а → Миленоч|к|а 1
     Милен|очк|а 2
Мил(ен) → **Мил**|а
 С р.: *ж* Милена.

МИЛЕ́ТИЙ|, Миле́ти|я (Миле́ти[й|а]), *м* (*стар. редк.*) [*предположительно греч.* 'милетос' — Милет (город на северном побережье Крита')]. О т ч е-с т в о: Миле́тиевич, Миле́тиевна *и* Миле́тьевич, Миле́тьевна.
 П р о и з в о д н ы е (9):
Милетий
Милет(ий) → **Милет**|я
    Мил(ет|я) → **Мил**|я **1** → Мил|юш|а 1 → Милюш|к|а
              Миль|к|а 1, Ми́л|юшк|а 1
       Миль|к|а 2, Мил|юш|а 2, Ми́л|юшк|а 2
    (Ми)лет|я → **Лет**|я **1** → Леть|к|а 1 → Летеч|к|а
            Лет|ечк|а 2
       Лет|ечк|а 3, Леть|к|а 2
Мил(етий) → Мил|я 2; Миль|к|а 3, Мил|юш|а 3, Ми́л|юшк|а 3
(Ми)лет(ий) → Лет|я 2; Лет|ечк|а 4, Леть|к|а 3

МИ́ЛИЙ|, Ми́ли|я (Ми́ли[й|а]), *м* [*предположительно греч.* 'милии — древ-нее название племени, населявшего Ликию' или 'яблоня'; 'яблочный'].
О т ч е с т в о: Ми́лиевич, Ми́лиевна.
 П р о и з в о д н ы е (7):
Милий
Мил(ий) → **Мил**|я → Мил|юш|а 1 → Милюш|к|а
     Миль|к|а 1, Мил|юшк|а 1, Мил|яй 1, Мил|як|а 1
   Миль|к|а 2, Мил|юш|а 2, Ми́л|юшк|а 2, Мил|яй 2, Мил|як|а 2
 День ангела и святой (Милий): 10 ноября — *священномученик*.

МИЛОВА́Н|, а, *м* (*слав. редк.*) [*др.-русск.* ʻмиловати — ласкать, заботить-ся']. О т ч е с т в о: Милова́нович, Милова́новна; Милова́ныч (*разг.*).
   П р о и з в о д н ы е (3):
Милован
Мил(ован) → **Мил**|**а 1**
(Мило)ван → **Ван**|**а 1**
             Милован|**а**
             Мил(ован|а) → Мил|а 2
             (Мило)ван|а → Ван|а 2

МИЛОРА́Д|, а, *м* (*слав. редк.*) [от основ ʻмилый + радовать']. О т ч е с т-в о: Милора́дович, Милора́довна.
   П р о и з в о д н ы е (18):
Милорад
Мил(орад) → **Мил**|**а** → Мил|к|а 1 → Милоч|к|а 1
                          Мил|ок 1 → Милоч|ек 1
                          Мил|ечк|а 1, Мил|ёш|а 1, Мил|оньк|а 1,
                          Мил|очек 2, Мил|очк|а 2
             Мил|ечк|а 2, Мил|ёш|а 2, Мил|к|а 2, Мил|ок 2,
             Мил|оньк|а 2, Мил|очек 3, Мил|очк|а 3
(Мило)рад → **Рад**|**а** → Рад|к|а 1 → Радоч|к|а 1
                          Радь|к|а 1 → Радеч|к|а 1
                          Рад|еньк|а 1, Рад|ечк|а 2, Рад|ик 1, Рад|оньк|а 1,
                          Рад|очк|а 2, Рад|ушк|а 1, Рад|юшк|а 1
             Рад|еньк|а 2, Рад|ечк|а 3, Рад|ик 2, Рад|к|а 2, Рад|оньк|а 2,
             Рад|очк|а 3, Рад|ушк|а 2, Радь|к|а 2, Рад|юшк|а 2

МИЛОСЛА́В|, а, *м* (*слав. редк.*) [от основ ʻмилый + слава']. О т ч е с т в о:
Милосла́вович, Милосла́вовна; Милосла́вич, Милосла́вна.
   П р о и з в о д н ы е (15):
Милослав
Мил(ослав) → **Мил**|**а** → Мил|к|а 1 → Милоч|к|а 1
                           Мил|ок 1 → Милоч|ек 1
                           Мил|ечк|а 1, Мил|ёш|а 1, Мил|оньк|а 1,
                           Мил|очек 2, Мил|очк|а 2
              Мил|ечк|а 2, Мил|ёш|а 2, Мил|к|а 2, Мил|ок 2,
              Мил|оньк|а 2, Мил|очек 3, Мил|очк|а 3
(Мило)слав → **Слав**|**а** → Слав|к|а 1 → Славоч|к|а 1
                            Слав|еньк|а 1, Слав|ик 1, Слав|оньк|а 1,
                            Слав|очк|а 2, Слав|ушк|а 1
              Слав|еньк|а 2, Слав|ик 2, Слав|к|а 2, Слав|оньк|а 2,
              Слав|очк|а 3, Слав|ушк|а 2
   С р.: *ж* Милослава.

МИНЕЙ|, Минéя (Минé[й|а]), *м* (*стар. редк.*) [*греч.* 'месяц'; 'месячный'].
О т ч е с т в о: Минéевич, Минéевна.

П р о и з в о д н ы е (6):

Миней

Мин(ей) → **Мин|а** → Мин|к|а 1 → Миноч|к|а 1
                       Мин|ок 1 → Миноч|ек 1
                       Мин|очек 2, Мин|очк|а 2, Мин|ушк|а 1
            Мин|к|а 2, Мин|ок 2, Мин|очек 3, Мин|очк|а 3, Мин|ушк|а 2

Дни ангела и святые (Миней): 5 января — *преподобный* Мина в Синайском монастыре; 1 августа — *мученик.*

МИРОЛЮБ|, а, *м* (*слав. редк.*) [от основ со значением 'мир + любить'].
О т ч е с т в о: Миролюбович, Миролюбовна; Миролюбыч (*разг.*).

П р о и з в о д н ы е (8):

Миролюб

Мир(олюб) → **Мир|а** → Мир|к|а 1 → Мироч|к|а 1
                       Мир|ик 1, Мир|очк|а 2
            Мир|ик 2, Мир|к|а 2, Мир|очк|а 3
(Миро)люб → **Люб|а** → Люб|к|а 1 → Любоч|к|а 1
                       Люб|оньк|а 1, Люб|очк|а 2
            Люб|к|а 2, Люб|оньк|а 2, Люб|очк|а 3

МИРОН|, а, *м* [*греч.* 'плачущий' или 'благовонное масло миро'; 'каплющий благовонным миром']. О т ч е с т в о: Миронович, Мироновна; Миróныч (*разг.*).

П р о и з в о д н ы е (19):

Мирон → Мирон|к|а → Мироноч|к|а 1, Миронч|ик 1
            Мирон|очк|а 2, Мирон|ушк|а, Мирон|чик 2
Мир(он) → **Миро|х|а** → Мирош|к|а 1 → Мирош|ечк|а 1
                     Мирош|еньк|а 1, Мирош|ечк|а 2
                  Мирош|а 1 → Мирош|еньк|а 2, Мирош|ечк|а 3,
                                  Мирош|к|а 2
М(ир)он → **Мон|я** → Мон|к|а 1 → Моноч|к|а 1
                      Монь|к|а 1 → Монеч|к|а 1
                      Мон|ечк|а 2, Мон|очк|а 2, Мон|ушк|а 1, Мон|юк|а 1
                      Мош|а 1 → Мош|еньк|а 1, Мош|к|а 1
                      Мош|еньк|а 2, Мош|к|а 2
            Мон|ечк|а 3, Мон|к|а 2, Мон|очк|а 3, Мон|ушк|а 2,
            Монь|к|а 2, Мон|юк|а 2
            Мош|а 2; Мош|еньк|а 3, Мош|к|а 3
(Ми)рон → **Рон|я**
            Мирош|а 2; Мирош|еньк|а 3, Мирош|ечк|а 4, Мирош|к|а 3

Дни ангела и святые (Мирон): 8 августа — *святой*; 17 августа — *мученик.*

МИРОСЛА́В|, а, *м* (*слав. редк.*) [от основ со значением 'мир + слава'].
О т ч е с т в о: Миросла́вович, Миросла́вовна; Миросла́вич, Миросла́вна.
    П р о и з в о д н ы е (13):
Мирослав
Мир(ослав) →**Мир**|а → Мир|к|а 1 → Миро́ч|к|а 1
                                    Мир|ик 1, Мир|оньк|а 1, Мир|очк|а 2, Мир|ушк|а 1
                     Мир|ик 2, Мир|к|а 2, Мир|оньк|а 2, Мир|очк|а 3,
                     Мир|ушк|а 2
(Миро)слав →**Слав**|а →Слав|к|а → Славо́ч|к|а 1
                                    Слав|еньк|а 1, Слав|ик 1, Слав|оньк|а 1,
                                    Слав|очк|а 2, Слав|ушк|а 1
                     Слав|еньк|а 2, Слав|ик 2, Слав|к|а 2, Слав|оньк|а 2,
                     Слав|очк|а 3, Слав|ушк|а 2
    С р.: *ж* Мирослава.

МИТРОФА́Н|, а, *м* [*греч.* 'мать + являть, обнаруживать'; 'мать + показы-
вать, представлять'; 'явленный матерью']. О т ч е с т в о: Митрофа́нович,
Митрофа́новна; Митрофа́ныч (*разг.*).
Митрофа́ний|, Митрофа́ни|я (Митрофа́ни[й|а]) (*разг.*). О т ч е с т в о: Мит-
рофа́ниевич, Митрофа́ниевна; Митрофа́ньевич, Митрофа́ньевна.
    П р о и з в о д н ы е (43):
Митрофан → Митрофан|к|а 1 → Митрофанч|ик 1
            | Митрофан|чик 2, Митрофан|ий 1
Митрофа(н) → **Митрофа**|х|а 1 → Митрофаш|к|а 1 → Митрофаше́ч|к|а 1
                                    Митрофаш|еньк|а 1, Митрофаш|ечк|а 2
                     Митрофаш|а 1 → Митрофаш|еньк|а 2,
                                        Митрофаш|ечк|а 3,
                                        Митрофаш|к|а 2
Митроф(ан) → **Митрох**|а → Митрош|к|а 1 → Митроше́ч|к|а 1
            | Митрош|еньк|а 1, Митрош|ечк|а 2
            Митр(ох|а)→**Митр**|а 1 → Митр|аш|а 1 → Митраш|к|а →
                                                    Митраше́ч|к|а 1
                                                    Митраш|еньк|а,
                                                    Митраш|ечк|а 2
                            Митр|ей 1 → Митре|юшк|а
                                        (Митре[й|у]шк|а)
                            Митр|юх|а 1 → Митрю́ш|к|а 1 →
                                          Митрюше́ч|к|а 1
                                          Митрюш|еньк|а 1,
                                          Митрюш|ечк|а 2
                            Митр|юш|а 1 → Митрюш|еньк|а 2,
                                          Митрюш|ечк|а 3,
                                          Митрю́ш|к|а 2
                            Митр|ак 1, Митр|ечк|а 1,

Митр|ик 1, Митр|ух|а 1, Ми́тр|юшк|а 1

Мит(р|а) → **Мит|я 1** → Мить|к|а 1
Мить|к|а 2

Митр|я 1 → Митр|ак 2, Митр|аш|а 2, Митр|ей 2, Митр|ечк|а 2, Митр|ик 2, Митр|ух|а 2, Митр|юх|а 2, Митр|юш|а 2, Ми́тр|юшк|а 2

Мит(р|я) → Мит|я 2; Мить|к|а 3
Митр|ак 3, Митр|аш|а 3, Митр|ей 3, Митр|ечк|а 3, Митр|ик 3, Митр|ух|а 3, Митр|юх|а 3, Митр|юш|а 3, Ми́тр|юшк|а 3

Мит(рох|а) → Мит|я 3; Мить|к|а 4

(Ми)трох|а → **Трох|а 1** → Трош|к|а 1 → Трош|ечк|а 1
Трош|еньк|а 1, Трош|ечк|а 2

Трош|а 1 → Трош|еньк|а 2, Трош|ечк|а 3, Трош|к|а 2

Т(р)ош|а →
Тош|а 1 → Тош|к|а → Тош|ечк|а 1
Тош|еньк|а 1, Тош|ечк|а 2, Тош|ик 1

Тош|еньк|а 2, Тош|ечк|а 3, Тош|ик 2, Тош|к|а 2

Трош|а 2; Трош|еньк|а 3, Трош|ечк|а 4, Трош|к|а 3

(Ми)т(р)ох|а → Тош|а 2; Тош|еньк|а 3, Тош|ечк|а 4, Тош|ик 3, Тош|к|а 3

Митрош|а 1 → Митрош|еньк|а 2, Митрош|ечк|а 3, Митрош|к|а 2

Митро(фан) → Митро|ш|а 2

Митр(офан) → Митр|а 2, Митр|я 2; Митр|ак 4, Митр|аш|а 4, Митр|ей 4, Митр|ечк|а 4, Митр|ик 4, Митр|ух|а 4, Митр|юх|а 4, Митр|юш|а 4, Ми́тр|юшк|а 4

Мит(рофан) → Мит|я 4; Мить|к|а 5

(Ми)троф(ан) → Трох|а 2

Митрофаш|а 2; Митрофаш|еньк|а 3, Митрофаш|ечк|а 4, Митрофаш|к|а 3

Дни ангела и святые (Митрофан): 4 и 23 июня, 7 августа, 23 ноября — *святые*.

МИХАЙЛ|, а, *м* [*др.-евр.* 'равный богу Яхве'; 'кто как Бог']. О т ч е с т в о: Михайлович, Михайловна.

Михайл|а, ы (*разг.*). О т ч е с т в о: Михайлович, Михайловна; Михайлыч (*разг.*).

Михайл|о, ы (*стар. разг.*). О т ч е с т в о: Михайлович, Михайловна; Михайлыч (*разг.*).

П р о и з в о д н ы е (88):

Михаил → Михаил|ушк|а
Мих(аил) → **Мих|а 1** →Мих|ан|я 1 → Михань|к|а
| | | Мих|ас|я 1 → Михась|к|а → Михасе*ч*к|а 1
| | | Михас|еньк|а, Михас|ечк|а 2,
| | | Михас|ёк
| | (Мих)ас|я → **Ас|я**
| Ми(х|а) → **Ми|к|а 1**
| **Ми|н|а 1** → Мин|ай 1 → Минай|к|а, Мина|юшк|а
| | | (Мина[й/у]шк|а)
| | Мин|аш|а 1 → Минаш|к|а →
| | Минаш*еч*к|а 1
| | Минаш|еньк|а,
| | Минаш|ечк|а 2
| | Мин|к|а 1 → Мино*ч*к|а 1
| | Мин|ок 1 → Мино*ч*ек 1
| | Мин|ус|я 1 → Минусь|к|а →
| | Минус*еч*к|а 1
| | Минус|еньк|а,
| | Минус|ечк|а 2
| | Мин|уш|а 1 → Минуш|к|а
| | Минь|к|а 1 → Мин*еч*к|а 1
| | Мин|юш|а 1 → Минюш|к|а
| | Мин|ечк|а 2, Мин|ёк 1, Мин|очек 2,
| | Мин|очк|а 2, Мин|юр|а 1,
| | Мúн|юшк|а 1, Мин|яш|а 1
| **Ми|н|я 1** → Мин|ай 2, Мин|аш|а 2, Мин|ечк|а 3,
| | Мин|ёк 2, Мин|к|а 2, Мин|ок 2,
| | Мин|очек 3, Мин|очк|а 3, Мин|ус|я 2,
| | Мин|уш|а 2, Минь|к|а 2, Мин|юр|а 2,
| | Мин|юш|а 2, Мúн|юшк|а 2, Мин|яй 2,
| | Мин|ящ|а 2
| **Ми|ш|а 1** → Миш|ан|я 1 → Мишань|к|а
| | Мишан*еч*к|а 1
| | Мишан|ечк|а 2
| | Миш|ар|а 1 → Мишар|к|а →
| | Мишаро*ч*к|а 1
| | Мишар|очк|а 2

Миш|ат|а 1 → Мишат|к|а →
                Мишаточ|к|а 1
           Мишат|очк|а 2,
           Мишат|ушк|а
Миш|к|а 1 → Мишеч|к|а 1
Миш|ул|я 1 → Мишуль|к|а →
                Мишулеч|к|а 1
           Мишул|еньк|а,
           Мишул|ечк|а 2
Миш|ун|я 1 → Мишунь|к|а →
              Мишунеч|к|а 1,
              Мишунч|ик 1
           Мишун|ечк|а 2,
           Мишун|ок,
           Мишун|чик 2
Миш|ур|а 1 → Мишур|к|а →
                Мишуроч|к|а 1
           Мишур|очк|а 2
Миш|ут|а 2 → Мишут|к|а →
                Мишуточ|к|а 1
           Мишут|очк|а 2
Миш|ак 1, Миш|ак|а 1,
Миш|еньк|а 1, Миш|ен|я 1,
Миш|ечк|а 2, Миш|ик 1, Миш|ок 1,
Миш|ук 1, Миш|ук|а 1, Миш|ух|а 1
Миш|ак 2, Миш|ак|а 2, Миш|ан|я 2, Миш|ар|а 2,
Миш|ат|а 2, Миш|еньк|а 2, Миш|ен|я 2,
Миш|ечк|а 3, Миш|ик 2, Миш|к|а 2, Миш|ок 2,
Миш|ук 2, Миш|ук|а 2, Миш|ул|я 2, Миш|ун|я 2,
Миш|ур|а 2, Миш|ут|а 2, Миш|ух|а 2
Мих|ан|я 2, Мих|ас|я 2
Миш|а 2; Миш|ак 3, Миш|ак|а 3, Миш|ан|я 3, Миш|ар|а 3,
Миш|ат|а 3, Миш|еньк|а 3, Миш|ен|я 3, Миш|ечк|а 4,
Миш|ик 3, Миш|к|а 3, Миш|ок 3, Миш|ук 3, Миш|ук|а 3,
Миш|ул|я 3, Миш|ун|я 3, Миш|ур|а 3, Миш|ут|а 3, Миш|ух|а 3
Ми(хаил) → Ми|к|а 2, Ми|н|а 2, Ми|н|я 2
Миха(и)л → **Михал|я** → Михаль|к|а 1 → Михальч|ик 1
              Михал|ёк 1, Михал|ик 1, Михал|к|а 1,
              Михаль|чик 2, Михал|ют|а 1
Мих(ал|я) → Мих|а 2; Мих|ан|я 3, Мих|ас|я 3
              Миш|а 3; Миш|ак 4, Миш|ак|а 4, Миш|ан|я 4,
              Миш|ар|а 4, Миш|ат|а 4, Миш|еньк|а 4,
              Миш|ен|я 4, Миш|ечк|а 5, Миш|ик 4,
              Миш|к|а 4, Миш|ок 4, Миш|ук 4, Миш|ук|а 4,

Миш|ул|я 4, Миш|ун|я 4, Миш|ур|а 4,
Миш|ут|а 4, Миш|ух|а 4
Ми(хал|я) → Ми|к|а 3, Мин|а 3, Ми|н|я 3
Михал|ёк 2, Михал|ик 2, Михал|к|а 2, Михаль|к|а 2,
Михаль|чик 3, Михал|ют|а 2
Михайл|а
Михайл|о → Михайл|ин|а 1 → Михайлин|к|а
Михайл|ик 1, Михайл|ушк|а 1
Мих(айл|а)
Мих(айл|о) → Мих|а 3; Мих|ан|я 4, Мих|ас|я 4
Миш|а 4; Миш|ак 5, Миш|ак|а 5, Миш|ан|я 5,
Миш|ар|а 5, Миш|ат|а 5, Миш|еньк|а 5,
Миш|ен|я 5, Миш|ечк|а 6, Миш|ик 5,
Миш|к|а 5, Миш|ок 5, Миш|ук 5, Миш|ук|а 5,
Миш|ул|я 5, Миш|ун|я 5, Миш|ур|а 5,
Миш|ут|а 5, Миш|ух|а 5
Ми(хайл|а)
Ми(хайл|о) → Ми|к|а 4, Мин|а 4, Ми|н|я 4
Михайл|ин|а 2, Михайл|ик 2, Михайл|ушк|а 2

Дни ангела и святые (Михаил): 14 февраля, 14 марта, 23 июня, 20 сентября, 21 мая, 22 ноября — *князья*; 23 мая, 18 декабря — *мученики*; 29 июля, 1 октября — *преподобномученики*; 11 января, 7 мая, 23 июня, 12 июля, 1 октября — *преподобные*; 15 июня, 30 сентября — *митрополиты*; 6 сентября, 8 ноября — *архистратиги*; 23 мая, 12 июля — *святые*.

МИХЕЙ|, Михе́|я (Михе́[й]а|), м [*др.-евр.* 'подобный богу Яхве']. О т ч е - с т в о: Михе́евич, Михе́евна; Михе́ич (*разг.*).
П р о и з в о д н ы е (4):
Михей → Михей|к|а → Михее́ч|к|а 1
Михе|е́чк|а 2 (Михе[й|э]чк|а), Михе|ю́шк|а (Михе[й|у]шк|а)
Мих(ей) → **Мих**|а

Дни ангела и святые (Михей): 5 января, 14 августа — *пророки*; 6 мая — *преподобный*.

МОДЕ́СТ|, а, м [*лат.* 'скромный']. О т ч е с т в о: Моде́стович, Моде́стовна; Моде́стыч (*разг.*).
П р о и з в о д ы е (7):
Модест → Модест|к|а → Модесто́ч|к|а 1
Модест|очк|а 2, Модест|ушк|а
Мод(ест) → **Мо́д**|я → Мо́дь|к|а 1 → Моде́ч|к|а 1
Мо́д|еньк|а 1, Мо́д|ечк|а 2
Мод|е́ньк|а 2, Мод|е́чк|а 3, Мо́дь|к|а 2

Дни ангела и святые (Модест): 15 июня — *мученик*; 18 декабря — *святой*.

МОИСЕ́Й, Моисе́|я (Моисе́[й|а]), *м* [*др.-евр.* 'еврейский законодатель'; *возможно, егип.* 'ребенок, сын'; 'от воды взятый']. О т ч е с т в о: Моисе́евич, Моисе́евна; Моисе́ич (*разг.*).

Мосе́й|, Мосе́|я (Мосе́[й|а]) (*прост.*). О т ч е с т в о: Мосе́евич, Мосе́евна.

П р о и з в о д н ы е (28):

Моисей → Моисей|к|а → Моисей*ч*|ик 1
Моисе|юшк|а (Моисе[й|у]шк|а)

Мо(и)с(ей) → **Мос|я** → Мос|ей 1 → Мосей|к|а
Мось|к|а 1 → Мос*еч*|к|а 1
Мос|еньк|а 1, Мос|ечк|а 2, Мос|ик 1, Мос|яй 1,
Мос|як|а 1
Мус|я 1 → Мусь|к|а 1 → Мус*еч*|к|а 1
Мус|еньк|а 1, Мус|ечк|а 2, Мус|ик 1
Мус|еньк|а 2, Мус|ечк|а 3, Мус|ик 2, Мусь|к|а 2
Мос|ей 2, Мос|еньк|а 2, Мос|ечк|а 3, Мос|ик 2, Мось|к|а 2,
Мос|яй 2, Мос|як|а 2
Мус|я 2; Мус|еньк|а 3, Мус|ечк|а 4, Мус|ик 3, Мусь|к|а 3

Мо(исей) → Мо|н|я → Мон|к|а → Мон*оч*|к|а 1
Монь|к|а → Мон*еч*|к|а 1
Мон|ечк|а 2, Мон|очк|а 2, Мон|юк|а
Мун|я 1 → Муны|к|а 1 → Мун*еч*|к|а 1
Мун|ечк|а 2, Муны|ш|а 1, Мун|юшк|а 1
Мун|ечк|а 3, Муны|к|а 2, Муны|ш|а 2, Мун|юшк|а 2
Му|н|я 2

Дни ангела и святые (Моисей): 28 августа, 28 сентября, 14 января, 23 февраля, 26 и 28 июля — *преподобные*; 25 января — *архиепископ*; 28 августа, 25 января — *святые*; 4 сентября — *Боговидец*.

МОКЕ́Й|, Моке́|я (Моке́[й|а]), *м* [*предположительно греч.* 'насмешник'; 'осмеивающий']. О т ч е с т в о: Моке́евич, Моке́евна; Моке́ич (*разг.*).

Мо́кий, Мо́ки|я (Мо́ки[й|а]) (*стар.*). О т ч е с т в о: Мо́киевич, Мо́киевна.

П р о и з в о д н ы е (10):

Мокей 1 → Мокей|к|а, Моке|юшк|а (Моке[й|у]шк|а)
Мок(ей) → **Мок|а** → Мок|еш|а 1 → Мокеш|к|а → Мокеш*еч*|к|а 1
Мокеш|еньк|а 1, Мокеш|ечк|а 2
Мок|очк|а 1, Мок|ушк|а 1
Мак|а 1
Мок|еш|а 2, Мок|очк|а 2, Мок|ушк|а 2
Мак|а 2
Мокий → Мокей 2

Дни ангела и святые (Мокий): 29 января, 11 мая, 3 июля — *мученики*.

МСТИСЛА́В|, а, *м* [от основ со значением 'мстить + слава']. О т ч е с т в о: Мстисла́вович, Мстисла́вовна; Мстисла́вич, Мстисла́вна.

П р о и з в о д н ы е (12):

Мстислав

Мсти(слав) → **Мсти|ш|а**

(М)сти(слав) → **Стив|а** → Стив|к|а 1 → Стив*оч*|к|а 1
| | Стив|оньк|а 1, Стив|очк|а 2, Стив|ушк|а 1
| Стив|к|а 2, Стив|оньк|а 2, Стив|очк|а 3, Стив|ушк|а 2

(Мсти)слав → **Слав|а** → Слав|к|а 1 → Слав*оч*|к|а 1
| Слав|еньк|а 1, Слав|ик 1, Слав|оньк|а 1,
| Слав|очк|а 2
Слав|еньк|а 2, Слав|ик 2, Слав|к|а 2, Слав|оньк|а 2,
Слав|очк|а 3

Дни ангела и святые (Мстислав): 15 апреля, 14 и 23 июня — *князья*.

Н

НАЗА́Р|, а, *м* [*др.-евр.* 'он посвятил себя Богу'; 'посвященный Богу']. О т-
ч е с т в о: Наза́рович, Наза́ровна; Наза́рыч (*разг.*).
Наза́рий Наза́ри|я (Наза́ри[й|а]) (*стар.*). О т ч е с т в о: Наза́риевич, Наза́-
риевна *и* Наза́рьевич, Наза́рьевна.
П р о и з в о д н ы е (23):
Назар 1 → Назар|к|а → Назароч|к|а 1, Назарч|ик 1
Назар|ок, Назар|оньк|а, Назар|очк|а 2, Назар|ушк|а, Назар|чик 2
(На)зар → **Зар|а** → Зар|к|а 1 → Зароч|к|а 1
Зарь|к|а 1 → Зареч|к|а 1
Зар|еньк|а 1, Зар|ечк|а 2, Зар|ик 1, Зар|оньк|а 1,
Зар|очк|а 2, Зар|ушк|а 1, Зар|юшк|а 1
Зор|я 1 → Зорь|к|а 1 → Зореч|к|а 1
Зор|еньк|а 1, Зор|ечк|а 2, Зор|ик 1,
Зор|юшк|а 1
Зор|еньк|а 2, Зор|ечк|а 3, Зор|ик 2, Зорь|к|а 2,
Зор|юшк|а 2
Зар|я → Зар|еньк|а 2, Зар|ечк|а 3, Зар|ик 2, Зар|к|а 2,
Зар|оньк|а 2, Зар|очк|а 3, Зар|ушк|а 2, Зарь|к|а 2,
Зар|юшк|а 2
Зор|я 2; Зор|еньк|а 3, Зор|ечк|а 4, Зор|ик 3, Зорь|к|а 3,
Зор|юшк|а 3
Зар|еньк|а 3, Зар|ечк|а 4, Зар|ик 3, Зар|к|а 3, Зар|оньк|а 3,
Зар|очк|а 4, Зар|ушк|а 3, Зарь|к|а 3, Зар|юшк|а 3
Зор|я 3; Зор|еньк|а 4, Зор|ечк|а 5, Зор|ик 4, Зорь|к|а 4,
Зор|юшк|а 4
Назарий
Назар(ий) → Назар 2
День ангела и святой (Назарий): 14 октября — *мученик*.

НАПОЛЕО́Н|, а, *м* [*предположительно греч.* 'Неаполь — новый город'].

О т ч е с т в о: Наполео́нович, Наполео́новна.

П р о и з в о д н ы е (12):

Наполеон → Наполеон|к|а, Наполеон|ушк|а

(На)пол(еон) → **Пол|я** →Поль|к|а 1 → Пол*еч*|к|а 1

                          Пол|юш|а 1 → Пол|юш|к|а

                          Пол|еньк|а 1, Пол|ечк|а 2, По́л|юшк|а 1

            Пол|еньк|а 2, Пол|ечк|а 3, Поль|к|а 2, Пол|юш|а 2,

            По́л|юшк|а 2

(Напо)ле(он) → **Лё|в|а** →Лёв|к|а, Лёв|ушк|а

НАРКИ́СС|, а, *м* [*в античной мифологии*: Наркисс (Нарцисс) — ʼпрекрасный юноша, превращенный богами в цветокʼ; *возможно, греч.* ʻонемение, оцепенениеʼ; ʻнарцисс — цветʼ]. О т ч е с т в о: Нарки́ссович, Нарки́ссовна.

П р о и з в о д н ы е (11):

Наркисс

Наркис(с) → **Наркис** → Наркис|к|а 1

          Нар(кис) → **Нар|а 1** → Нар|к|а 1 → Нар*оч*|к|а 1

                         Нар|ик 1, Нар|оньк|а 1, Нар|очк|а 2,

                         Нар|ушк|а 1

               Нар|ик 2, Нар|к|а 2, Нар|оньк|а 2, Нар|очк|а 3,

               Нар|ушк|а 2

          (Нар)кис → **Кис|а 1** → Кис|к|а 1 → Кис*оч*|к|а 1

                         Кис|очк|а 2

               Кис|я 1 → Кис|к|а 2, Кис|очк|а 3

               Кис|к|а 3, Кис|очк|а 4

          Наркис|к|а 2

Нар(кисс) → Нар|а 2; Нар|ик 3, Нар|к|а 3, Нар|оньк|а 3, Нар|очк|а 4,

               Нар|ушк|а 3

(Нар)кис(с) → Кис|а 2, Кис|я 2; Кис|к|а 4, Кис|очк|а 5

С р.: *ж* Наркисса.

Дни ангела и святые (Наркисс): 4 января, 31 октября — *апостолы*.

НАРЦИ́СС|, а, *м* (*нов.*) [по названию цветка нарцисс]. О т ч е с т в о: Нарци́ссович, Нарци́ссовна.

П р о и з в о д н ы е (8):

Нарцисс

Нарцис(с) → **Нарцис** → Нарцис|к|а 1

          Нар(цис) →**Нар|а 1** → Нар|к|а 1 → Нар*оч*|к|а 1

                         Нар|ик 1, Нар|оньк|а 1, Нар|очк|а 2,

                         Нар|ушк|а 1

               Нар|ик 2, Нар|к|а 2, Нар|оньк|а 2, Нар|очк|а 3,

               Нар|ушк|а 2

          Нарцис|к|а 2

Нар(цисс) → Нар|а 2; Нар|ик 3, Нар|к|а 3, Нар|оньк|а 3, Нар|очк|а 4,
Нар|ушк|а 3

НАТА́Н|, а, *м* [*др.-евр.* 'он (Бог) дал']. О т ч е с т в о: Ната́нович, Ната́нов-
на.
   П р о и з в о д н ы е (27):
Натан → Натань|к|а 1 → Натан*еч*|к|а 1
           Натан|ечк|а 2, Натан|юшк|а 1
Ната(н) → **Ната|х|а** → Наташ|к|а 1 → Наташ*еч*|к|а 1
                     Наташ|еньк|а 1, Наташ|ечк|а 2, Наташ|онк|а 1,
                     Наташ|онок 1
                 Наташ|а 1 →Наташ|еньк|а 2, Наташ|ечк|а 3,
                              Наташ|к|а 2, Наташ|онк|а 2,
                              Наташ|онок 2
Нат(ан) → **Нат|а 1** → Нат|к|а 1 →   Нат*оч*|к|а 1
                     Нат|ул|я 1 → Натуль|к|а → Натул*еч*к|а 1, Натульч|ик 1
                                Натул|еньк|а, Натул|ечк|а 2, Натул|ик,
                                Натуль|чик 2
                     Нат|ус|я 1 → Натусь|к|а → Натус*еч*|к|а 1
                                Натус|еньк|а, Натус|ечк|а 2, Натус|ик
                     Нат|ок 1, Нат|очк|а 2, Нат|ун|я 1
           Нат|к|а 2, Нат|ок 2, Нат|очк|а 3, Нат|ул|я 2, Нат|ун|я 2, Нат|ус|я 2
           Наташ|а 2; Наташ|еньк|а 3, Наташ|ечк|а 4, Наташ|к|а 3,
           Наташ|онк|а 3, Наташ|онок 3
           Натан|я →Натан|ечк|а 3, Натань|к|а 2, Натан|юшк|а 2
           Ната(н|я) → Ната|х|а 2
           Нат(ан|я) → Нат|а 2; Нат|к|а 3, Нат|ок 3, Нат|очк|а 4, Нат|ул|я 3
                     Нат|ун|я 3, Нат|ус|я 3
                     Наташ|а 3; Наташ|еньк|а 4, Наташ|ечк|а 5, Наташ|к|а 4,
                     Наташ|онк|а 4, Наташ|онок 4

НАУ́М|, а, *м* [*др.-евр.* 'утешающий; 'утешение']. О т ч е с т в о: Нау́мович,
Нау́мовна; Нау́мыч (*разг.*).
   П р о и з в о д н ы е (8):
Наум → Наум|к|а → Наум*оч*|к|а 1, Наумч|ик 1
           Наум|очк|а 2, Наум|ушк|а, Наум|чик 2
На(ум) → **Нюм|а** → Нюм|к|а 1
         Нём|а 1
           Нюм|к|а 2
           Нём|а 2
   Дни ангела и святые (Наум): 20 июня, 27 июля — *святые*; 1 декабря —
пророк.

НЕ́СТОР|, а, *м* [*греч.* 'возвратившийся домой'; 'имя старейшего участника Троянской войны']. О т ч е с т в о: Нéсторович, Нéсторовна.

Нéстер, а (*разг.*). О т ч е с т в о: Нéстерович, Нéстеровна; Нéстерыч (*разг.*).

П р о и з в о д н ы е (5):

Нестор → Нестор|к|а, Нестор|ушк|а

Нес(тор) → **Нес|я** → Несь|к|а 1

           Несь|к|а 2

           Нестер

           Нес(тер) → Нес|я 2; Несь|к|а 3

Дни ангела и святые (Нестор): 28 февраля — *епископ;* 1 марта — *мученик*; 27 октября — *мученик и летописец*; 28 августа, 28 сентября, 27 октября — *преподобномученики.*

НИКА́НДР|, а, *м* [*греч.* 'победа, побеждать + муж, мужчина'; 'победа мужа']. О т ч е с т в о: Ника́ндрович, Ника́ндровна; Ника́ндрыч (*разг.*).

Ника́ндр|а, ы (*прост.*).

П р о и з в о д н ы е (30):

Никандр → Никандр|ушк|а

Никан(др) → **Никан 1** → Никан|к|а 1, Никан|ушк|а 1

        Ник(ан) → **Ника|х|а 1** → Никаш|к|а 1 → Никаш*еч*|к|а 1

                             Никаш|еньк|а 1, Никаш|ечк|а 2

                         Никаш|а 1 → Никаш|еньк|а 2,

                                    Никаш|ечк|а 3,

                                    Никаш|к|а 2

        Ник(ан) → **Ник|а 1** → Ник|ус|я 1 → Никусь|к|а →

                                  Никус*еч*|к|а 1

                                  Никус|еньк|а,

                                  Никус|ечк|а 2,

                                  Никус|ик

                       Ник|уш|а 1 → Нику́ш|к|а →

                                      Никуш*еч*|к|а 1

                                      Никуш|еньк|а,

                                      Никуш|ечк|а 2

                       Ник|оньк|а 1, Ник|очк|а 1, Ни́к|ушк|а 1

                Ник|оньк|а 2, Ник|очк|а 2, Ник|ус|я 2,

                Ник|уш|а 2, Ни́к|ушк|а 2

        (Ни)кан → **Кан|а 1** → Кан|к|а 1 → Кан*оч*|к|а 1

                        Кань|к|а 1 → Кан*еч*|к|а 1

                        Кан|ечк|а 2, Кан|ик 1, Кан|очк|а 2,

                        Кан|ушк|а 1

                  Кан|ечк|а 2, Кан|ик 2, Кан|к|а 2, Кан|очк|а 3,

                Кан|ушк|а 2, Кань|к|а 2

                Никаш|а 2; Никаш|еньк|а 3, Никаш|ечк|а 4,

                Никаш|к|а 3

        Никан|к|а 2, Никан|ушк|а 2

Никаш|а 3; Никаш|еньк|а 4, Никаш|ечк|а 5, Никаш|к|а 4
Ника(ндр) → Ника|х|а 2
Ник(андр) → Ник|а 2; Ник|оньк|а 3, Ник|очк|а 3, Ник|ус|я 3, Ник|уш|а 3,
Ни́к|ушк|а 3
(Ни)кан(др) → Кан|а 2; Канеч|к|а 4, Кан|ик 3, Кан|к|а 3, Кан|очк|а 4,
Кан|ушк|а 3, Кань|к|а 3
Никандр|а → Никандр|ушк|а 2
Никан(др|а) → Никан 2; Никан|к|а 3, Никан|ушк|а 3
Никаш|а 4; Никаш|еньк|а 5,
Никаш|ечк|а 6, Никаш|к|а 5
Ника(ндр|а) → Ника|х|а 3
Ник(андр|а) → Ник|а 3; Ник|оньк|а 4, Ник|очк|а 4,
Ник|ус|я 4, Ник|уш|а 4, Ни́к|ушк|а 4
(Ни)кан(др|а) → Кан|а 3; Кан|ечк|а 5, Кан|ик 4,
Кан|к|а 4, Кан|очк|а 5, Кан|ушк|а 4,
Кань|к|а 4

Дни ангела и святые (Никандр): 15 марта, 24 сентября, 4 ноября —
преподобные; 5 июня, 4 и 17 ноября, 15 марта — *мученики*.

НИКАНО́Р|, а, м [*греч.* 'победа + видеть'; 'побеждать + мужчина'; 'видя-
щий победы']. О т ч е с т в о: Никано́рович, Никано́ровна; Накано́рыч
(*разг.*).
П р о и з в о д н ы е (45):
Никанор → Никанор|к|а, Никанор|ушк|а, Никанор|ш|а
Никано(р) → **Никано|х|а** → Никанош|еньк|а 1, Никанош|к|а 1
Никанош|а 1 → Никанош|еньк|а 2,
Никанош|к|а 2
Никано|ш|а 2
Никан(ор) → **Никан** → Никан|к|а 1, Никан|ушк|а 1
Ника(н) → **Ника|х|а 1** → Никаш|к|а 1 → Никаш*еч*к|а 1
Никаш|еньк|а 1, Никаш|ечк|а 2
Никаш|а 1 → Никаш|еньк|а 2,
Никаш|ечк|а 3,
Никаш|к|а 2
Ник(ан) → **Ник|а 1** → Ник|ус|я 1 → Никус|еньк|а,
Никус|ечк|а
Никус|ик
Ник|уш|а 1 → Нику́ш|к|а →
Никуш*еч*к|а 1
Никуш|еньк|а,
Никуш|ечк|а 2
Ник|оньк|а 1, Ник|очк|а 1, Ни́к|ушк|а 1
Ник|оньк|а 2, Ник|очк|а 2, Ник|ус|я 2,
Ник|уш|а 2, Ни́к|ушк|а 2

(Ни)кан → **Кан|а 1** → Кан|аш|а 1 → Канаш|к|а, Канаш|еньк|а
Кан|к|а 1 → Кан*оч*|к|а 1
Кань|к|а 1 → Кан*еч*|к|а 1
Кан|ечк|а 2, Кан|ик 1, Кан|ой 1, Кан|очк|а 2, Кан|ушк|а 1
Кан|я 1 → Кан|аш|а 2, Кан|ечк|а 3, Кан|ик 2, Кан|к|а 2, Кан|ой 2, Кан|очк|а 3, Кан|ушк|а 2, Кань|к|а 2
Кан|аш|а 3, Кан|ечк|а 4, Кан|ик 3, Кан|к|а 3, Кан|ой 3, Кан|очк|а 4, Кан|ушк|а 3, Кань|к|а 3
Ника*ш*|а 2; Ника*ш*|еньк|а 3, Ника*ш*|ечк|а 4, Ника*ш*|к|а 3
Никан|к|а 2, Никан|ушк|а 2
Ника*ш*|а 3; Ника*ш*|еньк|а 4, Ника*ш*|ечк|а 5, Ника*ш*|к|а 4
Ника(нор) → Ника|х|а 2
Ник(анор) → Ник|а 2; Ник|оньк|а 3, Ник|очк|а 3, Ник|ус|я 3, Ник|уш|а 3, Ни́к|ушк|а 3
(Ни)канор → **Канор**
Кан(ор) → Кан|а 2, Кан|я 2; Кан|аш|а 4, Кан|ечк|а 5, Кан|ик 4, Кан|к|а 4, Кан|ой 4, Кан|очк|а 5, Кан|ушк|а 4, Кань|к|а 4
(Ка)нор → **Нор|а 1** → Нор|к|а 1 → Нор*оч*|к|а 1
Нор|оньк|а 1, Нор|очк|а 2, Нор|ушк|а 1
Нор|к|а 2, Нор|оньк|а 2, Нор|очк|а 3, Нор|ушк|а 2
(Ни)кан(ор) → Кан|а 3, Кан|я 3; Кан|аш|а 5, Кан|ечк|а 6; Кан|ик 5, Кан|к|а 5, Кан|ой 5, Кан|очк|а 6, Кан|ушк|а 5, Кань|к|а 5
(Ника)нор → Нор|а 2; Нор|к|а 3, Нор|оньк|а 3, Нор|очк|а 4, Нор|ушк|а 3

Дни ангела и святые (Никанор): 28 июля, 28 декабря, 4 января — *апостолы.*

НИКИ́Т|А, ы, *м* [*греч.* 'побеждать'; 'победитель']. Отчество: Ники́тич, Ники́тична.
Ники́тий|, Ники́ти|я (Ники́ти[й|а]) (*разг.*). Отчество: Ники́тьевич, Ники́тьевна; Ники́тьич (*разг.*).
Мики́т|а, ы (*прост.*). Отчество: Мики́тич, Мики́тична.

Производные (53):
Никит|а → Никит|ал|я → Никитал|ик
Никит|к|а → Никит*оч*|к|а 1
Никит|ец, Никит|ий, Никит|ок, Никит|оньк|а, Никит|очк|а 2
Никит|ушк|а, Никит|ш|а
Ники(т|а) → **Ники|х|а** → Ники*ш*|к|а 1 → Никиш*еч*|к|а 1
Ники*ш*|еньк|а 1, Ники*ш*|ечк|а 2
Ники*ш*|а 1 → Никиш|еньк|а 2, Никиш|ечк|а 3,

| | | Никиш|к|а 2 |
Ники|ш|а 2

Ник(ит)а) → **Ник|а 1** → Ник|ен|я 1 → Никен|еньк|а, Никен|ечк|а

(Ни)к|ен|я → **Кен|я** →

Кеш|а 1 →

Кеш|к|а 1 →Кешеч|к|а 1
Кеш|еньк|а 1,
Кеш|ечк|а 2,
Кеш|ун|я 1

Кеш|еньк|а 2, Кеш|ечк|а 3,
Кеш|к|а 2, Кеш|ун|я 2

Ник|ех|а 1 → Никеш|к|а 1 →Никешеч|к|а 1
Никеш|еньк|а 1, Никеш|ечк|а 2

Ник|еш|а 1 →Никеш|еньк|а 2, Никеш|ечк|а 3,
Никеш|к|а 2

(Ни)к|еш|а → Кеш|а 2; Кеш|еньк|а 3, Кеш|ечк|а 4,
Кеш|к|а 3, Кеш|ун|я 3

Ник|ус|я 1 → Никусь|к|а 1→ Никусеч|к|а 1
Никус|еньк|а, Никус|ечк|а 2,
Никус|ик

Ник|уш|а 1 →Никуш|к|а → Никушеч|к|а 1
Никуш|еньк|а, Никуш|ечк|а 2

Ник|оньк|а 1, Ник|очк|а 1, Ник|ушк|а 1

Ник|ен|я 2, Ник|ех|а 2, Ник|еш|а 2, Ник|оньк|а 2,
Ник|очк|а 2, Ник|ус|я 2, Ник|уш|а 2, Ник|ушк|а 2

(Ни)кит|а → **Кит|а 1** → Кит|к|а 1 → Киточ|к|а 1

Кит|ёк 1, Кит|ёнок 1, Кит|оньк|а 1, Кит|очк|а 2,
Кит|ушк|а 1

Кит|ёк 2, Кит|ёнок 2, Кит|к|а 2, Кит|оньк|а 2, Кит|очк|а 3,
Кит|ушк|а 2

Микит|а

(Ми)кита → Кит|а 2; Кит|ёк 3, Кит|ёнок 3, Кит|к|а 3;
Кит|оньк|а 3, Кит|очк|а 4, Кит|ушк|а 3

Дни ангела и святые (Никита): 31 января, 30 апреля, 20 марта, 28 мая
— *епископы*; 15 сентября — *мученик*, 3 апреля, 4, 14, 23, 24 мая, 23 июня,
13 октября — *преподобные*; 13 сентября — *святой*.

НИКИ́ФОР|, а, *м* [*греч.* 'победоносный, победитель'; 'победоносец']. О т-
ч е с т в о: Ники́форович, Ники́форовна; Ники́форыч (*разг.*).
Мики́фор|, а (*прост.*). О т ч е с т в о: Мики́форович, Мики́форовна.
П р о и з в о д н ы е (26):
Никифор → Никифор|к|а, Никифор|ушк|а
Никиф(ор) → Никих|а → Никиш|к|а 1 → Никишеч|к|а 1
Никиш|еньк|а 1, Никиш|ечк|а 2

Ник(их|а) → **Ник|а 1** → Ник|ех|а 1 → Никеш|к|а 1 →
Никеш*еч*|к|а 1
Никеш|еньк|а 1,
Никсш|ечк|а 2
Ник|еш|а 1 → Ник|еш|еньк|а 2,
Никеш|ечк|а 3
Никеш|к|а 2
Ник|ус|я 1 → Никусь|к|а →
Никус*еч*|к|а 1
Никус|еньк|а,
Никус|ечк|а 2
Ник|уш|а 1 → Никýш|к|а →
Никуш*еч*|к|а 1
Никуш|еньк|а,
Никуш|ечк|а 2
Ник|оньк|а 1, Ник|очк|а 1,
Нúк|ушк|а 1
Ник|ех|а 2, Ник|еш|а 2, Ник|оньк|а 2,
Ник|очк|а 2, Ник|ус|я 2, Ник|уш|а 2,
Нúк|ушк|а 2
Никиш|а 1 → Никиш|еньк|а 2, Никиш|ечк|а 3,
Никиш|к|а 2

Ники(фор) → Ники|ш|а 2
Ник(ифор) → Ник|а 2; Ник|ех|а 3, Ник|еш|а 3, Ник|оньк|а 3, Ник|очк|а 3,
Ник|ус|я 3, Ник|уш|а 3, Нúк|ушк|а 3
Микифор

Дни ангела и святые (Никифор): 31 января, 9 февраля, 10 марта, 13 ноября — *мученики*; 9 февраля — *протоиерей*; 19 апреля, 4 мая, 9 февраля — *преподобные*; 13 марта — *патриарх*; 2 июня — *исповедник*; 13 марта, 4 мая, 2 июня — *святые*.

НИКОДИ́М|, а, м [*греч.* 'побеждающий народ']. О т ч е с т в о: Никоди́мович, Никоди́мовна; Никоди́мыч (*разг.*).
П р о и з в о д н ы е (53):
Никодим → Никодим|к|а, Никодим|ушк|а
Ник(одим) → **Ник|а** → Ник|ан|а 1 → Никан|ушк|а
Ник|ах|а 1 → Никаш|к|а → Никаш*еч*|к|а 1
Никаш|еньк|а 1, Никаш|ечк|а 2
Ник|аш|а 1 → Никаш|еньк|а 2, Никаш|ечк|а 3,
Никаш|к|а 2
Ник|ус|я 1 → Никусь|к|а → Никус*еч*|к|а 1
Никус|еньк|а, Никус|ечк|а 2,
Никус|ик
Ник|уш|а 1 → Никýш|к|а → Никуш*еч*|к|а 1

```
                              Никуш|еньк|а, Никуш|ечк|а 2
                    Ник|оньк|а 1, Ни́к|очк|а 1, Ни́к|ушк|а 1
          Ник|ан|а 2, Ник|ах|а 2, Ник|аш|а 2, Ник|оньк|а 2,
          Ник|очк|а 2, Ник|ус|я 2, Ник|уш|а 2, Ни́к|ушк|а 2
(Ни)код(им) → Код|я → Коды|к|а 1 → Код*ечк|а 1
                    Код|яш|а 1 → Кодяш|к|а → Кодяш*ечк|а 1
                    |              Кодяш|еньк|а, Кодяш|ечк|а 2
                Код|еньк|а 1, Код|ечк|а 2, Код|юшк|а 1
          Код|еньк|а 2, Код|ечк|а 3, Коды|к|а 2, Код|юшк|а 2,
          Код|яш|а 2
(Нико)дим → Дим|а → Дим|ах|а 1 → Димаш|к|а 1 → Димаш*ечк|а 1
                              Димаш|еньк|а 1, Димаш|ечк|а 2
                    Дим|аш|а 1 →Димаш|еньк|а 2, Димаш|ечк|а 3,
                              Димаш|к|а 2
                    Дим|к|а 1 → Димоч|к|а 1, Димч|ик 1
                    Дим|ус|я 1 → Димусь|к|а → Димус*ечк|а 1
                              Димус|еньк|а, Димус|ечк|а 2,
                              Димус|ик
                    Дим|ух|а 1 → Диму́ш|к|а 1 → Димуш*ечк|а 1
                              Димуш|еньк|а 1, Димуш|ечк|а 2
                    Дим|уш|а → Димуш|еньк|а 2, Димуш|ечк|а 3,
                              Диму́ш|к|а 2
                    Дим|ик 1, Дим|оньк|а 1, Дим|очк|а 2, Ди́м|ушк|а 1
                    Дим|чик 2, Дим|ш|а 1
          Дим|ах|а 2, Дим|аш|а 2, Дим|ик 2, Дим|к|а 2, Дим|оньк|а 2,
          Дим|очк|а 3, Дим|ус|я 2, Дим|ух|а 2, Дим|уш|а 2,
          Ди́м|ушк|а 2, Дим|чик 3, Дим|ш|а 2
```

Дни ангела и святые (Никодим): 3 июля — *протоиерей*; 2 августа — *ученик Христа*; 31 октября — *святой*.

НИКОЛА́Й|, Никола́|я (Никола́[й|а]), *м* [*греч.* 'победа + народ'; 'побежда-ющий народ']. О т ч е с т в о: Никола́евич, Никола́евна; Никола́ич (*разг.*). **Нико́л**|а, ы (*народн.*). О т ч е с т в о: Нико́лич, Нико́лична.
Микола́й|, Микола́|я (Микола́[й|а]) (*прост.*). О т ч е с т в о: Микола́евич, Микола́евна.
Мико́л|а, ы (*прост.*). О т ч е с т в о: Мико́лич, Мико́лична.
   П р о и з в о д н ы е (108):
Николай → Николай|к|а, Никола|юшк|а (Никола[й|у]шк|а)
Никол(ай) →
```
     Никол|а →
          Никол|ах|а 1 → Николаш|к|а 1 → Николаш*ечк|а 1
          |              Николаш|еньк|а 1, Николаш|ечк|а 2
          Никол|аш|а 1 →Николаш|еньк|а 2, Николаш|ечк|а 3,
                         Николаш|к|а 2
```

Никол|к|а 1 → Николо*ч*|к|а 1
Николь|к|а 1 → Николе*ч*|к|а 1, Никольч|ик 1
Никол|еньк|а 1, Никол|ечк|а 2, Никол|ушк|а 1, Никол|очк|а 2,
Нико́ль|чик 2, Никол|юшк|а 1
Ник(ол|а) → **Ник|а 1** → Ник|ан 1 → Никан|ушк|а
Ник|ах|а 1 → Ника*ш*|к|а 1 → Никаше*ч*|к|а 1
Ника*ш*|еньк|а 1, Никаш|ечк|а 2
Ник|аш|а 1 → Никаш|еньк|а 2,
Никаш|ечк|а 3, Никаш|к|а 2
Ник|ох|а 1 → Нико*ш*|к|а 1
(Ни)к|ох|а → **Кох|а 1** → Ко*ш*|к|а 1
Ко*ш*|а 1 → Кош|к|а 2
Ко*ш*|к|а 3
Ник|ош|а 2 → Никош|к|а 2
(Ни)к|ош|а → Кош|а 2; Кош|к|а 4
Ник|ул|а 1 → Никул|еньк|а 1, Никул|ечк|а 1,
Никул|ушк|а 1
Ник|ул|я 1 → Никул|еньк|а 2,
Никул|ечк|а 2, Никул|ушк|а 2
(Ни)к|ул|я → **Кул|я** → Кул|ян|я
Ник|ус|я 1 → Никусь|к|а → Никусе*ч*|к|а 1
Никус|еньк|а, Никус|ечк|а 2
Ник|уш|а 1 → Нику́*ш*|к|а → Никуше*ч*|к|а 1
Никуш|еньк|а, Никуш|ечк|а 2
Ник|оньк|а 1, Ник|очк|а 1, Ни́к|ушк|а 1,
Ник|ш|а 1
Ник|ан 2, Ник|ах|а 2, Ник|аш|а 2, Ник|оньк|а 2,
Ник|очк|а 2, Ник|ох|а 2, Ник|ош|а 2, Ник|ул|а 2,
Ник|ул|я 2, Ник|ус|я 2, Ник|уш|а 2, Ни́к|ушк|а 2,
Ник|ш|а 2
(Ни)кол|а → **Кол|я 1** → Кол|ин|а 1 → Колин|к|а
Коль|к|а 1 → Коле*ч*|к|а 1, Колч|ак 1,
Кольч|ик 1
Коль|ч|а 1 → Коле*ч*|к|а 2, Колч|ак 2,
Кольч|ик 2
Кол|юн 1 → Колюнь|к|а 1 → Колюне*ч*|к|а 1,
Колюнч|ик 1
Колюн|ечк|а 2, Колюн|чик 2,
Колюнь|ш|а 1, Колюн|юшк|а 1
Кол|юн|я 1 → Колюн|ечк|а 3, Колюн|чик 3,
Колюнь|к|а 2, Колюнь|ш|а 2,
Колюн|юшк|а 2
Кол|юс|я 1 → Колюсь|к|а → Колюсе*ч*|к|а 1
Колюс|еньк|а, Колюс|ечк|а 2,

| Колюс|ик

Кол|ют|а 1 → Колют|к|а

Кол|юх|а 1 → Колю́ш|к|а 1 → Колюшеч|к|а 1
                Колюш|еньк|а 1, Колюш|ечк|а 2

Кол|юш|а 1 → Колюш|еньк|а 2,
                Колюш|ечк|а 3, Колю́ш|к|а 2

Кол|яй 1 → Коляй|к|а

Кол|ян 1 → Коляны|к|а 1 → Коляне́ч|к|а 1,
                       Колянч|ик 1
          Колян|ечк|а 2, Колян|чик 2

Кол|ян|я 1 → Колян|ечк|а 3, Колян|чик 3,
          Коляны|к|а 2

Кол|ях|а 1 → Коляш|к|а 1 → Коляшеч|к|а 1
                Коляш|еньк|а 1, Коляш|ечк|а 2

Кол|яш|а 1 → Коляш|еньк|а 2,
                Коляш|ечк|а 3, Коляш|к|а 2

Кол|еньк|а 1, Кол|ечк|а 3, Кол|ёк 1,
Кол|ик 1, Кол|их|а 1, Кол|чак 3,
Коль|чик 3, Кол|юк 1, Ко́л|юшк|а 1,
Кол|яг|а 1, Кол|як 1, Кол|як|а 1

Кол|я → Кол|о|кол|я 1

Ко(л|я) → **Ко|ко 1**

Ко(л|я) → **Ко|к|а 1** → Кок|ун|я → Кокун|чик
                    (Ко)к|ун|я → Кун|я → Куны|к|а 1 →
                                      Кунеч|к|а 1
                                        Куне́ч|к|а 2,
                                        Кун|юшк|а 1
                          Кун|ечк|а 3, Куны|к|а 2,
                          Кун|юшк|а 2
                    Кок|оньк|а, Кок|очк|а

Кол|еньк|а 2, Кол|ечк|а 4, Кол|ёк 2, Кол|ик 2,
Кол|ин|а 2, Кол|их|а 2, Кол|чак 4, Коль|к|а 2, Коль|ч|а 2
Коль|чик 4, Кол|юк 2, Кол|юн 2, Кол|юн|я 2,
Кол|юс|я 2, Кол|ют|а 2, Кол|юх|а 2, Кол|юш|а 2,
Ко́л|юшк|а 2, Кол|яг|а 2, Кол|яй 2, Кол|як 2,
Кол|як|а 2, Кол|ян 2, Кол|ян|я 2, Кол|ях|а 2, Кол|яш|а 2

(Ни)ко(л|а) → Ко|ко 2, Ко|к|а 2

        Микол|а 1

Никол|я → Никол|ах|а 2, Никол|аш|а 2, Никол|еньк|а 2,
          Никол|ечк|а 3, Никол|к|а 2, Никол|очк|а 3,
          Никол|ушк|а 2, Николь|к|а 2, Николь|чик 3,
          Никол|юшк|а 2

Ник(ол|я) → Ник|а 2; Ник|ан 3, Ник|ах|а 3, Ник|аш|а 3,
          Ник|оньк|а 3, Ник|очк|а 3, Ник|ох|а 3, Ник|ош|а 3,

           Ник|ул|а 3, Ник|ул|я 3, Ник|ус|я 3, Ник|уш|а 3,
           Ни́к|ушк|а 3, Ник|ш|а 3

(Ни)кол|я → Кол|я 2; Кол|еньк|а 3, Кол|ечк|а 5, Кол|ёк 3, Кол|ик 3,
           Кол|ин|а 3, Кол|их|а 3, Кол|чак 5, Коль|к|а 3,
           Коль|ч|а 3, Коль|чик 5, Кол|юк 3, Кол|юн 3,
           Кол|юн|я 3, Кол|юс|я 3, Кол|ют|а 3, Кол|юх|а 3,
           Кол|юш|а 3, Ко́л|юшк|а 3, Кол|яг|а 3, Кол|яй 3,
           Кол|як 3, Кол|як|а 3, Кол|ян 3, Кол|ян|я 3, Кол|ях|а 3,
           Кол|яш|а 3

(Ни)ко(л|я) → Ко|ко 3, Ко|к|а 3
           Микол|а 2

Никол|ах|а 3, Никол|аш|а 3, Никол|еньк|а 3, Никол|ечк|а 4,
Никол|к|а 3, Никол|очк|а 4, Никол|ушк|а 3, Николь|к|а 3,
Николь|чик 4, Никол|юшк|а 3

Микол|а 3

Ник(олай) → Ник|а 3; Ник|ан 4, Ник|ах|а 4, Ник|аш|а 4, Ник|оньк|а 4,
         Ник|очк|а 4, Ник|ох|а 4, Ник|ош|а 4, Ник|ул|а 4, Ник|ул|я 4,
         Ник|ус|я 4, Ник|уш|а 4, Ни́к|ушк|а 4, Ник|ш|а 4

(Ни)кол(ай) → Кол|я 3; Кол|еньк|а 4, Кол|ечк|а 6, Кол|ёк 4, Кол|ик 4,
         Кол|ин|а 4, Кол|их|а 4, Кол|чак 6, Коль|к|а 4, Коль|ч|а 4,
         Коль|чик 6, Кол|юк 4, Кол|юн 4, Кол|юн|я 4, Кол|юс|я 4,
         Кол|ют|а 4, Кол|юх|а 4, Кол|юш|а 4, Ко́л|юшк|а 4,
         Кол|яг|а 4, Кол|яй 4, Кол|як 4, Кол|як|а 4, Кол|ян 4,
         Кол|ян|я 4, Кол|ях|а 4, Кол|яш|а 4

(Ни)ко(лай) → Ко|ко 4, Ко|к|а 4

Миколай
Микол(ай) → Микол|а 4
   (*Ми*)кол(ай) → Кол|я 4; Кол|еньк|а 5, Кол|ечк|а 7,
           Кол|ёк 5, Кол|ик 5, Кол|ин|а 5,
           Кол|их|а 5, Кол|чак 7, Коль|к|а 5,
           Коль|ч|а 5, Коль|чик 7, Кол|юк 5,
           Кол|юн 5, Кол|юн|я 5, Кол|юс|я 5,
           Кол|ют|а 5, Кол|юх|а 5, Кол|юш|а 5,
           Ко́л|юшк|а 5, Кол|яг|а 5, Кол|яй 5,
           Кол|як 5, Кол|як|а 5, Кол|ян 5,
           Кол|ян|я 5, Кол|ях|а 5, Кол|яш|а 5
   (*Ми*)ко(лай) → Ко|ко 4, Ко|к|а 4

Дни ангела и святые (Николай): 4 февраля — *исповедник*; 28 февраля,
27 июля — *юродивые*; 9 марта — *мученик*; 14 октября, 24 декабря — *преподобные*; 9 мая, 6 декабря, 3 февраля — *святые*.

НИ́КОН, а, *м* [*греч.* 'побеждать'; 'побеждающий']. О т ч е с т в о: Ни́конович, Ни́коновна; Ни́коныч (*разг.*).
   П р о и з в о д н ы е (32):

Никон → Никон|к|а, Никон|ушк|а, Никонь|к|а
Ник(он) → **Ник|а** → Ник|ан|а 1 → Никан|к|а, Никан|ушк|а
                    Ник|ах|а 1 → Никаш|к|а 1 → Никашеч|к|а 1
                                     Никаш|енек|а 1, Никаш|ечк|а 2
                    Ник|аш|а 1 → Никаш|енек|а 2, Никаш|ечк|а 3,
                                       Никаш|к|а 2
                    Ник|ус|я 1 → Никусь|к|а → Никусеч|к|а 1
                                       Никус|енек|а, Никус|ечк|а 2, Никус|ик
                    Ник|ух|а 1 → Нику́ш|к|а 1 → Никушеч|к|а 1
                                       Никуш|енек|а 1, Никуш|ечк|а 2
                    Ник|уш|а 1 → Никуш|енек|а 2, Никуш|ечк|а 3,
                                       Нику́ш|к|а 2
                    Ник|онк|а 2, Ник|онек|а 2, Ник|очк|а 1, Ни́к|ушк|а 1
              Ник|ан|а 2, Ник|ах|а 2, Ник|аш|а 2, Ник|онк|а 3,
              Ник|онек|а 3, Ник|очк|а 2, Ник|ус|я 2, Ник|ух|а 2, Ник|уш|а 2,
              Ни́к|ушк|а 2
(Ни)кон → **Кон|я** → Конь|к|а 1 → Конеч|к|а 1
                    Кон|юн|я 1 → Конюнь|к|а
                    Кон|ечк|а 2, Конь|ш|а 1, Кон|юшк|а 1
              Кон|ечк|а 3, Конь|к|а 1, Конь|ш|а 2, Кон|юн|я 2, Кон|юшк|а 2

    Дни ангела и святые (Никон): 28 сентября, 7 ноября — *мученики*; 23 марта, 24 июня — *преподобные*; 11 декабря — *святой*.

НИЛ|, а, *м* [*возможно, греч.* 'имя отца Нестора или река Нил'; 'река черная']. О т ч е с т в о: Ни́лович, Ни́ловна; Ни́лыч (*разг.*).
    П р о и з в о д н ы е (7):
Нил → Нил|к|а 1 → Нилоч|к|а 1
    Нил|енек|а 1, Нил|ечк|а 1, Нил|онек|а 1, Нил|очк|а 2, Нил|ушк|а 1
    Нил|а → Нил|енек|а 2, Нил|ечк|а 2, Нил|к|а 2, Нил|онек|а 2,
                    Нил|очк|а 3, Нил|ушк|а 2
    Дни ангела и святые (Нил): 17 сентября — *мученик*; 12 ноября — *преподобный*; 7 апреля, 27 мая, 7 декабря — *святые*.

НИФОНТ|, а, *м* [*греч.* 'трезвый, рассудительный']. О т ч е с т в о: Ни́фонтович, Ни́фонтовна; Ни́фонтыч (*разг.*).
Нифа́нтий|, Нифа́нти|я (Нифа́нти[й|а]) (*прост.*).
    П р о и з в о д н ы е (16):
Нифонт → Нифант|ий
Ниф(онт) → **Ниф|а 1** → Ниф|к|а 1 → Нифоч|к|а 1
                    Ниф|онек|а 1, Ниф|очк|а 2
              Ниф|к|а 2, Ниф|онек|а 2, Ниф|очк|а 3
(Ни)фон(т) → **Фон|я** → Фонь|к|а 1, Фон|юшк|а 1
                    Фан|а 1 → Фан|к|а 1 → Фаноч|к|а 1
                              Фань|к|а 1 → Фанеч|к|а 1

Фан|ечк|а 2, Фан|ик 1, Фан|очк|а 2,
Фан|ушк|а 1

Фан|я 1 → Фан|ечк|а 3, Фан|ик 2, Фан|к|а 2,
Фан|очк|а 3, Фан|ушк|а 2, Фань|к|а 2

Фан|ечк|а 4, Фан|ик 3, Фан|к|а 3, Фан|очк|а 4,
Фан|ушк|а 3, Фань|к|а 3

Фонь|к|а 2, Фон|юшк|а 2

Фан|а 2, Фан|я 2; Фан|ечк|а 5, Фан|ик 4, Фан|к|а 4,
Фан|очк|а 5, Фан|ушк|а 4, Фань|к|а 4

Дни ангела и святые (Нифонт): 8 апреля — *епископ*; 14 июня — *препо-*
добный; 28 сентября, 23 декабря — *святые*.

НОВОМИ́Р, а, м (*нов.*) [от основ ‘новый + мир’]. О т ч е с т в о: Новоми́-
рович, Новоми́ровна.
    П р о и з в о д н ы е (11):
Новомир → Новомир|к|а
Нов(омир) → **Нов|а** → Нов|к|а → Новоч|к|а 1
| Нов|ик 1, Нов|оньк|а 1, Нов|очк|а 2
        Нов|ик 2, Нов|к|а 2, Нов|оньк|а 2, Нов|очк|а 3
(Ново)мир → **Мир|а** → Мир|к|а 1 → Мироч|к|а 1
| Мир|ик 1, Мир|оньк|а 1, Мир|очк|а 2
          Мир|ик 2, Мир|к|а 2, Мир|оньк|а 2, Мир|очк|а 3

О

ОКТАВИА́Н|, а, *м* [*лат.* 'октавус' — восьмой'; 'Октавиев']. О т ч е с т в о:
Октавиа́нович, Октавиа́новна; Октавиа́ныч (*разг.*).
    П р о и з в о д н ы е (6):
Октавиан
Октав(иан) → **Октав, Октав|а**
                    (Ок)тав, (Ок)тав|а →Тав|а 1 → Тав|к|а 1 → Тав*оч*|к|а 1
                    | Тав|очк|а 2
                    (Т)ав|а → **Ав|а 1**
                    Тав|к|а 2, Тав|очк|а 3
                    (Окт)ав, (Окт)ав|а →Ав|а 2
(Ок)тав(иан) → Тав|а 2; Тав|к|а 3, Тав|очк|а 4
(Окт)ав(иан) → Ав|а 3

ОЛЕ́Г|, а, *м* [*из сканд.* 'святой']. О т ч е с т в о: Оле́гович, Оле́говна; Оле́-
гыч (*разг.*).
    П р о и з в о д н ы е (38):
Олег → Олег|ушк|а
            Олеж|ек → Олеж*еч*|к|а 1
            Олеж|к|а → Олеж*еч*|к|а 2
            Олеж|еньк|а, Олеж|ечк|а 3
Оле(г) → **Оле|с|я**
Ол(ег) → Ол|я →Ол|к|а 1 → Ол*оч*|к|а 1
            Ол|ёш|а 1 → Ол|ёш|к|а
            (О)л|ёш|а →**Лёш|а 1** → Лёш|к|а 1 →Лёш*еч*|к|а 1
                                              Лёш|еньк|а 1, Лёш|ечк|а 2
                                              Лёш|ик 1
                    Лёш|еньк|а 2, Лёш|ечк|а 3, Лёш|ик 2,
                    Лёш|к|а 2
            Оль|к|а 1 → Ол*еч*|к|а 1
            Ол|юс|я 1 → Олюсь|к|а → Олюс*еч*|к|а 1

Олюс|еньк|а, Олюс|ечк|а 2, Олюс|ик
Ол|ечк|а 2, Ол|ик 1, Ол|очк|а 2, Ол|ушк|а 1
Ал|я 1 → Аль|к|а 1 → Ал*еч*к|а 1
Ал|еньк|а 1, Ал|ечк|а 2, Ал|ик 1
Ал|еньк|а 2, Ал|ечк|а 3, Ал|ик 2, Аль|к|а 2
Ол|ечк|а 3, Ол|ик 2, Ол|ёш|а 2, Ол|к|а 2, Ол|очк|а 3, Ол|ушк|а 2,
Оль|к|а 2, Ол|юс|я 2
Ал|я 2; Ал|еньк|а 3, Ал|ечк|а 4, Ал|ик 3, Аль|к|а 3
(О)ле(г) → **Ле|к|а** → Лек|очк|а
Лёк|а 1 → Лёк|очк|а 1
Лёк|очк|а 2
Лё|к|а 2
Лё|х|а → Лё*ш*|еньк|а 3, Лё*ш*|ечк|а 4, Лё*ш*|ик 3, Лё*ш*|к|а 3
Лё*ш*|а 2
Лё|ш|а 3
(О)лег → **Лег|а** → Лег|оньк|а 1, Лег|очк|а 1
Лег|оньк|а 2, Лег|очк|а 2
День ангела и святой (Олег): 20 сентября — *князь.*

ОЛИ́МПИЙ|, Оли́мпи|я (Оли́мпи[й|а]), *м* [*греч.* 'олимпийский'; 'олим-
пийский, светлый']. О т ч е с т в о: Оли́мпиевич, Оли́мпиевна; Оли́мпич
(*разг.*).
П р о и з в о д н ы е (18):
Олимпий
Ол(импий) → **Ол|я** → Оль|к|а 1 → Ол*еч*|к|а 1
Ол|еньк|а 1, Ол|ечк|а 2
Ол|еньк|а 2, Ол|ечк|а 3, Оль|к|а 2
(О)лим(пий) → **Лим|а** → Лим|ан|я 1 → Лиман|ь|к|а →Лиман*еч*к|а 1
Лиман|ечк|а 2
Лим|к|а 1 → Лим*оч*|к|а 1
Лим|оньк|а 1, Лим|очк|а 2, Лим|ушк|а 1
Лим|ан|я 2, Лим|к|а 2, Лим|оньк|а 2, Лим|очк|а 3,
Лим|ушк|а 2
(О)ли(м)п(ий) → **Лип|а** → Лип|ан|я 1 → Липан|ь|к|а → Липан*еч*|к|а 1
Липан|ечк|а 2
Лип|к|а 1 → Лип*оч*|к|а 1
Лип|оньк|а 2, Лип|очк|а 2
Лип|ан|я 2, Лип|к|а 2, Лип|оньк|а 2, Лип|очк|а 3
С р.: *ж* Олимпия.
Дни ангела и святые (Олимпий): 30 июля, 2 августа — *мученики.*

ОНИ́СИЙ|, Они́си|я (Они́си[й|а]), *м* [*греч.* 'польза']. О т ч е с т в о: Они́-
сиевич, Они́сиевна *и* Они́сьевич, Они́сьевна.
П р о и з в о д н ы е (3):

Онисий

Онис(ий) → **Онис|а**

              Он(ис|а) → **Он|я 1**

              Онис|я

              Он(ис|я) → Он|я 2

Он(исий) → Он|я 3

    День ангела и святой (Онисий): 5 марта — *мученик*.

ОНИ́СИМ|, а, *м* [*греч.* 'исполнение, завершение'; 'полезный']. О т ч е с -
т в о: Они́симович, Они́симовна.

Ани́сим|, а (*разг.*). О т ч е с т в о: Ани́симович, Ани́симовна; Ани́симыч
(*разг.*).

Ани́с|, а (*разг.*). О т ч е с т в о: Ани́сович, Ани́совна; Ани́сыч (*разг.*).

    П р о и з в о д н ы е (32):

Онисим → Онисим|к|а, Онисим|ушк|а

Онис(им) → **Онис|а** → Онис|к|а 1 → Онисоч|к|а 1

              Онись|к|а 1 → Онисеч|к|а 1

              Онис|еньк|а 1, Онис|ечк|а 2, Онис|оньк|а 1,

              Онис|очк|а 2, Онис|ушк|а 1, Онис|юшк|а 1

        Он(ис|а) → **Он|я 1** → Онь|к|а 1 → Он*еч*|к|а 1

                        Он|ечк|а 2, Он|ик 1, Он|юшк|а 1

                Он|ечк|а 3, Он|ик 2, Онь|к|а 2, Он|юшк|а 2

              Анис, Анис|а → Анисо*ч*|к|а 1

                        Анись|к|а 1 → Анис*еч*|к|а 1

                        Анис|ечк|а 2, Анис|очк|а 2,

                        Анис|ушк|а 1, Анис|юшк|а 1

              Анис|я → Анис|ечк|а 3, Анис|к|а 2, Анис|очк|а 3,

                        Анис|ушк|а 2, Анись|к|а 2, Анис|юшк|а 2

              Анис|ечк|а 4, Анис|к|а 3, Анис|очк|а 4,

              Анис|ушк|а 3, Анись|к|а 3, Анис|юшк|а 3

        Онис|я → Онис|еньк|а 2, Онис|ечк|а 3, Онис|к|а 2,

              Онис|оньк|а 2

              Онис|очк|а 3, Онис|ушк|а 2, Онис|юшк|а 2

        Он(ис|я) → Он|я 2; Он|ечк|а 4, Он|ик 3, Онь|к|а 3, Он|юшк|а 3

              Анис 2, Анис|а 2, Анис|я 2; Анис|ечк|а 5,

              Анис|к|а 4, Анис|очк|а 5, Анис|ушк|а 4,

              Анись|к|а 4, Анис|юшк|а 4

        Онис|еньк|а 3, Онис|ечк|а 4, Онис|к|а 3, Онис|оньк|а 3,

        Онис|очк|а 4, Онис|ушк|а 3, Онис|юшк|а 3

        Анис 3, Анис|а 3, Анис|я 3; Анис|ечк|а 6, Анис|к|а 5,

        Анис|очк|а 6, Анис|ушк|а 5, Анись|к|а 5, Анис|юшк|а 5

Он(исим) → Он|я 3; Он|ечк|а 5, Он|ик 4, Онь|к|а 4, Он|юшк|а 4

(Они)сим → **Сим|а 1** → Сим|к|а →Сим*оч*|к|а 1

                  Сим|ик 1, Сим|очк|а 2

Сим|ик 2, Сим|к|а 2, Сим|очк|а 3
*А*нисим → Анисим|ушк|а 1
*А*нис(им) → Анис 4, Анис|а 4, Анис|я 4; Анис|ечк|а 7,
             Анис|к|а 6
             Анис|очк|а 7, Анис|ушк|а 6,Анись|к|а 6,
             Анис|юшк|а 6
(*А*ни)сим → Сим|а 2; Сим|ик 3, Сим|к|а 3, Сим|очк|а 4
*А*нисим|ушк|а 2

Дни ангела и святые (Онисим): 4 января, 15 февраля — *апостолы*;
10 мая — *святой*; 14 июля — *преподобномученик*; 21 июля, 28 сентября,
4 октября — *преподобные*.

ОНУФРИЙ|, Ону́фри|я (Ону́фри[й|а]), *м* [*греч., возможно, из* 'осел + иметь';
'относящийся к священному египетскому быку']. О т ч е с т в о: Ону́фри-
евич, Ону́фриевна.
Ануфрий|, Ану́фри|я (Ану́фри[й|а]) (*разг.*). О т ч е с т в о: Ану́фриевич,
Ану́фриевна.
   П р о и з в о д н ы е (15):
Онуфрий → Онуфри|юшк|а (Онуфри[й|у]шк|а)
Ону(фрий) → **Ону|ш|а** → Онуш|к|а → Онуш*еч*|к|а 1
                 Онуш|еньк|а, Онуш|ечк|а 2
                 Ануш|а 1 → Ануш|еньк|а 1, Ануш|ечк|а 1
                 Ануш|еньк|а 2, Ануш|ечк|а 2
Он(уфрий) → **Он|я** → Онь|к|а 1 → Он*еч*|к|а 1
                 Он|ечк|а 2, Он|юшк|а 1
             Он|ечк|а 3, Онь|к|а 2, Он|юшк|а 2
Ануфрий → Ануфри|юшк|а 1 (Ануфри[й|у]шк|а)
Ану(фрий) → Ану|ш|а 2
Ануфри|юшк|а 2 (Ануфри[й|у]шк|а)

Дни ангела и святые (Онуфрий): 12 июня — *преподобный О. Великий*;
21 июля — *святой*; 28 сентября — *преподобный*.

ОРЕ́СТ|, а, *м* [*греч.* 'гора'; 'горный']. О т ч е с т в о: Оре́стович, Оре́стов-
на; Оре́стыч (*разг.*).
   П р о и з в о д н ы е (19):
Орест → Орест|к|а 1 → Орест*оч*|к|а 1
       Орест|очк|а 2, Орест|ушк|а 1
Ор(ест) → **Ор|а 1** → Ор|к|а 1 → Ор*оч*|к|а 1
             Ор|оньк|а 1, Ор|очк|а 2, Ор|ушк|а 1, Орь|к|а 1
      Ор|я 1 → Ор|к|а 2, Ор|оньк|а 2, Ор|очк|а 3, Ор|ушк|а 2,
             Орь|к|а 2, Ор|к|а 3, Ор|оньк|а 3, Ор|очк|а 4,
             Ор|ушк|а 3, Орь|к|а 3
(О)рест → **Рост|а 1** → **Рост|ян|а 1** → **Ростян|к|а** → **Ростян*оч*|к|а 1**
                 Ростян|очк|а 2, Ростян|ушк|а

| Рост|очк|а 1, Рост|ушк|а 1, Росты|к|а 1

Рост|я 1 → Рост|очк|а 2, Рост|ушк|а 2, Росты|к|а 2, Рост|ян|а 2
Рост|очк|а 3, Рост|ушк|а 3, Росты|к|а 3, Рост|ян|а 3

Орест|а → Орест|к|а 2, Орест|очк|а 3, Орест|ушк|а 2

Ор(ест|а) → Ор|а 2, Ор|я 2; Ор|к|а 4, Ор|оньк|а 4, Ор|очк|а 5,
Ор|ушк|а 4, Орь|к|а 4

(О)рест|а → Рост|а 2, Рост|я 2; Рост|очк|а 4, Рост|ушк|а 4,
Росты|к|а 4, Рост|ян|а 4

Дни ангела и святые (Орест): 10 ноября, 13 декабря — *мученики*.

ОСТРОМИ́Р|, а, м (*ст.-русск. редк.*) [от основ со значением 'острый и мир']. О т ч е с т в о: Остроми́рович, Остроми́ровна; Остроми́рыч (*разг.*).
П р о и з в о д н ы е (3):

Остромир
(Остро)мир → **Мир|а** → Мир|ик 1, Мир|к|а 1
Мир|ик 2, Мир|к|а 2

П

ПА́ВЕЛ|, а, *м* [*лат.* 'маленький'; 'малый']. О т ч е с т в о: Па́влович, Па́вловна; Па́влыч (*разг.*).

П р о и з в о д н ы е (108):

Павел → Павел|к|а, Павёл|ок

Пав(е)л → **Павл|а** → Павл|ун|я 1 → Павлунь|к|а → Павлун*еч*|к|а 1
Павлун|ечк|а 2

Павл|ус|я 1 → Павлусь|к|а → Павлус*еч*|к|а 1
Павлус|еньк|а, Павлус|ечк|а 2

П(авл)ус|я → **Пус|я** → Пусь|к|а 1 → Пус*еч*|к|а 1
Пус|еньк|а 1, Пус|ечк|а 2
Пус|еньк|а 2, Пус|ечк|а 3, Пусь|к|а 2

Павл|ух|а 1 → Павлу́*ш*|к|а 1 → Павлуш*еч*|к|а 1
Павлуш|еньк|а 1, Павлуш|ечк|а 2

Павл|уш|а 1 → Павлуш|еньк|а 2, Павлуш|ечк|а 3,
Павлу́ш|к|а 2

П(авл)|уш|а → **Пуш|а**

Павл|юк 1 → Павлюк|аш|а → Павлюкаш|к|а →
Павлюкаш*еч*|к|а 1
Павлюкаш|еньк|а,
Павлюкаш|ечк|а 2

Павл|юн|я 1 → Павлюнь|к|а → Павлюн*еч*|к|а 1,
Павлюн|ч|ик 1
Павлюн|ечк|а 2, Павлюн|чик 2

Павл|юс|я 1 → Павлюсь|к|а → Павлюс*еч*|к|а 1
Павлюс|еньк|а, Павлюс|ечк|а 2

Павл|юх|а 1 → Павлю́*ш*|к|а 1

Павл|юш|а 1 → Павлю́ш|к|а 2

Павл|еньк|а 1, Павл|ечк|а 1, Павл|ик 1,
Павл|оньк|а 1, Павл|очк|а 1, Па́вл|ушк|а 1,
Па́вл|юшк|а 1

Пав(л|а) → **Пав|а 1** → Пав|к|а 1 → Пав*оч*|к|а 1
                    Пав|ик 1, Пав|оньк|а 1, Пав|очк|а 2,
                    Пав|ушк|а 1, Пав|ш|а 1
          Пав|ик 2, Пав|к|а 2, Пав|оньк|а 2, Пав|очк|а 3,
          Пав|ушк|а 2, Пав|ш|а 2
Па(в)л|а → **Пал|я 1** → Пал|ун|я 1 → Палунь|к|а →
                               Палун*еч*|к|а 1
                               Палун|ечк|а 2
               Пал|ь|к|а 1 → Пал*еч*|к|а 1
               Пал|юн|я 1 → Палюнь|к|а →
                               Палюн*еч*|к|а 1
                               Палюн|ечк|а 2
               Пал|еньк|а 1, Пал|ечк|а 2, Пал|юшк|а 1
          Пал|еньк|а 2, Пал|ечк|а 3, Пал|ун|я 2, Пал|ь|к|а 2,
          Пал|юн|я 2, Пал|юшк|а 2
Па(вл|а) → **Па|к|а 1** → Пак|ул|я
             Па|н|а 1 → Пан|к|а → Пан*оч*|к|а 1
                   Пань|к|а → Пан*еч*|к|а 1, Панч|ик 1
                   Пан|ют|а → Панют|к|а → Панют*оч*|к|а 1
                               Панют|очк|а 2
                   Пан|юх|а → Пан*ю̀ш*|к|а 1 →
                                   Панюш*ев*|к|а 1
                           Панюш|еньк|а 1,
                           Панюш|ечк|а 2
                   Пан|юш|а → Панюш|еньк|а 2,
                           Панюш|ечк|а 3,
                           Пан*ю̀ш*|к|а 2
                   Пан|яш|а → Паняш|к|а → Паняш*еч*|к|а 1
                         Паняш|еньк|а, Паняш|ечк|а 2
                   Пан|ечк|а 2, Пан|ок, Пан|очк|а 2,
                   Пан|ушк|а, Панч|ик 2, Пан|ш|а,
                   Пань|ш|а, Пан|юк, Па́н|юшк|а, Пан|яг|а
             Па|х|а 1 → Паш|к|а 1 → Паш*еч*|к|а 1
                   Паш|ун|я 1 → Пашунь|к|а →
                               Пашун*еч*|к|а 1,
                               Пашун*ч*|ик 1
                           Пашун|ечк|а 2,
                           Пашун|чик 2
                   Паш|ут|а 1 → Пашут|к|а → Пашут*оч*|к|а 1
                           Пашут|оньк|а,
                           Пашут|очк|а 2
                   Паш|ат|а 1, Паш|еньк|а 1, Паш|ечк|а 2,
                   Паш|ин|я 1, Паш|ок 1, Паш|ук 1,
                   Паш|ух|а 1

Паш|а 1 → Паш|ат|а 2, Паш|еньк|а 2,
Паш|ечк|а 3, Паш|ин|я 2,
Паш|к|а 2, Паш|ок 2,
Паш|ук 2, Паш|ун|я 2,
Паш|ут|а 2, Паш|ух|а 2

Па|ш|а 2

Павл|я → Павл|еньк|а 2, Павл|ечк|а 2, Павл|ик 2,
Павл|оньк|а 2, Павл|очк|а 2, Павл|ун|я 2,
Павл|ус|я 2, Павл|ух|а 2, Павл|уш|а 2, Па́вл|ушк|а 2,
Павл|юк 2, Павл|юн|я 2, Павл|юс|я 2, Павл|юх|а 2,
Павл|юш|а 2, Па́вл|юшк|а 2

Пав(л|я) → Пав|а 2; Пав|ик 3, Пав|к|а 3, Пав|оньк|а 3,
Пав|очк|а 4, Пав|ушк|а 3, Пав|ш|а 3

Па(в)л|я → Пал|я 2; Пал|еньк|а 3, Пал|ечк|а 4, Пал|ун|я 3,
Паль|к|а 3, Пал|юн|я 3, Пал|юшк|а 3

Па(вл|я) → Па|к|а 2, Па|н|а 2, Па|х|а 2, Па|ш|а 3

Павл|еньк|а 3, Павл|ечк|а 3, Павл|ик 3, Павл|оньк|а 3,
Павл|очк|а 3, Павл|ун|я 3, Павл|ус|я 3, Павл|ух|а 3,
Павл|уш|а 3, Па́вл|ушк|а 3, Павл|юк 3, Павл|юн|я 3,
Павл|юс|я 3, Павл|юх|а 3, Павл|юш|а 3, Па́вл|юшк|а 3

Пав(ел) → Пав|а 3; Пав|ик 4, Пав|к|а 4, Пав|оньк|а 4, Пав|очк|а 5,
Пав|ушк|а 4, Пав|ш|а 4

Па(ве)л → Пал|я 3; П ал|еньк|а 4, Пал|ечк|а 5, Пал|ун|я 4, Паль|к|а 4,
Пал|юн|я 4, Пал|юшк|а 4

Па(вел) → Па|к|а 3, Па|н|а 3 , Па|х|а 3, Па|ш|а 4

С р.: *ж* Павла.

Дни ангела и святые (Павел): 10, 14 и 15 января, 4 октября, 28 июня, 28 августа, 10 сентября, 7 и 15 декабря — *преподобные*; 16 февраля, 4 и 10 марта, 18 мая, 3 июня, 16 июля, 17 августа — *мученики*; 29 июня — *апостол*; 7 марта, 6 ноября — *исповедники*; 30 августа — *патриарх*; 22 октября, 23 декабря — *святые*.

ПАЛЛА́ДИЙ|, Палла́ди|я (Палла́ди[й|а]), *м* [*греч.* 'палладий, изображение Афины — Паллады, которое хранилось во многих греческих городах в залог их неприступности', переносно 'защита, оплот'; 'Паллады — богини мудрости']. О т ч е с т в о: Палла́диевич, Палла́диевна *и* Палла́дьевич, Палла́дьевна.

П р о и з в о д н ы е (22):

Палладий

Пал(л)лад(ий) → **Палад|я**

Пал(ад|я) → **Пал|я 1** → Пал|аш|а 1 → Палаш|к|а →
Палашеч|к|а 1
Палаш|еньк|а,
Палаш|ечк|а 2

П(ал)|аш|а →
  Паш|а →
   Паш|к|а 1 → Паш*еч*|к|а 1
   Паш|еньк|а 1, Паш|ечк|а 2
  Паш|еньк|а 2, Паш|ечк|а 3,
  Паш|к|а 2
 Паль|к|а 1 → Пал*еч*|к|а 1
 Пал|еньк|а 1, Пал|ечк|а 2,
 Пал|юшк|а 1
Пал|аш|а 2, Пал|еньк|а 2, Пал|ечк|а 3,
Паль|к|а 2, Пал|юшк|а 2

(Па)лад|я → **Лад|а 1** → Лад|к|а 1 → Лад*оч*|к|а 1
   Лады|к|а 1 → Лад*еч*|к|а 1
   Лад|еньк|а 1, Лад|ечк|а 2,
   Лад|оньк|а 1, Лад|очк|а 2

  Лад|я 1 → Лад|еньк|а 2, Лад|ечк|а 3,
   Лад|к|а 2, Ла́д|оньк|а 2,
   Лад|очк|а 3, Лады|к|а 2
 Лад|еньк|а 3, Лад|ечк|а 4, Лад|к|а 3,
 Лад|оньк|а 3, Лад|очк|а 4, Лады|к|а 3

Пал(ладий) → Пал|я 2; Пал|аш|а 3, Пал|еньк|а 3, Пал|ечк|а 4, Паль|к|а 3,
  Пал|юшк|а 3
(Пал)лад(ий) → Лад|а 2, Лад|я 2; Лад|еньк|а 4, Лад|ечк|а 5, Лад|к|а 4,
  Лад|оньк|а 4, Лад|очк|а 5, Лады|к|а 4

Дни ангела и святые (Палладий): 27 ноября, 28 января — *преподобные*.

ПАМФИ́Л|, а, *м* [*греч.* 'всеми любимый, всем милый'; 'всеми любимый, друг всех']. О т ч е с т в о: Памфи́лович, Памфи́ловна; Памфи́лыч (*разг.*).
Памфи́лий|, Памфи́ли|я (Памфи́ли[й|а]) (*разг.*). О т ч е с т в о: Памфи́лье-вич, Памфи́льевна.
Панфи́л|, а (*разг.*). О т ч е с т в о: Панфи́лович, Панфи́ловна; Панфи́лыч (*разг.*).
Панфи́лий|, Панфи́ли([й|а]) (*прост.*). О т ч е с т в о: Панфи́льеич, Панфи́ль-евна (*разг.*).
 П р о и з в о д н ы е (28):
Памфил → Памфил|ий, Памфил|к|а, Памфил|ушк|а
Памф(ил) → **Панф|уш|а 1** → Панфуш|к|а → Панфуш*еч*|к|а 1
     Панфуш|еньк|а, Панфуш|ечк|а 1
Пам(фил) → **Пан|а 1** → Паны|к|а 1 → Пан*еч*|к|а 1
    Пан|ечк|а 2, Пан|к|а 1, Пан|юшк|а 1
  Пан|я 1 → Пан|ечк|а 3, Пан|к|а 2, Паны|к|а 2, Пан|юшк|а 2
 Пан|ечк|а 4, Пан|к|а 3, Паны|к|а 3, Пан|юшк|а 3
(Пам)фил → **Фил|я 1** → Филь|к|а 1 → Фил*еч*|к|а 1
    Фил|юш|а 1 → Фил*ю́ш*|к|а

Фил|еньк|а 1, Фил|ечк|а 2, Фил|ушк|а 1,
Фи́л|юшк|а 1
Фил|еньк|а 2, Фил|ечк|а 3, Фил|ушк|а 2, Филь|к|а 2,
Фил|юш|а 2, Фи́л|юшк|а 2
Панфил 1 → Панфил|ёк 1, Панфил|ёнок 1, Панфил|ий 1,
Панфил|к|а 1, Панфил|ушк|а 1
Панф(ил) → Панф|уш|а 2
Пан(фил) → Пан|а 2, Пан|я 2; Пан|ечк|а 5, Пан|к|а 4,
Пань|к|а 4, Пан|юшк|а 4
(Пан)фил → Филя 2; Фил|еньк|а 3, Фил|ечк|а 4,
Фил|ушк|а 3, Филь|к|а 3, Фил|юш|а 3,
Фи́л|юшк|а 3
Панфил|ёк 2, Панфил|ёнок 2, Панфил|ий 2, Панфил|к|а 2,
Панфил|ушк|а 2
Дни ангела и святые (Памфил): 16 февраля, 12 августа — *мученики.*

ПАНКРА́Т|, а, *м* [*греч.* 'всемогущий, всевластный']. О т ч е с т в о: Панкра́тович, Панкра́товна; Панкра́тыч (*разг.*).
П р о и з в о д н ы е (16):
Панкрат → Панкрат|к|а, Панкрат|ушк|а
Панкра(т) → **Панкра|х|а** → Панкраш|к|а 1 → Панкраш*еч*|к|а 1
Панкраш|еньк|а 1, Панкраш|ечк|а 2
Панкраш|а 1 → Панкраш|еньк|а 2,
Панкраш|ечк|а 3,
Панкраш|к|а 2
Панкра|ш|а 2
Пан(крат) → **Пан|я** → Пань|к|а 1 → Пан*еч*|к|а 1
Пан|ечк|а 2, Пан|юшк|а 1
Пан|ечк|а 3, Пань|к|а 2, Пан|юшк|а 2
(Пан)крат → **Крат|я** → Крать|к|а 1 → Крат*еч*|к|а 1
Крат|еньк|а 1, Крат|ечк|а 2, Крат|ушк|а 1
Крат|еньк|а 2, Крат|ечк|а 3, Крат|ушк|а 2, Крать|к|а 2

ПАНКРА́ТИЙ|, Панкра́ти|я (Панкра́ти([й]а)), *м* [*греч.* 'всемогущий, всевластный'; 'всесильный — эпитет Бога']. О т ч е с т в о: Панкра́тиевич, Панкра́тиевна *и* Панкра́тьевич, Панкра́тьевна; Панкра́тьич (*разг.*).
П р о и з в о д н ы е (16):
Панкратий
Панкрат(ий) → **Панкрат** → Панкрат|к|а 1, Панкрат|ушк|а 1
Панкра(т) → **Панкра|х|а 1** → Панкраш|к|а 1 →
Панкраш*еч*|к|а 1
Панкраш|еньк|а 1,
Панкраш|ечк|а 2
Панкраш|а 1 →

Панкраш|еньк|а 2,
Панкраш|ечк|а 3,
Панкраш|к|а 2
Панкра|ш|а 2
Пан(крат) → **Пан|я 1** → Пань|к|а 1, Пан|юшк|а 1
Пань|к|а 2, Пан|юшк|а 2
(Пан)крат → **Крат|я 1** → Краты|к|а 1 → Кратеч|к|а 1
Крат|еньк|а 1, Крат|ечк|а 2,
Крат|ушк|а 1
Крат|еньк|а 2, Крат|ечк|а 3, Крат|ушк|а 2,
Краты|к|а 2
Панкрат|к|а 2, Панкрат|ушк|а 2
Панкра(тий) → Панкра|х|а 2, Панкра|ш|а 3
Пан(кратий) → Пан|я 2; Пань|к|а 3, Пан|юшк|а 3
(Пан)крат(ий) → Крат|я 2; Крат|еньк|а 3, Крат|ечк|а 4, Крат|ушк|а 3,
Краты|к|а 3

Дни ангела и святые (Панкратий): 9 февраля, 9 июля — *священномученики*; 28 августа — *преподобный*.

ПАНТЕЛЕЙМОН|, а, *м* [*греч.* 'всемилостивый'; 'совершенство, высшая ступень']. О т ч е с т в о: Пантелеймонович, Пантелеймоновна.
Пантелей|, Пантеле́|я (Пантеле[й|а]) (*народн.*). О т ч е с т в о: Пантеле́евич, Пателе́евна; Пантеле́ич (*разг.*).
Пантелеймо́н|, а (*разг.*). О т ч е с т в о: Пантелеймо́нович, Пантелеймо́новна; Пантеле́ймо́ныч (*разг.*).
Пантели́мон|, а (*прост.*). О т ч е с т в о: Пантели́монович, Пантели́моновна.

П р о и з в о д н ы е (35):
Пантелеимон
Пантелеи(мон) → **Пантелей 1** → Пантелей|к|а 1
Пантел(ей) → **Пантел|юх|а 1** → Пантелюш|к|а 1 →
Пантелюш*еч*|к|а 1
Пантелюш|еньк|а 1,
Пантелюш|ечк|а 2
Пантел|юш|а 1 → Пантелюш|еньк|а 2,
Пантелюш|ечк|а 3,
Пантелюш|к|а 2
Пант(елей) →
Пант|я 1 → Пант|юх|а 1 → Пант*ю*ш|к|а 1 →
Пантюш*еч*|к|а 1
Пантюш|еньк|а 1,
Пантюш|ечк|а 2
Пант|юш|а 1 → Пантюш|еньк|а 2,
Пантюш|ечк|а 3,

Пантю́ш|к|а 2
Пант|ей 1, Пант|ечк|а 1, Па́нт|юшк|а 1
Пан(т|я) → **Пан|а 1** → Пан|к|а 1 → Пан*оч*|к|а 1
Пань|к|а 1 → Пан*еч*|к|а 1
Пан|ечк|а 2, Пан|очк|а 2
Пан|я 1 → Пан|ечк|а 3, Пан|к|а 2,
Пан|очк|а 3, Пань|к|а 2
Пан|ечк|а 4, Пан|к|а 3, Пан|очк|а 4,
Пань|к|а 3
Пант|ей 2, Пант|ечк|а 2, Пант|юх|а 2,
Пант|юш|а 2, Па́нт|юшк|а 2
Пан(телей)→ Пан|а 2, Пан|я 2; Пан|ечк|а 5,
Пан|к|а 4, Пан|очк|а 5, Пань|к|а 4
Пантелей|к|а 2
Пант(елеимон) → Пант|я 2; Пант|ей 3, Пант|ечк|а 3, Пант|юх|а 3,
Пант|юш|а 3, Па́нт|юшк|а 3
Пан(телеимон) → Пан|а 3, Пан|я 3; Пан|ечк|а 6, Пан|к|а 5, Пан|очк|а 6,
Пань|к|а 5
(Пантелеи)мон → **Мон|а 1** → Мон|к|а 1 → Мон*оч*|к|а 1
Монь|к|а 1 → Мон*еч*|к|а 1
Мон|ечк|а 2, Мон|очк|а 2, Мон|ушк|а 1,
Мон|юк|а 1
Мон|я 1 → Мон|ечк|а 3, Мон|к|а 2, Мон|очк|а 3,
Мон|ушк|а 2, Монь|к|а 2, Мон|юк|а 2,
Мон|ечк|а 4, Мон|к|а 3, Мон|очк|а 4,
Мон|ушк|а 3, Монь|к|а 3, Мон|юк|а 3
Пантел(е)имон → **Пантелимон** → Пантелимон|к|а 1, Пантелемон|ушк|а 1
Пант(елимон) → Пант|я 3; Пант|ей 4, Пант|ечк|а 4,
Пант|юх|а 4, Пант|юш|а 4,
Пант|юшк|а 4
Пан(телимон) → Пан|а 4, Пан|я 4; Пан|ечк|а 7,
Пан|к|а 6, Пан|очк|а 7, Пань|к|а 6
(Пантели)мон → Мон|а 2, Мон|я 2; Мон|ечк|а 5,
Мон|к|а 4, Мон|очк|а 5,
Мон|ушк|а 4, Монь|к|а 4, Мон|юк|а 4
Пантелимон|к|а 2, Пантелимон|ушк|а 2
Пантелеймон → Пантелеймон|к|а 1
Пантеле*й*(мон) → Пантелей 2; Пантелей|к|а 3
Пант(елеймон) → Пант|я 4; Пант|ей 5, Пант|ечк|а 5,
Пант|юх|а 5, Пант|юш|а 5,
Па́нт|юшк|а 5
Пан(телеймон) → Пан|а 5, Пан|я 5; Пан|ечк|а 8,
Пан|к|а 7, Пан|очк|а 8, Пань|к|а 7
(Пантеле*й*)мон → Мон|а 3, Мон|я 3; Мон|ечк|а 6,

                                    Мон|к|а 5, Мон|очк|а 6,
                                    Мон|ушк|а 5, Монь|к|а 5,
                                    Мон|юк|а 5
          Пантелеймон|к|а 2
День ангела и святой (Пантелеимон): 27 июля — *великомученик*.

ПАРАМО́Н|, а, *м* [*греч.* 'прочный, надежный, верный'; 'твердый, постоянный']. О т ч е с т в о: Парамо́нович, Парамо́новна; Парамо́ныч (*разг.*).
      П р о и з в о д н ы е (17):
Парамон → Парамон|к|а, Парамон|ушк|а
Парамо(н) → **Парамо|х|а** → Парамош|еньк|а 1, Парамош|ечк|а 1
| | **Парамош|а 1** → Парамош|еньк|а 2,
| | Парамош|ечк|а 2
(Пара)мон → **Мон|а** → Мон|к|а 1 → Мон*оч*к|а 1
| | Монь|к|а 1 → Мон*еч*к|а 1
| | Мон|ечк|а 2, Мон|очк|а 2, Мон|ушк|а 1, Мон|юк|а 1
| **Мош|а 1** → Мош|еньк|а 1, Мош|к|а 1
| Мош|еньк|а 2, Мош|к|а 2
| **Мон|я** → Мон|ечк|а 3, Мон|к|а 2, Мон|очк|а 3,
| | Мон|ушк|а 2, Монь|к|а 2, Мон|юк|а 2
| Мош|а 2; Мош|еньк|а 3, Мош|к|а 3
| Мон|ечк|а 4, Мон|к|а 3, Мон|очк|а 4, Мон|ушк|а 3,
| Монь|к|а 3, Мон|юк|а 3
| Мош|а 3; Мош|еньк|а 4, Мош|к|а 4
| Парамош|а 2; Парамош|еньк|а 3, Парамош|ечк|а 3
День ангела и святой (Парамон): 29 ноября — *мученик*.

ПАРМЕ́Н|, а, *м* [*греч.* 'оставаться, стойко держаться'; 'твердо стоящий'].
О т ч е с т в о: Парме́нович, Парме́новна.
Пармён|, а (*разг.*). О т ч е с т в о: Пармёнович, Пармёновна; Пармёныч
(*разг.*).
      П р о и з в о д н ы е (20):
Пармен → Пармен|к|а, Пармен|ушк|а
Парм(ен) → **Парм|а 1**
(Пар)мен → **Мен|а** → Мен|к|а 1 → Мен*оч*к|а 1
| | Мень|к|а 1 → Мен*еч*к|а 1
| | Мен|ечк|а 2, Мен|очк|а 2, Мен|ушк|а 1, Мен|юшк|а 1
| **Мен|я** → Мен|ечк|а 3, Мен|к|а 2, Мен|очк|а 3, Мен|ушк|а 2,
| | Мень|к|а 2, Мен|юшк|а 2
| Мен|ечк|а 4, Мен|к|а 3, Мен|очк|а 4, Мен|ушк|а 3,
| Мень|к|а 3, Мен|юшк|а 3
| **Пармеш|а** → Пармеш|еньк|а 1
| **Пармёш|а 1** → Пармёш|к|а 1 → Пармёш|еч|к|а 1
| | Пармёш|еньк|а 1, Пармёш|ечк|а 2

                          Пармёш|еньк|а 2, Пармёш|ечк|а 3, Пармёш|к|а 2

Пармён → Пармён|к|а 1, Пармён|ушк|а 1

Парм(ён) → Парм|а 2

                          Пармёш|а 2; Пармёш|еньк|а 3, Пармёш|ечк|а 4, Пармёш|к|а 3

Пармён|к|а 2, Пармён|ушк|а 2

Пармёш|а 3; Пармёш|еньк|а 4, Пармёш|ечк|а 5, Пармёш|к|а 4

Дни ангела и святые (Пармен): 28 июля, 4 января — *апостолы*.

ПАРМЕ́НИЙ|, Парме́ни|я (Пармени[й|а]), *м* (*стар. редк.*) [*греч.* 'оставать-ся, стойко держаться'; 'твердо стоящий']. О т ч е с т в о: Парме́ниевич, Парме́ниевна *и* Парме́ньевич, Парме́ньевна.

П р о и з в о д н ы е (7):

Пармений

(Пар)мен(ий) → **Мен|я** → Мен|к|а 1 → Мен*оч*|к|а 1

                          Мень|к|а 1 →Мен*еч*|к|а 1

                          Мен|ечк|а 2, Мен|очк|а 2, Мен|ушк|а 1, Мен|юшк|а 1

                 Мен|ечк|а 3, Мен|к|а 2, Мен|очк|а 3, Мен|ушк|а 2, Мень|к|а 2, Мен|юшк|а 2

День ангела и святой (Пармений): 30 июля — *мученик*.

ПАРФЁН|, а, *м* [*греч.* 'девственный, чистый; 'девственник']. О т ч е с т -в о: Парфёнович, Парфёновна; Парфёныч (*разг.*).

Панфёр|, а (*прост.*). О т ч е с т в о: Панфёрович, Панфёровна.

Парфе́нтий|, Парфе́нти|я (Парфе́нти[й|а]) (*прост.*).

Парфе́н|, а (*стар.*). О т ч е с т в о: Парфе́нович, Парфе́новна.

П р о и з в о д н ы е (32):

Парфён → Парфён|к|а, Парфён|ушк|а

Парфё(н) → **Парфё|х|а 1** →Парфё*ш*|к|а 1 → Парфёш*еч*|к|а 1

                          Парфё*ш*|еньк|а 1, Парфё*ш*|ечк|а 2

                        Парфё*ш*|а 1 → Парфё*ш*|еньк|а 2, Парфё*ш*|ечк|а 3, Парфё*ш*|к|а 2

Парф(ён) → **Парф|уш|а 1**

Па(рфё)н → **Пан|а 1** → Пань|к|а 1 → Пан*еч*|к|а 1

                        Пан|ечк|а 2, Пан|к|а 1, Пан|юшк|а 1

                        Па*ш*|а 1

                   Пан|я 1 → Пан|ечк|а 3, Пан|к|а 2, Пань|к|а 2, Пан|юшк|а 2

                   Па*ш*|а 2

                 Пан|ечк|а 4, Пан|к|а 3, Пань|к|а 3, Пан|юшк|а 3

                 Па*ш*|а 3

(Пар)фён → **Фен|я 1** → Фсн|к|а 1 → Фен*оч*|к|а 1

                      Фень|к|а 1 → Фен*еч*|к|а 1

                      Фен|ечк|а 2, Фен|очк|а 2, Фен|ушк|а 1

Фен|ечк|а 3, Фен|к|а 2, Фен|очк|а 3, Фень|к|а 2, Фен|ушк|а 2
Парфёш|а 2; Парфёш|еньк|а 3, Парфёш|ечк|а 4, Парфёш|к|а 3
Парфен → Парфень|к|а 1
(Пар)фен → Фен|я 2; Фен|ечк|а 4, Фен|к|а 3, Фен|очк|а 4,
              Фень|к|а 3, Фен|ушк|а 3
        Парфен|я 1 → Парфень|к|а 2
        (Пар)фен|я → Фен|я 3; Фен|ечк|а 5, Фен|к|а 4,
                 Фен|очк|а 5, Фень|к|а 4,
                 Фен|ушк|а 4

       Парфент|ий 1
Парфен|я 2; Парфень|к|а 3
Парфент|ий 2
Панфёр → Панфёр|к|а 1 → Панфёр*оч*|к|а 1
          Панфёр|оньк|а 1, Панфёр|очк|а 2, Панфёр|ушк|а 1
Панф(ёр) → Панф|уш|а → Панфуш|к|а → Панфуш*еч*|к|а 1
                  Панфуш|еньк|а, Панфуш|ечк|а 2
Пан(фёр) → Пан|а 2, Пан|я 2; Пан|ечк|а 5, Пан|к|а 4,
           Пань|к|а 4, Пан|юшк|а 4
           Паш|а 4
Панфёр|к|а 2, Панфёр|оньк|а 2, Панфёр|очк|а 2,
Панфёр|ушк|а 2

День ангела : см. **Парфений.**

ПАРФЕ́НИЙ|, Парфе́ни|я (Парфе́ни[й|а]), *м* [*греч.* ‘девственный, чистый;
‘целомудренный, девственный’]. О т ч е с т в о : Парфе́ниевич, Парфе́ни-
евна *и* Парфе́ньевич, Парфе́ньевна.
Парфён|, а (*разг.*). О т ч е с т в о : Парфёнович, Парфёновна; Парфёныч
(*разг.*).
Парфе́нтий|, Парфе́нти|я (Парфе́нти[й|а]) (*прост.*). О т ч е с т в о : Пар-
фе́нтиевич, Парфе́нтиевна.
   П р о и з в о д н ы е (31):
Парфений
Парфен(ий) → **Парфен|я 1** → Парфень|к|а 1 → Парфен*еч*|к|а 1
               Парфен|ечк|а 2
         Парф(ен)я → Парф|уш|а 1
         Па(рфе)н|я → **Пан|а 1** → Пань|к|а 1 → Пан*еч*|к|а 1
                  Пан|ечк|а 2, Пан|к|а 2,
                  Пан|юшк|а 1
                  Паш|а 1
             Пан|я 1 → Пан|ечк|а 3, Пан|к|а 2,
                  Пань|к|а 2, Пан|юшк|а 2
                  Паш|а 2
             Пан|ечк|а 4, Пан|к|а 3, Пань|к|а 3,
             Пан|юшк|а 3

```
                         |              Паш|а 3
                         (Пар)фен|я → Фен|я 1 → Фен|к|а 1 → Феноч|к|а 1
                         |                      Фень|к|а 1 → Фенеч|к|а 1
                         |                      Фен|ечк|а 2, Фен|очк|а 2,
                         |                      Фен|ушк|а 1
                         |              Фен|ечк|а 3, Фен|к|а 2, Фен|очк|а 3,
                         |              Фен|ушк|а 2, Фень|к|а 2
                         Парфён → Парфён|к|а 1, Парфён|ушк|а 1
                         Парфё(н) → Парфё|х|а → Парфёш|к|а 1 → Парфёшеч|к|а 1
                         |                      Парфёш|еньк|а 1, Парфёш|ечк|а 2
                         |              Парфёш|а 1 → Парфёш|еньк|а 2,
                         |                         Парфёш|ечк|а 3,
                         |                         Парфёш|к|а 2
                         Па(рфё)н → Пан|а 2, Пан|я 2; Пан|ечк|а 5, Пан|к|а 4,
                         |              Пань|к|а 4, Пан|юшк|а 4
                         |              Паш|а 4
                         (Пар)фён → Фен|я 2; Фен|ечк|а 4, Фен|к|а 3, Фен|очк|а 4,
                         |              Фен|ушк|а 3, Фень|к|а 3
                         |              Парфёш|а 2; Парфёш|еньк|а 3,
                         |              Парфёш|ечк|а 4, Парфёш|к|а 3
                         Парфён|к|а 2, Парфён|ушк|а 2
                         Парфёш|а 3; Парфёш|еньк|а 4, Парфёш|ечк|а 5,
                         Парфёш|к|а 4
                         |              Панфёр 1 → Панфёр|к|а 1 → Панфёроч|к|а 1
                         |                         Панфёр|оньк|а 1,
                         |                         Панфёр|очк|а 2,
                         |                         Панфёр|ушк|а 1
                         |              Пан(фёр) → Пан|а 3, Пан|я 3; Пан|ечк|а 6,
                         |                         Пан|к|а 5, Пань|к|а 5,
                         |                         Пан|юшк|а 5
                         |                         Паш|а 4
                         |              Панфёр|к|а 2, Панфёр|оньк|а 2,
                         |              Панфёр|очк|а 3, Панфёр|ушк|а 2
                         Панфёр 2; Панфёр|к|а 3, Панфёр|оньк|а 3, Панфёр|очк|а 4,
                         Панфёр|ушк|а 3
Парф(ений) → Парф|уш|а 2
Па(рфе)н(ий) → Пан|а 4, Пан|я 4; Пан|ечк|а 7, Пан|к|а 6, Пань|к|а 6,
|              Пан|юшк|а 6
|              Паш|а 5
(Пар)фен(ий) → Фен|я 3; Фен|ечк|а 5, Фен|к|а 4, Фен|очк|а 5,
              Фен|ушк|а 4, Фень|к|а 4
              Парфентий → Парфенть|юшк|а 1 (Парфенть[й|у]шк|а)
              Парфен(тий) → Парфен|я 2; Парфен|ечк|а 3,
              |                         Парфень|к|а 2
```

Парфён 2; Парфён|к|а 3, Парфён|ушк|а 3
Парфёш|а 4; Парфёш|еньк|а 5,
Парфёш|ечк|а 6, Парфёш|к|а 5
Парф(ентий) → Парф|уш|а 3
Па(рфе)н(тий) → Пан|а 5, Пан|я 5; Пан|ечк|а 8,
Пан|к|а 7, Пань|к|а 7, Пан|юшк|а 7
Паш|а 6
(Пар)фен(тий) → Фен|я 4; Фен|ечк|а 6, Фен|к|а 5,
Фен|очк|а 6, Фен|ушк|а 5, Фень|к|а 5
Парфенть|юшк|а 2 (Парфенть[й|у]шк|а)

Дни ангела и святые (Парфений): 7 февраля — *епископ*; 23 июля — *блаженный*.

ПАТРИ́КИЙ|, Патри́ки|я (Патри́ки[й|а]), *м* [*лат*. 'патриций, принадлежащий к римской знати'; 'Патриций — сенатор и потомок сенатора римского']. О т ч е с т в о: Патри́киевич, Патри́киевна.
Патрике́й|, Патрике́|я (Патрике́[й|а]) (*разг*.). О т ч е с т в о: Патрике́евич, Патрике́евна; Патрике́ич, Патрике́вна.
П р о и з в о д н ы е (15):
Патрикий
Патрик(ий) → **Патрик, Патрик|а**
Патр(ик), Патр(ик|а) →**Патр|я 1** → Патр|еньк|а 1,
Патр|ечк|а 1
Пат(р|я) →
Пат|а 1 → Пат|к|а 1 →
Паточ|к|а 1
Пать|к|а 1 →
Патеч|к|а 1
Пат|еньк|а 1,
Пат|ечк|а 2,
Пат|ик 1,
Пат|очк|а 2,
Пат|ушк|а 1
Пат|я 1 → Пат|еньк|а 2,
Пат|ечк|а 3,
Пат|ик 2,
Пат|к|а 2,
Пат|очк|а 3,
Пать|к|а 2
Пат|ушк|а 2
Пат|еньк|а 3, Пат|ечк|а 4,
Пат|ик 3, Пат|к|а 3,
Пат|очк|а 4, Пат|ушк|а 3,
Пать|к|а 3

                   Патр|еньк|а 2, Патр|ечк|а 2

Пат(рик), Пат(рик|а) → Пат|а 2, Пат|я 2; Пат|еньк|а 4,
                        Пат|ечк|а 5, Пат|ик 4, Пат|к|а 4,
                        Пат|очк|а 5, Пат|ушк|а 4, Патьк|а 4

Патр(икий) → Патр|я 2; Патр|еньк|а 3, Патр|ечк|а 3

Пат(рикий) → Пат|а 3, Пат|я 3; Пат|еньк|а 5, Пат|ечк|а 6, Пат|ик 5,
          Пат|к|а 5, Пат|очк|а 6, Пат|ушк|а 5, Патьк|а 5

Патрикей

Патрик(ей) → Патрик 2, Патрик|а 2

Патр(икей) → Патр|я 3; Патр|еньк|а 4, Патр|ечк|а 4

Пат(рикей) → Пат|а 4, Пат|я 4; Пат|еньк|а 6, Пат|ечк|а 7,
                 Пат|ик 6, Пат|к|а 6, Пат|очк|а 7,
                 Пат|ушк|а 6, Патьк|а 6

С р.: *ж* Патрикия.

Дни ангела и святые (Патрикий): 20 марта — *преподобный*; 19 мая, 23 июня — *епископы*.

ПАФНУ́ТИЙ|, Пафну́ти|я (Пафну́ти[й]а), *м* [*возможно, егип.* `принадлежащий Богу']. О т ч е с т в о: Пафну́тиевич, Пафну́тиевна *и* Пафну́тьевич, Пафну́тьевна; Пафну́тьич (*разг.*).

   П р о и з в о д н ы е (15):

Пафнутий → Пафнуть|юшк|а (Пафнуть[й’у]шк|а)

Пафн(утий) → **Пафн|уш|а** → Пафнуш|к|а → Пафнуш*еч*|к|а 1
                   Пафнуш|ечк|а 2

Па(ф)н(утий) → **Пан|а 1** → Пань|к|а 1 → Пан*еч*|к|а 1
                 Пан|ечк|а 2, Пан|к|а 1
                 Паш|а 1

         Пан|я 1 → Пан|ечк|а 3, Пан|к|а 2, Пань|к|а 2
                 Паш|а 2

         Пан|ечк|а 4, Пан|к|а 3, Пань|к|а 3

         Паш|а 3

         Пан*ф*утий

         Пан*фу*(тий) → **Панф|уш|а** → Панфуш|к|а → Панфуш*еч*|к|а 1
                      Панфуш|еньк|а,
                      Панфуш|ечк|а 2

         Пан(*ф*утий) →Пан|а 2, Пан|я 2; Пан|ечк|а 5, Пан|к|а 4,
                 Пань|к|а 4
                 Паш|а 4

Дни ангела и святые (Пафнутий): 15 февраля, 1 мая, 28 августа — *преподобные*; 25 сентября — *мученик*; 19 апреля — *священномученик*.

ПАХО́М|, а, *м* [*греч.* ‘толстый, крепкий + плечо’]. О т ч е с т в о: Пахо́мович, Пахо́мовна; Пахо́мыч (*разг.*).

Пахо́мий|, Пахо́ми|я (Пахо́ми[й]а) (*стар*). О т ч е с т в о: Пахо́миевич, Па-

хо́миевна *и* Пахо́мьевич, Пахо́мьевна.
    П р о и з в о д н ы е (17):
Пахом 1 → Пахом|к|а → Пахом*оч*|к|а 1
| Пахом|очк|а 2, Пахом|ушк|а
Па(хо)м → **Пам|а** → Пам|к|а 1 → Пам*оч*|к|а 1
| | Пам|онык|а 1, Пам|очк|а 2
| Пам|к|а 2, Пам|онык|а 2, Пам|очк|а 3
Пах(ом) → **Паш|а** → Паш|к|а 1 → Паш*еч*|к|а 1
| | Паш|ут|а 1 → Пашут|к|а → Пашут*оч*|к|а 1
| | | Пашут|оньк|а, Пашут|очк|а 2
| | Паш|еньк|а 1, Паш|ен|я 1, Паш|ечк|а 2, Паш|ух|а 1
| Паш|еньк|а 2, Паш|ен|я 2, Паш|ечк|а 3, Паш|к|а 2, Паш|ут|а 2,
Паш|ух|а 2
Пахомий
Пахом(ий) → Пахом 2
    Дни ангела и святые (Пахомий): 23 марта, 23 июня — *преподобные*;
15 мая — *Великий*.

ПЕРЕСВЕ́Т|, а, *м* (*ст.-русск.* ‘пере- — приставка со значением ‘очень’ и
свет (*ср. светлый*)’]. О т ч е с т в о : Пересве́тович, Пересве́товна; Пере-
све́тыч (*разг.*).
    П р о и з в о д н ы е (13):
Пересвет → Пересвет|к|а →Пересвет*оч*|к|а 1
| Пересвет|очк|а 2, Пересвет|ушк|а 1
(Пере)свет → **Свет|а 1** → Свет|к|а 1 → Свет*оч*|к|а 1, Свет*ч*|ик 1
| Свет|уш|а 1 → Свету́ш|к|а
| Свет|еньк|а 1, Свет|ик 1,
| Свет|оньк|а 1, Свет|очк|а 2,
| Све́т|ушк|а 1, Свет|чик 2
Свет|еньк|а 2, Свет|ик 2, Свет|к|а 2, Свет|оньк|а 2,
Свет|очк|а 3, Свет|уш|а 2, Све́т|ушк|а 2, Свет|чик 3
Пересвет|а → Пересвет|к|а 2, Пересвет|очк|а 3,
                Пересвет|ушк|а 2
(Пере)свет|а → Свет|а 2; Свет|еньк|а 3, Свет|ик 3,
                Свет|к|а 3, Свет|оньк|а 3, Свет|очк|а 4,
                Свет|уш|а 3, Све́т|ушк|а 3, Свет|чик 4

ПЁТР|, а, *м* [*греч.* ‘скала, утёс, каменная глыба’; ‘камень’]. О т ч е с т в о:
Петро́вич, Петро́вна.
Пе́тр|, а (*стар.*).
    П р о и з в о д н ы е (115):
Пётр 1 → Пётр|ушк|а 1
| Петр|ай 1 → Петрай|к|а
| Петр|ак 1, Петрак|а → Петрач|ок

Петр|ан|я 1 → Петрань|к|а → Петран*еч*|к|а 1
Петран|ечк|а 2
Петр|ей 1 → Петрей|к|а
Петр|ун|я 1 → Петрунь|к|а → Петрун*еч*|к|а 1, Петрунч|ик 1
Петрун|ечк|а 2, Петрун|чик 2, Петрун|юшк|а
Петр|ус|я 1 → Петрусь|к|а → Петрус*еч*|к|а 1
Пертус|еньк|а, Петрус|ечк|а 2, Петрус|ик
Петр|ух|а 1 → Петруш|к|а → Петруш*еч*|к|а 1
Петруш|еньк|а, Петруш|ечк|а 2
Петр|уш|а 1 → Петруш|еньк|а 2, Петруш|ечк|а 3, Петруш|к|а 2
Петр|яй 1 → Петря|юшк|а (Петря[й/у]ш|к|а)
Петр|ян|я 1 → Петрянь|к|а → Петрян*еч*|к|а 1
Петрян|ечк|а 2
Петр|ят|а 1 → Петрят|к|а → Петрят*оч*|к|а 1
Петрят|очк|а 2
Петр|ях|а 1 → Петряш|к|а 1 → Петряш*еч*|к|а 1
Петряш|еньк|а 1, Петряш|ечк|а 2
Петр|яш|а 1 → Петряш|еньк|а 2, Петряш|ечк|а 2, Петряш|к|а 2
Петр|ах|а 1, Петр|еньк|а 1, Петр|ец 1, Петр|ик 1, Петр|ил|а 1,
Петр|ищ|е 1, Петр|ок 1, Петр|як 1, Петр|як|а 1
Пёт(р)→ Пет|а 1 → Пет|ун|я 1 → Петунь|к|а → Петун*еч*|к|а 1, Петунч|ик 1
Петун|ечк|а 2, Петун|чик 2
Пет|ус|я 1 → Петусь|к|а → Петус*еч*|к|а 1
Петус|еньк|а, Петус|ечк|а 2, Петус|ик
Пет|ух|а 1 → Пет*ý*ш|к|а 1, Петуш|ок 1
Пет|уш|а 1 → Пет*ý*ш|к|а 2, Петуш|ок 2
Пет|ан 1 → Петань|к|а 1 → Петан*еч*|к|а 1
Петан|ечк|а 2
Пет|ан|я 1 → Петан|ечк|а 3, Петань|к|а 2
Пет|ох|а 1 → Петош|к|а 1 → Петош*еч*|к|а 1
Петош|еньк|а 1, Петош|ечк|а 2
Пет|ош|а 1 → Петош|еньк|а 2, Петош|ечк|а 3,
Петош|к|а 2
Петь|к|а 1 → Пет*еч*|к|а 1
Пет|юн|я 1 → Петюнь|к|а → Петюн*еч*|к|а 1,
Петюнч|ик 1
Петюн|ечк|а 2, Петюн|чик 2
Пет|юс|я 1 → Петюсь|к|а → Петюс*еч*|к|а 1
Петюс|еньк|а, Петюс|ечк|а 2
Пет|юх|а 1 → Пет*ю́ш*|к|а 1 → Петюш*еч*|к|а 1
Петюш|еньк|а 1, Петюш|ечк|а 2
Пет|юш|а 1 → Петюш|еньк|а 2, Петюш|ечк|а 3,
Пет*ю́ш*|к|а 2
Пет|яй 1 → Петяй|к|а

Пет|ян|я 1 → Петянь|к|а 1 Петянеч|к|а 1
                Петян|ечк|а 2
Пет|ях|а 1 → Петяш|к|а 1 → Петяшеч|к|а 1
                Петяш|еньк|а 2, Петяш|ечк|а 2
Пет|ящ|а 1 → Петяш|еньк|а 2, Петяш|ечк|а 3,
                Петяш|к|а 2
Пет|ак 1, Пет|еньк|а 1, Пет|ечк|а 2, Пет|ёх|а 1,
Пет|ёш|а 1, Пет|ик 1, Пéт|ушк|а 1, Петь|к|а 1,
Петь|ш|а 1, Пет|юк 1, Пет|юк|а 1, Пéт|юшк|а 1,
Пет|як 1, Пет|як|а 1
Пе(т)я — Пе|к|а 1
    Пе|х|а 1 → Пе|ш|а 1
    Пе|ш|а 2
Пет|я 1 → Пет|ак 2, Пет|ан|я 2, Пет|еньк|а 2, Пет|ечк|а 3,
             Пет|ёх|а 2, Пет|ёш|а 2, Пет|ик 2, Пет|ох|а 2,
             Пет|ош|а 2, Пет|ун|я 2, Пет|ус|я 2, Пет|ух|а 2,
             Пет|уш|а 2, Пéт|ушк|а 2, Петь|к|а 2, Петь|к|о 2,
             Петь|ш|а 2, Пет|юк 2, Пет|юк|а 2, Пет|юн|я 2,
             Пет|юс|я 2, Пет|юх|а 2, Пет|юш|а 2, Пéт|юшк|а 2,
             Пет|яй 2, Пет|як 2, Пет|як|а 2, Пет|ян|я 2, Пет|ях|а 2,
             Пет|ящ|а 2
Пе(т)я → Пе|к|а 2, Пе|х|а 2, Пе|ш|а 3
Пет|ак 3, Пет|ан|я 3, Пет|еньк|а 3, Пет|ечк|а 4, Пет|ёх|а 3,
Пет|ёш|а 3, Пет|ик 3, Пет|ох|а 3, Пет|ош|а 3, Пет|ун|я 3,
Пет|ус|я 3, Пет|ух|а 3, Пет|уш|а 3, Пéт|ушк|а 3, Петь|к|а 3,
Петь|к|о 3, Петь|ш|а 3, Пет|юк 3, Пет|юк|а 3, Пет|юн|я 3,
Пет|юс|я 3, Пет|юх|а 3, Пет|юш|а 3, Пет|яй 3, Пет|як 3,
Пет|як|а 3, Пет|ян|я 3, Пет|ях|а 3, Пет|ящ|а 3
Пё(тр) — Пе|к|а 3, Пе|х|а 3, Пе|ш|а 4
    Пётр|а → Пётр|ушк|а 2
            Петр|ай 2, Петр|ак 2, Петр|ак|а 2, Петр|ан|я 2,
            Петр|ах|а 2, Петр|ей 2, Петр|еньк|а 2, Петр|ец 2,
            Петр|ик 2, Петр|ил|а 2, Петр|ищ|е 2, Петр|ок 2,
            Петр|ун|я 2, Петр|ус|я 2, Петр|ух|а 2, Петр|уш|а 2,
            Петр|яй 2, Петр|як 2, Петр|як|а 2, Петр|ян|я 2,
            Петр|ят|а 2, Петр|ях|а 2, Петр|ящ|а 2
    Пёт(р|а) → Пет|а 2, Пет|я 2; Пет|ак 4, Пет|ан|я 4, Пет|еньк|а 4,
             Пет|ечк|а 5, Пет|ёх|а 4, Пет|ёш|а 4, Пет|ик 4,
             Пет|ох|а 4, Пет|ош|а 4, Пет|ун|я 4, Пет|ус|я 4,
             Пет|ух|а 4, Пет|уш|а 4, Пет|ушк|а 4, Петь|к|а 4,
             Петь|к|о 4, Петь|ш|а 4, Пет|юк 4, Пет|юк|а 4,
             Пет|юн|я 4, Пет|юс|я 4, Пет|юх|а 4, Пет|юш|а 4,
             Пет|юшк|а 4, Пет|яй 4, Пет|як 4, Пет|як|а 4,
             Пет|ян|я 4, Пет|ях|а 4, Пет|ящ|а 4

```
      Пё(тр|а) → Пе|к|а 4, Пе|х|а 4, Пе|ш|а 5
        Петр|а 1 → Петр|ай 3, Петр|ак 3, Петр|ак|а 3,
                   Петр|ан|я 3, Петр|ах|а 3, Петр|ей 3,
                   Петр|еньк|а 3, Петр|ец 3, Петр|ик 3,
                   Петр|ил|а 3, Петр|ищ|е 3, Петр|ок 3,
                   Петр|ун|я 3, Петр|ус|я 3, Петр|ух|а 3,
                   Петр|уш|а 3, Петр|яй 3, Петр|як 3,
                   Петр|як|а 3, Петр|ян|я 3, Петр|ят|а 3,
                   Петр|ях|а 3, Петр|яш|а 3, Пётр|ушк|а 3
        Петр|я 1 → Петр|ай 4, Петр|ак 4, Петр|ак|а 4,
                   Петр|ан|я 4, Петр|ах|а 4, Петр|ей 4,
                   Петр|еньк|а 4, Петр|ец 4, Петр|ик 4,
                   Петр|ил|а 4, Петр|ищ|е 4, Петр|ок 4,
                   Петр|ун|я 4,Петр|ус|я 4, Петр|ух|а 4,
                   Петр|уш|а 4, Петр|яй 4, Петр|як 4,
                   Петр|як|а 4, Петр|ян|я 4, Петр|ят|а 4,
                   Петр|ях|а 4, Петр|яш|а 4, Пётр|ушк|а 4
      Петр|а 2, Петр|я 2
```

Петр → Пётр 2

С р . : *ж* Петра.

Дни ангела и святые (Петр): 12, 13, 22, 26 января, 24 марта, 18 мая, 9 августа, 3 и 23 сентября, 28 декабря — *мученики*; 4 и 16 января —*апостолы*; 1 февраля, 23 мая, 12 июня, 20 июня, 1 июля, 13 сентября, 9 октября, 25 ноября — *преподобные*; 25 июня, 22 ноября — *князья*; 9 и 30 января, 3 марта, 24 августа, 5, 10 и 22 сентября, 5 октября, 21 декабря — *святые*; 4 октября, 25 ноября — *священномученник*.

ПИ́МЕН|, а, *м* [*греч.* 'пастух', переносно 'пастырь'; 'пастух', переносно 'руководитель, наставник']. О т ч е с т в о : Пи́менович, Пи́меновна; Пи́меныч (*разг.*).

П р о и з в о д н ы е (17) :

```
Пимен → Пимен|к|а, Пимен|ушк|а
Пим(ен) → Пим|а → Пим|ан|я 1 → Пимань|к|а → Пиманеч|к|а 1
                               Пиман|ечк|а 2, Пиман|ушк|а,
                               Пиман|юшк|а
                  Пим|ах|а 1 → Пимаш|к|а 1 → Пимаш|еч|к|а 1
                               Пимаш|еньк|а 1, Пимаш|ечк|а 2
                  Пим|аш|а 1 →Пимаш|еньк|а 2, Пимаш|ечк|а 3,
                               Пимаш|к|а 2
                  Пим|к|а 1 → Пимоч|к|а 1
                  Пим|оньк|а 1, Пим|очк|а 2, Пим|ушк|а 1
            Пим|ан|я 2, Пим|ах|а 2, Пим|аш|а 2, Пим|к|а 2, Пим|оньк|а 2,
            Пим|очк|а 3, Пим|ушк|а 2
```

Дни ангела м святые (Пимен) : 8 мая, 7, 27, 28 августа, 28 сентября —

преподобные.

ПЛАТО́Н|, а, *м* [*предположительно греч.* 'широкоплечий, полный'; 'широкий']. О т ч е с т в о : Плато́нович, Плато́новна; Плато́ныч (*разг.*).
   П р о и з в о д н ы е (26) :
Платон → Платон|к|а 1 →Платон*оч*|к|а 1
           Платонь|к|а 1 → Платон*еч*|к|а 1
           Платон|ечк|а 2, Платон|очк|а 2, Платон|ушк|а 1, Платон|ш|а 1
Плато(н) → **Плато|х|а 1** → Плато*ш*|к|а 1 → Плато*шеч*|к|а 1
                  Плато*ш*|еньк|а 1, Плато*ш*|ечк|а 2
      (Пла)то|х|а → **Тох|а** → То*ш*|к|а 1 → То*ш*|ечк|а 1
                  То*ш*|еньк|а 1, То*ш*|ечк|а 2
                  То*ш*|а 1 → То*ш*|еньк|а 2, То*ш*|ечк|а 3,
                          То*ш*|к|а 2
           То*ш*|а 2; То*ш*|еньк|а 3, То*ш*|ечк|а 4, То*ш*|к|а 3
           Плато*ш*|а 1 → Плато*ш*|еньк|а 2, Плато*ш*|ечк|а 3,
                      Плато*ш*|к|а 2
Плат(он) → **Плат|а** → Плат|к|а 1 → Плато*ч*|к|а 1
               Плат|оньк|а 1, Плат|очк|а 2
      Плат|к|а 2, Плат|оньк|а 2, Плат|очк|а 3
(Пла)тон → **Тон|я 1** → Тонь|к|а 1 → Тон*еч*|к|а 1
               Тон|ечк|а 2, Тон|ик 1, Тонь|ш|а 1
               То*ш*|а 2; То*ш*|еньк|а 4, То*ш*|ечк|а 5, То*ш*|к|а 4
      Тон|ечк|а 3, Тон|ик 2, Тонь|к|а 2, Тонь|ш|а 2
      То*ш*|а 3; То*ш*|еньк|а 5, То*ш*|ечк|а 6, То*ш*|к|а 5
      Плато*ш*|а 2; Плато*ш*|еньк|а 3, Плато*ш*|ечк|а 4, Плато*ш*|к|а 3
      Платон|я → Платон|ечк|а 3, Платон|к|а 2, Платон|очк|а 3,
               Платон|ушк|а 2, Платон|ш|а 2, Платонь|к|а 2
      Плато(н)я) → Плато|х|а 2
      Плат(он)я) → Плат|а 2; Плат|к|а 3, Плат|оньк|а 3, Плат|очк|а 4
      (Пла)тон|я → Тон|я 2; Тон|ечк|а 4, Тон|ик 3, Тонь|к|а 3,
               Тонь|ш|а 3
               То*ш*|а 4; То*ш*|еньк|а 6, То*ш*|ечк|а 7, То*ш*|к|а
               Плато*ш*|а 3; Плато*ш*|еньк|а 4, Плато*ш*|ечк|а 5,
               Плато*ш*|к|а 4
   Дни ангела и святые (Платон): 5 апреля, 18 ноября — *преподобные.*

ПОЛИЕ́Н|, а, *м* [*возможно, греч.* 'много + хвала, слава'; 'многохвальный']. О т ч е с т в о : Полие́нович, Полие́новна; Полие́ныч (*разг.*).
   П р о и з в о д н ы е (15) :
Полиен →   Полиен|к|а, Полиен|ушк|а
Пол(иен) → **Пол|я** → Поль|к|а 1 → Пол|ечк|а 1
               Пол|юш|а 1 → Полюш|к|а
               Пол|еньк|а 1, Пол|ечк|а 2, По́л|юшк|а 1

Пол|еньк|а 2, Пол|ечк|а 3, Поль|к|а 2, Пол|юш|а 2,
Пóл|юшк|а 2
(Поли)ен → **Ен|а** → Ен|к|а 1 → Ен*оч*|к|а 1
    Ень|к|а 1 → Ен*еч*|к|а 1
    Ен|ечк|а 2, Ен|очк|а 2
Ен|я → Ен|ечк|а 3, Ен|к|а 2, Ен|очк|а 3, Ень|к|а 2
Ен|ечк|а 4, Ен|к|а 3, Ен|очк|а 4, Ень|к|а 3
Дни ангела м святые (Полиен): 19 мая, 18 августа — *мученики*.

ПОЛИКÁРП|, а, *м* [*греч.* 'обильный плодами, плодородный']. О т ч е с т-
в о : Поликáрпович, Поликáрповна; Поликáрпыч (*разг.*).
Поликáрпий|, Поликáрпи|я (Поликáрпи[й|а]) (*разг.*). О т ч е с т в о : Полика-
кáрпиевич, Поликáрпиевна *и* Поликáрпьевич, Поликáрпьевна; Поликáр-
пич (*разг.*).
П р о и з в о д н ы е (29) :
Поликарп → Поликарп|ий, Поликарп|к|а, Поликарп|ушк|а
Полик(арп) → **Полик|а 1** → Полик|ах|а → Поликаш|к|а 1 → Поликаш*еч*|к|а 1
    Поликаш|еньк|а 1,
    Поликаш|ечк|а 2
Полик|аш|а 1 → Поликаш|еньк|а 2,
    Поликаш|ечк|а 3,
    Поликаш|к|а 2
Полик|уш|а 1 → Поликуш|к|а →
    Поликуш*еч*|к|а 1
    Поликуш|ечк|а 2,
    Поликуш|еньк|а
Полик|ей 1
Пол(ик|а) → **Пол|я 1** → Пол|юш|а 1 → Пол|юш|к|а
    Поль|к|а 1 → Пол*еч*|к|а 1
    Пол|еньк|а 1, Пол|ечк|а 2,
    Пóл|юшк|а 1
Пол|еньк|а 2, Пол|ечк|а 3, Поль|к|а 2,
Пол|юш|а 2, Пóл|юшк|а 2
(По)лик|а → **Лик|а 1** → Лик|аш|а 1 → Ликаш|еньк|а 1,
    Ликаш|к|а 1
Лик|уш|а 1 → Ликуш|к|а
Лик|оньк|а 1, Лик|очк|а 1
Лик|аш|а 2, Лик|оньк|а 2, Лик|очк|а 2,
Лик|уш|а 2
Полик|ах|а 2, Полик|аш|а 2, Полик|ей 2, Полик|уш|а 2
Пол(икарп) → Пол|я 2; Пол|еньк|а 3, Пол|ечк|а 4, Поль|к|а 3, Пол|юш|а 3,
Пóл|юшк|а 3
(По)лик(арп) → Лик|а 2; Лик|аш|а 3, Лик|оньк|а 3, Лик|очк|а 3, Лик|уш|а 3
Дни ангела и святые (Поликарп): 23 февраля, 28 сентября — *преподоб-*

ные; 2 апреля, 24 июля, 23 декабря — *мученики*.

ПОРФИ́РИЙ|, Порфи́ри|я (Порфи́ри[й|а]), *м* [*греч.* 'пурпурный, багряный']. О т ч е с т в о : Порфи́рьевич, Порфи́рьевна; Порфи́рьич (*разг.*).
Порфи́р|, а (*разг.*). О т ч е с т в о : Порфи́рович, Порфи́ровна; Порфи́рыч (*разг.*).
Перфи́л|, а (*прост.*).
Перфи́лий|, Перфи́ли|я (Перфи́ли[й|а]) (*прост.*).
    П р о и з в о д н ы е (25) :
Порфирий → Порфирь|юшк|а (Порфирь[й|у]шк|а)
Порфир(ий) → **Порфир**, **Порфир|а** → Порфир|к|а 1 → Порфир|оч|к|а 1
                                Порфир|оньк|а 1, Порфир|оч|к|а 2,
                                Порфир|ушк|а 1
                        Порфи(р),
                        Порфи(р|а) → **Порфи|ш|а 1** → Порфиш|к|а →
                                                    Порфиш|еч|к|а 1
                                            Порфиш|еньк|а,
                                            Порфиш|ечк|а 2
                        (Пор)фир,
                        (Пор)фир|а → **Фир|а 1** → Фир|к|а 1, Фир|оч|к|а 1
                                            Фир|оньк|а 1, Фир|очк|а 2
                                    Фир|к|а 2, Фир|оньк|а 2, Фир|очк|а 3
                        Порфир|к|а 2, Порфир|оньк|а 2, Порфир|очк|а 3,
                        Порфир|ушк|а 2
Порфи(рий) → Порфи|ш|а 2
(Пор)фир(ий) → Фир|а 2; Фир|к|а 3, Фир|оньк|а 3, Фир|очк|а 4
                Перфилий → Перфиль|юшк|а (Перфиль[й|у]шк|а 1)
                Перфил(ий) → **Перфил** → Перфиль|к|а 1
                            Перфи(л) → Перфи|ш|а 1
                            Перфил|я → Перфиль|к|а 2
                            Перфи(л|я) → Перфи|ш|а 2
                            Перфиль|к|а 3
                Перфи(лий) → Перфи|ш|а 3
                Перфиль|юшк|а 2 (Перфиль[й|у]шк|а)
    Дни ангела и святые (Порфирий): 10, 16, 26 февраля, 15 сентября, 9 и 24 ноября — *мученики*; 26 февраля — святой.

ПОТА́П|, а, *м* [возможно, из встречающейся в 'Новом завете' последовательности слов 'откуда, из какой страны']. О т ч е с т в о : Пота́пович, Пота́повна; Пота́пыч (*разг.*).
Потапий|, Пота́пи|я (Пота́пи[й|а]) (*стар.*). О т ч е с т в о : Пота́пиевич, Пота́пиевна.
    П р о и з в о д н ы е (14) :
Потап → Потап|к|а → Потап|оч|к|а 1, Потап|ч|ик 1

Потап|очк|а 2, Потап|ушк|а, Потап|чик 2

Пот(ап) → **Пот|а** → Пот|ан|я 1 → Потань|к|а → Потан*еч*|к|а 1

Потан|ечк|а 2, Потан|юшк|а

Пот|к|а 1, Потьк|а 1

Пат|я 1 → Пат|ушк|а 1, Патьк|а 1

Пат|ушк|а 2, Патьк|а 2

Пот|я → Пот|ан|я 2, Пот|к|а 2, Потьк|а 2

Пат|я 2; Пат|ушк|а 3. Патьк|а 3

Пот|ан|я 3, Пот|к|а 3, Потьк|а 3

Пат|я 3; Пат|ушк|а 4, Патьк|а 4

Потапий

Потап(ий) → Потап 2

День ангела и святой (Потапий) : 8 декабря — *преподобный*.

ПРОВ|, а, м [*предположительно лат.* 'честный'; 'честный , добрый']. О т-
ч е с т в о : Про́вич, Про́вна.

П р о и з в о д н ы е (5) :

Пров → Пров|к|а 1 → Прово́ч|к|а 1

Пров|онек|к|а 1, Пров|очк|а 2, Пров|ушк|а 1

Пров|а → Пров|к|а 2, Пров|онек|к|а 2, Пров|очк|а 3, Пров|ушк|а 2

Дни ангела и святые (Пров): 12 октября, 19 декабря — *мученики*.

ПРО́ВИЙ|, Про́ви|я (Про́ви[й|а]), м [*предположительно лат.* 'честный';
'честный, добрый']. О т ч е с т в о : Про́виевич, Про́виевна.

П р о и з в о д н ы е (5) :

Провий

Пров(ий) → **Пров|а** → Пров|к|а 1 → Прово́ч|к|а 1

Пров|онек|к|а 1, Пров|очк|а 2, Пров|ушк|а 1

Пров|к|а 2, Пров|онек|к|а 2, Пров|очк|а 3, Пров|ушк|а 2

День ангела и святой (Провий): 23 июня — *мученик*.

ПРОКЛ| а, м [*греч.* 'раньше, прежде' + слава'; 'далекий, рожден в отсут-
ствие отца']. О т ч е с т в о : Про́клович, Про́кловна.

П р о и з в о д н ы е (9) :

Прокл → Прокл|ушк|а

Прок(л) → Прок|уш|а → Прокуш|к|а

Прок|ш|а

Про(кл) → **Про|н|я** → Пронь|к|а → Прон*еч*|к|а 1

Прон|ечк|а 2, Проны|ш|а, Прон|юшк|а

Дни ангела и святые (Прокл): 14 января — *преподобный*; 12 и 30 июля,
21 апреля, 19 сентября — *мученики*; 20 ноября — *святой*.

ПРОКО́ПИЙ|, Проко́пи|я (Проко́пи[й|а]), м [*предположительно греч.* 'вы-
нутый из ножен, обнаженный, схвативший меч за рукоятку'; 'успех, пре-

успевание'; 'опережающий, успевающий']. О т ч е с т в о : Проко́пиевич, Проко́пиевна *и* Проко́пьевич, Проко́пьевна; Прокопьич (*разг.*).

Проко́п|, а (*разг.*). О т ч е с т в о : Проко́пович, Проко́повна; Проко́пыч (*разг.*).

Проко́фий|, Прокофи́|я (Прокофи́[й]а]) (*разг.*). О т ч е с т в о : Проко́фиевич, Проко́фиевна *и* Проко́фьевич, Проко́фьевна.

П р о и з в о д н ы е (29) :

Прокопий → Прокопь|юшк|а (Прокопь[й]у]шк|а)

Прокоп(ий) → **Прокоп** → Прокоп|к|а 1 → Прокоп*оч*|к|а 1
   Прокоп|оньк|а 1, Прокоп|очк|а 2,
   Прокоп|ушк|а 1
Проко(п) → **Проко|ш|а 1** → Прокош|к|а →Прокош*еч*|к|а 1
   Прокош|еньк|а, Прокош|ечк|а 2
Прок(оп) → Прок|уш|а 1 → Прокуш|к|а
Прок(оп) → Прок|ш|а 1
Про(коп) → **Про|н|я 1** → Пронь|к|а → Прон*еч*|к|а 1,
   Прон*ч*|иш|е
   Прон|ик, Прон|ечк|а 2,
   Пронь|ш|а, Прон|як|а
Про|ш|а 1
Прокоф|а → Прокоф|к|а 1 → Прокоф*оч*|к|а 1
   Прокоф|оньк|а 1, Прокоф|очк|а 2.
   Прокоф|ушк|а 1
Про(ко)ф|а → **Проф|а 1**
Проко*ф*|к|а 2, Проко*ф*|оньк|а 2,
Проко*ф*|очк|а 3, Проко*ф*|ушк|а 2
Прокоп|к|а 2, Прокоп|оньк|а 2, Прокоп|очк|а 3,
Прокоп|ушк|а 2
Проко*ф*|а 2; Проко*ф*|к|а 3, Проко*ф*|оньк|а 3,
Проко*ф*|очк|а 4, Проко*ф*|ушк|а 3
Проко(пий) → Проко|ш|а 2
Прок(опий) → Прок|уш|а 2, Прок|ш|а 2
Про(копий) → Про|н|я 2, Про|ш|а 2
Прокофий →Прокофь|юшк|а 1 (Прокофь[й]у]шк|а)
Проко*ф*(ий) → Прокоф|а 3; Прокоф|к|а 4,
   Прокоф|оньк|а 4, Прокоф|очк|а 5,
   Прокоф|ушк|а 4
Про(ко)*ф*(ий) → Проф|а 2
Прокофь|юшк|а 2 (Прокофь[й]у]шк|а)

   Дни ангела и святые (Прокопий): 27 февраля — *преподобный*; 8 июля— *великомученик*; 22 ноября, 21 декабря — *мученики*.

ПРО́КУЛ|, а, м (*стар. редк.*) [*лат.* 'далеко'; 'далекий, рожден в отсутствие отца']. О т ч е с т в о : Про́кулович, Про́куловна.

Производные (9):

Прокул → Прокул|к|а, Прокул|ушк|а

Проку(л) → **Проку|ш|а** → Прокуш|к|а

Прок(ул) → Прок|ш|а

Про(кул) → **Про|н|я** → Пронь|к|а, Пронь|ш|а, Прон|юшк|а

Дни ангела и святые (Прокул): 21 апреля, 30 июля — *мученики.*

ПРОТА́СИЙ|, Прота́си|я (Прота́си[й|а]), *м* [*предположительно греч.* 'ста-вить впереди, выдвигать вперед'; 'передовой, передний'; 'стоящий в пер-вом строе']. О т ч е с т в о : Прота́сиевич, Прота́сиевна *и* Прота́сьевич, Про-та́сьевна.

Прота́с|, а (*разг.*). О т ч е с т в о : Прота́сович, Прота́совна; Прота́сыч (*разг.*).

Производные (28):

Протасий → Протась|юшк|а (Протась[й|у]шк|а)

Протас(ий) → **Протас** → Протас|к|а 1 → Протасо*ч*|к|а 1

                      Протась|к|а 1 → Протасе*ч*|к|а 1

                      Протас|еньк|а 1, Протас|ечк|а 2, Протас|оньк|а 1

                      Протас|очк|а 2, Протас|ушк|а 1, Протас|юшк|а 1

            Прот(ас) → **Прот|я 1** → Прот|к|а 1 → Прото*ч*|к|а 1

                      Проть|к|а 1 → Проте*ч*|к|а 1

                      Прот|еньк|а 1, Прот|ечк|а 2,

                      Прот|очк|а 2, Прот|ушк|а 1,

                      Прот|юшк|а 1

                  Прот|еньк|а 2, Прот|ечк|а 3, Прот|к|а 2,

                  Прот|очк|а 3

                  Прот|очк|а 3, Прот|ушк|а 2, Проть|к|а 2,

                  Прот|юшк|а 2

            (Про)тас → **Тас|я 1** → Тась|к|а 1 → Тасе*ч*|к|а 1

                      Тас|ют|а 1 → Тасют|к|а →

                                        Тасюто*ч*|к|а 1

                      Тасют|очк|а 2,

                      Тасют|ушк|а

                  Тас|еньк|а 1, Тас|ечк|а 2, Тас|ик 1

           Тас|еньк|а 2, Тас|ечк|а 3, Тас|ик 2, Тась|к|а 2,

           Тас|ют|а 2

          Протас|я → Протас|еньк|а 2, Протас|ечк|а 3, Протас|к|а 2,

                     Протас|оньк|а 2, Протас|очк|а 3,

                     Протас|ушк|а 2, Протась|к|а 2, Протас|юшк|а 2

         Прот(ас|я) → Прот|я 2; Прот|еньк|а 3, Прот|ечк|а 4,

                    Прот|к|а 3, Прот|очк|а 4, Прот|ушк|а 3,

                    Проть|к|а 3; Прот|юшк|а 3

        (Про)тас|я → Тас|я 2; Тас|еньк|а 3, Тас|ечк|а 4, Тас|ик 3,

                  Тась|к|а 3, Тас|ют|а 3

Протас|еньк|а 3, Протас|ечк|а 4, Протас|к|а 3,
Протас|оньк|а 3, Протас|очк|а 4, Протас|ушк|а 3,
Протась|к|а 3, Протас|юшк|а 3
Прот(асий) → Прот|я 3; Прот|еньк|а 4, Прот|ечк|а 5, Прот|к|а 4,
Прот|очк|а 5, Прот|ушк|а 4, Проть|к|а 4, Прот|юшк|а 4
(Про)тас(ий) → Тас|я 3; Тас|еньк|а 4, Тас|ечк|а 5, Тас|ик 4, Тась|к|а 4,
Тас|ют|а 4
День ангела и святой (Протасий): 14 октября — *мученик*.

ПРÓХОР| а, *м* [*греч.* 'плясать впереди, вести'; 'начальник хора']. О т ч е -
с т в о : Прóхорович, Прóхоровна; Прóхорыч (*разг.*).
П р о и з в о д н ы е (14) :
Прохор → Прохор|к|а, Прохор|ушк|а
Прох(ор) → **Прох|а** → Прош|к|а 1 → Прош*еч*|к|а 1
                              Прош|ун|я 1 → Прошунь|к|а → Прошунеч|к|а 1
                                              Прошун|ечк|а 2
                              Прош|еньк|а 1, Прош|ечк|а 2
              Про(х|а) → **Про|н|я 1** → Пронь|к|а → Прон*еч*|к|а 1
                                  Прон|ечк|а 2, Проньш|а,
                                  Прон|юшк|а
              Прош|а 1 → Прош|еньк|а 2, Прош|ечк|а 3,
                          Прош|к|а 2, Прош|ун|я 2
              Прош|а 2; Прош|еньк|а 3, Прош|ечк|а 4, Прош|к|а 3,
              Прош|ун|я 3
Про(хор) → Про|н|я 2
Дни ангела и святые (Прохор): 4 января, 28 июля — *апостолы*; 15
января, 10 февраля, 23 июня, 28 сентября — *святые*.

Р

РАДИ́М|, а, *м* (*слав. редк.*) [усеченная форма имени Радимир]. О т ч е с т в о : Ради́мович, Ради́мовна; Ради́мыч (*разг.*).

Радим(ир) → **Радим**

П р о и з в о д н ы е (17):

Радим

Рад(им) → **Рад|а** → Рад|к|а 1 → Рад*оч*|к|а 1

Рад*ы*|к|а 1 → Рад*еч*|к|а 1

Рад|юш|а 1 → Рад*юш*|к|а

Рад|еньк|а 1, Рад|ечк|а 2, Рад|ик 1, Рад|оньк|а 1,

Рад|очк|а 2, Ра́д|юшк|а 1

Рад|я → Рад|еньк|а 2, Рад|ечк|а 3, Рад|ик 2, Рад|к|а 2,

Рад|оньк|а 2, Рад|очк|а 3, Рад*ы*|к|а 2, Рад|юш|а 2,

Ра́д|юшк|а 2

Рад|еньк|а 3, Рад|ечк|а 4, Рад|ик 3, Рад|к|а 3, Рад|оньк|а 3,

Рад|очк|а 4, Рад*ы*|к|а 3, Рад|юш|а 3, Ра́д|юшк|а 3

(Ра)дим → **Дим|а** → Дим|к|а 1, Дим*оч*|к|а 1

Дим|оньк|а 1, Дим|очк|а 2, Дим|ушк|а 1

Дим|к|а 2, Дим|оньк|а 2, Дим|очк|а 3, Дим|ушк|а 2

РАДИМИ́Р|, а , *м* (*слав. редк.*) [от основ со значением 'радеть, заботиться + мир']. О т ч е с т в о : Радими́рович, Радими́ровна.

П р о и з в о д н ы е (20):

Радимир

Рад(имир) → **Рад|а** → Рад|к|а → Рад*оч*|к|а 1

Рад*ы*|к|а 1 → Рад*еч*|к|а 1

Рад|еньк|а 1, Рад|ечк|а 2, Рад|ик 1, Рад|оньк|а 1,

Рад|очк|а 2, Рад|ушк|а 1, Рад|юшк|а 1

Рад|я → Рад|еньк|а 2, Рад|ечк|а 3, Рад|ик 2, Рад|к|а 2,

Рад|оньк|а 2: Рад|очк|а 3, Рад|ушк|а 2, Рад*ы*|к|а 2,

Ра́д|юшк|а 2

Рад|еньк|а 3, Рад|ечк|а 4, Рад|ик 3, Рад|к|а 3, Рад|оньк|а 3,
Рад|очк|а 4, Рад|ушк|а 3, Рады|к|а 3, Рад|юшк|а 3
(Ра)дим(ир) → **Дим|а** → Дим|к|а 1 → Дим*оч*|к|а 1
Дим|оньк|а 1, Дим|очк|а 2, Дим|ушк|а 1
Дим|к|а 2, Дим|оньк|а 2, Дим|очк|а 3, Дим|ушк|а 2
(Ради)мир → **Мир|а** → Мир|к|а 1 → Мир*оч*|к|а 1
Мир|ик 1, Мир|очк|а 2
Мир|ик 2, Мир|к|а 2, Мир|очк|а 3

РАДИСЛА́В|, а, *м* (*слав. редк.*) [от основ со значением ‘радеть, заботиться + слава’]. О т ч е с т в о : Радисла́вович, Радисла́вовна *и* Радисла́вич, Радисла́вна.

П р о и з в о д н ы е (18) :
Радислав
Рад(ислав) → **Рад|а** → Рад|к|а 1 → Рад*оч*|к|а 1
Рады|к|а 1 → Рад*еч*|к|а 1
Рад|еньк|а 1, Рад|ечк|а 2, Рад|ик 1, Рад|оньк|а 1,
Рад|очк|а 2, Рад|ушк|а 1, Рад|юшк|а 1
Рад|я → Рад|еньк|а 2, Рад|ечк|а 3, Рад|ик 2, Рад|к|а 2,
Рад|оньк|а 2, Рад|очк|а 3, Рад|ушк|а 2, Рады|к|а 2,
Ра́д|юшк|а 2
Рад|еньк|а 3, Рад|ечк|а 4, Рад|ик 3, Рад|к|а 3, Рад|оньк|а 3,
Рад|очк|а 4, Рад|ушк|а 3, Рады|к|а 3, Ра́д|юшк|а 3
(Ради)слав → **Слав|а** → Слав|к|а 1 → Слав*оч*|к|а 1
Слав|еньк|а 1, Слав|ик 1, Слав|оньк|а 1,
Слав|очк|а 2, Слав|ушк|а 1
Слав|еньк|а 2, Слав|ик 2, Слав|к|а 2, Слав|оньк|а 2,
Слав|очк|а 3, Слав|ушк|а 2
С р.: *ж* Радислава.

РАДОМИ́Р|, а, *м* (*слав. редк.*) [от основ со значением ‘радеть, заботиться + мир’]. О т ч е с т в о : Радоми́рович, Радоми́ровна; Радоми́рыч (*разг.*).
П р о и з в о д н ы е (15) :
Радомир
Рад(омир) → **Рад|а** → Рад|к|а 1 → Рад*оч*|к|а 1
Рады|к|а → Рад*еч*|к|а 1
Рад|еньк|а 1, Рад|ечк|а 2, Рад|ик 1, Рад|оньк|а 1,
Рад|очк|а 2, Рад|ушк|а 1
Рад|я → Рад|еньк|а 2, Рад|ечк|а 3, Рад|ик 2, Рад|к|а 2,
Рад|оньк|а 2, Рад|очк|а 3, Рад|ушк|а 2, Рады|к|а 2
Рад|еньк|а 3, Рад|ечк|а 4, Рад|ик 3, Рад|к|а 3, Рад|оньк|а 3,
Рад|очк|а 2, Рад|ушк|а 3, Рады|к|а 3
(Радо)мир → **Мир|а** → Мир|к|а 1 → Мир*оч*|к|а 1
Мир|ик 1, Мир|очк|а 2, Мир|ушк|а 1

Мир|к|а 2, Мир|ик 2, Мир|очк|а 3, Мир|ушк|а 2

С р. *ж* Радомира.

РАТИБО́Р|, а, *м* (*слав. редк.*) [от ратобороти 'защищать']. О т ч е с т в о : Ратибо́рович, Ратибо́ровна.

П р о и з в о д н ы е (11) :

Ратибор

Рат(ибор) → **Рат|а** → Рат|к|а 1 → Рат*оч*|к|а 1

Рать|к|а 1 → Рат*еч*|к|а 1

Рат|еньк|а 1, Рат|ечк|а 2, Рат|очк|а 2

Рат|я → Рат|еньк|а 2, Рат|ечк|а 3, Рат|к|а 2, Рат|очк|а 3, Рать|к|а 2

Рат|еньк|а 3, Рат|ечк|а 4, Рат|к|а 3, Рат|ок|а 4, Рать|к|а 3

(Рати)бор → **Бор|я** → Борь|к|а 1 → Бор*еч*|к|а 1

Бор|еньк|а 1, Бор|ечк|а 2

Бор|еньк|а 2, Бор|ечк|а 3, Борь|к|а 2

РАТМИ́Р|, а, *м* (*слав. редк.*) [от основ со значением 'защищать + мир']. О т ч е с т в о : Ратми́рович, Ратми́ровна.

П р о и з в о д н ы е (12) :

Ратмир

Рат(мир) → **Рат|а** → Рат|к|а 1 → Рат*оч*|к|а 1

Рать|к|а 1 → Рат*еч*|к|а 1

Рат|еньк|а 1, Рат|ечк|а 2, Рат|очк|а 2

Рат|я → Рат|еньк|а 2, Рат|ечк|а 3, Рат|к|а 2, Рат|очк|а 3, Рать|к|а 2

Рат|еньк|а 3, Рат|ечк|а 4, Рат|к|а 3, Рат|очк|а 4, Рать|к|а 3

(Рат)мир → **Мир|а** → Мир|к|а 1 → Мир*оч*|к|а 1

Мир|ик 1, Мир|очк|а 2, Мир|ушк|а 1

Мир|ик 2, Мир|к|а 2, Мир|очк|а 3, Мир|ушк|а 2

РАФАЙЛ|, а, *м* [*др.-евр.* 'Бог лечил'; 'Бог исцелил']. О т ч е с т в о : Рафа-йлович, Рафайловна; Рафайлыч (*разг.*).

Рафи́л|, а (*разг.*). О т ч е с т в о : Рафи́лович, Рафи́ловна.

П р о и з в о д н ы е (24) :

Рафаил →   Рафаил|к|а, Рафаил|ушк|а

Раф(аил)→ **Раф|а 1** → Раф|к|а 1 → Раф*оч*|к|а 1

Раф|ул|я 1 → Рафуль|к|а → Рафул*еч*|к|а 1

Рафул|ечк|а 2

Раф|очк|а 2, Раф|ушк|а 1

Рах|а 1 → Раш|к|а 1 → Раш*еч*|к|а 1

Раш|еньк|а 1, Раш|ечк|а 2

Раш|а 1 → Раш|еньк|а 2, Раш|ечк|а 3,

Раш|к|а 2

Ра(ф)|а) → Ра|ш|а 2

Раф|к|а 2, Раф|очк|а 3, Раф|ул|я 2, Раф|ушк|а 2

| Рах|а 2
Ра(фаил) → Ра|ш|а 3
Раф(а)ил → **Рафил, Рафил|а** → Рафил|к|а 1, Рафил|ушк|а 1
              Раф(ил), Раф(ил|а) → Раф|а 2; Раф|к|а 3, Раф|очк|а 4,
                                            Раф|ул|я 3, Раф|ушк|а 3
                         Рах|а 3
              Ра(фил), Ра(фил|а) → Ра|ш|а 4, Ра|х|а 4
              (Раф)ил, (Раф)ил|а → **Ил|я** → Иль|к|а 1 → Илеч|к|а 1
                                             Ил|еньк|а 1, Ил|ечк|а 2
                              Ил|еньк|а 2, Ил|ечк|а 3, Иль|к|а 1
              Рафил|к|а 2, Рафил|ушк|а 2
(Ра)фаил → **Фаил, Фаил|а** → Фаил|к|а 1, Фаилоч|к|а 1
                        Фаил|очк|а 2
              (Фа)ил, (Фа)ил|а → Ил|я 2; Ил|еньк|а 3, Ил|ечк|а 4, Иль|к|а 3
              Фаил|к|а 2, Фаил|рчк|а 3
(Рафа)ил → Ил|я 3; Ил|еньк|а 4, Ил|ечк|а 5, Иль|к|а 4

День ангела и святой (Рафаил): 8 ноября — *святой*.

РЕМ[1]|, а, *м* [*лат.* 'брат Ромула'; 'имя одного из легендарных основателей Рима'; 'весло']. О т ч е с т в о : Рéмович, Рéмовна.
      П р о и з в о д н ы е (12) :
Рем → Рем|к|а 1 → Рем*оч*|к|а 1
          Рем|ул|я 1 → Ремуль|к|а
          Рем|ус|я 1   Ремусь|к|а → Ремус*еч*|к|а 1
                        Ремус|ечк|а 2
          Рем|ик 1, Рем|оньк|а 1, Рем|очк|а 2, Рем|ух|а 1, Рем|ушк|а 1
          Рем|а → Рем|ик 2, Рем|к|а 2, Рем|оньк|а 2, Рем|очк|а 3, Рем|ул|я 2
                        Рем|ус|я 2, Рем|ух|а 2, Рем|ушк|а 2

РЕМ[2]|, а, *м* (*нов.*) [из сочетания 'революция мировая']. О т ч е с т в о : Рéмович, Рéмовна.
Ре(волюция) М(ировая) → Рем.
      П р о и з в о д н ы е (12) :
Рем → Рем|к|а 1 →   Рем*оч*|к|а 1
          Рем|ул|я 1 → Ремуль|к|а
          Рем|ус|я 1 → Ремусь|к|а → Рéмус*еч*|к|а 1
                        Ремус|ечк|а 2
          Рем|ик 1, Рем|оньк|а 1, Рем|очк|а 2, Рем|ух|а 1, Рем|ушк|а 1
          Рем|а → Рем|ик 2, Рем|к|а 2, Рем|оньк|а 2, Рем|очк|а 3, Рем|ул|я 2,
                        Рем|ус|я 2, Рем|ух|а 2, Рем|ушк|а 2
      С р.: *ж* Рема.

РЕНА́Т[1]|, а, *м* [*лат.* 'возродившийся'; 'вновь рожденный, возвративший-
ся к жизни']. О т ч е с т в о : Рена́тович, Рена́товна; Рена́тыч (*разг.*).

П р о и з в о д н ы е (17) :

Ренат → Ренат|к|а 1 → Рена*точ*|к|а 1
| Ренат|ик 1, Ренат|очк|а 2, Ренат|ушк|а 1
Рен(ат) → **Рен|а 1** → Рен|к|а 1 → Рен*оч*|к|а 1
| Рень|к|а 1 → Рен*еч*|к|а 1
| Рен|ечк|а 2, Рен|ик 1, Рен|очк|а 2, Рен|ушк|а 1,
| Рен|юшк|а 1
     Рен|я 1 → Рен|ечк|а 3, Рен|ик 2, Рен|к|а 2, Рен|очк|а 3,
             Рен|ушк|а 2, Рень|к|а 2, Рен|юшк|а 2
    Рен|ечк|а 4, Рен|ик 3, Рен|к|а 3, Рен|очк|а 4, Рен|ушк|а 3,
    Рень|к|а 3, Рен|юшк|а 3
(Ре)нат → **Нат|а 1** → Нат|к|а 1 → На*точ*|к|а 1
               Нат|очк|а 2
      Нат|к|а 2, Нат|очк|а 3
      Ренат|а → Ренат|ик 2, Ренат|к|а 2, Ренат|очк|а 3, Ренат|ушк|а 2
      Рен(ат|а) →   Рен|а 2, Рен|я 2; Рен|ечк|а 5, Рен|ик 4, Рен|к|а 4,
                   Рен|очк|а 5, Рен|ушк|а 4, Рень|к|а 4, Рен|юшк|а 4
        (Ре)нат|а → Нат|а 2; Нат|к|а 3, Нат|очк|а 4
С р.: *ж* Рената.

РЕНА́Т[2], а, *м* (*нов.*) [из сочетания 'революция, наука, труд']. О т ч е с т в о: Рена́тович, Рена́товна; Рена́тыч (*разг.*).
Ре(волюция)На(ука)Т(руд) → Ренат.

П р о и з в о д н ы е (17) :

Ренат → Ренат|к|а 1 → Рена*точ*|к|а 1
| Ренат|ик 1, Ренат|очк|а 2, Ренат|ушк|а 1
Рен(ат) → **Рен|а 1** → Рен|к|а 1 → Рен*оч*|к|а 1
| Рень|к|а 1 → Рен*еч*|к|а 1
| Рен|ечк|а 2, Рен|ик 1, Рен|очк|а 2, Рен|ушк|а 1,
| Рен|юшк|а 1
     Рен|я 1 → Рен|ечк|а 3, Рен|ик 2, Рен|к|а 2, Рен|очк|а 3,
             Рен|ушк|а 2, Рень|к|а 2, Рен|юшк|а 2
    Рен|ечк|а 4, Рен|ик 3, Рен|к|а 3, Рен|очк|а 4, Рен|ушк|а 3,
    Рень|к|а 3, Рен|юшк|а 3
(Ре)нат → **Нат|а 1** → Нат|к|а 1 → На*точ*|к|а 1
| Нат|очк|а 2
      Нат|к|а 2, Нат|очк|а 3
      Ренат|а → Ренат|ик 2, Ренат|к|а 2, Ренат|очк|а 3, Ренат|ушк|а 2
      Рен(ат|а) → Рен|а 2, Рен|я 2; Рен|ечк|а 5, Рен|ик 4, Рен|к|а 4,
| Рен|очк|а 5, Рен|ушк|а 4, Рень|к|а 4, Рен|юшк|а 4
        (Ре)нат|а → Нат|а 2; Нат|к|а 3, Нат|очк|а 4
С р.: *ж* Рената.

РО́БЕРТ|, а, *м* [*др.-герм.* 'слава + великолепие, блеск']. О т ч е с т в о:

Ро́бертович, Ро́бертовна.
    П р о и з в о д н ы е (2) :
Роберт → Роберт|ушк|а
Роб(ерт) → **Роб**|а

РОДИО́Н|, а, *м* [*предположительно греч.* 'роза'; 'житель Родоса'; 'розо-
вый']. О т ч е с т в о : Родио́нович, Родио́новна; Родио́ныч (*разг.*).
Родиво́н|, а (*прост.*). О т ч е с т в о : Родиво́нович, Родиво́новна.
    П р о и з в о д н ы е (22) :
Родион → Родион|к|а, Родион|ушка
Род(ион) → **Род|я 1** → Родь|к|а 1 → Род*еч*|к|а 1
                        Род|еньк|а 1, Род|ечк|а 2, Род|ик 1, Род|ч|а 1,
                        Род|юк 1, Род|юш|а 1, Род|юшк|а 1
           Род|еньк|а 2, Род|ечк|а 3, Род|ик 2, Род|ч|а 2, Родь|к|а 2,
           Род|юк 2, Род|юш|а 2, Род|юшк|а 2
(Роди)он → **Он|я** → Онь|к|а 1 → Он*еч*|к|а 1
                   Он|ечк|а 2, Он|юшк|а 1
           Он|ечк|а 3, Онь|к|а 2, Он|юшк|а 2
           Родиош|а → Родиош|к|а 1 → Родиош*еч*|к|а 1
                        Родиош|еньк|а 1, Родиош|ечк|а 2
           Родиош|еньк|а 2, Родиош|ечк|а 3, Родио*ш*|к|а 2
           Родивон → Родивон|к|а 1, Родивон|ушк|а 1
           Род(ивон) → **Род|я 2**; Род|еньк|а 3, Род|ечк|а 4, Род|ик 3,
                        Род|ч|а 3, Родь|к|а 3, Род|юк 3, Род|юш|а 3,
                        Род|юшк|а 3
           (Родив)он → Он|я 2; Он|ечк|а 4, Онь|к|а 3, Он|юшк|а 3
           Родивон|к|а 2, Родивон|ушк|а 2
    Дни ангела и святые (Родион): 4 января, 10 ноября — *апостолы*.

РОДИСЛА́В|, а, *м* (*слав. редк.*) [от основ со значением 'родить + слава'].
О т ч е с т в о : Родисла́вович, Родисла́вовна *и* Родисла́вич, Родисла́вна.
    П р о и з в о д н ы е (11) :
Родислав
Род(ислав) → **Род|я** → Родь|к|а 1 → Род*еч*|к|а 1
                      Род|еньк|а 1, Род|ечк|а 2
           Род|еньк|а 2, Род|ечк|а 3, Родь|к|а 2
(Роди)слав → **Слав|а** → Слав|к|а 1 → Слав*оч*|к|а 1
                       Слав|еньк|а 1, Слав|ик 1, Слав|оньк|а 1, Слав|очк|а 2
                       Слав|ушк|а 1
           Слав|еньк|а 2, Слав|ик 2, Слав|к|а 2, Слав|оньк|а 2,
           Слав|очк|а 3, Слав|ушк|а 2

РОМА́Н|, а, *м* [*лат.* 'римский, римлянин']. О т ч е с т в о : Рома́нович,
Рома́новна; Рома́ныч (*разг.*).

П р о и з в о д н ы е (36):

Роман → Роман|к|а 1 → Роман*оч*|к|а 1, Роман*ч*|ик 1

     Романьк|а 1 → Роман*еч*|к|а 1

     Роман|ец 1, Роман|ечк|а 2, Роман|ищ|е 1, Роман|ок 1,

     Роман|очк|а 2, Роман|ушк|а 1, Роман|чик 2, Романьк|о 1,

     Роман|юк 1, Роман|юшк|а 1

Рома(н) → **Рома|с|я 1** → Ромась|к|а 2 → Ромас*еч*|к|а 1

                    Ромас|еньк|а, Ромас|ечк|а 2

     Рома|х|а 1 → Рома*ш*|к|а 1 → Рома*ш*еч*|к|а 1

             Рома*ш*|еньк|а 1, Рома*ш*|ечк|а 2, Рома*ш*|ок 1

             Рома*ш*|а 1 → Рома*ш*|еньк|а 2, Рома*ш*|ечк|а 3,

                    Рома*ш*|к|а 2, Рома*ш*|ок 2

Ром(ан) → **Ром|а 1** → Ром|к|а 1 → Ром*оч*|к|а 1

           Ром|ул|я 1 → Ромуль|к|а → Ромул*еч*|к|а 1

                  Ромул|еньк|а, Ромул|ечк|а 2, Ромул|ик

           Ром|ай, Ром|ак|а 1, Ром|ик 1, Ром|оньк|а 1,

           Ром|очк|а 2, Ром|ушк|а 1, Ром|ш|а 1

     Ром|ай 2, Ром|ак|а 2, Ром|ик 2, Ром|к|а 2, Ром|оньк|а 2,

     Ром|очк|а 3, Ром|ул|я 2, Ром|ушк|а 2, Ром|ш|а 2

     Рома*ш*|а 2; Рома*ш*|еньк|а 3, Рома*ш*|ечк|а 4, Рома*ш*|к|а 3, Рома*ш*|ок 3

     Роман|я → Роман|ец 2, Роман|ечк|а 3, Роман|ищ|е 2,

              Роман|к|а 2, Роман|ок 2, Роман|очк|а 3,

              Роман|ушк|а 2, Роман|чик 3, Романьк|а 2,

              Романьк|о 2, Роман|юк 2, Роман|юшк|а 2

              Рома*ш*|а 3; Рома*ш*|еньк|а 4, Рома*ш*|ечк|а 5,

              Рома*ш*|к|а 4, Рома*ш*|ок 4

     Рома(н|я) → Рома|с|я 2, Рома|х|а 2

     Ром(ан|я) → Ром|а 2; Ром|ай 3, Ром|ак|а 3, Ром|ик 3,

              Ром|к|а 3, Ром|оньк|а 3, Ром|очк|а 4, Ром|ул|я 3,

              Ром|ушк|а 3, Ром|ш|а 3

Дни ангела и святые (Роман): 29 января, 10 августа, 18 и 19 ноября — *мученики*; 3 февраля, 2 и 23 мая, 19 и 24 июля — *князья*; 23 июня, 29 июля, 10 октября, 27 ноября — *преподобные*; 1 октября — *песнопевчий*.

РОМОДА́Н|, а , *м* (*ст.-русск. редк.*) [*предположительно диал.* ромода — 'толпа, шум' *или от* ромодить 'хлопотать, суетиться']. О т ч е с т в о: Ромода́нович, Ромода́новна; Ромода́ныч (*разг.*).

П р о и з в о д н ы е (10):

Ромодан → Ромодан|к|а → Ромодан*оч*|к|а 1

         Ромодан|очк|а 2, Ромодан|ушк|а

Ром(одан) → **Ром|а** → Ром|к|а 1 → Ром*оч*|к|а 1

            Ром|оньк|а 1, Ром|очк|а 2

     Ром|к|а 2, Ром|оньк|а 2, Ром|очк|а 3

(Ромо)дан → **Дан|я** → Даньк|а 1 → Дан*еч*|к|а 1

Дан|ечк|а 2
Дан|ечк|а 3, Дань|к|а 2

РОСТИСЛА́В|, а , *м* (*слав.*) [от основ со значением 'расти + слава']. О т-
ч е с т в о : Ростисла́вович, Ростисла́вовна.
    П р о и з в о д н ы е (39):
Ростислав → Ростислав|к|а, Ростислав|ушк|а
Рост(ислав) → **Рост|я** → Ростьк|а 1 → Рост*еч*|к|а 1
                              Рост|ян|а 1 → Ростян|к|а → Ростян*оч*|к|а
                              Ростян|очк|а 2, Ростян|ушк|а
                              Рост|еньк|а 1, Рост|ечк|а 2, Рост|ик 1, Рост|ил|а 1
             Рос(т|я) → **Рос|я 1** → Рось|к|а 1, Рос*еч*|к|а 1
                              Рос|еньк|а 1, Рос|ечк|а 2, Рос|ик 1
                              Рос|еньк|а 2, Рос|ечк|а 3, Рос|ик 2, Рось|к|а 2
             Ро(с)т|я → **Рот|я 1** → Роть|к|а 1 → Рот*еч*|к|а 1
                              Рот|еньк|а 1, Рот|ечк|а 2
                              Рот|еньк|а 2, Рот|ечк|а 3, Роть|к|а 2
             Рост|еньк|а 2, Рост|ечк|а 3, Рост|ик 2, Рост|ил|а 2,
             Рость|к|а 2, Рост|ян|а 2
Рос(тислав) → Рос|я 2; Рос|еньк|а 3, Рос|ечк|а 4, Рос|ик 3, Рось|к|а 3
Ро(с)т(ислав) → Рот|я 2; Рот|еньк|а 3, Рот|ечк|а 4, Роть|к|а 3
(Рости)слав → **Слав|а** → Слав|к|а 1 → Слав*оч*|к|а 1, Слав*ч*|ик 1
                              Слав|ун|я 1 → Славунь|к|а → Славун*еч*|к|а 1,
                                              Славун*ч*|ик 1
                              Славун|ечк|а 2, Славун|чик 2,
                              Славун|юшк|а
                    Слав|ус|я 1 → Славусь|к|а → Славус*еч*|к|а 1
                              Славус|еньк|а, Славус|ечк|а 2,
                              Славус|ик
                    Слав|еньк|а 1, Слав|ик 1, Слав|оньк|а 1,
                    Слав|очк|а 2, Слав|ушк|а 1, Слав*ч*|ик 2
             Слав|еньк|а 2, Слав|ик 2, Слав|к|а 2, Слав|оньк|а 2,
             Слав|очк|а 3, Слав|ун|я 2, Слав|ус|я 2, Слав|ушк|а 2,
             Слав|чик 3
    С р.: *ж* Ростиславна.

РУБЕ́НТИЙ|, Рубе́нти|я (Рубе́нти[й|а]), *м* [*лат.* 'краснеющий']. О т-
ч е с т в о : Рубе́нтиевич, Рубе́нтиевна *и* Рубе́нтьевич, Рубе́нтьевна.
    П р о и з в о д н ы е (10):
Рубентий → Рубенть|юшк|а (Рубенть[й|у]шк|а)
Рубен(тий) → **Рубен|я** → Рубень|к|а 1 → Рубен*еч*|к|а 1, Рубен*ч*|ик 1
                              Рубен|ечк|а 2, Рубен|чик 2
             Рубен|я → **Бен|я 1** → Бен|к|а 1 → Бен*оч*|к|а 1
                              Бень|к|а 1 → Бен*еч*|к|а 1

|||
Бен|ечк|а 2, Бен|очк|а 2
Бен|ечк|а 3, Бен|к|а 2, Бен|очк|а 3
Рубен|ечк|а 3, Рубен|чик 3, Рубень|к|а 2
(Ру)бен(ти) → Бен|я 2; Бен|ечк|а 4, Бен|к|а 3, Бен|очк|а 4, Бень|к|а 3

РУВИ́М|, а, м (*стар. редк.*) [*др.-евр.* имя 'смотрите : сын!']. О т ч е с т в о : Руви́мович, Руви́мовна.
Руви́н|, а (*разг*). О т ч е с т в о : Руви́нович, Руви́новна.
   П р о и з в о д н ы е (11) :
Рувим → Рувим|к|а, Рувим|ушк|а
Рув(им) → **Рув|а 1** → Рув|к|а 1 → Рув*оч*|к|а 1
   | Рув|очк|а 2
   Рув|к|а 2, Рув|очк|а 3
(Ру)вим → **Вим|а** → Вим|к|а 1 → Вим*оч*|к|а 1
   | Вим|очк|а 2
   Вим|к|а 2, Вим|очк|а 3
   Руви*н* → Рувин|к|а 1 → Рувин*оч*|к|а 1
   | Рувин|очк|а 2, Рувин|ушк|а 1
   Рув(ин) → Рув|а 2; Рув|к|а 3, Рув|очк|а 4
   Рувин|к|а 2, Руви*н*|очк|а 3, Рувин|ушк|а 2

РУСЛА́Н|, а, м [*из арабск. через тюрк.* Арслан 'лев']. О т ч е с т в о : Русла́нович, Русла́новна; Русла́ныч (*разг.*).
   П р о и з в о д н ы е (24) :
Руслан → Руслан|к|а → Руслан*оч*|к|а 1
   | Руслан|очк|а 2, Руслан|ушк|а
Рус(лан) → **Рус|я** → Русь|к|а 1 → Рус*еч*|к|а 1
   | Рус|еньк|а 1, Рус|ечк|а 2, Рус|ик 1
   Рус|еньк|а 2, Рус|ечк|а 3, Рус|ик 2, Русь|к|а 2
(Рус)лан → **Лан, Лан|а** → Лан|к|а 1 → Лан*оч*|к|а 1
   | Лань|к|а 1 → Лан*еч*|к|а 1
   | Лан|ечк|а 2, Лан|очк|а 2, Лан|ушк|а 1
   Лан|я → Лан|ечк|а 3, Лан|к|а 2, Лан|очк|а 3, Лан|ушк|а 2,
   | Лань|к|а 2
   Лан|ечк|а 4, Лан|к|а 3, Лан|очк|а 4, Лан|ушк|а 3, Лань|к|а 3

РУФ|, а, м [*лат.* 'золотисто-желтый, рыжий'; 'рыжий, красный']. О т ч е с т в о : Ру́фович, Ру́фовна.
   П р о и з в о д н ы е (8) :
Руф → Руф|ан|я 1 → Руфань|к|а
   Руф|к|а 1 → Руф*оч*|к|а 1
   Руф|ик 1, Руф|оньк|а 1, Руф|очк|а 2, Руф|ушк|а 1
   Руф|а → Руф|ан|я 2, Руф|ик 2, Руф|к|а 2, Руф|оньк|а 2,
   | Руф|очк|а 3, Руф|ушк|а 2

Дни ангела и святые (Руф): 4 января, 8 апреля — *апостолы*; 29 апреля, 6 июля — *мученики*; 28 августа — *преподобный*.

РУФИ́Н|, а, *м* [*лат.* 'золотисто-желтый, рыжий'; 'рыжеватый'; 'принадлежащий Руфу']. О т ч е с т в о : Руфи́нович, Руфи́новна; Руфи́ныч (*разг.*). **Руфи́м**|, а (*разг.*). О т ч е с т в о : Руфи́мович, Руфи́мовна; Руфи́мыч (*разг.*).

П р о и з в о д н ы е (23) :

Руфин → Руфин|к|а → Руфиноч|к|а 1
        Руфин|очк|а 2, Руфин|ушк|а
Руф(ин) → **Руф|а 1** → Руф|ан|я 1 → Руфань|к|а
               Руф|к|а 1 → Руфоч|к|а 1
               Руф|ик 1, Руф|оньк|а 1, Руф|очк|а 2, Руф|ушк|а 1
        Руф|ан|я 2, Руф|ик 2, Руф|к|а 2, Руф|оньк|а 2, Руф|оньк|а 3,
        Руф|ушк|а 2
(Ру)фин → **Фин|а** → Фин|к|а 1 → Финоч|к|а 1
           Фин|очк|а 2
           Фим|а 1 → Фим|к|а 1 → Фимоч|к|а 1
                   Фим|ул|я 1 → Фимуль|к|а →Фимулеч|к|а 1
                    Филул|еньк|а, Фимул|ечк|а 2
               Фим|очк|а 2, Фим|ушк|а 1
           Фим|к|а 2, Фим|очк|а 3, Фим|ул|я 2, Фим|ушк|а 2
        Фин|к|а 2, Фин|очк|а 3
        Фим|а 2; Фим|к|а 3. Фим|очк|а 4, Фим|ул|я 3, Фим|ушк|а 3
Руфим
Руф(им) → Руф|а 2; Руф|ан|я 3, Руф|ик 3, Руф|к|а 3,
        Руф|оньк|а 3, Руф|очк|а 4, Руф|ушк|а 3
(Ру)фим → Фим|а 3; Фим|к|а 4, Фим|очк|а 5, Фим|ул|я 4,
        Фим|ушк|а 4
С р.: *ж* Руфина.

Дни ангела и святые (Руфин): 10 марта, 7 апреля, 6 июля — *мученики*.

РЮ́РИК|, а, *м* [*раннее заимств. из сканд. яз.* от 'слава + король'; *из др.-герм.* 'слава + богатство, могущество']. О т ч е с т в о : Рю́рикович, Рю́риковна.

П р о и з в о д н ы е (9) :

Рюрик
Рю(рик) → **Рюр|а** → Рюр|к|а 1 → Рюроч|к|а 1
           Рюр|очк|а 2
        (Р)юра → **Юр|а 1** → Юр|к|а 1 → Юроч|к|а 1
                   Юр|ок 1 → Юроч|ек 1
                   Юр|оньк|а 1, Юр|очек 2, Юр|очк|а 2
           Юр|к|а 2, Юр|ок 2, Юр|оньк|а 2, Юр|очек 3, Юр|очк|а 3
        Рюр|к|а 2, Рюр|очк|а 3
(Р)юр(ик) → Юр|а 2; Юр|к|а 3, Юр|ок 3, Юр|оньк|а 3, Юр|очк|а 4

С

СА́ВВ|А, ы, *м* [*арам.* 'старец, дед'; 'неволя, вино']. О т ч е с т в о : Са́ввич, Са́ввична.

П р о и з в о д н ы е (12) :

Савва → Савв|очк|а, Савв|ушк|а

Сав(ва) → **Сав|а** → Сав|к|а 1 → Сав|очк|а 1

                 Сав|оньк|а 1, Сав|очк|а 2, Сав|ушк|а 1

      (С)ав|а → **Ав|а 1** → Ав|к|а 1 → Ав|очк|а 1

                 Ав|оньк|а 1, Ав|очк|а 2, Ав|ушк|а 1

           Ав|к|а 2, Ав|оньк|а 2, Ав|очк|а 3, Ав|ушк|а 2

      Сав|к|а 2, Сав|оньк|а 2, Сав|очк|а 3, Сав|ушк|а 2

(С)ав(в|а) → Ав|а 2; Ав|к|а 3, Ав|оньк|а 3, Ав|очк|а 4, Ав|ушк|а 3

Дни ангела и святые (Савва): 14 и 19 января, 24 апреля, 13 июня, 27 и 28 августа, 28 сентября, 1 октября, 3 и 5 декабря — *преподобные*; 1 и 15 ноября, 15 апреля — *мученики*; 12 января, 8 февраля, 2 марта — *святые*; 23 июня — *праведник*; 27 июля — *равноапостольный*.

САВВА́ТИЙ|, Савва́ти|я (Савва́ти[й|а]) (*стар. редк.*) [*др.-евр.* 'суббота'; 'субботний']. О т ч е с т в о : Савва́тиевич, Савва́тиевна *и* Савва́тьевич, Савва́тьевна.

Савватей́|, Савватé|я (Саввате[й|а]) (*разг.*). О т ч е с т в о : Савватéевич, Савватéевна.

П р о и з в о д н ы е (12) :

Савватий

Сав(ватий) → **Сав|а 1** → Сав|к|а 1 → Сав|очк|а 1

              Сав|оньк|а 1, Сав|очк|а 2, Сав|ушк|а 1

      Сав|к|а 2, Сав|оньк|а 2, Сав|очк|а 3, Сав|ушк|а 2

(Сав)ват(ий) → **Ват|я 1** → Ват|ьк|а 1 → Ват|еч|к|а 1

             Ват|еньк|а 1, Ват|ечк|а 2,

      Ват|еньк|а 2, Ват|ечк|а 3, Ват|ьк|а 2

Савватей → Савватей|к|а 1,

        | Сaввате|юшк|а (Сaввате[й/у]шк|а)1
        Сав(ватей) → Сав|а 2; Сав|к|а 3, Сав|оньк|а 3, Сав|очк|а 4,
        | Сав|ушк|а 3
        (Сав)ват(ей) → Ват|я 2; Ват|еньк|а 3, Ват|ечк|а 4, Ваты|к|а 3
        Сaвватей|к|а 2, Сaввате|юшк|а 2 (Сaввате[й/у]шк|а)
С р.: *ж* Савватия.
    Дни ангела и святые (Савватий): 8 августа, 28 сентября, 2 марта —
преподобные; 19 сентября — *мученик*; 27 сентября — *святой*.

САВЕ́ЛИЙ|, Саве́ли|я (Саве́ли[й|а]), *м* [*др.-евр.* 'испрошенный у Бога';
'сабинский'; тяжелый труд']. О т ч е с т в о : Саве́лиевич, Саве́лиевна *и*
Саве́льевич, Саве́льевна; Саве́льич (*разг.*).
Савёл|, а (*народн.*). О т ч е с т в о : Савёлович, Савёловна.
Саве́л|, а (*стар.*). О т ч е с т в о : Саве́лович, Саве́ловна.
    П р о и з в о д н ы е (13) :
Савелий → Савель|юшк|а (Савель[й|у]шк|а)
Савел(ий) → **Савел** → Савел|к|а 1 → Савелоч|к|а 1
        | Савел|очк|а 2, Савел|ушк|а 1
        | Сав(ел) → **Сав|а 1** → Сав|к|а 1 → Сав|оч|к|а 1
        | Сав|оньк|а 1, Сав|очк|а 2, Сав|ушк|а 1
        | Сав|к|а 2, Сав|оньк|а 2, Сав|очк|а 3, Сав|ушк|а 2
        | **Савёл 1** → Савёл|к|а 1, Савёл|ушк|а 1
        | Савёл|к|а 2, Савёл|ушк|а 2
        | Савел|к|а 2, Савел|очк|а 3, Савел|ушк|а 2
        | Савёл 2; Савёл|к|а 3, Савёл|ушк|а 3
Сав(елий) → Сав|а 2; Сав|к|а 3, Сав|оньк|а 3, Сав|очк|а 4, Сав|ушк|а 3
    День ангела и святой (Савел): 17 июня — *мученик*.

САМСО́Н|, а, *м* [*др.-евр.* 'солнечный, солнцу подобный']. О т ч е с т в о :
Самсо́нович, Самсо́новна; Самсо́ныч (*разг.*).
Сампсо́н|, а (*стар.*). О т ч е с т в о : Сампсо́нович, Сампсо́новна.
    П р о и з в о д н ы е (6) :
Самсон 1 → Самсон|к|а → Самсонч|ик 1
    | Самсон|ушк|а, Самсон|чик 2
(Сам)сон → **Сон|я** → Сонь|к|а 1 → Сонеч|к|а 1
    | Сон|ечк|а 2
    | Сон|ечк|а 3, Сонь|к|а 2
Сампсон
Сам(п)сон → Самсон 2
    День ангела и святой (Сампсон): 27 июня — *странноприимец*.

САМУИ́Л|, а, *м* [*др.-евр.* 'имя Божье' или 'Бог услышал'; 'есть Бог'; 'ус-
лышанный Богом']. О т ч е с т в о : Самуи́лович, Самуи́ловна; Самуи́лыч
(*разг.*).

Самойл|а, ы (*разг.*). О т ч е с т в о : Само́йлович, Само́йловна.
Самойл|о, ы (*стар. разг.*).

П р о и з в о д н ы е (28) :
Самуил → Самуил|к|а, Самуил|ушк|а
Саму(ил) → Саму|н|я → Самунь|к|а → Самун*еч*|к|а 1
│   │   Самун|*ечк*|а 2
│   Саму|х|а
Са(муил) → **Са|н|я 1** → Сань|к|а → Сан*еч*|к|а 1, Сан*ч*|ик 1
│   Сан|*ечк*|а 2, Сан|чик 2, Сан|ш|а, Сан|юшк|а
│   **Самойл|а**
│   **Самойл|о** → Самойл|ик 1, Самойл|ушк|а 1
│   Само(йл|а)
│   Само́(йл|о) → **Само|н|я** → Самон|к|а → Самон*оч*|к|а 1
│   │   Самонь|к|а → Самон*еч*|к|а 1
│   │   Самон|*ечк*|а 2, Самон|*очк*|а 2,
│   │   Самон|ушк|а, Самон|юшк|а
│   │   Само|*ш*|а → Само*ш*|к|а 1 → Само*ш*|*еч*|к|а 1
│   │   Само*ш*|еньк|а 1, Само*ш*|ечк|а 2
│   │   **Само*ш*|а 1** → Само*ш*|еньк|а 2,
│   │   Само*ш*|ечк|а 3,
│   │   Само*ш*|к|а 2
│   Само|ш|а 2
│   Са(*мойл*|а)
│   Са(*мойл*|о) → Са|н|я 2
│   Сам*ойл*|ик 2, Сам*ойл*|ушк|а 2

День ангела и святые (Самуил): 16 февраля — *мученик*; 20 августа, 9 декабря — *пророки*.

СВЕТИСЛА́В|, а, *м* (*слав. редк.*) [от основ со значением 'свет, светлый + слава']. О т ч е с т в о : Светисла́вович, Светисла́вовна; Светисла́вич, Светисла́вна.

П р о и з в о д н ы е (17) :
Светислав
Свет(ислав) → **Свет|а** → Свет|к|а 1 → Свет*оч*|к|а 1, Свет*ч*|ик 1
│   Свет|уш|а 1 → Светуш|к|а
│   Свет|еньк|а 1, Свет|ик 1, Свет|оньк|а 1,
│   Свет|очк|а 2, Свет|чик 2, Све́т|ушк|а 1
│   Свет|еньк|а 2, Свет|ик 2, Свет|к|а 2, Свет|оньк|а 2,
│   Свет|очк|а 3, Свет|уш|а 2, Све́т|ушк|а 2, Све|чик 3
(Свети)слав → **Слав|а** → Слав|к|а 1 → Слав*оч*|к|а 1
│   Слав|еньк|а 1, Слав|ик 1, Слав|оньк|а 1,
│   Слав|очк|а 2, Слав|ушк|а 1
│   Слав|еньк|а 2, Слав|ик 2, Слав|к|а 2, Слав|оньк|а 2,
│   Слав|очк|а 3, Слав|ушк|а 2

С р.: *ж* Светислава.

СВЕТОВИ́Д, а, *м* (*слав. редк.*) [от основ со значением 'свет, светлый + вид']. О т ч е с т в о : Световидович, Световидовна.
    П р о и з в о д н ы е (12):
Световид → Световид|к|а, Световид|ушк|а
Свет(овод) → **Свет|а** → Свет|к|а 1 → Свет*оч*|к|а 1, Свет*ч*|ик 1
                              Свет|уш|а 1 → Светуш|к|а
                              Свет|еньк|а 1, Свет|ик 1, Свет|оньк|а 1,
                              Свет|очк|а 2, Свет́|ушк|а 1, Свет|чик 2
                  Свет|еньк|а 2, Свет|ик 2, Свет|к|а 2, Свет|оньк|а 2,
                  Свет|очк|а 3, Свет|уш|а 2, Свет́|ушк|а 2, Свет|чик 3

СВЕТОЗА́Р|, а, *м* (*слав. редк.*) [от основ со значением 'свет + озарять'].
О т ч е с т в о : Светоза́рович, Светоза́ровна; Светоза́рыч (*разг.*).
    П р о и з в о д н ы е (31):
Светозар → Светозар|к|а → Светозар*оч*|к|а 1
                  Светозар|оньк|а, Светозар|очк|а 2, Светозар|ушк|а
Свет(озар) → **Свет|а** → Свет|к|а 1 → Свет*оч*|к|а 1, Свет*ч*|ик 1
                              Свет|уш|а 1 → Свет*уш*|к|а
                              Свет|еньк|а 1, Свет|ик 1, Свет|оньк|а 1,
                              Свет|очк|а 2, Свет́|ушк|а 1, Свет|чик 2
                  Свет|еньк|а 2, Свет|ик 2, Свет|к|а 2, Свет|оньк|а 2,
                  Свет|очк|а 3, Свет|уш|а 2, Свет́|ушк|а 2, Свет|чик 3
(Свето)зар → **Зар|а** → Зар|к|а 1 → Зар*оч*|к|а 1
                              Зарь|к|а 1 → Зар*еч*|к|а 1
                              Зар|еньк|а 1, Зар|ечк|а 2, Зар|ик 1, Зар|оньк|а 1,
                              Зар|очк|а 2, Зар|ушк|а 1, Зар|юшк|а 1
                              Зор|я 1 → Зорь|к|а 1 → Зор*еч*|к|а 1
                                                Зор|еньк|а 1, Зор|ечк|а 2, Зор|ик 1,
                                                Зор|юшк|а 1
                              Зор|еньк|а 2, Зор|ечк|а 3, Зор|ик 2, Зорь|к|а 2,
                              Зор|юшк|а 2
                  Зар|я → Зар|еньк|а 2, Зар|ечк|а 3, Зар|ик 2, Зар|к|а 2,
                              Зар|оньк|а 2, Зар|очк|а 3, Зар|ушк|а 2, Зарь|к|а 2
                              Зар|юшк|а 2
                              Зор|я 2; Зор|еньк|а 3, Зор|ечк|а 4, Зор|ик 3,
                              Зорь|к|а 3, Зор|юшк|а 3
                  Зар|еньк|а 3, Зар|ечк|а 4, Зар|ик 3, Зар|к|а 3, Зар|оньк|а 3,
                  Зар|очк|а 4, Зар|ушк|а 3, Зарь|к|а 3, Зар|юшк|а 3
                  Зор|я 3; Зор|еньк|а 4, Зор|ечк|а 5, Зор|ик 4, Зорь|к|а 4,
                  Зор|юшк|а 4
С р.: *ж* Светозара.

СВЕТОЛИ́К|, а, *м* (*слав. редк.*) [от основ со значением 'свет, светлый +
лик, лицо']. О т ч е с т в о : Светоли́кович, Светоли́ковна.
    П р о и з в о д н ы е (15):
Светолик
Свет(олик) → **Свет**|а → Свет|к|а 1 → Свето*ч*|к|а 1, Свет*ч*|ик 1
   | | Свет|уш|а 1 → Свету́ш|к|а
   | | Свет|еньк|а 1, Свет|ик 1, Свет|оньк|а 1,
   | | Свет|очк|а 2, Свѐт|ушк|а 1, Свет|чик 2
   | Свет|еньк|а 2, Свет|ик 2, Свет|к|а 2, Свет|оньк|а 2,
   | Свет|очк|а 3, Свет|уш|а 2, Свѐт|ушк|а 2, Свет|чик 3
(Све)тол(ик) → **Тол**|я → Толь|к|а 1 → Толе*ч*|к|а 1
                          Тол|еньк|а 1, Тол|ик 1, Тол|ечк|а 2
                 Тол|еньк|а 2, Тол|ечк|а 3, Тол|ик 2, Толь|к|а 2

СВЯТОГО́Р|, а, *м* (*ст.-русск. редк.*) [от основ со значением 'святой +
гора']. О т ч е с т в о : Святого́рович, Святого́ровна; Святого́рыч (*разг.*).
    П р о и з в о д н ы е (13):
Святогор → Святогор|к|а, Святогор|ушк|а
Свят(огор) → **Свят**|а → Свят|к|а 1 → Свято*ч*|к|а 1
   | Свят|ик 1, Свят|очк|а 2, Свят|ош|а 1, Свят|ушк|а 1
   | Свят|ик 2, Свят|к|а 2, Свят|очк|а 3, Свят|ош|а 2, Свят|ушк|а 2
(Свято)гор → **Гор**|а → Гор|к|а 1 → Горо*ч*|к|а 1
                        Гор|оньк|а 1, Горо*ч*|к|а 2, Гор|ушк|а 1
               Гор|к|а 2, Гор|оньк|а 2, Гор|очк|а 3, Гор|ушк|а 2

СВЯТОПО́ЛК|, а, *м* (*ст.-русск. редк.*) [от основ со значением 'святой,
священный + войско, поход, битва']. О т ч е с т в о : Святопо́лкович, Свя-
топо́лковна.
    П р о и з в д н ы е (11):
Святополк
Свят(ополк) → **Свят**|а → Свят|к|а 1 → Свято*ч*|к|а 1
   | Свят|ик 1, Свят|очк|а 2, Свят|ош|а 1, Свят|ушк|а 1
   | Свят|ик 2, Свят|к|а 2, Свят|очк|а 3, Свят|ош|а 2,
   | Свят|ушк|а 2
(Свято)пол(к) → **Пол**|я → Поль|к|а 1 → Поле*ч*|к|а 1
                          Пол|еньк|а 1, Пол|ечк|а 2, Пол|юшк|а 1
                 Пол|еньк|а 2, Пол|ечк|а 3, Поль|к|а 2, Пол|юшк|а 2

СВЯТОСЛА́В|, а, *м* (*слав.*) [от основ со значением 'святой + слава']. О т-
ч е с т в о : Святосла́вович, Святосла́вовна; Святосла́вич, Святосла́вна.
    П р о и з в о д н ы е (40):
Святослав → Святослав|к|а → Святославо*ч*|к|а
   | Святослав|оньк|а, Святослав|очк|а 2, Святослав|ушк|а
Свят(ослав) → **Свят**|а → Свят|к|а → Свято*ч*|к|а 1

Свят|ик 1, Свят|оньк|а 1, Свят|очк|а 2,
Свят|ош|а 1, Свят|ушк|а 1

Света 1 → Свет|к|а 1 → Свето́ч|к|а 1
Свет|еньк|а 1, Свет|ик 1,
Свет|оньк|а 1, Свет|очк|а 2

Свет|еньк|а 2, Свет|ик 2, Свет|к|а 2,
Свет|оньк|а 2, Свет|очк|а 3

Свят|ик 2, Свят|к|а 2, Свят|оньк|а 2, Свят|очк|а 3,
Свят|ош|а 2, Свят|ушк|а 2

Свет|а 2; Свет|еньк|а 3, Свет|ик 3, Свет|к|а 3,
Свет|оньк|а 3, Свет|очк|а 4

(Свято)слав → **Слав|а** → Слав|к|а 1 → Славо́ч|к|а 1, Славч|ик 1

Слав|ун|я 1 → Славунь|к|а → Славуне́ч|к|а 1,
Славунч|ик 1

Славун|ечк|а 2, Славун|чик 2,
Славун|юшк|а

Слав|ус|я 1 → Славусь|к|а → Славусе́ч|к|а
Славус|еньк|а, Славус|ечк|а 2,
Славус|ик

Слав|еньк|а 1, Слав|ик 1, Слав|оньк|а 1,
Слав|очк|а 2, Слав|ушк|а 1, Слав|чик 2

Слав|еньк|а 2, Слав|ик 2, Слав|к|а 2, Слав|оньк|а 2,
Слав|очк|а 3, Слав|ун|я 2, Слав|ус|я 2, Слав|ушк|а 2,
Слав|чик 3

(Св)я(то)с(лав) → **Яс|я** → Ясь|к|а 1 → Ясе́ч|к|а 1
Яс|еньк|а 1, Яс|ечк|а 2, Яс|ик 1

Яс|еньк|а 2, Яс|ечк|а 3, Яс|ик 2

С р.: *ж* Святослава.

День ангела и святой (Святослав): 29 июня, 14 октября — *князья*.

СЕВАСТЬЯ́Н|, а, *м* [*греч.* 'высокочтимый, священный'; 'достойный чести']. О т ч е с т в о : Севастья́нович, Севастья́новна; Севастья́ныч (*разг.*).
Савастья́н|, а (*разг.*). О т ч е с т в о : Савастья́нович, Савастья́новна; Савастья́ныч (*разг.*).
Севасте́й|, Севасте́|я (Севасте́[й|а]) (*прост.*).
Севастиа́н|, а (*стар.*). О т ч е с т в о : Севастиа́нович, Севастиа́новна.

П р о и з в о д н ы е (22):

Севастьян → Севастьян|к|а → Севастьяно́ч|к|а 1
Севастьян|очк|а 2, Севастьян|ушк|а

Севаст(ьян) → **Севасте́й**

Сев(астьян) → **Сев|а** → Сев|к|а 1 → Сево́ч|к|а 1
Сев|аш|а 1, Сев|ик 1, Сев|оньк|а 1, Сев|очк|а 2,
Сев|ушк|а 1

Сев|аш|а 2, Сев|ик 2, Сев|к|а 2, Сев|оньк|а 2, Сев|очк|а 3,

```
             Сев|ушк|а 2
             Савастьян → Савастьян|к|а 1, Савастьян|ушк|а 1
                           Савостьян 1 → Савостьян|к|а 1,
                          |              Савостьян|ушк|а 1
                           Савос(тьян) → Савос|я → Савось|к|а 1 →
                                                                Савосеч|к|а 1
                                                   Савос|еньк|а 1,
                                                   Савос|ечк|а 2,
                                                   Савос|юшк|а 1
                                        Савос|еньк|а 2, Савос|ечк|а 3,
                                        Савось|к|а 2, Савос|юшк|а 2
                           Савостьян|к|а 2, Савостьян|ушк|а 2
             Савастьян|к|а 2, Савастьян|ушк|а 2
             Савостьян 2; Савостьян|к|а 3, Савостьян|ушк|а 3
```

Севастиан →Севастьян 2

Дни ангела и святые (Севастиан): 18 декабря, 26 февраля, 23 марта — *преподобные*; 20 марта —*мученик*.

СЕЛИВА́Н|, а, *м* [предположительно *лат.* 'Бог лесов, полей и стад'; 'лес, лесной']. О т ч е с т в о : Селива́нович, Селива́новна; Селива́ныч (*разг.*). **Селифа́н**|, а (*разг.*). О т ч е с т в о : Селифа́нович, Селифа́новна; Селифа́ныч (*разг.*). **Селиво́н**|, а (*прост.*).

П р о и з в о д н ы е (18):

```
Селиван → Селиван|к|а, Селиван|ушк|а
(Сели)ван → Ван|я → Вань|к|а 1 → Ванеч|к|а 1
                     Ван|юш|а 1 → Ванюш|к|а
                     Ван|ечк|а 2, Ван|юшк|а 1
             Ван|ечк|а 3, Вань|к|а 2, Ва́н|юшк|а 2, Ван|юш|а 2
             Селивон → Селивонь|к|а 1 → Селивонеч|к|а 1
            |           Селивон|ечк|а 2
             Селивон|я → Селивон|ечк|а 3, Селивонь|к|а 2
             Селивон|ечк|а 4, Селивонь|к|а 3
             Селифан → Селифан|к|а 1, Селифан|ушк|а 1
                        Селифош|а 1 → Селифош|еньк|а 1,
                       |              Селифош|к|а 1
                        Селифош|еньк|а 2, Селифош|к|а 2
             Селифан|к|а 2, Селифан|ушк|а 2
             Селифош|а 2; Селифош|еньк|а 3, Селифош|к|а 3
```

Дни ангела и святые (Сильван): 25 января, 29 января, 4 мая, 14 октября — *мученики*; (Силуан): 4 января, 30 июля — *апостолы*; 10 июля — *мученик*.

СЕМЁН|, а, *м* [*др.-евр.* 'слушать'; '(Бог) слышащий'; 'услышание']. О т -

ч е с т в о : Семёнович, Семёновна; Семёныч (*разг.*).

Симео́н|, а (*стар.*). О т ч е с т в о : Симео́нович, Симео́новна; Симео́ныч (*разг.*).

П р о и з в о д н ы е (71):

Семён 1 → Семен|ей → Семеней|к|а

Семён|к|а, Семён|ушк|а

Сем(ён) → **Сём|а** → Сём|к|а 1 → Сёмо*ч*|к|а 1

Сём|ик 1, Сём|оньк|а 1, Сём|очк|а 2, Сём|ушк|а 1

Сем|ан 1 → Семан|я

Сем|ей 1 → Семей|к|а

Сем|к|а 1 → Семо*ч*|к|а 1

Сем|он|я 1 → Семонь|к|а

Сем|аг|а 1, Сем|ак 1, Сем|ик 1

Сим|а 1 → Сим|ан|я 1 → Симань|к|а → Симане*ч*|к|а 1

Симан|е*ч*к|а 2

Сим|к|а 1 → Симо*ч*|к|а 1, Сим*ч*|ик 1

Сим|он|я 1 → Симонь|к|а →Симоне*ч*|к|а 1

Симон|е*ч*к|а 2

Сим|ул|я 1 → Симуль|к|а → Симуле*ч*|к|а 1

Симул|еньк|а,

Симул|е*ч*к|а 2

Сим|ун|я 1 → Симунь|к|а →Симуне*ч*|к|а 1

Симун|е*ч*к|а 2

Сим|ух|а 1 → Симу́*ш*|а 1 → Симуше*ч*|ка 1

Симуш|еньк|а 1,

Симуш|е*ч*к|а 2

Сим|уш|а 1 →Симуш|еньк|а 2,

Симуш|е*ч*к|а 3,

Симу́*ш*|к|а 2

Сим|аг|а 1, Сим|ак|а 1, Сим|ах|а 1,

Сим|ик 1, Сим|ок 1, Сим|оньк|а 1,

Сим|очк|а 2, Си́м|ушк|а 1, Сим|*ч*ик 2,

Сим|*ш*|а 1

Сим|аг|а 2, Сим|ак|а 2, Сим|ан|я 2, Сим|ах|а 2,

Сим|ик 2, Сим|к|а 2, Сим|ок 2, Сим|оньк|а 2,

Сим|он|я 2, Сим|очк|а 3, Сим|ул|я 2, Сим|ун|я 2,

Сим|ух|а 2, Сим|уш|а 2, Си́м|ушк|а 2, Сим|*ч*ик 3,

Сим|*ш*|а 2

Сем|аг|а 2, Сем|ак 2, Сем|ан 2, Сем|ей 2, Сем|ик 2, Сем|к|а 2,

Сем|он|я 2

Сём|ик 2, Сём|к|а 2, Сём|оньк|а 2, Сём|очк|а 3, Сём|ушк|а 2

Сим|а 2; Сим|аг|а 3, Сим|ак|а 3, Сим|ан|я 3, Сим|ах|а 3,

Сим|ик 3, Сим|к|а 3, Сим|ок 3, Сим|оньк|а 3, Сим|он|я 3,

Сим|очк|а 4, Сим|ул|я 3, Сим|ун|я 3, Сим|ух|а 3, Сим|уш|а 3

| Сим|ушк|а 3, Сим|чик 4, Сим|ш|а 3

Се(мён) → **Сен|я** → Сень|к|а 1 → Сен*еч*|к|а 1 → Сенч|ик 1
                Сен|ч|а 1 → Сенч|ик 2
        Сен|ч|а 2
        Сен|юр|к|а 1 → Сенюр|к|а → Сенюр*оч*|к|а 1
                  Сенюр|он
Сенюр|онь|к|а, Сенюр|оч|к|а 2
        Сен|юх|а 1 → Сен*ю́ш*|к|а 1 → Сенюш*еч*|к|а 1
                Сеню*ш*|еньк|а 1, Сеню*ш*|ечк|а 2
        Сен|юш|а 1 → Сенюш|еньк|а 2, Сенюш|ечк|а 3,
                Сенюш|к|а 2
        Сен|ечк|а 2, Сен|ч|а 3, Сень|к|о 1, Сен|юшк|а 1
    Сен|ечк|а 3, Сен|ч|а 4, Сен|чик 4,Сень|к|а 2, Сень|к|о 2,
    Сен|юр|а 2, Сен|юх|а 2, Сен|юш|а 2, Сён|юшк|а 2

(Сем)ён → **Он|я** → Онь|к|а 1 → Он*еч*|к|а 1
           Он|ечк|а 2, Он|юшк|а 1
    Он|ечк|а 3, *Онь*|к|а 2, *Он*|юшк|а 2

Семеон
Симе(о)н → Семён 2

   Дни ангела и святые (Симеон): 4 января, 27 апреля — *апостолы*; 3 и 10 февраля, 17 апреля — *епископы*; 18 мая — *мученик*; 21 июля — *юродивый*; 8 декабря — *праведник*; 26 января, 13 февраля, 12 марта, 24 мая, 1 сентября — *преподобные*; 12 сентября — *святой*.

СЕРАПИО́Н|, а, *м* [*греч.* 'египетский Бог жизни, смерти и исцеления'; 'от Серапсиса, египетского бога']. О т ч е с т в о : Серапио́нович, Серапио́новна; Серапио́ныч (*разг.*).
Серпио́н|, а (*разг.*). О т ч е с т в о : Серпио́нович, Серпио́новна; Серпио́ныч (*разг.*).
   П р о и з в о д н ы е (14):
Серапион → Серапион|к|а, Серапион|ушк|а
Сер(ап)пион → **Серпион**
        Серп(ион) → **Серп|а 1** → Серп|ик 1, Серп|ок 1
                Сер(п|а) → **Сер|а 1** → Сер|к|а 1 → Сер*оч*|к|а 1
                              Сер|онь|к|а 1,
                              Сер|очк|а 2
                  Сер|к|а 2, Сер|оньк|а 2,
                  Сер|очк|а 3
                Серп|я 1 → Серп|ик 2, Серп|ок 2
                Сер(п|я) → Сер|а 2; Сер|к|а 3, Сер|оньк|а 3,
                          Сер|очк|а 4
                Серп|ик 3, Серп|ок 3
        Сер(пион) → Сер|а 2; Сер|к|а 4, Сер|оньк|а 4, Сер|очк|а 5
        (Серпи)он → **Он|я 1** → Онь|к|а 1 → Он*еч*|к|а 1
                    Он|ечк|а 2, Он|юшк|а 1

                       Он|ечк|а 3, Онь|к|а 2, Он|юшк|а 2
Сер(а)п(ион) → Серп|а 2, Серп|я 2; Серп|ик 4, Серп|ок 4
Сер(апион) → Сер|а 3; Сер|к|а 5, Сер|оньк|а 5, Сер|очк|а 6
(Серапи)он → Он|я 2; Он|ечк|а 4, Онь|к|а 3, Он|юшк|а 3

    Дни ангела и святые (Серапион): 31 января, 24 мая, 13 июля, 18 августа, 13 сентября — *мученики*; 16 марта — *епископ*; 7 апреля, 14 мая, 27 июня — *преподобные*; 12 июля — *святой*.

СЕРАФИМ|, а, *м* [*др.-евр.* 'огненные ангелы'; 'пламенный']. О т ч е с т в о : Серафи́мович, Серафи́мовна; Серафи́мыч (*разг.*).
    П р о и з в о д н ы е (37):
Серафим → Серафим|к|а → Серафимоч|к|а 1
                Серафим|очк|а 2, Серафим|ушк|а
Сер(афим) → **Сер|а** → Сер|к|а 1 → Сер|оч|к|а 1
                    Сер|оньк|а 1, Сер|очк|а 2
            Сер|к|а 2, Сер|оньк|а 2, Сер|очк|а 3
С(ераф)им → *Сим|а* → Сим|ан|я 1 → Симань|к|а → Симан*еч*|к|а 1
                            Симан|ечк|а 2
                Сим|к|а 1 → Сим*оч*|к|а 1, Сим*ч*|ик 1
                Сим|ор|а 1 → Симор|к|а → Симор*оч*|к|а 1
                           Симор|очк|а 2
                Сим|ул|я 1 → Симуль|к|а → Симул*еч*|к|а 1
                           Симул|еньк|а, Симул|ечк|а 2
                Сим|ун|я 1 → Симунь|к|а → Симун*еч*|к|а 1
                           Симун|ечк|а 2
                Сим|ур|а 1 → Симур|к|а → Симур*оч*|к|а 1
                           Симур|очк|а 2
                С(им)ур|а → Сюр|а → Сюр|к|а 1 → Сюр*оч*|к|а 1
                                Сюр|очк|а 2
                        Сюр|к|а 2, Сюр|очк|а 3
                Сим|ух|а 1 → Симуш|еньк|а 1, Симуш|ечк|а 1
                Сим|уш|а 1 → Симуш|еньк|а 2, Симуш|ечк|а 2
                Сим|аг|а 1, Сим|ак 1, Сим|ах|а 1, Сим|ик 1,
                Сим|ок 1, Сим|оньк|а 1, Сим|очк|а 2,
                Си́м|ушк|а 1, Сим|чик 2, Сим|ш|а 1
            (С)им|а → **Им|а 1** → Им|к|а 1 → Им*оч*|к|а 1
                          Им|очк|а 2
                    Им|к|а 2, Им|очк|а 3
            Сим|аг|а 2, Сим|ак 2, Сим|ан|я 2, Сим|ах|а 2, Сим|ик 2,
            Сим|к|а 2, Сим|ок 2, Сим|оньк|а 2, Сим|ор|а 2, Сим|очк|а 3,
            Сим|ул|я 2, Сим|ун|я 2, Сим|ур|а 2, Сим|ух|а 2, Сим|уш|а 2,
            Сим|ушк|а 2, Сим|чик 3, Сим|ш|а 2
(Сера)фим → **Фим|а** → Фим|к|а 1 → Фим*оч*|к|а 1
                Фим|ул|я 1 → Фимуль|к|а → Фимул*еч*|к|а 1

Фимул|еньк|а, Фимул|ечк|а 2

Фим|очк|а 2, Фим|ушк|а 1

Фи(м|а) → **Фи|н|а 1** → Фин|к|а → Фин*оч*|к|а 1

Фин|очк|а 2, Фин|ушк|а

Фим|к|а 2, Фим|очк|а 3, Фим|ул|я, Фим|ушк|а 2

(Сера)фи(м) → Фи|н|а 2

(Сераф)им → Им|а 2; Им|к|а 3, Им|очк|а 4

С р.: *ж* Серафима.

Дни ангела и святые (Серафим): 2 января, 19 июля — *преподобные*.

СЕРГЕЙ|, Серге́|я (Серге́[й|а]), *м* [римское родовое имя; возможно `высокий', `высокочтимый']. О т ч е с т в о : Серге́евич, Серге́евна; Серге́ич (*разг.*).

Се́ргий|, Се́ргия (Се́рги[й|а]) (*стар.*). О т ч е с т в о : Се́ргиевич, Се́ргиевна.

Сергия́н|, а (*прост.*).

П р о и з в о д н ы е (66):

Сергей 1 → Сергей|к|а → Сергей*ч*|ик 1, Сергей*ч*|ук 1

Сергей|чик 2, Сергей|чук 2, Сергей|ш|а,

Серге|юк (Серге[[й]у]к), Серге|юшк|а (Серге[й|у]шк|а)

Серг(ей) → **Серг|а** → Серг|ул|я 1 → Сергуль|к|а → Сергул*еч*|к|а 1

Сергул|еньк|а, Сергул|ечк|а 2

(Сер)гул|я → **Гул|я** → Гуль|к|а 1 → Гул*еч*|к|а 1

Гул|еньк|а 1, Гул|ечк|а 2,

Гул|юшк|а 1

Гул|еньк|а 2, Гул|ечк|а 3, Гуль|к|а 2,

Гул|юшк|а 2

Серг|ун|а 1 → Сергун|к|а 1 →Сергун*еч*|к|а 1,

Сергун*ч*|ик 1

Сергунь|к|а 1 →Сергун*еч*|к|а 1

Сергун|ёк → Сергунё*ч*|ек 1

Сергун|ок 1 → Сергуно*ч*|ек 1

Сергун|ец 1, Сергун|ечк|а 2,

Сергун|ёчек 2, Сергун|очек 2,

Сергун|очк|а 2, Сергун|чик 2

Серг|ун|я 1 → Сергун|ец 2, Сергун|ечк|а 3,

Сергун|ёк 3, Сергун|ёчек 3,

Сергун|к|а 2, Сергун|ок 2,

Сергун|очек 3, Сергун|очк|а 3,

Сергун|чик 3, Сергунь|к|а 2

(Сер)г|ун|я → **Гун|я** → Гунь|к|а 1 → Гун*еч*|к|а 1

Гун|ечк|а 2, Гун|юшк|а 1

Гун|ечк|а 3, Гунь|к|а 2, Гун|юшк|а 2

Серг|ус|я 1 → Сергусь|к|а → Сергус*еч*|к|а 1

Сергус|еньк|а, Сергус|ечк|а 2

(Сер)г|ус|я → **Гус|я** → Гусь|к|а 1 → Гус*еч*|к|а 1

Гус|еньк|а 1, Гус|ечк|а 2

Гус|еньк|а 2, Гус|ечк|а 3, Гусь|к|а 2

Серг|ух|а 1 → Сергу*ш*|к|а 1 → Сергуш*еч*|к|а 1

Сергу*ш*|еньк|а 1, Сергу*ш*|ечк|а 2

Серг|уш|а 1 → Сергуш|еньк|а 2, Сергуш|ечк|а 3,

Сергуш|к|а 2

(Сер)г|уш|а → **Гуш|а** → Гуш|к|а 1

Гуш|к|а 2

Серг|ак 1, Серг|ач 1, Серг|о 1

Серж 1 → Серж|еньк|а 1, Серж|ик 1

Серж|еньк|а 2, Серж|ик 2

Серёт|а 1 → Серёж|к|а 1 → Серёж*еч*|к|а 1

Серёж|еньк|а 1, Серёж|ечк|а 2,

Серёж|ик 1

Серёж|а 1 → Серёж|еньк|а 2,

Серёж|ечк|а 3,

Серёж|ик 2, Серёж|к|а 2

Серё(г|а) → **Серё|н|я 1** → Серёнь|к|а → Серён*еч*|к|а 1

Серён|ечк|а 2,

Серён|юшк|а

Серёж|а 2; Серёж|еньк|а 3, Серёж|ечк|а 4,

Серёж|ик 3, Серёж|к|а 3

Се(рг|а) → **Се|ш|а 1**

Серг|ак 2, Серг|ач 2, Серг|о 2, Серг|ул|я 2, Серг|ун|а 2,

Серг|ун|я 2, Серг|ус|я 2, Серг|ух|а 2, Серг|уш|а 2

Серж 2; Серж|еньк|а 3, Серж|ик 3

Серёг|а 2

Серёж|а 3; Серёж|еньк|а 4, Серёж|ечк|а 5, Серёж|ик 4,

Серёж|к|а 4

Се(ргей) → Се|ш|а 2

Сер(г)е(й) → Серё|н|я 2

Сергий → Серги|ян (Серги[й|а]н)

Сергей 2

   Дни ангела и святые (Сергий): 14 января, 20 марта, 19 мая, 23 и 28 июня, 5 июля, 11, 25 и 28 сентября, 7 октября — *преподобные*.

СИЛЬВЕ́СТР|, а, *м* [*лат.* 'лесной', *переносно* 'дикий, необразованный, нецивилизованный']. О т ч е с т в о : Сильве́стрович, Сильве́стровна; Сильве́стрыч (*разг.*).

Селиве́рст|, а (*разг.*). О т ч е с т в о : Селиве́рстович, Селиве́рстовна.

Сильве́рст|, а (*разг.*). О т ч е с т в о : Сильве́рстович, Сильве́рстовна.

Силве́стр|, а (*стар.*). О т ч е с т в о : Силве́стрович, Силве́стровна.

Производные (20):
Сильвестр → Сильвестр|ушк|а
Сильвестр → **Сил|я 1** → Силь|к|а 1 → Сил|юшк|а 1
                  Сел|я 1 → Сель|к|а 1 → Селеч|к|а 1
                        Сел|еньк|а 1, Сел|ечк|а 2, Сель|ш|а 1,
                        Сел|юшк|а 1
                  Сел|еньк|а 2, Сел|ечк|а 3, Сель|к|а, Сель|ш|а 2,
                  Сел|юшк|а 2
            Силь|к|а 2, Сил|юшк|а 2
            Сел|я 2: Сел|еньк|а 3, Сел|ечк|а 4, Сель|к|а 3, Сель|ш|а 3,
            Сел|юшк|а 3
Си(ль)в(естр) → **Сив|а 1** → Сив|ен|я 1 → Сивень|к|а 1
                       Сив|к|а 1, Сив|еньк|а 2
              Сив|ен|я 2, Сив|к|а 2
              Сильвёрст → Сильвёрст|к|а 1, Сильвёрст|ушк|а 1
              Силь(вёрст) → Сил|я 2; Силь|к|а 3, Сил|юшк|а 3
                       Сел|я 3; Сел|еньк|а 4, Сел|ечк|а 5,
                       Сель|к|а 4, Сель|ш|а 4, Сел|юшк|а 4
              Си(ль)в(ёрст) → Сив|а 2; Сив|ен|я 3, Сив|к|а 3,
                       Сив|еньк|а 3
                      Селивёрст 1 → Селивёрст|к|а 1 →
                                     Селивёрсточ|к|а 1
                               Селивёрст|очк|а 2
                      Сел(ивёрст) → Сел|я 4; Сел|еньк|а 5,
                           Сел|ечк|а 6, Сель|к|а 5,
                           Сель|ш|а 5, Сел|юшк|а 5
                      С(ел)ив(ёрст) → Сив|а 3; Сив|ен|я 4,
                           Сив|к|а 4, Сив|еньк|а 4
                      Селивёрст|к|а 2, Селивёрст|очк|а 3
              Селивёрст|к|а 2, Селивёрст|ушк|а 2
              Селивёрст 2; Селивёрст|к|а 3, Селивёрст|очк|а 4
Силвестр → Сильвестр 2
   Дни ангела и святые (Силвестр): 2 января, 25 апреля, 23 мая, 28 сентября — *преподобные*.

СИ́ЛЬВИЙ|, Си́льви|я (Си́льви[й|а]), *м* [*лат.* 'лес']. Отчество: Си́львиевич, Си́львиевна.
Си́лвий|, Си́лви|я (Си́лви[й|а]) (*стар.*). Отчество: Си́лвиевич, Си́лвиевна.
   Производные (14):
Сильвий 1
Сильв(ий) → Сильв|оньк|а, Сильв|очк|а, Сильв|ушк|а
Силь(вий) → **Сил|я** → Сил|к|а 1 → Сило́ч|к|а 1
                 Силь|к|а 1 → Силеч|к|а 1

          Сил|еньк|а 1, Сил|ечк|а 2, Сил|очк|а 2, Сил|юшк|а 1
   (С)ил|я → **Ил|я 1** →Иль|к|а 1 → Ил|еч|к|а 1
                 Ил|еньк|а 1, Ил|ечк|а 2
         Ил|еньк|а 2, Ил|ечк|а 3, Иль|к|а 2
     Сил|еньк|а 2, Сил|ечк|а 3, Сил|к|а 2, Сил|очк|а 3, Силь|к|а 2,
     Сил|юшк|а 2
(С)иль(вий) → Ил|я 2; Ил|еньк|а 3, Ил|ечк|а 4, Иль|к|а 3
Силвий → Сильвий 2
   С р.: *ж* Сильвия.

СИ́МОН|, а, *м* (*стар. редк.*) [*др.-евр.* 'знатное имя, слава'; '(Бог) слыша-
щий']. О т ч е с т в о : Си́монович, Си́моновна.
   П р о и з в о д н ы е (33):
Симон → Симонь|к|а 1 → Симонеч|к|а 1
           Симон|ечк|а 2
Сим(он) → **Сим|а 1** → Сим|ан|я 1 →Симань|к|а → Симанеч|к|а 1
                         Симан|ечк|а 2
         Сим|к|а 1 → Симоч|к|а 1, Симч|ик 1
         Сим|ул|я 1 →Симуль|к|а → Симулеч|к|а 1
                        Симул|ечк|а 2
         Сим|ун|я 1 →Симунь|к|а → Симунеч|к|а 1
                        Симун|ечк|а 2
         Сим|ух|а 1 → Симуш|еньк|а 1, Симуш|ечк|а 1
         Сим|уш|а 1 → Симуш|еньк|а 2, Симуш|ечк|а 2
         Сим|аг|а 1, Сим|ак 1, Сим|ах|а 1, Сим|ик 1,
         Сим|ок 1, Сим|оньк|а 1, Сим|очк|а 2, Сим|чик 2,
         Сим|ш|а 1
     Сим|аг|а 2, Сим|ак 2, Сим|ан|я 2, Сим|ах|а 2, Сим|ик 2,
     Сим|к|а 2, Сим|ок 2, Сим|оньк|а 2, Сим|очк|а 3, Сим|ул|я 2,
     Сим|ун|я 2, Сим|ух|а 2, Сим|уш|а 2, Сим|чик 3, Сим|ш|а 2
Си)мон → **Мон|я 1** →Мон|к|а 1 → Моноч|к|а 1
             Монь|к|а 1 → Монеч|к|а 1
             Мон|ечк|а 2, Мон|очк|а 2, Мон|ушк|а 1, Мон|юк|а 1
     Мон|ечк|а 3, Мон|к|а 2, Мон|очк|а 3, Мон|ушк|а 2,
     Монь|к|а 2, Мон|юк|а 2
     Симон|я → Симон|ечк|а 3, Симонь|к|а 2
     Сим(он|я) → Сим|а 2; Сим|аг|а 3, Сим|ак 3, Сим|ан|я 3,
              Сим|ах|а 3, Сим|ик 3, Сим|к|а 3, Сим|ок 3,
              Сим|оньк|а 3, Сим|очк|а 4, Сим|ун|я 3,
              Сим|ул|я 3, Сим|ух|а 3, Сим|уш|а 3, Сим|чик 4,
              Сим|ш|а 3
     (Си)мон|я → Мон|я 2; Мон|ечк|а 4, Мон|к|а 3, Мон|очк|а 4,
              Мон|ушк|а 3, Монь|к|а 3, Мон|юк|а 3
   Дни ангела и святые (Симон): 10 мая, 30 июня — *апостолы*; 4 нояб-

ря — *блаженный*; 10 мая, 23 июня, 13 июля, 28 сентября — *святые*; 12 июля, 24 ноября — *преподобные.*

СИСОЙ|, Си́со|я (Сисо[й|а]), *м* (*стар. редк.*) [*предположительно др.-евр.* 'шестой или белый мрамор']. О т ч е с т в о : Сисо́евич, Сисо́евна.
Сысо́й|, Сысо́|я (Сысо́[й|а]) (*народн.*). О т ч е с т в о : Сысо́евич, Сысо́евна.
П р о и з в о д н ы е (20):
Сисой → Сисой|к|а → Сисое́ч|к|а 1
| Сисо|ечк|а 2 (Сисо[й|э]чк|а), Сисо|юшк|а (Сисо[й|у]шк|а)
(Си)сой → **Со|я 1** (Со[й|а]) → Со|еньк|а 1 (Со[й|э]ньк|а),
| Со|юшк|а 1 (Со[й|у]шк|а)
| Со|еньк|а (Со[й|э]ньк|а) 2, Со|юшк|а (Со[й|у]шк|а)
(Си)со(й) → **Со|с|я 1** → Сось|к|а → Сосе́ч|к|а 1
| Сос|еньк|а, Сос|ечк|а 2, Сось|ш|а, Сос|юшк|а
          Сысой →   Сысой|к|а 1 → Сысое́ч|к|а 1
| Сысо|еньк|а, Сысо|ечк|а 2, Сысо|юшк|а
| (Сысо[й|э]ньк|а) (Сысо[й|э]чк|а) (Сысо[й|у]шк|а)
          Сыс(ой) → **Сыс|а**
          (Сы)сой → Со|я 2; Со|еньк|а 3, Со|юшк|а 3
          (Сы)со(й) → Со|с|я 2
          Сысо|еньк|а 2, Сысо|ечк|а 3, Сысой|к|а 2, Сысо|юшк|а 2

Дни ангела и святые (Сисой): 6 июля, 28 августа, 28 сентября, 24 октября — *святые.*

СОЛОМО́Н|, а, *м* (*стар. редк.*) [*др.-евр.* 'мирный, мир'; 'здравствовать, быть в благополучии']. О т ч е с т в о : Соломо́нович, Соломо́новна, Соломо́ныч (*разг.*).
П р о и з в о д н ы е (16):
Соломон → Соломон|к|а → Соломо́нч|ик 2
| Соломон|ушк|а, Соломон|чик 2
Солом(он) → Солом|ей
Соло(мон) → **Солон|я** → Солонь|к|а 1 → Солоне́ч|к|а 1
| Солон|ечк|а 2, Солон|юшк|а 1
| Солон|ечк|а 3, Солонь|к|а 2, Солон|юшк|а 1
(Соло)мон → **Мон|я 1** → Мон|к|а 1 → Моно́ч|к|а 1
| Монь|к|а 1 → Моне́ч|к|а 1
| Мон|ечк|а 2, Мон|очк|а 2, Мон|ушк|а 1,
| Мон|юк|а 1, Мон|юшк|а 1
| Мон|ечк|а 3, Мон|к|а 2, Мон|очк|а 3, Мон|ушк|а 2,
| Монь|к|а 2, Мон|юк|а 2, Мон|юшк|а 2
С р.: *ж* Соломония.
День ангела и святой (Соломон): 23 января — *преподобный.*

СОСИПА́ТР|, а, *м* (*стар. редк.*) [*греч.* 'спасать + отец'; 'спасающий отца'].

О т ч е с т в о : Сосипа́т鞋рович, Сосипа́тровна.

П р о и з в о д н ы е (30):

Сосипатр → Сосипатр|ушк|а

Сосипат(р) → Сосипат|к|а → Сосипат*оч*|к|а 1

                    Сосипат|очк|а 2, Сосипат|ушк|а

Сосипа(тр) → **Сосипа|ш|а** → Сосипаш|к|а, Сосипаш|еньк|а

                 (Соси)па|ш|а → **Паш|а 1** → Паш|к|а 1 → Паш*еч*|к|а 1

                                              Паш|еньк|а 2, Паш|ен|я 2,

                                                Паш|ечк|а 3, Паш|к|а 2

Сос(ипатр) → **Сос|а** → Сось|к|а 1 → Сос*еч*|к|а 1

                    Сос|еньк|а 1, Сос|ечк|а 2, Сось|ш|а 1, Сос|юшк|а 1

              Сос|я → Сос|еньк|а 2, Сос|ечк|а 3, Сось|к|а 2, Сось|ш|а 2,

                    Сос|юшк|а 2

              Сос|еньк|а 3, Сос|ечк|а 4, Сось|к|а 3, Сось|ш|а 3,

              Сос|юшк|а 3

(Соси)патр → **Патр|а** → Патр|оньк|а 1, Патр|очк|а 1, Патр|ушк|а 1

               Пат(р|а) → **Пат|а 1** → Пат|к|а 1 → Пат*оч*|к|а 1

                                    Пат|еньк|а 1, Пат|ечк|а 1, Пат|ик 1,

                                    Пат|оньк|а 1, Пат|очк|а 2

                        Пат(а) → Па|ш|а 2

                        Пат|еньк|а 2, Пат|ечк|а 2, Пат|ик 2, Пат|к|а 2,

                        Пат|оньк|а 2, Пат|очк|а 3

               Па(тр|а) → Па|ш|а 3

               Патр|оньк|а 2, Патр|очк|а 2, Патр|ушк|а 2

(Соси)пат(р) → Пат|а 2; Пат|еньк|а 3, Пат|ечк|а 3, Пат|ик 3, Пат|к|а 3,

                    Пат|оньк|а 3, Пат|очк|а 4

(Соси)па(тр) → Па|ш|а 4

   С р.: *ж* Сосипатра.

Дни ангела и святые (Сосипатр): 4 января, 28 апреля, 10 ноября — *апостолы.*

СОФО́НИЙ|, Софо́ни|я (Софо́ни[й|а]), *м* [*др.-евр.* имя 'Яхве (Бог) спря́тал'; 'скрывает, защищает Господь']. О т ч е с т в о : Софо́ниевич, Софо́ниевна *и* Софо́ньевич, Софо́ньевна;, Софо́ныч (*разг.*).

Софо́н|, а (*разг.*). О т ч е с т в о : Софо́нович, Софо́новна; Софо́ныч (*разг.*).

Софо́нтий|, Софо́нти|я (Софо́нти[й|а])(*разг.*). О т ч е с т в о : Софо́нтиевич, Софо́нтиевна *и* Софо́нтьевич, Софо́нтьевна.

Софо́ни|я (Софо́ни[й|а]), Софо́ни|и (Софо́ни[й|и])(*стар.*).

П р о и з в о д н ы е (21):

Софоний 1

Софон(ий) → Софон 1 → Софон|к|а → Софон*оч*|к|а 1

                           Софонь|к|а 1 → Софон*еч*|к|а 1

                           Софон|ечк|а 2, Софон|очк|а 2, Софон|ушк|а 1,

```
                        |          Софон|юшк|а 1
                Соф(он) → Соф|а 1 → Соф|к|а 1 → Софоч|к|а 1
                |                   Соф|очк|а 2
                |          Соф|к|а 2, Соф|очк|а 3
                (Со)фон → Фон|я 1 → Фонь|к|а 1 →  Фонеч|к|а 1
                |                   Фон|ечк|а 2, Фон|юшк|а 1
                         Фон|ечк|а 3, Фонь|к|а 2, Фон|юшк|а 2
                         Софош|а 1 → Софош|к|а 1 → Софошеч|к|а 1
                                    Софош|еньк|а 1, Софош|ечк|а 2
                         Софош|еньк|а 2, Софош|ечк|а 3, Софош|к|а 2
        Софон|я → Софон|ечк|а 3, Софон|к|а 2, Софон|очк|а 3,
                |  Софон|ушк|а 2, Софонь|к|а 2, Софон|юшк|а 2
        Соф(он|я) → Соф|а 2; Соф|к|а 3, Соф|очк|а 4
        (Со)фон|я →Фон|я 2; Фон|ечк|а 4, Фонь|к|а 3, Фон|юшк|а 3
                   Софош|а 2; Софош|еньк|а 3, Софош|ечк|а 4,
                   Софош|к|а 3
        Софон|ечк|а 4, Софон|к|а 3, Софон|очк|а 4, Софон|ушк|а 3,
        Софонь|к|а 3, Софон|юшк|а 3
        Софош|а 3; Софош|еньк|а 4, Софош|ечк|а 5, Софош|к|а 4
Соф(оний) → Соф|а 3; Соф|к|а 4, Соф|очк|а 5
(Со)фон(ий) → Фон|я 3; Фон|ечк|а 5, Фонь|к|а 4, Фон|юшк|а 4
              Софонтий → Софонть|юшк|а 1 (Софонть[й|у]шк|а)
              Соф(онтий) → Соф|а 4; Соф|к|а 5, Соф|очк|а 6
              (Со)фон(тий) → Фон|я 4; Фон|ечк|а 6, Фонь|к|а 5,
                             Фон|юшк|а 5
              Софонть|юшк|а 2 (Софонть[й|у]шк|а)
Софони|я (Софони[й|а]) → Софоний 2
```

День ангела и святой (Софония): 3 декабря — *пророк*.

СОФРО́Н|, а, м [*греч.* 'здравомыслящий, благоразумный'; 'здравомыслящий, умеренный']. О т ч е с т в о : Софро́нович, Софро́новна; Софро́ныч (*разг.*).

Сопро́н|, а (*прост.*). О т ч е с т в о : Сопро́нович, Сопро́новна.

Софро́ний|, Софро́ни|я (Софро́ни[й|а]) (*стар.*). О т ч е с т в о : Софро́ниевич, Софро́ниевна *и* Софро́ньевич, Софро́ньевна.

    П р о и з в о д н ы е (23):

```
Софрон → Софрон|к|а 1 → Софроноч|к|а 1
         Софронь|к|а 1 → Софронеч|к|а 1
         Софрон|ечк|а 2, Софрон|очк|а 2, Софрон|ушк|а 1,
         Софрон|юшк|а 1
Соф(рон) → Соф|а 1 → Соф|к|а 1 → Софоч|к|а 1
         |           Соф|очк|а 2
         Соф|к|а 2, Соф|очк|а 3
(Соф)рон → Рон|а 1 → Рон|к|а 1 → Роноч|к|а 1
```

Ронь|к|а 1 → Рон*е*ч|к|а 1
Рон|юш|а 1 → Ронюш|к|а
Рон|ечк|а 2; Рон|очк|а 2, Рон|ушк|а 1, Рóн|юшк|а 1
Рон|я → Рон|ечк|а 3, Рон|к|а 2, Рон|очк|а 3, Рон|ушк|а 2,
Ронь|к|а 2, Рон|юш|а 2, Рóн|юшк|а 2
Рон|ечк|а 4, Рон|к|а 3, Рон|очк|а 4, Рон|ушк|а 3, Ронь|к|а 3,
Рон|юш|а 3, Рон|юшк|а 3
Софро*ш*|а 1 → Софрош|к|а 1
Софро*ш*|к|а 2
Со*п*рон 1
(Со*п*)рон → Рон|а 2, Рон|я 2; Рон|ечк|а 5, Рон|к|а 4,
Рон|очк|а 5, Рон|ушк|а 4, Ронь|к|а 4,
Рон|юш|а 4, Рóн|юшк|а 4
Софрон|я → Софрон|ечк|а 3, Софрон|к|а 2, Софрон|очк|а 3,
Софрон|ушк|а 2, Софронь|к|а 2, Софрон|юшк|а 2
Соф(рон|я) → Соф|а 2; Соф|к|а 3, Соф|очк|а 4
(Соф)рон|я → Рон|а 3, Рон|я 3; Рон|ечк|а 6, Рон|к|а 5,
Рон|очк|а 6, Рон|ушк|а 5, Ронь|к|а 5,
Рон|юш|а 5, Рóн|юшк|а 5
Софро*ш*|а 2; Софро*ш*|к|а 3
Со*п*рон 2

Софроний
Софрон(ий) → Софрон 2
   Дни ангела и святые (Софроний): 11 марта, 11 мая, 28 августа — *преподобные*; 9 декабря, 30 марта, 23 и 30 июня — *святые*.

СПАРТА́К|, а, *м* [*лат.* в честь вождя восставших гладиаторов в Риме]. О т ч е с т в о : Спарта́кович, Спарта́ковна.
   П р о и з в о д н ы е (13):
Спартак → Спартак|ушк|а
Спарта(к) → **Спарта|ш|а**
(С)па(р)т(ак) → **Пат|а** → Пат|к|а 1 → Пат|оч|к|а 1
Патъ|к|а 1 → Пат|еч|к|а 1
Пат|еньк|а 1, Пат|ечк|а 2, Пат|ик 1, Пат|оньк|а 1,
Пат|очк|а 2, Пат|ушк|а 1, Пат|юшк|а 1
Пат|я →Пат|еньк|а 2, Пат|ечк|а 3, Пат|ик 2, Пат|к|а 2,
Пат|оньк|а 2, Пат|очк|а 3, Пат|ушк|а 2,
Патъ|к|а 2, Пат|юшк|а 2
Пат|еньк|а 3, Пат|ечк|а 4, Пат|ик 3, Пат|к|а 3,
Пат|оньк|а 3, Пат|очк|а 4, Пат|ушк|а 3, Патъ|к|а 3,
Пат|юшк|а 3

СПИРИДО́Н|, а, *м* [*возможно лат.* 'незаконнорожденный'; 'круглая плетеная корзина']. О т ч е с т в о : Спиридо́нович, Спиридо́новна; Спиридóныч (*разг.*).

Свири́д|, а (*разг.*). О т ч е с т в о : Свири́дович, Свири́довна; Свири́дыч (*разг.*).

Спиридо́ний|, Спиридо́ни|я (Спиридо́ни[й|а])(*стар.*). О т ч е с т в о : Спиридо́ниевич, Спиридо́ниевна *и* Спиридо́ньевич, Спиридо́ньевна.

Спири́д|, а (*прост.*). О т ч е с т в о : Спири́дович, Спири́довна; Спири́дыч (*разг.*).

П р о и з в о д н ы е (26):

Спиридон 1 → Спиридон|к|а → Спиридон**ч**|ик 1
Спиридон|ушк|а, Спиридон|чик 2

Спирид(он) → **Спирид**

Спир(ид) → Спир|а 1 → Спир|к|а 1 → Спиро**ч**|к|а 1
Спирь|к|а 1 → Спире**ч**|к|а 1
Спир|еньк|а 1, Спир|ечк|а 2,
Спир|оньк|а 1, Спир|очк|а 2,
Спир|ч|а 1
Спир|юх|а 1, Спир|як 1

Свир|я 1 → Свирь|к|а 1 →
  Свире**ч**|к|а 1
Свир|еньк|а 1,
Свир|ечк|а 2,
Свир|юшк|а 1
Свир|еньк|а 2, Свир|ечк|а 3,
Свирь|к|а 2, Свир|юшк|а 2

Спир|я 1 → Спир|еньк|а 2, Спир|ечк|а 3,
Спир|к|а 2, Спир|оньк|а 2,
Спир|очк|а 3, Спир|ч|а 2,
Спирь|к|а 2, Спир|юх|а 2,
Спир|як 2
Свир|я 2; Свир|еньк|а 3,
Свир|ечк|а 4, Свирь|к|а 3,
Свир|юшк|а 3

Спир|еньк|а 3, Спир|ечк|а 4, Спир|к|а 3,
Спир|оньк|а 3, Спир|очк|а 4, Спир|ч|а 3,
Спирь|к|а 3, Спир|юх|а 3, Спир|як 3
Свир|я 3; Свир|еньк|а 4, Свир|ечк|а 5,
Свирь|к|а 4, Свир|юшк|а 4
Свирид 1 → Свирид|к|а 1, Свирид|ушк|а 2
Свир(ид) → Свир|я 4; Свир|еньк|а 5,
Свир|ечк|а 6, Свирь|к|а 5,
Свир|юшк|а 5
Свирид|к|а 2, Свирид|ушк|а 2
Свирид 2; Свирид|к|а 3, Свирид|ушк|а 3

Спир(идон) → Спир|а 2, Спир|я 2; Спир|еньк|а 4, Спир|ечк|а 5,

21 *

Спир|к|а 4, Спир|оньк|а 4, Спир|очк|а 5, Спир|ч|а 4,
Спирь|к|а 4, Спир|юх|а 4, Спир|як 4
Свир|я 5; Свир|еньк|а 6, Свир|ечк|а 7, Свирь|к|а 6,
Свир|юшк|а 6
Спиридош|а → Спридош|к|а 1 → Спиридошеч|к|а 1
                          Спиридош|еньк|а 1, Спиридош|ечк|а 2
Спиридош|еньк|а 2, Спиридош|ечк|а 3, Спиридош|к|а 2

Спиридоний
Спиридон(ий) → Спиридон 2
Дни ангела и святые (Спиридоний): 31 октября, 12 декабря — *святые*;
28 сентября — *преподобный*.

СТАНИСЛА́В|, а, *м* (*слав.*) [от основ со значением 'устанавливаться, ста-
новиться + слава']. О т ч е с т в о : Станисла́вович, Станисла́вовна *и* Ста-
нисла́вич, Станисла́вна.
   П р о и з в о д н ы е (33):
Станислав → Станислав|к|а → Станиславоч|к|а 1, Станиславч|ик 1
| Станислав|очк|а 2, Станислав|ушк|а, Станислав|чик 2
Стани(слав)→ **Стан|я** → Стань|к|а 1 → Станеч|к|а 1
| Стан|ечк|а 2, Стан|ик 1, Стан|юшк|а 1
         Ста(н|я) → **Ста|х|а 1**
         Стан|ечк|а 3, Стан|ик 2, Стань|к|а 2, Стан|юшк|а 2
Ста(ни)с(лав) → **Стась, Стас|я** → Стась|к|а 1 → Стасеч|к|а 1
| Стас|еньк|а 1, Стас|ечк|а 2, Стас|ик 1
| Стас|еньк|а 2, Стас|ечк|а 3, Стас|ик 3, Стась|к|а 3
Ста(нислав) → Ста|х|а 2
(Стани)слав → **Слав|а** → Слав|к|а 1 → Славоч|к|а 1, Славч|ик 1
| Слав|ун|я 1 → Славунь|к|а → Славунеч|к|а 1,
| Славунч|ик 1
| Славун|ечк|а 2, Славун|чик 2,
| Славун|юшк|а
| Слав|ус|я 1 → Славусь|к|а → Славусеч|к|а 1
| Славус|еньк|а, Славус|ечк|а 2,
| Славус|ик
| Слав|еньк|а 1, Слав|ик 1, Слав|оньк|а 1,
| Слав|очк|а 2, Слав|ушк|а 1, Слав|чик 2
         Слав|еньк|а 2, Слав|ик 2, Слав|к|а 2, Слав|оньк|а 2,
         Слав|очк|а 3, Слав|ун|я 2, Слав|ус|я 2, Слав|ушк|а 2,
         Слав|чик 3
С р.: *ж* Станислава.

СТА́ХИЙ|, Ста́хи|я (Ста́хи[й|а]), *м* (*стар. редк.*) [*греч.* 'колос']. О т ч е с т -
в о : Ста́хиевич, Ста́хиевна *и* Ста́хьевич, Ста́хьевна.
Стахе́й|, Стахе́|я (Стахе́[й|а]) (*прост.*). О т ч е с т в о : Стахе́евич, Стахе́евна.

П р о и з в о д н ы е (11):

Стахий

Стах(ий) → **Стах|а 1** → Стах|ан|я 1 → Стахань|к|а

Саш|а 1 → Саш|к|а 1 → Сашеч|к|а 1

Саш|еньк|а 1, Саш|ечк|а 2,

Саш|к|о 1

Саш|еньк|а 2, Саш|ечк|а 3, Саш|к|а 2,

Саш|к|о 2

Стах|ан|я 2

Саш|а 2; Саш|еньк|а 3, Саш|ечк|а 4, Саш|к|а 3, Саш|к|о 3

Стахей → Стахей|к|а 1, Стахе|юшк|а 1 (Стахе[й/у]шк|а)

Стах(ей) → Стах|а 2; Стах|ан|я 3

Саш|а 3; Саш|еньк|а 4, Саш|ечк|а 5,

Саш|к|а 4, Саш|к|о 4

Стахей|к|а 2, Стахе|юшк|а 2 (Стахе[й/у]шк|а)

Дни ангела и святые (Стахий): 4 января, 31 октября — *апостолы.*

СТЕПА́Н|, а, *м* [*греч.* 'венок';`увенчанный']. О т ч е с т в о : Степа́нович, Степа́новна; Степа́ныч (*разг.*).

Стефа́н|, (*стар.*). О т ч е с т в о : Стефа́нович, Стефа́новна; Стефа́ныч (*разг.*).

П р о и з в о д н ы е (58):

Степан 1 → Степан|к|а 1 →Степаноч|к|а 1, Степанч|ук 1

Степань|к|а 1 → Степанеч|к|а 1, Степанч|ик 1

Степан|ец 1, Степан|ечк|а 2, Степан|очк|а 2, Степан|ушк|а 1,

Степан|чик 2, Степан|чук 2, Степан|юшк|а 1

Степа(н) → **Степа|х|а 1** → Степаш|к|а 1 → Степашеч|к|а 1

Степаш|еньк|а 1, Степаш|ечк|а 2

Степаш|а 1 → Степаш|еньк|а 2,

Степаш|ечк|а 3, Степаш|к|а 2

Степ(ан) → **Стёп|а 1** → Стёп|к|а 1 → Стёпоч|к|а 1

Степ|ун 1 →Степунь|к|а 1 → Степунеч|к|а 1

Степун|ечк|а 2, Степун|юшк|а 1

Степ|ун|я 1 → Степун|ечк|а 3, Степунь|к|а 2,

Степун|юшк|а 2

Степ|ур|а 1 → Степур|к|а → Степуроч|к|а 1

Степур|очк|а 2, Степур|ушк|а

Степ|ух|а 1 → Степу́ш|к|а 1 → Степушеч|к|а 1

Степуш|еньк|а 1, Степуш|ечк|а 2

Степ|уш|а 1 → Степуш|еньк|а 2, Степуш|ечк|а 3,

Степу́ш|к|а 2

Степ|ок 1, Степ|ох|а 1, Стёп|ик 1, Стёп|оньк|а 1,

Стёп|очк|а 2, Стёп|ушк|а 1

Стеф|а 1 → Стеф|к|а 1→ Стефоч|к|а 1

Стеф|оньк|а 1, Стеф|очк|а 2;

Стеф|ушк|а 1
Стеф|к|а 2, Стеф|оньк|а 2, Стеф|очк|а 3,
Стеф|ушк|а 2
Степ|ок 2, Степ|ох|а 2, Степ|ун 2, Степ|ун|я 2, Степ|ур|а 2,
Степ|ух|а 2, Степ|уш|а 2
Стёп|ик 2, Стёп|к|а 2, Стёп|оньк|а 2, Стёп|очк|а 3, Стёп|ушк|а 2
Стеф|а 2; Стеф|к|а 3, Стеф|оньк|а 3, Стеф|очк|а 4, Стеф|ушк|а 3

Сте(па)н → **Стен|я 1** → Стень|к|а 1 → Стен*еч*|к|а 1
Стен|юш|а 1 → Стен|ю́ш|к|а
Стен|ечк|а 2, Стен|ик 1, Стень|ш|а 1, Стён|юшк|а 1
Стеш|а 1 → Стеш|к|а 1 → Стеш*еч*|к|а 1
Стеш|еньк|а 1, Стеш|ечк|а 2
Стеш|еньк|а 2, Стеш|ечк|а 3, Стеш|к|а 2
Стен|ечк|а 3, Стен|ик 2, Стень|к|а 2, Стень|ш|а 2,
Стен|юш|а 2, Стён|юшк|а 2
Стеш|а 2; Стеш|еньк|а 3, Стеш|ечк|а 4, Стеш|к|а 3
Степаш|а 1 → Степаш|к|а 1 → Степаш*еч*|к|а 1
Степаш|еньк|а 1, Степаш|ечк|а 2
Степаш|еньк|а 2, Степаш|ечк|а 3, Степаш|к|а 2
Степан|я → Степан|ец 2, Степан|ечк|а 3, Степан|к|а 2,
Степан|очк|а 3, Степан|ушк|а 2, Степан|чик 3,
Степан|чук 3, Степань|к|а 2, Степан|юшк|а 2
Степа(н|я) → Степа|х|а 2
Степ(ан|я) → Стёп|а 2; Стёп|ик 3, Стёп|к|а 3, Стёп|оньк|а 3,
Стёп|очк|а 4, Стёп|ушк|а 3
Спеп|ок 3, Степ|ох|а 3, Степ|ун 3, Степ|ун|я 3,
Степ|ур|а 3, Степ|ух|а 3, Степ|уш|а 3
Стеф|а 3; Стеф|к|а 4, Стеф|оньк|а 4,
Стеф|очк|а 5, Стеф|ушк|а 4
Сте(па)н|я → Стен|я 2; Стен|ечк|а 4, Стен|ик 3, Стень|к|а 3,
Стень|ш|а 3, Стен|юш|а 3, Стен|юшк|а 3
Стеш|а 3; Стеш|еньк|а 4, Стеш|ечк|а 5, Стеш|к|а 4
Степаш|а 2; Степаш|еньк|а 3, Степаш|ечк|а 4,
Степаш|к|а 3

Стефан → Степан 2

Дни ангела и святые (Стефан): 4 января, 2 августа, 15 сентября, 27 декабря — *архидиаконы*; 14 января, 13 февраля, 28 марта, 12 и 23 июня, 13 и 14 июля, 28 октября, 9 декабря — *преподобные*; 17 мая — *патриарх*; 24 марта, 24 мая, 2 августа, 28 ноября, 11 и 17 декабря — *мученики*; 26 и 27 апреля, 24 сентября — *святые*; 19 июля, 4 и 30 октября, 2 и 10 декабря — *праведники*.

СТОЯ́Н|, а, *м* [*болг.* 'защитное имя: чтобы остался жив']. О т ч е с т в о: Стоя́нович, Стоя́новна; Стоя́ныч (*разг.*).

П р о и з в о д н ы е (11):

Стоян → Стоян|к|а, Стоян|ушк|а

(Сто)ян → **Ян|а** → Ян|к|а 1 → Ян*оч*|к|а 1
         | Янь|к|а 1 → Ян*еч*|к|а 1
         | Ян|ечк|а 2, Ян|очк|а 2, Ян|ушк|а 1, Ян|юшк|а 1
      Ян|я → Ян|ечк|а 3, Ян|к|а 2, Ян|очк|а 3, Ян|ушк|а 2, Янь|к|а 2,
         | Ян|юшк|а 2
      Ян|ечк|а 4, Ян|к|а 3, Ян|очк|а 4, Ян|ушк|а 3, Янь|к|а 3,
      Ян|юшк|а 3

Т

ТАРА́С|, а, *м* [*греч.* 'приводить в смятение, тревожить': 'возбуждать, возбуждение'; 'беспокойный']. О т ч е с т в о : Тара́сович, Тара́совна; Тара́сыч (*разг.*).

Тара́сий|, Тара́си|я (Тара́си[й]а]) (*стар.*). О т ч е с т в о : Тара́сиевич, Тара́сиевна *и* Тара́сьевич, Тара́сьевна.

П р о и з в о д н ы е (13):

Тарас 1 → Тарас|к|а → Тарасо*ч*к|а 1

Тарас|еньк|а, Тарас|ик, Тарас|оньк|а, Тарас|очк|а 2, Тарас|ушк|а

Тара(с) → **Тара|х|а** → Тараш|к|а 1

Тараш|а 1 → Тараш|к|а 2

Тара|ш|а 2

(Тар)ас → **Ас|я** → Ас|еньк|а 1, Ас|ечк|а 1

Ас|еньк|а 2, Ас|ечк|а 2

Тарасий → Тарась|юшк|а (Тарась[й]у]шк|а)

Тарас(ий) → Тарас 2

Дни ангела и святые (Тарасий): 25 февраля — *архиепископ*; 9 марта — *праведник*.

ТВЕРДИСЛА́В|, а, *м* (*слав. редк.*) [от основ со значением 'утверждать + слава']. О т ч е с т в о : Твердисла́вович, Твердисла́вовна; Твердисла́вич, Твердисла́вна.

П р о и з в о д н ы е (16):

Твердислав

(Тверди)слав → **Слав|а** → Слав|к|а 1 → Славо*ч*к|а 1

Слав|ун|я 1 → Славунь|к|а → Славуне*ч*к|а 1, Славун*ч*|ик 1

Славун|ечк|а 2, Славун|чик 2

Слав|ус|я 1 → Славусь|к|а → Славусе*ч*к|а 1

Славус|еньк|а, Славус|ечк|а 2,

Славус|ик

Слав|еньк|а 1, Слав|ик 1, Слав|оньк|а 1,
Слав|очк|а 2, Слав|ушк|а 1

Слав|еньк|а 2, Слав|ик 3, Слав|к|а 2, Слав|оньк|а 2,
Слав|очк|а 3, Слав|ун|я 2, Слав|ус|я 2, Слав|ушк|а 2

ТВОРИМИ́Р|, а, м (*слав. редк.*) [от основ со значением 'творить, созда-
вать + мир']. О т ч е с т в о : Твори́мирович, Твори́мировна; Твори́мирыч
(*разг.*).

П р о и з в о д н ы е (8):

Творимир → Творимир|к|а → Творимир|ч|ик 1
Творимир|ушк|а, Творимир|чик 2

(Твори)мир → **Мир** → Мир|к|а 1 → Мир|о*ч*к|а 1
Мир|ик 1, Мир|оньк|а 1, Мир|очк|а 2
Мир|ик 2, Мир|к|а 2, Мир|оньк|а 2, Мир|очк|а 3

ТЕРЕ́НТИЙ|, Тере́нти|я (Тере́нти[й]а), *м* [*предположительно лат.* 'тру-
щий, полирующий, растирающий'; 'тереть, растирать, молотить хлеб'].
О т ч е с т в о : Тере́нтиевич, Тере́нтиевна *и* Тере́нтьевич, Тере́нтьевна;
Тере́нтьич (*разг.*).

П р о и з в о д н ы е (20):

Терентий → Терентью́шк|а (Терень[й/у]шк|а)

Терен(тий) → **Тере́н|я** → Терен|ь|к|а 1 → Терен|е*ч*к|а 1
Терен|ечк|а 2

Тер(ен|я) → **Тер|я 1** → Терь|к|а 1 → Тер|е*ч*к|а 1
Тер|юш|а → Тер|ю́шк|а → Терюше*ч*к|а 1
Терюш|еньк|а,
Терюш|ечк|а 2
Тер|ечк|а 2, Тёр|юшк|а 1
Тер|ечк|а 3, Терь|к|а 2, Тер|юш 2, Тер|юшк|а 2

Терён|я 1 → Терён|ь|к|а 1 → Терён|е*ч*к|а 1
Терён|ечк|а 2

Терё(н|я) → **Терё|х|а 1** → Терёш|к|а 1 →
Терёше*ч*к|а 1
Терёш|еньк|а 1,
Терёш|ечк|а 2

Терёш|а 1 →
Терёш|еньк|а 2,
Терёш|ечк|а 3,
Терёш|к|а 2

Терён|ечк|а 3, Терёнь|к|а 2

Терё*ш*|а 2; Терё*ш*|еньк|а 3, Терё*ш*|ечк|а 4,
Терё*ш*|к|а 3

Терен|ечк|а 3, Терень|к|а 2

Терён|я 2; Терён|ечк|а 4, Терёны|к|а 3

Терёш|а 3; Терёш|еньк|а 4, Терёш|ечк|а 5, Терёш|к|а 4

Тере(нтий) → Терё|х|а 2

Тер(ентий) → Тер|я 2; Тер|ечк|а 4, Теры|к|а 3, Тер|юш|а 3, Тёр|юшк|а 3

Дни ангела и святые (Терентий): 13 марта, 10 апреля, 21 июня, 28 октября — *мученики*.

ТИМОФЕЙ|, Тимофе́|я (Тимофе́[й|а]), *м* [*греч.* 'честь, почет + Бог'; 'по-читать + Бог'; 'почитающий Бога'].

О т ч е с т в о : Тимофе́евич, Тимофе́евна; Тимофе́ич, Тимофе́вна (*разг.*).

П р о и з в о д н ы е (43):

Тимофей → Тимофей|к|а, Тимофе|юшк|а (Тимофе[й|у]шк|а)

Тимоф(ей) → Тимох|а → Тимош|к|а 1 → Тимошеч|к|а 1

Тимош|еньк|а 1, Тимош|ечк|а 2

Тимо(х|а) → Тимо|н|я 1 →Тимонь|к|а → Тимонч|ик 1

Тимон|чик 2

Тимо|с|я 1 → Тимось|к|а → Тимосеч|к|а 1

Тимос|еньк|а, Тимос|ечк|а 2

Тим(ох|а) →Тим|а 1 → Тим|ан|я 1 → Тимань|к|а →

Тиманеч|к|а 1

Тиман|ечк|а 2

Тим|ах|а 1 → Тимаш|к|а 1 →

Тимашеч|к|а 2

Тимаш|еньк|а 1,

Тимаш|ечк|а 2

Тим|аш, Тим|аш|а 1 →Тимаш|еньк|а 2,

Тимаш|ечк|а 3,

Тимаш|к|а 2

Тим|ей 1 → Тимей|к|а, Тиме|юшк|а

Тим|к|а 1 → Тимоч|к|а 1, Тимч|ик 1

Тим|ун|я 1 → Тимунь|к|а →

Тимунеч|к|а 1

Тимун|ечк|а 2

Ти(м)ун|я → **Тюн|я**

Тим|аг|а 1, Тим|ок 1, Тим|очк|а 2,

Тим|ушк|а 1, Тим|чик 2, Тим|ш|а 1

Тём|а 1 → Тём|к|а 1 → Тёмоч|к|а 1,

Тёмч|ик 2

Тём|оньк|а 1, Тём|очк|а 2,

Тём|ушк|а 1, Тём|чик 2

Тём|к|а 2, Тём|оньк|а 2, Тём|очк|а 3,

Тём|ушк|а 2, Тём|чик 3

Тим|аг|а 2, Тим|ан|я 2, Тим|ах|а 2, Тим|аш 2,

Тим|аш|а 2, Тим|ей 2, Тим|к|а 2, Тим|ок 2,

Тим|очк|а 3, Тим|ун|я 2, Тим|ушк|а 2,
Тим|чик 3, Тим|ш|а 2
Тём|а 2; Тём|к|а 3, Тём|оньк|а 3, Тём|очк|а 4,
Тём|ушк|а 3, Тём|чик 4
Тимош|а 1 → Тимош|еньк|а 2, Тимош|ечк|а 3,
Тимош|к|а 2
Тимо(фей) → Тимо|н|я 2, Тимо|с|я 2, Тимо|ш|а 2
Тим(офей) → Тим|а 2; Тим|аг|а 3, Тим|ан|я 3, Тим|ах|а 3, Тим|аш 3,
Тим|аш|а 3, Тим|ей 3, Тим|к|а 3, Тим|ок 3, Тим|очк|а 4,
Тим|ун|я 3, Тим|ушк|а 3, Тим|чик 4, Тим|ш|а 3
Тём|а 3; Тём|к|а 4, Тём|оньк|а 4, Тём|очк|а 5, Тём|ушк|а 4,
Тём|чик 5

Дни ангела и святые (Тимофей): 4 и 22 января — *апостолы*; 24 января, 3 мая, 19 августа, 19 декабря — *мученики*; 21 февраля — *преподобный*; 20 мая — князь; 10 июня — *святой*.

ТИМУ́Р|, а, *м* [имя узбекского хана, известного в Европе под именем Тамерлан; ‘железо’]. О т ч е с т в о : Тимуро́вич, Тиму́ровна; Тиму́рыч (*разг.*).
П р о и з в о д н ы е (7):
Тимур → Тимур|к|а
Тим(ур) → **Тим|а**
(Ти)мур → **Мур|а** → Мур|к|а 1 → Муро́ч|к|а 1
Мур|ик 1, Мур|оньк|а 1, Мур|очк|а 2
Мур|ик 2, Мур|к|а 2, Мур|оньк|а 2, Мур|очк|а 3

ТИТ|, а, *м* [*предположительно лат.* ‘честь, почёт’; ‘заботиться, защищать’; ‘почтенный’]. О т ч е с т в о : Ти́тович, Ти́товна; Ти́тыч (*разг.*).
П р о и з в о д н ы е (2):
Тит → Тит|к|а 1
Тит|а → Тит|к|а 2
Дни ангела и святые (Тит): 4 января, 25 августа — апостолы; 27 февраля, 2 апреля, 28 августа, 28 сентября — *преподобные*.

ТИХОМИ́Р|, а, *м* (*слав. редк.*) [от основ со значением ‘тихий + мирный’]. О т ч е с т в о : Тихоми́рович, Тихоми́ровна; Тихомиры́ч (*разг.*).
П р о и з в о д н ы е (25):
Тихомир → Тихомир|к|а → Тихомиро́ч|к|а 1
Тихомир|оньк|а, Тихомир|очк|а 2, Тихомир|ушк|а
Тих(омир) → **Тих|а** → Тих|ан|я 1 → Тихань|к|а → Тихане́ч|к|а 1
Тихан|ечк|а 2, Тихан|к|а, Тихан|ушк|а
Тих|он|я 1 → Тихонь|к|а
Ти́х|онк|а 1, Тих|очк|а 1, Тих|ушк|а 1
Тиш|а 1 → Тиш|к|а 1 → Тише́ч|к|а 1

| Тиш|еньк|а 1, Тиш|ечк|а 2
| Тиш|еньк|а 2, Тиш|ечк|а 3, Тиш|к|а 2
| Тих|ан|я 2, Тих|онк|а 2, Тих|он|я 2, Тих|очк|а 2, Тих|ушк|а 2
| Тиш|а 2; Тиш|еньк|а 3, Тиш|ечк|а 4, Тиш|к|а 3
(Тихо)мир → **Мир|а** → Мир|к|а 1 → Мир|оч|к|а 1
| Мир|ик 1, Мир|оньк|а 1, Мир|очк|а 3,
| Мир|ушк|а 1
| Мир|ик 2, Мир|к|а 2, Мир|оньк|а 2, Мир|очк|а 3,
| Мир|ушк|а 2

ТИ́ХОН|, а, *м* [*греч.* 'удачливый'; 'имя бога случая, судьбы и счастья'; 'бог счастья']. О т ч е с т в о : Ти́хонович, Ти́хоновна; Ти́хоныч (*разг.*).
     П р о и з в о д н ы е (17):
Тихон → Тихон|к|а, Тихон|ушк|а
Тих(он) → **Тих|а** → Тих|ан|я 1 → Тихань|к|а →Тиханечк|а 1
| Тихан|ечк|а 2, Тихан|к|а, Тихан|ушк|а
| Тих|он|я 1 → Тихонь|к|а
| Тих|очк|а 1, Тих|ушк|а 1
| **Тиш|а 1** → Тиш|к|а 1 → Тишечк|а 1
| Тиш|ак 1, Тиш|еньк|а 1, Тиш|ечк|а 2
| Тиш|ак 2, Тиш|еньк|а 2, Тиш|ечк|а 3, Тиш|к|а 2
| Тих|ан|я 2, Тих|он|я 2, Тих|очк|а 2, Тих|ушк|а 2
| Тиш|а 2; Тиш|ак 3, Тиш|еньк|а 3, Тиш|ечк|а 4, Тиш|к|а 3
     Дни ангела и святые (Тихон): 16 июня, 26 июня — *преподобные*; 13 августа — *святой.*

ТОМ|, а, *м* (*стар. редк.*) [*арамейск.* 'близнец']. О т ч е с т в о : То́мович, То́мовна.
     · П р о и з в о д н ы е (6):
Том → Том|к|а 1 → Том|оч|к|а 1
          Том|ик 1, Том|оньк|а 1, Том|очк|а 2, Том|ушк|а 1
          Том|а → Том|ик 2, Том|к|а 2, Том|оньк|а 2, Том|очк|а 3, Том|ушк|а 2

ТРИФИ́ЛИЙ|, Трифи́ли|я (Трифи́ли[й|а]), *м* [*греч.* 'трилистник, клевер'; 'житель Трифилии, области на Пелопоннесе']. О т ч е с т в о : Трифи́лие-вич, Трифи́лиевна *и* Трифи́льевич, Трифи́льевна.
Трифи́л|, а (*разг.*). О т ч е с т в о : Трифи́лович, Трифи́ловна; Трифи́лыч (*разг.*).
     П р о и з в о д н ы е (30):
Трифилий
Трифи(лий) →
     Трифил
     Трифи(л) → **Триф|а 1** →Триф|к|а 1 → Триф|оч|к|а 1
| Триф|оньк|а 1, Триф|очк|а 2

Три(ф|а) → **Триш|а 1** → Триш|к|а 1, Триш|еньк|а 1
Трох|а 1 → Трош|к|а 1 → Трошеч|к|а 1
Трош|еньк|а 1, Трош|ечк|а 2
Трош|а 1 → Трош|еньк|а 2,
Трош|ечк|а 3
Трош|к|а 2
Труш|а 1 →
Труш|к|а 1 →
Трушеч|к|а 1
Труш|еньк|а 1,
Труш|ечк|а 2
Труш|еньк|а 2,
Труш|ечк|а 3,
Труш|к|а 2
Труш|а 2; Труш|еньк|а 3,
Труш|ечк|а 4, Труш|к|а 3
Триф|к|а 2, Триф|оньк|а 2, Триф|очк|а 3
Трох|а 2
Три(фил) → Триш|а 2, Труш|а 3
(Три)фил → **Фил|я 1** → Филь|к|а 1 → Филеч|к|а 1
Фил|юш|а 1 → Фил|юш|к|а
Фил|еньк|а 1, Фил|ечк|а 2, Фил|ушк|а 1,
Фи́л|юшк|а 1
Фел|я 1 → Фел|еньк|а 1, Фел|ик 1,
Фель|к|а 1, Фел|юшк|а 1
Фел|еньк|а 2, Фел|ик 2, Фель|к|а 2,
Фел|юшк|а 2
Фил|еньк|а 2, Фил|ечк|а 3, Фил|ушк|а 2, Филь|к|а 2,
Фил|юш|а 2, Фи́л|юшк|а 2
Фел|я 2; Фел|еньк|а 3, Фел|ик 3, Фель|к|а 3,
Фел|юшк|а 3
Триф(илий) → Триф|а 2; Триф|к|а 2, Триф|оньк|а 2, Триф|очк|а 3
Трох|а 3
Три(филий) → Триш|а 3, Труш|а 4
(Три)фил(ий) → Фил|я 2; Фил|еньк|а 3, Фил|ечк|а 4, Фил|ушк|а 3,
Филь|к|а 3, Фил|юш|а 3, Фи́л|юшк|а 3
Фел|я 3; Фел|еньк|а 4, Фел|ик 4, Фель|к|а 4, Фел|юшк|а 4

Дни ангела и святые (Трифилий): 13 июня — *епископ*.

ТРИ́ФОН|, а, *м* [*греч.* 'живущий в роскоши'; 'роскошный, изнеженный'].
О т ч е с т в о : Три́фонович, Три́фоновна; Три́фоныч (*разг.*).
Трифа́н|, (*прост.*). О т ч е с т в о : Трифа́нович, Трифа́новна.
П р о и з в о д н ы е (26):
Трифон → Трифон|к|а 1, Трифон|ушк|а 1, Трифонь|к|а 1

Триф(он) → **Триф|а 1** → Триф|к|а 1 → Трифо*ч*к|а 1
| Триф|онк|а 2, Триф|оньк|а 2, Триф|очк|а 2
| Три(ф|а) → **Три|ш|а 1** → Триш|еньк|а, Триш|к|а
| | **Труш|а 1** → Труш|к|а 1 →
| | | Труш*еч*к|а 1
| | | Труш|еньк|а 1,
| | | Труш|ечк|а 2
| | Труш|еньк|а 2, Труш|ечк|а 3,
| | Труш|к|а 2
| | Тру|ш|а 2
| Триф|к|а 2, Триф|онк|а 3, Триф|оньк|а 3, Триф|очк|а 3
Три(фон) → Три|ш|а 2, Тру|ш|а 3
(Три)фон → **Фон|я** → Фонь|к|а 1 → Фон*еч*к|а 1
| Фон|ечк|а 2, Фон|юшк|а 1
| **Фан|а 1** → Фань|к|а 1 → Фан*еч*к|а 1
| | Фан|ечк|а 2, Фан|ик 1, Фан|к|а 1,
| | Фан|ушк|а 1, Фан|юшк|а 1
| **Фан|я 1** → Фан|ечк|а 3, Фан|ик 2, Фан|к|а 2,
| | Фан|ушк|а 2, Фань|к|а 2, Фан|юшк|а 2
| Фан|ечк|а 4, Фан|ик 3, Фан|к|а 3, Фан|ушк|а 3,
| Фань|к|а 3, Фан|юшк|а 3
| Фон|ечк|а 3, Фонь|к|а 2, Фон|юшк|а 2
| Фан|а 2, Фан|я 2; Фан|ечк|а 5, Фан|ик 4, Фан|к|а 4,
| Фан|ушк|а 4, Фань|к|а 4, Фан|юшк|а 4
| **Трифан**
| Триф(ан) →   Триф|а 2; Триф|к|а 3, Триф|онк|а 4,
| Триф|оньк|а 4, Триф|очк|а 4
(Три)фан → Фан|а 3, Фан|я 3; Фан|ечк|а 6, Фан|ик 5, Фан|к|а 5,
           Фан|ушк|а 4, Фань|к|а 5, Фан|юшк|а 5

Дни ангела и святые (Трифон): 1 февраля — *мученик*; 19 апреля — *патриарх*; 8 октября, 15 декабря — *святые*.

ТРОА́ДИЙ|, Троа́ди|я (Троа́ди[й|а]), *м* (*стар. редк.*) [*греч.* ʽТроада — в древности область на северо-западе Малой Азии; ʽтроадский, из гор Трои']. О т ч е с т в о : Троа́диевич, Троа́диевна *и* Троа́дьевич, Троа́дьевна.
Тра́дий|, Тра́ди|я (Тра́ди[й|а]) (*разг.*). О т ч е с т в о : Тра́диевич, Тра́диевна *и* Тра́дьевич, Тра́дьевна.
    П р о и з в о д н ы е (19):
Троадий
Тр(о)ад(ий) → **Трад|я 1** → Традь|к|а 1 → Трад*еч*к|а 1
| Трад|еньк|а 1, Трад|ечк|а 2
| (Т)рад|я → **Рад|а 1** → Рад|к|а 1 → Рад*оч*к|а 1
| Радь|к|а 1 → Рад*еч*к|а 1
| Рад|еньк|а 1, Рад|ечк|а 2, Рад|ик 1,

Рад|онък|а 1, Рад|очк|а 2,
Рад|ушк|а 1, Рад|юшк|а 1
Рад|я 1 → Рад|еньк|а 2, Рад|ечк|а 3, Рад|ик 2,
Рад|к|а 2, Рад|оньк|а 2, Рад|очк|а 3,
Рад|ушк|а 2, Рады|к|а 2, Рад|юшк|а 2
Рад|еньк|а 3, Рад|ечк|а 4, Рад|ик 3, Рад|к|а 3,
Рад|оньк|а 3, Рад|очк|а 4, Рад|ушк|а 3,
Рад|юшк|а 3
(Тр)ад|я → **Ад|я 1** → Адь|к|а 1 → Ад*еч*к|а 1
Ад|еньк|а 1, Ад|ечк|а 2
Ад|еньк|а 2, Ад|ечк|а 3, Адь|к|а 2
Трад|еньк|а 2, Трад|ечк|а 3, Трады|к|а 2
Тр(о)адий → **Традий**
Трад(ий) → Трад|я 2; Трад|еньк|а 3, Трад|ечк|а 4, Трады|к|а 3
(Т)рад(ий) → Рад|а 2, Рад|я 2; Рад|еньк|а 4, Рад|ечк|а 5,
Рад|ик 4, Рад|к|а 4, Рад|оньк|а 4, Рад|очк|а 5,
Рад|ушк|а 4, Рад|юшк|а 4
(Тр)ад(ий) → Ад|я 2; Ад|еньк|а 3, Ад|ечк|а 4, Адь|к|а 3
(Тро)ад(ий) → Ад|я 3; Ад|еньк|а 4, Ад|ечк|а 5. Адь|к|а 4
День ангела и святой (Троадий): 2 марта — *мученик*.

ТРОФИМ|, а, м [*греч.* 'кормилец или питомец'; 'питающий или пито-
мец']. О т ч е с т в о : Трофи́мович, Трофи́мовна; Трофи́мыч (*разг.*).
П р о и з в о д н ы е (27):
Трофим → Трофим|к|а, Трофим|ушк|а
Троф(им) → **Трох|а** → Трош|к|а 1 → Трош*еч*к|а 1
Трош|еньк|а 1, Трош|ечк|а 2, Трош|к|о 1
Тро(х|а) → **Тро|н|я 1** → Тронь|к|а → Трон*еч*к|а 1
Трон|ечк|а 2, Трон|юшк|а
Трун|я 1 → Трунь|к|а 1 → Трун*еч*к|а 1
Трун|ечк|а 2, Трун|юшк|а 1
Труш|а 1 →
Труш|к|а 1 →
Труш*еч*к|а 1
Труш|еньк|а 1,
Труш|ечк|а 2
Труш|еньк|а 2,
Труш|ечк|а 3, Труш|к|а 2
Трун|ечк|а 3, Трунь|к|а 2,
Трун|юшк|а 2
Тру|н|я 2
Тро|ш|а 1 → Трош|еньк|а 2, Трош|ечк|а 3,
Трош|к|а 2, Трош|к|о 2
Труш|а 2; Труш|еньк|а 3,

| | | Труш|ечк|а 4, Труш|к|а 3
| | Труш|а 3; Труш|еньк|а 4, Труш|ечк|а 5, Труш|к|а 4

Тро(фим) → Тро|н|я 2, Тру|н|я 3, Тро|ш|а 2, Тру|ш|а 4

(Тро)фим → **Фим|а** → Фим|к|а 1 → Фимоч|к|а 1

Фим|ул|я 1 → Фимуль|к|а → Фимулеч|к|а 1
Фимул|еньк|а, Фимул|ечк|а 2
Фим|очк|а 2, Фим|ушк|а 1

Фим|к|а 2, Фим|очк|а 3, Фим|ул|я 2, Фим|ушк|а 2

Дни ангела и святые(Трофим): 4 января, 15 апреля — *апостолы*; 16 и 18 марта, 23 июля, 19 сентября — *мученики*.

Ф

ФАВСТ|, а, *м* [*лат.* 'благоприятный, счастливый'; 'счастливый, благополучный']. О т ч е с т в о : Фа́встович, Фа́встовна.
Фаст|, а (*разг.*). О т ч е с т в о : Фа́стович, Фа́стовна.
    П р о и з в о д н ы е (20):
Фавст → Фавст|к|а
Фав(ст) → **Фав|а** → Фав|к|а 1 → Фаво́ч|к|а 1
                           Фав|очк|а 2, Фав|ушк|а 1
           Фав|к|а 2, Фав|очк|а 3, Фав|ушк|а 2
Фа(в)с(т) → **Фас|а 1** → Фас|к|а 1 → Фасо́ч|к|а 1
                          Фась|к|а 1 → Фасе́ч|к|а 1
                          Фас|еньк|а 1, Фас|ечк|а 2, Фас|оньк|а 1,
                          Фас|очк|а 2, Фас|ушк|а 1, Фас|юшк|а 1
             Фас|я 1 → Фас|еньк|а 2, Фас|ечк|а 3, Фас|к|а 2, Фас|оньк|а 2,
                          Фас|оч|ка 3, Фас|ушк|а 2, Фась|к|а 2, Фас|юшк|а 2
             Фас|еньк|а 3, Фас|ечк|а 4, Фас|к|а 3, Фас|оньк|а 3,
             Фас|очк|а 4, Фас|ушк|а 3, Фась|к|а 3, Фас|юшк|а 3
Фа(в)ст → **Фаст** → Фаст|к|а 1 → Фасто́ч|к|а 1
                      Фаст|оньк|а 1, Фаст|очк|а 2, Фаст|ушк|а 1
           Фас(т) → Фас|а 2, Фас|я 2; Фас|еньк|а 4, Фас|ечк|а 5,
                      Фас|к|а 4, Фас|оньк|а 4, Фас|очк|а 5, Фас|ушк|а 4,
                      Фась|к|а 4, Фас|юшк|а 4
           Фаст|к|а 2, Фаст|оньк|а 2, Фаст|очк|а 3, Фаст|ушк|а 2
    С р.: *ж* Фавста.
    Дни ангела и святые (Фаст): 24 апреля, 24 мая, 4 октября — *мученики*; 3 августа — *преподобный*; 6 сентября — *святой*.

ФАДДЕ́Й|, Фадде́|я (Фадде[й|а]), *м* [*др.-евр.* 'похвала']. О т ч е с т в о : Фадде́евич, Фадде́евна.
Фаде́й|, Фаде́|я (Фаде́[й|а]) (*разг.*). О т ч е с т в о : Фаде́евич, Фаде́евна
    П р о и з в о д н ы е (15):

Фаддей → Фаддей|к|а, Фадде|юшк|а (Фадде[й|у]шк|а)
Фад(дей) → **Фад|я 1** → Фадь|к|а 1 → Фад*ec*|к|а 1
                     Фад|еньк|а 1, Фад|ечк|а 2, Фад|ик 1
           Фад|еньк|а 2, Фад|ечк|а 3, Фад|ик 2, Фадь|к|а 2
Фад(д)ей → **Фадей** → Фадей|к|а 1 → Фадей*ч*|ик 1
                   Фадей|чик 2, Фаде|юшк|а 1 (Фаде[й|у]шк|а)
           Фад(ей) → Фад|я 2; Фад|еньк|а 3, Фад|ечк|а 4, Фад|ик 3,
                    Фадь|к|а 3
           (Фа)дей → **Де|я 1**
                   (Де[й|а]) → Дей|к|а 1 → Де*ec*|к|а 1
                           Де|ечк|а 2, Де|юшк|а 1
                           (Де[й|э]чк|а) (Де[й|у]шк|а)
                   Дей|к|а 2, Де|ечк|а 3, Де|юшк|а 2
                       (Де[й|э]чк|а) (Де[й|у]шк|а)
           Фадей|к|а 2, Фадей|чик 3, Фаде|юшк|а 2 (Фаде[й|у]шк|а)
(Фад)дей → Де|я 2; Де|ечк|а 4 (Де[й|э]чк|а), Дей|к|а 3,
             Де|юшк|а 3 (Де[й|у]шк|а)

    Дни ангела и святые (Фаддей): 7 мая — *святой*; 4 января — *апостол*; 29 декабря — *преподобный*; 19 июня — *Иуда*; 30 июня, 21 августа — *Иуда Иаковлев.*

ФАЛАЛЕ́Й|, Фалале́|я (Фалале́[й|а]), *м* [предположительно *греч.* 'цветущая маслина']. О т ч е с т в о : Фалале́евич, Фалале́евна; Фалале́ич (*разг.*).
Фале́й|, Фале́|я (Фале́[й|а]) (*разг.*). О т ч е с т в о : Фале́евич, Фале́евна; Фале́ич (*разг.*).
Фалеле́й|, Фалеле́|я (Фалеле́[й|а]) (*разг.*). О т ч е с т в о : Фалеле́евич, Фалеле́евна; Фалеле́ич (*разг.*).
    П р о и з в о д н ы е (18):
Фалалей → Фалалей|к|а, Фалале|юшк|а (Фалале[й|у]шк|а)
Фал(алей) → **Фал|я 1** → Фаль|к|а 1 → Фал*ec*|к|а 1
                     Фал|еньк|а 1, Фал|ечк|а 2, Фал|оньк|а 1,
                     Фал|очк|а 1, Фал|юшк|а 1
           Фал|еньк|а 2, Фал|ечк|а 3, Фал|оньк|а 2, Фал|очк|а 2,
           Фаль|к|а 2, Фал|юшк|а 2
Фа(ла)лей → **Фалей 1** → Фалей|к|а 1, Фале|юшк|а 1 (Фале[й|у]шк|а)
           Фал(ей) → Фал|я 2; Фал|еньк|а 3, Фал|ечк|а 4, Фал|оньк|а 3,
                    Фал|очк|а 3, Фаль|к|а 3, Фал|юшк|а 3
           (Фа)лей → **Ле|я 1**
                   (Ле[й|а]) → Лей|к|а 1 → Ле*ec*|к|а 1
                           Ле|еньк|а 1 (Ле[й|э]ньк|а),
                           Ле|ечк|а 2 (Ле[й|э]чк|а),
                           Ле|юшк|а 1 (Ле[й|у]шк|а)
                   Ле|еньк|а 2, Ле|ечк|а 3, Лей|к|а 2, Ле|юшк|а 2
           Фалей|к|а 2, Фале|юшк|а 2 (Фале[й|у]шк|а)

(Фала)лей → Ле|я 2; Ле|еньк|а 3, Ле|ечк|а 4, Лей|к|а 3, Ле|юшк|а 4

      Фалелей

      Фал(елей) → Фал|я 3; Фал|еньк|а 4, Фал|ечк|а 5,
      │   Фал|оньк|а 4, Фал|очк|а 4, Фаль|к|а 4,
      │   Фал|юшк|а 4

      Фа(ле)лей → Фалей 2; Фалей|к|а 3, Фале|юшк|а 3,
      │   Фалей|ушк|а

      (Фале)лей → Ле|я 3 (Ле[й|а]); Ле|еньк|а 4,
                   Ле|ечк|а 5 (Ле[й|э]чк|а), Лей|к|а 4,
                   Ле|юшк|а 4 (Ле[й|у]шк|а)

    Дни ангела и святые (Фалалей): 27 февраля, 20 мая — *мученики*.

ФАЛА́ССИЙ|, Фала́сси|я (Фалассϊ[й|а]), *м* [*греч.* 'морской, опытный в мореплавании']. О т ч е с т в о : Фала́ссиевич, Фала́ссиевна.
Фала́сий|, Фала́си|я (Фала́си[й|а]) (*разг.*). О т ч е с т в о : Фала́сиевич, Фала́сиевна.

    П р о и з в о д н ы е (9):

Фалассий

Фалас(сий) → **Фалас|я 1** →
             Фал(ас|я) → **Фал|я 1** → Фаль|к|а 1 → Фале|чк|а 1
                             Фал|еньк|а 1, Фал|ечк|а 2,
                             Фал|оньк|а 1, Фал|очк|а 1,
                             Фал|юшк|а 1
                           Фал|еньк|а 2, Фал|ечк|а 3, Фал|оньк|а 2,
                           Фал|очк|а 2, Фаль|к|а 2, Фал|юшк|а 2

Фал(ассий) → Фал|я 2; Фал|еньк|а 3, Фал|ечк|а 4, Фал|оньк|а 3,
                Фал|очк|а 3, Фаль|к|а 3, Фал|юшк|а 3

Фала(с)сий → **Фаласий**

      Фалас(ий) → Фалас|я 2

      Фал(асий) → Фал|я 3; Фал|еньк|а 4, Фал|ечк|а 5,
                  Фал|оньк|а 4, Фал|очк|а 4, Фаль|к|а 4,
                  Фал|юшк|а 4

    День ангела и святой (Фалассий): 22 февраля — *преподобный*.

ФЁДОР|, а, *м* [*греч.* 'Бог + дар'; 'Божий дар']. О т ч е с т в о : Фёдорович, Фёдоровна; Фёдорыч (*разг.*).
Феда́н|, а (*прост.*).
Фео́дор|, а (*стар.*). О т ч е с т в о : Фео́дорович, Фео́доровна.

    П р о и з в о д н ы е (88):

Фёдор 1 → Фёдор|к|а, Фёдор|ушк|а
            Федор|к|а → Федороч|к|а 1
            Федор|очк|а 2, Федор|ушк|а

Фёд(ор) → **Фед|я** → Фед|ул|а 1 → Федул|к|а 1 → Федулоч|к|а 1
                           Федуль|к|а 1 → Федулеч|к|а 1,

Федульч|ик 1

Федул|еньк|а 1, Федул|ечк|а 2,
Федул|оньк|а 1, Федул|очк|а 2,
Федул|ушк|а 1, Федул|юшк|а 1

Фед|ул|я 1 → Федул|еньк|а 2, Федул|ечк|а 3,
Федул|к|а 2, Федул|оньк|а 2,
Федул|очк|а 3, Федул|ушк|а 2,
Федуль|к|а 2, Федул|юшк|а 2

Фед|ун 1 → Федунь|к|а 1 → Федунеч|к|а 1,
Федунч|ик 1
Федун|ечк|а 2, Федун|чик 2,
Федунь|ш|а 1, Федун|юшк|а 1

Фед|ун|я 1 → Федун|ечк|а 3, Федун|чик 3,
Федунь|к|а 2, Федунь|ш|а 2,
Федун|юшк|а 2

Фед|ус|я 1 → Федусь|к|а → Федусеч|к|а 1
Федус|еньк|а, Федус|ечк|а 2, Федус|ик

(Фе)д|ус|я → **Дус|я** → Дусь|к|а 1 → Дусеч|к|а 1
Дус|еньк|а 1, Дус|ечк|а 2,
Дус|ик 1
Дус|еньк|а 2, Дус|ечк|а 3, Дус|ик 2,
Дусь|к|а 2

Федь|к|а 1 → Федеч|к|а 1, Федч|ик 1, Федьк|ай
Фед|юл|я 1 → Федюль|к|а → Федюлеч|к|а 1
Федюл|еньк|а, Федюл|ечк|а 2

Фед|юн|я 1 → Федюнь|к|а → Федюнеч|к|а 1,
Федюнч|ик 1
Федюн|ечк|а 2, Федюн|чик 2,
Федюнь|ш|а, Федюн|юшк|а

(Фе)д|юн|я → **Дюн|я** → Дюнь|к|а 1 → Дюнеч|к|а 1,
Дюнч|ик 1
Дюн|ечк|а 2, Дюн|чик 2
Дюн|ечк|а 3, Дюн|чик 3, Дюнь|к|а 2

Фед|юс|я 4 → Федюсь|к|а → Федюсеч|к|а 1
Федюс|еньк|а, Федюс|ечк|а 2,
Федюс|ик

(Фе)д|юс|я → **Дюс|я** → Дюсь|к|а 1 → Дюсеч|к|а 1
Дюс|еньк|а 1, Дюс|ечк|а 2,
Дюс|ик 1
Дюс|еньк|а 2: Дюс|ечк|а 3, Дюс|ик 2,
Дюсь|к|а 2

Фед|юх|а 1 → Федюш|к|а 1 → Федюшеч|к|а 1
Федюш|еньк|а 1, Федюш|ечк|а 2

Фед|юш|а 1 → Федюш|еньк|а 2, Федюш|ечк|а 3,

Федюш|к|а 2
Фед|яй 1 → Федяй|к|а
Фед|ян|я 1 → Федянь|к|а → Федянеч|к|а 1
Федян|ечк|а 2, Федян|юшк|а
Фед|яр|а 1 → Федяр|к|а
Фед|ях|а 1 → Федяш|к|а 1 → Федяш*еч*|к|а 1
Федяш|еньк|а 1, Федяш|ечк|а 2
Фед|яш|а 1 → Федяш|еньк|а 2, Федяш|ечк|а 3,
Федяш|к|а 2
Фед|ан 1, Фед|еньк|а 1, Фед|ечк|а 2, Фед|ец 1,
Фед|ик 1, Фед|чик 2, Федь|ш|а 1, Фед|юк 1,
Фе́д|юшк|а 1, Фед|яг|а 1
Фед|ан 2, Фед|еньк|а 2, Фед|ечк|а 3, Фед|ец 2, Фед|ик 2,
Фед|ул|а 2, Фед|ул|я 2, Фед|ун 2, Фед|ун|я 2, Фед|ус|я 2,
Фед|чик 3, Федь|к|а 2, Федь|ш|а 2, Фед|юк 2, Фед|юл|я 2,
Фед|юн|я 2, Фед|юс|я 2, Фед|юх|а 2, Фед|юш|а 2, Фе́д|юшк|а 2,
Фед|яг|а 2, Фед|яй 2, Фед|ян|я 2, Фед|яр|а 2, Фед|ях|а 2,
Фед|яш|а 2

Феодор
Фе(о)дор — Фёдор 2
Дни ангела и святые (Феодор): 26 января, 17 февраля, 11 ноября, 20 и 22 апреля, 16 мая, 5 и 15 июня, 11 и 28 августа, 22 сентября, 22 октября, 27 декабря — *преподобные*; 19 января — *блаженный*; 8 февраля, 8 июня — *великомученики*; 5 и 21 марта, 21 и 23 мая, 5 июня, 19 сентября — *князья*; 23 марта, 22 апреля — *святые*; 8, 14, 22 февраля, 6 марта, 10 и 21 апреля, 24 мая, 12 июля, 4, 5, 12, 20 сентября, 25 ноября — *мученики*; 28 ноября, 9 июля — *епископы*; 4 июля, 3 декабря — *священномученики*.

ФЕДО́Т|, а, *м* [*греч.* 'Богом данный']. О т ч е с т в о : Федо́тович, Федо́тов-на; Федо́тыч (*разг.*).
Федо́тий|, Федо́ти|я (Федоти[й|а]) (*разг.*). О т ч е с т в о :Федо́тиевич, Федо́тиевна.
Феодо́т|, а (*стар.*). О т ч е с т в о : Феодо́тович, Феодо́товна.
П р о и з в о д н ы е (21):
Федот 1 → Федот|к|а → Федото*ч*|к|а 1
Федот|ий, Федот|ик, Федот|оньк|а, Федот|очк|а 2,
Федот|ушк|а
Фед(от) → **Федя** → Федь|к|а 1 → Федеч|к|а 1
Федюш|а 1 → Федюш|к|а → Федюш*еч*|к|а 1
Федюш|еньк|а, Федюш|ечк|а 2
Фед|еньк|а 1, Фед|ечк|а 2, Фе́д|юшк|а 1
Фед|еньк|а 2, Фед|ечк|а 3, Федь|к|а 2, Федюш|а 2, Фе́д|юшк|а 2
(Фе)дот → **Дот|а** → Доть|к|а 1 → Дотеч|к|а 1
Дот|еньк|а 1, Дот|ечк|а 2, Дот|ик 1

Дот|я → Дот|еньк|а 2, Дот|ечк|а 3, Дот|ик 2, Доть|к|а 2
Дот|еньк|а 3, Дот|ечк|а 4, Дот|ик 3, Доть|к|а 3

Феодот
Фе(о)дот → Федот 2
Дни ангела и святые (Феодот): 19 февраля, 29 апреля, 8 мая, 4 июля, 2 и 15 сентября, 7 ноября — *мученики*; 2 марта, 18 мая, 7 июня — *священномученики.*

ФЕ́ЛИКС|, а, *м* [*лат.* 'счастливый, благополучный'; 'счастливый']. О т ч е с т в о : Фе́ликсович, Фе́ликсовна.
П р о и з в о д н ы е (10):
Феликс
Фелик(с) → **Фелик**
Фел(ик) → Фел|я 1 → Фель|к|а 1 → Фелеч|к|а 1
Фел|еньк|а 1, Фел|ечк|а 2, Фел|юшк|а 1
(Ф)ел|я → Ел|я → Ель|к|а 1 → Елеч|к|а 1
Ел|еньк|а 1, Ел|ечк|а 2
Ел|еньк|а 2, Ел|ечк|а 3, Ель|к|а 2
Фел|еньк|а 2, Фел|ечк|а 3, Фель|к|а 2, Фел|юшк|а 3
(Ф)ел(ик) → Ел|я 2; Ел|еньк|а 3, Ел|ечк|а 4, Ель|к|а 3
Фел(ик) → Фел|я 2; Фел|еньк|а 3, Фел|ечк|а 4, Фель|к|а 3, Фел|юшк|а 3
(Ф)ел(икс) → Ел|я 3; Ел|еньк|а 4, Ел|ечк|а 5, Ель|к|а 4
Дни ангела и святые (Феликс): 25 января, 18 апреля, 6 июля — *мученики.*

ФЕМИСТО́КЛ|, а, *м* [*греч.* 'справедливый, законный + слава'; 'прославленный за правосудие']. О т ч е с т в о : Фемисто́клович, Фемисто́кловна.
Фемистокле́й|, Фемистокле́я (Фемистокле́[й|а]) (*стар.*). О т ч е с т в о : Фемистокле́евич, Фемистокле́евна.
П р о и з в о д н ы е (9):
Фемистокл
Феми(стокл) → **Фем|а** → Фем|к|а 1 → Фемоч|к|а 1
Фем|очк|а 2, Фем|оньк|а, Фем|ушк|а
Фе(м|а) → **Фе|н|а 1** → Фен|к|а → Феноч|к|а 1
Фень|к|а → Фенеч|к|а 1
Фен|ечк|а 2, Фен|очк|а 2,
Фен|ушк|а
Фем|к|а 2, Фем|очк|а 3
Фе(мистокл) → Фе|н|а 2
Фемистоклей
Фемистокл(ей) — Фемистокл 2
День ангела и святой (Фемистоклей): 21 декабря — *мученик.*

ФЕОГЕ́Н|, а, *м* [*греч.* 'Бог и род, происхождение'; 'Богорожденный'].

О т ч е с т в о : Феогéнович, Феогéновна.

Феногéн|, а (*разг.*). О т ч е с т в о: Феногéнович, Феногéновна.

П р о и з в о д н ы е (19):

Феоген → Феоген|к|а, Феоген|ушк|а

Фе(оген) → **Фен|а 1** → Фен|к|а 1 → Фен*оч*|к|а 1

                    Фень|к|а 1 → Фен*еч*|к|а 1

                    Фен|аш|а 1, Фен|ечк|а 2, Фен|очк|а 2, Фен|ушк|а 1

                    Феш|а 1 → Феш|к|а 1 → Феш*еч*|к|а 1

                                Феш|еньк|а 1, Феш|ечк|а 2

                    Феш|еньк|а 2, Феш|ечк|а 3, Феш|к|а 2

        Фен|аш|а 2, Фен|ечк|а 3, Фен|к|а 2, Фен|очк|а 3, Фен|ушк|а 2, Фень|к|а 2

        Феш|а 2; Феш|еньк|а 3, Феш|ечк|а 4, Феш|к|а 3

        Фен*о***ген** → Феноген|к|а 1 → Феногено*ч*|к|а 1

                    Феноген|очк|а 2, Феноген|ушк|а 1

        Фен(оген) → Фен|а 2; Фен|аш|а 3, Фен|ечк|а 4, Фен|к|а 3,

                    Фен|очк|а 4

                    Фен|ушк|а 3, Фень|к|а 3

                    Феш|а 3; Феш|еньк|а 4, Феш|ечк|а 5, Феш|к|а 4

                    Феногеш|а 1 → Феногеш|к|а 1

                    Феногеш|к|а 2

        Феноген|к|а 2, Фен*о*ген|очк|а 3, Феноген|ушк|а 2

        Феногеш|а 2; Феногеш|к|а 3

Дни ангела м святые (Феоген): 7 ноября, 21 августа — *мученики*; 29 апреля — *священномученик*.

ФЕОДÓСИЙ|, Феодóси|я (Феодóси[й|а]) [*греч.* 'Бог и дар'; 'данный Богу или Богом']. О т ч е с т в о : Феодóсиевич, Феодóсиевна.

Федóс|, а (*разг.*). О т ч е с т в о: Федóсович, Федóсовна.

Федóсий|, Федóси|я (Федóси[й|а]) (*разг.*). О т ч е с т в о : Федóсиевич, Федóсиевна.

Федосéй|, Федосé|я (Федосé[й|а]) (*разг.*). О т ч е с т в о : Федосéевич, Федосéевна.

П р о и з в о д н ы е (37):

Феодосий

Фе(о)дос(ий) → **Федос, Федос|а** → Федос|ий 1 → Федось|юшк|а

                                        (Федось[й|у]шк|а)

                        Федос|ей 1 → Федосей|к|а,

                                    Федосе|юшк|а

                                    (Федосе[й|у]шк|а)

                        Федос|к|а 1 → Федосо*ч*|к|а 1

                        Федось|к|а 1 → Федос*еч*|к|а 1

                        Федос|еньк|а 1, Федос|ечк|а 2,

                        Федос|оньк|а 1,Федос|очк|а 2,

Федос|ушк|а 1, Федос|юшк|а 1

Фед(ос), Фед(ос|а) → **Фед|я 1** → Федь|к|а 1 → Фед*еч*|к|а 1

Фед|юш|а 1 →

Фед*ю́ш*|к|а

Фед|еньк|а, Фед|ечк|а 2,

Фе́д|юшк|а 1

Фед|еньк|а 2, Фед|ечк|а 3,

Федь|к|а 2, Фед|юш|а 2,

Фе́д|юшк|а 2

Фе(до)с, Фе(до)с|а → **Фес|я 1** → Фесь|к|а 1 → Фес*еч*|к|а 1

Фес|еньк|а 1, Фес|ечк|а 2

Феш|а 1 → Феш|к|а 1 →

Феш*еч*|к|а 1

Феш|еньк|а 1,

Феш|ечк|а 2

Фе*ш*|еньк|а 2,

Фе*ш*|ечк|а 3, Фе*ш*|к|а 2

Фес|еньк|а 2, Фес|ечк|а 3,

Фесь|к|а 2

Фе*ш*|а 2; Фе*ш*|еньк|а 3,

Фе*ш*|ечк|а 4, Фе*ш*|к|а 3

(Фе)дос, (Фе)дос|а → **Дос|я 1** → Дось|к|а 1 → Дос*еч*|к|а 1

Дос|еньк|а 1, Дос|ечк|а 2,

Дос|ик 1, Дос|юшк|а 1

Дос|еньк|а 2, Дос|ечк|а 3, Дос|ик 2,

Дось|к|а 2, Дос|юшк|а 2

Федос|я → Федос|ей 2, Федос|еньк|а 2, Федос|ечк|а 3,

Федос|ий 2, Федос|к|а 2, Федос|оньк|а 2,

Федос|очк|а 3, Федос|ушк|а 2, Федось|к|а 2,

Федос|юшк|а 2

Фед(ос|я) → Фед|я 2; Фед|еньк|а 3, Фед|ечк|а 4, Федь|к|а 3

Фед|юш|а 3, Фе́д|юшк|а 3

Фе(до)с|я → Фес|я 2; Фес|еньк|а 3, Фес|ечк|а 4, Фесь|к|а 3

Фе*ш*|а 3; Фе*ш*|еньк|а 4, Фе*ш*|ечк|а 5,

Фе*ш*|к|а 4

(Фе)дос|я → Дос|я 2; Дос|еньк|а 3, Дос|ечк|а 4, Дос|ик 3,

Дось|к|а 3, Дос|юшк|а 3

Федос|ей 3, Федос|еньк|а 3, Федос|ечк|а 4, Федос|ий 3,

Федос|к|а 3, Федос|оньк|а 3, Федос|очк|а 4,

Федос|ушк|а 3, Федось|к|а 3, Федос|юшк|а 3

Фе(о)д(осий) → Фед|я 3; Фед|еньк|а 4, Фед|ечк|а 5, Федь|к|а 4,

Фед|юш|а 4, Фе́д|юшк|а 4

Фе(одо)с(ий) → Фес|я 3; Фес|еньк|а 4, Фес|ечк|а 5, Фесь|к|а 4,

Фе*ш*|а 4; Фе*ш*|еньк|а 5, Фе*ш*|ечк|а 6, Фе*ш*|к|а 5

(Фео)дос(ий) → Дос|я 3; Дос|еньк|а 4, Дос|ечк|а 5, Дос|ик 4, Дось|к|а 4,
                    Дос|юшк|а 4
С р.: *ж* Феодосия.
Дни ангела и святые (Феодосий): 11 и 28 января, 3 мая, 23 июня, 14 и 28
августа, 2 сентября — *преподобные*; 27 марта — *мученик*; 9 сентября, 5
февраля — *святые*.

ФЕОКТИСТ|, а, *м* [*греч.* 'Бог *и* основывать, утверждать'; 'Богом созданный']. О т ч е с т в о: Феокти́стович, Феокти́стовна; Феокти́стыч (*разг.*).
Феокти́стий|, Феокти́сти|я (Феокти́сти[й|а]) (*разг.*). О т ч е с т в о : Феокти́стиевич, Феокти́стиевна.
Фекти́ст|, а (*прост.*). О т ч е с т в о : Фекти́стович, Фекти́стовна.
Фети́с|, а (*прост.*). О т ч е с т в о : Фети́сович, Фети́совна.
  П р о и з в о д н ы е (26):
Феоктист → Феоктист|к|а → Феоктисто́ч|к|а 1
                    Феоктист|ий, Феоктист|оньк|а, Феоктист|очк|а 2,
                    Феоктист|ушк|а
Фе(ок)т(ист) → **Фет|а 1** → Фет|к|а 1 → Фето́ч|к|а 1
                      Феть|к|а 1 → Фете́ч|к|а 1
                      Фет|еньк|а 1, Фет|ечк|а 2, Фет|оньк|а 1,
                      Фет|очк|а 2
                 Фет|я 1 → Фет|еньк|а 2, Фет|ечк|а 3, Фет|к|а 2,
                      Фет|оньк|а 2, Фет|очк|а 3, Феть|к|а 2
                 Фет|еньк|а 3, Фет|ечк|а 4, Фет|к|а 3, Фет|оньк|а 3,
                 Фет|очк|а 4, Феть|к|а 3
Фе(окти)с(т) → **Феш|а 1** → Феш|к|а 1 → Феше́ч|к|а 1
                 Феш|еньк|а 1, Феш|ечк|а 2
                 Феш|еньк|а 2, Феш|ечк|а 3, Феш|к|а 2
(Феок)тис(т) → **Тис|а 1** → Тис|к|а 1 → Тисо́ч|к|а 1
                 Тис|оньк|а 1, Тис|очк|а 2
                 Тис|к|а 2, Тис|оньк|а 2, Тис|очк|а 3
Фе(о)ктист → **Фектист**
                 Фе(к)т(ист) → Фет|а 2, Фет|я 2; Фет|еньк|а 4,
                      Фет|ечк|а 5, Фет|к|а 4, Фет|оньк|а 4,
                      Фет|очк|а 5, Феть|к|а 4
                 Фе(кти)с(т) → Феш|а 2; Феш|еньк|а 3, Феш|ечк|а 4,
                      Феш|к|а 3
                 Фе(к)тис(т) → **Фетис** →   Фетис|к|а 1, Фетис|оньк|а 1,
                      | Фетис|ушк|а 1
                      Фет(ис) → Фет|а 3, Фет|я 3; Фет|еньк|а 5,
                           Фет|ечк|а 6, Фет|к|а 5,
                           Фет|оньк|а 5, Фет|очк|а 6,
                           Феть|к|а 5
                 Фе(ти)с → Феш|а 3; Феш|еньк|а 4,

        Феш|ечк|а 5, Феш|к|а 4

    (Фе)тис → Тис|а 2; Тис|к|а 3, Тис|оньк|а 3,
             Тис|очк|а 4

        Фетис|к|а 2, Фетис|оньк|а 2, Фетис|ушк|а 2

    (Фек)тис(т) → Тис|а 3; Тис|к|а 4, Тис|оньк|а 4

С р.: *ж* Феоктиста.

Дни ангела и святые (Феоктист): 4 января, 3 сентября — *преподобные*; 23 декабря, 23 января, 6 августа — *святые*; 2 октября — *мученик*.

ФЕОФА́Н|, а, *м* [*греч.* 'Бог' *и* 'показывать, являть, обнаруживать'; 'бого-явление в Дельфах, во время которого выставляли все изображения бо-гов'; 'Бога являющий']. О т ч е с т в о : Феофа́нович, Феофа́новна; Феоф-а́ныч (*разг.*).

Феофа́нтий|, Феофа́нти|я (Феофа́нти[й|а]) (*разг.*). О т ч е с т в о : Феофа́н-тиевич, Феофа́нтиевна.

Фо́фан|, (*прост.*).

П р о и з в о д н ы е (26):

Феофан → Феофан|к|а 1 → Феофаноч|к|а 1

        Феофань|к|а 1 → Феофанеч|к|а 1

        Феофан|ечк|а 2, Феофан|очк|а 2, Феофан|ушк|а 1

Ф(е)оф(ан) → **Фоф|а 1** → Фоф|к|а 1 → Фофоч|к|а 1

        Фоф|оньк|а 1, Фоф|очк|а 2, Фоф|ушк|а 1

       Фоф|к|а 2, Фоф|оньк|а 2, Фоф|очк|а 3, Фоф|ушк|а 2

Ф(е)офан → **Фофан 1** → Фофань|к|а 1 → Фофанеч|к|а 1

        Фофан|ечк|а 2, Фофан|к|а 1, Фофан|ушк|а 1

    Фоф(ан) → Фоф|а 2; Фоф|к|а 3, Фоф|оньк|а 3, Фоф|очк|а 4,
        Фоф|ушк|а 3

    (Фо)фан → **Фан|а 1** → Фан|к|а 1 → Фаноч|к|а 1

             Фань|к|а 1 → Фанеч|к|а 1

             Фан|ечк|а 2, Фан|ик 1, Фан|очк|а 2,
             Фан|ушк|а 1, Фан|юшк|а 1

        Фан|я 1 → Фан|ечк|а 3, Фан|ик 2, Фан|к|а 2,
             Фан|очк|а 3, Фан|ушк|а 2,
             Фань|к|а 2, Фан|юшк|а 2

        Фан|ечк|а 4, Фан|ик 3, Фан|к|а 3, Фан|очк|а 4,
        Фан|ушк|а 3, Фань|к|а 3, Фан|юшк|а 3

  Фофан|я 1 → Фофан|ечк|а 3, Фофан|к|а 2, Фофан|ушк|а 2,
        Фофань|к|а 2

    Фоф(ан|я) → Фоф|а 3; Фоф|к|а 4, Фоф|оньк|а 4,
        Фоф|очк|а 5, Фоф|ушк|а 4

    (Фо)фан|я → Фан|а 2, Фан|я 2; Фан|ечк|а 5, Фан|ик 4,
        Фан|к|а 4, Фан|очк|а 5, Фан|ушк|а 4,
        Фань|к|а 4, Фан|юшк|а 4

  Фофан|ечк|а 4, Фофан|к|а 3, Фофан|ушк|а 3, Фофань|к|а 3

(Фео)фан → Фан|а 3, Фан|я 3; Фан|ечк|а 6, Фан|ик 5, Фан|к|а 5,
　　　　　　Фан|очк|а 6, Фан|ушк|а 5, Фань|к|а 5, Фан|юшк|а 5
　　　　Феофан|я → Феофан|ечк|а 3, Феофан|к|а 2, Феофан|очк|а 3,
　　　　　　　　　Феофан|ушк|а 2, Феофань|к|а 2
　　　　Ф(е)оф(ан|я) → Фоф|а 4; Фоф|к|а 5, Фоф|оньк|а 5,
　　　　　　　　　Фоф|очк|а 6, Фоф|ушк|а 5
　　　　Ф(е)офан|я → Фофан 2, Фофан|я 2; Фофан|ечк|а 5,
　　　　　　　　　Фофан|к|а 4, Фофан|ушк|а 4, Фофань|к|а 4
　　　　(Фео)фан|я → Фан|а 4, Фан|я 4; Фанеч|к|а 7, Фан|ик 6,
　　　　　　　　　Фан|к|а 6, Фан|очк|а 7, Фан|ушк|а 6,
　　　　　　　　　Фань|к|а 6, Фан|юшк|а 6

　　　　Феофант|ий
　　　С р.: *ж* Феофания.
　　Дни ангела и святые (Феофан): 12 марта, 10 июня, 9, 22, 28, 29 сентяб-
ря, 11 октября — *преподобные*; 10 января — *святой*.

ФЕОФИЛ|, а, *м* [*греч.* `Боголюбивый'; 'друг Божий']. О т ч е с т в о : Фе-
офи́лофич, Феофи́ловна; Феофи́лыч (*разг.*).
Фефил|, а (*разг.*). О т ч е с т в о : Фефи́лович, Фефи́ловна; Фефи́лыч (*разг.*).
　П р о и з в о д н ы е (28):
Феофил → Феофил|к|а → Феофилоч|к|а 1, Феофильч|ик 1
　|　　　　　Феофил|очк|а 2, Феофиль|чик 2, Феофил|ушк|а
Фе(о)ф(ил) → **Феф|а 1**
Фе(о)фил → **Фефил, Фефил|а** → Фефил|к|а 1 → Фефилоч|к|а 1,
　|　　　　　　　　　　　　　　　　Фефильч|ик 1
　|　　　　　　　　Фефил|очк|а 2, Фефил|ушк|а 1,
　|　　　　　　　　Фефиль|чик 2
　|　　　Феф(ил), Феф(ил|а) → Феф|а 2
　|　　　(Фе)фил, (Фе)фил|а →
　|　　　　　　　　　　**Фил|а 1** → Фил|к|а 1 → Филоч|к|а 1
　|　　　　　　　　　　Фил|он|я 1 → Филон|к|а →
　|　　　　　　　　　　|　　　　　　　　Филоноч|к|а 1
　|　　　　　　　　　　Фило́нь|к|а →
　|　　　　　　　　　　|　　　　　　　　Филонеч|к|а 1
　|　　　　　　　　　　Филон|ечк|а 2,
　|　　　　　　　　　　Филон|очк|а 2
　|　　　　　　　　　　Филь|к|а 1 → Филеч|к|а 1.
　|　　　　　　　　　　Фил|юш|а 1 → Филюш|к|а
　|　　　　　　　　　　Фил|еньк|а 1, Фил|ечк|а 2,
　|　　　　　　　　　　Фи́л|оньк|а 1, Фил|ушк|а 1,
　|　　　　　　　　　　Фи́л|юшк|а 1
　|　　　　　　　　　　**Фил|я 1** → Фил|еньк|а 2, Фил|ечк|а 3,
　|　　　　　　　　　　Фил|к|а 2, Фил|он|я 2, Фи́л|оньк|а 2,
　|　　　　　　　　　　Фил|ушк|а 2, Филь|к|а 2,

Фил|юш|а 2, Фи́л|юшк|а 2

Фил|еньк|а 3, Фил|ечк|а 4, Фил|к|а 3,

Фил|он|я 3, Фи́л|оньк|а 3, Фил|ушк|а 3,

Филь|к|а 3, Фил|юш|а 3, Фи́л|юшк|а 3

Фефил|к|а 2, Фефил|очк|а 3, Фефил|ушк|а 2, Фефиль|чик 3

(Фео)фил → Фил|а 2, Фил|я 2; Фил|еньк|а 4, Фил|ечк|а 5, Фил|к|а 4,

Фил|он|я 4, Фи́л|оньк|а 4, Фил|ушк|а 4, Филь|к|а 4,

Фил|юш|а 4, Фи́л|юшк|а 4

С р.: *ж* Феофила.

Дни ангела и святые (Феофил): 8 и 30 января, 6 февраля, 6, 9 марта, 23 июля, 3 сентября, 7 ноября, 28 декабря — *мученики*; 12 июня, 28 сентября, 10, 21 и 24 октября, 2 и 29 декабря — *преподобные*; 28 августа, 26 октября — *святые*.

ФЕОФИЛА́КТ|, а, *м* [*греч.* 'Бог' и 'страж, несущий охрану'; 'Богохранимый']. О т ч е с т в о : Феофила́ктович, Феофила́ктовна; Феофила́ктыч (*разг.*).

Фила́т|, а (*народн.*). О т ч е с т в о : Фила́тович, Фила́товна; Фила́тыч (*разг.*).

Феофила́т|, а (*разг.*). О т ч е с т в о : Феофила́тович, Феофила́товна; Феофила́тыч (*разг.*).

Фефила́т|, а (*прост.*).

П р о и з в о д н ы е (23):

Феофилакт → Феофилакт|ушк|а

Феофил(акт) → **Феофил|а 1** → Феофил|к|а 1 → Феофилоч|к|а 1

Феофил|очк|а 2, Феофил|ушк|а 1

(Фео)фил|а → **Фил|а 1** → Филь|к|а 1 → Фил|ечк|а 1

Фил|юш|а 1 → Филюш|к|а

Фил|еньк|а 1, Фил|ечк|а 2,

Фил|ушк|а 1, Фи́л|юшк|а 1

Фил|я 1 → Фил|еньк|а 2: Фил|ечк|а 3,

Фил|ушк|а 2, Филь|к|а 2,

Фил|юш|а 2, Фи́л|юшк|а 2

Фил|еньк|а 3, Фил|ечк|а 4, Фил|ушк|а 3,

Филь|к|а 3, Фил|юш|а 3, Фи́л|юшк|а 3

Феофил|к|а 2, Феофил|очк|а 3, Феофил|ушк|а 2

(Фео)фил(акт) → Фил|а 2, Фил|я 2; Фил|еньк|а 4, Фил|ечк|а 5,

Фил|ушк|а 4, Филь|к|а 4, Фил|юш|а 4, Фи́л|юшк|а 4

Феофила(к)т → **Феофилат**

Феофил(ат) → Феофил|а 2; Феофил|к|а 3,

Феофил|очк|а 4, Феофил|ушк|а 3

(Фео)фил(ат) → Фил|а 3, Фил|я 3; Фил|еньк|а 5,

Фил|ечк|а 6, Фил|ушк|а 5, Филь|к|а 5,

Фил|юш|а 5, Фил|юшк|а 5

Фе(о)филат → **Фефилат 1**

(Фе)фил(ат) → Фил|а 4, Фил|я 4;
Фил|еньк|а 6, Фил|ечк|а 7,
Фил|ушк|а 6, Филь|к|а 6,
Фил|юш|а 6, Фи́л|юшк|а 6

(Фе)филат → **Филат 1** → Филат|к|а 1 →
Филаточ|к|а 1
Филат|ик 1,
Филат|очк|а 2,
Филат|ушк|а 1

Фил(ат) → Фил|а 5,
Фил|я 5;
Фил|еньк|а 7,
Фил|ечк|а 8,
Фил|ушк|а 7,
Филь|к|а 7,
Фил|юш|а 7,
Фи́л|юшк|а 7

Филат|ик 2, Филат|к|а 2,
Филат|очк|а 3,
Филат|ушк|а 2

(Фео)филат → Филат 2; Филат|ик 3, Филат|к|а 3,
Филат|очк|а 4, Филат|ушк|а 3

Фе(о)фила(к)т → Фефилат 2
(Фео)фила(к)т → Филат 3; Филат|ик 4, Филат|к|а 4, Филат|очк|а 5,
Филат|ушк|а 4

День ангела и святой (Феофилакт): 8 марта — *святой*.

ФЕРАПО́НТ|, а, *м* [*греч.* 'слуга, почитатель'; 'спутник, товарищ']. О т - ч е с т в о : Ферапо́нтович, Ферапо́нтовна; Ферапо́нтыч (*разг.*).
Ферафо́нт|, а (*прост.*). О т ч е с т в о : Ферафо́нтович, Ферафо́нтовна.
Ферафо́нтий|, Ферафо́нти|я (Ферафо́нти[й|а]) (*прост.*). О т ч е с т в о: Фе-рафо́нтиевич, Ферафо́нтиевна *и* Ферафо́нтьевич, Ферафо́нтьевна.
П р о и з в о д н ы е (22):
Ферапонт → Ферапонт|к|а, Ферапонт|ушк|а
Фер(апонт) → **Фир|а** → Фир|к|а 1 → Фиро́ч|к|а 1
Фир|оньк|а 1, Фир|о́чк|а 2, Фир|ушк|а 1
Фир|к|а 2, Фир|оньк|а 2, Фир|о́чк|а 3, Фир|ушк|а 2
Ф(ерап)он(т) → **Фон|я 1** → Фонь|к|а 1 → Фоне́ч|к|а 1
Фон|ечк|а 2, Фон|юшк|а 1
Фон|ечк|а 3, Фонь|к|а 2, Фон|юшк|а 2
(Фера)понт → **Понт|я** → Понть|к|а 1 → Понте́ч|к|а 1
Понт|ей 1, Понт|ечк|а 2, Понт|юшк|а 1
Пон(т|я) → **Пон|я 1** → Понь|к|а 1 → Поне́ч|к|а 1

| Пон|ечк|а 2, Пон|юшк|а 2
Пон|ечк|а 3, Понь|к|а 2, Пон|юшк|а 2
Понт|ей 2, Понт|ечк|а 3, Понть|к|а 2, Понт|юшк|а 2

(Фера)пон(т) — Пон|я 2; Пон|ечк|а 4, Понь|к|а 3, Пон|юшк|а 3

       Фарафонт → Фарафонт|ий 1

       (Фара)*фон*(т) → Фон|я 2; Фон|ечк|а 4, Фонь|к|а 3,
                            Фон|юшк|а 3

       Фарафонт|ий 2

Дни ангела и святые (Ферапонт): 25 и 27 мая — *священномученики*; 12 декабря — *преподобный*.

ФИЛАРЕТ|, а, *м* [*греч.* 'любить' и 'добродетель'; 'любитель добродетели']. О т ч е с т в о : Филаре́тович, Филаре́товна; Филаре́тыч (*разг.*).
  П р о и з в о д н ы е (25):
Филарет → Филарет|к|а → Филареточ|к|а 1
          Филарет|очк|а 2, Филарет|ушк|а
Фил(арет) → **Фил|а** → Филь|к|а 1 → Филеч|к|а 1
              Фил|юш|а 1 → Филю́ш|к|а
              Фил|еньк|а 1, Фил|ечк|а 2, Фил|ушк|а 1,
              Фи́л|юшк|а 1
         Фил|я → Фил|еньк|а 2, Фил|ечк|а 3, Фил|ушк|а 2, Филь|к|а 2,
              Фил|юш|а 2, Фи́л|юшк|а 2
       Фил|еньк|а 3, Фил|ечк|а 4, Фил|ушк|а 3, Филь|к|а 3,
       Фил|юш|а 3, Фи́л|юшк|а 3
(Фи)лар(ет) → **Лар|а** → Ларь|к|а 1 → Лареч|к|а 1
              Лар|юх|а 1 → Ларю́ш|к|а 1, Ларюш|еньк|а 1
              Лар|юш|а 1 → Ларюш|еньк|а 2, Ларю́ш|к|а 2
              Лар|еньк|а 1, Лар|ечк|а 2, Лар|ёк 1, Лар|ёнок 1,
              Лар|ушк|а 1, Ла́р|юшк|а 1
         Лар|я → Лар|еньк|а 2, Лар|ечк|а 3, Лар|ёк 2, Лар|ёнок 2,
              Лар|ушк|а 2, Ларь|к|а 2, Лар|юх|а 2, Лар|юш|а 2,
              Ла́р|юшк|а 2
       Лар|еньк|а 3, Лар|ечк|а 4, Лар|ёк 3, Лар|ёнок 3,
       Лар|ушк|а 3, Ларь|к|а 3, Лар|юх|а 3, Лар|юш|а 3,
       Ла́р|юшк|а 3
День ангела и святой (Филарет): 1 декабря — *милостивый*.

ФИЛИМО́Н|, а, *м* [*греч.* 'любить'; 'любимый, целуемый']. О т ч е с т в о : Филимо́нович, Филимо́новна; Филимо́ныч (*разг.*).
Фило́н|, а (*разг.*). О т ч е с т в о : Фило́нович, Фило́новна; Фило́ныч (*разг.*).
  П р о и з в о д н ы е (30):
Филимон → Филимон|к|а, Филимон|ушк|а
Филимо(н) → **Филимо|х|а** → Филимош|к|а 1
              Филимош|а 1 → Филимош|к|а 2

Фил(имон) → **Фил|а** 1 → Филь|к|а 1 → Филеч|к|а 1
                    Фил|юш|а 1 → Филюш|к|а
                    Фил|еньк|а 1, Фил|ечк|а 2, Фил|оньк|а 1,
                    Фил|ушк|а 1, Фи́л|юшк|а 1
      Фил|я 1 → Фил|еньк|а 2, Фил|ечк|а 3, Фи́л|оньк|а 2,
                    Фил|ушк|а 2, Филь|к|а 2, Фил|юш|а 2,
                    Фи́л|юшк|а 2
      Фил|еньк|а 3, Фил|ечк|а 4, Фил|оньк|а 3, Фил|ушк|а 3,
      Филь|к|а 3, Фил|юш|а 3, Фи́л|юшк|а 3
Фил(имон) → **Филон, Филон|а** → Филон|к|а 1 → Филоноч|к|а 1
                          Филó|ны|к|а 1 → Филонеч|к|а 1
                          Филон|ечк|а 2, Филон|очк|а 2
      Фил(он), Фил(он|а) → Фил|а 2, Фил|я 2; Фил|еньк|а 4,
                          Фил|ечк|а 5, Фи́л|оньк|а 4,
                          Фил|ушк|а 4, Филь|к|а 4,
                          Фил|юш|а 4, Фи́л|юшк|а 4
      Филон|я → Филон|ечк|а 3, Филон|к|а 2, Филон|очк|а 3,
                  Филоны|к|а 2
      Фил(он|я) → Фил|а 2, Фил|я 2; Фил|еньк|а 5, Фил|ечк|а 6,
                      Фил|оньк|а 5, Фил|ушк|а 5, Филь|к|а 5,
                      Фил|юш|а 5, Фи́л|юшк|а 5
      Филон|ечк|а 4, Филон|к|а 3, Филон|очк|а 4, Филоны|к|а 3
(Фили)мон → **Мон|а** → Мон|к|а 1 → Моноч|к|а 1
              Мон|ь|к|а 1 → Монеч|к|а 1
              Мон|ечк|а 2, Мон|очк|а 2, Мон|ушк|а 1,
               Мон|юк|а 1
      Мон|я → Мон|ечк|а 3, Мон|к|а 2, Мон|очк|а 3,
             Мон|ушк|а 2, Монь|к|а 2, Мон|юк|а 2
      Мон|ечк|а 4, Мон|к|а 3, Мон|очк|а 4, Мон|ушк|а 3,
      Монь|к|а 3, Мон|юк|а 3
      Филимош|а 2; **Филимош|к|а** 3

Дни ангела и святые (Филимон): 4 января, 19 февраля, 22 ноября — *апостолы;* 29 апреля, 14 декабря — *мученики.*

ФИЛИ́ПП|, а, *м* [*греч.* 'любящий коней'; 'любящий лошадей, увлекающийся верховой ездой']. О т ч е с т в о: Фили́ппович, Фили́пповна, Фили́ппыч (*разг.*).
Фили́пий|, Фили́пи|я (Фили́пи[й|а]) (*разг.*). О т ч е с т в о: Фили́пиевич, Фили́пиевна; Филипьевич, Филипьевна.
    П р о и з в о д н ы е (19):
Филипп → Филипп|ушк|а
Филип(п) → Филип → Филип|ий 1, Филип|к|а 1, Филип|ок 1
        Фил(ип) → **Фил|я** 1 → Филь|к|а 1 → Филеч|к|а 1
                    Фил|юх|а 1 → Филюш|к|а 1

                                    Фил|юш|а 1 → Филю́ш|к|а 2
Фил|еньк|а 1, Фил|ечк|а 2, Фил|ёк 1,
Фи́л|ушк|а 1, Фи́л|юшк|а 1
Фил|еньк|а 2, Фил|ечк|а 3, Фил|ёк 2,
Фил|ушк|а 2, Филь|к|а 2, Фил|юх|а 2,
Фил|юш|а 2, Фи́л|юшк|а 2
(Фи)лип → Лип|а 1 → Лип|к|а 1 → Липо́ч|к|а 1
Лип|оньк|а 1, Лип|оч|к|а 2
Лип|к|а 2, Лип|оньк|а 2, Лип|оч|к|а 3
Филип|ий 2, Филип|к|а 2, Филип|ок 2
Фил(ипп) → Фил|я 2; Фил|еньк|а 3, Фил|ечк|а 4, Фил|ёк 3, Фил|ушк|а 3,
Филь|к|а 3, Фил|юх|а 3, Фил|юш|а 3, Фи́л|юшк|а 3
(Фи)лип(п) → Лип|а 2; Лип|к|а 3, Лип|оньк|а 3, Лип|оч|к|а 4

Дни ангела и святые (Филипп): 4 января, 30 июня, 11 октября — *апостолы*; 17 августа, 25 января, 22 февраля — *мученики*; 14 ноября — *преподобный*; 30 июля, 5 октября, 9 января — *святые*.

ФИРС|, а, м [*греч.* 'жезл, украшенный цветами и виноградными ветвями и увенчанный сосновой шишкой, который носили во время праздников']. О т ч е с т в о : Фи́рсович, Фи́рсовна; Фи́рсыч (*разг.*).
Фурс|, (*разг.*). О т ч е с т в о : Фу́рсович, Фу́рсовна; Фу́рсыч (*разг.*).
Фирса́н|, а (*прост.*).
П р о и з в о д н ы е (13):
Фирс → Фирс|ушк|а
Фирс → Фирс|ан → Фирсань|к|а 1 → Фирсане́ч|к|а 1
Фирсан|ечк|а 2
(Фир)с|ан → **Сан|я 1** → Сань|к|а 1 → Сане́ч|к|а 1, Сан|чик 1
Сан|юш|а 1 → Саню́ш|к|а
Сан|ечк|а 2, Сан|чик 2, Сан|ш|а 1,
Са́н|юшк|а 1
Сан|ечк|а 3, Сан|чик 3, Сан|ш|а 2, Сань|к|а 2,
Сан|юш|а 2, Са́н|юшк|а 2
Фирс|ан|я → Фирсан|ечк|а 3, Фирсань|к|а 2
(Фир)с|ан|я → Сан|я 2; Сан|ечк|а 4, Сан|чик 4, Сан|ш|а 3,
Сань|к|а 3, Сан|юш|а 3, Са́н|юшк|а 3
Фурс
Дни ангела и святые (Фирс): 17 августа, 14 декабря — *мученики*.

ФЛЕГО́НТ|, а, м [*греч.* 'горящий'; 'горящий, сжигающий']. О т ч е с т в о : Флего́нтович, Флего́нтовна; Флего́нтыч (*разг.*).
П р о и з в о д н ы е (10):
Флегонт → Флегонт|к|а → Флегонто́ч|к|а 1
Флегонт|очк|а 2, Флегонт|ушк|а
(Фле)гон(т) → **Гон|я** → Гонь|к|а 1 → Гоне́ч|к|а 1

| Гон|ечк|а 2
        (Г)он|я → **Он|я** 1 → Онь|к|а 1 → Онеч|к|а 1
                     | Он|ечк|а 2, Он|юшк|а 1
                     Он|ечк|а 3, Онь|к|а 2, Он|юшк|а 2
        Гон|ечк|а 3, Гон|юшк|а 2
(Флег)он(т) → Он|я 2; Он|ечк|а 4, Онь|к|а 3, Он|юшк|а 3

Дни ангела и святые (Флегонт): 4 января, 3 апреля — *апостолы.*

ФЛОР|, а, *м* [*лат.* 'цветок'; 'цветущий']. О т ч е с т в о : Фло́рович, Фло́-ровна; Флорыч (*разг.*).
Фрол|, а (*разг.*). О т ч е с т в о : Фро́лович, Фро́ловна; Фро́лыч (*разг.*).
Флёр|, а (*прост.*). О т ч е с т в о : Флёрович, Флёровна.
   П р о и з в о д н ы е (24):
Флор → Флор|к|а 1 → Флороч|к|а 1
        Флор|оньк|а 1, Флор|очк|а 2, Флор|ушк|а 1
(Ф)лор → **Лор|а** 1 → Лор|к|а 1 → Лороч|к|а 1
        | Лор|ик 1, Лор|оньк|а 1, Лор|очк|а 2, Лор|ушк|а 1
        Лор|ик 2, Лор|к|а 2, Лор|оньк|а 2, Лор|очк|а 3, Лор|ушк|а 2
        Флёр 1, **Флё́р|а** 1 → Флёр|к|а 1 → Флёроч|к|а 1
                          Флёр|оньк|а 1, Флёр|очк|а 2, Флёр|ушк|а 1
        Флёр|к|а 2, Флёр|оньк|а 2, Флёр|очк|а 3, Флёр|ушк|а 2
        Фрол 1 → Фрол|ак 1, Фрол|к|а 1, Фрол|ушк|а 1
                Хрол 1 → Хрол|ак 1, Хрол|к|а 1
                Хрол|ак 2, *Хрол*|к|а 2
        Фрол|ак 2, Фрол|к|а 2, Фрол|ушк|а 2
        Хрол 2; *Хрол*|ак 3, *Хрол*|к|а 3
        Флор|а → Флор|к|а 2, Флор|оньк|а 2, Флор|очк|а 3,
        | Флор|ушк|а 2
        (Ф)лор|а → Лор|а 2; Лор|ик 3, Лор|к|а 3, Лор|оньк|а 3,
                Лор|очк|а 4, Лор|ушк|а 3
                Флёр 2, Флёр|а 2; Флёр|к|а 3, Флёр|оньк|а 3,
                Флёр|очк|а 4, Флёр|ушк|а 3
                Фрол 2; Фрол|ак 3, Фрол|к|а 3, Фрол|ушк|а 3
                Хрол 3; *Хрол*|ак 4, *Хрол*|к|а 4
С р.: *ж* Флора.
Дни ангела и святые (Флёр): 18 августа — *мученик*; 18 декабря — *пре-подобный.*

ФЛОРЕ́НТИЙ|, Флоре́нти|я (Флоре́нти[й]а), *м* [*лат.* 'цветущий']. О т -ч е с т в о : Флоре́нтиевич, Флоре́нтиевна; Флоре́нтьевич, Флоре́нтьевна.
   П р о и з в о д н ы е (21):
Флорентий → Флоренть|юшк|а (Флоренть[й]у]шк|а)
Флор(ентий) → **Флор|а** → Флор|к|а 1 → Флороч|к|а 1
        | Флор|еньк|а 1, Флор|оньк|а 1, Флор|очк|а 2,

                  Флор|ушк|а 1
            (Ф)лор|а → **Лор|а** 1 → Лор|к|а 1 → Лороч|к|а 1
                       Лор|ик 1, Лор|оньк|а 1,
                       Лор|очк|а 2, Лор|ушк|а 1
            Лор|ик 2, Лор|к|а 2, Лор|оньк|а 2,
            Лор|очк|а 3, Лор|ушк|а 2
        Флор|еньк|а 2, Флор|к|а 2, Флор|оньк|а 2, Флор|очк|а 3,
        Флор|ушк|а 2
(Ф)лор(ентий) → Лор|а 2; Лор|ик 3, Лор|к|а 3, Лор|оньк|а 3, Лор|очк|а 4,
        Лор|ушк|а 3
(Фло)рен(тий) → **Рен|я** → Рен|к|а 1 → Рено́ч|к|а 1
              Рень|к|а 1 → Рене́ч|к|а 1
              Рен|ечк|а 2, Рен|ик 1, Рен|очк|а 2, Рен|ушк|а 1,
              Рен|юшк|а 1
        Рен|ечк|а 3, Рен|ик 2, Рен|к|а 2, Рен|очк|а 3,
        Рен|ушк|а 2, Рень|к|а 2, Рен|юшк|а 2

Дни ангела и святые (Флорентий): 23 августа — *преподобный*; 13 октября — *мученик*.

ФЛОРЕНТИ́Н|, а, *м* [*лат.* 'цветущий'; 'житель Флоренции']. О т ч е с т -
в о : Флоренти́нович, Флоренти́новна.

П р о и з в о д н ы е (25):
Флорентин → Флорентин|к|а, Флорентин|ушк|а
Флор(ентин) → **Флор|а** → Флор|к|а 1 → Флороч|к|а 1
              Флор|оньк|а 1, Флор|очк|а 2, Флор|ушк|а 1
            (Ф)лор|а → **Лор|а** 1 → Лор|к|а 1 → Лороч|к|а 1
                       Лор|ик 1, Лор|оньк|а 1,
                       Лор|очк|а 2, Лор|ушк|а 1
            Лор|ик 2, Лор|к|а 2, Лор|оньк|а 2,
            Лор|очк|а 3, Лор|ушк|а 2
        Флор|к|а 2, Флор|оньк|а 2, Флор|очк|а 3, Флор|ушк|а 2
(Ф)лор(ентин) → Лор|а 2; Лор|ик 3, Лор|к|а 3, Лор|оньк|а 3, Лор|очк|а 4,
        Лор|ушк|а 3
(Фло)рен(тин) → **Рен|я** → Рен|к|а 1 → Рено́ч|к|а 1
              Рень|к|а 1 → Рене́ч|к|а 1
              Рен|ечк|а 2, Рен|ик 1, Рен|очк|а 2, Рен|ушк|а 1,
              Рен|юшк|а 1
        Рен|ечк|а 3, Рен|ик 2, Рен|к|а 2, Рен|очк|а 3,
        Рен|ушк|а 2, Рень|к|а 2, Рен|юшк|а 2
        (Флорен)тин → **Тин|а** → Тин|к|а 1 → Тино́ч|к|а 1
                    Тин|очк|а 2
        Тин|к|а 2, Тин|очк|а 3

С р. : *ж* Флорентина.

ФЛОРИА́Н|, а, м [*лат.* 'цветок'; 'цветущий']. О т ч е с т в о : Флориа́но-вич, Флориа́новна; Флорианыч (*разг.*).

П р о и з в о д н ы е (13):

Флориан → Флориан|к|а → Флорианоч|к|а 1
| Флориан|очк|а 2, Флориан|ушк|а

Флор(иан) → **Флор|а** → Флор|к|а 1 → Флороч|к|а 1
| Флор|оньк|а 1, Флор|очк|а 2, Флор|ушк|а 1
       (Ф)лор|а → **Лор|а** 1 → Лор|к|а 1 → Лороч|к|а 1
             | Лор|ик 1, Лор|оньк|а 1, Лор|очк|а 2
             Лор|к|а 2, Лор|ик 2, Лор|оньк|а 2, Лор|очк|а 3
       Флор|к|а 2, Флор|оньк|а 2, Флор|очк|а 3, Флор|ушк|а 2

(Ф)лор(иан) → Лор|а 2; Лор|ик 3, Лор|к|а 3, Лор|оньк|а 3, Лор|очк|а 4

С р . : *ж* Флориана.

ФО́КА|, и, м [*греч.* 'тюлень'; 'легендарный основатель Фокиды, области в Средней Греции, куда входила гора Парнас'; 'морское животное']. О т - ч е с т в о : Фо́кич, Фо́кична.

Фоке́й|, Фоке́|я (Фоке́[й|а]) (*разг.*). О т ч е с т в о : Фоке́евич, Фоке́евна; Фоке́ич (*разг.*).

Фока́н|, а (*прост.*).

П р о и з в о д н ы е (11):

Фок|а → Фок|ан → Фокань|к|а 1 → Фоканеч|к|а 1
| Фокан|ечк|а 2, Фокан|юшк|а 1
       Фок|ан|я → Фокан|ечк|а 3, Фокань|к|а 2, Фокан|юшк|а 2
       Фок|ей → Фокей|к|а, Фоке|юшк|а (Фоке[й|у]шк|а)
       Фок|очк|а, Фок|ушк|а, Фоч|к|а

Дни ангела и святые (Фока): 22 июля, 22 сентября — *священномуче-ники.*

ФОМ|А́, ы, м [*др.-евр.* 'близнец']. О т ч е с т в о : Фоми́ч, Фоми́нична.
Хом|а́, ы (*прост.*).

П р о и з в о д н ы е (7):

Фом|а → Фом|к|а → Фомоч|к|а 1, Фомч|ик 1
       Фом|оньк|а, Фом|очк|а 2, Фом|ушк|а, Фом|чик 2
       Хом|а →   Хом|к|а 1
       Хом|к|а 2

Дни ангела и святые (Фома): 21 марта — *святой*; 24 апреля — *блажен-ный*; 30 июня, 6 октября — *апостолы*; 7 июля, 10 декабря — *преподобные*; 1 ноября — *мученик.*

ФО́ТИЙ|, Фо́ти|я (Фо́ти[й|а]), м [*греч.* 'свет'; 'освещать, просвещать'; 'светлый']. Фо́тиевич, Фо́тиевна *и* Фо́тьевич, Фо́тьевна.

Фоте́й|, Фоте́|я (Фоте́[й|а]) (*разг.*). О т ч е с т в о : Фоте́евич, Фоте́евна.

Фотья́н|, а (*прост.*). О т ч е с т в о : Фотья́нович, Фотья́новна.

П р о и з в о д н ы е (14):

Фотий

Фот(ий) → **Фот|я** 1 → Фоть|к|а 1 → Фот*еч*|к|а 1
                             Фот|еньк|а 1, Фот|ечк|а 2, Фот|ушк|а 1,
                             Фоть|ян 1 (Фот[й|а]н), Фот|юшк|а 1
                        Фат|я 1 → Фать|к|а 1 → Фат*еч*|к|а 1
                                 Фат|еньк|а 1, Фат|ечк|а 2
                        Фат|еньк|а 2, Фат|ечк|а 3, Фать|к|а 2
          Фот|еньк|а 2, Фот|ечк|а 3, Фот|ушк|а 2, Фоть|к|а 2,
          Фоть|ян 2, Фот|юшк|а 2
          Фат|я 2; Фат|еньк|а 3, Фат|ечк|а 4, Фать|к|а 3
          Фотей → Фотей|к|а 1, Фоте|юшк|а 1 (Фоте[й|у]шк|а)
          Фот(ей) → Фот|я 2; Фот|еньк|а 3, Фот|ечк|а 4, Фот|ушк|а 3,
                              Фоть|к|а 3, Фоть|ян 3, Фот|юшк|а 3
                          Фат|я 3; Фат|еньк|а 4, Фат|ечк|а 5, Фать|к|а 4
          Фотей|к|а 2, Фоте|юшк|а 2 (Фоте[й|у]шк|а)

Дни ангела и святые (Фотий): 6 февраля, 27 мая, 2 июля — *святые*; 9 и 12 августа — *мученики*.

X

ХАРИТО́Н|, а, *м* [*греч.* 'осыпающий милостями, щедрый'; 'красота, сла-
ва, благосклонность'; 'благодатный']. О т ч е с т в о : Харито́нович, Хари-
то́новна; Харито́ныч (*разг.*).

Харито́ний|, Харито́ни|я (Харито́ни[й|а]) (*разг.*). О т ч е с т в о : Харито́ни-
евич, Харито́ниевна *и* Харито́ньевич, Харито́ньевна.

П р о и з в о д н ы е (21):

Харитон → Харитон|к|а 1 → Харитонч|ик 1
Харитон|ий 1, Харитон|ушк|а 1, Харитон|чик 2
Харитюн|я 1 → Харитюнь|к|а 1 → Харитюн*еч*|к|а 1,
Харитюнч|ик 1
Харитюн|ечк|а 2, Харитюн|чик 2
Харитюн|ечк|а 3, Харитюн|чик 3, Харитюнь|к|а 2
Хар(итон) → **Хар|я** → Харь|к|а 1
Хор|я 1 → Хорь|к|а 1 → Хор*еч*|к|а 1
Хор|еньк|а 1, Хор|ечк|а 2
Хор|еньк|а 2, Хор|ечк|а 3, Хорь|к|а 2
Харь|к|а 2
Хор|я 2; Хор|еньк|а 3, Хор|ечк|а 4, Хорь|к|а 3
Х(а)ритон → **Хритош|а** 1 → Хритош|к|а 1
Хритош|к|а 2
Харитош|а 1 → Харитош|к|а 1 → Харитош*еч*|к|а 1
Харитош|еньк|а 1, Харитош|ечк|а 2
Харитош|еньк|а 2, Харитош|ечк|а 3, Харитош|к|а 2
Харитон|я → Харитон|ий 2, Харитон|к|а 2, Харитон|ушк|а 2,
Харитон|чик 3
Харитюня 2; Харитюн|ечк|а 4,
Харитюн|чик 4, Харитюнь|к|а 3
Хар(итон|я) → Хар|я 2; Харьк|а 3
Хор|я 3; Хор|еньк|а 4, Хор|ечк|а 5, Хорь|к|а 4
Х(а)ритон|я → Хритош|а 2; Хритош|к|а 3

Харито́ш|а 2; Харито́ш|еньк|а 3,
Харито́ш|ечк|а 4, Харито́ш|к|а 3

Дни ангела и святые (Харито́н): 1 июня, 9 сентября — *мученики*; 28 сентября — *преподобный*.

ХАРЛА́МПИЙ|, Харла́мпи|я (Харла́мпи[й|а]), *м* [*греч.* 'радость + светиться, блистать'; 'сияющий радостью']. О т ч е с т в о : Харла́мпиевич, Харла́мпиевна *и* Харла́мпьевич, Харла́мпьевна.

Харла́мп|, а (*разг.*). О т ч е с т в о : Харла́мпович, Харла́мповна; Харла́мпыч (*разг.*).

Харла́м|, а (*разг.*). О т ч е с т в о : Харла́мович, Харла́мовна; Харла́мыч (*разг.*).

Харала́мпий|, Харала́мпи|я (Харала́мпи[й|а]) (*стар.*). О т ч е с т в о : Харала́мпиевич, Харала́мпиевна.

П р о и з в о д н ы е (13):

Харлампий → Харлампи|юшк|а (Харлампи[й|у]шк|а)

Харламп(ий) → **Харламп** → Харламп|к|а 1 → Харлампо́ч|к|а 1
       | Харламп|очк|а 2, Харламп|ушк|а 1
       | Харлам(п) → **Харлам** 1 → Харлам|к|а 1 → Харламо́ч|к|а 1
       | | Харлам|очк|а 2, Харлам|ушк|а 1
       | | Харла(м) → **Харла|ш|а** 1 → Харлаш|к|а →
       | | | Харлаше́ч|к|а 1
       | | Харлаш|еньк|а,
       | | Харлаш|ечк|а 2
       | | Харлам|к|а 2, Харлам|очк|а 3,
       | | Харлам|ушк|а 2
       | Харла(мп) → Харла|ш|а 2
       | Харламп|к|а 2, Харламп|очк|а 3, Харламп|ушк|а 2

Харлам(пий) → Харлам 2; Харлам|к|а 3, Харлам|очк|а 4, Харлам|ушк|а 3

Харла(мпий) → Харла|ш|а 3

Харлампий

Хар(а)лампий → Харлампий 2

День ангела и святой (Харала́мпий): 10 февраля — *священномученик*.

ХРИСА́НФ|, а, *м* [*греч.* 'златоцветный']. О т ч е с т в о : Хриса́нфович, Хриса́нфовна; Хриса́нфыч (*разг.*).

Хриса́н|, а (*разг.*). О т ч е с т в о : Хриса́нович, Хриса́новна; Хриса́ныч (*разг.*).

Кирса́н|, а (*разг.*). О т ч е с т в о : Кирса́нович, Кирса́новна; Кирса́ныч (*разг.*).

П р о и з в о д н ы е (33):

Хрисанф → Хрисанф|к|а, Хрисанф|ушк|а

Хрисан(ф) → **Хрисан** → Хрисан|к|а 1 → Хрисано́ч|к|а 1
       | Хрисань|к|а 1 → Хрисане́ч|к|а 1
       | Хрисан|ечк|а 2, Хрисан|очк|а 2, Хрисан|ушк|а 1
       | Хрисан|юшк|а 1
       | Хрис(ан) → **Хрис|а** 1 → Хрис|к|а 1 → Хрисо́ч|к|а 1

Хрис|оньк|а 1, Хрис|очк|а 2
Хрис|к|а 2, Хрис|оньк|а 2, Хрис|очк|а 3
(Хри)сан → **Сан|я** 1 → Сань|к|а 1 → Са*неч*|к|а 1, Са*н*|чик 1
Сан|юш|а 1 → Сан́юш|к|а
Сан|ечк|а 2, Сан|чик 2, Сан|ш|а 1,
Са́н|юшк|а 1
Сан|ечк|а 3, Сан|чик 3, Сан|ш|а 2, Сань|к|а 2,
Сан|юш|а 2, Са́н|юшк|а 2
***Кир*сан** 1 → Кирсан|к|а 1, Кирсан|ушк|а 1
Кир(сан) → **Кир|а** → Кир|к|а 1 → Кир*оч*|к|а 1
Кир|оньк|а 1, Кир|очк|а 2,
Кир|ушк|а 1
Кир|к|а 2, Кир|оньк|а 2,
Кир|очк|а 3, Кир|ушк|а 2
(*Кир*)сан → Сан|я 2; Сан|ечк|а 4, Сан|чик 4,
Сан|ш|а 3, Сань|к|а 3, Сан|юш|а 3,
Са́н|юшк|а 3
*Кир*сан|к|а 2, *Кир*сан|ушк|а 2
Хрисан|я → Хрисан|ечк|а 3, Хрисан|к|а 2, Хрисан|очк|а 3,
Хрисан|ушк|а 2, Хрисань|к|а 2, Хрисан|юшк|а 2
Хрис(ан|я) → Хрис|а 2; Хрис|к|а 3, Хрис|оньк|а 3,
Хрис|очк|а 4
(Хри)сан|я → Сан|я 3; Сан|ечк|а 5, Сан|чак 4, Сан|ш|а 4,
Сань|к|а 4, Сан|юш|а 4, Са́н|юшк|а 4
*К*ирсан 2; *К*ирсан|к|а 3, *К*ирсан|ушк|а 3
Хрисан|ечк|а 4, Хрисан|к|а 3, Хрисан|очк|а 4,
Хрисан|ушк|а 3, Хрисань|к|а 3, Хрисан|юшк|а 3
*К*ирсан 3; *К*ирсан|к|а 4, *К*ирсан|ушк|а 4
Хрис(анф) → Хрис|а 3; Хрис|к|а 4, Хрис|оньк|а 4, Хрис|очк|а 5
(Хри)сан(ф) → Сан|я 4; Сан|ечк|а 6, Сан|чик 6, Сан|ш|а 5, Сань|к|а 5,
Сан|юш|а 5, Са́н|юшк|а 5
(Хри)санф → **Санф|а** → Санф|очк|а 1, Санф|ушк|а 1
Сан(ф|а) → Сан|я 5; Сан|ечк|а 7, Сан|чик 7, Сан|ш|а 6,
Сань|к|а 6, Сан|юш|а 6, Са́н|юшк|а 6
Санф|очк|а 2, Санф|ушк|а 2

День ангела и святой (Хрисанф): 19 марта — *мученик.*

ХРИСТОФО́Р|, а, *м* [*греч.* 'Христос' и 'нести'; 'породивший Христа — эпитет города Вифлеема'; 'носящий в себе, то есть чтящий Христа'; 'Христоносец']. Отчество: Христофо́рович, Христофо́ровна; Христофо́рыч (*разг.*).

Производные (21):

Христофор → Христофор|к|а → Христофор*ч*|ик 1
Христофор|ушк|а, Христофор|чик 2

Христо(фор) → **Христо|н|я** → Христонь|к|а → Христонеч|к|а 1
| Христон|ечк|а 2, Христон|юшк|а
| (Хрис)то|н|я → **Тон|я** → Тонь|к|а 1 → Тонеч|к|а 1
| | Тон|ечк|а 2, Тон|ик 1, Тонь|ш|а 1
| Тон|ечк|а 3, Тон|ик 2, Тонь|к|а 2,
| Тонь|ш|а 2
Христ(офор) → **Христ|я** → Христ|еньк|а 1, Христ|ечк|а 1, Христ|юх|а 1,
| Христ|юш|а 1
| Хрис(т|я) → **Хрис|я** 1 → Хрись|к|а 1 → Хрисеч|к|а 1
| | Хрис|еньк|а 1, Хрис|ечк|а 2
| Хрис|еньк|а 2, Хрис|ечк|а 3, Хрись|к|а 2
| Христ|еньк|а 2, Христ|ечк|а 2, Христ|юх|а 2, Христ|юш|а 2
Хрис(тофор) → Хрис|я 2; Хрис|еньк|а 3, Хрис|ечк|а 4, Хрись|к|а 3

Дни ангела и святые (Христофор): 19 апреля, 9 мая — *мученики*; 30 августа — *преподобный*.

Ц

ЦЕ́ЗАРЬ|, я, *м* [*лат.* ‘резать’; ‘почетный титул римских императоров до Адриана, начиная с Адриана — почетный титул наследников престола’].
О т ч е с т в о : Це́заревич, Це́заревна.

П р о и з в о д н ы е (14):

Цезарь → Цезарь|к|а → Цезаре*ч*|к|а 1

             Цезар|еньк|а, Цезар|ечк|а 2, Цезар|ик

(Це)зарь → **Зар|я** → Зар|к|а 1 → Заро*ч*|к|а 1

                   Зарь|к|а 1 →Заре*ч*|к|а 1

                   Зар|еньк|а 1, Зар|ечк|а 2, Зар|ик 1, Зар|оньк|а 1,

                   Зар|очк|а 2, Зар|ушк|а 1, Зар|юшк|а 1

            Зар|еньк|а 2, Зар|ечк|а 3, Зар|ик 2, Зар|к|а 2, Зар|оньк|а 2,

            Зар|очк|а 3, Зар|ушк|а 2, Зарь|к|а 2, Зар|юшк|а 2

   Дни ангела и святые (Кесарь): 8 декабря — *апостол*; (Кесарий) — 7 октября, 1 ноября — *мученики*.

ЦЕЛЕСТИ́Н|, а, *м* [*лат.* ‘небесный’]. О т ч е с т в о : Целести́нович, Целести́новна; Целести́ныч (*разг.*).

П р о и з в о д н ы е (14):

Целестин → Целестин|к|а → Целестино*ч*|к|а 1

             Целестин|очк|а 2, Целестин|ушк|а

Цел(естин) → **Целя|я** → Цель|к|а 1 → Целе*ч*|к|а 1

                  Цел|еньк|а 1, Цел|ечк|а 2

           (Ц)ел|я → **Ел|я** 1 → Ель|к|а 1 → Еле*ч*|к|а 1

                       Ел|еньк|а 1, Ел|ечк|а 2

                  Ел|еньк|а 2, Ел|ечк|а 2, Ель|к|а 2

              Цел|еньк|а 2, Цел|ечк|а 3, Цель|к|а 2

(Ц)ел(естин) → Ел|я 2; Ел|еньк|а 3, Ел|ечк|а 4, Ель|к|а 3

(Целес)тин → **Тин|а** → Тин|к|а 1 → Тино*ч*|к|а 1

                  Тин|очк|а 2

        Тин|к|а 2, Тин|очк|а 3

С р.: *ж* Целестина.

День ангела и святой (Келестин): 8 апреля — *папа* в Риме.

Э

ЭДУА́РД|, а, *м* [*др.-герм.* ‘собственность’; ‘защита’]. О т ч е с т в о : Эдуа́р-
дович, Эдуа́рдовна.
    П р о и з в о д н ы е (4):
Эдуард → Эдуард|ик
Эд(уард) → **Эд|я** → Эд|ик 1, Эд|юн|я 1
                 Эд|ик 2, Эд|юн|я 2

ЭЛИ́М|, а, *м* и реже **ЕЛИ́М**|, а, *м* [*предположительно др.-евр.* ‘немота,
молчание’]. О т ч е с т в о : Эли́мович, Эли́мовна.
    П р о и з в о д н ы е (13):
Элим → Элим|к|а
Эл(им) → **Эл|я** → Эль|к|а 1 → Эл*еч*|к|а 1
        | Эл|еньк|а 1, Эл|ечк|а 2
        Эл|еньк|а 2, Эл|ечк|а 3, Эль|к|а 2
(Э)лим → **Лим|а** → Лим|ан|я 1 → Лимань|к|а → Лиман*еч*|к|а 1
                                Лиман|ечк|а 2
                Лим|к|а 1 → Лим*оч*|к|а 1
                Лим|оньк|а 1, Лим|очк|а 2, Лим|ушк|а 1
        Лим|ан|я 2, Лим|к|а 2, Лим|оньк|а 2, Лим|очк|а 3
    День ангела и святой (Елима): 30 июля — *мученик.*

ЭМИЛИА́Н|, а, *м* [*лат.* ‘соперник, участник соревнования’; ‘приятный в
слове’]. О т ч е с т в о : Эмилиа́нович, Эмилиа́новна; Эмилиа́ныч (*разг.*).
Емилиа́н|, а (*стар.*). О т ч е с т в о : Емилиа́нович, Емилиа́новна.
    П р о и з в о д н ы е (22):
Эмилиан 1 → Эмилиан|к|а
Эмил(иан) → **Эмил|я** → Эмил|еньк|а 1, Эмил|ечк|а 1
           Эм(ил|я) → **Эм|а** 1 → Эм|к|а 1 → Эм*оч*|к|а 1
                | Эм|оньк|а 1, Эм|очк|а 2
                    Эм|к|а 2, Эм|оньк|а 2, Эм|очк|а 3

(Э)мил|я → **Мил|я** 1 → Мил|юш|а 1 → Милю́шк|а
                 | Ми́л|юшк|а 1
                Мил|юш|а 2, Ми́л|юшк|а 2
        Эмил|еньк|а 2, Эмил|ечк|а 2
Эм(илиан) → Эм|а 2; Эм|к|а 3, Эм|оньк|а 3, Эм|очк|а 4
(Э)мил(иан) → Мил|я 2; Мил|юш|а 3, Ми́л|юшк|а 3
(Эми)л(и)ан 1 → **Лан|а** → Лан|к|а 1 → Ланоч|к|а 1
                       Лань|к|а 1 →Лане́чк|а 1
                       Лан|ечк|а 2, Лан|очк|а 2, Лан|ушк|а 1
                       Лян|а 1 → Лян|к|а 1 → Ляноч|к|а 1
                                Лян|очк|а 2, Лян|ушк|а 1
                     Лян|к|а 2, Лян|очк|а 3, Лян|ушк|а 2
              Лан|ечк|а 3, Лан|к|а 2, Лан|очк|а 3, Лан|ушк|а 2,
              Лань|к|а 2
              Лян|а 2; Лян|к|а 3, Лян|очк|а 4, Лян|ушк|а 3

Емилиан → Эмилиан 2

С р.: ж Эмилиана.

Дни ангела и святые (Емелиан): 8 января, 8 августа — *исповедники*; 7 марта — *преподобный*; 18 июля — *мученик*; 18 августа — *священномученик*.

ЭМИ́ЛИЙ|, Эми́ли|я (Эми́ли[й|а]), *м* [*греч.* 'ласковый, льстивый']. О т - ч е с т в о : Эми́лиевич, Эми́лиевна *и* Эми́льевич, Эми́льевна.
Еми́лий|, Еми́ли|я (Еми́ли[й|а]) (*стар.*). О т ч е с т в о : Еми́лиевич, Еми́лиевна.

П р о и з в о д н ы е (21):

Эмилий 1
Эмил(ий) → **Эмил|я** →Эмиль|к|а 1 → Эмиле́ч|к|а 1, Эмильч|ик 1
                      Эмил|еньк|а, Эмил|ечк|а 2, Эмильч|ик 2
          Эм(ил|я) → **Эм|а** 1 →Эм|к|а 1
                     Эм|к|а 2
          Э(ми)л|я → **Эл|я** 1 → Эль|к|а 1 → Эле́ч|к|а 1
                       Эл|еньк|а 1, Эл|ечк|а 2
                 Эл|еньк|а 2, Эл|ечк|а 3, Эль|к|а 2
          (Э)мил|я → **Мил|я** 1 →Мил|уш|а 1 → Милу́ш|к|а →
                           | Милуш е́ч|ка 1
                                Милуш|еньк|а 1,
                                Милуш|ечк|а 2
                     Мил|юш|а 1 → Милю́ш|к|а
                      Ми́л|юшк|а 1, Миль|к|а 1, Ми́л|юшк|а 1
                Мил|уш|а 2, Ми́л|ушк|а 2, Миль|к|а 2,
                Мил|юш|а 2, Ми́л|юшк|а 2
          Эмил|еньк|а 2, Эмил|ечк|а 3, Эмильч|ик 3, Эмиль|к|а 2
Эм(илий) → Эм|а 2; Эм|к|а 3
(Э)мил(ий) → Мил|я 2; Мил|юш|а 3, Ми́л|юшк|а 3, Миль|к|а 3,

Мил|юш|а 3, Ми́л|люшк|а 3
Э(ми)л(ий) → Эл|я 2; Эл|енькǀа 3, Эл|ечк|а 4, Эль|к|а 3
Емилий → Эми́лий 2
С р.: *ж* Эми́лия.

ЭММАНУИ́Л|, а, *м* [*др.-евр.* 'с нами Бог']. О т ч е с т в о : Эммануи́лович, Эммануи́ловна; Эммануи́лыч (*разг.*).
Еммануи́л|, а (*стар.*). О т ч е с т в о : Еммануи́лович, Еммануи́ловна.
П р о и з в о д н ы е (21):
Эммануил 1 → Эммануил|к|а → Эммануило*ч*|к|а 1
| Эммануил|очк|а 2, Эммануил|ушк|а
Эм(мануил) → **Эм|а** → Эм|к|а 1
| **И́м|а** 1 → Им|к|а 1 → Имо*ч*|к|а 1
| Им|очк|а 2
| И́м|к|а 2, И́м|очк|а 3
| Эм|к|а 2
| И́м|а 2; И́м|к|а 3, И́м|очк|а 4
(Эм)ман(уил) → **Мон|я** → Мон|к|а 1 → Моно*ч*|к|а 1
| Монь|к|а 1 → Моне*ч*|к|а 1
| Мон|ечк|а 2, Мон|очк|а 2, Мон|ушк|а 1,
| Мон|юк|а 1
| М*он*|ечк|а 3, М*он*|к|а 2, М*он*|очк|а 3, М*он*|ушк|а 2;
| Монь|к|а 2, М*он*|юк|а 2
Эм(ману)ил → **Эми́л|я**
| Эм(ил|я) → Эм|а 2; Эм|к|а 3
| | И́м|а 3; И́м|к|а 4, И́м|очк|а 5
| (Эм)ил|я → **Ил|а** 1 → Иль|к|а 1 → Иле*ч*|к|а 1
| | Ил|енькǀа 1, Ил|ечк|а 2
| **Ил|я** 1 → Ил|енькǀа 2, Ил|ечк|а 3, Иль|к|а 2
| Ил|еньк|а 3, Ил|ечк|а 4, Иль|к|а 3
(Эмману)ил → Ил|а 2, Ил|я 2; Ил|еньк|а 4, Ил|ечк|а 5, Иль|к|а 4
Еммануил → Эммануил 2

ЭРА́СТ|, а, *м* и **ЕРА́СТ**|, а, *м* [*греч.* 'прелестный, милый'; 'горячо любя-
щий'; 'влюбленный']. О т ч е с т в о : Эра́стович, Эра́стовна.
П р о и з в о д н ы е (11):
Эраст → Эраст|к|а, Эраст|ушк|а
Эр(аст) → **Эр|а** → Эр|к|а 1 → Эро*ч*|к|а 1
| Эр|оньк|а 1, Эр|очк|а 2
| Эр|к|а 2, Эр|оньк|а 2, Эр|очк|а 3
Ераст → Ераст|к|а, Ераст|ушк|а
Ера(ст) → **Ера|х|а**
Ер(аст) → **Ер|а**
Дни ангела и святые (Ераст): 4 января, 10 ноября — апостолы.

ЭРНЕ́СТ|, а, *м* [*др.-герм.* 'серьёзный, строгий']. О т ч е с т в о : Эрне́сто-
вич, Эрне́стовна.

П р о и з в о д н ы е (4):
Эрнест → Эрнест|к|а
Эрн(ест) → **Эрн|а**
             Эр(н|а) → **Эр|а 1**
             Э(р)н|а → **Эн|а 1**
Эр(нест) → Эр|а 2
Э(р)н(ест) → Эн|а 2

Ю

ЮВЕНА́ЛИЙ|, Ювена́ли|я (Ювена́ли[й|а]), *м* [*лат.* 'юношеский']. О т -
ч е с т в о: Ювена́лиевич, Ювена́лиевна *и* Ювена́льевич, Ювена́льевна.
Вена́лий|, Вена́ли|я (Вена́ли[й|а]) (*разг.*). О т ч е с т в о: Вена́лиевич, Вена́-
лиевна *и* Вена́льевич, Вена́льевна.
Увена́лий|, Увена́ли|я (Увена́ли[й|а]) (*разг.*). О т ч е с т в о Увена́лиевич,
Увена́лиевна *и* Увена́льевич, Увена́льевна.
Иувена́лий|, Иувена́ли|я (Иувена́ли[й|а]) (*стар.*). О т ч е с т в о: Иувена́ли-
евич, Иувена́лиевна *и* Иувена́льевич, Иувена́льевна.
     П р о и з в о д н ы е (33):
Ювеналий 1
Юв(еналий) → **Юв|а** → Юв|к|а 1 → Юв*оч*к|а 1
| Юв|очк|а 2, Юв|оньк|а
| Юв|к|а 2, Юв|очк|а 3
Ю(ве)н(алий) → **Юн|а** → Юн|к|а 1, Юн*оч*к|а 1
| Юн|к|а 2, Юн|очк|а 2
Ю(вена)л(ий) → **Юл|я** → Юль|к|а 1 → Юл*еч*к|а 1
| Юл|еньк|а 1, Юл|ечк|а 2, Юл|ик 1
| Юл|еньк|а 2, Юл|ечк|а 3, Юл|ик 2, Юль|к|а 2
(Ю)вен(алий) → **Вен|а 1** → Вен|к|а 1 → Вен*оч*к|а 1
| | Вень|к|а 1 → Вен*еч*к|а 1
| | Вен|ечк|а 2, Вен|очк|а 2, Вен|ушк|а 1,
| | Вен|юшк|а 1
| **Вен|я 1** → Вен|ечк|а 3, Вен|к|а 2, Вен|очк|а 3,
| Вен|ушк|а 2, Веньк|а 2, Вен|юшк|а 2
| Вен|ечк|а 4, Вен|к|а 3, Вен|очк|а 4, Вен|ушк|а 3,
| Веньк|а 3, Вен|юшк|а 3
(Юве)нал(ий) → **Нал|я 1** → Наль|к|а 1 → Нал*еч*к|а 1, Нальч|ик 1
| | Нал|еньк|а 1, Нал|ечк|а 2, Нальч|ик 2
| (Н)ал|я → **Ал|я 1** → Аль|к|а 1 → Ал*еч*к|а 1
| | Ал|ечк|а 2, Ал|ик 1

| Ал|ечк|а 3, Ал|ик 2, Аль|к|а 2

                     Нал|еньк|а 2, Нал|ечк|а 3, Наль|чик 3, Наль|к|а 2

(Ювен)ал(ий) → Ал|я 2; Ал|ечк|а 4, Ал|ик 3, Аль|к|а 3

(Ю)ве(на)л(ий) → **Вел|я 1** → Вель|к|а 1 → Велеч|к|а 1

| Вел|еньк|а 1, Вел|ечк|а 2

                 Вел|еньк|а 2, Вел|ечк|а 3, Вель|к|а 2

(Ю)веналий → **Веналий 1**

    Вен(алий) → Вен|а 2, Вен|я 2; Вен|ечк|а 5, Вен|к|а 4,

    | Вен|очк|а 5, Вен|ушк|а 4, Веньк|а 4,

    | Вен|юшк|а 4

    Ве(на)л(ий) → Вел|я 2; Вел|еньк|а 3, Вел|ечк|а 4,

    | Вель|к|а 3

    (Ве)нал(ий) → Нал|я 2; Нал|еньк|а 3, Нал|ечк|а 4,

    | Наль|чик 4, Наль|к|а 3

    (Вен)ал(ий) → Ал|я 3; Ал|ечк|а 5, Ал|ик 4, Аль|к|а 4

    Увеналий

    (У)вен(алий) → Вен|а 3, Вен|я 3; Вен|ечк|а 6, Вен|к|а 5,

    | Вен|очк|а 6, Вен|ушк|а 5, Веньк|а 5,

    | Вен|юшк|а 5

    (Уве)нал(ий) → Нал|я 3; Нал|еньк|а 4, Нал|ечк|а 5,

    | Наль|чик 5, Наль|к|а 4

    (Увен)ал(ий) → Ал|я 4; Ал|ечк|а 6, Ал|ик 5, Аль|к|а 5

    (У)ве(на)л(ий) → Вел|я 3; Вел|еньк|а 4, Вел|ечк|а 5,

    | Вель|к|а 4

    (У)веналий → Веналий 2

Иувеналий → *Ю*веналий 2

   День ангела и святой (Иувеналий): 2 июля — *патриарх.*

ЮЛИА́Н|, а, *м* [*лат.* 'Юлиев'; 'Иулиев']. О т ч е с т в о: Юлиа́нович, Юли-
а́новна; Юлиа́ныч (*разг.*).

Улья́н|, а (*разг.*). О т ч е с т в о: Улья́нович, Улья́новна; Улья́ныч (*разг.*).

Иулиа́н|, а (*стар.*). О т ч е с т в о: Иулиа́нович, Иулиа́новна.

   П р о и з в о д н ы е (26):

Юлиан 1 → Юлиан|к|а → Юлианоч|к|а 1

| Юлиан|очк|а 2, Юлиан|ушк|а

Юл(иан) → **Юл|я** → Юль|к|а 1 → Юлеч|к|а 1

| Юл|еньк|а 1, Юл|ечк|а 2

| Ул|я 1 → Ул|ей 1 → Улей|к|а

| | Уль|к|а 1 → Улеч|к|а 1

| | Ул|еньк|а 1, Ул|ечк|а 2, Ул|юшк|а 1

| Ул|ей 2, Ул|еньк|а 2, Ул|ечк|а 3, Уль|к|а 2, Ул|юшк|а 2

    Юл|еньк|а 2, Юл|ечк|а 3, Юль|к|а 2

    Ул|я 2; Ул|ей 3, Ул|еньк|а 3, Ул|ечк|а 4, Уль|к|а 3, Ул|юшк|а 3

(Ю)л(и)ан → **Лян|а 1** → Лян|к|а 1 → Ляноч|к|а 1

Лян|очк|а 2, Лян|ушк|а 1
Лян|к|а 2, Лян|очк|а 3, Лян|ушк|а 2
Ульян 1 → Ульян|к|а 1, Ульян|ушк|а 1
У́лья(н) → **Улья́|х|а** → Ульяш|к|а 1 → Ульяшеч|к|а 1
Ульяш|еньк|а 1, Ульяш|ечк|а 2
Улья́ш|а 1 → Ульяш|еньк|а 2,
Ульяш|ечк|а 3,
Ульяш|к|а 2
Ул(ьян) → Ул|я 3; Ул|ей 4, Ул|еньк|а 4, Ул|ечк|а 5, Уль|к|а 4,
Ул|юшк|а 4
(У́льян → Лян|а 2; Лян|к|а 3, Лян|очк|а 4, Лян|ушк|а 3
(Уль[й|а]н)
Ульяш|а 2; Ульяш|еньк|а 3, Ульяш|ечк|а 4,
Ульяш|к|а 3
Ульян|к|а 2, Ульян|ушк|а 2, Ульян|очк|а
Ульяш|а 3; Ульяш|еньк|а 4, Ульяш|ечк|а 5, Ульяш|к|а 4

Иулиан → *Юлиан* 2
С р.: *ж* Юлиана.
Дни ангела и святые (Иулиан): 8 и 29 января, 6 и 16 февраля, 3 и 21 июня, 16 марта, 28 июля, 9 августа, 4, 12 и 13 сентября, 7 октября — *мученики*; 21 июня, 18 октября — *преподобные*; 13 июля — *епископ*.

Ю́ЛИЙ|, Ю́ли|я (Ю́ли[й|а]), *м* [*греч.* 'кудрявый'; 'Иулиев, знаменитый римский род'; 'сноп']. О т ч е с т в о: Ю́лиевич, Ю́лиевна *и* Ю́льевич, Ю́льевна.
Иу́лий|, Иу́ли|я (Иу́ли[й|а]) (*стар.*). О т ч е с т в о: Иу́лиевич, Иу́лиевна *и* Иу́льевич, Иу́льевна.
П р о и з в о д н ы е (5):
Ю́лий 1
Юл(ий) → **Ю́л|я** → Ю́ль|к|а 1 → Юлеч|к|а 1
Юлёк → Юлёчек 1
Юл|еньк|а 1, Юл|ечк|а 2, Юл|юшк|а 1, Юл|ёчек 2
Юл|еньк|а 2, Юл|ечк|а 3, Юль|к|а 2, Юл|юшк|а 2
Иулий → Юлий 2
С р.: *ж* Юлия.
День ангела и святой (Иулий): 21 июня — *преподобный*.

Ю́РИЙ|, Ю́ри|я (Ю́ри[й|а]), *м* [*греч.* 'земледелец']. О т ч е с т в о: Ю́рьевич, Ю́рьевна; Ю́рьич (*разг.*).
П р о и з в о д н ы е (41):
Юрий
Юр(ий) → **Ю́р|а** → Юр|ань|я 1 → Юрань|к|а → Юранеч|к|а 1
Юран|ечк|а 2
Юр|ас|я 1 → Юрась|к|а → Юрасеч|к|а 1

                Юрас|еньк|а, Юрас|ечк|а 2

Юр|ах|а 1 → Юраш|к|а 1 → Юраш*еч*|к|а 1
           Юра*ш*|еньк|а 1, Юра*ш*|ечк|а 2

Юр|аш|а 1 → Юраш|еньк|а 2, Юраш|ечк|а 3,
           Юраш|к|а 2

Юр|ен|я 1 → Юрень|к|а → Юрен*еч*|к|а 1
           Юрен|ечк|а 2

Юр|к|а 1 →   Юро*ч*|к|а 1, Юрч|еньк|а 1, Юрч|ен|я 1,
           Юрч|ик 1, Юрч|онок 1

Юрч|а 1 → Юрч|еньк|а 2, Юрч|ён|я 2,
           Юрч|ик 2, Юрч|онок 2

Юр|ок 1 → Юро*ч*|ек 1

Юр|ч|а 2

Юр|ш|а 1 → Юрш|ик

Юр|ат|а 1, Юр|ец 1, Юр|ищ|е 1, Юр|к|о 1,
Юр|оньк|а 1, Юр|очек 2, Юр|очк|а 2, Юр|чик 3,
Юр|яг|а 1, Юр|ят|а 1

Ю(р|а) → **Ю|к|а 1** → Юк|очк|а

Ю|х|а 1 → Ю*ш*|к|а 1 → Юш*еч*|к|а 1
           Ю*ш*|еньк|а 1, Ю*ш*|ечк|а 2

Юш|а 1 → Юш|еньк|а 2, Юш|ечк|а 3,
           Юш|к|а 2

Ю|ш|а 2

Юр|ан|я 2, Юр|ас|я 2, Юр|ат|а 2, Юр|ах|а 2, Юр|аш|а 2,
Юр|ен|я 2, Юр|ец 2, Юр|ищ|е 2, Юр|к|а 2, Юр|ок 2,
Юр|оньк|а 2, Юр|очек 3, Юр|очк|а 3, Юр|ч|а 3, Юр|чик 4,
Юр|ш|а 2, Юр|яг|а 2, Юр|ят|а 2

Ю(рий) → Ю|к|а 2, Ю|х|а 2, Ю|ш|а 3

С р.: *ж* Юрия.

День ангела и святой (Георгий): 4 февраля — *князь.*

ЮСТ|, а, *м* [*лат.* 'справедливый']. О т ч е с т в о: Ю́стович, Ю́стовна; Юстыч (*разг.*).

Иу́ст|, а (*стар.*). О т ч е с т в о: Иу́стовна, Иу́стович; Иустыч (*разг.*).

    П р о и з в о д н ы е (20):

Юст 1 → Юст|ин|а 1 → Юстин|к|а 1 → Юстино*ч*|к|а 1
                     Юстин|очк|а 2
    Юст|оньк|а 1, Юст|очк|а 1, Юст|ушк|а 1

Юс(т) → **Юс|а 1** → Юс|к|а 1 → Юс*оч*|к|а 1
                Юсь|к|а 1 → Юс*еч*|к|а 1
                Юс|еньк|а 1, Юс|ечк|а 2, Юс|оньк|а 1, Юс|очк|а 2,
                Юс|ушк|а 1, Юс|юшк|а 1

Юс|я 1 → Юс|еньк|а 2, Юс|ечк|а 3, Юс|к|а 2, Юс|оньк|а 2,
                Юс|очк|а 3, Юсь|к|а 2, Юс|ушк|а 1, Юс|юшк|а 2

Юс|еньк|а 3, Юс|ечк|а 4, Юс|к|а 3, Юс|оньк|а 3, Юс|очк|а 4,
Юсь|к|а 3, Юс|ушк|а 3, Юс|юшк|а 3
Юст|а → Юст|ин|а 2, Юст|оньк|а 2, Юст|очк|а 2, Юст|ушк|а 2
Юс(т|а) → Юс|а 2, Юс|я 2; Юс|еньк|а 4, Юс|ечк|а 5, Юс|к|а 4,
Юс|оньк|а 4, Юс|очк|а 5, Юсь|к|а 4, Юс|юшк|а 4
Уст|я 1 → Уст|еньк|а 1, Уст|ечк|а 1, Уст|ик 1
Уст|еньк|а 2, Уст|ечк|а 2, Уст|ик 2
Уст|я 2; Уст|еньк|а 3, Уст|ечк|а 3, Уст|ик 3
Иуст → Юст 2

Дни ангела и святые (Иуст): 4 января, 30 октября — *апостолы*; 14 июля — *мученик.*

ЮСТИ́Н|, а, *м* [*лат.* 'справедливый'; 'Юстов'; 'Иустов']. О т ч е с т в о: Юсти́нович, Юсти́новна; Юсти́ныч (*разг.*).
Усти́н|, а (*разг.*). О т ч е с т в о: Усти́нович, Усти́новна; Усти́ныч (*разг.*).
Усти́м|, а (*прост.*). О т ч е с т в о: Усти́мович, Усти́мовна; Устимыч (*разг.*).
Иусти́н|, а (*стар.*). О т ч е с т в о: Иусти́нович, Иусти́новна; Иустиныч (*разг.*).
П р о и з в о д н ы е (32):
Юстин 1 → Юстин|к|а → Юстин*оч*|к|а 1
Юстин|очк|а 2, Юстин|ушк|а
Юст(ин) → **Юст|а** →Юст|еньк|а 1, Юст|ечк|а 1, Юст|оньк|а 1,
Юст|очк|а 1, Юст|ушк|а 1, Юст|юшк|а 1
Уст|я 1 → Уст|юн|я 1 →Устюнь|к|а → Устюн*еч*|к|а 1
Устюн|ечк|а 2
Уст|юх|а 1 → Устю́ш|к|а 1 → Устюш*еч*|к|а 1
Устюш|еньк|а 1,
Устюш|ечк|а 2
Уст|юш|а 1 → Устюш|еньк|а 2,
Устюш|ечк|а 3, Устю́ш|к|а 2
Уст|еньк|а 1, Уст|ечк|а 1, У́ст|юшк|а 1
Уст|еньк|а 2, Уст|ечк|а 2, Уст|юн|я 2, Уст|юх|а 2,
Уст|юш|а 2, У́ст|юшк|а 2
Юст|я →Юст|еньк|а 2, Юст|ечк|а 2, Юст|оньк|а 2,
Юст|очк|а 2, Юст|ушк|а 2, Юст|юшк|а 2
Уст|я 2; Уст|еньк|а 3, Уст|ечк|а 3, Уст|юн|я 3,
Уст|юх|а 3, Уст|юш|а 3, У́ст|юшк|а 3
Юст|еньк|а 3, Юст|ечк|а 3, Юст|оньк|а 3, Юст|очк|а 3,
Юст|ушк|а 6, Юст|юшк|а 3
Уст|я 3; Уст|еньк|а 4, Уст|ечк|а 4, Уст|юн|я 4, Уст|юх|а 4,
Уст|юш|а 4, У́ст|юшк|а 4
(Юс)тин → **Тин|а 1** → Тин|к|а 1 → Тин*оч*|к|а 1, Тин*ч*|ик 1
Тин|очк|а 2, Тин|чик 2

| Тин|к|а 2, Тин|очк|а 3, Тин|чик 3
         Устин 1 →Устин|к|а 1 → Устиноч|к|а 1
| Устин|очк|а 2, Устин|ушк|а 1
         Уст(ин) →Уст|я 4; Уст|еньк|а 5, Уст|ечк|а 5, Уст|юн|я 5,
| Уст|юх|а 5, Уст|юшк|а 5
         (Ус)тин →Тин|а 2; Тин|к|а 3, Тин|очк|а 4, Тин|чик 4
| **Устим** 1
         Устин|к|а 2, Устин|очк|а 3, Устин|ушк|а 2
         Устим 2

Иустин →   *Ю*стин 2
     С р.: *ж* Юстина.
     День ангела и святой (Иустин): 1 июня — *мученик*.

ЮСТИНИА́Н|, а, м [*лат.* 'справедливый'; 'Юстинов'; 'Иустинов']. О т -
ч е с т в о: Юстиниа́нович, Юстиниа́новна; Юстиниа́ныч (*разг.*).
Иустиниа́н|, а (*стар.*). О т ч е с т в о: Иустиниа́нович, Иустиниа́новна.
     П р о и з в о д н ы е (27):
Юстиниан 1 → Юстиниан|а, Юстиниан|ушк|а
Юстин(иан) → **Юстин** → Юстин|к|а 1 → Юстино́ч|к|а 1
| Юстин|очк|а 2, Юстин|ушк|а 1
         Юст(ин) →
         Юст|а 1 → Юст|оньк|а 1, Юст|очк|а 1, Юст|ушк|а 1,
                        Юст|юшк|а 1
                  Уст|я 1 → Уст|юн|я 1 → Устюнь|к|а →
                  | Устюн*еч*|к|а 1
                  | Устюн|ечк|а 2
                  | Уст|юх|а 1 → Уст*ю́ш*|к|а 1 →
                  | Устюш*еч*|к|а 1
                  | Устюш|еньк|а 1,
                  | Устюш|ечк|а 2
                  | Уст|юш|а 1 →Устюш|еньк|а 2,
                  | Устюш|ечк|а 3,
                  | Уст*ю́ш*|к|а 2
                  | Уст|еньк|а 1, Уст|ечк|а 1,
                  | У́ст|юшк|а 1
                  Уст|еньк|а 2, Уст|ечк|а 2, Уст|юн|я 2,
                  Уст|юх|а 2, Уст|юш|а 2, У́ст|юшк|а 2
         Юст|я 1 → Юст|оньк|а 2, Юст|очк|а 2, Юст|ушк|а 2,
                        Юст|юшк|а 2
                  Уст|я 2; Уст|еньк|а 3, Уст|ечк|а 3,
                  Уст|юн|я 3, Уст|юх|а 3, Уст|юш|а 3,
                  У́ст|юшк|а 3
         Юст|оньк|а 3, Юст|очк|а 3, Юст|ушк|а 3, Юст|юшк|а 3
         Уст|я 3; Уст|еньк|а 4, Уст|ечк|а 4, Уст|юн|я 4,

| Уст|юх|а 4, Уст|юш|а 4, У́ст|юшк|а 4

(Ос)тин → **Тин|а 1** → Тин|к|а 1 →   Тин*оч*|к|а 1

| Тин|очк|а 2

| Тин|к|а 2, Тин|очк|а 3

Юстин|к|а 2, Юстин|очк|а 3, Юстин|ушк|а 2

Юст(иниан) → Юст|а 2, Юст|я 2; Юст|оньк|а 4, Юст|очк|а 4,

Юст|ушк|а 4, Юст|юшк|а 4

Уст|я 4; Уст|еньк|а 5, Уст|ечк|а 5, Уст|юн|я 5, Уст|юх|а 5,

Уст|юш|а 5, У́ст|юшк|а 5

(Юс)тин(иан) → Тин|а 2; Тин|к|а 3, Тин|очк|а 4

Иустиниан → *Ю*стиниан 2

День ангела и святой (Иустиниан): 14 ноября — *царь.*

Я

Я́КОВ|, а, *м* [*др.-евр.* 'он следует за кем-либо'; 'пятка'; 'запинатель']. О т - ч е с т в о: Я́ковлевич, Я́ковлевна; Я́кович, Я́кович (*разг.*).
Иа́ков|, а (*стар.*). О т ч е с т в о: Иа́кович, Иа́ковна.

    П р о и з в о д н ы е (40):
Яков 1 → Яков|к|а, Яков|ушк|а
Як(ов) → Як|ун|я → Якунь|к|а → Якунеч|к|а 1
                          Якун|ечк|а 2
          Як|ух|а → Якуш|еньк|а 1, Якуш|к|а 1
          Як|уш|а →Якуш|еньк|а 2, Якуш|к|а 2
Я(ков) → **Я|н|а** → Янь|к|а → Янеч|к|а 1
                    Ян|ечк|а 2, Ян|ик, Ян|ок, Янь|ш|а
          Я|с|я → Ясь|к|а → Ясеч|к|а 1
                    Яс|еньк|а, Яс|ечк|а 2, Яс|ик
          Я|ш|а → Яш|ат|а → Яшат|к|а → Яшаточ|к|а 1
                              Яшат|очк|а 2
          Яш|к|а → Яшеч|к|а 1
          Яш|он|я → Яшон|к|а
          Яш|ун|я → Яшунь|к|а → Яшунеч|к|а 1, Яшунч|ик 1
                              Яшун|ечк|а 2, Яшун|чик 2
          Яш|ут|а → Яшут|к|а → Яшуточ|к|а 1
                            Яшут|оньк|а, Яшут|очк|а 2
          Яш|еньк|а, Яш|ечк|а 2, Яш|ик, Яш|к|о, Яш|ок
Иаков — Яков 2

    Дни ангела и святые (Иаков): 4 января, 30 апреля, 30 июня, 9 октября
— *апостолы;* 13 января, 4 и 24 марта, 11 апреля — *преподобные;* 29 января,
10 апреля, 9 августа — *мученики;* 21 марта — *исповедник;* 22 мая, 23 октября — *святые чудотворцы;* 23 октября, 26 декабря — *братья Божии;* 1 ноября — *священномученик;* 26 ноября — *отшельник;* 27 ноября — *великомученик епископ.*

ЯРОПО́ЛК|, а, *м* (*слав. редк.*). [ʼярый воинʼ]. О т ч е с т в о: Яропо́лкович, Яропо́лковна.

П р о и з в о д н ы е (8):

Ярополк

Яр(ополк) → **Яр|а**

(Яро)пол(к) → **Пол|я** → Поль|к|а 1 → Полеч|к|а 1

Пол|юш|а 1 → Полюш|к|а

Пол|еньк|а 1, Пол|ечк|а 2, По́л|юшк|а 1

Пол|еньк|а 2, Пол|ечк|а 3, Поль|к|а 2, Пол|юш|а 2,

По́л|юшк|а 2

ЯРОСЛА́В|, а, *м* [от основ со значением ʼяро, ярко + славаʼ]. О т ч е с т - в о: Яросла́вович, Яросла́вовна; Яросла́вич, Яросла́вна (*разг.*).

П р о и з в о д н ы е (26):

Ярослав → Ярослав|к|а, Ярослав|ушк|а

Яр(ослав) → **Яр|а** → Яр|к|а 1

Яр|к|а 2

(Я)рос(лав) → **Рос|я** → Рось|к|а 1 → Росеч|к|а 1

Рос|еньк|а 1, Рос|ечк|а 2, Рос|ик 1

Рос|еньк|а 2, Рос|ечк|а 3, Рос|ик 2, Рось|к|а 2

(Яро)слав → **Слав|а** → Слав|к|а 1 → Славоч|к|а 1, Славч|ик 1

Слав|ун|я 1 → Славунь|к|а → Славунеч|к|а 1,

Славунч|ик 1

Славун|ечк|а 2, Славун|чик 2

Слав|ус|я 1 → Славусь|к|а → Славусеч|к|а 1

Славус|еньк|а, Славус|ечк|а 2,

Славус|ик

Слав|еньк|а 1, Слав|ик 1, Слав|оньк|а 1,

Слав|очк|а 2, Слав|ушк|а 1, Слав|чик 2

Слав|еньк|а 2, Слав|ик 2, Слав|к|а 2, Слав|оньк|а 2,

Слав|очк|а 3, Слав|ун|я 2, Слав|ус|я 2, Слав|ушк|а 2,

Слав|чик 3

С р.: *ж* Ярослава.

ЖЕНСКИЕ
ИМЕНА

А

А́ВГУСТ|А, ы, *ж* [*женск. к* Август]
Гу́ст|а, ы (*разг.*)

Π ρ о и з в о д н ы е (25):

Август|а
Ав(густ|а) → **Ав|а** → Ав|к|а 1 → Ав*оч*к|а 1
Ав|оньк|а 1, Ав|очк|а 2
Ав|к|а 2, Ав|оньк|а 2 Ав|очк|а 3
А(в)г(уст|а) → **Аг|а**
(Ав)гус(т|а) → **Гус|я** → Гусь|к а 1 → Гус*еч*к|а 1
Гус|ан|я 1, Гус|еньк|а 1, Гус|ечк|а 2
Гус|ан|я 2, Гус|еньк|а 2, Гус|ечк|а 3, Гусь|к|а 2
(Ав)гу((с)т|а → **Гут|я 1** → Гуть|к|а 1 → Гут*еч*к|а 1
Гут|е|я 1 (Гут|е[й|а]), Гут|еньк|а 1, Гут|ечк|а 2,
Гут|ёнок 1
Гут|е|я 2 (Гут|е[й|а]), Гут|еньк|а 2, Гут|ечк|а 3, Гут|ёнок 2
(Ав)густ|а → **Густ|а** → Густ|еньк|а 1, Густ|ечк|а 1, Густ|оньк|а 1, Густ|очк|а 1
Гус(т|а) → Гус|я 2; Гус|ан|я 3, Гус|еньк|а 3, Гус|ечк|а 4,
Гусь|к|а 3
Гу(с)т|а → Гут|я 2; Гут|е|я 3 (Гут|е[й|а]), Гут|еньк|а 3,
Гут|ечк|а 4, Гут|ёнок 3
(Г)уст|а → **Уст|я1** → Уст|еньк|а 1, Уст|ечк|а 1
Уст|еньк|а 2, Уст|ечк|а 2
Густ|я → Густ|еньк|а 2, Густ|ечк|а 2, Густ|оньк|а 2, Густ|очк|а 2
Гус(т|я) → Гус|я 3; Гус|ан|я 4, Гус|еньк|а 4, Гус|ечк|а 4,
Гусь|к|а 3
Гу(с)т|я → Гут|я 3; Гут|е|я 4 (Гут|ей|а), Гут|еньк|а 4, Гут|ечк|а 5,
Гут|ёнок 4
(Г)уст|я → Уст|я 2; Уст|еньк|а 3, Уст|ечк|а 3
Густ|еньк|а 2, Густ|ечк|а 2, Густ|оньк|а 2, Густ|очк|а 2
(Авг)уст|а → Уст|я 3; Уст|еньк|а 4, Уст|ечк|а 4

День ангела и святая (Августа): 24 ноября — *мученица*.

АВГУСТИ́Н|А, ы, *ж* [*женск.* к Августин]
А́вгуст|а, ы (*разг.*)
Гу́ст|а, ы (*разг.*).
    П р о и з в о д н ы е (26):
Августин|а → Августин|к|а, Августин|ушк|а
Август(ин|а) → **Август|а**
                    Ав(густ|а) → **Ав|а 1** → Ав|к|а 1 → Ав*оч*|к|а 1
                                                                Ав|оньк|а 1, Ав|очк|а 2
                                          Ав|к|а 2, Ав|оньк|а 2, Ав|очк|а 3
                    (Ав)гус(т|а) → **Гус|я 1** → Гусь|к|а 1 → Гус*еч*|к|а 1
                                                                  Гус|еньк|а 1, Гус|ечк|а 2
                                            Гус|еньк|а 2, Гус|ечк|а 3, Гусь|к а 2
                    (Ав)гу(с)т|а → **Гут|я 1** → Гуть|к|а 1, → Гут*еч*|к|а 1
                                                      Гут|еньк|а 1, Гут|ечк|а 2,
                                                      Гут|ёнок 1
                                      Гут|еньк|а 2, Гут|ечк|а 3, Гуть|к|а 2,
                                      Гут|ёнок 2
                    (Ав)густ|а. → **Густ|а 1** → Густ|еньк|а 1, Густ|ечк|а 1,
                                                        Густ|оньк|а 1, Густ|очк|а 1
                                      Гус(т|а) → Гус|я 2; Гус|еньк|а 3, Гус|ечк|а 4,
                                                        Гусь|к|а 3
                                      Гу(с)т|а → Гут|я 2; Гут|еньк|а 3, Гут|ечк|а 4,
                                                        Гут|ёнок 3, Гуть|к|а 3
                                      (Г)уст|а → **Уст|я 1**
                                      Густ|я 1 → Густ|еньк|а 2, Густ|ечк|а 2,
                                                        Густ|оньк|а 2, Густ|очк|а 2
                                      Гус(т|я) → Гус|я 3; Гус|еньк|а 4, Гус|ечк|а 5,
                                                        Гусь|к|а 4
                                      Гу(с)т|я → Гут|я 3; Гут|еньк|а 4, Гут|ечк|а 4,
                                                        Гут|ёнок 4, Гуть|к|а 4
                                      (Г)уст|я → Уст|я 2
                                      Густ|еньк|а 3, Густ|ечк|а 3, Густ|оньк|а 3,
                                      Густ|очк|а 3
Ав(густин|а) → Ав|а 2; Ав|к|а 3, Ав|оньк|а 3, Ав|очк|а 4
(Ав)гу(с)т(ин|а) → Гут|я 3; Гут|еньк|а 4, Гут|ечк|а 5, Гут|ёнок 4, Гуть|к|а 4
(Ав)густ(ин|а) → Густ|а 2, Густ|я 2; Густ|еньк|а 4, Густ|ечк|а 4,
                        Густ|оньк|а 4, Густ|очк|а 4
(Ав)гус(тин|а) → Гус|я 4; Гус|еньк|а 5, Гус|ечк|а 6, Гусь|к|а 5
(Авг)уст(ин|а) → Уст|я 3
(Август)ин|а → **Тин|а** → Тин|к|а 1 →Тин*оч*|к|а 1
                                Тин|очк|а 2
                Тин|к|а 2, Тин|очк|а 3

АВЕЛИН|А, ы, *ж* (*заимств.*).

   П р о и з в о д н ы е (10):

Авелин|а → Авелин|к|а → Авелино*ч*|к|а 1

               Авелин|очк|а 2, Авелин|ушк|а

Ав(елин|а) → Ав|а

(Аве)лин|а → Лин|а →Лин|к а 1 → Лино*ч*|к|а 1

                Лин|ок 1 → Лино*ч*|ек

                Лин|очк|а 2, Лин|ушк|а 1

          Лин|к|а 2, Лин|ок 2, Лин|очк|а 3, Лин|ушк|а 2

АВРО́Р|А, ы, *ж* [*в античной мифологии*: Аврора — богиня утренней зари].

   П р о и з в о д н ы е (8):

Аврор|а → Аврор|к|а → Авроро*ч*|к|а 1

              Аврор|очк|а 2

Ав(рор|а) → **Ав|а**

А(в)р(ор|а) → **Ар|а**

(Ав)рор|а → **Рор|а** → Рор|к|а 1 → Роро*ч*|к|а 1

              Рор|ик 1, Рор|очк|а 2

         Рор|ик 2, Рор|к|а 2, Рор|очк|а 3

АГА́П|А, ы, *ж* (*стар. редк.*) [*греч.* 'любовь'].

   П р о и з в о д н ы е (5):

Агап|а

Аг(ап|а) → **Аг|а**

(А)гап|а → **Гап|а** →Гап|к|а 1 → Гапо*ч*|к|а 1

              Гап|очк|а 2, Гап|ушк|а 1

         Гап|к|а2, Гап|очк|а 3, Гап|ушк|а 2

АГА́ПИ|Я (Ага́пи[й|а]), Ага́пи|и (Ага́пи[й|и]), *ж* (*стар. редк.*) [*женск. к* Агапий].

Агапе́|я (Агапе́[й|а]), Агапе́|и (Агапе́[й|и]) (*прост.*).

   П р о и з в о д н ы е (22):

Агапи|я

Агап(и|я) → **Агап|а 1** →Агап|к|а 1 → Агапо*ч*|к|а 1

                 Агап|очк|а 2, Агап|ушк|а 1

     Ага(п|а) → **Ага|ш|а 1** → Агаш|к|а 1 → Агаш*еч*|к|а 1

                 Агаш|еньк|а 1, Агаш|ечк|а 2

     Аг(ап|а) → **Аг|а 1**

     (А)гап|а → **Гап|а 1** → Гап|к|а 1 → Гапо*ч*|к|а 1

                 Гап|очк|а 2, Гап|ушк|а 1

       Га(п|а) → **Га|н|я 1** →Ган|юш|а → Ганю́ш|к|а

                Гань|к|а, Га́н|юшк|а

         Га|с|я 1 → Гась|к|а → Гас|*еч*к|а 1

                Гас|ечк|а 2

| | Гап|к|а 2, Гап|очк|а 3, Гап|ушк|а 2
| | Агап|к|а 2, Агап|очк|а 3, Агап|ушк|а 2

Ага(пи|я) → Ага|ш|а 2
Аг(апи|я) → Аг|а 2
(А)гап(и|я) → Гап|а 2; Гап|к|а 3, Гап|очк|а 4, Гап|ушк|а 3

Агапе|я

Агап(е|я) → Агап|а 2; Агап|к|а 3, Агап|очк|а 4, Агап|ушк|а 3
Ага(пе|я) → Ага|ш|а 3
Аг(апе|я) → Аг|а 3
(А)гап(е|я) → Гап|а 3; Гап|к|а 4, Гап|очк|а 5, Гап|ушк|а 4

День ангела и святая (Агапия): 16 апреля - *мученица*.

АГАФО́НИК|А, и, *ж* (*стар. редк.*) [*женск. к* Агафоник]
П р о и з в о д н ы е (18):
Агафонк|а
Аг(афоник|а) → **Аг|а** →Аг|аш|а 1 → Агаш|к|а → Агаш*еч*|к|а 1
| | | Агаш|еньк|а 1, Агаш|ечк|а 2
| | Агаш|а 2
(Ага)фон(ик|а) → **Фон|я 1** → Фоны|к|а 1 → Фон*еч*|к|а 1
| | Фон|ечк||а 2, Фон|юшк|а 1
| Фон|ечк|а 3, Фоны|к|а 2, Фон|юшк|а 2
(Ага)фоник|а → **Фоник|а**
Фон(ик|а) → Фон|я 2; Фон|ечк|а 4, Фоны|к|а 3,
| Фон|юшк|а 3
(Фо)ник|а → **Ник|а 1** → Ник|ан|а 1 → Никан|ушк|а
| Ник|ах|а 1 → Никаш|к|а 1 →
| | Никаш*еч*|к|а 1
| Никаш|еньк|а 1,
| Никаш|ечк|а 2
| Ник|аш|а 1 → Никаш|еньк|а 2,
| Никаш|ечк|а 3,
| Никаш|к|а 2
| Ник|ан|а 2, Ник|ах|а 2, Ник|аш|а 2
(Агафо)ник|а → Ник|а 2; Ник|ан|а 3, Ник|ах|а 3, Ник|аш|а 3
День ангела и святая (Агафоника): 13 октября — *мученица*.

АГА́ФЬ|Я (Ага́фь[й|а]), Ага́фь|и (Ага́фь[й|и]), *ж* [*греч.* 'хорошая, добрая,
благородная'].
Ага́фи|я (Ага́фи[й|а]), Ага́фи|и (Ага́фи[й|и]) (*реже*).
П р о и з в о д н ы е (44):
Агафь|я (Агафь[й|а]) → Агафь|юшк|а (Агафь[й|у]шк|а)
Ага(фь|я),
Ага(фи|я) → **Ага|н|я** → Агань|к а → Аган*еч*|к а1
| | Аган|ечк|а 2, Аган|юшк|а

(А)ган|я → **Ган|я 1** → Ган|ус|я 1 → Ганусь|к|а → Ганус*еч*|к|а 1
| Ганус|еньк|а, Ганус|ечк|а 2
Ган|юс|я 1 → Ганюсь|к|а
Ган|юш|а 1 → Ган*ю*ш|к|а
Ган|ечк|а 1, Гань|к|а 1, Га́н|юшк|а 1
Гаш|а 1 → Гаш|к|а 1 → Гаш*еч*|к|а 1
| Гаш|еньк|а 1, Гаш|ечк|а 2
Гаш|еньк|а 2, Гаш|ечк|а 3, Гаш|к|а 2
Ган|ечк|а 2, Ган|ус|я 2, Гань|к|а 2, Ган|юс|я 2,
Ган|юш|а 2, Га́н|юшк|а 2
Гаш|а 2; Гаш|ень|а 3, Гаш|ечк|а 4, Гаш|к|а 3
Агаш|а 1 → Агаш|к|а 1 → Агаш*еч*к|а 1
| Агаш|еньк|а 1, Агаш|ечк|а 2
(А)гаш|а → Гаш|а 3; Гаш|еньк|а 4, Гаш|ечк|а 5,
Гаш|к|а 4
Агаш|еньк|а 2, Агаш|ечк|а 3, Агаш|к|а 2
Ага|т|а → Агат|к|а → Агат*оч*|к|а 1
| Агат|очк|а 2, Агат|ушк|а
Ага|х|а 1 → Агаш|а 2; Агаш|еньк|а 3, Агаш|ечк|а 4, Агаш|к|а 3
Ага|ш|а 3
(А)гаф(ь|я),
Аг(афи|я) → **Аг|а** → Аг|еньк|а 1
Аг|еньк|а 2
(А)гаф(ь|я),
(А)гаф(и|я) → **Гаф|а** → Гаф|к|а 1 → Гаф*оч*|к|а 1
| Гаф|ейк|а 1, Гаф|очк|а 2, Гаф|ушк|а 1
Га(ф|а) → **Га|с|я 1** → Гась|к|а 1 → Гас*еч*|к|а 1
| Гас|еньк|а 1, Гас|ечк|а 2
Ган|я 2, Га|ш|а 4
Гап|а 1 → Гап|к|а1 → Гап*оч*|к|а 1
| Гап|очк|а 2
Га(п|а) → Га|н|я 3, Га|с|я 2, Га|ш|а 5
Гап|к|а 2, Гап|очк|а 3
Гаф|ейк|а 2, Гаф|к|а 2, Гаф|очк|а 3, Гаф|ушк|а 2
Гап|а 2; Гап|к|а 3, Гап|очк|а 4
(А)га(фь|я),
(А)га(фи|я) → Га|н|я 4, Га|с|я 3, Га|ш|а 6
Дни ангела и святые (Агафия): 5 февраля, 28 декабря —*мученицы.*

АГЛАЙ́Д|А, ы , *ж* [*греч.* 'блистающий, великолепный, прекрасный' *и* 'вид,
внешность'; 'блеск, красота, радость, ликование']
П р о и з в о д н ы е (46):
Аглаид|а → Аглаид|к|а → Аглаид*оч*|к|а 1
Аглаид|очк|а 2, Аглаид|ушк|а

Агла(ид|а)

(Агла[й|и]д|а) → **Агла|я** (Агла[й|а]) → Агла|ечк|а 1 (Агла[й|э]чк|а),
                                  Агла|юшк|а 1 (Агла[й|у]шк|а)

         Агла(я) →

            Агла|н|я 1 → Аглань|к|а → Агланечк|а 1
                        Аглан|ечк|а 2, Аглан|юшк|а

                   Аглаш|а 1 → Аглаш|к|а 1 → Аглашечк|а 1
                                 Аглаш|еньк|а 1,
                                 Аглаш|ечк|а 2

                   (А)глаш|а → **Глаш|а** 1 → Глаш|к|а 1 →
                                       Глашечк|а 1
                                       Глаш|еньк|а 1,
                                       Глаш|ечк|а 2

                             Глаш|еньк|а 2, Глаш|ечк|а 3,
                             Глаш|к|а 2

                   Аглаш|еньк|а 2, Аглаш|ечк|а 3,
                   Аглаш|к|а 2

            Агла|ш|а 2

          Аг(лая) → **Аг|а** 1 → Аг|аш|а 1 → Агаш|к|а → Агашечк|а 1
                                  Агаш|еньк|а, Агаш|ечк|а 2

                     Аг|ул|я 1 → Агуль|к|а → Агулечк|а 1
                               Агул|еньк|а, Агул|ечк|а 2

                     (А)гул|я → **Гул|я** 1 → Гуль|к|а →
                                       Гулечк|а 1
                                    Гул|енька,
                                    Гул|ечк|а 2,
                                    Гул|юшк|а

                     Аг|оньк|а 1, Аг|очк|а 1, Аг|ушк|а 1

                 Аг|аш|а 2, Аг|оньк|а 2, Аг|очк|а 2, Аг|ул|я 2,
                 Аг|ушк|а 2

         Агла|ечк|а 2 (Агла[й|э]чк|а), Агла|юшк|а 2 (Агла[й|у]шк|а)

Агла(ид|а) → Агла|н|я 2, Агла|ш|а 3

Аг(лаид|а) → Аг|а; Аг|аш|а 3, Аг|оньк|а 3, Аг|очк|а 3, Аг|ул|я 3, Аг|ушк|а 3

(Агла)ид|а → Ид|а → Ид|к|а → Идочк|а 1

                 Ид|ун|я 1 → Идун|чик

                 Ид|ус|я → Идусь|к|а → Идусечк|а 1
                           Идус|еньк|а , Идус|ечк|а 2

                 Ид|оньк|а 1, Ид|очк|а 2, Ид|ушк|а 1

            Ид|к|а 2, Ид|оньк|а 2, Ид|очк|а 3, Ид|ун|я 2, Ид|ус|я 2,
            Ид|ушк|а 2

День ангела и святая (Аглаида): 19 декабря — *мученица*.

АГЛА́|Я (Ала́[й|а]), Агла́|и (Агла́[й|и]), *ж* [*женск.* к Аглай]
    П р о и з в о д н ы е (28):

Агла|я(Агла[й|а] → Агла|ечк|а (Агла[й|э]чка), Агла|юшк|а (Агла[й|у]шк|а
Агла(я) (Агла([й|а]) →

      Агла|н|я → Аглань|к|а → Агла*неч*|к|а 1
             Агла*неч*||а 2, Аглан|юшк|а
      Агла*ш*|а 1 → Аглаш|к|а 1 → Аглаш*еч*|к|а 1
             Аглаш|еньк|а 1, Аглаш|ечк|а 2
      (А)гла*ш*|а → **Глаш|а 1** →Глаш|к|а → Глаш*еч*|к|а 1
                  Глаш|еньк|а, Глаш|ечк|а 2
      Агла*ш*|еньк|а 2, Агла*ш*|ечк|а 3, Агла*ш*|к|а 2
    Агла|ш|а 2
Аг(ла|я) (Аг(ла[й|а]) →

    Аг|а → Аг|аш|а 1 →Агаш|к|а → Агаш*еч*|к|а 1
             Агаш|еньк|а, Агаш|ечк|а 2
    Аг|ул|я 1 → Агуль|к|а → Агул*еч*|к|а 1
             Агул|еньк|а, Агул|ечк|а 2
    (А)г|ул|я → **Гул|я** → Гуль|к|а → Гул*еч*|к|а 1
              Гул|еньк|а, Гул|ечк|а 2,
              Гул|юшк|а
    Аг|аш|а 2, Аг|ул|я 2

АГНЕ́СС|А, ы, ж [*греч.* 'чистая, непорочнаяя' *или лат.* 'агнец, ягненок'].
    П р о и з в о д н ы е (33):
Агнесс|а
Агн(есс|а) → **Агн|а** → Агн|юш|а 1 → Агнюш|к|а
         Агн|ейк|а 1, Агн|ечк|а 1, А́гн|юшк|а 1
    Аг(н|а) → **Аг|а 1** → Аг|ан|я 1 → Агань|к|а → Аган*еч*|к|а 1
                  Аган|ечк|а 2
       (А)г|ан|я → **Ган|я 1** → Гань|к|а 1 →
                    Ган*еч*|к|а 1
                    Ган|юш|а 1 →
                    Ганюш|к|а
                    Ган|ечк|а 2,
                    Га́н|юшк|а 1
                  Ген|а 1 →
                    Ген|очк|а 1
                    Г*ен*|очк|а 2
               Ган|ечк|а 3, Гань|к|а 2,
               Ган|юш|а 2, Ган|юшк|а 2
               Ген|а 2; Ген|очк|а 3
         Аг|ус|я 1 → Агусь|к|а → Агус*еч*|к|а 1
               Агус|еньк|а, Агус|ечк|а 2
         Аг|оньк|а 1, Аг|очк|а 1
       Аг|ан|я 2, Аг|оньк|а 2, Аг|очк|а 2, Аг|ус|я 2
    Агн|я → Агн|ейк|а 2, Агн|ечк|а 2, Агн|юш|а 2, Агн|юшк|а 2

Аг(н|я) → Аг|а 2; Аг|ан|я 3, Аг|оньк|а 3, Аг|очк|а 3, Аг|ус|я 3
             Агн|ейк|а 3, Агн|ечк|а 3, Агн|юш|а 3, А́гн|юшк|а 3
Аг(несс|а) → Аг|а 3; Аг|ан|я 4, Аг|оньк|а 4, Аг|очк|а 4, Аг|ус|я 4
А(гнесс|а) → **Ас|я** → Ась|к|а 1 →Асе*ч*к|а 1
                 Ас|еньк|а 1, Ас|ечк|а 2
           Ас|еньк|а 2, Ас|ечк|а 3, Ась|к|а 2
(Аг)нес(с|а) → **Нес|я** → Несь|к|а 1 → Несе*ч*к|а 1
                  Нес|еньк|а 1, Нес|ечк|а 2
            Нес|еньк|а 2, Нес|ечк|а 3, Несь|к|а 2
(А)гне(сс|а) → Г*ен*|а 3; Ген|очк|а 4

А́ГНИ|Я (Агни[й|а]), А́гни|и (Агни[й|и]), *ж* [*женск. к* Агний].
Агне́|я (Агне́[й|а]), Агне́|и (Агне́[й|и]) (*прост.*).
    П р о и з в о д н ы е (19):
Агни|я
Агн(и|я) → **Агн|а 1** → Агн|юш|а 1 → Агню́ш|к|а
            Агн|ейк|а 1, Агн|ечк|а 1, А́гн|ечк|а 1, А́гн|юшк|а 1
     Аг(н|а) → **Аг|а 1** → Аг|ус|я 1 → Агусь|к|а → Агусе*ч*к|а 1
                     Агус|еньк|а, Агус|ечк|а 2
              А(г|у)с|я → **Ас|я 1** → Ась|к|а 1 → Асе*ч*к|а 1
                        Ас|еньк|а 1, Ас|ечк|а 2
                    Ас|еньк|а 2, Ас|ечк|а 3, Ась|к|а 2
              Аг|оньк|а 1, Аг|очк|а 1
         А(г|а) → А|с|я 2
         Аг|оньк|а 2, Аг|очк|а 2, Аг|ушк|а 2
     А(гн|а) → А|с|я 3
     Агн|я 1 → Агн|ейк|а 2, Агн|ечк|а 2, Агн|юш|а 2, А́гн|юшк|а 2
     Аг(н|я) → Аг|а 2; Аг|оньк|а 3, Аг|очк|а 3, Аг|ушк|а 3
     А(гн|я) → А|с|я 4
     Агн|ейк|а 3, Агн|ечк|а 3, Агн|юш|а 3, А́гн|юшк|а 3
Аг(ни|я) → Аг|а 3; Аг|оньк|а 4, Аг|очк|а 4, Аг|ушк|а 4
А(гни|я) →   А|с|я 5
       Агне|я (Агне[й|а]) → Агней|к|а 4
       Агн(е|я) → Агн|а 2, Агн|я 2; Агн|ейк|а 4, Агн|ечк|а 4,
                 Агн|юш|а 4, А́гн|юшк|а 4
       Аг(не|я) → Аг|а 4; Аг|оньк|а 5, Аг|очк|а 5, Аг|ушк|а 5
       А(гне|я) → А|с|я 6
   День ангела и святая (Агния): 21 января — *мученица*.

АГРИППИ́Н|А, ы, *ж* [*от мужск.*Агриппа].
Аграфе́н|а, ы (*народн.*).
    П р о и з в о д н ы е (81):
Агриппин|а
Агрип(п)ин|а →

Агрипин|а →
    Агрипин|к|а 1 → Агрипин*оч*|к|а 1
    Агрипин|очк|а 2, Агрипин|ушк|а 1
(А)грип(ин|а) →
    Грип|а 1 → Грип|к|а 1 → Грип*оч*|к|а 1
             Грип|очк|а 2, Грип|ушк|а 1
    (Г)рип|а → **Рип|а 1** → Рип|к|а 1 → Рип*оч*|к|а 1
                         Рип|очк|а 2
                Рип|к|а 2, Рип|очк|а 3
    Грип|к|а 2, Грип|очк|а 3, Грип|ушк|а 2
(Аг)рип(ин|а) →
    Рип|а 2; Рип|к|а 3, Рип|очк|а 4
(Агри)пин|а →
    Пин|а 1 → Пин|к|а 1 → Пин*оч*|к|а 1
              Пинь|к|а 1 → Пин*еч*|к|а 1
              Пин|ечк|а 2, Пин|очк|а 2, Пин|ушк|а 1,
              Пин|юшк|а 1
    (П)ин|а → **Ин|а 1** → Ин|к|а 1 → Ин*оч*|к|а 1
                        Ин|ок 1 → Ин|очек 1
                        Ин|ечк|а 1, Ин|очек 2, Ин|очк|а 2
                Ин|ечк|а 2, Ин|к|а 2, Ин|ок 2, Ин|очек 3,
                Ин|очк|а 3
    Пин|я 1 → Пин|ечк|а 3, Пин|к|а 2, Пин|очк|а 3,
              Пин|ушк|а 2, Пинь|к|а 2, Пин|юшк|а 2
    (П)ин|я → Ин|а 2; Ин|ечк|а 3, Ин|к|а 3, Ин|ок 3,
              Ин|очек 4, Ин|очк|а 4
    Пин|ечк|а 4, Пин|к|а 3, Пин|очк|а 4, Пин|ушк|а 3,
    Пинь|к|а 3, Пин|юшк|а 3
(Агрип)ин|а →
    Ин|а 3; Ин|ечк|а 4, Ин|к|а 4, Ин|ок 4, Ин|очек 5, Ин|очк|а 5
Аграфен|а 1 → Аграфен|к|а 1 → Аграфен*оч*|к|а 1
                Аграфен|очк|а 2, Аграфен|ушк|а 1
(А)граф(ен|а) →
    Грап|а 1 → Грап|к|а 1 → Грап*оч*|к|а 1
              Грап|оньк|а 1, Грап|очк|а 2
    Гра(п|а) →
             Гра|н|я 1 → Грань|к|а 1 → Гран*еч*|к|а 1
                      Гран|юш|а 1 → Гранюш|к|а
                      Гран|ечк|а 2, Гра́н|юшк|а 1
                    Граш|а 1 → Граш|к|а →
                              Граш*еч*|к|а 1
                        Граш|еньк|а,
                        Граш|ечк|а 2
                  Г(р)аш|а →

Гаш|а 1 → Гаш|к|а →
Гаш*еч*|к|а 1
Гаш|еньк|а,
Гаш|ечк|а 2

Гра|ш|а 2

Гр(ап|а) →

Гр|ун|я 1 → Грунь|к|а → Грун*еч*|к|а 1
Грун|ят|а → Грунят|к|а →
Груняточ|к|а 1
Грунят|очк|а 2
Грун|ях|а → Груняш|к|а 1 →
Груняш*еч*|к|а 1
Груняш|еньк|а 1,
Груняш|ечк|а 2
Грун|яш|а → Груняш|еньк|а 2,
Груняш|ечк|а 3,
Груняш|к|а 2
Грун|ечк|а 2, Грун|ёк,
Грун|юшк|а, Грун|як|а

Г(р)ун|я → **Гун|я 1** → Гунь|к|а → Гун*еч*|к|а 1
Гун|ечк|а 2,
Гун|юшк|а 1

Груш|а 1 → Груш|к|а 1 →
Груш*еч*|к|а 1
Груш|еньк|а 1,
Груш|ечк|а 2
Груш|еньк|а 2, Груш|ечк|а 3,
Груш|к|а 2

Гр|уш|а 2

Г(р)ап|а → **Гап|а 1** → Гап|к|а → Гап*оч*|к|а 1
Гап|оньк|а 1, Гап|очк|а 2,
Гап|ушк|а 1
Гап|к|а 2, Гап|оньк|а 2, Гап|очк|а 3,
Гап|ушк|а 2
Грап|к|а 2, Грап|оньк|а 2, Грап|очк|а 3

(А)гра(фен|а) → Гра|ш|а 3
(А)гр(афен|а) → Гр|ун|я 2, Гр|уш|а 3
(А)г(р)а(фен|а) → Га|ш|а 2
(А)г(р)аф(ен|а) → Гап|а 2; Гап|к|а 3, Гап|оньк|а 3,
Гап|очк|а 4, Гап|ушк|а 3
(А)г(рафен|а) → Гун|я 2
(А)гра(фе)н|а → Гран|я 2; Гран|ечк|а 3, Грань|к|а 2,
Гран|юш|а 2, Гра́н|юшк|а 2
(Агра)фен|а → **Фен|а** → Фен|к|а 1 → Фен*оч*|к|а 1

```
              |              |                    Фень|к|а 1 → Фенеч|к|а 1
              |              |                    Фен|ечк|а 2, Фен|очк|а 2,
              |              |                    Фен|ушк|а 1, Фен|юшк|а 1
              |         Фен|я →  Фен|ечк|а 3, Фен|к|а 2,
              |              |                    Фен|очк|а 3, Фен|ушк|а 2,
              |              |                    Фень|к|а 2, Фен|юшк|а 2
              |         Фен|ечк|а 4, Фен|к|а 3, Фен|очк|а 4,
              |         Фен|ушк|а 3, Фень|к|а 3, Фен|юшк|а 3
```

Агрипин|к|а 2, Агрипин|очк|а 3, Агрипин|ушк|а 2
Агра*фен*|а 2

(А)грип(пин|а) → Грип|а 2; Грип|к|а 3, Грип|очк|а 4, Грип|ушк|а 3
(Аг)рип(пин|а) → Рип|а 3; Рип|к|а 4, Рип|очк|а 5
(Агрип)пин|а → Пин|а 2, Пин|я 2; Пин|ечк|а 5, Пин|к|а 4, Пин|очк|а 5,
                        Пин|ушк|а 4, Пинь|к|а 4, Пин|юшк|а 4
(Агрипп)ин|а → Ин|а 3; Ин|ечк|а 4, Ин|к|а 4, Ин|ок 4, Ин|очк|а 5

День ангела и святая (Агриппина): 23 июня — *мученица*.

А́Д|А, ы, *ж* [*др.-евр.* 'наряжать, надевать украшения'; 'украшение'].
   П р о и з в о д н ы е (11):
Ад|а → Ад|к|а → Ад*оч*|к|а 1
        Ад|ун|я → Адунь|к|а → Адунч|ик 1
                 | Адун|ечк|а, Адун|чик 2, Андун|юшк|а
        Ад|очк|а 2, Ад|ушк|а
(А)д|а → **Д|аш|а** → Даш|к|а → Даш*еч*|к|а 1
                         Даш|еньк|а, Даш|ечк|а 2, Даш|ик

АДЕЛАЙД|А, ы, *ж* [*др.-герм.* 'благородный' + 'состояние, сословие, по-
ложение'].
   П р о и з в о д н ы е (42):
Аделаид|а → Аделаид|к|а → Аделаид*оч*|к|а 1
| Аделаид|очк|а 2, Аделаид|ушк|а
Адел(аид|а) → Адель,
        Адел|я → Адель|к|а 1 → Адел*еч*|к|а 1
               | Адел|еньк|а 1, Адел|ечк|а 2, Адел|юшк|а 1
        Ад(ель),
        Ад(ел|я) → **Ад|а 1** → Ад|к|а 1 → Ад*оч*|к|а 1
                            Ад|ул|я 1 → Адуль|к|а → Адул*еч*|к|а 1
                                           Адул|еньк|а, Адул|ечк|а 2
                            Ад|ус|я 1 → Адусь|к|а → Адус*еч*|к|а 1
                                           Адус|еньк|а, Адус|ечк|а 2
                            Ад|уш|а 1 → Ад*у́ш*|к|а → Адуш*еч*|к|а 1
                                           Адуш|еньк|а, Адуш|ечк|а 2
                            Адь|к|а 1 → Ад*еч*|к|а 1
                            Ад|еньк|а 1, Ад|ечк|а 2, Ад|ик 1,

Ад|оньк|а 1, Ад|очк|а 2, А́д|ушк|а 1,
Ад|юн|я 1, Ад|юш|а 1

Ад|я 1 → Ад|еньк|а 2, Ад|ечк|а 3, Ад|ик 2,
Ад|к|а 2, Ад|оньк|а 2, Ад|очк|а 3,
Ад|ул|я 2, Ад|ус|я 2, Ад|уш|а 2,
А́д|ушк|а 2, Ады|к|а 2, Ад|юн|я 2,
Ад|юш|а 2

Ад|еньк|а 3, Ад|ечк|а 4, Ад|ик 3, Ад|к|а 3,
Ад|оньк|а 3, Ад|очк|а 4, Ад|ул|я 3, Ад|ус|я 3,
Ад|уш|а 3, А́д|ушк|а 3, Ады|к|а 3, Ад|юн|я 3,
Ад|юш|а 3

(А)дель,
(А)дел|я → **Дел|я 1** → Дель|к|а 1 → Дел*еч*|к|а 1
Дел|еньк|а 1, Дел|ечк|а 2, Дел|юшк|а 1
Дел|еньк|а 2, Дел|ечк|а 3, Дель|к|а 2,
Дел|юшк|а 2

Адел|еньк|а 2, Адел|ечк|а 3, Адель|к|а 2, Адел|юшк|а 2
Ад(елаид|а) → Ад|а 2, Ад|я 2; Ад|еньк|а 4, Ад|ечк|а 5, Ад|ик 4, Ад|к|а 4,
Ад|оньк|а 4, Ад|очк|а 5, Ад|ул|я 4, Ад|ус|я 4, Ад|уш|а 4,
А́д|ушк|а 4, Ады|к|а 4, Ад|юн|я 4, Ад|юш|а 4
(А)дел(аид|а) → Дел|я 2; Дел|еньк|а 3, Дел|ечк|а 4, Дель|к|а 3, Делюшк|а 3
(Адела)ид|а → **Ид|а** → Ид|к|а 1 → Ид*оч*|к|а 1
Ид|оньк|а 1, Ид|очк|а 2
Ид|к|а 2, Идоньк|а 2, Ид|очк|а 3

АДЕЛИ́Н|А, ы, *ж* [*др.-герм.* 'благородный'].
П р о и з в о д н ы е (8):
Аделин|а
Ад(елин|а → **Ад|а** → Ад|к|а 1 → Ад*оч*|к|а 1
Ад|очк|а 2
Ад|к|а 2, Ад|очк|а 3
А(де)л(ин|а) → **Ал|я 1** → Аль|к|а 1
Аль|к|а 2
А(де)лин|а → **Алин|а**
Ал(ин|а) → Ал|я 2; Аль|к|а 3
(А)лин|а → **Лин|а 1** → Лин|к|а 1
Лин|к|а 2
(Аде)лин|а → Лин|а 2; Лин|к|а 3

АДЕЛЬФИ́Н|А, ы, *ж* [*от мужск. имени* Адельфий: *от греч.* 'брат'].
П р о и з в о д н ы е (19):
Адельфин|а → Адельфин|к|а, Адельфин|ушк|а
Адельф(ин|а) → **Адельф|а** → Адельф|очк|а 1
Адель(ф|а) → Адель 1,

25*

Адел|я 1 → Адель|к|а 1 → Адел*еч*|к|а 1
Адел|ечк|а 2, Адел|юшк|а 1
(А)дель,
(А)дел|я → **Дел|я 1** → Дель|к|а 1 →
Делеч|к|а 1
Дел|еньк|а 1,
Дел|ечк|а 2,
Дел|юшк|а 1
Дел|еньк|а 2, Дел|ечк|а 3,
Дель|к|а 2: Дел|юшк|а 2
Адел|ечк|а 3, Адель|к|а 2, Адел|юшк|а 2
(А)дель(ф|а) → Дел|я 2; Дел|еньк|а 3, Дел|ечк|а 4,
Дель|к|а 3, Дел|юшк|а 3
(А)дельф|а → **Дельф|а 1**
Дель(ф|а) → Дел|я 3; Дел|еньк|а 4,
Дел|ечк|а 5, Дель|к|а 4,
Дел|юшк|а 4
Адельф|очк|а 2
Адель(фин|а) → Адель 2, Адел|я 2; Адел|ечк|а 4, Адель|к|а 3, Адел|юшк|а 3
(А)дельф(ин|а) → Дельф|а 2
(А)дель(фин|а) → Дел|я 4; Дел|еньк|а 5, Дел|ечк|а 6, Дель|к|а 5, Дел|юшк|а 5
(А)дельфин|а → **Дельфин|а**
Дельф(ин|а) → Дельф|а 3
Дель(фин|а) → Дел|я 5; Дел|еньк|а 6, Дел|ечк|а 7,
Дель|к|а 6, Дел|юшк|а 6
(Дель)фин|а → **Фин|а 1** → Фин|к|а 1 → **Фин*оч*|к|а 1**
Фин|очк|а 2
Фин|к|а 2, Фин|очк|а 3
(Адель)фин|а → Фин|а 2; Фин|к|а 3, Фин|очк|а 4

А́З|А, ы, *ж* [*мужск.* Аза *в качестве женск.; возможно, из арабск.* ‘утеше-
ние’].
    П р о и з в о д н ы е (2):
Аз|а → Аз|к|а, Аз|очк|а, Аз|оньк|а
    *О*з|а

АЗА́ЛИ|Я (Аза́ли[й|а]), Аза́ли|и (Аза́ли[й|и]), *ж*.
    П р о и з в о д н ы е (3):
Азали|я
Аз(али|я) → **Аз|а**, Аз|очк|а, Аз|оньк|а
(А)зал(и|я) → **Зал|а, Зал|я**

АИ́Д|А, ы, *ж* [*получило распростр. под влиянием оперы Верди* “Аида”; *воз-
можно, из арабск.* ‘польза, вознаграждение’].

П р о и з в о д н ы е (22):
Аид|а → Аид|к|а → Аидо*ч*|к|а 1
                    Аид|оч|к|а 2, Аид|ушк|а
А(ид|а) → А|я (А[|й|а]) → Ай|к|а 1 → Ае*ч*|к|а 1
                                 А|ечк|а 2 (А[й|э]чк|а)
|
| А|ечк|а 3 (А[й|э]чк|а)
А(и)д|а → Ад|а → Ад|к|а 1→ Адо*ч*|к|а 1
| Ад|очк|а 2
| Ад|очк|а 3
(А)ид|а → **Ид|а** → Ид|к|а 1 → Идо*ч*|к|а 1
| | Ид|ус|я 1 →Идусь|к|а → Идусе*ч*|к|а 1
| | Идус|ен[|ь]к|а 2, Идус|ечк|а 2
| | (И)д|ус|я → **Дус|я** → Дусь|к|а 1 → Дусе*ч*|к|а 1
| | | Дус|еньк|а 1, Дус|ечк|а 2, Дус|ик 1
| | Дус|еньк|а 2, Дус|ечк|а 3, Дус|ик 2,
| | Дусь|к|а 2
| | Ид|оньк|а 1, Ид|очк|а 2, Ид|ушк|а 1
| Ид|к|а 2, Ид|оньк|а 2, Ид|очк|а 3, Ид|ус|я 2, Ид|ушк|а 2

АКИЛИ́Н|А, ы, *ж* [*лат.*'орлиная'].
Кули́н|а, ы (*прост.*).
Акули́н|а, ы (*народн.*).

П р о и з в о д н ы е (41):
Акилин|а → Акилин|к|а → Акилино*ч*|к|а 1
                    Акилин|очк|а 2, Акилин|ушк|а
(А)кил(ин|а) → **Кил|я 1** → Киль|к|а 1
                    Киль|к|а 2
(А)килин|а → **Килин|а** → Килин|к|а 1 →Килино*ч*|к|а 1
| | Килин|очк|а 2, Килин|ушк|а 1
| Кил(ин|а) → Кил|я 2; Киль|к|а 3
| (Ки)лин|а → **Лин|а 1** →Лин|к|а 1 → Лино*ч*|к|а 1
| | | Лин|ус|я 1 →Линусь|к|а →
| | | | Линусе*ч*|к|а 1
| | | Линус|еньк|а 1,
| | | Линус|ечк|а 2
| | Лин|уш|а 1 → Лину́ш|к|а
| | Лин|к|а 2, Лин|ус|я 2, Лин|уш|а 2
| Килин|к|а 2, Килин|очк|а 3, Килин|ушк|а 2
(Аки)лин|а → Лин|а 2; Лин|к|а 3, Лин|ус|я 3, Лин|уш|а 3
| **Акулин|а** → Акулин|к|а 1 → Акулино*ч*|к|а 1
| | Акулин|очк|а 2, Акулин|ушк|а 1
| Акул(ин|а) → **Акул|я** →Акуль|к|а 1 → Акуле*ч*|к|а 1
| | Акул|ечк|а 2, Акуль|ш|а 1,
| | Акул|юшк|а 1

(А)ку(л|я) → **Ку|х|а 1** → Куш|к|а 1 →
                                 Куш*еч*|к|а 1
                        Куш|еньк|а 1,
                        Куш|ечк|а 2
                        Куш|а 1 →
                                Куш|еньк|а 2,
                                Куш|ечк|а 3,
                                Куш|к|а 2
               Ку|ш|а 2
(А)кул|я → **Кул|я 1** → Куль|к|а 1 → Кул*еч*|к|а 1
                            Кул|еньк|а 1,
                            Кул|ечк|а 2,
                            Кул|юшк|а 1
                    Кул|еньк|а 2, Кул|ечк|а 3,
                    Куль|к|а 2, Кул|юшк|а 2
             Акул|ечк|а 3, Акуль|к|а 2, Акуль|ш|а 2,
             Акул|юшк|а 2
(А)кул(ин|а) → Кул|я 2; Кул|еньк|а 3, Кул|ечк|а 4,
            Куль|к|а 3, Кул|юшк|а 3
(А)ку(лин|а) → Ку|х|а 2, Ку|ш|а 3
(А)кулин|а → **Кулин|а** → Кулин|к|а 1 → Кулин*оч*|к|а 1
                        Кулин|очк|а 2, Кулин|ушк|а 1
                Кул(ин|а) → Кул|я 3; Кул|еньк|а 4,
                        Кул|ечк|а 5, Куль|к|а 4,
                        Кул|юшк|а 4
                Ку(лин|а) → Ку|х|а 3, Ку|ш|а 4
              Кулин|к|а 2, Кулин|оч|к|а 3, Кулин|ушк|а 2
(Аку)лин|а → Лин|а 3; Лин|к|а 4, Лин|ус|я 4, Лин|уш|а 4
Акулин|к|а 2, Акулин|очк|а 3, Акулин|ушк|а 2

Дни ангела и святые (Акилина): 7 апреля, 13 июня — *мученицы*.

АЛЕВТИ́Н|А, ы, *ж* [*предположительно греч.* 'отражать, отбивать'; *возможно*, *церк.* Уалентина].

П р о и з в о д н ы е (14):

Алевтин|а → Алевтин|к|а → Алевтин*оч*|к|а 1
                Алевтин|очк|а 2, Алевтин|ушк|а
Ал(евтин|а) → **Ал|а** → Ал|к|а 1 → Ал*оч*|к|а 1
                Аль|к|а 1 → Ал*еч*|к|а 1, Альч|ик 1
                Ал|ечк|а 2, Ал|оньк|а 1, Ал|очк|а 2, Аль|чик 2
            (А)л|а → **Л|юк|а 1**
            Ал|я → Ал|ечк|а 3, Ал|к|а 2, Ал|оньк|а 2, Ал|очк|а 3,
                Аль|к|а 2, Аль|чик 2
            (А)л|я → Л|юк|а 2
            Ал|ечк|а 4, Ал|к|а 3, Ал|оньк|а 3, Ал|очк|а 4, Аль|к|а 3,

| Аль|чик 3
(А)л(евтин|а) → Л|юк|а 3
(Алев)тин|а → **Тин|а** → Тин|к|а 1 → Тино*ч*|к|а 1
| Тин|очк|а 2
            Тин|к|а 2, Тин|очк|а 3

День ангела и святая (Алевтина): 16 июля — *мученица*.

АЛЕКСА́НДР|А, ы, *ж* [*женск. к* Александр].
Лекса́ндр|а, ы (*прост.*).

    П р о и з в о д н ы е (130):
Александр|а → Александр|ушк|а
Алексан(др|а) →

| **Алексан|а** →
| Алексан|к|а 1 → Алексано*ч*|к|а 1
| Алексань|к|а 1 → Алексане*ч*|к|а 1
| Алексан|ечк|а 2, Алексан|очк|а 2, Алексан|ушк|а 1
| Алекса(н|а) →
| **Алекса|х|а 1** → Алекса*ш*|еньк|а 1, Алекса*ш*|к|а 1
| **Алекса*ш*|а 1** → Алекса*ш*|еньк|а 2,
| Алекса*ш*|к|а 2
| Алекс(ан|а) →
| **Алекс|я 1** → Алекс|еньк|а 1, Алекс|ечк|а 1, Але́кс|юшк|а 1
| Ал(екс|я) → **Ал|я 1** → Аль|к|а 1 → Але*ч*|к|а 1
| Ал|еньк|а 1, Ал|ечк|а 2, Ал|ён|а 1,
| Ал|ин|а 1, Ал|ис|а 1
| **(А)л|я → Л|юк|а 1**
| Ал|еньк|а 2, Ал|ечк|а 3, Ал|ён|а 2, Ал|ин|а 2,
| Ал|ис|а 2, Аль|к|а 2
| А(лек)с|я → **Ас|я 1** → Ась|к|а 1
| **(А)с|я → С|юх|а 1**
| Ась|к|а 2
| (А)л(екс|я) → Л|юк|а 2
| (А)ле(к)с|я→**Лес|я 1** → Лес|ан|я 1, Лес|ун|я 1
| Ле(с|я) → **Ле|н|я 1** →Лен|к|а 1
| | Лён|я 1
| **Ле|н|я 1** → Лен|к|а 2
| | Лён|я 2
| Лё́|н|я 3
| (Ле)с|я → С|юх|а 2
| Лёс|а 1 → Лёс|к|а 1
| Лё́(с|а) → Лён|н|а 4
| (Лё́)с|а → С|юх|а 3
| Лёс|к|а 2
| Лес|ан|я 2, Лес|ун|я 2

Лёс|а 2; Лёс|к|а 3

(А)лекс|я → **Лекс|а 1**

Ле(кс|а) → Ле|н|а 2, Ле|н|я 2, Лё|н|я 5

Ле(к)с|а → Лес|я 2; Лес|ан|я 3, Лес|ун|я 3

Лёс|а 3; Лёс|к|а 4

(Лек)с|а → С|юх|а 4

Лёкс|а 1

Лё(кс|а) → Лё|н|я 6

Лё(к)с|а → Лёс|а 4; Лёс|к|а 5

Лёкс|а 2

(Алек)с|я → С|юх|а 5

Алекс|еньк|а 2, Алекс|ечк|а 2, Алékс|юшк|а 2

Ал(ексан|а) → Ал|я 2; Ал|еньк|а 3, Ал|ечк|а 4, Ал|ён|а 3,

Ал|ин|а 3, Ал|ис|а 3, Аль|к|а 3

А(лек)с(ан|а) → Ас|я 2; Ась|к|а 3

(А)ле(к)с(ан|а) → Лес|я 3; Лес|ан|я 4, Лес|ун|я 4

Лёс|а 4; Лёс|к|а 5

(А)лекс(ан|а) → Лекс|а 2, Лёкс|а 3

(А)л(ексан|а) → Л|юк|а 3

(Алек)с(ан|а) → С|юх|а 6

(А)ле(кса)н|а → Лен|а 3, Лен|я 3; Лен|к|а 3

Лён|я 7

(А)лексан|а →

Лексан|а 1 →

Лексан|к|а 1 → Лексан*оч*|к|а 1

Лексань|к|а 1 → Лексан*еч*|к|а 1

Лексан|ечк|а 2, Лексан|очк|а 2, Лексан|ушк|а 1,

Лексан|юшк|а 1

Лекс(ан|а) → Лекс|а 3, Лёкс|а 4

Л(ексан|а) → Л|юк|а 4

(Лек)с(ан|а) → С|юх|а 7

Ле(к)с(ан|я) → Лес|я 4; Лес|ан|я 5, Лес|ун|я 5

Лёс|а 5; Лёс|к|а 6

Ле(кса)н|а → Лен|а 4, Лен|я 4; Лен|к|а 4

Лён|я 8

(Лек)сан|а →

Сан|а 1 →

Сан|к|а 1 → Сан*оч*|к|а 1, Сан*ч*|ик 1

Сань|к|а 1 → Сан*еч*|к|а 1, Сан*ч*|ик 2

Сан|юр|а 1 → Санюр|к|а → Санюр*оч*|к|а 1

Санюр|оньк|а, Санюр|очк|а 2,

Санюр|ушк|а

Сан|ют|а 1 → Санют|к|а → Санют*оч*|к|а 1

Санют|очк|а 2, Санют|ушк|а

Сан|юх|а 1 → Санюш|к|а 1 → Санюш*еч*|к|а 1
  Санюш|еньк|а 1, Санюш|ечк|а 2
С(ан)юх|а → Сюх|а 8
Сан|юш|а 1 → Санюш|еньк|а 2,
  Санюш|ечк|а 3, Санюш|к|а 2
Сан|ечк|а 2, Сан|ёк 1, Сан|ик 1, Сан|очк|а 2,
Сан|чик 3, Сан|ш|а 1, Саны|ш|а 1,
Са́н|юшк|а 1
С(ан|а) → С|юх|а 9
Саш|а 1 →
  Саш|к|а 1 → Саш*еч*|к|а 1
  Саш|к|о 1 → *Ш*ашк|о 1
  Саш|ок 1 → Сашоч|ек 1
    *Ш*аш|ок 1
  Саш|ул|я 1 → Сашуль|к|а →
    Сашул*еч*|к|а 1
    Сашул|еньк|а,
    Сашул|ечк|а 2
  Саш|ун|я 1 → Сашунь|к|а →
    Сашун*еч*|к|а 1,
    Сашун*ч*|ик 1
    Сашун|еньк|а,
    Сашун|ечк|а 2,
    Сашун|чик 2
  Саш|ур|а 1 → Сашур|к|а →
    Сашур*оч*|к|а 1
    Сашур|еньк|а,
    Сашур|оньк|а,
    Сашур|очк|а 2
  (Са)ш|ур|а →
    Шур|а 1 →
      Шур|ён|а 1 → Шурён|к|а →
        Шурён*оч*|к|а 1
        Шурён|ок 1,
        Шурён|очк|а 2
      Шур|к|а 1 → Шур*оч*|к|а 1,
        Шур*ч*|ик 1
      Шур|ун|я 1 → Шурунь|к|а →
        Шурун*ч*|ик 1
        Шурун|ок,
        Шурун|чик 2
      Шур|еньк|а 1, Шур|ёнок 2,
      Шур|ик 1, Шур|ок 1,
      Шур|оньк|а 1, Шур|очк|а 2,

Шур|уш|а 1, Шур|ушк|а 1,
Шур|чик 2

Шу(р|а) → **Шу|ш|а 1** → Шуш|к|а
Шу|с|я 1

Шур|еньк|а 2, Шур|ён|а 2,
Шур|ёнок 3, Шур|ик 2, Шур|к|а 2,
Шур|ок 2, Шур|оньк|а 2,
Шур|очк|а 3, Шур|ун|я 2,
Шур|уш|а 2, Шур|ушк|а 2,
Шур|чик 3

Шашур|а 1 → Шашур|к|а 1

(Ша)шур|а → Шур|а 2;
      Шур|еньк|а 3,
      Шур|ён|а 3,
      Шур|ёнок 4,
      Шур|ик 3,
      Шур|к|а 3,
      Шур|ок 3,
      Шур|оньк|а 3,
      Шур|очк|а 4,
      Шур|ун|я 3,
      Шур|уш|а 3,
      Шур|ушк|а 3,
      Шур|чик 4

Шашур|к|а 2

Саш|ут|а 1 → Сашут|к|а → Сашуточ|к|а 1
      Сашут|очк|а 2

Саш|еньк|а 1, Саш|ечк|а 2, Саш|очек 2,
Саш|ук 1, Саш|ух|а 1

С(аш|а) → С|юх|а 10
      *Ша*н|я 1

Шаш|а 1 → Шаш|к|о 2, Шаш|ок 2,
      Шаш|ур|а 2

Шаш|к|о 3, *Шаш*|ок 3, *Шаш*|ур|а 3

Са*ш*|еньк|а 2, Са*ш*|ечк|а 3, Са*ш*|к|а 2,
Са*ш*|ок 2, Саш|очек 3, Саш|ук 2, Са*ш*|ул|я 2,
Саш|ун|я 2, Саш|ур|а 2, Саш|ут|а 2,
Саш|ух|а 2

*Ша*н|я 2

Шаш|а 2; *Шаш*|к|о 4, *Шаш*|ок 4, *Шаш*|ур|а 4

Сан|я 1 → Сан|ечк|а 3, Сан|ёк 2, Сан|ик 2,
Сан|к|а 2, Сан|очк|а 3, Сан|чик 3,
Сан|ш|а 2, Сань|к|а 2, Сань|ш|а 2,
Сан|юр|а 2, Сан|ют|а 2, Сан|юх|а 2,

Сан|юш|а 2, Са́н|юшк|а 2

С(ан|я) →

С|юх|а 11

Саш|а 2; Саш|еньк|а 3, Саш|ечк|а 4,
Саш|к|а 3, Саш|ок 3, Саш|очек 4, *Саш*|ук 3,
Саш|ул|я 3, *Саш*|ун|я 3, *Саш*|ур|а 3,
Саш|ут|а 3, *Саш*|ух|а 3

Саш|ух|а 3

*Ш*ан|я 3

Шаш|а 3; *Шаш*|к|о 5, *Шаш*|ок 5, *Шаш*|ур|а 5

Сан|ечк|а 4, Сан|ёк 3, Сан|ик 3, Сан|к|а 3,
Сан|очк|а 4, Сан|чик 4, Сан|ш|а 3, Саны|к|а 3,
Саны|ш|а 3, Сан|юр|а 3, Сан|ют|а 3, Сан|юх|а 3,
Сан|юш|а 3, Са́н|юшк|а 3

Саш|а 3; Саш|еньк|а 4, Саш|ечк|а 5, Саш|к|а 4,
Саш|ок 4, Саш|очек 5, *Саш*|ук 4, *Саш*|ул|я 4,
Саш|ун|я 4, *Саш*|ур|а 4, *Саш*|ут|а 4, *Саш*|ух|а 4

*Ш*ан|я 4

Шаш|а 4; *Шаш*|к|о 6, *Шаш*|ок 6, *Шаш*|ур|а 6

Лекса*ш*|а 1 →

Лекса*ш*|к|а 1 → Лекса*шечк*|а 1
Лекса*ш*|еньк|а 1, Лекса*ш*|ечк|а 2

Лекс(а*ш*|а) → Лекс|а 4, Лёкс|а 5
Ле(кса*ш*|а) → Ле|н|а 5, Ле|н|я 5, Лё|н|я 9
Л(екса*ш*|а) → Л|юк|а 5
(Лек)с(а*ш*|а)) → С|юх|а 12
Ле(к)с(а*ш*|а) → Лес|а 5; Лес|ан|я 6, Лес|ун|я 6
Лёс|а 6; Лёс|к|а 7
(Лек)са*ш*|а → Саш|а 4; Саш|еньк|а 5, Саш|ечк|а 6,
Саш|к|а 5, Саш|ок 5, Саш|очек 6,
Саш|ук 5, *Саш*|ул|я 5, *Саш*|ун|я 5,
Саш|ур|а 5, *Саш*|ут|а 5, *Саш*|ух|а 5,
Шаш|а 5; *Шаш*|к|о 7, *Шаш*|ок 7,
Шаш|ур|а 7

Лекса*ш*|еньк|а 2, Лекса*ш*|ечк|а 3, Лекса*ш*|к|а 2

Лексан|я 1 → Лексан|ечк|а 3, Лексан|к|а 2, Лексан|очк|а 3,
Лексан|ушк|а 2, Лексаны|к|а 2, Лексан|юшк|а 2

Лекс(ан|я) → Лекс|а 5, Лёкс|а 6
Л(ксан|я) → Ле|н|а 6, Ле|н|я 6, Лё|н|я 10
Л(ексан|я) → Л|юк|а 6
(Лек)с(ан|я) → С|юх|а 13
Ле(к)с(ан|я) → Лес|я 6; Лес|ан|я 7, Лес|ун|я 7
Лёс|я 7; Лёс|к|а 8
(Лек)сан|я → Сан|а 2, Сан|я 2; Сан|ечк|а 5, Сан|ёк 4,

Сан|ик 4, Сан|к|а 4, Сан|очк|а 5, Сан|чик 5,
Сан|ш|а 4, Сань|к|а 4, Сань|ш|а 4, Сан|юр|а 4,
Сан|ют|а 4, Сан|юх|а 4, Сан|юш|а 4,
Са́н|юшк|а 4
Саш|а 5; Саш|еньк|а 6, Саш|ечк|а 7,
Саш|к|а 6, Саш|ок 6, Саш|очек 7, Саш|ук 6,
Саш|ул|я 6, Саш|ун|я 6, Саш|ур|а 6,
Саш|ут|а 6, Саш|ух|а 6
Шан|я 5
Шаш|а 6; Шаш|к|о 8, Шаш|ок 8, Шаш|ур|а 8
Лексаш|а 2; Лексаш|еньк|а 3, Лексаш|ечк|а 4,
Лексаш|к|а 3
Лексан|ечк|а 4, Лексан|к|а 3, Лексан|очк|а 4,
Лексан|ушк|а 3, Лексань|к|а 3, Лексан|юшк|а 3
Лексаш|а 3; Лексаш|еньк|а 4, Лексаш|ечк|а 5, Лексаш|к|а 4
(Алек)сан|а → Сан|а 3, Сан|я 3; Сан|ечк|а 6, Сан|ёк 5, Сан|ик 5,
Сан|к|а 5, Сан|очк|а 6, Сан|чик 6, Сан|ш|а 5,
Сань|к|а 5, Сань|ш|а 5, Сан|юр|а 5, Сан|ют|а 5,
Сан|юх|а 5, Сан|юш|а 5, Са́н|юшк|а 5
Саш|а 6; Саш|еньк|а 7, Саш|ечк|а 8, Саш|к|а 7,
Саш|ок 7, Саш|очек 8, Саш|ук 7, Саш|ул|я 7,
Саш|ун|я 7, Саш|ур|а 7, Саш|ут|а 7, Саш|ух|а 7
Шан|я 6
Шаш|а 7; Шаш|к|о 9, Шаш|ок 9, Шаш|ур|а 9
Алексаш|а 2; Алексаш|еньк|а 3, Алексаш|к|а 3
Алексан|я →   Алексан|ечк|а 3, Алексан|к|а 2, Алексан|очк|а 3,
Алексан|ушк|а 2, Алексань|к|а 2
Алекса(н|я) → Алекса|х|а 2
Алекс(ан|я) → Алекс|я 2; Алекс|еньк|а 3, Алекс|ечк|а 3,
Алекс|юшк|а 3
Ал(ексан|я) → Ал|я 3; Ал|еньк|а 4, Ал|ечк|а 5, Ал|ён|а 4,
Ал|ин|а 4, Ал|ис|а 4, Аль|к|а 4
А(лек)с(ан|я) → Ас|я 3; Ась|к|а 4
(А)ле(к)с(ан|я) → Лес|я 7; Лес|ан|я 8, Лес|ун|я 8
Лёс|а 8; Лёс|к|а 9
(А)ле(кса)н|я → Лен|а 7, Лен|я 7; Лен|к|а 5
Лён|я 11
(А)л(ексан|я) → Л|юк|а 7
(Алек)с(ан|я) → С|юх|а 14
(А)лекс(ан|я) → Лекс|а 6, Лёкс|а 7
(А)лексан|я → Лексан|а 2, Лексан|я 2; Лексан|ечк|а 5,
Лексан|к|а 4, Лексан|очк|а 5, Лексан|ушк|а 4,
Лексань|к|а 4, Лексан|юшк|а 4
Лексаш|а 4; Лексаш|еньк|а 5, Лексаш|ечк|а 6,

Лексаш|к|а 5

(Алек)сан|я → Сан|а 4, Сан|я 4; Сан|ечк|а 7, Сан|ёк 6, Сан|ик 6,
Сан|к|а 6, Сан|очк|а 7, Сан|чик 7, Сан|ш|а 6,
Сань|к|а 6, Сань|ш|а 6, Сан|юр|а 6, Сан|ют|а 6,
Сан|юх|а 6, Сан|юш|а 6, Са́н|юшк|а 6
Саш|а 7; Саш|еньк|а 8, Саш|ечк|а 9, Саш|к|а 8,
Саш|ок 8, Саш|очек 9, Саш|ук 8, Саш|ул|я 8,
Саш|ун|я 8, Саш|ур|а 8, Саш|ут|а 8, Саш|ух|а 8
Шан|я 7
Шаш|а 8; Шаш|к|о 10, Шаш|ок 10, Шаш|ур|а 10
Алексаш|а 3; Алексаш|еньк|а 4, Алексаш|к|а 4

Алексан|ечк|а 4, Алексан|к|а 3, Алексан|очк|а 4, Алексан|ушк|а 3,
Алексань|к|а 3

Алексаш|а 4; Алексаш|еньк|а 4, Алексаш|к|а 4

Алекс(аш|а) → Алекс|я 3; Алекс|еньк|а 4, Алекс|ечк|а 4,
Алекс|юшк|а 4

Ал(ексаш|а) → Ал|я 4; Ал|еньк|а 5, Ал|ечк|а 6, Ал|ён|а 5,
Ал|ин|а 5, Ал|ис|а 5, Аль|к|а 5

А(лек)с(аш|а) → Ас|я 4; Ась|к|а 5

(А)ле(к)с(аш|а) → Лес|я 8; Лес|ан|я 9, Лес|ун|я 9
Лёс|а 9; Лёс|к|а 10

(А)лекс(аш|а) → Лекс|а 7, Лёкс|а 8

(А)ле(ксаш|а) → Ле|н|а 8, Ле|н|я 8, Лё|н|я 12

(А)л(ексаш|а) → Л|юк|а 8

(Алек)с(аш|а) → С|юх|а 15

(А)лексаш|а → Лексаш|а 5; Лексаш|еньк|а 6,
Лексаш|ечк|а 7, Лексаш|к|а 6

(Алек)саш|а → Саш|а 8; Саш|еньк|а 9, Саш|ечк|а 10, Саш|к|а 9,
Саш|ок 9, Саш|очек 10, Саш|ук 9, Саш|ул|я 9,
Саш|ун|я 9, Саш|ур|а 9, Саш|ут|а 9, Саш|ух|а 9
Шаш|а 9; Шаш|к|о 11, Шаш|ок 11, Шаш|ур|а 11

Алексаш|еньк|а 6, Алексаш|к|а 6

Алекса(ндр|а) → Алекса|х|а 3

Алекс(андр|а) → Алекс|я 4; Алекс|еньк|а 5, Алекс|ечк|а 5, Алекс|юшк|а 5

Ал(ександр|а) → Ал|я 5; Ал|еньк|а 6, Ал|ечк|а 7, Ал|ён|а 6, Ал|ин|а 6,
Ал|ис|а 6, Аль|к|а 6

А(лек)с(андр|а) → Ас|я 5; Ась|к|а 6

(А)ле(к)с(андр|а) → Лес|я 9; Лес|ан|я 10, Лес|ун|я 10
Лёс|а 10; Лёс|к|а 11

(А)ле(кса)н(др|а) → Лен|я 9, Лен|я 9, Лен|к|а 6; Лён|я 13

(А)лексан(др|а) → Лексан|а 3, Лексан|я 3; Лексан|ечк|а 6, Лексан|к|а 5,
Лексан|очк|а 6, Лексан|ушк|а 5, Лексань|к|а 5,
Лексан|юшк|а 5
Лексаш|а 5; Лексаш|еньк|а 6, Лексаш|ечк|а 7,

Лексаш|к|а 6

(А)лекс(андр|а) → Лекс|а 8, Лёкс|а 9

(А)л(ександр|а)→ Л|юк|а 9

(Алек)с(андр|а) → С|юх|а 16

(Алек)сан(др|а) → Сан|а 5, Сан|я 5; Сан|ечк|а 8, Сан|ёк 7, Сан|ик 7, Сан|к|а 7, Сан|очк|а 8, Сан|чик 8, Сан|ш|а 7, Сань|к|а 7, Сань|ш|а 7, Сан|юр|а 7, Сан|ют|а 7, Сан|юх|а 7, Сан|юш|а 7, Са́н|юшк|а 7

Саш|а 9; Саш|еньк|а 10, Саш|ечк|а 11, Саш|к|а 10, Саш|ок 10, Саш|очек 11, Саш|ук 10, Саш|ул|я 10, Саш|ун|я 10, Саш|ур|а 10, Саш|ут|а 10, Саш|ух|а 10

Шан|я 8

Шаш|а 10; Шаш|к|о 12, Шаш|ок 12, Шаш|ур|а 12

(А)лександр|а → **Лександр|а** → Лександр|ушк|а 1

Лексан(др|а) → Лексан|а 4, Лексан|я 4; Лексан|ечк|а 7, Лексан|к|а 6, Лексан|очк|а 7, Лексан|ушк|а 6, Лексань|к|а 6, Лексан|юшк|а 6

Лексаш|а 6; Лексаш|еньк|а 7, Лексаш|ечк|а 7, Лексаш|к|а 7

Лекс(андр|а) → Лекс|а 9, Лёкс|а 10

Л(ександр|а) → Л|юк|а 10

Ле(кса)н(др|а) → Лен|а 10, Лен|я 10; Лен|к|а 7 Лён|я 14

Ле(к)с(андр|а) → Лес|я 10; Лес|ан|я 11, Лес|ун|я 11 Лёс|а 11; Лёс|к|а 12

(Лек)с(андр|а) → С|юх|а 17

(Лек)сан(др|а) → Сан|а 6, Сан|я 6; Сан|ечк|а 9, Сан|ёк 8, Сан|ик 8, Сан|к|а 8. Сан|очк|а 9, Сан|чик 9, Сан|ш|а 8, Сань|к|а 8, Сань|ш|а 8, Сан|юр|а 8, Сан|ют|а 8, Сан|юх|а 8, Сан|юш|а 8, Са́н|юшк|а 9

Саш|а 10; Саш|еньк|а 11, Саш|ечк|а 12, Саш|к|а 11, Саш|ок 11, Саш|очек 12, Саш|ук 11, Саш|ул|я 11, Саш|ун|я 11, Саш|ур|а 11, Саш|ут|а 11, Саш|ух|а 11

Шан|я 9

Шаш|а 11; Шаш|к|о 13, Шаш|ок 13, Шаш|ур|а 13

Лександр|ушк|а 2

Дни ангела и святые (Александра): 23 апреля, 18 мая, 6 ноября — *царицы*; 18 марта, 20 марта — *мученицы*.

АЛЕКСИ́Н|А, ы, *ж* [*женск.* к Алексей].
   П р о и з в о д н ы е (16):
Алексин|а → Алексин|к|а
Ал(ексин|а) → **Ал|я** → Аль|к|а 1 → Ал*еч*|к|а 1
   │   │   Ал|*ень*к|а 1, Ал|*ечк*|а 2
   │   Ал|*ень*к|а 2, Ал|*ечк*|а 3, Аль|к|а 2
(Алек)син|а → **Син|а** → Син|к|а 1 → Син*оч*|к|а 1
   │   │   Син|*очк*|а 2, Син|*ушк*|а 1
   │   (С)ин|а → **Ин|а 1** → Ин|к|а 1 → Ин*оч*|к|а 1
   │   │   Ин|ок 1 → Ин*оч*ек 1
   │   │   Ин|*ечк*|а 1, Ин|*очек* 2, Ин|*очк*|а 2,
   │   │   Ин|*уш*|а 1, Й́н|*ушк*|а 1
   │   Ин|*ечк*|а 2, Ин|к|а 2, Ин|ок 2, Ин|*очек* 3,
   │   Ин|*очк*|а 3, Ин|*уш*|а 2, Й́н|*ушк*|а 2
   │   Син|к|а 2, Син|*очк*|а 3, Син|*ушк*|а 2
(Алекс)ин|а → Ин|а 2; Ин|*ечк*|а 3, Ин|к|а 3, Ин|ок 3, Ин|*очек* 4,
             Ин|*очк*|а 4, Ин|*уш*|а 3, Й́н|*ушк*|а 3

АЛИ́Н|А¹, ы, *ж* [*уменьшительная форма от некоторых имен* (напр., Альбина), *ставшая документальной*].
   П р о и з в о д н ы е (8):
Алин|а → Алин|к|а → Алин*оч*|к|а 1
            Алин|*очк*|а 2, Алин|*ушк*|а
Ал(ин|а) → **Ал|а, Ал|я**
(А)лин|а → **Лин|а** → Лин|к|а 1 → Лин*оч*|к|а 1
            │   Лин|*очк*|а 2
            Лин|к|а 2, Лин|*очк*|а 3

АЛИН|А², ы, *ж*
   П р о и з в о д н ы е (8):
Алин|а → Алин|к|а → Алин*оч*|к|а 1
            Алин|*очк*|а 2, Алин|*ушк*|а
Ал(ин|а) → **Ал|а, Ал|я**
(А)лин|а → **Лин|а** → Лин|к|а 1 → Лин*оч*|к|а 1
            │   Лин|*очк*|а 2
            Лин|к|а 2, Лин|*очк*|а 3

АЛИ́С|А, ы, *ж*
   П р о и з в о д н ы е (5):
Алис|а → Алис|к|а → Алис*оч*|к|а 1
            Алис|*оньк*|а, Алис|*очк*|а 2
Ал(ис|а) → **Ал|а, Ал|я**

А́ЛЛ|А, ы, *ж* [*возможно, греч.* 'другая, вторая, следующая'].

П р о и з в о д н ы е (29):

Алл|а → Алл|оньк|а, Алл|очк|а

Ал(л|а) → **Ал|а** → Ал|к|а 1 → Ал*оч*|к|а 1

               Аль|к|а 1 → Ал*еч*|к|а 1

               Ал|юн|я 1 → Алюнь|к|а → Алюн*еч*|к|а 1

                          Алюн|ечк|а 2

               Ал|юс|я 1 → Алюсь|к|а → Алюс*еч*|к|а 1

                          Алюс|ечк|а 2

               Ал|еньк|а 1, Ал|ечк|а 2, Ал|ёк 1, Ал|ик 1, Ал|ин|а 1, Ал|очк|а 2, Аль|чик 2

           (А)л|а → **Л|ан|а 1** → Лан|к|а → Лан*оч*|к|а 1

                         Лань|к|а → Лан*еч*|к|а 1

                         Лан|ечк|а 2, Лан|очк|а 2

               Л|ял|я 1 → Ляль|к|а → Лял*еч*|к|а 1

                         Лял|еньк|а, Лял|ечк|а 2, Лял|ик

               Л|ак|а 1

          Ал|я → Ал|еньк|а 2, Ал|ечк|а 3, Ал|ёк 2, Ал|ик 2, Ал|ин|а 2, Ал|к|а 2, Ал|очк|а 3, Аль|к|а 2, Аль|чик 3, Ал|юн|я 2, Ал|юс|я 2

           (А)л|я → Л|ак|а 2, Л|ан|а 2, Л|ял|я 2

          Ал|еньк|а 2, Ал|ечк|а 3, Ал|ёк 2, Ал|ик 2, Ал|ин|а 2, Ал|к|а 2, Ал|очк|а 3, Аль|к|а 2, Аль|чик 3, Ал|юн|я 2, Ал|юс|я 2

(Ал)л|а → Л|ак|а 3, Л|ан|а 3, Л|ял|я 3

День ангела и святая (Алла): 26 марта — *мученица*.

АЛЬБИ́Н|А, ы, *ж* [женск. к Альбин].

Алби́н|а, ы (*стар.*).

П р о и з в о д н ы е (25):

Альбин|а → Альбин|к|а → Альбин*оч*|к|а 1

              Альбин|очк|а 2, Альбин|ушк|а

Альб(ин|а) → **Альб|а**

          Аль(б|а) → **Ал|а 1** → Аль|к|а 1 → Ал*еч*|к|а 1

                           Ал|юш|а 1 → Алюш|еньк|а

                           Ал|еньк|а 1, Ал|ечк|а 2

               (А)л|а → **Л|ял|я 1** → Ляль|к|а → Лял*еч*|к|а 1

                           Лял|еньк|а, Лял|ечк|а 2, Лял|ик

               Ал|я 1 → Ал|еньк|а 2, Ал|ечк|а 3, Аль|к|а 2, Ал|юш|а 2

               (А)л|я → Л|ял|я 2

               Ал|еньк|а 3, Ал|ечк|а 4, Аль|к|а 3, Ал|юш|а 3

Аль(б)ин|а → **Алин|а 1** → Алин|к|а 1 → Алин*оч*|к|а 1

                         Алин|очк|а 2, Алин|ушк|а 1

               Алин|к|а 2, Алин|очк|а 3, Алин|ушк|а 2

(Аль)бин|а → **Бин|а 1** → Бин|к|а 1 → Бино*ч*|к|а 1
        | Бин|очк|а 2, Бин|ушк|а 1
        Бин|к|а 2, Бин|очк|а 3, Бин|ушк|а 2
        Албин|а
        Ал(бин|а) → Ал|а 2, Ал|я 2; Ал|еньк|а 4, Ал|ечк|а 5, Аль|к|а 4,
        | Ал|юш|а 4
        Ал(б)ин|а → Алин|а 2; Алин|к|а 3, Алин|оч|к|а 4,
        | Алин|ушк|а 3
        (Ал)бин|а → Бин|а 2; Бин|к|а 3, Бин|очк|а 4, Бин|ушк|а 3

АЛЬВИ́Н|А, ы, *ж*.
   П р о и з в о д н ы е (8):
Альвин|а → Альвин|к|а → Альвино*ч*|к|а 1
           Альвин|очк|а 2
Аль(вин|а) → **Ал|а** → Ал|к|а 1 → Ал*оч*|к|а 1
        | Аль|к|а 1 → Ал*ечк*|а 1
        | Ал|еньк|а 1, Ал|ечк|а 2, Ал|очк|а 2
        Ал|я → Ал|еньк|а 2, Ал|ечк|а 3, Ал|к|а 2, Ал|очк|а 3, Аль|к|а 2
        Ал|ень|к|а 3, Ал|ечк|а 4, Ал|к|а 3, Ал|очк|а 4, Аль|к|а 3

АМА́ЛИ|Я (Ама́ли[й|а]), Ама́ли|и (Ама́ли[й|и]), *ж* [*др. - герм.* 'трудолю-
бие'].
   П р о и з в о д н ы е (4):
Амали|я
Амал(и|я) → **Амал|я**
        Ам|(ал|я) → **Ам|а 1**
Ам(али|я) → Ам|а 2
(Ама)ли|я → **Ли|я** (Ли[й|а]) → Ли|юшк|а (Ли[й|у]шк|а)

АНАСТАСИ́|Я (Анастаси́[й|а]), Анастаси́|и (Анастаси́[й|и]), *ж* [*женск.* к
Анастасий].
Настаси́|я (Настаси́[й|а]), Настаси́|и (Настаси́[й|и]) (*разг.*).
Наста́сь|я (Наста́сь[й|а]), Наста́сы|и (Настась[й|и]) (*разг.*).
Анастасе́|я (Анастасе́[й|а]), А́настасе́|и (Анастасе́[й|и]) (*прост.*).
Настасе́|я (Настасе́[й|а], Настасе́|и (Настасе́[й|и]) (*прост.*).
   П р о и з в о д н ы е (139):
Анастаси|я → Анастаси|юшк|а (Анастаси[й|у]шк|а),
           Анастась|юшк|а (Анастась[й|у]шк|а)
Анастас(и|я) → Анастас|к|а 1
А(наста)с(и|я) → **Ас|я 1** → Ась|к|а 1 → Ас*еч*|к|а 1
              Ас|ют|а 1 → Асют|к|а → Асюто*ч*|к|а 1
              Асют|очк|а 2
            (А)с|ют|а → **Сют|а** → Сют|к|а 1 → Сюто*ч*|к|а 1
                    Сют|очк|а 2, Сют|ушк|а 1

Сют|к|а 2, Сют|очк|а 3, Сют|ушк|а 2

Ас|юш|а 1 → Асюш|к|а → Асюш*еч*к|а 1

Асюш|еньк|а, Асюш|ечк|а 2

(А)с|юш|а → **Сюш|а** → Сюш|к|а 1 → Сюш*еч*к|а 1

Сюш|еньк|а 1,
Сюш|ечк|а 2

Сюш|еньк|а 2, Сюш|ечк|а 3,
Сюш|к|а 2

Ас|еньк|а 1, Ас|ечк|а 2, Ас|ик 1, А́с|юшк|а 1

Ас|еньк|а 2, Ас|ечк|а 3, Ас|ик 2, Ась|к|а 2, Ас|ют|а 2,
Ас|юш|а 2, А́с|юшк|а 2

(А)настас(и|я) →

Настас|я 1

Наст(ас|я) →

Наст|а 1 →

Наст|ен|я 1

(Нас)т|ен|я → **Тен|я** → Тень|к|а 1 →Тен*еч*к|а 1

Тен|ечк|а 2

Тен|ечк|а 3, Тень|к|а 2

Наст|ён|а 1 → Настён|к|а → Настён*оч*к|а 1

Настён|очк|а 2, Настён|ушк|а

(Нас)т|ён|а → **Тён|а** → Тён|к|а 1 → Тён*оч*к|а 1

Тён|очк|а 2, Тён|ушк|а 1

Тён|к|а 2, Тён|очк|а 3, Тён|ушк|а 2

Наст|к|а 1 → Наст*оч*к|а 1

Наст|ул|я 1 → Настуль|к|а → Настул*еч*к|а 1

Настул|еньк|а, Настул|ечк|а 2

Наст|ун|я 1 → Настунь|к|а → Настун*еч*к|а 1,

Настунч|ик 1

Настун|ечк|а 2, Настун|чик 2,
Настун|юшк|а

Наст|ус|я 1 → Настусь|к|а → Настус*еч*к|а 1

Настус|еньк|а, Настус|ечк|а 2, Настус|ик

(Нас)т|ус|я → **Тус|я** → Тусь|к|а 1 → Тус*еч*к|а 1

Тус|еньк|а 1, Тус|ечк|а 2, Тус|ик 1

Тус|еньк|а 2, Тус|ечк|а 3, Тус|ик 2,
Тусь|к|а 2

Насть|к|а 1 → Наст*еч*к|а 1

Наст|юн|я 1 → Настюнь|к|а → Настюн*еч*к|а 1,

Настюнч|ик 1

Настюн|ечк|а 2, Настюн|чик 2,
Настюн|юшк|а

(Нас)т|юн|я → **Тюн|я** →Тюнь|к|а 1 → Тюн*еч*к|а 1,

Тюнч|ик 1

Тюн|ечк|а 2, Тюн|чик 2,
Тюнь|ш|а 1
Тюн|ечк|а 3, Тюн|чик 3, Тюнь|ш|а 2
Наст|юр|а 1 → Настюр|к|а → Настюро*ч*|к|а 1
Настюр|оньк|а, Настюр|очк|а 2,
Настюр|ушк|а
(На)стюр|а → **Стюр|а** → Стюр|к|а 1 → Стюро*ч*|к|а 1
Стюр|ик 1, Стюр|оньк|а 1,
Стюр|очк|а 2
Стюр|ик 2, Стюр|к|а 2, Стюр|оньк|а 2,
Стюр|очк|а 3
Наст|юх|а 1 → Настю*ш*|к|а 1 → Настюш*еч*|к|а 1
Настю*ш*|еньк|а 1, Настю*ш*|ечк|а 2
Наст|юш|а 1 → Настюш|еньк|а 2, Настюш|ечк|а 3,
Настю*ш*|к|а 2
Наст|еньк|а 1, Наст|ечк|а 2, Наст|ёк 1, Наст|ёх|а 1,
Наст|ик 1, Наст|ок 1, Наст|очк|а 2, Наст|юл|я 1,
На́ст|юшк|а 1, Наст|ях|а 1
Нас(т|а) →
Нас|а 1 → Нас|к|а 1 → Насо*ч*|к|а 1
Нась|к|а 1 → Нас*еч*|к|а 1
Нас|еньк|а 1, Нас|ечк|а 2, Нас|ик 1;
Нас|оньк|а 1
На(с|а) → **На|я 1** (На|[й|а]) → Най|к|а → На*еч*|к|а 1
На|ечк|а 2 (На[й|э]чк|а)
На|л|я 1 → Наль|к|а → Наль*ч*|ик 1
Наль|чик 2
Нас|я 1 → Нас|еньк|а 2, Нас|ечк|а 3, Нас|ик 2, Нас|к|а 2,
Нас|оньк|а 2, Нась|к|а 2
На(с|я) → На|я 2 (На|[й|а]), На|л|я 2
Нас|еньк|а 3, Нас|ечк|а 4, Нас|ик 3, Нас|к|а 3,
Нас|оньк|а 3, Нась|к|а 3
На(с)т|а →
Нат|а 1 → Нат|к|а 1 → Нато*ч*|к|а 1
Нат|очк|а 2
На(т|а) → На|я 3 (На|[й|а]), На|л|я 3
Нат|к|а 2, Нат|очк|а 3
Наст|я 1 → Наст|еньк|а 2, Наст|ен|я 2, Наст|ечк|а 3,
Наст|ёк 2, Наст|ён|а 2, Наст|ёх|а 2, Наст|ик 2,
Наст|к|а 2, Наст|ок 2, Наст|очк|а 3, Наст|ул|я 2,
Наст|ун|я 2, Наст|ус|я 2, Насть|к|а 2, Наст|юл|я 2,
Наст|юн|я 2, Наст|юр|а 2, Наст|юх|а 2,
Наст|юш|а 2, На́ст|юшк|а 2, Наст|ях|а 2
Нас(т|я) → Нас|а 2, Нас|я 2; Нас|еньк|а 4, Нас|ечк|а 5,

                         Нас|ик 4, Нас|к|а 4, Нас|оньк|а 4, Нась|к|а 4
       На(с)т|я → Нат|а 2; Нат|к|а 3, Нат|очк|а 4
       На(ст|я) → На|я 4 (На[й|а]), На|л|я 4
       Наст|еньк|а 3, Наст|ен|я 3, Наст|ечк|а 4, Наст|ёк 3,
       Наст|ён|а 3, Наст|ёх|а 3, Наст|ик 3, Наст|к|а 3, Наст|ок 3,
       Наст|очк|а 4, Наст|ул|я 3, Наст|ун|я 3, Наст|ус|я 3,
       Насть|к|а 3, Наст|юл|я 3, Наст|юн|я 3, Наст|юр|а 3,
       Наст|юх|а 3, Наст|юш|а 3, На́ст|юшк|а 3, Наст|ях|а 3
  Нас(тас|я) → Нас|а 3, Нас|я 3; Нас|еньк|а 5, Нас|ечк|а 6, Нас|ик 5,
                         Нас|к|а 5, Нас|оньк|а 5, Нась|к|а 5
 На(с)т(ас|я) → Нат|а 3; Нат|к|а 4, Нат|очк|а 5
 На(стас|я) → На|я 5 (На[й|а]), На|л|я 5
 (На)стас|я → **Стас|я 1** → Стась|к|а 1 → Стас*еч*|к|а 1
                         Стас|еньк|а 1, Стас|ечк|а 2, Стас|ик 1
                 (С)та(с|я) → **Та|я 1** (Та|[й|а]) → Тай|к|а → Тае*ч*|к|а 1,
                                               Тайч|ик 1
                                         Та|еньк|а, Та|ечк|а 2,
                                         Тай|чик 2
                 (С)тас|я → **Тас|я 1** → Тась|к|а 1 → Тас*еч*|к|а 1
                                 Тас|ют|а 1 → Тасют|к|а →
                                               Тасюто*ч*|к|а 1
                                         Тасют|очк|а 2,
                                         Тасют|ушк|а
                                 Тас|еньк|а 1, Тас|ечк|а 2, Тас|ик 1
                         Та(с|я) → Та|я 2 (Та[й|а])
                         Тас|еньк|а 2, Тас|ечк|а 3, Тас|ик 2,
                         Тась|к|а 2, Тас|ют|а 2
                 Стас|еньк|а 2, Стас|ечк|а 3, Стас|ик 2, Стась|к|а 2
(А)наст(аси|я) → Наст|а 2, Наст|я 2; Наст|еньк|а 4, Наст|ен|я 4,
                 Наст|ечк|а 5, Наст|ёк 4, Наст|ён|а 4, Наст|ёх|а 4,
                 Наст|ик 4, Наст|к|а 4, Наст|ок 4, Наст|очк|а 5,
                 Наст|ул|я 4, Наст|ун|я 4, Наст|ус|я 4, Насть|к|а 4,
                 Наст|юл|я 4, Наст|юн|я 4, Наст|юр|а 4, Наст|юх|а 4,
                 Наст|юш|а 4, На́ст|юшк|а 4, Наст|ях|а 4
(А)нас(таси|я) → Нас|а 4, Нас|я 4; Нас|еньк|а 6, Нас|ечк|а 7, Нас|ик 6,
                 Нас|к|а 6, Нас|оньк|а 6, Нась|к|а 6
(А)на(с)т(аси|я) → Нат|а 4; Нат|к|а 5, Нат|очк|а 6
(А)на(стаси|я) → На|я 6 (На|[й|а]), На|л|я 6
(Ана)стас(и|я) → Стас|я 2; Стас|еньк|а 3, Стас|ечк|а 4, Стас|ик 3,
                 Стась|к|а 3
(Анас)тас(и|я) → Тас|я 2; Тас|еньк|а 3, Тас|ечк|а 4, Тас|ик 3, Тась|к|а 3,
                 Тас|ют|а 3
(Анас)та(си|я) → Та|я 3 (Та|[й|а])
(А)настаси|я → **Настаси|я**

Настас(и|я) → Настас|я 2
Наст(аси|я) → Наст|а 3, Наст|я 3; Наст|еньк|а 5,
Наст|ен|я 5, Наст|ечк|а 6, Наст|ёк 5,
Наст|ён|а 5, Наст|ёх|а 5, Наст|ик 5,
Наст|к|а 5, Наст|ок 5, Наст|очк|а 6,
Наст|ул|я 5, Наст|ун|я 5, Наст|ус|я 5,
Насть|к|а 5, Наст|юл|я 5, Наст|юн|я 5,
Наст|юр|а 5, Наст|юх|а 5, Наст|юш|а 5,
На́ст|юшк|а 5, Наст|ях|а 5
Нас(таси|я) → Нас|а 5, Нас|я 5; Нас|еньк|а 7, Нас|ечк|а 8,
Нас|ик 7, Нас|к|а 7, Нас|оньк|а 7, Нась|к|а 7
На(стаси|я) → На|я 7 (На|[й|а]), На|л|я 7
На(с)т(аси|я) → Нат|а 5; Нат|к|а 6, Нат|очк|а 7
(На)стас(и|я) → Стас|я 3; Стас|еньк|а 4, Стас|ечк|а 5, Стас|ик 4,
Стась|к|а 4
(Нас)тас(и|я) → Тас|я 3; Тас|еньк|а 4, Тас|ечк|а 5, Тас|ик 4,
Тась|к|а 4, Тас|ют|а 4
(Нас)та(си|я) → Та|я 4 (Та|[й|а])
Настась|я → Настась|юшк|а (Настась[й|у]шк|а)
Настас(ь|я) → Настас|я 3
Наст(ась|я) → Наст|а 4, Наст|я 4; Наст|еньк|а 6, Наст|ен|я 6,
Наст|ечк|а 7, Наст|ёк 6, Наст|ён|а 6, Наст|ёх|а 6,
Наст|ик 6, Наст|к|а 6, Наст|ок 6, Наст|очк|а 7,
Наст|ул|я 6, Наст|ун|я 6, Наст|ус|я 6, Насть|к|а 6,
Наст|юл|я 6, Наст|юн|я 6, Наст|юр|а 6, Наст|юх|а 6,
Наст|юш|а 6, На́ст|юшк|а 6, Наст|ях|а 6
Нас(тась|я) → Нас|а 6, Нас|я 6; Нас|еньк|а 8, Нас|ечк|а 9,
Нас|ик 8, Нас|к|а 8, Нас|оньк|а 8, Нась|к|а 8
На(стась|я) → На|я 8 (На|[й|а]), На|л|я 8
На(с)т(ась|я) → Нат|а 6; Нат|к|а 7, Нат|очк|а 8
(На)стас(ь|я) → Стас|я 4; Стас|еньк|а 5, Стас|ечк|а 6, Стас|ик 5,
Стась|к|а 5
(Нас)тас(ь|я) → Тас|я 4; Тас|еньк|а 5, Тас|ечк|а 6, Тас|ик 5,
Тась|к|а 5, Тас|ют|а 5
(Нас)та(сь|я) → Та|я (Та|[й|а])
Анастасе|я
Анастас(е|я) → Анастас|к|а 2
А(наста)с(е|я) → Ас|я 2; Ас|еньк|а 3, Ас|ечк|а 4,
Ас|ик 3, Ась|к|а 3, Ас|ют|а 3, Ас|юш|а 3,
Ас|юшк|а 3
(А)настас(е|я) → Настас|я 4
(А)наст(асе|я) → Наст|а 5, Наст|я 5; Наст|еньк|а 7, Наст|ен|я 7,
Наст|ечк|а 8, Наст|ёк 7, Наст|ён|а 7, Наст|ёх|а 7,
Наст|ик 7, Наст|к|а 7, Наст|ок 7, Наст|очк|а 8,

Наст|ул|я 7, Наст|ун|я 7, Наст|ус|я 7, Насть|к|а 7.,
Наст|юл|я 7, Наст|юн|я 7, Наст|юр|а 7,
Наст|юх|а 7, Наст|юш|а 7, На́ст|юшк|а 7,
Наст|ях|а 7

(А)нас(тасе|я) → Нас|а 7, Нас|я 7; Нас|еньк|а 9, Нас|ечк|а 10,
Нас|ик 9, Нас|к|а 9, Нас|оньк|а 9, Нась|к|а 9

(А)на(стасе|я) → На|я (На|[й|а]), На|л|я 9

(А)на(с)т(асе|я) → Нат|а 7; Нат|к|а 8, Нат|очк|а 9

(Ана)стас(е|я) → Стас|я 5; Стас|еньк|а 6, Стас|ечк|а 7, Стас|ик 6,
Стась|к|а 6

(Анас)тас(е|я) → Тас|я 5; Тас|еньк|а 6, Тас|ечк|а 7, Тас|ик 6,
Тась|к|а 6, Тас|ют|а 6

(Анас)та(се|я) → Та|я (Та|[й|а])

(А)настасе|я → **Настасе|я** (Настасе[й|а]) → Настасе|юшк|а
(Настасе[й|у]шк|а)

Настас(е|я) → Настас|я 5

Наст(асе|я) → Наст|а 6, Наст|я 6; Наст|еньк|а 8,
Наст|ен|я 8, Наст|ечк|а 9, Наст|ёк 8,
Наст|ён|а 8, Наст|ёх|а 8, Наст|ик 8,
Наст|к|а 8, Наст|ок 8, Наст|очк|а 9,
Наст|ул|я 8, Наст|ун|я 8, Наст|ус|я 8,
Насть|к|а 8, Наст|юл|я 8,
Наст|юн|я 8, Наст|юр|а 8,
Наст|юх|а 8, Наст|юш|а 8,
На́ст|юшк|а 8, Наст|ях|а 8

Нас(тасе|я) → Нас|а 8, Нас|я 8; Нас|еньк|а 10,
Нас|ечк|а 11, Нас|ик 10, Нас|к|а 10,
Нас|оньк|а 10, Нась|к|а 10

На(стасе|я) → На|я (На|[й|а]), На|л|я 10

На(с)т(асе|я) → Нат|а 8; Нат|к|а 9, Нат|очк|а 10

(На)стас(е|я) → Стас|я 6; Стас|еньк|а 7,
Стас|ечк|а 8, Стас|ик 7, Стась|к|а 7

(Нас)тас(е|я) → Тас|я 6; Тас|еньк|а 7, Тас|ечк|а 8,
Тас|ик 7, Тась|к|а 7, Тас|ют|а 7

(Нас)та(се|я) → Та|я 7 (Та|[й|а])

Дни ангела и святые (Анастасия): 10 марта — *преподобная*; 29 октября — *преподобномученица*; 22 декабря — *великомученица*; 15 апреля, 30 октября — *мученица*.

АНАТО́ЛИ|Я (Анато́ли[й|а]), Анато́ли|и (Анато́ли[й|и]), *ж* [*женск.* к Ана-
толий].

П р о и з в о д н ы е (16):

Анатоли|я

Ан(атоли|я) → **Ан|а** → Ан|очк|а 1

| Ан(очк|а 2
(А)натол(и|я) → **Натол|я** →Натоль|к|а 1 → Натолеч|к|а 1
| Натол|еньк|а 1, Натолечк|а 2
| (На)то(л|я) → **То|ш|а 1** →Тош|к|а →Тош|ечк|а 1
| Тош|еньк|а, Тош|ечк|а 2,
| Тош|ик
| (На)тол|я →   **Тол|я 1** →   Толь|к|а 1 → Толеч|к|а 1
| Тол|еньк|а 1, Тол|ечк|а 2,
| Тол|ик 1
| Тол|еньк|а 2, Тол|ечк|а 3, Тол|ик 2,
| Толь|к|а 2
| Натол|еньк|а 2, Натол|ечк|а 3, Натоль|к|а 2
(Ана)тол(и|я) → Тол|я 2; Тол|еньк|а 3, Тол|ечк|а 4, Тол|ик 3, Толь|к|а 3
(Ана)то(ли|я) → То|ш|а 2

День ангела и святая (Анатолия): 20 марта — *мученица*.

А́НГЕЛ|А, ы, *ж* [*женск.* к Ангел].
     П р о и з в о д н ы е (20):
Ангел|а → Ангел|к|а 1 → Ангел*оч*|к|а 1
| Ангель|к|а 1 → Ангел*еч*|к|а 1
| Ангел|ечк|а 2, Ангел|оньк|а 1, Ангел|очк|а 2
(Ан)гел|а → **Гел|а 1** → Гел|к|а 1 → Гел*оч*|к|а 1
| Гель|к|а 1 → Гел*еч*|к|а 1
| Гел|еньк|а 1, Гел|ечк|а 2, Гел|оньк|а 1, Гел|очк|а 2
| (Г)ел|а → **Ел|а** →Ел|к|а 1 → Ел*оч*|к|а 1
| Ель|к|а 1 → Ел*еч*|к|а 1
| Ел|ечк|а 2, Ел|очк|а 2
| **Ел|я 1** → Ел|ечк|а 3, Ел|к|а 2, Ел|очк|а 3, Ель|к|а 2
| Ел|ечк|а 4, Ел|к|а 3, Ел|очк|а 4, Ель|к|а 3
| **Гел|я 1** → Гел|еньк|а 2, Гел|ечк|а 3, Гел|к|а 2, Гел|оньк|а 2,
| Гел|очк|а 3, Гель|к|а 2
| (Г)ел|я → Ел|а 2, Ел|я 2; Ел|ечк|а 5, Ел|к|а 4, Ел|очк|а 5,
| Ель|к|а 4
| Гел|еньк|а 3, Гел|ечк|а 4, Гел|к|а 3, Гел|оньк|а 3, Гел|очк|а 4,
| Гель|к|а 3
(Анг)ел|а → Ел|а 3, Ел|я 3; Ел|ечк|а 6, Ел|к|а 5, Ел|очк|а 6, Ель|к|а 5
| **Ангел|я** → Ангел|ечк|а 3, Ангел|к|а 2, Ангел|оньк|а 2,
| Ангел|очк|а 3, Ангель|к|а 2
| (Ан)гел|я → Гел|а 2, Гел|я 2; Гел|еньк|а 4, Гел|ечк|а 5,
| Гел|к|а 4, Гел|оньк|а 4, Гел|очк|а 5, Гель|к|а 4
| (Анг)ел|я → Ел|а 4, Ел|я 4; Ел|ечк|а 7, Ел|к|а 6, Ел|очк|а 7,
| Ель|к|а 6

АНГЕЛИ́Н|А, ы, *ж* [*греч.* 'вестник'; 'возвещать, извещать'].

П р о и з в о д н ы е (42):

Ангелин|а → Ангелин|к|а → Ангелино*ч*|к|а 1
                Ангелин|очк|а 2, Ангелин|ушк|а
Ангел(ин|а) → **Ангел|а** → Ангел|к|а 1 → Ангело*ч*|к|а 1
                     Ангел|ок 1 → Ангело*ч*|ек 1
                     Ангель|к|а 1 → Ангел*еч*|к|а 1
                     Ангел|еньк|а 1, Ангел|ечк|а 2, Ангел|очек 2,
                     Ангел|очк|а 2
                 (Ан)гел|а → **Гел|а 1** → Гел|ин|а 1 → Гелин|к|а 1 →
                                        Гелино*ч*|к|а 1
                            Гелин|очк|а 2,
                            Гелин|ушк|а
                        Гел|к|а 1 → Гело*ч*|к|а 1
                        Гель|к|а 1 → Гел*еч*|к|а 1
                        Гел|юс|я 1 → Гелюсь|к|а →
                                        Гелюс*еч*|к|а 1
                            Гелюс|еньк|а,
                            Гелюс|ечк|а 2
                        Гел|еньк|а 1, Гел|ечк|а 2, Гел|инк|а 2,
                        Гел|оньк|а 1, Гел|очк|а 2, Гел|юн|а 1
                      (Г)ел|а → **Ел|а 1** → Ел|к|а 1 → Ело*ч*|к|а 1
                                  Ель|к|а 1 → Ел*еч*|к|а 1
                                  Ел|е*ч*|к|а 2, Ел|очк|а 2
                           Ел|я 1 → Ел|ечк|а 3, Ел|к|а 2,
                                  Ел|очк|а 3, Ель|к|а 2
                        Ел|ечк|а 4, Ел|к|а 3, Ел|очк|а 4,
                        Ель|к|а 3
                  Гел|я 1 → Гел|еньк|а 2, Гел|ечк|а 3, Гел|ин|а 2,
                        Гел|инк|а 3, Гел|к|а 2, Гел|оньк|а 2,
                        Гел|очк|а 3, Гель|к|а 2, Гел|юн|а 2,
                        Гел|юс|я 2
                   (Г)ел|я → Ел|я 2; Ел|ечк|а 5, Ел|к|а 4,
                        Ел|очк|а 5, Ель|к|а 4
                     Гел|еньк|а 4, Гел|ечк|а 5, Гел|ин|а 4,
                     Гел|инк|а 4, Гел|к|а 4, Гел|оньк|а 4, Гел|очк|а 5,
                     Гель|к|а 4, Гел|юн|а 4, Гел|юс|я 4
                 (Анг)ел|а → Ел|я 3; Ел|ечк|а 6, Ел|к|а 5, Ел|очк|а 6, Ель|к|а 5
                 Ангел|я → Ангел|еньк|а 2, Ангел|ечк|а 3, Ангел|к|а 2,
                     Ангел|ок 2, Ангел|очек 3, Ангел|очк|а 3,
                     Ангель|к|а 2
                 (Ан)гел|я → Гел|а 2, Гел|я 2; Гел|еньк|а 4, Гел|ечк|а 5,
                     Гел|ин|а 4, Гел|инк|а 5, Гел|к|а 4, Гел|оньк|а 4,
                     Гел|очк|а 5, Гель|к|а 4, Гел|юн|а 4, Гел|юс|я 4
                 (Анг)ел|я → Ел|я 4; Ел|ечк|а 7, Ел|к|а 6, Ел|очк|а 7,

Ель|к|а 6

Ангел|еньк|а 3, Ангел|ечк|а 4, Ангел|к|а 3, Ангел|ок 3,
Ангел|очек 4, Ангел|очк|а 4, Ангель|к|а 3

(Ан)гел(ин|а) → Гел|а 3, Гел|я 3; Гел|еньк|а 5, Гел|ечк|а 6, Гел|ин|а 5,
Гел|инк|а 6, Гел|к|а 5, Гел|оньк|а 5, Гел|очк|а 6,
Гель|к|а 5, Гел|юн|а 5, Гел|юс|я 5

(Анг)ел(ин|а) → Ел|я 5; Ел|ечк|а 7, Ел|к|а 7, Ел|очк|а 8, Ель|к|а

(Анге)лин|а → **Лин|а** → Лин|к|а 1 → Лин|оч|к|а 1
Лин|ух|а 1 → Лину́ш|к|а 1 → Линуш*еч*|к|а 1
Линуш|еньк|а 1, Линуш|ечк|а 2
Лин|уш|а 1 → Линуш|еньк|а 2, Линуш|ечк|а 3,
Лину́ш|к|а 2
Лин|очк|а 2
Лин|к|а 2, Лин|очк|а 3, Лин|ух|а 2, Лин|уш|а 2

День ангела и святая (Ангелина): 1 июля, 10 декабря — *праведные*.

АНДРО́Н|А, ы, *ж* [*женск.* к Андрон].
П р о и з в о д н ы е (11):
Андрон|а → Андрон|к|а → Андрон*оч*|к|а 1
Андрон|очк|а 2, Андрон|ушк|а

Анд(рон|а) → **Анд|а**
Ан(д|а) → **Ан|я 1**
Анд|я
Ан(д|я) → Ан|я 2

(Ан)дрон|а → **Дрон|а** → Дронь|к|а 1 → **Дрон***еч***|к|а 1**
Дрон|ечк|а 2, Дрон|ушк|а 1, Дрон|юшк|а 1
Дрон|я → Дрон|ечк|а 3, Дрон|ушк|а 2, Дронь|к|а 2,
Дрон|юшк|а 2
Дрон|ечк|а 4, Дрон|ушк|а 3, Дронь|к|а 3, Дрон|юшк|а 3

АНЖЕЛИ́К|А, и, *ж* [*лат.* 'ангельская'].
П р о и з в о д н ы е (6):
Анжелика
Анжел(ик|а) → **Анжел|а** → Анжел|к|а 1
(Ан)жел|а → **Жел|а 1, Жел|я 1**
(Ан)жел(ик|а) → Жел|а 2, Жел|я 2
(Ан)желик|а → **Желик|а**
Жел(ик|а) → Жел|а 3, Жел|я 3
(Же)лик|а → **Лик|а 1**
(Анже)лик|а → Лик|а 2

АНИ́СЬ|Я (Ани́сь[й|а]), Ани́сь|и (Ани́сь[й|и]), *ж* [*женск.* к Анисий].
Ани́си|я (Ани́си[й|а]), Ани́си|и (Ани́си[й|и]) (*реже*).
Ани́с|а, ы (*разг.*).

П р о и з в о д н ы е (15):

Анись|я (Анись[й|а]) → Анись|юшк|а (Анись[й|у]шк|а)

Анис(ь|я) → **Анис|а** → Анис|к|а 1 → Анис*оч*|к|а 1

        Анись|к|а 1 → Анис*еч*|к|а 1

        Анис|ечк|а 2, Анис|очк|а 2, Анис|ушк|а 1

      Ан(ис|а) → **Ан|я 1** → Ань|к|а 1 → Ан*еч*|к|а 1

            Ан|ечк|а 2

          Он|я 1 → Онь|к|а 1 → Он*еч*|к|а 1

              Он|ечк|а 2, Он|юшк|а 1

          Он|ечк|а 3, *Онь*|к|а 2, *Он*|юшк|а 2

        Ан|ечк|а 3, Ань|к|а 2

        Он|ечк|а 4, *Онь*|к|а 3, *Он*|юшк|а 3

    Анис|я 1 → Анис|ечк|а 3, Анис|к|а 2, Анис|очк|а 3,

        Анис|ушк|а 2, Анись|к|а 2

    Ан(ис|я) → Ан|я 2; Ан|ечк|а 4, Ань|к|а 3

       Он|я 3; Он|ечк|а 5, *Онь*|к|а 4, *Он*|юшк|а 4

    Анис|ечк|а 4, Анис|к|а 3, Анис|очк|а 4, Анис|ушк|а 3,

    Анись|к|а 3

Ан(ись|я) → Ан|я 3; Ан|ечк|а 5, Ань|к|а 4

     Он|я 4; Он|ечк|а 6, *Онь*|к|а 5, *Он*|юшк|а 5

День ангела и святая (Анисия): 30 декабря — *мученица*.

А́НН|А, ы, ж [*др.-евр.* 'грация, миловидность'; 'милость'; 'благодать'].

П р о и з в о д н ы е (124):

Анн|а → Анн|ет|а → Аннет|к|а → Аннет*оч*|к|а 1

        Аннет|оньк|а, Аннет|очк|а 2

   (Ан)н|ет|а → **Нет|а** → Нет|к|а 1 → Нет*оч*|к|а 1

          Нет|оньк|а 1, Нет|очк|а 2

      Нет|к|а 2, Нет|оньк|а 2, Нет|очк|а 3

   Анн|ус|я → Аннусь|к|а →Аннус*еч*|к|а 1

        Аннус|еньк|а, Аннус|ечк|а 2

   (Ан)н|ус|я → **Нус|я 1** → Нусь|к|а 1 → Нус*еч*|к|а 1

          Нус|еньк|а 1, Нус|ечк|а 2, Нус|ик 1

      Нус|еньк|а 2, Нус|ечк|а 3, Нус|ик 2, Нусь|к|а 2

   Анн|уш|а → Аннуш|еньк|а

   Анн|юн|я → Аннюнь|к|а → Аннюн*еч*|к|а 1

        Аннюн|ечк|а 2

   (Ан)н|юн|я → **Нюн|я 1** → Нюнь|к|а 1 → Нюн*еч*|к|а 1

          Нюн|ечк|а 2

      Нюн|ечк|а 3, Нюнь|к|а 2

   Анн|юс|я → Аннюсь|к|а → Аннюс*еч*|к|а 1

        Аннюс|еньк|а, Аннюс|ечк|а 2

   (Ан)н|юс|я → **Нюс|я 1** → Нюсь|к|а 1 → Нюс*еч*|к|а 1

      Нюс|еньк|а 1, Нюс|ечк|а 2, Нюс|ик 1

Нюс|еньк|а 2, Нюс|ечк|а 3, Нюс|ик 2, Нюсь|к|а 2
Анн|енк|а, Анн|еньк|а, Анн|ечк|а, Анн|ёнк|а, Анн|иц|а, Анн|очк|а,
Анн|ушк|а

Ан(н|а) → **Ан|а** → Ан|к|а 1 → Ан*оч*|к|а 1

Ан|ус|я 1 → Анусь|к|а → Анус*еч*|к|а 1
Анус|ечк|а 2

(А)н|ус|я → Нус|я 2; Нус|еньк|а 3, Нус|ечк|а 4, Нус|ик 3,
Нусь|к|а 3

Ан|уш|а 1 → Ану́ш|к|а → Ануш*еч*|к|а 1
Ануш|еньк|а, Ануш|ечк|а 2

Ан|ч|а 1 → Анч|ур|а → Анчур|к|а
Анч|ут|а → Анчут|к|а

Ань|к|а 1 → Ан*еч*|к|а 1

Ан|юн|я 1

(А)н|юн|я → Нюн|я 2; Нюн|ечк|а 4, Нюнь|к|а 3

Ан|юр|а 1 → Анюр|к|а → Анюр*оч*|к|а 1, Анюрч|ик 1
Анюр|оньк|а, Анюр|очк|а 2, Анюр|чик 2

(А)н|юр|а →
Нюр|а → Нюр|ас|я 1 → Нюрась|к|а → Нюрас*еч*|к|а 1
Нюрас|еньк|а, Нюрас|ечк|а 2

Нюр|ах|а 1 → Нюра*ш*|к|а 1 →
Нюраш*еч*|к|а 1
Нюра*ш*|еньк|а 1,
Нюра*ш*|ечк|а 2

Нюр|аш|а 1 → Нюраш|еньк|а 2,
Нюраш|ечк|а 3,
Нюраш|к|а 2

Нюр|к|а 1 → Нюр*оч*|к|а 1
Нюр|ок 1 → Нюр*оч*|ек
Нюр|оньк|а 1, Нюр|очек 2, Нюр|очк|а 2,
Нюр|ушк|а 1

Нюр|ас|я 2, Нюр|ах|а 2, Нюр|аш|а 2, Нюр|к|а 2,
Нюр|ок 2, Нюр|оньк|а 2, Нюр|очек 3, Нюр|очк|а 3,
Нюр|ушк|а 2

Ан|юс|я 1 → Анюсь|к|а → Анюс*еч*|к|а 1
Анюс|еньк|а, Анюс|ечк|а 2

(А)н|юс|я → Нюс|я 2; Нюс|еньк|а 3, Нюс|ечк|а 4,
Нюс|ик 3, Нюсь|к|а 3

Ан|ют|а 1 → Анют|к|а → Анют*оч*|к|а 1
Анют|оньк|а, Анют|очк|а 2, Анют|ушк|а

(А)н|ют|а → **Нют|а** → Нют|к|а 1 → Нют*оч*|к|а 1
Нют|оньк|а 1, Нют|очк|а 2,
Нют|ушк|а 1

Нют|к|а 2, Нют|оньк|а 2, Нют|очк|а 3,

            | Нют|ушк|а 2

Ан|юх|а 1 → Анюш|к|а 1 → Анюшеч|к|а 1
   | Анюш|еньк|а 1, Анюш|ечк|а 2
(А)н|юх|а → **Нюх|а** → Нюш|к|а 1 → Нюшеч|к|а 1
                Нюш|еньк|а 1, Нюш|ечк|а 2,
                Нюш|ик 1
                Нюш|а 1 → Нюш|еньк|а 2,
                            Нюш|ечк|а 3,
                            Нюш|ик 2
             Нюш|а 2; Нюш|еньк|а 3, Нюш|ечк|а 4
             Нюш|ик 3
Ан|юш|а 1 → Анюш|еньк|а 2, Анюш|ечк|а 3, Анюш|к|а 2
(А)н|юш|а → Нюш|а 3; Нюш|еньк|а 4, Нюш|ечк|а 5,
   | Нюш|ик 4
Ан|ечк|а 2, Ан|ик 1, Ан|иц|а 1, Ан|очк|а 2, Ан|ушк|а 1,
Ан|юшк|а 1
А(н|а) → **А|с|я 1** → Ась|к|а 1 → Асеч|к|а 1
      | Ас|еньк|а 1, Ас|ечк|а 2, Ас|ик 1
      | **Аш|а 1** → Аш|еньк|а 1
      | Аш|еньк|а 2
(А)н|а → **Н|ан|а 1**
           Аш|а 2; Аш|еньк|а 3
           Он|я 1 → Онь|к|а 1, Он|юшк|а 1
           Онь|к|а 2, Он|юшк|а 2
           Ян|а 1 → Ян|к|а 1 → Яноч|к|а 1
                   Ян|очк|а 2
           Ян|к|а 2, Ян|очк|а 3
Ан|я → Ан|ечк|а 3, Ан|ик 2, Ан|иц|а 2, Ан|к|а 2, Ан|очк|а 3,
   | Ан|ус|я 2, Ан|уш|а 2, Ан|ушк|а 2, Ан|ч|а 2, Ань|к|а 2,
   | Ан|юн|я 2, Ан|юр|а 2, Ан|юс|я 2, Ан|ют|а 2, Ан|юх|а 2,
   | Ан|юш|а 2, Ан|юшк|а 2
   | Ан|яш|а → Аняш|еньк|а, Аняш|ечк|а, Аняш|к|а
А(н|я) → А|с|я 2
(А)н|я → Н|ан|я 2
           Аш|а 3; Аш|еньк|а 4
           Он|я 2; Онь|к|а 3, Он|юшк|а 3
           Ян|а 2; Ян|к|а 3, Ян|очк|а 4
Ан|ечк|а 4, Ан|ик 3, Ан|иц|а 3, Ан|к|а 3, Ан|очк|а 4, Ан|ус|я 3,
Ан|уш|а 3, Ан|ушк|а 3, Ан|ч|а 3, Ань|к|а 3, Ан|юн|я 3, Ан|юр|а 3,
Ан|юс|я 3, Ан|ют|а 3, Ан|юх|а 3, Ан|юш|а 3, Ан|юшк|а 3
Аш|а 4; Аш|еньк|а 5
Он|я 3; Онь|к|а 4, Он|юшк|а 4
Ян|а 3; Ян|к|а 4, Ян|очк|а 5
(Ан)н|а → Н|ан|а 3

Дни ангела и святые (Анна): 13 июня, 29 октября, 3 ноября — *преподобные*; 10 февраля, 12 июня, 2 октября, 4 октября — *княгини*; 3 февраля, 28 августа, 9 декабря — *пророчицы*; 25 июля, 9 сентября, 9 декабря — *праведные*; 26 марта, 5 июля, 22 октября, 20 ноября — *мученицы*.

АНТИГО́Н|А, ы, *ж* (*редк.*) [*женск. к* Антигон].

АНТОНИА́Н|А, ы , *ж* [*лат. притяж.прилаг.* 'Антониева'].
   П р о и з в о д н ы е (12):
Антониан|а
Ан(тониан|а) → **Ан|я**
(Ан)тон(иан|а) → **Тон|я**
                    То(н|я) → **То|с|я 1** → Тось|к|а → Тосеч|к|а 1
                    | Тос|ень|к|а, Тос|ечк|а 2, Тос|ик
                    Тош|а 1 → Тош|к|а 1 → Тош*еч*|к|а 1
                    | Тош|еньк|а 1, Тош|ечк|а 2,
                    | Тош|ик 1
                    То(*ш*|а) → То|с|я 2
                    Тош|еньк|а 2, Тош|ечк|а 3, Тош|ик 2,
                    Тош|к|а 2
                    Тош|а 2; Тош|еньк|а 3, Тош|ечк|а 4, Тош|ик 3, Тош|к|а 3
(Ан)то(ниан|а) → То|с|я 3

АНТОНИ́Н|А, ы, *ж*[*женск. к* Антонин].
Антони́д|а, а (*народн.*).
   П р о и з в о д н ы е (84):
Антонин|а → Антонин|к|а → Антонин*оч*|к|а 1
| Антонин|очк|а 2, Антонин|ушк|а
Антони(н|а) → **Антони|д|а** → Антонид|к|а → Антонид*оч*|к|а 1
| Антонид|очк|а 2, Антонид|ушк|а
     (Анто)ни|д|а → **Нид|а** → Нид|к|а 1 → Нид*оч*|к|а 1
             | Нид|очк|а 2
             (Н)ид|а → **Ид|а 1** → Ид|к|а 1 → Ид*оч*|к|а 1
             | Ид|оньк|а 1,
             | Ид|очк|а 2, Идь|к|а 1
                  Ид|к|а 2, Ид|оньк|а 2, Ид|очк|а,
                  Идь|к|а 2
             Нид|к|а 2, Нид|очк|а 3
     (Антон)и|д|а → Ид|а 2; Ид|к|а 3, Ид|оньк|а 3, Ид|очк|а 4,
             Идь|к|а 3
Антон(ин|а) → Антон|ечк|а
| **Антош|а** → Антош|к|а 1 → Антош*еч*|к|а 1
| | Антош|еньк|а 1, Антош|ечк|а 2
| Анто(*ш*|а) → **Анто|с|я 1** → Антось|к|а → Антос*еч*|к|а 1

Антос|еньк|а, Антос|ечк|а 2

(Ан)то|с|я →

  Тос|я 1 →

    Тось|к|а 1 → Тос*еч*|к|а 1

    Тос|еньк|а 1, Тос|ечк|а 2, Тос|ик 1

    Тас|я 1 →Тась|к|а 1 →Тас*еч*|к|а 1

          Тас|ют|а 1 → Тасют|к|а →

                           Тасют*оч*|к|а 1

                           Тасют|очк|а 2,

                           Тасют|ушк|а

          Тас|еньк|а 1, Тас|ечк|а 2,

          Тас|ик 1

    Т*ас*|еньк|а 2, Т*ас*|ечк|а 3, Т*ас*|ик 2,

    Тась|к|а 2, Т*ас*|ют|а 2

  Тос|еньк|а 2, Тос|ечк|а 3, Тос|ик 2,

  Тось|к|а 2

  Т*ас*|я 2; Т*ас*|еньк|а 3, Т*ас*|ечк|а 4,

  Т*ас*|ик 3, Тась|к|а 3, Т*ас*|ют|а 3

(Ан)то(*ш*|а) → То|с|я 2, Т*а*|с|я 3

(Ан)то*ш*|а → **Тош|а 1** →Тош|к|а 1 → Тош*еч*|к|а 1

             Тош|еньк|а 1, Тош|ечк|а 2,

             Тош|ик 1

      Тош|еньк|а 2, Тош|ечк|а 3, Тош|ик 2,

      Тош|к|а 2

Анто(нин|а) → Анто|с|я 2

(Ан)тон(ин|а) → **Тон|я** → Тонь|к|а 1 → Тон*еч*|к|а 1

      Тон|юр|а 1 → Тонюр|к|а → Тонюр*оч*|к|а 1

                Тонюр|очк|а 2

      Тон|юс|я 1 → Тонюсь|к|а → Тонюс*еч*|к|а 1

                Тонюс|еньк|а, Тонюс|ечк|а 2

      (То)н|юс|я → **Нюс|я 1** → Нюсь|к|а 1 →

                               Нюс*еч*|к|а 1

                    Нюс|еньк|а 1,

                    Нюс|ечк|а 2,

                    Нюс|ик 1

              Нюс|еньк|а 2, Нюс|ечк|а 3,

              Нюс|ик 2, Нюсь|к|а 2

      Тон|юх|а 1 → Тоню*ш*|к|а 1 → Тоню*ш*еч*|к|а 1

                Тоню*ш*|еньк|а 1, Тоню*ш*|ечк|а 2

      Тон|юш|а 1 → Тонюш|еньк|а 2, Тонюш|ечк|а 3,

                Тоню́ш|к|а 2

      Тон|еньк|а 1, Тон|ечк|а 2, Тон|ёк 1, Тон|ик 1,

      Тоны|ш|а 1, Тон|юн|я 1, То́н|юшк|а 1, Тон|ях|а 1

  То(н|я) → То|с|я 3, Т*а*|с|я 4

Тош|а 2; Тош|еньк|а 3, Тош|ечк|а 4, Тош|ик 3,
Тош|к|а 3

Тон|еньк|а 2, Тон|ечк|а 3, Тон|ёк 2, Тон|ик 2, Тонь|к|а 2,
Тонь|ш|а 2, Тон|юн|я 2, Тон|юр|а 2, Тон|юс|я 2,
Тон|юх|а 2, Тон|юш|а 2, То́н|юшк|а 2, Тон|ях|а 2

Тош|а 3; Тош|еньк|а 4, Тош|ечк|а 5, Тош|ик 4, Тош|к|а 4

(Ан)то(нин|а) → То|с|я 4, Та|с|я 5

(Анто)нин|а → Нин|а → Нин|ух|а 1 → Нину́ш|к|а 1 → Нинушеч|к|а 1
                                                      Нинуш|еньк|а 1, Нинуш|ечк|а 2

          Нин|уш|а 1 → Нинуш|еньк|а 2, Нинуш|ечк|а 3,
                        Нину́ш|к|а 2

          Нин|очк|а 2, Нин|ус|я 1, Ни́н|ушк|а 1

    (Н)ин|а → **Ин|а 1** → Ин|к|а 1 → Ин*оч*|к|а 1
                        Ин|ок 1 → Иноч|ек 1
                        Ин|ечк|а 1, Ин|очек 2, Ин|очек 3,
                        Ин|очк|а 3

              Ин|ечк|а 2, Ин|к|а 2, Ин|ок 2, Ин|очек 4,
              Ин|очк|а 4

(Антон)ин|а → Ин|а 2; Ин|ечк|а 3, Ин|к|а 3, Ин|ок 3, Ин|очк|а 4

Дни ангела и святые (Антонина): 1 марта, 10 июня, 13 июня — *мученицы.*

АНТО́НИ|Я (Анто́ни[й|а]), Анто́ни|и (Анто́ни[й|и]), *ж* [*женск. к* Анто-
ний].

    П р о и з в о д н ы е (34):

Антони|я

Антон(и|я) → **Антон|я** → Антонь|к|а 1 → Антон*еч*|к|а 1
                          Антон|ечк|а 2, Антон|юшк|а 1

          Анто(н|я) → **Анто|с|я 1** → Антось|к|а → Антос*еч*|к|а 1
                                      Антос|еньк|а, Антос|ечк|а 2

                  (Ан)то|с|я → **Тос|я 1** → Тось|к|а 1 → Тос*еч*|к|а 1
                                            Тос|еньк|а 1,
                                            Тос|ечк|а 2, Тос|ик 1

                              Тос|еньк|а 2, Тос|ечк|а 3, Тос|ик 2,
                              Тось|к|а 2

          (Ан)то(н|я) → То|с|я 2

          (Ан)тон|я → **Тон|я 1** → Тонь|к|а 1 → Тон*еч*|к|а 1
                                  Тон|юх|а 1 → Тоню́ш|к|а 1 →
                                                        Тоню́ш*еч*|к|а 1
                                              Тонюш|еньк|а 1,
                                              Тонюш|ечк|а 2

                      Тон|юш|а 1 → Тонюш|еньк|а 2,
                                    Тонюш|ечк|а 3,
                                    Тоню́ш|к|а 2

Тон|ечк|а 2, Тон|ик 1, Тонь|ш|а 1,
Тон|юс|я 1, То́н|юшк|а 1
То(н|я) → То|с|я 3
Тош|а 1 → Тош|к|а 1 → Тош*еч*|к|а 1
Тош|еньк|а 1,
Тош|ечк|а 2, Тош|ик 1
Тон|ечк|а 3, Тон|ик 2, Тонь|к|а 2,
Тонь|ш|а 2, Тон|юс|я 2, Тон|юх|а 2,
Тон|юш|а 2, То́н|юшк|а 2
Тош|еньк|а 2, Тош|ечк|а 3, Тош|ик 2,
Тош|к|а 2
Тон|ечк|а 4, Тон|ик 3, Тонь|к|а 3, Тонь|ш|а 3,
Тон|юс|я 3, Тон|юх|а 3, Тон|юш|а 3,
То́н|юшк|а 3
Тош|а 2; Тош|еньк|а 3, Тош|ечк|а 4, Тош|ик 3,
Тош|к|а 3
Анто*ш*|а 1 → Антош|к|а 1 → Антош*еч*|к|а 1
Антош|еньк|а 1, Антош|ечк|а 2
(Ан)тош|а → Тош|а 3; Тош|еньк|а 4,
Тош|ечк|а 5, Тош|ик 4, Тош|к|а 4
Анто*ш*|еньк|а 2, Анто*ш*|ечк|а 3, Анто*ш*|к|а 2
Анто*ш*|а 2; Анто*ш*|еньк|а 3, Анто*ш*|ечк|а 4, Анто*ш*|к|а 3
Анто(ни|я) → Анто|с|я 2
(Ан)тон(и|я) → Тон|я 2; Тон|ечк|а 5, Тон|ик 4, Тонь|к|а 4, Тонь|ш|а 4,
Тон|юс|я 4, Тон|юх|а 4, Тон|юш|а 4, Тон|юшк|а 4
Тош|а 4; Тош|еньк|а 5, Тош|ечк|а 6, Тош|ик 5, Тош|к|а 5
(Ан)то(ни|я) → То|с|я 4

АНФИ́М|А, ы, *ж* (*редк.*) [*женск. к* Анфим].
   П р о и з в о д н ы е (23):
Анфим|а → Анфим|к|а → Анфим*оч*|к|а 1
Анфим|очк|а 2, Анфим|ушк|а
Анфи(м|а) → **Анфи*ш*|а** → Анфиш|к|а → Анфиш*еч*|к|а 1
Анфиш|еньк|а, Анфиш|ечк|а 2
(Ан)фи|ш|а → **Фи*ш*|а 1** → Фиш|к|а 1 → Фиш*еч*|к|а 1
Фиш|еньк|а 1, Фиш|ечк|а 2
Фиш|еньк|а 2, Фиш|ечк|а 3, Фиш|к|а 2
Ан(фим|а) → **Ан|я** → Ань|к|а 1 → Ан*еч*|к|а 1
Ан|ечк|а 2, Ан|юшк|а 1
Ан|ечк|а 3, Ань|к|а 2, Ан|юшк|а 2
(Ан)фи(м|а) → Фи|ш|а 2
(Ан)фим|а → Фим|а → Фим|к|а 1 → Фим*оч*|к|а 1
Фим|ул|я 1 → Фимуль|к|а → Фимул*еч*|к|а 1
Фимул|еньк|а, Фимул|ечк|а 2

Фим|очк|а 2, Фим|ушк|а 1

Фи(м|а) → Фи|ш|а 3

Фим|к|а 2, Фим|очк|а 3, Фим|ул|я 2, Фим|ушк|а 2

АНФИ́С|А, ы, *ж* [*греч.* 'цветущая'; 'цветение']

Анфи́з|а, ы (*разг.*).

П р о и з в о д н ы е (23):

Анфис|а → Анфис|к|а → Анфисо*ч*|к|а 1

Анфис|оньк|а, Анфис|очк|а 2, Анфис|ушк|а

(Ан)фис|а → **Фис|а** → Фис|к|а 1 → Фисо*ч*|к|а 1

Фис|оньк|а 1, Фис|очк|а 2, Фис|ушк|а 1

Фис|к|а 2, Фис|оньк|а 2, Фис|очк|а 3, Фис|ушк|а 2

Анфиз|а → Анфиз|к|а 1 → Анфизо*ч*|к|а 1

Анфиз|очк|а 2, Анфиз|ушк|а 1

(Ан)физ|а → **Физ|а 1** → Физ|к|а 1 → Физо*ч*|к|а 1

Физ|ул|я 1 → Физуль|к|а

Физ|ун|я 1 → Физунь|к|а →

Физун*ч*|ик 1

Физун|чик 2

Физ|ок 1, Физ|оньк|а 1, Физ|очк|а 2

Физ|к|а 2, Физ|ок 2, Физ|оньк|а 2, Физ|очк|а 3,

Физ|ул|я 2, Физ|ун|я 2

Анфиз|к|а 2, Анфиз|очк|а 3, Анфиз|ушк|а 2

Анфус|а

Дни ангела и святые (Анфиса): 27 июля — *преподобная*; 27 августа, 8 декабря — *мученицы*; (Анфуса): 12 апреля — *преподобная*; 22 августа — *мученица*.

АПОЛЛИНА́РИ|Я (Аполлина́ри[й|а]), Аполлина́ри|и (Аполлина́ри[й|и]), *ж* [*женск. к* Аполлинарий].

Поли́н|а, ы (*разг.*).

Полина́ри|я (Полина́ри[й|а]), Полина́ри|и (Полина́ри[й|и]) (*прост.*).

П р о и з в о д н ы е (35):

Аполлинари|я

Аполлинар(и|я) → Аполлинар|к|а

Апол(линари|я) →

Апол|я → Аполь|к|а 1 → Аполе*ч*|к|а 1

Апол|еньк|а 1, Апол|ечк|а 2

Ап(ол|я) → **Ап|а 1** → Ап|к|а 1 → Апо*ч*|к|а 1

Ап|оньк|а 1, Ап|очк|а 2

Ап|к|а 2, Ап|оньк|а 2, Ап|очк|а 3

(А)пол|я → **Пол|я 1** → Поль|к|а 1 → Поле*ч*|к|а 1

Пол|юн|я 1 → Полюнь|к|а →

Полюне*ч*|к|а 1,

Полюнч|ик 1

Полюн|ечк|а 2,

Полюн|чик 2

Пол|юх|а 1 → Полю́ш|к|а 1 →

Полюше́ч|к|а 1

Полю́ш|еньк|а 1,

Полю́ш|ечк|а 2

Пол|юш|а 1 → Полюш|еньк|а 2,

Полюш|ечк|а 3,

Полю́ш|к|а 2

Пол|ян|а 1 → Полян|к|а → Поляноч|к|а 1

Полян|очк|а 2

Пол|еньк|а 1, Пол|ечк|а 2, Поль|ч|а 1,

Поль|ш|а 1, По́л|юшк|а 1

Пол|еньк|а 2, Пол|ечк|а 3, Поль|к|а 2, Поль|ч|а 2,

Поль|ш|а 2, Пол|юн|я 2, Пол|юх|а 2, Пол|юш|а 2,

По́л|юшк|а 2, Пол|ян|а 2

Апол|еньк|а 2, Апол|ечк|а 3, Аполь|к|а 2

Ап(оллинари|я) → Ап|а 2; Ап|к|а 3, Ап|оньк|а 3, Ап|очк|а 4

(А)пол(л)ин(ари|я) →

Полин|а 1 → Полин|к|а 1 → Полиноч|к|а 1

Полин|очк|а 2, Полин|ушк|а 1

Пол(ин|а) → Пол|я 2; Пол|еньк|а 3, Пол|ечк|а 4, Поль|к|а 3,

Поль|ч|а 3, Поль|ш|а 3, Пол|юн|я 3, Пол|юх|а 3,

Пол|юш|а 3, По́л|юшк|а 3, Пол|ян|а 3

П(о)лин|а → **Плин|а 1**

(П)лин|а → **Лин|а 1**

(По)лин|а → Лин|а 2

Полин|к|а 2, Полин|очк|а 3, Полин|ушк|а 2

(А)п(ол)лин(ари|я) → Плин|а 2

(А)пол(линари|я) → Пол|я 3; Пол|еньк|а 4, Пол|ечк|а 5, Поль|к|а 4,

Поль|ч|а 4, Поль|ш|а 4, Пол|юн|я 4, Пол|юх|а 4,

Пол|юш|а 4, По́л|юшк|а 4, Пол|ян|а 4

(Апол)лин(ари|я) → Лин|а 3

(А)пол(л)инари|я → **Полинари|я**

Полин(ари|я) → Полин|а 2; Полин|к|а 3,

Полин|очк|а 4, Полин|ушк|а 3

Пол(инари|я) → Пол|я 4; Пол|еньк|а 5, Пол|ечк|а 6,

Поль|к|а 5, Поль|ч|а 5, Поль|ш|а 5,

Пол|юн|я 5, Пол|юх|а 5, Пол|юш|а 5,

По́л|юшк|а 5, Пол|ян|а 5

П(о)лин(ари|я) → Плин|а 3

(По)лин(ари|я) → Лин|а 4

День ангела и святая (Аполлинария): 5 января — *преподобная*.

АПОЛЛО́НИ|Я (Аполло́ни[й|а]), Аполло́ни|и (Аполло́ни[й|и]), *ж* (*стар.-
редк.*) [*женск.* к Аполлоний].

   П р о и з в о д н ы е (9):

Аполлони|я

Апол(лони|я) → **Апол|я** → Аполь|к|а 1
               Аполь|к|а 2
               (А)пол|я → **Пол|я 1** → Поль|к|а 1 → Полечк|а 1
                                Пол|юш|а 1 →Полю́ш|к|а
                                Пол|еньк|а 1, Пол|ечк|а 2,
                                По́л|юшк|а 1
                       Пол|еньк|а 2, Пол|ечк|а 3, Поль|к|а 2,
                       Пол|юш|а 2, По́л|юшк|а 2
               Аполь|к|а 3
(А)пол(лони|я) → Пол|я 2; Пол|еньк|а 3, Пол|ечк|а 4, Поль|к|а 3,
                     Пол|юш|а 3, По́л|юшк|а 3

АПРЕ́ЛИ|Я (Апре́ли[й|а]), Апре́ли|и (Апре́ли[й|и]), *ж* [*женск.* к Апрелий:
от лат. 'освещенный солнцем'].

   П р о и з в о д н ы е (6):

Апрели|я

Апрел(и|я) → Апрель|к|а → Апрелечк|а 1
 | Апрел|ечк|а 2
(Ап)рел(и|я) → **Рел|я** → Рель|к|а 1 → Релечк|а 1
 | Рел|еньк|а 1, Рел|ечк|а 2
          Рел|еньк|а 2, Рел|ечк|а 3, Рель|к|а 2

АРИА́ДН|А, ы, *ж* [*греч.* 'очень' и 'нравиться'. В античной мифологии:
Ариадна — дочь Миноса, которая помогла Тезею выйти из лабиринта;
'строго сохраняющая супружескую верность'].

   П р о и з в о д н ы е (31):

Ариадн|а → Ариадн|очк|а, Ариадн|ушк|а

Ар(иадн|а) → **Ар|а** → Ар|ечк|а 1
         Ар|я → Ар|ечк|а 2
 | Ар|ечк|а 3
А(риа)д(н|а) → **Ад|а 1** →Ад|к|а 1 → Адоч|к|а 1
                 Адь|к|а 1 → Адеч|к|а 1
                 Ад|еньк|а 1, Ад|ечк|а 2, Ад|очк|а 2
             Ад|я 1 →Ад|еньк|а 2, Ад|ечк|а 3, Ад|к|а 2, Ад|очк|а 3,
 | Адь|к|а 2
             Ад|еньк|а 3, Ад|ечк|а 4, Ад|к|а 3, Ад|очк|а 4, Адь|к|а 3
А(риа)дн|а → **Адн|а**
 | Ад(н|а) → Ад|а 2; Ад|я 2; Ад|еньк|а 4, Ад|ечк|а 5, Ад|к|а 4,
                  Ад|очк|а 5, Адь|к|а 4
(А)р(и)ад(н|а) → **Рад|а** → Рад|к|а 1 → Радоч|к|а 1

Рад|ык|а 1 → Рад*еч*|к|а 1
Рад|еньк|а 1, Рад|ечк|а 2, Рад|ик 1, Рад|оньк|а 1,
Рад|очк|а 2, Рад|ушк|а 1
Рад|еньк|а 2, Рад|ечк|а 3, Рад|ик 2, Рад|к|а 2,
Рад|оньк|а 2, Рад|очк|а 3, Рад|ушк|а 2, Рад|ык|а 2
(А)ри(а)д(н|а) → **Рид|а** → Рид|к|а 1 → Рид*оч*|к|а 1
Рид|уш|а 1 ⇢ Рид*у́ш*|к|а → Ридуш*еч*|к|а 1
Ридуш|еньк|а, Ридуш|ечк|а 2
Рид|оньк|а 1, Рид|очк|а 2, Ри́д|ушк|а 1
Рид|к|а 2, Рид|оньк|а 2, Рид|очк|а 3, Рид|уш|а 2,
Ри́д|ушк|а 2
День ангела и святая (Ариадна): 18 сентября — *мученица*.

АРКА́ДИ|Я (Арка́ди[й|а]), Арка́ди|и (Арка́ди[й|и]), *ж* [*женск.* к Аркадий].
П р о и з в о д н ы е (21):
Аркади|я
Ар(кади|я) → **Ар|я**
А(рка)д(и|я) → **Ад|а** → Ад|к|а 1 → Ад*оч*|к|а 1
Адь|к|а 1 → Ад*еч*|к|а 1
Ад|еньк|а 1, Ад|ечк|а 2, Ад|оньк|а 1, Ад|очк|а 2
Ад|я → Ад|еньк|а 2, Ад|ечк|а 3, Ад|к|а 2, Ад|оньк|а 2,
Ад|очк|а 3, Адь|к|а 2
Ад|еньк|а 3, Ад|ечк|а 4, Ад|к|а 3, Ад|оньк|а 3, Ад|очк|а 4,
Адь|к|а 3
(Ар)кад(и|я) → **Кад|я** → Кадь|к|а 1 → Кад*еч*|к|а 1
Кад|еньк|а 1, Кад|ечк|а 2, Кад|оньк|а 1
Ка(д|я) → **Ка|н|а 1** → Кан|к|а 1 → Кан*оч*|к|а 1
Кань|к|а 1 → Кан*еч*|к|а 1
Кан|ечк|а 2, Кан|очк|а 2, Кан|ушк|а 1
Ка|н|я 1 → Кан|ечк|а 3, Кан|к|а 2, Кан|очк|а 3,
Кан|ушк|а 2, Кань|к|а 2
Кад|еньк|а 2, Кад|ечк|а 3, Кад|оньк|а 2, Кадь|к|а 2
(Ар)ка(ди|я) → Ка|н|а 2, Ка|н|я 2

АРСЕ́НИ|Я (Арсе́ни[й|а]), Арсе́ни|и (Арсе́нь[й|и]), *ж* [*женск.* к Арсений].
П р о и з в о д н ы е (20):
Арсени|я → Арсень|юшк|а(Арсень[й|у]шк|а)
Арсен(и|я) → **Арсен|я** → Арсе́нь|к|а
Арс(ен|я) → **Арс|а 1** → Арс|юш|а 1 → Арсюш|еньк|а,
Арсюш|к|а
(Ар)с|юш|а → **Сюш|а** → Сюш|к|а 1 →
Сюш*еч*|к|а 1
Сюш|еньк|а 1,
Сюш|ечк|а 2

Сюш|еньк|а 2,
Сюш|ечк|а 3,
Сюш|к|а 2
Арс|еньк|а 1, Арс|ечк|а 1
А(р)с|а → **Ас|я 1** → Ась|к|а 1 → Асе*ч*к|а 1
Ас|ечк|а 2
Ас|ечк|а 3, Ась|к|а 2
Арс|я 1 → Арс|еньк|а 2, Арс|ечк|а 2, Арс|юш|а 2
А(р)с|я → Ас|я 2; Ас|ечк|а 4, Ась|к|а 3
Арс|еньк|а 3, Арс|ечк|а 3, Арс|юш|а 3
А(р)с(ен|я) → Ас|я 3; Ас|ечк|а 5, Ась|к|а 4
(Ар)сен|я → **Сен|я 1** → Сень|к|а 1 → Сене*ч*к|а 1
Сен|ечк|а 2
Сен|ечк|а 3, Сень|к|а 2
Арс(ени|я) → Арс|а 2, Арс|я 2; Арс|еньк|а 4, Арс|ечк|а 4, Арс|юш|а 4
А(р)с(ени|я) → Ас|я 4; Ас|ечк|а 6, Ась|к|а 5
(Ар)сен(и|я) → Сен|я 2; Сен|ечк|а 4, Сень|к|а 3

АРТЕМИ́Д|А, ы, *ж* [*в античной мифол.*: Артемида - богиня охоты].
     П р о и з в о д н ы е (14):
Артемид|а → Артемид|к|а → Артемидо*ч*к|а 1
Артемид|очк|а 2, Артемид|ушк|а
(Артем)ид|а → **Ид|а 1** → Ид|к|а 1 → Идо*ч*к|а 1
Ид|ун|я 1 → Идун|чик
Ид|ус|я 1 → Идусь|к|а → Идусе*ч*к|а 1
Идус|еньк|а, Идус|ечк|а 2
Ид|оньк|а 1, Ид|очк|а 2, Йд|ушк|а 1
Ид|к|а 2, Ид|оньк|а 2, Ид|очк|а 3, Ид|ун|я 2, Ид|ус|я 2,
Йд|ушк|а 2

АРТЕ́МИ|Я (Арте́ми[йа|а]), Арте́ми|и (Арте́ми[й|и]), *ж* (*стар. редк.*) [*женск.* к Артемий].
     П р о и з в о д н ы е (18):
Артеми|я → Артемь|юшк|а (Артемь[й|у]шк|а)
Артем(и|я) → **Артем|а**
Арт(ем|а) →
Арт|я 1 → Арт|юш|а 1 → Арт|юшк|а → Артюше*ч*к|а 1
Артюш|ечк|а 2
(Ар)т|юш|а → **Тюш|а 1** → Тюш|к|а 1 →
Тюше*ч*к|а 1
Тюш|еньк|а 1,
Тюш|ечк|а 2
Тюш|еньк|а 2, Тюш|ечк|а 3,
Тюш|к|а 2

Арт|юш|а 2
(Ар)тем|а → **Тем|а 1** → Тем|к|а 1
Тём|а 1 → Тём|к|а 1 → Тём*оч*|к|а 1
Тём*ч*|ик 1
Тём|оньк|а 1, Тём|очк|а 2,
Тём|ушк|а 1, Тём|чик 2
Тём|к|а 2, Тём|оньк|а 2, Тём|очк|а 3,
Тём|ушк|а 2, Тём|чик 3
Тем|к|а 2
Тём|а 2; Тём|к|а 3, Тём|оньк|а 3, Тём|очк|а 4,
Тём|ушк|а 3, Тём|чик 4
Арт(еми|я) → Арт|я 2; Арт|юш|а 3
(Ар)тем(и|я) → Тем|а 2; Тем|к|а 3
Тём|а 3; Тём|к|а 4, Тём|оньк|а 4, Тём|очк|а 5, Тём|ушк|а 4,
Тём|чик 5

День ангела и святая (Артемия): 7 июня — *мученица*.

А́СТР|А, ы, *ж* (*нов.*) [*греч.* 'звезда'].
П р о и з в о д н ы е (6):
Астр|а → Астр|очк|а, Астр|ушк|а
Ас(тр|а) → **Ас|я** → Ась|к|а 1 → Ас*еч*|к|а 1
Ас|еньк|а 1, Ас|ечк|а 2
Ас|еньк|а 2, Ас|ечк|а 3, Ась|к|а 2

АФАНА́СИ|Я (Афана́си[й|а]), Афана́си|и (Афанаси[й|и]), *ж* [*женск. к* Афанасий].
П р о и з в о д н ы е (49):
Афанаси|я → Афанась|юшк|а (Афанась[й|у]шк|а)
Афанас(и|я) →
Афанас|а → Афанас|к|а → Афанас*оч*|к|а 1
Афанась|к|а 1 → Афанас*еч*|к|а 1
Афанас|ечк|а 2, Афанас|очк|а 2, Афанас|ушк|а 1,
Афанас|юшк|а 1
Афан(ас|а) → **Афон|я 1** → Афонь|к|а 1 → Афон*еч*|к|а 1
Афон|ечк|а 2, Афонь|ш|а 1, Афон|юшк|а 1
Аф*о*(н|я) → **Афо|с|я 1** → Афось|к|а → Афос*еч*|к|а 1
Афос|еньк|а, Афос|ечк|а 2
(А)фо|с|я → **Фос|я 1** → Фось|к|а 1
Фось|к|а 2
(А)ф*он*|я → **Фон|я 1** → Фонь|к|а 1 → Фон*еч*|к|а 1
Фон|ечк|а 2, Фон|юшк|а 1
Фен|а 1
Фош|а 1 → Фош|к|а 1 →
Фош*еч*|к|а 1

Фош|еньк|а 1,
Фош|ечк|а 2

Фон|ечк|а 3, Фоны|к|а 2, Фон|юшк|а 2
Фе*н*|а 2

Фо*ш*|а 2; Фо*ш*|еньк|а 2, Фо*ш*|ечк|а 3,
Фо*ш*|к|а 2

Афон|ечк|а 3, Афоны|к|а 2, Афоны|ш|а 2,
Афон|юшк|а 2

(А)фан(ас|а) → **Фан|я 1** → Фан|к|а 1 → Фано*ч*|к|а 1
Фаны|к|а 1 → Фан*еч*|к|а 1
Фан|ечк|а 2, Фан|ик 1,
Фан|очк|а 2, Фан|ушк|а 1,
Фан|юшк|а 1

Фан|ечк|а 3, Фан|ик 2, Фан|к|а 2,
Фан|очк|а 3,
Фан|ушк|а 2, Фаны|к|а 2, Фан|юшк|а 2

(Афа)на(с|а) → **На|т|а 1**

(А)фа(на)с|а → Ф*ос*|я 2; Ф*ос*ы|к|а 3

(Афа)нас|а → **Нас|а 1** → Нас|к|а 1 → Нас*оч*|к|а 1
Насы|к|а 1 → Нас*еч*|к|а 1
Нас|еньк|а 1, Нас|ечк|а 2,
Нас|ик 1, Нас|оньк|а 1,
Нас|очк|а 2

На(с|а) → На|т|а 2

Нас|я 1 → Нас|еньк|а 2, Нас|ечк|а 3,
Нас|ик 2, Нас|к|а 2, Нас|оньк|а 2,
Нас|очк|а 3, Насы|к|а 2

На(с|а) → На|т|а 3

Нас|еньк|а 3, Нас|ечк|а 4, Нас|ик 3,
Нас|к|а 3, Нас|оньк|а 3, Нас|очк|а 4, Насы|к|а 3

(А)фанас|а → Фан*ос*|очк|а 1, Фе*н*ос|очк|а 1

Афанас|я → Афанас|ечк|а 3, Афанас|к|а 2, Афанас|очк|а 3,
Афанас|ушк|а 2, Афанасы|к|а 2, Афанас|юшк|а 2

Афан(ас|я) → Афон|я 2; Афон|ечк|а 4, Афоны|к|а 3,
Афоны|ш|а 3, Афон|юшк|а 3

(А)фан(ас|я) → Фан|я 2; Фан|ечк|а 4, Фан|ик 3, Фан|к|а 3,
Фан|очк|а 4, Фан|ушк|а 3, Фаны|к|а 3,
Фан|юшк|а 3

(Афа)на(с|я) → На|т|а 2

(А)фа(на)с|я → Ф*ос*|я 3; Ф*ос*ы|к|а 4

(А)фанас|я → Фан*ос*|очк|а 2, Фе*н*ос|очк|а 2

(Афа)нас|я → Нас|а 2, Нас|я 2; Нас|еньк|а 4, Нас|ечк|а 5,
Нас|ик 4, Нас|к|а 4, Нас|оньк|а 4,
Нас|очк|а 5, Насы|к|а 4

Афанас|ечк|а 4, Афанас|к|а 3, Афанас|очк|а 4,
Афанас|ушк|а 3, Афанась|к|а 3, Афанас|юшк|а 3

Афан(аси|я) → Афон|я 3; Афон|ечк|а 5, Афонь|к|а 4, Афонь|ш|а 4,
Афон|юшк|а 4

(А)фан(аси|я) → Фан|я 3; Фан|ечк|а 5, Фан|ик 4, Фан|к|а 4, Фан|очк|а 5,
Фан|ушк|а 4, Фань|к|а 4, Фан|юшк|а 4

(Афа)на(си|я) → На|т|а 3

(А)фа(на)с(и|я) → Фос|я 4; Фось|к|а 5

(А)фанаси|я → Фанос|очк|а 3, Фенос|очк|а 3

(Афа)нас(и|я) → Нас|а 3, Нас|я 3; Нас|еньк|а 5, Нас|ечк|а 6, Нас|ик 5,
Нас|к|а 5, Нас|оньк|а 5, Нас|очк|а 6, Нась|к|а 5

Дни ангела и святые (Афанасия): 12 апреля, 9 октября, 6 ноября — *преподобные*; 31 января — *мученица*.

АЭЛИ́Т|А, ы, *ж* (нов.) [*греч.* 'воздух' и 'камень'. Имя образовано А. Н. Толстым в его одноименном романе].

П р о и з в о д н ы е (29):

Аэлит|а → Аэлит|к|а → Аэлит*оч*|к|а 1
Аэлит|очк|а 2, Аэлит|ушк|а

А(э)л(ит|а) → Ал|а →Ал|к|а 1 → Ал*оч*|к|а 1
Аль|к|а 1 → Ал*еч*|к|а 1
Ал|ечк|а 2, Ал|очк|а 2

(А)л|а → **Л|ял|я 1** →Ляль|к|а → Лял*еч*|к|а 1
Лял|еньк|а, Лял|ечк|а 2, Лял|ик

Ал|я →Ал|ечк|а 3, Ал|к|а 2, Ал|очк|а 3, Аль|к|а 2

(А)л|я → Л|ял|я 2

Ал|ечк|а 4, Ал|к|а 3, Ал|очк|а 4, Аль|к|а 3

(А)эл(ит|а) → **Эл|а** → Эл|к|а 1 → Эл*оч*|к|а 1
Эль|к|а 1 → Эл*еч*|к|а 1
Эл|еньк|а 1, Эл|ечк|а 2, Эл|оньк|а 1, Эл|очк|а 2,
Эл|ушк|а 1

(Э)л|а → Л|ял|я 3
Ёл|а 1

Эл|я → Эл|еньк|а 2, Эл|ечк|а 3, Эл|к|а 2, Эл|оньк|а 2,
Эл|очк|а 3, Эл|ушк|а 2, Эль|к|а 2

(Э)л|я → Л|ял|я 4
Ёл|а 2

Эл|еньк|а 3, Эл|ечк|а 4, Эл|к|а 3, Эл|оньк|а 3, Эл|очк|а 4,
Эл|ушк|а 3, Эль|к|а 3
Ёл|а 3

(Аэ)л(ит|а) → Л|ял|я 5

(Аэ)лит|а → **Лит|а** →Лит|к|а 1 → Лит*оч*|к|а 1
Лит|очк|а 2, Лит|ус|я 1, Ли́т|ушк|а 1
Лит|к|а 2, Лит|очк|а 3, Лит|ус|я 2, Ли́т|ушк|а 2

Б

БЕАТРИ́С|А, ы, *ж* [*лат.* 'счастливая'].
   П р о и з в о д н ы е (3):
Беатрис|а → Беатрис|к|а
Беат(рис|а) → **Беат|а**
               Бе(а)т|а → **Бет|а 1**
Бе(а)т(рис|а) → Бет|а 2

БЕЛОСЛА́В|А, ы, *ж* [*женск.* к Белослав].
   П р о и з в о д н ы е (8):
Белослав|а
Бел(ослав|а) → **Бел|а** → Бел|к|а 1 → Бело*ч*|к|а 1
           | Бел|очк|а 2
          | Бел|к|а 2, Бел|очк|а 3
(Бело)слав|а → **Слав|а** → Слав|к|а 1 → Слав*оч*|к|а 1
                | Слав|оньк|а 1, Слав|очк|а 2, Слав|ушк|а 1
           Слав|к|а 2, Слав|оньк|а 2, Слав|очк|а 3, Слав|ушк|а 2

БЕНЕДИ́КТ|А, ы, *ж* [*женск.* к Бенедикт].
   П р о и з в о д н ы е (6):
Бенедикт|а
Бен(едикт|а) → **Бен|а** → Бен|к|а 1 → Бен*оч*|к|а 1
           | Бень|к|а 1 → Бен*еч*|к|а 1
           | Бен|ечк|а 2, Бен|очк|а 2
        Бен|я → Бен|ечк|а 3, Бен|к|а 2, Бен|очк|а 3, Бень|к|а 2
        Бен|ечк|а 4, Бен|к|а 3, Бен|очк|а 4, Бень|к|а 3

БЕ́РТ|А, ы, *ж* [*др.-герм.* 'блеск, великолепие'].
   П р о и з в о д н ы е (2):
Берт|а
Бе(р)т|а → **Бет|а, Бет|я**

БОГДА́Н|А, ы, *ж* [*женск.* к Богдан].
   П р о и з в о д н ы е (22):
Богдан|а → Богдан|к|а → Богдано́ч|к|а 1
  | Богдан|очк|а 2, Богдан|ушк|а
Богд(ан|а) → **Богд|а 1**
                 Бог(д|а) → **Бог|а 1** → Бог|оньк|а 1, Бог|очк|а 1
                                  Бог|оньк|а 2, Бог|очк|а 2
                 Бо(г)д|а → **Бод|я 1** → Бодь|к|а 1 → Боде́ч|к|а 1
                   | Бод|еньк|а 1, Бод|ечк|а 2
                   | Бод|еньк|а 2, Бод|ечк|а 3, Бодь|к|а 2
Бог(дан|а) → Бог|а 2; Бог|оньк|а 3, Бог|очк|а 3
Бо(г)д(ан|а) → Бод|я 2; Бод|еньк|а 3, Бод|ечк|а 4, Бодь|к|а 3
(Бог)дан|а → **Дан|а** → Дан|к|а 1 → Дано́ч|к|а 1
   | Дан|очк|а 2
   | Дан|к|а 2, Дан|очк|а 3
            Богдаш|а → Богдаш|к|а 1 → Богдаше́ч|к|а 1
              | Богдаш|ечк|а 2
            Богд(аш|а) → Богд|а 2
            Бог(даш|а) → Бог|а 3; Бог|оньк|а 3, Бог|очк|а 3
            Бо(г)д(аш|а) → Бод|я 3; Бод|еньк|а 4, Бод|ечк|а 5, Бодь|к|а 4
            (Бог)даш|а → **Даш|а** → Даш|к|а 1 → Даше́ч|к|а 1
              | Даш|еньк|а 1, Даш|ечк|а 2, Даш|ик 1
              | Даш|еньк|а 2, Даш|ечк|а 3, Даш|ик 2, Даш|к|а 2
            Богдаш|к|а 2, Богдаш|ечк|а 3

БОЖЕ́Н|А, ы, *ж* (*редк.*) [*заимств. из чешск.яз.*].
   П р о и з в о д н ы е (6):
Божен|а → Божен|к|а → Божено́ч|к|а 1
            Божен|очк|а 2
Бож(ен|а) → **Бож|а**
(Бо)жен|а → **Жен|я** → Жень|к|а 1 → Жене́ч|к|а 1
              | Жен|ечк|а 2
            Жен|ечк|а 3, Жень|к|а 2

БОЛЕСЛА́В|А, ы, *ж* [*женск.* к Болеслав].
   П р о и з в о д н ы е (12):
Болеслав|а → Болеслав|к|а → Болесла́воч|к|а 1
   | Болеслав|очк|а 2, Болеслав|ушк|а
Бол(еслав|а) → **Бол|я** → Боль|к|а 1 → Боле́ч|к|а 1
   | | Бол|ечк|а 2
   | Бол|ечк|а 3, Боль|к|а 2
(Боле)слав|а → **Слав|а** → Слав|к|а 1 → Сла́воч|к|а 1
   | Слав|еньк|а 1, Слав|оньк|а 1, Слав|очк|а 2,
   | Слав|ушк|а 1

Слав|еньк|а 2, Слав|к|а 2, Слав|оньк|а 2, Слав|очк|а 3,
Слав|ушк|а 2

БОРИСЛА́В|А, ы, *ж* [*женск.* к Борислав].
П р о и з в о д н ы е (8):
Борислав|а → Борислав|к|а
(Бори)слав|а → **Слав|а** → Слав|к|а 1 → Слав*оч*|к|а 1
Слав|еньк|а 1, Слав|ик 1, Слав|оньк|а 1,
Слав|очк|а 2, Слав|ушк|а 1
Слав|еньк|а 2, Слав|ик 2, Слав|к|а 2, Слав|оньк|а 2,
Слав|очк|а 3, Слав|ушк|а 2

БОЯ́Н|А, ы, *ж* [*женск.* к Боян].
П р о и з в о д н ы е (5):
Боян|а → Боян|к|а
(Бо)ян|а → **Ян|а** → Ян|к|а 1 → Ян*оч*|к|а 1
Ян|очк|а 2
Ян|я → Ян|к|а 2, Ян|очк|а 3
Ян|к|а 3, Ян|очк|а 4

БРАТИСЛА́В|А, ы, *ж* [*женск.* к Братислав].
П р о и з в о д н ы е (4):
Братислав|а
(Брати)слав|а → **Слав|а** → Слав|к|а 1 → Слав*оч*|к|а 1
Слав|оньк|а 1, Слав|очк|а 2
Слав|к|а 2, Слав|оньк|а 2, Слав|очк|а 3

БРОНИСЛА́В|А, ы, *ж* [*женск.* к Бронислав].
П р о и з в о д н ы е (12):
Бронислав|а
Брон(ислав|а) → **Брон|я** → Бронь|к|а 1 → Брон*еч*|к|а 1
Брон|ечк|а 2, Брон|юшк|а 1
Брош|а 1
Брон|ечк|а 3, Бронь|к|а 2, Брон|юшк|а 2
Брош|а 2
(Брони)слав|а → **Слав|а** → Слав|к|а 1 → Слав*оч*|к|а 1
Слав|еньк|а 1, Слав|ик 1, Слав|оньк|а 1,
Слав|очк|а 2, Слав|ушк|а 1
Слав|еньк|а 2, Слав|ик 2, Слав|к|а 2, Слав|оньк|а 2,
Слав|очк|а 3, Слав|ушк|а 2

В

ВАЛЕ́НСИ|Я (Вале́нси[й|а]), Вале́нси|и (Вале́нси[й|и]), *ж* [*лат.* ‘сильный, здоровый’].

    П р о и з в о д н ы е (16):

Валенси|я

Вал(енси|я) → **Вал|я** →Валюн|я 1 → Валюнь|к|а → Валюне*ч*|к|а 1

              | Валюн|ечк|а 2

              | Вал|юс|я 1 → Валюсь|к|а → Валюсе*ч*|к|а 1

              | Валюс|еньк|а, Валюс|ечк|а 2,

              | Валюс|ик

              | Вал|юх|а 1 → Валю́ш|к|а → Валюше*ч*|к|а 1

              | Валюш|еньк|а 1, Валюш|ечк|а 2

              | Вал|юш|а 1 → Валюш|еньк|а 2, Валюш|ечк|а 3,

              | Валю́ш|к|а 2

              | Ва́л|юш|а 1

              Вал|юн|я 2, Вал|юс|я 2, Вал|юх|а 2, Вал|юш|а 2,

              Ва́л|юшк|а 2

| (Ва)ле(н)с(и|я) → **Лес|я**

ВАЛЕНТИ́Н|А, ы, *ж* [*женск.* к Валентин].

    П р о и з в о д н ы е (51):

Валентин|а → Валентин|к|а → Валентино*ч*|к|а 1

| Валентин|очк|а 2, Валентин|ушк|а

| Вален(тин|а)

| **Вален|а**

| Вал(ен|а) →

| **Вал|я 1** →

| | Вал|ёк 1 →   Валё*ч*|ек 1

| | Валь|к|а 1 → Вале*ч*|к|а 1

| | Вал|юн|я 1 → Валюнь|к|а 1 → Валюне*ч*|к|а 1

| | Валюн*ч*|ик 1

Валюн|ечк|а 2, Валюн|чик 2

Вал|юн|я 1 → Валюн|ечк|а 3, Валюн|чик 3,
Валюнь|к|а 2

Вал|юс|я 1 → Валюсь|к|а → Валюс*еч*|к|а 1
Валюс|еньк|а
(В)алюс|еньк|а → Алюсеньк|а
Валюс|ечк|а 2

Вал|юх|а 1 → Валю*ш*|к|а 1 → Валюш*еч*|к|а 1
Валю*ш*|еньк|а 1, Валю*ш*|ечк|а 2

Вал|юш|а 1 → Валюш|еньк|а 2, Валюш|ечк|а 3,
Валю́ш|к|а 2

Вал|еньк|а 1, Вал|ечк|а 2, Вал|ин|а 1, Вал|иш|а 1,
Вал|ищ|а 1, Валь|ш|а 1, Вал|юк|а 1, Ва́л|юшк|а 1,
Вал|як|а 1, Вал|ях|а 1

Ва(л|я) →
Ва|к|а 1 → Вак|очк|а
Ва|я 1 (Ва[й|а])
Вал|еньк|а 2, Вал|ечк|а 3, Вал|ёк 2, Вал|ёчек 2,
Вал|ин|а 2, Вал|иш|а 2, Вал|ищ|а 2, Валь|к|а 2,
Валь|ш|а 2, Вал|юк|а 2, Вал|юн 2, Вал|юн|я 2,
Вал|юс|я 2, Вал|юх|а 2, Вал|юш|а 2, Ва́л|юшк|а 2,
Вал|як|а 2, Вал|ях|а 2

Ва(лен|а) →
Ва|к|а 2, Ва|я 2 (Ва[й|а])

(Ва)ле(н|а) →
Лёл|я 1 →
Лёль|к|а → Лёл*еч*|к|а 1
Лёл|еньк|а, Лёл|ечк|а 2
Валён|а 1 →
Валён|к|а 1 → Валён*оч*|к|а 1
Валён|очк|а 2
Вал(ён|а) → Вал|я 2; Вал|еньк|а 3, Вал|ечк|а 4,
Вал|ёк 3, Вал|ёчек 3, Вал|ин|а 3,
Вал|иш|а 3, Вал|ищ|а 3, Валь|к|а 3,
Валь|ш|а 3, Вал|юк|а 3, Вал|юн 3,
Вал|юн|я 3, Вал|юс|я 3, Вал|юх|а 3,
Вал|юш|а 3, Ва́л|юшк|а 3, Вал|як|а 3,
Вал|ях|а 3
Ва(лён|а) → Ва|к|а 3, Ва|я 3 (Ва[[й|а])
(Ва)лё(н|а) → Лёл|я 2
Валён|к|а 2, Валён|очк|а 3
Валён|а 2; Валён|к|а 3, Валён|очк|а 4
Ва(лентин|а) → Ва|к|а 4, Ва|я 4 (Ва[[й|а])
Вале(н)т(ин|а) → **Валет** → Валет|ик 1

| Валет|ик 2

В(алент)и(н|а) → **Ви|ля** → Виль|к|а, Вил|юшк|а
(Ва)ле(нтин|а) → Лё|л|я 3
(Вален)тин|а → **Тин|а** → Тин|к|а 1 → Тиноч|к|а 1
| Тин|очк 2
      Тин|к|а 2, Тин|очк|а 3

День ангела и святая (Валентина): 10 февраля, 16 июля — *мученицы*.

ВАЛЕ́РИ|Я (Вале́ри[й|а]), Вале́ри|и (Вале́ри[й|и]), *ж* [*женск.* к Валерий].
    П р о и з в о д н ы е (66):
Валери|я
Валер(и|я)

| **Валер|а** → Валер|к|а 1 → Валероч|к|а 1
| Валер|ик 1, Валер|оньк|а 1, Валер|очк|а 2,
| Валер|ушк|а 1, Валер|ш|а 1
| Вале(р|а) → **Валеш|а 1** → Валеш|к|а 1 → Валешеч|к|а 1
| Валеш|еньк|а 1, Валеш|ечк|а 2
| **Вале|с|я 1**
| Вал(ер|а) → **Вал|я 1** → Валёк 1 → Валёчек 1
| | Валь|к|а 1 → Валеч|к|а 1
| | Вал|юн|я 1 → Валюнь|к|а →
| | Валюнеч|к|а 1
| | Валюн|ечк|а 2
| | Вал|юс|я 1 → Валюсь|к|а →
| | Валюсеч|к|а 1
| | Валюс|еньк|а,
| | Валюс|ечк|а 2, Валюс|ик
| | Вал|юх|а 1 → Валю́ш|к|а 1 →
| | Валюшеч|к|а 1
| | Валюш|еньк|а 1,
| | Валюш|ечк|а 2
| | Вал|юш|а 1 → Валюш|еньк|а 2,
| | Валюш|ечк|а 3,
| | Валю́ш|к|а 2
| | Вал|еньк|а 1, Вал|ечк|а 2, Вал|ёнок 1,
| | Вал|ёчек 2, Вал|ик 1, Валь|ш|а 1,
| | Вал|юк 1, Ва́л|юшк|а 1
| | Ва(л|я) → **Ва|в|а 1** → Вав|к|а → Вавоч|к|а 1
| | | Вав|оньк|а, Вав|очк|а 2,
| | | Вав|ушк|а
| | **Ва|к|а 1** → Вак|очк|а
| Вал|еньк|а 2, Вал|ечк|а 3, Вал|ёк 2, Вал|ёнок 2,
| Вал|ёчек 3, Вал|ик 2, Валь|к|а 2, Валь|ш|а 2,
| Вал|юк 2, Вал|юн|я 2, Вал|юс|я 2, Вал|юх|а 2,

Вал|юш|а 2, Ва́л|юшк|а 2

Ва(лер|а) → Ва|в|а 2, Ва|к|а 2

(Ва)ле(р|а) → **Ле|к|а 1, Лё|к|а 1**

(Ва)лер|а → **Лер|а 1** → Лер|к|а 1 → Лер*оч*|к|а 1

Лер|ун|я 1 → Лерунь|к|а →

Лерун*еч*|к|а 1,
Лерунч|ик 1

Лерун|ечк|а 2, Лерун|чик 2

Лер|ус|я 1 → Лерусь|к|а →

Лерус*еч*|к|а 1

Лерус|еньк|а, Лерус|ечк|а 2

Лер|ух|а 1 → Леру́ш|к|а 1 →

Леруш*еч*|к|а 1

Леруш|еньк|а 1,
Леруш|ечк|а 2

Лер|уш|а 1 →Леруш|еньк|а 2,

Леруш|ечк|а 3, Леру́ш|к|а 2

Лер|ик 1, Лер|оньк|а 1, Лер|очк|а 2,
Ле́р|ушк|а 1, Лер|ш|а 1

Ле(р|а) → Ле|к|а 2, Лё|к|а 2

Лер|ик 2, Лер|к|а 2, Лер|оньк|а 2, Лер|очк|а 3,
Лер|ун|я 2, Лер|ус|я 2, Лер|ух|а 2, Лер|уш|а 2,
Ле́р|ушк|а 2, Лер|ш|а 2

Валер|ик 2, Валер|к|а 2, Валер|оньк|а 2, Валер|очк|а 3,
Валер|ушк|а 2, Валер|ш|а 2

Вале(ри|я) → Вале|с|я 2, Вале|ш|а 2

Вал(ери|я) → Вал|я 2; Вал|еньк|а 3, Вал|ечк|а 4, Вал|ёк 3, Вал|ёнок 3,
Вал|ёчек 4, Вал|ик 3, Валь|к|а 3, Валь|ш|а 3, Вал|юк 3,
Вал|юн|я 3, Вал|юс|я 3, Вал|юх|а 3, Вал|юш|а 3, Ва́л|юшк|а 3

Ва(лери|я) → Ва|в|а 3, Ва|к|а 3

Вале(ри)[й|а] → **Валей|к|а**

(Ва)лер(и|я) → Лер|а 2; Лер|ик 3, Лер|к|а 3, Лер|оньк|а 3, Лер|очк|а 4,
Лер|ун|я 3, Лер|ус|я 3, Лер|ух|а 3, Лер|уш|а 3, Ле́р|ушк|а 3,
Лер|ш|а 3

(Ва)ле(ри|я) → Ле|к|а 3, Лё|к|а 3

ВА́НД|А, ы, *ж* [*заимств. из польск.*].
П р о и з в о д н ы е (4):
Ванд|а → Ванд|очк|а
Ван(д|а) → **Ван|а** → Ван|к|а 1 → Ван*оч*|к|а 1
Ван|очк|а 2
Ван|к|а 2, Ван|очк|а 3

ВАРВА́Р|А, ы, *ж* [*греч.* 'чужеземная'; 'иноземка, грубая'].

П р о и з в о д н ы е (48):

Варвар|а → Варвар|к|а → Варваро*ч*|к|а 1

           Варвар|ик, Варвар|очк|а 2, Варвар|ушк|а

Вар(вар|а)

          Вар|а → Вар|к|а 1 → Варо*ч*|к|а 1

                  Варь|к|а 1 → Вар*еч*|к|а 1

                  Вар|юн|я 1 → Варюнь|к|а → Варюне*ч*|к|а 1

                              Варюн|ечк|а 2

                  Вар|юс|я 1 → Варюсь|к|а → Варюсе*ч*|к|а 1

                              Варюс|еньк|а, Варюс|ечк|а 2

                  Вар|ют|а 1 → Варют|к|а → Варюто*ч*|к|а 1

                              Варют|очк|а 2, Варют|ушк|а

                  Вар|юх|а 1 → Варю́*ш*|к|а 1 → Варюше*ч*|к|а 1

                              Варю*ш*|еньк|а 1, Варю*ш*|ечк|а 2

                  Вар|юш|а 1 → Варюш|еньк|а 2, Варюш|ечк|а 3,

                              Варю́ш|к|а 2

                  Вар|еньк|а 1, Вар|ец 1, Вар|ечк|а 2, Вар|оньк|а 1,

                  Вар|очк|а 2, Варь|ш|а 1, Вар|юг|а 1, Ва́р|юшк|а 1

          Ва(р|а) → **Ва|в|а 1** → Вав|к|а → Ваво*ч*|к|а 1

                        Вав|ус|я → Вавус|ик, Вавусь|к|а

                        Вав|оньк|а, Вав|очк|а 2, Вав|ушк|а

          (В)ар|а → **Ар|а 1** → Ар|к|а 1 → Аро*ч*|к|а 1

                          Арь|к|а 1 → Ар*еч*|к|а 1

                          Ар|еньк|а 1, Ар|ечк|а 2, Ар|оньк|а 1,

                          Ар|очк|а 2

                  Ар|я 1 → Ар|еньк|а 2, Ар|ечк|а 3, Ар|к|а 2,

                          Ар|оньк|а 2, Ар|очк|а 3, Арь|к|а 2

                  Ар|еньк|а 3, Ар|ечк|а 4, Ар|к|а 3,Ар|оньк|а 3,

                  Ар|очк|а 4, Арь|к|а 3

          Вар|я → Вар|еньк|а 2, Вар|ец 2, Вар|ечк|а 3, Вар|к|а 2,

                  Вар|оньк|а 2, Вар|очк|а 3, Варь|к|а 2, Варь|ш|а 2,

                  Вар|юг|а 2, Вар|юн|я 2, Вар|юс|я 2, Вар|ют|а 2,

                  Вар|юх|а 2, Вар|юш|а 2, Ва́р|юшк|а 2

          Ва(р|я) → Ва|в|а 2

          (В)ар|я → Ар|а 2, Ар|я 2; Ар|еньк|а 4, Ар|ечк|а 5, Ар|к|а 4,

                  Ар|оньк|а 4, Ар|очк|а 5, Арь|к|а 4

          Вар|еньк|а 3, Вар|ец 3, Вар|ечк|а 4, Вар|к|а 3, Вар|оньк|а 3,

          Вар|очк|а 4, Варь|к|а 3, Варь|ш|а 3, Вар|юг|а 3, Вар|юн|я 3,

          Вар|юс|я 3, Вар|ют|а 3, Вар|юх|а 3, Вар|юш|а 3, Ва́р|юшк|а 3

Ва(рвар|а) → Ва|в|а 3

(В)ар(вар|а) → Ар|а 3, Ар|я 3; Ар|еньк|а 5, Ар|ечк|а 6, Ар|к|а 5, Ар|оньк|а 5,

                Ар|очк|а 6, Арь|к|а 5

    День ангела и святая (Варвара): 4 декабря — *великомученица*.

ВАСИЛЙД|А, ы, *ж* [*женск.* к Василид: *греч.* ‘царевич’].

П р о и з в о д н ы е (11):

Василид|а → Василид|к|а → Василидоч|к|а 1

                 Василид|очк|а 2, Василид|ушк|а

Вас(илид|а) → **Вас|я** → Вась|к|а 1 → Васеч|к|а 1

              | Вас|еньк|а 1, Вас|ечк|а 2

            (В)ас|я → **Ас|я 1** → Ась|к|а 1 → Асеч|к|а 1

                    | Ас|еньк|а 1, Ас|ечк|а 2

               Ас|еньк|а 2, Ас|ечк|а 3, Ась|к|а 2

           Вас|еньк|а 2, Вас|ечк|а 3, Вась|к|а 2

(В)ас(илид|а) → Ас|я 2; Ас|еньк|а 3, Ас|ечк|а 4, Ась|к|а 3

ВАСИЛЙН|А, ы, *ж* [*образовано от мужского имени* Василий; *русский вариант имени* Василиса].

П р о и з в о д н ы е (10):

Василин|а → Василин|к|а →Василиноч|к|а 1

               Василин|очк|а 2, Василин|ушк|а

Вас(илин|а) → **Вас|я**

(Васи)лин|а → **Лин|а** → Лин|к|а 1 → Линоч|к|а 1

                 Лин|уш|а 1 → Лину́|к|а

                 Лин|очк|а 2, Ли́н|ушк|а 1

             Лин|к|а 2, Лин|очк|а 3, Ли́н|ушк|а 2

ВАСИЛЙС|А, ы, *ж* [*греч.* ‘царица’; ‘жена басилевса, архонта, правителя, царя’].

Васён|а, ы (*разг.*).

Васили́сс|а, ы (*стар.*).

П р о и з в о д н ы е (58):

Василис|а 1 →Василис|к|а

Васил(ис|а) →

        Васил|я → Васил|ёк 1, Васил|ушк|а 1, Василь|к|а 1

        Вас(ил|я) → **Вас|а 1** → Вас|ен|я 1 → Васе|нь|к|а → Васенеч|к|а 1

                     | Васен|ечк|а 2

                     Вас|ён|а 1 → Васён|к|а 1 → Васёноч|к|а 1

                             Васёнь|к|а 1 → Васёнеч|к|а 1

                             Васён|ечк|а 2, Васён|очк|а 2,

                             Васён|ушк|а 1

                     Вас|ён|я 1 → Васён|ечк|а 3, Васён|к|а 2,

                             Васён|очк|а 3, Васён|ушк|а 2,

                             Васёнь|к|а 2

                     Вас|к|а 1 → Васоч|к|а 1

                     Вась|к|а 1 → Васеч|к|а 1

                     Вас|юн|я 1 → Васюнь|к|а → Васюнеч|к|а 1,

                             Васюнч|ик 1

Васюн|ечк|а 2, Васюн|чик 2, Васюнь|ш|а

(Ва)с|юн|я → **Сюн|я** →Сюнь|к|а →
                                      Сюне*ч*|к|а 1
                                Сюнеч|к|а 2

Вас|юр|а 1 → Васюр|к|а → Васюро*ч*|к|а 1
                                Васюр|оньк|а, Васюр|очк|а 2

Вас|ют|а 1 → Васют|к|а → Васюто*ч*|к|а 1
                                Васют|очк|а 2, Васют|ушк|а

(Ва)с|ют|а → **Сют|а** →Сют|к|а →
                                      Сюто*ч*|к|а 1
                                Сют|очк|а 2, Сют|ушк|а

Вас|юх|а 1 → Васю*ш*|еньк|а 1, Васю*ш*|к|а 1

Вас|юш|а 1 →Васюш|еньк|а 2, Васюш|к|а 2

Вас|ян|а 1 → Васянь|к|а 1 → Васяне*ч*|к|а 1
                                Васян|ечк|а 2

Вас|ян|я 1 → Васян|ечк|а 3, Васянь|к|а 2

Вас|ят|а 1 → Васят|к|а → Васято*ч*|к|а 1
                                Васят|очк|а 2, Васят|ушк|а

Вáс|еньк|а 1, Вас|ечк|а 2, Вас|ик 1,
Вас|и*ч*к|а 1, Вас|оньк|а 1, Вас|очк|а 2,
Вáс|юшк|а 1

Вас|я 1 → Вáс|еньк|а 2, Вас|ен|я 2, Вас|ечк|а 3,
Вас|ён|а 2, Вас|ён|я 2, Вас|ик 2, Вас|и*ч*к|а 2,
Вас|к|а 2, Вас|оньк|а 2, Вас|очк|а 3,
Вась|к|а 2, Вас|юн|я 2, Вас|юр|а 2,
Вас|ют|а 2, Вас|юх|а 2, Вас|юш|а 2,
Вáс|юшк|а 2, Вас|ян|а 2, Вас|ян|я 2,
Вас|ят|а 2

Вáс|еньк|а 3, Вас|ен|я 3, Вас|ечк|а 4, Вас|ён|а 3,
Вас|ён|я 3, Вас|ик 3, Вас|и*ч*к|а 3, Вас|к|а 3,
Вас|оньк|а 3, Вас|очк|а 4, Вась|к|а 3, Вас|юн|я 3,
Вас|юр|а 3, Вас|ют|а 3, Вас|юх|а 3, Вас|юш|а 3,
Вáс|юшк|а 3, Вас|ян|а 3, Вас|ян|я 3, Вас|ят|а 3

Васил|ёк 2, Васил|ушк|а 2, Василь|к|а 2

Вас(илис|а) → Вас|я 2, Вас|я 2; Вáс|еньк|а 4, Вас|ен|я 4, Вас|ечк|а 5,
Вас|ён|а 4, Вас|ён|я 4, Вас|ик 4, Вас|и*ч*к|а 4, Вас|к|а 4,
Вас|оньк|а 4, Вас|очк|а 5, Вась|к|а 4, Вас|юн|я 4,
Вас|юр|а 4, Вас|ют|а 4, Вас|юх|а 4, Вас|юш|а 4,
Вáс|юшк|а 4, Вас|ян|а 4, Вас|ян|я 4, Вас|ят|а 4

Василисс|а

Василис(с|а) → Василис|а 2

Дни ангела и святые (Василисса): 8 января, 10 марта, 15 апреля, 16 апреля, 3 сентября, 6 сентября — *мученицы*.

ВАСИ́ЛИ|Я (Васи́ли[й|а]), Васи́ли|и (Васи́ли[й|и]), *ж* [*женск.* к Василий].

Производны е (15):

Васили|я

Вас(или|я) → **Вас|я** → Вась|к|а 1 → Васе*ч*|к|а 1
              Вас|ют|а 1 → Васют|к|а → Васюто*ч*|к|а 1
                         Васют|очк|а 2
              Вас|еньк|а 1, Вас|ечк|а 2
          Вас|еньк|а 2, Вас|ечк|а 3, Вась|к|а 2, Вас|ют|а 2
(Ва)сил(и|я) → **Сил|а** → Сил|к|а 1 → Сило*ч*|к|а 1
              Силь|к|а 1 → Силе*ч*|к|а 1
              Сил|еньк|а 1, Сил|ечк|а 2, Сил|оньк|а 1,
              Сил|очк|а 2, Сил|юшк|а 1
          Сил|еньк|а 2, Сил|ечк|а 3, Сил|к|а 2, Сил|оньк|а 2,
          Сил|очк|а 3, Силь|к|а 2, Сил|юшк|а 2

ВА́СС|А, ы, *ж* [*возможно, из болг.* Васа *как сокращ.* к Васила *или из греч.* Беса 'страна пустая, лощина'].

Васён|а, ы (*разг.*).

Производны е (34):

Васс|а → Васс|оньк|а 1, Васс|очк|а 1, Васс|ушк|а 1

Вас(с|а) → **Вас|а** → Вас|ен|я 1 → Васе́нь|к|а → Васене*ч*|к|а 1
                           Васен|ечк|а 2
              Вас|ён|а 1 → Васён|к|а 1
              Вас|ён|я 1 → Васёнь|к|а 2
              Вась|к|а 1 → Васе*ч*|к|а 1
              Вас|юн|я 1 → Васюнь|к|а → Васюне*ч*|к|а 1,
                             Васюн*ч*|ик 1
                      Васюн|ечк|а 2, Васюн|чик 2, Васюнь|ш|а
              Вас|ют|а 1 → Васют|к|а → Васюто*ч*|к|а 1
                      Васют|очк|а 2, Васют|ушк|а
              Вас|юх|а 1 → Васю*ш*|к|а 1 → Васюше*ч*|к|а 1
                      Васюш|еньк|а 1, Васюш|ечк|а 2
              Вас|юш|а 1 → Васюш|еньк|а 2, Васюш|ечк|а 3,
                      Васюш|к|а 2
              Ва́с|еньк|а 1, Вас|ечк|а 2, Вас|оньк|а 1, Вас|очк|а 2,
              Ва́с|юшк|а 1
              (В)ас|а → **Ас|я 1** → Ась|к|а 1 → Асе*ч*|к|а 1
                        Ас|еньк|а 1, Ас|ечк|а 2
                  Ас|еньк|а 2, Ас|ечк|а 3, Ась|к|а 2
              Вас|я → Ва́с|еньк|а 2, Вас|ен|я 2, Вас|ечк|а 3, Вас|ён|а 2,
                      Вас|ён|я 2, Вас|к|а 2, Вас|оньк|а 2, Вас|очк|а 3,
                      Вась|к|а 2, Вас|юн|я 2, Вас|ют|а 2, Вас|юх|а 2,
                      Вас|юш|а 2, Ва́с|юшк|а 2
              (В)ас|я → Ас|я 2; Ас|еньк|а 3, Ас|ечк|а 4, Ась|к|а 3

Вас|еньк|а 3, Вас|ен|я 3, Вас|ечк|а 4, Вас|ён|а 3, Вас|ён|я 3,
Вас|оньк|а 3, Вас|очк|а 4, Вась|к|а 3, Вас|юн|я 3, Вас|ют|а 3,
Вас|юх|а 3, Вас|юш|а 3, Ва́с|юшк|а 3
(В)ас(с|а) → Ас|я 3; Ас|еньк|а 4, Ас|ечк|а 5, Ась|к|а 4
   День ангела и святая (Васса): 21 августа — *мученица*.

ВАЦЛА́В|А, ы, *ж* [*женск. к* Вацлав].
   П р о и з в о д н ы е (9):
Вацлав|а
Вац(лав|а) → **Вац|а** → Вац|к|а 1
| Вац|к|а 2
(Ва)цлав|а → ***Слав|а*** → Слав|к|а 1 → Славоч|к|а 1
                      Слав|еньк|а 1, Слав|ик 1, Слав|оньк|а 1,
                      Слав|очк|а 2, Слав|ушк|а 1
           Слав|еньк|а 2, Слав|ик 2, Слав|к|а 2, Слав|оньк|а 2,
           Слав|очк|а 3, Слав|ушк|а 2

ВЕЛИМИ́Р|А, ы, *ж* [*женск. к* Велимир].
Вельми́р|а, ы (*разг.*).
   П р о и з в о д н ы е (7):
Велимир|а
Вел(имир|а) → **Вел|я** → Вель|к|а 1 → Велеч|к|а 1
| Вел|ечк|а 2
| Вел|ечк|а 3, Вель|к|а 2
(Вели)мир|а → **Мир|а** → Мир|к|а 1 → Мироч|к|а 1
                      Мир|ик 1, Мир|очк|а 2
             Мир|ик 2, Мир|очк|а 3

ВЕНЕДИ́КТ|А, ы, *ж* [*женск. к* Венедикт].
   П р о и з в о д н ы е (9):
Венедикт|а
Вен(едикт|а) → **Вен|а** → Вен|к|а 1 → Веноч|к|а 1
| Вень|к|а 1 → Венеч|к|а 1
| Вен|ечк|а 2, Вен|очк|а 2
| **Вен|я** → Вен|ечк|а 3, Вен|к|а 2, Вен|очк|а 3, Вень|к|а 2
| Вен|ечк|а 4, Вен|к|а 3, Вен|очк|а 4, Вень|к|а 3
(Вене)дик(т|а) → **Дик|а 1**
(Вене)дикт|а → **Дикт|а** → Дикт|очк|а 1
                Дик(т|а) → Дик|а 2
                Дикт|очк|а 2

ВЕНЕ́Р|А, ы, *ж* [*в античной мифологии*: Венера — богиня любви и красо-
ты].
   П р о и з в о д н ы е (18):

Венер|а → Венер|к|а → Венер*оч*|к|а 1
                          Венер|очк|а 2, Венер|ушк|а
Вен(ер|а) → **Вен|а** → Вен|к|а 1 → Вен*оч*|к|а 1
                          Вень|к|а 1 → Вен*еч*|к|а 1
                          Вен|ечк|а 2, Вен|очк|а 2
              Вен|я → Вен|ечк|а 3, Вен|к|а 2, Вен|очк|а 3, Вень|к|а 2
              Вен|ечк|а 4, Вен|к|а 3, Вен|очк|а 4, Вень|к|а 3
Ве(нер|а) → **Вер|а** → Вер|к|а 1 → Вер*оч*|к|а 1
                          Вер|ик 1, Вер|очк|а 2, Вер|ушк|а 1
              Вер|ик 2, Вер|к|а 2, Вер|очк|а 3, Вер|ушк|а 2
(Ве)нер|а → **Нер|а** → Нер|к|а 1 → Нер*оч*|к|а 1
                          Нер|очк|а 2, Нер|ушк|а 1
              Нер|к|а 2, Нер|очк|а 3, Нер|ушк|а 2

ВЕНЦЕСЛА́В|А, ы, *ж* [*женск.* к Венцеслав].
    П р о и з в о д н ы е (15):
Венцеслав|а
Вен(цеслав|а) → **Вен|а** → Вен|к|а 1 → Вен*оч*|к|а 1
                          Вень|к|а 1 → Вен*еч*|к|а 1
                          Вен|ечк|а 2, Вен|очк|а 2, Вен|ушк|а 1,
                          Вен|юшк|а 1
              Вен|я → Вен|ечк|а 3, Вен|к|а 2, Вен|очк|а 3, Вен|ушк|а 2,
                          Вень|к|а 2, Вен|юшк|а 2
              Вен|ечк|а 4, Вен|к|а 3, Вен|очк|а 4, Вен|ушк|а 3,
              Вень|к|а 3, Вен|юшк|а 3
(Венце)слав|а → **Слав|а** → Слав|к|а 1 → Слав*оч*|к|а 1
                          Слав|еньк|а 1, Слав|ик 1, Слав|оньк|а 1,
                          Слав|очк|а 2, Слав|ушк|а 1
              Слав|еньк|а 2, Слав|ик 2, Слав|к|а 2, Слав|оньк|а 2,
              Слав|очк|а 3, Слав|ушк|а 2

ВЕ́Р|А, ы, *ж* (*ст.-русск.*) [*заимств. из ст.-сл. языка, где появилось как
калька с греч.*].
    П р о и з в о д н ы : (50):
Вер|а → Вер|ан|я → Веран|ьк|а → Веран*еч*|к|а 1
              | Веран|ечк|а 2
        Вер|ах|а → Вараш|к|а 1 → Вераш*еч*|к|а 1
              | Вераш|еньк|а 1, Вераш|ечк|а 2
        Вер|аш|а →Вераш|ень|к|а 2, Вераш|ечк|а 3, Вераш|к|а 2
        Вер|к|а → Вер*оч*|к|а 1, Вер|чик 1
        Вер|ул|я → Верул|ьк|а → Верул*еч*|к|а 1
              | Верул|еньк|а, Верул|ечк|а 2
        Вер|ун|я → Верун|ьк|а → Верун*еч*|к|а 1, Верун|чик 1
              | Верунья (Верунь|[й|а]) → Верунь|юшк|а

(Веруны|[й|у]шк|а)

Верун|ечк|а 2, Верун|ок, Верун|чик 2, Веруны|ш|а

Вер|ус|я → Верусь|к|а → Верус*еч*|к|а 1

Верус|еньк|а, Верус|ечк|а 2, Верус|ик

(Ве)рус|я → **Рус|я** → Русь|к|а 1 → Рус*еч*|к|а 1

Рус|еньк|а 1, Рус|ечк|а 2, Рус|ик 1

Рус|еньк|а 2, Рус|ечк|а 3, Рус|ик 2, Русь|к|а 2

Вер|ут|а → Верут|к|а

Вер|ух|а → Вер*ý*ш|к|а 1 → Веруш*еч*|к|а 1

Веруш|еньк|а 1, Веруш|ечк|а 2

Вер|уш|а →Веруш|еньк|а 2, Веруш|ечк|а 3, Веруш|к|а 2

Вер|еньк|а, Вер|ик, Вер|ок, Вер|очк|а 2, Вер|уны|я 2

(Вер|уны|[й|а]), Вéр|ушк|а, Вер|ч|а, Вер|чик 2, Вер|ш|а, Вер|юс|я

Ве(р|а) → **Ве|ш|а** → Веш|еньк|а, Веш|к|а

Дни ангела и святая (Вера): 17 сентября — *мученица*.

ВЕРЕНИ́К|А, и, *ж* [*греч.* 'нести' и 'победа'].

П р о и з в о д н ы е (37):

Вереник|а

Вер(еник|а) → **Вер|а** → Вер|к|а 1 → Вер*оч*|к|а 1

Вер|уш|а 1 → Вер*ý*ш|к|а → Веруш*еч*|к|а 1

Веруш|еньк|а, Веруш|ечк|а 2

Вер|очк|а 2, Вéр|ушк|а 1

Вер|к|а 2, Вер|очк|а 3, Вер|уш|а 2, Вéр|ушк|а 2

(Ве)рен(ик|а) → **Рен|а** → Рен|к|а 1 → Рен*оч*|к|а 1

Рень|к|а 1 → Рен*еч*|к|а 1

Рен|ечк|а 2, Рен|ик 1, Рен|очк|а 2, Рен|ушк|а 1,
Рен|юшк|а 1

Рен|я → Рен|ечк|а 3, Рен|ик 2, Рен|к|а 2, Рен|очк|а 3,
Рен|ушк|а 2, Рень|к|а 2, Рен|юшк|а 2

Рен|ечк|а 4, Рен|ик 3, Рен|к|а 3, Рен|очк|а 4, Рен|ушк|а 3,
Рень|к|а 3, Рен|юшк|а 3

(Вере)ник|а → **Ник|а** → Ник|ан|а 1 →Никан|ушк|а

Ник|ах|а 1 → Никаш|к|а → Никаш*еч*|к|а 1

Никаш|еньк|а, Никаш|ечк|а 2

Ник|аш|а 1 → Никаш|еньк|а 2, Никаш|ечк|а 3,
Никаш|к|а 2

Ник|ус|я 1 →Никусь|к|а → Никус*еч*|к|а 1

Никус|еньк|а, Никус|ечк|а 2,
Никус|ик

Ник|уш|а 1 → Ник*ý*ш|к|а → Никуш*еч*|к|а 1

Никуш|еньк|а, Никуш|ечк|а 2

Ник|оньк|а 1, Ник|оч|к|а 1, Нúк|ушк|а 1

Ник|ан|а 2, Ник|ах|а 2, Ник|аш|а 2, Ник|оньк|а 2,

Ник|очк|а 2, Ник|ус|я 2, Ник|уш|а 2, Ник|ушк|а 2

ВЕРОНИК|А, и, *ж* [*женск.* к Вероник: *предположительно греч.* 'нести' и 'победа'; 'приносить победу'].

П р о и з в о д н ы е (54):

Вероник|а → Верони*ч*|к|а

Верон(ик|а)

    Верон|я → Веронь|к|а 1 → Верон*еч*|к|а 1

              Верон|ечк|а 2

      Вер(он|я) → **Вер|а 1** →Вер|к|а 1 → Вер*оч*|к|а 1

                     Вер|ун|я 1 → Веруньк|а → Верун*еч*|к|а 1,

                                        Верунч|ик

                            Веруны|я (Веруны|[й|а]) →

                                      Веруны|юшк|а

                                      (Веруны|[й|у]шк|а)

                          Верун|ечк|а 2, Верун|ок,

                        Верун|чик 2, Веруны|ш|а

                     Вер|уш|а 1 → Вер*у*ш|к|а → Веруш*еч*|к|а 1

                                Веруш|еньк|а, Веруш|ечк|а 2

                     Вер|очк|а 2, Вер|уны|я 2 (Вер|уны|[й|а]),

                     Вер|ушк|а 1

                 Вер|к|а 2, Вер|очк|а 3, Вер|ун|я 2, Вер|уны|я 3

                 (Вер|уны|[й|а]), Вер|уш|а 2, Вер|ушк|а 2

      Верон|ечк|а 3

Вер(оник|а) → Вер|а 2; Вер|к|а 3, Вер|очк|а 4, Вер|ун|я 3, Вер|уны|я 4

                 (Вер|уны|[й|а]), Вер|уш|а 3, Вер|ушк|а 3

В(ерон)ик|а → **Вик|а** → Вик|оньк|а 1, Вик|очк|а 1, Вик|ушк|а 1

                 Вик|оньк|а 2, Вик|очк|а 2, Вик|ушк|а 2

(Ве)рон(ик|а) → **Рон|а** → Рон|к|а 1 → Рон*о*чк|а 1

                 Роньк|а 1 → Рон*еч*|к|а 1

                 Рон|юш|а 1 → Рон|юш|к|а

                 Рон|ечк|а 2, Рон|очк|а 2, Рон|ушк|а 1,

                 Рóн|юшк|а 1

             Рон|я → Рон*еч*|к|а 3, Рон|к|а 2, Рон|очк|а 3, Рон|ушк|а 2,

                 Роньк|а 2, Рон|юш|а 2, Рóн|юшк|а 2

             Рон|ечк|а 4, Рон|к|а 3, Рон|очк|а 4, Рон|ушк|а 3,

             Роньк|а 3, Рон|юш|а 3, Рóн|юшк|а 3

(Веро)ник|а → **Ник|а** → Ник|ан|а 1 → Никан|ушк|а

             Ник|ах|а 1 → Никаш|к|а 1 → Никаш*еч*|к|а 1

                        Никаш|еньк|а 1, Никаш|ечк|а 2

             Ник|аш|а 1 → Никаш|еньк|а 2, Никаш|ечк|а 3,

                     Никаш|к|а 2

             Ник|ус|я 1 → Никусь|к|а → Никус*еч*|к|а 1

                     Никус|еньк|а, Никус|ечк|а 2,

```
                    |          Никус|ик
             Ник|уш|а 1 → Никуш|к|а → Никушеч|к|а 1
                    |          Никуш|еньк|а, Никуш|ечк|а 2
             Ник|оньк|а 1, Ник|очк|а 1, Ни́к|ушк|а 1
      Ник|ан|а 2, Ник|ах|а 2, Ник|аш|а 2, Ник|оньк|а 2,
      Ник|очк|а 2, Ник|ус|я 2, Ник|уш|а 2, Ни́к|ушк|а 2
```

День ангела и святая (Вероника): 12 июля — *праведная.*

ВЕРО́НИ|Я (Веро́ни[й|а]), Веро́ни|и (Веро́ни[й|и]), *ж* [*болг. вариант име-ни* Вероника].

Веро́н|а, ы (*разг.*).

   П р о и з в о д н ы е (37):

Верони|я

Верони(|я) (Верони|[й|а]) → Верони|к|а

Верон(и|я)

```
   Верон|а → Верон|к|а 1 → Вероноч|к|а 1, Веронч|ик 1
            |         Вероны|к|а 1 → Веронеч|к|а 1, Веронч|ик 2
            |         Верон|ечк|а 2, Верон|очк|а 2, Верон|ушк|а 1,
            |         Верон|чик 3, Верон|юшк|а 1
   Вер(он|а) → Вер|а 1 → Вер|к|а 1 → Вероч|к|а 1
            |           Вер|ус|я 1 → Верусь|к|а → Верусеч|к|а 1
            |           |            Верус|еньк|а, Верус|ечк|а 2,
            |           |            Верус|ик
            |           Вер|ут|а 1 → Верут|к|а
            |           Вер|ух|а 1 → Веру́ш|к|а 1 → Верушеч|к|а 1
            |           |            Веруш|еньк|а 1, Веруш|ечк|а 2
            |           Вер|уш|а 1 → Веруш|еньк|а 2, Веруш|ечк|а 3,
            |           |            Веру́ш|к|а 2
            |           Вер|очк|а 2, Вер|ун|я 1, Ве́р|ушк|а 1
            |  Вер|к|а 2, Вер|очк|а 3, Вер|ун|я 2, Вер|ус|я 2, Вер|ут|а 2,
            |  Вер|ух|а 2, Вер|уш|а 2, Ве́р|ушк|а 2
   (Ве)рон|а → Рон|а 1 → Рон|к|а 1 → Роноч|к|а 1
            |           Роны|к|а 1 → Ронеч|к|а 1
            |           Рон|юш|а 1 → Рони́ош|к|а
            |           Рон|ечк|а 2, Рон|очк|а 2, Рон|ушк|а 1,
            |           Ро́н|юшк|а 1
            |  Рон|я 1 → Ронеч|к|а 3, Рон|к|а 2, Рон|очк|а 3,
            |           Рон|ушк|а 2, Роны|к|а 2, Рон|юш|а 2,
            |           Ро́н|юшк|а 2
            |  Рон|ечк|а 4, Рон|к|а 3, Рон|очк|а 4, Рон|ушк|а 3,
            |  Роны|к|а 3, Рон|юш|а 3, Ро́н|юшк|а 3
   Верон|я → Верон|ечк|а 3, Верон|к|а 2, Верон|очк|а 3,
            |  Веронушк|а 2, Верон|чик 2, Вероны|к|а 2,
            |  Верон|юшк|а 2
```

Вер(он|я) → Вер|а 2; Вер|к|а 3, Вер|очк|а 4, Вер|ун|я 3,
Вер|ус|я 3, Вер|ут|а 3, Вер|ух|а 3, Вер|уш|а 3,
Ве́р|ушк|а 3

(Ве)рон|я → Рон|а 2, Рон|я 2; Рон|ечк|а 5, Рон|к|а 4,
Рон|очк|а 5, Рон|ушк|а 4, Ронь|к|а 4, Рон|юш|а 4,
Ро́н|юшк|а 4

Верон|ечк|а 4, Верон|к|а 3, Верон|очк|а 4, Верон|ушк|а 3,
Верон|чик 3, Веронь|к|а 3, Верон|юшк|а 3

Вер(они|я) → Вер|а 3; Вер|к|а 4, Вероч|к|а 5, Вер|ун|я 4, Вер|ус|я 4,
Вер|ут|а 4, Вер|ух|а 4, Вер|уш|а 4, Ве́р|ушк|а 4

(Ве)рон(и|я) → Рон|а 3, Рон|я 3; Рон|ечк|а 6, Рон|к|а 5, Рон|очк|а 6,
Рон|ушк|а 5, Ронь|к|а 5, Рон|юш|а 5, Ро́н|юшк|а 5

ВЕ́СТ|А, ы, *ж* [*в римск. мифологии* Веста — богиня домашнего очага и огня].
П р о и з в о д н ы е (7):
Веста → Вест|оньк|а 1, Вест|очк|а 1, Вест|ушк|а 1
Ве(с)т|а → **Вет|а** → Вет|к|а 1 → Воточ|к|а 1
Вет|оньк|а 1, Вет|очк|а 2
Вет|к|а 2, Вет|оньк|а 2, Вет|очк|а 3

ВИВИА́Н|А, ы, *ж* [*женск.* к Вивиан].
П р о и з в о д н ы е (11):
Вивиан|а → Вивиан|к|а → Вивиан*оч*|к|а 1
Вивиан|очк|а 2, Вивиан|ушк|а
Вив(иан|а) → **Вив|а** → Вив|к|а 1 → Вив*оч*|к|а 1
Вив|оньк|а 1, Вив|очк|а 2, Вив|ушк|а 1
Вив|к|а 2, Вив|оньк|а 2, Вив|очк|а 3, Вив|ушк|а 2
(Виви)ан|а → **Ан|я** → Ань|к|а 1 → Ан*еч*|к|а 1
Ан|ечк|а 2
Ан|ечк|а 3, Ань|к|а 2

ВИКЕ́НТИ|Я (Викенти[й|а]), Вике́нти|и (Вике́нти[й|и]), *ж* [*женск.* к Ви-
кентий].
П р о и з в о д н ы е (18):
Викенти|я → Викенть|юшк|а (Викенть[й|у]шк|а)
Викен(ти|я) → **Вике***ш***|а** → Викеш|к|а 1 → Викеш*еч*|к|а 1
Викеш|еньк|а 1, Викеш|ечк|а 2
Вик(е*ш*|а) → **Вик|а 1** → Вик|очк|а 1
Вик|очк|а 2
(Ви)ке*ш*|а → **Кеш|а 1** → Кеш|к|а 1 → Кеш*еч*|к|а 1
Кеш|еньк|а 1, Кеш|ечк|а 2,
Кеш|ун|я 1
Кеш|еньк|а 2, Кеш|ечк|а 3, Кеш|к|а 2,

| | Кеш|ун|я 2
                    Викеш|ень|к|а 2, Викеш|ечк|а 3, Викеш|к|а 2
Вик(енти|я) → Вик|а 2; Вик|очк|а 3
(Ви)кен(ти|я) → **Кен|а** → Кен|к|а 1 → Кен*оч*|к|а 1
                           Кень|к|а 1 → Кен*еч*|к|а 1
                           Кен|ечк|а 2, Кен|очк|а 2
                           Кеш|а 2; Кеш|ень|к|а 3, Кеш|ечк|а 4, Кеш|к|а 3,
                           Кеш|ун|я 3
            Кен|я → Кен|ечк|а 3, Кен|к|а 2, Кен|очк|а 3, Кень|к|а 2
                           Кеш|а 3; Кеш|еньк|а 4, Кеш|ечк|а 5, Кеш|к|а 4,
                           Кеш|ун|я 4
            Кен|ечк|а 4, Кен|к|а 3, Кен|очк|а 4, Кень|к|а 3
            Кеш|а 4; Кеш|еньк|а 5, Кеш|ечк|а 5, Кеш|к|а 5,
            Куш|ун|я 5

ВИКТОРИ́Н|А, ы, ж [*женск.* к Викторин].
    П р о и з в о д н ы е (52):
Викторин|а → Викторин|к|а → Викторин*оч*|к|а 1
| Викторин|очк|а 2, Викторин|ушк|а
Виктор(ин|а) →
    Виктор|я
    Викт(ор|я) → **Викт|а 1**
                    Вик(т|а) → **Вик|а 1**
                    Ви(к)т|а → **Вит|а 1** → Вит|ас|я 1 → Витась|к|а →
                                                        | Витас*еч*|к|а 1
                                                        Витас|еньк|а,
                                                        Витас|ечк|а 2
                                           Вит|аш 1 → Виташ|к|а →
                                                        | Виташ*еч*|к|а 1
                                                        Виташ|еньк|а,
                                                        Виташ|ечк|а 2
                                           Вит|к|а 1 →   Вит*оч*|к|а 1
                                           Вит|ус|я 1 → Витусь|к|а →
                                                        | Витус*еч*|к|а 1
                                                        Витус|еньк|а,
                                                        Витус|ечк|а 2
                                           Вить|к|а 1 → Вит*еч*|к|а 1
                                           Вит|юш 1 → Витю́ш|к|а →
                                                        | Витюш*еч*|к|а 1
                                                        Витюш|еньк|а,
                                                        Витюш|ечк|а 2
                                           Вит|еньк|а 1, Вит|ечк|а 2,
                                           Вит|оньк|а 1, Вит|очк|а 2,
                                           Вит|ушк|а 1, Ви́т|юшк|а 1,

Вит|ян|а 1

Вит|я 1 → Вит|ас|я 2, Вит|аш|а 2,
Вит|еньк|а 2, Вит|ечк|а 3,
Вит|к|а 2, Вит|оньк|а 2,
Вит|очк|а 3, Вит|ус|я 2,
Вит|ушк|а 2, Вить|к|а 2,
Вит|юш|а 2, Ви́т|юшк|а 2,
Вит|ян|а 2

Вит|ас|я 3, Вит|аш|а 3, Вит|еньк|а 3,
Вит|ечк|а 4, Вит|к|а 3, Вит|оньк|а 3,
Вит|очк|а 4, Вит|ус|я 3, Вит|ушк|а 3,
Вить|к|а 3, Вит|юш|а 3, Ви́т|юшк|а 3,
Вит|ян|а 3

Вик(тор|я) → Вик|а 2

Ви(к)т(ор|я) → Вит|а 2, Вит|я 2; Вит|ас|я 4, Вит|аш|а 4, Вит|еньк|а 4,
Вит|ечк|а 5, Вит|к|а 4, Вит|оньк|а 4, Вит|очк|а 5,
Вит|ус|я 4, Вит|ушк|а 4, Вить|к|а 4, Вит|юш|а 4,
Ви́т|юшк|а 4, Вит|ян|а 4

(Вик)тор|я → **Тор|а 1** → Тор|к|а 1 → Тор*оч*|к|а 1
Торь|к|а 1 → Тор*еч*|к|а 1
Тор|еньк|а 1, Тор|ечк|а 2, Тор|ик 1,
Тор|очк|а 2, Тор|ушк|а 1

Тор|я 1 → Тор|еньк|а 2, Тор|ечк|а 3, Тор|ик 2,
Тор|к|а 2, Тор|очк|а 3, Тор|ушк|а 2,
Торь|к|а 2

Тор|еньк|а 3, Тор|ечк|а 4, Тор|ик 3, Тор|к|а 3,
Тор|очк|а 4, Тор|ушк|а 3, Торь|к|а 3

Викт(орин|а) → Викт|а 2
Вик(торин|а) → Вик|а 3
Ви(к)т(орин|а) → Вит|а 3, Вит|я 3; Вит|ас|я 5, Вит|аш|а 5, Вит|еньк|а 5,
Вит|ечк|а 6, Вит|к|а 5, Вит|оньк|а 5, Вит|очк|а 6,
Вит|ус|я 5, Вит|ушк|а 5, Вить|к|а 5, Вит|юш|а 5,
Ви́т|юшк|а 5, Вит|ян|а 5

(Вик)тор(ин|а) → Тор|а 2, Тор|я 2; Тор|еньк|а 4, Тор|ечк|а 5, Тор|ик 4,
Тор|к|а 4, Тор|очк|а 5, Тор|ушк|а 4, Торь|к|а 4

(Викто)рин|а → **Рин|а** → Рин|к|а 1 → Рин*оч*|к|а 1
Рин|ус|я 1 → Рин|ус|ик
Ринь|к|а 1 → Рин*еч*|к|а 1
Рин|ечк|а 2, Рин|очк|а 2, Рин|ушк|а 1,
Рин|юш|а 1

Рин|я → Рин|ечк|а 3, Рин|к|а 2, Рин|очк|а 3, Рин|ус|я 2,
Рин|ушк|а 2, Риньк|а 2, Рин|юш|а 2

Рин|ечк|а 4, Рин|к|а 3, Рин|очк|а 4, Рин|ус|я 3,
Рин|ушк|а 3, Риньк|а 3, Рин|юш|а 3

ВИКТО́РИ|Я (Викто́ри[й|а]), Викто́ри|и (Викто́ри[й|и]), *ж* [*лат.* 'побе-
да'].

П р о и з в о д н ы е (74):

Виктори|я
Виктор(и|я) → Виктор|к|а → **Викторо**ч**к|а** 1
│   Виктор|очк|а 2, Виктор|ушк|а
Викт(ори|я) →

   Викт|а → Викт|ус|я 1 → Виктусь|к|а → Виктусе**ч**к|а 1
   │   │   Виктус|еньк|а, Виктус|ечк|а 2
   │   (Вик)т|ус|я → **Тус|я** → Тусь|к|а 1 → Тусе**ч**к|а 1
   │   │   Тусень|к|а 1, Тус|ечк|а 2, Тус|ик 1
   │   Тус|еньк|а 2, Тус|ечк|а 3, Тус|ик 2,
   │   Тусы|к|а 2
   Вик(т|а) → **Вик|а 1** → Вик|уш|а 1 → Викуш|к|а → Викуше**ч**к|а 1
   │   │   Викуш|еньк|а, Викуш|ечк|а 2
   │   │   Вик|очк|а 1, Ви́к|ушк|а 1
   │   │   Ви**ч**|к|а 1
   │   Вик|очк|а 2, Вик|уш|а 2, Ви́к|ушк|а 2
   │   Ви**ч**|к|а 2
   Ви(к)т|а → **Вит|а 1** → Вит|ан|а 1 → Витан|к|а
   │   │   Вит|к|а 1 → Вито**ч**к|а 1
   │   │   Вит|ул|я 1 → Витуль|к|а → Витуле**ч**к|а 1
   │   │   │   Витул|еньк|а, Витул|ечк|а 2
   │   │   Вит|ус|я 1 → Витусь|к|а → Витусе**ч**к|а 1
   │   │   │   Витус|еньк|а, Витус|ечк|а 2,
   │   │   │   Витус|ик
   │   │   (Ви)т|ус|я → Тус|я 2; Тус|еньк|а 3,
   │   │   │   Тус|ечк|а 4, Тус|ик 3, Тусь|к|а 3
   │   │   Вить|к|а 1 → Вите**ч**к|а 1
   │   │   Вит|юш|а 1 → Витюш|еньк|а, Витюш|к|а
   │   │   Вит|ян|а 1 → Витян|к|а
   │   │   Вит|ян|я 1 → Витянь|к|а → Витяне**ч**к|а 1
   │   │   │   Витян|ечк|а 2
   │   │   Вит|еньк|а 1, Вит|ечк|а 2, Вит|оньк|а 1,
   │   │   Вит|очк|а 2, Вит|уш|а 1, Ви́т|юшк|а 1
   │   │   Вет|а 1 → Вет|к|а 1 → Вето**ч**к|а 1
   │   │   Вет|очк|а 2
   │   │   Вет|к|а 2, Вет|очк|а 3
   │   **Вит|я 1** → Вит|ан|а 2, Вит|еньк|а 2, Вит|ечк|а 3,
   │   Вит|к|а 2, Вит|оньк|а 2, Вит|очк|а 3,
   │   Вит|ул|я 2, Вит|ус|я 2, Вит|уш|а 2, Витьк|а 2,
   │   Вит|юш|а 2, Ви́т|юшк|а 2, Вит|ян|а 2,
   │   Вит|ян|я 2
   │   Вет|а 2; Вет|к|а 3, Вет|очк|а 4

Вит|ан|а 3, Вит|еньк|а 3, Вит|ечк|а 4, Вит|к|а 3,
Вит|оньк|а 3, Вит|очк|а 4, Вит|ул|я 3, Вит|ус|я 3,
Вит|уш|а 3, Вить|к|а 3, Вит|юш|а 3, Ви́т|юшк|а 3,
Вит|ян|а 3, Вит|ян|я 3
Вет|а 3; Вет|к|а 4, Вет|очк|а 5

Викт|ус|я 2

Вик(тори|я) → Вик|а 2; Вик|очк|а 3, Вик|уш|а 3, Ви́к|ушк|а 3
Вич|к|а 3

Ви(к)т(ори|я) → Вит|а 2, Вит|я 2; Вит|ан|а 4, Вит|еньк|а 4, Вит|ечк|а 5,
Вит|к|а 4, Вит|оньк|а 4, Вит|очк|а 5, Вит|ул|я 4,
Вит|ус|я 4, Вит|уш|а 4, Вить|к|а 4, Вит|юш|а 4,
Ви́т|юшк|а 4, Вит|ян|а 4, Вит|ян|я 4
Вет|а 4; Вет|к|а 5, Вет|очк|а 6

Ви(кто)р(и|я) → **Вир|а** → Вир|к|а 1 → Виро́ч|к|а 1
Вир|оньк|а 1, Вир|очк|а 2, Вир|ушк|а 1
Вир|к|а 2, Вир|оньк|а 2, Вир|очк|а 3, Вир|ушк|а 2

(Вик)тор(и|я) → **Тор|а** → Тор|к|а 1 → Торо́ч|к|а 1
Торь|к|а 1 → Торе́ч|к|а 1
Тор|еньк|а 1, Тор|ечк|а 1, Тор|ик 1, Тор|очк|а 2,
Тор|ушк|а 1

То(р|а) → **Тов|а 1** → Тов|к|а → Тово́ч|к|а 1
Тов|очк|а 2
Тош|а 1 → Тош|к|а → Тоше́ч|к|а 1
Тош|еньк|а, Тош|ечк|а 2, Тош|ик

Тор|еньк|а 2, Тор|ечк|а 3, Тор|ик 2, Тор|к|а 2,
Тор|очк|а 3, Тор|ушк|а 2, Торь|к|а 2

(Вик)то(ри|я) → Тов|а 2, Тош|а 2

ВИЛЕ́Н|А, ы, *ж* [*женск.* к Вилен].
В(ладимир) И(льич) Лен(ин) → Вилен|а
П р о и з в о д н ы е (22):
Вилен|а → Вилен|к|а → Виленочк|а 1
Вилен|очк|а 2, Вилен|ушк|а
Вил(ен|а) → **Вил|а** → Вил|к|а 1 → Вило́ч|к|а 1
Виль|к|а 1 → Виле́ч|к|а 1
Вил|еньк|а 1, Вил|ечк|а 2, Вил|оньк|а 1, Вил|очк|а 2,
Вил|ушк|а 1, Вил|юшк|а 1
Вил|я → Вил|еньк|а 2, Вил|ечк|а 3, Вил|к|а 2, Вил|оньк|а 2,
Вил|очк|а 3, Вил|ушк|а 2, Виль|к|а 2, Вил|юшк|а 2
Вил|еньк|а 3, Вил|ечк|а 4, Вил|к|а 3, Вил|оньк|а 3,
Вил|очк|а 4, Вил|ушк|а 3, Виль|к|а 3, Вил|юшк|а 3
(Ви)лен|а → **Лен|а** → Лен|к|а 1 → Лено́ч|к|а 1
Лен|уш|а 1 → Лену́ш|к|а → Ленуше́ч|к|а 1
Ленуш|еньк|а, Ленуш|ечк|а 2

Лён|ушк|а 1 → Лёнушк|а 1
Лен|очк|а 2
Лён|ушк|а 2
Лен|к|а 2, Лен|очк|а 3, Лен|уш|а 2, Лён|ушк|а 2
Лён|ушк|а 3

ВИО́Л|А, ы, *ж* [*лат.* 'фиалка'].

П р о и з в о д н ы е: (26):

Виол|а → Виол|к|а → Виоло*ч*|к|а 1
| Виол|очк|а 2, Виол|ушк|а
Ви(о)л|а → **Вил|а** → Вел|а 1 → Вел|очк|а 1
| | Вел|очк|а 2
| Вел|а 2; Вел|очк|а 3
(Ви)ол|а → **Ол|а** →   Ол|к|а 1 →   Оло*ч*|к|а 1
                        Ол|ус|а 1 →   Олус|к|а
                        Оль|к|а 1 →   Оле*ч*|к|а 1
                        Олюсь|к|я 1 → Олюсь|к|а → Олюс*еч*|к|а 1
                        | Олюс|еньк|а, Олюс|ечк|а 2, Олюс|ик
                        Ол|юх|а 1 → Олю*ш*|еньк|а 1, Олю́*ш*|к|а 1
                        Ол|юш|а 1 → Олюш|еньк|а 2, Олю́ш|к|а 2
                        Ол|еньк|а 1, Ол|ечк|а 2, Ол|очк|а 2, Ол|ушк|а 1,
                        О́л|юшк|а 1
        Ол|я →   Ол|еньк|а 2, Ол|ечк|а 3, Ол|к|а 2, Ол|очк|а 3,
                        Ол|ус|а 2, Ол|ушк|а 2, Оль|к|а 2, Ол|юс|я 2, Ол|юх|а 2,
                        Ол|юш|а 2, О́л|юшк|а 2
        Ол|еньк|а 3, Ол|ечк|а 4, Ол|к|а 3, Ол|очк|а 4, Ол|ус|а 3,
        Ол|ушк|а 3, Оль|к|а 3, Ол|юс|я 3, Ол|юх|а 3, Ол|юш|а 3,
        О́л|юшк|а 3

ВИОЛЕ́ТТ|А, ы, *ж* [получило распространение под влиянием оперы Верди 'Травиата'; '*ласк*. к Виола'].

П р о и з в о д н ы е (22):

Виолетт|а
Виолет(т|а) → **Виолет|к|а** → Виолето*ч*|к|а 1
| Виолет|очк|а 2, Виолет|ушк|а
Виол(етт|а) → **Виол|а** → Виол|к|а 1 → Виоло*ч*|к|а 1
| | Виол|очк|а 2, Виол|ушк|а 1
| В(и)ол|а → **Вол|я 1**
| Виол|к|а 2, Виол|очк|а 3, Виол|ушк|а 2
В(иол)ет(т|а) → **Вет|а** → Вет|к|а 1
| Вет|к|а 2
В(ио)ле(тт|а) → **Вел|а**
Ви(олет)т|а → **Вит|а** → Вит|ул|я 1 → Витуль|к|а
| Вит|ус|я 1 → Витусь|к|а

(Ви)т|ус|я → **Тус|я** → Тусь|к|а 1 → Тусеч|к|а 1
Тус|еньк|а 1, Тус|ечк|а 2,
Тус|ик 1

Тус|еньк|а 2, Тус|ечк|а 3, Тус|ик 2,
Тусь|к|а 2

Вит|ул|я 2, Вит|ус|я 2

(Вио)летт|а → **Летт|а**

В(и)ол(етт|а) → Вол|я 2

ВИРГИ́НИ|Я (Вирги́ни[й|а]), Вирги́ни|и (Вирги́ни[й|и]), *ж* [*лат.* 'девуш-
ка']

П р о и з в о д н ы е (26):

Виргини|я

Вирги́н(и|я) → **Виргин|а** → Виргин|к|а 1 → Виргин*оч*|к|а 1
Виргинь|к|а 1 → Виргин*еч*|к|а 1
Виргин|ечк|а 2, Виргин|очк|а 2

Вир(гин|а) → **Вир|а 1** → Вир|к|а 1 → Вир*оч*|к|а 1
Вир|оньк|а 1, Вир|очк|а 2,
Вир|ушк|а 1

Вир|к|а 2, Вир|оньк|а 2, Вир|очк|а 3,
Вир|ушк|а 2

(Вир)гин|а → **Гин|а 1** → Гин|к|а 1 → Гин*оч*|к|а 1
Гинь|к|а 1 → Гин*еч*|к|а 1
Гин|ечк|а 2, Гин|очк|а 2,
Гин|ушк|а 1, Гин|юшк|а 1

(Г)ин|а → **Ин|а 1** → Ин|к|а 1 → Ин*оч*|к|а 1
Ин|ок 1 → Ин*оч*|ек 1
Инь|к|а 1 → Ин*еч*|к|а 1
Ин|ечк|а 2, Ин|очек 2,
Ин|очк|а 2

Ин|ечк|а 3, Ин|к|а 2, Ин|ок 2,
Ин|очек 3, Ин|очк|а 3, Инь|к|а 2

Гин|я 1 → Гин|ечк|а 3, Гин|к|а 2, Гин|очк|а 3,
Гин|ушк|а 2, Гинь|к|а 2,
Гин|юшк|а 2

(Г)ин|я → Ин|а 2; Ин|ечк|а 4, Ин|к|а 3,
Ин|ок 3, Ин|очек 4, Ин|очк|а 4,
Инь|к|а 3

Гин|ечк|а 4, Гин|к|а 3, Гин|очк|а 4,
Гин|ушк|а 3, Гинь|к|а 3, Гин|юшк|а 3

(Вирг)ин|а → Ин|а 3; Ин|ечк|а 5, Ин|к|а 4, Ин|ок 4,
Ин|очек, Ин|очк|а 5, Инь|к|а 4

Виргин|я → Виргин|ечк|а 3, Виргин|к|а 2, Виргин|очк|а 3,
Виргинь|к|а 2

Вир(гин|я) → Вир|а 2; Вир|к|а 3, Вир|оньк|а 3, Вир|очк|а 4,
       Вир|ушк|а 3
(Вир)гин|я → Гин|а 2, Гин|я 2; Гин|ечк|а 5, Гин|к|а 4,
       Гин|очк|а 5, Гин|ушк|а 4, Гинь|к|а 4,
       Гин|юшк|а 4
(Вирг)ин|я → Ин|а 4; Ин|ечк|а 6, Ин|к|а 5, Ин|ок 5,
       Ин|очек 6, Ин|очк|а 6, Инь|к|а 5
Виргин|ечк|а 4, Виргин|к|а 3, Виргин|очк|а 4,
Виргинь|к|а 3
Вир(гини|я) → Вир|а 3; Вир|к|а 4, Вир|оньк|а 4, Вир|очк|а 5, Вир|ушк|а 4
(Вир)гин(и|я) → Гин|а 3, Гин|я 3; Гин|ечк|а 6, Гин|к|а 5, Гин|очк|а 6,
       Гин|ушк|а 5, Гинь|к|а 5, Гин|юшк|а 5
(Вирг)ин(и|я) → Ин|а 5; Ин|ечк|а 7, Ин|к|а 6, Ин|ок 6, Ин|очек 7,
       Ин|очк|а 7, Инь|к|а 6

ВИРИНЕ́Я (Вирине́[й|а]), Вирине́и (Вирине́[й|и]), *ж* (*стар.редк.*) [*лат.* 'зелёная, цветущая, молодая'; 'зеленеющая', переносно 'свежая, бодрая'].
   П р о и з в о д н ы е (21):
Вирине|я (Вирине[й|а]) → Вирине|юшк|а (Вирине[й|у]шк|а)
Вир(ине|я) → **Вир|а** → Вир|ёш|а 1 → Вир|ёш|к|а
       Вир|к|а 1 → Вир|очк|а 1
       Вир|оньк|а 1, Вир|очк|а 2, Вир|ушк|а 1
     Вир|ёш|а 2, Вир|к|а 2, Вир|оньк|а 2, Вир|очк|а 3,
     Вир|ушк|а 2
(Ви)рин(е|я) → **Рин|а** → Рин|к|а 1 → Рин|очк|а 1
       Рин|ус|я 1 → Ринус|ик
       Рин|ь|к|а 1 → Рин|ечк|а 1
       Рин|ечк|а 2, Рин|очк|а 2, Рин|ушк|а 1, Рин|юш|а 1
     Рин|я → Рин|ечк|а 3, Рин|к|а 2, Рин|очк|а 3, Рин|ус|я 2,
       Рин|ушк|а 2, Ринь|к|а 2, Рин|юш|а 2
     Рин|ечк|а 4, Рин|к|а 3, Рин|очк|а 4, Рин|ус|я 3,
     Рин|ушк|а 3, Ринь|к|а 3, Рин|юш|а 3
(Вири)не|я → **Не|я** (Не[й|а]) → Ней|к|а 1, Не|юшк|а 1 (Не[й|у]шк|а)
     Ней|к|а 2, Не|юшк|а 2 (Не[й|у]шк|а)
   День ангела и святая (Виринея): 4 октября — *мученица*.

ВИ́Т|А, ы, *ж* [*женск.* к Вит: *лат.* 'жизнь'].
   П р о и з в о д н ы е (12):
Вит|а → Вит|к|а 1 → Вит|очк|а 1
     Вит|ус|я 1 → Витусь|к|а → Витус|ечк|а 1
       Витус|еньк|а, Витус|ечк|а 2
     Вить|к|а 1 → Вит|ечк|а 1
     Вит|еньк|а 1, Вит|ечк|а 2, Вит|оньк|а 1, Вит|очк|а 2, Вит|ушк|а 1
     Вит|я → Витень|к|а 2, Вит|ечк|а 3, Вит|к|а 2, Вит|оньк|а 2,

                    Вит|очк|а 3, Вит|ус|я 2, Вит|ушк|а 2, Витьк|а 2

ВИТАЛИ́Н|А, ы, *ж* [*женск.* к Виталий].
   П р о и з в о д н ы е (28):
Виталин|а → Виталин|к|а → Виталиноч|к|а 1
    | Виталин|очк|а 2, Виталин|ушк|а
Вит(алин|а) → **Вит|а** → Вит|к|а 1 → Вит*оч*|к|а 1
            | Витьк|а 1 → Вит*еч*|к|а 1
            | Вит|еньк|а 1, Вит|ечк|а 2, Вит|оньк|а 1, Вит|очк|а 2
         Вит|я → Вит|еньк|а 2, Вит|ечк|а 3, Вит|к|а 2, Вит|оньк|а 2,
            | Вит|очк|а 3, Витьк|а 2
         Вит|еньк|а 3, Вит|ечк|а 4, Вит|к|а 3, Вит|оньк|а 3,
         Вит|очк|а 4, Витьк|а 3
(Ви)тал(ин|а) → **Тал|я 1** →Тал|к|а 1 → Талоч|к|а 1
            | Таль|к|а 1 → Тал*еч*|к|а 1
            | Тал|еньк|а 1, Тал|ечк|а 2, Тал|ик 1,
            | Тал|оньк|а 1, Тал|очк|а 2, Тал|ушк|а 1
         Тал|еньк|а 2, Тал|ечк|а 3, Тал|ик 2, Тал|к|а 2, Тал|оньк|а 2,
         Тал|очк|а 3, Тал|ушк|а 2, Таль|к|а 2
(Ви)талин|а → **Талин|а** →Талин|к|а 1 →Талиноч|к|а 1
            | Талин|очк|а 2, Талин|ушк|а 1
       Тал(ин|а) → Тал|я 2; Тал|еньк|а 3, Тал|ечк|а 4, Тал|ик 3,
            Тал|к|а 3, Тал|оньк|а 3, Тал|очк|а 4,
            Тал|ушк|а 3, Таль|к|а 3
        (Та)лин|а → **Лин|а 1** → Лин|к|а 1 → Линоч|к|а 1
                | Лин|очк|а 2, Лин|ушк|а 1
              Лин|к|а 2, Лин|очк|а 3, Лин|ушк|а 2
       Талин|к|а 2, Талин|очк|а 3, Талин|ушк|а 2
(Вита)лин|а → Лин|а 2; Лин|к|а 3, Лин|очк|а 4, Лин|ушк|а 3

ВИТА́ЛИ|Я (Вита́ли[й|а]), Вита́ли|и (Вита́ли[й|и]), *ж* [*женск.* к Виталий].
   П р о и з в о д н ы е (19):
Витали|я
Витал(и|я) → **Витал|я** → Виталь|к|а 1 → Витал*еч*|к|а 1
           | Витал|еньк|а 1, Витал|ечк|а 2
        Вит(ал|я) → **Вит|а 1** → Вит|к|а 1 → Вит*оч*|к|а 1
                | Вит|оньк|а 1, Вит|очк|а 2
            Вит|к|а 2, Вит|оньк|а 2, Вит|очк|а 3
        (Ви)тал|я → **Тал|я 1** → Тал|к|а 1 → Талоч|к|а 1
                | Таль|к|а 1 → Тал*еч*|к|а 1
                | Тал|еньк|а 1, Тал|ечк|а 2, Тал|ик 1,
                | Тал|оньк|а 1, Тал|очк|а 2,
                | Тал|ушк|а 1
            Та(л|я) → **Та|т|а 1** → Тат|ушк|а

Тал|еньк|а 2, Тал|ечк|а 3, Тал|ик 2, Тал|к|а 2,
Тал|оньк|а 2, Тал|очк|а 3, Тал|ушк|а 2,
Таль|к|а 2
Витал|еньк|а 2, Витал|ечк|а 3, Виталь|к|а 2
Вит(али|я) → Вит|а 2; Вит|к|а 3, Вит|оньк|а 3, Вит|очк|а 4
(Ви)тал(и|я) → Тал|я 2; Тал|еньк|а 3, Тал|ечк|а 4, Тал|ик 3, Тал|к|а 3,
Тал|оньк|а 3, Тал|очк|а 4, Тал|ушк|а 3, Таль|к|а 3
(Ви)та(ли|я) → Та|т|а 2

ВИТО́ЛЬД|А, ы, *ж* [*женск. к* Витольд].
　　П р о и з в о д н ы е (8):
Витольд|а
Вит(ольд|а) → **Вит|а** → Вит|юш|а 1 →　Витюш|еньк|а
　　　　　　　　　　　　　　　Вит|еньк|а 1, Вит|ечк|а 1
　　　　　　　Вит|я → Вит|еньк|а 2, Вит|ечк|а 2, Вит|юш|а 2
　　　　　　　Вит|еньк|а 3, Вит|ечк|а 3, Вит|юш|а 3
(Ви)толь(д|а) → **Тол|я** → Толь|к|а 1
　　　　　　　Толь|к|а 2

ВЛА́Д|А, ы, *ж* [*сокращение слав. имени* Владислава; *заимств. из ю.-сл. яз.;
от основы со значением* 'владеть'].
　　П р о и з в о д н ы е (6):
Влад|а
(В)лад|а → **Лад|а** → Лад|к|а 1 → Ладоч|к|а 1
　　　　　　　　　　Лад|еньк|а 1, Лад|ечк|а 2, Лад|оньк|а 1,
　　　　　　　　　　Лад|очк|а 2, Лад|ушк|а 1
　　　　　　Лад|еньк|а 2, Лад|ечк|а 3, Лад|к|а 2, Лад|оньк|а 2, Лад|очк|а 3,
　　　　　　Лад|ушк|а 2

ВЛАДИЛЕ́Н|А, ы, *ж* [*женск. к* Владилен].
Влад(имир) И(льич) Лен(ин) → Владилен|а
　　П р о и з в о д н ы е (35):
Владилен|а → Владилен|к|а → Владилено́ч|к|а 1
　　　　　　　Владилен|очк|а 2, Владилен|ушк|а
Влад(илен|а) → **Влад|а** → Влад|к|а 1 → Владоч|к|а 1
　　　　　　　　　　Влады|к|а 1 →　Владеч|к|а 1
　　　　　　　　　　Влад|еньк|а 1, Влад|ечк|а 2, Влад|оньк|а 1,
　　　　　　　　　　Влад|очк|а 2
　　　　　　В(л)ад|а → **Вад|я 1**
　　　　　　(В)лад|а → **Лад|а 1** →Лад|к|а 1 → Ладоч|к|а 1
　　　　　　　　　　　Лады|к|а 1 →　**Ладеч|к|а 1**
　　　　　　　　　　　Лад|еньк|а 1, Лад|ечк|а 2,
　　　　　　　　　　　Лад|оньк|а 1, Лад|очк|а 2
　　　　　　　Лад|я 1 →Лад|еньк|а 2, Лад|ечк|а 3, Лад|к|а 2,

| | Лад|оньк|а 2, Лад|очк|а 3, Ладь|к|а 2

Лад|еньк|а 3, Лад|ечк|а 4, Лад|к|а 3,
Лад|оньк|а 3, Лад|очк|а 4, Ладь|к|а 3

Влад|я → Влад|еньк|а 2, Влад|ечк|а 3, Влад|к|а 2,
Влад|оньк|а 2, Влад|очк|а 3, Владь|к|а 2

В(л)ад|я → Вад|я 2
(В)лад|я → Лад|а 2, Лад|я 2; Лад|еньк|а 4, Лад|очк|а 5,
Лад|к|а 4, Лад|оньк|а 4, Лад|очк|а 5, Ладь|к|а 4
Влад|еньк|а 3, Влад|ечк|а 4, Влад|к|а 3, Влад|оньк|а 3,
Влад|очк|а 4, Владь|к|а 3

В(л)ад(илен|а) → Вад|я 3
(В)лад(илен|а) → Лад|а 3, Лад|я 3; Лад|еньк|а 5, Лад|ечк|а 6, Лад|к|а 5,
Лад|оньк|а 5, Лад|очк|а 6, Ладь|к|а 5

В(л)а(ди)лен|а → **Вален|а**
(Ва)лен|а → **Лен|а 1** → Лен|к|а 1 → Леноч|к|а 1
Лен|ус|я 1 → Ленусь|к|а →
Ленус*еч*|к|а 1
Ленус|еньк|а ,
Ленус|ечк|а 2,
Ленус|ик
Лен|уш|а 1 → Ленуш|к|а →
Ленуш*еч*к|а 1
Ленуш|еньк|а,
Ленуш|ечк|а 2
Лён|ушк|а 1 → Лёнуш|к|а 1
Лен|очк|а 2, Лён|ушк|а 2
Лен|к|а 2, Лен|очк|а 3, Лен|ус|я 2,
Лен|уш|а 2, Лен|ушк|а 2
Лён|ушк|а 3
(Влади)лен|а → Лен|а 2; Лен|к|а 3, Лен|очк|а 4, Лен|ус|я 3, Лен|уш|а 3,
Лен|ушк|а 3
Лён|ушк|а 4

ВЛАДИМИ́Р|А, ы, *ж* [*женск.* к Владимир].
П р о и з в о д н ы е (13):
Владимир|а
Влад(имир|а) → **Влад|а** → Влад|к|а 1 → Владоч|к|а 1
Владь|к|а 1 →Влад*еч*|к|а 1
Влад|еньк|а 1, Влад|ечк|а 2, Влад|оньк|а 1,
Влад|очк|а 2
Влад|я → Влад|еньк|а 2, Влад|ечк|а 3, Влад|к|а 2,
Влад|оньк|а 2, Влад|очк|а 3, Владь|к|а 2
Влад|ень|к|а 3, Влад|ечк|а 4, Влад|к|а 3, Влад|оньк|а 3,
Влад|очк|а 4, Владь|к|а 3

(Влади)мир|а → **Мир|а** → Мир|к|а 1 → Мироч|к|а 1
Мир|ик 1, Мир|очк|а 2, Мир|ушк|а 1
Мир|ик 2, Мир|к|а 2, Мир|очк|а 3, Мир|ушк|а 2

ВЛАДИСЛА́В|А, ы, *ж* [*женск.* к Владислав].
П р о и з в о д н ы е (37):
Владислав|а → Владислав|к|а → Владиславоч|к|а 1
Владислав|оньк|а, Владислав|очк|а 2, Владислав|ушк|а
Влад(ислав|а) → **Влад|а** → Влад|к|а 1 → Владоч|к|а 1
Владь|к|а 1 → Владеч|к|а 1
Влад|еньк|а 1, Влад|ечк|а 2, Влад|оньк|а 1,
Влад|очк|а 2
(В)лад|а → **Лад|а 1** → Лад|к|а 1 → Ладоч|к|а 1
Ладь|к|а 1 → Ладеч|к|а 1
Лад|еньк|а 1, Лад|ечк|а 2,
Лад|оньк|а 1, Лад|очк|а 2
Лад|я 1 → Лад|еньк|а 2, Лад|ечк|а 3, Лад|к|а 2,
Лад|оньк|а 2, Лад|очк|а 3,
Ладь|к|а 2
Лад|еньк|а 3, Лад|ечк|а 4, Лад|к|а 3,
Лад|оньк|а 3, Лад|очк|а 4, Ладь|к|а 3
Влад|я → Влад|еньк|а 2, Влад|ечк|а 3, Влад|к|а 2,
Влад|оньк|а 2, Влад|очк|а 3, Владь|к|а 2
(В)лад|я → Лад|а 2, Лад|я 2; Лад|еньк|а 4, Лад|ечк|а 5,
Лад|к|а 4, Лад|оньк|а 4, Лад|очк|а 5, Ладь|к|а 4
Влад|еньк|а 3, Влад|ечк|а 4, Влад|к|а 3, Влад|оньк|а 3,
Влад|очк|а 4, Владь|к|а 3
(В)лад(ислав|а) → Лад|а 3, Лад|я 3; Лад|еньк|а 5, Лад|ечк|а 6, Лад|к|а 5,
Лад|оньк|а 5, Лад|очк|а 6, Ладь|к|а 5
(Влади)слав|а → **Слав|а** → Слав|к|а 1 → Славоч|к|а 1
Слав|ун|я 1 → Славунь|к|а → Славун*еч*|к|а 1,
Славунч|ик 1
Славун|ечк|а 2, Славун|чик 2,
Славун|юшк|а
Слав|ус|я 1 → Славусь|к|а → Славус*еч*|к|а 1
Славус|еньк|а, Славус|ечк|а 2,
Славус|ик
Слав|еньк|а 1, Слав|ик 1, Слав|оньк|а 1,
Слав|очк|а 2, Слав|ушк|а 1
Слав|еньк|а 2, Слав|ик 2, Слав|к|а 2, Слав|оньк|а 2,
Слав|очк|а 3, Слав|ун|я 2, Слав|ус|я 2, Слав|ушк|а 2

ВЛАДЛЕ́Н|А, ы, *ж* [*женск.* к Владлен].
Влад(имир) Лен(ин) → Владлен|а

П р о и з в о д н ы е (33):
Владлен|а → Владлен|к|а → Владлен*оч*|к|а 1
     Владлен|очк|а 2, Владлен|ушк|а
Влад(лен|а) → **Влад|а** → Влад|к|а 1 → Влад*оч*|к|а 1
  | Влад|оньк|а 1, Влад|очк|а 2, Владь|к|а 1
  | В(л)ад|а → Вад|я 1 → Вадь|к|а 1 → Вад*еч*|к|а 1
  | Вад|ень|к|а 1, Вад|ечк|а 2
  | Вад|еньк|а 2, Вад|ечк|а 3, Вадь|к|а 2
  | (В)лад|а → **Лад|а 1** → Лад|к|а 1 → Лад*оч*|к|а 1
  | Лад|оньк|а 1, Лад|очк|а 2, Ладь|к|а 1
  | **Лад|я 1** → Лад|к|а 2, Лад|оньк|а 2, Лад|очк|а 3,
  | Ладь|к|а 2
  | Лад|к|а 3, Лад|оньк|а 3, Лад|очк|а 4, Ладь|к|а 3
  | **Влад|я** → Влад|к|а 2, Влад|оньк|а 2, Влад|очк|а 3, Владь|к|а 2
  | В(л)ад|я → Вад|я 2; Вад|еньк|а 3, Вад|ечк|а 4, Вадь|к|а 3
  | (В)лад|я → Лад|а 2, Лад|я 2; Лад|к|а 4, Лад|оньк|а 4,
  | Лад|очк|а 5, Ладь|к|а 4
  | Влад|к|а 3, Влад|оньк|а 3, Влад|очк|а 4, Владь|к|а 3
(Влад)лен|а → **Лен|а** → Лен|к|а 1 → Лен*оч*|к|а 1
  | Лен|ус|я 1 → Ленусь|к|а → Ленус*еч*|к|а 1
  | Ленус|еньк|а, Ленус|ечк|а 2, Ленус|ик
  | Лен|уш|а 1 → Лен*у*ш|к|а → Ленуш*еч*|к|а 1
  | Ленуш|еньк|а, Ленуш|ечк|а 2
  | Лён|ушк|а → Лёнушк|а 1
  | Лен|очк|а 2; Лён|ушк|а 2
  | Лен|к|а 2, Лен|очк|а 3, Лен|ус|я 2, Лен|уш|а 2, Лён|ушк|а 2
  | Лён|ушк|а 3

ВСЕМЍЛ|А, ы, *ж* [*женск.* к Всемил].
     П р о и з в о д н ы е (13):
Всемил|а
(Все)мил|а → **Мил|а** → Мил|к|а 1 → Мил*оч*|к|а 1
  | Мил|ок 1 → Милоч|ек 1
  | Мил|уш|а 1 → Мил*у*ш|к|а → Милуш*еч*|к|а 1
  | Милуш|еньк|а, Милуш|ечк|а 2
  | Мил|ечк|а 1, Мил|ёш|а 1, Мил|оньк|а 1,
  | Мил|очек 2, Мил|очк|а 2, Мӥл|ушк|а 1
  | Мил|ечк|а 2, Мил|ёш|а 2, Мил|к|а 2, Мил|ок 2,
  | Мил|оньк|а 2, Мил|очек 3, Мил|очк|а 3, Мил|уш|а 2,
  | Мӥл|ушк|а 2

ВСЕСЛА́В|А, ы, *ж* [*женск.* к Всеслав].
     П р о и з в о д н ы е (8):
Всеслав|а → Всеслав|ушк|а

(Все)слав|а → **Слав|а** → Слав|к|а 1 → Слав*оч*|к|а 1
         Слав|еньк|а 1, Слав|ик 1, Слав|оньк|а 1,
         Слав|очк|а 2, Слав|ушк|а 1
  Слав|еньк|а 2, Слав|ик 2, Слав|к|а 2, Слав|оньк|а 2,
  Слав|очк|а 3, Слав|ушк|а 2

Г

ГАЛАТЕ́|Я (Галате́[й|а]), Галате́|и (Галате́[й|и]), *ж* [*в античной мифологии:* Галатея — 'морская нимфа, нереида'; *греч.* 'молоко'].

П р о и з в о д н ы е (6):

Галате|я (Галате[й|а]) → Галате|юшк|а (Галате[й|у]шк|а)

Галат(е|я) → **Галат|а**

    Гал)ат|а) → **Гал|а 1** → Гал|к|а 1 → Гало́ч|к|а 1

             Гал|онык|а 1, Гал|очк|а 2

        Гал|к|а 2, Гал|онык|а 2, Гал|очк|а 3

Гал(ате|я) → Гал|к|а 3, Гал|онык|а 3, Гал|очк|а 4

ГАЛИ́Н|А, ы, *ж* [*греч.* 'спокойствие, безмятежность'].

П р о и з в о д н ы е (87):

Галин|а → Галин|к|а → Галино́ч|к|а 1

    Галин|ух|а → Галинуш|еньк|а 1

    Галин|уш|а → Галинуш|еньк|а 2

    Галин|ищ|а, Галин|очк|а 2, Галин|ушк|а

Гали(н|а) → **Гали|х|а** → Галиш|к|а 1, Галиш|н|а 1

      Галиш|а 1 → Галиш|к|а 2, Галиш|н|а 2

    Гали|к|а

Гал(ин|а) → **Гал|а** → Гал|ёк 1 → Галё́ч|ек 1

      Гал|к|а 1 → Гало́ч|к|а 1, Галч|онок

      Гал|ок 1 → Гало́ч|ек 1

      Гал|ух|а 1 → Галу́ш|к|а 1 → Галуш|еч|к|а 1

           Галуш|еньк|а 1, Галуш|ечк|а 2

      Гал|уш|а 1 → Галуш|еньк|а 2, Галуш|ечк|а 3,

           Галу́ш|к|а 2

      Галь|к|а 1 → Галеч|к|а 1, Гальч|ик 1

           Гальч|ин|а 1 → Гальчин|ушк|а

      Галь|ян (Гал|[й|а]н) → Гальян|к|а

      Гал|юн 1 → Галюны|к|а 1 → Галюнеч|к|а 1,

Галюнч|ик 1

Галюн|ечк|а 2, Галюн|чик 2

Гал|юн|я 1 → Галюн|ечк|а 3, Галюн|чик 3,
Галюнь|к|а 2

Гал|юс|я 1 → Галюсь|к|а → Галюс*еч*|к|а 1
Галюс|еньк|а, Галюс|ечк|а 2, Галюс|ик

Гал|ют|а 1 → Галют|ик

Гал|юх|а 1 → Галю*ш*|к|а 1 → Галюш*еч*|к|а 1
Галю*ш*|еньк|а 1, Галю*ш*|ечк|а 2

Гал|юш|а 1 → Галюш|еньк|а 2, Галюш|ечк|а 3,
Гал*ю́ш*|к|а 2

Гал|еньк|а 1, Гал|ечк|а 2, Гал|ёчек 2, Гал|ик 1,
Гал|ик|а 1, Гал|оньк|а 1, Гал|очек 2, Гал|очк|а 2,
Гал|ушк|а 1, Галь|чик 2, Гал|юшк|а 1

Га(л|а) → **Га|с|я 1** → Гась|к|а → Гас*еч*|к|а 1
Гас|еньк|а, Гас|ечк|а 2

Га|я 1 (Га|[й|а]) → Га|юшк|а (Га[й|у]шк|а)

Г(ал|я) → **Гул|я 1** → Гуль|к|а → Гул*еч*|к|а 1
Гул|еньк|а, Гул|ечк|а 2, Гул|юшк|а

(Г)ал|а → **Ал|я 1**

Гал|я → Гал|еньк|а 2, Гал|ечк|а 3, Гал|ёк 2, Гал|ёк|а 2,
Гал|ёчек 3, Гал|ик 2, Гал|ик|а 2, Гал|к|а 2, Гал|ок 2,
Гал|оньк|а 2, Гал|оче|к 3, Гал|очк|а 3, Гал|ух|а 2,
Гал|уш|а 2, Га́л|ушк|а 2, Галь|к|а 2, Галь|чик 3,
Галь|ян 2 (Галь|[й|а]н), Гал|юн 2, Гал|юн|я 2,
Гал|юс|я 2, Гал|ют|а 2, Гал|юх|а 2, Гал|юш|а 2,
Га́л|юшк|а 2

Га(л|я) → Га|с|я 2, Га|я 2 (Га[й|а])

Г(ал|я) → Гул|я 2

(Г)ал|я → Ал|я 2

Гал|еньк|а 3, Гал|ечк|а 4, Гал|ёк 3, Гал|ёк|а 3, Гал|ёчек 4,
Гал|ик 3, Гал|ик|а 3, Гал|к|а 3, Гал|ок 3, Гал|оньк|а 3,
Гал|очек 4, Гал|очк|а 4, Гал|ух|а 3, Гал|уш|а 3, Га́л|ушк|а 3,
Галь|к|а 3, Галь|чик 4, Галь|ян 3 (Галь|[й|а]н), Гал|юн 3,
Гал|юн|я 3, Гал|юс|я 3, Гал|ют|а 3, Гал|юх|а 3, Гал|юш|а 3,
Га́л|юшк|а 3

Га(лин|а) → Га|с|я 3, Га|я 3 (Га|[й|а])

Г(алин|а) → Гул|я 3

Га(ли)н|а → **Ган|а** → Ган|к|а 1 → Ган*оч*|к|а 1
Гань|к|а 1 → Ган*еч*|к|а 1
Ган|юш|а 1 → Ган*ю́ш*|к|а
Ган|ечк|а 2, Ган|очк|а 2, Га́н|юшк|а 1

Га(н|а) → Га|с|я 4, Га|я 4 (Га|[й|а])

Г(ан|а) → Гул|я 4

Ган|я → Ган|ечк|а 3, Ган|к|а 2, Ган|очк|а 3, Гань|к|а 2,
Ган|юш|а 2, Га́н|юшк|а 2

Га(н|я) → Га|с|я 5, Га|я 5 (Га[й|а])

Г(ан|я) → Гул|я 5

Ган|ечк|а 4, Ган|к|а 3, Ган|очк|а 4, Гань|к|а 3, Ган|юш|а 3,
Га́н|юшк|а 3

(Г)ал(ин|а) → Ал|я 3

(Га)лин|а → Лин|а → Лин|ус|я 1, Лин|уш|а 1

(Л)ин|а → Ин|а 1 → Ин|к|а 1 → Иноч|к|а 1
Ин|ок 1 → Иноч|ек 1
Ин|ечк|а 1, Ин|очек 2, Ин|очк|а 2

Ин|ечк|а 2, Ин|к|а 2, Ин|ок 2, Ин|очек 3,
Ин|очк|а 3

Лин|ус|я 2, Лин|уш|а 2

(Гал)ин|а → Ин|а 2; Ин|ечк|а 3, Ин|к|а 3, Ин|ок 3, Ин|очек 4, Ин|очк|а 4
Галиш|а 2; Галиш|к|а 3, Галиш|н|а 3

Дни ангела и святые (Галина): 10 марта, 16 апреля — *мученицы*.

ГА́Л|Я, и, *ж* [*греч.* 'куница, ласка'; сокр. к Галина].
Гали́, *нескл.* (*реже*).

П р о и з в о д н ы е (23):

Гал|я → Гал|к|а 1 → Гало́ч|к|а 1
Галь|к|а 1 → Гал|еч|к|а 1
Гал|юн|я 1 → Галюнь|к|а
Гал|юс|я 1 → Галюсь|к|а → Галюсе́чк|а 1
Галюс|еньк|а, Галюс|ечк|а 2, Галюс|ик
Гал|ют|а 1 → Галют|ик
Гал|юх|а 1 → Галю́ш|к|а 1 → Галюшечк|а 1
Галюш|еньк|а 1, Галюш|ечк|а 2
Гал|юш|а 1 → Галюш|еньк|а 2, Галюш|ечк|а 3, Галюш|к|а 2
Гал|ечк|а 2, Гал|оньк|а 1, Гал|очк|а 2, Га́л|юшк|а 1

(Г)ал|я → **Ал|я 1**

Гал|а → Гал|ечк|а 3, Гал|к|а 2, Гал|оньк|а 2, Гал|очк|а 3,
Галь|к|а 2, Гал|юн|я 2, Гал|ют|а 2, Гал|юх|а 2,
Гал|юш|а 2, Га́л|юшк|а 2

(Г)ал|а → Ал|я 2

Гал|и́

Гал(и) → Гал|ечк|а 5, Гал|к|а 3, Гал|оньк|а 3, Гал|очк|а 4,
Галь|к|а 3, Гал|юн|я 3, Гал|ют|а 3, Гал|юх|а 3,
Гал|юш|а 3, Га́л|юшк|а 3

(Г)ал(и) → Ал|я 3

ГЕЛИА́Н|А, ы, *ж* [*греч.* 'солнце'].
П р о и з в о д н ы е (28):

Гелиан|а → Гелиан|к|а, Гелиан|ушк|а
Гел(иан|а) → **Гел|а** → Гел|к|а 1 → Гел*оч*|к|а 1
                  Гель|к|а 1 → Гел*еч*|к|а 1
                  Гел|еньк|а 1, Гел|ечк|а 2, Гел|оньк|а 1, Гел|очк|а 2
         (Г)ел|а → **Ел|а 1** → Ел|к|а 1 → Ел*оч*|к|а 1
                    Ель|к|а 1 → Ел*еч*|к|а 1
                    Ел|ечк|а 2, Ел|очк|а 2
          Ел|я 1 → Ел|ечк|а 3, Ел|к|а 2, Ел|очк|а 3, Ель|к|а 2
          Ел|ечк|а 4, Ел|к|а 3, Ел|очк|а 4, Ель|к|а
       Гел|я → Гел|еньк|а 2, Гел|ечк|а 3, Гел|к|а 2, Гел|оньк|а 2,
              Гел|очк|а 3, Гель|к|а 2
       (Г)ел|я → Ел|а 2, Ел|я 2; Ел|ечк|а 5, Ел|к|а 4, Ел|очк|а 5,
              Ель|к|а 4
       Гел|еньк|а 3, Гел|ечк|а 4, Гел|к|а 3, Гел|оньк|а 3, Гел|очк|а 4,
       Гель|к|а 3
(Ге)ли(ан|а) → **Ли|я 1** (Ли[й|а]) → Ли|юшк|а (Ли[й|у]шк|а)
(Ге)ли(а)н|а → **Лин|а 1** → Лин|к|а 1 → Лин*оч*|к|а 1
                 Лин|очк|а 2
       Ли(н|а) → Ли|я 2 (Ли[й|а])
       Лин|к|а 2, Лин|очк|а 3
(Г)ел(иан|а) → Ел|а 3, Ел|я 3; Ел|еньк|а 6, Ел|к|а 5, Ел|очк|а 6, Ель|к|а 5
(Ге)лиан|а →**Лиан|а** → Лиан|к|а 1 → Лиан*оч*|к|а 1
               Лиан|очк|а 2, Лиан|ушк|а 1
     Ли(а)н|а → Лин|а 2; Лин|к|а 3, Лин|очк|а 4
     Ли(ан|а) → Ли|я 3 (Ли[й|а])
     (Ли)ан|а →**Ан|я 1** → Ань|к|а 1 → Ан*еч*|к|а 1
                Ан|ечк|а 2
          Ан|ечк|а 3, Ань|к|а 2
     Лиан|к|а 2, Лиан|очк|а 3, Лиан|ушк|а 2
(Гели)ан|а → Ан|я 2; Ан|ечк|а 4, Ань|к|а 3

ГЕ́ЛИ|Я (Ге́ли[й|а]), Ге́ли|и (Ге́ли[й|и]), *ж* [женск. к Гелий].
   П р о и з в о д н ы е (11):
Гели|я
Гел(и|я) → **Гел|а** → Гел|к|а 1 → Гел*оч*|к|а 1
              Гель|к|а 1 → Гел*еч*|к|а 1
              Гел|еньк|а 1, Гел|ечк|а 2, Гел|оньк|а 1, Гел|очк|а 2
        (Г)ел|а → **Ел|я 1** → Ель|к|а 1 → Ел*еч*|к|а 1
                   Ел|ечк|а 2
            Ел|ечк|а 3, Ель|к|а 2
      Гел|я → Гел|еньк|а 2, Гел|ечк|а 3, Гел|к|а 2, Гел|онь|к|а 2,
             Гел|очк|а 3, Гель|к|а 2
      (Г)ел|я → Ел|я 2; Ел|ечк|а 4, Ель|к|а 3
      Гел|еньк|а 3, Гел|ечк|а 4, Гел|к|а 3, Гел|оньк|а 3, Гел|очк|а 4,

| Гель|к|а 3
(Г)ел(и|я) → Ел|я 3; Ел|ечк|а 5, Ель|к|а 4

ГЕ́НИ|Я (Ге́ни[й|а]), Ге́ни|и (Ге́ни[й|и]), *ж (нов.)* [*женск.* к Гений].
   П р о и з в о д н ы е (2):
Гени|я
Ген(и|я) → **Ген|а, Ген|я**

ГЕНРИЕ́ТТ|А, ы, *ж* [*женск.* к Генрих].
   П р о и з в о д н ы е (21):
Генриетт|а
Генриет(т|а) → Генриет|к|а
Генр(иетт|а) → **Генр|а**
        Ген(р|а) → **Ген|а 1** → Гень|к|а 1 → Ген*еч*|к|а 1
                | Ген|ечк|а 2
               Ген|я 1 → Ген|ечк|а 3, Гень|к|а 2
        Ге(н)р|а → **Гер|а 1**
        Генр|я
        Ген(р|я) → Ген|а 2, Ген|я 2; Ген|ечк|а 4, Гень|к|а 3
        Ге(н)р|я → Гер|а 2
Ген(риетт|а) → Ген|а 3, Ген|я 3; Ген|ечк|а 5, Гень|к|а 4
Ге(н)р(иетт|а) → Гер|а 3
Г(ен)р(и)ет(т|а) → **Грет|а** → Грет|к|а 1 → Грет*оч*|к|а 1
                      Грет|очк|а 2
              Г(р)ет|а → **Гет|а 1** → Гет|к|а 1 → Гет*оч*|к|а 1
                      Гет|ун|я 1 → Гетунь|к|а →
                      | Гетун*ч*|ик 1
                              Гетун|чик 2
                      Гет|ик 1, Гет|очк|а 2, Гет|ус|я 1
                  (Г)ет|а → **Ет|а 1**
                  Гет|ик 2, Гет|к|а 2, Гет|очк|а 3, Гет|ун|я 2,
                  Гет|ус|я 2
             (Гр)ет|а → Ет|а 2
             Грет|к|а 2, Грет|очк|а 3
(Генри)ет(т|а) → Ет|а 3
Ге(нриет)т|а → Гет|а 2; Гет|ик 3, Гет|к|а 3, Гет|очк|а 4, Гет|ун|я 3,
                 Гет|ус|я 3
(Ген)ри(ет)т|а → **Рит|а**

ГЕОРГИ́Н|А[1], ы, *ж* [*женск.* к Георгий].
   П р о и з в о д н ы е (31):
Георгин|а → Георгин|к|а → Георгин*оч*|к|а 1
           Георгин|очк|а 2, Георгин|ушк|а
Ге(о)р(гин|а) → **Гер|а** → Гер|к|а 1 → Гер*оч*|к|а 1

| Гер|оньк|а 1, Гер|очк|а 2

Гер|к|а 2, Гер|оньк|а 2, Гер|очк|а 3

Г(еорг)ин|а → **Гин|а** → Гин|к|а 1 → Гин*о*чк|а 1

| Гин|ечк|а 1, Гин|очк|а 2, Гин|ушк|а 1

(Г)ин|а → **Ин|а 1** → Ин|к|а 1 →   Ин*о*чк|а 1

Ин|ок 1 →   Ин*о*чек 1

Ин|ул|я 1 → Инуль|к|а → Инул*еч*к|а 1

Инул|ень|к|а, Инул|ечк|а 2

Ин|ур|а 1 → Инур|к|а

Ин|ус|я 1 → Инусь|к|а → Инус*еч*к|а 1

Инус|ень|к|а, Инус|ечк|а 2,

Инус|ик

Ин|ечк|а 1, Ин|очек 2, Ин|очк|а 2,

Ин|уш|а 1, Ин|ушк|а 1

Ин|ечк|а 2, Ин|к|а 2, Ин|ок 2, Ин|очек 3,

Ин|очк|а 3, Ин|ул|я 2, Ин|ур|а 2, Ин|ус|я 2,

Ин|уш|а 2, Ин|ушк|а 2

Гин|ечк|а 2, Гин|к|а 2, Гин|очк|а 3, Гин|ушк|а 2

(Георг)ин|а → **Ѝн|а 2**; Ин|ечк|а 3, Ин|к|а 3, Ин|ок 3, Ин|очек 3,

Ин|очк|а 4, Ин|ул|я 3, Ин|ур|а 3, Ин|ус|я 3, Ин|уш|а 3,

Ин|ушк|а 3

ГЕОРГИ́Н|А², ы, *ж* (*нов.*) [*по названию цветка* 'георгин'].
      П р о и з в о д н ы е (7):
Георгин|а → Георгин|к|а
Ге(о)р(гин|а) → **Гер|а**
(Геор)гин|а → **Гин|а**
            (Г)ин|а → **Ин|а 1** → Ин|ул|я 1, Ин|ус|я 1, Ин|уш|а 1
                  Ин|ул|я 2, Ин|ус|я 2, Ин|уш|а 2
(Георг)ин|а → Ин|а 2; Ин|ул|я 3, Ин|ус|я 3, Ин|уш|а 3

ГЕ́Р|А, ы, *ж* [*в античной мифологии*: Гера — богиня брака и супружеской любви, покровительница женщин; имя богини, сестры и супруги Зевса].
      П р о и з в о д н ы е (3):
Гер|а → Гер|к|а → Гер*оч*к|а 1
            Гер|оньк|а, Гер|очк|а 2

ГЕРТРУ́Д|А¹, ы, *ж* [*др.-герм.* 'копьё' и 'сильный'].
Ге́рт|а, ы (*разг.*).
      П р о и з в о д н ы е (21):
Гертруд|а → Гертруд|к|а → Гертруд*оч*к|а 1
            Гертруд|очк|а 2
Герт(руд|а) → **Герт|а** → Герт|ик 1, Герт|очк|а 1
            Гер(т|а) →**Гер|а 1** → Гер|к|а 1 → Гер*оч*к|а 1

| | Гер|оньк|а 1, Гер|очк|а 2

Гер|к|а 2, Гер|оньк|а 2, Гер|очк|а 3

Ге(р)т|а → **Гет|а 1** → Гет|к|а 1 → Гет*оч*|к|а 1

Гет|ун|я 1 → Гетунь|к|а → Гетун*ч*|ик 1

Гетун|чик 2

Гет|ик 1, Гет|очк|а 2, Гет|ус|я 1

Гет|ик 2, Гет|к|а 2, Гет|очк|а 3, Гет|ун|я 2,

Гет|ус|я 2

Г*рет*|а 1 → Грет|к|а 1 → Грет*оч*|к|а 1

Грет|очк|а 2

Г(*р*)ет|а →Гет|а 2; Гет|ик 3, Гет|к|а 3, Гет|очк|а 4,

Гет|ун|я 3, Гет|ус|я 3

Г*рет*|к|а 2, Г*рет*|очк|а 3

Герт|ик 2, Герт|очк|а 2

Г*рет*|а 2; Г*рет*|к|а 3, Г*рет*|очк|а 4

Гер(труд|а) → Гер|а 2; Гер|к|а 3, Гер|оньк|а 3, Гер|очк|а 4

Ге(р)т(руд|а) → Гет|а 3; Гет|ик 4, Гет|к|а 4, Гет|очк|а 5, Гет|ун|я 4,

Гет|ус|я 4

(Гер)труд|а → **Труд|а**

ГЕРТРУ́Д|А², ы, ж (*нов.*) [*сокращение от* ʻгероиня трудаʼ].
Гер(оин|я) труд|а →Гертруд|а

П р о и з в о д н ы е (18):
Гертруд|а → Гертруд|к|а → Гертрудо*ч*|к|а 1

Гертруд|очк|а 2

Герт(руд|а) → **Герт|а** → Герт|ик 1, Герт|очк|а 1

Гер(т|а) → **Гер|а 1** → Гер|к|а 1 → Гер*оч*|к|а 1

Гер|оньк|а 1, Гер|очк|а 2

Гер|к|а 2, Гер|оньк|а 2, Гер|очк|а 3

Ге(р)т|а → **Гет|а 1** → Гет|к|а 1 → Гет*оч*|к|а 1

Гет|ун|я 1 → Гетунь|к|а → Гетун*ч*|ик 1

Гетун|чик 2

Гет|ик 1, Гет|очк|а 2, Гет|ус|я 1

Гет|ик 2, Гет|к|а 2, Гет|очк|а 3, Гет|ун|я 2,

Гет|ус|я 2

Герт|ик 2, Герт|очк|а 2

Гер(труд|а) → Гер|а 2; Гер|к|а 3, Гер|оньк|а 3, Гер|очк|а 4

Ге(р)т(руд|а) → Гет|а 2; Гет|ик 3, Гет|к|а 3, Гет|очк|а 4, Гет|ун|я 3,

Гет|ус|я 3

(Гер)труд|а → **Труд|а**

ГЛАФИ́Р|А, ы, ж [*греч.* ʻизящная, стройнаяʼ; ʻутонченная, искусная, изящ-
ная'; ʻгладкаяʼ].
П р о и з в о д н ы е (38):

Глафир|а → Глафир|к|а → Глафир*оч*|к|а 1
                     Глафир|очк|а 2, Глафир|ушк|а
Глаф(ир|а) →**Глаф|а** → Глаф|к|а → Глаф*оч*|к|а 1
                      Глаф|оньк|а 1, Глаф|очк|а 2, Глаф|ушк|а 1
           Гла(ф|а) → **Глан|я 1** → Глань|к|а → Глан*еч*|к|а 1
                      Глан|ечк|а 2, Глан|юшк|а
                Глаш|а 1 → Глаш|к|а 1 → Глаш*еч*|к|а 1
                      Глаш|еньк|а 1, Глаш|ечк|а 2
                Гла*ш*|еньк|а 2, Гла*ш*|ечк|а 3, Глаш|к|а 2
                Гла|ш| 2
           Глаф|к|а 2, Глаф|оньк|а 2, Глаф|очк|а 3, Глаф|ушк|а 2
Гл(аф)ир|а → **Глир|а** → Глир|к|а 1 → Глир*оч*|к|а 1
                     Глир|очк|а 2, Глир|ушк|а 1
           Г(ли)р|а → **Гр|ан|я 1** → Грань|к|а → Гран*еч*|к|а 1
                      Гран|юш|а →Гран|юш|к|а
                      Гран|ечк|а 2, Гран|юшк|а
                Гр|аш|а 1 → Граш|к|а → Граш*еч*|к|а 1
                      Граш|еньк|а, Граш|ечк|а 2
           Глир|к|а 2, Глир|очк|а 3, Глир|ушк|а 2
Г(л)аф(и)р|а → **Гр*аф*|а** → Граф|идк|а 1 → Графид|ушк|а
               Граф|идк|а 2
(Гла)фир|а → **Фир|а** → Фир|к|а 1 → Фир*оч*|к|а 1
                  Фир|оньк|а 1, Фир|очк|а 2, Фир|ушк|а 1
             Фир|к|а 2, Фир|оньк|а 2, Фир|очк|а 3, Фир|ушк|а 2

    День ангела и святая (Глафира): 26 апреля — *мученица*.

ГЛИКЕ́РИ|Я (Глике́ри[й|а]), Глике́ри|и (Глике́ри[й|и]), *ж* [*женск.* к Гли-
керий].
Глике́р|а, ы (*разг.*).
Гле́ри|я (Гле́ри([й|а]), Гле́ри|и (Гл ери[й|и]) (*прост.*).
Луке́рь|я (Лук ерь[й|а]), Луке́рь|и (Луке́рь[й|и]) (*народн.*).
    П р о и з в о д н ы е (65):
Гликери|я
Гликер(и|я)
      Гликер|а → Гликер|к|а 1 → Гликер*оч*|к|а 1
                Гликер|очк|а 2, Гликер|ушк|а 1
      Глик(ер|а) →Глик|а 1 →Глик|очк|а 1, Глик|ушк|а 1
               Гли(к|а) → Гли|х|а 1
                      Гли*т*|я 1 → Глить|к|а → Глит*еч*|к|а 1
                           Глит|еньк|а, Глит|ечк|а 2
              Глик|очк|а 2, Глик|ушк|а 2
      Глик(ер|а) →Гли*т*|я 2
      Гли(кер|а) →Гли|х|а 2
      Гли(ке)р|а →Глир|я 1 →Глир|к|а 1 → Глир*оч*|к|а 1

Глир|очк|а 2, Глир|ушк|а 1

Гли(р|я) → Глит|я 3, Гли|х|а 3

Глир|к|а 2, Глир|очк|а 3, Глир|ушк|а 2

Гл(ик)ер|а → Глер|а 1 → Глер|к|а 1 → Глер*оч*к|а 1

Глер|оньк|а 1, Глер|очк|а 2, Глер|ушк|а 1

Гл(ер|а) → **Гла|ан|я 1** → Глань|к|а → Глан*еч*к|а 1

Глан|ечк|а 2, Глан|юшк|а

Гл|аш|а 1 → Глаш|к|а → Глаш*еч*к|а 1

Глаш|еньк|а, Глаш|ечк|а 2

Гл|уш|а 1 → Глуш|к|а → Глуш*еч*к|а 1

Глуш|еньк|а, Глуш|ечк|а 2

(Г)лер|а → **Лер|а 1** → Лер|к|а 1 → Лер*оч*к|а 1

Лер|ик 1, Лер|оньк|а 1,

Лер|очк|а 2

Лер|ик 2, Лер|к|а 2, Лер|оньк|а 2,

Лер|очк|а 3

Глер|к|а 2, Глер|оньк|а 2, Глер|очк|а 3, Глер|ушк|а 2

Гл(икер|а) → Гл|ан|я 2, Гл|аш|а 2, Гл|уш|а 2

(Г)лик(ер|а) → **Лик|а 1** → Лик|аш|а 1 → Ликаш|еньк|а, Ликаш|к|а

Лик|уш|а 1 → Ликуш|к|а

Лик|очк|а 1

Лик|аш|а 2, Лик|очк|а 2, Лик|уш|а 2

(Г)л(ик)ер|а → Лер|а 2; Лер|ик 3, Лер|к|а 3, Лер|оньк|а 3,

Лер|очк|а 4

(Гли)кер|а → **Кер|а 1** → Кер|к|а 1 → Кер*оч*к|а 1

Керь|к|а 1 → Кер*еч*к|а 1

Кер|ечк|а 2, Кер|очк|а 2

Кер|я 1 → Кер|ечк|а 3, Кер|к|а 2, Кер|очк|а 3,

Керь|к|а 2

Кер|ечк|а 4, Кер|к|а 3, Кер|очк|а 4, Керь|к|а 3

Гликер|я → Гликер|к|а 2, Гликер|очк|а 3, Гликер|ушк|а 2

Глик(ер|я) → Глик|а 2; Глик|очк|а 3, Глик|ушк|а 3

Гли(кер|я) → Глит|я 4, Гли|х|а 4

Гли(ке)р|я → Глир|я 2; Глир|к|а 3, Глир|очк|а 4, Глир|ушк|а 3

Гл(ик)ер|я → Глер|а 2; Глер|к|а 3, Глер|оньк|а 3, Глер|очк|а 4,

Глер|ушк|а 3

Гл(икер|я) → Гл|ан|я 3, Гл|аш|а 3, Гл|уш|а 3

(Г)лик(ер|я) → Лик|а 2; Лик|аш|а 3, Лик|очк|а 3, Лик|уш|а 3

(Г)л(ик)ер|я → Лер|а 3; Лер|ик 4, Лер|к|а 4, Лер|оньк|а 4, Лер|очк|а 5

(Гли)кер|я → Кер|а 2, Кер|я 2; Кер|ечк|а 5, Кер|к|а 4,

Кер|очк|а 5, Керь|к|а 4

Гликер|к|а 3, Гликер|очк|а 4, Гликер|ушк|а 3

Глик(ери|я) → Глик|а 3; Глик|очк|а 4, Глик|ушк|а 4

Гли(кери|я) → Глит|я 5, Гли|х|а 5

Гл(икери|я) → Гл|ан|я 4, Гл|аш|а 4, Гл|уш|а 4
Гли(ке)р(и|я) → Глир|я 3; Глир|к|а 4, Глир|очк|а 5, Глир|ушк|а 4
Гл(ик)ер(и|я) → Глер|а; Глер|к|а 4, Глер|оньк|а 4, Глер|очк|а 5,
　　　　　　　　Глер|ушк|а 4
Гл(ик)ери|я → **Глери|я**
　　　　　　Глер(и|я) → Глер|а 4; Глер|к|а 5, Глер|оньк|а 5,
　　　　　　|　　　　　Глер|очк|а 6, Глер|ушк|а 5
　　　　　　Гл(ер)и|я → Гли|т|я 6, Гли|х|а 6
　　　　　　(Г)лер(и|я) → Лер|а 4; Лер|ик 5, Лер|к|а 5, Лер|оньк|а 5,
　　　　　　|　　　　　Лер|очк|а 6
(Г)л(ик)ер(и|я) → Лер|а 5; Лер|ик 6, Лер|к|а 6, Лер|оньк|а 6, Лер|очк|а 7
(Г)лик(ери|я) → Лик|а 3; Лик|аш|а 4, Лик|очк|а 4, Лик|уш|а 4
(Гли)кер(и|я) → Кер|а 3, Кер|я 3; Кер|ечк|а 6, Кер|к|а 5, Кер|очк|а 6,
　　　　　　　　Кер|ь|к|а 5
(Г)ликери|я → **Лукерь|я** (Лукерь[й|а]) → Лукерь|юшк|а (Лукерь[й|у]щк|а)
　　　　　　Лукерь|я (Лукерь[й|а]) → Лукерь|к|а
　　　　　　Лу(керь|я) → **Лу|н|я** → Лунь|к|а → Лун*еч*|к|а 1
　　　　　　　　　　　　　　　Лун|ечк|а 2, Лун|юшк|а
　　　　　　　　　　　　Луш|а 1 → Луш|ан|я → Лушань|к|а →
　　　　　　　　　　　　|　　　　　　　　Лушан*еч*|к|а 1
　　　　　　　　　　　　Лушан|ечк|а 2, Лушан|к|а
　　　　　　Луш|а 2
　　　　　　Л(ук)ер(ь|я) → Лер|а 6; Лер|ик 7, Лер|к|а 7, Лер|оньк|а 7,
　　　　　　|　　　　　Лер|очк|а 8
　　　　　　(Лу)кер(ь|я) → Кер|а 4, Кер|я 4; Кер|ечк|а 7, Кер|к|а 6,
　　　　　　|　　　　　Кер|очк|а 7, Керь|к|а 6
　　　　　　Лукерь|юшк|а (Лукерь[й|у]шк|а)
　　　Дни ангела и святые (Гликерия): 13 мая, 22 октября — *мученицы*.

ГЛО́РИ|Я (Гло́ри[й|а]), Гло́ри|и (Гло́ри[й|и]), *ж* [*лат.* 'слава'].
　　П р о и з в о д н ы е (14):
Глори|я
Глор(и|я) → **Глор|а** → Глор|к|а 1 → Глор*оч*|к|а 1
　　　　　　|　　　　　Глор|оньк|а 1, Глор|очк|а 2, Глор|ушк|а 1
　　　　　　Гло(р|а) → **Гло|к|а 1** → Глок|очк|а 1
　　　　　　(Г)лор|а → **Лор|а 1** → Лор|к|а 1 → Лор*оч*|к|а 1
　　　　　　|　　　　　Лор|ик 1, Лор|оньк|а 1, Лор|очк|а 2,
　　　　　　|　　　　　Лор|ушк|а 1
　　　　　　Лор|ик 2, Лор|к|а 2, Лор|оньк|а 2, Лор|очк|а 3,
　　　　　　Лор|ушк|а 2
　　　　Глор|я → Глор|к|а 2, Глор|оньк|а 2, Глор|очк|а 3,
　　　　|　　　　Глор|ушк|а 2
　　　　Гло(р|я) → Гло|к|а 2
　　　　(Г)лор|я → Лор|а 2; Лор|ик 3, Лор|к|а 3, Лор|оньк|а 3,

| Лор|очк|а 4, Лор|ушк|а 3
Глор|к|а 3, Глор|оньк|а 3, Глор|очк|а 4, Глор|ушк|а 3
Гло(ри|я) → Гло|к|а 3
(Г)лор(и|я) → Лор|а 3; Лор|ик 4, Лор|к|а 4, Лор|оньк|а 4, Лор|очк|а 5,
Лор|ушк|а 4

ГОРИСЛА́В|А, ы, *ж* [*женск.* к Гори́слав].
П р о и з в о д н ы е (14):
Гори́слав|а → Горислав|к|а → Гориславоч|к|а 1
Горислав|оньк|а, Горислав|очк|а 2, Горислав|ушк|а
Гор(ислав|а) → **Гор|а** → Горь|к|а 1
Гор|я → Горь|к|а 2
Горь|к|а 3
(Гори)слав|а → **Слав|а** → Слав|к|а 1 → Славоч|к|а 1
Слав|еньк|а 1, Слав|ик 1, Слав|оньк|а 1,
Слав|очк|а 2, Слав|ушк|а 1
Слав|еньк|а 2, Слав|ик 2, Слав|к|а 2, Слав|оньк|а 2,
Слав|очк|а 3, Слав|ушк|а 2

ГРИГО́РИ|Я (Григо́ри[й|а]), Григо́ри|и (Григо́ри[й|и]), *ж* [*женск.* к Григо́рий].
П р о и з в о д н ы е (8):
Григо́ри|я
Григор(и|я) → **Григор|а**
Гри(гор|а) → **Гри|н|я 1** → Грин|юшк|а
Гри|к|а 1
(Гри)гор|а → **Гор|а 1** → Горь|к|а 1
Гор|я 1 → Горь|к|а 2
Горь|к|а 3
Григор|я
Гри(гор|я) → Гри|к|а 2, Гри|н|я 2
(Гри)гор|я → Гор|а 2, Гор|я 2; Горь|к|а 4
Гри(гори|я) → Гри|к|а 3, Гри|н|я 3
(Гри)гор(и|я) → Гор|а 3, Гор|я 3; Горь|к|а 5

Д

ДАНИИ́Л|А, ы, *ж* [*женск.* к Даниил].
  П р о и з в о д н ы е (19):
Даниил|а
Дани(и)л|а → **Данил|к|а** → Данилоч|к|а 1
               Данил|очк|а 2, Данил|ушк|а
Дан(иил|а) → **Дан|а** → Дан|к|а 1 → Даноч|к|а 1
                Дань|к|а 1 → Данеч|к|а 1
                Дан|юш|а 1 → Даню́ш|к|а
                Дан|ечк|а 2, Дан|очк|а 2, Да́н|юшк|а 1
           Дан|я → Дан|ечк|а 3, Дан|к|а 2, Дан|очк|а 3, Дань|к|а 2,
                Дан|юш|а 2, Да́н|юшк|а 2
           Дан|ечк|а 4, Дан|к|а 3, Дан|очк|а 4, Дань|к|а 3, Дан|юш|а 3,
           Да́н|юшк|а 3
(Да)ни(и)л|а → **Нил|а** → Нил|к|а 1 → Нилоч|к|а 1
                Нил|еньк|а 1, Нил|ечк|а 1, Нил|оньк|а 1
                Нил|очк|а 2, Нил|ушк|а 1
          Нил|еньк|а 2, Нил|ечк|а 2, Нил|оньк|а 2, Нил|очк|а 3,
         Нил|ушк|а 2

ДА́РЬ|Я (Дарь[й|а]), Да́рь|и (Дарь[й|и]), *ж* [*женск.* к Дарий].
Да́ри|я (Да́ри[й|а]), Да́ри|и (Да́ри[й|и]) (*стар.*).
  П р о и з в о д н ы е (67):
Дарь|я 1 (Дарь[й|а]) → Дарь|юх|а 1 (Дарь[й|у]х|а),
                Дарь|юш|а 1 (Дарь[й|у]ш|а),
                Да́рь|юшк|а 1 (Да́рь[й|у]шк|а)
Дар(ь|я) (Дарь[й|а]) →
           Дар|а → Дар|ён|а 1 → Дарён|к|а → Дарёноч|к|а 1
                Дарён|очк|а 2, Дарён|ушк|а
           Дар|ёх|а 1 → Дарёш|еньк|а 1, Дарёш|ечк|а 1
           Дар|ёш|а 1 → Дарёш|еньк|а 2, Дарёщ|ечк|а 2

Дар|ин|а 1 → Дарин|к|а → Дарин*оч*|к|а 1
              Дарин|очк|а 2, Дарин|ушк|а

Дар|к|а 1 → Дар*оч*|к|а 1
        *О*дарк|а → *О*дар*оч*|к|а

Дар|ун|я 1 → Дарунь|к|а → Дарун*еч*|к|а 1
              Дарун|ечк|а 2

Дарь|к|а 1 → Дар*еч*|к|а 1

Дар|юх|а 1 → Дарю*ш*|к|а 1

Дар|юш|а 1 → Дарюш|к|а 2

Дар|еньк|а 1, Дар|ечк|а 2, Дар|ик 1, Дар|ик|а 1,
Дар|оньк|а 1, Дар|очк|а 2, Дар|ушк|а 1, Да́р|юшк|а 1

Да(р|а) →

Да|н|я 1 → Дань|к|а → Дан*еч*|к|а 1
        Дан|юш|а → Данюш|к|а
        Дан|ечк|а 2, Да́н|юшк|а

    Да|*ш*|а 1 → Даш|к|а 1 → Даш*еч*|к|а 1
          Даш|ул|я 1 → Дашуль|к|а →
                        Дашул*еч*|к|а 1
                  Дашул|еньк|а,
                  Дашул|ечк|а 2
          Даш|ун|я 1 → Дашунь|к|а →
                        Дашун*еч*|к|а 1,
                        Дашун*ч*|ик 1
                  Дашун|ечк|а 2,
                  Дашун|чик 2,
                  Дашун|юшк|а
          Даш|ур|а 1 → Дашур|к|а →
                      Дашур*оч*|к|а 1
                  Дашур|оньк|а,
                  Дашур|очк|а 2
          Даш|ут|а 1 → Дашут|к|а →
                      Дашут*оч*|к|а 1
                  Дашут|ик,
                  Дашут|оньк|а,
                  Дашут|очк|а 2
          Даш|еньк|а 1, Даш|ечк|а 2,
          Даш|ик 1, Даш|ок 1, Даш|ук 1,
          Даш|ух|а 1
        Да*ш*|еньк|а 2, Да*ш*|ечк|а 3, Да*ш*|ик 2,
        Да*ш*|к|а 2, Да*ш*|ок 2,
        Да*ш*|ук 2, Да*ш*|ул|я 2,
        Да*ш*|ун|я 2, Да*ш*|ур|а 2,
        Да*ш*|ут|а 2, Да*ш*|ух|а 2

  Да|ш|а 2

Дар|я → Дар|еньк|а 2, Дар|ечк|а 3, Дар|ён|а 2, Дар|ёх|а 2,
Дар|ёш|а 2, Дар|ик 2, Дар|ик|а 2, Дар|ин|а 2, Дар|к|а 2,
Дар|оньк|а 2, Дар|очк|а 3, Дар|ун|я 2, Дар|ушк|а 2,
Дарь|к|а 2, Дар|юш|а 2, Да́р|юшк|а 2

Да(р)я → Да|н|я 2, Да|ш|а 3

Дар|еньк|а 3, Дар|ечк|а 4, Дар|ён|а 3, Дар|ёх|а 3, Дар|ёш|а 3,
Дар|ик 3, Дар|ик|а 3, Дар|ин|а 3, Дар|к|а 3, Дар|оньк|а 3,
Дар|очк|а 4, Дар|ун|я 3, Дар|ушк|а 3, Дарь|к|а 3, Дар|юш|а 3,
Да́р|юшк|а 3

Дари|я (Дари[й|а]) ⇨ Дарь|я 2 (Дарь[й|а])

День ангела и святая (Дария): 19 марта → *мученица.*

ДЕБО́Р|А, ы, *ж* [*др.-евр.* 'пчела'].
Дево́р|а, ы (*стар.*).
П р о и з в о д н ы е (19):
Дебор|а → Дебор|к|а → Дебор|очк|а 1
Дебор|оньк|а, Дебор|очк|а 2
Д(еб)ор|а →| **Дор|а 1** → Дор|к|а 1 → Дор|очк|а 1
Дор|оньк|а 1, Дор|очк|а 2
(Д)ор|а → **Ор|а 1** → Ор|к|а 1 → Ор|очк|а 1
Ор|оньк|а 1, Ор|очк|а 2
Ор|к|а 2, Ор|оньк|а 2, Ор|очк|а 3
Дор|к|а 2, Дор|оньк|а 2, Дор|очк|а 3
(Де)бор|а → **Бор|а** → Бор|к|а 1 → Бор|очк|а 1
Бор|оньк|а 1, Бор|очк|а 2
(Б)ор|а → Ор|а 2; Ор|к|а 3, Ор|оньк|а 3, Ор|очк|а 4
(Деб)ор|а → Ор|а 3; Ор|к|а 4, Ор|оньк|а 4, Ор|очк|а 5
Девор|а → Девор|к|а 1 → Девор|очк|а 1
Девор|оньк|а 1, Девор|очк|а 2
Д(ев)ор|а → Дор|а 2; Дор|к|а 3, Дор|оньк|а 3, Дор|очк|а 4
(Дев)ор|а → Ор|а 4; Ор|к|а 5, Ор|оньк|а 5, Ор|очк|а 6
Девор|к|а 2, Девор|оньк|а 2, Девор|очк|а 3

ДЕКАБРИ́Н|А, ы, *ж* [*женск. к* Декабрин].
П р о и з в о д н ы е (24):
Декабрин|а → Декабрин|к|а
Дек(абрин|а) → **Дек|а**
Д(екабр)ин|а →| **Дин|а** → Дин|к|а 1 → Дин|очк|а 1
Дин|очк|а 2
(Д)ин|а → **Ин|а 1** → Ин|к|а 1 → Ин|очк|а 1
Ин|ок 1 → Ин|очек 1
Ин|ечк|а 1, Ин|очек 2, Ин|очк|а 2
Ин|ечк|а 2, Ин|к|а 2, Ин|ок 2, Ин|очек 3,

```
                              Ин|очк|а 3
                    Дин|к|а 2, Дин|очк|а 3
(Дека)брин|а → |Брин|а → Брин|к|а 1 → Бринoч|к|а 1
                    |         Брин|очк|а 2
                    |(Б)рин|а → Рин|а 1 → Рин|к|а 1 → Риноч|к|а 1
                    |           |           Рин|ус|я 1 → Ринус|ик
                    |           |           Риньк|а 1 → Ринeч|к|а 1
                    |           |           Рин|ечк|а 2, Рин|очк|а 2,
                    |           |           Рин|ушк|а 1, Рин|юш|а 1
                    |           |(Р)ин|а → Ин|а 2; Ин|ечк|а 3, Ин|к|а 3,
                    |           |          Ин|ок 3, Ин|очек 4, Ин|очк|а 4
                    |           |
                    |           Рин|я 1 → Рин|ечк|а 3, Рин|к|а 2, Рин|очк|а 3,
                    |           |          Рин|ус|я 2, Рин|ушк|а 2, Риньк|а 2,
                    |           |          Рин|юш|а 2
                    |           |(Р)ин|я → Ин|а 3; Ин|ечк|а 4, Ин|к|а 4,
                    |           |          Ин|ок 4, Ин|очек 5, Ин|очк|а 5
                    |           Рин|ечк|а 4, Рин|к|а 3, Рин|очк|а 4,
                    |           Рин|ус|я 3, Рин|ушк|а 3, Риньк|а 3,
                    |           Рин|юш|а 3
                    Брин|к|а 2, Брин|очк|а 3
(Декаб)рин|а → Рин|а 2, Рин|я 2; Рин|ечк|а 5, Рин|к|а 4, Рин|очк|а 5,
                    Рин|ус|я 4, Рин|ушк|а 4, Риньк|а 4, Рин|юш|а 4
(Декабр)ин|а → Ин|а 4; Ин|ечк|а 5, Ин|к|а 5, Ин|ок 5, Ин|очек 6,
                    Ин|очк|а 6
```

ДЕНИ́СИ|Я (Дени́си[й|а]), Дени́си|и (Дени́си[й|и], *ж* [*женск. к* Денисий].
Дени́сь|я (Дени́сь[й|я]), Дени́сь|и (Дени́сь[й|и]) (*разг.*).
Деони́си|я (Деони́си[й|а], Деони́си|и (Деони́си[й|и]) (*стар.*).
   П р о и з в о д н ы е (14):
Дениси|я 1

```
Денис(и|я) → |Денис|а 1 → Денис|к|а 1 → Денисoч|к|а 1
              |            Денис|оньк|а 1, Денис|очк|а 2, Денис|ушк|а 1
              |Ден(ис|а) → |Ден|а 1 → Ден|к|а 1 → Денoч|к|а 1
              |            |          День|к|а 1 → Денeч|к|а 1
              |            |          Ден|ечк|а 2, Ден|очк|а 2,
              |            |          Ден|юшк|а 1
              |            |          Дён|а 1
              |            |Ден|я 1 → Ден|ечк|а 3, Ден|к|а 2, Ден|очк|а 3,
              |            |          День|к|а 2, Ден|юшк|а 2
              |            |          Дён|а 2
              |            Ден|ечк|а 4, Ден|к|а 3, Ден|очк|а 4, День|к|а 3,
              |            Ден|юшк|а 3
              |            Дён|а 3
              Денис|к|а 2, Денис|оньк|а 2, Денис|очк|а 3, Денис|ушк|а 2
```

Ден(иси|я) → Ден|а 2, Ден|я 2; Ден|ечк|а 5, Ден|к|а 4, Ден|очк|а 5,
    День|к|а 4, Ден|юшк|а 4
    Дён|а 4
    Денись|я 1
    Денис(ь|я) → Денис|а 2; Денис|к|а 3, Денис|оньк|а 3,
        Денис|очк|а 4, Денис|ушк|а 3
    Ден(исья) → Ден|а 3, Ден|я 3; Ден|ечк|а 6, Ден|к|а 5,
        Ден|очк|а 6, День|к|а 5, Ден|юшк|а 5
        Дён|а 5
Дионси|я → Денис|и|я 2, Денись|я 2

ДИА́Н|А, ы, *ж* [в античной мифологии:Диана — богиня, покровительни-
ца охоты; имя богини охоты, чистоты, луны].
    П р о и з в ч о д н ы е (17):
Диан|а → Диан|к|а → Диан*оч*|к|а 1
    Диан|очк|а 2, Диан|ушк|а
Ди(ан|а) → **Ди|я** (Ди|[й|а]) → Дий|к|а 1 → Ди*еч*|к|а 1
        Ди|ечк|а 2 (Ди[й|э]чк|а)
Ди(а)н|а → **Дин|а** → Дин|к|а 1 → Дин*оч*|к|а 1
        Дин|очк|а 2, Дин|ушк|а 1
    Ди(н|а) → Ди|я 2 (Ди[й|а])
    Дин|к|а 2, Дин|очк|а 3, Дин|ушк|а 2
(Ди)ан|а → **Ан|а** → Ан|к|а 1 → Ан*оч*|к|а 1
        Ань|к|а 1 → Ан*еч*|к|а 1
        Ан|ечк|а 2, Ан|очк|а 2, Ан|юшк|а 1
    Ан|я → Ан|ечк|а 3, Ан|к|а 2, Ан|очк|а 3, Ань|к|а 2, Ан|юшк|а 2
    Ан|ечк|а 4, Ан|к|а 3, Ан|очк|а 4, Ань|к|а 3, Ан|юшк|а 3

ДИ́Н|А, ы, *ж* [*рус.нов.*; *болг.сокр. к* Костадина; *зап.сокр. к* Динора, Бер-
нардина *и др.*; *арабск.* 'вера, религия'].
    П р о и з в о д н ы е (5):
Дин|а → Дин|к|а, Дин|очк|а, Дин|ул|я, Дин|ушк|а
(Д)ин|а → **Ин|а**

ДОБРОСЛА́В|А, ы, *ж* [*женск. к* Доброслав].
    П р о и з в о д н ы е (17):
Доброслав|а → Доброслав|к|а → Доброслав*оч*|к|а 1
        Доброслав|оньк|а, Доброслав|очк|а 2, Доброслав|ушк|а
Добр(ослав|а) → **Добр|а** → Добр|оньк|а 1, Добр|очк|а 1
    Доб(р|а) → **Доб|а 1** → Доб|к|а 1 → Доб*очка* 1
            Доб|оньк|а 1, Доб|очк|а 2
        Доб|к|а 2, Доб|оньк|а 2, Доб|очк|а 3
    Добр|оньк|а 2, Добр|очк|а 2
Доб(рослав|а) → Доб|а 2; Доб|к|а 3, Доб|оньк|а 3, Доб|очк|а 4

(Добро)слав|а → **Слав|а** → Слав|к|а 1 → Славоч|к|а 1
                             Слав|еньк|а 1, Слав|ик 1, Слав|оньк|а 1,
                             Слав|очк|а 2
                    Слав|еньк|а 2, Слав|ик 2, Слав|к|а 2, Слав|оньк|а 2,
                    Слав|очк|а 3

ДО́МН|А, ы, ж [*лат.* 'госпожа'].
    П р о и з в о д н ы е (25):
Домн|а → Домн|ушк|а
Дом(н|а) → | **Дом|а** → Дом|ах|а 1 → Домаш|к|а 1 → Домаш|еч|к|а 1
                             Домаш|еньк|а 1, Домаш|ечк|а 2
                    Дом|аш|а 1 → Домаш|еньк|а 2, Домаш|ечк|а 3,
                             Домаш|к|а 2
                    (До)м|аш|а → **Маш|а** → Маш|к|а 1 → Маш*еч*|к|а 1
                                        Маш|еньк|а 1, Маш|ечк|а 2
                             Маш|еньк|а 2, Маш|ечк|а 3, Маш|к|а 2
                    Дом|к|а 1 → Дом*оч*|к|а 1
                    Дом|оньк|а 1; Дом|очк|а 2
              Дом|ах|а 2, Дом|аш|а 2, Дом|к|а 2, Дом|оньк|а 2, Дом|очк|а 3
До(м)н|а → | **Дон|а** → Дон|к|а 1 → Дон*оч*|к|а 1
                    Дон|ь|к|а 1 → Дон*еч*|к|а 1
                    Дон|яш|а 1 → Доняш|к|а → Доняш*еч*|к|а 1
                             Доняш|еньк|а, Доняш|ечк|а 2
                    Дон|ечк|а 2, Дон|очк|а 2, Дон|юшк|а 1
           | **Дон|я** → Дон|ечк|а 3, Дон|к|а 2, Дон|очк|а 3, Дон|ь|к|а 2,
                    Дон|юшк|а 2, Дон|яш|а 2
           Дон|ечк|а 4, Дон|к|а 3, Дон|очк|а 4, Дон|ь|к|а 3, Дон|юшк|а 3,
           Дон|яш|а 3
    Дни ангела и святые (Домна): 3 сентября, 28 декабря — *мученицы.*

ДОНА́Р|А, ы, ж (*нов.*) [*из сочетания* 'дочь народа'].
До(чь) нар(од|а) → Донар|а
    П р о и з в о д н ы е (2):
Донар|а → Донар|к|а
До(на)р|а → **Дор|а**

ДОНА́Т|А, ы, ж [*женск. к* Донат].
    П р о и з в о д н ы е (21):
Донат|а → Донат|к|а → Донаточ|к|а 1
              Донат|очк|а 2, Донат|ушк|а
Дон(ат|а) → | **Дон|а** → Дон|к|а 1 → Дон*оч*|к|а 1
                    Дон|ь|к|а 1 → Дон*еч*|к|а 1
                    Дон|яш|а 1 → Доняш|к|а → Доняш*еч*|к|а 1
                             Доняш|еньк|а, Доняш|ечк|а 2

Дон|ечк|а 2, Дон|очк|а 2, Дон|юшк|а 1

|Дон|я → Дон|ечк|а 3, Дон|к|а 2, Дон|очк|а 3, Доны|к|а 2,
Дон|юшк|а 2, Дон|яш|а 2

Дон|ечк|а 4, Дон|к|а 3, Дон|очк|а 4, Доны|к|а 3, Дон|юшк|а 3,
Дон|яш|а 3

(До)нат|а → **Нат|а** → Нат|к|а 1 → Нат*оч*|к|а 1

Нат|ус|я 1 → Натусь|к|а → Натус*еч*|к|а 1
Натус|ечк|а 2, Натус|ик

|Нат|очк|а 2

Нат|к|а 2, Нат|очк|а 3, Нат|ус|я 2

ДОРОФЕ́Я (Дорофе́[й|а]), Дорофе́|и (Дорофе́[й|и]), *ж.* [*женск.* к Дорофей].

П р о и з в о д н ы е (13):

Дорофе|я (Дорофе[й|а]) → Дорофей|к|а, Дорофе|юшк|а (Дорофе[й|у]шк|а)

Дор(офе|я) → **Дор|а** → Дор|к|а 1 → Дор*оч*|к|а 1

Дорь|к|а 1 → Дор*еч*|к|а 1

Дор|еньк|а 1, Дор|ечк|а 2, Дор|очк|а 2

Дор|я → Дор|еньк|а 2, Дор|ечк|а 3, Дор|очк|а 3, Дор|к|а 2,
Дорь|к|а 2

Дор|еньк|а 3, Дор|ечк|а 4, Дор|очк|а 4, Дор|к|а 3, Дорь|к|а 3

(Доро)фе|я → **Фе|я** (Фе[й|а]) → Фей|к|а 1 → Фе*еч*|к|а 1

Фе|еньк|а 1, Фе|ечк|а 2

|Фе|еньк|а 2, Фе|ечк|а 3, Фей|к|а 2

День ангела и святая (Дорофея): 6 февраля — *мученица*.

ДОСИФЕ́Я (Досифе́[й|а]), Досифе́|и (Досифе́[й|и]), *ж* [*женск.* к Досифей].

П р о и з в о д н ы е (7):

Досифе|я (Досифе[й|а]) → Досифей|к|а, Досифе|юшк|а

Дос(ифе|я) → **Дос|я** → Дось|к|а 1 → Дос*еч*|к|а 1

Дос|еньк|а 1, Дос|ечк|а 2, Дос|юшк|а 1

|Дос|еньк|а 2, Дос|ечк|а 3, Дось|к|а 2, Дос|юшк|а 2

ДРОСИ́Д|А, ы, *ж* [*греч.* 'роса'; 'орошающая'].

Дороси́д|а, ы (*разг.*).

П р о и з в о д н ы е (25):

Дросид|а

Дрос(ид|а) → **Дрос|я** → Дрось|к|а 1 → Дрос*еч*|к|а 1

Дрос|еньк|а 1, Дрос|ечк|а 2

(Д)рос|я → **Рос|я 1** → Рось|к|а 1 → Рос*еч*|к|а 1

Рос|еньк|а 1, Рос|ечк|а 2, Рос|ик 1

Рос|еньк|а 2, Рос|ечк|а 3, Рос|ик 2, Рось|к|а 2

Дрос|еньк|а 2, Дрос|ечк|а 3, Дрось|к|а 2

(Д)рос(ид|а) → Рос|я 2; Рос|еньк|а 3, Рос|ечк|а 4, Рос|ик 3, Рось|к|а 3

(Дро)сид|а → **Сид|а 1** → Сид|к|а 1 → Сид|оч|к|а 1

Сид|ор|а 1 → Сидор|к|а, Сидор|ушк|а

Сидь|к|а 1 → Сид|еч|к|а 1

Сид|еньк|а 1, Сид|ечк|а 2, Сид|очк|а 2,

Сид|ушк|а 1, Сид|ш|а 1

Сид|я 1 → Сид|еньк|а 2, Сид|ечк|а 3, Сид|к|а 2, Сид|ор|а 2,

Сид|очк|а 3, Сид|ушк|а 2, Сид|ш|а 2, Сидь|к|а 2

Сид|еньк|а 3, Сид|ечк|а 4, Сид|к|а 3, Сид|ор|а 3, Сид|очк|а 4,

Сид|ушк|а 3, Сид|ш|а 3, Сидь|к|а 3

Доросид|а

Дорос(ид|а) → Дорос|е|я (Дорос|е[й|а]) → Доросей|к|а,

Доросе|юшк|а

(До)рос(ид|а) → Рос|я 3; Рос|еньк|а 4, Рос|ечк|а 5, Рос|ик 4,

Рось|к|а 4

(Доро)сид|а → Сид|а 2, Сид|я 2; Сид|еньк|а 4, Сид|ечк|а 5,

Сид|к|а 4, Сид|ор|а 4, Сид|очк|а 5,

Сид|ушк|а 4, Сид|ш|а 4, Сидь|к|а 4

День ангела и святая (Дросида): 22 марта — *мученица*.

Е

Е́В|А, ы, *ж* [*др.-евр.* 'живая'. В библии — имя жены легендарного первого человека Адама; 'жизнь жизненная'. Согласно легенде, имя первой женжины].
   П р о и з в о д н ы е (2):
Ев|а → Ев|к|а, Ев|ушк|а

ЕВАНГЕЛИ́Н|А, ы, *ж* [*женск.* к Евангел: *греч.* `благой вестник'].
   П р о и з в о д н ы е (22):
Евангелин|а → Евангелин|к|а → Евангелино́ч|к|а 1
                                     Евангелин|очк|а 2, Евангелин|ушк|а
Ев(ангелин|а) → **Ев|а** → Ев|к|а 1 → Ево́ч|к|а 1
                            │   Ев|оньк|а 1, Ев|очк|а 2
                            Ев|к|а 2, Ев|оньк|а 2, Ев|очк|а 3
(Еван)гел(ин|а) → **Гел|а** → Гел|к|а 1 → Гело́ч|к|а 1
                            │   Гель|к|а 1 → Геле́ч|к|а 1
                            │   Гел|еньк|а 1, Гел|ечк|а 2, Гел|оньк|а 1,
                            │   Гел|очк|а 2
                            Гел|я → Гел|еньк|а 2, Гел|ечк|а 3, Гел|к|а 2,
                            │   Гел|оньк|а 2, Гел|очк|а 3, Гель|к|а 2
                            Гел|еньк|а 3, Гел|ечк|а 4, Гел|к|а 3, Гел|оньк|а 3,
                            Гел|очк|а 4, Гель|к|а 3
(Еванге)лин|а → **Лин|а** → Лин|к|а 1 → Лино́ч|к|а 1
                            │   Лин|ус|я 1 →Линусь|к|а → Линусе́ч|к|а 1
                            │   Линус|еньк|а, Линус|ечк|а 2
                            │   Лин|очк|а 2
                            Лин|к|а 2, Лин|очк|а 3, Лин|ус|я 2

ЕВГЕ́НИ|Я (Евге́ни[й|а]), Евге́ни|и (Евге́ни[й|и]), *ж* [*женск.* к Евгений].
Евде́ни|я (Евде́ни[й|а]), Евде́ни|и (Евде́ни[й|и]) (*прост.*).
   П р о и з в о д н ы е (66):

Евгени|я (Евгени[й|а]) → Евгень|юшк|а (Евгень[й|у]шк|а)
Евген(и|я) →

      Евген|а → Евгень|к|а 1 → Евген*еч*|к|а 1
      | Евген|ечк|а 2, Евген|юшк|а 1
      Евге(н|а) → **Евге|х|а 1** → Евгеш|к|а 1 → Евгеш*еч*|к|а 1
      | Евге*ш*|енькьа 1, Евгеш|ечк|а 2
      | **Евге*ш*|а 1** → Евгеш|еньк|а 2,
      | Евгеш|ечк|а 3, Евгеш|к|а 2
      Евг(ен|а) → **Евг|а 1**
      | Ев(г|а) → **Ев|а 1** → Ев|к|а 1 → Ев*оч*|к|а 1
      | Ев|оньк|а 1, Ев|очк|а 2
      | Ев|к|а 2, Ев|оньк|а 2, Ев|очк|а 3
      Ев(ген|а) → Ев|а 2; Ев|к|а 3, Ев|оньк|а 3, Ев|очк|а 4
      (Ев)ген|а → **Ген|я 1** → Гень|к|а 1 → Ген*еч*|к|а 1
                              Ген|ечк|а 2
             (Г)ен|я →

                  Ен|а 1 → Ен|к|а 1 → Ен*оч*|к|а 1
                          Ень|к|а 1 → Ен*еч*|к|а 1
                        Ен|ют|а 1 → Енют|к|а → Енюто*ч*|к|а 1
                                   Енют|очк|а 2, Енют|ушк|а
                      Ен|юх|а 1 → Ен*ю*ш|к|а 1 → Енюш*еч*|к|а 1
                                   Ен*ю*ш|еньк|а 1, Ен*ю*ш|ечк|а 2
                      Ен|юш|а 1 → Енюш|еньк|а 2,
                               Енюш|ечк|а 3, Енюш|к|а 2
                      Ен|ях|а 1 → Еняш|к|а 1 → Еняш*еч*|к|а 1
                               Еня*ш*|еньк|а 1, Еня*ш*|ечк|а 2
                      Ен|яш|а 1 → Еняш|еньк|а 2,
                               Еняш|ечк|а 3, Еняш|к|а 2
                      Ен|ечк|а 2, Ен|ик 1, Ен|ок 1, Ен|очк|а 2,
                      Ен|ушк|а 1, Ень|ш|а 1, Е́н|юшк|а 1
                  Ен|я 1 → Ен|ечк|а 3, Ен|ик 2, Ен|к|а 2, Ен|ок 2,
                          Ен|очк|а 3, Ен|ушк|а 2, Ень|к|а 2,
                          Ень|ш|а 2, Ен|ют|а 2, Ен|юх|а 2,
                          Ен|юш|а 2, Е́н|юшк|а 2, Ен|ях|а 2,
                          Ен|яш|а 2
                  Ен|ечк|а 4, Ен|ик 3, Ен|к|а 3, Ен|ок 3, Ен|очк|а 4,
                  Ен|ушк|а 3, Ень|к|а 3, Ень|ш|а 3, Ен|ют|а 3,
                  Ен|юх|а 3, Ен|юш|а 3, Е́н|юшк|а 3, Ен|ях|а 3,
                  Ен|яш|а 3
                  Жен|я 1 → Жень|к|а 1 → Жен*еч*|к|а 1
                          Жен|юр|а 1 → Женюр|к|а →
                                          Женюро*ч*|к|а 1
                              Женюр|очк|а 2,
                              Женюр|ушк|а

Жен|юш|а 1 → Женюш|к|а →
                               Женюш*ечк*|а 1
                        Женюш|еньк|а,
                        Женюш|ечк|а 2
Жен|ечк|а 2, Жен|ч|а 1, Жень|ш|а 1,
Жён|юшк|а 1
Же(н|я) → **Же|к|а** → Жеч|к|а
(Ж)ен|я → Ен|а 2, Ен|я 2; Ен|ечк|а 5, Ен|ик,
          Ен|к|а 4, Ен|ок 4, Ен|очк|а 5,
          Ен|ушк|а 4, Ень|к|а 4, Ень|ш|а 4,
          Ен|ют|а 4, Ен|юх|а 4, Ен|юш|а 4,
          Ён|юшк|а 4, Ен|ях|а 4, Ен|яш|а 4
Жен|ечк|а 3, Жен|ч|а 2, Жень|к|а 2, Жень|ш|а 2,
Жен|юр|а 2, Жен|юш|а 2, Жён|юшк|а 2
Ген|ечк|а 3, Гень|к|а 2
Жен|я 2; Жен|ечк|а 4, Жен|ч|а 3, Жень|к|а 3,
Жень|ш|а 3, Жен|юр|а 3, Жен|юш|а 3, Жён|юшк|а 3
(Евг)ен|а → Ен|а 3, Ен|я 3; Ен|ечк|а 6, Ен|ик 5, Ен|к|а 5, Ен|ок 5,
         Ен|очк|а 6, Ен|ушк|а 5, Ень|к|а 5, Ень|ш|а 5, Ен|ют|а 5,
         Ен|юх|а 5, Ен|юш|а 5, Ён|юшк|а 5, Ен|ях|а 5, Ен|яш|а 5
         Евге*ш*|а 2; Евге*ш*|еньк|а 3, Евге*ш*|ечк|а 4, Евге*ш*|к|а 3
Евген|я → Евген|ечк|а 3, Евгень|к|а 2, Евген|юшк|а 2
Евге(н|я) → Евге|х|а 2, Евге|ш|а 3
Евг(ен|я) → Евг|а 2
Ев(ген|я) → Ев|а 3; Ев|к|а 4, Ев|оньк|а 4, Ев|очк|а 5
(Ев)ген|я → Ген|я 2; Ген|ечк|а 4, Гень|к|а 3
         Жен|я 3; Жен|ечк|а 5, Жен|ч|а 4, Жень|к|а 4,
         Жень|ш|а 4, Жен|юр|а 4, Жен|юш|а 4, Жён|юшк|а 4
(Евг)ен|я → Ен|а 4, Ен|я 4; Ен|ечк|а 7, Ен|ик 6, Ен|к|а 6, Ен|ок 6,
         Ен|очк|а 7, Ен|ушк|а 6, Ень|к|а 6, Ень|ш|а 6, Ен|ют|а 6,
         Ен|юх|а 6, Ен|юш|а 6, Ён|юшк|а 6, Ен|ях|а 6, Ен|яш|а 6
         Евге*ш*|а 3; Евге*ш*|еньк|а 3, Евге*ш*|ечк|а 4, Евге*ш*|к|а 3

Евдени|я
Евден(и|я) → **Евде*ш*|а** → Евдеш|к|а 1
         Евдеш|к|а 2
Евде(ни|я) → Евде|х|а → Евдеш|к|а 3
         Евдеш|а 2
Евд(ени|я) → **Евд|я** → Евд|еньк|а 1, Евд|ечк|а 1
         Евд|еньк|а 2, Евд|ечк|а 2
Ев(дени|я) → Ев|а 4; Ев|к|а 5, Ев|оньк|а 5, Ев|очк|а 6
(Евд)ен(и|я) → Ен|а 5, Ен|я 5; Ен|ечк|а 8, Ен|ик 7, Ен|к|а 7,
         Ен|ок 7, Ен|очк|а 8, Ен|ушк|а 7, Ень|к|а 7, Ень|ш|а 7,
         Ен|ют|а 7, Ен|юх|а 7, Ен|юш|а 7, Ён|юшк|а 7,
         Ен|ях|а 7, Ен|яш|а 7

День ангела и святая (Евгения): 24 декабря — *мученица*.

ЕВДОКИ|Я (Евдоки[й|а]), **Евдоки|и** (Евдоки[й|и]), *ж* [*греч.* 'благоволение'].

Авдоке́|я (Авдоке́[й|а]), **Авдоке́|и** (Авдоке́[й|и]) (*прост.*).

Евдоке́|я (Евдоке́[й|а]), **Евдоке́|и** (Евдоке́[й|и]) (*прост.*)

Авдо́ть|я (Авдо́ть[й|а]), **Авдо́ть|и** (Авдо́ть[й|и]) (*народн.*).

П р о и з в о д н ы е (115):

Евдоки|я (Евдоки[й|а]) → **Евдоки|юшк|а** (Евдоки[й|у]шк|а)

Евдо(ки|я) →

Евдо|н|я → Евдонь|к|а → Евдоне*еч*|к|а

Евдон|ечк|а 2, Евдон|юшк|а

(Ев)дон|я → **Дон|а 1** → Донь|к|а 1 → **Доне***еч***|к|а 1**

Дон|ях|а 1 → **Доняш|к|а 1** →Доняш*еч*|к|а 1

Доняш|еньк|а 1, Доняш|ечк|а 2

Дон|яш|а 1 → Доняш|еньк|а 2, Доняш|ечк|а 3,

Доняш|к|а 2

Дон|ечк|а 2, Дон|к|а 1

До(н|а) → **До|к|а 1** → Док|оньк|а 1, Док|очк|а 1

Дош|а 1 → Дош|к|а 1 →Дош*еч*|к|а 1

Дош|еньк|а 1, Дош|ечк|а 2

До(ш|а) → До|к|а 2

Дош|еньк|а 2, Дош|ечк|а 3, Дош|к|а 2

Дон|я 1 → Дон|ечк|а 3, Дон|к|а 2, Донь|к|а 2, Дон|ях|а 2,

Дон|яш|а 2

До(н|я) → До|к|а 3

Дош|а 2; Дош|еньк|а 3, Дош|ечк|а 4, Дош|к|а 3

Дон|ечк|а 4, Дон|к|а 3, Донь|к|а 3, Дон|ях|а 3, Дон|яш|а 3

Дош|а 3; Дош|еньк|а 4, Дош|ечк|а 5, Дош|к|а 4

Евдош|а 1 → Евдош|к|а 1 → Евдош*еч*|к|а 1

Евдош|еньк|а 1, Евдош|ечк|а 2

(Ев)до(*ш*|а) → До|к|а 4

(Ев)дош|а → Дош|а 4; Дош|еньк|а 5, Дош|ечк|а 6,

Дош|к|а 5

Авдош|а 1 →Авдош|к|а 1 → Авдош*еч*|к|а 1

Авдош|еньк|а 1, Авдош|ечк|а 2

(Ав)до(ш|а) → До|к|а 5

Авдош|еньк|а 2, Авдош|ечк|а 3, Авдош|к|а 2

Евдош|еньк|а 2, Евдош|ечк|а 3, Евдош|к|а 2

Авдон|я 1

(Ав)дон|я → Дон|а 2, Дон|я 2; Дон|ечк|а 5, Дон|к|а 4,

Донь|к|а 4, Дон|ях|а 4, Дон|яш|а 4

Дош|а 5; Дош|еньк|а 6, Дош|ечк|а 7,

Дош|к|а 6

(*Ав*)до(н|я) → До|к|а 6
Авдош|а 2; Авдош|еньк|а 3, Авдош|ечк|а 4,
Авдош|к|а 3

Евдо|с|я → Евдось|к|а → Евдос*еч*|к|а 1
Евдос|еньк|а, Евдос|ечк|а 2

(Ев)до|с|я → **Дос|я 1** → Дось|к|а 1 → Дос*еч*|к|а 1
Дос|еньк|а 1, Дос|ечк|а 2, Дос|юшк|а 1
До(с|я) → До|к|а 7
Дос|еньк|а 2, Дос|ечк|а 3, Дось|к|а 2, Дос|юшк|а 2

Евдо|х|а → Евдош|а 2; Евдош|еньк|а 2, Евдош|ечк|а 3, Евдош|к|а 2
Авдо|н|я 2

Евд(оки|я) →

Евд|я → Евд|ех|а 1 → Евдеш|к|а 1
Евд|еш|а 1 → Евдеш|к|а 2
Евд|ун|я 1 → Евдунь|к|а
(Ев)д|ун|я →

Дун|я → Дунь|к|а 1 → Дун*еч*|к|а 1
Дун|яр|а 1 → Дуняр|к|а → Дуняроч|к|а 1
Дун|ят|а 1 → Дунят|к|а → Дуняточ|к|а 1
Дунят|очк|а 2, Дунят|ушк|а
Дун|ях|а 1 → Дуняш|к|а 1 → Дуняш*еч*|к|а 1
Дуняш|еньк|а 1,
Дуняш|ечк|а 2
Дун|яш|а 1 → Дуняш|еньк|а 2,
Дуняш|ечк|а 3, Дуняш|к|а 2
Дун|ечк|а 2, Дун|ёк 1, Дун|ёх|а 1, Дун|ч|а 1,
Дунь|ш|а 1, Дун|юшк|а 1, Дун|яг|а 1,
Дун|як|а 1

Душ|а 1 → Душ|ан|я 1 → Душань|к|а
Душ|ар|а 1 → Душар|к|а →
Душар*оч*|к|а 1
Душар|очк|а 2
Душ|к|а 1 → Душ*еч*|к|а 1
Душ|еньк|а 1, Душ|ечк|а 2,
Душ|онок 1
Душ|ан|я 2, Душ|ар|а 2, Душ|еньк|а 2,
Душ|ечк|а 3, Душ|к|а 2, Душ|онок 2
Дун|ечк|а 3, Дун|ёк 2, Дун|ёх|а 2, Дун|ч|а 2,
Дунь|к|а 2, Дунь|ш|а 2, Дун|юшк|а 2, Дун|яг|а 2,
Дун|як|а 2, Дун|яр|а 2, Дун|ят|а 2, Дун|ях|а 2,
Дун|яш|а 2

Евд|уш|а 1 → Евдуш|еньк|а, Евдуш|ечк|а
(Ев)д|уш|а → Душ|а 2; Душ|ан|я 3, Душ|ар|а 3,
Душ|еньк|а 3, Душ|ечк|а 4, Душ|к|а 3,

Душ|онок 3

Евд|еньк|а 1, Евд|ечк|а 1, Евд|ушк|а 1, Евд|юшк|а 1

Ев(д|я) → **Ев|а** → Ев|к|а 1

Ев|к|а 2

Евд|еньк|а 2, Евд|ечк|а 2, Евд|ех|а 2, Евд|еш|а 2, Евд|ун|я 2,

Евд|уш|а 2, **Евд|ушк|а 2**, **Евд|юшк|а 2**

(Ев)док(и|я) → Док|а 8; Док|оньк|а 2, Док|очк|а 2

(Евдо)ки|я →

Ки|я (Ки[й|а]) → Ки|юшк|а (Ки[й|у]шк|а)

Евдоке|я (Евдоке[й|а]) → Евдокей|к|а,

Евдоке|юшк|а (Евдоке[й|у]шк|а)

(Ев)док(е|я) → Док|а 9; Док|оньк|а 3, Док|очк|а 3

(Ев)до(ке|я) → До|н|а 3, До|н|я 3, До|ш|а 6

Авдоке|я

Авдо(ке|я) → **Авдо|н|я** → Авдонь|к|а → Авдонеч|к|а 1

Авдон|ечк|а 2, Авдон|юшк|а

Авдо|х|а → Авдош|еньк|а 4,

Авдош|ечк|а 5, Авдош|к|а 4

Алдох|а 1 → Алдош|а 1

Алдош|а 2

Авдо|ш|а 3 → Алдош|а 3

Авд(оке|я) → **Авд|ул|я** → Авдуль|к|а → Авдулеч|к|а 1

Авдул|еньк|а, Авдул|ечк|а 2

Авд|ус|я → Авдусь|к|а → Авдусеч|к|а 1

Авдус|еньк|а, Авдус|ечк|а 2

(Ав)д|ус|я → **Дус|я** → Дусь|к|а 1 →

Дусеч|к|а 1

Дус|еньк|а 1,

Дус|ечк|а 2,

Дус|ик 1

Дус|еньк|а 2, Дус|ечк|а 3,

Дус|ик 2, Дусь|к|а 2

Авд|юн|я

(Ав)д|юн|я → **Дюн|я** → Дюнь|к|а 1

Дюнь|к|а 2

(Ав)док(е|я) → Док|а 10, Док|оньк|а 4, Док|очк|а 4

(Ав)до(ке|я) → Дон|а 4, Дон|я 4, До|ш|а 7

Дни ангела и святые (Евдокия): 17 мая, 7 июля — *княгини*; 1 марта, 4 августа — *преподобномученицы*.

ЕВЛА́МПИ|Я (Евла́мпи[й|а]), **Евла́мпи|и** (Евла́мпи[й|и]), *ж* [*женск. к Евлампий*].
Лампе́|я (Лампе́[й|а]), **Лампе́|и** (Лампе́[й|и]) (*прост.*).

П р о и з в о д н ы е (34):

Евлампи|я (Евлампи[й]а) → Евлампи|юшк|а (Евлампи[й]у]шк|а)
Евла(мпи|я) →

    Евла|н|а → Евлан|к|а 1 → Еваноч|к|а 1
        Евлань|к|а 1 → Евлан*еч*|к|а 1
        Евлан|ечк|а 2, Евлан|очк|а 2
    (Ев)ла|н|а →**Лан|а 1** →Лан|к|а 1 → Ланоч|к|а 1
        Лань|к|а 1 → Лан*еч*|к|а 1
        Лан|ечк|а 2, Лан|очк|а 2, Лан|ушк|а 1
        Лан|я 1 →Лан|ечк|а 3, Лан|к|а 2, Лан|очк|а 3,
        Лан|ушк|а 2, Лань|к|а 2
        Лан|ечк|а 4, Лан|к|а 3, Лан|очк|а 4, Лан|ушк|а 3,
        Лань|к|а 3
        Евлаш|а 1→ Евлаш|к|а 1 → Евлаш*еч*|к|а 1
        Евлаш|еньк|а 1, Евлаш|ечк|а 2
        Евлаш|еньк|а 2, Евлаш|ечк|а 3, Евлаш|к|а 2
    Евла|н|я → Евлан|ечк|а 3, Евлан|к|а 2, Евлан|очк|а 3, Евлань|к|а 2
    (Ев)ла|н|я →Лан|а 2, Лан|я 2; Лан|ечк|а 5, Лан|к|а 4, Лан|очк|а 5,
        Лан|ушк|а 4, Лань|к|а 4
        Евлаш|а 2; Евлаш|еньк|а 3, Евлаш|ечк|а 4, Евлаш|к|а 3
    Евла|х|а → Евлаш|а 3; Евлаш|еньк|а 4, Евлаш|ечк|а 5, Евлаш|к|а 4
    Евла|ш|а 4
Е(в)л(ампи|я) →

    Ел|а → Ел|к|а 1 → Ел*оч*|к|а 1
        Ель|к|а 1 → Ел*еч*|к|а 1
        Ел|еньк|а 1, Ел|ечк|а 2, Ел|очк|а 2
    Ел|я → Ел|еньк|а 2, Ел|ечк|а 3, Ел|к|а 2, Ел|очк|а 3, Ель|к|а 2
    Ел|еньк|а 3, Ел|ечк|а 4, Ел|к|а 3, Ел|очк|а 4, Ель|к|а 3
(Ев)ла(мпи|я) → Ла|н|я 3, Ла|н|я 3
(Евлам)п(и|я)→ **П|уш|а 1**
(Ев)лампи|я → **Лампе|я**
        Ла(мпе|я) → Ла|н|а 4, Ла|н|я 4
        (Лам)п(е|я) → П|уш|а 2
        (Лам)пе|я → **Пе|я**
(Евлам)пи|я → **Пи|я** (Пи[й]а]) → Пий|к|а 1 → Пи*еч*|к|а 1
        Пи|еньк|а 1 (Пи[й|э]ньк|а),
        Пи|ечк|а 1 (Пи[й|э]чк|а)
        П(и|я) → П|уш|а 3
        Пи|еньк|а 2 (Пи[й|э]ньк|а), Пи|ечк|а (Пи[й|э]чк|а),
        Пий|к|а 2

    День ангела и святая (Евлампия): 10 октября — *мученица*.

ЕВМÉНИ|Я (Евмéни[й|а]), Евмéни|и (Евмéни[й|и]), *ж* [*женск. к* Евме-
ний].
    П р о и з в о д н ы е (16):

Евмени|я

Евмен(и|я) → **Евмен|а** →Евмен|к|а 1 → Евмен*оч*|к|а 1

Евмень|к|а 1 → Евмен*еч*|к|а 1

Евмен|ечк|а 2, Евмен|очк|а 2, Евмен|ушк|а 1,

Евмен|юшк|а 1

(Ев)мен|а → **Мен|а 1** →Мен|к|а 1 → Мен*оч*|к|а 1

Мень|к|а 1 → Мен*еч*|к|а 1

Мен|ечк|а 2, Мен|очк|а 2,

Мен|ушк|а 1, Мен|юшк|а 1

Мен|я 1 →Мен|ечк|а 3, Мен|к|а 2,

Мен|очк|а 3, Мен|ушк|а 2,

Мень|к|а 2, Мен|юшк|а 2

Мен|ечк|а 4, Мен|к|а 3, Мен|очк|а 4,

Мен|ушк|а 3, Мень|к|а 3, Мен|юшк|а 3

Евмен|я →Евмен|ечк|а 3, Евмен|к|а 2, Евмен|очк|а 3,

Евмен|ушк|а 2, Евмень|к|а 2, Евмен|юшк|а 2

(Ев)мен|я → Мен|а 2, Мен|я 2; Мен|ечк|а 5, Мен|к|а 4,

Мен|очк|а 5, Мен|ушк|а 4, Мень|к|а 4,

Мен|юшк|а 4

Евмен|ечк|а 4, Евмен|к|а 3, Евмен|очк|а 4, Евмен|ушк|а 3,

Евмень|к|а 3, Евмен|юшк|а 3

(Ев)мен(и|я) → Мен|а 3, Мен|я 3; Мен|ечк|а 6, Мен|к|а 5, Мен|очк|а 6,

Мен|ушк|а 5, Мень|к|а 5, Мен|юшк|а 5

ЕВПРА́КСИ|Я (Евпра́кси[й|а]), Евпра́кси|и (Евпра́кси[й|и]), *ж* [*греч.* 'сча-
стье, благоденствие'; 'благоденствие, процветание'].

Евпраксе́|я (Евпраксе́[й|а]), Евпраксе́|и (Евпраксе́[й|и]) (*прост.*).

Апра́кси|я (Апра́кси[й|а]), Апра́кси|и (Апра́кси[й|и]) (*прост.*).

П р о и з в о д н ы е (51):

Евпракси|я (Евпракси[й|а]) → Евпракси|юшк|а (Евпракси[й|у]шк|а)

Евпракс(и|я) →

Евпракс|я → Евпракс|еньк|а 1, Евпракс|ечк|а 1

(Ев)пра(кс|я) →

Пара|н|я 1 → Паран|к|а →Паран*еч*|к|а 1

Паран|ечк|а 2, Паран|юшк|а 2

Параш|а 1 → Параш|к|а 1 → Параш*еч*|к|а 1

Параш|еньк|а 1, Параш|ечк|а 2

Параш|еньк|а 2, Параш|ечк|а 3, Параш|к|а 2

Пара|х|а 1 → Параш|а 2; Параш|еньк|а 3, Параш|ечк|а 4,

Параш|к|а 3

Пара|ш|а 3

(Ев)п(р)а(кс|я) → **Па|н|а 1** → Пан|к|а 1 → Пан*оч*|к|а 1

Пань|к|а 1 → Пан*еч*|к|а 1

Пан|ечк|а 2, Пан|очк|а 2

```
            |              Па|н|я 1 → Пан|ечк|а 3, Пан|к|а 2, Пан|очк|а 3, Пань|к|а 2
     (Ев)п(р)а(к)с|я →  Пас|я 1 → Пась|к|а 1 → Пас|еч|к|а 1
            |                                   Пас|еньк|а 1, Пас|ечк|а 2
            |        Па(с|я) → Па|н|а 2, Па|н|я 2
            |        Пас|еньк|а 2, Пас|ечк|а 3, Пась|к|а 2
     (Ев)пра(к)с|я →
                    Парас|а 1 → Парас|к|а 1 → Парас|оч|к|а 1
                      |                 Парась|к|а 1 → Парас|еч|к|а 1
                      |                 Парас|еньк|а 1, Парас|ечк|а 2,
                      |                 Парас|оньк|а 1, Парас|очк|а 2
                    Пара(с|а) → Пара|н|я 2, Пара|х|а 2, Пара|ш|а 4
                    Па(рас|а) → Па|н|а 3, Па|н|я 3
                    Па(ра)с|а → Пас|я 2; Пас|еньк|а 3, Пас|ечк|а 4, Пась|к|а 3
                    Парас|я 1 → Парас|еньк|а 2, Парас|ечк|а 3, Парас|к|а 2,
                                Парас|оньк|а 2, Парас|очк|а 3, Парась|к|а 2
                    Пара(с|я) → Пара|н|я 3, Пара|х|а 3, Пара|ш|а 5
                    Па(рас|я) → Па|н|а 4, Па|н|я 4
                    Па(ра)с|я → Пас|я 3; Пас|еньк|а 4, Пас|ечк|а 5, Пась|к|а 4
                    Парас|еньк|а 3, Парас|ечк|а 4, Парас|к|а 3,
                    Парас|оньк|а 3, Парас|очк|а 4, Парась|к|а 3
                    Прос|а 1 → Прось|к|а 1 → Прос|еч|к|а 1
                      |                 Прос|еньк|а 1, Прос|ечк|а 2, Прос|юшк|а 1
                    Прос|я 1 → Прос|еньк|а 2, Прос|ечк|а 3, Прось|к|а 2,
                      |        Прос|юшк|а 2
                    Прос|еньк|а 3, Прос|ечк|а 4, Прось|к|а 3, Прос|юшк|а 3
     (Ев)пракс|я → Параск|а 1 → Параск|овь|я 1 (Параск|овь[й|а]) →
                      |                              Парасковь|юшк|а
                      |                              (Парасковь[й|у]шк|а)
                      |              Параск|ев|а
                    Парас(к|а) → Парас|а 2, Парас|я 2; Парас|еньк|а 4,
                                 Парас|ечк|а 5, Парас|к|а 4,
                                 Парас|оньк|а 4, Парас|очк|а 5,
                                 Парась|к|а 4
                                 Прос|а 2, Прос|я 2; Прос|еньк|а 4,
                                 Прос|ечк|а 5, Прось|к|а 4,
                                 Прос|юшк|а 4
                    Пара(ск|а) → Пара|н|я 4, Пара|х|а 4, Пара|ш|а 6
                    Па(раск|а) → Па|н|а 5, Па|н|я 5
                    Па(ра)с(к|а) → Пас|я 4; Пас|еньк|а 5, Пас|ечк|а 6,
                      |            Пась|к|а 5
                    Параск|овь|я 2 (Параск|овь[й|а])
            |   Евпрак|еньк|а 2, Евпракс|ечк|а 2
     (Ев)пракс(и|я) → Параск|а 2; Параск|овь|я 3 (Параск|овь[й|а])
     (Ев)пра(кси|я) → Пара|н|я 5, Пара|х|а 5, Пара|ш|а 7
```

(Ев)пра(к)с(и|я) → Па́рас|а 3, Па́рас|я 3; Па́рас|еньк|а 5, Па́рас|ечк|а 6,
Па́рас|к|а 5, Па́рас|оньк|а 5, Па́рас|очк|а 6, Па́расы|к|а 5
Про́с|а 3, Про́с|я 3; Про́с|еньк|а 5, Про́с|ечк|а 6,
Про́сы|к|а 5, Про́с|юшк|а 5

(Ев)п(р)а(кси|я) → Па́|н|а 6, Па́|н|я 6

(Ев)п(р)а(к)с(и|я) → Па́с|я 5; Па́с|еньк|а 6, Па́с|ечк|а 7, Па́сы|к|а 6

Е(в)пракси|я → **Апракси|я**

        (А)пракс(и|я) → Пара́ск|а 3; Пара́ск|овь|я 4
               (Пара́ск|овь[й|а])

        (А)пра(кси|я) → Пара́|н|я 6, Пара́|х|а 6, Пара́|ш|а 8

        (А)пра(к)с(и|я) → Пара́с|а 4, Пара́с|я 4; Пара́с|еньк|а 6,
                      Пара́с|ечк|а 7, Пара́с|к|а 6,
                      Пара́с|оньк|а 6, Пара́с|очк|а 7,
                      Пара́сы|к|а 6
                      Про́с|а 4, Про́с|я 4; Про́с|еньк|а 6,
                      Про́с|ечк|а 7, Про́сы|к|а 6, Про́с|юшк|а 6

        (А)п(р)а(кси|я) → Па́|н|а 7, Па́|н|я 7

        (А)п(р)а(к)с(и|я) → Па́с|я 6, Па́с|еньк|а 7, Па́с|ечк|а 8,
                      Па́сы|к|а 7

        (Апрак)си|я → **Си́|я 1** (Си́[й|а]) → Си́й|к|а 1 → Си́еч|к|а 1
                                  Си́|еньк|а 1
                                    (Си́[й|э]ньк|а),
                                  Си́|ечк|а 2 (Си́[й|э]чк|а)

                Си́|еньк|а 2,
                Си́|ечк|а 3, Си́й|к|а 2
                Апракс́е|я 1 → Апраксе́й|к|а 1,
                                Апраксе́|юшк|а 1
                                (Апраксе́[й|у]шк|а)

                (А)пракс(е|я) → Пара́ск|а 4; Пара́ск|овь|я 5

                (А)пра(ксе|я) → Пара́|н|я 7, Пара́|х|а 7,
                        Пара́|ш|а 9

                (А)пра(к)с(е|я) → Пара́с|а 5, Пара́с|я 5;
                          Пара́с|еньк|а 7,
                          Пара́с|ечк|а 8,
                          Пара́с|к|а 7,
                          Пара́с|оньк|а 7,
                          Пара́с|очк|а 8,
                          Пара́сы|к|а 7
                          Про́с|а 5, Про́с|я 5;
                          Про́с|еньк|а 7,
                          Про́с|ечк|а 8,
                          Про́сы|к|а 7,
                          Про́с|юшк|а 7

                (А)п(р)а(ксе|я) → Па́|н|а 8, Па́|н|я 8

(А)п(р)а(к)с(*е*|я) →Пас|я 7; Пас|еньк|а 8,
                      Пас|ечк|а 9, Пась|к|а 8
          Апраксей|к|а 2, Апраксе|юшк|а 2
     Апраксе|я 2; Апраксей|к|а 3, Апраксе|юшк|а 3
(Евпрак)си|я → Си|я 2; Си|еньк|а 3,
Си|ечк|а 4, Сий|к|а 3
Евпраксе|я (Евпраксе[й|а]) → Евпраксей|к|а 1,
                      Евпраксе|юшк|а 1
                      (Евпраксе[й|у]шк|а)
Евпракс(*е*|я) → Евпракс|я 2;
           Евпракс|еньк|а 3, Евпракс|ечк|а 4
(Ев)пракс(*е*|я) → Параск|а 5; Параск|овь|я 6
(Ев)пра(ксе|я) → Пара|н|я 8, Пара|х|а 8, Пара|ш|а 10
(Ев)пра(к)с(*е*|я) →Парас|а 6, Парас|я 6; Парас|еньк|а 8,
            Парас|ечк|а 9, Парас|к|а 8,
            Парас|оньк|а 8, Парас|очк|а 9,
            Парась|к|а 8
            Прос|а 6, Прос|я 6; Прос|еньк|а 8,
            Прос|ечк|а 9, Прось|к|а 8, Прос|юшк|а 8
(Ев)п(р)а(ксе|я) → Па|н|я 9, Па|н|я 9
(Ев)п(р)а(к)с(*е*|я) → Пас|я 8; Пас|еньк|а 9, Пас|ечк|а 10,
            Пась|к|а 9
Е(в)праксе|я → Апраксе|я 3; Апраксей|к|а 4,
            Апраксе|юшк|а 4 (Апраксе[й|у]шк|а)
     Апраксей|к|а 5, Апраксе|юшк|а 5 (Апраксе[й|у]шк|а)
     Евпраксей|к|а 2, Евпраксе|юшк|а 2 (Евпраксе[й|у]шк|а)

Дни ангела и святые (Евпраксия): 12 января, 25 июля — *преподобные*; 16 октября — *княгиня*.

ЕВСÉВИ|Я (Евсéви[й|а]), Евсéви|и (Евсéви[й|и]), *ж* (*стар. редк.*) [*женск. к* Евсевий].

П р о и з в о д н ы е (12):

Евсеви|я

Евс(еви|я) → **Евс|я** → Евс|еньк|а 1
          Ев(с|я) →**Ев|а 1** → Ев|к|а 1 → Ев*оч*|к|а 1
                    Ев|оньк|а 1, Ев|очк|а 2, Ев|ушк|а 1
               Ев|к|а 2, Ев|оньк|а 2, Ев|очк|а 3, Ев|уш|к|а 2
          Евс|еньк|а 2
Ев(севи|я) → Ев|а 2; Ев|к|а 3, Ев|оньк|а 3, Ев|очк|а 4, Ев|ушк|а 3
(Ев)сев(и|я) → **Сев|а** →Сев|к|а 1 → Сев*оч*|к|а 1
               Сев|оньк|а 1, Сев|очк|а 2, Сев|ушк|а 1
       Сев|к|а 2, Сев|оньк|а 2, Сев|очк|а 3, Сев|ушк|а 2

День ангела и святая (Евсевия): 24 января — *преподобная*.

ЕВСТА́ФИ|Я (Евста́фи[й|а]), Евста́фи|и (Евста́фи[й|и]), *ж* [*женск. к* Евстафий].

Производные (12):

Евстафи|я

(Ев)стаф(и|я) → **Стаф|а** → Стаф|к|а 1 → Стаф*оч*|к|а 1
  | Стаф|ик 1, Стаф|очк|а 2, Стаф|ушк|а 1
        Ста(ф|а) → **Ста|ш|а 1** → Сташ|к|а → Сташ*еч*|к|а 1
               | Сташ|ечк|а 2
            (С)та|ш|а → **Таш|а 1** → Таш|к|а 1 →
                  | Таш*еч*|к|а 1
                   Таш|еньк|а 1,
                   Таш|ечк|а 2
             Таш|еньк|а 2, Таш|ечк|а 3,
             Таш|к|а 2
        (С)та(ф|а) → Та|ш|а 2
(Ев)ста(фи|я) → Ста|ш|а 2
(Евс)та(фи|я) → Та|ш|а 3

ЕВСТО́ЛИ|Я (Евсто́ли[й|а]), Евсто́ли|и (Евсто́ли[й|и]), *ж* [*греч.* 'хорошо одетый'; 'хорошо снаряженная (вооруженная, одетая)'].

Производные (31):

Евстоли|я

Евстол(и|я) → Евстоль|к|а → Евстол*еч*|к|а 1
  | Евстол|еньк|а, Евстол|ечк|а 2
Ев(столи|я) → **Ев|а** → Ев|к|а 1
  | Ев|к|а 2
(Ев)стол(и|я) → **Стол|а** → Стол|ин|а 1 → Столин|к|а → Столин*оч*|к|а 1
                | Столин|очк|а 2, Столин|ушк|а
                 Стол|к|а 1 → Стол*оч*|к|а 1
                 Столь|к|а 1 → Стол*еч*|к|а 1
                 Стол|еньк|а 1, Стол|ечк|а 2, Стол|оньк|а 1,
                 Стол|очк|а 2
            (С)то(л|а) → **То|с|я 1** → Тось|к|а → Тос*еч*|к|а 1
            | Тос|еньк|а, Тос|ик
            (С)тол|а → **Тол|я 1** → Тол|ин|а 1 → Толин|к|а →
                | | Толин*оч*|к|а 1
                | Толин|очк|а 2,
                | Толин|ушк|а
                 Толь|к|а 1 → Тол*еч*|к|а 1
                 Тол|еньк|а 1, Тол|ечк|а 2, Тол|ик 1
                 То(л|я) → То|с|я 2
                 Тол|еньк|а 2, Тол|ечк|а 3, Тол|ик 2, Тол|ин|а 2,
                 Толь|к|а 2
        Стол|я → Стол|еньк|а 2, Стол|ечк|а 3, Стол|ин|а 2,

Стол|к|а 2, Стол|оньк|а 2, Стол|очк|а 3,
Столь|к|а 2
(С)то(л|а) → То|с|я 3
(С)тол|а → Тол|я 2; Тол|еньк|а 3, Тол|ечк|а 4, Тол|ик 3,
Тол|ин|а 3, Толь|к|а 3
Стол|еньк|а 3, Стол|ечк|а 4, Стол|ин|а 3, Стол|к|а 3,
Стол|оньк|а 3, Стол|очк|а 4, Столь|к|а 3
(Евс)тол(и|я) → Тол|я 3; Тол|еньк|а 4, Тол|ечк|а 5, Тол|ик 4, Тол|ин|а 4,
Толь|к|а 4
(Евс)то(ли|я) → То|с|я 4

День ангела и святая (Евстолия): 9 ноября — *преподобная*.

ЕВФА́ЛИ|Я (Евфа́ли[й|а]), Евфа́ли|и (Евфа́ли]й|и]), *ж* [*греч.* 'пышно цве-
тущая'; 'благоцветущая'].

П р о и з в о д н ы е (39):
Евфали|я
Ев(фали|я) → **Ев|а** → Ев|к|а 1 → Ев*оч*|к|а 1
Ев|оньк|а 1, Ев|очк|а 2, Ев|ушк|а 1
Ев|к|а 2, Ев|оньк|а 2, Ев|очк|а 3, Ев|ушк|а 2
(Ев)фал(и|я) → **Фал|я** → Фал|к|а 1 → Фал*оч*|к|а 1
Фаль|к|а 1 → Фал*еч*|к|а 1
Фал|еньк|а 1, Фал|ечк|а 2, Фал|оньк|а 1;
Фал|очк|а 2, Фал|юшк|а 1
Фа(л|я) → **Фа|к|а 1** →Фак|очк|а
Фа|н|а 1 →Фан|к|а 1 → Фан*оч*|к|а 1
Фань|к|а 1 → Фан*еч*|к|а 1
Фан|ечк|а 2, Фан|ик 1, Фан|очк|а 2,
Фан|ушк|а 1, Фан|юшк|а 1
Фа|н|я 1 →Фан|ечк|а 3, Фан|ик 2, Фан|к|а 2,
Фан|очк|а 3, Фан|ушк|а 2,
Фань|к|а 2, Фан|юшк|а 2
Фал|еньк|а 2, Фал|ечк|а 3, Фал|к|а 2, Фал|оньк|а 2,
Фал|очк|а 3, Фаль|к|а 2, Фал|юшк|а 2
(Ев)фа(ли)й|а →
Фа|я (Фа[й|а]) → Фай|к|а 1 → Фа*еч*|к|а 1
Фа|юш|а 1 (Фа[й|у]ш|а) → Фаюш|к|а →
Фаюш*еч*|к|а 1
Фаюш|еньк|а,
Фаюш|ечк|а 2
Фа|еньк|а 1 (Фа[й|э]ньк|а),
Фа|ечк|а 2 (Фа[й|э]чк|а), Фай|ч|а 1,
Фа́|юшк|а 1 (Фа[й|у]шк|а)
Фа|еньк|а 2 (Фа[й|э]ньк|а), Фа|ечк|а 3 (Фа[й|э]чк|а), Фай|к|а 2,
Фай|ч|а 2, Фа|юш|а 2 (Фа[й|у́]ш|а), Фа́|юшк|а 2 (Фа́[й|у]шк|а)

(Евфа)ли|я →

Ли|я (Ли[й|а]) →Лий|к|а 1 → Лиеч|к|а 1
Ли|еньк|а 1 (Ли[й|э]ньк|а), Ли|ечк|а 2
(Ли[й|э]чк|а), Ли|юшк|а 1 (Ли[й|у]шк|а)
Ли|еньк|а 2 (Ли[й|э]ньк|а), Ли|ечк|а 3 (Ли[й|э]чк|а), Лий|к|а 2,
Ли|юшк|а 2 (Ли[й|у]шк|а)

День ангела и святая (Евфалия): 2 марта — *мученица*.

ЕКАТЕРИН|А, ы, *ж* [*греч.* 'чистая'; *возможно, греч.* 'чистота, благопристойность'; 'всегда чистая'].
Катери́н|а, ы (*разг.*).
П р о и з в о д н ы е (72):
Екатерин|а → Екатерин|к|а → Екатерино*ч*|к|а 1
Екатерин|очк|а 2, Екатерин|ушк|а

(Е)кат(ерин|а) →

Кат|я →Кат|ён|а 1 → Катён|к|а → Катёно*ч*|к|а 1
Катён|очк|а 2
Кат|ун|я 1 → Катунь|к|а → Катуне*ч*|к|а 1, Катунч|ик 1
Катун|ечк|а 2, Катун|чик 2
Кать|к|а 1 → Кате*ч*|к|а 1
Кат|юл|я 1 →Катюль|к|а → Катюле*ч*|к|а 1
Катюл|еньк|а, Катюл|ечк|а 2
Кат|юн|я 1 → Катюнь|к|а → Катюне*ч*|к|а 1, Катюнч|ик 1
Катюн|ечк|а 2, Катюн|ик, Катюн|чик 2
Кат|юр|а 1 →Катюр|к|а → Катюро*ч*|к|а 1
Катюр|оньк|а, Катюр|очк|а 2, Катюр|ушк|а
Кат|юс|я 1 →Катюсь|к|а → Катюсе*ч*|к|а 1
Катюс|еньк|а, Катюс|ечк|а 2, Катюс|ик
Кат|юх|а 1 → Катю*ш*|к|а 1 → Катюше*ч*|к|а 1
Катюш|еньк|а 1, Катю*ш*|ечк|а 2
Кат|юш|а 1 → Катюш|еньк|а 2, Катюш|ечк|а 3,
Катю́ш|к|а 2
Кат|ях|а 1 → Катя*ш*|к|а 1 → Катяше*ч*|к|а 1
Катяш|еньк|а 1, Катя*ш*|ечк|а 2
Кат|яш|а 1 →Катяш|еньк|а 2, Катяш|ечк|а 3,
Катяш|к|а 2
Кат|еньк|а 1, Кат|ечк|а 2, Кат|ёк 1, Кат|ёх|а 1, Кат|ик 1,
Кат|л|я 1, Кать|ш|а 1, Ка́т|юшк|а 1
Ка(т|я) → **Ка|с|я 1**
Кот|я 1 → Коть|к|а 1 → Коте*ч*|к|а 1
Кот|ечк|а 2, Кот|очк|а 1
Ко*т*|ечк|а 3, Ко*т*|очк|а 2, Коть|к|а 2
Кат|еньк|а 2, Кат|ечк|а 3, Кат|ёк 2, Кат|ён|а 2, Кат|ёх|а 2,
Кат|ик 2, Кат|л|я 2, Кат|ун|я 2, Кать|к|а 2, Кать|ш|а 2,

Кат|юл|я 2, Кат|юн|я 2, Кат|юр|а 2, Кат|юс|я 2, Кат|юх|а 2,
Кат|юш|а 2, Ка́т|юшк|а 2, Кат|ях|а 2, Кат|яш|а 2
Кот|я 2; Кот|ечк|а 4, Кот|очк|а 3, Коть|к|а 3

(Е)ка(терин|а) → Ка|с|я 2

(Е)кат(е)р(ин|а) → **Катр|я 1** → Катр|еньк|а 1
Кат(р|я) → Кат|я 2; Кат|еньк|а 3, Кат|ечк|а 4, Кат|ёк 3,
Кат|ён|а 3, Кат|ёх|а 3, Кат|ик 3, Кат|л|я 3,
Кат|ун|я 3, Кать|к|а 3, Кать|ш|а 3,
Кат|юл|я 3, Кат|юн|я 3, Кат|юр|а 3,
Кат|юс|я 3, Кат|юх|а 3, Кат|юш|а 3,
Ка́т|юшк|а 3, Кат|ях|а 3, Кат|яш|а 3
Кот|я 3; Кот|ечк|а 5, Кот|очк|а 4, Коть|к|а 4
Ка(тр|я) → Ка|с|я 3
Катр|еньк|а 2

(Е)кате(ри)н|а → **Катен|я 1** → Катен|ушк|а 1
Кат(ен|я) → Кат|я 3; Кат|еньк|а 4, Кат|ечк|а 5,
Кат|ёк 4, Кат|ён|а 4, Кат|ёх|а 4, Кат|ик 4,
Кат|л|я 4, Кат|ун|я 4, Кать|к|а 4,
Кать|ш|а 4, Кат|юл|я 4, Кат|юн|я 4,
Кат|юр|а 4, Кат|юс|я 4, Кат|юх|а 4,
Кат|юш|а 4, Ка́т|юшк|а 4, Кат|ях|а 4,
Кат|яш|а 4
Кот|я 4; Кот|ечк|а 6, Кот|очк|а 5,
Коть|к|а 5
Ка(тен|я) → Ка|с|я 4
Катен|ушк|а 2

(Е)катерин|а → **Катерин|а** → Катерин|к|а 1 → Катериноч|к|а 1
Катерин|очк|а 2, Катерин|ушк|а 1
Кат(ерин|а) → Кат|я 4; Кат|еньк|а 5, Кат|ечк|а 6, Кат|ёк 5,
Кат|ён|а 5, Кат|ёх|а 5, Кат|ик 5, Кат|л|я 5,
Кат|ун|я 5, Кать|к|а 5, Кать|ш|а 5,
Кат|юл|я 5, Кат|юн|я 5, Кат|юр|а 5,
Кат|юс|я 5, Кат|юх|а 5, Кат|юш|а 5,
Ка́т|юшк|а 5, Кат|ях|а 5, Кат|яш|а 5
Кот|я 5; Кот|ечк|а 7, Кот|очк|а 6, Коть|к|а 6
Ка(терин|а) → Ка|с|я 5
Кат(е)р(ин|а) → Катр|я 2; Катр|еньк|а 3
Кате(ри)н|а → Катен|я 2; Катен|ушк|а 3
(Кате)рин|а → **Рин|а 1** → Рин|к|а 1 → Риноч|к|а 1
Рин|ус|я 1 → Ринус|ик
Риньк|а 1 → Ринеч|к|а 1
Рин|ечк|а 2, Рин|очк|а 2,
Ри́н|ушк|а 1, Рин|юш|а 1
Рин|я 1 → Рин|ечк|а 3, Рин|к|а 2,

Рин|очк|а 3, Рин|ус|я 2,
Ри́н|ушк|а 2, Риньк|а 2,
Рин|юш|а 2

Рин|ечк|а 4, Рин|к|а 3, Рин|очк|а 4,
Рин|ус|я 3, Ри́н|ушк|а 3, Риньк|а 3,
Рин|юш|а 3

Катерин|к|а 2, Катерин|очк|а 3, Катерин|ушк|а 2

(Екате)рин|а → Рин|а 2, Рин|я 2; Рин|ечк|а 5, Рин|к|а 4, Рин|очк|а 5,
Рин|ус|я 4, Ри́н|ушк|а 4, Риньк|а 4, Рин|юш|а 4

День ангела и святая (Екатерина): 24 ноября → *великомученица.*

ЕЛЁН|А, ы, *ж* [*предположительно греч.* 'свет'; 'сверкающая'; 'факел'].
Олён|а, ы (*прост.*).
Алён|а, ы (*народн.*).
П р о и з в о д н ы е (103):
Елен|а → Елен|к|а 1 → Елен*оч*|к|а 1
Елень|к|а 1 → Елен*еч*|к|а 1
Елен|ечк|а 2, Елен|очк|а 2, Елен|ушк|а 1, Елен|юшк|а 1
Еле(н|а) → **Еле|х|а 1**
Ел(ен|а) → **Ел|а 1** → Ел|к|а 1 → Ел*оч*|к|а 1
Ель|к|а 1 → Ел*еч*|к|а 1
Ел|юс|я 1 → Елюсь|к|а → Елюс*еч*|к|а 1
Елюс|еньк|а, Елюс|ечк|а 2, Елюс|ик
(Е)л|юс|я. → **Люс|я 1** → Люсь|к|а → Люс*еч*|к|а 1
Люс|еньк|а, Люс|ечк|а 2,
Люс|ик
Ел|юш|а 1 → Елюш|к|а → Елюш*еч*|к|а 1
Елюш|еньк|а, Елюш|ечк|а 2
Ел|еньк|а 1, Ел|ечк|а 2, Ел|оньк|а 1, Ел|очк|а 2,
Ель|н|я 1, Ель|ш|а 1, Е́л|юшк|а 1
Ёл|а 1 → Ёл|к|а 1 → Ёл*оч*|к|а 1
Ёл|очк|а 2
Ёл|к|а 2, Ёл|очк|а 3
Эл|я 1
Ел|я 1 → Ел|еньк|а 2, Ел|ечк|а 3, Ел|к|а 2, Ел|оньк|а 2,
Ел|очк|а 3, Ель|к|а 2, Ель|н|я 2, Ель|ш|а 2, Ел|юс|я 2,
Ел|юш|а 2, Е́л|юшк|а 2
Ёл|а 2; *Ёл*|к|а 3, *Ёл*|очк|а 4
Эл|я 2
Ел|еньк|а 3, Ел|ечк|а 4, Ел|к|а 3, Ел|оньк|а 3, Ел|очк|а 4,
Ель|к|а 3, Ель|н|я 3, Ель|ш|а 3, Ел|юс|я 3, Ел|юш|а 3,
Е́л|юшк|а 3
Ёл|а 3; *Ёл*|к|а 4, *Ёл*|очк|а 5
Эл|я 3

(Е)ле(н|а) → **Ле|к|а 1** → Лек|очк|а 1
                       Лёк|а 1 → Лёк|очк|а 1
                       Лёк|очк|а 2
        Ле|л|я 1 → Лел|як|а, Лель|к|а, Лел|ечк|а
              (Ле)л|як|а → Ляк|а
              Лел|юшк|а
              Лёл|я 1 → Лёль|к|а 1 → Лёлеч|к|а 1
                      Лёл|еньк|а 1, Лёл|ечк|а 2, Лёл|ик 1
              Лял|я 1 → Ляль|к|а 1 → Лялеч|к|а 1
                      Лялень|к|а 1, Лял|ечк|а 2, Лял|ик 1
              Лил|я 1 → Лиль|к|а, Лил|ечк|а
              Лёл|еньк|а 2, Лёл|ечк|а 3, Лёл|ик 2, Лёль|к|а 2
              Лял|еньк|а 2, Лял|ечк|а 3, Лял|ик 2, Ляль|к|а 2
        Ле|с|я 1 → Лесь|к|а → Лесеч|к|а 1
              Лес|еньк|а, Лес|ечк|а 2, Лес|ик
              Лёс|я 1
        Лёк|а 2, Лёл|я 2, Лёс|я 2, Лил|я 2, Лял|я 2
(Е)лен|а → **Лен|а 1** → Лен|к|а 1 → Леноч|к|а 1, Ленч|ик 1
                 Лен|о́к 1, Лено́ч|ек
                 Лен|т|я 1 → Лент|ик
                 Лен|ус|я 1 → Ленусь|к|а → Ленусеч|к|а 1
                         Ленус|еньк|а, Ленус|ечк|а 2, Ленус|ик
                 Лен|уш|а 1 → Ленуш|к|а → Ленушеч|к|а 1
                         Ленуш|еньк|а, Ленуш|ечк|а 2
                 Лень|к|а 1 → Ленеч|к|а 1
                 Лен|ечк|а 2, Лен|ик 1, Лен|ок 2, Лен|оньк|а 1,
                 Лен|очк|а 2, Лен|ушк|а 1, Лен|чик 2, Лен|ш|а 1,
                 Лень|ш|а 1
        Ле(н|а) → Ле|к|а 2, Ле|л|я 2, Ле|с|я 2
              Лёк|а 3, Лёл|я 3, Лёс|я 3, Лил|я 3, Лял|я 3
              Лён|а 1 → Лён|к|а 1 → Лёноч|к|а 1
                     Лён|ечк|а 1, Лён|ик 1, Лён|очк|а 2,
                     Лён|ушк|а 1, Лёнь|ш|а 1
              Лё(н|а) → Лёк|а 4, Лёл|я 4, Лёс|я 4, Лил|я 4,
                     Лял|я 4
              Лин|а 1 → Лин|к|а 1
              Лён|ечк|а 2, Лён|ик 2, Лён|к|а 2, Лён|очк|а 3,
              Лён|ушк|а 2, Лёнь|ш|а 2
              Лин|к|а 2
        Лен|ечк|а 3, Лен|ик 2, Лен|к|а 2, Лен|ок 2, Лен|оньк|а 2,
        Лен|очк|а 3, Лен|т|я 2, Лен|ус|я 2, Лен|уш|а 2, Лен|ушк|а 2,
        Лен|чик 3, Лен|ш|а 2, Лень|к|а 2, Лень|ш|а 2
        Лён|а 2; Лён|ечк|а 3, Лён|ик 3, Лён|к|а 3, Лён|очк|а 4,
        Лён|ушк|а 3, Лёнь|ш|а 3

Лин|а 2; Лин|к|а 3
Олён|а 1 → Олён|к|а 1 → Олёноч|к|а 1
  Олён|очк|а 2
(*О*)лё(*н*|*а*) → Лё|к|а 5, Лё|л|я 5, Лё|с|я 5, Ли|л|я 5, Ля|л|я 5
(*О*)лён|а → Лён|а 3; Лён|ечк|а 4, Лён|ик 4, Лён|к|а 4,
  Лён|очк|а 5, Лён|ушк|а 4, Лёнь|ш|а 4
  Лин|а 3; Лин|к|а 4
  Алён|а → Алён|к|а 1 → Алёноч|к|а 1
    Алён|очк|а 2, Алён|ушк|а 1
  Алё(н|а) → Алё|х|а 1 → Алёш|а 1
  (*А*)лё(*н*|*а*) → Лё|к|а 6, Лё|л|я 6, Лё|с|я 6, Ли|л|я 6,
    Ля|л|я 6
    Алёш|а 2
  Алён|к|а 2, *Алён|очк|а* 3, *Алён|ушк|а* 2
Олён|к|а 2, *Олён|очк|а* 3
Елен|я → Елен|ечк|а 3, Елен|к|а 2, Елен|очк|а 3, Елен|ушк|а 2,
  Елень|к|а 2, Елен|юшк|а 2
Еле(н|я) → Еле|х|а 2
Ел(ен|я) → Ел|а 2, Ел|я 2; Ел|еньк|а 4, Ел|ечк|а 5, Ел|к|а 4,
  Ел|оньк|а 4, Ел|очк|а 5, Ель|к|а 4, Ель|н|я 4,
  Ель|ш|а 4, Ел|юс|я 4, Ел|юш|а 4, Ёл|юшк|а 4
  Ёл|а 4; *Ёл|к|а* 5, *Ёл|очк|а* 6
  Эл|я 4
(*Е*)ле(*н*|*я*) → Ле|к|а 3, Ле|л|я 3, Ле|с|я 3
  Лё|к|а 7, *Лё|л|я* 7, *Лё|с|я* 7, *Ли|л|я* 7, *Ля|л|я* 7
(*Е*)лен|я → Лен|а 2; Лен|ечк|а 4, Лен|ик 3, Лен|к|а 3, Лен|ок 3,
  Лен|оньк|а 3, Лен|очк|а 4, Лен|т|я 3, Лен|ус|я 3,
  Лен|уш|а 3, Лён|ушк|а 3, Лен|чик 4, Лен|ш|а 3,
  Лень|к|а 3, Лень|ш|а 3
  Лён|а 4; *Лён|ечк|а* 5, *Лён|ик* 5, *Лён|к|а* 5,
  Лён|очк|а 6, *Лён|ушк|а* 5, *Лёнь|ш|а* 5
  Лин|а 4; Лин|к|а 5
  Олён|а 2; *Олён|к|а* 3, *Олён|очк|а* 4

Дни ангела и святые (Елена): 21 мая — *равноапостольная*; 11 июля — *княгиня*; 30 октября — *праведная*; 26 мая — *мученица*.

ЕЛИЗАВЕ́Т|А, ы, *ж* [*др.-евр.* 'Бог — моя клятва', 'Богом я клянусь'; 'Бог мой — клятва'; 'Бог клятвы, почитающая Бога'].
Лизаве́т|а, ы (*разг.*).
Елисаве́т|а, ы (*стар.*).
    П р о и з в о д н ы е (46):
Елизавет|а → Елизавет|к|а, Елизавет|ушк|а
Ел(изавет|а) → **Ел|я** → Ел|ечк|а 1
  Ел|ечк|а 2

(Е)лиз(авет|а) → **Лиз|а 1** →Лиз|к|а 1 →Лизоч|к|а 1
                           Лиз|ок 1 → Лизоч|ек 1
                           Лиз|ун 1 → Лизунь|к|а 1 → Лизунеч|к|а 1,
                                                    Лизунч|ик 1
                                    Лизун|ечк|а 2, Лизун|чик 2
                           Лиз|ун|я 1 → Лизун|ечк|а 3, Лизун|чик 3,
                                        Лизунь|к|а 2
                           Лиз|ур|а 1 → Лизур|ечк|а, Лизур|к|а
                           Лиз|ут|а 1 → Лизут|к|а → Лизуточ|к|а 1
                                        Лизут|очк|а 2
                           Лиз|ух|а 1 → Лизу́ш|к|а 1 → Лизушеч|к|а 1
                                        Лизуш|еньк|а 1, Лизуш|ечк|а 2
                           Лиз|уш|а 1 →Лизуш|еньк|а 2, Лизуш|ечк|а 3,
                                       Лизу́ш|к|а 2
                           Лиз|ищ|а 1, Лиз|оньк|а 1, Лиз|очек 2,
                           Лиз|очк|а 2, Ли́з|ушк|а 1
                   Ли(з|а) → **Лил|я 1** → Лиль|к|а
                   Л(из|а) → **Люс|я 1** → Люсь|к|а → Люсеч|к|а 1
                                           Люс|еньк|а, Люс|ечк|а 2, Люс|ик
                   Лиз|ищ|а 2, Лиз|к|а 2, Лиз|ок 2, Лиз|оньк|а 2, Лиз|очек 3,
                   Лиз|очк|а 3, Лиз|ун 2, Лиз|ун|я 2, Лиз|ур|а 2, Лиз|ут|а 2,
                   Лиз|ух|а 2, Лиз|уш|а 2, Ли́з|ушк|а 2
(Е)ли(завет|а) → Ли|л|я 2
(Е)л(изавет|а) → Л|юс|я 2
(Е)лизавет|а → **Лизавет|а** → Лизавет|к|а 1, Лизавет|ушк|а 1
                   Лиз(авет|а) →Лиз|а 2; Лиз|ищ|а 3, Лиз|к|а 3, Лиз|ок 3,
                                Лиз|оньк|а 3, Лиз|очек 4, Лиз|очк|а 4,
                                Лиз|ун 3, Лиз|ун|я 3, Лиз|ур|а 3, Лиз|ут|а 3,
                                Лиз|ух|а 3, Лиз|уш|а 3, Ли́з|ушк|а 3
                   Ли(завет|а) → Ли|л|я 3
                   Л(изавет|а) → Л|юс|я 3
                   (Лиза)вет|а → **Вет|а 1** → Вет|к|а 1 → Веточ|к|а 1
                                               Вет|оньк|а 1, Вет|очк|а 2
                                 Вет|к|а 2, Вет|оньк|а 2, Вет|очк|а 3
                   Лизавет|к|а 2, Лизавет|ушк|а 2
(Елиза)вет|а → Вет|а 2; Вет|к|а 3, Вет|оньк|а 3, Вет|очк|а 4
Елисавет|а
(Е)лисав(ет|а) → **Лисав|а**
                   Лис(ав|а) → **Лис|а 1** → Лис|ан|я 1, Лис|к|а, Лис|оньк|а,
                                             Лис|очк|а, Лис|ух|а 1
                              Ли(с|а) →Ли|л|я 4
                              Л(ис|а) → Л|юс|я 4
                              Лис|ан|я 2, Лис|ух|а 2
                   Ли(сав|а) → Ли|л|я 5

                Л(исав|а) → Л|юс|я 5
(Е)лис(авет|а) → Лис|а 2; Лис|ан|я 3, Лис|ух|а 3
(Е)ли(савет|а) → Ли|л|я 6
(Е)л(исавет|а) → Л|юс|я 6
(Елиса)вет|а → Вет|а 3; Вет|к|а 4, Вет|оньк|а 4, Вет|очк|а 5
                Елизавет|а 2

   Дни ангела и святые (Елисавета): 24 апреля — *преподобная*; 5 сентября — *праведная*; 22 октября — *мученица*.

ЕЛИКОНИ́Д|А, ы, *ж* [*греч.* 'жительница горы Геликон, муза'; 'геликонская'; 'геликонская, от горы Геликон'].
Ликони́д|а, ы (*разг.*).
Кони́д|а, ы (*прост.*).
   П р о и з в о д н ы е (35):
Еликонид|а
Ел(иконид|а) → **Ел|я** → Ель|к|а 1 → Ел*еч*|к|а 1
                     Ел|ечк|а 2, Ел|еньк|а
          Ел|ечк|а 3, Ель|к|а 2
(Е)ликон(ид|а) → **Ликон|я 1** → Ликонь|к|а 1 → Ликон*еч*|к|а 1
                       Ликон|ечк|а 2
          Лик(он|я) → **Лик|а 1** → Лик|оньк|а 1, Лик|очк|а 1
                   Лик|оньк|а 2, Лик|очк|а 2
          (Ли)кон|я → **Кон|я 1** → Конь|к|а 1 → Кон*еч*|к|а 1
                         Кон|ечк|а 2
                     Кан|а 1 → Кан|к|а 1 →
                                Кан*оч*|к|а 1
                       Кань|к|а 1 →
                                Кан*еч*|к|а 1
                       Кан|ечк|а 2,
                       Кан|ик 1,
                       Кан|очк|а 2,
                       Кан|ушк|а 1
                     Кан|я 1 → Кан|ечк|а 3,
                       Кан|ик 2, Кан|к|а 2,
                       Кан|очк|а 2,
                       Кан|ушк|а 2,
                       Кань|к|а 2
                   Кан|ечк|а 4, Кан|ик 3,
                   Кан|к|а 3, Кан|очк|а 4,
                   Кан|ушк|а 3, Кань|к|а 3
          Кон|ечк|а 3, Конь|к|а 2
          Кан|а 2, Кан|я 2; Кан|ечк|а 5, Кан|ик 4,
          Кан|к|а 4, Кан|очк|а 5, Кан|ушк|а 4,
          Кань|к|а 4

Ликон|ечк|а 3, Ликонь|к|а 2
(Е)лик(онид|а) → Лик|а 2; Лик|оньк|а 3, Лик|очк|а 3
(Ели)кон(ид|а) → Кон|я 2; Кон|ечк|а 4, Конь|к|а 3

Кан|а 3, Кан|я 3; Кан|ечк|а 6, Кан|ик 5, Кан|к|а 5,
Кан|очк|а 6, Кан|ушк|а 5, Кань|к|а 5
(Е)ликонид|а → **Ликонид|а** → Ликонид|к|а 1 → Ликонидоч|к|а 1

Ликонид|очк|а 2, Ликонид|ушк|а 1
Ликон(ид|а) → Ликон|я 2; Ликон|ечк|а 4, Ликонь|к|а 3
Лик(онид|а) → Лик|а 3; Лик|оньк|а 4, Лик|очк|а 4
(Ли)кон(ид|а) → Кон|я 3; Кон|ечк|а 5, Конь|к|а 4

Кан|а 4, Кан|я 4; Кан|ечк|а 7, Кан|ик 6,
Кан|к|а 6, Кан|очк|а 7, Кан|ушк|а 6,
Кань|к|а 6
(Ли)конид|а → **Конид|а 1**

Кон(ид|а) → Кон|я 4; Кон|ечк|а 6,
Конь|к|а 5
Кан|а 5, Кан|я 5;
Кан|ечк|а 8, Кан|ик 7,
Кан|к|а 7, Кан|очк|а 8,
Кан|ушк|а 7, Кань|к|а 7
(Кон)ид|а →
Ид|а 1 →

Ид|к|а 1 → Идоч|к|а 1
Ид|ун|я 1 → Идун|чик
Ид|ус|я 1 → Идусь|к|а →

Идусеч|к|а 1
Идус|еньк|а,
Идус|ечк|а 2
Ид|оньк|а 1, Ид|очк|а 2,
Ид|ушк|а 1
Ид|к|а 2, Ид|оньк|а 2, Ид|очк|а 3,
Ид|ун|я 2, Ид|ус|я 2, Ид|ушк|а 2
(Ликон)ид|а → Ид|а 2; Ид|к|а 3, Ид|оньк|а 3, Ид|очк|а 4,
Ид|ун|я 3, Ид|ус|я 3, Ид|ушк|а 3
Ликонид|к|а 2, Ликонид|очк|а 3, Ликонид|ушк|а 2
(Ели)конид|а → Конид|а 2
(Еликон)ид|а → Ид|а 3; Ид|к|а 4, Ид|оньк|а 4, Ид|очк|а 5, Ид|ун|я 4,
Ид|ус|я 4, Ид|ушк|а 4

День ангела и святая (Еликонида): 28 мая — *мученица*.

ЕМИЛИА́Н|А, ы, *ж* [*женск. к* Емилиан].
Емелья́н|а, ы (*разг.*).
П р о и з в о д н ы е (29):
Емилиан|а

Емил(иан|а) → **Емил|я** → Емиль|к|а 1 → Емилеч|к|а 1
                               Емил|еньк|а 1, Емил|ечк|а 2
          Ем(ил|я) → **Ем|а 1** → Ем|к|а 1 → Емоч|к|а 1
                                 Ем|очк|а 2, Ем|ушк|а 1
                        Ем|к|а 2, Ем|очк|а 3, Ем|ушк|а 2
          (Е)мил|я → **Мил|а 1** → Мил|к|а 1 → Милоч|к|а 1
                                 Мил|ок 1 → Милоч|ек 1
                                 Мил|уш|а 1 → Милу́ш|к|а →
                                             Милушеч|к|а 1
                                       Милуш|еньк|а,
                                       Милуш|ечк|а 2
                                 Миль|к|а 1 → Милеч|к|а 1
                                 Мил|юш|а 1 → Милюш|к|а →
                                             Милюшеч|к|а 1
                                       Милюш|ечк|а 2
                                 Мил|еньк|а 1, Мил|ечк|а 2,
                                 Мил|ёш|а 1, Мил|оньк|а 1,
                                 Мил|очек 2, Мил|очк|а 2,
                                 Ми́л|ушк|а 1, Ми́л|юшк|а 1
                   Мил|я 1 → Мил|еньк|а 2, Мил|ечк|а 3,
                                 Мил|ёш|а 2, Мил|к|а 2, Мил|ок 2,
                                 Мил|оньк|а 2, Мил|очек 3,
                                 Мил|очк|а 3, Мил|уш|а 2,
                                 Мил|ушк|а 2, Миль|к|а 2,
                                 Мил|юш|а 2, Ми́л|юшк|а 2
                  Мил|еньк|а 3, Мил|ечк|а 4, Мил|ёш|а 3,
                  Мил|к|а 3, Мил|ок 3, Мил|оньк|а 3,
                  Мил|очек 4, Мил|очк|а 4, Мил|уш|а 3,
                  Мил|ушк|а 3, Миль|к|а 3, Мил|юш|а 3,
                  Ми́л|юшк|а 3
          Емил|еньк|а 2, Емил|ечк|а 3, Емиль|к|а 2
Ем(илиан|а) → Ем|а 2; Ем|к|а 3, Ем|очк|а 4, Ем|ушк|а 3
(Е)мил(иан|а) → Мил|а 2, Мил|я 2; Мил|еньк|а 4, Мил|ечк|а 5,
                  Мил|ёш|а 4, Мил|к|а 4, Мил|ок 4, Мил|оньк|а 4,
                  Мил|очек 5, Мил|очк|а 5, Мил|уш|а 4, Ми́л|ушк|а 4,
                  Миль|к|а 4, Мил|юш|а 4, Ми́л|юшк|а 4
                  Емельян|а
                  Ем(ельян|а) → Ем|а 3; Ем|к|а 4, Ем|очк|а 5, Ем|ушк|а 4

ЕПИСТИ́М|А, ы, *ж* [*греч.* 'знание'; 'умение, искусство, знание, наука'; 'ведущая'].
Еписти́ми|я (Еписти́ми[й|а]), Еписти́ми|и (Еписти́ми[й|и]) (*разг.*).
Еписти́ме́|я (Еписти́ме́[й|а]), Еписти́ме́|и (Еписти́ме́[й|и]) (*прост.*).
Пистиме́|я (Пистиме́[й|а]), Пистиме́|и (Пистиме́[й|и]) (*прост.*).

П р о и з в о д н ы е (10):
Епистим|а → Епистим|к|а 1, Епистим|ушк|а 1
(Е)пист(им|а) → **Пест|я 1** → Пест|еньк|а 1, Пест|ечк|а 1
   Пе(ст|я) → **Пе|н|я 1, Пе|п|а 1**
   Пест|еньк|а 2, Пест|ечк|а 2
(Е)пи(стим|а) → Пе|н|я 2, Пе|п|а 2
   Епистим|и|я (Епистим|и[й|а])
   Епистим(и|я) → Епистим|к|а 2, Епистим|ушк|а 2
   (Е)пист(им|и|я) → Пест|я 2; Пест|еньк|а 3, Пест|ечк|а 3
   (Е)пи(стим|и|я) → Пе|н|я 3, Пе|п|а 3
   Епистим|е|я (Епистим|е[й|а])
   Епистим(е|я) → Епистим|к|а 3, Епистим|ушк|а 3
   (Е)пист(им|е|я) → Пест|я 3; Пест|еньк|а 4, Пест|ечк|а 4
   (Е)пи(стим|е|я) → Пе|н|я 4, Пе|п|а 4
   (Е)пистим|е|я → **Пистиме|я**
      Пист(име|я) → Пест|я 4; Пест|еньк|а 5,
                    Пест|ечк|а 5
      Пи(стиме|я) → Пе|н|я 5, Пе|п|а 5
   День ангела и святая (Епистима): 5 ноября — *мученица.*

ЕПИФА́Н|А, ы, *ж* [*женск. к* Епифан].
П р о и з в о д н ы е (13):
Епифан|а → Епифан|к|а → Епифаноч|к|а 1
   Епифан|ечк|а 1, Епифан|очк|а 2, Епифан|ушк|а 1
(Епи)фан|а → **Фан|а** →Фан|к|а 1 → Фаноч|к|а 1
   Фань|к|а 1 → Фан|ечк|а 1
   Фан|ечк|а 2, Фан|ик 1, Фан|очк|а 2, Фан|ушк|а 1,
   Фан|юшк|а 1
   Фан|я →Фан|ечк|а 3, Фан|ик 2, Фан|к|а 2, Фан|очк|а 3,
   Фан|ушк|а 2, Фань|к|а 2, Фан|юшк|а 2
   Фан|ечк|а 4, Фан|ик 3, Фан|к|а 3, Фан|очк|а 4, Фан|ушк|а 3,
   Фань|к|а 3, Фан|юшк|а 3

ЕФИ́МИ|Я (Ефи́ми[й|а]), Ефи́ми|и (Ефи́ми[й|и]), *ж* [*женск. к* Ефимий].
Ефи́мь|я (Ефимь[й|а]), Ефи́мь|и (Ефимь[й|и]) (*разг.*).
Афи́ми|я (Афи́ми[й|а]), Афи́ми|и (Афи́ми[й|и]) (*прост.*).
Афи́мь|я (Афимь[й|а]), Афи́мь|и (Афимь[й|и]) (*прост.*).
Евфи́ми|я (Евфи́ми[й|а]), Евфи́ми|и (Евфи́ми[й|и]) (*стар.*).
П р о и з в о д н ы е (38):
Ефими|я
Ефим(и|я) → **Ефим|а 1** →Ефим|к|а 1 → Ефимоч|к|а 1
   Ефим|оньк|а 1, Ефим|очк|а 2, Ефим|ушк|а 1
   Еф(им|а) →**Ефа 1** → Еф|к|а 1 → Ефоч|к|а 1
      Еф|оньк|а 1, Еф|очк|а 2

Еф|к|а 2, Еф|оньк|а 2, Еф|очк|а 3

(Е)фи(м|а) → **Фи|л|я 1** → Фил|юш|а → Филюш|к|а

Фйл|юшк|а

Фи|ф|а 1 → Фиф|к|а → Фифоч|к|а 1

Фиф|оньк|а, Фиф|очк|а 2

Фи|ш|а 1 → Фиш|к|а → Фишеч|к|а 1

Фиш|еньк|а, Фиш|ечк|а 2

(Е)фим|а → **Фим|а 1** → Фим|к|а 1 → Фимоч|к|а 1

Фим|ул|я 1 → Фимуль|к|а →

Фимулеч|к|а 1

Фимул|ечк|а 2

Фим|очк|а 2, Фим|ушк|а 1

Фи(м|а) → Фи|л|я 2, Фи|ф|а 2, Фи|ш|а 2

Хим|а **1** → Хим|к|а 1 → Химоч|к|а 1

Хим|очк|а 2, Хим|ушк|а 1

*Ш*им|а **1** → Шим|к|а 1,

Шим|оньк|а 1

*Ш*им|к|а 2, *Ш*им|оньк|а 2

Хим|к|а 2, *Хим*|очк|а 3, *Хим*|ушк|а 2

Фим|к|а 2, Фим|очк|а 3, Фим|ул|я 2,

Фим|ушк|а 2

Хим|а 2; Хим|к|а 3, Хим|очк|а 4. Хим|ушк|а 3

Ефим|к|а 2, Ефим|оньк|а 2, Ефим|очк|а 3, Ефим|ушк|а 2

Еф(ими|я) → Еф|а 2; Еф|к|а 3, Еф|оньк|а 3, Еф|очк|а 4

(Е)фим(и|я) → Фим|а 2; Фим|к|а 3, Фим|очк|а 4, Фим|ул|я 3,

Фим|ушк|а 3

Хим|а 3; Хим|к|а 4, Хим|очк|а 5, Хим|ушк|а 4

(Е)фи(ми|я) → Фи|л|я 3, Фи|ф|а 3, Фи|ш|а 3

Ефимь|я

Ефим(ь|я) → Ефим|а 2; Ефим|к|а 3, Ефим|оньк|а 3,

Ефим|очк|а 4, Ефим|ушк|а 3

Еф(имь|я) → Еф|а 3; Еф|к|а 4, Еф|оньк|а 4, Еф|очк|а 5

(Е)фимь(я) → Фим|а 3; Фим|к|а 4, Фим|очк|а 5,

Фим|ул|я 4, Фим|ушк|а 4

Хим|а 4; *Хим*|к|а 5, *Хим*|очк|а 6,

Хим|ушк|а 5

(Е)фимь(я) → Фи|л|я 4, Фи|ф|а 4, Фи|ш|а 4

Афимь|я 1

(*А*)фимь(я) → Фим|а 4; Фим|к|а 5,

Фим|очк|а 6, Фим|ул|я 5,

Фим|ушк|а 5

Хим|а 5; *Хим*|к|а 6,

Хим|очк|а 7, *Хим*|ушк|а 6

(*А*)фи(мь|я) → Фи|л|я 5, Фи|ф|а 5, Фи|ш|а 5

Афими|я
(А)фим(и|я) → Фим|а 5; Фим|к|а 6, Фим|очк|а 7,
Фим|ул|а 6, Фим|ушк|а 6
*Х*им|а 6; *Х*им|к|а 7, *Х*им|очк|а 8,
*Х*им|ушк|а 7
(А)фи(ми|я) → Фи|л|я 6, Фи|ф|а 6, Фи|ш|а 6
Афимь|я 2

Евфими|я → Ефими|я 2
   Дни ангела и святые (Ефимия): 11 июля, 16 сентября — *великомучени-*
цы; 20 марта — *мученица*.

ЕФРОСИ́НИ|Я (Ефроси́ни[й|а), Ефроси́ни|и (Ефроси́ни[й|и]), *ж* и
ЕФРОСИ́НЬ|Я (Ефроси́нь[й|а]), Ефроси́нь|и (Ефроси́нь[й|и]) [*женск. к*
Ефросин].
Афроси́нь|я (Афроси́нь[й|а]), Афроси́нь|и (Афроси́нь[й|и]) (*прост.*).
Апроси́нь|я (Апроси́нь[й|а]), Апроси́нь|и (Апроси́нь[й|и]) (*прост.*).
Евфроси́ни|я (Евфроси́ни[й|а]), Евфроси́ни|и (Евфроси́ни[й|и]) (*стар.*).
   П р о и з в о д н ы е (31):
Ефросини|я 1
(Е)фросин(и|я) → Фросинь|к|а 1
(Е)фрос(ини|я) → **Фрос|я 1** → Фрось|к|а 1 → Фросе*ч*к|а 1
                   Фрос|еньк|а 1, Фрос|ечк|а 2, Фрос|юш|а 1,
                   Фрос|юшк|а 1
           Фрос|еньк|а 2, Фрос|ечк|а 3, Фрось|к|а 2, Фрос|юш|а 2,
           Фрос|юшк|а 2
(Ефро)син(и|я) → **Син|а 1** → Син|к|а 1 →Син*о*чк|а 1
                   Син|очк|а 2, Син|ушк|а 1
           Син|к|а 2, Син|очк|а 3, Син|ушк|а 2
(Е)фро(си)н(и|я) → **Прон|я 1** → Пронь|к|а 1, Пронь|ш|а 1, Прон|юшк|а 1
                   *П*ронь|к|а 2, *П*ронь|ш|а 2, *П*рон|юшк|а 2
           Ефросинь|я (Ефросинь[й|а]) → Ефросинь|юшк|а
                             (Ефросинь[й|у]шк|а)
           (Е)фросинь(я) → Фросинь|к|а 2
           (Е)фрос(инь|я) → Фрос|я 2; Фрос|еньк|а 3,
                   Фрос|ечк|а 4, Фрось|к|а 3,
                   Фрос|юш|а 3, Фрос|юшк|а 3
           (Ефро)синь(я) → Син|а 2; Син|к|а 3, Син|очк|а 4,
                   Син|ушк|а 3
           (Е)фро(си)нь(я) → *П*рон|я 2; *П*ронь|к|а 3,
                   Пронь|ш|а 3, *П*рон|юшк|а 3
           (Е)фросинь|я →
                Фросинь|я 1 → Фросинь|юшк|а 1
                (Фросинь[й|а]) (Фросинь[й|у]шк|а)
                Фрос(инь|я) → Фрос|я 3; Фрос|еньк|а 4,

Фрос|ечк|а 5, Фрось|к|а 4,
Фрос|юш|а 4,Фрос|юшк|а 4
Фро(си)нь(я) → *Прон*|я 3; *Прон*ь|к|а 4,
*Прон*ь|ш|а 4,
Прон|юшк|а 4
(Фро)синь(я) → Син|а 3; Син|к|а 4,
Син|очк|а 5, Син|ушк|а 4
Фросинь|юшк|а 2 (Фросинь[й|у]шк|а)

Афросинь|я
Афрос(инь|я) →

Афрос|я → Афрось|к|а 1 → Афрос*еч*|к|а 1
Афрос|еньк|а 1,
Афрос|ечк|а 2
(А)фрос|я → Фрос|я 4; Фрос|еньк|а 5,
Фрос|ечк|а 6, Фрось|к|а 5,
Фрос|юш|а 5,
Фрос|юшк|а 5
А*п*рос|я 1 → Апрось|к|а 1 →
Апрос*еч*|к|а 1
Апрос|еньк|а 1,
Апрос|ечк|а 2,
Апрос|юшк|а 1
А*п*рос|еньк|а 2,
А*п*рос|ечк|а 3, А*п*рось|к|а 2,
А*п*рос|юшк|а 2
Афрос|еньк|а 2, Афрос|ечк|а 3,
Афрось|к|а 2
А*п*рос|я 2; А*п*рос|еньк|а 3,
А*п*рос|ечк|а 4, А*п*рось|к|а 3,
А*п*рос|юшк|а 3
Афро(си)н(ь|я) →   **А*п*рон|я 1**
(А)*п*рон|я → Прон|я 4;
Пронь|к|а 5,
Пронь|ш|а 5,
Прон|юшк|а 5
(*А*)фро(си)нь(я) → *Прон*|я 5; Пронь|к|а 6,
*Прон*ь|ш|а 6,
Прон|юшк|а 6
(*А*фро)синь(я) → Син|а 4; Син|к|а 5,
Син|очк|а 6, Син|ушк|а 5
(*А*)фросинь|я → Фросинь|я 2;
Фросинь|юшк|а 3
А*п*росинь|я 1
А*п*рос(инь|я) → Апрос|я 3;

Апрос|еньк|а 4,
Апрос|ечк|а 5,
Апрось|к|а 4,
Апрос|юшк|а 4

Апро(си)нь(я) → Апрон|я 2

(А)про(си)нь(я) → Прон|я 6;
Прон|ьк|а 7,
Прон|ьш|а 7,
Прон|юшк|а 6

(Апро)синь(я) → Син|а 5; Син|к|а 6,
Син|очк|а 7,
Син|ушк|а 6

Апросинь|я 2

Евфросини|я → Ефросинь|я 2

Дни ангела и святые (Евфросиния): 15 февраля, 17 мая, 25 сентября — *преподобные*; 23 мая, 25 июня, 7 июля — *княгини*; 6 ноября — *мученица*.

Ж

ЖА́НН|А, ы, *ж*[*фр.* к Жан; *ср.*: Иван|Иоанн — Иоанна].
    П р о и з в о д н ы е (6):
Жанн|а → Жанн|очк|а
Жан(н|а) → **Жан|а** → Жан|к|а 1 → Жан*оч*|к|а 1, Жан*ч*|ик 1
                │   Жан|очк|а 2, Жан|ус|я 1
                Жан|к|а 2, Жан|очк|а 3, Жан|ус|я 2

З

ЗА́Р|А, ы, *ж* (*слав.*) [*из болг. ;* сокр к Захария; *из перс.* 'золото'].
   П р о и з в о д н ы е (10):
Зар|а → Зар|к|а 1 → Зароч|к|а 1
           Зарь|к|а 1 → Зареч|к|а 1
           Зар|еньк|а 1, Зар|ечк|а 2, Зар|ик 1, Зар|оньк|а 1, Зар|очк|а 2,
           Зар|ушк|а 1, Зар|юшк|а 1
   Зар|я → Зар|еньк|а 2, Зар|ечк|а 3, Зар|ик 2, Зар|к|а 2,
               Зар|оньк|а 2, Зар|очк|а 3, Зар|ушк|а 2, Зарь|к|а 2,
               Зар|юшк|а 2

ЗАРÉМ|А, ы, *ж* (*нов.*) [*из сочетания* 'за революцию мира'].
Заре(волюцию)м(ира) → Зарем|а.
   П р о и з в о д н ы е (24):
Зарем|а → Зарем|к|а
Зар(ем|а) → **Зар|а** → Зар|к|а 1 → Зароч|к|а 1
                       Зарь|к|а 1 → Зареч|к|а 1
                       Зар|еньк|а 1, Зар|ечк|а 2, Зар|ик 1, Зар|оньк|а 1,
                       Зар|очк|а 2, Зар|ушк|а 1, Зар|юшк|а 1
            Зар|я → Зар|еньк|а 2, Зар|ечк|а 3, Зар|ик 2, Зар|к|а 2,
                        Зар|оньк|а 2, Зар|очк|а 3, Зар|ушк|а 2, Зарь|к|а 2,
                        Зар|юшк|а 2
            Зар|еньк|а 3, Зар|ечк|а 4, Зар|ик 3, Зар|к|а 3, Зар|оньк|а 3,
            Зар|очк|а 4, Зар|ушк|а 3, Зарь|к|а 3, Зар|юшк|а 3
(За)рем|а → **Рем|а** → Рем|к|а 1 → Ремоч|к|а 1
                       Рем|ул|я 1 → Ремуль|к|а
                       Рем|ус|я 1 → Ремусь|к|а → Ремусеч|к|а 1
                                    Ремус|ечк|а 2
                       Рем|ик 1, Рем|оньк|а 1, Рем|очк|а 2, Рем|ух|а 1,
                       Рем|ушк|а 1
            Рем|ик 2, Рем|к|а 2, Рем|оньк|а 2, Рем|очк|а 3, Рем|ул|я 2,

Рем|ус|я 2, Рем|ух|а 2, Рем|ушк|а 2

ЗАРЕ́МБ|А, ы, *ж.*
   П р о и з в о д н ы е (6):
Заремб|а → Заремб|очк|а
Зарем(б|а) → **Зарем|а** → Зарем|к|а 1 → Заремо*ч*к|а 1
   | | Зарем|очк|а 2, Зарем|ушк|а 1
   | Зар(ем|а) → **Зар|а 1**
   | Зарем|к|а 2, Зарем|очк|а 3, Зарем|ушк|а 2
Зар(емб|а) → Зар|а 2

ЗЕМФИ́Р|А, ы, *ж.*
   П р о и з в о д н ы е (21):
Земфир|а → Земфир|к|а 1 → Земфиро*ч*к|а 1
   | Земфир|оньк|а, Земфир|очк|а 2, Земфир|ушк|а
Зем(фир|а) → **Зем|а** → Зем|к|а 1 → Земо*ч*к|а 1
   | | Зем|оньк|а 1, Зе́м|очк|а 2
   | Зем|к|а 2, Зем|оньк|а 2, Зем|очк|а 3
З(емф)ир|а → **Зир|а** → Зир|к|а 1 → Зиро*ч*к|а 1
   | | Зир|оньк|а 1, Зир|очк|а 2
   | Зир|к|а 2, Зир|оньк|а 2, Зир|очк|а 3
З(е)м(ф)и(р|а) → **Зим|а** → Зим|к|а 1 → Зимо*ч*к|а 1
   | | Зим|оньк|а 1, Зим|очк|а 2
   | *Зим*|к|а 2, *Зим*|оньк|а 2, *Зим*|очк|а 3
(Зем)фир|а → **Фир|а** → Фир|к|а 1 → Фиро*ч*к|а 1
   | | Фир|оньк|а 1, Фир|очк|а 2, Фир|ушк|а 1
   | Фир|к|а 2, Фир|оньк|а 2, Фир|очк|а 3, Фир|ушк|а 2

ЗЕНО́Н|А, ы, *ж* [*женск. к* Зенон].
   П р о и з в о д н ы е (28):
Зенон|а
Зен(он|а) → **Зен|а** → Зен|к|а 1 → Зено*ч*к|а 1
   | Зень|к|а 1 → Зене*ч*к|а 1
   | Зен|уш|а 1 → Зену́ш|к|а
   | Зен|юш|а 1 → Зеню́ш|к|а
   | Зен|ечк|а 2, Зен|ёк 1, Зен|ик 1, Зен|очк|а 2,
   | Зе́н|ушк|а 1, Зень|ш|а 1, Зе́н|юшк|а 1
   | **Зин|а 1** → Зин|к|а 1 → Зино*ч*к|а 1
   | | Зинь|к|а 1 → Зине*ч*к|а 1
   | | Зин|ечк|а 2, Зин|очк|а 2
   | **Зин|я 1** → Зин|ечк|а 3, Зин|к|а 2, Зин|очк|а 3,
   | | Зинь|к|а 2
   | *Зин*|ечк|а 4, *Зин*|к|а 3, *Зин*|очк|а 4, Зинь|к|а 3
   Зен|я → Зен|ечк|а 3, Зен|ёк 2, Зен|ик 2, Зен|к|а 2, Зен|очк|а 3,

Зен|уш|а 2, Зе́н|ушк|а 2, Зень|к|а 2, Зень|ш|а 2,
Зен|юш|а 2, Зе́н|юшк|а 2
Зин|а 2, Зин|я 2; Зин|ечк|а 5, Зин|к|а 4, Зин|очк|а 5,
Зинь|к|а 4
Зен|ечк|а 4, Зен|ёк 3, Зен|ик 3, Зен|к|а 3, Зен|очк|а 4,
Зен|уш|а 3, Зе́н|ушк|а 3, Зень|к|а 3, Зень|ш|а 3, Зень|юш|а 3,
Зе́н|юшк|а 3
Зин|а 3, Зин|я 3; Зин|ечк|а 6, Зин|к|а 5, Зин|очк|а 6, Зинь|к|а 5

(Зе)нон|а → **Нон|а** → Нон|к|а 1 → Нон*оч*|к|а 1
Нонь|к|а 1 → Нон*еч*|к|а 1
Нон|ечк|а 2, Нон|очк|а 2, Нон|ушк|а 1
Нон|я → Нон|ечк|а 3, Нон|к|а 2, Нон|очк|а 3, Нон|ушк|а 2,
Нонь|к|а 2
Нон|ечк|а 4, Нон|к|а 3, Нон|очк|а 4, Нон|ушк|а 3, Нонь|к|а 3

ЗЙН|А, ы, *ж* [*употребление мужского имени Зина в качестве женского;
рус. сокр. к* Зинаида, Зиновия; *арабск.* 'украшение'].
П р о и з в о д н ы е (29):
Зин|а → Зин|ах|а 1 → Зинаш|еньк|а 1, Зинаш|к|а 1
Зин|аш|а 1 → Зинаш|еньк|а 2, Зинаш|к|а 2
Зин|к|а 1 → Зин*оч*|к|а 1, Зин*ч*|ик 1
Зин|ок 1 → Зин*оч*|ек 1
Зин|ул|я 1 → Зинуль|к|а → Зинул*еч*|к|а 1, Зинуль*ч*|ик 1
Зинул|еньк|а, Зинул|ечк|а 2, Зинуль|чик 2
Зин|ус|я 1 → Зинусь|к|а → Зинус*еч*|к|а 1
Зинус|еньк|а, Зинус|ечк|а 2, Зинус|ик
Зин|ух|а 1 → Зину́ш|к|а 1 → Зинуш*еч*|к|а 1
Зинуш|еньк|а 1, Зинуш|ечк|а 2
Зин|уш|а 1 → Зинуш|еньк|а 2, Зинуш|ечк|а 3, Зину́ш|к|а 2
Зинь|к|а 1 → Зин*еч*|к|а 1, Зин*ч*|ик 2
Зин|ечк|а 2, Зин|очек 2, Зин|очк|а 2, Зйн|ушк|а 1, Зин|чик 3,
Зинь|ш|а 1
Зин|я→ Зин|ах|а 2, Зин|аш|а 2, Зин|ечк|а 3, Зин|к|а 2, Зин|ок 2,
Зин|очек 3, Зин|очк|а 3, Зин|ул|я 2, Зин|ус|я 2, Зин|ух|а 2,
Зин|уш|а 2, Зйн|ушк|а 2, Зин|чик 4, Зинь|к|а 2,
Зинь|ш|а 2

ЗИНАЙД|А, ы, *ж* [греч. 'Зевс'; 'Зевс' + 'потомок'; 'божественная'].
П р о и з в о д н ы е (72):
Зинаид|а → Зинаид|к|а → Зинаид*оч*|к|а 1
Зинаид|очк|а 2, Зинаид|ушк|а
Зин(аид|а) → **Зин|а** → Зин|ах|а 1 → Зинаш|к|а 1 → Зинаш*еч*|к|а 1
Зинаш|еньк|а 1, Зинаш|ечк|а 2
Зин|аш|а 1 →Зинаш|еньк|а 2, Зинаш|ечк|а 3,
Зинаш|к|а 2

Зин|к|а 1 → Зино*ч*|к|а 1, Зин*ч*|ик 1
Зин|ок 1 → Зино*ч*|ек 1
Зин|ул|я 1 → Зинул*ь*|к|а → Зинул*еч*|к|а 1,
                                        Зинул*ьч*|ик 1
                Зинул|еньк|а, Зинул|ечк|а 2,
                Зинул*ь*|чик 2
Зин|ур|а 1 → Зинур|к|а → Зинур*оч*|к|а 1
                Зинур|оньк|а, Зинур|очк|а 2
Зин|ус|я 1 → Зинус*ь*|к|а → Зинус*еч*|к|а 1
                Зинус|еньк|а, Зинус|ечк|а 2, Зинус|ик
Зин|ух|а 1 → Зинύ*ш*|к|а 1 → Зинуш*еч*|к|а 1
                Зинуш|еньк|а 1, Зинуш|ечк|а 2
Зин|уш|а 1 →Зинуш|еньк|а 2, Зинуш|ечк|а 3,
                Зинύ*ш*|к|а 2
Зинь|к|а 1 → Зин*еч*|к|а 1, Зин*ч*|ик 2
Зин|ечк|а 2, Зин|очек 2, Зин|очк|а 2, Зúн|ушк|а 1,
Зин|чик 3, Зинь|ш|а 1
Зи(н|а) → Зи|к|а 1 → Зик|очк|а
                Зи|зи 1, Зи|з|я 1
(З)ин|а → Ин|а 1 → Ин|к|а 1 → Ино*ч*|к|а 1
                Ин|н|а 1 → Инн|очк|а, Инн|ушк|а
                Ин|ок 1 → Ино*ч*|ек 1
                Ин|ечк|а 2, Ин|очек 2, Ин|очк|а 2
                Ин|ечк|а 3, Ин|к|а 2, Ин|н|а 2, Ин|ок 2,
                Ин|очек 3, Ин|очк|а 3
Зи*ш*|а 1 → Зиш|к|а → Зиш*еч*|к|а 1
                Зиш|еньк|а 1, Зиш|ечк|а 2
Зи*ш*|еньк|а 2, Зи*ш*|ечк|а 3, Зи*ш*|к|а 2
З*ен*|а 1 → Зен|к|а 1 → Зено*ч*|к|а 1
                Зен|уш|а 1 → Зенύ*ш*|к|а
                Зень|к|а 1 → Зен*еч*|к|а 1
                Зен|юш|а 1 → Зеню́ш|к|а
                Зен|ечк|а 2, Зен|ёк 1, Зен|ик 1,
                Зен|очк|а 2, Зéн|ушк|а 1, Зéн|юшк|а 1
З*ен*|я 1 → Зен|ечк|а 3, Зен|ёк 2, Зен|ик 2,
                Зен|к|а 2, Зен|очк|а 3, Зен|уш|а 2,
                Зéн|ушк|а 2, Зень|к|а 2, Зен|юш|а 2,
                Зéн|юшк|а 2
З*ен*|ечк|а 4, З*ен*|ёк 3, З*ен*|ик 3, З*ен*|к|а 3,
З*ен*|очк|а 4, З*ен*|уш|а 3, Зéн|ушк|а 3, З*ень*|к|а 3,
Зен|юш|а 3, Зéн|юшк|а 3
Зин|я → Зин|ах|а 2, Зин|аш|а 2, Зин|ечк|а 3, Зин|к|а 2,
        Зин|ок 2, Зин|очек 3, Зин|очк|а 3, Зин|ул|я 2,
        Зин|ур|а 2, Зин|ус|я 2, Зин|ух|а 2, Зин|уш|а 2,

Зи́н|ушк|а 2, Зин|чик 4, Зинь|к|а 2, Зинь|ш|а 2

Зи(н|я) → Зи|зи 2, Зи|з|я 2, Зи|к|а 2

(З)ин|я → Ин|а 2; Ин|ечк|а 4, Ин|к|а 3, Ин|н|а 3, Ин|ок 3,
Ин|очек 4, Ин|очк|а 4

Зиш|а 2; Зиш|еньк|а 3, Зиш|ечк|а 4, Зиш|к|а 3

Зен|а 2, Зен|я 2; Зен|ечк|а 5, Зен|ёк 4, Зен|ик 4,
Зен|к|а 4, Зен|очк|а 5, Зен|уш|а 4, Зен|ушк|а 4,
Зень|к|а 4, Зен|юш|а 4, Зен|юшк|а 4

Зин|ах|а 3, Зин|аш|а 3, Зин|ечк|а 4, Зин|к|а 3, Зин|ок 3,
Зин|очек 4, Зин|очк|а 4, Зин|ул|я 3, Зин|ур|а 3, Зин|ус|я 3,
Зин|ух|а 3, Зин|уш|а 3, Зи́н|ушк|а 3, Зин|чик 5, Зинь|к|а 3,
Зинь|ш|а 3

Зиш|а 3; Зиш|еньк|а 4, Зиш|ечк|а 5, Зиш|к|а 4

Зен|а 3, Зен|я 3; Зен|ечк|а 6, Зен|ёк 5, Зен|ик 5, Зен|к|а 5,
Зен|очк|а 6, Зен|уш|а 5, Зе́н|ушк|а 5, Зень|к|а 5, Зен|юш|а 5,
Зе́н|юшк|а 5

Зи(наид|а) → Зи|зи 3, Зи|з|я 3, Зи|к|а 3, Зи|ш|а 3

(З)ин(аид|а) → Ин|а 3; Ин|ечк|а 5, Ин|к|а 4, Ин|н|а 4, Ин|ок 4, Ин|очек 5,
Ин|очк|а 5

(Зина)ид|а → Ид|а → Ид|к|а 1 → Идо́ч|к|а 1
                       Ид|оньк|а 1, Ид|очк|а 2
        Ид|к|а 2, Ид|оньк|а 2, Ид|очк|а 3

День ангела и святая (Зинаида): 11 октября — *мученица.*

ЗИНО́ВИ|Я (Зино́ви[й|а]), Зино́ви|и (Зино́ви[й|и]), *ж* [*женск. к* Зино-
вий].
Зинове́|я (Зинове́[й|а]), Зинове́|и (Зинове́[й|и]) (*прост.*).
    П р о и з в о д н ы е (51):
Зинови|я
Зин(ови|я) → **Зин|а 1** → Зин|ах|а 1 → Зинаш|к|а 1 → Зинаше́ч|к|а 1
                                          Зинаш|еньк|а 1, Зинаш|ечк|а 2
                 Зин|аш|а 1 → Зинаш|еньк|а 2, Зинаш|ечк|а 3,
                              Зинаш|к|а 2
                 Зин|к|а 1 → Зино́ч|к|а 1, Зинч|ик 1
                 Зин|ок 1 → Зино́ч|ек 1
                 Зин|ул|я 1 → Зинуль|к|а → Зинуле́ч|к|а 1,
                                            Зинульч|ик 1
                             Зинул|еньк|а, Зинул|ечк|а 2,
                             Зинуль|чик 2
                 Зин|ус|я 1 → Зинусь|к|а → Зинусе́ч|к|а 1
                             Зинус|еньк|а, Зинус|ечк|а 2,
                             Зинус|ик
                 Зин|ух|а 1 → Зину́ш|к|а 1 → Зинуше́ч|к|а 1
                             Зинуш|еньк|а 1, Зинуш|ечк|а 2

Зин|уш|а 1 → Зинуш|еньк|а 2, Зинуш|ечк|а 3,
                Зину́ш|к|а 2

Зинь|к|а 1 → Зин*еч*|к|а 1, Зин*ч*|ик 2

Зин|ечк|а 2, Зин|ёк 1, Зин|очек 2, Зин|очк|а 2,
Зи́н|ушк|а 1, Зин|чик 3, Зинь|ш|а 1, Зи́н|юшк|а 1

Зен|а 1 → Зен|к|а 1 → Зен*оч*к|а 1
                Зен|уш|а 1 → Зену́ш|к|а
                Зень|к|а 1 → Зен*еч*|к|а 1
                Зен|юш|а 1 → Зен*юш*|к|а
                Зен|ечк|а 2, Зен|ёк 1, Зен|ик 1,
                Зен|очк|а 2, Зе́н|ушк|а 1, Зень|ш|а 1,
                Зе́н|юшк|а 1

Зен|я 1 → Зен|ечк|а 3, Зен|ёк 2, Зен|ик 2,
                Зен|к|а 2, Зен|очк|а 3, Зен|уш|а 2,
                Зе́н|ушк|а 2, Зень|к|а 2, Зень|ш|а 2,
                Зен|юш|а 2, Зе́н|юшк|а 2

Зен|ечк|а 4, Зен|ёк 3, Зен|ик 3, Зен|к|а 3,
Зен|очк|а 4, Зен|уш|а 3, Зе́н|ушк|а 3, Зень|к|а 3,
Зень|ш|а 3, Зен|юш|а 3, Зе́н|юшк|а 3

Зин|я 1 → Зин|ах|а 2, Зин|аш|а 2, Зин|ечк|а 3, Зин|ёк 2,
Зин|к|а 2, Зин|ок 2, Зин|очек 3, Зин|очк|а 3,
Зин|ул|я 2, Зин|ус|я 2, Зин|ух|а 2, Зин|уш|а 2,
Зи́н|ушк|а 2, Зин|чик 4, Зинь|к|а 2, Зинь|ш|а 2,
Зи́н|юшк|а 2

Зен|а 2, Зен|я 2; Зен|ечк|а 5, Зен|ёк 4, Зен|ик 4,
Зен|к|а 4, Зен|очк|а 5, Зен|уш|а 4, Зе́н|ушк|а 4,
Зень|к|а 4, Зень|ш|а 4, Зен|юш|а 4, Зе́н|юшк|а 4

Зин|ах|а 3, Зин|аш|а 3, Зин|ечк|а 4, Зин|ёк 3, Зин|к|а 3,
Зин|ок 3, Зин|очек 4, Зин|очк|а 4, Зин|ул|я 3, Зин|ус|я 3,
Зин|ух|а 3, Зин|уш|а 3, Зи́н|ушк|а 3, Зин|чик 5, Зинь|к|а 3,
Зинь|ш|а 3, Зи́н|юшк|а 3

Зен|а 3, Зен|я 3; Зен|ечк|а 6, Зен|ёк 5, Зен|ик 5, Зен|к|а 5,
Зен|очк|а 6, Зен|уш|а 5, Зе́н|ушк|а 5, Зень|к|а 5, Зень|ш|а 5,
Зен|юш|а 5, Зе́н|юшк|а 5

Зинове|я (Зинове[й|а]) → Зиновей|к|а 1,
                Зинове|юшк|а 1 (Зинове[й|у]шк|а)

Зин(ове|я) → Зин|а 2, Зин|я 2; Зин|ах|а 4, Зин|аш|а 4,
                Зин|ечк|а 5, Зин|ёк 4, Зин|к|а 4, Зин|ок 4,
                Зин|очек 5, Зин|очк|а 5, Зин|ул|я 4, Зин|ус|я 4,
                Зин|ух|а 4, Зин|уш|а 4, Зи́н|ушк|а 4,
                Зин|чик 6, Зинь|к|а 4, Зинь|ш|а 4,
                Зи́н|юшк|а 4
                Зен|а 4, Зен|я 4; Зен|ечк|а 7, Зен|ёк 6,
                Зен|ик 6, Зен|к|а 6, Зен|очк|а 7, Зен|уш|а 6,

Зе́н|ушк|а 6, Зень|к|а 6, Зень|ш|а 6,
Зе́н|юш|а 6, Зе́н|юшк|а 6
Зиновей|к|а 2, Зинове|юшк|а 2 (Зинове[й|у]шк|а)
День ангела и святая (Зиновия): 30 октября — *мученица*.

ЗЛА́Т|А, ы, *ж* [*заимств. из ю.-сл. яз.; ср.*: 'золото'].
П р о и з в о д н ы е (11):
Злат|а → Злат|к|а → Злато́ч|к|а 1
Злат|онек|а, Злат|очк|а 2, Злат|ушк|а
(З)лат|а → **Лат|а** →Лат|к|а 1 → Лато́ч|к|а 1
Лать|к|а 1 → Лате́ч|к|а 1
Лат|ечк|а 2, Лат|онек|а 1, Лат|очк|а 2
Лат|я →Лат|ечк|а 3, Лат|к|а 2, Лат|онек|а 2, Лат|очк|а 3,
Лать|к|а 2
Лат|ечк|а 4, Лат|к|а 3, Лат|онек|а 3, Лат|очк|а 4, Лать|к|а 3
День ангела и святая (Злата): 12 октября — *мученица*.

ЗОРИ́Н|А, ы, *ж* (*нов.*) [*от нарицательного существительного* 'заря'].
Зар|я → Зор|ин|а
П р о и з в о д н ы е (12):
Зорин|а
Зор(ин|а) → **Зор|я** →Зорь|к|а 1 →Зоре́ч|к|а 1
Зор|ень|к|а 1, Зор|ечк|а 2, Зор|ик 1, Зор|юшк|а 1
Зор|ень|к|а 2, Зор|ечк|а 3, Зор|ик 2, Зорь|к|а 2, Зор|юшк|а 2
(Зор)ин|а → **Ин|а** → Ин|к|а 1 → Ино́ч|к|а 1
Ин|ок 1 → Ино́чек 1
Ин|ечк|а 1, Ин|очек 2, Ин|очк|а 2
Ин|ечк|а 2, Ин|к|а 2, Ин|ок 2, Ин|очек 3, Ин|очк|а 3

ЗО́|Я (Зо́[й|а]), Зо́|и (Зо́[й|и]), *ж* [*греч.* 'жизнь'].
П р о и з в о д н ы е (38):
Зо|я (Зо[й|а]) → Зо|иш|а (Зо[й|и]ш|а) →Зоиш|к|а
Зой|к|а → Зое́ч|к|а 1
Зо|юн|я (Зо[й|у]н|я) → Зоюнь|к|а → Зоюне́ч|к|а 1,
Зоюнч|ик 1
Зоюн|ечк|а 2, Зоюн|чик 2
Зо|юх|а (Зо[й|у]х|а) → Зоюш|к|а 1 → Зоюше́ч|к|а 1
Зоюш|ень|к|а 1, Зоюш|ечк|а 2
Зо|юш|а (Зо[й|у]ш|а) → Зоюш|ень|к|а 2, Зоюш|ечк|а 3,
Зоюш|к|а 2
Зо|ень|к|а (Зо[й|э]нь|к|а), Зо|ечк|а 2 (Зо[й|э]чк|а), Зой|ш|а,
Зо|юк|а (Зо[й|у]к|а), Зо|юшк|а (Зо[й|у]шк|а)
Зо|я (Зо[й|а]) → **Зо|к|а** → Зок|очк|а
Зо|р|я → Зорь|к|а → Зоре́ч|к|а 1

		Зор	еньк	а, Зор	ечк	а 2, Зор	ик, Зор	юшк	а
	**Зо	с	я** → Зось	к	а → Зос*еч*к	а 1	
		Зос	еньк	а, Зос	ечк	а 2
	**Зо	х	а** → Зо*ш*	еньк	а 1, Зо*ш*	к	а 1	
	**Зо	ш	а** → Зош	еньк	а 2, Зош	к	а 2	

З(о|я) → **З|юк|а**
     За|я (За[й|а]) → Зай|к|а 1 → Зайч|онок
                 З*а*|еньк|а 1 (За[й|э]ньк|а)
     За|еньк|а 2 (За[й|э]ньк|а), Зай|к|а 2

Дни ангела и святые (Зоя): 13 февраля — *преподобная*; 2 мая, 18 декабря — *мученицы*.

И

И́В|А, ы, *ж* [*употребление мужского имени Ива в качестве женского; болг. сокр. к* Ивана].

   П р о и з в о д н ы е (4):
Ив|а → Ив|к|а → Ив*оч*|к|а 1
            Ив|оньк|а, Ив|очк|а 2, Ив|ушк|а

ИВА́НН|А, ы *ж* (*редк.*).
Иоанн|а, ы (*стар.*). [*женск. к* Иоанн].

   П р о и з в о д н ы е (11):
Иванн|а 1
Иван(н|а) → Иван|к|а → Иван*оч*|к|а 1
| Иван|очк|а 2, Иван|ушк|а
Ива(нн|а) → Ива|к|а
Ив(анн|а) → **Ив|а** → Ив|к|а 1 → Ив*оч*|к|а 1
| Ив|очк|а 2, Ив|ушк|а 1
            Ив|к|а 2, Ив|очк|а 3, Ив|ушк|а 2
(И)ван(н|а) → **Ван|я** → Ван|ечк|а 1, Ван|юш|а 1
| Ван|ечк|а 2, Ван|юш|а 2
Иоанн|а → Иванн|а 2
   День ангела и святая (Иоанна): 27 июня — *мироносица*.

И́Д|А, ы, *ж* [*возможно, из греч.* названия горы, на которой, согласно преданиям, обитали боги].

   П р о и з в о д н ы е (13):
Ид|а → Ид|ун|я → Идун|чик
         Ид|ус|я → Идусь|к|а → Идус*еч*|к|а 1
         | Идус|еньк|а, Идус|ечк|а 2
         (И)д|ус|я → **Дус|я** → Дусь|к|а 1 → Дус*еч*|к|а 1
         | | Дус|еньк|а 1, Дус|ечк|а 2, Дус|ик 1
         | Дус|еньк|а 2, Дус|ечк|а 3, Дус|ик 2, Дусь|к|а 2
         Ид|к|а, Ид|ушк|а

ИДЕ́|Я (Иде́[й|а]), Иде́|и (Иде́[й|и]), *ж* (*нов.*) [*употребление нарицательно-
го имени* 'идея' *в качестве личного имени*].

П р о и з в о д н ы е (12):

Иде|я (Иде[й|а])→ Идей|к|а

Ид(е|я) → **Ид|а** →Ид|к|а 1 → Идо́ч|к|а 1
　　　　　　　　Ид|ус|я 1 →Идусь|к|а → Идусе́ч|к|а 1
　　　　　　　　　　　　　Идус|еньк|а, Идус|ечк|а 2
　　　　　　　　Ид|оньк|а 1, Ид|очк|а 2, Ид|ун|я 1, Й́д|ушк|а 1
　　　　Ид|к|а 2, Ид|оньк|а 2, Ид|очк|а 3, Ид|ун|я 2, Ид|ус|я 2,
　　　　Ид|ушк|а 2

(И)де|я → **Де|я**

ИЗАБЕ́ЛЛ|А, ы, *ж* [*испанск.* Исабель, *вариант имени* Элизабет].

П р о и з в о д н ы е (12):

Изабелл|а

Изабел(л|а) → Изабел|к|а

Из(абелл|а) → **Из|а**

(Иза)белл|а → **Белл|а** → Белл|оньк|а 1, Белл|очк|а 1
　　　　　　Бел(л|а) → **Бел|а 1** → Бел|к|а 1 → Бело́ч|к|а 1
　　　　　　　　　　　　　　　Бель|к|а 1 → Беле́ч|к|а 1
　　　　　　　　　　　　　　　Бел|еньк|а 1, Бел|ечк|а 2, Бел|очк|а 2
　　　　　　　　　　　　Бел|я 1 → Бел|еньк|а 2, Бел|ечк|а 3, Бел|к|а 2,
　　　　　　　　　　　　　　　Бел|очк|а 3, Бель|к|а 2
　　　　　　　　　　　Бел|еньк|а 3, Бел|ечк|а 4, Бел|к|а 3, Бел|очк|а 4,
　　　　　　　　　　　Бель|к|а 3
　　　　　　Белл|оньк|а 2, Белл|очк|а 2

(Иза)бел(л|а) → Бел|а 2, Бел|я 2; Бел|еньк|а 4, Бел|ечк|а 5, Бел|к|а 4,
　　　　　　Бел|очк|а 5, Бель|к|а 4

ИЗИ́Д|А, ы, *ж* [*в античной мифологии* Изида — богиня плодородия].

П р о и з в о д н ы е (19):

Изид|а → Изид|к|а → Изидо́ч|к|а 1
　　　　　Изид|оньк|а, Изид|очк|а 2, Изид|ушк|а

Из(ид|а) → **Из|а** → Из|к|а 1 → Изо́ч|к|а 1
　　　　　　Из|он|я 1 → Изон|ечк|а
　　　　　　Из|ул|я 1 →Изуль|к|а → Изуле́ч|к|а 1
　　　　　　　　　　　Изул|еньк|а, Изул|ечк|а 2
　　　　　　Из|оньк|а 1, Из|очк|а 2
　　　　Из|к|а 2, Из|оньк|а 2, Из|он|я 2, Из|очк|а 3, Из|ул|я 2

(И)зид|а → **Зид|а** → Зид|к|а 1 → Зидо́ч|к|а 1
　　　　　　Зид|оньк|а 1, Зид|очк|а 2, Зид|ушк|а 1
　　　　　Зид|к|а 2, Зид|оньк|а 2, Зид|очк|а 3, Зид|ушк|а 2

ИЗО́ЛЬД|А, ы *ж* [*возможно, др.-англ.* 'лед' + 'господство'].

П р о и з в о д н ы е (6):

Изольд|а → Изольд|к|а

Из(ольд|а) → **Из|а, Из|я**

(И)золь(д|а) → **Зол|а 1, Зол|я 1**

(И)зольд|а → **Зольд|а**

          Золь(д|а) → Зол|а 2, Зол|я 2

ИЛА́РИ|Я (Ила́ри[й|а]), Ила́ри|и (Ила́ри[й|и]), *ж* [*женск. к* Иларий].

П р о и з в о д н ы е (26):

Илари|я

Илар(и|я) → Илар|к|а → Иларо**ч**|к|а 1

          Иларь|к|а → Иларе**ч**|к|а 1

          Илар|ечк|а 2, Илар|очк|а 2, Илар|ушк|а 1, Илар|юшк|а 1

Ил(ари|я) → **Ил|а** → Ил|к|а 1 → Ило**ч**|к|а 1

              Ил|оньк|а 1, Ил|очк|а 2

          Ил|к|а 2, Ил|оньк|а 2, Ил|очк|а 3

(И)лар(и|я) → **Лар|а** → Лар|к|а 1 → Ларо**ч**|к|а 1

              Ларь|к|а 1 → Ларе**ч**|к|а 1

              Лар|юх|а 1 → Ларюш|еньк|а 1, Ларюш|к|а 1

              Лар|юш|а 1 → Ларюш|еньк|а 2, Ларюш|к|а 2

              Лар|еньк|а 1, Лар|ечк|а 2, Лар|ёк 1, Лар|ёнок 1,

              Лар|оньк|а 1, Лар|очк|а 2, Лар|ушк|а 1,

              Ла́р|юшк|а 1

          Лар|я → Лар|еньк|а 2, Лар|ечк|а 3, Лар|ёк 2, Лар|ёнок 2,

              Лар|к|а 2, Лар|оньк|а 2, Лар|очк|а 3, Лар|ушк|а 2,

              Ларь|к|а 2, Лар|юх|а 2, Лар|юш|а 2, Ла́р|юшк|а 2

          Лар|еньк|а 3, Лар|ечк|а 4, Лар|ёк 3, Лар|ёнок 3, Лар|к|а 3,

          Лар|оньк|а 3, Лар|очк|а 4, Лар|ушк|а 3, Ларь|к|а 3,

          Лар|юх|а 3, Лар|юш|а 3, Ла́р|юшк|а 3

День ангела и святая (Илария): 19 марта — *мученица*.

ИЛИ|Я́ (Или[й|а]]), Или|и́ (Или[й|и]), *ж* [*женск. к* Илия].

П р о и з в о д н ы е (11):

Или|я (Или[й|а]) → Илей|к|а

Ил(и|я) → **Ил|я** → Иль|к|а 1 → Иле**ч**|к|а 1

             Ил|юш|а 1 → Ил|юш|к|а → Илюше**ч**|к|а 1

                    Илюш|еньк|а, Илюш|ечк|а 2

             Ил|еньк|а 1, Ил|ечк|а 2, Ил|ичк|а 1, Йл|юшк|а 1

          Ил|еньк|а 2, Ил|ечк|а 3, Ил|ичк|а 2, Иль|к|а 2, Ил|юш|а 2,

          Йл|юшк|а 2

ИЛЬИ́Н|А, ы, *ж* [*женск. к* Илья]

Илья (Иль[й|а]) → Ильин|а (Иль[й|и]н|а)

П р о и з в о д н ы е (12):

Ильин|а → Ильин|к|а → Ильиноч|к|а 1
Ильин|очк|а 2, Ильин|ушк|а
Ильиш|а → Ильиш|еньк|а 1, Ильиш|к|а 1
Ил(ьиш|а) → **Ил|я 1** → Иль|к|а 1 → Илеч|к|а 1
Ил|еньк|а 1, Ил|ечк|а 2, Ил|оньк|а 1,
Ил|очк|а 1
Ил|еньк|а 2, Ил|ечк|а 3, Ил|оньк|а 2, Ил|очк|а 2,
Иль|к|а 2
Ильиш|еньк|а 2, Ильиш|к|а 2
Ил(ьин|а) → Ил|я 2; Ил|еньк|а 3, Ил|ечк|а 4, Ил|оньк|а 3, Ил|очк|а 3,
Иль|к|а 3

Й́НГ|А, и, *ж* [*из др.-сканд. имени* бога изобилия].
П р о и з в о д н ы е (12):
Инг|а → Инг|уш|а
Ин(г|а) → **Ин|а** → Ин|ур|а 1 → Инур|к|а
Ин|ус|я 1 → Инусь|к|а → Инусеч|к|а 1
Инус|еньк|а, Инус|ечк|а 2, Инус|ик
Ин|уш|а 1 → Ину́ш|к|а
Й́н|ушк|а 1
Ин|ур|а 2, Ин|ус|я 2, Ин|уш|а 2, Й́н|ушк|а 2

ИНЕ́СС|А, ы, *ж* [*предположительно по названию греч.* города Инесса; *из испанск.*].
П р о и з в о д н ы е (12):
Инесс|а
Инес(с|а) → Инес|к|а
Ин(есс|а) → **Ин|а** → Ин|ур|а 1 → Инур|к|а
Ин|ус|я 1 → Инусь|к|а → Инусеч|к|а 1
Инус|еньк|а, Инус|ечк|а 2, Инус|ик
Ин|ул|я 1, Ин|уш|а 1, Й́н|ушк|а 1
Ин|ул|я 2, Ин|ур|а 2, Ин|ус|я 2, Ин|уш|а 2, Й́н|ушк|а 2

Й́НН|А, ы, *ж* [*употребление мужского имени Инна в качестве женского*].
П р о и з в о д н ы е (36):
Инн|а → Инн|очк|а, Инн|ушк|а
Ин(н|а) → **Ин|а** → Ин|к|а 1 → Иноч|к|а 1
Ин|ок 1 → Иноч|ек 1
Ин|ул|я 1 → Инуль|к|а → Инулеч|к|а 1
Инул|еньк|а, Инул|ечк|а 2
Ин|ур|а 1 → Инур|к|а → Инуроч|к|а 1
Инур|очк|а 2
Ин|ус|я 1 → Инусь|к|а → Инусеч|к|а 1
Инус|еньк|а, Инус|ечк|а 2, Инус|ик

Инь|к|а 1 → Ин*еч*|к|а 1
Ин|ют|а 1 → Инют|к|а → Инюто́*ч*|к|а 1
| Инют|оньк|а, Инют|о́чк|а 2
Ин|юш|а 1 →Инюш|к|а → Инюш*еч*|к|а 1
| Инюш|еньк|а, Инюш|ечк|а 2
Ин|ечк|а 2, Ин|очек 2, Ин|очк|а 2, Ин|ушк|а 1,
Ин|ч|а 1, Ин|ш|а 1
Ин|я → Ин|ечк|а 3, Ин|к|а 2, Ин|ок 2, Ин|очек 3, Ин|очк|а 3,
Ин|ул|я 2, Ин|ур|а 2, Ин|ус|я 2, Ин|ушк|а 2, Ин|ч|а 2,
Ин|ш|а 2, Инь|к|а 2, Ин|ют|а 2, Ин|юш|а 2
Ин|ечк|а 4, Ин|к|а 3, Ин|ок 3, Ин|очек 4, Ин|очк|а 4,
Ин|ул|я 3, Ин|ур|а 3, Ин|ус|я 3, Ин|ушк|а 3, Ин|ч|а 3, Ин|ш|а 3,
Инь|к|а 3, Ин|ют|а 3, Ин|юш|а 3
(Ин)н|а → **Н|ак|а** → На*ч*|к|а
Н|ан|а

ИО́Л|А, ы, *ж* [*из греч. имени возлюбленной Геракла*].
   П р о и з в о д н ы е (1):
Иол|а → Иол|к|а

ИОЛА́НТ|А, ы *ж* [*лат.* `фиалка´].
   П р о и з в о д н ы е (7):
Иолант|а
Иол(ант|а) → Иол|а → **Ёл|а 1**
                          Ёл|а 2
(Ио)лан(т|а) → **Лан|а** →Лан|к|а 1 → Лано́*ч*|к|а 1
| Лань|к|а 1 → Лан*еч*|к|а 1
| Лан|ечк|а 2, Лан|очк|а 2
            Лан|ечк|а 3, Лан|к|а 2, Лан|очк|а 3, Лань|к|а 2

ИРА́ЙД|А, ы, *ж* [*греч.* ‘героиня’; ‘Гера’ + ‘потомок’].
Ирой́д|а, ы (*реже*).
   П р о и з в о д н ы е (41):
Ираид|а → Ираид|к|а → Ираидо*ч*|к|а 1
                 Ираид|к|а 2, Ираид|ушк|а
Ир(аид|а) → **Ир|а 1** → Ир|к|а 1 → Иро́*ч*|к|а 1
| Ир|ок 1 → Иро́чек 1
| Ир|ун|я 1 → Ирунь|к|а → Ирун*еч*|к|а 1, Ирун*ч*|ик 1
| | Ирун|ечк|а 2, Ирун|чик 2, Ирун|юшк|а
| Ир|ус|я 1 → Ирусь|к|а → Ирус*еч*|к|а 1
| | Ирус|еньк|а, Ирус|ечк|а 2, Ирус|ик
| Ир|оньк|а 1, Ир|очек 2, Ир|очк|а 2, Ир|ушк|а 1
            Ир|к|а 2, Ир|ок 2, Ир|оньк|а 2, Ир|очек 3, Ир|очк|а 3,
            Ир|ун|я 2, Ир|ус|я 2, Ир|ушк|а 2

(И)раид|а → Раид|а → Раид|к|а 1 → Раидо́ч|к|а 1
                               Раид|очк|а 2, Раид|ушк|а 1
      Ра[й(и)д|а) →
         Ра|я (Ра[й|а]) →
             Ра|юш|а 1 (Ра[й|у]ш|а) → Раюш|к|а → Раюше́ч|к|а 1
                                  Раюш|ечк|а 2
             Рай|к|а 1, Ра́|юшк|а 1 (Ра[й|у]шк|а)
         Рай|к|а 2, Ра|юш 2 (Ра[й|у]ш|а), Ра́|юшк|а 2
         (Ра́[й|у]шк|а)
        (Ра)ид|а → **Ид|а 1** → Ид|к|а 1 → Идо́ч|к|а 1
                        Ид|ун|я 1 → Идун|чик
                        Ид|ус|я 1 → Идусь|к|а → Идусе́ч|к|а 1
                                    Идус|еньк|а,
                                  Идус|ечк|а 2
                    Ид|оньк|а 1, Ид|очк|а 2, Йд|ушк|а 1
             Ид|к|а 2, Ид|оньк|а 2, Ид|очк|а 3, Ид|ун|я 2,
             Ид|ус|я 2, Ид|ушк|а 2
        Раид|к|а 2, Раид|очк|а 3, Раид|ушк|а 2
(Ира)ид|а → Ид|а 2; Ид|к|а 3, Ид|оньк|а 3, Ид|очк|а 4, Ид|ун|я 3,
            Ид|ус|я 3, Йд|ушк|а 3

Ироид|а
Ир(оид|а) → Ир|а 2; Ир|к|а 3, Ир|ок 3, Ир|оньк|а 3, Ир|очек 4, Ир|очк|а 4,
            Ир|ун|я 3, Ир|ус|я 3, Ир|ушк|а 3
(Иро)ид|а → Ид|а 3; Ид|к|а 4, Ид|оньк|а 4, Ид|очк|а 5, Ид|ун|я 4,
            Ид|ус|я 4, Йд|ушк|а 4

    Дни ангела и святые (Ираида): 23 сентября — *преподобномученица*;
(Ироида): 5 марта — *мученица*.

ИРИ́Н|А, ы, *ж* [*греч.* 'мир'; *от имени* богини мирной жизни].
    П р о и з в о д н ы е (96):
Ирин|а → Ирин|к|а → Ирино́ч|к|а 1
        Ирин|ок → Ирино́чек 1
        Ирин|ул|я → Иринуль|к|а → Иринуле́ч|к|а 1
                    Иринул|еньк|а, Иринул|ечк|а 2
        Ирин|ус|я → Иринусь|к|а → Иринусе́ч|к|а 1
                    Иринус|еньк|а, Иринус|ечк|а 2
        Ирин|очек 2, Ирин|очк|а, Ирин|ушк|а
Ир(ин|а) → **Ир|а 1** → Ир|к|а 1 → Иро́ч|к|а 1
              Ир|ок 1 → Иро́чек 1
              Ир|ун|я 1 → Ирунь|к|а → Ируне́ч|к|а 1, Ирунч|ик 1
                          Ирун|ечк|а 2, Ирун|чик 2, Ирун|юшк|а
              Ир|ус|я 1 → Ирусь|к|а → Ирусе́ч|к|а 1
                        Ирус|еньк|а, Ирус|ечк|а 2, Ирус|ик
              Ир|уш|а 1 → Иру́ш|к|а → Ируше́ч|к|а 1

Ируш|еньк|а, Ируш|ечк|а 2
Ир|оньк|а 1, Ир|очек 2, Ир|очк|а 2, Ѝр|ушк|а 1
Ир|к|а 2, Ир|ок 2, Ир|оньк|а 2, Ир|очек 3, Ир|очк|а 3,
Ир|ун|я 2, Ир|ус|я 2, Ир|уш|а 2, Ѝр|ушк|а 2
(И)рин|а → **Рин|а 1** → Рин|к|а 1 → Рин*оч*к|а 1
Рин|ус|я 1 → Ринус|ик
Риньк|а 1 → Рин*еч*к|а 1
Рин|ечк|а 2, Рин|очк|а 2, Рин|ушк|а 1, Рин|юш|а 1
(Р)ин|а → **Ин|а 1** → Ин|к|а 1 → Ин*оч*к|а 1
Ин|ок 1 → Ин*оч*ек 1
Ин|ул|я 1 → Инуль|к|а → Инул*еч*к|а 1
Инул|еньк|а, Инул|ечк|а 2
Ѝн|ечк|а 1, Ин|очек 2, Ин|очк|а 2
Ин|ечк|а 2, Ин|к|а 2, Ин|ок 2, Ин|очек 3,
Ин|очк|а 3, Ин|ул|я 2
Риш|а 1
Рин|я 1 → Рин|ечк|а 3, Рин|к|а 2, Рин|очк|а 3, Рин|ус|я 2,
Рин|ушк|а 2, Риньк|а 2, Рин|юш|а 2
(Р)ин|я → Ин|а 2; Ин|ечк|а 3, Ин|к|а 3, Ин|ок 3, Ин|очек 4,
Ин|очк|а 4, Ин|ул|я 3
Риш|а 2
Рин|ечк|а 4, Рин|к|а 3, Рин|очк|а 4, Рин|ус|я 3, Рин|ушк|а 3,
Риньк|а 3, Рин|юш|а 3
Риш|а 3
(Ир)ин|а → Ин|а 3; Ин|ечк|а 4, Ин|к|а 4, Ин|ок 4, Ин|очек 5, Ин|очк|а 5,
Ин|ул|я 4
Ириш|а → Ириш|к|а 1 → Ириш*еч*к|а 1
Ириш|еньк|а 1, Ириш|ечк|а 2, Ириш|ок 1,
Ириш|онок 1
Ир(иш|а) → Ир|а 2; Ир|к|а 3, Ир|ок 3, Ир|оньк|а 3, Ир|очек 4,
Ир|очк|а 4, Ир|ун|я 3, Ир|ус|я 3, Ир|уш|а 3,
Ѝр|ушк|а 3
(И)риш|а → Риш|а 4
*А*риш|а 1 → Ариш|к|а 1 → Ариш*еч*к|а 1
Ариш|еньк|а 1, Ариш|ечк|а 2
(*А*)риш|а → Риш|а 5
Ириш|еньк|а 2, Ириш|ечк|а 3, Ириш|к|а 2, Ириш|ок 2,
Ириш|онок 2
Ирен|а → Ирен|к|а 1 → Ирен*оч*к|а 1
Ирен|очк|а 2
Ир(ен|а) → Ир|а 3; Ир|к|а 4, Ир|ок 4, Ир|оньк|а 4, Ир|очек 5,
Ир|очк|а 5, Ир|ун|я 4, Ир|ус|я 4, Ир|уш|а 4,
Ѝр|ушк|а 4
И(ре)н|а → Ин|а 4; Ин|ечк|а 5, Ин|к|а 5, Ин|ок 5, Ин|очек 6,

Ин|очк|а 6, Ин|ул|я 5

(И)рен|а → **Рен|а** → Рен|к|а 1 → Рен*оч*к|а 1

Рень|к|а 1 → Рен*еч*к|а 1

Рен|ечк|а 2, Рен|ик 1, Рен|очк|а 2,

Рен|ушк|а 1, Рен|юшк|а 1

Рен|я → Рен|ечк|а 3, Рен|ик 2, Рен|к|а 2,

Рен|очк|а 3, Рен|ушк|а 2, Рень|к|а 2,

Рен|юшк|а 2

Рен|ечк|а 4, Рен|ик 3, Рен|к|а 3, Рен|очк|а 4,

Рен|ушк|а 3, Рень|к|а 3, Рен|юшк|а 3

Ирен|к|а 2, Ирен|очк|а 3

Орин|а → Орин|к|а 1 → Орин*оч*к|а 1

Орин|очк|а 2, Орин|ушк|а 1

*О*р(ин|а) → **Ор|я** → Орь|к|а 1 → Ор*еч*к|а 1

Ор|еньк|а 1, Ор|ечк|а 2, Ор|ик 1,

Ор|ушк|а 1

Ор|еньк|а 2, Ор|ечк|а 3, Ор|ик 2, Ор|ушк|а 2,

Орь|к|а 2

(*О*)рин|а → Рин|а 2, Рин|я 2; Рин|ечк|а 5, Рин|к|а 4,

Рин|очк|а 5, Рин|ус|я 4, Рин|ушк|а 4, Рины|к|а 4,

Рин|юш|а 4

Ри*ш*|а 6

(*О*р)ин|а → Ин|а 5; Ин|ечк|а 6, Ин|к|а 6, Ин|ок 6, Ин|очек 7,

Ин|очк|а 7, Ин|ул|я 6

Арин|а 1 → Арин|к|а 1 → Арин*оч*к|а 1

Арин|очк|а 2, Арин|ушк|а 1

(*А*)рин|а → Рин|а 3, Рин|я 3; Рин|ечк|а 6,

Рин|к|а 5, Рин|очк|а 6, Рин|ус|я 5,

Рин|ушк|а 5, Рины|к|а 5, Рин|юш|а 5

Ри*ш*|а 7

(*А*р)ин|а → Ин|а 6; Ин|ечк|а 7, Ин|к|а 7, Ин|ок 7,

Ин|очек 8, Ин|очк|а 8, Ин|ул|я 7

Ари*ш*|а 1 → Ариш|к|а 1 → Ариш*еч*к|а 1

Ариш|еньк|а 1,

Ариш|ечк|а 2

(*А*)ри*ш*|а → Ри*ш*|а 7

Ариш|еньк|а 2, Ариш|ечк|а 3

Ариш|к|а 2

*А*рин|к|а 2; Арин|очк|а 3, Арин|ушк|а 2

*А*ри*ш*|а 2; Ари*ш*|еньк|а 3, Ари*ш*|ечк|а 4, *Ари*ш|к|а 3

*А*рин|а 2; Арин|к|а 3, Арин|очк|а 4, Арин|ушк|а 3

*А*ри*ш*|а 3; *Ари*ш|еньк|а 4, *Ари*ш|ечк|а 5, *Ари*ш|к|а 4

Дни ангела и святые (Ирина): 5 мая — *великомученица*; 16 апреля, 18 сентября — *мученица*.

И́РМ|А, ы, *ж* [*нем.* ʻпосвященная Ирминуʼ — *др.-герм.* ˋбогу войныʼ].
   П р о и з в о д н ы е (18):
Ирм|а → Ирм|ус|я → Ирмусь|к|а → Ирмусе*ч*|к|а 1
   | Ирмус|еньк|а, Ирмус|ечк|а 2
   | Ирм|оньк|а, Ирм|очк|а, Ирм|ушк|а
Ир(м|а) → **Ир|а** → Ир|ун|я 1 →Ируны|к|а → Ируне*ч*|к|а 1, Ирун*ч*|ик 1
   | | Ирун|ечк|а 2, Ирун|чик 2, Ирун|юшк|а
   | Ир|ус|я 1 → Ирусь|к|а → Ирусе*ч*|к|а 1
   | Ирус|еньк|а, Ирус|ечк|а 2, Ирус|ик
   | Ир|ун|я 2, Ир|ус|я 2

ИСИДО́Р|А, ы, *ж* [*женск. к* Исидор].
   П р о и з в о д н ы е (8):
Исидор|а → Исидор|к|а
Ис(идор|а) → **Ис|я** → Ись|к|а 1 →Исе*ч*|к|а 1
   | Ис|ечк|а 2
   | Ис|ечк|а 3, Ись|к|а 2
(Иси)дор|а → **Дор|а** → Дор|к|а 1 → Доро*ч*|к|а 1
   | | Дор|оньк|а 1, Дор|очк|а 2
   | Дор|к|а 2, Дор|оньк|а 2, Дор|очк|а 3
   День ангела и святая (Исидора): 10 мая — *преподобная*.

И́СКР|А, ы, *ж* (*нов.*) [*употребление нарицательного существительного* ʻис-кра’ *в качестве личного имени; по названию газеты* “Искра”].
   П р о и з в о д н ы е (18):
Искр|а → Искор|к|а → Искро*ч*|к|а 1
   | Искр|оньк|а, Искр|очк|а 2, Искр|ушк|а
Ис(кр|а) → **Ис|а** → Ис|к|а 1 → Исо*ч*|к|а 1
   | | Ис|оньк|а 1, Ис|очк|а 2
   | Ис|к|а 2, Ис|оньк|а 2, Ис|очк|а 3
И(с)к(р|а) → **Ик|а** → Ик|очк|а 1, И*ч*|к|а 1
   | Ик|очк|а 2, И*ч*|к|а 2
И(ск)р|а → **Ир|а** → Ир|к|а 1 → Иро*ч*|к|а 1
   | Ир|ок 1 →Иро*ч*ек 1
   | Ир|оньк|а 1, Ир|очек 2, Ир|очк|а 2, Ир|ушк|а 1
   | Ир|к|а 2, Ир|оньк|а 2, Ир|очек 3, Ир|очк|а 3, Ир|ушк|а 2

ИУЛИ́ТТ|А, ы, *ж.* [*ласк.к* Юлия].
Ули́т|а, ы (*разг.*).
   П р о и з в о д н ы е (32):
Иулитт|а
Иулит(т|а) → **Юли́т|а 1** →Юлит|к|а 1 → Юлито*ч*|к|а 1
   | | Юлит|очк|а 2, Юлит|ушк|а 1
   | *Юл*(ит|а) → **Юл|я** → Юл|еньк|а 1, Юл|ечк|а 1, Юл|юшк|а 1

Юл|еньк|а 2, Юл|ечк|а 2, Юл|юшк|а 2

(Ю)лит|а → **Лит|а 1** → Лит|к|а 1 → Лито*ч*к|а 1

Лит|очк|а 2, Лит|ус|я 1, Ли́т|ушк|а 1

Лит|к|а 2, Лит|очк|а 3, Лит|ус|я 2, Ли́т|ушк|а 2

Юлит|к|а 2, *Юлит|очк|а 3, Юлит|ушк|а 2*

(И)улит(т|а) → **Улит|а** → Улит|к|а 1 → Улито*ч*к|а 1

Улит|оньк|а 1, Улит|очк|а 2, Улит|ушк|а 1

Ул(ит|а) → **Уля 1** → Уль|к|а → Уле*ч*к|а 1

Уль|ях|а 1 → Ульяш|к|а 1 →

(Уль[й|а]х|а) Ульяш*еч*к|а 1

Ульяш|еньк|а 1,

Ульяш|ечк|а 2

Ульяш|а 1 →

Ульяш|еньк|а

Ульяш|ечк|а 3,

Ульяш|к|а 2

Уль|яш|а 1 (Уль[й|а]ш|а)

Ул|яш|а 1 → Уляш|к|а → Уляш*еч*к|а 1

Уляш|еньк|а,

Уляш|ечк|а 2

Ул|еньк|а 1, Ул|ечк|а 2, Ул|юшк|а 1

Ул|еньк|а 2, Ул|еч*ж* 3, Уль|к|а 2, Уль|ях|а 2

(Уль[й|а]х|а), Уль|яш|а 2 (Уль[й|а]ш|а),

Ул|юшк|а 2, Ул|яш|а 3

(У)лит|а → Лит|а 2; Лит|к|а 3, Лит|очк|а 4, Лит|ус|я 3,

Ли́т|ушк|а 3

Улит|к|а 2, Улит|оньк|а 2, Улит|очк|а 3, Улит|ушк|а 2

(И)ул(итт|а) → Уля 2; Ул|еньк|а 3, Ул|ечк|а 4, Уль|к|а 3, Уль|ях|а 3

(Уль[й|а]х|а), Уль|яш|а 3 (Уль[й|а]ш|а), Ул|юшк|а 3,

Ул|яш|а 4

(Иу)лит(т|а) → Лит|а 3; Лит|к|а 4, Лит|очк|а 5, Лит|ус|я 4, Ли́т|ушк|а 4

Дни ангела и святые (Иулитта): 15 июля, 31 июля — *мученицы.*

ИФИГЕ́НИ|Я (Ифиге́ни[й|а]), Ифиге́ни|и (Ифиге́ни[й|и]), *ж* [*в античной мифологии*: Ифигения — героиня ряда мифов; *греч.* 'доблестно' + 'род, происхождение'].

П р о и з в о д н ы е (11):

Ифигени|я

(И)ф(иг)ен(и|я) → **Фен|я** → Фен|к|а 1 → Фено*ч*к|а 1

Фень|к|а 1 → Фене*ч*к|а 1

Фен|ечк|а 2, Фен|очк|а 2, Фен|ушк|а 1, Фен|юшк|а 1

Фен|ечк|а 3, Фен|к|а 2, Фен|очк|а 3, Фен|ушк|а 2,

Фень|к|а 2, Фен|юшк|а 2

(Ифи)ген(и|я) → **Ген|я** → Гень|к|а 1 → Гене*ч*к|а 1

Ген|ечк|а 2, Ген|ушк|а 1
Ген|ечк|а 3, Ген|ушк|а 2

И́|Я (И́[й|а]), И́|и (И́[й|и]), *ж* [*греч.* 'фиалка'].
И́|а, И́|и (*стар.*).

П р о и з в о д н ы е (21):
И|я 1 (И[й|а]) → Ий|к|а → И*еч*|к|а 1

    И|юн|я (И[й|у]н|я) →Июнь|к|а → Июн*еч*|к|а 1
                         Июн|ечк|а 2
    И|юс|я (И[й|у]с|я) → Июсь|к|а → Июс*еч*|к|а 1
                         Июс|еньк|а, Июс|ечк|а 2
    И|ют|а (И[й|у]т|а) → Ют|к|а → Ют*оч*|к|а 1
                         Ют|оньк|а, Ют|очк|а 2
    (И)|ют|а (И[й|у]т|а) → Ют|а
    И|юш|а (И[й|у]ш|а) → Июш|к|а → Июш*еч*|к|а 1
                         Июш|еньк|а, Июш|ечк|а 2
    (И)|юш|а (И[й|у]ш|а) → Юш|а
    И|еньк|а (И[й|э]ньк|а), И|ечк|а 2 (И[й|э]чк|а)
    И|юшк|а (И[й|у]шк|а)
И|а → И|я 2 (И[й|а])

День ангела и святая (Иа *и* Ия): 11 сентября — *мученица*.

К

КАЗИМИ́Р|А, ы, *ж* [*женск. к* Казимир].

Производные (13):

Казимир|а → Казимир|к|а → Казимир|оч|к|а 1
| Казимир|оньк|а, Казимир|очк|а 2, Казимир|ушк|а
Каз(имир|а) → **Каз|я** → Казь|к|а 1 → Каз|еч|к|а 1
| Каз|еньк|а 1, Каз|ечк|а 2, Каз|ик 1
| Каз|еньк|а 2, Каз|ечк|а 3, Каз|ик 2, Казь|к|а 2
(Кази)мир|а → **Мир|а** → Мир|к|а 1 → Мир|оч|к|а 1
| Мир|ик 1, Мир|очк|а 2
| Мир|ик 2, Мир|к|а 2, Мир|очк|а 3

КАЛЕ́РИ|Я (Кале́ри[й|а]), Кале́ри|и (Кале́ри[й|и]), *ж* [*лат.* 'нагреваться'; *возможно, болг.* Калеро *из греч.* 'добрая, красивая'; *вернее* Валерия 'праведная'].

Производные (29):

Калерия
Кал(ери|я) → **Кал|я** → Каль|к|а 1 → Кал|еч|к|а 1
| Кал|юш|а 1 → Калюш|к|а → Калюш|еч|к|а 1
| Калюш|еньк|а, Калюш|ечк|а 2
| Кал|еньк|а 1, Кал|ечк|а 2, Ка́л|юшк|а 1
| Кал|еньк|а 2, Кал|ечк|а 3, Каль|к|а 2, Кал|юш|а 2,
| Ка́л|юшк|а 2
(Ка)лер(и|я) → **Лер|а** → Лер|к|а 1 → Лер|оч|к|а 1
| Лер|ун|я → Леруны|к|а → Лерун|еч|к|а 1,
| Лерунч|ик 1
| Лерун|ечк|а 2, Лерун|чик 2
| Лер|ус|я → Лерусь|к|а → Лерус|еч|к|а 1
| Лерус|еньк|а, Лерус|ечк|а 2
| Лер|ух|а 1 → Леру́ш|к|а 1 → Леруш|еч|к|а 1
| Леруш|еньк|а 1, Леруш|ечк|а 2

Лер|уш|а 1 →Леруш|еньк|а 2, Леруш|ечк|а 3,
Лерýш|к|а 2

Лер|ик 1, Лер|оньк|а 1, Лер|очк|а 2, Лéр|ушк|а 1,
Лер|ш|а 1

Лер|ик 2, Лер|к|а 2, Лер|оньк|а 2, Лер|очк|а 3, Лер|ун|я 2,
Лер|ус|я 2, Лер|ух|а 2, Лер|уш|а 2, Лéр|ушк|а 2, Лер|ш|а 2

День ангела и святая (Калерия): 7 июня — *мученица*.

КАЛЛИ́СТ|А, ы, *ж* [*женск. к* Каллист].
   П р о и з в о д н ы е (21):
Каллист|а → Каллист|к|а → Каллисто*ч*|к|а 1
                  Каллист|оньк|а, Каллист|очк|а 2, Каллист|ушк|а
Кал(лист|а) → **Кал|я 1** → Каль|к|а 1 → Кал*еч*|к|а 1
   | Кал|еньк|а 1, Кал|ечк|а 2
   | (К)ал|я → **Ал|я 1** →Ал|ис|а 1 → Алис|к|а → Алисо*ч*|к|а 1
   | | Алис|оньк|а, Алис|очк|а 2
   | Аль|к|а 1 → Ал*еч*|к|а 1
   | Ал|еньк|а 1, Ал|ечк|а 2
   | Ал|еньк|а 2, Ал|ечк|а 3, Ал|ис|а 2, Аль|к|а 2
   | Кал|еньк|а 2, Кал|ечк|а 3, Каль|к|а 2
(К)ал(лист|а) → Ал|я 2; Ал|еньк|а 3, Ал|ечк|а 4, Ал|ис|а 3, Аль|к|а 3
Кал(л)ист|а → **Калист|а** →Калист|к|а 1 →Калисто*ч*|к|а 1
   | Калист|оньк|а 1, Калист|очк|а 2, Калист|ушк|а 1
   | Кал(ист|а) → Кал|я 2; Кал|еньк|а 3, Кал|ечк|а 4, Каль|к|а 3
   | (К)ал(ист|а) → Ал|я 3; Ал|еньк|а 4, Ал|ечк|а 5, Ал|ис|а 4,
   | Аль|к|а 4
   | Калист|к|а 2, Калист|оньк|а 2, Калист|очк|а 3,
   | Калист|ушк|а 2
   Дни ангела и святые (Каллиста): 6 февраля, 1 сентября — *мученицы*.

КАЛЛИСФЕ́НИ|Я (Каллисфе́ни[й|а]), Каллисфе́ни|и (Каллисфе́ни[й|и]),
ж [*женск. к* Каллисфен].
Калисфе́ни|я (Калисфе́ни[й|а], Калисфе́ни|и (Калисфе́ни[й|и]) (*разг.*).
   П р о и з в о д н ы е (16):
Каллисфени|я
Каллисфен(и|я) → **Каллисфен|а** →Каллисфен|к|а 1 →Каллисфено*ч*|к|а 1
   | Каллисфен|очк|а 2, Каллисфен|ушк|а 1
   | Кал(л)исфен|а →
   | **Калисфен|а** → Калисфен|к|а 1 →
   | | Калисфено*ч*|к|а 1
   | Калисфен|очк|а 2,
   | Калисфен|ушк|а 1
   | Кал(исфен|а) → **Кал|я 1** → Каль|к|а 1
   | | Каль|к|а 2

(Калис)фен|а → **Фен|я 1** →Фен|к|а 1 →
                                   | Фен*оч*|к|а 1
                                    Фень|к|а 1 →
                                    | Фен*еч*|к|а 1
                                    Фен|ечк|а 2,
                                    Фен|очк|а 2,
                                    Фен|ушк|а 1
                           Фен|ечк|а 3, Фен|к|а 2,
                           Фен|очк|а 3, Фен|ушк|а 2,
                           Фень|к|а 2

             Калисфен|к|а 2, Калисфен|очк|а 3,
             Калисфен|ушк|а 2
     Кал(лисфен|а) → Кал|я 2; Каль|к|а 3
     (Каллис)фен|а → Фен|я 2; Фен|ечк|а 4, Фен|к|а 3,
                            Фен|очк|а 4, Фен|ушк|а 3,
                            Фень|к|а 3
     Каллисфен|к|а 2, Каллисфен|очк|а 3,
     Каллисфен|ушк|а 2
Кал(лисфени|я) → Кал|я 3; Каль|к|а 4
(Каллис)фен(и|я) → Фен|я 3; Фен|ечк|а 5, Фен|к|а 4, Фен|очк|а 5,
                   Фен|ушк|а 4, Фень|к|а 4

День ангела и святая (Каллисфения): 4 октября — *мученица*.

КАМИ́ЛЛ|А, ы *ж* [*женск. к* Камилл].
   П р о и з в о д н ы е (36):
Камилл|а
Камил(л|а) → Камил|к|а → Камил*оч*|к|а 1
              Камиль|к|а → Камил*еч*|к|а 1
              Камил|еньк|а, Камил|ечк|а 2, Камил|ёк, Камил|ушк|а,
              Камил|юшк|а
Кам(илл|а) → **Кам|а** → Кам|к|а 1 → Кам*оч*|к|а 1
             | Кам|оньк|а 1, Кам|очк|а 2, Кам|ушк|а 1
             Кам|к|а 2, Кам|оньк|а 2, Кам|очк|а 3, Кам|ушк|а 2
(Ка)мил(л|а) → **Мил|а** → Мил|к|а 1 → Мил*оч*|к|а 1
                  Мил|ок 1 → Мил*оч*|ек 1
                  Мил|уш|а 1 → Мил*у́ш*|к|а → Милуш|ечк|а 1
                  | Милуш|еньк|а, Милуш|ечк|а 2
                  Миль|к|а 1 → Мил*еч*|к|а 1
                  Мил|юш|а 1 →Мил*ю́ш*|к|а
                  Мил|еньк|а 1, Мил|ечк|а 2, Мил|ёш|а 1,
                  Мил|оньк|а 1, Мил|очек 2, Мил|очк|а 2,
                  Мил|ушк|а 1, Мил|юшк|а 1
           Мил|я → Мил|еньк|а 2, Мил|ечк|а 3, Мил|ёш|а 2,
                      Мил|к|а 2, Мил|ок 2, Мил|оньк|а 2, Мил|очек 3,

Мил|очк|а 3, Мил|уш|а 2, Ми́л|ушк|а 2,
Миль|к|а 2, Мил|юш|а 2, Ми́л|юшк|а 2
Мил|еньк|а 3, Мил|ечк|а 4, Мил|ёш|а 3, Мил|к|а 3,
Мил|ок 3, Мил|оньк|а 3, Мил|очек 4, Мил|очк|а 4,
Мил|уш|а 3, Ми́л|ушк|а 3, Миль|к|а 3, Мил|юш|а 2,
Ми́л|юшк|а 3

Ка(мил)л|а → **Кал|я** → Каль|к|а 1 → Кал|ечк|а 1
                  Кал|еньк|а 1, Кал|ечк|а 2
           Кал|еньк|а 2, Кал|ечк|а 3, Каль|к|а 2

КАПИТОЛИ́Н|А, ы, *ж* [*лат*. 'капитолийская'. От Капитолий, название холма в Риме].
     П р о и з в о д н ы е (49):
Капитолин|а → Капитолин|к|а, Капитолин|ушк|а
Кап(итолин|а) → **Кап|а** → Кап|к|а 1 → Кап|оч|к|а 1, Кап|ч|ик 1
                   Кап|ул|я 1 → Капуль|к|а → Капул|еч|к|а 1
                          Капул|еньк|а, Капул|ечк|а 2
                   Кап|ур|а 1 → Капур|к|а → Капур|оч|к|а 1
                          Капур|оньк|а, Капур|очк|а 2
                   Кап|уш|а 1 → Капу́ш|к|а 1 → Капуш|еч|к|а 1
                          Капуш|еньк|а, Капуш|ечк|а 2
                  Кап|ок 1, Кап|оньк|а 1, Кап|очк|а 2,
                  Ка́п|ушк|а 1, Кап|чик 2
           Кап|к|а 2, Кап|ок 2, Кап|оньк|а 2, Кап|очк|а 3,
           Кап|ул|я 2, Кап|ур|а 2, Кап|уш|а 2, Ка́п|ушк|а 2,
           Кап|чик 3
(Капи)тол(ин|а) → **Тол|я** → Толь|к|а 1 → Тол|ечк|а 1
                   Тол|еньк|а 1, Тол|ечк|а 2, Тол|ик 1
           Тол|еньк|а 2, Тол|ечк|а 3, Тол|ик 2, Толь|к|а 2
(Капи)то(ли)н|а → **Тон|я** → Тонь|к|а 1 → Тон|еч|к|а 1
                   Тон|юх|а 1 → Тонюш|к|а 1 → Тонюш|еч|к|а 1
                          Тонюш|еньк|а 1, Тонюш|ечк|а 2
                   Тон|юш|а 1 → Тонюш|еньк|а 2,
                          Тонюш|ечк|а 3, Тоню́ш|к|а 2
                  Тон|ечк|а 2, Тон|ик 1, Тонь|ш|а 1, Тон|юс|я 1,
                  То́н|юшк|а 1
           Тон|ечк|а 3, Тон|ик 2, Тонь|к|а 2, Тонь|ш|а 2,
           Тон|юс|я 2, Тон|юш|а 2, То́н|юшк|а 2
Ка(питоли)н|а → **Кан|а** → Кан|к|а 1 → Кан|оч|к|а 1
                   Кань|к|а 1 → Кан|еч|к|а 1
                   Кан|ечк|а 2, Кан|ик 1, Кан|очк|а 2,
                   Кан|ушк|а 1
           Кан|ечк|а 3, Кан|ик 2, Кан|к|а 2, Кан|очк|а 3,
           Кан|ушк|а 2, Кань|к|а 2

(Капито)лин|а → **Лин|а** → Лин|к|а 1 → Лин*оч*|к|а 1
                                Лин|очк|а 2, Лин|ушк|а 1
                          Лин|к|а 2, Лин|очк|а 3, Лин|ушк|а 2
   День ангела и святая (Капетолина): 27 октября — *мученица*.

КАРИ́Н|А, ы, *ж* [*лат.* 'киль корабля'; *рус. нов.* (от названия Карское море)].
   П р о и з в о д н ы е (29):
Карин|а → Карин|к|а → Карин*оч*|к|а 1
              Карин|очк|а 2, Карин|ушк|а
Кар(ин|а) → Кар|к|а → Кар*оч*|к|а 1
       | Карь|к|а → Кар*еч*|к|а 1
       | Кар|еньк|а, Кар|ечк|а 2, Кар|оньк|а, Кар|очк|а 2, Кар|ушк|а
(Ка)рин|а → **Рин|а** → Рин|к|а 1 → Рин*оч*|к|а 1
                          Рин|ус|я 1 → Ринус|ик
                          Ринь|к|а 1 → Рин*еч*|к|а 1
                          Рин|ечк|а 2, Рин|очк|а 2, Рин|ушк|а 1, Рин|юш|а 1
                  (Р)ин|а → **Ин|а 1** → Ин|к|а 1 → Ин*оч*|к|а 1
                                          Ин|ок 1 → Ин*оч*ек 1
                                          Инь|к|а 1 → Ин*еч*к|а 1
                                          Ин|ечк|а 2, Ин|очек 2, Ин|очк|а 2,
                                          Ин|уш|а 1, Ин|ушк|а 1
                          Ин|ечк|а 3, Ин|к|а 2, Ин|ок 2, Ин|очек 3,
                          Ин|очк|а 3, Ин|уш|а 2, Ин|ушк|а 2, Инь|к|а 2
                  Рин|я → Рин|ечк|а 3, Рин|к|а 2, Рин|очк|а 3, Рин|ус|я 2,
                          Рин|ушк|а 2, Риньк|а 2, Рин|юш|а 2
                  (Р)ин|я → Ин|а 2; Ин|ечк|а 4, Ин|к|а 3, Ин|ок 3, Ин|очек 4,
                       | Ин|очк|а 4, Ин|уш|а 3, Ин|ушк|а 3, Инь|к|а 3
                  Рин|ечк|а 4, Рин|к|а 3, Рин|очк|а 4, Рин|ус|я 3, Рин|ушк|а 3,
                  Риньк|а 3, Рин|юш|а 3
(Кар)ин|а → Ин|а 3; Ин|ечк|а 5, Ин|к|а 4, Ин|ок 4, Ин|очек 5, Ин|очк|а 5,
       Ин|уш|а 4, Ин|ушк|а 4, Инь|к|а 4

КАРОЛИ́Н|А, ы *ж* [*женск. к* Карл].
   П р о и з в о д н ы е (9):
Каролин|а → Каролин|к|а
Карол(ин|а) → **Карол|я**
                  Ка(ро)л|я → **Кал|я 1**
Ка(ро)л(ин|а) → Кал|я 2
(Каро)лин|а → **Лин|а** → Лин|к|а 1
                          Лин|ус|я 1 → Линусь|к|а → Линус*еч*|к|а 1
                                          Линус|еньк|а, Линус|ечк|а 2
                  Лин|к|а 2, Лин|ус|я 2

КИ́М|А, ы, *ж* [*женск. к* Ким].

К(оммунистический)И(нтернационал)М(олодежи) → Ким|а.
  П р о и з в о д н ы е (4):
Ким|а → Ким|к|а → Ким|очк|а 1
              Ким|оньк|а, Ким|очк|а 2, Ким|ушк|а

КИ́Р|А, ы, *ж* [*женск. к* Кир].
  П р о и з в о д н ы е (16):
Кир|а → Кир|к|а → Кир*оч*|к|а 1
              Кир|ун|я → Кируньк|а → Кирун*еч*|к|а 1
              | Кирун|ечк|а 2
              Кир|ус|я → Кирусь|к|а → Кирус*еч*|к|а 1
              | Кирус|еньк|а, Кирус|ечк|а 2
              Кир|ух|а → Кирý*ш*|к|а 1 → Кируш*еч*|к|а 1
              | Кируш|еньк|а 1, Кируш|ечк|а 2
              Кир|уш|а → Кируш|еньк|а 2, Кируш|ечк|а 3, Кирý*ш*|к|а 2
              Кир|оньк|а, Кир|очк|а 2, Ки́р|ушк|а
  День ангела и святая (Кира): 28 февраля — *преподобная*.

КЛА́ВДИ|Я (Кла́вди[й|а]), Кла́вди|и (Кла́вди[й|и]), *ж* [*женск. к* Клавдий].
Клавде́|я (Клавде́[й|а]), Клавде́|и (Клавде́[й|и]) (*прост.*).
  П р о и з в о д н ы е (48):
Клавди|я (Клавди[й|а]) → Клавди|юшк|а (Клавди[й|у]шк|а)
Клавд(и|я) → **Клавд|я 1**→ Клавд|юн|я 1 → Клавдюнь|к|а → Клавдюн*еч*|к|а 1,
             | | Клавдюн*ч*ик 1
             | | Клавдюн|ечк|а 2, Клавдюн|чик 2
             | Клавд|юх|а 1 → Клавдю́*ш*|к|а 1 → Клавдюш*еч*|к|а 1
             | | Клавдю*ш*|еньк|а 1,
             | | Клавдю*ш*|ечк|а 2
             | Клавд|юш|а 1 → Клавдюш|еньк|а 2,
             | | Клавдюш|ечк|а 3,
             | | Клавдю́ш|к|а 2
             | Клавд|еньк|а 1, Клавд|ечк|а 1, Клавд|ик 1
             Клав(д|я) → **Клав|а 1** → Клав|к|а 1 → Клав*оч*|к|а 1, Клав*ч*ик 1
             | | Клав|ун|я 1 → Клавунь|к|а →
             | | | Клавун*еч*|к|а 1,
             | | | Клавун*ч*|ик 1
             | | | Клавун|ечк|а 2,
             | | | Клавун|чик 2
             | | Клав|ик 1, Клав|оньк|а 1,
             | | Клав|очк|а 2, Клав|ус|я 1,
             | | Клав|ушк|а 1, Клав|чик 2
             | Кла(в|а) → **Кла|н|я 1** → Клань|к|а → Клан*еч*|к|а 1
             | Клан|ечк|а 2,
             | Клан|юшк|а

Кла|с|я 1 → Клась|к|а → Клас*еч*|к|а 1
     Клас|еньк|а, Клас|ечк|а 2
Кла|х|а 1 → Кла*ш*|к|а 1 →
         Кла*ш*еч|к|а 1
     Кла*ш*|еньк|а 1,
     Кла*ш*|ечк|а 2
     Кла*ш*|а 1 →
         Клаш|еньк|а 2,
         Клаш|ечк|а 3,
         Клаш|к|а 2

Кла|ш|а 2
(Кл)ав|а → **Ав|а 1** → Ав|к|а 1 → Ав*оч*|к|а 1
         Ав|оньк|а 1, Ав|очк|а 2
     Ав|к|а 2, Ав|оньк|а 2, Ав|очк|а 3
Клав|ик 2, Клав|к|а 2, Клав|оньк|а 2,
Клав|очк|а 3, Клав|ун|я 2, Клав|ус|я 2,
Клав|ушк|а 2, Клав|чик 3

Кла(вд|я) → Кла|н|я 2, Кла|с|я 2, Кла|х|а 2, Кла|ш|а 3
Кла(в)д|я → **Клад|я 1** → Кладь|к|а 1
     Кладь|к|а 2
(Кл)ав(д|я) → Ав|а 2; Ав|к|а 3, Ав|оньк|а 3, Ав|очк|а 4
Клавд|еньк|а 2, Клавд|ечк|а 2, Клавд|ик 2, Клавд|юн|я 2,
Клавд|юх|а 2, Клавд|юш|а 2

Клав(ди|я) → Клав|а 2; Клав|ик 3, Клав|к|а 3, Клав|оньк|а 3, Клав|очк|а 4,
Клав|ун|я 3, Клав|ус|я 3, Клав|ушк|а 3, Клав|чик 4
Кла(вди|я) → Кла|н|я 3, Кла|с|я 3, Кла|х|а 3, Кла|ш|а 4
Кла(в)д(и|я) → Клад|я 2; Кладь|к|а 3
(Кл)ав(ди|я) → Ав|а 3; Ав|к|а 4, Ав|оньк|а 4, Ав|очк|а 5

Клавде|я (Клавде[й|а]) → Клавдей|к|а 1,
         Клавде|юшк|а (Клавде[й|у]шк|а)
Клавд(*е*|я) → Клавд|я 2; Клавд|еньк|а 3, Клавд|ечк|а 3,
         Клавд|ик 3, Клавд|юн|я 3, Клавд|юх|а 3,
         Клавд|юш|а 3
Клав(де|я) → Клав|а 3; Клав|ик 4, Клав|к|а 4,
         Клав|оньк|а 4, Клав|очк|а 5, Клав|ун|я 4,
         Клав|ус|я 4, Клав|ушк|а 4, Клав|чик 5
Кла(вде|я) → Кла|н|я 4, Кла|с|я 4, Кла|х|а 4, Кла|ш|а 5
Кла(в)д(*е*|я) → Клад|я 3; Кладь|к|а 4
(Кл)ав(де|я) → Ав|а 4; Ав|к|а 5, Ав|оньк|а 5, Ав|очк|а 6
Клавдей|к|а 2, Клавде|юшк|а 2 (Клавде[й|у]шк|а)

Дни ангела и святые (Клавдия): 20 марта, 18 мая, 6 ноября, 24 декабря — *мученицы*.

КЛА́Р|А, ы, *ж* [*лат.* 'ясная'; 'ясная, чистая, светлая'].

Производные (13):

Клар|а → Клар|к|а → Кларо*ч*|к|а 1

Клар|ух|а → Клару́|ш|к|а 1

Клар|уш|а → Клару́ш|к|а 2

Клар|ик, Клар|оньк|а, Клар|очк|а 2, Кла́р|ушк|а

(К)лар|а → **Лар|а** → Лар|еньк|а 1, Лар|ечк|а 1, Лар|ёк 1, Лар|ёнок 1

Лар|еньк|а 2, Лар|ечк|а 2, Лар|ёк 2, Лар|ёнок 2

КЛАРИ́С|А, ы, *ж* [*лат.* 'ясная'; *производное от* Клара].

Производные (14):

Кларис|а

Клар(ис|а) → **Клар|а** → Клар|к|а 1 → Кларо*ч*|к|а 1

Клар|ух|а 1 → Клпру́|ш|к|а 1

Клар|уш|а 1 → Клару́ш|к|а 2

Клар|оньк|а 1, Клар|очк|а 2, Клар|ус|я 1,

Кла́р|ушк|а 1

(К)лар|а → **Лар|а 1** → Лар|еньк|а 1, Лар|ечк|а 1, Лар|ёк 1,

Лар|ёнок 1

Лар|еньк|а 2, Лар|ечк|а 2, Лар|ёк 2, Лар|ёнок 2

Клар|к|а 2, Клар|оньк|а 2, Клар|очк|а 3, Клар|ус|я 2,

Клар|ух|а 2, Клар|уш|а 2, Кла́р|ушк|а 2

(К)лар(ис|а) → Лар|а 2; Лар|еньк|а 3, Лар|ечк|а 3, Лар|ёк, Лар|ёнок 3

КЛЕМЕНТИ́Н|А, ы, *ж.* [*женск.* к Клементин].

Производные (3):

Клементин|а

Клем(ентин|а) → **Клем|а**

(Клемен)тин|а → **Тин|а** → Тин|к|а 1

Тин|к|а 2, Тин|очк|а

КОНКО́РДИ|Я (Конко́рди[й|а]), Конко́рди|и (Конко́рди[й|и]), *ж* [*женск.* к Конкордий].

Производные (28):

Конкорди|я

Кон(корди|я) → **Кон|а** → Кон|к|а 1→ Коно*ч*|к|а 1

Кон|очк|а 2

Ко(н|а) →**Кот|я 1** → Кот|к|а → Кото*ч*|к|а 1

Коть|к|а → Коте*ч*|к|а 1

Кот|еньк|а, Кот|ечк|а 2, Кот|ик

Кон|к|а 2, Кон|очк|а 3

Ко(нкорди|я) → Ко|т|я 2

К(о)н(к)ор(ди|я) → **Кнор|а** → Кнор|к|а 1 → Кноро*ч*|к|а 1

Кнор|ик 1, Кнор|очк|а 2

К(н)о(р|а) →Ко|т|я 3

Кнор|ик 2, Кнор|к|а 2, Кнор|очк|а 3

К(онк)ор(ди|я) → **Кор|а** → Кор|к|а 1 → Коро*ч*|к|а 1

Кор|очк|а 2

Ко(р|а) → Ко|т|я 4

Кор|к|а 2, Кор|очк|а 3

Ко(нкор)д(и|я) → **Код|а** → Код|к|а 1 → Кодо*ч*|к|а 1

Код|оньк|а 1, Код|очк|а 2

Ко(д|а) → Ко|т|я 5

Код|к|а 2, Код|оньк|а 2, Код|очк|а 3

Ко(н)к(орди|я) → **Кок|а** → Кок|оньк|а 1, Кок|очк|а 1

Ко(к|а)→ Ко|т|я 6

Кок|оньк|а 2, Кок|очк|а 2

(Конкор)ди|я → **Ди|я** (Ди[й|а]) → Дий|к|а 1 →Дие*ч*|к|а 1

Ди|еньк|а 1 (Ди[й|э]ньк|а),

Ди|ечк|а 2 (Ди[й|э]чк|а)

Ди|еньк|а 2 (Ди[й|э]ньк|а), Ди|ечк|а 3 (Ди[й|э]чк|а),

Дий|к|а 2

День ангела и святая (Конкордия): 13 августа — *мученица*.

КОНСТА́НЦИ|Я (Конста́нци[й|а]), Конста́нци|и (Конста́нци[й|и]), *ж*
[*женск.* к Константин].

    П р о и з в о д н ы е (19):

Констанци|я

Конст(анци|я) → **Конст|а**

Ко(н)ст|а → **Кост|а 1** → Кост|юш|а 1 → Кост|юш|к|а

Кост|еньк|а 1, Кост|ечк|а 1,

Ко́ст|юшк|а 1

Ко(с)т|а → **Кот|я 1** → Кот|к|а 1 →

Кото*ч*|к|а 1

Коть|к|а 1 →

Коте*ч*|к|а 1

Кот|еньк|а 1,

Кот|ечк|а 2, Кот|ик 1,

Кот|очк|а 2

Кот|еньк|а 2, Кот|ечк|а 3,

Кот|ик 2, Кот|к|а 2, Кот|очк|а 3,

Коть|к|а 2

Кост|я 1 → Кост|еньк|а 2, Кост|ечк|а 2,

Кост|юш|а 2, Ко́ст|юшк|а 2

Ко(с)т|я → Кот|я 2; Кот|еньк|а 3,

Кот|ечк|а 4, Кот|ик 3, Кот|к|а 3,

Кот|очк|а 4, Коть|к|а 3

Ко(нс)т|а → Кот|я 3; Кот|снк|а 4, Кот|ечк|а 5, Кот|ик 4,

Кот|к|а 4, Кот|очк|а 5, Коть|к|а 4

Ко(н)ст(анци|я) → Кост|а 2, Кост|я 2; Кост|еньк|а 3, Кост|ечк|а 3,
│   Кост|юш|а 3, Кост|юшк|а 3
Ко(нс)т(анци|я) → Кот|я 4; Кот|еньк|а 5, Кот|ечк|а 6, Кот|ик 5, Кот|к|а 5,
│   Кот|очк|а 6, Коть|к|а 5
(Кон)стан(ци|я) → **Стан|я** → Стань|к|а 1 → Станеч|к|а 1
│   │   Стан|ечк|а 2, Стан|юшк|а 1
│   Стан|ечк|а 3, Стань|к|а 2, Стан|юшк|а 2

КОРНÉЛИ|Я (Корнéли[й|а]), Корнéли|и (Корнéли[й|и]), *ж* [*женск. к Кор-
нелий*].
    П р о и з в о д н ы е (11):
Корнели|я
Корнел(и|я) → **Корнел|я** → Корнель|к|а 1 → Корнелеч|к|а 1
│   Корнел|еньк|а 1, Корнел|ечк|а 2,
│   Корнел|юшк|а 1
│   Кор(нел|я) → **Кор|а 1** → Кор|к|а 1
│   │   Кор|к|а 2
│   Корнел|еньк|а 2, Корнел|ечк|а 3, Корнель|к|а 2,
│   Корнел|юшк|а 2
Кор(нели|я) → Кор|а 2; Кор|к|а 3
(Кор)нел(и|я) → **Нел|я** → Нель|к|а 1 → Нелеч|к|а 1
│   Нел|еньк|а 1, Нел|ечк|а 2
│   Нел|еньк|а 2, Нел|ечк|а 3, Нель|к|а 2

КСÉНИ|Я (Ксéни[й|а]), Ксéни|и (Ксéни[й|и]), *ж* [*предположительно греч.*
'гостеприимство' или 'чужой, чужеземный'; 'гостья, чужеземная'].
Ксéнь|я (Ксéнь[й|а]), Ксéнь|и (Ксéнь[й|и]) (*разг.*).
Аксúнь|я (Аксúнь[й|а]), Аксúнь|и (Аксúнь[й|и]) (*народн.*).
    П р о и з в о д н ы е (109):
Ксени|я
Ксен(и|я) → **Ксен|а 1** → Ксен|к|а 1 → Ксеноч|к|а 1
│   Ксень|к|а 1 → Ксенеч|к|а 1
│   Ксен|юш|а 1 → Ксенюш|к|а
│   Ксен|ечк|а 2, Ксен|ёк 1, Ксен|ик 1, Ксен|ушк|а 1,
│   Ксень|ш|а 1, Ксéн|юшк|а 1
│   Кс(ен|а) → **Кс|ан|а 1** → Ксан|к|а 1 → Ксаноч|к|а 1
│   │   Ксан|очк|а 2, Ксан|ушк|а,
│   │   Ксан|ш|а 1
│   │   (К)с|ан|а → **Сан|а 1** → Сан|к|а 1 → Саноч|к|а 1
│   │   │   Сан|юш|а 1 → Санюш|к|а
│   │   │   Сан|очк|а 1, Сан|ушк|а 1,
│   │   │   Сáн|юшк|а 1
│   │   **Сан|я 1** → Сан|к|а 2, Сан|очк|а 3,
│   │   │   Сан|ушк|а 2, Сан|юш|а 2,

Са́н|юшк|а 2

Сан|к|а 3, Сан|оч|к|а 4, Сан|ушк|а 3,

Сан|юш|а 3, Са́н|юшк|а 3

Кс|ан|я 1 → Ксан|к|а 2, Ксан|оч|к|а 3,

Ксан|ушк|а 2, Ксан|ш|а 2

(К)с|ан|я → Сан|а 2, Сан|я 2; Сан|к|а 4,

Сан|оч|к|а 5, Сан|ушк|а 4,

Сан|юш|а 4, Са́н|юшк|а 4

Кс|ён|а 1 → Ксён|к|а

Ксёш|а → Ксёш|еньк|а

Кс|юн|я 1 → Ксюнь|к|а → Ксюн*еч*|к|а 1

Ксюн|ечк|а 2

(К)с|юн|я → **Сюн|я 1** → Сюнь|к|а 1 → Сюн*еч*|к|а 1

Сюн|ечк|а 2

Сюн|ечк|а 3, Сюнь|к|а 2

Кс|юр|а 1 → Ксюр|к|а → Ксюр*оч*|к|а 1

Ксюр|оньк|а, Ксюр|очк|а 2

Кс|ют|а 1 → Ксют|к|а → Ксют*оч*|к|а 1

Ксют|оньк|а, Ксют|очк|а 2,

Ксют|ушк|а

(К)с|ют|а → **Сют|а 1** → Сют|к|а 1 → Сют*оч*|к|а 1

Сют|очк|а 2, Сют|ушк|а 1

Сют|к|а 2, Сют|очк|а 3, Сют|ушк|а 2

Кс|юх|а 1 → Ксюш|к|а 1 → Ксюш*еч*|к|а 1

Ксюш|еньк|а 1, Ксюш|ечк|а 2

(К)с|юх|а → **Сюх|а 1** → Сюш|к|а 1 → Сюш*еч*|к|а 1

Сюш|еньк|а 1, Сюш|ечк|а 2

Сюш|а 1 → Сюш|еньк|а 2,

Сюш|ечк|а 3,

Сюш|к|а 2

Сюш|а 2; Сюш|еньк|а 3, Сюш|ечк|а 4,

Сюш|к|а 3

Кс|юш|а 1 → Ксюш|еньк|а 2, Ксюш|ечк|а 3,

Ксюш|к|а 2

(К)с|юш|а → Сюш|а 3; Сюш|еньк|а 4,

Сюш|ечк|а 5, Сюш|к|а 4

(К)сен|а → **Сен|я 1** → Сень|к|а 1 → Сен*еч*|к|а 1

Сен|юр|а 1 → Сенюр|к|а →

Сенюр*оч*|к|а 1

Сенюр|оньк|а,

Сенюр|очк|а 2,

Сенюр|ушк|а

Сен|юх|а 1 → Сеню́ш|к|а 1 →

Сенюш*еч*|к|а 1

Сеню*ш*|еньк|а 1,
Сеню*ш*|ечк|а 2
Сен|юш|а 1 → Сенюш|еньк|а 2,
Сенюш|ечк|а 3,
Сеню́ш|к|а 2
Сен|ечк|а 2
Сен|ечк|а 3, Сень|к|а 2, Сен|юр|а 2, Сен|юх|а 2,
Сен|юш|а 2
Ксе*ш*|а 1 → Ксеш|к|а 1
Кс(е*ш*|а) → Кс|ан|а 2, Кс|ан|я 2, Кс|ён|а 2,
Кс|юн|я 2, Кс|юр|а 2, Кс|ют|а 2,
Кс|юх|а 2, Кс|юш|а 2
Ксе*ш*|к|а 2
Ксен|я 1 → Ксен|ечк|а 3, Ксен|ёк 2, Ксен|ик 2, Ксен|к|а 2,
Ксен|ушк|а 2, Ксень|к|а 2, Ксень|ш|а 2,
Ксен|юш|а 2, Ксе́н|юшк|а 2
Кс(ен|я) → Кс|ан|а 3, Кс|ан|я 3, Кс|ён|а 3, Кс|юн|я 3,
Кс|юр|а 3, Кс|ют|а 3, Кс|юх|а 3, Кс|юш|а 3
(К)сен|я → Сен|я 2; Сен|ечк|а 4, Сень|к|а 3, Сен|юр|а 3,
Сен|юх|а 3, Сен|юш|а 3
Ксе*ш*|а 2; Ксе*ш*|к|а 3
Ксен|ечк|а 4, Ксен|ёк 3, Ксен|ик 3, Ксен|к|а 3, Ксен|ушк|а 3,
Ксень|к|а 3, Ксень|ш|а 3, Ксен|юш|а 3, Ксе́н|юшк|а 3
Ксе*ш*|а 3; Ксе*ш*|к|а 4
Кс(ени|я) → Кс|ан|а 4, Кс|ан|я 4, Кс|ён|а 4, Кс|юн|я 4, Кс|юр|а 4,
Кс|ют|а 4, Кс|юх|а 4, Кс|юш|а 4
(К)сен(и|я) → Сен|я 3; Сен|ечк|а 5, Сень|к|а 4, Сен|юр|а 4, Сен|юх|а 4,
Сен|юш|а 4
К(с)е(ни)|я
(К(с)е(ни)[й|а]) → **Ке|я 1** (Ке[й|а])
Аксинь|я 1 (Аксинь[й|а]) → Аксинь|юшк|а
(Аксинь[й|у]шк|а)
Акс(инь|я) → **Акс|я** → Акс|юн|я 1→ Аксюнь|к|а →
Аксюнеч|к|а 1
Аксюн|ечк|а 2
(Ак)с|юн|я → Сюн|я 2;
Сюн|ечк|а 4,
Сюнь|к|а 3
Акс|ют|а 1 → Аксют|к|а →
Аксюто*ч*|к|а 1
Аксют|очк|а 2,
Аксют|ушк|а
(Ак)с|ют|а → Сют|а 2; Сют|к|а 3,
Сют|очк|а 4,

Сют|ушк|а 3

Акс|юх|а 1 →Аксюш|к|а 1 →
                    Аксюш*еч*|к|а 1
          Аксюш|еньк|а 1,
          Аксюш|ечк|а 2

(Ак)с|юх|а → Сюх|а 2;
          Сюш|еньк|а 4,
          Сюш|ечк|а 5,
          Сюш|к|а 4

Акс|юш|а 1 → Аксюш|еньк|а 2,
          Аксюш|ечк|а 3,
          Аксюш|к|а 2

(Ак)с|юш|а → Сюш|а 3;
          Сюш|еньк|а 5,
          Сюш|ечк|а 6,
          Сюш|к|а 5

Акс|анк|а 1, Акс|еньк|а 1,
Акс|ечк|а 1

А(к)с|я → **Ас|я 1** → Ась|к|а 1 → Ас*еч*|к|а 1
          Ас|еньк|а 1, Ас|ечк|а 2
        Ас|еньк|а 2, Ас|ечк|а 3, Ась|к|а 2

(А)кс|я → Кс|ан|а 5, Кс|ан|я 5, Кс|ён|а 5,
        Кс|юн|я 5, Кс|юр|а 5,
        Кс|ют|а 5, Кс|юх|а 5, Кс|юш|а 5

        *О*кс|а 1 → Окс|анк|а 1 →
                    Оксан*оч*|к|а 1

        *О*кс|я 1 → Окс|анк|а 2
        *О*кс|анк|а 3

Акс|анк|а 2, Акс|еньк|а 2, Акс|ечк|а 2,
Акс|юн|я 2, Акс|ют|а 2, Акс|юх|а 2,
Акс|юш|а 2

*О*кс|а 2, *О*кс|я 2; *О*кс|анк|а 4

А(к)с(инь|я) → Ас|я 2; Ас|еньк|а 3, Ас|ечк|а 4, Ась|к|а 3
(А)кси(нь|я) → **Кис|а** → Кис|к|а 1 → Кис*оч*|к|а 1
            Кис|очк|а 2
          Кис|я → Кис|к|а 2, Кис|очк|а 3
          Кис|к|а 3, *Кис*|очк|а 4
(А)кс(инь|я) → Кс|ан|а 6, Кс|ан|я 6, Кс|ён|а 6,
            Кс|юн|я 6, Кс|юр|а 6, Кс|ют|а 6

Аксинь|юшк|а 2 (Аксинь[й/у]шк|а)
Ксень|я (Ксень[й|а]) →Ксень|иц|а 1 (Ксень[й|и]ц|а)
Ксень(я) → Ксен|а 2, Ксен|я 2; Ксен|ечк|а 5,
          Ксен|ёк 4, Ксен|ик 4, Ксен|к|а 4,
          Ксен|ушк|а 4, Ксень|к|а 4, Ксень|ш|а 4,

                             Ксен|юш|а 4, Ксéн|юшк|а 4
                             Ксеш|а 4; Ксеш|к|а 5
Кс(ень|я) → Кс|ан|а 7, Кс|ан|я 7, Кс|ён|а 7, Кс|юн|я 7,
                    Кс|юр|а 7, Кс|ют|а 7, Кс|юх|а 7, Кс|юш|а 7
(К)сен(ь|я) → Сен|я 4; Сен|ечк|а 6, Сень|к|а 5,
                    Сен|юр|а 5, Сен|юх|а 5, Сен|юш|а 5
К(с)е(нь)|я (К(с)е(нь)[й|а]) → Ке|я (Ке[й|а])
                             Аксинь|я 2;
                             Аксинь|юшк|а 3

День ангела и святая (Ксения): 24 января — *преподобная*.

КУПА́В|А, ы, *ж* (*ст.-русск. редк.*) [**купа-** (*ср.*купать); *вероятно, имя произошло от названия цветка* 'купавы' — *кувшинки, которая* 'купается' *в реках и озерах*].

    П р о и з в о д н ы е (8):
Купав|а → Купав|к|а → Купав*оч*|к|а 1
              Купав|*оч*к|а 2, Купав|ушк|а
(Ку)пав|а → **Пав|а** → Пав|к|а 1 → Пав*оч*|к|а 1
        | Пав|онь|к|а 1, Пав|ушк|а 1
          Пав|к|а 2, Пав|онь|к|а 2, Пав|ушк|а 2

Л

ЛА́ВР|А, ы, *ж* [*женск. к* Лавр].

    П р о и з в о д н ы е (21):
Лавр|а → Лавр|ен|я 1 → Лаврень|к|а → Лавре*неч*к|а 1
| | Лаврен|ечк|а 2
| Лавр|еньк|а 1, Лавр|ечк|а 1, Лавр|ушк|а 1
Ла(в)р|а → **Лар|а** → Лар|к|а 1 → Лар*оч*к|а 1
| Лар|еньк|а 1, Лар|ечк|а 1, Лар|ик 1, Лар|ёнок 1,
| Лар|оньк|а 1, Лар|очк|а 2
| **Лор|а 1** → Лор|к|а 1 → Лор*оч*к|а 1
| | Лор|ик 1, Лор|оньк|а 1, Лор|очк|а 2,
| | Лор|ушк|а 1
| Лор|ик 2, Лор|к|а 2, Лор|оньк|а 2, Лор|очк|а 3,
| Лор|ушк|а 2
| Лар|еньк|а 2, Лар|еч|к|а 2, Лар|ёк 2, Лар|ёнок 2, Лар|к|а 2,
| Лар|оньк|а 2, Лар|очк|а 3
| Лор|а 2; Лор|ик 3, Лор|к|а 3, Лор|оньк|а 3, Лор|очк|а 4,
| Лор|ушк|а 3
| **Лавр|я** → Лавр|еньк|а 2, Лавр|ен|я 2, Лавр|ечк|а 2, Лавр|ушк|а 2
| Ла(в)р|я → Лар|а 2; Лар|еньк|а 3, Лар|ечк|а 3, Лар|ёк 3,
| Лар|ёнок 3, Лар|к|а 3, Лар|оньк|а 3, Лар|очк|а 4
| Лор|а 3; Лор|ик 4, Лор|к|а 4, Лор|оньк|а 4,
| Лор|очк|а 5, Лор|ушк|а 4

ЛА́Д|А, ы, *ж* [*др.-русск.* 'любимая, милая'; языческая богиня брака и любви'].

    П р о и з в о д н ы е (9):
Лад|а → Лад|к|а → Ладо|чк|а 1
         Лад|ус|я → Ладус|еньк|а, Ладус|ечк|а, Ладус|ик
         Лад|оньк|а, Лад|очк|а 2, Лад|ушк|а

ЛАРИ́С|А, ы, *ж* [*греч.* 'название города' или 'чайка'; 'морская птица, чайка'].

Производные (37):

Ларис|а → Ларис|к|а → Ларисо*ч*|к|а 1
             Ларис|оньк|а, Ларис|очк|а 2, Ларис|ушк|а
Лар(ис|а) → **Лар|а** → Лар|к|а 1 → Ларо*ч*|к|а 1
               Лар|ул|я 1 →Ларуль|к|а
               Лар|ун|я 1 → Ларунь|к|а → Ларуне*ч*|к|а 1, Ларун*ч*ик 1
                      Ларун|ечк|а 2, Ларун|чик 2
               Лар|ус|я 1 → Ларус|еньк|а, Ларусь|к|а
               Ларь|к|а 1 → Лар*еч*|к|а 1
               Лар|юх|а 1 → Ларю*ш*|еньк|а 1, Ларю́*ш*|к|а 1
               Лар|юш|а 1 → Ларюш|еньк|а 2, Ларюш|к|а 2
               Лар|еньк|а 1, Лар|ечк|а 2, Лар|ёк 1, Лар|ёнок 1,
               Лар|ик 1, Лар|ин|а 1, Лар|оньк|а 1, Лар|очк|а 2,
               Лар|ушк|а 1, Ла́р|юшк|а 1
               Л*о*р|а 1 → Л*о*р|к|а 1 → Лоро*ч*|к|а 1
                      Л*о*р|ик 1, Лор|оньк|а 1, Лор|очк|а 2,
                      Л*о*р|ушк|а 1
               Л*о*р|ик 2, Л*о*р|к|а 2, Л*о*р|оньк|а 2, Л*о*р|очк|а 3,
               Л*о*р|ушк|а 2
         Лар|я → Лар|еньк|а 2, Лар|ечк|а 3, Лар|ёк 2, Лар|ёнок 2,
               Лар|ик 2, Лар|ин|а 2, Лар|к|а 2, Лар|оньк|а 2,
               Лар|очк|а 3, Лар|ул|я 2, Лар|ун|я 2, Лар|ус|я 2,
               Лар|ушк|а 2, Ларь|к|а 3, Лар|юх|а 2, Лар|юш|а 2,
               Ла́р|юшк|а 2
               Л*о*р|а 2; Л*о*р|ик 3, Л*о*р|к|а 3, Л*о*р|оньк|а 3,
               Л*о*р|очк|а 4, Л*о*р|ушк|а 3
         Лар|еньк|а 3, Лар|ечк|а 4, Лар|ёк 3, Лар|ёнок 3, Лар|ик 3,
        Лар|ин|а 3, Лар|к|а 3, Лар|оньк|а 3, Лар|очк|а 4, Лар|ул|я 3,
        Лар|ун|я 3, Лар|ус|я 3, Лар|ушк|а 3, Ларь|к|а 3, Лар|ух|а 3,
        Лар|юш|а 3, Ла́р|юшк|а 3
        Л*о*р|а 3; Л*о*р|ик 4, Л*о*р|к|а 4, Л*о*р|оньк|а 4, Л*о*р|очк|а 5,
        Л*о*р|ушк|а 4

День ангела и святая (Лариса): 26 марта — *мученица*.

ЛАУ́Р|А, ы, *ж* [*лат.* 'лавровое дерево'].

Производные (6):

Лаур|а → Лаур|к|а
Ла(у)р|а → **Лар|а** → Лар|еньк|а 1, Лар|ечк|а 1, Лар|ёк 1, Лар|ёнок 1
              Лар|еньк|а 2, Лар|ечк|а 2, Лар|ёк 2, Лар|ёнок 2

ЛЕ́Д|А, ы, *ж* [*в античной мифологии*: героиня, пленившая своей красотой Зевса, который явился к ней в образе лебедя; *возможно, ликийск.*

‘женщина’].
   П р о и з в о д н ы е (1):
Лед|а → Лед|к|а

ЛЕОКА́ДИ|Я (Леока́ди[й|а]), Леока́ди|и (Леока́ди[й|и]), *ж* [*греч.* ‘по названию острова’].
   П р о и з в о д н ы е (19):
Леокади|я
Ле(о)к(ади|я) → **Лек|а** →Лек|оньк|а 1, Лек|очк|а 1
                          Лет|я 1 → Леть|к|а 1
                          Леть|к|а 2
                          Лёк|а 1 → Лёк|оньк|а 1, Лёк|очк|а 1
                          Лёк|оньк|а 2, Лёк|очк|а 2
                          Лик|а 1 →Лик|аш|а 1 → Ликаш|еньк|а, Ликаш|к|а
                                 Лик|оньк|а 1, Лик|очк|а 1
                          Лик|аш|а 2, Лик|оньк|а 2, Лик|очк|а 2
                  Лек|оньк|а 2, Лек|очк|а 2
                  Лет|я 2; Леть|к|а 3
                  Лёк|а 2; Лёк|оньк|а 3, Лёк|очк|а 3
                  Лик|а 2; Лик|аш|а 3, Лик|оньк|а 3, Лик|очк|а 3
(Лео)кад(и|я) → **Кад|я** →Кадь|к|а 1 → Кад|ечк|а 1
                          Кад|еньк|а 1, Кад|ечк|а 2, Кад|оньк|а 1
                  Кад|еньк|а 2, Кад|ечк|а 3, Кад|оньк|а 2, Кадь|к|а 2

ЛЕОНИ́Д|А, ы, *ж* [*женск. к* Леонид].
   П р о и з в о д н ы е (30):
Леонид|а → Леонид|к|а, Леонид|ушк|а
Леон(ид|а) → **Леон|я** → Леон|ечк|а 1
                 Ле(о)н|я → **Лен|а 1** →Лен|к|а 1 → Лен|оч|к|а 1
                                   Лен|очк|а 2, Лень|к|а 1
                                 Лён|я 1 → Лён|ь|к|а 1
                                 Лён|ь|к|а 2
                         Лен|я 1 →Лен|к|а 2, Лен|очк|а 3, Лень|к|а 2
                                 Лён|я 2; Лён|ь|к|а 3
                         Лен|к|а 3, Лен|очк|а 4, Лень|к|а 3
                         Лён|я 3; Лён|ь|к|а 4
                 Леон|ечк|а 2
Ле(о)н(ид|а) → Лен|а 2, Лен|я 2; Лен|к|а 4, Лен|очк|а 5, Лень|к|а 4
                  Лён|я 4; Лён|ь|к|а 5
Ле(они)д|а → **Лед|а** → Лед|к|а 1 → Лед|оч|к|а 1
                        Лед|ок 1, Лед|оньк|а 1, Лед|очк|а 2
                  Лед|к|а 2, Лед|ок 2, Лед|оньк|а 2, Лед|очк|а 3
(Лео)нид|а → **Нид|а** → Нид|к|а 1 → **Нид|оч|к|а 1**
                  Нид|очк|а 2

(Н)ид|а → **Ид|а 1** → Ид|к|а 1 → Идоч|к|а 1
       Ид|ун|я 1 → Идун|чик
       Ид|ус|я 1 → Идусь|к|а → Идусеч|к|а 1
            Идус|еньк|а, Идус|ечк|а 2
      Ид|оньк|а 1, Ид|очк|а 2, Ид|ушк|а 1
    Ид|к|а 2, Ид|оньк|а 2, Ид|очк|а 3, Ид|ун|я 2,
    Ид|ус|я 2, Ид|ушк|а 2
  Нид|к|а 2, Нид|очк|а 3
(Леон)ид|а → Ид|а 2; Ид|к|а 3, Ид|оньк|а 3, Ид|очк|а 4, Ид|ун|я 3,
  Ид|ус|я 3, Ид|ушк|а 3

ЛЕОНИ́ЛЛ|А, ы, ж [*лат.* 'львица'].
 П р о и з в о д н ы е (22):
Леонилл|а
Ле(о)н(илл|а) → **Лен|а** →Лен|к|а 1 → Леноч|к|а 1
     | Лен|ок 1, Лен|очк|а 2
     Лен|к|а 2, Лен|ок 2, Лен|очк|а 3
Ле(онил)л|а → **Лел|а** →Лел|к|а 1 → Лелоч|к|а 1
     | Лел|оньк|а 1, Лел|очк|а 2
     Лёл|а 1
     Лел|к|а 2, Лел|оньк|а 2, Лел|очк|а 3
     Лёл|а 2
Л(еон)ил(л|а) → **Лил|а** →Лил|к|а 1 →Лилоч|к|а 1
     | Лил|оньк|а 1, Лил|очк|а 2
     Лил|к|а 2, Лил|оньк|а 2, Лил|очк|а 3
(Лео)нилл|а → **Нилл|а** → Нилл|оньк|а 1, Нилл|очк|а 1, Нилл|ушк|а 1
    Нил(л|а) → **Нил|а 1** → Нил|к|а → Нилоч|к|а 1
      | Нил|оньк|а 1, Нил|очк|а 2,
      | Нил|ушк|а 1
      Нил|к|а 2, Нил|оньк|а 2, Нил|очк|а 3,
      Нил|ушк|а 2
    Нил|оньк|а 2, Нил|очк|а 2, Нил|ушк|а 2
(Лео)нил(л|а) → Нил|а 2; Нил|к|а 3, Нил|оньк|а 3, Нил|очк|а 4,
  Нил|ушк|а 3
  День ангела и святая (Леонилла): 16 января — *мученица.*

ЛЕОНИ́Н|А, ы, ж [*женск. к* Леон].
 П р о и з в о д н ы е (7):
Леонин|а → Леонин|к|а →Леониноч|к|а 1
| Леонин|очк|а 2, Леонин|ушк|а
Ле(они)н|а → **Лен|а** → Лен|к|а → Леноч|к|а 1
| Лен|очк|а 2
   Лен|к|а 2, Лен|очк|а 3
(Лео)нин|а → **Нин|а**

ЛЕО́НИ|Я (Лео́ни[й|а]), Лео́ни|и (Лео́ни[й|и]), *ж* [*женск. к* Леон].
    П р о и з в о д н ы е (10):
Леони|я
Леон(и|я) → **Леон|я** → Леон|ушк|а 1, Леонь|к|а 1
   │   Ле(о)н|я → **Лен|а 1** → Лен|к|а 1 → Лен*оч*|к|а 1
   │   │   Лен|очк|а 2
   │   Лен|к|а 2, Лен|очк|а 3
   │   (Ле)он|я → **Он|я 1** →   Онь|к|а 1 → Он*еч*|к|а 1
   │   │   Он|ечк|а 2, Он|юшк|а 1
   │   Он|ечк|а 3, Онь|к|а 2, Он|юшк|а 2
   │   Леон|ушк|а 2, Леонь|к|а 2
Ле(о)н(и|я) → Лен|а 2; Лен|к|а 3, Лен|очк|а 4
(Ле)он(и|я) → Он|я 2; Он|ечк|а 4, Онь|к|а 3, Он|юшк|а 3

ЛЕОНТИ́Н|А, ы, *ж* [*женск. к* Леонтий].
    П р о и з в о д н ы е (9):
Леонтин|а → Леонтин|к|а → Леонитин*оч*|к|а 1
│   Леонтин|очк|а 2, Леонтин|ушк|а
Ле(онти)н|а → **Лен|а** → Лен|к|а 1 → Лен*оч*|к|а 1
│   │   Лен|очк|а 2
│   Лен|к|а 2, Лен|очк|а 3
(Леон)тин|а → **Тин|а** → Тин|к|а 1 → Тин*оч*|к|а 1
│   │   Тин|очк|а 2
           Тин|к|а 2, Тин|очк|а 3

ЛЕО́НТИ|Я (Лео́нти[й|а]), Лео́нти|и (Лео́нти[й|и]), *ж* [*женск. к* Леонтий].
    П р о и з в о д н ы е (15):
Леонти|я
Леон(ти|я) → **Леон|я** → Леон|ид|а 1 → Леонид|к|а, Леонид|ушк|а
│   Леонь|к|а 1 → Леон*еч*|к|а 1
│   Леон|ечк|а 2, Леон|ушк|а 1
│   Ле(о)н|я → **Лен|а 1** → Лен|к|а 1 → Лен*оч*|к|а 1
│   │   Лен|очк|а 2
│   │   **Лён|я 1**
│   │   **Лен|я 1** → Лен|к|а 2, Лен|очк|а 3
│   │   **Лён|я 2**
│   Лен|к|а 3, Лен|очк|а 4
│   **Лён|я 3**
│   (Ле)он|я → **Он|я 1** → Онь|к|а 1, Он|юшк|а 1
│   │   Онь|к|а 2, Он|юшк|а 2
│   Леон|ечк|а 3, Леон|ид|а 2, Леон|ушк|а 2, Леонь|к|а 2
Ле(о)н(ти|я) → Лен|а 2, Лен|я 2; Лен|к|а 4, Лен|очк|а 5
│   **Лён|я 4**
(Ле)он(ти|я) → Он|я 2; Онь|к|а 3, Он|юшк|а 3

ЛЕ́|Я (Ле́[й|а]), Ле́|и (Ле́[й|и]), *ж* [*предположительно др.-евр.* 'антилопа'].
П р о и з в о д н ы е (1):
Ле|я (Ле[й|а]) → Лей|к|а

ЛИА́Н|А, ы, *ж* [*болг.сокр. к* Лилиана, Юлиана].
П р о и з в о д н ы е (25):
Лиан|а → Лиан|к|а → Лианоч|к|а 1
        Лиан|очк|а 2, Лиан|ушк|а
Ли(а)н|а → **Лин|а** → Лин|к|а 1 → Линоч|к|а 1
           Лин|ус|я 1 → Линусь|к|а → Линусеч|к|а 1
                  Линус|еньк|а, Линус|ечк|а 2
           Лин|ух|а 1 → Линуш|еньк|а 1, Линуш|ечк|а 1
           Лин|уш|а 1 → Линуш|еньк|а 2, Линуш|ечк|а 2
           Линь|к|а 1 → Линч|ик 1
           Лин|очк|а 2, Лин|чик 2, Лин|юшк|а 1
       Лин|я → Лин|к|а 2, Лин|очк|а 3, Лин|ус|я 2, Лин|ух|а 2,
               Лин|уш|а 2, Лин|чик 3, Линь|к|а 2, Лин|юшк|а 2
Л(и)ан|а → Лян|а → Лян|к|а 1 → Ляноч|к|а 1
           Лян|очк|а 2, Лян|ушк|а 1
        (Л)ян|а → **Ан|я 1** → Ань|к|а 1 → Анеч|к|а 1
                  Ан|ечк|а 2
             Ан|ечк|а 3, Ань|к|а 2
        Лян|к|а 2, Лян|очк|а 3, Лян|ушк|а 2
(Ли)ан|а → Ан|я 2; Ан|ечк|а 4, Ань|к|а 3

ЛИ́ВИ|Я (Ли́ви[й|а]), Ли́ви|и ([Ли́ви[й|и]), *ж* [*женск. к* Ливий].
П р о и з в о д н ы е (5):
Ливи|я
Лив(и|я) → **Лив|а** → Лив|к|а 1 → Ливоч|к|а 1
           Лив|оньк|а 1, Лив|очк|а 2, Лив|ушк|а 1
        Лив|к|а 2, Лив|оньк|а 2, Лив|очк|а 3, Лив|ушк|а 2

ЛИ́ДИ|Я (Ли́ди[й|а]), Ли́ди|и (Ли́ди[й|и]), *ж* [*греч.* 'область в Малой Азии'].
П р о и з в о д н ы е (50):
Лиди|я
Лид(и|я) → **Лид|а** → Лид|иш|а 1 → Лидиш|к|а
           Лид|к|а 1 → Лидоч|к|а 1
           Лид|он|я 1 → Лидонь|к|а → Лидонеч|к|а 1
                Лидон|ечк|а 2
           Лид|ул|я 1 → Лидуль|к|а → Лидулеч|к|а 1
                Лидул|еньк|а, Лидул|ечк|а 2
           Лид|ус|я 1 → Лидусь|к|а → Лидусеч|к|а 1
                Лидус|еньк|а, Лидус|ечк|а 2, Лидус|ик
           Лид|ух|а 1 → Лиду́ш|к|а 1 → Лидушеч|к|а 1

                                        Лидуш|еньк|а 1, Лидуш|ечк|а 2
                        Лид|уш|а 1 → Лидуш|еньк|а 2, Лидуш|ечк|а 3,
                                        Лиду́ш|к|а 2
                        Лидь|к|а 1 → Лидечк|а 1
                        Лид|еньк|а 1, Лид|ечк|а 2, Лид|ик 1, Лид|иц|а 1,
                        Лид|очк|а 2, Ли́д|ушк|а 1, Лид|ч|а 1, Лид|ш|а 1
            Ли(д|а) → **Ли|к|а 1** → Лик|оньк|а, Лик|очк|а
                        Лиля 1 → Лиль|к|а, Лил|еньк|а
                        Ли|н|а 1 → Лин|к|а 1 → Лин*оч*|к|а 1, Лин*ч*ик 1
                                        Лин|очк|а 2, Лин|чик 2, Лиш|ушк|а 1,
                                        Линь|к|а 1, Лин|юшк|а 1
                        Ли|н|я 1 → Лин|к|а 2, Лин|очк|а 3, Лин|ушк|а 2,
                                        Лин|чик 3, Линь|к|а 2, Лин|юшк|а 2
            Л(ид|а) → Л|ял|я 1 → Ляль|к|а → Лял*еч*|к|а 1
                                        Лял|еньк|а, Лял|ечк|а 2
            Лид|я →Лид|еньк|а 2, Лид|ечк|а 3, Лид|ик 2, Лид|иц|а 2,
                        Лид|иш|а 2, Лид|к|а 3, Лид|он|я 2, Лид|ул|я 2,
                        Лид|ус|я 2, Лид|ух|а 2, Лид|уш|а 2, Ли́д|ушк|а 2,
                        Лид|ч|а 2, Лид|ш|а 2, Лидь|к|а 2
            Ли(д|я) → Ли|к|а 2, Ли|л|я 2, Ли|н|а 2, Ли|н|я 2
            Л(ид|я) → Л|ял|я 2
            Лид|еньк|а 3, Лид|ечк|а 4, Лид|ик 3, Лид|иц|а 3, Лид|иш|а 3,
            Лид|к|а 3, Лид|он|я 3, Лид|ул|я 3, Лид|ус|я 3, Лид|ух|а 3,
            Лид|уш|а 3, Ли́д|ушк|а 3, Лид|ч|а 3, Лид|ш|а 3, Лидь|к|а 3
Ли(ди|я) → Ли|к|а 3, Ли|л|я 3, Ли|н|а 3, Ли|н|я 3
Л(иди|я) → Л|ял|я 3
    День ангела и святая (Лидия): 23 марта — *мученица*.

ЛИЛИА́Н|А, ы, *ж* [*предположительно лат.* ‘лилия’].
    П р о и з в о д н ы е (23):
Лилиан|а → Лилиан|к|а
Лил(иан|а) → **Лиля**
                Л(ил|я) → Л|ял|я 1
Л(илиан|а) → Л|ял|я 2
(Ли)лиан|а → **Лиан|а** → Лиан|к|а 1 →   Лиан*оч*|к|а 1
                        Лиан|очк|а 2, Лиан|ушк|а 1
                Ли(а)н|а → **Лин|а 1** → Лин|к|а 1 → Лин*оч*|к|а 1
                                Лин|ус|я 1 →Линусь|к|а →
                                            Линус*еч*|к|а 1
                                        Линус|еньк|а,
                                        Линус|ечк|а 2
                                Лин|ух|а 1 →Лину*ш*|еньк|а 1,
                                            Лину*ш*|ечк|а 1
                                Лин|уш|а 1 → Линуш|еньк|а 2,

```
                                                                  Линуш|ечк|а 2
                                                     Лин|очк|а 2
                                        Лин|к|а 2, Лин|очк|а 3, Лин|ус|я 2, Лин|ух|а 2,
                                        Лин|уш|а 2
                          Л(и)ан|а → Лян|а 1 → Лян|к|а 1 → Лянborn|к|а 1
                          |                               Лян|очк|а 2
                          |          (Л)ян|а → Ян|а 1, Ан|я 1
                          |          Лян|к|а 2, Лян|очк|а 3
                          (Ли)ан|а → Ан|я 2, Ян|а 2
                          Лиан|к|а 2, Лиан|очк|а 3, Лиан|ушк|а 2
(Ли)ли(а)н|а → Лин|а 2; Лин|к|а 3, Лин|очк|а 4, Лин|ус|я 3, Лин|ух|а 3,
              Лин|уш|а 3
(Ли)л(и)ан|а → Лян|а 2; Лян|к|а 3, Лян|очк|а 4
(Лили)ан|а → Ан|я 3, Ян|а 3
```

ЛИ́ЛИ|Я (Ли́ли[й|а]), Ли́ли|и (Ли́ли[й|и]), *ж* (*нов.*) [по названию цветка].
   П р о и з в о д н ы е (25):
Лили|я

```
Лил(и|я) → Лил|а →Лиль|к|а 1 →  Лилечк|а 1
                   Лил|юн|я 1 →Лилюнь|к|а →Лилюнеч|к|а 1,
                   |                          Лилюнч|ик 1
                   |            Лилюн|ечк|а 2, Лилюн|чик 2
                   Лил|юс|я 1 → Лилюсь|к|а → Лилюсеч|к|а 1
                   |            Лилюс|еньк|а, Лилюс|ечк|а 2, Лилюс|ик
                   Лил|юх|а 1 → Лилюш|к|а 1 → Лилюшечк|а 1
                   |            Лилюш|еньк|а 1, Лилюш|ечк|а 2
                   Лил|юш|а 1 →  Лилюш|еньк|а 2, Лилюш|ечк|а 3,
                   |             Лилюш|к|а 2
                   Лил|еньк|а 1, Лил|ечк|а 2, Лиль|ш|а 1
        Лил|я →Лил|еньк|а 2, Лил|ечк|а 3, Лил|ёк 2, Лиль|к|а 2,
               Лиль|ш|а 2, Лил|юн|я 2, Лил|юс|я 2, Лил|юх|а 2,
               Лил|юш|а 2
        Лил|еньк|а 3, Лил|ечк|а 4, Лил|ёк 3, Лиль|к|а 3, Лиль|ш|а 3,
        Лил|юн|я 3, Лил|юс|я 3, Лил|юх|а 3, Лил|юш|а 3
(Ли)ли|я → Ли|я (Ли[й|а]) → Ли|юшк|а (Ли[й|у]шк|а)
          Ли|юшк|а 2 (Ли[й|у]шк|а)
```

ЛИ́Н|А, ы, *ж* [женск. к Лин].
   П р о и з в о д н ы е (10):
Лин|а → Лин|к|а → Линч|ик 1
```
        Лин|ух|а 1 → Линуш|еньк|а 1, Линуш|ечк|а 1
        Лин|уш|а 1 → Линуш|еньк|а 2, Линуш|ечк|а 2
        Ли́н|ушк|а 1, Лин|чик 2, Линь|к|а 1, Лин|юшк|а 1
        Лин|я → Лин|к|а 2, Лин|ух|а 2, Лин|уш|а 2, Ли́н|ушк|а 2,
```

Лин|чик 3, Линь|к|а 2, Лин|юшк|а 2

ЛИ́Р|А, ы, *ж* (*нов*). [*употребление нариц.сущ.* лира *в качестве личного име-
ни*].
   П р о и з в о д н ы е (7):
Лир|а → Лир|к|а → Лироч|к|а 1
        Лир|ус|я →Лирусь|к|а
        Л(ир)|ус|я → Люс|я
        Лир|очк|а 2, Лир|уш|а, Лир|ушк|а

ЛИ́|Я (Ли́[й|а]), Ли́|и (Ли́[й|и]), *ж* [*предположительно др.-евр.* ‘антилопа’].
   П р о и з в о д н ы е (5):
Ли|я (Ли|[й|а]) → Лий|к|а
Ли|(я) → Ли|л|я → Лил|еньк|а, Лил|ёк, Лиль|к|а, Лил|ечк|а

ЛО́ЛИ|Я (Ло́ли[й|а]), Ло́ли|и (Ло́ли[й|и]), *ж* [*лат.* ‘сорная трава’].
   П р о и з в о д н ы е (10):
Лоли|я
Лол(и|я) → **Лол|а** →Лол|к|а 1 → Лолоч|к|а 1
       | Лоль|к|а 1 →Лолеч|к|а 1
       | Лол|еньк|а 1, Лол|ечк|а 2, Лол|ик 1, Лол|оньк|а 1,
       | Лол|очк|а 2, Лол|ушк|а 1
      Лол|я →Лол|еньк|а 2, Лол|ечк|а 3, Лол|ик 2, Лол|к|а 2,
      | Лол|оньк|а 2, Лол|очк|а 3, Лол|ушк|а 2, Лоль|к|а 2
      Лол|еньк|а 3, Лол|ечк|а 4, Лол|ик 3, Лол|к|а 3, Лол|оньк|а 3,
      Лол|очк|а 4, Лол|ушк|а 3, Лоль|к|а 3

ЛО́ЛЛ|А, ы, *ж* [*лат.* ‘сорная трава, куколь, плевел’; ‘скорбящая Мария-
Богоматерь’].
   П р о и з в о д н ы е (10):
Лолл|а
Лол(л|а) → **Лол|а** → Лол|к|а → Лолоч|к|а 1
       | Лоль|к|а 1 → Лолеч|к|а 1
       | Лол|еньк|а 1, Лол|ечк|а 2, Лол|ик 1, Лол|оньк|а 1,
       | Лол|очк|а 2, Лол|ушк|а 1
      Лол|я → Лол|еньк|а 2, Лол|ечк|а 3, Лол|ик 2, Лол|к|а 2,
      | Лол|оньк|а 2, Лол|очк|а 3, Лол|ушк|а 2, Лоль|к|а 2
      Лол|еньк|а 3, Лол|ечк|а 4, Лол|ик 3, Лол|к|а 3, Лол|оньк|а 3,
      Лол|очк|а 4, Лол|ушк|а 3, Лоль|к|а 3

ЛОНГИ́Н|А, ы, *ж* [*лат.* ‘долгий, длинный’].
   П р о и з в о д н ы е (29):
Лонгин|а
Лон(гин|а) → **Лон|а** → Лон|к|а 1 → Лоноч|к|а 1

Лонь|к|а 1 → Лон*еч*|к|а 1
Лон|ечк|а 2, Лон|очк|а 2, Лон|ушк|а 1
Лон|я → Лон|ечк|а 3, Лон|к|а 2, Лон|очк|а 3, Лон|ушк|а 2,
Лонь|к|а 2
Лон|ечк|а 4, Лон|к|а 3, Лон|очк|а 4, Лон|ушк|а 3, Лонъ|к|а 3
Ло(н)гин|а → **Логин|а** → Логин|к|а 1
Лог(ин|а) → **Лог|а 1** → Лог|ут|а 1 → Логут|к|а →Логут*оч*|к|а 1
Логут|очк|а 2
Лог|оньк|а 1, Лог|очк|а 2
Лог|оньк|а 2, Лог|очк|а 3, Лог|ут|а 2
Л(ог)ин|а → **Лин|а 1** → Лин|к|а 1 →Лин*оч*|к|а 1
Лин|очк|а 2, Лин|ушк|а 1
(Л)ин|а → **Ин|а 1** → Ин|к|а 1 → Ин*оч*|к|а 1
Ин|ок 1 → Ин*оч*|ек 1
Ин|ечк|а 1, Ин|очек 2,
Ин|очк|а 2
Ин|ечк|а 2, Ин|к|а 2, Ин|ок 2,
Ин|очек 3, Ин|очк|а 3
Лин|к|а 2, Лин|очк|а 3, Лин|ушк|а 2
(Ло)гин|а → **Гин|а 1** → Гин|к|а 1 → Гин*оч*|к|а 1
Гин|ечк|а 1, Гин|очк|а 2, Гин|ушк|а 1
(Г)ин|а → Ин|а 2; Ин|ечк|а 3, Ин|к|а 3,
Ин|ок 3, Ин|очек 4, Ин|очк|а 4
Гин|ечк|а 2, Гин|к|а 2, Гин|очк|а 3, Гин|ушк|а 2
(Лог)ин|а → Ин|а 3; Ин|ечк|а 4, Ин|к|а 4, Ин|ок 4,
Ин|очек 5, Ин|очк|а 5
Логин|к|а 2
Л(онг)ин|а → Лин|а 2; Лин|к|а 3, Лин|очк|а 4, Лин|ушк|а 3
Ло(н)г(ин|а) → Лог|а 2; Лог|оньк|а 3, Лог|очк|а 3, Лог|ут|а 3
(Лон)гин|а → Гин|а 2; Гин|ечк|а 3, Гин|к|а 3, Гин|очк|а 4, Гин|ушк|а 3
(Лонг)ин|а → Ин|а 4; Ин|ечк|а 5, Ин|к|а 5, Ин|ок 5, Ин|очек 6, Ин|очк|а 6

ЛУИ́З|А, ы, *ж* [*др.-герм.* 'слава + сражение'].
П р о и з в о д н ы е (2):
Луиз|а → Луиз|к|а
Л(у)из|а → **Лиз|а**

ЛУКИ́|Я (Луки́|[й|а]), Луки́|и (Луки́|[й|и]), *ж* [*женск.* к Лукий].
П р о и з в о д н ы е (22):
Луки|я (Луки|[й|а]) → Лукий|к|а, Луки|юшк|а (Луки́[й|у]шк|а)
Лук(и|я) → **Лук|а** → Лук|ань|я 1 →Лукань|к|а → Луканеч|к|а 1, Луканч|ик 1
Лукан|ечк|а 2, Лукан|к|а, Лукан|чик 2,
Лукан|ушк|а, Луканъш|а, Лукан|юшк|а
Лук|онь|я 1 →Луконь|к|а → Лукон*еч*|к|а 1

| | | Лукон|ечк|а 2
| | Лук|оньк|а 1, Лук|очк|а 1
Лу(к|а) → **Лу|ш|а 1** → Луш|ан|я → Лушань|к|а →Лушан*еч*к|а 1
| | Лушан|ечк|а 2
Люк|а 1 → Люк|оньк|а 1, Люк|очк|а 1
Лю(к|а) → Лю|с|я 1
Люк|оньк|а 2, Люк|очк|а 2
Лук|ан|я 2, Лук|оньк|а 2, Лук|он|я 2, Лук|очк|а 2
Люк|а 2; Люк|оньк|а 3, Люк|очк|а 3
Лу(ки|я) → Лу|ш|а 2
Лю|с|я 2

Дни ангела и святые (Лукия): 6 июля, 13 декабря — *мученицы.*

ЛЮБА́В|А, ы, *ж,* [*ст.-русск.* 'любящая, любимая'].
П р о и з в о д н ы е (16):
Любав|а → Любав|к|а → Любав*оч*|к|а 1
Любав|оньк|а, Любав|очк|а 2, Любав|ушк|а
Люб(ав|а) → **Люб|а** →Люб|ах|а 1 →Люба*ш*|к|а 1 → Любаш*еч*к|а 1
| Любаш|еньк|а 1, Любаш|ечк|а 2
Люб|аш|а 1 → Любаш|еньк|а 2, Любаш|ечк|а 3,
| Любаш|к|а 2
Люб|к|а 1 → Люб*оч*|к|а 1, Люб*ч*|ик 1
Люб|оньк|а 1, Люб|очк|а 2, Люб|ушк|а 1, Люб|чик 2,
Люб|ш|а 1
Люб|ах|а 2, Люб|аш|а 2, Люб|к|а 2, Люб|оньк|а 2,
Люб|очк|а 3, Люб|ушк|а 2, Люб|чик 3, Люб|ш|а 2

ЛЮБО́ВЬ|, ов|и, *ж (слав).* [*перевод греч.* имени Агапэ'любовь'].
П р о и з в о д н ы е (36):
Любовь
Люб(овь) → **Люб|а** →Люб|ав|а 1 →Любав|к|а → Любав*оч*|к|а 1
| Любав|оньк|а, Любав|очк|а 2
Люб|ан|я 1 → Любань|к|а → Любан*еч*к|а 1
| Любан|ечк|а 2, Любан|юшк|а
Люб|ах|а 1 →Люба*ш*|к|а 1 → Любаш*еч*к|а 1
| Люба*ш*|еньк|а 1, Люба*ш*|ечк|а 2
Люб|аш|а 1 → Любаш|еньк|а 2, Любаш|ечк|а 3,
| Любаш|к|а 2
Люб|к|а 1 → Люб*оч*|к|а 1, Люб*ч*|ик 1
Люб|ус|я 1 →Любусь|к|а → Любус*еч*к|а 1
| Любус|еньк|а, Любус|ечк|а 2
(Лю)б|ус|я → **Бус|я** → Бусь|к|а 1 → Бус*еч*|к|а 1
| Бус|еньк|а 1, Бус|ечк|а 2
Бус|еньк|а 2, Бус|ечк|а 3, Бусь|к|а 2

Люб|уш|а 1 → Любу́ш|к|а → Любуше*ч*|к|а 1
Любуш|еньк|а, Любуш|ечк|а 2
Люб|оньк|а 1, Люб|очк|а 2, Лю́б|ушк|а 1, Люб|чик 2,
Люб|ш|а 1

Лю(б|а) → **Лю|с|я 1** → Люсь|к|а → Люсе*ч*|к|а 1
Люс|еньк|а, Люс|ечк|а 2

Люб|ав|а 2, Люб|ан|я 2, Люб|ах|а 2, Люб|аш|а 2, Люб|к|а 2,
Люб|оньк|а 2, Люб|очк|а 3, Люб|ус|я 2, Люб|уш|а 2,
Лю́б|ушк|а 2, Люб|чик 3, Люб|ш|а 2

Люб(овь) → Лю|с|я 2

День ангела и святая (Любовь): 17 сентября — *мученица*.

ЛЮБОМИ́Л|А, ы, ж (*слав.*) [от основ со значением ˋлюбовь + милая’].
     П р о и з в о д н ы е (21):
Любомил|а
Люб(омил|а) → **Люб|а** →Люб|к|а 1 → Любо*ч*|к|а 1 → Любч|ик 1
Люб|уш|а 1 → Любу́ш|к|а
Люб|оньк|а 1, Люб|очк|а 2, Лю́б|ушк|а 1,
Люб|чик 2
Люб|ш|а 1

Люб|к|а 2, Люб|оньк|а 2, Люб|очк|а 3, Люб|уш| 2,
Лю́б|ушк|а 2, Люб|чик 3, Люб|ш|а 2

(Любо)мил|а → **Мил|а** → Мил|к|а 1 → Мило*ч*|к|а 1
Мил|ок 1 → Мило*ч*|ек 1
Мил|уш|а 1 →Милу́ш|к|а → Милуше*ч*|к|а 1
Милуш|еньк|а, Милуш|ечк|а 2
Мил|ечк|а 1, Мил|ёш|а 1, Мил|оньк|а 1,
Мил|очек 2, Мил|очк|а 2, Ми́л|ушк|а 1

**Мил|ечк|а 2, Мил|ёш|а 2, Мил|к|а 2, Мил|ок 2,
Мил|оньк|а 2, Мил|очек 3, Мил|очк|а 3, Мил|уш|а 2,
Ми́л|ушк|а 2**

ЛЮБОМИ́Р|А, ы, ж [женск. к Любомир].
     П р о и з в о д н ы е (9):
Любомир|а
Любо(мир|а) → **Люб|а** →Люб|к|а 1 → Любо*ч*|к|а 1
Люб|оньк|а 1, Люб|очк|а 2
Люб|к|а 2, Люб|оньк|а 2, Люб|очк|а 3

(Любо)мир|а → **Мир|а** →Мир|к|а 1 → Миро*ч*|к|а 1
Мир|ик 1, Мир|оньк|а 1, Мир|очк|а 2
Мир|ик 2, Мир|к|а 2, Мир|оньк|а 2, Мир|очк|а 3

ЛЮДМИ́Л|А, ы, ж [женск. к Людмил].
     П р о и з в о д н ы е (82):

Людмил|а → Людмил|к|а → Людмил*оч*|к|а 1
Людмил|оньк|а, Людмил|очк|а 2, Людмил|ушк|а
Люд(мил|а) → **Люд|а** → Люд|ах|а 1 → Люда*ш*|к|а 1 → Людаш*еч*|к|а 1
Людаш|еньк|а 1, Людаш|ечк|а 2
Люд|аш|а 1 → Людаш|еньк|а 2, Людаш|ечк|а 3,
Людаш|к|а 2
Люд|к|а 1 → Люд*оч*|к|а 1
Люд|ок 1 → Людо*ч*|ек 1
Люд|ус|я 1 → Людусь|к|а → Людус*еч*|к|а 1
Людус|еньк|а, Людус|ечк|а 2
Люд|ак|а 1, Люд|ик 1, Люд|оньк|а 1, Люд|очк|а 2,
Люд|очек 2, Люд|ушк|а 1
Лю(д|а) → **Лю|к|а 1** → Люк|оньк|а, Люк|очк|а, Люк|ш|а
Лю|с|я 1 → Люс|ищ|а → Люсищ|к|а
Люсь|к|а → Люс*еч*|к|а 1
Люс|юх|а → Люсю*ш*|еньк|а 1,
Люсю*ш*|к|а 1
Люс|юш|а → Люсюш|еньк|а 2,
Люсюш|к|а 2
Люс|яв|а → Люсяв|к|а
Лю|т|а 1 → Лют|ик
Лю(д|а) → **Л|ял|я 1** → Лял|еньк|а, Лял|ечк|а, Лял|ик
Люд|ак 2, Люд|ах|а 2, Люд|аш|а 2, Люд|ик 2, Люд|к|а 2,
Люд|ок 2, Люд|очек 3, Люд|очк|а 3, Люд|ус|я 2, Люд|ушк|а 2
Лю(дмил|а) → Лю|к|а 2, Лю|с|я 2, Лю|т|а 2
Л(юдмил|а) → Л|ял|я 2
Лю(дми)л|а → **Люл|я** → Люль|к|а 1 → Люл*еч*|к|а 1
Люл|еньк|а 1, Люл|ечк|а 2, Люл|ик 1
Люл|еньк|а 2, Люл|ечк|а 3, Люл|ик 2, Люль|к|а 2
(Люд)мил|а → **Мил|а** → Мил|аш|а 1 → Мила*ш*|к|а → Милаш*еч*|к|а 1
Милаш|еньк|а, Милаш|ечк|а 2
Мил|ен|а 1 → Милен|к|а → Милен*оч*|к|а 1
Милен|очк|а 2
Мил|к|а 1 → Мил*оч*|к|а 1
Мил|ок 1 → Мило*ч*|ек 1
Мил|ус|я 1 → Милусь|к|а → Милус*еч*|к|а 1
Милус|еньк|а, Милус|ечк|а 2
Мил|уш|а 1 → Милу́ш|к|а → Милуш*еч*|к|а 1
Милуш|еньк|а 2
Миль|к|а 1 → Мил*еч*|к|а 1
Мил|юш|а 1 → Милю́ш|к|а
Мил|еньк|а 1, Мил|ечк|а 2, Мил|оньк|а 1,
Мил|очек 2, Мил|очк|а 2, Ми́л|ушк|а 1,
Ми́л|юшк|а 1

Ми(л|а) → **Ми|к|а 1** → Мик|оньк|а, Мик|очк|а
Ми|ш|а 1 → Миш|еньк|а

Миля → Мил|аш|а 2, Мил|ен|а 2, Мил|еньк|а 2,
Мил|ечк|а 3, Мил|к|а 2, Мил|ок 2, Мил|оньк|а 2,
Мил|очк|а 3, Мил|очек 3, Мил|ус|я 2, Мил|уш|а 2,
Ми́л|ушк|а 2, Миль|к|а 2, Мил|юш|а 2,
Ми́л|юшк|а 2

Ми(л|я) → Ми|к|а 2, Ми|ш|а 2

Мил|аш|а 3, Мил|ен|а 3, Мил|еньк|а 3, Мил|ечк|а 4,
Мил|к|а 3, Мил|ок 3, Мил|оньк|а 3, Мил|очек 4,
Мил|очк|а 4, Мил|ус|я 3, Мил|уш|а 3, Ми́л|ушк|а 3,
Миль|к|а 3, Мил|юш|а 3, Ми́л|юшк|а 3

(Люд)ми(л|а) → Ми|к|а 3, Ми|ш|а 3

День ангела и святая (Людмила): 16 сентября — *мученица*.

ЛЮ́ЦИ|Я¹ (Лю́ци[й|а]), Лю́ци|и (Лю́ци[й|и]), *ж* [*лат*. 'свет'].
Люце́|я (Люце́[й|а]), Люце́|и (Люце́[й|и]) (*стар*.).
П р о и з в о д н ы е (4):
Люци|я
Лю(ци|я) → **Лю|с|я 1** → Люсь|к|а
Люце|я
Лю(це|я) → Лю|с|я 2

ЛЮ́ЦИ|Я² (Лю́ци[й|а]), Лю́ци|и (Лю́ци[й|и]), *ж*. (*нов*.) [сокращение слова 'революция'].
(Рево)люция → Люци|я
П р о и з в о д н ы е (2):
Люци|я
Лю(ци|я) → **Лю|с|я** → Люсь|к|а

М

МА́ВР|А, ы, *ж* [*греч.* 'затемнять, лишать блеска'; 'тёмная'].

П р о и з в о д н ы е (19):

Мавр|а → Мавр|ун|я → Мавруны|к|а → Маврун*еч*|к|а 1
     | Маврун|ечк|а 2
     Мавр|ут|а → Маврут|к|а → Маврут*оч*|к|а 1
              Маврут|оньк|а, Маврут|очк|а 2
     Мавр|уш|а → Маврý|ш|к|а → Маврyш*еч*|к|а 1
     | Маврyш|еньк|а, Маврyш|ечк|а 2
     Мавр|еньк|а, Мавр|ид|а, Мавр|оньк|а, Мавр|очк|а, Ма́вр|ушк|а
Мав(р|а) → **Мав|а** → Мав|к|а 1, Мав|оньк|а 1
       Мав|к|а 2, Мав|оньк|а 2

Дни ангела и святые (Мавра): 3 мая — *мученица*; 31 октября — *препо-добная*.

МАГДАЛИ́Н|А, ы, *ж* [*из греч.* по назв. деревни в Палестине Магдала; первоначально приложение к имени Марии из Магдалы, затем — самостоятельное имя].

Ма́гд|а, ы (*разг.*).

П р о и з в о д н ы е (13):

Магдалин|а → Магдалин|к|а → Магдалин*оч*|к|а 1
        Магдалин|очк|а 2, Магдалин|ушк|а
Магд(алин|а) → **Ма́гд|а** → Магд|очк|а 1
      Маг(д|а) 1→**Маг|а 1** → Маг|оньк|а 1, Маг|очк|а 1
            Маг|оньк|а 2, Маг|очк|а 2
      Ма(г)д|а → **Мад|а 1**
      Магд|очк|а 2
Маг(далин|а) → Маг|а 2; Маг|оньк|а 3, Маг|очк|а 3
Ма(г)д(алин|а) → Мад|а 2
(Магда)лин|а → **Лин|а** → Лин|к|а 1 → Лин*оч*|к|а 1
           Лин|очк|а 2, Лин|ушк|а 1

Лин|к|а 2, Лин|очк|а 3, Лин|ушк|а 2

МА́ЙН|А, ы, *ж* (*нов.*) [*от нариц. сущ.* май].
   П р о и з в о д н ы е (17):
Маин|а → Маин|к|а → Маин*оч*|к|а 1
                Маин|очк|а 2, Маин|ушк|а
Ма(ин)а → **Ма|я** (Ма[й|а]) → Май|к|а 1 → Ма*еч*|к|а 1
                                      Ма|еньк|а 1 (Ма[й|э]ньк|а),
                                      Ма|ечк|а 2 (Ма[й|э]чк|а)
                Ма|еньк|а 2 (Ма[й|э]ньк|а), Ма|ечк|а 3 (Ма[й|э]чк|а),
                Май|к|а 2
(Ма)ин|а → **Ин|а** → Ин|к|а 1 → Ин*оч*|к|а 1
                      Ин|ок 1 → Ин*оч*ек 1
                      Ин|ечк|а 1, Ин|очек 2, Ин|очк|а 2, Ин|уш|а 1,
                      Ин|ушк|а 1
                Ин|ечк|а 2, Ин|к|а 2, Ин|ок 2, Ин|очек 3, Ин|очк|а 3,
                Ин|уш|а 2, Ин|ушк|а 2

МА́Й|Я (Ма́[й|а]), Ма́й|и, *ж* [имя *др.-греч.* богини, матери Гермеса].
   П р о и з в о д н ы е (13):
Май|я
Ма(й|я) → **Ма|я** (Ма[й|а]) → Май|к|а 1 → Ма*еч*|к|а 1
                                Ма|юн|я 1 → Маюнь|к|а → Маюн*ч*ик 1
                                (Ма[й|у]н|я) Маюн|чик 2
                                Ма|юх|а 1 → Маю*ш*|еньк|а 1, Маю*ш*|ечк|а 1
                                (Ма[й|у]х|а)
                                Ма́|юш|а 1 → Маюш|еньк|а 2, Маюш|ечк|а 2
                                (Ма[й|у]ш|а)
                                Ма|еньк|а 1 (Ма[й|э]ньк|а),
                                Ма|ечк|а 2 (Ма[й|э]чк|а)
                Ма|еньк|а 2 (Ма[й|э]ньк|а), Ма|ечк|а 3 (Ма[й|э]чк|а),
                Май|к|а 2, Ма|юн|я 2 (Ма[й|у]н|я), Ма|юх|а 2 (Ма[й|у]х|а),
                Ма|юш|а 2 (Ма[й|у]ш|а)

МАКРИ́Н|А, ы, *ж* [*лат.* 'худая'; греч. 'длинная, далёкая, высокая, боль-
шая'; 'сухая'].
Макри́д|а, ы (*разг.*).
   П р о и з в о д н ы е (25):
Макрин|а → Макрин|к|а → Макрин*оч*|к|а 1
                  Макрин|очк|а 2, Макрин|ушк|а
Макр(ин)а → **Макр|а** → Макр|ид|а 1 → Макрид|к|а → Макрид*оч*|к|а 1
                              Макрид|оньк|а, Макрид|очк|а 2
                        Макр|юш|а 1 → Макрюш|к|а → Макрюш*еч*|к|а 1
                              Макрюш|ечк|а 2

Мак(р|а) → **Мак|а 1** → Мак|оньк|а 1, Мак|очк|а 1,
Мак|ушк|а 1
Мак|оньк|а 2, Мак|очк|а 2, Мак|ушк|а 2
Макр|ид|а 2, Макр|юш|а 2
Мак(рин|а) → Мак|а 2; Мак|оньк|а 3, Мак|очк|а 3, Мак|ушк|а 3
(Мак)рин|а → **Рин|а** → Рин|к|а → Рин|оч|к|а 1
Риньк|а 1 → Рин|еч|к|а 1
Рин|ус|я 1 → Рин|ус|ик
Рин|ечк|а 2, Рин|очк|а 2, Рин|ушк|а 1, Рин|юшк|а 1
Рин|я → Рин|ечк|а 3, Рин|к|а 2, Рин|очк|а 3, Рин|ушк|а 2,
Рин|ус|я 2, Риньк|а 2, Рин|юшк|а 2
Рин|ечк|а 4, Рин|к|а 3, Рин|очк|а 4, Рин|ус|я 3, Рин|ушк|а 3,
Риньк|а 3, Рин|юшк|а 3

День ангела и святая (Макрина): 19 июля — *святая.*

МАЛЬВИ́Н|А, ы, *ж* [*др.-герм.* 'справедливость + друг'].
П р о и з в о д н ы е (5):
Мальвин|а → Мальвин|к|а
Мальв(ин|а) → **Мальв|а**
Маль(в|а) → **Мал|я 1** →Маль|к|а 1, Мал|юш|а 1
Маль|к|а 2, Мал|юш|а 2
Мал ьвин|а) → Мал|я 2; Маль|к|а 3, Мал|юш|а 3

МАНЕ́Ф|А, ы, *ж* [*возможно, женск. к греч.* Манефон — имя египетского
жреца, автора древнейших сочинений по истории Египта; 'данная часть'].
П р о и з в о д н ы е (17):
Манеф|а → Манеф|к|а → Манеф|оч|к|а 1
Манеф|очк|а 2, Манеф|ушк|а
Ман(еф|а) → **Ман|я** → Маны|к|а 1 → Ман|еч|к|а 1
Ман|ечк|а 2
Ма(н|я) → **Ма|я 1**
Ман|ечк|а 3, Маны|к|а 2
Ма(неф|а) → **Ма|я 2**
М(ан)еф|а → **Меф|а** →Меф|к|а 1→ Меф|оч|к|а 1
Меф|оньк|а 1, Меф|очк|а 2
Меф|к|а 2, Меф|очк|а 3, Меф|оньк|а 2
(Ма)неф|а → **Неф|а**→ Неф|к|а 1 → Неф|оч|к|а 1
Неф|оньк|а 1, Неф|очк|а 2
Неф|к|а 2, Неф|оньк|а 2, Неф|очк|а 3

День ангела и святая (Манефа): 13 ноября — *мученица.*

МАРГАРИ́Т|А, ы, *ж* [*лат.* 'жемчужина'; 'перл, жемчуг'].
Ри́т|а, ы (*разг.*).
П р о и з в о д н ы е (71):

Маргарит|а → Маргарит|к|а → Маргарит*оч*|к|а 1
                    Маргарит|очк|а 2, Маргарит|ушк|а
Марг(арит|а) → **Марг**|а → Марг|ош|а 1 → Марго*ш*|к|а → Маргош*еч*|к|а 1
                                            Маргош|еньк|а, Маргош|ечк|а 2
                         Марг|ус|я 1 → Маргусь|к|а → Маргус*еч*|к|а 1
                                            Маргус|ечк|а 2
                         Марг|уш|а 1 → Маргуш|к|а → Маргуш*еч*|к|а 1
                                            Маргуш|еньк|а, Маргуш|ечк|а 2
                         Марг|о 1
              Мар(г|а) → **Мар**|а 1 → Мар|ус|я 1 → Марусь|к|а →
                                      | Марус*еч*|к|а 1
                                      Марус|еньк|а,
                                      Марус|ечк|а 2,
                                      Марус|ик
                                 Мар|к|а
                        Ма(р|а) → **Ма**|**к**|**а** 1
                                 Мор|**я** → Морь|к|а 1 →Мор*еч*|к|а 1
                                      | Мор|еньк|а 1,
                                      | Мор|ечк|а 2
                                 Мор|еньк|а 2, Мор|ечк|а 3,
                                 Морь|к|а 2
                        Мар|к|а 2, Мар|ус|я 2
                        Мор|я 2; Мор|еньк|а 3, Мор|ечк|а 4,
                        Морь|к|а 3
              Ма(рг|а) → Ма|к|а 2
              Ма(р)г|а → Маг|а 1
              Марг|о 2, Марг|ош|а 2, Марг|ус|я 2, Марг|уш|а 2
Мар(гарит|а) → Мар|а 2; Мар|к|а 3, Мар|ус|я 3
              Мор|я 3; Мор|еньк|а 4, Мор|ечк|а 5, Морь|к|а 4
Ма(ргарит|а) → Ма|к|а 3
Ма(р)г(арит|а) → Маг|а 2
(Марга)рит|а → **Рит**|**а** → Рит|иш|а 1 → Ритиш|к|а → Ритиш*еч*|к|а 1
              | Ритиш|еньк|а, Ритиш|ечк|а 2
              Рит|к|а 1 → Рит*оч*|к|а 1
              Рит|ош|а 1 → Ритош|к|а → Ритош*еч*|к|а 1
              | Ритош|еньк|а, Ритош|ечк|а 2
              Рит|ул|я 1 → Ритуль|к|а → Ритул*еч*|к|а 1
              | Ритул|еньк|а, Ритул|ечк|а 2
              Рит|ун|я 1 → Ритунь|к|а → Ритун*еч*|к|а 1,
              | Ритун*ч*|ик 1
              | Ритун|ечк|а 2, Ритун|чик 2
              Рит|ус|я 1 → Ритусь|к|а → Ритус*еч*|к|а 1
              | Ритус|еньк|а, Ритус|ечк|а 2
              (Ри)т|ус|я → **Тус**|**я** → Тусь|к|а 1 → Тес*еч*|к|а 1

| | | | Тус\|еньк\|а 1, Тус\|ечк\|а 2, Тус\|ик 1 |
| | | | Тус\|еньк\|а 2, Тус\|ечк\|а 3, Тус\|ик 2, Тусь\|к\|а 2 |

Рит\|ух\|а 1 → Ритý\|ш\|к\|а 1 → Ритуш*еч*\|к\|а 1

Ритуш\|еньк\|а 1, Ритуш\|ечк\|а 2

Рит\|уш\|а 1 → Ритуш\|еньк\|а 2, Ритуш\|ечк\|а 3, Ритýш\|к\|а 2

Рит\|ан\|я 1 ,Рит\|ёнок 1, Рит\|ик 1, Рит\|ок 1, Рит\|оньк\|а 1, Рит\|очк\|а 2, Рúт\|ушк\|а 1

Ри(т\|а) → Ри\|в\|а 1 → Рив\|к\|а → Рив*оч*\|к\|а 1

Рив\|оньк\|а, Рив\|очк\|а 2

Рит\|ан\|я 2, Рит\|ёнок 2, Рит\|ик 2, Рит\|иш\|а 2, Рит\|к\|а 2, Рит\|ок 2, Рит\|оньк\|а 2, Рит\|очк\|а 3, Рит\|ош\|а 2, Рит\|ул\|я 2, Рит\|ун\|я 2, Рит\|ус\|я 2, Рит\|ух\|а 2, Рит\|уш\|а 2, Рúт\|ушк\|а 2

(Марга)ри(т\|а) → Ри\|в\|а 2

Дни ангела и святые (Маргарита): 1 сентября, 17 июля — *мученицы.*

МАРИА́МН\|А, ы, *ж* [*предположительно др.-евр.* 'противиться, отвергать' *или* 'быть горькой'; 'любимая, желанная'; 'возвышенная, госпожа' *или* 'упорная, горькая'].

Маримья́н\|а, ы (*разг.*).

П р о и з в о д н ы е (27):

Мариамн\|а →   Мариамн\|очк\|а, Мариамн\|ушк\|а

Мар(иамн\|а) → **Мар\|а 1** → Мар\|к\|а 1 → Мар*оч*\|к\|а 1

Марь\|к\|а 1 → Мар*еч*\|к\|а 1

Мар\|еньк\|а 1, Мар\|ечк\|а 2, Мар\|оньк\|а 1, Мар\|очк\|а 2

Мар\|я 1 → Мар\|еньк\|а 2, Мар\|ечк\|а 3, Мар\|к\|а 2, Мар\|оньк\|а 2, Мар\|очк\|а 3, Марь\|к\|а 2

Мар\|еньк\|а 3, Мар\|ечк\|а 4, Мар\|к\|а 3, Мар\|оньк\|а 3, Мар\|очк\|а 4, Марь\|к\|а 3

Мариа(м)н\|а → **Мариан\|а** → Мариан\|к\|а 1 → Мариан*оч*\|к\|а 1

Мариан\|очк\|а 2, Мариан\|ушк\|а 1

Мар(иан\|а) → Мар\|а 2, Мар\|я 2; Мар\|еньк\|а 4, Мар\|ечк\|а 5, Мар\|к\|а 4, Мар\|оньк\|а 4, Мар\|очк\|а 5, Марь\|к\|а 4

Марьян\|а 1 → Марьян\|к\|а 1 → Марьян*оч*\|к\|а 1

Марьян\|очк\|а 2, Марьян\|ушк\|а 1

Марь(ян\|а) → Мар\|а 3, Мар\|я 3; Мар\|еньк\|а 5, Мар\|ечк\|а 6, Мар\|к\|а 5, Мар\|оньк\|а 5, Мар\|очк\|а 6, Марь\|к\|а 5

Марьян|к|а 2, Марьян|очк|а 3,
Марьян|ушк|а 2

Мариан|к|а 2, Мариан|очк|а 3, Мариан|ушк|а 2

Марьян|а 2; Марьян|к|а 3, Марьян|очк|а 4, Марьян|ушк|а 3

(Ма)ри(а)м(н|а) → **Рим|а 1** → Рим|к|а 1 → Рим*оч*|к|а 1

Рим|ик 1, Рим|оньк|а 1, Рим|очк|а 2

Рим|ик 2, Рим|к|а 2, Рим|оньк|а 2, Рим|очк|а 3

Маримьян|а → Маримьян|к|а 1 → Маримьян*оч*|к|а 1

Маримьян|очк|а 2, Маримьян|ушк|а 1

Мар(имьян|а) → Мар|а 3, Мар|я 4; Мар|еньк|а 6,
Мар|ечк|а 7, Мар|к|а 6, Мар|оньк|а 6,
Мар|очк|а 7, Марь|к|а 6

Мар(им)ьян|а → Марьян|а 3; Марьян|к|а 4,
Марьян|очк|а 5, Марьян|ушк|а 4

(Ма)римь(ян|а) → Рим|а 2; Рим|ик 3, Рим|к|а 3,
Рим|оньк|а 3, Рим|очк|а 4

Маримьян|к|а 2, Маримьян|очк|а 3, Маримьян|ушк|а 2

Дни ангела и святые (Мариамна): 17 февраля — *святая*; 30 сентября — *мученица*.

МАРИА́Н|А, ы, *ж* [*лат.* 'море'].
Марья́н|а, ы (*разг.*).
Пр о и з в о д н ы е (27):
Мариан|а → Мариан|к|а → Мариан*оч*|к|а 1
Мариан|очк|а 2, Мариан|ушк|а 1
Мар(иан|а) → **Мар|а 1** → Мар|к|а 1 → Мар*оч*|к|а 1
Марь|к|а 1 → Мар*еч*|к|а 1
Мар|еньк|а 1, Мар|ечк|а 2, Мар|оньк|а 1,
Мар|очк|а 2
Мар|я 1 → Мар|еньк|а 2, Мар|ечк|а 3, Мар|к|а 2,
Мар|оньк|а 2, Мар|очк|а 3, Марь|к|а 2
Мар|еньк|а 3, Мар|ечк|а 4, Мар|к|а 3, Мар|оньк|а 3,
Мар|очк|а 4, Марь|к|а 3
(Мари)ан|а → **Ян|а 1** → Ян|к|а 1 → Ян*оч*|к|а 1
Ян|очк|а 2, Ян|ушк|а 1
Ян|к|а 2, Ян|очк|а 3, Ян|ушк|а 2
Марьян|а → Марьян|к|а 1 → Марьян*оч*|к|а 1
Марьян|очк|а 2, Марьян|ушк|а 1
Марья(н|а) → **Марья|с|я** → Марьясь|к|а → Марьяс*еч*|к|а 1
Марьяс|еньк|а, Марьяс|ечк|а 2
Марья|х|а → Марьяш|к|а 1 → Марьяш*еч*|к|а 1
Марьяш|еньк|а 1,
Марьяш|ечк|а 2
Марьяш|а 1 → Марьяш|еньк|а 2,

Марьяш|ечк|а 3,
Марьяш|к|а 2

Марь(ян|а) → Мар|а 2, Мар|я 2; Мар|еньк|а 4, Мар|ечк|а 5,
Мар|к|а 4, Мар|оньк|а 4, Мар|очк|а 5,
Марь|к|а 4

(Марь)ян|а → Ян|а 2; Ян|к|а 3, Ян|очк|а 4, Ян|ушк|а 3
Марьяш|а 2; Марьяш|еньк|а 3,
Марьяш|ечк|а 4, Марьяш|к|а 3

Марьян|к|а 2, Марьян|очк|а 3, Марьян|ушк|а 2
Марьяш|а 3; Марьяш|еньк|а 4, Марьяш|ечк|а 5,
Марьяш|к|а 4

МАРИ́Н|А, ы, *ж* [*лат.* 'морская '— эпитет Афродиты].
П р о и з в о д н ы е (60):
Марин|а → Марин|к|а 1 → Марин*оч*|к|а 1
Марин|уш|а 1 → Марину́ш|к|а → Маринуш*ечк*|а 1
Маринуш|еньк|а, Маринуш|ечк|а 2
Мариньк|к|а 1 → Марин*еч*|к|а 1
Марин|ечк|а 2, Марин|очк|а 2, Мари́н|ушк|а 1, Мариньш|ш|а 1
Мари(н|а) → **Мари|с|я 1** → Марись|к|а →Марис*еч*|к|а 1
Марис|еньк|а, Марис|ечк|а 2
Мар(ин|а) → **Мар|а 1** → Мар|к|а 1 → Мар*оч*|к|а 1
Мар|ус|я 1 → Марусь|к|а → Марус*еч*|к|а 1
Марус|ечк|а 2, Марус|ик
М(ар|ус|я → **Мус|я** → Мусь|к|а 1 → Мус*еч*|к|а
Мус|еньк|а 1, Мус|ечк|а 2,
Мус|ик 1
Мус|еньк|а 2, Мус|ечк|а 3, Мус|ик 2,
Мусь|к|а
Мар|ух|а 1 → Маруш|к|а 1 → Маруш*еч*|к|а 1
Маруш|еньк|а 1, Маруш|ечк|а 2
Мар|уш|а 1 → Маруш|еньк|а 2, Маруш|ечк|а 2,
Маруш|к|а 2
Марь|к|а 1 → Мар*еч*|к|а 1
Марь|яс|я 1 → Марьясь|к|а → Марьяс*еч*|к|а 1
(Марь[й|а]с|я) Марьяс|еньк|а, Марьяс|ечк|а 2
Марь|ях|а 1 → Марьяш|к|а 1 → Марьяш*еч*|к|а 1
(Марь[й|а]х|а) Марьяш|еньк|а 1, Марьяш|ечк|а 2
Марь|яш|а 1 → Марьяш|еньк|а 2, Марьяш|ечк|а 3,
(Марь[й|а]ш|а) Марьяш|к|а 2
Мар|еньк|а 1, Мар|ечк|а 2, Мар|оньк|а 1,
Мар|очк|а 2, Мар|ушк|а 1
Мар|я 1 → Мар|еньк|а 2, Мар|ечк|а 3, Мар|к|а 2,
Мар|оньк|а 2, Мар|очк|а 3, Мар|ус|я 2,

Мар|ух|а 2, Мар|уш|а 2, Мар|ушк|а 2, Марь|к|а 2,
Марь|яс|я 2, Марь|ях|а 2, Марь|яш|а 2

Мар|еньк|а 3, Мар|ечк|а 4, Мар|к|а 3, Мар|оньк|а 3,
Мар|очк|а 4, Мар|ус|я 3, Мар|ух|а 3, Мар|уш|а 3,
Мар|ушк|а 3, Марь|к|а 3, Марь|яс|я 3, Марь|ях|а 3,
Марь|яш|а 3

Ма(ри)н|а → **Маш|а 1** → Маш|еньк|а 1, Маш|ечк|а 1

(Мар)ин|а → **Ин|а 1** → Ин|к|а 1 → Ин*оч*|к|а 1

Ин|ок 1 → Ин*оч*ек 1

Ин|очк|а 1, Ин|оче|к 2, Ин|очк|а 2

Ин|ечк|а 2, Ин|к|а 2, Ин|ок 2, Ин|очек 3, Ин|очк|а 3

Марин|я → Марин|ечк|а 3, Марин|к|а 2, Марин|очк|а 3,
Марин|уш|а 2, Марин|ушк|а 2, Мариньк|а 2,
Мариньш|а 2

Мари(н)я → Мари|с|я 2

Мар(ин)я → Мар|а 2, Мар|я 2; Мар|еньк|а 4, Мар|ечк|а 5,
Мар|к|а 4, Мар|оньк|а 4, Мар|очк|а 5,
Мар|ус|я 4, Мар|ух|а 4, Мар|уш|а 4,
Мар|ушк|а 4, Марь|к|а 4, Марь|яс|я 4,
Марь|ях|а 4, Марь|яш|а 4

Ма(ри)н)я → Маш|а 2; Маш|еньк|а 2, Маш|ечк|а 2

(Мар)ин)я → Ин|а 2; Ин|к|а 3, Ин|ок 3, Ин|ечк|а 3,
Ин|очек 4, Ин|очк|а 4

Мариш|а 1 → Мариш|к|а 1 → Мариш*еч*|к|а 1

Мариш|еньк|а 1, Мариш|ечк|а 2

Мариш|еньк|а 2, Мариш|ечк|а 3, Мариш|к|а 2

Мариш|а 2; Мариш|еньк|а 3, Мариш|ечк|а 4, Мариш|к|а 3

Дни ангела и святые (Марина): 17 июля — *великомученица*; 28 февраля — *преподобная*.

МАРИОНИ́ЛЛ|А, ы, *ж* [*греч.* 'морская'; возможно, производное от Мария].

Марионе́лл|а, ы (*разг.*).

П р о и з в о д н ы е (26):

Марионилл|а

Марионил(л|а) → **Марионил|а** → Марионил|к|а 1 → Марионил*оч*|к|а 1

Марионил|очк|а 2, Марионил|ушк|а 1

Мар(ионил|а) → **Мар|а 1** → Мар|к|а 1 → Мар*оч*|к|а 1

Марь|к|а 1 → Мар*еч*|к|а 1

Мар|еньк|а 1, Мар|ечк|а 2,
Мар|оньк|а 1, Мар|очк|а 2

Мар|я 1 → Мар|еньк|а 2, Мар|ечк|а 3,
Мар|к|а 2, Мар|оньк|а 2,
Мар|очк|а 3, Марь|к|а 2

```
                          Мар|еньк|а 3, Мар|ечк|а 4, Мар|к|а 3,
                          Мар|оньк|а 3, Мар|очк|а 4, Марь|к|а
        (Марио)нил|а → Нил|а 1 → Нил|к|а 1 →  Нил|оч|к|а 1
                          Нил|еньк|а 1, Нил|ечк|а 1,
                          Нил|оньк|а 1, Нил|очк|а 2,
                          Нил|ушк|а 1
                          Нел|а 1 → Нел|очк|а 1
                          Нел|очк|а 2
                          Нил|еньк|а 2, Нил|очк|а 2, Нил|к|а 2,
                          Нил|оньк|а 2, Нил|очк|а 3,
                          Нил|ушк|а 2
                          Нел|а 2; Нел|очк|а 3
         Марионил|к|а 2, Марионил|очк|а 3, Марионил|ушк|а 2
Мар(ионил|а) → Мар|а 2, Мар|я 2, Мар|еньк|а 4, Мар|ечк|а 5, Мар|к|а 4,
        Мар|оньк|а 4, Мар|очк|а 5, Марь|к|а 4
(Марио)нил(л|а) → Нил|а 2; Нил|еньк|а 3, Нил|ечк|а 3, Нил|к|а 3,
        Нил|оньк|а 3, Нил|очк|а 4, Нил|ушк|а 3, Нел|а 3;
        Нел|очк|а 4
(Марио)нилл|а → Нолл|а 1
        Марионел(л|а)
        Марионел(л|а) → Марионел|а → Марионел|к|а 1 →
                                      Марионелоч|к|а 1
                          Марионел|очк|а 2
        Мар(ионел|а) → Мар|а 3, Мар|я 3;
                          Мар|еньк|а 5,
                          Мар|ечк|а 6,
                          Мар|к|а 5,
                          Мар|оньк|а 5,
                          Мар|очк|а 6,
                          Марь|к|а 5
        (Марио)нел|а → Нел|а 4; Нел|очк|а 5
        Марионел|к|а 2, Марионел|очк|а 3
Мар(ионелл|а) → Мар|а 4, Мар|я 4; Мар|еньк|а 6,
        Мар|ечк|а 7, Мар|к|а 6, Мар|оньк|а 6,
        Мар|очк|а 7, Марь|к|а 6
(Марио)нел(л|а) → Нел|а 5; Нел|очк|а 6
(Марио)нелл|а → Нолл|а 2
```

День ангела и святая (Марионилла): 8 января — *мученица*.

МАРИ́|Я (Мари́[й|а], Мари́|и (Мари́[й|и], *ж* [*др.-евр.* 'возвышенная, гос-
пожа' или 'упорная, горькая'; *возможно*, 'любимая, желанная'].
Ма́рь|я (Ма́рь[й|а]), Ма́рь|и (Ма́рь[й|и])(*разг.*).
Маре́|я (Маре́[й|а]), Маре́|и (Маре́[й|и])(*прост.*).
    П р о и з в о д н ы е (186):

Мари|я (Мари[й|а]) → Марий|к|а → Марие*ч*|к|а 1
Мари|ечк|а 2, Мари|юшк|а (Мари[й|у]шк|а)
Мар(и|я) → **Мар|а 1** → Мар|ён|а 1 → Марён|к|а
Мар|ис|я 1 → Марись|к|а → Марис*еч*|к|а 1
Марис|еньк|а, Марис|ечк|а 2
Мар|иш|а 1 → Мариш|к|а → Мариш*еч*|к|а 1
Мариш|еньк|а, Мариш|ечк|а 2
Мар|к|а 1 → Маро*ч*|к|а 1
Мар|ул|я 1 → Маруль|к|а → Марул*еч*|к|а 1
Марул|еньк|а, Марул|ечк|а 2
М(ар)ул|я → **Мул|я** → Муль|к|а 1 → Мул*еч*|к|а 1
Мул|еньк|а 1, Мул|ечк|а 2
Мул|еньк|а 2, Мул|ечк|а 3,
Муль|к|а 2
Мар|ун|я 1 → Маруны|к|а → Марун*еч*|к|а 1
Марун|ечк|а 2
М(ар)ун|я → **Мун|я** → Муны|к|а 1 → Мун*еч*|к|а 1
Мун|ечк|а 2, Муны|ш|а 1
Мун|ечк|а 3, Муны|к|а 2, Муны|ш|а 2
Мар|ус|я 1 → Марусь|к|а → Марус*еч*|к|а 1
Марус|еньк|а, Марус|ечк|а 2,
Марус|ик
Ма́р)|ус|я → **Мус|я** → Мусь|к|а 1 → Мус*еч*|к|а 1
Мус|ят|а 1 → Мусят|к|а
Мус|еньк|а 1, Мус|ечк|а 2,
Мус|ёнок 1, Мус|ик 1,
Мус|як|а 1
Мус|еньк|а 2, Мус|ечк|а 3, Мус|ик 2,
Мус|ёнок 2, Мусь|к|а 2, Мус|як|а 2,
Мус|ят|а 2
Мар|ух|а 1 → Маруш|к|а 1 → Маруш*еч*|к|а 1
Маруш|еньк|а 1, Маруш|ечк|а 2
Мар|уш|а 1 → Маруш|еньк|а 2, Маруш|ечк|а 3,
Маруш|к|а 2
М(ар)|уш|а → **Муш|а** → Муш|к|а 1 → Муш*еч*|к|а 1
Муш|еньк|а 1, Муш|ечк|а 2
Муш|еньк|а 2, Муш|ечк|а 3,
Муш|к|а 2
Марь|к|а 1 → Маре*ч*|к|а 1
Марь|яс|я 1 → Марьясь|к|а → Марьяс*еч*|к|а 1
(Марь[й|а]с|я) Марьяс|еньк|а, Марьяс|ечк|а 2
Марь|ях|а 1 → Марьяш|к|а → Марьяш*еч*|к|а 1
(Марь[й|а]х|а) Марьяш|еньк|а 1, Марьяш|ечк|а 2
Марь|яш|а 1 → Марьяш|еньк|а 2, Марьяш|ечк|а 3,

Марьяш|к|а 2
Мар|юн|я 1 → Марюнь|к|а → Марюне*ч*к|а 1
      Марюн|ечк|а 2
Мар|ют|а 1 → Марют|к|а → Марюто*ч*к|а 1
      Марют|оньк|а, Марют|очк|а 2
Мар|еньк|а 1, Мар|ечк|а 2, Мар|ёк|а 1, Мар|ёх|а 1,
Мар|оньк|а 1, Мар|очк|а 2, Ма́р|ушк|а 1,
Марь|ш|а 1, Мар|юх|а 1, Мар|юш|а 1, Ма́р|юшк|а 1

Ма(р|а) → **Ма|к|а 1** → Мак|оньк|а, Мак|очк|а
Ма|ся 1 → Мась|к|а → Масе*ч*к|а 1
    Мас|ят|а → Масят|к|а
    Мас|еньк|а, Мас|ечк|а 2
Ма|н|я 1 → Мань|к|а → Мане*ч*к|а 1
    Ман|юн|я → Манюнь|к|а →
                      Манюне*ч*к|а 1
        Манюн|ечк|а 2
    Ман|юр|а → Манюр|к|а → Манюро*ч*к|а 1
        Манюр|оньк|а,
        Манюр|очк|а 2
    Ман|юс|я → Манюсь|к|а → Манюсе*ч*к|а 1
        Манюс|еньк|а,
        Манюс|ечк|а 2
    Ман|ют|а → Манют|к|а → Манюто*ч*к|а 1
        Манют|оньк|а,
        Манют|очк|а 2
    Ман|юх|а → **Маню*ш*|к|а 1** →
                      Манюше*ч*к|а 1
        Маню*ш*|еньк|а 1,
        Маню*ш*|ечк|а 2
    Ман|юш|а → **Манюш|еньк|а 2,**
        Манюш|ечк|а 3,
        Манюш|к|а 2
    Ман|як|а → **Маня*ч*к|а**
    Ман|ят|а → **Манят|к|а** → **Манято*ч*к|а 1**
        Манят|оньк|а,
        Манят|очк|а 2
    Ман|ях|а → **Маня*ш*|к|а 1** →
                      Маняше*ч*к|а 1
        Маня*ш*|еньк|а 1,
        Маня*ш*|ечк|а 2
    Ман|яш|а →**Маняш|еньк|а 2,**
        Маняш|ечк|а 3,
        Маняш|к|а 2
    Ман|еньк|а, Ман|ечк|а 2, Мань|ш|а,

Ман|юшк|а

Мон|я 1 → Мон|к|а 1 → Мон*оч*|к|а 1

Монь|к|а 1 → Мон*еч*|к|а 1

Мон|ечк|а 2, Мон|очк|а 2,

Мон|ушк|а 1, Мон|юк|а 1

Мон|ечк|а 3, Мон|к|а 2, Мон|очк|а 3,

Мон|ушк|а 2, Монь|к|а 2, Мон|юк|а 2

Мо|н|я 2

Ма|ш|а 1 → Маш|ан|я → Машань|к|а →

Машан*еч*|к|а 1

Машан|ечк|а 2

Маш|ат|а → Машат|к|а

Маш|к|а → Маш*еч*|к|а 1

Маш|он|я → Машонь|к|а →

Машон*еч*|к|а 1

Машон|ечк|а 2

Маш|ун|я → Машунь|к|а →

Машун*еч*|к|а 1

Машун|ечк|а 2

Маш|ур|а → Машур|к|а →

Машур*оч*|к|а 1

Машур|ик, Машур|оньк|а,

Машур|очк|а 2

М(аш)|ур|а → **Мур|а** → Мур|к|а 1 →

Мур*оч*|к|а 1

Мур|ик 1,

Мур|оньк|а 1,

Мур|очк|а 2

Мур|ик 2, Мур|к|а 2,

Мур|оньк|а 2,

Мур|очк|а 3

(Ма)ш|ур|а → **Шур|а**

Маш|ут|а → Машут|к|а →

Машут*оч*|к|а 1

Машут|оньк|а,

Машут|очк|а 2

Маш|ак|а, Маш|ар|а, Маш|еньк|а,

Маш|ечк|а 2, Маш|ок, Маш|ук|а,

Маш|ух|а

Мор|я 1 → Морь|к|а 1 → Мор*еч*|к|а 1

Мор|еньк|а 1, Мор|ечк|а 2

Мор|еньк|а 2, Мор|ечк|а 3, Морь|к|а 2

Мар|я 1 → Мар|еньк|а 2, Мар|ечк|а 3, Мар|ёк|а 2, Мар|ён|а 2,

Мар|ёх|а 2, Мар|ис|я 2, Мар|иш|а 2, Мар|к|а 2,

Мар|оньк|а 2, Мар|очк|а 3, Мар|ул|я 2, Мар|ун|я 2,
Мар|ус|я 2, Мар|ух|а 2, Мар|уш|а 2, Ма́р|ушк|а 2,
Марь|к|а 2, Марь|ш|а 2, Марь|яс|я 2, Марь|ях|а 2,
Марь|яш|а 2, Мар|юн|я 2, Мар|ют|а 2, Мар|юх|а 2,
Мар|юш|а 2, Ма́р|юшк|а 2
Мор|я 2; Мор|еньк|а 3, Мор|ечк|а 4, Морь|к|а 3
Ма(р|я) → Ма|к|а 2, Ма|н|я 2, Мо|н|я 3, Ма|с|я 2, Ма|ш|а 2
Мар|еньк|а 3, Мар|ечк|а 4, Мар|ёк|а 3, Мар|ён|а 3, Мар|ёх|а 3,
Мар|ис|я 3, Мар|иш|а 3, Мар|к|а 3, Мар|оньк|а 3, Мар|очк|а 4,
Мар|ул|я 3, Мар|ун|я 3, Мар|ус|я 3, Мар|ух|а 3, Мар|уш|а 3,
Ма́р|ушк|а 3, Марь|к|а 3, Марь|ш|а 3, Марь|яс|я 3,
Марь|ях|а 3, Марь|яш|а 3, Мар|юн|я 3, Мар|ют|а 3,
Мар|юх|а 3, Мар|юш|а 3, Ма́р|юшк|а 3
Мор|я 3; Мор|еньк|а 4, Мор|ечк|а 5, Морь|к|а 4
Ма(ри|я) → Ма|к|а 3, Ма|н|я 3, Мо|н|я 4, Ма|с|я 3, Ма|ш|а 3
Марь|я (Марь[й|а]) → Марь|еньк|а 1, Марь|иц|а 1,
Марь|юшк|а 1
Мар(ь|я) → Мар|а 2, Мар|я 2; Мар|еньк|а 4, Мар|ечк|а 5,
Мар|ёк|а 4, Мар|ён|а 4, Мар|ёх|а 4, Мар|ис|я 4,
Мар|иш|а 4, Мар|к|а 4, Мар|оньк|а 4, Мар|очк|а 5,
Мар|ул|я 4, Мар|ун|я 4, Мар|ус|я 4, Мар|ух|а 4,
Мар|уш|а 4, Ма́р|ушк|а 4, Марь|к|а 4, Марь|ш|а 4,
Марь|яс|я 4, Марь|ях|а 4, Марь|яш|а 4,
Мар|юн|я 4, Мар|ют|а 4, Мар|юх|а 4, Мар|юш|а 4,
Ма́р|юшк|а 4
Мор|я 4; Мор|еньк|а 5, Мор|ечк|а 6, Морь|к|а 5
Ма(рь|я) → Ма|к|а 4, Ма|н|я 4, Мо|н|я 5, Ма|с|я 4, Ма|ш|а 4
Марь|еньк|а 2 (Мар[й|э]ньк|а), Марь|иц|а 2 (Марь[й|и]ц|а),
Марь|юшк|а 2 (Марь[й|у]шк|а)
Маре|я (Маре[й|а]) → Маре|й|к|а 1,
Маре|юшк|а 1 (Маре[й|у]шк|а)
Мар(е|я) → Мар|а 3, Мар|я 3; Мар|еньк|а 5, Мар|ечк|а 6,
Мар|ёк|а 5, Мар|ён|а 5, Мар|ёх|а 5, Мар|ис|я 5,
Мар|иш|а 5, Мар|к|а 5, Мар|оньк|а 5, Мар|очк|а 6,
Мар|ул|я 5, Мар|ун|я 5, Мар|ус|я 5, Мар|ух|а 5,
Мар|уш|а 5, Ма́р|ушк|а 5, Марь|к|а 5, Марь|ш|а 5,
Марь|яс|я 5, Марь|ях|а 5, Марь|яш|а 5,
Мар|юн|я 5, Мар|ют|а 5, Мар|юх|а 5, Мар|юш|а 5,
Ма́р|юшк|а 5
Мор|я 5; Мор|еньк|а 6, Мор|ечк|а 7, Морь|к|а 6
Ма(ре|я) → Ма|к|а 5, Ма|н|я 5, Мо|н|я 6, Ма|с|я 5, Ма|ш|а 5
Маре|й|к|а 2, Маре|юшк|а 2 (Маре[й|у]шк|а)

Дни ангела и святые (Мария): 26 января, 29 октября, 1 апреля — *пре-подобные*; 6 февраля, 7 и 9 июня, 12 июля, 9 августа, 30 сентября — *муче-*

ницы; 12 февраля — *преподобная* с именем Марина; 22 июля — *святая* Мария Магдалина; 23 марта, 4 июня — *праведницы*; 23 июня — *княгиня*.

МАРЛЁН|А, ы, *ж* (*нов*) [*женск. к* Марлен].
   П р о и з в о д н ы е (15):
Марлен|а → Марлен|к|а → Марленоч|к|а 1
                  Марлен|очк|а 2, Марлен|ушк|а
Марле(н|а) → **Марле|с|я**
Мар(лен|а) → **Мар|а** → Мар|к|а 1 → Мароч|к|а 1
                  Мар|уш|а 1 → Маруш|еньк|а, Маруш|ечк|а
                  Мар|оньк|а 1, Мар|очк|а 2, Мар|ушк|а 1
            Мар|к|а 2, Мар|оньк|а 2, Мар|очк|а 3, Мар|уш|а 2,
            Мар|ушк|а 2
(Мар)лен|а → **Лен|а** → Лен|к|а 1 → Леноч|к|а 1
                  Лен|очк|а 2
            Лен|к|а 2, Лен|очк|а 3

МА́РТ|А, ы, *ж* [*сирийск.* 'хозяйка, госпожа'].
   П р о и з в о д н ы е (4):
Март|а → Март|оньк|а, Март|очк|а, Март|ушк|а
Мар(т|а) → **Мар|а**

МАРТИ́Н|А, ы, *ж* [*женск. к* Мартин].
   П р о и з в о д н ы е (51):
Мартин|а → Мартин|к|а 1 → Мартиноч|к|а 1
                  Мартин|очк|а 2
Март(ин|а) → **Март|я 1** → Март|еньк|а 1, Март|оньк|а 1, Март|очк|а 1,
                  Март|ушк|а 1
            Март|еньк|а 2, **Март|оньк|а 2, Март|очк|а 2, Март|ушк|а 2**
(Март)ин|а → **Ин|а 1** → Ин|к|а 1 → Иноч|к|а 1
                  Ин|ок 1 → Иноч|ек 1
                  Ин|ечк|а 1, Ин|очек 2, Ин|очк|а 2
            Ин|ечк|а 2, Ин|к|а 2, Ин|ок 2, Ин|очек 3, Ин|очк|а 3
            Мартиш|а 1 → Мартиш|к|а 1 → Мартиш|ечк|а 1
                  Мартиш|еньк|а 1, Мартиш|ечк|а 2
            Мартиш|еньк|а 2, Мартиш|ечк|а 3, Мартиш|к|а 2
            Мартин|я → Мартин|к|а 2, Мартин|очк|а 3
            Март(ин|я) → Март|я 2; Март|еньк|а 3, Март|оньк|а 3,
                  Март|очк|а 3, Март|ушк|а 3
              (Март)ин|я → Ин|а 2; Ин|ечк|а 3, Ин|к|а 3, Ин|ок 3,
                  Ин|очек 4, Ин|очк|а 4
                  Мартиш|а 2; Мартиш|еньк|а 3,
                  Мартиш|ечк|а 4, Мартиш|к|а 3

МАРТИНИА́Н|А, ы, *ж* [*женск.* к Мартиниан].
   П р о и з в о д н ы е (22):
Мартиниан|а → Мартиниан|к|а
Март(иниан|а) → **Март|а** →Март|юш|а 1 →Мартюш|к|а → Мартюш*еч*к|а 1
                                     Мартюш|еньк|а,
                                     Мартюш|ечк|а 2
                   Март|еньк|а 1, Март|ечк|а 1, Март|оньк|а 1,
                   Март|очк|а 1
            Мар(т|а) → **Мар|а 1** → Мар|к|а 1 → Мар*оч*к|а 1
                         Марь|к|а 1 → Мар*еч*к|а 1
                         Мар|еньк|а 1, Мар|ечк|а 2,
                         Мар|оньк|а 1, Мар|очк|а 2
                   Мар|я 1 → Мар|еньк|а 2, Мар|ечк|а 3,
                         Мар|к|а 2
                         Мар|оньк|а 2, Мар|очк|а 3,
                         Марь|к|а 2
                   Мар|еньк|а 3, Мар|ечк|а 4, Мар|к|а 3,
                   Мар|оньк|а 3, Мар|очк|а 4, Марь|к|а 3
            Март|я →Март|еньк|а 2, Март|ечк|а 2, Март|оньк|а 2,
                      Март|очк|а 2
            Мар(т|я) → Мар|а 2, Мар|я 2; Мар|еньк|а 4,
                       Мар|ечк|а 5, Мар|к|а 4, Мар|оньк|а 4,
                       Мар|очк|а 5, Марь|к|а 4
                   Март|еньк|а 3, Март|ечк|а 3, Март|оньк|а 3, Март|очк|а 3
Мар(тиниан|а) → Мар|а 3, Мар|я 3; Мар|еньк|а 5, Мар|ечк|а 6, Мар|к|а 5,
                   Мар|оньк|а 5, Мар|очк|а 6, Марь|к|а 5
(Мар)тин(иан|а) → **Тин|а** →Тин|к|а 1 → Тин*оч*к|а 1
                      Тин|очк|а 2
               Тин|к|а 2, Тин|очк|а 3

МА́РФ|А, ы, *ж* [*сирийск.* 'хозяйка, госпожа'].
   П р о и з в о д н ы е (58):
Марф|а → Марф|ен|я → Марфень|к|а → Марфен*еч*к|а 1
                        Марфен|ечк|а 2
        (Мар)ф|ен|я → **Фен|я** → Фен|к|а 1 → Фен*оч*к|а 1
                        Фень|к|а 1 →Фен*еч*к|а 1
                        Фен|ечк|а 2, Фен|очк|а 2
                   Фен|ечк|а 3, Фен|к|а 2, Фен|очк|а 3, Фень|к|а 2
        Марф|ун|я → Марфунь|к|а → Марфун*еч*к|а 1, Марфун|ч|ик 1
                   Марфун|ечк|а 2, Марфун|чик 2, Марфун|юшк|а
                Мархун|я 1 → Мархунь|к|а 1 → Мархун*еч*к|а 1
                         Мархун|ечк|а 2
                Мархун|ечк|а 3, Мархунь|к|а 2
        Марх|ун|я 2

Марф|ут|а → **Марфут|к|а** → **Марфуто́ч|к|а** 1
     Марфут|оньк|а, Марфут|очк|а 2, Марфут|ушк|а
    Мархут|а 1 → Мархут|к|а 1 → Мархуто́ч|к|а 1
        Мархут|оньк|а 1, Мархут|очк|а 2
    Мархут|к|а 2, Мархут|оньк|а 2, Мархут|очк|а 3
Марх|ут|а 2
Марф|ух|а → Марфу́ш|к|а → Марфуше́ч|к|а 1
    Марфуш|еньк|а 1, Марфуш|ечк|а 2
Марф|уш|а → Марфуш|еньк|а 2, Марфуш|ечк|а 3, Марфу́ш|к|а 2
    Мархуш|а 1 → Мархуш|к|а 1 → Мархуше́ч|к|а 1
        Мархуш|еньк|а 1, Мархуш|ечк|а 2
    Мархуш|к|а 2, Мархуш|еньк|а 2, Мархуш|ечк|а 3
Марх|уш|а 2
Марф|еньк|а, Марф|оньк|а, Марф|очк|а, Ма́рф|ушк|а
Мар(ф|а) → **Мар|а** → Мар|к|а 1 → Маро́ч|к|а 1
    Мар|уш|а 1 → Мару́ш|к|а → Маруше́ч|к|а 1
       Маруш|еньк|а, Маруш|ечк|а 2
    М(ар)|уш|а → **Муш|а** → Муш|к|а 1 → Муше́ч|к|а 1
         Муш|еньк|а 1, Муш|ечк|а 2
       Муш|еньк|а 2, Муш|ечк|а 3, Муш|к|а 2
    Мар|ь|к|а 1 → Маре́ч|к|а 1
    Мар|еньк|а 1, Мар|ечк|а 2, Мар|оньк|а 1,
    Мар|очк|а 2, Ма́р|ушк|а 1, Марь|ш|а 1, Мар|юшк|а 1
    Мор|я 1
Мар|я → Мар|еньк|а 2, Мар|ечк|а 3, Мар|к|а 2, Мар|оньк|а 2,
    Мар|очк|а 3, Мар|уш|а 2, Ма́р|ушк|а 2, Марь|к|а 2.
    Марь|ш|а 2, Мар|юшк|а 2
    Мор|я 2
Мар|еньк|а 3, Мар|ечк|а 4, Мар|к|а 3, Мар|оньк|а 3,
Мар|очк|а 4, Мар|уш|а 3, Мар|ушк|а 3, Марь|к|а 3,
Марь|ш|а 3, Мар|юшк|а 3
Мор|я 3

Дни ангела и святые (Марфа): 6 февраля, 9 июня — *мученицы*; 4 июня, 23 июня — *преподобные*; 1 сентября — *святая*; 8 ноября — *святая* с именем Марии.

МАРЦЕЛЛИ́Н|А, ы, *ж* [*лат.* 'молоточек'].
 П р о и з в о д н ы е (5):
Марцеллин|а → Марцеллин|к|а, Марцеллин|ушк|а
Марце(лли)н|а → **Марцен|я** → Марцень|к|а 1 → Марцене́ч|к|а 1
          Марцен|ечк|а 2
    Марцен|ечк|а 3, Марцень|к|а 2

МАТИ́ЛЬД|А, ы, *ж* [*др.-герм.* 'сила + сражение'].

Производные (6):
Матильд|а → Матильд|очк|а
Мат(ильд|а) → **Мат|я** → **Мот|я 1** → Моть|к|а 1 → Моть|ш|а 1, Мот|юшк|а 1
  Моть|к|а 2, Моть|ш|а 2, Мот|юшк|а 2
  Мот|я 2; Моть|к|а 3, Моть|ш|а 3, Мот|юшк|а 3

МАТРО́Н|А, ы, *ж* [*лат.* 'почтенная замужняя женщина'; 'знатная женщина, мать'].
Матрён|а, ы (*народн.*).
Производные (106):
Матрон|а → Матрон|к|а → Матрон*оч*|к|а 1
  Матрон|очк|а 2, Матрон|ушк|а
Матр(он|а) → **Матр|я 1** → Матр|юх|а 1 → Матрюш|к|а → Матрюш*еч*|к|а 1
   Матрюш|еньк|а 1,
   Матрюш|ечк|а 2
  Матр|юш|а 1 → Матрюш|еньк|а 2,
   Матрюш|ечк|а 3, Матрюш|к|а 2
  Матр|ях|а 1 → Матряш|к|а 1 → Матряш*еч*|к|а 1
   Матряш|еньк|а 1, Матряш|ечк|а 2
  Матр|яш|а 1 → Матряш|еньк|а 2, Матряш|ечк|а 3
  Матр|еньк|а 1, Матр|ечк|а 1
 Мат(р|я) →
  Мат|я 1 → Мат|ул|я 1 → Матуль|к|а → Матул*еч*|к|а 1
   Матул|еньк|а, Матул|ечк|а 2
  Мат|ус|я 1 → Матусь|к|а → Матусеч|к|а 1
  (Ма)т|ус|я → **Тус|я** → Тусь|к|а 1 → Тус*еч*|к|а 1
   Тус|еньк|а 1,
   Тус|ечк|а 2, Тус|ик 1
  Тус|еньк|а 2, Тус|ечк|а 3,
  Тус|ик 2, Тусь|к|а 2
  М(ат)|ус|я → **Мус|я** → Мусь|к|а 1 →
   Мус*еч*|к|а 1
   Мус|еньк|а 1,
   Мус|ечк|а 2, Мус|ик 1
  Мус|еньк|а 2, Мус|ечк|а 3,
  Мус|ик 2, Мусь|к|а 2
  Мать|к|а → Мат*еч*|к|а 1
  Мат|юл|я 1 → Матюль|к|а → Матюл*еч*|к|а 1
   Матюл|еньк|а, Матюл|ечк|а 2
  Мат|юс|я 1 → Матюсь|к|а → Матюс*еч*|к|а 1
   Матюс|еньк|а, Матюс|ечк|а 2
  Мат|юх|а 1 → Матю́ш|к|а 1 → Матюш*еч*|к|а 1
   Матюш|еньк|а 1,
   Матюш|ечк|а 2

```
                              Мат|юш|а 1 → Матюш|еньк|а 2,
                              |              Матюш|ечк|а 3, Матюш|к|а 2
                              (Ма)т|юш|а → Тюш|а → Тюш|к|а 1 →
                              |                              Тюш|ечк|а 1
                              |                       Тюш|еньк|а 1,
                              |                       Тюш|ечк|а 2
                              |              Тюш|еньк|а 2, Тюш|ечк|а 3,
                              |              Тюш|к|а 2
                              Мат|ях|а 1 → Матяш|к|а 1 → Матяш|ечк|а 1
                              |              Матяш|еньк|а 1, Матяш|ечк|а 2
                              Мат|яш|а 1 → Матяш|еньк|а 2,
                              |              Матяш|ечк|а 3, Матяш|к|а 2
                              Мат|еньк|а 1, Мат|ечк|а 2, Мат|ол|я 1,
                              Мать|ш|а 1, Ма́т|юшк|а 1, Мат|як|а 1
                              Мот|я 1 → Моть|к|а 1 → Мот|ечк|а 1
                              |              Мот|еньк|а 1, Мот|ечк|а 2,
                              |              Мот|ик 1, Моть|ш|а 1
                              Мот|еньк|а 2, Мот|ечк|а 3, Мот|ик 2,
                              Моть|к|а 2, Моть|ш|а 2
                 Мат|еньк|а 2, Мат|ечк|а 3, Мат|ол|я 2, Мат|ул|я 2,
                 Мат|ус|я 2, Мать|к|а 2, Мать|ш|а 2, Мат|юл|я 2,
                 Мат|юс|я 2, Мат|юх|а 2, Мат|юш|а 2, Ма́т|юшк|а 2,
                 Мат|як|а 2, Мат|яш|а 2
                 Мот|я 2; Мот|еньк|а 3, Мот|ечк|а 4, Мот|ик 3,
                 Моть|к|а 3, Моть|ш|а 3
            Ма(т)р|я → Мар|я 1
                       Мотр|я 1 → Мотр|еньк|а 1, Мотр|ечк|а 1
                       Мот(р)я) → Мот|я 3; Мот|еньк|а 4, Мот|ечк|а 5,
                       |              Мот|ик 4, Моть|к|а 4, Моть|ш|а 4
                       Мотр|еньк|а 2, Мотр|ечк|а 2
            Матр|еньк|а 2, Матр|ечк|а 2, Матр|юх|а 2, Матр|юш|а 2,
            Матр|ях|а 2, Матр|яш|а 2
            Мотр|я 2; Мот|реньк|а 3, Мот|речк|а 3
Мат(рон|а) → Мат|я 2; Мат|еньк|а 3, Мат|ечк|а 4, Мат|ол|я 3, Мат|ул|я 3,
          | Мат|ус|я 3, Мать|к|а 3, Мать|ш|а 3, Мат|юл|я 3, Мат|юс|я 3,
          | Мат|юх|а 3, Мат|юш|а 3, Ма́т|юшк|а 3, Мат|як|а 3,
          | Мат|яш|а 3
          | Мот|я 4; Мот|еньк|а 5, Мот|ечк|а 6, Мот|ик 5, Моть|к|а 5,
          | Моть|ш|а 5
Ма(т)р(он|а) → Мар|я 2
М(атр)он|а → Мон|а → Мон|к|а 1 → Мон|оч|к|а 1
           |          Монь|к|а 1 → Мон|ечк|а 1
           |          Мон|ечк|а 2, Мон|оч|к|а 2, Мон|ушк|а 1, Мон|юк|а 1
           |          Мош|а 1 →  Мош|к|а 1 → Мош|ечк|а 1
```

```
                    |                    |           Мош|еньк|а 1, Мош|ечк|а 2
                    |           Мош|еньк|а 2, Мош|ечк|а 3, Мош|к|а 2
                    Мон|я → Мон|ечк|а 3, Мон|к|а 2, Мон|очк|а 3, Мон|ушк|а 2,
                    |           Монь|к|а 2, Мон|юк|а 2
                    |           Мош|а 2; Мош|еньк|а 3, Мош|ечк|а 4, Мош|к|а 3
                    Мон|ечк|а 4, Мон|к|а 3, Мон|очк|а 4, Мон|ушк|а 3,
                    Монь|к|а 3, Мон|юк|а 3
                    Мош|а 3; Мош|еньк|а 4, Мош|ечк|а 5, Мош|к|а 4
(Мат)рон|а → Рон|а → Рон|к|а 1 → Рон*оч*|к|а 1
                    |           Ронь|к|а 1 → Рон*еч*|к|а 1
                    |           Рон|юш|а 1 → Рон*ю*ш|к|а
                    |           Рон|ечк|а 2, Рон|очк|а 2, Рон|ушк|а 1, Рóн|юшк|а 1
                    Рон|я → Рон|ечк|а 3, Рон|к|а 2, Рон|очк|а 3, Рон|ушк|а 2,
                    |           Ронь|к|а 2, Рон|юш|а 2, Рóн|юшк|а 2
                    Рон|ечк|а 4, Рон|к|а 3, Рон|очк|а 4, Рон|ушк|а 3, Ронь|к|а 3,
                    Рон|юш|а 3, Рóн|юшк|а 3
                    Матрош|а → Матрош|еньк|а 1, Матрош|ечк|а 1
                    Матрош|еньк|а 2, Матрош|ечк|а 2
                    Матрён|а → Матрён|к|а 1 → Матрёноч|к|а 1
                    |           Матрён|очк|а 2
                    Матрё(н|а) → Матрё|х|а → Матрёш|к|а 1 → Матрёш*еч*|к|а 1
                    |                    |           Матрёш|еньк|а 1,
                    |                    |           Матрёш|ечк|а 2
                    |                    Матрёш|а 1 → Матрёш|еньк|а 2,
                    |                                Матрёш|ечк|а 3,
                    |                                Матрёш|к|а 2
                    Матр(ён|а) → Матр|я 2; Матр|еньк|а 3, Матр|ечк|а 3,
                    |           Матр|юх|а 3, Матр|юш|а 3, Матр|ях|а 3,
                    |           Матр|яш|а 3
                    |           М*о*тр|я 3; М*о*тр|еньк|а 4, М*о*тр|ечк|а 4
                    Мат(рён|а) → Мат|я 3; Мат|еньк|а 4, Мат|ечк|а 5, Мат|ол|я 4
                    |           Мат|ул|я 4, Мат|ус|я 4, Мать|к|а 4,
                    |           Мать|ш|а 4, Мат|юл|я 4, Мат|юс|я 4,
                    |           Мат|юх|а 4, Мат|юш|а 4, Мá|т|юшк|а 4,
                    |           Мат|як|а 4, Мат|яш|а 4
                    |           М*о*т|я 5; М*о*т|еньк|а 6, М*о*т|ечк|а 7, М*о*т|ик 6,
                    |           М*о*ть|к|а 6, М*о*ть|ш|а 6
                    Ма(т)р(ён|а) → Мар|я 3
                    |                    Матрёш|а 2; Матрёш|еньк|а 3,
                    |                    Матрёш|ечк|а 4, Матрёш|к|а 3
                    Матрён|к|а 2, Матрён|очк|а 3
                    Матрёш|а 3; Матрёш|еньк|а 4, Матрёш|ечк|а 5, Матрёш|к|а 4
```

Дни ангела и святые (Матрона): 20 марта, 27 марта, 18 мая, 6 ноября — *мученицы*; 27 марта, 9 ноября — *святые*.

МА́|Я (Ма[й|а]), Ма́|и (Ма́[й|и]), *ж* (*нов.*)[по названию месяца].

П р о и з в о д н ы е (13):

Ма|я (Ма[й|а]) → Май|к|а → Ма*еч*|к|а 1

                   Ма|юн|я →   Маюнь|к|а → Маюн*ч*|ик 1

                   (Ма[й|у]н|я) Маюн|чик 2

                   Ма|юх|а →   Маю*ш*|к|а 1 → Маюш*еч*|к|а 1

                   (Ма[й|у]х|а) Маю*ш*|еньк|а 1, Маю*ш*|ечк|а 2

                   Маюш|а →   Маюш|еньк|а 2, Маюш|ечк|а 3, Ма́юш|к|а 2

                   (Ма[й|у]ш|а)

                   Ма|еньк|а (Ма[й|э]ньк|а), Ма|ечк|а 2 (Ма[й|э]чк|а),

                   Ма́|юшк|а (Ма́[й|у]шк|а)

Ма|(я) → **Ма|к|а**

МЕЛА́НИ|Я (Мела́ни[й|а]), Мела́ни|и (Мела́ни[й|и]), *ж* [*греч.* 'чёрная, тёмная, мрачная, жестокая'].

Мала́ни|я (Мала́ни[й|а]), Мала́ни|и (Мала́ни[й|и])(*народн.*).

Мала́нь|я (Мала́нь[й|а]), Мала́нь|и (Мала́нь[й|и])(*народн.*).

Мела́нь|я (Мела́нь[й|а]), Мела́нь|и (Мела́нь[й|и])(*разг.*).

П р о и з в о д н ы е (55):

Мелани|я

Мелан(и|я) → **Мелан|а 1** →Мелан|к|а 1 → Меланоч|к|а 1

                     Мелань|к|а 1 → Мелан*еч*|к|а 1

                     Мелан|ечк|а 2, Мелан|очк|а 2, Мелан|ушк|а 1,

                     Мелан|юшк|а 1

                 Мел(ан|а) → **Мил|я 1** →Мил|к|а 1 → Милоч|к|а 1

                                Мил|ок 1 → Милоч|ек 1

                                Миль|к|а 1 → Мил*еч*|к|а 1

                                Мил|юш|а 1 → Милюш|к|а

                                Мил|еньк|а 1, Мил|ечк|а 2,

                                Мил|ёш|а 1, Мил|очек 2,

                                Мил|очк|а 2, Ми́л|юшк|а 2

                              Мол|я 1 → Моль|к|а 1 →Мол*еч*|к|а 1

                                              Мол|еньк|а 1,

                                              Мол|ечк|а 2

                              Мол|еньк|а 2, Мол|ечк|а 3,

                              Моль|к|а 2

                     Мил|еньк|а 2, Мил|ечк|а 3, Мил|ёш|а 2,

                     Мил|к|а 2, Мил|ок 2, Мил|очек 3, Мил|очк|а 3,

                     Миль|к|а 2, Мил|юш|а 2, Ми́л|юшк|а 2

                     Мол|я 2; Мол|еньк|а 3, Мол|ечк|а 2, Моль|к|а 3

                 (Ме)лан|а → **Лан|а 1** →Лан|к|а 1 → Ланоч|к|а 1

                                Лань|к|а 1 → Лан*еч*|к|а 1

                                Лан|ечк|а 2, Лан|очк|а 2, Лан|ушк|а 1

                   Лан|я 1 →Лан|ечк|а 3, Лан|к|а 2, Лан|очк|а 3,

| Лан|ушк|а 2, Лань|к|а 2

Лан|ечк|а 4, Лан|к|а 3, Лан|очк|а 4,
Лан|ушк|а 3, Лань|к|а 3
Мелаш|а 1 → Мелаш|к|а 1 → Мелаш*еч*к|а 1
| Мелаш|еньк|а 1, Мелаш|ечк|а 2
Мелаш|еньк|а 2, Мелаш|ечк|а 3, Мелаш|к|а 2
Мелан|я 1 →Мелан|ечк|а 3, Мелан|к|а 2, Мелан|очк|а 3,
| Мелан|ушк|а 2, Мелань|к|а 2, Мелан|юшк|а 2
Мел(ан|я) → Ми*л*|я 2; Ми*л*|еньк|а 3, Ми*л*|ечк|а 4,
             Ми*л*|ёш|а, Ми*л*|к|а 3, Ми*л*|ок 3, Ми*л*|очек 4,
             Ми*л*|очк|а 4, Ми*л*ь|к|а 3, Ми*л*|юш|а 3,
             М*и́л*|юшк|а 3
             Мо*л*|я 3; Мо*л*|еньк|а 4, Мо*л*|ечк|а 5, Мо*л*ь|к|а 4
(Ме)лан|я →Лана 2, Лан|я 2; Лан|ечк|а 5, Лан|к|а 4,
           Лан|очк|а 5, Лан|ушк|а 4, Лань|к|а 4
           Мелаш|а 2; Мелаш|еньк|а 3, Мелаш|ечк|а 4,
           Мелаш|к|а 3
Мелан|ечк|а 4, Мелан|к|а 3, Мелан|очк|а 4, Мелан|ушк|а 3,
Мелань|к|а 3, Мелан|юшк|а 3
Мелаш|а 3; Мелаш|еньк|а 4, Мелаш|ечк|а 5, Мелаш|к|а 4
Мел(ани|я) → Ми*л*|я 3; Ми*л*|еньк|а 4, Ми*л*|ечк|а 5, Ми*л*|ёш|а 4, Ми*л*|к|а 4,
| Ми*л*|ок 4, Ми*л*|очек 5, Ми*л*|очк|а 5, Ми*л*ь|к|а 4,
| Ми*л*|юш|а 4, М*и́л*|юшк|а 4
Мо*л*|я 4; Мо*л*|еньк|а 5, Мо*л*|ечк|а 6, Мо*л*ь|к|а 5
(Ме)лан(и|я) →Лан|а 3, Лан|я 3; Лан|ечк|а 6, Лан|к|а 5, Лан|очк|а 6,
| Лан|ушк|а 5, Лань|к|а 5
Мелань|я (Мелань[й|а]) → Мелань|юшк|а 1
| (Мелань[й|у]шк|а)
Мелань(я) → Мелан|а 2, Мелан|я 2; Мелан|ечк|а 5,
| Мелан|к|а 4, Мелан|очк|а 5, Мелан|ушк|а 4,
| Мелань|к|а 4, Мелан|юшк|а 4
| Мелаш|а 4; Мелаш|еньк|а 5, Мелаш|ечк|а 6,
            · Мелаш|к|а 5
Мел(ань|я) → Ми*л*|я 4; Ми*л*|еньк|а 5, Ми*л*|ечк|а 6,
| Ми*л*|ёш|а 5, Ми*л*|к|а 5, Ми*л*|ок 5,
| Ми*л*|очек 6, Ми*л*|очк|а 6, Ми*л*ь|к|а 5,
| Ми*л*|юш|а 5, М*и́л*|юшк|а 5
| Мо*л*|я 5; Мо*л*|еньк|а 6, Мо*л*|ечк|а 7,
             Мо*л*ь|к|а 6
(Ме)лан(и|я) → Лан|а 4, Лан|я 4; Лан|ечк|а 7, Лан|к|а 6,
| Лан|очк|а 7, Лан|ушк|а 6, Лань|к|а 6
Мелань|юшк|а 2 (Мелань[й|у]шк|а)
Малани|я
М*а*лан(и|я) → **Малан|а 1** → Малан|к|а 1 → Малан*оч*к|а 1

Малань|к|а 1 → Мала*неч*|к|а 1

Малан|ечк|а 2, Малан|очк|а 2

Мала(н|а) →

Мала|х|а 1 → Мала*ш*|к|а 1 →

Мала*шеч*|к|а 1

Мала*ш*|еньк|а 1,

Мала*ш*|ечк|а 2

Мала*ш*|а 1 →

Мала*ш*|еньк|а 2,

Мала*ш*|ечк|а 3

Мала*ш*|к|а 2

Мал(ан|я) →**Мал|я 1** → Маль|к|а 1 →

Мал*еч*|к|а 1

Мал|еньк|а 1,

Мал|ечк|а 2,

Мал|юшк|а 1

М*о*л|я 6;

М*о*л|еньк|а 7,

М*о*ль|к|а 7,

М*о*л|ечк|а 8

Мал|еньк|а 2, Мал|ечк|а 3,

Маль|к|а 2

Мал|юшк|а 2

М*о*л|я 7; М*о*л|еньк|а 8,

М*о*л|ечк|а 9, М*о*ль|к|а 8

(Ма)лан|а →Лан|а 5, Лан|я 5; Лан|ечк|а 8,

Лан|к|а 7, Лан|очк|а 8,

Лан|ушк|а 7, Лань|к|а 7

Мала*ш*|а 2; Мала*ш*|еньк|а 3,

Мала*ш*|ечк|а 4, Мала*ш*|к|а 3

Малан|я 1 → Малан|ечк|а 3, Малан|к|а 2,

Малан|очк|а 3, Малань|к|а 2

Мала(н|я) → Мала|х|а 2

Мал(ан|я) → Мал|я 2; Мал|еньк|а 3,

Мал|ечк|а 4, Маль|к|а 3,

Мал|юшк|а 3

М*о*л|я 8; М*о*л|еньк|а 9,

М*о*л|ечк|а 10, М*о*ль|к|а 9

(Ма)лан|я → Лан|а 6, Лан|я 6; Лан|ечк|а 9,

Лан|к|а 8, Лан|очк|а 9,

Лан|ушк|а 8, Лань|к|а 8

Мала*ш*|а 3; Мала*ш*|еньк|а 4,

Мала*ш*|ечк|а 5, Мала*ш*|к|а 4

Малан|ечк|а 4, Малан|к|а 3, Малан|очк|а 4,

Малань|к|а 3

Малаш|а 4, Малаш|еньк|а 5, Малаш|ечк|а 6,
Малаш|к|а 5

Мала(ни|я) → Мала|х|а 3

Мал(ани|я) → Мал|я 3; Мал|еньк|а 4, Мал|ечк|а 5,
Маль|к|а 4, Мал|юшк|а 4
Мол|я 9; Мол|еньк|а 10, Мол|ечк|а 11,
Моль|к|а 10

(Ма)лан(и|я) → Лан|а 7, Лан|я 7; Лан|ечк|а 10, Лан|к|а 9,
Лан|очк|а 10, Лан|ушк|а 9, Лань|к|а 9

Малань|я (Малань[й|а]) → Малань|юшк|а 1
(Малань[й|у]шк|а)

Малан(ь|я) → Малан|а 2, Малан|я 2;
Малан|ечк|а 5, Малан|к|а 4,
Малан|очк|а 5,
Малань|к|а 4
Малаш|а 5;
Малаш|еньк|а 6,
Малаш|ечк|а 7, Малаш|к|а 6

Мала(нь|я) → Мала|х|а 4

Мал(ань|я) → Мал|я 4; Мал|еньк|а 5,
Мал|ечк|а 6, Маль|к|а 5,
Мал|юшк|а 5
Мол|я 10; Мол|еньк|а 11,
Мол|ечк|а 12, Моль|к|а 11

(Ма)лан(ь|я) → Лан|а 8, Лан|я 8;
Лан|ечк|а 11, Лан|к|а 10,
Лан|очк|а 11,
Лан|ушк|а 10, Лань|к|а 10

Малань|юшк|а 2 (Малань[й|у]щк|а)

Малань|я 2 (Малань[й|а]); Малань|юшк|а 3
(Малань[й|у]шк|а)

День ангела и святая (Мелания): 31 декабря — *преподобная*.

МЕЛИТИ́Н|А, ы, *ж* [*греч.* 'медовая'].

П р о и з в о д н ы е (30):

Мелитин|а → Мелинин|к|а → Мелитиноч|к|а 1
Мелинит|очк|а 2, Мелитин|ушк|а
Мел(итин|а) → **Мел|я** → Мел|ен|я 1 → Меле́нь|к|а → Меленеч|к|а 1
Мелен|ечк|а 2
(Ме)л|ен|я → **Лен|а 1** → Лен|к|а 1 → Леноч|к|а 1
Лень|к|а 1 → Ленеч|к|а 1
Лен|уш|а 1 →
Лену́ш|к|а →

Ленуш*еч*|к|а 1
Ленуш|еньк|а,
Ленуш|ечк|а 2
Лен|ечк|а 2, Лен|очк|а 2,
Лён|ушк|а 1
Лён|я 1 → Лён|ушк|а 1,
Лёнь|к|а 1
Лён|ушк|а 2, Лёнь|к|а 2
Лен|я 1 → Лен|ечк|а 3, Лен|к|а 2,
Лен|очк|а 3, Лен|уш|а 2,
Лён|ушк|а 2, Лень|к|а 2
Лён|я 2; Лён|ушк|а 3,
Лёнь|к|а 3
Лен|ечк|а 4, Лен|к|а 3, Лен|очк|а 4,
Лен|уш|а 3, Лён|ушк|а 3, Лень|к|а 3
Лён|я 3; Лён|ушк|а 4, Лёнь|к|а 4
Мель|к|а 1 → Мел*еч*|к|а 1
Мёл|еньк|а 1, Мел|ечк|а 2
Мёл|еньк|а 2, Мел|ен|я 2, Мел|ечк|а 3, Мель|к|а 2
(Ме)ли(ти)н|а → **Лин|а** → Лин|к|а 1 → Лин*оч*|к|а 1
Лин|уш|а 1 → Линуш|к|а
Лин|очк|а 2
Лин|к|а 2, Лин|очк|а 3, Лин|уш|а 2
(Мели)тин|а → **Тин|а**
День ангела и святая (Мелитина): 16 сентября — *мученица*.

МИЛА́Н|А, ы, ж [*женск. к* Милан].
Производные (2):
Милан|а → Милан|к|а
Мил(ан|а) → **Мил|а**

МИЛЕ́Н|А, ы, ж [*женск. к* Милен].
Производные (3):
Милен|а → Милен|к|а → Милен*оч*|к|а 1
Милен|очк|а 2
Мил(ен|а) → **Мил|а**

МИ́ЛИЦ|А, ы, ж [*болг.* 'милая'].
Производные (22):
Милиц|а
Мил(иц|а) → **Мил|а** → Мил|к|а 1 → Мил*оч*|к|а 1
Мил|ок 1 → Милоч|ек 1
Мил|ус|я 1 → Милус|еньк|а, Милусь|к|а
Мил|уш|а 1 → Милуш|к|а

Миль|к|а 1 → Милеч|к|а 1
Мил|юс|я 1 → Милюсь|к|а → Милюсеч|к|а
Милюс|еньк|а, Милюс|ечк|а 2
Мил|юш|а 1 → Милюшк|а
Мил|ечк|а 2, Мил|ёш|а 1, Мил|оньк|а 1,
Мил|очек 2, Мил|очк|а 2, Ми́л|юшк|а 1
Мил|я → Мил|ечк|а 3, Мил|ёш|а 2, Мил|к|а 2, Мил|ок 2,
Мил|оньк|а 2, Мил|очек 3, Мил|очк|а 3,
Мил|ус|я 2, Мил|уш|а 2, Миль|к|а 2, Мил|юс|я 2,
Мил|юш|а 2, Ми́л|юшк|а 2
Мил|ечк|а 4, Мил|ёш|а 3, Мил|к|а 3, Мил|ок 3,
Мил|оньк|а 3, Мил|очек 4, Мил|очк|а 4, Мил|ус|я 3,
Мил|уш|а 3, Миль|к|а 3, Мил|юс|я 3, Мил|юш|а 3,
Ми́л|юшк|а 3

МИЛОСЛА́В|А, ы, *ж* [*женск. к* Милослав].
П р о и з в о д н ы е (20):
Милослав|а
Мил(ослав|а) → **Мил|а** → Мил|к|а 1 → Милоч|к|а 1
Мил|ок 1 → Милоч|ек 1
Мил|уш|а 1 → Милу́ш|к|а → Милушеч|к|а 1
Милуш|еньк|а, Милуш|ечк|а 2
Мил|ечк|а 1, Мил|ёш|а 1, Мил|оньк|а 1,
Мил|очек 2, Мил|очк|а 2, Ми́л|ушк|а 1
Мил|ечк|а 2, Мил|ёш|а 2, Мил|к|а 2, Мил|ок 2,
Мил|оньк|а 2, Мил|очек 3, Мил|очк|а 3, Мил|уш|а 2,
Ми́л|ушк|а 2
(Мило)слав|а → **Слав|а** → Слав|к|а 1 → Славоч|к|а 1
Слав|еньк|а 1, Слав|ик 1, Слав|оньк|а 1,
Слав|очк|а 2, Слав|ушк|а 1
Слав|еньк|а 2, Слав|ик 2, Слав|к|а 2, Слав|оньк|а 2,
Слав|очк|а 3, Слав|ушк|а 2

МИРОСЛА́В|А, ы, *ж* [*женск. к* Мирослав].
П р о и з в о д н ы е (13):
Мирослав|а
Мир(ослав|а) → **Мир|а** → Мир|к|а 1 → Мироч|к|а 1
Мир|ик 1, Мир|оньк|а 1, Мир|очк|а 2,
Мир|ушк|а 1
Мир|ик 2, Мир|к|а 2, Мир|оньк|а 2, Мир|очк|а 3,
Мир|ушк|а 2
(Миро)слав|а → **Слав|а** → Слав|к|а 1 → Славоч|к|а 1
Слав|еньк|а 1, Слав|ик 1, Слав|оньк|а 1,
Слав|очк|а 2, Слав|ушк|а 1

Слав|еньк|а 2, Слав|ик 2, Слав|к|а 2, Слав|оньк|а 2,
Слав|очк|а 3, Слав|ушк|а 2

МИ́РР|А¹, ы, *ж* [*греч.* имя матери Адониса, превращенной, согласно ле-
генде, в дерево мирру, или мирт].
    П р о и з в о д н ы е (6):
Мирр|а
Мир(р|а) → **Мир|а** → Мир|к|а 1 → Мир*оч*|к|а 1
    | Мир|ик 1, Мир|оньк|а 1, Мир|очк|а 2, Мир|ушк|а 1
        Мир|ик 2, Мир|к|а 2, Мир|оньк|а 2, Мир|очк|а 3, Мир|ушк|а 2

МИ́РР|А², ы, *ж* (*нов*) [сокращение сочетания 'мировая революция'].
Мир(овая) р(еволюция) → **Мирр|а**
    П р о и з в о д н ы е (6):
Мирр|а
Мир(р|а) → **Мир|а** → Мир|к|а 1 → Мир*оч*|к|а 1
    | Мир|ик 1, Мир|оньк|а 1, Мир|очк|а 2, Мир|ушк|а 1
        Мир|ик 2, Мир|к|а 2, Мир|оньк|а 2, Мир|очк|а 3,
        Мир|ушк|а 2

МИХАЙЛИ́Н|А, ы, *ж* [образовано от мужск. имени Михаил].
    П р о и з в о д н ы е (6):
Михайлин|а → Михайлин|к|а
(Михай)лин|а → **Лин|а** → Лин|к|а 1 → Лин*оч*|к|а 1
                                    Лин|уш|а 1 → Линуш|к|а
                        | Лин|очк|а 2
                        Лин|к|а 2, Лин|уш|а 2, Лин|очк|а 3

МУ́З|А, ы, *ж* [из *греч.* 'богиня наук и искусств, вдохновительница'].
    П р о и з в о д н ы е (4):
Муз|а → Муз|к|а → Муз*оч*|к|а 1
        Муз|ик, Муз|оньк|а, Муз|очк|а 2
День ангела и святая (Муза): 16 мая — *блаженная*.

Н

НАДЕ́ЖД|А, ы, *ж* (*нов.*)[*заимств. из ст.-слав. яз.*, где появилось как калька с греч. слова].

П р о и з в о д н ы е (51):
Надежд|а → Надежд|ушк|а
Над(ежд|а) → **Над|я** → Над|е|я 1 (Над|е[й|а])→ Надей|к|а
| | | Над|ён|а 1 → Надён|к|а → Надён*оч*|к|а 1
| | | | Надён|очк|а 2, Надён|ушк|а
| | | Над|ин|а 1 → Надин|к|а → Надин*оч*|к|а 1
| | | | Надин|очк|а 2, Надин|ушк|а
| | | (На)д|ин|а → **Дин|а** → Дин|к|а 1 → Дин*оч*|к|а 1
| | | | | Дин|очк|а 2, Дин|ушк|а 1
| | | | Дин|к|а 2, Дин|очк|а 3, Дин|ушк|а 2
| | | Над|иш|а 1 → Надиш|к|а → Надиш*еч*|к|а 1
| | | | Надиш|еньк|а, Надиш|ечк|а 2
| | | **Надь|к|а** 1 → **Надеч|к|а** 1
| | | **Над|юн|я** 1 → **Надюнь|к|а** → **Надюн*еч*|к|а** 1
| | | | Надюн|ечк|а 2
| | | **Над|юр|а** 1 → **Надюр|к|а** → **Надюр|очк|а** 1
| | | | Надюр|оньк|а, Надюр|очк|а 2
| | | **Над|юс|я** 1 → **Надюсь|к|а** → **Надюс*еч*|к|а** 1
| | | | Надюс|еньк|а, Надюс|ечк|а 2,
| | | | Надюс|ик
| | | **Над|юх|а** 1 → **Надю*ш*|к|а** 1 → **Надюш*еч*|к|а** 1
| | | | Надю*ш*|еньк|а 1, Надю*ш*|ечк|а 2,
| | | | Надю*ш*|ок 1, Надю*ш*|онок 1
| | | **Над|юш|а** 1 → Надюш|еньк|а 2, Надюш|ечк|а 3,
| | | | Надюш|к|а 2, Надюш|ок 2,
| | | | Надюш|онок 2
| | | Над|еньк|а 1, Над|ечк|а 2, Над|ёк 1, Над|ёх|а 1,
| | | Над|ик 1, Нады́|ш|а 1, На́д|юшк|а 1

Над|еньк|а 2, Над|ечк|а 3, Над|е|я 2, Над|ёк 2, Над|ён|а 2,
Над|ёх|а 2, Над|ик 2, Над|ин|а 2, Над|иш|а 2, Надь|к|а 2,
Надь|ш|а 2, Над|юн|я 2, Над|юр|а 2, Над|юс|я 2, Над|юх|а 2,
Над|юш|а 2, На́д|юшк|а 2

Надеж(д|а) → **Надёж|а** → Надёж|к|а 1 → Надёж|еч|к|а 1
                               Надёж|еньк|а 1, Надёж|ечк|а 2
           Надёж|еньк|а 2, Надёж|ечк|а 3, Надёж|к|а 2

День ангела и святая (Надежда): 17 сентября — *мученица*.

НАРКИ́СС|А, ы, *ж* [*женск. к* Наркисс].

П р о и з в о д н ы е (12):

Наркисс|а

Наркис(с|а) → **Наркис|а** → Наркис|к|а 1
            Нар(кис|а) → **Нар|а 1** → Нар|к|а 1 → Нар*оч*|к|а 1
                                   Нар|ик 1, Нар|оньк|а 1,
                                   Нар|очк|а 2, Нар|ушк|а 1
                     Нар|ик 2, Нар|к|а 2, Нар|оньк|а 2,
                     Нар|очк|а 3, Нар|ушк|а 2
            (Нар)кис|а → **Кис|а 1** → Кис|к|а 1 → Кис*оч*|к|а 1
                                   Кис|очк|а 2
                     Кис|я 1 → Кис|к|а 2, Кис|очк|а 3
                     Кис|к|а 3, Кис|очк|а 4
            Наркис|к|а 2

Нар(кисс|а) → Нар|а 2; Нар|ик 3, Нар|к|а 3, Нар|оньк|а 3, Нар|очк|а 4,
Нар|ушк|а 3

(Нар)кис(с|а) → Кис|а 2, Кис|я 2; Кис|к|а 4, Кис|очк|а 5

НАТА́ЛИ|Я (Ната́ли[й|а]), Ната́ли|и(Ната́ли[й|и]), *ж* [*лат.* 'родная'; 'к
рождению относящаяся, природная'].

Ната́ль|я (Ната́ль[й|а]), Ната́ль|и(Ната́ль[й|и]) (*разг.*).

П р о и з в о д н ы е (95):

Натали|я

Натал(и|я) → **Натал|а 1** → Натал|к|а 1 → Натал*оч*|к|а 1
                                Наталь|к|а 1 → Натал*еч*|к|а 1
                                Натал|еньк|а 1, Натал|ечк|а 2, Натал|оньк|а 1,
                                Натал|очк|а 2, Натал|ушк|а 1, Натал|юшк|а 1
            Ната(л|а) → **Ната|н|я 1** →Натань|к|а → Натан*еч*|к|а 1
                                  Натан|ечк|а 2, Натан|юшк|а
                        Ната|х|а 1 →Наташ|к|а 1 → Наташ*еч*|к|а 1
                                  Наташ|еньк|а 1, Наташ|ечк|а 2,
                                  Наташ|онк|а 1, Наташ|онок 1
                        Наташ|а 1 → Наташ|еньк|а 2,
                                    Наташ|ечк|а 3,
                                    Наташ|к|а 2,

Наташ|онк|а 2,
Наташ|онок 2
Наташ|а 2
(На)та|ш|а → **Таш|а 1** → Таш|к|а 1 →
Таш*еч*|к|а 1
Таш|еньк|а 1,
Таш|ечк|а 2, Таш|ок 1
Таш|еньк|а 2, Таш|ечк|а 3,
Таш|к|а 2, Таш|ок 2
Нат(ал|а) → **Нат|а 1** → Нат|к|а 1 → Нат*оч*|к|а 1
Нат|ул|я 1 → Натуль|к|а →
Натул*еч*|к|а 1,
Натуль|ч|ик 1
Натул|еньк|а,
Натул|ечк|а 2
Натуль|чик 2
Нат|ус|я 1 → Натусь|к|а →
Натус*еч*|к|а 1
Натус|еньк|а,
Натус|ечк|а 2, Натус|ик
(На)т|ус|я → **Тус|я 1**
Нат|ик 1, Нат|оньк|а 1, Нат|очк|а 2,
Нат|ун|я 1, Нат|ушк|а 1
Нат|ик 2, Нат|к|а 2, Нат|оньк|а 2, Нат|очк|а 3,
Нат|ул|я 2, Нат|ун|я 2, Нат|ус|я 2, Нат|ушк|а 2
На(та)л|а → **Нал|а 1** → Нал|к|а 1 → Нал*оч*|к|а 1
Наль|к|а 1 → Нал*еч*|к|а 1, Нальч|ик 1
Нал|еньк|а 1, Нал|ечк|а 2,
Нал|оньк|а 1, Нал|очк|а 2,
Нал|ушк|а 1, Наль|чик 2
Нал|я 1 → Нал|еньк|а 2, Нал|ечк|а 3, Нал|к|а 2,
Нал|оньк|а 2, Нал|очк|а 3,
Нал|ушк|а 2, Наль|к|а 2, Наль|чик 3
Нал|еньк|а 3, Нал|ечк|а 4, Нал|к|а 3,
Нал|оньк|а 3, Нал|очк|а 4, Нал|ушк|а 3,
Наль|к|а 3, Наль|чик 4
(На)тал|а → **Тал|а 1** → Тал|к|а 1 → Тал*оч*|к|а 1
Тал|юс|я 1 → Талюсь|к|а →
Талюс*еч*|к|а 1
Талюс|еньк|а,
Талюс|ечк|а 2
Тал|юш|а 1 → Талюш|к|а →
Талюш*еч*|к|а 1
Талюш|еньк|а,

Талюш|ечк|а 2,

Таль|к|а 1 →Тал|ечк|а 1

Тал|еньк|а 1, Тал|ечк|а 2, Тал|ён|а 1,
Тал|ик 1, Тал|оньк|а 1, Тал|очк|а 2,
Тал|ушк|а 1, Та́л|юшк|а 1

Тал|я 1 → Тал|еньк|а 2, Тал|ечк|а 3, Тал|ён|а 2,
Тал|ик 2, Тал|к|а 2, Тал|оньк|а 2,
Тал|очк|а 3, Тал|ушк|а 2, Таль|к|а
Тал|юс|я 2, Тал|юш|а 2, Та́л|юшк|а 2

Тал|еньк|а 3, Тал|ечк|а 4, Тал|ён|а 3, Тал|ик 3,
Тал|к|а 3, Тал|оньк|а 3, Тал|очк|а 4, Тал|ушк|а 3,
Таль|к|а 3, Тал|юс|я 3, Тал|юш|а 3, Та́л|юшк|а 3

(На)та(л|а) → **Та|с|я 1** → Тась|к|а → Тас|ечк|а 1

Тас|ют|я → Тасют|к|а →Тасюто́|к|а 1
Тасют|очк|а 2,
Тасют|ушк|а

Тас|еньк|а, Тас|ечк|а 2, Тас|ик

Та|т|а 1 → Тат|к|а 1 → Тато́|к|а 1

Тат|ус|я 1 → Татусь|к|а →
Татус*еч*|к|а 1
Татус|еньк|а,
Татус|ечк|а 2, Татус|ик

(Та)т|ус|я → Тус|я 2

Тат|оньк|а 1, Тат|очк|а 2

Та|т|я 1 → Тат|к|а 2, Тат|оньк|а 2, Тат|очк|а 3,
Тат|ус|я 2

Та|ш|а 2

Натал|я 1 →Натал|еньк|а 2, Натал|ечк|а 3, Натал|к|а 2,
Натал|оньк|а 2, Натал|очк|а 3, Натал|ушк|а 2,
Наталь|к|а 2, Натал|юшк|а 2

Ната(л|я) → Ната|н|я 2, Ната|х|а 2, Ната|ш|а 3

Нат(ал|я) → Нат|а 2; Нат|ик 3, Нат|к|а 3, Нат|оньк|а 3,
Нат|очк|а 4, Нат|ул|я 3, Нат|ун|я 3, Нат|ус|я 3

На(та)л|я → Нал|а 2, Нал|я 2; Нал|еньк|а 4, Нал|ечк|а 5,
Нал|к|а 4, Нал|оньк|а 4, Нал|очк|а 5,
Нал|ушк|а 4, Наль|к|а 4, Наль|чик 5

(На)тал|я → Тал|а 2, Тал|я 2; Тал|еньк|а 4, Тал|ечк|а 5,
Тал|ён|а 4, Тал|ик 4, Тал|к|а 4, Тал|оньк|а 4,
Тал|очк|а 5, Тал|ушк|а 4, Таль|к|а 4, Тал|юс|я 4,
Тал|юш|а 4, Та́л|юшк|а 4

(На)та(л|я) → Та|с|я 2, Та|т|а 2, Та|т|я 2, Та|ш|а 3

Натал|еньк|а 3, Натал|ечк|а 4, Натал|к|а 3, Натал|онь|к|а 3,
Натал|очк|а 4, Натал|ушк|а 3, Наталь|к|а 3, Натал|юшк|а 3

Ната(ли|я) → Ната|н|я 3, Ната|х|а 3, Ната|ш|а 4

Нат(али|я) → Нат|а 3; Нат|ик 4, Нат|к|а 4, Нат|оньк|а 4, Нат|очк|а 5,
         Нат|ул|я 4, Нат|ун|я 4, Нат|ус|я 4

На(та)л(и|я) → Нал|а 3, Нал|я 3; Нал|еньк|а 5, Нал|ечк|а 6; Нал|к|а 5,
         Нал|оньк|а 5, Нал|очк|а 6, Нал|ушк|а 5, Нальк|а 5,
         Нал|юшк|а 5

(На)та(ли|я) → Тал|а 3, Тал|я 3; Тал|еньк|а 5, Тал|ечк|а 6, Тал|ён|а 5,
         Тал|ик 5, Тал|к|а 5, Тал|оньк|а 5, Тал|очк|а 6, Тал|ушк|а 5,
         Таль|к|а 5, Тал|юс|я 5, Тал|юш|а 5, Тáл|юшк|а 5

(На)та(ли|я) → Та|с|я 3, Та|т|а 3, Та|т|я 3, Та|ш|а 4

      Наталь|я (Наталь[й|а]) → Наталь|юшк|а 1
                             (Наталь[й|у]шк|а)

      Натал(ь|я) → Натал|а 2, Натал|я 2; Натал|еньк|а 4,
                  Натал|ечк|а 5, Натал|к|а 4, Натал|оньк|а 4,
                  Натал|очк|а 5, Натал|ушк|а 4, Наталь|к|а 4,
                  Натал|юшк|а 4

      Ната(ль|я) → Ната|н|я 4, Ната|х|а 4, Ната|ш|а 5

      Нат(аль|я) → Нат|а 4; Нат|ик 5, Нат|к|а 5, Нат|оньк|а 5,
                  Нат|очк|а 6, Нат|ул|я 5, Нат|ун|я 5,
                  Нат|ус|я 5

      На(та)ль|я → Нал|а 4, Нал|я 4; Нал|еньк|а 6, Нал|ечк|а 7,
                  Нал|к|а 6, Нал|оньк|а 6, Нал|очк|а 7,
                  Нал|ушк|а 6, Наль|к|а 6, Нал|юшк|а 6

      (На)тал ь[|я) → Тал|а 4, Тал|я 4; Тал|еньк|а 6, Тал|ечк|а 7,
                  Тал|ён|а 6, Тал|ик 6, Тал|к|а 6,
                  Тал|оньк|а 6, Тал|очк|а 7, Тал|ушк|а 6,
                  Таль|к|а 6, Тал|юс|я 6, Тал|юш|а 6,
                  Тáл|юшк|а 6

      (На)тал(ь|я) → Та|с|я 4, Та|т|а 4, Та|т|я 4, Та|ш|а 5

      Наталь|юшк|а 2 (Наталь[й|у]шк|а)

День ангела и святая (Наталия): 26 августа — *мученица*.

НÉЛЛИ, нескл., *ж* [*из греч.* 'солнечная'].
   П р о и з в о д н ы е (2):
Нелли
Нел(л)и → **Нел|я** → Нель|к|а 1 → Нел|ечк|а 1
               Нель|к|а 2, Нел|еньк|а, Нел|ечк|а 2

НЕОНИ́ЛЛ|А, ы, *ж* [*греч.* 'молодая, новая'; 'молодость'].
Неони́л|а, ы (*разг.*).
Нени́л|а, ы (*разг.*).
Неоли́н|а, ы (*прост.*).
   П р о и з в о д н ы е (30):
Неонилл|а
Неонил(л|а) → **Неонил|а** → Неонил|к|а 1

Не(о)нил|а → **Ненил|а 1** → Ненил|к|а 1 → Ненил*оч*|к|а 1
Ненил|очк|а 2,
Ненил|ушк|а 1

Нен(ил|а) → **Нен|я 1** → Нень|к|а 1 →
Нен*еч*|к|а 1
Нен|ечк|а 2
Нен|ечк|а 3, Нень|к|а 2

Не(ни)л|а → **Нел|а 1** → Нел|к|а 1 →
Нел*оч*|к|а 1
Нель|к|а 1 →
Нел*еч*|к|а 1
Нел|еньк|а 1,
Нел|ечк|а 2,
Нел|очк|а 2

Нел|я 1 → Нел|еньк|а 2,
Нел|ечк|а 3,
Нел|к|а 2,
Нел|очк|а 3,
Нель|к|а 2

Нел|еньк|а 3, Нел|ечк|а 4,
Нел|к|а 3, Нел|очк|а 4,
Нель|к|а 3

(Не)нил|а → **Нил|а 1** → Нил|к|а 1 →
Нил*оч*|к|а 1
Нил|еньк|а 1,
Нил|ечк|а 1,
Нил|оньк|а 1,
Нил|очк|а 2,
Нил|ушк|а 1

Нил|еньк|а 2, Нил|ечк|а 2,
Нил|к|а 2, Нил|оньк|а 2,
Нил|очк|а 3, Нил|ушк|а 2

Ненил|к|а 2, Ненил|очк|а 3, Ненил|ушк|а 2

Не(о)н(ил|а) → Нен|я 2; Нен|ечк|а 4, Нень|к|а 3

Не(они)л|а → Нел|а 2, Нел|я 2; Нел|еньк|а 4, Нел|ечк|а 5,
Нел|к|а 4, Нел|очк|а 5, Нель|к|а 4

(Нео)нил|а → Нил|а 2; Нил|еньк|а 3, Нил|ечк|а 3,
Нил|к|а 3, Нил|оньк|а 3, Нил|очк|а 4,
Нил|ушк|а 3

Неонил|к|а 2

Не(о)ни(л)л|а → Ненил|а 2; Ненил|к|а 3, Ненил|очк|а 4, Ненил|ушк|а 3
Не(о)н(илл|а) → Нен|я 3; Нен|ечк|а 5, Нень|к|а 4
Не(онил)л|а → Нел|а 3, Нел|я 3; Нел|еньк|а 5, Нел|ечк|а 6, Нел|к|а 5,
Нел|очк|а 6, Нель|к|а 5

(Нео)нил(л|а) → Нил|а 3; Нил|еньк|а 4, Нил|ечк|а 4, Нил|к|а 4,
                    Нил|оньк|а 4, Нил|очк|а 5, Нил|ушк|а 4
Не(они)лл|а → **Нелл|а** → Нелл|очк|а 1
            Нел(л|а) → Нел|а 4, Нел|я 4; Нел|еньк|а 6, Нел|ечк|а 7,
                    Нел|к|а 6, Нел|очк|а 7, Нель|к|а 6
            Нелл|я → Нелл|очк|а 2
            Нел(л|я) → Нел|а 5, Нел|я 5; Нел|еньк|а 7, Нел|ечк|а 8,
                    Нел|к|а 7, Нел|очк|а 8, Нель|к|а 7
            Нелл|очк|а 3
(Нео)нилл|а → **Нилл|а** → Нилл|оньк|а 1, Нилл|очк|а 1, Нилл|ушк|а 1
            Нил(л|а) → Нил|а 4; Нил|еньк|а 5, Нил|ечк|а 5, Нил|к|а 5,
                    Нил|оньк|а 5, Нил|очк|а 6, Нил|ушк|а 5
            Нилл|оньк|а 2, Нилл|очк|а 2, Нилл|ушк|а 2
   День ангела и святая (Неонила): 28 октября — *мученица*.

НИ́К|А, и, *ж* [*в античной мифологии* - 'богиня победы'; *греч.* 'победа'].
   П р о и з в о д н ы е (12):
Ник|а → Ник|ус|я → Никусь|к|а → Никусеч|к|а 1
                 Никус|еньк|а, Никус|ечк|а 2, Никус|ик
       Ник|уш|а →Нику́ш|к|а → Никушеч|к|а 1
               Никуш|еньк|а, Никуш|ечк|а 2
       Ни́к|ушк|а
       Нич|а → Нич|к|а 1
       Нич|к|а 2
   Дни ангела и святые (Ника): 10 марта, 16 апреля — *мученицы*.

НИ́МФ|А, *ж* [*греч.* 'невеста, молодая жена + дар'].
   П р о и з в о д н ы е (2):
Нимф|а → Нимф|ушк|а
Ним(ф|а) → **Ним|а**

НИ́Н|А, ы, *ж* [*греч., возможно, женск.* к Нин — имя легендарного основателя Ассирийского государства].
   П р о и з в о д н ы е (60):
Нин|а → Нин|к|а → Нино́ч|к|а 1, Нинч|ик 1
       Нин|ок → Нино́ч|ек 1
       Нин|он|а → Нинон|к|а 1, Нинон|ушк|а 1, Нино́нь|к|а 1
       Нин|он|я → Нинон|к|а 2, Нинон|ушк|а 2, Нино́нь|к|а 2
       Нин|ох|а → Нино́ш|к|а 1 → Нино́шеч|к|а 1
               Нино́ш|еньк|а 1, Нино́ш|ечк|а 2
       Нин|ош|а → Нино́ш|еньк|а 2, Нино́ш|ечк|а 3, Нино́ш|к|а 2
       Нин|ул|я → Нинуль|к|а → Нинуле́ч|к|а 1, Нинульч|ик 1
               Нинул|еньк|а, Нинул|ечк|а 2, Нинуль|чик 2
       Нин|ун|я → Нинунь|к|а → Нинуне́ч|к|а 1

```
        |                Нинун|ечк|а 2
        (Ни)н|ун|я → Нун|я → Нунь|к|а 1 → Нунеч|к|а 1
        |                              Нун|ечк|а 2
        |                Нун|ечк|а 3, Нунь|к|а 2
        Нин|ур|а → Нинур|к|а → Нинуроч|к|а 1
                         Нинур|ик, Нинур|оньк|а, Нинур|очк|а 2
        Нин|ус|я → Нинусь|к|а → Нинусеч|к|а 1
                         Нинус|еньк|а, Нинус|ечк|а 2, Нинус|ик
        (Ни)н|ус|я → Нус|я → Нусь|к|а 1 → Нусеч|к|а 1
        |                              Нус|еньк|а 1, Нус|ечк|а 2, Нус|ик 1
        |                Нус|еньк|а 2, Нус|ечк|а 3, Нус|ик 2, Нусь|к|а 2
        Нин|ух|а → Нинуш|к|а 1 → Нинушеч|к|а 1
                         Нинуш|еньк|а 1, Нинуш|ечк|а 2
        Нин|уш|а → Нинуш|еньк|а 2, Нинуш|ечк|а 3, Нинуш|к|а 2
        Нин|юр|а → Нинюр|очк|а
        Нин|ак|а, Нин|ан|я, Нин|оньк|а, Нин|очек 2, Нин|очк|а 2,
        Нин|ушк|а
Ни(н|а) → Ни|к|а → Ник|оньк|а, Ник|очк|а
        |                Нич|а 1 → Нич|к|а 1
        |                Нич|к|а 2
        Ни|ч|а 2
        Ни|т|а → Нит|к|а → Нит|очк|а 1
        |                Нит|очк|а 2
        Ни|ш|а
```

День ангела и святая (Нина): 11 января — *святая*.

НИНЕ́ЛЬ|, и, *ж* (*нов.*)[обратное прочтение слова Ленин].

П р о и з в о д н ы е (15):

```
Нинель → Нинель|к|а
Нин(ель) → Нин|а → Нин|ак|а 1, Нин|ан|я 1
                    Нин|ак|а 2, Нин|ан|я 2
Ни(не)ль → Нил|а → Нил|еньк|а 1, Нил|ечк|а 1, Нил|к|а 1
           Нил|я → Нил|еньк|а 2, Нил|ечк|а 2, Нил|к|а 2
                    Нил|еньк|а 3, Нил|ечк|а 3, Нил|к|а 3
Н(ин)ель → Нел|я → Нель|к|а 1, Нел|ечк|а 1
                    Нел|еньк|а 1, Нел|ечк|а 2, Нел|ик 1, Нел|к|а 1
           Нел|еньк|а 2, Нел|ечк|а 3, Нел|ик 2, Нел|к|а 2, Нель|к|а 2
```


НОВЕ́ЛЛ|А, ы, *ж* [*лат.* 'новенькая, молоденькая'].

П р о и з в о д н ы е (29):

```
Новелл|а → Новелл|оньк|а, Новелл|очк|а
Новел(л|а) → Новел|а → Новел|к|а 1 → Новелоч|к|а 1
        |                Новел|оньк|а 1, Новел|очк|а 2
        |       Нов(ел|а) → Нов|а 1 → Нов|к|а 1 → Новоч|к|а 1
```

| | Нов|ик 1, Нов|оньк|а 1, Нов|очк|а 2 |

Но(в)а → **Но|н|а 1**
Нов|ик 2, Нов|к|а 2, Нов|оньк|а 2, Нов|очк|а 3
Но(вел|а) → Но|н|а 2
Н(ов)ел|а → **Нел|а 1** → Нел|к|а 1 → Нел|оч|к|а 1
Нел|ь|к|а 1 → Нел|еч|к|а 1
Нел|еньк|а 1, Нел|ечк|а 2,
Нел|оньк|а 1, Нел|очк|а 2
Нел|я 1 → Нел|еньк|а 2, Нел|ечк|а 3, Нел|к|а 2,
Нел|оньк|а 2, Нел|очк|а 3, Нел|ьк|а 2
Нел|еньк|а 3, Нел|ечк|а 4, Нел|к|а 3,
Нел|оньк|а 3, Нел|очк|а 4, Нел|ьк|а 3
(Но)вел|а → **Вел|а 1** → Вел|к|а 1 → Вел|оч|к|а 1
Вел|очк|а 2, Вел|ьк|а 1
Вел|я 1 → Вел|к|а 2, Вел|очк|а 3, Вел|ьк|а 2
Вел|к|а 3, Вел|очк|а 4, Вел|ьк|а 3
Новел|к|а 2, Новел|оньк|а 2, Новел|очк|а 3
Нов(елл|а) → Нов|а 2; Нов|ик 3, Нов|к|а 3, Нов|оньк|а 3, Нов|очк|а 4
Но(велл|а) → Но|н|а 3
Н(ов)ел(л|а) → Нел|а 2, Нел|я 2; Нел|еньк|а 4, Нел|ечк|а 5, Нел|к|а 4,
Нел|оньк|а 4, Нел|очк|а 5, Нел|ьк|а 4
(Но)вел(л|а) → Вел|а 2, Вел|я 2; Вел|к|а 4, Вел|очк|а 5, Вел|ьк|а 4
Н(ов)елл|а → **Нелл|а** → Нелл|очк|а 1
Нел(л|а) → Нел|а 3, Нел|я 3; Нел|еньк|а 5, Нел|ечк|а 6,
Нел|к|а 5, Нел|оньк|а 5, Нел|очк|а 6, Нел|ьк|а 5
Нелл|очк|а 2
(Но)велл|а → **Велл|а** → Велл|к|а 1
Вел(л|а) → Вел|а 3, Вел|я 3; Вел|к|а 5, Вел|очк|а 6,
Вел|ьк|а 5, Вел |к|а 2

НО́НН|А, ы, *ж* [*лат.* 'девятая'; 'Богу посвященная, чистая, святая'].
   П р о и з в о д н ы е (17):
Нонн|а → Нонн|ет|а → Нонн|ет|к|а → Нонн|ето*ч*|к|а 1
Нонн|ет|очк|а 2
Нонн|очк|а, Нонн|ушк|а
Нон(н|а) → **Нон|а** → Нон|к|а 1 → Нон*о*|чк|а 1
Нон|ус|я 1 → Нон|усь|к|а → Нон|ус*еч*|к|а 1
Нон|ус|еньк|а, Нон|ус|ечк|а 2
Нонь|к|а 1 → Нон*еч*|к|а 1
Нон|ечк|а 2, Нон|очк|а 2, Нон|ушк|а 1, Нон|юс|я 1
Нон|я → Нон|ечк|а 3, Нон|к|а 2, Нон|очк|а 3, Нон|ус|я 2,
Нон|ушк|а 2, Нонь|к|а 2, Нон|юс|я 2
Нон|ечк|а 4, Нон|к|а 3, Нон|очк|а 4, Нон|ус|я 3, Нон|ушк|а 3,
Нонь|к|а 3, Нон|юс|я 3

День ангела и святая (Нонна): 5 августа — *святая*.

НОЯБРИ́Н|А, ы, *ж* (*нов.*)[от нариц. сущ. **ноябрь** в честь Великой Октябрьской социалистической революции].

Ноябрь → Ноябр|ин|а

Производные (33):

Ноябрин|а → Ноябрин|к|а → Ноябрин*оч*|к|а 1
Ноябрин|очк|а 2, Ноябрин|ушк|а

Но(ябрин|а) → **Но|я**

Но(яб)р(ин|а) → **Нор|а 1** → Нор|к|а 1 → Нор*оч*|к|а 1
Нор|оньк|а 1, Нор|очк|а 2, Нор|ушк|а 1
Нор|к|а 2, Нор|оньк|а 2, Нор|очк|а 3, Нор|ушк|а 2

Но(яб)рин|а → **Норин|а** → Норин|к|а 1 → Норин*оч*|к|а 1
Норин|очк|а 2

Нор(ин|а) → Нор|а 2; Нор|к|а 3, Нор|оньк|а 3,
Нор|очк|а 4, Нор|ушк|а 3

(Но)рин|а → **Рин|а 1** → Рин|к|а 1 → Рин*оч*|к|а 1
Рин|ус|я 1 → Ринус|ик
Риньк|а 1 → Рин*еч*|к|а 1
Рин|ечк|а 2, Рин|очк|а 2,
Рин|ушк|а 1
Рин|юш|а 1

(Р)ин|а → **Ин|а 1** → Ин|к|а 1 → Ин*оч*|к|а 1
Ин|ок 1 → Ин*оч*ек 1
Ин|ечк|а 1, Ин|очек 2,
Ин|очк|а 2
Ин|ечк|а 2, Ин|к|а 2, Ин|ок 2.
Ин|очек 3, Ин|очк|а 3

Рин|я 1 → Рин|ечк|а 3, Рин|к|а 2.
Рин|очк|а 3, Рин|ус|я 2,
Рин|ушк|а 2, Риньк|а 2,
Рин|юш|а 2

(Р)ин|я → Ин|а 2; Ин|ечк|а 3, Ин|к|а 3,
Ин|ок 3, Ин|очек 4, Ин|очк|а 4

Рин|ечк|а 4, Рин|к|а 3, Рин|очк|а 4,
Рин|ус|я 3, Рин|ушк|а 3, Риньк|а 3,
Рин|юш|а 3

(Нор)ин|а → Ин|а 3; Ин|ечк|а 4, Ин|к|а 4, Ин|ок 4,
Ин|очек 5, Ин|очк|а 5

Норин|к|а 2, Норин|очк|а 3

(Ноя)брин|а → **Брин|а** → Брин|к|а 1 → Брин*оч*|к|а 1
Брин|очк|а 2

(Б)рин|а → Рин|а 2, Рин|я 2; Рин|ечк|а 5, Рин|к|а 4,
Рин|очк|а 5, Рин|ус|я 4, Рин|ушк|а 4,

| Ринь|к|а 4, Рин|юш|а 4
(Бр)ин|а → Ин|а 4; Ин|ечк|а 5, Ин|к|а 5, Ин|ок 5,
| Ин|очек 6, Ин|очк|а 6
Брин|к|а 2, Брин|очк|а 3
(Нояб)рин|а → Рин|а 3, Рин|я 3; Рин|ечк|а 6, Рин|к|а 5, Рин|очк|а 6,
Рин|ус|я 5, Рин|ушк|а 5, Риньк|а 5, Рин|юш|а 5
(Ноябр)ин|а → Ин|а 5; Ин|ечк|а 6, Ин|к|а 6, Ин|ок 6, Ин|очек 7, Ин|очк|а 7

О

ОКСА́Н|А, ы, *ж* [*предположительно греч.* 'гостеприимство' *или* 'чужой, чужеземный'].

   П р о и з в о д н ы е (9):
Оксан|а → Оксан|к|а
(О)ксан|а → **Ксан|а** → Ксан|к|а 1 → Ксан*оч*|к|а 1
                │   Ксан|очк|а 2, Ксан|ушк|а 1
                │   (К)сан|а → **Сан|а 1** → Сан|к|а 1 → Сан*оч*|к|а 1
                │   Сан|ик 1, Сан|очк|а 2
                │   Сан|ик 2, Сан|к|а 2, Сан|очк|а 3
                │   Ксан|к|а 2, Ксан|очк|а 3, Ксан|ушк|а 2
(Ок)сан|а → Сан|а 2; Сан|ик 3, Сан|к|а 3, Сан|очк|а 4

ОКТЯБРИ́Н|А, ы, *ж* (*нов*)[*от нариц. сущ.* **октябрь**, в честь Великой Октябрьской социалистической революции].
Октябрь → Октябр|ин|а
   П р о и з в о д н ы е (38):
Октябрин|а → Октябрин|к|а → Октябрин*оч*|к|а 1
                            Октябрин|очк|а 2, Октябрин|ушк|а
Окт(ябрин|а) → **Окт|я** → Окт|еньк|а 1, Окт|ечк|а 1
                │   Ок(т)я → **Ок|а 1** → Ок|оньк|а 1, Ок|очк|а 1
                │   Ок|оньк|а 2, Ок|очк|а 2
                │   О(к)т|я → **От|а 1** → От|еньк|а 1, От|ечк|а 1, От|оньк|а 1,
                │   От|очк|а 1
                │   **От|я 1** → От|еньк|а 2, От|ечк|а 2, От|оньк|а 2,
                │   От|очк|а 2
                │   От|еньк|а 3, От|ечк|а 3, От|оньк|а 3, От|очк|а 4
                │   Окт|еньк|а 2, Окт|ечк|а 2
(Октя)брин|а → **Брин|а** → Брин|к|а 1 → Брин*оч*|к|а 1
                │   Брин|очк|а 2
                │   Б(р)ин|а → **Бин|а 1** → Бин|к|а 1 → Бин*оч*|к|а 1

Бин|очк|а 2, Бин|ушк|а 1

(Б)ин|а → **Ин|а 1** → Ин|к|а 1 → Ин*оч*|к|а 1

Ин|ок 1 → Ин*оч*|ек 1

Ин|ечк|а 1, Ин|очек 2,

Ин|очк|а 2

Ин|ечк|а 2, Ин|к|а 2, Ин|ок 2,

Ин|очек 3, Ин|очк|а 3

Бин|к|а 2, Бин|очк|а 3, Бин|ушк|а 2

(Б)рин|а → **Рин|а 1** → Рин|к|а 1 → Рин*оч*|к|а 1

Рин|ус|я 1 → Ринус|ик

Риньк|а 1 → Рин*еч*|к|а 1

Рин|ечк|а 2, Рин|очк|а 2,

Рин|ушк|а 1, Рин|юш|а 1

(Р)ин|а → Ин|а 2; Ин|ечк|а 3, Ин|к|а 3,

Ин|ок 3, Ин|очек 4, Ин|очк|а 4

Рин|я 1 → Рин|ечк|а 3, Рин|к|а 2, Рин|очк|а 3,

Рин|ус|я 2, Рин|ушк|а 2, Риньк|а 2,

Рин|юш|а 2

(Р)ин|я → Ин|а 3; Ин|ечк|а 4, Ин|к|а 4,

Ин|ок 4, Ин|очек 5, Ин|очк|а 5

Рин|ечк|а 4, Рин|к|а 3, Рин|очк|а 4,

Рин|ус|я 3, Рин|ушк|а 3, Риньк|а 3,

Рин|юш|а 3

(Бр)ин|а → Ин|а 4; Ин|ечк|а 5, Ин|к|а 5, Ин|ок 5,

Ин|очек 6, Ин|очк|а 6

Брин|к|а 2, Брин|очк|а 3

(Октяб)рин|а → Рин|а 2, Рин|я 2; Рин|ечк|а 5, Рин|к|а 4, Рин|очк|а 5,

Рин|ус|я 4, Рин|ушк|а 4, Риньк|а 4, Рин|юш|а 4

(Октябр)ин|а → Ин|а 5; Ин|ечк|а 6, Ин|к|а 6, Ин|ок 6, Ин|очек 7,

Ин|очк|а 7

ОЛИМПИА́Д|А, ы, *ж* [*греч.* 'олимпийская'].

П р о и з в о д н ы е (62):

Олимпиад|а → Олимпиад|к|а → Олимпиадо*ч*|к|а 1

Олимпиад|очк|а 2, Олимпиад|ушк|а

Ол(импиад|а) → **Ол|я** → Оль|к|а 1 → Ол*еч*|к|а 1

Ол|еньк|а 1, Ол|ечк|а 2

Ал|а 1 → Ал|к|а 1 → Ал*оч*|к|а 1

Аль|к|а 1 → Ал*еч*|к|а 1

Ал|еньк|а 1, Ал|ечк|а 2, Ал|оньк|а 1,

Ал|очк|а 2, Ал|юшк|а 1

Ал|я 1 → Ал|еньк|а 2, Ал|ечк|а 3, Ал|к|а 2,

Ал|оньк|а 2, Ал|очк|а 3, Аль|к|а 2,

Ал|юшк|а 2

Ал|еньк|а 3, Ал|ечк|а 4, Ал|к|а 3, Ал|оньк|а 3,
Ал|очк|а 4, Аль|к|а 3, Ал|юшк|а 3

Ол|еньк|а 2, Ол|ечк|а 3, Оль|к|а 2

Ал|а 2, Ал|я 2; Ал|еньк|а 4, Ал|ечк|а 5, Ал|к|а 4,
Ал|оньк|а 4, Ал|очк|а 5, Аль|к|а 4, Ал|юшк|а 4

(О)ли(м)п(иад|а) → **Лип|а** → Лип|к|а 1 → Лип|оч|к|а 1

Лип|ус|я 1 → Липусь|к|а → Липус|еч|к|а 1
Липус|еньк|а, Липус|ечк|а 2,
Липус|ик

Лип|ух|а 1 → Лип|уш|к|а 1 → Липуш|еч|к|а 1
Липуш|еньк|а 1, Липуш|ечк|а 2

Лип|уш|а 1 → Липуш|еньк|а 2, Липуш|ечк|а 3,
Лип|уш|к|а 2

Лип|оньк|а 1, Лип|очк|а 2, Ли́п|ушк|а 1

Лип|к|а 2, Лип|оньк|а 2, Лип|очк|а 3, Лип|ус|я 2,
Лип|ух|а 2, Лип|уш|а 2, Ли́п|ушк|а 2

(О)лим(пиад|а) → **Лим|а** → Лим|ан|я 1 → Лимань|к|а → Лиман|еч|к|а 1
Лиман|ечк|а 2

Лим|к|а 1 → Лим|оч|к|а 1

Лим|оньк|а 1, Лим|очк|а 2, Лим|ушк|а 1

Лим|ан|я 2, Лим|к|а 2, Лим|оньк|а 2, Лим|очк|а 3,
Лим|ушк|а 2

(О)ли(мпиад|а) → **Ли|л|я** → Лил|ёк → Лилё|ч|ек 1

Лиль|к|а → Лил|еч|к|а 1

Лил|еньк|а, Лил|ечк|а 2, Лил|ёчек 2

Ле|я (Ле[й]а]) → Лей|к|а 1 → Ле|еч|к|а 1

Ле|еньк|а 1, Ле|ечк|а 2

(Ле[й|э]ньк|а) (Ле[й|э]чк|а)

Ле|еньк|а 2, Ле|ечк|а 3, Лей|к|а 2

(Ле[й|э]ньк|а) (Ле[й|э]чк|а)

(Олим)пи(ад|а) → **Пи|я** (Пи[й]а]) → Пий|к|а 1 → Пи|еч|к|а 1

Пи|яш|а 1 → Пияш|к|а → Пияш|еч|к|а 1
(Пи[й]а]ш|а) Пияш|еньк|а,
Пияш|ечк|а 2

Пи|еньк|а 1, Пи|ечк|а 2

(Пи[й|э]ньк|а) (Пи[й|э]чк|а)

Пи|еньк|а 2, Пи|ечк|а 3, Пий|к|а 3, Пи|яш|а 2
(Пи[й|э]ньк|а) (Пи[й|э]чк|а) (Пи[й|а]ш|а)

(Олимпи)ад|а → **Ад|а** → Ад|к|а 1 → Ад|оч|к|а 1

Ад|оньк|а 1, Ад|очк|а 2, Ад|ушк|а 1

Ад|к|а 2, Ад|оньк|а 2, Ад|очк|а 3, Ад|ушк|а 2

День ангела и святая (Олимпиада): 25 июля — *святая.*

ОЛИ́МПИ|Я (Оли́мпи[й|а]), Оли́мпи|и (Оли́мпи[й|и]), *ж* [*женск.* к

Олимпий].

П р о и з в о д н ы е (19):

Олимпи|я

Ол(импи|я) → **Ол|я** → Оль|к|а 1 → Ол*еч*|к|а 1

Ол|еньк|а 1, Ол|ечк|а 2

Ол|еньк|а 2, Ол|ечк|а 3, Оль|к|а 2

(О)лим(пи|я) → **Лим|а** → Лим|ан|я 1 → Лимань|к|а → Лиман*еч*|к|а 1

Лиман|ечк|а 2

Лим|к|а 1 →   Лим*оч*|к|а 1

Лим|оньк|а 1, Лим|очк|а 2, Лим|ушк|а 1

Лим|ан|я 2, Лим|к|а 2, Лим|оньк|а 2, Лим|очк|а 3,

Лим|ушк|а 2

(О)ли(м)п(и|я) → **Лип|а** → Лип|ан|я 1 → Липань|к|а → Липан*еч*|к|а 1

Лип|к|а 1 → Лип*оч*|к|а 1

Лип|оньк|а 1, Лип|очк|а 2

Лип|ан|я 2, Лип|к|а 2, Лип|оньк|а 2, Лип|очк|а 3

О́ЛЬГА, и, *ж* [*сканд.* 'святая'].

П р о и з в о д н ы е (101):

Ольг|а → Ольг|ун → Ольгунь|к|а 1 → Ольгун*еч*|к|а 1, Ольгунч|ик 1

Ольгун|ечк|а 2, Ольгун|чик 2

Ольг|ун|я → Ольгун|ечк|а 3, Ольгун|чик 3, Ольгунь|к|а 2

Ольг|ус|я → Ольгусь|к|а → Ольгус*еч*|к|а 1

Ольгус|еньк|а, Ольгус|ечк|а 2

Ольг|ух|а → Ольгу́*ш*|к|а 1 →   Ольгуш*еч*|к|а 1

Ольгуш|еньк|а 1, Ольгуш|ечк|а 2

Ольг|уш|а → Ольгуш|еньк|а 2, Ольгуш|ечк|а 3, Ольгу́ш|к|а 2

Ольг|оньк|а, Ольг|очк|а, Ольг|ушк|а

Ол(ьг|а) → **Ол|я** → Ол|ён|а 1 → Олён|к|а → Олён*оч*|к|а 1

Олён|очк|а 2

(О)л|ён|а → **Лён|а 1** → Лён|ик 1, Лёнь|к|а 1

Лен|а 1 → Лень|к|а 1 → Ленч|ик 1

Лен|чик 2, Лен|ш|а 1

Лен|чик 3, Лен|ш|а 2, Лень|к|а 2

Лён|я 1 → Лён|ик 2, Лёнь|к|а 2

Лен|а 2; Лен|чик 4, Лен|ш|а 3,

Лень|к|а 3

Лён|ик 3, Лёнь|к|а 3

Лен|а 3; Лен|чик 5, Лен|ш|а 4, Лень|к|а 4

Ол|ес|я 1 → Олесь|к|а → Олес*еч*|к|а 1

Олес|еньк|а, Олес|ечк|а 2, Олес|ик

Ол|еш|а 1 → Олеш|ек

Олёш|а 1 → Олёш|к|а 1

Олёш|к|а 2

Ол|ёш|а 2
Оль|к|а 1 → Ол*еч*|к|а 1
Ол|юл|я 1 → Олюль|к|а → Олюл*еч*|к|а 1
    Олюл|еньк|а, Олюл|ечк|а 2
(О)л|юл|я → **Люл|я 1** → Люль|к|а 1 → Люл*еч*|к|а 1
    Люл|еньк|а 1, Люл|ечк|а 2,
    Люл|ик 1
    Лёл|я 1 → Лёль|к|а 1 →
        Лёл*еч*|к|а 1
    Лёл|еньк|а 1,
    Лёл|ечк|а 2
    Лёл|еньк|а 2, Лёл|ечк|а 3,
    Лёль|к|а 2
Люл|еньк|а 2, Люл|ечк|а 3, Люл|ик 2,
Люль|к|а 2
Лёл|я 2; Лёл|еньк|а 3, Лёл|ечк|а 4,
Лёль|к|а 3
Ол|юн|я 1 → Олюнь|к|а → Олюн*еч*|к|а 1, Олюнч|ик 1
    Олюн|ечк|а 2, Олюн|чик 2
(О)л|юн|я → **Люн|я 1** → Люнь|к|а 1 → Люн*еч*|к|а 1
    Люн|еньк|а 1, Люн|ечк|а 2
Люн|еньк|а 2, Люн|ечк|а 3, Люнь|к|а 2
Ол|юс|я 1 → Олюсь|к|а → Олюс*еч*|к|а 1
    Олюс|еньк|а, Олюс|ечк|а 2
(О)л|юс|я → **Люс|я 1** → Люсь|к|а 1 → Люс*еч*|к|а 1
    Люс|еньк|а 1, Люс|ечк|а 2,
    Люс|ик 1
Люс|еньк|а 2, Люс|ечк|а 3, Люс|ик 2,
Люсь|к|а 2
Ол|юх|а 1 → Олю*ш*|еньк|а 1, Олю*ш*|к|а 1
Ол|юш|а 1 → Олюш|еньк|а 2, Олюш|к|а 2
Ол|ян|я 1 → Олянь|к|а → Олян*еч*|к|а 1
    Олян|ечк|а 2
Ол|яш|а 1 → Оляш|еньк|а, Оляш|к|а
Ол|еньк|а 1, Ол|ечк|а 2, Ол|ик 1, Ол|юшк|а 1
(О)л|(я) → **Л|ек|а 1, Л|ёк|а 1, Л|ёл|я 2**
Л|ел|я 1 → Лел|юс|я → Лелюсь|к|а → Лелюсеч|к|а 1
    Лелюс|еньк|а, Лелюс|ечк|а 2,
    Лелюс|ик
    Лил|я 1
Л|ил|я 2
Л|юн|я 2, Л|юс|я 2, Л|ял|я 1
Ол|еньк|а 2, Ол|ечк|а 3, Ол|ён|а 2, Ол|ес|я 2, Ол|еш|а 2, Ол|ёш|а 3,
Ол|ик 2, Оль|к|а 2, Ол|юл|я 2, Ол|юн|я 2, Ол|юс|я 2, Ол|юх|а 2,

| Ол|юш|а 2, О́л|юшк|а 2, Ол|ян|я 2, Ол|яш|а 2

(О)л(ьг|а) → Л|ек|а 2, Л|ёк|а 2, Л|ёл|я 3, Л|ел|я 2, Л|ил|я 3, Л|юн|я 3,
              Л|юс|я 3, Л|ял|я 2

(О)льг|а → **Лет|а** → Легонь|к|а 1, Легочк|а 1
          Лег|оньк|а 2, Лег|очк|а 2

(Оль)г|а → **Гул|я** → Гуль|к|а → Гелеч|к|а 1
              Гул|еньк|а, Гул|ечк|а 2, Гул|юшк|а

День ангела и святая (Ольга): 11 июля — *княгиня* российская.

П

ПА́ВЛ|А, ы, *ж* [*женск. к* Павел].

Производные (51):

Павл|а → Павл|ун|я 1 → Павлунь|к|а → Павлун*еч*|к|а 1
　　　　|　　　　　　　　　　Павлун|ечк|а 2
　　　　Павл|ус|я 1 → Павлусь|к|а → Павлус*еч*|к|а 1
　　　　|　　　　　　　　　　Павлус|еньк|а, Павлус|ечк|а 2
　　　　Павл|ух|а 1 → Павлу́*ш*|к|а 1 → Павлуш*еч*|к|а 1
　　　　|　　　　　　　　　　Павлуш|еньк|а 1, Павлу*ш*|ечк|а 2
　　　　Павл|уш|а → Павлуш|еньк|а 2, Павлуш|ечк|а 3; Павлу́ш|к|а 2
　　　　Павл|юш|а 1 → Павлю́ш|к|а
　　　　Павл|оньк|а 1, Павл|очк|а 1, Па́вл|ушк|а 1, Па́вл|юшк|а 1
Пав(л)а → **Пав|а 1** → Пав|оньк|а 1, Пав|очк|а 1, Пав|ушк|а 1, Пав|ш|а 1
　　　　Па(в)а → **Па|н|а 1** → Пан|к|а 1 → Пан*оч*|к|а 1
　　　　　　　　　　　　Пань|к|а 1 → Пан*еч*|к|а 1
　　　　　　　　　　　　Пан|юш|а 1 → Панюш|к|а →
　　　　　　　　　　　　　　　　　　　　Панюш*еч*|к|а 1
　　　　　　　　　　　　　　　　　　　　Панюш|еньк|а,
　　　　　　　　　　　　　　　　　　　　Панюш|ечк|а 2
　　　　　　　　　　　　Пан|ечк|а 2, Пан|ок 1, Пан|очк|а 2,
　　　　　　　　　　　　Пань|ш|а 1, Па́н|юшк|а 1
　　　　　　　Па|н|я 1 → Пан|ечк|а 3, Пан|к|а 2, Пан|ок 2,
　　　　　　　　　　　　Пан|очк|а 3, Пань|к|а 2, Пань|ш|а 2,
　　　　　　　　　　　　Пан|юш|а 2, Па́н|юшк|а 2
　　　　　　　Па|ш|а 1 → Паш|к|а → Паш*еч*|к|а 1
　　　　　　　　　　　　Паш|ун|я →Пашунь|к|а → Пашун*еч*|к|а 1,
　　　　　　　　　　　　|　　　　　　　　　　Пашун*ч*|ик 1
　　　　　　　　　　　　Пашун|ечк|а 2, Пашун|чик 2
　　　　　　　　　　　　Паш|ут|а 1 →Пашут|к|а → Пашуто́*ч*|к|а 1
　　　　　　　　　　　　Пашут|оньк|а,
　　　　　　　　　　　　Пашут|очк|а 2

Паш|еньк|а, Паш|ен|я, Паш|ечк|а 2,
Паш|ух|а

Пав|оньк|а 2, Пав|очк|а 2, Пав|ушк|а 2, Пав|ш|а 2

Па(вл|а) → Па|н|а 2, Па|н|я 2, Па|ш|а 2

Павл|я → Павл|оньк|а 2, Павл|очк|а 2, Павл|ун|я 2,
Павл|ус|я 2, Павл|ух|а 2, Павл|уш|а 2, Па́вл|ушк|а
Павл|юш|а 2, Па́вл|юшк|а 2

Пав(л|я) → Пав|а 2; Пав|оньк|а 3, Пав|очк|а 3, Пав|ушк|а 3, Пав|ш|а 3

Па(вл|я) → Па|н|а 3, Па|н|я 3, Па|ш|а 3

Дни ангела и святые (Павла): 10 февраля, 3 июня — *мученицы*.

ПАВЛИ́Н|А, ы, *ж* [*лат.* ‘Павлов’].
Па́вл|а, ы (*разг.*).

П р о и з в о д н ы е (40):

Павлин|а → Павлин|к|а 1 → Павлин*оч*|к|а 1
Павлинь|к|а 1 → Павлин*еч*|к|а 1
Павлин|ечк|а 2, Павлин|ок 1, Павлин|очк|а 2,
Павлин|ушк|а 1, Павлин|юшк|а 1

Павл(ин|а) → **Павл|а 1** → Павл|ун|я 1 → Павлунь|к|а → Павлун*еч*|к|а 1
Павлун|ечк|а 2

Павл|ус|я 1 → Павлусь|к|а → Павлус*еч*|к|а 1
Павлус|еньк|а, Павлус|ечк|а 2

Павл|ух|а → Павлу́*ш*|к|а 1 → Павлуш*еч*|к|а 1
Павлуш|еньк|а 1, Павлуш|ечк|а 2

Павл|уш|а 1 → Павлуш|еньк|а 2,
Павлуш|ечк|а 3, Павлу́*ш*|к|а 2

Павл|юш|а 1 → Павлю́ш|к|а
Павл|еньк|а 1, Павл|ечк|а 1, Павл|оньк|а 1,
Павл|очк|а 1, Па́вл|ушк|а 1, Па́вл|юшк|а 1

Пав(л|а) → **Пав|а 1** → Пав|оньк|а 1, Пав|очк|а 1, Пав|ушк|а 1
Пав|оньк|а 2, Пав|очк|а 2, Пав|ушк|а 2

Павл|я → Павл|еньк|а 2, Павл|ечк|а 2, Павл|оньк|а 2,
Павл|очк|а 2, Павл|ун|я 2, Павл|ус|я 2,
Павл|ух|а 2, Павл|уш|а 2, Па́вл|ушк|а 2,
Павл|юш|а 2, Па́вл|юшк|а 2

Пав(л|я) → Пав|а 2; Пав|оньк|а 3, Пав|очк|а 3, Пав|ушк|а 3
Павл|еньк|а 3, Павл|ечк|а 3, Павл|оньк|а 3,
Павл|очк|а 3, Павл|ун|я 3, Павл|ус|я 2,
Павл|ух|а 3, Павл|уш|а 3, Па́вл|ушк|а 3,
Павл|юш|а 3, Па́вл|юшк|а 3

Пав(лин|а) → Пав|а 3; Пав|оньк|а 4, Пав|очк|а 4, Пав|ушк|а 4
(Пав)лин|а → **Лин|а 1** → Лин|к|а 1 → Лин*оч*|к|а 1
Лин|уш|а 1 → Линуш|к|а
Лин|оч|к|а 2

Лин|к|а 2, Лин|очк|а 3, Лин|ушк|а 2
Павлин|я →Павлин|ечк|а 3, Павлин|к|а 2, Павлин|ок 2,
　　　　　　Павлин|очк|а 3, Павлин|ушк|а 2,
　　　　　　Павлинь|к|а 2, Павлин|юшк|а 2
Павл(ин|я) →Павл|а 2, Павл|я 2; Павл|еньк|а 4,
　　　　　　Павл|ечк|а 2, Павл|оньк|а 4, Павл|очк|а 4,
　　　　　　Павл|ун|я 4, Павл|ус|я 4, Павл|ух|а 4,
　　　　　　Павл|уш|а 4, Па́вл|ушк|а 4, Павл|юш|а 4,
　　　　　　Па́вл|юшк|а 4
Пав(лин|я) →Пав|а 4; Пав|оньк|а 5, Пав|очк|а 5,
　　　　　　Пав|ушк|а 5
(Пав)лин|я →Лин|а 2; Лин|к|а 3, Лин|очк|а 4, Лин|уш|а 3

ПАЛЬМИ́Р|А, ы, *ж* [*греч.* название города в Сирии; *предположительно лат.* 'пальма'].
　　П р о и з в о д н ы е (12):
Пальмир|а → Пальмир|к|а → Пальмир*оч*|к|а 1
　　　　　　　Пальмир|очк|а 2, Пальмир|ушк|а
Пальм(ир|а) → **Пальм|а** → Пальм|оньк|а 1, Пальм|очк|а 1, Пальм|ушк|а 1
　　　　　　　Пальм|оньк|а 2, Пальм|очк|а 2, Пальм|ушк|а 2
(Паль)мир|а → **Мир|а** → Мир|к|а 1 → Мир*оч*|к|а 1
　　　　　　　　　　　　Мир|ик 1, Мир|оньк|а 1, Мир|очк|а 2
　　　　　　　Мир|ик 2, Мир|к|а 2, Мир|оньк|а 2, Мир|очк|а 3

ПАТРИ́КИ|Я (Патри́ки[й|а]), Патри́ки|и (Патри́ки[й|и]), *ж* [*женск.* к Патрикий].
Патрике́|я (Патрике́[й|а]), Патрике́|и (Патрике́[й|и]) (*разг.*).
　　П р о и з в о д н ы е (11):
Патрики|я
Патрик(и|я) → **Патрик|а 1**
　　　　　　Патр(ик|а) → **Патр|я 1**
　　　　　　　　　　Пат(р|я) →
　　　　　　　　　　　　Пат|а 1 → Пат|к|а 1 → Пат*оч*|к|а 1
　　　　　　　　　　　　　　　　Пать|к|а 1 → Пат*еч*|к|а 1
　　　　　　　　　　　　　　　　Пат|еньк|а 1, Пат|ечк|а 2,
　　　　　　　　　　　　　　　　Пат|ик 1, Пат|оньк|а 1,
　　　　　　　　　　　　　　　　Пат|очк|а 2
　　　　　　　　　　　　Пат|я 1 → Пат|еньк|а 2, Пат|ечк|а 3,
　　　　　　　　　　　　　　　　Пат|к|а 2, Пат|ик 2,
　　　　　　　　　　　　　　　　Пат|оньк|а 2, Пат|очк|а 3,
　　　　　　　　　　　　　　　　Пать|к|а 2
　　　　　　　　　　　　Пат|еньк|а 3, Пат|ечк|а 4, Пат|ик 3,
　　　　　　　　　　　　Пат|к|а 3, Пат|оньк|а 3, Пат|очк|а 4,
　　　　　　　　　　　　Пать|к|а 3

| Пат(рик|а) → Пат|а 2, Пат|я 2; Пат|еньк|а 4, Пат|ечк|а 5,
Пат|ик 4, Пат|к|а 4, Пат|оньк|а 4, Пат|очк|а 5, Паты|к|а 4

Патр(ики|я) → Патр|я 2
Пат(рики|я) → Пат|а 3, Пат|я 3; Пат|еньк|а 5, Пат|ечк|а 6, Пат|ик 5,
Пат|к|а 5, Пат|оньк|а 5, Пат|очк|а 6, Паты|к|а 5

Патрике|я
Патрик(е|я) → Патрик|а 2
Патр(ике|я) → Патр|я 3
Пат(рике|я) → Пат|а 4, Пат|я 4; Пат|еньк|а 6, Пат|ечк|а 7,
Пат|ик 6, Пат|к|а 6, Пат|оньк|а 6,
Пат|очк|а 7, Паты|к|а 6

ПЕЛАГÉ|Я (Пелагé[й|а]), Пелагé|и (Пелаге[й|и]), *ж* [*греч.* 'морская'].
Палагé|я (Палагé[й|а]), Палагé|и (Палагé[й|и]) (*прост.*).
Пелаги́|я (Пелаги́[й|а], Пелаги́|и (Пелаги́[й|и]) (*стар.*).

П р о и з в о д н ы е (48):

Пелаге|я (Пелаге[й|а]) → Пелагей|к|а → Пелагейч|ик 1
Пелагей|чик 2, Пелаге|юшк|а (Пелаге[й|у]шк|а)

Пелаг(е|я) → **Пелаг|а** → Пелаг|уш|а 1 → Пелагуш|к|а → Пелагуш*еч*|к|а 1
Пелагуш|еньк|а, Пелагуш|ечк|а 2

Пела(г|а) → **Пела|ш|а** → Пелаш|к|а → Пелаш*еч*|к|а 1
Пелаш|еньк|а, Пелаш|ечк|а 2

Пел(аг|а) → **Пол|я 1** → Поль|к|а 1 → Пол*еч*|к|а 1
Пол|юс|я 1 → Полюсь|к|а →
Полюс*еч*|к|а 1
Полюс|еньк|а,
Полюс|ечк|а 2

П(ол)|юс|я → **Пус|я** → Пусь|к|а 1 → Пус*еч*|к|а 1
Пус|еньк|а 1, Пус|ечк|а 2
Пус|еньк|а 2, Пус|ечк|а 3,
Пусь|к|а 2

Пол|юх|а 1 → Полюш|к|а 1 →
Полюш*еч*|к|а 1
Полюш|еньк|а 1,
Полюш|ечк|а 2

Пол|юш|а 1 → Полюш|еньк|а 2,
Полюш|ечк|а 3
Полюш|к|а 2

Пол|як 1 → Поляч|ок
Пол|ях|а 1 → Поляш|еньк|а 1,
Поляш|к|а 1

Пол|яш|а 1 → Поляш|еньк|а 2,
Поляш|к|а 2

Пол|еньк|а 1, Пол|ечк|а 2,

Пол|ин|а 1

Пол|еньк|а 2, Пол|ечк|а 3, Пол|ин|а 2, Поль|к|а 2, Пол|юс|я 2, Пол|юх|а 2, Пол|юш|а 2, Пол|як 2, Пол|ях|а 2, Пол|яш|а 2

Пелаг|уш|а 2

Пела(ге|я) → Пела|ш|а 2

Пел(аге|я) → Пол|я 2; Пол|еньк|а 3, Пол|ечк|а 4, Пол|ин|а 3, Поль|к|а 3, Пол|юс|я 3, Пол|юх|а 3, Пол|юш|а 3, Пол|як 3, Пол|ях|а 3, Пол|яш|а 3

Палаге|я → Палагей|к|а 1, Палаге|юшк|а 1

(Палаге[й|а]) (Палаге[й|у]щк|а)

Палаг(е|я) → **Палаг|а**

Пала(г|а) → **Пала|н|я 1** → Палань|к|а →

Паланеч|к|а 1

Палан|ечк|а 2,

Палан|юшк|а

Пала|ш|а 1 → Палаш|к|а →

Палашеч|к|а 1

Палаш|еньк|а,

Палаш|ечк|а 2

Пал(аг|а) → Пол|я 3; Пол|еньк|а 4, Пол|ечк|а 5, Пол|ин|а 4, Поль|к|а 4, Пол|юс|я 4 Пол|юх|а 4, Пол|юш|а 4, Пол|як 4, Пол|ях|а 4, Пол|яш|а 4

Пала(ге|я) → Пала|н|я 2, Пала|ш|а 2

Пал(аге|я) → Пол|я 4; Пол|еньк|а 5, Пол|ечк|а 6, Пол|ин|а 5, Поль|к|а 5, Пол|юс|я 5, Пол|юх|а 5, Пол|юш|а 5, Пол|як 5, Пол|ях|а 5, Пол|яш|а 5

Палагей|к|а 2, Палаге|юшк|а 2 (Палаге[й|у]шк|а)

Пелаги|я → Палаге|я 1

Дни ангела и святые (Пелагия): 4 мая, 7 октября — *мученицы*; 8 октяб-ря — *преподобная*.

ПЕ́ТР|А, ы, *ж* [*женск.* к Пётр].

П р о и з в о д н ы е (24):

Петр|а

Пет(р|а) → **Пет|а** → Пет|ун|я 1 → Петунь|к|а → Петунеч|к|а 1, Петунч|ик 1

Петун|ечк|а 2, Петун|чик 2

Пет|ус|я 1 → Петусь|к|а → Петусеч|к|а 1

Петус|еньк|а, Петус|ечк|а 2, Петус|ик

Петь|к|а 1 → Петеч|к|а 1

Пет|юн|я 1 → Петюнь|к|а

Пет|юс|я 1 → Петюсь|к|а → Петюсеч|к|а 1

Петюс|еньк|а, Петюс|ечк|а 2

Пет|еньк|а 1, Пет|ечк|а 2, Пет|ик 1, Пет|ёх|а 1,
Пет|ёш|а 1, Пет|ул|я 1

Пет|я → Пет|еньк|а 2, Пет|ечк|а 3, Пет|ик 2, Пет|ёх|а 2,
Пет|ёш|а 2, Пет|ул|я 2, Пет|ун|я 2, Пет|ус|я 2,
Петь|к|а 2, Пет|юн|я 2, Пет|юс|я 2

Пет|еньк|а 3, Пет|ечк|а 4, Пет|ик 3, Пет|ёх|а 3, Пет|ёш|а 3,
Пет|ул|я 3, Пет|ун|я 3, Пет|ус|я 3, Петь|к|а 3, Пет|юн|я 3,
Пет|юс|я 3

ПЕТРИ́Н|А, ы, *ж* [*женск.* к Петр].
   П р о и з в о д н ы е (2):
Петрин|а → Петрин|к|а → Петрин*оч*|к|а 1
                     Петрин|очк|а 2

ПЛАТОНИ́Д|А, ы, *ж* [*женск.* к Платон; 'широкая'].
   П р о и з в о д н ы е (22):
Платонид|а → Платонид|к|а → Платонид*оч*|к|а 1
                     Платонид|очк|а 2, Платонид|ушк|а
Платон(ид|а) → **Платон|я** → Платонь|к|а 1 → Платон*еч*|к|а 1
                                Платон|ечк|а 2
               Плато(н|я) → **Плато|х|а 1** → Платош|к|а 1 →
                                                      Платош*еч*|к|а 1
                                              Платош|еньк|а 1,
                                              Платош|ечк|а 2
                                              Платош|а 1 → Платош|еньк|а 2,
                                                               Платош|ечк|а 3,
                                                               Платош|к|а 2
               Плат(он|я) → **Плат|а 1** → Плат|к|а 1 → Плат*оч*|к|а 1
                                           Плат|оньк|а 1, Плат|очк|а 2
                            Плат|к|а 2, Плат|оньк|а 2, Плат|очк|а 3
               (Пла)тон|я → **Тон|я 1** → Тонь|к|а 1 → Тон*еч*|к|а 1
                                          Тон|ечк|а 2, Тон|ик 2, Тонь|ш|а 1
                            Тон|ечк|а 3, Тон|ик 2, Тонь|к|а 2,
                            Тонь|ш|а 2
                            Платош|а 2; Платош|еньк|а 3,
                            Платош|ечк|а 4, Платош|к|а 3
               Платон|ечк|а 3, Платонь|к|а 2
               Платош|а 3; Платош|еньк|а 4, Платош|ечк|а 5,
               Платош|к|а 4
Плато(нид|а) → Плато|х|а 2
Плат(онид|а) → Плат|а 2; Плат|к|а 3, Плат|оньк|а 3, Плат|очк|а 2
(Пла)тон(ид|а) → Тон|я 2; Тон|ечк|а 4, Тон|ик 3, Тонь|к|а 3, Тонь|ш|а 3
(Плато)нид|а → **Нид|а** → Нид|к|а 1 → Нид*оч*|к|а 1
                           Нид|очк|а 2

Нид|к|а 2, Нид|очк|а 3

День ангела и святая (Платонида): 6 апреля — *преподобная*.

ПОБЕ́Д|А, ы, *ж* (*нов.*) [употребление нариц. сущ. в качестве личного имени].

П р о и з в о д н ы е (5):

Побе́д|а → Побе́д|ушк|а

(По)б(ед|а → **Бе́д|а** → Бе́д|к|а 1 →Бе́д|оч|к|а 1
       Бе́д|очк|а 2, Бе́д|ушк|а 1
    Бе́д|к|а 2, Бе́д|очк|а 3, Бе́д|ушк|а 2

ПОЛИКСЕ́НИ|Я (Поликсе́ни[й|а]), Поликсе́ни|и (Поликсе́ни[й|и]), *ж* [*греч.* ʼгостеприимнаяʼ; ʼвесьма гостеприимнаяʼ].

Поликсе́н|а, ы (*разг.*).

Ксе́ни|я (Ксе́ни[й|а]), Ксе́ни|и (Ксе́ни[й|и])(*разг.*).

П р о и з в о д н ы е (28):

Поликсени|я

Поликсен(и|я) →

Поликсен|а

Поликс(ен|а) →
       Поликс|юш|а 1 →Поликсюш|к|а →Поликсюш*еч*|к|а 1
                 Поликсюш|еньк|а, Поликсюш|ечк|а 2
       (Поли)кс|юш|а → **Ксюш|а 1** → Ксюш|к|а 1 → Ксюш*еч*|к|а 1
                                Ксюш|еньк|а 1,
                                Ксюш|ечк|а 2
                    Ксюш|еньк|а 2, Ксюш|ечк|а 3,
                    Ксюш|к|а 2
    Пол(иксен|а) → **Пол|я 1** → Полюш|а 1 → Полюш|к|а
                       Поль|к|а 1, По́л|юшк|а 1
                 Поль|к|а 2, Полюш|а 2, По́л|юшк|а 2
    (Поли)ксен|а → **Ксен|а 1** →Ксен|к|а 1 → Ксен*оч*|к|а 1
                       Ксен|ечк|а 1, Ксен|ёк 1, Ксен|ик 1,
                       Ксен|очк|а 2
             Кс(ен|а) → Кс|юн|я 1 → Ксюнь|к|а → Ксюн*еч*|к|а 1
                          Ксюн|ечк|а 2
                    Кс|юш|а 2
                    Ксеш|а 1 →Ксеш|к|а 1
                          Ксёш|а 1 →Ксёш|к|а 1 →
                                   Ксёш|еньк|а 1
                                Ксёш|еньк|а 2
                    Ксеш|к|а 2
                    Ксёш|а 2; Ксёш|еньк|а 3
             Ксен|я 1 →Ксен|ечк|а 2, Ксен|ёк 2, Ксен|ик 2,
                       Ксен|к|а 2, Ксен|очк|а 3

Кс(ен|я) → Кс|юн|я 2, Кс|юш|а 3
           Ксеш|а 2; Ксеш|к|а 3
           Ксёш|а 3; Ксёш|еньк|а 4
Ксен|ечк|а 3, Ксен|ёк 3, Ксен|ик 3,
Ксен|к|а 3, Ксен|очк|а 4
Ксеш|а 3; Ксеш|к|а 4
Ксёш|а 4; Ксёш|еньк|а 5
(Поли)кс(ен|а) → Кс|юн|я 3, Кс|юш|а 4

Поликс(ени|я) → Поликс|юш|а 2

Пол(иксени|я) → Пол|я 2; Поль|к|а 3, Полюш|а 3, По́л|юшк|а 3

(Поли)ксен(и|я) → Ксен|а 2, Ксен|я 2; Ксен|ечк|а 4, Ксен|ёк 4,
        Ксен|ик 4, Ксен|к|а 4, Ксен|очк|а 5
        Ксеш|а 4; Ксеш|к|а 5
        Ксёш|а 5; Ксёш|еньк|а 6

(Поли)кс(ени|я) → Кс|юн|я 4, Кс|юш|а 5

(Поли)ксени|я → **Ксени|я**

Ксен(и|я) → Ксен|а 3, Ксен|я 3; Ксен|ечк|а 5,
        Ксен|ёк 5, Ксен|ик 5, Ксен|к|а 5,
        Ксен|очк|а 6
        Ксеш|а 5; Ксеш|к|а 6
        Ксёш|а 6, Ксёш|еньк|а 7
Кс(ени|я) → Кс|юн|я 5, Кс|юш|а 6

День ангела и святая (Поликсения): 23 сентября — *преподобная*.

ПОЛИ́Н|А, ы, *ж* [*лат.* 'Аполлонов'; разговорная форма Аполлинария, ставшая документальной].

    П р о и з в о д н ы е (48):
Полин|а → Полин|к|а → Полино́ч|к|а 1
          Полин|очк|а 2, Полин|ушк|а
Пол(ин|а) → **Пол|я** → Поль|к|а 1 → Поле́ч|к|а 1
            Пол|юн|я 1 → Полюнь|к|а → Полюне́ч|к|а 1,
                             Полюнч|ик 1
                 Полюн|ечк|а 2, Полюн|чик 2
            Пол|юс|я 1 → Полюсь|к|а → Полюсе́ч|к|а 1
                 Полюс|еньк|а, Полюс|ечк|а 2
            Пол|юх|а 1 → Полю́ш|к|а 1 → Полюше́ч|к|а 1
                 Полюш|еньк|а 1, Полюш|ечк|а 2
            Пол|юш|а 1 → Полюш|еньк|а 2, Полюш|ечк|а 3,
                 Полю́шк|а 2
            Пол|яш|а 1 → Поляш|еньк|а, Поляш|к|а
            Пол|еньк|а 1, Пол|ечк|а 2, Пол|к|а 1, Поль|ч|а 1,
            Поль|ш|а 1, По́л|юшк|а 1
        По(л|я) → **По|к|а 1**
      Пол|еньк|а 2, Пол|ечк|а 3, Пол|к|а 2; Поль|к|а 2, Поль|ч|а 2,

Поль|ш|а 2, Пол|юн|я 2, Пол|юс|я 2, Пол|юх|а 2, Пол|юш|а 2, По́л|юшк|а 2, Пол|яш|а 2

По(лин|а) → По|к|а 2

По(ли)н|а → **Па**|**н**|**а** → Пан|к|а 1 → Пан*оч*|к|а 1

Пан|ул|я 1 → Пануль|к|а → Панул*еч*|к|а 1

Панул|еньк|а 6, Панул|ечк|а 2

Пань|к|а 1 → Пан*еч*|к|а 1

Пан|ечк|а 2, Пан|очк|а 2

Паш|**а** **1** → Паш|к|а 1 → Паш*еч*|к|а 1

Паш|еньк|а 1, Паш|ен|я 1

Паш|ечк|а 2

Паш|еньк|а 2, Паш|ен|я 2, Паш|ечк|а 3, Паш|к|а 2

Пан|**я** → Пан|ечк|а 3, Пан|к|а 2, Пан|очк|а 3, Пан|ул|я 2, Пань|к|а 2

Паш|а 2; Паш|еньк|а 3, Паш|ен|я 3, Паш|ечк|а 4, Паш|к|а 3

Пан|ечк|а 4, Пан|к|а 3, Пан|очк|а 4, Пан|ул|я 3, Пань|к|а 3

Паш|а 3; Паш|еньк|а 4, Паш|ен|я 4, Паш|ечк|а 5, Паш|к|а 2

П(о)лин|а → **Плин**|**а**

(П)лин|а → **Лин**|**а** **1** → Лин|к|а 1 → Лин*оч*|к|а 1

Лин|уш|а 1 → Линуш|к|а

Лин|очк|а 2

Лин|к|а 2, Лин|очк|а 3, Лин|уш|а 2

(По)лин|а → Лин|а 2; Лин|к|а 3, Лин|очк|а 4, Лин|уш|а 3

ПРАСКО́ВЬ|**Я** (Прасковь[й|а]), Праско́вь|и (Праско́вь[й|и]), *ж* [*греч.* 'пятница'; 'приготовление, подготовка, канун праздника, пятница'].

Параско́вья (Параско́вь[й|а]), Параско́вь|и (Параско́вь[й|и]) (*разг.*).

Параскове́|**я** (Параскове́[й|а]), Параскове́|и (Параскове́[й|и]) (*прост.*).

Прасков́е|**я** (Прасков́е[й|а]), Прасков́е|и (Прасков́е[й|и]) (*прост.*).

Параске́в|**а**, ы (*стар.*).

Производные (75):

Прасковь|**я** **1** (Прасковь[й|а]) → Прасковь|юшк|а (Прасковь[й|у]шк|а)

Праск(овь|я) → Праск|ун|я 1 → Праскунь|к|а → Праскун*еч*|к|а 1

Праскун|ечк|а 2

(Прас)к|ун|я → **Кун**|**я** → Кунь|к|а 1 → Кун*еч*|к|а 1

Кун|ечк|а 2

Кун|ечк|а 3, Кунь|к|а 2

Праск|ут|а 1 → Праскут|к|а → Праскут*оч*|к|а 1

Праскут|оньк|а, Праскут|очк|а 2

Прас(ковь|я) → **Прос**|**а** **1** → Прось|к|а 1 → Прос*еч*|к|а 1

Прос|еньк|а 1, Прос|ечк|а 2, Прос|к|а 2, Прос|юшк|а 1

Про(с|а) → **Про**|**н**|**я** **1** → Пронь|к|а → Прон*еч*|к|а 1

Прон|ечк|а 2, Прон|ьш|а
Параш|а 1 → Параш|еньк|а 2,
Параш|ечк|а 3,
Параш|к|а 2
Пара|ш|а 2
Па(ра)|ш|а →
Паш|а 1 → Паш|к|а → Паш*еч*|к|а 1
Паш|ун|я 1 → Пашунь|к|а →
Пашун*еч*|к|а 1
Паш|еньк|а 1,
Паш|ен|я 1,
Паш|ечк|а 2
Паш|еньк|а 2, Паш|ен|я 2, Паш|ечк|а 3,
Паш|к|а 2, Паш|ун|я 2
Пар(ас|а) →
Пар|а 1 → Пар|ун|я 1 → Парунь|к|а → Парун*еч*|к|а 1
Парун|ечк|а 2, Парунь|ш|а,
Парун|юшк|а
П(ар)|ун|я → **Пун|я** → Пунь|к|а 1 →
Пун*еч*|к|а 1
Пун|ечк|а 2
Пун|ечк|а 3, Пунь|к|а 2
Пар|ух|а 1 → Паруш|к|а 1 → Паруш*еч*|к|а 1
Паруш|еньк|а 1,
Паруш|ечк|а 2
Пар|уш|а 1 → Паруш|еньк|а 2,
Паруш|ечк|а 3, Паруш|к|а 2
Пор|а 1 → Пор|к|а 1 → Пор*оч*|к|а 1
Пор|очк|а 2
Пор|к|а 2, П*ор*|очк|а 3
Пар|ун|я 2, Пар|ух|а 2, Пар|уш|а 2
Пор|а 2; Пор|к|а 3, Пор|очк|а 2
Па(рас|а) → Па|н|а 2, Па|н|я 2, Па|ш|а 2
П(а)рас|а → Прос|а 3, Прос|я 3; Прос|еньк|а 5, Прос|ечк|а 6,
Прос|к|а 5, Прось|к|а 5, Прос|юшк|а 5
Прос|я 1 → Прос|еньк|а 2, Прос|ечк|а 3, Прос|к|а 2,
Прось|к|а 2, Прос|юшк|а 2
Про(с|я) → Про|н|я 2
Прос|еньк|а 3, Прос|ечк|а 2, Прос|к|а 3, Прось|к|а 3,
Прос|юшк|а 3
Пра(сковь|я) → Про|н|я 3
Прасков*е*|я (Прасков*е*[й|а]) → Прасков*е*|юшк|а 1
(Прасков*е*[й|у]шк|а)

    Праск(ове|я) → Праск|ун|я 2, Праск|ут|а 2
    Прас(кове|я) → Прос|а 2, Прос|я 2; Прос|еньк|а 4,
        Прос|ечк|а 5, Прос|к|а 4, Прось|к|а 4,
        Прос|юшк|а 4
    Пра(скове|я) → Про|н|я 4
    Прасков*е*|юшк|а 2 (Прасков*е*[й/у]шк|а)
Парасковь|я (Парасковь[й/а]) → Парасковь|юшк|а (Парасковь[й/у]шк|а)
Парас(ковь|я) → **Парас|а 1** → Парас|к|а 1 → Парс*о*чк|а 1
         Парась|к|а 1 → Парас*еч*|к|а 1
         Парас|еньк|а 1, Парас|ечк|а 2,
         Парас|оньк|а 1, Парас|очк|а 2
      Пара(с|а) → **Пара|н|я 1** → Параны|к|а → Паран*еч*|к|а 1
          Паран|ечк|а 2, Паран|юшк|а
        Па(ра)|н|я → **Пан|а 1** → Пан|к|а 1 →
              Пан*о*ч|к|а 1
           Пань|к|а 1 →
              Пан*еч*|к|а 1
           Пан|юш|а 1 →
              Пан*ю*шк|а
           Пан|ечк|а 2,
           Пан|очк|а 2,
           Па́н|юшк|а 1
        Пан|я 1 → Пан|ечк|а 3,
           Пан|к|а 2,
           Пан|очк|а 3,
           Пань|к|а 2,
           Пан|юш|а 2,
           Па́н|юшк|а 2
      Пара|х|а 1 → Параш|к|а 1 → Параш*еч*|к|а 1
        Параш|еньк|а 1, Параш|ечк|а 2
    Парас|я 1 → Парас|еньк|а 2, Парас|ечк|а 3, Парас|к|а 2,
      Парас|оньк|а 2, Парас|очк|а 3, Парась|к|а 2
    Пара(с|я) → Пара|н|я 2, Пара|х|а 2, Пара|ш|а 3
    Пар(ас|я) → Пар|а 2; Пар|ун|я 3, Пар|ух|а 3, Пар|уш|а 3
      Пор|а 3; Пор|к|а 4, Пор|очк|а 5
    Па(рас|я) → Па|н|а 3, Па|н|я 3, Па|ш|а 3
    П(а)рас|я → Прос|а 4, Прос|я 4; Прос|еньк|а 6,
      Прос|к|а 6, Прос|ечк|а 7, Прось|к|а 6,
      Прос|юшк|а 6
    Парас|еньк|а 3, Парас|ечк|а 4, Парас|к|а 3, Парас|оньк|а 3,
    Парас|очк|а 4, Парась|к|а 3
Пара(сковь|я) 1 → Пара|н|я 3, Пара|х|а 3, Пара|ш|а 4
Пар(асковь|я) → Пар|а 3; Пар|ун|я 4, Пар|ух|а 4, Пар|уш|а 4
    Пор|а 4; Пор|к|а 5, Пор|очк|а 6

Па(расковь|я) → Па|н|а 4, Па|н|я 4, Па|ш|а 4
П(а)рас(ковь|я) → Прос|а 5, Прос|я 5; Прос|еньк|а 7, Прос|ечк|а 8,
           Прос|к|а 7, Прось|к|а 7, Прос|юшк|а 7

           Параскове|я
           Парас(кове|я) → Парас|а 2, Парас|я 2; Парас|еньк|а 4,
                     Парас|ечк|а 5, Парас|к|а 4,
                     Парас|оньк|а 4, Парас|очк|а 5,
                     Парась|к|а 4
           Пара(скове|я) → Пара|н|я 4, Пара|х|а 4, Пара|ш|а 4
           Пара(скове|я) → Пар|а 4; Пар|ун|я 5, Пар|ух|а 5,
                     Пар|уш|а 5
                     Пор|а 5; Пор|к|а 6, Пор|оч|к|а 7
           Па(раскове|я) → Па|н|а 5, Па|н|я 5, Па|ш|а 5
           П(а)рас(кове|я) → Прос|а 6, Прос|я 6; Прос|еньк|а 8,
                     Прос|ечк|а 9, Прос|к|а 8,
                     Прось|к|а 8, Прос|юшк|а 8

Параскев|а → Парасковь|я 2
Параскев|а → Прасковь|я 2
    Дни ангела и святые (Параскева): 28 октября — *великомученица*; 14 октября — *преподобная*; 20 марта, 26 июля — *преподобномученица*.

ПУЛЬХЕ́РИ|Я (Пульхе́ри[й|а]), Пульхе́ри|и (Пульхе́ри[й|и]), *ж* [*лат.* 'красивая'; 'прекрасная'].
    П р о и з в о д н ы е (9):
Пульхери|я (Пульхери[й|а] → Пульхерь|юшк|а (Пульхерь[й|у]шк|а)
Пул(ьхери|я) → **Пул|я** → Пуль|к|а 1 → Пулеч|к|а 1
                    Пул|еньк|а 1, Пул|ечк|а 2
           Пул|еньк|а 2, Пул|ечк|а 3, Пуль|к|а 2
Пу(ль)х(ери|я) → **Пуш|а** → Пуш|к|а 1 → Пушеч|к|а 1
                    Пуш|еньк|а 1, Пуш|ечк|а 2
           Пуш|еньк|а 2, Пуш|ечк|а 3, Пуш|к|а 2
    День ангела и святая (Пульхерия): 10 сентября — *царица*.

Р

РА́Д|А¹, ы, *ж* [*слав.* 'радостная'].

П р о и з в о д н ы е (12):

Рад|а → Рад|к|а → Рад*оч*|к|а 1

            Рад*ь*|к|а → Рад*еч*|к|а 1

            Рад|еньк|а, Рад|ечк|а 2, Рад|ик, Рад|оньк|а, Рад|очк|а 2, Рад|ушк|а

(Р)ад|а → **Ад|а** → Ад|к|а 1 → Ад*оч*|к|а 1

                 Ад|очк|а 2

         Ад|я → Ад|к|а 2, Ад|очк|а 3

         Ад|к|а 3, Ад|очк|а 4

РА́Д|А², ы, *ж* (*нов.*) [из сочетания 'рабочая демократия'].

Ра(бочая)д(емократия) → Рад|а

П р о и з в о д н ы е (7):

Рад|а → Рад|к|а → Рад*оч*|к|а 1

            Рад*ь*|к|а → Рад*еч*|к|а 2

            Рад|еньк|а, Рад|ечк|а 2, Рад|ик, Рад|оньк|а, Рад|очк|а 2, Рад|ушк|а

РАДИСЛА́В|А, ы, *ж* [женск. к Радислав].

П р о и з в о д н ы е (17):

Радислав|а

Рад(ислав|а) → **Рад|а** → Рад|к|а 1 → Рад*оч*|к|а 1

                 Рад*ь*|к|а 1 → Рад*еч*|к|а 1

                 Рад|еньк|а 1, Рад|ечк|а 2, Рад|ик 1, Рад|оньк|а 1,

                 Рад|очк|а 2, Рад|ушк|а 1

         Рад|я → Рад|еньк|а 2, Рад|ечк|а 3, Рад|ик 2, Рад|к|а 2,

                 Рад|оньк|а 2, Рад|очк|а 3, Рад|ушк|а 2, Рад*ь*|к|а 2

         Рад|еньк|а 3, Рад|ечк|а 4, Рад|ик 3, Рад|к|а 3, Рад|оньк|а 3,

         Рад|очк|а 4, Рад|ушк|а 3, Рад*ь*|к|а 3

(Ради)слав|а → **Слав|а** → Слав|к|а 1 → Слав*оч*|к|а 1

                  Слав|еньк|а 1, Слав|ик 1, Слав|оньк|а 1,

| Слав|очк|а 2, Слав|ушк|а 1
          Слав|еньк|а 2, Слав|ик 2, Слав|к|а 2, Слав|оньк|а 2,
          Слав|очк|а 3, Слав|ушк|а 2

РАДМИ́Л|А, ы, *ж* (*слав.редк.*) [*заимств. из сербск. языка*].
   П р о и з в о д н ы е (17):
Радмил|а
Рад(мил|а) → **Рад|а** → Рад|к|а 1 → Радо*ч*|к|а 1
                          Рады|к|а 1 → Раде*ч*|к|а 1
                          Рад|еньк|а 1, Рад|ечк|а 2, Рад|ик 1, Рад|оньк|а 1,
                          Рад|очк|а 2, Рад|ушк|а 1
                   Рад|еньк|а 2, Рад|ечк|а 3, Рад|ик 2, Рад|к|а 2, Рад|оньк|а 2,
                   Рад|очк|а 3, Рад|ушк|а 2, Рады|к|а 2
(Рад)мил|а → **Мил|а** → Мил|к|а 1 →Мило*ч*|к|а 1
                         Мил|ок 1 → Мило*ч*ек 1
                         Мил|ечк|а 1, Мил|ёш|а 1, Мил|оньк|а 1,
                         Мил|очек 2, Мил|очк|а 2
                   Мил|ечк|а 2, Мил|ёш|а 2, Мил|к|а 2, Мил|ок 2,
                   Мил|оньк|а 2, Мил|очек 3, Мил|очк|а 3

РАДОМИ́Р|А, ы, *ж* [*женск. к* Радомир].
   П р о и з в о д н ы е (9):
Радомир|а
Рад(омир|а) → **Рад|а** →Рад|к|а 1 → Радо*ч*|к|а 1
                         Рады|к|а 1 → Раде*ч*|к|а 1
                         Рад|еньк|а 1, Рад|ечк|а 2, Рад|ик 1, Рад|оньк|а 1,
                         Рад|очк|а 2, Рад|ушк|а 1
                   Рад|еньк|а 2, Рад|ечк|а 3, Рад|ик 2, Рад|к|а 2, Рад|оньк|а 2,
                   Рад|очк|а 3, Рад|ушк|а 2, Рады|к|а 2

РАЙ́С|А, ы, *ж* [*предположительно греч.* 'легкая, готовая'; 'легкомыслен-
ная, беспечная'].
Раи́сь|я (Раись[й|а]), Раись|и (Раись[й|и]) (*прост.*).
   П р о и з в о д н ы е (28):
Раис|а → Раис|к|а → Раисо*ч*|к|а 1
          Раис|еньк|а, Раис|оньк|а, Раис|очк|а 2, Раис|ушк|а,
          Раись|я (Раись[й|а])
Ра(ис|а) →
   Ра|я (Ра[й|а]) → Рай|к|а 1 → Рае*ч*|к|а 1
                    Ра|юс|я 1 (Ра[й|у]с|я) → Раюсь|к|а → Раюсе*ч*|к|а 1
                    | Раюс|еньк|а, Раюс|ечк|а 2
                    Ра|юх|а 1 (Ра[й|у]х|а) → Раюш|к|а 1 → Раюш*ич*|к|а 1
                    | Раюш|еньк|а 1, Раюш|ечк|а 2
                    Ра|юш|а 1 (Ра[й|у]ш|а) → Раюш|еньк|а 2,

Раюш|ечк|а 3, Раюш|к|а 2

Ра|еньк|а 1 (Ра[й|э]ньк|а), Ра|ечк|а 2 (Ра[й|э]чк|а),
Ра|ёк 1 (Ра[й|о]к), Ра́|юшк|а 1 (Ра[й|у]шк|а)

Ра|я → **Ра|ш|а 1** → Раш|к|а 1 → Раш|ечк|а 1
Раш|ечк|а 2

Ра|еньк|а 2 (Ра[й|э]ньк|а), Ра|ечк|а 3 (Ра[й|э]чк|а),
Ра|ёк 2 (Ра[й|о]к), Рай|к|а 2, Ра|юс|я 2 (Ра[й|у]с|я)
Ра|юх|а 2 (Ра[й|у]х|а), Ра|юш|а 2 (Ра[й|у]ш|а), Ра́|юшк|а 2 (Ра[й|у]шк|а)

Ра(ис|а) → Ра|ш|а 2
(Ра)ис|а → **Ис|а** → Ис|к|а 1 → Ис|оч|к|а 1
Ис|оньк|а 1, Ис|очк|а 2
Ис|к|а 2, Ис|оньк|а 2, Ис|очк|а 3
Ра(и)с|а → Ра|ш|а 3; Раш|ечк|а 3, Раш|к|а 2

День ангела и святая (Раиса): 5 сентября — *мученица*.

РАХИ́ЛЬ, и, *ж* (*стар. редк.*) [*др.-евр.* 'овца'].
   П р о и з в о д н ы е (48):
Рахиль → Рахиль|к|а → Рахил|ечк|а 1
Рахил|еньк|а, Рахил|ечк|а 2, Рахил|юшк|а
Рах(иль) → **Рах|а** → Ра|ш|к|а 1 → Раш|ечк|а 1
Раш|еньк|а 1, Раш|ечк|а 2
Ра(х|а) → **Ра|я 1**
(Ра[й|а])→ Рай|к|а 1 → Ра|еч|к|а 1
Ра|юш|а 1
(Ра[й|у]ш|а) → Раюш|к|а →Раюш|еч|к|а 1
Раюш|ечк|а 2
Ра|еньк|а 1 (Ра[й|э]ньк|а),
Ра|ечк|а 2 (Ра[й|э]чк|а),
Ра́|юшк|а 1 (Ра[й|у]шк|а)
Ра|еньк|а 2 (Ра[й|э]ньк|а), Ра|ечк|а 3 (Ра[й|э]чк|а),
Рай|к|а 2, Ра|юш|а 2 (Ра[й|у]ш|а)
Ра́|юш|а 2 (Ра[й|у]ш|а)
Ра|ш|а 1 → Раш|еньк|а 2, Раш|ечк|а 3, Раш|к|а 2
Раш|а 2; Раш|еньк|а 3, Раш|ечк|а 4, Раш|к|а 3
Ра(хиль) → Ра|я 2
(Ра)хиль → **Хил|я** → Хиль|к|а 1 → Хил|еч|к|а 1
Хил|еньк|а 1, Хил|ечк|а 2, Хил|юшк|а 1
(Х)ил|я → **Ил|я 1** → Иль|к|а 1 → Ил|еч|к|а 1
Ил|юш|а 1 → Илюш|к|а → Илюш|еч|к|а 1
Илюш|еньк|а, Илюш|ечк|а 2
Ил|еньк|а 1, Ил|ечк|а 2, Ил|юшк|а 1
Ил|еньк|а 2, Ил|ечк|а 3, Иль|к|а 2, Ил|юш|а 2,
И́л|юшк|а 2
(Хи)л|я → **Л|ил|я 1** → Лил|ёк → Лил|ёч|ек 1

Лиль|к|а → Лилеч|к|а 1
Лил|юс|я → Лилюсь|к|а → Лилюсеч|к|а 1
        Лилюс|еньк|а, Лилюс|ечк|а 2
Лил|юх|а → Лилю́ш|к|а 1 → Лилюше́ч|к|а 1
        Лилю́ш|еньк|а 1,
        Лилю́ш|ечк|а 2
Лил|юш|а 1 → Лилюш|еньк|а 2,
        Лилю́ш|ечк|а 3;
        Лилю́ш|к|а 2
Лил|еньк|а, Лил|ечк|а 2, Лил|ёчек 2,
Ли́л|юшк|а
Хил|еньк|а 2, Хил|ечк|а 3, Хиль|к|а 2, Хил|юшк|а 2

(Рах)иль → Ил|я 2; Ил|еньк|а 3, Ил|ечк|а 4, Иль|к|а 3, Ил|юш|а 3,
        Ӣл|юшк|а 3
(Рахи)ль → Л|ил|я 2

РЕГИ́Н|А, ы, *ж* [*лат.* 'царица'].
   П р о и з в о д н ы е (20):
Регин|а → Регин|к|а → Региноч|к|а 1
       Регин|очк|а 2, Регин|ушк|а
Рег(ин|а) → **Рег|а**
Ре(ги)н|а → **Рен|а** → Рен|к|а 1 → Реноч|к|а 1
        Рень|к|а 1 → Ренеч|к|а 1
        Рен|ечк|а 2, Рен|ик 1, Рен|очк|а 2, Рен|ушк|а 1,
        Рен|юшк|а 1
     Рен|я → Рен|ечк|а 3, Рен|ик 2, Рен|к|а 2, Рен|очк|а 3,
        Рен|ушк|а 2, Рень|к|а 2, Рен|юшк|а 2
     Рен|ечк|а 4, Рен|ик 3, Рен|к|а 3, Рен|очк|а 4, Рен|ушк|а 3,
     Рень|к|а 3, Рен|юшк|а 3
Р(ег)ин|а → **Рин|а** → Рин|ечк|а 1
     Рин|ечк|а 2
(Ре)гин|а → **Гин|а** → Гин|к|а 1 → Гиноч|к|а 1
       Гин|ечк|а 1, Гин|очк|а 2, Гин|ушк|а 1
     Гин|ечк|а 2, Гин|к|а 2, Гин|очк|а 3, Гин|ушк|а 2

РЕ́М|А, ы, *ж* (*нов.*) [*из сочетания* 'революция мировая']
Ре(волюция) м(ировая) → Рем|а
П р о и з в о д н ы е (11):
Рем|а → Рем|к|а → Ремоч|к|а 1
     Рем|ул|я → Ремуль|к|а
     Рем|ус|я → Ремусь|к|а → Ремусеч|к|а 1
        Ремус|ечк|а 2
     Рем|ик, Рем|оньк|а, Рем|очк|а 2, Рем|ух|а, Рем|ушк|а

РЕНА́Т|А[1], ы, *ж* [*женск.* к Ренат[1]].
П р о и з в о д н ы е (17):
Ренат|а → Ренат|к|а → Ренато́ч|к|а 1
         Ренат|ик, Ренат|очк|а 2, Ренат|ушк|а
Рен(ат|а) → **Рен|а** → Рен|к|а 1 → Рено́ч|к|а 1
       | Рень|к|а 1 → Рене́ч|к|а 1
       | Рен|ечк|а 2, Рен|ик 1, Рен|ушк|а 1, Рен|юшк|а 1
        Рен|я → Рен|ечк|а 3, Рен|ик 2, Рен|к|а 2, Рен|очк|а 3,
       | Рен|ушк|а 2, Рень|к|а 2, Рен|юшк|а 2
        Рен|ечк|а 4, Рен|ик 3, Рен|к|а 3, Рен|очк|а 4, Рен|ушк|а 3, \
        Рень|к|а 3, Рен|юшк|а 3
(Ре)нат|а → **Нат|а** → Нат|к|а 1 → Нато́ч|к|а 1
         Нат|очк|а 2, Нат|ушк|а 1
         Нат|к|а 2, Нат|очк|а 3, Нат|ушк|а 2

РЕНА́Т|А[2], ы, *ж* [*женск.* к Ренат[2]].
П р о и з в о д н ы е (17):
Ренат|а → Ренат|к|а → Ренато́ч|к|а 1
         Ренат|ик, Ренат|очк|а 2, Ренат|ушк|а
Рен(ат|а) → **Рен|а** → Рен|к|а 1 → Рено́ч|к|а 1
       | Рень|к|а 1 → Рене́ч|к|а 1
       | Рен|ечк|а 2, Рен|ик 1, Рен|ушк|а 1, Рен|юшк|а 1
        Рен|я → Рен|ечк|а 3, Рен|ик 2, Рен|к|а 2, Рен|очк|а 3,
       | Рен|ушк|а 2, Рень|к|а 2, Рен|юшк|а 2
        Рен|ечк|а 4, Рен|ик 3, Рен|к|а 3, Рен|очк|а 4, Рен|ушк|а 3,
        Рень|к|а 3, Рен|юшк|а 3
(Ре)нат|а → **Нат|а** → Нат|к|а 1 → Нато́ч|к|а 1
         Нат|очк|а 2, Нат|ушк|а 1
         Нат|к|а 2, Нат|очк|а 3, Нат|ушк|а 2

РИ́ММ|А, ы, *ж* [*возможно, из болг.* Рима женск. к Римен, ославяненная
форма имени Роман; *лат.* по названию города Рим].
П р о и з в о д н ы е (53):
Римм|а → Римм|ул|я → Риммуль|к|а → Риммуле́ч|к|а 1
         Риммул|еньк|а, Риммул|ечк|а 2
       Римм|ур|а → Риммур|к|а → Риммуро́ч|к|а 1
         Риммур|оньк|а, Риммур|очк|а 2
      (Рим)м|ур|а → **Мур|а** → Мур|к|а 1 → Муро́ч|к|а 1
       | Мур|ик 1, Мур|оньк|а 1, Мур|очк|а 2
       | Мур|ик 2, Мур|к|а 2, Мур|оньк|а 2, Мур|очк|а 3
      Римм|очк|а, Римм|ушк|а
Рим(м|а) → **Рим|а** → Рим|к|а 1 → Римо́ч|к|а 1, Римч|ик
       | **Рим|ч|а 1** → Римч|ик 2
        Рим|с|я 1 → Римс|ик

Рим|ул|я 1 → Римуль|к|а → Римулеч|к|а 1
Римул|еньк|а, Римул|ечк|а 2
Рим|ус|я 1 → Римусь|к|а → Римусеч|к|а 1
Римус|еньк|а, Римус|ечк|а 2
Рим|ок 1, Рим|оньк|а 1, Рим|очк|а 2, Рим|ушк|а 1,
Рим|ч|а 2, Рим|чик 3, Рим|ш|а 1
Ром|а 1 → Ром|к|а 1 → Ромоч|к|а 1
Ром|ул|я 1 → Ромуль|к|а → Ромулеч|к|а 1
Ромул|еньк|а, Ромул|ечк|а 2,
Ромул|ик
Ром|оньк|а 1, Ром|очк|а 2, Ром|ушк|а 1
Ром|к|а 2, Ром|оньк|а 2, Ром|очк|а 3, Ром|ул|я 2,
Ром|ушк|а 2
Ри(м|а) → **Ри|н|а 1,** Рин|к|а 1 → Риноч|к|а 1
Рин|ус|я 1 → Ринус|ик
Рин|очк|а 2, Рин|ушк|а 1,
Риньк|а 1, Рин|юш|а 1
Ри|н|я 1 → Рин|к|а 2, Рин|очк|а 3, Рин|ус|я 2,
Рин|ушк|а 2, Риньк|а 2, Рин|юш|а 2
Рим|к|а 2, Рим|ок 2, Рим|оньк|а 2, Рим|очк|а 3, Рим|с|я 2,
Рим|ул|я 2, Рим|ус|я 2, Рим|ушк|а 2, Рим|ч|а 3, Рим|чик 4,
Рим|ш|а 2
Ром|а 2; Ром|к|а 3, Ром|оньк|а 3, Ром|очк|а 4, Ром|ул|я 3,
Ром|ушк|а 3
Ри(мм|а) → Ри|н|а 2, Ри|н|я 2

РО́З|А, ы, *ж* [*лат.* по названию цветка роза].

П р о и з в о д н ы е (7):

Роз|а → Роз|к|а → Розоч|к|а 1
Роз|ул|я → Розуль|к|а → Розулеч|к|а 1
Розул|еньк|а, Розул|ечк|а 2
Роз|оньк|а, Роз|очк|а 2

РОЗА́ЛИ|Я (Роза́ли[й|а]), Роза́ли|и (Роза́ли[й|и]), *ж* [вариант имени Роза
или сложение имен Роза + Лия; *лат.* ‘роза’].

П р о и з в о д н ы е (9):

Розали|я
Роз(али|я) → **Роза** → Роз|к|а 1 → Розоч|к|а 1
Роз|ул|я 1 → Розуль|к|а → Розулеч|к|а 1
Розул|еньк|а, Розул|ечк|а 2
Роз|оньк|а 1, Роз|очк|а 2
Роз|к|а 2, Роз|оньк|а 2, Роз|очк|а 3, Роз|ул|я 2
(Ро)зал(и|я) → **Зал|я**

РОКСА́Н|А, ы, *ж* [имя жены Александра Македонского].

П р о и з в о д н ы е (30):

Роксан|а → Роксан|к|а → Роксан*оч*|к|а 1

Роксан|очк|а 2, Роксан|ушк|а

Ро(кса)н|а → **Рон|а** → Рон|к|а 1 → Рон*оч*|к|а 1

Рон*ь*|к|а 1 → Рон*еч*|к|а 1

Рон|юш|а 1 → Рон|юш|к|а

Рон|ечк|а 2, Рон|очк|а 2, Рон|ушк|а 1, Рóн|юшк|а 1

Рон|я → Рон|ечк|а 3, Рон|к|а 2, Рон|очк|а 3, Рон|ушк|а 2,

Рон*ь*|к|а 2, Рон|юш|а 2, Рóн|юшк|а 2

Рон|ечк|а 4, Рон|к|а 3, Рон|очк|а 4, Рон|ушк|а 3, Рон*ь*|к|а 3,

Рон|юш|а 3, Рóн|юшк|а 3

(Ро)ксан|а → **Ксан|а** → Ксан|к|а 1 → Ксан*оч*|к|а 1

Ксан|очк|а 2, Ксан|ушк|а 1

(К)сан|а → **Сан|а 1** → Сан|к|а 1 → Сан*оч*|к|а 1

Сан*ь*|к|а 1 → Сан*еч*|к|а 1, Сан*ч*|ик 1

Сан|юш|а 1 → Сан|юш|к|а

Сан|ечк|а 2, Сан|ик 1, Сан|очк|а 2,

Сан|ушк|а 1, Сан|чик 2, Сан|ш|а 1,

Сá|н|юшк|а 1

Сан|я 1 → Сан|ечк|а 3, Сан|ик 2, Сан|к|а 2,

Сан|очк|а 3, Сан|ушк|а 2, Сан|чик 3,

Сан|ш|а 2, Сан*ь*|к|а 2, .Сан|юш|а 2,

Сá|н|юшк|а 2

Сан|ечк|а 4, Сан|ик 3, Сан|к|а 3, Сан|очк|а 4,

Сан|ушк|а 3, Сан|чик 4, Сан|ш|а 3, Сан*ь*|к|а 3,

Сан|юш|а 3, Сá|н|юшк|а 3

Ксан|к|а 2, Ксан|очк|а 3, Ксан|ушк|а 2

(Рок)сан|а → Сан|а 2, Сан|я 2; Сан|ечк|а 5, Сан|ик 4, Сан|к|а 4,

Сан|очк|а 5, Сан|ушк|а 4, Сан|чик 5, Сан|ш|а 4, Сан*ь*|к|а 4,

Сан|юш|а 4, Сá|н|юшк|а 4

РОСТИСЛА́В|А, ы, *ж* [*женск. к* Ростислав].

П р о и з в о д н ы е (39):

Ростислав|а → Ростислав|к|а, Ростислав|ушк|а

Рост(ислав|а) → **Рост|я** → Рост*ь*|к|а 1 → Рост*еч*|к|а 1

Рост|ян|а 1 → Ростян|к|а → Ростян*оч*|к|а 1

Ростян|очк|а 2, Ростян|ушк|а

Рост|еньк|а 1, Рост|ечк|а 2, Рост|ик 1, Рост|ил|а 1

Рос(т|я) → **Рос|я 1** → Рос*ь*|к|а 1 → Рос*еч*|к|а 1

Рос|еньк|а 1, Рос|ечк|а 2, Рос|ик 1

Рос|еньк|а 2, Рос|ечк|а 3, Рос|ик 2, Рос*ь*|к|а 2

Ро(с)т|я → **Рот|я 1** → Рот*ь*|к|а 1 → Рот*еч*|к|а 1

Рот|еньк|а 1, Рот|ечк|а 2

| Рот|еньк|а 2, Рот|ечк|а 3, Роть|к|а 2
                 Рост|еньк|а 2, Рост|ечк|а 3, Рост|ик 2, Рост|ил|а 2,
                 Рость|к|а 2, Рост|ян|а 2
Рос(тислав|а) → Рос|я 2; Рос|еньк|а 3, Рос|ечк|а 4, Рос|ик 3, Рось|к|а 3
Ро(с)т(ислав|а) → Рот|я 2; Рот|еньк|а 3, Рот|ечк|а 4, Роть|к|а 3
(Рости)слав|а → **Слав|а** → Слав|к|а 1 → Славоч|к|а 1, Славчик 1
                 Слав|ун|я 1 → Славунь|к|а → Славунеч|к|а 1,
                                             Славунч|ик 1
                              Славун|ечк|а 2, Славун|чик 2,
                              Славун|юшк|а
                 Слав|ус|я 1 → Славусь|к|а → Славусеч|к|а 1
                              Славус|еньк|а, Славус|ечк|а 2,
                              Славус|ик
                 Слав|еньк|а 1, Слав|ик 1, Слав|оньк|а 1,
                 Слав|очк|а 2, Слав|ушк|а 1, Слав|чик 2
              Слав|еньк|а 2, Слав|ик 2, Слав|к|а 2, Слав|оньк|а 2,
              Слав|очк|а 3, Слав|ун|я 2, Слав|ус|я 2, Слав|ушк|а 2,
              Слав|чик 3

РУСЛА́Н|А, ы, *ж* [*женск. к* Руслан].
   П р о и з в о д н ы е (15):
Руслан|а → Руслан|к|а → Руслано́ч|к|а 1
| Руслан|очк|а 2, Руслан|ушк|а
Рус(лан|а) → **Рус|я** → Русь|к|а 1 → Русеч|к|а 1
| Рус|еньк|а 1, Рус|ечк|а 2, Рус|ик 1
| Рус|еньк|а 2, Рус|ечк|а 3, Рус|ик 2, Русь|к|а 2
(Рус)лан|а → **Лан|а** → Лан|к|а 1 → Лано́ч|к|а 1
| Лань|к|а 1 → Ланеч|к|а 1
| Лан|ечк|а 2, Лан|очк|а 2, Лан|ушк|а 1
         Лан|я → Лан|ечк|а 3, Лан|к|а 2, Лан|очк|а 3, Лан|ушк|а 2,
| Лань|к|а 2
              Лан|ечк|а 4, Лан|к|а 3, Лан|очк|а 4, Лан|ушк|а 3, Лань|к|а 3

РУФИ́Н|А, ы, *ж* [*женск. к* Руфин].
Руфи́м|а, ы (*разг.*).
   П р о и з в о д н ы е (29):
Руфин|а → Руфин|к|а → Руфино́ч|к|а 1
| Руфин|очк|а 2, Руфин|ушк|а
Руф(ин|а) → **Руф|а 1** → Руф|ан|я 1 → Руфань|к|а
| Руф|к|а 1 → Руфо́ч|к|а 1, Руфч|ик 1
| Руф|ик 1, Руф|оньк|а 1, Руф|очк|а 2, Руф|ушк|а 1,
| Руф|чик 2, Руф|х|а 1
| **Рух|а 1**
              Руф|ан|я 2, Руф|ик 2, Руф|к|а 2, Руф|оньк|а 2, Руф|очк|а 3,

Руф|ушк|а 2, Руф|х|а 2, Руф|чик 3
Рух|а 2
(Ру)фин|а → **Фин|а** → Фин|к|а 1 → Финоч|к|а 1
Фин|очк|а 2
Фим|а 1 → Фим|к|а 1 → Фимоч|к|а 1
Фим|ул|я 1 → Фимуль|к|а →
Фимулеч|к|а 1
Фимул|еньк|а,
Фимул|ечк|а 2
Фим|очк|а 2, Фим|ушк|а 1
Фим|к|а 2, Фим|очк|а 3, Фим|ул|я 2, Фим|ушк|а 2
Фин|к|а 2, Фин|очк|а 3
Фим|а 2; Фим|к|а 3, Фим|очк|а 4, Фим|ул|я 3, Фим|ушк|а 3
Руфим|а → Руфим|к|а 1 → Руфимоч|к|а 1
Руфим|оньк|а 1, Руфим|очк|а 2, Руфим|ушк|а 1
Руф(им|а)→ Руф|а 2; Руф|ан|я 3, Руф|ик 3, Руф|к|а 3,
Руф|оньк|а 3, Руф|очк|а 4, Руф|ушк|а 3,
Руф|х|а 3, Руф|чик 4
Рух|а 3
(Ру)фим|а → Фим|а 3; Фим|к|а 4, Фим|очк|а 5, Фим|ул|я 4,
Фим|ушк|а 4
Руфим|к|а 2, Руфим|оньк|а 2, Руфим|очк|а 3, Руфим|ушк|а 2
День ангела и святая (Руфина): 2 сентября — *мученица*.

РУФЬ|, и, *ж* [*др.-евр. предположительно* ‘подруга, дружба’].
П р о и з в о д н ы е (5):
Руфь → Руф|к|а 1 → Руфоч|к|а 1
Руф|оньк|а 1, Руф|очк|а 2, Руф|ушк|а 1
Руф|а → Руф|к|а 2, Руф|оньк|а 2, Руф|очк|а 3, Руф|ушк|а 2

С

САБИ́Н|А, ы, *ж* [*лат.* 'сабинянка'].
    П р о и з в о д н ы е (11):
Сабин|а → Сабин|к|а → Сабин*оч*|к|а 1
| Сабин|очк|а 2
(Са)бин|а → **Бин|а** → Бин|к|а 1 → Бин*оч*|к|а 1
| Бин|очк|а 2, Бин|ушк|а 1
| (Б)ин|а → **Ин|а 1** → Ин|ечк|а 1, Ин|к|а 1, Ин|уш|а 1,
| Ин|ушк|а 1
| Ин|ечк|а 2, Ин|к|а 2, Ин|уш|а 2, Ин|ушк|а 2
| Бин|к|а 2, Бин|очк|а 3, Бин|ушк|а 2
(Саб)ин|а → Ин|а 2; Ин|ечк|а 3, Ин|к|а 3, Ин|уш|а 3, Ин|ушк|а 3

САВВА́ТИ|Я (Савва́ти[й|а]), Савва́ти|и (Савва́ти[й|и]), *ж* [*женск. к* Савва-
тий].
    П р о и з в о д н ы е (9):
Савватия
Сав(вати|я) → **Сав|а** → Сав|к|а 1 → Сав*оч*|к|а 1
| Сав|оньк|а 1, Сав|очк|а 2, Сав|ушк|а 1
| Сав|к|а 2, Сав|оньк|а 2, Сав|очк|а 3, Сав|ушк|а 2
(Сав)ват(и|я) → **Ват|я** → Ватъ|к|а 1 → Ват*еч*|к|а 1
| Ват|еньк|а 1, Ват|ечк|а 2
| Ват|еньк|а 2, Ват|ечк|а 3, Ватъ|к|а 2

СВЕТИСЛА́В|А, ы, *ж* [*женск.к* Светислав].
    П р о и з в о д н ы е (13):
Светислав|а
Свет(ислав|а) → **Свет|а** →Свет|к|а → Свет*оч*|к|а 1
| Свет|еньк|а 1, Свет|ик 1, Свет|оньк|а 1,
| Свет|очк|а 2
| Свет|еньк|а 2, Свет|ик 2, Свет|к|а 2, Свет|оньк|а 2,

| Свет|очк|а 3
(Свети)слав|а → **Слав|а** → Слав|к|а 1 → Славоч|к|а 1
                 | Слав|еньк|а 1, Слав|ик 1, Слав|оньк|а 1,
                 | Слав|очк|а 2, Слав|ушк|а 1
                 Слав|еньк|а 2, Слав|ик 2, Слав|к|а 2, Слав|оньк|а 2,
                 Слав|очк|а 3, Слав|ушк|а 2

СВЕТЛА́Н|А, ы, *ж* ['светлая'].
    П р о и з в о д н ы е (44):
Светлан|а → Светлан|к|а → Светланоч|к|а 1
                Светлан|оньк|а, Светлан|очк|а 2, Светлан|ушк|а
Светл(ан|а) → Светл|як → Светляч|ок
Свет(лан|а) → **Свет|а** → Свет|к|а 1 → Светоч|к|а 1, Светч|ик 1
                Свет|ул|я 1 → Светуль|к|а → Светулеч|к|а 1
                                  Светул|еньк|а, Светул|ечк|а 2,
                                  Светул|ик
                Свет|ун|я 1 → Светунь|к|а → Светунеч|к|а 1,
                                  Светунч|ик 1
                                  Светун|ечк|а 2, Светун|чик 2
                Свет|ус|я 1 → Светусь|к|а → Светусеч|к|а 1
                                  Светус|еньк|а, Светус|ечк|а 2,
                                  Светус|ик
                Свет|у́х|а 1 → Свету́ш|к|а 1 → Светушеч|к|а 1
                                  Светуш|еньк|а 1, Светуш|ечк|а 2
                Свет|уш|а 1 → Светуш|еньк|а 2, Светуш|ечк|а 3,
                                Свету́ш|к|а 2
                Свет|еньк|а 1, Свет|ик 1, Свет|очк|а 2,
                Свет|ушк|а 1, Свет|чик 2
            Свет|еньк|а 2, Свет|ик 2, Свет|к|а 2, Свет|очк|а 3,
            Свет|ул|я 2, Свет|ун|я 2, Свет|ус|я 2, Свет|ух|а 2,
            Свет|уш|а 2, Свет́|ушк|а 2, Свет|чик 3
(С)вет(лан|а) → **Вет|а** → Вет|к|а 1 → Веточ|к|а 1
                | Вет|оньк|а 1, Вет|очк|а 2, Вет|ушк|а 1
                Вет|к|а 2, Вет|оньк|а 2, Вет|очк|а 3, Вет|ушк|а 2
(Свет)лан|а → **Лан|а** → Лан|к|а 1 → Ланоч|к|а 1
                Лань|к|а 1 → Ланеч|к|а 1
                Лан|ечк|а 2, Лан|очк|а 2, Лан|ушк|а 1
        Лан|я → Лан|ечк|а 3, Лан|к|а 2, Лан|очк|а 3, Лан|ушк|а 2,
                | Лань|к|а 2
            Лан|ечк|а 4, Лан|к|а 3, Лан|очк|а 4, Лан|ушк|а 3, Лань|к|а 3
    Дни ангела и святые (Светлана): 20 марта — *мученица*; 13 февраля —
преподобномученица.

СВЕТОЗА́Р|А, ы, *ж* [*женск. к* Светозар].

П р о и з в о д н ы е (36):
Светозар|а → Светозар|к|а → Светозароч|к|а 1
| Светозар|оньк|а, Светозар|очк|а 2, Светозар|ушк|а
Свет(озар|а) → **Свет|а** → Свет|к|а 1 → Светоч|к|а 1, Светч|ик 1
| Свет|уш|а 1→ Светуш|к|а
| Свет|еньк|а 1, Свет|ик 1, Свет|оньк|а 1,
| Свет|очк|а 2, Свет|ушк|а 1, Свет|чик 2
    Свет|еньк|а 2, Свет|ик 2, Свет|к|а 2, Свет|оньк|а 2,
    Свет|очк|а 3, Свет|уш|а 2, Свет|ушк|а 2, Свет|чик 3
(Свето)зар|а → **Зар|а** → Зар|к|а 1 → Зароч|к|а 1
| Зарь|к|а 1 → Зареч|к|а 1
| Зар|еньк|а 1, Зар|ечк|а 2, Зар|ик 1, Зар|оньк|а 1,
| Зар|очк|а 2, Зар|ушк|а 1, Зар|юшк|а 1
| **Зор|я 1** → Зорь|к|а 1 → Зореч|к|а 1
| Зор|еньк|а 1, Зор|ечк|а 2, Зор|ик 1,
| Зор|юшк|а 1
| Зор|еньк|а 2, Зор|ечк|а 3, Зор|ик 2, Зорь|к|а 2,
| Зор|юшк|а 2
| **Зар|я** → Зар|еньк|а 2, Зар|ечк|а 3, Зар|ик 2, Зар|к|а 2,
| Зар|оньк|а 2, Зар|очк|а 3, Зар|ушк|а 2, Зарь|к|а 2,
| Зар|юшк|а 2
| Зор|я 2; Зор|еньк|а 3, Зор|ечк|а 4, Зор|ик 3,
| Зорь|к|а 3, Зор|юшк|а 3
    Зар|еньк|а 3, Зар|ечк|а 4, Зар|ик 3, Зар|к|а 3, Зар|оньк|а 3,
    Зар|очк|а 4, Зар|ушк|а 3, Зарь|к|а 3, Зар|юшк|а 3
    Зор|я 3; Зор|еньк|а 4, Зор|ечк|а 5, Зор|ик 4, Зорь|к|а 4,
    Зор|юшк|а 4
(С)вет(озар|а) → **Вет|а** → Вет|к|а 1 → Веточ|к|а 1
| Вет|оньк|а 1, Вет|очк|а 2, Вет|ушк|а 1
    Вет|к|а 2, Вет|оньк|а 2, Вет|очк|а 3, Вет|ушк|а 2

СВЯТОСЛА́В|А, ы, *ж* [*женск. к* Святослав].
П р о и з в о д н ы е (28):
Святослав|а → Святослав|к|а → Святославоч|к|а 1
    Святослав|оньк|а, Святослав|очк|а 2, Святослав|ушк|а
Свят(ослав|а) → **Свят|а** → Свят|к|а 1 → Святоч|к|а 1
| Свят|ик 1, Свят|оньк|а 1, Свят|очк|а 2,
| Свят|ош|а 1, Свят|ушк|а 1
| Свят|ик 2, Свят|к|а 2, Свят|оньк|а 2, Свят|очк|а 3,
| Свят|ош|а 2, Свят|ушк|а 2
(Свято)слав|а → **Слав|а** → Слав|к|а 1 → Славоч|к|а 1, Славч|ик 1
| Слав|ун|я 1 → Славунь|к|а → Славунеч|к|а 1,
| Славунч|ик 1
| Славун|ечк|а 2, Славун|чик 2,

                Славун|юшк|а
       Слав|ус|я 1 →   Славусь|к|а → Славус*еч*|к|а 1
                     Славус|еньк|а, Славус|ечк|а 2,
                     Славус|ик
       Слав|еньк|а 1, Слав|ик 1, Слав|оньк|а 1,
       Слав|очк|а 2, Слав|ушк|а 1, Слав|чик 2
    Слав|еньк|а 2, Слав|ик 2, Слав|к|а 2, Слав|оньк|а 2,
    Слав|очк|а 3, Слав|ун|я 2, Слав|ус|я 2, Слав|ушк|а 2,
    Слав|чик 3

СЕЛИН|А, ы, *ж* [*греч.* 'луна'].
   П р о и з в о д н ы е (21):
Селин|а → Селин|к|а → Селин*оч*|к|а 1
| Селин|очк|а 2, Селин|ушк|а
Сел(ин|а) →**Сел|я** → Сель|к|а 1 →Сел*еч*|к|а 1
| | Сел|еньк|а 1, Сел|ечк|а 2, Сель|ш|а 1, Сел|юшк|а 1
| Сел|еньк|а 2, Сел|ечк|а 3, Сель|к|а 2, Сель|ш|а 2, Сел|юшк|а 2
(Се)лин|а → **Лин|а** →Лин|к|а 1 → Лин*оч*|к|а 1
| | Лин|уш|а 1 → Линуш|к|а
| | Лин|очк|а 2
| (Л)ин|а → **Ин|а 1** →Ин|к|а 1 → Ин*оч*|к|а 1
| Ин|ок 1 → Ин*оч*ек 1
| Ин|очек 2, Ин|очк|а 2, Ин|уш|а 1,
| Ин|ушк|а 1
| Ин|к|а 2, Ин|ок 2, Ин|очек 3, Ин|очк|а 3,
| Ин|уш|а 2, Ин|ушк|а 2
| Лин|к|а 2, Лин|очк|а 3, Лин|уш|а 2, Лин|ушк|а 2
(Сел)ин|а → Ин|а 2; Ин|к|а 3, Ин|ок 3, Ин|очек 4, Ин|очк|а 4, Ин|уш|а 3,
    Ин|ушк|а 3

СЕРАФИМ|А, ы, *ж* [*женск. к* Серафим; 'пламенная или благородная'].
   П р о и з в о д н ы е (51):
Серафим|а → Серафим|к|а →Серафим*оч*|к|а 1
| Серафим|очк|а 2, Серафим|ушк|а
Сер(афим|а) → **Сер|а** →Сер|к|а 1 → Сер*оч*|к|а 1
| | Сер|оньк|а 1, Сер|очк|а 2
| Сер|к|а 2, Сер|оньк|а 2, Сер|очк|а 3
С(ераф)им|а → **Сим|а** →Сим|к|а 1 → Сим*оч*|к|а 1, Симч|ик 1
| Сим|он|я 1 →Симонь|к|а → Симон*еч*|к|а 1
| | Симон|ечк|а 2
| Сим|ул|я 1 → Симуль|к|а → Симул*еч*|к|а 1
| | Симул|еньк|а, Симул|ечк|а 2
| Сим|ун|я 1 → Симунь|к|а → Симун*еч*|к|а 1
| | Симун|ечк|а 2

Сим|ур|а 1 → Симур|к|а → Симуроч|к|а 1
Симур|очк|а 2
С(им)|ур|а → **Сюр|а** → Сюр|к|а 1 → Сюроч|к|а 1
Сюр|очк|а 2
Сюр|к|а 2, Сюр|очк|а 3
Сим|ух|а 1 → Симуш|к|а 1 → Симуш*еч*|к|а 1
Симуш|еньк|а 1, Симуш|ечк|а 2
Сим|уш|а 1 →Симуш|еньк|а 2, Симуш|ечк|а 3,
Симуш|к|а 2
Сим|ик 1, Сим|ок 1, Сим|оньк|а 1, Сим|очк|а 2,
Сим|чик 2, Сим|ш|а 1
Сим|ик 2, Сим|к|а 2, Сим|ок 2, Сим|оньк|а 2, Сим|он|я 2,
Сим|очк|а 3, Сим|ул|я 2, Сим|ун|я 2, Сим|ур|а 2,
Сим|ух|а 2, Сим|уш|а 2, Сим|чик 3, Сим|ш|а 2
(Сера)фим|а → **Фим|а** → Фим|к|а 1 → Фимоч|к|а 1
Фим|ул|я 1 → Фимуль|к|а → Фимулеч|к|а 1
Фимул|еньк|а, Фимул|ечк|а 2
Фим|очк|а 2, Фим|ушк|а 1
Фи(м|а) → **Фин|а 1** → Фин|к|а → Финоч|к|а 1
Фин|очк|а 2, Фин|ушк|а
(Ф)им|а → **Им|а 1** → Им|к|а 1 → Имоч|к|а 1
Им|очк|а 2
Им|к|а 2, Им|очк|а 3
Фим|к|а 2, Фим|очк|а 3, Фим|ул|я 2, Фим|ушк|а 2
(Сера)фи(м|а) → **Фин|а 2**
(Сераф)им|а → Им|а 2; Им|к|а 3, Им|очк|а 4
День ангела и святая (Серафима): 29 июля — *мученица*.

СИ́ЛЬВИ|Я (Си́льви[й|а], Си́льви|и (Си́льви[й|и]), *ж* [*женск. к Сильвий*].
Си́льв|а, ы (*разг.*).
Си́лви|я (Си́лви[й|а], Си́лви|и (Си́лви[й|и]) (*стар.*).
Производные (21):
Сильви|я 1
Сильв(и|я) → **Сильв|а** → Сильв|оньк|а 1, Сильв|очк|а 1, Сильв|ушк|а 1
Сил(ьв|а) → **Сил|я 1** →Сил|к|а 1 → Силоч|к|а 1
Силь|к|а 1 → Силеч|к|а 1
Сил|еньк|а 1, Сил|ечк|а 2,
Сил|оньк|а 1, Сил|очк|а 2,
Сил|юшк|а 1
(С)ил|я 1 → **Ил|я 1** → Иль|к|а 1 → Илеч|к|а 1
Ил|еньк|а 1, Ил|ечк|а 2
Ил|еньк|а 2, Ил|ечк|а 3, Иль|к|а 2
Сил|еньк|а 2, Сил|ечк|а 3, Сил|к|а 2,
Сил|оньк|а 2, Сил|очк|а 3, Силь|к|а 2,

Сил|юшк|а 2
(С)ил(ьв|а →Ил|я 2; Ил|еньк|а 3, Ил|ечк|а 4, Иль|к|а 3
Сильв|оньк|а 2, Сильв|очк|а 2, Сильв|ушк|а 2
Сил ь(ви|я)→ Сил|я 2; Сил|еньк|а 3, Сил|ечк|а 4, Сил|к|а 3, Сил|оньк|а 3,
Сил|очк|а 4, Силь|к|а 3, Сил|юшк|а 3
(С)ил ц(ви|я) → Ил|я 3; Ил|еньк|а 4, Ил|ечк|а 5, Иль|к|а 4
(Си)л ьв)и|я → **Ли|я** (Ли[й|а]) → Лий|к|а 1 → Лиеч|к|а 1
Ли|еньк|а 1 (Ли[й|э]ньк|а),
Ли|ечк|а 2 (Ли[й|э]чк|а),
Ли|юшк|а 1 (Ли[й|у]шк|а)
Ли|еньк|а 2 (Ли[й|э]ньк|а), Ли|ечк|а 3 (Ли[й|э]чк|а),
Ли|юшк|а 2 (Ли|й|у]шк|а)
Силви|я → Сильви|я 2

СОЛОМЕ́|Я (Соломе́[й|а]), Соломе́|и (Соломе́[й|и]), *ж* (*редк.*) [*др.-евр.*
'мир'].
Саломи́|я (Саломи́[й|а]), Саломи́|и (Саломи́[й|и]) (*стар.*).
П р о и з в о д н ы е (12):
Соломе|я 1 → Соломей|к|а, Соломе|юшк|а (Соломе[й|у]шк|а)
Со(ло)ме|я → **Саме|я** (Саме[й|а]) → Самей|к|а 1 → Самей|ч|ик 1
С*а*мей|чик 2,
С*а*ме|юшк|а 1 (Саме[й|у]шк|а)
(С*а*)ме|я → **Ме|я 1** (Ме[й|а]) → Мей|к|а 1 →Ме*е*ч|к|а 1
Ме|ечк|а 2 (Ме[й|э]|ч|ка),
Ме|юшк|а 1 (Ме[й|у]шк|а
Ме|ечк|а 3 (Ме[й|э]чк|а), Мей|к|а 2,
Ме|юшк|а 2 (Ме[й|у]шк|а)
С*а*мей|к|а 2, С*а*мей|чик 3, С*а*ме|юшк|а 2 (Саме[й|у]шк|а)
(Соло)ме|я → Ме|я 2; Ме|ечк|а 4 (Ме[й|э]чк|а), Мей|к|а 3,
Ме|юшк|а 3 (Ме[й|у]шк|а)
Саломи|я → Саломий|к|а, Саломи|юшк|а (Саломи[й|у]шк|а)
Соломе|я 2
День ангела и святая (Соломея): 3 апреля — *праведница*.

СОЛОМОНИ́Д|А, ы, *ж* [вариант имени Соломония].
П р о и з в о д н ы е (39):
Соломонид|а → Соломонид|к|а, Соломонид|ушк|а
Солом(онид|а) → Солом|е|й|а] →Соломей|к|а, Соломе|юшк|а
(Соломе[й|у]шк|а)
Соло(монид|а) → **Соло|х|а** → Солош|к|а 1 → Солош|ечк|а 1
Солош|ечк|а 2, Солош|еньк|а 1
Солош|а 1 → Солош|еньк|а 2, Солош|ечк|а 3,
Солош|к|а 2
Соло|ш|а 2

Сол(омонид|а) → **Сол|я 1** → Соль|к|а 1 → Соле*ч*|к|а 1
  | Сол|ечк|а 2, Сол|ушк|а 1, Сол|юшк|а 1
  | Сол|ечк|а 3, Сол|ушк|а 2, Соль|к|а 2, Сол|юшк|а 2
Соло(мо)н(ид|а) → **Солон|я** → Солонь|к|а 1 → Солон*еч*|к|а 1
  | Солон|ечк|а 2, Солон|юшк|а 1
  | Соло*ш*|а 3; Соло*ш*|еньк|а 3, Соло*ш*|ечк|а 4,
  | Соло*ш*|к|а 3
  | Сол(он|я) → Сол|я 2; Сол|ечк|а 4, Сол|ушк|а 3,
  | Соль|к|а 3, Сол|юшк|а 3
  | Солон|ечк|а 3, Солонь|к|а 2, Солон|юшк|а 2
  | Соло*ш*|а 4; Соло*ш*|еньк|а 4, Соло*ш*|ечк|а 5, Соло*ш*|к|а 4
Со(ло)м(онид|а) → **Сом|а** → Сом|к|а 1
  | Сом|к|а 2
(Соло)мон(ид|а) → **Мон|я** → Мон|к|а 1 → Моно*ч*|к|а 1
  | Монь|к|а 1 → Мон*еч*|к|а 1
  | Мон|ечк|а 2, Мон|очк|а 2, Мон|ушк|а 1,
  | Мон|юк|а 1
  | Мон|ечк|а 3, Мон|к|а 2, Мон|ушк|а 2, Монь|к|а 2,
  | Мон|юк|а 2
(Соломон)ид|а → **Ид|а** → Ид|к|а 1 → Идо*ч*|к|а 1
  | Ид|ун|я 1 → Идун|чик
  | Ид|ус|я 1 → Идусь|к|а → Идус*еч*|к|а 1
  | Идус|еньк|а, Идус|ечк|а 2
  | Ид|оньк|а 1, Идо*ч*к|а 2, Ид|ушк|а 1
  | Ид|к|а 2, Ид|оньк|а 2, Идо*ч*к|а 3, Ид|ун|я 2, Ид|ус|я 2,
  | Ид|ушк|а 2

СОЛОМÓНИ|Я (Соломóни[й|а], Соломóни|и (Соломóни[й|и])), *ж* [*женск.
к* Соломон; 'мирная'].
    П р о и з в о д н ы е (29):
Соломони|я
Соломон(и|я) → Соломон|ид|а → Соломонид|к|а, Соломонид|ушк|а
Солом(они|я) → Солом|е[й|а] → Соломей|к|а,
                              Соломе|юшк|а (Соломе[й|у]шк|а)
Соло(мони|я) → **Соло|х|а** → Соло*ш*|к|а 1 → Соло*ш*|ечк|а 1
  | Соло*ш*|еньк|а 1, Соло*ш*|ечк|а 2
  | **Соло*ш*|а 1** → Соло*ш*|еньк|а 2, Соло*ш*|ечк|а 3,
  | Соло*ш*|к|а 2
  | Соло|ш|а 2
Сол(омони|я) → **Сол|я 1** → Сол|ушк|а 1, Соль|к|а 1, Сол|юшк|а 1
  | Сол|ушк|а 2, Соль|к|а 2, Сол|юшк|а 2
Соло(мо)н(и|я) → **Солон|я** → Солонь|к|а 1 → Солон*еч*|к|а 1
  | Солон|ечк|а 2, Солон|юшк|а 1
  | Соло*ш*|а 3; Соло*ш*|еньк|а 3, Соло*ш*|ечк|а 4,

                             Соло́ш|к|а 3

         Сол(он|я) → Сол|я 2; Сол|у́шк|а 3, Соль|к|а 3,
                       Сол|ю́шк|а 3

         Со(ло)н|я → **Со́н|я 1** → Со́нь|к|а 1 → Соне́ч|к|а 1
                               Со́н|ечк|а 2

                  Сон|е́чк|а 3, Со́нь|к|а 2

         Соло́н|ечк|а 3, Соло́нь|к|а 2, Соло́н|юшк|а 2

         Соло́ш|а 4; Соло́ш|еньк|а 4, Соло́ш|ечк|а 5, Соло́ш|к|а 4

Со(ломо)н(и|я) → Со́н|я 2; Со́н|ечк|а 4, Со́нь|к|а 3

(Соло)мон(и|я) → **Мо́н|я** → Мо́н|к|а 1 → Моно́ч|к|а 1
                  Мо́нь|к|а 1 → Моне́ч|к|а 1

                  Мо́н|ечк|а 2, Мо́н|очк|а 2, Мо́н|ушк|а 1,
                  Мо́н|юк|а 1

         Мон|е́чк|а 3, Мо́н|к|а 2, Мон|о́чк|а 3, Мон|у́шк|а 2,
         Мо́нь|к|а 2, Мон|ю́к|а 2

День ангела и святая (Соломония): 1 августа — *мученица*.

СОСИПА́ТР|А, ы, *ж* [*женск. к* Сосипатр].
     П р о и з в о д н ы е (30):
Сосипа́тр|а → Сосипа́тр|ушк|а

Сосипат(р|а) → Сосипа́т|к|а → Сосипато́ч|к|а 1
               Сосипа́т|очк|а 2, Сосипа́т|ушк|а

Сосипа(тр|а) → **Сосипа́ш|а** → Сосипа́ш|к|а, Сосипа́ш|еньк|а
         (Соси)па́ш|а → **Па́ш|а 1** → Па́ш|к|а 1 → Паше́ч|к|а 1
                        Па́ш|еньк|а 1, Па́ш|ен|я 1,
                        Па́ш|ечк|а 2

              Паш|е́ньк|а 2, Паш|ен|я́ 2, Паш|е́чк|а 3,
              Паш|к|а́ 2

Сос(ипатр|а) → **Со́с|а** → Со́сь|к|а 1 → Сосе́ч|к|а 1
               Со́с|еньк|а 1, Со́с|ечк|а 2, Со́сь|ш|а 1, Со́с|юшк|а 1

         Со́с|я → Со́с|еньк|а 2, Со́с|ечк|а 3, Со́сь|к|а 2, Со́сь|ш|а 2,
              Со́с|юшк|а 2

         Сос|е́ньк|а 3, Сос|е́чк|а 4, Со́сь|к|а 3, Со́сь|ш|а 3,
         Со́с|юшк|а 3

(Соси)патр|а → **Па́тр|а** → Патр|о́ньк|а 1, Патр|о́чк|а 1, Патр|у́шк|а 1
         Пат(р|а) → **Па́т|а 1** → Па́т|к|а 1 → Пато́ч|к|а 1
                       Па́т|еньк|а 1, Па́т|ечк|а 1, Па́т|ик 1,
                       Па́т|оньк|а 1, Па́т|очк|а 2

              Па(т|а) → Па́|ш|а 2
              Пат|е́ньк|а 2, Пат|е́чк|а 2, Пат|и́к 2, Па́т|к|а 2,
              Пат|о́ньк|а 2, Пат|о́чк|а 3

         Па(тр|а) → Па́|ш|а 3
         Патр|о́ньк|а 2, Патр|о́чк|а 2, Патр|у́шк|а 2

(Соси)пат(р|а) → Па́т|а 2; Пат|е́ньк|а 3, Пат|е́чк|а 3, Пат|и́к 3, Па́т|к|а 3,

| Пат|оньк|а 3, Пат|очк|а 4

(Соси)па(тр|а) → Па|ш|а 4

День ангела и святая (Сосипатра): 9 ноября — *преподобная*.

СО́ФЬ|Я (Со́фь[й|а]), Со́фь|и (Со́фь[й|и]), *ж* [*греч.* 'мудрость'; 'мудрость, разумность, наука'; 'премудрость'].
Софи́|я (Софи́[й|а]), Софи́|и (Софи́[й|и]) (*стар.*).
    П р о и з в о д н ы е (23):
Софь|я (Софь[й|а]) → Софь|юшк|а (Софь[й|у]шк|а)
Софь(|я) → **Соф|а** →Соф|к|а 1 → Софо́ч|к|а 1
| | Соф|ик 1, Соф|оньк|а 1, Соф|очк|а 2, Соф|ушк|а 1
| Со(ф|а) → **Со|н|а 1** → Сон|ет|а 1 → Сонет|к|а
| | Сон|юш|а 1 → Сон|юш|к|а →
| | | Сонюшеч|к|а 1
| | Сонюш|еньк|а,
| | Сонюш|ечк|а 2
| | Сонь|к|а 1 → Сонеч|к|а 1, Сонч|ик 1
| | Сон|ик 1, Сон|ечк|а 2, Сон|к|а 1,
| | Сон|ушк|а 1, Сон|чик 2, Со́н|юшк|а 1
| Со|н|я 1 → Сон|ет|а 2, Сон|ечк|а 3, Сон|ик 2,
| | Сон|к|а 2, Сон|ушк|а 2, Сон|чик 3,
| | Сонь|к|а 2, Сон|юш|а 2, Со́н|юшк|а 2
| Соф|ик 2, Соф|к|а 2, Соф|оньк|а 2, Соф|очк|а 3, Соф|ушк|а 2
Со(фья) → Со|н|а 2, Со|н|я 2
Софи|я (Софи[й|а]) → Софи|юшк|а (Софи[й|у]шк|а)
                Софь|я 2

Дни ангела и святые (София): 17 сентября, 18 сентября — *мученицы*; 16 декабря — *княгиня Московская*; 23 июля — *преподобная*.

СТАНИСЛА́В|А, ы, *ж* [*женск. к* Станислав].
    П р о и з в о д н ы е (40):
Станислав|а → Станислав|к|а → Станиславоч|к|а 1
| Станислав|очк|а 2, Станислав|ушк|а
Стан(ислав|а) → **Стан|я** → Стань|к|а 1 → Станеч|к|а 1
| | Стан|ечк|а 2, Стан|ик 1, Стан|юшк|а 1
| Ста(н|я) → **Ста|х|а 1**
| Стан|ечк|а 3, Стан|ик 2, Стань|к|а 2, Стан|юшк|а 2
Ста(ни)с(лав|а) → **Стас|я** → Стась|к|а 1 → Стасеч|к|а 1
| | Стас|еньк|а 1, Стас|ечк|а 2, Стас|ик 1
| (С)тас|я → **Тас|я 1** → Тась|к|а 1 → Тасеч|к|а 1
| | Тас|ют|а 1 →Тасют|к|а →
| | | Тасюточ|к|а 1
| | Тасют|очк|а 2,
| | Тасют|ушк|а

| | Тас|еньк|а 1, Тас|ечк|а 2, Тас|ик 1
| Тас|еньк|а 2, Тас|ечк|а 3, Тас|ик 2,
| Тась|к|а 2, Тас|ют|а 2
                          Стас|еньк|а 2, Стас|ечк|а 3, Стас|ик 2, Стась|к|а 2
(С)та(ни)с(лав|а) → Тас|я 2; Тас|еньк|а 3, Тас|ечк|а 4, Тас|ик 3, Тась|к|а 3,
                          Тас|ют|а 3
(Стани)слав|а → **Слав|а** → Слав|к|а 1 → Слав*оч*|к|а 1
                          | Слав|ун|я 1 → Славуньк|а → Славун*еч*|к|а 1,
                          | | Славунч|ик 1
                          | Славун|ечк|а 2, Славун|чик 2,
                          | Славун|юшк|а
                          | Слав|ус|я 1 → Славусь|к|а → Славус*еч*|к|а 1
                          | Славус|еньк|а, Славус|ечк|а 2,
                          | Славус|ик
                          | Слав|еньк|а 1, Слав|ик 1, Слав|оньк|а 1,
                          | Слав|очк|а 2, Слав|ушк|а 1
                          Слав|еньк|а 2, Слав|ик 2, Слав|к|а 2, Слав|оньк|а 2,
                          Слав|очк|а 3, Слав|ун|я 2, Слав|ус|я 2, Слав|ушк|а 2

СТЕ́ЛЛ|А, ы, *ж* [*лат.* 'звезда'].
   П р о и з в о д н ы е (2):
Стелл|а
Стел(л|а) → **Стел|а** → Стел|к|а 1
                          Стел|к|а 2, Стел|оньк|а, Стел|очк|а

СТЕПАНИ́Д|А, ы, *ж* [*греч.* 'венок'; 'венчанная победительница'].
Стефани́д|а, ы (*стар.*).
   П р о и з в о д н ы е (52):
Степанид|а 1 → Степанид|к|а
Степ(анид|а) → **Стёп|а** → Стёп|к|а 1 → Стёп*оч*|к|а 1
                          | Стёп|оньк|а 1, Стёп|очк|а 2
                          | Степ|ок 1, Степ|ох|а 1
                          | Стё(п|а) → **Сте*х*|а 1** → Сте*ш*|к|а 1 → Стешеч|к|а 1
                          | | Сте*ш*|еньк|а 1, Сте*ш*|ечк|а 2
                          | **Сте*ш*|а 1** → Стеш|еньк|а 2,
                          | | Стеш|ечк|а 3,
                          | | Стеш|к|а 2
                          | (С)те*ш*|а → **Теш|а** → Теш|к|а 1 →
                          | | Теш*еч*|к|а 1
                          | | Теш|еньк|а 1,
                          | | Теш|ечк|а 2
                          | Теш|еньк|а 2,
                          | Теш|ечк|а 3,
                          | Теш|к|а 2

```
    |                        Сте|ш|а 2
                   Степ|ок 2, Степ|ох|а 2
                   Стёп|к|а 2, Стёп|оньк|а 2, Стёп|очк|а 3
Сте(панид|а) → Сте|х|а 2, Сте|ш|а 3
Сте(па)н(ид|а) → Стен|я 1 → Стень|к|а 1 → Стенечк|а 1, Стенч|ик 1
              |              Стен|юш|а 1 → Стен|юш|к|а → Стенюшечк|а 1
              |                                         Стенюш|еньк|а,
              |                                         Стенюш|ечк|а 2
              |              Стен|ечк|а 2, Стен|ик 1, Стен|чик 2,
              |              Стень|ш|а 1, Стён|юшк|а 1
              |              Сте|ш|а 4; Сте|ш|еньк|а 3, Сте|ш|ечк|а 4,
              |              Сте|ш|к|а 3
              |       Стен|ечк|а 3, Стен|ик 2, Стен|чик 3, Стень|к|а 2,
              |       Стень|ш|а 2, Стен|юш|а 2, Стён|юшк|а 2
              |       Сте|ш|а 5; Сте|ш|еньк|а 4, Сте|ш|ечк|а 5, Сте|ш|к|а 4
(Сте)пан(ид|а) → Пан|а → Пан|к|а 1 → Пан|оч|к|а 1
              |          Пань|к|а 1 → Пан|еч|к|а 1
              |          Пан|ечк|а 2, Пан|очк|а 2, Пан|ушк|а 1,
              |          Пан|юшк|а 1
              |   Пан|я → Пан|ечк|а 3, Пан|к|а 2, Пан|очк|а 3,
              |          Пан|ушк|а 2, Пань|к|а 2, Пан|юшк|а 2
              |   Пан|ечк|а 4, Пан|к|а 3, Пан|очк|а 4, Пан|ушк|а 3,
              |   Пань|к|а 3, Пан|юшк|а 3
              |   Стефанид|а → Стефанид|к|а 1 → Стефанид|оч|к|а 1
              |                Стефанид|очк|а 2, Стефанид|ушк|а 1
              |   Стефан(ид|а) → Стефан|а → Стефан|к|а 1 →
              |             |                |            Стефан|оч|к|а 1
              |             |                Стефан|очк|а 2,
              |             |                Стефан|ушк|а 1
              |             |   Стеф(ан|а) →
              |             |       Стеф|а 1 →
              |             |           Стеф|к|а 1 → Стеф|оч|к|а 1
              |             |           Стеф|оньк|а, Стеф|очк|а 2,
              |             |           Стеф|ушк|а 1
              |             |           Стех|а 3 → Сте|ш|а 6;
              |             |                       Сте|ш|еньк|а 5,
              |             |                       Сте|ш|ечк|а 6,
              |             |                       Сте|ш|к|а 5
              |             |       Сте(ф|а) → Сте|ш|а 7
              |             |       Стеф|к|а 2, Стеф|оньк|а 2,
              |             |       Стеф|очк|а 3, Стеф|ушк|а 2
              |             |       Стех|а 4
              |             Сте(фан|а) → Сте|ш|а 8
              |             (Сте)фан|а → Фан|а 1 → Фан|ушк|а 1,
```

                                                   Фань|к|а 1,

                                                   Фан|юшк|а 1

                            Фан|я 1 → Фан|ушк|а 2,

                                                   Фань|к|а 2,

                                                 Фан|юшк|а 2

                                 Фан|ушк|а 3, Фань|к|а 3,

                                 Фан|юшк|а 3

                       Стефан|к|а 2, Стефан|очк|а 3,

                       Стефан|ушк|а 2

Сте(фанид|а) → Сте|ш|а 9

Стеф(анид|а) → Стефа 2; Стеф|к|а 3, Стеф|оньк|а 3,

                       Стеф|очк|а 4, Стеф|ушк|а 3

                       Стех|а 5

Сте(фа)н(ид|а) → Стен|я 3; Стен|ечк|а 4, Стен|ик 3,

                       Стен|чик 4, Стень|ш|а 3,

                       Сте́н|юшк|а 3

                       Сте|ш|а 10; Стеш|еньк|а 6,

                       Стеш|ечк|а 7, Стеш|к|а 6

(Сте)фан(ид|а) → Фан|а 2, Фан|я 2; Фан|ушк|а 4,

                       Фань|к|а 4, Фан|юшк|а 4

           Стефанид|к|а 2, Стефанид|очк|а 3, Стефанид|ушк|а 2

День ангела и святая (Стефанида): 11 ноября — *мученица*.

СТЕФА́НИ|Я (Стефа́ни[й|а]), Стефа́ни|и (Стефа́ни[й|и]), *ж* [*греч.* 'венок'; *женск. к* Стефан].

Стефа́н|а, ы (*разг.*).

    П р о и з в о д н ы е (24):

Стефани|я

Стефан(и|я) → **Стефан|а** → Стефан|к|а 1 → Стефан|оч|к|а 1

                      Стефан|очк|а 2, Стефан|ушк|а 1

          Стеф(ан|а) → **Стеф|а 1** → Стеф|к|а 1 → Стеф|оч|к|а 1

                            Стеф|оньк|а 1, Стеф|очк|а 2,

                            Стеф|ушк|а 1

                   Сте(ф|а) → **Сте|ш|а 1** → Стеш|к|а →

                                   Стеш|еч|к|а 1

                                Стеш|еньк|а,

                                Стеш|ечк|а 2,

                                Стеш|ок

                   Стеф|к|а 2, Стеф|оньк|а 2, Стеф|очк|а 3,

                   Стеф|ушк|а 2

          Сте(фан|а) → Сте|ш|а 2

          (Сте)фан|а → **Фан|а 1** → Фан|к|а 1 → Фан|оч|к|а 1

                      Фань|к|а 1 → Фан|еч|к|а 1

                      Фан|ечк|а 2, Фан|ик 1,

| Фан|ушк|а 1, Фан|юшк|а 1

Фан|я 1 → Фан|ечк|а 3, Фан|ик 2, Фан|к|а 2,
Фан|ушк|а 2, Фань|к|а 2,
Фан|юшк|а 2

Фан|ечк|а 4, Фан|ик 3, Фан|к|а 3,
Фан|ушк|а 3, Фань|к|а 3, Фан|юшк|а 3

Стефан|к|а 2, Стефан|очк|а 3, Стефан|ушк|а 2

Стеф(ани|я) → Стеф|а 2; Стеф|к|а 3, Стеф|оньк|а 3, Стеф|очк|а 4,
Стеф|ушк|а 3

(Сте)фан(и|я) → Фан|а 2, Фан|я 2; Фан|ечк|а 5, Фан|ик 4, Фан|к|а 4,
Фан|ушк|а 4, Фань|к|а 4, Фан|юшк|а 4

СУСА́НН|А, ы, _ж_ [_др.-евр._ ‘водяная лилия’; ‘лилия белая’].
Соса́нн|а, ы (_стар._).
    П р о и з в о д н ы е (29):
Сусанн|а → Сусанн|очк|а, Сусанн|ушк|а
Сусан(н|а) → **Сусан|а** → Сусан|к|а 1 → Сусан_о_ч|к|а 1, Сусан|чик 1
                                      Сусан|очк|а 2, Сусан|ушк|а 1, Сусан|чик 2
            Сус(ан|а) → **Сус|а 1** → Сус|к|а 1 → Сус_о_ч|к|а 1
                                      Сусь|к|а 1 → Сус_е_ч|к|а 1
                                      Сус|еньк|а 1, Сус|ечк|а 2, Сус|ушк|а 1
                        Сус|я 1 → Сус|еньк|а 2, Сус|ечк|а 3, Сус|к|а 2,
                                      Сус|оньк|а 2, Сус|очк|а 3,
                                      Сус|ушк|а 2, Сусь|к|а 2
                        Сус|еньк|а 3, Сус|ечк|а 4, Сус|к|а 3,
                        Сус|оньк|а 3, Сус|очк|а 4, Сус|ушк|а 3,
                        Сусь|к|а 3
            Су(са)н|а → **Сун|а 1** → Сун|к|а 1 → Сун_о_ч|к|а 1
                                      Сун|очк|а 2, Сун|ушк|а 1
                        Сун|к|а 2, Сун|очк|а 3, Сун|ушк|а 2
            (Су)сан|а → **Сан|а 1** → Сан|к|а 1 → Сан_о_ч|к|а 1
                                      Сан|очк|а 2, Сан|ушк|а 1
                        (С)ан|а → **Ан|я 1** → Ань|к|а 1 → Ан_е_ч|к|а 1
                                                Ан|ечк|а 2, Ан|юшк|а 1
                                  Ан|ечк|а 3, Ань|к|а 2, Ан|юшк|а 2
                        Сан|к|а 2, Сан|очк|а 3, Сан|ушк|а 2
            (Сус)ан|а → Ан|я 3; Ан|ечк|а 4, Ань|к|а 3, Ан|юшк|а 3
            Сусан|к|а 2, Сусан|очк|а 3, Сусан|ушк|а 2, Сусан|чик 3
Сус)анн|а) → Сус|а 2, Сус|я 2; Сус|еньк|а 4, Сус|ечк|а 5, Сус|к|а 4,
            Сус|оньк|а 4, Сус|очк|а 5, Сус|ушк|а 4, Сусь|к|а 4
(Су)сан(н|а) → Сан|а 2; Сан|к|а 3, Сан|очк|а 4, Сан|ушк|а 3
(Су)ан(н|а) → Ан|я 3; Ан|ечк|а 5, Ань|к|а 4, Ан|юшк|а 4
(Су)санн|а → Санн|а → Санн|очк|а 1
            Сан(н|а) → Сан|а 3; Сан|к|а 4, Сан|очк|а 5, Сан|ушк|а 4

(С)ан(н|а) → Ан|я 4; Ан|ечк|а 6, Ань|к|а 5, Ан|юшк|а 5
Санн|очк|а 2

Сосанн|а → Сусанн|а 2

Дни ангела и святые (Сосанна): 24 мая, 11 августа — *мученицы*; 6 июня — *преподобномученица*.

Т

ТАИСИ|Я (Таиси[й|а]), Таиси|и (Таиси[й|и]), *ж* [*возможно, греч.* 'принадлежащая Исиде, египетской богине Нила, сестре и жене Осириса, отождествляющейся с греч. Деметрой и Ио и почитавшейся у греков как морское божество'].

Таи́с|а, ы (*разг.*).

Таи́сь|я (Таись[й|а]]), Таись|и (Таись[й|и]) (*разг.*).

    П р о и з в о д н ы е (56):

Таиси|я

Таис(и|я) → Таис|а 1 → Таис|к|а 1 → Таис|ушк|а 1

               Та(ис|а) → **Та|я 1**

                      (Та[й|а]) → Тай|к|а 1 → Тае*ч*|к|а 1

                      Та|юн|я 1

                      (Та[й|у]н|я) → Таюнь|к|а → Таюне*ч*|к|а 1
                                           Таюн|ечк|а 2

                      Та|юс|я 1

                      (Та[й|у]с|я) → Таюсь|к|а → Таюсе*ч*|к|а 1
                                         Таюс|еньк|а,
                                         Таюс|ечк|а 2, Таюс|ик

                      (Та)|юс|я → **Тус|я** → Тусь|к|а 1 →
                                                   Тусе*ч*|к|а 1
                                         Тус|еньк|а 1,
                                         Тус|ечк|а 2, Тус|ик 1
                               Тус|еньк|а 2, Тус|ечк|а 3,
                               Тус|ик 2, Тусь|к|а 2

                      Та|ют|я 1

                      (Та[й|у]т|я) → Тают|к|а → Таюто*ч*|к|а 1
                                           Тают|оньк|а,
                                           Тают|очк|а 2, Тают|ушк|а

                      Та|юх|а 1

                      (Та[й|у]х|а) → Таю*ш*|к|а 1 → Таюше*ч*|к|а 1

Таюш|еньк|а 1,
Таюш|ечк|а 2
Та|юш|а 1 (Та[й|у]ш|а) → Таюш|еньк|а 2,
Таюш|ечк|а 3,
Таюш|к|а 2
Та|еньк|а 1 (Та[й|э]ньк|а),
Та|ечк|а 2 (Та[й|э]чк|а),
Та|ёк 1 (Та[й|о]к),
Та|юк|а 1 (Та[й|у]к|а),
Тá|юшк|а (Та[й|у]шк|а)
Та|еньк|а 2 (Та[й|э]ньк|а), Та|ечк|а 3 (Та[й|э]чк|а),
Та|ёк 2 (Та[й|о]к), Тай|к|а 2, Та|юк|а 2 (Та[й|у]к|а),
Та|юн|я 2 (Та[й|у]н|я), Та|юс|я 2 (Та[й|у]с|я),
Та|ют|а 2 (Та[й|у]т|а), Та|юх|а 2 (Та[й|у]х|а),
Та|юш|а 2 (Та[й|у]ш|а), Тá|юшк|а 2 (Та[й|у]шк|а)
Та(и)с|а →**Тас|я 1** → Тась|к|а 1 → Тас|ечк|а 1
Тас|ют|а 1 → Тасют|к|а → Тасют|оч|к|а 1
Тасют|очк|а 2, Тасют|ушк|а
Тас|еньк|а 1, Тас|ечк|а 2, Тас|ик 1
(Т)ас|я → **Ас|я 1** → Ась|к|а 1 → Ас|ечк|а 1
Ас|еньк|а 1, Ас|ечк|а 2
Ас|еньк|а 2, Ас|ечк|а 3
Тас|еньк|а 2, Тас|ечк|а 3, Тас|ик 2, Тась|к|а 2,
Тас|ют|а 2
(Т)а(и)с|а → **Ас|я 2**;Ас|еньк|а 3, Ас|ечк|а 4, Ась|к|а 3
Таис|я 1 → Таис|к|а 2, Таис|ушк|а 2
Та(ис|я) → Та|я 2;
Та|еньк|а 3 (Та[й|э]ньк|а),
Та|ечк|а 4 (Та[й|э]чк|а), Та|ёк 3 (Та[й|о]к),
Тай|к|а 3, Та|юк|а 3 (Та[й|у]к|а),
Та|юн|я 3 (Та[й|у]н|я), Та|юс|я 3 (Та[й|у]с|я),
Та|ют|а (Та[й|у]т|а), Та|юх|а (Та[й|у]х|а),
Та|юш|а 3 (Та[й|у]ш|а), Тá|юшк|а 3 (Та[й|у]шк|а)
Та(и)с|я → Тас|я 2; Тас|еньк|а 3, Тас|ечк|а 4, Тас|ик 3,
Тась|к|а 3, Тас|ют|а 3
(Т)а(и)с|я → Ас|я 3; Ас|еньк|а 4, Ас|ечк|а 5, Ась|к|а 4
Таис|к|а 3, Таис|ушк|а 3
Та(иси|я) → Та|я 3; Та|еньк|а 4 (Та[й|э]ньк|а), Та|ечк|а 5 (Та[й|э]чк|а),
Та|ёк 4 (Та[й|о]к), Тай|к|а 4, Та|юк|а 4 (Та[й|у]к|а),
Та|юн|я 4 (Та[й|у]н|я), Та|юс|я 4 (Та[й|у]с|я),
Та|ют|а 4 (Та[й|у]т|а 4, Та|юх|а 4 (Та[й|у]х|а),
Та|юш|а 4 (Та[й|у]ш|а), Тá|юшк|а 4 (Та[й|у]шк|а)
Та(и)с(и|я) → Тас|я 3; Тас|еньк|а 4, Тас|ечк|а 5, Тас|ик 4, Тась|к|а 4,
Тас|ют|а 4

(Т)а(и)с(и|я) → Ас|я 4; Ас|еньк|а 5, Ас|ечк|а 6, Ась|к|а 5

       Таись|я (Таись[й|а]) →Таись|юшк|а 1 (Таись[й|у]шк|а)

       Таись(я) → Таис|а 2, Таис|я 2; Таис|к|а 4, Таис|ушк|а 4

       Та(ись|я) → Та|я 4; Та|еньк|а 5 (Та[й|э]ньк|а),

                     Та|ечк|а 6 (Та[й|э]чк|а), Та|ёк 5 (Та[й|о]к),

                     Тай|к|а 5, Та|юк|а 5 (Та[й|у]к|а),

                     Та|юн|я 5 (Та[й|у]н|я), Та|юс|я 5 (Та[й|у]с|я),

                     Та|ют|а 5 (Та[й|у]т|а), Та|юх|а 5 (Та[й|у]х|а),

                     Та|юш|а 5 (Та[й|у]ш|а), Та́|юшк|а 5 (Та[й|у]шк|а)

       Та(и)с(ь|я) → Тас|я 4; Тас|еньк|а 5, Тас|ечк|а 6, Тас|ик 5,

                 Тась|к|а 5, Тас|ют|а 5

       (Т)а(и)с(ь|я) → Ас|я 5; Ас|еньк|а 6, Ас|ечк|а 7, Ась|к|а 6

       Таись|юшк|а 2 (Таись[й|у]шк|а)

Дни ангела и святые (Таисия): 10 мая — *блаженная*; 8 октября — *свя-тая.*

ТАМА́Р|А, ы, *ж* [*др.-евр.* 'финиковая пальма'].

   П р о и з в о д н ы е (60):

Тамар|а → Тамар|к|а → Тамар*оч*|к|а 1

| Тамар|оньк|а, Тамар|очк|а 2, Тамар|ушк|а

Там(ар|а) → **Там|а** → Там|к|а 1 → Там*оч*|к|а 1

           Там|ус|я 1 →Тамусь|к|а → Тамус*еч*|к|а 1

          | Тамус|еньк|а, Тамус|ечк|а 2, Тамус|ик

          (Та)м|ус|я → **Мус|я** →Мусь|к|а 1 → Мус*еч*|к|а 1

                    Мус|еньк|а 1, Мус|ечк|а 2,

                    Мус|ик 1

                 Мус|еньк|а 2, Мус|ечк|а 3, Мус|ик 2,

                 Мусь|к|а 2

          Там|очк|а 2, Там|ушк|а 1

       Та(м|а) → **Та|т|а 1** → Тат|к|а → Тат*оч*|к|а 1

                 Тат|ус|я → Татусь|к|а → Татус*еч*|к|а 1

                     Татус|еньк|а, Татус|ечк|а 2,

                     Татус|ик

                 (Та)т|ус|я →**Тус|я** → Тусь|к|а 1 →

                                   Тус*еч*|к|а 1

                     Тус|еньк|а 1,

                     Тус|ечк|а 2,

                     Тус|ик 1

                 Тус|еньк|а 2, Тус|ечк|а 3,

                 Тус|ик 2, Тусь|к|а 2

          Тат|очк|а 2

     Том|а 1 → Том|к|а 1 → Том*оч*|к|а 1, Томч|ик 1

           | Томч|а 1 → Томч|ик 2

          Том|ч|а 2

Том|ул|я 1 → Томуль|к|а → Томул*еч*|к|а 1
                          Томул|еньк|а,
                          Томул|ечк|а 2
                          Томул|ик
Том|ун|я 1 → Томунь|к|а → Томун*еч*|к|а 1
                          Томун|ечк|а 2, Томун|ёк
Том|ус|я 1 → Томусь|к|а → Томус*еч*|к|а 1
                          Томус|еньк|а,
                          Томус|ечк|а 2, Томус|ик
Том|ик 1, Том|оньк|а 1, Том|очк|а 2,
Том|ух|а 1, Том|ушк|а 1, Том|чик 3,
Том|ш|а 1

Том|ик 2, Том|к|а 2, Том|оньк|а 2, Том|очк|а 3,
Том|ул|я 2, Том|ун|я 2, Том|ус|я 2, Том|ух|а 2,
Том|ушк|а 2, Том|ч|а 3, Том|чик 4, Том|ш|а 2

Там|к|а 2, Там|очк|а 3, Там|ус|я 2, Там|ушк|а 2
Том|а 2; Том|ик 3, Том|к|а 3, Том|оньк|а 3, Том|очк|а 4,
Том|ул|я 3, Том|ун|я 3, Том|ус|я 3, Том|ух|а 3, Том|ушк|а 3,
Том|ч|а 4, Том|чик 5, Том|ш|а 3

Та(мар|а) → Та|т|а 2
(Та)мар|а → **Мар|а** → Мар|к|а 1 → Мароч|к|а 1
                         Мар|ик 1, Мар|оньк|а 1, Мар|очк|а 2
Мар|ик 2, Мар|к|а 2, Мар|оньк|а 2, Мар|очк|а 3

День ангела и святая (Тамара): 1 марта — *праведница*.

ТАТЬЯ́Н|А, ы, *ж* [*греч.* 'устанавливать, определять, назначать'; *возможно,
лат.* 'Татий', имя легендарного сабинского царя, соправителя Ромула'].
Татиа́н|а, ы (*стар.*).
     П р о и з в о д н ы е (75):
Татьян|а → Татьян|к|а → Татьян*оч*|к|а 1, Татьян*ч*ик 1
            Татьян|очк|а 2, Татьян|ушк|а, Татьян|чик 2
Та(тья)н|а → **Тан|я** → Тан|ёк 1 → Тан*ёч*ек 1
                       Тан|к|а 1 → Тан*оч*|к|а 1
                       Тань|к|а 1 → Тан*еч*|к|а 1
                       Тан|юр|а 1 → Танюр|к|а → Танюр*оч*|к|а 1
                                   Танюр|оньк|а, Танюр|очк|а 2,
                                   Танюр|ушк|а
                       Тан|юс|я 1 → Танюсь|к|а → Танюс*еч*|к|а 1
                                   Танюс|еньк|а, Танюс|ечк|а 2
                       Тан|ют|а 1 → Танют|к|а → Танют*оч*|к|а 1
                                   Танют|очк|а 2, Танют|ушк|а
                       Тан|юх|а 1 → Тан*юш*|к|а 1 → Танюш*еч*|к|а 1
                                   Таню*ш*|еньк|а 1, Таню*ш*|ечк|а 2
                       Тан|юш|а 1 → Танюш|еньк|а 2, Танюш|ечк|а 3,

```
                          │                   Таню́ш|к|а 2
                          │   Тан|ят|а 1 → Танят|к|а
                          │   Тан|ечк|а 2, Тан|ёнк|а 1, Тан|ик 1, Тан|очк|а 2,
                          │   Тан|ч|а 1, Тань|ш|а 1, Та́н|юшк|а 1
                          │   Таш|а 1 → Таш|к|а 1 → Ташечк|а 1
                          │   │               Таш|еньк|а 1, Таш|ечк|а 2
                          │   Таш|еньк|а 2, Таш|ечк|а 3, Таш|к|а 2
                          │ Тан|ечк|а 3, Тан|ёк 2, Тан|ёнк|а 2, Тан|ик 2, Тан|к|а 2,
                          │ Тан|очк|а 3, Тан|ч|а 2, Тань|к|а 2, Тань|ш|а 2, Тан|юр|а 2,
                          │ Тан|юс|я 2, Тан|ют|а 2, Тан|юх|а 2, Тан|юш|а 2, Та́н|юшк|а 2,
                          │ Тан|ят|а 2
                          │ Таш|а 2; Таш|еньк|а 3, Таш|ечк|а 4, Таш|к|а 3
Тать(ян|а) → Тат|а → Тат|к|а 1 → Тато́чк|а 1
                      │ Тат|ул|я 1 → Татуль|к|а → Татулечк|а 1
                      │ │                Татул|еньк|а, Татул|ечк|а 2
                      │ Тат|ун|я 1 → Татунь|к|а → Татунечк|а 1
                      │ │                Татун|ечк|а 2
                      │ Тат|ус|я 1 → Татусь|к|а → Татусечк|а 1
                      │ │                Татус|еньк|а, Татус|ечк|а 2
                      │ (Та)т|ус|я → Тус|я → Тусь|к|а 1 → Тусечк|а 1
                      │ │                          Тус|еньк|а 1, Тус|ечк|а 2,
                      │ │                          Тус|ик 1
                      │ │                Тус|еньк|а 2, Тус|ечк|а 3, Тус|ик 2,
                      │ │                Тусь|к|а 2
                      │ Тат|оньк|а 1, Тат|очк|а 2, Тат|ушк|а 1
                   Та(т|а) → Та|с|я 1 → Тась|к|а → Тасечк|а
                      │           Тас|ют|а → Тасют|к|а → Тасюто́чк|а 1
                      │           │                Тасют|оньк|а, Тасют|очк|а 2
                      │           Тас|еньк|а, Тас|ечк|а 2, Тас|ик
                      │   Та|х|а 1 → Тах|очк|а, Тах|ус|я, Тах|ушк|а
                      │   │          Таш|а 3; Таш|еньк|а 4, Таш|ечк|а 5,
                      │   │          Таш|к|а 4
                      │   Та|ш|а 4
                   Тат|я → Тат|к|а 2, Тат|оньк|а 2, Тат|очк|а 3, Тат|ул|я 2,
                      │     Тат|ун|я 2, Тат|ус|я 2, Тат|ушк|а 2
                      │ Та(т|я) → Та|с|я 2, Та|х|а 2, Та|ш|а 5
                      │ Тат|к|а 3, Тат|оньк|а 3, Тат|очк|а 4, Тат|ул|я 3, Тат|ун|я 3,
                      │ Тат|ус|я 3, Тат|ушк|а 3
Та(тьян|а) → Та|с|я 3, Та|х|а 3, Та|ш|а 6
Татиан|а → Татьяна 2
```

День ангела и святая (Татиана): 12 января — *мученица*.

ТЕРЕ́З|А, ы, *ж* [*предположительно греч.* 'охрана, защита'; охотиться, ловить, стремиться, добиваться'].

Тере́зи|я (Тере́зи[й|а]), Тере́зи|и (Тере́зи[й|и]) (*стар.*).
   П р о и з в о д н ы е (17):
Терез|а → Терез|к|а
Те(ре)з|а → **Тез|а** → Тез|к|а 1 →   Тез*оч*|к|а 1
                                     Тезь|к|а 1 → Тез*еч*|к|а 1
                                     Тез|еньк|а 2, Тез|ечк|а 2, Тез|оньк|а 1, Тез|очк|а 2
             Те(з|а) → **Те|с|я 1** → Тесь|к|а → Тес*еч*|к|а 1
                                      Тес|еньк|а, Тес|ечк|а 2
             Тез|я → Тез|еньк|а 2, Тез|ечк|а 3, Тез|к|а 2, Тез|оньк|а 2,
                       Тез|очк|а 3, Тезь|к|а 2
             Те(з|я) → Те|с|я 2
             Тез|еньк|а 3, Тез|ечк|а 4, Тез|к|а 3, Тез|оньк|а 3, Тез|очк|а 4,
             Тезь|к|а 3
Те(рез|а) → Те|с|я 3
(Те)рез|а → **Рез|а** → Рез|к|а 1 → Рез*оч*|к|а 1
             Рез|оньк|а 1, Рез|очк|а 2
             Рез|к|а 2, Рез|оньк|а 2, Рез|очк|а 3
Терези|я
Терез(и|я) → Терез|а 2

ТОМИ́Л|А, ы, *ж* и **ТАМИ́Л|А**, ы, *ж* [*др.-русск.* томити 'мучить, томить'].
   П р о и з в о д н ы е (50):
Томил|а → Томил|к|а → Томил*оч*|к|а 1
             Толмил|оньк|а, Томил|очк|а 2, Томил|ушк|а
Том(ил|а) → **Том|а** →Том|к|а 1 → Том*оч*|к|а 1
                       Том|ул|я 1 →Томуль|к|а → Томул*еч*|к|а 1
                                   Томул|еньк|а, Томул|ечк|а 2, Томул|ик,
                                   Томул|к|а
                       Том|ун|я 1 → Томунь|к|а →Томун*еч*|к|а 1
                                    Томун|ечк|а 2, Томун|ёк
                       Том|ус|я 1 →Томусь|к|а → Томус*еч*|к|а 1
                                   Томус|еньк|а, Томус|ечк|а 2, Томус|ик
                       Том|ик 1, Том|оньк|а 1, Том|очк|а 2, Том|ух|а 1,
                       Том|ушк|а 1
                       Там|а 1 → Там|к|а 1 → Там*оч*|к|а 1
                                    Там|очк|а 2, Там|ушк|а 1
                       Т*ам*|к|а 2, Т*ам*|очк|а 3, Т*ам*|ушк|а 2
             Том|ик 2, Том|к|а 2, Том|оньк|а 2, Том|очк|а 3, Том|ул|я 2,
             Том|ун|я 2, Том|ус|я 2, Том|ух|а 2, Том|ушк|а 2
             Т*ам*|а 2; Т*ам*|к|а 3, Т*ам*|очк|а 4, Т*ам*|ушк|а 3
То(ми)л|а → **Тал|а 1**
(То)мил|а → **Мил|а 1** → Мил|аш|а 1 → Милаш|к|а → Милаш*еч*|к|а 1
                                       Милаш|еньк|а, Милаш|ечк|а 2
                         Мил|к|а 1 →   Мил*оч*|к|а 1

Мил|ок 1 → Милоч|ек 1

Мил|уш|а 1 → Милу́ш|к|а → Милушеч|к|а 1

Милуш|еньк|а, Милуш|ечк|а 2

Миль|к|а 1 → Милеч|к|а 1

Мил|ечк|а 2, Мил|ёш|а 1, Мил|оньк|а 1,

Мил|очек 2, Мил|очк|а 2, Ми́л|ушк|а 1

Мил|аш|а 2, Мил|ечк|а 3, Мил|ёш|а 2, Мил|к|а 2, Мил|ок 2,

Мил|оньк|а 2, Мил|очек 3, Мил|очк|а 3, Мил|уш|а 2,

Ми́л|ушк|а 2

Тамил|а

Там(ил|а) → Там|а 3; Там|к|а 4, Там|очк|а 5, Там|ушк|а 4

Та(ми)л|а → Тал|а 2

(Та)мил|а → Мил|а 2; Мил|аш|а 3, Мил|ечк|а 4, Мил|ёш|а 3,

Мил|к|а 3, Мил|ок 3, Мил|оньк|а 3,

Мил|очек 4, Мил|очк|а 4, Мил|уш|а 3,

Мил|ушк|а 3

У

У́РСУЛ|А, ы, *ж* [*лат.* 'медведица'].
  П р о и з в о д н ы е (4):
Урсул|а → Урсул|к|а → Урсул*оч*|к|а 1
                      Урсул|оньк|а, Урсул|очк|а 2
Урс(ул|а) → **Урс|а**

Ф

ФА́ВСТ|А, ы, *ж* [*женск. к* Фавст].
Фа́ст|а, ы (*разг.*).

П р о и з в о д н ы е (36):

Фавст|а → Фавст|к|а
Фав(ст|а) → Фав|а → Фав|к|а → Фав|оч|к|а 1
                                Фав|оч|к|а 2, Фав|ушк|а
                Фа(в|а) → **Фа|л|я 1** → Фаль|к|а → Фал|еч|к|а 1
                                        Фал|еньк|а, Фал|еч|к|а 2, Фал|оньк|а,
                                          Фал|оч|к|а, Фал|юшк|а
                       Фа|н|а 1 → Фан|к|а 1 → Фан|оч|к|а 1
                                       Фань|к|а 1 → Фан|еч|к|а 1
                                       Фан|еч|к|а 2, Фан|ик 1, Фан|оч|к|а 2,
                                       Фан|ушк|а 1, Фан|юшк|а 1
                       Фа|н|я 1 → Фан|еч|к|а 3, Фан|ик 2, Фан|к|а 2,
                                       Фан|оч|к|а 3, Фан|ушк|а 2, Фань|к|а 2,
                                       Фан|юшк|а 2
                 Фав|к|а 2, Фав|оч|к|а 3, Фав|ушк|а 2
Фа(вст|а) → Фа|л|я 2, Фа|н|а 2, Фа|н|я 2
Фа(в)с(т|а) → **Фас|а 1** → Фас|к|а 1 → Фас|оч|к|а 1
                                Фась|к|а 1 → Фас|еч|к|а 1
                                Фас|еньк|а 1, Фас|еч|к|а 2, Фас|оньк|а 1,
                                Фас|оч|к|а 2, Фас|ушк|а 1, Фас|юшк|а 1
                Фас|я 1 → Фас|еньк|а 2, Фас|еч|к|а 3, Фас|к|а 2, Фас|оньк|а 2,
                                Фас|оч|к|а 3, Фас|ушк|а 2, Фась|к|а 2, Фас|юшк|а 2
              Фас|еньк|а 3, Фас|еч|к|а 4, Фас|к|а 3, Фас|оньк|а 3,
              Фас|оч|к|а 4, Фас|ушк|а 3, Фась|к|а 3, Фас|юшк|а 3
Фа(в)ст|а → **Фаст|а** → Фаст|к|а 1 → Фаст|оч|к|а 1
                          Фаст|оньк|а 1, Фаст|оч|к|а 2, Фаст|ушк|а 1
                 Фас(т|а) → Фас|а 2; Фас|я 2; Фас|еньк|а 4, Фас|еч|к|а 5,
                        Фас|к|а 4, Фас|оньк|а 4, Фас|оч|к|а 5, Фас|ушк|а 4,

Фась|к|а 4, Фас|юшк|а 4
Фаст|к|а 2, Фаст|оньк|а 2, Фаст|очк|а 3, Фаст|ушк|а 2

День ангела и святая (Фавста): 6 февраля — *мученица*.

ФАЙН|А, ы, *ж* [*греч.* 'сияющая'; 'светлая, блистающая'].
П р о и з в о д н ы е (28):
Фаин|а → Фаин|к|а → Фаин*оч*|к|а 1, Фаин*ч*|ик 1
| Фаин|очк|а 2, Фаин|ушк|а, Фаин|чик 2
Фа(ин|а) → **Фа|я** (Фа[й|а])→Фай|к|а 1 → Фа*еч*|к|а 1
| Фа|юш|а 1 (Фа[й|у]ш|а) → Фаюш|к|а →
| Фаюш*еч*|к|а 1
| Фаюш|еньк|а, Фаюш|ечк|а 2
| Фа|еньк|а 1 (Фа[й|э]ньк|а),
| Фа|ечк|а 2 (Фа[й|э]чк|а), Фай|ч|а 1,
| Фá|юшк|а 1(Фа[й|у]шк|а)
| Фа|еньк|а 2 (Фа[й|э]ньк|а), Фа|ечк|а 3 (Фа[й|э]чк|а),
| Фай|к|а 2, Фай|ч|а 2, Фа|юш|а 2 (Фа[й|у]ш|а),
| Фá|юшк|а (Фа[й|у]шк|а)
Фа(и)н|а → **Фан|а** →Фан|к|а 1 → Фан*оч*|к|а 1
| Фань|к|а 1 → Фан*еч*|к|а 1
| Фан|ечк|а 2, Фан|ик 1, Фан|очк|а 2, Фан|ушк|а 1,
| Фан|юшк|а 1
| **Фан|я** → Фан|ечк|а 3, Фан|ик 2, Фан|к|а 2, Фан|очк|а 3,
| Фан|ушк|а 2, Фань|к|а 2, Фан|юшк|а 2
| Фан|ечк|а 4, Фан|ик 3, Фан|к|а 3, Фан|очк|а 4, Фан|ушк|а 3,
| Фань|к|а 3, Фан|юшк|а 3

День ангела и святая (Фаина): 18 мая — *мученица*.

ФЕВРÓНИ|Я (Феврóни[й|а]), Феврóни|и (Феврóни[й|и]), *ж* [*возможно, из зап.вариантов лат. имени* Фабер, *заимствованных во время Ренессанса; ср., однако, в русских азбуковниках 16-17 вв. нариц.* феврон — 'видение вечное'].
Феврóнь|я (Феврóнь[й|а]), Феврóнь|и (Феврóнь[й|и]) (*разг.*).
Хаврóни|я (Хаврóни[й|а]), Хаврóни|и (Хаврóни[й|и]) (*прост.*).
Хаврóнь|я (Хаврóнь[й|а]), Хаврóнь|и (Хаврóнь[й|и]) (*прост.*).
П р о и з в о д н ы е (38):
Феврони|я
Феврон(и|я) → **Феврóн|я 1**→Феврóнь|к|а 1 → Феврон*еч*|к|а 1
| Феврон|ечк|а 2
| Фев(рон|я) → **Фев|а 1** → Фев|к|а 1 → Фев*оч*|к|а 1
| Фев|оньк|а 1, Фев|очк|а 2
| Фев|к|а 2, Фев|оньк|а 2, Фев|очк|а 3
| Фе(вро)н|я → **Фен|я 1** → Фень|к|а 1 → Фен*еч*|к|а 1
| Фен|ечк|а 2

Феш|а 1 → Феш|к|а 1 →
Феш*еч*|к|а 1
Феш|еньк|а 1,
Феш|ечк|а 2
Феш|еньк|а 2, Феш|ечк|а 3,
Феш|к|а 2
Фен|ечк|а 3, Фень|к|а 2
Феш|а 2; Феш|еньк|а 3, Феш|ечк|а 4,
Феш|к|а 3
Феврон|ечк|а 3, Феврон|ьк|а 2
Фев(рони|я) → Фев|а 2; Фев|к|а 3, Фев|оньк|а 3, Фев|очк|а 4
Фе(вро)н(и|я) → Фен|я 3; Фен|ечк|а 4, Фень|к|а 3
Феш|а 3; Феш|еньк|а 4, Феш|ечк|а 5, Феш|к|а 4
Февронь|я (Февронь[й|а])→Февронь|юшк|а 1
(Февронь[й|у]шк|а)
Феврон(ь|я) → Феврон|я 2; Феврон|ечк|а 4,
Феврон|ьк|а 3
Фев(ронь|я) → Фев|а 3; Фев|к|а 4, Фев|оньк|а 4,
Фев|очк|а 5
Фе(вро)нь(я) → Фен|я 3; Фен|ечк|а 5, Фень|к|а 4
Феш|а 4; Феш|еньк|а 5, Феш|ечк|а 6,
Феш|к|а 5
Февронь|юшк|а 2 (Февронь[й|у]шк|а)
Хаврони|я
Хаврон(и|я) → **Хаврон|я 1** → Хавронь|к|а 1 →
Хаврон*еч*|к|а 1
Хаврон|ечк|а 2,
Хаврон|юшк|а 1
Хавро(н|я) →
Хавро|х|а 1 → Хаврош|к|а 1 →
Хаврош*еч*|к|а 1
Хаврош|еньк|а 1,
Хаврош|ечк|а 2
Хаврош|а 1 →
Хаврош|еньк|а 2,
Хаврош|ечк|а 3,
Хаврош|к|а 2
Хавр(он|я) →
Хавр|а 1 →
Х*о*вр|а 1 →Ховр|ечк|а 1,
Ховр|очк|а 1
Х*о*(в)р|а →
Хор|я 1 →
Хорь|к|а 1 → Хор*еч*|к|а 1

| Хор|еньк|а 1, Хор|ечк|а 2
Хор|еньк|а 2, Хор|ечк|а 3,
Хорь|к|а 2
Ховр|я 1 → Ховр|ечк|а 2,
| Ховр|очк|а 2
Х*о*(в)р|я → Хор|я 2; Хор|еньк|а 3,
| Хор|ечк|а 4, Хорь|к|а 3
Ховр|ечк|а 3, Ховр|очк|а 3
Х*о*вр|а 2, Х*о*вр|я 2; Х*о*вр|ечк|а 4,
Х*о*вр|очк|а 4
Х(авр)он|я → **Хон|я 1**
                   Хаврош|а 2;
                   Хаврош|еньк|а 3,
                   Хаврош|ечк|а 4,
                   Хаврош|к|а 3
Хаврон|ечк|а 3, Хаврон*ь*|к|а 2,
Хаврон|юшк|а 2
Хаврош|а 3; Хаврош|еньк|а 4,
Хаврош|ечк|а 5, Хаврош|к|а 4

Хавр(они|я) → Хавр|а 2

Х*о*вр|а 2, Х*о*вр|я 2; Х*о*вр|ечк|а 5,
Х*о*вр|очк|а 5

Х(*а*вр)он(и|я) → Хон|я 2

Хавронь|я 1 (Хавронь[й|а]) →
                             Хавронь|юшк|а 1
                             (Хавронь[й|у]шк|а)
Хаврон(ь|я) → Хаврон|я 2;
                   Хаврон|ечк|а 4,
                   Хавронь|к|а 3,
                   Хаврон|юшк|а 3
                   Хаврош|а 4;
                   Хаврош|еньк|а 5,
                   Хаврош|ечк|а 6,
                   Хаврош|к|а 5
Хавр(онь|я) → Хавр|а 3
                   Х*о*вр|а 3, Х*о*вр|я 3;
                   Х*о*вр|ечк|а 6, Х*о*вр|очк|а 6
Х(авр)он(ь)|я → Хон|я 3
Хавронь|юшк|а (Хавронь[й|у]шк|а)

*Х*авронь|я 2 (Хавронь[й|а]);
*Х*авронь|юшк|а 3 (Хавронь[й|у]шк|а)

День ангела и святая (Феврония): 25 июня — *преподобномученица и*
княгиня муромская Ефросиния.

ФЁКЛ|А, ы, *ж* [*предположительно, греч.* 'Бог + слава'; 'совершение, надежда'].

Феклу́нь|я (Феклу́нь[й|а]), **Феклу́нь|и** (Феклу́нь[й|и]) (*прост.*).

Фе́кл|а, ы (*стар.*).

П р о и з в о д н ы е (24):

Фёкл|а → Фёкл|оньк|а, Фёкл|очк|а, Фёкл|ушк|а

       Фекл|а → Фекл|ун|я 1 → Феклунь|к|а → Феклун*еч*|к|а 1

                                        Феклун|ечк|а 2, Феклун|юшк|а

          Фекл|ух|а 1 → Феклу*ш*|к|а 1 → Феклуш*еч*|к|а 1

                                  Феклуш|еньк|а 1, Феклуш|ечк|а 2

          Фекл|уш|а 1 → Феклуш|еньк|а 2, Феклуш|ечк|а 3,

                                  Феклу́ш|к|а 2

      Фе(кл|а) → **Фе|н|я 1** → Фен|к|а 1 → Фен*оч*|к|а 1

                        Фень|к|а 1 → Фен*еч*|к|а 1

                        Фен|юх|а 1 → Фен*ю́ш*|а 1

                        Фен|юш|а 1 → Фенюш|к|а 2

                        Фен|ечк|а 2, Фен|очк|а 2, Фен|ушк|а,

                        Фе́н|юшк|а

        Фекл|ун|я 2, Фекл|ух|а 2, Фекл|уш|а 2

Фё(кл|а) → Фе|н|я 2

   Дни ангела и святые (Фёкла): 6 июня — *преподобномученица*; 9 июня, 19 августа, 20 ноября — *мученицы*; 24 сентября — *равноапостольная*.

ФЕЛИЦА́Т|А, ы, *ж* [*лат.* 'счастье'; 'счастье, удача, плодородие'].

Фелиса́т|а, ы (*прост.*).

Фелиса́д|а, ы (*прост.*).

П р о и з в о д н ы е (15):

Фелицат|а

Фел(ицат|а) → **Фел|я 1** → Фель|к|а 1 → Фел*еч*|к|а 1

                          Фел|еньк|а 1, Фел|ечк|а 2, Фел|ик 1,

                          Фел|юшк|а 1

                          Фил|я 1

            Фел|еньк|а 2, Фел|ечк|а 3, Фел|ик 2, Фель|к|а 2,

            Фел|юшк|а 2

            Фил|я 2

Фелисат|а

Фел(исат|а) → Фел|я 2; Фел|еньк|а 3, Фел|ечк|а 4,

                        Фел|ик 3, Фель|к|а 3, Фел|юшк|а 3

                        Фил|я 3

        Ф(ел)ис(ат|а) → **Фис|а 1** → Фис|к|а 1 → Фис*оч*|к|а 1

                              Фис|оньк|а 1, Фис|очк|а 2,

                              Фис|ушк|а 1

                  Фис|к|а 2, Фис|оньк|а 2, Фис|очк|а 3,

                  Фис|ушк|а 2

(Фели)сат|а → **Сат|а**
                Фелисад|а 1
                Фел(исад|а) → Фел|я 3; Фел|еньк|а 4,
                                      Фел|ечк|а 5, Фел|ик 4,
                                      Фель|к|а 4, Фел|юшк|а 4
                                      Фил|я 4
                Ф(ели с(ад|а) → Фис|а 2; Фис|к|а 3,
                                        Фис|оньк|а 3, Фис|очк|а 4,
                                        Фис|ушк|а 3
      Фелисад|а 2
День ангела и святая (Фелисата, Филицата): 25 января — *мученица*.

ФЕЛИЦИТА́Т|А, ы, *ж* [*лат.* ʻсчастливаяʼ; ʻсчастье, удача, плодородиеʼ; ʻосчастливленнаяʼ].
Фели́ц|а, ы, (*разг.*).
    П р о и з в о д н ы е (12):
Фелицитат|а
Фелиц(итат|а) → **Фелиц|а**
            Фел(иц|а) → **Фел|я 1** → Фель|к|а 1 → Фелеч|к|а 1
                                Фел|еньк|а 1, Фел|ечк|а 2,
                                Фел|юшк|а 1
                                Фил|я 1
                  Фел|еньк|а 2, Фел|ечк|а 3, Фель|к|а 2,
                  Фел|юшк|а 2
                  Фил|я 2
Фел(ицитат|а) → Фел|я 2; Фел|еньк|а 3, Фел|ечк|а 4, Фель|к|а 3,
                  Фел|юшк|а 3
                  Фил|я 3
(Фелици)тат|а → **Тат|а** → Тат|к|а 1 → Тато́ч|к|а 1
                            Тат|оньк|а 1, Тат|очк|а 2, Тат|ушк|а 1
                  Тат|к|а 2, Тат|оньк|а 2, Тат|очк|а 3, Тат|ушк|а 2
    День ангела и святая (Фелицитата): 1 февраля — *мученица*.

ФЕЛИ́ЦИ|Я (Фели́ци[й|а]), Фели́ци|и (Фели́ци[й|и]), *ж* [*лат.* ʻсчастьеʼ].
Фели́ц|а, ы (*разг.*).
    П р о и з в о д н ы е (15):
Фелици|я
Фелиц(и|я) → **Фелиц|а**
            Фел(иц|а́) → **Фел|я 1** → Фель|к|а 1 → Фелеч|к|а 1
                                Фел|еньк|а 1, Фел|ечк|а 2, Фел|ик 1,
                                Фел|юшк|а 1
                  Фел|еньк|а 2, Фел|ечк|а 3, Фел|ик 2,
                  Фель|к|а 2, Фел|юшк|а 2
            (Фе)лиц|а → **Лик|а 1** → Лик|уш|а 1 → Ликуш|к|а

|								| Лик|оньк|а 1, Лик|очк|а 1
|								| Лик|оньк|а 2, Лик|очк|а 2, Лик|уш|а 2

Фел(ици|я) → Фел|я 2; Фел|еньк|а 3, Фел|ечк|а 4, Фел|ик 3, Фель|к|а 3,
		Фел|юшк|а 3

(Фе)лиц(и|я) → Лик|а 2; Лик|оньк|а 3, Лик|очк|а 3, Лик|уш|а 3

(Фе)ли(ци)я → **Ли|я** (Ли[й|а]) →Ли|юшк|а 1 (Ли[й|у]шк|а)
		Ли́|юшк|а 2 (Ли[й|у]шк|а)

ФЕОДО́Р|А, ы, *ж* [*женск. к* Фёдор].
Федо́р|а, ы (*разг.*).
	П р о и з в о д н ы е (22):
Феодор|а → Феодор|к|а, Феодор|ушк|а
Феодор|а → **Фе|ня** →Фен|к|а → Фен*оч*к|а 1
	|			Фень|к|а →Фен*еч*к|а 1
	|			Фен|ечк|а 2, Фен|очк|а 2, Фен|ушк|а, Фен|юшк|а
Фе(о)д(ор|а) → **Фед|а 1** →Фед|оньк|а 1
	|		Фед|оньк|а 2
Фе(о)дор|а → **Федор|а** →Федор|к|а 1 → Федор*оч*к|а 1
	|			Федор|очк|а 2, Федор|ушк|а 1
	|	Фед(ор|а) → Фед|а 2; Фед|оньк|а 3
	|	(Фе)дор|а → **Дор|а 1** → Дор|к|а 1 → Дор*оч*к|а 1
	|		|			Дор|оньк|а 1, Дор|очк|а 2,
	|		|			Дор|ушк|а 1
	|		Дор|к|а 2, Дор|оньк|а 2, Дор|очк|а 3,
	|		Дор|ушк|а 2
	|		**Фёдор 1** → Фёдор|к|а 1
	|		Фёдор|к|а 2
	|	Федор|к|а 2, Федор*оч*к|а 3, Федор|ушк|а 2
	|	Фёдор 2; Фёдор|к|а 3
(Фео)дор|а → Дор|а 2; Дор|к|а 3, Дор|оньк|а 3, Дор|очк|а 4, Дор|ушк|а 3

Дни ангела и святые (Феодора): 11 февраля, 14 ноября — *царицы*; 10 марта, 27 мая, 16 августа — *мученицы*; 5 апреля, 11 сентября, 30 декабря — *преподобные*; 16 апреля — *княгиня*.

ФЕОДО́СИ|Я (Феодо́си[й|а]), Феодо́си|и (Феодо́си[й|и]), *ж* [*женск. к* Феодосий].
Федо́си|я (Федо́си[й|а]), Федо́си|и (Федо́си[й|и]) (*разг.*).
Федо́сь|я (Федо́сь[й|а]), Федо́сь|и (Федо́сь[й|и]) (*разг.*).
Федосе́|я (Федосе́[й|а]), Федосе́|и (Федосе́[й|и]) (*разг.*).
	П р о и з в о д н ы е (32):
Феодоси|я
Фе(о)дос(и|я) → **Федос|а 1** →Федос|к|а 1 → Федос*оч*к|а 1
	|			Федось|к|а 1 → Федос*еч*к|а 1
	|			Федос|еньк|а 1, Федос|ечк|а 2,

Федос|оньк|а 1, Федос|очк|а 2,
Федос|ушк|а 1, Федос|юшк|а 1

Фед(ос|а) →**Фед|а 1** → Фед|к|а 1 → Фед*оч*|к|а 1

Фед|юш|а 1 → Федюш|к|а →

Федюш*еч*|к|а 1

Федюш|еньк|а,

Федюш|ечк|а 2

Фед|очк|а 2, Фéд|юшк|а 1

Фед|я 1 → Фед|к|а 2, Фед|очк|а 3,
Фед|юш|а 2, Фéд|юшк|а 2

Фед|к|а 3, Фед|очк|а 4, Фед|юш|а 3,
Фéд|юшк|а 3

(Фе)дос|а →**Дос|я 1** → Дось|к|а 1 → Дос*еч*|к|а 1
Дос|еньк|а 1, Дос|ечк|а 2,
Дос|юшк|а 1

Дос|еньк|а 2, Дос|ечк|а 3, Дось|к|а 2,
Дос|юшк|а 2

Федос|я 1 → Федос|еньк|а 2, Федос|ечк|а 3, Федос|к|а 2,
Федос|оньк|а 2, Федос|очк|а 3,
Федос|ушк|а 2, Федось|к|а 2, Федос|юшк|а 2

Фед(ос|я) → Фед|а 2, Фед|я 2; Фед|к|а 4, Фед|очк|а 5,
Фед|юш|а 4, Фéд|юшк|а 4

(Фе)дос|я → Дос|я 2; Дос|еньк|а 3, Дос|ечк|а 4,
Дось|к|а 3, Дос|юшк|а 3

Федос|еньк|а 3, Федос|ечк|а 4, Федос|к|а 3,
Федос|оньк|а 3, Федос|очк|а 4, Федос|ушк|а 3,
Федось|к|а 3, Федос|юшк|а 3

Фе(одоси|я) → **Фе|н|а 1, Фе|н|я 1**

Фе(о)д(оси|я) → Фед|а 3, Фед|я 3; Фед|к|а 5, Фед|очк|а 6, Фед|юш|а 5,
Фéд|юшк|а 5

(Фео)дос(и|я) → Дос|я 3; Дос|еньк|а 4, Дос|ечк|а 5, Дось|к|а 4,
Дос|юшк|а 4

Фе(о)доси|я → **Федоси|я**

Федос(и|я) →Федос|а 2, Федос|я 2; Федос|еньк|а 4,
Федос|ечк|а 5, Федос|к|а 4, Федос|оньк|а 4,
Федос|очк|а 5, Федос|ушк|а 4, Федось|к|а 4,
Федос|юшк|а 4

Фед(оси|я) → Фед|а 4, Фед|я 4; Фед|к|а 6, Фед|очк|а 7,
Фед|юш|а 6, Фéд|юшк|а 6

(Фе)дос(и|я) → Дос|я 4; Дос|еньк|а 5, Дос|ечк|а 6,
Дось|к|а 5, Дос|юшк|а 5

Федось|я 1 (Федось[й|а]) → Федось|юшк|а 1
(Федось[й|у]шк|а)

Федос(ь|я)) → Федос|а 3, Федос|я 3;

Федос|еньк|а 5, Федос|ечк|а 6,
Федос|к|а 5, Федос|оньк|а 5,
Федос|очк|а 6, Федос|ушк|а 5,
Федось|к|а 5, Федос|юшк|а 5
Фед(ось|я) → Фед|а 5, Фед|я 5; Фед|к|а 7,
Фед|очк|а 8, Фед|юш|а 7,
Фед|юшк|а 7
(Фе)до сь|я) → Дос|я 5; Дос|еньк|а 6,
Дос|ечк|а 7, Дось|к|а 6,
Дос|юшк|а 6
Федось|юшк|а 2 (Федось[й|у]шк|а)
Федось|я 2; Федось|юшк|а 3
Федосе|я 1
(Федосе[й|а]) → Федосей|к|а 1,
Федосе|юшк|а 1
(Федосе[й|у]шк|а)
Федос(е|я) → Федос|а 4, Федос|я 4;
Федос|еньк|а 6, Федос|ечк|а 7,
Федос|к|а 6, Федос|оньк|а 6,
Федос|очк|а 7, Федос|ушк|а 6,
Федось|к|а 6, Федос|юшк|а 6
Фед(осе|я) → Фед|а 6, Фед|я 6; Фед|к|а 8,
Фед|очк|а 9, Фед|юш|а 8,
Фе́д|юшк|а 8
(Фе)дос(е|я) → Дос|я 6; Дос|еньк|а 7,
Дос|ечк|а 8, Дось|к|а 7,
Дос|юшк|а 7
Федосей|к|а 2,
Федосе|юшк|а 2 (Федосе[й|у]шк|а)
Федосе|я 2; Федосей|к|а 3, Федосе|юшк|а 3

Дни ангела и святые (Федосия): 20 марта, 3 апреля, 29 мая — *мучени-цы*; 23 июня — *преподобная.*

ФЕОДО́ТИ|Я (Феодо́ти[й|а]), Феодо́ти|и (Феодо́ти[й|и]), *ж* [*женск. к* Федот].
Федо́ти|я (Федо́ти[й|а]), Федо́ти|и (Федо́ти[й|и]) (*разг.*).
Федо́ть|я (Федо́ть[й|а]), Федо́ть|и (Федо́ть[й|и]) (*разг.*).
П р о и з в о д н ы е (14):
Феодоти|я
Фе(одоти|я) → **Фе|н|я 1** → Фен|к|а → Фен*оч*к|а 1
Фень|к|а → Фен*еч*к|а 1
Фен|ечк|а 2, Фен|очк|а 2, Фен|ушк|а,
Фен|юшк|а
(Фео)дот(и|я) → **Дот|а 1** → Доть|к|а 1 → Дот*еч*к|а 1

| Дот|еньк|а 1, Дот|ечк|а 2
| Дот|еньк|а 2, Дот|ечк|а 3, Доть|к|а 2
Фе(о)доти|я → **Федоти|я**
    Фе(доти|я) → Фе|н|я 2
    (Фе)доти(я) → Дот|а 2; Дот|еньк|а 3, Дот|ечк|а 4,
        Доть|к|а 3
        Федоть|я 1
        (Федоть[й|а]) → Федоть|юшк|а
                (Федоть[й|у]шк|а)
        Фе(доть|я) → Фе|н|я 3
        (Фе)до ть|я) → Дот|а 3; Дот|еньк|а 4,
                Дот|ечк|а 5, Доть|к|а 4
   Федоть|я 2

Дни ангела и святые (Феодотия): 31 января, 4 июля, 29 июля, 17 сентября, 22 октября, 22 декабря — *мученицы*; 1 ноября — *святая*.

ФЕОКТИ́СТ|А, ы, *ж* [*женск. к* Феоктист].
Фекти́ст|а, ы (*прост.*).
   П р о и з в о д н ы е (27):
Феоктист|а → Феоктист|к|а → Феоктисто́ч|к|а 1
            Феоктист|оньк|а, Феоктист|очк|а 2, Феоктист|ушк|а
Фе(октист|а) → **Фе|я** (Фе[й|а]) → Фей|к|а → Фее́ч|к|а 1
               Фе|юш|а (Фе[й|у]ш|а) → Фе́юш|к|а
               Фе|еньк|а (Фе[й|э]ньк|а),
               Фе|ечк|а 2 (Фе[й|э]чк|а),
               Фе́|юшк|а (Фе[й|у]шк|а)
       Фе|н|я → Фень|к|а → Фене́ч|к|а 1
              Фен|ечк|а 2
       Фе|ш|а → Феш|к|а → Феше́ч|к|а 1
              Феш|еньк|а, Феш|ечк|а 2
(Феок)тис(т|а) → **Тис|а 1** → Тис|к|а 1 → Тисо́ч|к|а 1
                Тис|оньк|а 1, Тис|очк|а 2
        Тис|к|а 2, Тис|оньк|а 2, Тис|очк|а 3
Фе(о)ктист|а → **Фектист|а** → Фектист|к|а → Фектисто́ч|к|а 1
                Фектист|оньк|а 1, Фектист|очк|а 2,
                Фектист|ушк|а 1
        (Фек)тис(т|а) → Тис|а 2; Тис|к|а 3, Тис|оньк|а 3, Тис|очк|а 4
        Фектист|к|а 2, Фектист|оньк|а 2, Фектист|очк|а 3,
        Фектист|ушк|а 2

Дни ангела и святые (Феоктиста): 31 января — *мученица*; 9 ноября — *преподобная*.

ФЕОФА́НИ|Я (Феофа́ни[й|а]), Феофа́ни|и (Феофа́ни[й|и]), *ж* [*женск. к* Феофан].

Феофа́н|а, ы (*разг.*).

П р о и з в о д н ы е (26):

Феофани|я

Феофан(и|я) → **Феофан|а** → Феофан|к|а 1 → Феофаноч|к|а 1

Феофань|к|а 1 → Феофан*еч*|к|а 1

Феофан|ечк|а 2, Феофан|очк|а 2,

Феофан|ушк|а 1

Феофан|юшк|а 1

Ф(е)оф(ан|а) → **Фоф|а 1** → Фоф|ан|я 1 → Фофань|к|а →

Фофан*еч*|к|а 1

Фофан|ечк|а 2,

Фофан|юшк|а

Фоф|к|а 1 → Фоф*оч*|к|а 1

Фоф|оньк|а 1, Фоф|очк|а 2,

Фоф|ушк|а 1

Фоф|ан|я 2, Фоф|к|а 2, Фоф|оньк|а 2,

Фоф|очк|а 3, Фоф|ушк|а 2

(Фео)фан|а → **Фан|а 1** → Фан|к|а 1 → Фан*оч*|к|а 1

Фань|к|а 1 → Фан*еч*|к|а 1

Фан|ечк|а 2, Фан|ик 1,

Фан|очк|а 2, Фан|ушк|а 1,

Фан|юшк|а 1

Фан|я 1 → Фан|ечк|а 3, Фан|ик 2, Фан|к|а 2,

Фан|очк|а 3, Фан|ушк|а 2,

Фань|к|а 2, Фан|юшк|а 2

Фан|ечк|а 4, Фан|ик 3, Фан|к|а 3,

Фан|очк|а 4, Фан|ушк|а 3, Фань|к|а 3,

Фан|юшк|а 3

Феофан|я → Феофан|ечк|а 3, Феофан|к|а 2,

Феофан|очк|а 3, Феофан|ушк|а 2,

Феофань|к|а 2, Феофан|юшк|а 2

Ф(е)оф(ан|я) → Фоф|а 2; Фоф|ан|я 3, Фоф|к|а 3,

Фоф|оньк|а 3, Фоф|очк|а 4, Фоф|ушк|а 3

(Фео)фан|я → Фан|а 2, Фан|я 2; Фан|ечк|а 5, Фан|ик 4,

Фан|к|а 4, Фан|очк|а 5, Фан|ушк|а 4,

Фань|к|а 4, Фан|юшк|а 4

Феофан|ечк|а 4, Феофан|к|а 3, Феофан|очк|а 4,

Феофан|ушк|а 3, Феофань|к|а 3, Феофан|юшк|а 3

Ф(е)оф(ани|я) → Фоф|а 3; Фоф|ан|я 4, Фоф|к|а 4, Фоф|оньк|а 4,

Фоф|очк|а 5, Фоф|ушк|а 4

(Фео)фан(и|я) → Фан|а 3, Фан|я 3; Фан|ечк|а 6, Фан|ик 5, Фан|к|а 5,

Фан|очк|а 6, Фан|ушк|а 5, Фань|к|а 5, Фан|юшк|а 5

День ангела и святая (Феофания): 16 декабря — *царица*.

ФЕОФИЛ|А, ы, *ж* [*женск. к* Феофил].
Фефёл|а, ы (*прост.*).
     П р о и з в о д н ы е (21):
Феофил|а →Феофил|к|а → Феофилоч|к|а 1
              Феофил|очк|а 2, Феофил|ушк|а
Фе(о)ф(ил|а) → **Феф|а** →Фефёл|а 1 → Фефёл|к|а, Фефёл|ушк|а
                   Феф|к|а 1 → Фефоч|к|а 1
                   Феф|онек|а 1, Феф|очк|а 2, Феф|ушк|а 1
             Фефёл|а 2, Феф|к|а 2, Феф|онек|а 2, Феф|очк|а 3,
             Феф|ушк|а 2
(Фео)фил|а → **Фил|а** → Фил|к|а 1 → Филоч|к|а 1
                 Фил|он|я 1 → Филон|к|а → Филоноч|к|а 1
                     Филон|очк|а 2, Фил|онь|к|а
                 Фи́л|онек|а 1, Фил|очк|а 2, Фил|ушк|а 1,
                 Филь|к|а 1
             Фил|к|а 2, Фи́л|онек|а 2, Фил|он|я 2, Фил|очк|а 3,
             Фил|ушк|а 2, Филь|к|а 2
День ангела и святая (Феофила): 28 декабря — *мученица*.

ФЕТИ́НИ|Я (Фети́ни[й|а]), Фети́ни|и (Фети́ни[й|и]), *ж* [*греч.* 'свет, солн-
це'; 'светлая'].
Фети́нь|я (Фети́нь[й|а]), Фети́нь|и (Фети́нь[й|и]) (*разг.*).
     П р о и з в о д н ы е (15):
Фетини|я
Фет(ини|я) → **Фет|а 1** → Фет|к|а → Фето́ч|к|а 1
                 Феть|к|а 1 → Фете́ч|к|а 1
                 Фет|ечк|а 2, Фет|очк|а 2
             Фет|я 1 → Фет|ечк|а 3, Фет|к|а 2, Фет|очк|а 3, Феть|к|а 2
             Фет|ечк|а 4, Фет|к|а 3, Фет|очк|а 4, Феть|к|а 3
Фе(ти)н(и|я) → **Феш|а 1** →Феш|к|а 1 → Феш|ечк|а 1
                   Феш|енек|а 1, Феш|ечк|а 2
             Феш|енек|а 2, Феш|ечк|а 3, Феш|к|а 2
(Фе)тин(и|я) → **Тин|а 1** →Тин|к|а 1 → Тино́ч|к|а 1
                 Тин|очк|а 2
             Тин|к|а 2, Тин|очк|а 3
             Фетинь|я (Фетинь[й|а]) → Фетинь|юшк|а 1 (Фетинь[й|у]шк|а)
             Фет(инь|я) → Фет|а 2, Фет|я 2; Фет|ечк|а 5, Фет|к|а 4,
                     Фет|очк|а 5, Феть|к|а 4
               Фе(ти)н(ь|я) → Феш|а 2; Феш|енек|а 3, Феш|ечк|а 4,
                      Феш|к|а 3
               (Фе)тин(ь|я) → Тин|а 2; Тин|к|а 3, Тин|очк|а 4
             Фетинь|юшк|а 2 (Фетинь[й|у]шк|а)

ФЕ́|Я (Фе́[й|а]), Фе́|и (Фе́[й|и]), *ж* [*греч.* 'богиня'].

ФИВА

Фе́|а, и (*стар.*).
    П р о и з в о д н ы е (7):
Фе|я (Фе[й|а]) → Фей|к|а → Фее́ч|к|а 1
                    Фе|юш|а (Фе[й|у]ш|а) → Фею́ш|к|а
                    Фе|еньк|а (Фе[й|э]ньк|а), Фе|е́чк|а 2 (Фе[й|э]чк|а),
                    Фе́|юшк|а (Фе[й|у]шк|а)
Фе́|а → Фе|я 2

ФИ́В|А, ы, *ж* [*предположительно греч.* 'светлая, сияющая'; 'лучезарная' —
эпитет Артемиды, сестры Аполлона].
    П р о и з в о д н ы е (8):
Фив|а → Фив|к|а → Фиво́ч|к|а 1
          Фив|оньк|а, Фив|о́чк|а 2
(Ф)ив|а → **Ив|а** → Ив|к|а 1 → Иво́ч|к|а 1
                    Ив|оньк|а 1, Ив|о́чк|а 2, Ив|ушк|а 1
              Ив|к|а 2, Ив|оньк|а 2, Ив|о́чк|а 3, Ив|ушк|а 2
    День ангела и святая (Фива): 3 сентября — *святая*.

ФЛЁН|А, ы, *ж*
Флён|а, ы (*стар.*).
    П р о и з в о д н ы е (10):
Флён|а → Флён|к|а → Флёно́ч|к|а 1
            Флён|очк|а 2, Флён|ушк|а
(Ф)лён|а → **Лен|а** → Лень|к|а 1 → Лене́ч|к|а 1
                      Лён|ечк|а 2
              Лен|я → Лень|к|а 1, Лене́ч|к|а 1
                      Лен|ечк|а 2
                    Лен|ечк|а 2, Лень|к|а 3
              Лён|я → Лён|ечк|а 3, Лён|ьк|а 2
                      Лен|я 2; Лен|ечк|а 4, Лень|к|а 3
              Лён|ечк|а 4, Лён|ьк|а 3
              Лен|я 3; Лен|ечк|а 5, Лень|к|а 4
              Флен|а

ФЛО́Р|А, ы, *ж* [*женск. к* Флор; 'имя богини цветов и весны'].
    П р о и з в о д н ы е (11):
Флор|а → Флор|к|а → Флоро́ч|к|а 1
            Флор|ик, Флор|оньк|а, Флор|о́чк|а 2, Флор|ушк|а
(Ф)лор|а → **Лор|а** → Лор|к|а 1 → Лоро́ч|к|а 1
                      Лор|ик 1, Лор|оньк|а 1, Лор|о́чк|а 2, Лор|ушк|а 1
              Лор|ик 2, Лор|к|а 2, Лор|оньк|а 2, Лор|о́чк|а 3, Лор|ушк|а 2

ФЛОРЕНТИ́Н|А, ы, *ж* [*женск. к* Флорентин].
    П р о и з в о д н ы е (26):

Флорентин|а → Флорентин|к|а → Флорентино*ч*|к|а 1
                Флорентин|очк|а 2, Флорентин|ушк|а
Флор(ентин|а) → **Флор|а** → Флор|к|а 1 → Флоро*ч*|к|а 1
        | Флор|оньк|а 1, Флор|очк|а 2, Флор|ушк|а 1
        | (Ф)лор|а → **Лор|а 1** → Лор|к|а 1 → Лоро*ч*|к|а 1
        | | Лор|ик 1, Лор|оньк|а 1,
        | | Лор|очк|а 2, Лор|ушк|а 1
        | Лор|ик 2, Лор|к|а 2, Лор|оньк|а 2,
        | Лор|очк|а 3, Лор|ушк|а 2
        | Флор|к|а 2, Флор|оньк|а 2, Флор|очк|а 3, Флор|ушк|а 2
(Ф)лор(ентин|а) → Лор|а 2; Лор|ик 3, Лор|к|а 3, Лор|оньк|а 3, Лор|очк|а 4,
                Лор|ушк|а 3
(Фло)рен(тин|а) → **Рен|а** → Рен|к|а 1 → Рено*ч*|к|а 1
        | Рень|к|а 1 → Рене*ч*|к|а 1
        | Рен|ечк|а 2, Рен|ик 1, Рен|очк|а 2,
        | Рен|ушк|а 1, Рен|юшк|а 1
        | **Рен|я** → Рен|ечк|а 3, Рен|ик 2, Рен|к|а 2, Рен|очк|а 3,
        | Рен|ушк|а 2, Рень|к|а 2, Рен|юшк|а 2
        | Рен|ечк|а 4, Рен|ик 3, Рен|к|а 3, Рен|очк|а 4,
        | Рен|ушк|а 3, Рень|к|а 3, Рен|юшк|а 3
(Флорен)тин|а → **Тин|а** → Тин|к|а 1 → Тино*ч*|к|а 1
        | Тин|очк|а 2
        Тин|к|а 2, Тин|очк|а 3

ФЛОРИА́Н|А, ы, *ж* [*женск. к* Флориан].
   П р о и з в о д н ы е (28):
Флориан|а → Флориан|к|а →Флориано*ч*|к|а 1
                Флориан|очк|а 2, Флориан|ушк|а
Флор(иан|а) → **Флор|а** →Флор|к|а 1 → Флоро*ч*|к|а 1
        | Флор|оньк|а 1, Флор|очк|а 2, Флор|ушк|а 1
        | (Ф)лор|а → **Лор|а 1** →Лор|к|а 1 → Лоро*ч*|к|а 1
        | | Лор|ик 1, Лор|оньк|а 1, Лор|очк|а 2,
        | | Лор|ушк|а 1
        | Лор|ик 2, Лор|к|а 2, Лор|оньк|а 2, Лор|очк|а 3,
        | Лор|ушк|а 2
        | Флор|к|а 2, Флор|оньк|а 2, Флор|очк|а 3, Флор|ушк|а 2
(Ф)лор(иан|а) → Лор|а 2; Лор|ик 3, Лор|к|а 3, Лор|оньк|а 3, Лор|очк|а 4,
                Лор|ушк|а 3
(Фло)ри(а)н|а → **Рин|а** → Рин|к|а 1 → Рино*ч*|к|а 1
        | Рин|ус|я 1 → Ринус|ик
        | Ринь|к|а 1 → Рине*ч*|к|а 1
        | Рин|ечк|а 2, Рин|очк|а 2, Рин|уш|а 1, Рин|юш|а 1
        | **Рин|я** → Рин|ечк|а 3, Рин|к|а 2, Рин|очк|а 3, Рин|ус|я 2,
        | Рин|уш|а 2, Риньк|а 2, Рин|юш|а 2

Рин|ечк|а 4, Рин|к|а 3, Рин|очк|а 4, Рин|ус|я 3, Рин|уш|а 3,
Риньк|а 3, Рин|юш|а 3
(Флори)ан|а → **Ан|я** → Ань|к|а 1 → Ан*еч*|к|а 1
Ан|ечк|а 2, Ан|юшк|а 1
Ан|ечк|а 3, Ань|к|а 2, Ан|юшк|а 2

ФЛОРИ́Д|А, ы, ж [*лат.* 'усеянная цветами, цветистая'].

П р о и з в о д н ы е (12):
Флорид|а → Флорид|к|а → Флоридо*ч*|к|а 1
Флорид|очк|а 2
Флор(ид|а) → **Флор|а** → Флор|к|а 1 → Флоро*ч*|к|а 1
Флор|ик 1, Флор|оньк|а 1, Флор|очк|а 2,
Флор|ушк|а 1
Флор|ик 2, Флор|к|а 2, Флор|оньк|а 2, Флор|очк|а 3,
Флор|ушк|а 2
(Флор)ид|а → **Ид|а** → Ид|к|а 1 → Идо*ч*|к|а 1
Ид|оньк|а 1, Ид|очк|а 2
Ид|к|а 2, Ид|оньк|а 2, Ид|очк|а 3

ФОТИ́Н|А, ы, ж [*из греч.* 'свет, солнце'].
Хоти́н|а, ы (*прост.*).

П р о и з в о д н ы е (15):
Фотин|а → Фотин|к|а → Фотино*ч*|к|а 1
Фотин|очк|а 2, Фотин|ушк|а
Фот(ин|а) → **Фот|я** → Фот|ушк|а 1, Фоть|к|а 1, Фот|юшк|а 1
Фат|я 1 → Фать|к|а 1 → Фат*еч*|к|а 1
Фат|еньк|а 1, Фат|ечк|а 2
Фат|еньк|а 2, Фат|ечк|а 3, Фать|к|а 2
Фот|ушк|а 2, Фоть|к|а 2, Фот|юшк|а 2
Фат|я 2; Фат|еньк|а 3, Фат|ечк|а 4, Фать|к|а 3
(Фо)тин|а → **Тин|а 1** → Тин|к|а 1 → Тино*ч*|к|а 1
Тин|очк|а 2
Тин|к|а 2, Тин|очк|а 3
Хотин|а
(Хо)тин|а → Тин|а 2; Тин|к|а 3, Тин|очк|а 4
День ангела и святая (Фотина): 20 марта — *мученица*.

ФОТИ́НИ|Я (Фоти́ни[й|а]), Фоти́ни|и (Фоти́ни[й|и]), ж [*греч.* 'свет, солнце'; 'светлая'].
Фоти́нь|я (Фоти́нь[й|а]), Фоти́нь|и (Фоти́нь[й|и]) (*разг.*).
Фети́нь|я (Фети́нь[й|а]), Фети́нь|и (Фети́нь[й|и]) (*разг.*).
П р о и з в о д н ы е (15):
Фотини|я
Фотин(и|я) → **Фотин|а** → Фотин|к|а 1 → Фотино*ч*|к|а 1

Фотин|очк|а 2, Фотин|ушк|а 1
Фот(ин|а) → **Фот|я 1** → Фот|еньк|а 1, Фот|ушк|а 1,
Фоть|к|а 1, Фот|юшк|а 1
Фот|еньк|а 2, Фот|ушк|а 2, Фоть|к|а 2,
Фот|юшк|а 2
(Фо)тин|а → **Тин|а 1** → Тин|к|а 1 → Тиноч|к|а 1
Тин|очк|а 2
Тин|к|а 2, Тин|очк|а 3
Фотин|к|а 2, Фотин|очк|а 3, Фотин|ушк|а 2
Фот(ини|я) → Фот|я 2; Фот|еньк|а 3, Фот|ушк|а 3, Фоть|к|а 3, Фот|юшк|а 3
(Фо)тин(и|я) → Тин|а 2; Тин|к|а 3, Тин|очк|а 4
Фотинь|я (Фотинь[й|а]) → Фотинь|юшк|а 1 (Фотинь[й|у]шк|а)
Фотин(ь|я) → Фотин|а 2; Фотин|к|а 3, Фотин|очк|а 4,
Фотин|ушк|а 3
Фот(инь|я) → Фот|я 3; Фот|еньк|а 4, Фот|ушк|а 4,
Фоть|к|а 4, Фот|юшк|а 4
(Фо)тин(ь|я) → Тин|а 3; Тин|к|а 4, Тин|очк|а 5
Фотинь|юшк|а 2 (Фотинь[й|у]шк|а)
Фетинь|я 1
(Фетин(ь|я) → Тин|а 4; Тин|к|а 5,
Тин|очк|а 6
Фетинь|я 2
День ангела и святая (Фотиния): 13 февраля — *преподобная*.

Х

ХАРИТ|А, ы, *ж* [*греч.* 'изящество, прелесть, красота'; 'любезная'].
   П р о и з в о д н ы е (22):
Харит|а → Харит|к|а 1 → Харит*оч*|к|а 1
                     Харить|к|а 1 → Харит*еч*|к|а 1
                     Харит|еньк|а 1, Харит|ечк|а 2, Харит|оньк|а 1, Харит|очк|а 2,
                     Харит|ушк|а 1, Харит|юшк|а 1
Х(ар)ит|а → **Хит|а 1** → Хить|к|а 1 → Хит*еч*|к|а 1
                     Хит|еньк|а 1, Хит|ечк|а 2
              Хит|я 1 → Хит|еньк|а 2, Хит|ечк|а 3, Хить|к|а 2
                     Хит|еньк|а 3, Хит|ечк|а 4, Хить|к|а 3
(Ха)рит|а → **Рит|а 1** → Рит|к|а 1 → Рит*оч*|к|а 1
                     Рит|у́ш|а 1 → Рит*у́ш*|к|а
                     Рит|ок 1, Рит|оньк|а 1, Рит|очк|а 2, Рит|ох|а 1,
                     Ри́т|ушк|а 1
              Рит|к|а 2, Рит|ок 2, Рит|оньк|а 2, Рит|очк|а 3, Рит|ох|а 2,
              Рит|уш|а 2, Рит|ушк|а 2
              Харит|я → Харит|еньк|а 2, Харит|ечк|а 3, Харит|к|а 2,
                     Харит|оньк|а 2, Харит|очк|а 3, Харит|ушк|а 2,
                     Харить|к|а 2, Харит|юшк|а 2
              Х(ар)ит|я → Хит|а 2, Хит|я 2; Хит|еньк|а 4, Хит|ечк|а 5,
                     Хить|к|а 4
              (Ха)рит|я → Рит|а 2; Рит|к|а 3, Рит|ок 3, Рит|оньк|а 3,
                     Рит|очк|а 4, Рит|ох|а 3, Рит|уш|а 3, Рит|ушк|а 3
              Харит|еньк|а 3, Харит|ечк|а 4, Харит|к|а 3, Харит|оньк|а 3,
              Харит|очк|а 4, Харит|ушк|а 3, Харить|к|а 3, Харит|юшк|а 3
   День ангела и святая (Харита): 1 июня — *мученица*.

ХАРИТИ́Н|А, ы, *ж* [*греч.* 'изящество, прелесть, красота'; 'благодатная'].
Харити́нь|я (Харити́нь[й|а]), Харити́нь|и (Харити́нь[й|и]) (*разг.*).
   П р о и з в о д н ы е (21):

Харитин|а → Харитин|к|а → Харитино*ч*|к|а 1
     Харитин|очк|а 2, Харитин|ушк|а, Харитинь|я (Харитинь[й|а])
Харит(ин|а) → **Харит|я** → Хариты|к|а 1 →Харит*еч*|к|а 1
      Харит|еньк|а 1, Харит|ечк|а 2, Харит|ушк|а 1,
      Харит|юшк|а 1
    Хар(ит|я) → **Хар|я 1** → Харь|к|а 1 → Харе*ч*|к|а 1
           Хар|еньк|а 1, Хар|ечк|а 2
         Х*о*р|я 1 → Хорь|к|а 1 → Хоре*ч*|к|а 1
            Хор|еньк|а 1, Хор|ечк|а 2
        Х*о*р|еньк|а 2, Х*о*р|ечк|а 3, Х*о*рь|к|а 2
      Хар|еньк|а 2, Хар|ечк|а 3, Харь|к|а 2
      Х*о*р|я 2; Хор|еньк|а 3, Хор|ечк|а 4, Хорь|к|а 3
    Харит|еньк|а 2, Харит|ечк|а 3, Харит|ушк|а 2, Хариты|к|а 2,
    Харит|юшк|а 2
Хар(итин|а) → Хар|я 2; Хар|еньк|а 3, Хар|ечк|а 4, Харь|к|а 3
      Х*о*р|я 3; Х*о*р|еньк|а 4, Х*о*р|ечк|а 5, Х*о*рь|к|а 4
(Хари)тин|а → Тин|я 1→ Тин|к|а 1 → Тино*ч*|к|а 1
         Тин|очк|а 2
    Тин|к|а 2, Тин|очк|а 3

  День ангела и святая (Харитина): 5 октября — *преподобномученица.*

ХИО́НИ|Я (Хиони[й|а]), Хио́ни|и (Хиони[й|и]), *ж* [*греч.* 'снег'; 'снежная'].
Хио́н|а, ы (*разг.*).
Хи́н|а, ы (*разг.*).
Фио́ни|я (Фиони[й|а]), Фио́ни|и (Фиони[й|и]) (*стар.*).
  П р о и з в о д н ы е (12):
Хиони|я
Хион(и|я) → **Хион|а** →Хион|к|а 1 → Хионо*ч*|к|а 1
       Хион|очк|а 2, Хион|ушк|а 1
    Хи(о)н|а → **Хин|а 1** → Хин|к|а 1 →Хино*ч*|к|а 1
           Хин|очк|а 2, Хин|ушк|а 1
      Хин|к|а 2, Хин|очк|а 3, Хин|ушк|а 2
    (Хи)он|а → **Он|я 1** → Онь|к|а 1 →Оне*ч*|к|а 1
          Он|ечк|а 2, Он|юшк|а 1
      Он|ечк|а 3, Онь|к|а 2, Он|юшк|а 2
    Хион|к|а 2, Хион|очк|а 3, Хион|ушк|а 2
Хи(о)н(и|я) → Хин|а 2; Хин|к|а 3, Хин|очк|а 4, Хин|ушк|а 3
(Хи)он(и|я) → Он|я 2; Он|ечк|а 4, Онь|к|а 3, Он|юшк|а 3
Фиони|я → *Х*иони|я 2
  Дни ангела и святые (Фиония): 16 апреля, 16 июля — *мученицы.*

ХРИСТИ́Н|А, ы, *ж* [*греч.* 'Христос'; 'христианин'; 'Христова'].
Христи́нь|я (Христи́нь[й|а]), Христи́нь|и (Христи́нь[й|и]) (*разг.*).
Кристи́н|а, ы (*разг.*).

Кристи́нь|я (Кристи́нь[й|а]), **Кристи́нь|и** (Кристи́нь[й|и]) (*прост.*).

П р о и з в о д н ы е (43):

Христи́н|а → Христи́н|к|а → Христи́но́ч|к|а 1
                    Христи́н|очк|а 2, Христи́н|ушк|а, Христи́нь|я (Христи́нь[й|а])
Христ(ин|а) → **Христ|я** → Христён|а → Христён|к|а → Христёно́ч|к|а 1
                                                Христён|очк|а 2
                              Христ|он|я 1 → Христонь|к|а → Христоне́ч|к|а 1
                                                Христон|ечк|а 2, Христо|юшк|а
                              Христ|еньк|а 1, Христ|ечк|а 1, Христ|ош|а 1,
                              Христ|юх|а 1, Христ|юш|а 1
                    Хрис(т|я) → **Хрис|я 1** → Хрись|к|а 1 → Хрисе́ч|к|а 1
                                                Хрис|еньк|а 1, Хрис|ечк|а 2
                                        Хрес|я 1 → Хресь|к|а 1
                                        Хресь|к|а 2
                              Хрис|еньк|а 2, Хрис|ечк|а 3, Хрись|к|а 2
                              Хрес|я 2; Хресь|к|а 3
                              Хрест|я 1 → Хрест|еньк|а 1, Хрест|ечк|а 1
                              Хрес(т|я) → Хрес|я 3; Хресь|к|а 4
                              Хрест|еньк|а 2, Хрест|ечк|а 2
                              *К*рист|я 1 → Крист|еньк|а 1, Крист|ечк|а 1
                                        Крест|я 1 → Крест|еньк|а 1,
                                                Крест|ечк|а 1
                                        *К*рест|еньк|а 2, *К*рест|ечк|а 2
                              *К*рест|я 2; *К*рест|еньк|а 3, *К*рест|ечк|а 3
                    Хрест|я 2; Хрест|еньк|а 3, Хрест|ечк|а 3
                    *К*рист|я 2; *К*рист|еньк|а 3, *К*рист|ечк|а 3
                    *К*рест|я 3; *К*рест|еньк|а 4, *К*рест|ечк|а 4
Хрис(тин|а) → Хрис|я 2; Хрис|еньк|а 3, Хрис|ечк|а 4, Хрись|к|а 3
                    Хрес|я 3; Хресь|к|а 4
(Хри)стин|а → **Стин|а** → Стин|к|а 1 → Стино́ч|к|а 1
                    Стин|очк|а 2
              (С)тин|а → **Тин|а 1** → Тин|к|а 1 → Тино́ч|к|а 1
                                    Тин|очк|а 2
                          Тин|к|а 2, Тин|очк|а 3
              Стин|к|а 2, Стин|очк|а 3
(Хрис)тин|а → Тин|а 2; Тин|к|а 3, Тин|очк|а 4
              Кристин|а → Кристин|к|а 1 → Кристино́ч|к|а 1
                          Кристин|очк|а 2, Кристин|ушк|а 1,
                          Кристинь|я 1 (Кристинь[й|а])
              Крист(ин|а) → Крист|я 3; Крист|еньк|а 4, Крист|ечк|а 4
                          Крест|я 4; Крест|еньк|а 5, Крест|ечк|а 5
              (*К*ри)стин|а → Стин|а 2; Стин|к|а 3, Стин|очк|а 4
              (*К*рис)тин|а → Тин|а 3; Тин|к|а 4, Тин|очк|а 5
              *К*ристин|к|а 2, *К*ристин|очк|а 3, *К*ристин|ушк|а 3,

Кристинь|я (Кристинь[й|а])

Дни ангела и святые (Христина): 6 февраля, 13 марта, 18 мая, 24 июля — *мученицы*; 23 июня — *княгиня*.

Ц

ЦЕЛЕСТИ́Н|А, ы, *ж* [*женск. к* Целестин].
   П р о и з в о д н ы е (21):
Целестин|а → Целестин|к|а → Целестиноч|к|а 1
                  Целестин|очк|а 2, Целестин|ушк|а
Цел(естин|а) → **Цел|я** →Цель|к|а 1 → Целеч|к|а 1
             | Цел|еньк|а 1, Цел|ечк|а 2
             | (Ц)ел|я → **Ел|я 1** →Ель|к|а 1 →Елеч|к|а 1
             | | Ел|еньк|а 1, Ел|ечк|а 2, Ел|юшк|а 1
             | Ел|еньк|а 2, Ел|ечк|а 3, Ель|к|а 2, Ел|юшк|а 3
             | Цел|еньк|а 2, Цел|ечк|а 3, Цель|к|а 2
(Целес)тин|а → **Тин|а** →Тин|к|а 1 → Тиноч|к|а 1
             | Тин|очк|а 2
             | (Т)ин|а → **Ин|а 1** → Ин|к|а 1 → Иноч|к|а 1
             | | Ин|ок 1 → Иноч|ек 1
             | | Ин|ечк|а 1, Ин|очек 2, Ин|очк|а 2
             | Ин|к|а 2, Ин|ечк|а 2, Ин|ок 2, Ин|очек 3,
             | Ин|очк|а 3
             | Тин|к|а 2, Тин|очк|а 3
(Целест)ин|а → Ин|а 2; Ин|ечк|а 3, Ин|к|а 3, Ин|ок 3, Ин|очек 4, Ин|очк|а 4

ЦЕЦИ́ЛИ|Я (Цеци́ли[й|а]), Цеци́ли|и (Цеци́ли[й|и]), *ж* [*лат.* 'слепая'].
   П р о и з в о д н ы е (14):
Цецили|я
Цецил(и|я) → **Цециля**
           (Це)ци(л|я) → **Ци|я 1** (Ци[й|а]) → Цийк|а 1 → Циеч|к|а 1
                       | Ци|еньк|а 1 (Ци[й|э]ньк|а),
                       | Ци|ечк|а 2 (Ци[й|э]чк|а)
                       | Ци|еньк|а 2 (Ци[й|э]ньк|а),
                       | Ци|ечк|а 3 (Ци[й|э]чк|а), Цийк|а 2
           (Це)циля → **Циля 1** → Циль|к|а 1 → Цилеч|к|а 1

| | | | Цил|еньк|а 1, Цил|ечк|а 2 |
| | | Цил|еньк|а 2, Цил|ечк|а 3, Циль|к|а 2 |

(Це)цил(и|я) → Цил|я 2; Цил|еньк|а 3, Цил|ечк|а 4, Циль|к|а 3

(Це)ци(ли|я) → Ци|я 2 (Ци[й|а]); Ци|еньк|а 3 (Ци[й|э]ньк|а),
Ци|ечк|а 4 (Ци[й|э]чк|а), Ций|к|а 3

(Цеци)ли|я → **Ли|я** (Ли[й|а]) → Лий|к|а 1 → Ли|ечк|а 1

Ли|еньк|а 1 (Ли[й|э]ньк|а),
Ли|ечк|а 2 (Ли[й|э]чк|а),
Ли|юшк|а 1 (Ли[й|у]шк|а)

Ли|еньк|а 2 (Ли[й|э]ньк|а), Ли|ечк|а 3 (Ли[й|э]чк|а),
Лий|к|а 2, Ли|юшк|а 2 (Ли[й|у]шк|а)

День ангела и святая (Цецилия): 22 ноября — *мученица*.

Э

ЭВЕЛИН|А, ы, *ж* [*ласк. к* Эва; *др.-евр.* 'жизнь, жизненная'].
    П р о и з в о д н ы е (19):
Эвелин|а → Эвелин|к|а → Эвелиноч|к|а 1
                Эвелин|очк|а 2
Эв(елин|а) → **Эв|а** → Эв|к|а 1 → Эво|чк|а 1
                            Эв|очк|а 2
    | Эв|к|а 2, Эв|очк|а 3
(Э)вел(ин|а) → **Вел|а** → Вел|к|а 1 → Велоч|к|а 1
                      | Вель|к|а 1 → Велеч|к|а 1
                      | Вел|еньк|а 1, Вел|ечк|а 2, Вел|оньк|а 1, Вел|очк|а 2
                Вел|я → Вел|еньк|а 2, Вел|ечк|а 3, Вел|к|а 2, Вел|оньк|а 2,
                            Вел|очк|а 3, Вель|к|а 2
                Вел|еньк|а 3, Вел|ечк|а 4, Вел|к|а 3, Вел|оньк|а 3,
                Вел|очк|а 4, Вель|к|а 3
Э(ве)л(ин|а) → **Эл|я** → Эл|еньк|а 1, Эл|ечк|а 1
                Эл|еньк|а 2, Эл|ечк|а 2
(Эве)лин|а → **Лин|а** → Лин|к|а 1 → Линоч|к|а 1
                            Лин|очк|а 2
    | Лин|к|а 2, Лин|очк|а 3

ЭЛЕОНО́Р|А, ы, *ж* [*возможно, греч.* 'сострадание, милосердие' *или др.-евр.* 'Бог мой свет'].
    П р о и з в о д н ы е (15):
Элеонор|а
Эл(еонор|а) → **Эл|а** → Эл|юш|а 1
                Эл|я → Эл|юш|а 2
    | Эл|юш|а 3
(Э)ле(онор|а) → **Ле|к|а** → Лёк|а 1
    | Лёк|а 2
                Ле|л|я → Лёл|я 1

Лёл|я 2
Лёс|я
(Э)ле(о)н(ор|а) → **Лен|а**
(Э)л(е)о(но)р|а → **Лор|а** → Лор|к|а 1 → Лороч|к|а 1
| Лор|оньк|а 1, Лор|очк|а 2, Лор|ушк|а 1
| Лор|к|а 2, Лор|оньк|а 2, Лор|очк|а 3, Лор|ушк|а 2
(Элео)нор|а → **Нор|а**

ЭЛЛА́Д|А, ы, *ж* [*греч.* Эллада, Греция].
Э̓лл|а, ы (*разг.*).
    П р о и з в о д н ы е (23):
Эллад|а → Эллад|к|а → Элладоч|к|а 1
            Эллад|оньк|а, Эллад|очк|а 2
Элл(ад|а) → **Элл|а** → Элл|оньк|а 1, Элл|очк|а 1
            Эл(л|а) → **Эл|а 1** → Эл|к|а 1 → Эло́ч|к|а 1
            | Эль|к|а 1 → Эле́ч|к|а 1
            | Эл|еньк|а 1, Эл|ечк|а 2, Эл|ёк 1,
            | Эл|оньк|а 1, Эл|очк|а 2, Эл|ушк|а 1,
            | Эл|юшк|а 1
            | **Эл|я 1** → Эл|еньк|а 2, Эл|ечк|а 3, Эл|ёк 2, Эл|к|а 2,
            | Эл|оньк|а 2, Эл|очк|а 3, Эл|ушк|а 2,
            | Эль|к|а 2, Эл|юшк|а 2
            | Эл|еньк|а 3, Эл|ечк|а 4, Эл|ёк 3, Эл|к|а 3,
            | Эл|оньк|а 3, Эл|очк|а 4, Эл|ушк|а 3, Эль|к|а 3,
            | Эл|юшк|а 3
            Элл|оньк|а 2, Элл|очк|а 2
Эл(лад|а) → Эл|а 2, Эл|я 2; Эл|еньк|а 4, Эл|ечк|а 5, Эл|ёк 4, Эл|к|а 4,
            Эл|оньк|а 4, Эл|очк|а 5, Эл|ушк|а 4, Эль|к|а 4, Эл|юшк|а 4
(Эл)лад|а → **Лад|а** → Лад|к|а 1 → Ладо́ч|к|а 1
            | Лад|еньк|а 1, Лад|ечк|а 1, Лад|оньк|а 1, Лад|очк|а 2,
            | Лад|ушк|а 1
            Лад|еньк|а 2, Лад|ечк|а 2, Лад|к|а 2, Лад|оньк|а 2, Лад|очк|а 3,
            Лад|ушк|а 2

ЭЛЛИ́Н|А, ы, *ж* [*греч.* 'эллинка, гречанка'].
    П р о и з в о д н ы е (20):
Эллин|а
Эл(лин|а) → **Эл|я 1** → Эль|к|а 1 → Эле́ч|к|а 1
            | Эл|еньк|а 1, Эл|ечк|а 2
            Эл|еньк|а 2, Эл|ечк|а 3, Эль|к|а 2
Э(л)лин|а → **Элин|а** → Элин|к|а 1 → Элино́ч|к|а 1
            | Элин|очк|а 2, Элин|ушк|а 1
            Эл(ин|а) → Эл|я 2; Эл|еньк|а 3, Эл|ечк|а 4, Эль|к|а 3
            (Э)лин|а → **Лин|а 1** → Лин|к|а 1 → Лино́ч|к|а 1

Лин|очк|а 2, Лин|ушк|а 1

(Л)ин|а → **Ин|а 1** → Ин|к|а 1 → Ин*оч*к|а 1

Ин|ок 1 → Ин*оч*|ек 1

Ин|ечк|а 1, Ин|очек 2,

Ин|очк|а 2, Ин|уш|а 1,

Ин|ушк|а 1

Ин|ечк|а 2, Ин|к|а 2, Ин|ок 2,

Ин|очек 3, Ин|очк|а 3, Ин|уш|а 2,

Ин|ушк|а 2

Лин|к|а 2, Лин|очк|а 3, Лин|ушк|а 2

(Эл)ин|а → Ин|а 2; Ин|ечк|а 3, Ин|к|а 3, Ин|ок 3, Ин|очек 4,

Ин|очк|а 4, Ин|уш|а 3, Ин|ушк|а 3

Элин|к|а 2, Элин|очк|а 3, Элин|ушк|а 2

Эл(лин|а) → Эл|я 2; Эл|еньк|а 3, Эл|ечк|а 4, Эль|к|а 3

(Эл)лин|а → Лин|а 2; Лин|к|а 3, Лин|очк|а 4, Лин|ушк|а 3

(Элл)ин|а → Ин|а 3; Ин|ечк|а 4, Ин|к|а 4, Ин|ок 4, Ин|очек 5, Ин|очк|а 5,

Ин|уш|а 4, Ин|ушк|а 4

ЭЛЬВИ́Р|А, ы, *ж* [*возможно, женск.* к Альварес *или др.-герм.* 'эльф + совет' *или* 'весь, все + защита'].

П р о и з в о д н ы е (9):

Эльвир|а → Эльвир|к|а

Эл(ьвир|а) → **Эл|а** → Эл|юн|я 1, Эл|юн|я 1, Эл|юс|я 1, Эл|юш|а 1

Ёл|а 1

Эл|я → Эл|юн|я 2, Эл|юн|я 2, Эл|юс|я 2, Эл|юш|а 2

Ёл|а 2

Эл|юн|я 3, Эл|юн|я 3, Эл|юс|я 3, Эл|юш|а 3

Ёл|а 3

(Эль)вир|а → **Вир|а**

ЭМИЛИА́Н|А, ы, *ж* [*женск. к* Эмилиан].

П р о и з в о д н ы е (22):

Эмилиан|а → Эмилиан|к|а

Эмил(иан|а) → **Эмил|я** → Эмил|еньк|а 1, Эмил|ечк|а 1

Эм(ил|я) → **Эм|а 1** → Эм|к|а 1 → Эм*ч*ик 1

Эм|чик 2

Эм|к|а 2, Эм|чик 3

(Э)мил|я → **Мил|я 1** → Мил|юш|а 1 → Мил|юш|к|а

Ми́л|юшк|а 1

Мил|юш|а 2, Ми́л|юшк|а 2

Эмил|еньк|а 2, Эмил|ечк|а 2

Эм(илиан|а) → Эм|а 2; Эм|к|а 3, Эм|чик 4

(Э)мил(иан|а) → Мил|я 2; Мил|юш|а 3, Ми́л|юшк|а 3

(Эми)л(и)ан|а → **Лан|а** → Лан|к|а 1 → Лан*оч*|к|а 1

Лань|к|а 1 → Лан*еч*|к|а 1
Лан|ечк|а 2, Лан|очк|а 2, Лан|ушк|а 1
Лян|а 1 →   Лян|к|а 1 → Лян*оч*|к|а 1
| Лян|очк|а 2, Лян|ушк|а 1
Лян|к|а 2, Лян|очк|а 3, Лян|ушк|а 2
Лан|я →Лан|ечк|а 3, Лан|к|а 2, Лан|очк|а 3, Лан|ушк|а 2,
| Лань|к|а 2
Лян|а 2; Лян|к|а 3, Лян|очк|а 4, Лян|ушк|а 3
Лан|ечк|а 4, Лан|к|а 3, Лан|очк|а 4, Лан|ушк|а 3,
Лань|к|а 3
Лян|а 3; Лян|к|а 4, Лян|очк|а 5, Лян|ушк|а 4

ЭМИ́ЛИ|Я (Эми́ли[й|а]), Эми́ли|и (Эми́ли[й|и]), *ж* [*женск. к Эмилий*].
Еми́ли|я (Еми́ли[й|а]), Еми́ли|и (Еми́ли[й|и]) (*стар.*).
    П р о и з в о д н ы е (28):
Эмили|я 1
Эмил(и|я) → **Эмил|я** → Эмил|еньк|а 1, Эмил|ечк|а 1
          Эми(л|я) → **Эми 1**
          Эм(ил|я) → **Эм|а 1** → Эм|к|а 1 → Эм*ч*|ик 1
          | **Эмч|а 1** → Эмч|ик 2
          | Эм|ч|а 2, Эм|чик 3
          Эм|к|а 2, Эм|ч|а 3, Эм|чик 4
          Э(ми)л|я → **Эл|я 1** → Эль|к|а 1 → Эл*еч*|к|а 1
          | Эл|еньк|а 1, Эл|ечк|а 2
          Эл|еньк|а 2, Эл|ечк|а 3, Эль|к|а 2
          (Э)мил|я → **Мил|я 1** → Мил|к|а 1 → Мил*оч*|к|а 1
                    Мил|ок 1 → Милоч|ек 1
                    Мил|уш|а 1 → Милуш|к|а →
                    | Милуш*еч*|к|а 1
                    | Милуш|еньк|а,
                    | Милуш|ечк|а 2
                    Миль|к|а 1 → Мил*еч*|к|а 1
                    Мил|юш|а 1 → Милюш|к|а
                    Мил|ечк|а 2, Мил|ёш|а 1,
                    Мил|очек 2, Мил|очк|а 2,
                    Ми́л|ушк|а 1, Ми́л|юшк|а 1
          Мил|ечк|а 3, Мил|ёш|а 2, Мил|к|а 2, Мил|ок 2,
          Мил|очек 3, Мил|очк|а 3, Мил|уш|а 2,
          Ми́л|ушк|а 2, Миль|к|а 2, Мил|юш|а 2,
          Ми́л|юшк|а 2
          Эмил|еньк|а 2, Эмил|ечк|а 2
Эми(ли|я) → Эми 2
Эм(или|я) → Эм|а 2; Эм|к|а 3, Эм|ч|а 4, Эм|чик 5
Э(ми)л(и|я) → Эл|я 2; Эл|еньк|а 3, Эл|ечк|а 4, Эль|к|а 3

(Э)мил(и|я) → Мил|я 2; Мил|ечк|а 4, Мил|ёш|а 3, Мил|к|а 3, Мил|ок 3,
        Мил|очек 4, Мил|очк|а 4, Мил|уш|а 3, Ми́л|ушк|а 3,
        Миль|к|а 3
        Мил|юш|а 3, Ми́л|юшк|а 3

Емили|я → *Эмили|я 2*

    День ангела и святая (Емилия): 1 января — *святая.*

Э́ММ|А, ы, *ж* [*др.-герм.* сокр.имен, содержащих компонент Эрмин|Ир-
мин; как самостоятельное имя употребляется в Нормандии, Англии, Гер-
мании с начала нынешнего столетия].
    П р о и з в о д н ы е (9):
Эмм|а
Эм(м|а) → **Эм|а** → Эм|к|а 1
            Эм|ун|я 1
            (Э)м|ун|я →**Мун|я 1** → Мунь|к|а 1 → Мунеч|к|а 1
                            Мун|ечк|а 2, Муньш|а 1,
                            Мун|юшк|а 1
                Мун|ечк|а 3, Муньк|а 2, Муньш|а 2,
                Мун|юшк|а 2
             Эм|ушк|а 1
        Эм|к|а 2, Эм|ун|я 2, Эм|ушк|а 2
(Эм)м|(а) → М|ун|я 2

ЭННА́Ф|А, ы, *ж* [*возможно, сирийск.* 'гордость или польза, добро. благо'].
Э́нн|а, ы (*разг.*).
Енна́ф|а, ы (*стар.*).
    П р о и з в о д н ы е (9):
Эннаф|а 1
Энн(аф|а) → **Энн|а**
           Эн(н|а) → **Эн|а 1** → Эн|к|а 1 → Эн|оч|к|а 1
                    Эн|ечк|а 1, Эн|очк|а 2
                Эн|ечк|а 2, Эн|к|а 2, Эн|очк|а 3
Эн(наф|а) → Эн|а 2; Эн|ечк|а 3, Эн|к|а 3, Эн|очк|а 4
Э(н)наф|а → **Энаф|а** → Энаф|к|а 1 → Энаф|оч|к|а 1
                Энаф|онек|а 1, Энаф|очк|а 2
        Эн(аф|а) → Эн|а 3; Эн|ечк|а 4, Эн|к|а 4, Эн|очк|а 5
        Энаф|к|а 2, Энаф|онек|а 2, Энаф|очк|а 3
Енна́ф|а → *Эннаф|а 2*

Э́Р|А, ы, *ж* (*нов.*) [употребление нариц. сущ. в качестве личного имени].
    П р о и з в о д н ы е (2):
Эр|а → Эр|к|а, Эр|онек|а, Эр|очк|а

ЭСФИ́РЬ, и, *ж* [*др.-перс.* 'звезда'].

Эсфи́р|а, ы (*разг.*).

Есфи́рь, и (*стар.*).

П р о и з в о д н ы е (9):

Эсфирь 1 → Эсфир|к|а 1 → Эсфир*оч*|к|а 1

| Эсфир|очк|а 2, Эсфир|ушк|а 1

(Эс)фирь → **Фир|а 1** → Фир|к|а 1 → Фир*оч*|к|а 1

| | Фир|оньк|а 1, Фир|очк|а 2, Фир|ушк|а 1

| Фир|к|а 2, Фир|оньк|а 2, Фир|очк|а 3, Фир|ушк|а 2

Эсфир|а → Эсфир|к|а 2, Эсфир|очк|а 3, Эсфир|ушк|а 2

(Эс)фир|а → Фир|а 2; Фир|к|а 3, Фир|оньк|а 3, Фир|очк|а 4, Фир|ушк|а 3

Есфирь → Эсфирь 2

Ю

ЮЛИА́Н|А, ы, *ж* [*женск. к* Юлиан].
Улья́н|а, ы (*разг.*).
Иулиа́н|а, ы (*стар.*).

П р о и з в о д н ы е (43):

Юлиан|а 1 → Юлиан|к|а → Юлианоч|к|а 1
                    Юлиан|очк|а 2, Юлиан|ушк|а
Юл(иан|а) → **Юл|я** → Юль|к|а 1 → Юлеч|к|а 1
                Юл|еньк|а 1, Юл|ечк|а 2, Юл|юшк|а 1
              Ул|я 1 → Уль|к|а 1 →Улеч|к|а 1
                  Ул|еньк|а 1, Ул|ечк|а 2, Ул|юшк|а 1
            Ул|еньк|а 2, Ул|ечк|а 3, Уль|к|а 2, Ул|юшк|а 2
          Юл|еньк|а 2, Юл|ечк|а 3, Юль|к|а 2, Юл|юшк|а 2
        Ул|я 2; Ул|еньк|а 3, Ул|ечк|а 4, Уль|к|а 3, Ул|юшк|а 3
(Ю)лиан|а →**Лиан|а** → Лиан|к|а 1 → Лианоч|к|а 1, Лианч|ик 1
                Лиан|очк|а 2, Лиан|ушк|а 1, Лиан|чик 2
     Л(и)ан|а →**Лян|а 1** →Лян|к|а 1 → Ляноч|к|а 1
                Лян|очк|а 2, Лян|ушк|а 1
          (Л)ян|а → **Ян|а 1** → Ян|к|а 1 → Яноч|к|а 1
                   Ян|очк|а 2, Ян|ушк|а 1
                  Ан|а 1 →Ан|к|а 1 → Аноч|к|а 1
                       Ань|к|а 1 → Анеч|к|а 1
                       Ан|юш|а 1 →
                             Анюш|к|а
                       Ан|ечк|а 2,
                       Ан|очк|а 2,
                       А́н|юшк|а 1
                  Ан|я 1 → Ан|ечк|а 3, Ан|к|а 2,
                       Ан|очк|а 3,
                       Ань|к|а 2,
                       А́н|юшк|а 2

Ан|ечк|а 4, Ан|к|а 3,
Ан|очк|а 4, Ань|к|а 3,
А́н|юшк|а 3
Ян|к|а 2, Ян|очк|а 3, Ян|ушк|а 2
Ан|а 2, Ан|я 2; Ан|ечк|а 5, Ан|к|а 4,
Ан|очк|а 5, Ань|к|а 4, А́н|юшк|а 4
Лян|к|а 2, Лян|очк|а 3, Лян|ушк|а 2
(Ли)ан|а → Ан|а 3, Ан|я 3; Ан|ечк|а 6, Ан|к|а 5, Ан|очк|а 6,
Ань|к|а 5, Ан|юшк|а 5
Ян|а 2; Ян|к|а 3, Ян|очк|а 4, Ян|ушк|а 3
Лиан|к|а 2, Лиан|очк|а 3, Лиан|ушк|а 2, Лиан|чик 3
(Ю)л(и)ан|а → Лян|а 2; Лян|к|а 3, Лян|очк|а 4, Лян|ушк|а 3
(Юли)ан|а → Ан|а 4, Ан|я 4; Ан|ечк|а 7, Ан|к|а 6, Ан|очк|а 7, Ань|к|а 6,
Ан|юшк|а 6
Ян|а 3; Ян|к|а 4, Ян|очк|а 5, Ян|ушк|а 4
Ульян|а → Ульян|к|а 1, Ульян|ушк|а 1
Улья(н|а) → **Улья|х|а** → Ульяш|к|а 1 → Ульяш*еч*к|а 1
Ульяш|еньк|а 1, Ульяш|ечк|а 2
Ульяш|а 1 → Ульяш|еньк|а 2,
Ульяш|ечк|а 3,
Ульяш|к|а 2
Ул(ьян|а) → Ул|я 3; Ул|еньк|а 4, Ул|ечк|а 5, Уль|к|а 4,
Ул|юшк|а 4
(У)л(ь)ян|а → Лян|а 3; Лян|к|а 4, Лян|очк|а 5, Лян|ушк|а 4
(Уль)ян|а → Ян|а 4; Ян|к|а 5, Ян|очк|а 6, Ян|ушк|а 5
Ан|а 5, Ан|я 5; Ан|ечк|а 8, Ан|к|а 7, Ан|очк|а 8,
Ань|к|а 7, Ан|юшк|а 7
Ульяш|а 2; Ульяш|еньк|а 3, Ульяш|ечк|а 4,
Ульяш|к|а 3
Ульян|к|а 2, Ульян|ушк|а 2
Ульяш|а 3; Ульяш|еньк|а 4, Ульяш|ечк|а 5, Ульяш|к|а 4
Иулиан|а → *Юлиан|а* 2

ЮЛИА́НИ|Я (Юлиа́ни[й|а]), Юлиа́ни|и (Юлиа́ни[й|и]), *ж* ['Юлиева; Иули-
ева, Иулию принадлежащая'].
Улья́н|а, ы (*разг.*).
Иу́ли|я (Иу́ли[й|а]), Иу́ли|и (Иу́ли[й|и]) (*стар.*).
Иулиа́ни|я (Иулиа́ни[й|а]), Иулиа́ни|и (Иулиа́ни[й|и]) (*стар.*).
   П р о и з в о д н ы е (37):
Юлиани|я 1
Юлиан(и|я) → **Юлиан|а** → Юлиан|к|а 1 → Юлиан*оч*к|а 1
Юлиан|очк|а 2, Юлиан|ушк|а 1
Юл(иан|а) → **Юл|я 1** → Юль|к|а 1 → Юл*еч*к|а 1
Юл|еньк|а 1, Юл|ечк|а 2

Ул|я 1 → Ул|е|я (Ул|е[й|а]) →
                         Улей|к|а
        Уль|к|а 1 → Ул*еч*|к|а 1
        Ул|еньк|а 1, Ул|ечк|а 2,
        Ул|иш|а 1, Ул|юшк|а 1
      Ул|еньк|а 2, Ул|ечк|а 3,
      Ул|е|я 2 (Ул|е[й|а]), Ул|иш|а 2,
      Уль|к|а 2, Ул|юшк|а 2
    Юл|еньк|а 2, Юл|ечк|а 3, Юль|к|а 2
  *Ул|я 2; Ул|*еньк|а 3, Ул|ечк|а 4,
  Ул|е|я (Ул|е[й|а]), Ул|иш|а 2, Уль|к|а 3,
  Ул|юшк|а 3
(Ю)лиан|а → **Лиан|а 1** → Лиан|к|а 1 → Лиан*оч*|к|а 1
                  Лиан|очк|а 2, Лиан|ушк|а 1
    Л(и)ан|а → **Лян|а 1** → Лян|к|а 1 →
                        Лян*оч*|к|а 1
              Лян|очк|а 2,
              Лян|ушк|а 1
        (Л)ян|а → **Ян|а 1** → Ян|к|а 1 →
                          Ян*оч*|к|а 1
                        Ян|очк|а 2
                    Ан|я 1 →
                      Ань|к|а 1 →
                          Ан*еч*|к|а 1
                      Ан|ечк|а 2
                  Ан|ечк|а 3,
                  Ань|к|а 2
              Ян|к|а 2, Ян|очк|а 3
              *Ан|я 2; Ан|*ечк|а 4,
              Ань|к|а 3
        Лян|к|а 2, Лян|очк|а 3,
        Лян|ушк|а 2
    (Ли)ан|а → *Ан|я 3; Ан|*ечк|а 5, Ань|к|а 4
    *Ян|а 2; Ян|*к|а 3, Ян|очк|а 4
    Лиан|к|а 2, Лиан|очк|а 3, Лиан|ушк|а 2
(Юли)ан|а → *Ан|я 4; Ан|*ечк|а 6, Ань|к|а 5
  *Ян|а 3; Ян|*к|а 4, Ян|очк|а 5
  Ульян|а 1 → Ульян|к|а 1, Ульян|ушк|а 1
  Улья(н|а) → **Улья|х|а** → Ульяш|еньк|а 1,
                    Ульяш|ечк|а 1
                Ульяш|а 1 →
                      Ульяш|еньк|а 2,
                      Ульяш|ечк|а 2
  Ул(ьян|а) → *Ул|я 3; Ул|*еньк|а 4, Ул|ечк|а 5,

Ул|е|я 4 (Ул|е[й|а]), Ул|иш|а 4,
Уль|к|а 4, Ул|юшк|а 4

(*У*)л(*ь*)ян|а → Лян|а 2; Лян|к|а 3, Лян|очк|а 4,
Лян|ушк|а 3

(*Уль*)ян|а → Ян|а 4; Ян|к|а 5, Ян|очк|а 6

Ан|я 5; Ан|ечк|а 7, Ань|к|а 6
Ульяш|а 2; Ульяш|еньк|а 3,
Ульяш|ечк|а 3

Ульян|к|а 2, Ульян|ушк|а 2
Ульяш|а 3; Ульяш|еньк|а 4, Ульяш|ечк|а 4

Юлиан|к|а 2, Юлиан|очк|а 3, Юлиан|ушк|а 2

Ульян|а 2; Ульян|к|а 3, Ульян|ушк|а 3

Ульяш|а 4; Ульяш|еньк|а 5, Ульяш|ечк|а 5

Юл(иани|я) → Юл|я 2; Юл|еньк|а 3, Юл|ечк|а 4, Юль|к|а 3

Ул|я 4; Ул|еньк|а 5, Ул|ечк|а 6, Ул|е|я 5, Ул|иш|а 5,
Уль|к|а 5, Ул|юшк|а 5

(*Ю*)лиан(и|я) → Лиан|а 2; Лиан|к|а 3, Лиан|очк|а 4, Лиан|ушк|а 3

(*Ю*)л(и)ан(и|я) → Лян|а 3; Лян|к|а 4, Лян|очк|а 5, Лян|ушк|а 4

(*Юли*)ан(и|я) → Ан|я 6; Ан|ечк|а 8, Ань|к|а 7

Ян|а 5; Ян|к|а 6, Ян|очк|а 7

Иулиани|я → *Юлиани|я* 2

  Дни ангела и святые (Иулиания): 2 января — *святая*; 4 марта, 20 марта, 22 июня, 17 августа, 1 ноября, 21 декабря — *мученицы*; 6 июля, 21 декабря — *княгини*.

Ю́ЛИ|Я (Ю́ли[й|а]), Ю́ли|и (Ю́ли[й|и]), *ж* [*женск. к* Юлий].
Иу́ли|я (Иу́ли[й|а]), Иу́ли|и (Иу́ли[й|и]) (*стар.*).

  П р о и з в о д н ы е (18):

Юли|я 1

Юл(и|я) → **Юл|а** → Юл|к|а 1 → Юл|оч|к|а 1

Юль|к|а 1 → Юл|еч|к|а 1

Юл|юс|я 1 → Юлюсь|к|а → Юлюс|ечк|а 1
Юлюс|еньк|а, Юлюс|ечк|а 2

Юл|еньк|а 2, Юл|ечк|а 2, Юл|ёнок 1, Юл|ик 1,
Юл|очк|а 2, Юл|юшк|а 1

Ул|я 1 → Уль|к|а 1 → Ул|еч|к|а 1
Ул|еньк|а 1, Ул|ечк|а 2, Ул|юшк|а 1

Ул|еньк|а 2, Ул|ечк|а 3, Ул|юшк|а 2

Юл|я → Юл|еньк|а 2, Юл|ечк|а 3, Юл|ёнок 2, Юл|ик 2,
Юл|к|а 2, Юл|очк|а 3, Юль|к|а 2, Юл|юс|я 2,
Юл|юшк|а 2

Ул|я 2; Ул|еньк|а 3, Ул|ечк|а 4, Ул|юшк|а 3

Юл|еньк|а 3, Юл|ечк|а 4, Юл|ёнок 3, Юл|ик 3, Юл|к|а 3,
Юл|очк|а 4, Юль|к|а 3, Юл|юс|я 3, Юл|юшк|а 3

| Ул|я 3;   Ул|еньк|а 4,   Ул|ечк|а 5,   Ул|юшк|а 4

Иули|я → *Юли*|я 2

     Дни ангела и святые (Иулия): 18 мая, 16 июля — *мученицы.*

ЮНИ|Я (Ю́ни[й|а]), Ю́ни|и (Ю́ни[й|и]), *ж* [римское родовое имя; 'Юно-не — богине или Иунию принадлежащая'].

Иу́ни|я (Иу́ни[й|а]), Иу́ни|и (Иу́ни[й|и]) (*стар.*).

     П р о и з в о д н ы е (5):

Юни|я 1

Юн(и|я) → **Юн|а** → Юнь|к|а 1 → Юн*еч*|к|а 1

| Юн|ечк|а 2, Юн|к|а 1

         Юн|я → Юн|ечк|а 3, Юн|к|а 2, Юнь|к|а 2

         Юн|ечк|а 4, Юн|к|а 3, Юнь|к|а 3

Иуни|я → *Юни*|я 2

     День ангела и святая (Иуния): 17 мая — *святая.*

ЮНО́Н|А, ы, *ж* [*в античной мифологии*: Юнона — богиня брака и любви].

     П р о и з в о д н ы е (15):

Юнон|а → Юнон|к|а

Юн(он|а) → **Юн|а** → Юн|к|а 1

| Юн|к|а 2

(Ю)нон|а → **Нон|а** → Нон|к|а 1 → Нон*оч*|к|а 1

                Нон|ус|я 1 → Нонусь|к|а → Нонус*еч*|к|а 1

                  Нонус|еньк|а, Нонус|ечк|а 2

                Нонь|к|а 1 → Нон*еч*|к|а 1

                Нон|ечк|а 2, Нон|очк|а 2, Нон|ушк|а 1, Нон|юс|я 1

         Нон|я → Нон|ечк|а 3, Нон|к|а 2, Нон|очк|а 3, Нон|ус|я 2,

                Нон|ушк|а 2, Нонь|к|а 2, Нон|юс|я 2

         Нон|ечк|а 4, Нон|к|а 3, Нон|очк|а 4, Нон|ус|я 3; Нон|ушк|а 3,

         Нонь|к|а 3, Нон|юс|я 3

Ю́РИ|Я (Ю́ри[й|а]), Ю́ри|и (Ю́ри[й|и]), *ж* [женск к Юрий].

     П р о и з в о д н ы е (18):

Юри|я

Юр(и|я) → **Юр|а** → Юр|ан|я 1 → Юрань|к|а → Юран*еч*|к|а 1

                Юран|ечк|а 2

            Юр|ас|я 1 → Юрась|к|а → Юрас*еч*|к|а 1

                Юрас|еньк|а, Юрас|ечк|а 2

            Юр|ах|а 1 → Юра*ш*|к|а 1 → Юраш*еч*|к|а 1

                Юраш|еньк|а 1, Юраш|ечк|а 2

            Юр|аш|а 1 → Юраш|еньк|а 2, Юраш|ечк|а 3,

                Юраш|к|а 2

            Юр|к|а 1 → Юр*оч*|к|а 1

            Юр|ок 1 → Юр*оч*|ек 1

| Юр|оньк|а 1, Юр|очек 2, Юр|очк|а 2
        Юр|ан|я 2, Юр|ас|я 2, Юр|ах|а 2, Юр|аш|а 2, Юр|к|а 2,
        Юр|ок 2, Юр|оньк|а 2, Юр|очек 3, Юр|очк|а 3

ЮСТИ́Н|А, ы, *ж* [*женск. к* Юстин].
Усти́н|а, ы (*разг.*).
Усти́нь|я (Усти́нь[й|а]), Усти́ны|и (Усти́нь[й|и]) (*разг.*).
Усти́ни|я (Усти́ни[й|а]), Усти́ни|и (Усти́ни[й|и]) (*разг.*).
Иусти́н|а, ы (*стар.*).
    П р о и з в о д н ы е (34):
Юстин|а 1 → Юстин|к|а → Юстино́ч|к|а 1
                    Юстин|очк|а 2, Юстин|ушк|а
Юст(ин|а) → **Юст|а** → Юст|еньк|а 1, Юст|ечк|а 1, Юст|оньк|а 1,
                        Юст|очк|а 2, Юст|ушк|а 1, Юст|юшк|а 1
                    Усть|я 1 → Усть|к|а 1 → Усте́ч|к|а 1
                            Устю́|юн|я 1 → Устю́нь|к|а →
                                    | Устюне́ч|к|а 1
                                    | Устюн|ечк|а 2
                            Уст|ю́х|а 1 → Устю́ш|к|а 1 →
                                    | Устюше́ч|к|а 1
                                    | Устюш|еньк|а 1,
                                    | Устюш|ечк|а 2
                            Уст|ю́ш|а 1 → Устюш|еньк|а 2,
                                    | Устюш|ечк|а 3,
                                    | Устю́ш|к|а 2
                            Уст|еньк|а 1, Уст|ечк|а 2, У́ст|юшк|а 1
                        Уст|еньк|а 2, Уст|ечк|а 3, Усть|к|а 2, Устю́н|я 2,
                        Уст|юх|а 2, Уст|юш|а 2, У́ст|юшк|а 2
                    Юст|я → Юст|еньк|а 2, Юст|ечк|а 2, Юст|оньк|а 2,
                        | Юст|очк|а 2, Юст|ушк|а 2, Юст|юшк|а 2
                        Уст|я 2; Уст|еньк|а 3, Уст|ечк|а 4, Усть|к|а 3,
                        Устю́н|я 3, Уст|юх|а 3, Уст|юш|а 3, У́ст|юшк|а 3
                Юст|еньк|а 3, Юст|ечк|а 3, Юст|оньк|а 3, Юст|очк|а 3,
                Юст|ушк|а 3, Юст|ушк|а 3
                Усть|я 3; Уст|еньк|а 4, Уст|ечк|а 5, Усть|к|а 4, Устю́н|я 4,
                Уст|юх|а 4, Уст|юш|а 4, У́ст|юшк|а 4
(Юс)тин|а → **Тин|а 1** → Тин|к|а 1 → Тино́ч|к|а 1
                        | Тин|очк|а 2
                    Тин|к|а 2, Тин|очк|а 3
                    Устин|а → Устин|к|а 1 →Устино́ч|к|а 1
                        | Устинь|я (Устинь[й|а]) →
                        | Устинь|юшк|а 1 (Устинь[й|у]шк|а)
                        | Устин|очк|а 2, Устин|ушк|а 1, Устин|и|я 1,
                        | Устинь|к|а 1

Уст(ин|а) → Уст|я 4; Уст|еньк|а 5, Уст|ечк|а 6, Усть|к|а 5,
                   Уст|юн|я 5, Уст|юх|а 5, Уст|юш|а 5, Ýст|юшк|а 5
(*Ус*)тин|а → Тин|а 2; Тин|к|а 3, Тин|очк|а 4
Устин|я →Устин|и|я 2 (Устин|и[й|а]), Устин|к|а 2,
              Устин|очк|а 3, Устин|ушк|а 2, Устинь|к|а 2,
              Устинь|я 2 (Устинь[й|а])
Уст(ин|я) → Уст|я 5; Уст|еньк|а 6, Уст|ечк|а 7, Усть|к|а 6,
                   Уст|юн|я 6, Уст|юх|а 6, Уст|юш|а 6, Ýст|юшк|а 6
(*Ус*)тин|я → Тин|а 3; Тин|к|а 4, Тин|очк|а 5
Устин|и|я 3, *Устин*|к|а 3, *Устин*|очк|а 4, *Устин*|ушк|а 3,
Устинь|к|а 3, *Устинь*|я 3
Иустин|а → *Ю*стин|а 2
    День ангела и святая (Иустина): 2 октября — *мученица*.

Я

ЯДВИ́Г|А, и, ж [*польск.*].

П р о и з в о д н ы е (10):

Ядвиг|а

Яд(виг|а) → **Яд|я** → Ядь|к|а 1 → Яде*ч*|к|а 1
         | Яд|еньк|а 1, Яд|ечк|а 2
         Я(д|я) → **Я|н|я 1** → Янь|к|а → Яне*ч*|к|а 1
           | Ян|ечк|а 2
          Я|ш|а 1 → Яш|еньк|а, Яш|ечк|а
         Яд|еньк|а 2, Яд|ечк|а 3, Ядь|к|а 2
Я(двиг|а) → Я|н|я 2, Я|ш|а 2

ЯРОСЛА́В|А, ы, ж [*женск. к* Ярослав].

П р о и з в о д н ы е (13):

Ярослав|а → Ярослав|к|а, Ярослав|ушк|а
(Я)рос(лав|а) → **Рос|я** → Рось|к|а 1 → Росе*ч*|к|а 1
         | Рос|еньк|а 1, Рос|ечк|а 2
         Рос|еньк|а 2, Рос|ечк|а 3, Рось|к|а 2
(Яро)слав|а → **Слав|а** → Слав|к|а 1 → Слав*оч*|к|а 1
         | Слав|еньк|а 1, Слав|ик 1, Слав|оньк|а 1,
                   Слав|очк|а 2, Слав|ушк|а 1
         Слав|еньк|а 2, Слав|ик 2, Слав|к|а 2, Слав|оньк|а 2,
         Слав|очк|а 3, Слав|ушк|а 2

ПРИЛОЖЕНИЯ

Приложение 1

СКЛОНЕНИЕ И ПРАВОПИСАНИЕ ЛИЧНЫХ ИМЕН

1. СКЛОНЕНИЕ ЛИЧНЫХ ИМЕН

§1. Родовая принадлежность личных имен

В системе личных имен функционируют только два рода — мужской и женский. Основным морфологическим средством выражения родовых различий являются о к о н ч а н и я .

В русском языке по морфологическим признакам к мужскому роду относятся существительные на твердые согласные и на йот. Этому правилу подчиняются и личные имена. К мужскому роду относятся *Андрон, Борис, Влас, Захар, Изот, Лев, Маврикий, Николай, Федосей, Юлий* и т.п. Однако личные имена на твердые согласные имеются и среди слов женского рода. В непроизводных словах они единичны: *Эдит, Ирен* и т.п. Это в основном заимствования.

Большую группу личных имен женского рода на твердые согласные составляют производные слова: *Асик, Верунок, Верчик, Верунчик, Верусик, Инок, Иночек, Ирок, Лизок, Настёк, Насик, Никусик, Русик, Светик, Тасик, Тошик* и т.п.

Основы на мягкие согласные малочисленны как среди мужских (*Игорь, Лазарь*), так и среди женских личных имен (*Любовь, Нинель, Руфь, Эсфирь* и т.п.).

Наличие окончаний -а(-я) обычно относит личное имя к женскому роду. Подавляющее большинство женских имен имеет окончание -а(-я): *Августа, Авдотья, Агафья, Аглаида, Агнесса, Аграфена, Агриппина, Ада, Аделаида, Аделина, Аксинья, Акулина, Алина, Алиса, Алла, Беатриса, Белла, Вера, Виктория, Виолетта, Ирина, Нина, Ольга, Павла, Пелагея* и т.п.

В то же время слов на -а(-я) много среди мужских личных имен: *Вавила, Викула, Гаврила, Данила, Ермила, Никита, Савва, Фома* и т.п. Особенно характерны они для производных суффиксальных имен. В гнездах такие слова представлены огромными массивами:

Александр: *Алексашка, Алексашенька, Алексашечка, Алексюша, Алекса, Аля, Алька, Алечка, Леся, Саша, Сашка, Сашенька, Сашуля, Сашуленька,*

Сашулечка, Сашуня, Сашура, Шура, Шурочка, Шуренька, Шуруня, Шурка и т.п.

Алексей: *Алексеюшка, Леня, Ленька, Лёнечка, Лёша, Лёшка, Лёшенька, Лёшечка, Алёша, Алёшка, Алёшенька, Аля, Алюня, Люня, Люнька, Лёка, Лёкочка, Алёха, Алёня, Лёха, Ляля* и т.п.

Таким образом, формальные (морфологические) показатели не играют важной роли в распределении личных имен по родам. К мужскому роду они относятся прежде всего по значению. По этому же признаку распределяются по родам неизменяемые имена. Так, *Нелли* относится к женскому роду. Сюда же аналогичные заимствования: *Долли, Мари, Китти, Софи* и т.п.

§2. Склонение личных имен

Подавляющее большинство личных имен склоняется. К неизменяемым обычно относятся женские полные новые и заимствованные имена на твердый согласный (кроме шипящих): *Долорес, Ирен, Мадлен* и т.п.; отдельные м у ж с к и е и ж е н с к и е заимствованные имена с основой на ударные *-а́(-я́)*, а также на *-е, -и, -о, -ы* и *-а* после гласного: *Джамиле, Долли, Вано, Франсуа, Сулико* и т.п.

Основные типы склонения охватывают почти все мужские и женские личные имена. К ним относятся:

Склонение мужских имен с основой на твердые согласные

И	Ива́н	Мака́р	Па́вел	Петр	Лев
Р	Ива́н-а	Мака́р-а	Па́вл-а	Петр-а́	Льв-а
Д	Ива́н-у	Мака́р-у	Па́вл-у	Петр-у́	Льв-у
В	Ива́н-а	Мака́р-а	Па́вл-а	Петр-а́	Льв-а
Т	Ива́н-ом	Мака́р-ом	Па́вл-ом	Петр-о́м	Льв-ом
П	(об)Ива́н-е	(о)Мака́р-е	(о)Па́вл-е	(о)Петр-е́	(о)Льв-е

Склонение мужских имен на мягкие согласные и йот

И	Игорь	Ла́зарь	Иса́й	Серге́й	Ани́сий
Р	И́гор-я	Ла́зар-я	Иса́-я	Серге́-я	Ани́си-я
Д	И́гор-ю	Ла́зар-ю	Иса́-ю	Серге́-ю	Ани́си-ю
В	И́гор-я	Ла́зар-я	Иса́-я	Серге́-я	Ани́си-я
Т	И́гор-ем	Ла́зар-ем	Иса́-ем	Серге́-ем	Ани́си-ем
П	(об)И́гор-е	(о)Ла́зар-е	(об)Иса́-е	(о)Серге́-е	(об)Ани́си-и

П р и м е ч а н и е : Звук йот во всех косвенных падежах не исчезает, а передается с помощью букв *е, ю, я:* (об)Иса-е [й+э], Иса-я[й+а], Иса-ю[й+у].

Склонение мужских имен на -о

И	Дани́л-о	Дани́л-о	Гаври́л-о	Гаври́л-о

	(Дани́л-а)		(Гаври́л-а)	
Р	Дани́л-а	Дани́л-ы	Гаври́л-а	Гаври́л-ы
Д	Дани́л-у	Дани́л-е	Гаври́л-у	Гаври́л-е
В	Дани́л-а	Дани́л-у	Гаври́л-а	Гаври́л-у
Т	Дани́л-ом	Дани́л-ой	Гаври́л-ом	Гаври́л-ой
П	(о)Дани́л-е	(о)Дани́л-е	(о)Гаври́л-е	(о)Гаври́л-е

Личные имена на *-о* склоняются двояко: как нарицательные слова среднего рада (*озеро*) и как нарицательные слова женского рода (*зима*).

Склонение мужских и женских личных имен на -а(-я)

И	Са́вв-а	Иль-я́	Еле́н-а	Мари́-я	Да́рь-я
Р	Са́вв-ы	Иль-и́	Еле́н-ы	Мари́-и	Да́рь-и
Д	Са́вв-е	Иль-е́	Еле́н-е	Мари́-и	Да́рь-е
В	Са́вв-у	Иль-ю́	Еле́н-у	Мари́-ю	Да́рь-ю
Т	Са́вв-ой	Иль-е́й	Еле́н-ой	Мари́-ей	Да́рь-ей
П	(о)Са́вв-е	(об)Иль-е́	(о)Еле́н-е	(о)Мари́-и	(о)Да́рь-е

Сюда же: Май-я, Май-и, (к)Май-е, Май-ю, Май-ей, (о)Май-е; Ра-я, Ра-и, (к)Ра-е, Ра-ю, Ра-ей, (о)Ра-е. *Лия* и *Ия* склоняются, как *Мария*.

Склонение женских личных имен на мягкий согласный

И	Любо́вь	Нине́ль	Эсфи́рь	Юди́фь
Р	Любо́в-и	Нине́л-и	Эсфи́р-и	Юди́ф-и
Д	Любо́в-и	Нине́л-и	Эсфи́р-и	Юди́ф-и
В	Любо́вь	Нине́ль	Эсфи́рь	Юди́фь
Т	Любо́вь-ю	Нине́ль-ю	Эсфи́рь-ю	Юди́фь-ю
П	(о)Любо́в-и	(о)Нине́л-и	(об)Эсфи́р-и	(о)Юди́ф-и

П р и м е ч а н и е : В отличие от склонения нарицательного имени *любовь* при склонении женского личного имени *Любовь* в Р, Д, П падежах подударный звук *о* не выпадает.

Склонение женских личных имен на твердый согласный

И	Све́тик	На́стик	Веру́нчик	Лизо́чек
Р	Све́тик-а	На́стик-а	Веру́нчик-а	Лизо́чк-а
Д	Све́тик-у	На́стик-у	Веру́нчик-у	Лизо́чк-у
В	Све́тик-а	На́стик-а	Веру́нчик-а	Лизо́чк-а
Т	Све́тик-ом	На́стик-ом	Веру́нчик-ом	Лизо́чк-ом
П	(о)Све́тик-е	(о)На́стик-е	(о)Веру́нчик-е	(о)Лизо́чк-е

Примечание: Женские имена на твердый согласный склоняются, как мужские имена с такими согласными (*Андроник, Антон, Исак* и т.п.)

II. ПРАВОПИСАНИЕ ЛИЧНЫХ ИМЕН

Трудности правописания личных имен связаны с окончаниями некоторых типов слов и с отдельными суффиксами. В разделе, посвященном склонению личных имен, о таких окончаниях уже говорилось. Здесь же приведены лишь правила правописания суффиксов. Они касаются двух пар суффиксов: **-ичк-** и **-ечк-**, **-оньк-** и **-еньк-**.

Суффиксы **-ичк-** и **-ечк-**

1. Комплекс **-ичк-** является сочетанием двух суффиксов: **-иц-** (с чередованием *ц/ч*) и **-к-**. Например: луков/и**ц**(а) → лукови**ч**+**к**+а; жиж/и**ц**(а) → жижи**ч**+**к**+а; умн/и**ц**(а) → умн/**ич**+к+а.

2. В остальных случаях пишется суффикс **-ечк-**: утр(о) → утр+**ечк**+о; сит(о) → сит+**ечк**+о. В словах на **-мя**: врем(я) → врем+**ечк**+о; сем(я) → сем+**ечк**+о; в словах с двумя суффиксами -к- + -к-, которые последовательно присоединяются к производящей основе: окн(о) → окош+**к**+о → окош**еч**+к+о; печь → печ+**к**+а → печ**еч**+к+а (окош/ечк/о, печ/ечк/а). Слова типа *бедняжечка* и *бумажечка* могут рассматриваться двояко: бедн(ый) → бедн+**яг**(а) → бедняж+**ечк**+а и бедн(ый) → бедн+**яг**(а) → бедняж+**к**(а) → бедняж**еч**+к+а; бумаг(а) → бумаж+**ечк**+а и бумаг(а) → бумаж+**к**(а) → бумаж**еч**+к+а. Значит, в русском языке сосуществуют суффикс -**ечк**- и сочетание двух суффиксов +**к**+**к**+(-еч+к-).

Во всех личных именах с ласкательным значением пишется только -**ечк**-: *Ванечка, Колечка; Анечка, Зоечка, Иечка, Маечка, Олечка, Юлечка.*

Суффикс -оньк-/-еньк-

1. Вариант **-оньк-** пишется после твердых согласных: Вер(а) → Вер+**оньк**+а; Лиз(а) → Лиз+**оньк**+а; Дик → Дик+**оньк**+а; Вадим → Вадим+**оньк**+а; Валер(а) → Валер+**оньк**+а и т.п.

2. Вариант **-еньк-** пишется после мягких согласных и шипящих Зо(я) → Зо+**еньк**+а; Кат(я) → Кат+**еньк**+а; Кол(я) → Кол+**еньк**+а; Ли(я) → Ли+**еньк**+а; Марф(а) → Марф+**еньк**+а; Миш(а) → Миш+**еньк**+а; Ол(я) → Ол+**еньк**+а; Пет(я) → Пет+**еньк**+а; Сереж(а) → Сереж+**еньк**+а; Саш(а) → Саш+**еньк**+а и т.п.

Примечание: В художественных произведениях XIX в. и в устном народном творчестве встречаются формы с суффиксами **-иньк-/-ыньк-, -аньк-**: *Марфинька, Зоинька, Петинька, Верынька, Лизанька* и т.п. Такое написание не отвечает нормам современной орфографии и является ныне ошибочным.

Приложение 2

ОБРАЗОВАНИЕ, СКЛОНЕНИЕ, УПОТРЕБЛЕНИЕ ОТЧЕСТВ

I. Образование отчеств

Русский язык обладает специальными суффиксами для образования мужских и женских отчеств. Все отчества образуются только на базе производящих основ мужских личных имен.

М у ж с к и е о т ч е с т в а образуются с помощью суффикса **-ич** и его вариантов (разновидностей) **-ович/-евич**. В современном русском литературном языке является продуктивным лишь **-ович/-евич**.

Вариант **-ович** присоединяется к основам на т в е р д ы е согласные:

Алекса́ндр — Алекса́ндр+**ович**	Заха́р — Заха́р+**ович**
Андриа́н — Андриа́н+**ович**	Ива́н — Ива́н+**ович**
Анто́н — Анто́н+**ович**	Ио́сиф — Ио́сиф+**ович**
Бори́с — Бори́с+**ович**	Ипа́т — Ипа́т+**ович**
Виссарио́н — Виссарио́н+**ович**	Кири́лл — Кири́лл+**ович**

Однокоренные *Гавриил, Гаврил, Гаврила, Гаврило* и *Даниил, Данил, Данила, Данило* и т.п. ряды слов образуют отчества с помощью суффикса **-ович**, который, сочетаясь с производящими основами, сохраняет их без изменений:

Гаврии́л — Гаврии́л+**ович**	Дании́л — Дании́л+**ович**
Гаври́л — Гаври́л+**ович**	Дани́л — Дани́л+**ович**
Гаври́л(а) — Гаври́л+**ович**	Дани́л(а) — Дани́л+**ович**
Гаври́л(о) — Гаври́л+**ович**	Дани́л(о) — Дани́л+**ович**

Иногда сочетание суффикса **-ович** с производящей основой вызывает морфологические изменения:
Ле*в* — Льв+**о́вич**   Па́*вел* — Па́вл+**ович**

В сравнительно немногочисленных случаях при образовании отчеств используется самый старый — базовый — вариант суффикса — **-ич** (давший жизнь более поздней его разновидночти **-ович/-евич**):

Иль(я) — Иль+**и́ч**	Пров — Про́в+**ич**
Ио́н(а) — Ио́н+**ич**	Са́вв(а) — Са́вв+**ич**

Кузьм(а) — Кузьм+**ич**   Си́л(а) — Си́л+**ич**
Лук(а) — Лук+**ич**   Фо́к(а) — Фо́к+**ич**
Ми́н(а) — Ми́н+**ич**   Фом(а́) — Фом+**ич**
Ники́т(а) — Ники́т+**ич**

Среди отчеств немало параллельных образований с вариантами -**ич** и
-**ович**. Такие варианты регулярно образуются от сложных основ на -**слав**:

Болесла́в — Болесла́в+**ович** и Болесла́в+**ич**
Венцесла́в — Венцесла́в+**ович** и Венцесла́в+**ич**
Владисла́в — Владисла́в+**ович** и Владисла́в+**ич**
Вячесла́в — Вячесла́в+**ович** и Вячесла́в+**ич**
Мстисла́в — Мстисла́в+**ович** и Мстисла́в+**ич**
Ростисла́в — Ростисла́в+**ович** и Ростисла́в+**ич**
Святосла́в — Святосла́в+**ович** и Святосла́в+**ич**
Станисла́в — Станисла́в+**ович** и Станисла́в+**ич**
Яросла́в — Яросла́в+**ович** и Яросла́в+**ич**

В современном русском языке наблюдается ясно выраженная тенден-
ция к стилистической дифференцации отчеств на -**ович/-евич** и -**ич/-ыч**:
производные на -**ович** выступают как литературные, а образования на -
ич(-ыч) при них являются разговорными. Например:

Богда́н — Богда́н+**ович** и Богда́н+**ыч** (*разг.*)
Гера́сим — Гера́сим+**ович** и Гера́сим+**ыч** (*разг.*)
Дави́д — Дави́д+**ович** и Дави́д+**ыч** (*разг.*)
Дорофе́й — Дорофе́+**евич** и Дорофе́+**ич** (*разг.*)
Евге́ний — Евге́нь+**евич** и Евге́нь+**ич** (*разг.*)
Евдоки́м — Евдоки́м+**ович** и Евдоки́м+**ыч** (*разг.*)
Емелья́н — Емелья́н+**ович** и Емелья́н+**ыч** (*разг.*)

Орфографический вариант -**евич** присоединяется:
а) к основам на мягкие согласные:

Ла́зарь — Ла́зар+**евич**   Игорь — Игор+**евич**
Виль — Ви́ль+**евич**   Из(я) — Из+**евич** и др.;

б) к основам на йот:

Авде́й — Авде́+**евич**   Май — Ма́+**евич**
Аве́ркий — Аве́рки+**евич**   Матве́й — Матве́+**евич**
Алексе́й — Алексе́+**евич**   Мина́й — Мина́+**евич**
Андре́й — Андре́+**евич**   Михе́й — Михе́+**евич**
Арка́дий — Арка́ди+**евич**   Патрике́й — Патрике́+**евич**
Варфоломе́й — Варфоломе́+**евич**   Проко́фий — Проко́фь+**евич**
Горде́й — Горде́+**евич**   Савватей — Савватé+**евич**
Ерофе́й — Ерофе́+**евич**   Серге́й — Серге́+**евич**
Иса́й — Иса́+**евич**   Тимофе́й — Тимофе́+**евич**

При этом йот не усекается, он орфографически выражается с помощью е[й+э]: Авде́[й+э]вич, Алексе́[й+э]вич, Мина́[й+э]вич.

Ср.: Авде+*е*вич, Алексе+*е*вич, Мина+*е*вич.

От основ на **-ий** отчества образуются, как правило, двояко: без усечения **и** и путем усечения **и**. Ср.:

Дени́сий — Дени́си[й+э]**вич**=Денис*и*+**евич** и
                Дени́[с'й+э]**вич**=Дени́сь+**евич**
Евла́мпий — Евла́мпи[й+э]**вич**=Евла́мп*и*+**евич** и
                Евла́м[п'й+э]**вич**=Евла́мпь+**евич** и т.п.

Но только Авдий — Авди+**евич**, Аникий — Аники+**евич** и т.п.

Вариантами отчеств обладает огромный массив слов на **-ий**:

Авксе́нтий — Авксе́нти+**евич** и Авксе́нть+**евич**
Ага́пий — Ага́пи+**евич** и Ага́пь+**евич**
Аза́рий — Аза́ри+**евич** и Аза́рь+**евич**
Аки́нфий — Аки́нфи+**евич** и Аки́нфь+**евич**
Аксе́нтий — Аксе́нти+**евич** и Аксе́нть+**евич**
Амвро́сий — Амвро́си+**евич** и Амвро́сь+**евич**
Ана́ний — Ана́ни+**евич** и Ана́нь+**евич**
Анаста́сий — Анаста́си+**евич** и Анаста́сь+**евич**
Андро́ний — Андро́ни+**евич** и Андро́нь+**евич**
Ани́сий — Ани́си+**евич** и Ани́сь+**евич**
Анти́пий — Анти́пи+**евич** и Анти́пь+**евич**
Антро́пий — Антро́пи+**евич** и Антро́пь+**евич**
Аполлина́рий — Аполлина́ри+**евич** и Аполлина́рь+**евич**
Аре́фий — Аре́фи+**евич** и Аре́фь+**евич**
Арка́дий — Арка́ди+**евич** и Арка́дь+**евич**
Арсе́ний — Арсе́ни+**евич** и Арсе́нь+**евич** и т.п.

Это далеко не полный список слов на букву А. Слова на **-ий** широко представлены в составе мужских имен.

Ж е н с к и е отчества образуются с помощью суффикса **-н--**, который присоединяется к основам мужских отчеств на **-ич** (без предшествующих элементов **-ов-/-ев-**):

Вави́л(а) — Вави́л+**ич** — Вави́л+ич+**н**+а
Вакýл(а) — Вакýл+**ич** — Вакýл+ич+**н**+а
Ерми́л(а) — Ерми́л+**ич** — Ерми́л+ич+**н**+а
Зоси́м(а) — Зоси́м+**ич** — Зоси́м+ич+**н**+а
Ио́н(а) — Ио́н+**ич** — Ио́н+ич+**н**+а
Ми́н(а) — Ми́н+**ич** — Ми́н+ич+**н**+а
Ники́т(а) — Ники́т+**ич** — Ники́т+ич+**н**+а
Са́вв(а) — Са́вв+**ич** — Са́вв+ич+**н**+а

Си́л(а) — Си́л+**ич** — Си́л+ич+**н**+а
Фо́к(а) — Фо́к+**ич** — Фо́к+ич+**н**+а.

В некоторых случаях при образовании женских отчеств перед суффиксом -**ич** вставляется интерфикс -**ин**-:

Иль(я) — Иль+**ич** — Иль+**ин**+ич+**н**+а
Кузьм(а) — Кузьм+**и́ч** — Кузьм+**и́н**+ич+**н**+а
Лук(а) — Лук+**и́ч** — Лук+**и́н**+ич+**н**+а
Фом(а) — Фом+**и́ч** -Фом+**и́н**+ич+**н**+а

Ударение падает на интерфикс -**и́н**-.

К основам на -*слав* суффиксы, образующие мужские и женские отчества, присоединяются параллельно, независимо друг от друга:

Болесла́в — Болесла́в+**ич** и Болесла́в+**н**+а
Венцесла́в — Венцесла́в+**ич** и Венцесла́в+**н**+а.
Владисла́в — Владисла́в+**ич** и Владисла́в+**н**+а
Вячесла́в — Вячесла́в+**ич** и Вячесла́в+**н**+а
Станисла́в — Станисла́в+**ич** и Станисла́в+**н**+а
Яросла́в — Яросла́в+**ич** и Яросла́в+**н**+а
Сюда же: Пров — Про́в+**ич** и Про́в+**н**+а.

В большинстве случаях женские отчества образуются с помощью вариантов суффикса -**овн**(а)/-**евн**(а):

Ага́п — Ага́п+**овн**+а   Игорь — Игор+**евн**+а
Аки́м — Аки́м+**овн**+а   Ла́зарь — Ла́зор+**евн**+а
Амо́с — Амо́с+**овн**+а   Дми́трий — Дми́три+**евн**+а

От слов на -**ий** женские отчества (как и мужские) образуются двояко — с сохранением **и**, а также без **и**:

Вале́рий — Вале́ри+**евн**+а и Вале́рь+**евн**+а
Вике́нтий — Вике́нти+**евн**+а и Вике́нть+**евн**+а
Евфи́мий — Евфи́ми+**евн**+а и Евфи́мь+**евн**+а
Игна́тий — Игна́ти+**евн**+а и Игна́ть+**евн**+а

II. Склонение отчеств

Отчества типа *Кузьмич, Иванович, Васильевич* склоняются, как нарицательные имена на -ч — *врач, ткач, палач* и т.п.:

И	Кузьми́ч	Ива́нович	Васи́льевич
Р	Кузьмич-*а́*	Ива́нович-*а*	Васи́льевич-*а*
Д	Кузьмич-*у́*	Ива́нович-*у*	Васи́льевич-*у*
В	Кузьмич-*а́*	Ива́нович-*а*	Васи́льевич-*а*
Т	Кузьмич-*о́м*	Ива́нович-*ем*	Васи́льевич-*ем*
П	(о)Кузьмич-*е́*	(об)Ива́нович-*е*	(о)Васи́льевич-*е*

Женские отчества склоняются, как нарицательные имена женского рада на -*а*:

И	Кузьми́ничн-*а*	Ива́новн-*а*	Васи́льевн-*а*
Р	Кузьми́ничн-*ы*	Ива́новн-*ы*	Васи́льевн-*ы*
Д	Кузьми́ничн-*е*	Ива́новн-*е*	Васи́льевн-*е*
В	Кузьми́ничн-*у*	Ива́новн-*у*	Васи́льевн-*у*
Т	Кузьми́ничн-*ой*	Ива́новн-*ой*	Васи́льевн-*ой*
П	(о)Кузьми́ничн-*е*	(об)Ива́новн-*е*	(о)Васи́льевн-*е*

В сочетании имени с отчеством одновременно склоняются оба компонента:

И	Алекса́ндр	Никола́евич	Алекса́ндр-*а*	Никола́евн-*а*
Р	Алекса́ндр-*а*	Никола́евич-*а*	Алекса́ндр-*ы*	Никола́евн-*ы*
Д	Алекса́ндр-*у*	Никола́евич-*у*	Алекса́ндр-*е*	Никола́евн-*е*
В	Алекса́ндр-*а*	Никола́евич-*а*	Алекса́ндр-*у*	Никола́евн-*у*
Т	Алекса́ндр-*ом*	Никола́евич-*ем*	Алекса́ндр-*ой*	Никола́евн-*ой*
П	(об)Алекса́ндр-*е* Никола́евич-*е*		(об)Алекса́ндр-*е* Никола́евн-*е*	

Случаи несклонения первого компонента (имени), встречающиеся в разговорном языке, следует рассматривать как нарушение норм литературного языка.

III. Употребление отчеств

Имена и отчества чаще всего употребляются в устной разговорной речи. Отчества, имеющие в своем составе сочетания *ее, ае, ов, ев,* произносятся в ней стяженно:

Алексевна вм. *Алексеевна, Николавна* вм. *Николаевна, Макарыч* вм. *Макарович, Мироныч* вм. *Миронович, Пантелеич* вм. *Пантелеевич, Пантелевна* вм. *Пантелеевна* и т.п.

Аналогичные явления происходят также при совместном употреблении имен с отчествами: *Пал-Палч* (вм. Павел Павлович), *Михал-Максимыч* (вм. Михаил Максимович), *Алексан-Николаич* (вм. Александр Николаевич) и т.п.

Такое употребление имен и отчеств в литературной речи недопустимо.

ИМЕНИННЫЙ КАЛЕНДАРЬ

При каждой дате в календаре дается алфавитный список имен, носители которых в этот день имеют право праздновать именины.

1. Сведения о святых даны по книге И. Бухарева "Жития всех святых..." (см. список литературы). В этом труде сведения приводятся в основной части книги по датам от 1 января по 31 декабря и в Приложении по алфавиту имен. Данные о святых в этих частях книги иногда не совпадают: Антонин (в тексте — 7 июня, в Приложении этой даты нет), Борис (в Приложении указана дата 5 сентября, в тексте под 5 сентября нет сведений о святом Борисе), Косьма (в тексте 17 февраля, в Приложении — 17 января и т.д. В подобных случаях мы ориентировались на данные, приведенные в основной части "Житий.." Данные "Житий..." уточнены по "Православному церковному календарю". Даты празднования дней святых, приведенные в названных трудах, иногда по разным причинам не совпадают. В таких случаях в нашем Приложении приводятся оба варианта.

2. Один святой может иметь два имени: одно — мирское, другое — в схиме. В этом случае одно из имен приводится в скобках: Александр Невский (в схиме Алексий). День, посвященный такому святому, является днем ангела для людей, носящих и одно, и другое имя. Следовательно, в приведенном примере 30 августа является днем ангела и для человека, носящего имя Александр, и для человека, носящего имя Алексей.

3. В нашем Приложении даты приводятся по старому стилю, а в скобках даются даты по новому стилю.

4. Имена под каждой датой располагаются следующим образом: сначала приводятся мужские имена в алфавитном порядке, потом, после точки с запятой, женские, тоже в алфавитном порядке.

5. Приводим список слов, встречающихся в Приложении и требующих, на наш взгляд, пояснений:

апостол — каждый из учеников Христа, посланных им для проповеди своего учения (по евангельскому преданию);

архидиакон — старший диакон из служащих при митрополите;

архиепископ — духовное звание, среднее между епископом и митрополитом, а также лицо, носящее это звание;

архиерей — общее название высших чинов духовенства православной церкви (епископа, архиепископа, митрополита, патриарха);

архимандрит — титул настоятеля большого или особо древнего монастыря, а также высшее звание монашествующего лица;

дьякон (диакон) — священнослужитель, имеющий первую степень священства (низшую, чем священник), помощник священника при совершении церковной службы;

епископ — высшая степень священства в христианской церкви, а также лицо, имеющее эту степень; архиерей;

игумен — настоятель мужского монастыря;

инок — монах;

мироносица — женщина, принесшая, согласно евангельскому преданию, миро для помазания тела Христа по снятии его с креста;

митрополит — титул некоторых епископов православной церкви, управляющих особо древними или обширными епархиями, а также лицо, носящее этот титул;

мученик — канонизированный христианской церковью святой, подвергшийся мучениям за веру;

патриарх — титул духовного лица в православной церкви, обладающего высшей церковной властью, а также лицо, носящее этот титул;

праведный — строго соблюдающий правила религиозной морали; благочестивый;

преподобный — в православной церкви — эпитет "святых" из монахов, обозначающий: праведный, святой;

пресвитер — священник;

пророк — провозвестник и истолкователь воли Бога (по воззрениям различных религий);

протодиакон — дьякон высшего чина;

равноапостольный — эпитет святого, признаваемого христианской церковью равным по значению апостолам (в распространении христианства);

святитель — 1) торжественное название высших лиц в церковной иерархии, архиереев; 2) святой;

схима — высшая монашеская степень в православной церкви, требующая от посвященного в нее строгого аскетизма;

чудотворец — святой, якобы обладающий даром совершать, творить чудеса ;

юродивый — блаженный, аскет-безумец или принявший вид безумца, обладающий, по мнению религиозных людей, даром прорицания.

б. Приводим также список ряда имен, поиск которых в Приложении может быть затруднен в связи с разницей в современном русском и церковном написании:

совреm. — церк.   совреm. — церк.

МУЖСКИЕ ИМЕНА

Аникий — Иоанникий
Аникита — Ианикита
Дементий — Дометий
Демьян — Дамиан
Еремей — Иеремия
Ерофей — Иерофей
Ефросин — Евфросин
Зенон — Зинон
Иаким — Иоаким
Иван — Иоанн
Измаил — Исмаил
Изот — Зот
Изот — Зотик
Иосаф — Иоасаф
Касьян — Кассиан
Кондратий — Кодрат
Кузьма — Косьма
Никита — Ианикита
Самсон — Сампсон
Соломон — Саламон

Фёдор — Феодор
Федот — Феодот
Феоген — Феноген
Флор — Флёр
Цезарь — Кесарий
Целестин — Келестин
Элим — Елима
Эмилиан — Емелиан
Эмилий — Емилий
Эммануил — Еммануил
Эраст — Ераст
Ювеналий — Иувеналий
Юлиан — Иулиан
Юлий — Иулий
Юрий — Георгий
Юст — Иуст
Юстин — Иустин
Юстиниан — Иустиниан
Яков — Иаков

ЖЕНСКИЕ ИМЕНА

Ефимия — Евфимия
Ефросинья — Евфросиния
Иванна — Иоанна
Прасковья — Параскева
Сусанна — Сосанна, Шушаника
Хиония — Фиония

Цецилия — Кикилия
Эмилия — Емилия
Юлиания — Иулиания
Юлия — Иулия
Юния — Иуния
Юстина — Иустина

ЯНВАРЬ

1 января (14 января): мученик Василий, святитель Василий, святой Григорий, святой Петр, святой Феодосий, святой Феодот; святая Емилия

2 января (15 января): святой Исидор, святой Косьма, святой Марк, святой Модест, святой Петр, преподобный Серафим Саровский, преподобный Сильвестр Печерский, святитель Сильвестр — папа или патриарх в Риме; праведная Иулиания Муровская [или Лазаревская], святая Феодотия

3 января (16 января): мученик Гордий, пророк Малахия; святая Ирина, святая Павла

4 января (17 января): святой Артемий, святой Афанасий мученик, святой Варнава, святой Евстафий, святитель Евстратий 1 — архиепископ Сербсний, преподобный Евфимий, мученик Зосима, преподобный Феоктист, собор апостолов: Анания, Андроник, Аполлос, Архип, Аристарх, Дионисий, Ераст, Ермий, Иаков, Иосиф [называемый Варнавою или Иустом], Карп, Климент, Кодрат, Лин, Лука, Лукий, Марк, Марк (он же Иоанн), Наркисс, Никанор, Онисим, Онисифор, Пармен, Прохор, Родион, Руф, Силуан, Симеон, Сосипатр, Стахий, Стефан, Тимофей, Тит, Трофим, Фаддей, Филимон, Филипп, Флегонт; святая Евфимия

5 января (18 января): преподобный Григорий Критский, святой Лукиан, пророк Михей, святой Роман, святой Фома; преподобная Аполлинария, святая Татиана

6 января (19 января): сочельник

7 января (20 января): святой Афанасий, собор святого Иоанна Крестителя, преподобный Пахомий Кенский

8 января (21 января): мученик Анастасий, мученик Антоний, преподобный Георгий Хозевит, преподобный Григорий, святой Евгений, преподобный Емилиан Исповедник, святой Изот, преподобный Илия, священномученик Исидор, мученик Иулиан, мученик Феофил; мученица Василисса, мученица Марионилла

9 января (22 января): преподобный Евстратий, святой Захарий, святой Никандр, святой Пантелеимон, святитель Петр — епископ Севастийский, святитель Филипп — митрополит Московский; святая Антонина

10 января (23 января): Григорий — епископ Нисский, преподобный Макарий Писемский, преподобный Маркиан, преподобный Павел Обнорский и Комельсний, святитель Феофан

11 января (24 января): святой Агапий, преподобный Михаил Клопский, святой Стефан, святой Терентий, святой Феодор, преподобный Феодосий Антиохийский, преподобный Феодосий Великий

12 января (25 января): преподобный Галактион, святой Макар, преподобный Мартиниан, мученик Петр, святитель Савва — архиепископ Сербский; преподобная Евпраксия, мученица Татиана

13 января (26 января): святой Афанасий, преподобный Елеазар Анзерский, мученик Ермил, преподобный Иаков — епископ в Нисивии [Низибии], святой Максим, святой Никифор, святой Никодим, святой Пахомий, мученик Петр

14 января (27 января): преподобный Адам, святой Андрей, святой Аристарх, преподобный Вениамин, святой Давид, святой Домн, преподобный Евсевий, преподобный Иеремия, преподобный Илия, преподобный Иосиф, преподобный Ипатий, преподобный Исаак, преподобный Исаия, преподобный Макарий, преподобный Марк, святой Маркелл, преподобный Моисей, преподобный Павел, преподобный Прокл, преподобный Савва, преподобный Сергий, преподобный Стефан; святая Агния, равноапостольная Нина — просветительница Грузии

15 января (28 января) : святой Варлаам, преподобный Гавриил, преподобный Иоанн Кущник, преподобный Павел Фивейский, преподобный Прохор; святая Елена

16 января (29 января) : святой Варсонофий, блаженный Максим Тотемский, апостол Петр; мученица Леонилла

17 января (30 января): преподобный Антоний Великий, преподобный Антоний Дымский, преподобный Антоний — основатель пустыни на Черных озерах, святой Георгий, святой Иоанн, святой Феодосий; святая Антонина

18 января (31 января) : святитель Афанасий — архиепископ Александрийский, святой Димитрий, святой Емелиан, святой Ефрем, святой Илларион, святой Кириак, святитель Кирилл — архиепископ Александрийский, святой Максим, преподобный Маркиан; святая Ксения, святая Феодосия

19 января (1 февраля): преподобный Антоний, святитель Арсений — архиепископ Керкирский, святой Григорий, преподобный Макарий Александрийский, преподобный Макарий Египетский Великий, преподобный Макарий Печерский, преподобный Марк — архиепископ Ефесский, преподобный Савва Звенигородский, блаженный Феодор в Новгороде; святая Феодосия

20 января (2 февраля): мученик Евсевий, мученик Евтихий, преподобный Евфимий Великий в Милитине, святой Захарий, святой Лев

21 января (3 февраля): мученик Анастасий, мученик Валериан, мученик Евгений, святой Иоанн, преподобный Максим Грек, преподобный Максим Исповедник, святой Феодосий; мученица Агния

22 января (4 февраля): святой Агафон, святой Анания, преподобномученик Анастасий Персянин, Анастасий из Киево-Печерской лавры, мученик Гавриил, мученик Георгий, мученик Иоанн, святой Иосиф, мученик Леонт, мученик Леонтий, преподобный Макарий, мученик Мануил, мученик Петр, апостол Тимофей

23 января (5 февраля): преподобный Геннадий Костромской, святой Евсевий, священномученик Климент — епископ в Анкире, преподобный Максим, преподобный Саламан Молчальник, святой Феодор, святитель Феоктист — архиепископ Новгородский

24 января (6 февраля) : мученик Агапий, мученик Анастасий Персянин, мученик Вавила, святитель Герасим, святой Дионисий, мученик Иоанн Казанский, преподобный Македоний — сирийский пустынник, святой Павел, мученик Тимофей; преподобная Ксения [в миру Евсевия]

25 января (7 февраля): святой Авксентий, мученик Александр , святой Аполлос, мученик Виталий, святитель Григорий Богослов — архиепископ в Константинополе, святой Димитрий, святитель Моисей — архиепископ в Новгороде, мученик Сильвиан, мученик Феликс, мученик Филипп; мученица Фелицата

26 января (8 февраля): мученик Анания, преподобный Аркадий, святой Гавриил, благоверный Давид — царь Грузинский, преподобный Иоанн, преподобный Иосиф — епископ Солунский, святой Климент, преподобный Ксенофонт, мученик Петр, преподобный Симеон Ветхий, преподобный Феодор Исповедник; преподобная Мария, святая Павла

27 января (9 февраля): святой Димитрий, святитель Иоанн Златоуст, святой Петр

28 января (10 февраля): святой Георгий, преподобный Ефрем Сирин, преподобный Ефрем Печерский, преподобный Ефрем Новоторжский, преподобный Исаак Сирин, преподобный Палладий, преподобный Феодосий Тотемский

29 января (11 февраля): святитель Герасим, святой Димитрий, преподобный Иаков, священномученик Игнатий Богоносец, святитель Иона, мученик Иулиан, преподобный Лаврентий Печерский, мученик Лука, мученик Мокий, мученик Роман, мученик Сильвиан — епископ

30 января (12 февраля): святой Василий, святой Григорий, преподобный Зинон, священномученик Ипполит, святой Климент, благоверный Петр, святой Феодор, мученик Феофил Новый, праздник собора святых трех святителей — Василия Великого, Григория Богослова и Иоанна Златоуста

31 января (13 февраля): святой Афанасий, мученик Виктор, мученик Викторин, святой Илия, мученик Иоанн — воин бессребреник, мученик Кир, мученик Клавдий, святитель Никита — епископ Новгородский, мученик Никифор, мученик Серапион; мученица Афанасия, святая Феодотия, мученица Феоктиста

ФЕВРАЛЬ

1 февраля (14 февраля): святой Анастасий, святой Василий, святой Давид, преподобный Петр, святой Симеон, святой Тимофей, мученик Трифон; мученица Фелицитата

2 февраля (15 февраля): Сретение господне; святой Гавриил

3 февраля (16 февраля): мученик Адриан, пророк Азария, мученик Власий [он же Вукол], святой Гавриил, святой Димитрий, святой Клавдий. равноапостольный Николай — архиепископ Японский, святой Павел, благоверный князь Роман Угличский, святой Святослав, святой Симеон Богоприимец, святитель Симеон — епископ Тверской, святой Симон; святая Анна-пророчица

4 февраля (17 февраля): священномученик Аврамий — епископ Арвильский, благоверный князь Георгий [Юрий] Всеволодович, святой Иосиф, преподобный Исидор Пелусиот, преподобный Кирилл Новоозерский, преподобный Николай Исповедник Студийский

5 февраля (18 февраля): святой Антон, мученик Макарий, святитель Феодосий; мученица Агафия, святая Василисса

6 февраля (19 февраля): святой Арсений, преподобный Варсонофий Великий, святой Василий, святой Вукол, мученик Иулиан, мученик Максим, святой Севастиан, мученик Феофил, святитель Фотий — патриарх Константинопольский; мученица Дорофея, мученица Каллиста, мученица Мария, мученица Марфа, мученица Фавста, мученица Христина

7 февраля (20 февраля): преподобный Лука из Еллады, преподобный Парфений — епископ в г. Лампскае, святой Петр

8 февраля (21 февраля): пророк Захария Серповидец, святой Макар, святой Никифор, святой Поликарп, святитель Савва II — архиепископ Сербский, святой Стефан, великомученик Феодор Стратилат

9 февраля (22 февраля): преподобный Геннадий Важеозерский, святитель Иннокентий — епископ Иркутский, священномученик Маркелл — епископ Сикелийский, преподобный Никифор Важеозерский, мученик Никифор, Панкратий — епископ Тавроменийский, святой Петр

10 февраля (23 февраля): святой Антоний, святой Аффоний, святой Василий, святой Гавриил, святой Геннадий, святой Герман, святой Григорий, святой Иоаким, святой Иоанн, святой Карп, святой Лука, святой Марк, святой Пимен, мученик Порфирий, преподобный Прохор Печерский, святой Симеон, священномученик Харалампий — епископ в Магнизии; благоверная княгиня Анна Новгородская, мученица Валентина, мученица Галина, мученица Павла

11 февраля (24 февраля): священномученик Власий — епископ г. Севастии, князь Всеволод Псковский [в крещении Гавриил], преподобный Димитрий Прилуцкий, святой Захарий, святой Порфирий; праведная Феодора — царица Греческая

12 февраля (25 февраля): Алексий — митрополит Московский, Антоний — архиепископ в Константинополе, Евгений Благочестивый, Мелетий — епископ в Антиохии; преподобная Мария

13 февраля (26 февраля): святой Артемий, святой Иустиниан, преподобный Мартиниан, святой Никандр, святой Онисим, Симеон Мироточивый [в миру назывался Стефан Несманя], святой Тимофей; преподобная Зоя, преподобная Фотиния [Светлана]

14 февраля (27 февраля): преподобный Авксентий, Авраамий — епископ Каррийский, святой Георгий, Исаакий Печерский, святой равноапостольный Кирилл — учитель славян, благоверный князь Михаил Черниговский, боярин Феодор, святой Филимон

15 февраля (28 февраля): святой Арсений, святой Афанасий, преподобный Евсевий, апостол Онисим, преподобный Пафнутий; преподобная Евфросиния

16 февраля (29 февраля): мученик Валент, мученик Даниил, мученик Иеремия, мученик Илия, мученик Исаия, мученик Иулиан, святой Никон, мученик Павел, мученик Памфил, мученик Порфирий, мученик Самуил

17 февраля (1 марта): святой Маркиан, святой Порфирий, святой Роман, великомученик Феодор Тирон, святой Феодосий; праведная Мариамна

18 февраля (2 марта): святой Василий, святой Виктор, святой Дорофей, преподобный Косьма Яхромский, святитель Лев — папа или патриарх в Риме

19 февраля (3 марта): апостол Архипп, преподобный Досифей, преподобный Евгений, преподобный Макарий, мученик Максим, святой Никита, мученик Феодот, апостол Филимон

20 февраля (4 марта): преподобный Агафон, святой Исидор, преподобный Корнилий — игумен Псково-Печерского монастыря, преподобный Лев — епископ в г. Катане

21 февраля (5 марта): Георгий — епископ в Амастриде, Евстафий — епископ в Антиохии, святой Захарий, святой Иоанн, преподобный Тимофей

22 февраля (6 марта): преподобный Афанасий Исповедник, святой Вавила, мученик Маврикий, святой Тит, преподобный Фалассий, мученик Феодор, мученик Филипп; святая Анфиса

23 февраля (7 марта): преподобный Александр, преподобный Антиох, преподобный Антонин, преподобный Дамиан, преподобный Иоанн, святой Климент, святой Косьма, святой Лазарь, преподобный Моисей, преподобный Поликарп, священномученик Поликарп — епископ в Смирне

24 февраля (8 марта): святой Илларион, Иоанн Предтеча [Креститель], святой Софроний

25 февраля (9 марта): святой Евгений, святой Пафнутий, святитель Тарасий — архиепископ в Константинополе, святой Феодор

26 февраля (10 марта): святитель Григорий Палама, святой Иоанн, святой Николай, святитель Порфирий — архиепископ в Газе, мученик Севастиан

27 февраля (11 марта): святой Иаков, святой Иулиан, святой Макарий, святой Маркиан, преподобный Прокопий Декаполит, святой Стефан, святой Тимофей, преподобный Тит, преподобный Фалалей

28 февраля (12 марта): преподобный Василий Исповедник, святой Кассиан, святой Киприан, святой Мелетий, священномученик Нестор — епископ г. Магиддиса, блаженный Николай — юродивый в Пскове, святой Нифонт; преподобная Кира, преподобная Марина

29 февраля (13 марта): святой Вениамин, преподобный Иоанн [нареченный Варсонофием], преподобный Кассиан Римлянин, святой Лев; святая Мелания

МАРТ

1 марта (14 марта): святой Агапий; мученик Антоний, мученик Маркелл, мученик Нестор, святой Никифор, святой Сильвестр, святой Софроний; мученица Антонина, преподобномученица Евдокия

2 марта (15 марта): преподобный Агафон, святитель Арсений — епископ в Твери, преподобный Варсонофий Тверской, преподобный Евфросин Тверской, святой Иларий, святой Иосиф, святой Кодрат, преподобный Савва Тверской, преподобный Савватий Тверской, мученик Троадий, священномученик Феодот — епископ Киринии; Евфалия дева

3 марта (16 марта): святой Зинон, святой Севастиан

4 марта (17 марта): блаженный Василько или Василий — князь в Ростове, благоверный князь Вячеслав Чешский, святитель Георгий — епископ Констанции, преподобный Герасим, святой Григорий, благоверный князь Даниил, преподобный Иаков Постник, святой Кодрат, мученик Павел; мученица Иулиания

5 марта (18 марта): преподобный Адриан, святой Георгий, святой Давид Ярославский, мученик Евлампий, святой Иоанн, святой Кирилл, святой Константин Ярославский, мученик Леонид, преподобный Марк Постник, благоверный князь Феодор Смоленский, святой Фотий; мученица Ироида

6 марта (19 марта): преподобный Аркадий, святой Евфросин, святой Иерофей, мученик Каллист, мученик Константин, святой Максим, мученик Феодор, мученик Феофил

7 марта (20 марта): священномученик Василий — епископ Херсонский, священномученик Евгений — епископ Херсонский, преподобный Емилиан, священномученик Ефрем — епископ Херсонский, священномученик Капитон — епископ Херсонский, святой Лаврентий, святой Нестор, преподобный Павел Исповедник — епископ, преподобный Павел Простой

8 марта (21 марта): преподобный Афанасий, преподобный Дометий, преподобный Лазарь Мурманский, святой Феодосий, преподобный Феофилакт Исповедник — епископ

9 марта (22 марта): мученик Аглаий, святой Агний, мученик Александр, мученик Афанасий, мученик Валент, мученик Валерий, мученик Евтихий, святой Илия, мученик Иоанн, мученик Ираклий, мученик Кирилл, мученик Клавдий, мученик Леонтий, мученик Николай, праведный Тарасий, мученик Феофил

10 марта (23 марта): мученик Виктор, мученик Викторин, святой Георгий, мученик Дионисий, мученик Киприан, мученик Клавдий, мученик Кодрат, мученик Леонид, святой Марк, святой Маркиан, святой Михаил, мученик Никифор, мученик Павел, мученик Руфин; мученик Серафион; преподобная Анастасия, мученица Василисса, мученица Галина, мученица Галя, мученица Ника, мученица Феодора

11 марта (24 марта): святой Георгий, святитель Евфимий — архиепископ в Новгороде, святой Иоанн, пресвитер Лин, пресвитер Македоний, святитель Софроний — патриарх в Иерусалиме

12 марта (25 марта): Григорий Двоеслов — папа или патриарх в Риме, преподобный Симеон Новый Богослов, преподобный Феофан Сигрианский

13 марта (26 марта): мученик Александр, мученик Африкан, Никифор — патриарх Царьграда, мученик Терентий; священномученица Христина

14 марта (27 марта): преподобный Венедикт, князь Ростислав — Михаил, святой Феодосий

15 марта (28 марта): мученик Агапий, мученик Александр, мученик Дионисий, святой Михаил, мученик Никандр, преподобный Никандр Городенский

16 марта (29 марта): священномученик Александр — папа в Риме, святой Дионисий, святой Иоанн, мученик Иулиан, святой Павел, святой Роман, Серапион — архиепископ в Новгороде, мученик Трофим; святая Патрикия

17 марта (30 марта): преподобный Алексий — Божий человек, святой Лазарь, преподобный Макарий, святой Павел

18 марта (31 марта): святой Даниил, мученик Евкарпий, Кирилл — архиепископ в Иерусалиме, мученик Трофим; священномученица Александра, священномученица Клавдия

19 марта (1 апреля): святой Димитрий, преподобный Иннокентий, мученик Клавдий, мученик Хрисанф; мученица Дария, мученица Илария

20 марта (2 апреля): мученик Виктор, святой Виссарион, святой Герман, преподобный Евфросин, мученик Иоанн, святой Максим, святой Мирон, святитель Никита — архиепископ Аполлониады, мученик Патрикий, святой Родион, мученик Сергий; мученица Александра, мученица Анатолия, мученица Евфимия, мученица Иулиания, мученица Клавдия, святая Мария, мученица Матрона, мученица Параскева, мученица Феодосия, мученица Фотина [Светлана]

21 марта (3 апреля): святой Анания, преподобный Иаков Исповедник — епископ, святитель Кирилл — епископ, святой Филимон, святитель Фома — патриарх Константинопольский

22 марта (4 апреля): священномученик Василий — пресвитер в Анкире, преподобный Исаакий; святая Аполлинария, святая Василисса, святая Дария, мученица Дросида, святая Таисия

23 марта (5 апреля): мученик Василий Мангазейский, святой Георгий, святой Евсевий, мученик Кронид, святой Лука, мученик Македоний, преподобномученик Никон — епископ, преподобный Никон — игумен Киево-Печерский, преподобный Пахомий Нерехтский; мученица Лидия

24 марта (6 апреля): святитель Артемон — епископ в Селевкии, преподобный Захарий, преподобный Иаков Исповедник, святой Лазарь, святой Мартин, святой Парфений, мученик Петр, мученик Стефан

25 марта (7 апреля): Благовещение Пресвятой Богородицы, святой Тихон

26 марта (8 апреля): святой Авраам, святой Агафон, преподобный Василий Новый, архангел Гавриил, святой Евсевий, святой Стефан; мученица Алла, мученица Анна, мученица Лариса

27 марта (9 апреля): святой Александр, святой Евтихий, святой Ефрем, преподобный Иоанн Прозорливый, святой Кондрат, святой Макар, мученик Мануил, святой Павел, святой Пафнутий, мученик Феодосий; мученица Матрона

28 марта (10 апреля): мученик Боян, преподобномученик Евстратий Печерский, преподобный Иларион, преподобный Иларион Псковский или Гдовский, святой Илия, мученик Иона, святой Лазарь, святой Савва, преподобный Стефан

29 марта (11 апреля): святитель Евстафий — епископ в Вифинии, преподобный Иоанн, преподобный Иона — Псково-Печерский чудотворец, святой Исаак, мученик Кирилл, преподобный Марк — епископ в Арефусии, святой Потапий, святой Филипп

30 марта (12 апреля): апостол Аполлос, святой Захарий, преподобный Зосима — епископ в Сиракузах, преподобный Иоанн — спаситель Лествицы [Лествичник], преподобный Иоанн Безмолвник, апостол Кесарь, святой Савва, святитель Софроний — епископ Иркутский

31 марта (13 апреля): преподобный Аполлоний, святой Вениамин, святой Влас, святой Иаков, святитель Иннокентий, святой Иона — митрополит Киевский, праведный Иосиф Прекрасный, преподобный Ипатий, священномученик Ипатий — епископ г. Гангра; святая Анна

АПРЕЛЬ

1 апреля (14 апреля): мученик Авраамий, святой Анастасий, святой Григорий, преподобный Евфимий, преподобный Макарий, святой Поликарп, святой Савва, святой Тит; преподобная Мария

2 апреля (15 апреля): святой Анастасий, святой Григорий, святой Ефим, мученик Поликарп, святой Савва, преподобный Тит чудотворец

3 апреля (16 апреля): преподобный Никита Исповедник, мученица Феодосия

4 апреля (17 апреля): святой Адриан, святой Амвросий, преподобный Георгий Малеин, преподобный Зосима Палестинский, преподобный Иосиф Песнописец, святой Каллиник, святой Никита, святой Пафнутий, святой Феодор, святой Фома

5 апреля (18 апреля): святой Георгий, святой Зинон, преподобный Марк Афинский, преподобный Платон, преподобный Симеон; преподобная Феодора

6 апреля (19 апреля): святой Аффоний, святой Григорий, святитель Евтихий — архиепископ Константинопольский, священномученик Иеремия, святитель Мефодий — архиепископ Моравский, святой Павел, святой Серапион; преподобная Платонида

7 апреля (20 апреля): преподобный Георгий Исповедник, преподобный Даниил, преподобный Нил Сорский, святой Петр, святой Прокопий, мученик Руфин, преподобный Серапион; мученица Акилина

8 апреля (21 апреля): святой Иаков, святой Иоанн, святитель Келестин — папа в Риме, святой Лука, святитель Нифонт — епископ Новгородский, святой Родион, апостол Руф, апостол Флегонт

9 апреля(22 апреля): преподобномученик Вадим

10 апреля (23 апреля): мученик Александр, мученик Африкан, святой Григорий, мученик Зинон, мученик Иаков, мученик Максим, мученик Терентий, мученик Феодор

11 апреля (24 апреля): священномученик Антипа, святитель Варсонофий Тверской, святой Евфимий, преподобный Иаков Железноборовский, преподобный Иоанн, мученик Мартиниан, святой Тихон, святой Харитон

12 апреля (25 апреля): Василий — епископ Рязанский, преподобный Василий Исповедник — епископ г. Пария, преподобномученик Давид, священномученик Зинон — епископ в Вероне, преподобномученик Иоанн, преподобный Исаак, святой Матвей, святой Сергий; преподобная Анфуса дева, преподобная Афанасия.

13 апреля (26 апреля): священномученик Артемон, святой Георгий, святой Димитрий, святой Елевферий, святой Феодосий

14 апреля (27 апреля): мученик Азат, мученик Антоний, святой Валентин, мученик Евстафий, мученик Иоанн, святитель Мартин Исповедник — папа в Риме, святой Христофор

15 апреля (28 апреля): мученик Андрей, мученик Анастасий, апостол Аристарх, мученик Виктор, мученик Зосима, мученик Иаков, мученик Кондрат, святой Леонид, мученик Лукиан, князь Мстислав в Новгороде, мученик Савва, святой Севастиан, апостол Трофим, святой Феодор; мученица Анастасия, мученица Василисса

16 апреля (29 апреля): мученик Леонид, святой Михаил, святой Павел, святой Тимофей; мученица Агапия, мученица Василисса, мученица Галина, мученица Ирина, священномученица Ирина, мученица Ника, мученица Феодора, мученица Хиония

17 апреля (30 апреля): мученик Адриан, мученик Азат, преподобный Александр Свирский, мученик Ананий, преподобный Зосима Соловецкий, святой Макарий, святой Моисей, святой Потапий, священномученик Симеон — епископ Персидский, святой Фома

18 апреля (1 мая): преподобный Авксентий, мученик Акиндин, святой Антоний, мученик Виктор, преподобный Евфимий, мученик Зинон, мученик Зотик, преподобный Иоанн, мученик Иоанн Новый, святитель Косьма — епископ Халкидонский, святой Феликс

19 апреля (2 мая): мученик Антонин, святитель Георгий Исповедник — епископ, преподобный Иоанн Ветхопещерник, преподобный Никифор Цареградец, священномученик Пафнутий, святитель Трифон — патриарх в Константинополе, мученик Христофор

20 апреля (3 мая): преподобный Александр, преподобный Анастасий Синаит, блаженный Анастасий — патриарх Антиохийский, святой Афанасий, мученик Гавриил, блаженный Григорий — патриарх Антиохийский, святой Стахий, преподобный Феодор Трихина; святая Феодора

21 апреля (4 мая): святой Александр, мученик Аполлос, святой Валентин, святой Георгий, мученик Дионисий, мученик Евтихий, святой Иаков, мученик Исакий, мученик Кодрат, святитель Максимиан — патриарх Цареградский, мученик Прокул [Прокл], мученик Фавст, мученик Феодор

22 апреля (5 мая): преподобный Виталий, князь Всеволод Псковский [в крещении Гавриил], апостол Климент, апостол Лука, апостол Нафанаил [иначе Варфоломей], преподобный Феодор Сикеот — епископ г. Анастасиуполя

23 апреля (6 мая): мученик Анатолий, мученик Афанасий, великомученик Георгий Победоносец, святой Лазарь; мученица царица Александра, святая Валерия

24 апреля (7 мая): преподобный Алексий, мученик Валентин, мученик Евсевий, святой Иннокентий, мученик Леонтий, святой Николай, мученик Савва, преподобный Фома юродивый; преподобная Елисавета чудотворица

25 апреля (8 мая): святой Македоний, апостол и евангелист Марк [иначе называется Иоанном], преподобный Сильвестр Обнорский; святая Ника

26 апреля (9 мая): священномученик Василий — епископ, блаженный Георгий Шенкурский, преподобный Иоанникий, святой Нестор, святитель Стефан — епископ Пермский, святой Феофил; девица Глафира

27 апреля (10 мая): святой Георгий, святой Иоанн, апостол и священномученик Симеон — епископ Иерусалимский, преподобный Стефан Печерский

28 апреля (11 мая): мученик Виталий, мученик Евсевий, мученик Зинон, святитель Кирилл — епископ, мученик Максим, апостол Сосипатр, мученик Фавстиан

29 апреля (12 мая): святой Арсений, мученик Артема, святитель Василий — епископ, мученик Иоанн, мученик Руф, мученик Феодот, мученик Филимон

30 апреля (13 мая): священномученик Василий — епископ Амасийский, святитель Донат — епископ в Еврии, святой Ефрем, апостол Иаков Заведеев, святитель Игнатий — епископ Ставропольский, святой Климент, мученик Максим, святитель Никита — епископ Новгородский

МАЙ

1 мая (14 мая): преподобный Герасим, преподобномученик Евфимий, преподобномученик Игнатий, пророк Иеремия, священномученик Макарий — митрополит Киевский и всея России, преподобный Пафнутий; Тамара — царица Грузинская

2 мая (15 мая): святитель Афанасий — патриарх Александрийский, равноапостольный царь Борис [в крещении Михаил], князья Борис и

Глеб [в крещении Роман и Давид], мученик Кириак; мученица Зоя

3 мая (16 мая): святой Павел, преподобный Петр — епископ Аргосский, мученик Тимофей, преподобный Феодосий — основатель Киево-Печерской обители; мученица Мавра

4 мая (17 мая): святой Антон, святой Афанасий, святой Валериан, преподобный Исаакий, преподобный Кирилл, преподобный Климентий, святой Лазарь, святой Леонтий, преподобный Никита, преподобный Никифор; мученица Пелагия, святая Мария

5 мая (18 мая): преподобный Адриан, святой Иаков, преподобный Михей; великомученица Ирина

6 мая (19 мая): святой Василий, мученик Дионисий, святой Иларион, святой Иоанн, святой Кассиан, святой Михей, святой Пахомий

7 мая (20 мая): преподобный Антоний Печерский, Давид Гареджийский, Зенон Икалтский, преподобный Иоанн Зедазнийский, Иосиф — епископ, Исидор Самватийский, Михаил Улумбийский, преподобный Нил Сорский, святой Пахомий, Стефан Хирский, святой Фаддей

8 мая (21 мая): святой Адриан, преподобный Арсений Великий, преподобный Арсений Новгородский, святой Зосима, апостол и евангелист Иоанн Богослов, преподобный Пимен

9 мая (22 мая): святой Гавриил, пророк Исаия, святой Каллиник, святитель Николай, святой Пров, мученик Христофор

10 мая (23 мая): святой Василий, мученик Киприан, святой Лаврентий, мученик Онисим, апостол Симон Зилот [он называется Кананитом от г. Каны и Зилотом, т.е. ревнителем закона], преподобный Симон — епископ Суздальский; преподобная юродивая Исидора, блаженная Таисия

11 мая (24 мая): священномученик Иосиф — митрополит Астраханский, равноапостольные Кирилл и Мефодий, священномученик Мокий, святитель Никодим — архиепископ Сербский, преподобный Софроний

12 мая (25 мая): святитель Герман — патриарх в Константинополе, преподобный Дионисий, святитель Епифаний — епископ на Кипре, святой Иоанн, святой Панкратий, святой Феодор, святой Филипп

13 мая (26 мая): мученик Александр, Георгий Исповедник, преподобный Евфимий Новый, преподобномученик Макарий, святой Никифор; мученица Гликерия дева, святая Ирина

14 мая (27 мая): святой Александр, святой Иаков, святой Иоанн, мученик Исидор, мученик Исидор юродивый, святитель Леонтий — патриарх Иерусалимский, святой Макар, мученик Максим, святой Марк, преподобный Никита, преподобный Серапион Сидонит, святой Тихон

15 мая (28 мая): преподобный Ахаллий — епископ Ларисийский, царевич Димитрий, преподобный Евфросин — епископ в Пскове, преподобный Исаия — епископ Ростовский, преподобный Исаия — Печерский чудотворец, преподобный Пахомий Великий, Серапион Псковский; святая Анастасия

16 мая (29 мая): святитель Александр, святой Аркадий, святитель Георгий — епископ Митилинский, святой Евфимий, преподобный Ефрем, преподобный Кассиан, преподобный Лаврентий, мученик Модест, святой Николай, святой Петр, преподобный Феодор Освященный; отроковица Муза

17 мая (30 мая): святой Адриан, апостол Андроник, святой Афанасий, святой Никифор, святитель Стефан — архиепископ, святой Феофан; преподобная Евфросиния [в миру Евдокия], святая Иуния

18 мая (31 мая): мученик Андрей, мученик Венедим, мученик Давид, мученик Дионисий, мученик Ираклий, мученик Исаак, мученик Иулиан, святой Лев, мученик Павел, мученик Петр, мученик Симеон, святой Феодор, мученик Феодот; мученица Александра дева, мученица Иулия дева, мученица Клавдия дева, мученица Матрона дева, мученица Фаина дева, мученица Христина

19 мая (1 июня): святой Агапий, князь Димитрий Донской, святой Зосима, преподобный Иоанн — епископ Готфский, князь Иоанн Угличский [в иноках Игнатий], преподобный Корнилий, свщенномученик Патрикий — епископ в г. Пруссы, пресвитер Полиен, преподобный Сергий; святая Анастасия

20 мая (2 июня): мученик Александр, святитель Алексий — митрополит московский, святой Иоанн, святой Иосиф, Тимофей — князь Псковский, мученик Фалалей

21 мая (3 июня): преподобный Кассиан — Угличский чудотворец, святой Кирилл, царь Константин Равноапостольный, мученик Михаил, мученик Феодор; царица Елена Равноапостольная

22 мая (4 июня): святой Даниил, святой Захарий, Иаков — Боровицкий чудотворец, мученик Иоанн-Владимир — князь Сербский, святой Макарий, святой Маркелл, святой Павел, святой Фаддей, святой Феодор

23 мая (5 июня): святитель Авраамий — архимандрит Ростовский, преподобный Адриан, князь Александр Невский, Андрей — князь Переяславльский, Василий — князь Ярославский, святитель Василько — князь Ростовский, преподобный Геннадий, князь Давид, преподобный Даниил, святитель Димитрий, Димитрий — царевич Угличский, святитель Иаков, преподобный Игнатий, святитель Игнатий, блаженный Иоанн, святитель Исаия, блаженный Исидор, преподобный Кассиан, Константин — князь Ярославский, князь Константин, святитель Леонтий — епископ Ростовский, преподобный Михаил Исповедник — епископ Синадский, преподобный Никита Столпник, святитель Петр — царевич Ордынский, князь Роман, преподобный Севастиан, преподобный Сильвестр Обнорский, святитель Феодор, князь Феодор; преподобная Евфросиния, святая Мария

24 мая (6 июня): святой Григорий, мученик Иоанн, мученик Калинник, мученик Кириак, мученик Мелетий, святой Меркурий, преподобный Никита Столпник, мученик Серапион, святой Сергий, преподобный Симеон Столпник, мученик Стефан, мученик Фавст, мученик Феодор; мученица Сосанна

25 мая (7 июня): Иоанн Предтеча и Креститель, святой Феодор, священномученик Ферапонт — епископ на Кипре

26 мая (8 июня): мученик Аверкий, святой Александр, великомученик Георгий Новый, преподобный Иоанн Исповедник, апостол Карп, преподобный Макарий; мученица Елена

27 мая (9 июня): праведный Иоанн Русский, Иона — святитель Киевский и всей России, Киприан — святитель Киевской и всей России, святой Леонид, святой Леонтий, преподобный Нил Столобенский, священномученик Ферапонт — епископ Сардийский, преподобный Ферапонт Белозерский, святитель Киевский и всей России Фотий; святая Анастасия, мученица Феодора дева

28 мая (10 июня): святой Димитрий, священномученик Евтихий — епископ Мелитинский, святой Захарий, святитель Игнатий — епископ в Ростове, преподобный Никита — епископ Халкидонский, святой Софроний; мученица Еликонида

29 мая (11 июня): святой Александр, святой Андрей, Иоанн — Устюжский юродивый, святой Константин, святой Феодот; святая Мария, мученица Феодосия Тирская, преподобномученица Феодосия дева

30 мая (12 июня): святой Иаков, преподобный Исакий Далматский, святой Никанор

31 мая (13 июня): святой Евсевий, святой Евстафий, мученик Ерма, мученик Ермий, святой Поликарп, святой Роман; святая Христина

ИЮНЬ

1 июня (14 июня): мученик Валериан, преподобный Дионисий Глушицкий, мученик Иустин Философ, мученик Харитон; мученица Харита

2 июня (15 июня): Александр — патриарх в Константинополе, святой Димитрий, великомученик Иоанн Новый Сочавский, святой Константин, святитель Никифор Исповедник — патриарх Константинопольский; праведная Иулиания — княгиня Вяземская, святая Мария

3 июня (16 июня): святой Афанасий, царевич Димитрий — Московский чудотворец, мученик Дионисий, мученик Ипатий, священномученик Иулиан, мученик Клавдий, священномученик Лукиан, святой Максим, мученик Павел; мученица Павла дева

4 июня (17 июня): святой Елеазар, преподобный Зосима Киликийский — епископ в Вавилоне, мученик Конкордий, преподобный Мефодий, святитель Митрофан — патриарх в Константинополе, святой Назар; святая Марфа, святая София

5 июня (18 июня): мученик Аполлон, преподобный Дорофей, священномученик Дорофей — епископ, мученик Горгий, князь Игорь Олегович Черниговский, преподобный Иона, блаженный Константин — Киевский митрополит, мученик Леонид, святой Марк, мученик Маркиан, мученик Никандр, святой Петр, преподобный Феодор чудотворец, князь Феодор Ярославич

6 июня (19 июня): преподобный Виссарион, преподобный Иларион Новый, святитель Иона — епископ; преподобномученица дева Сосанна, преподобномученица дева Фекла

7 июня (20 июня): мученик Антонин, святой Анфимий, святой Иоанн, мученик Кириак, мученик Клавдий, священник Маркелл — папа в Риме, священномученик Маркеллин — папа в Риме, святой Стефан, святой Тарасий, великомученик Феодот Анкирский; мученица дева Артемия, святая Зинаида, мученица Калерия [Валерия], мученица Мария, святая Сусанна

8 июня (21 июня): Василий Ярославский — князь, преподобный Ефрем — Антиохийский патриарх, преподобный Зосима, преподобный Иона, Константин Ярославский — князь, святой Маркиан, святой Никандр, святой Павел, великомученик Феодор Стратилат, святитель Феодор — епископ в Ростове, святой Феодосий, святой Феофан; святая Мелания

9 июня (22 июня): преподобный Александр — игумен Куштский, святой Анания, святой Илиодор, преподобный Кирилл Белозерский, святитель Кирилл — архиепископ Александрийский; мученица Мария, мученица Марфа, мученица Фекла

10 июня (23 июня): мученик Александр, святой Алексий, святой Аполлос, святитель Василий — епископ Рязанский, святитель Иоанн — митрополит Тобольский, святой Никон, священномученик Тимофей — епископ в г. Пруссы, преподобный Феофан из Антиохии; мученица Антонина

11 июня (24 июня): апостол Варфоломей, преподобный Ефрем Новоторжский; святая Мария

12 июня (25 июня): преподобный Авксентий, преподобный Андрей, преподобный Арсений Коневский, преподобный Иоанн, преподобный Иона, святой Иулиан, преподобный Онуфрий, святой Пафнутий, преподобный Петр, преподобный Стефан [Комельский или Озерский чудотворец], святой Тимофей, святой Феофил; княгиня Анна Кашинская

13 июня (26 июня): преподобный Андроник, святой Иаков, преподобный Иоанн, преподобный Савва, святитель Трифиллий — епископ г. Левкусии; мученица Акилина, преподобная Анна, мученица Антонина

14 июня (27 июня): пророк Елисей, преподобный Мефодий, святитель Мефодий — патриарх Константинопольский, благоверный князь Мстислав [в крещении Георгий], преподобный Нифонт; святая Иулитта

15 июня (28 июня): блаженный Ангустин, пророк Амос, преподобный Григорий Авнежский, святой Ефрем, святитель Иона — митрополит Московский, преподобный Кассиан, Лазарь — князь Сербский, Михаил — митрополит Киевский, мученик Модест, преподобный Феодор Сиксот — епископ Анастасиупольский, святой Симеон, святой Стефан

16 июня (29 июня): святой Никифор, святитель Тихон — епископ г. Амафунта, преподобный Тихон Луховский [Медынский или Калужский чудотворец]

17 июня (30 июня): преподобный Анания Иконописец, святой Иосиф, святой Исаак, мученик Исмаил, святой Кирилл, святой Климент, мученик Мануил, святой Никита, мученик Савел

18 июня (1 июля): мученик Ипатий, мученик Леонтий

19 июня (2 июля): преподобный Варлаам Важский, святой Зинон, мученик Зосима

20 июня (3 июля): святой Андрей, мученик Афанасий, князь Глеб, святитель Гурий — архиепископ Казанский, святой Димитрий, святой Елисей, святой Иоанн, святой Лазарь, святой Лука, священномученик Мефодий — епископ в Патаре, святой Наум, святой Фома

21 июня (4 июля): преподобный Иулиан, мученик Иулиан, преподобный Иулий, святой Никита, священномученик Терентий — епископ Иконийский

22 июня (5 июля): святой Василий, мученик Галактион, священномученик Евсевий — епископ в г. Самосате, мученик Зинон; мученица Иулилиания

23 июня (6 июля): преподобный Антоний, праведный Артемий Веркольский, святитель Герман — архиепископ Казанский, преподобный Иосиф, мученик Провий; мученица Агриппина, святая Васса

24 июня (7 июля): преподобный Антоний Дымский, праведный Иаков, праведный Иоанн, Иоанн Предтеча и Креститель Господень, мученик Кириак, святой Никита

25 июня (8 июля): святой Дионисий, святой Дометий, святой Константин, князь Петр [в иночестве Давид], святой Прокопий, святой Симон, святой Феодор; преподобномученица Феврония дева, княгиня Феврония [в иночестве Евфросиния]

26 июня (9 июля): преподобный Давид, святитель Дионисий — архиепископ Суздальский, преподобный Иоанн — епископ, святой Павел, святой Петр, преподобный Тихон Луховский

27 июня (10 июля): преподобный Георгий Иверский, святой Иоанн, святой Лука, блаженный Мартин, преподобный Сампсон Странноприимец, преподобный Серапион Кожеезерский, праведная Иоанна мироносица

28 июня (11 июля): преподобный Герман — Валаамский чудотворец, бессребреник Иоанн, святой Иосиф, бессребреник Кир, преподобный Ксенофонт, преподобный Павел, преподобный Сергий — Валаамский чудотворец

29 июня (12 июля): князь Андрей Боголюбский, святой Михаил, апостол Павел Первоверховный, апостол Петр Первоверховный, преподобный Петр — Ростовский чудотворец

30 июня (13 июля): день собора двенадцати апостолов — Андрей, Варфоломей, Иаков Алфеев, Иаков сын Заведеев, Иоанн брат его, Иуда Иаковлев [или Фаддей], Матфей, Матфий, Петр, Симон Зилот, Филипп, Фома; святитель Софроний — епископ Иркутский

ИЮЛЬ

1 июля (14 июля): святой Василий, мученик Дамиан бессребреник, святой Константин, мученик Косьма бессребреник, святой Лев, святой Никодим, святой Павел, преподобный Петр; праведная Ангелина

2 июля (15 июля): святитель Арсений — епископ Тверской, святитель Иувеналий — патриарх в Иерусалиме, святитель Фотий — митрополит Киевский

3 июля (16 июля): преподобный Александр, святитель Анатолий — патриарх Цареградский, преподобный Анатолий Печерский, князь Василий Всеволодович, святитель Василий — епископ Рязанский, святой Герасим, мученик Диомид, мученик Евлампий, мученик Иакинф, преподобный Иоанн — Яренгский чудотворец, блаженный Иоанн — Московский чудотворец, князь Константин Всеволодович, мученик Марк, святой Михаил, мученик Мокий, преподобный Никодим — Кожеезерский чудотворец, святой Родион, Филипп — митрополит Московский, святой Фома

4 июля (17 июля): преподобный Андрей Рублев — иконописец, князь Андрей Боголюбский, святитель Андрей — архиепископ Критский, преподобный Евфимий Суздальский, святой Марк, святой Михаил, священномученик Феодор — епископ Киринейский, мученик Феодот; преподобная Марфа, мученица Феодотия

5 июля (18 июля): преподобный Афанасий — подвижник Афонский, преподобный Сергий Радонежский, святой Стефан; мученица Анна

6 июля (19 июля): мученик Аввакум, святой Анатолий, мученик Антоний, святой Аполлон, святой Архипп, мученик Валентин, мученик Василий, святой Виктор, мученик Ермий, мученик Иннокентий, мученик Исидор, мученик Лукиан, святой Онисим, мученик Руф, мученик Руин, преподобный Сисой Великий, святой Филимон; праведная дева Иулиания — княжна Ольшанская, мученица Лукия дева, мученица Марфа

7 июля (20 июля): мученик Герман, святой Евстафий, мученик Лукиан, святой Поликарп, преподобный Фома Малеин; святая Васса, преподобная Евдокия [в инокинях Евфросиния] — княгиня Московская

8 июля (21 июля): святой Димитрий, великомученик Прокопий, праведный Прокопий юродивый, праведный Прокопий Устьянский, святой Савва; святая Феодосия

9 июля (22 июля): преподобномученик Александр, святой Андрей, священномученик Кирилл — епископ в г. Гортине, священномученик Панкратий — епископ Тавроменийский, святитель Феодор — епископ в г. Едессе

10 июля (23 июля): мученик Александр, мученик Антоний, преподобный Антоний Печерский, мученик Аполлоний, мученик Даниил, мученик Ианикита, мученик Леонтий, мученик Маврикий

11 июля (24 июля): святой Аркадий, святой Никодим; мученица Евфимия, равноапостольная Ольга [в крещении Елена] — княгиня Российская

12 июля (25 июля): святой Андрей, преподобный Арсений Новгородский, преподобный Гавриил, мученик Иларий, мученик Иоанн, преподобный Иоанн, святой Ираклий, преподобный Михаил Малеин, мученик Прокл, Серапион — епископ во Владимире, преподобный Симон Воломский, святой Фавст, мученик Феодор; святая Вероника, мученица Мария Голиндуха

13 июля (26 июля): святой Антоний, архангел Гавриил, святитель Иулиан — епископ в Кеномании, мученик Маркиан, мученик Серапион, преподобный Стефан Савваит

14 июля (27 июля): святой Ираклий, мученик Иуст, преподобномученик Онисим, святой Петр, преподобный Стефан — Махрищский чудотворец, святой Феодор

15 июля (28 июля): равноапостольный великий князь Владимир [в крещении Василий], святой Иустиниан; мученица Иулитта

16 июля (29 июля): мученик Антиох, священномученик Афиноген, мученик Павел, святой Фавст; мученица Алевтина [Валентина], мученица Иулия дева, мученица Хиония

17 июля (30 июля): преподобный Лазарь, преподобный Леонид; великомученица Марина [Маргарита]

18 июля (31 июля): святой Афанасий, мученик Емилиан, мученик Иакинф, преподобный Иоанн Печерский Многострадальный, святой Леонтий, святой Стефан

19 июля (1 августа): святой Григорий, князь Роман Олегович, преподобный Серафим Саровский, блаженный Стефан; преподобная Макрина

20 июля (2 августа): святой Аарон, преподобный Авраамий Галицкий, преподобный Афанасий Брестский, пророк Илия, святой Кассиан, святой Леонтий, святой Савва

21 июля (3 августа): святой Георгий, святой Евгений, преподобный Иоанн, преподобный Онисим Затворник, преподобный Онуфрий Молчальник, преподобный Симеон Юродивый, святой Феодор

22 июля (4 августа): святой Агапий, святой Киприан, преподобный Корнилий Переяславский, священномученик Фока; Мария Магдалина Равноапостольная

23 июля (5 августа): священномученик Аполлинарий — епископ в г. Равенна, святой Виталий, мученик Трофим, мученик Феофил; святая Анна

24 июля (6 августа): святой Анатолий, святой Афанасий, князья Борис и Глеб [в крещении Роман и Давид], святой Капитон, преподобный Поликарп — архимандрит в Печерской обители; мученица Христина

25 июля (7 августа): святой Александр, преподобный Макарий Унженский или Желтоводский, святой Христофор; праведная Анна, преподобная Евпраксия, святая Олимпиада

26 июля (8 августа): священномученик Ермолай, святой Игнатий, преподобный Моисей Угрин, святой Феодор; преподобномученица Параскева

27 июля (9 августа): преподобный Герман Аляскинский, Иоасаф — митрополит Московский, равноапостольный Климент — епископ Охридский, равноапостольный Наум, блаженный Николай Кочанов, великомученик Пантелеимон, равноапостольный Савва; преподобная Анфиса

28 июля (10 августа): мученик Евстафий, святой Евфимий, мученик Иулиан, преподобный Моисей — чудотворец Печерский, апостол Никанор, святой Павел, апостол Пармен, апостол Прохор; святая Антонина, святая Ирина

29 июля (11 августа): святой Александр, святой Вениамин, мученик Евстафий, мученик Каллиник, преподобный Константин Косинский, преподобный Косьма Косинский, преподобномученик Михаил, преподобный Роман Киржачский, святой Феодосий; мученица Серафима дева, мученица Феодотия дева

30 июля (12 августа): апостол Андроник, мученик Аполлоний, священномученик Валентин — епископ в Интерамне, преподобный Герман, мученик Елима, мученик Иоанн, мученик Лука, мученик Максим, мученик Олимпий, святой Павел, мученик Пармений, мученик Прокул, апостол Сила, апостол Силуан; святая Агния, святая Лукия

31 июля (12 августа): святой Антоний, святой Георгий, праведный Евдоким, святой Иоанн, святой Иосиф, святой Стефан; мученица Иулитта

АВГУСТ

1 августа (14 августа): мученик Александр, мученик Алим, мученик Антонин, мученик Гурий, мученик Елеазар, мученик Кириак, мученик Леонтий, мученик Маркелл, святой Тимофей, святой Феодор; мученица Соломония

2 августа (15 августа): блаженный Василий — Московский чудотворец, святой Иоанн, святой Кирилл, праведный Никодим, мученик Олимпий, святой Роман, архидиакон Стефан Первомученик, священномученик Стефан — папа Римский, святой Тарас, святой Фавст, святой Феодор, святой Фока

3 августа (16 августа): преподобный Антоний Римлянин, святой Иоанн, преподобный Исаакий, преподобный Косьма отшельник, преподобный Фавст

4 августа (17 августа): святой Андрей, мученик Антонин, мученик Дионисий, мученик Елевферий, мученик Иоанн, мученик Константин, святой Косьма, мученик Максимилиан, мученик Мартиниан; святая Дария, преподобномученица Евдокия, святая Ирина

5 августа (18 августа): мученик Евсигний, святой Евфимий, святой Максимилиан, праведная Нонна, святая Христина

6 августа (19 августа): Феоктист — епископ в Чернигове

7 августа (20 августа): преподобный Дометий, святой Меркурий, святитель Митрофан — епископ Воронежский, святой Наркисс, святой Никанор, преподобный Пимен Печерский Многоболезненный, святой Феодосий.

8 августа (21 августа): преподобный Григорий Синаит, преподобный Григорий Печерский иконописец, мученик Елевферий, святитель Емилиан Исповедник — епископ Кизический, преподобный Зосима, мученик Леонид, Мирон — епископ Критский, святой Моисей, преподобный Савватий, святой Феодор

9 августа (22 августа): мученик Алексий, мученик Антоний, святой Григорий, мученик Димитрий, мученик Иаков, мученик Иоанн, мученик Иулиан, мученик Леонтий, святой Макарий, мученик Маркиан, апостол Матфий, мученик Петр, святой Самуил, мученик Фотий [Фока]; святая Ирина, мученица Мария

10 августа (23 августа): мученик архидиакон Лаврентий, блаженный Лаврентий, мученик Роман

11 августа (24 августа): мученик Александр, преподобномученик Василий Киево-Печерский, святой Зинон, мученик Клавдий, святой Макарий, мученик Максим, святой Марк, святой Нифонт, преподобномученик Феодор Киево-Печерский; святая Мария, мученица Сосанна дева

12 августа (25 августа): священномученик Александр — епископ в Комане, мученик Аникита, мученик Капитон, мученик Памфил, святой Сергий, святой Стефан, мученик Фотий

13 августа (26 августа): мученик Ипполит, преподобный Максим Исповедник, блаженный Максим Московский, святой Парамон, святитель Тихон — епископ Воронежский, святая Евдокия, святая Ирина, мученица Конкордия

14 августа (27 августа): преподобный Аркадий, святой Лукий, священномученик Маркелл — епископ Апамейский, пророк Михей, преподобный Феодосий Печерский

15 августа (28 августа): Успение Богородицы и Приснодевы Марии

16 августа (29 августа): мученик Диомид, святой Лаврентий, святой Никодим, святой Нил

17 августа (30 августа): мученик Киприан, мученик Мирон, мученик Павел, мученик Филипп, мученик Фирс; мученица Иулиания

18 августа (31 августа): святитель Георгий — патриарх в Константинополе, мученик Дионисий, священномученик Емилиан, мученик Иларион, святитель Иоанн — патриарх в Константинополе, мученик Лавр, святой Лев, святой Лука, преподобный Макарий, мученик Полиен, мученик Серапион, святой Софроний, мученик Флор, святой Христофор; святая Иулиания, святая Иулитта

19 августа (1 сентября): мученик Агапий, мученик Андрей Стратилат, святой Калистрат, мученик Тимофей, святой Феофан; мученица Фекла

20 августа (2 сентября): святой Агафон, святой Виктор, святой Дометий, святой Евстафий, святой Зот, святой Илиодор, святой Кронид, святой Лукий, святой Максим, святой Никон, пророк Самуил, святой Сильван, святой Тимофей, святой Хрисанф

21 августа (3 сентября): преподобный Авраамий Смоленский, преподобный Авраамий Киево-Печерский, мученик Агапий, святой Александр, святой Дорофей, святой Ефрем, святой Корнилий, апостол Фаддей, мученик Феогний; мученица Васса

22 августа (4 сентября): мученик Агафоник, мученик Акиндин, священномученик Афанасий — епископ Тарса Киликийского, мученик Зинон, мученик Зотик, святой Феликс; преподобная Анфуса, святая Ариадна, святая Феодора

23 августа (5 сентября): святой Андрей, святой Дионисий, преподобный Евтихий, Каллиник — патриарх в Константинополе, святой Кириак, мученик Лупп, святой Макарий, преподобный Флорентий; святая Елизавета

24 августа (6 сентября): преподобный Арсений Комельский, преподобный Георгий, священномученик Евтихий, святитель Петр — митрополит Московский

25 августа (7 сентября): апостол Варфоломей, святой Епифаний, святой Иоанн, апостол Тит

26 августа (8 сентября): мученик Адриан, преподобный Адриан Ондрусовский; мученица Наталия

27 августа (9 сентября): святитель Ливерий — папа в Риме, преподобный Пимен Великий, преподобный Пимен Палестинский, преподобный Пимен Постник, преподобный Савва; мученица Анфиса

28 августа (10 сентября): преподобный Агафон, преподобный Анатолий, преподобный Арсений, преподобный Афанасий, преподобный Ахиллий, святой Варсонофий, преподобный Вениамин, святой Геннадий, святой Герасим, преподобный Григорий, святой Даниил, святой Диомид, преподобный Дионисий, святой Досифей, преподобный Евфимий, преподобный Захария, преподобный Зинон, архимандрит Игнатий, преподобный Иларион, преподобный Иосиф, святой Исидор, преподобный Ипатий, преподобный Кассиан, преподобный Лаврентий, преподобный Леонтий, преподобный Лукиан, преподобный Макарий, преподобный Мардарий, преподобный Меркурий, преподобный Моисей Мурин, преподобный Нестор, преподобный Панкратий, преподобный Пафнутий, святой Петр, преподобный Пимен, преподобный Савва Крыпецкий или Псковский, святой Симеон, преподобный Сисой, преподобный Софроний, святой Тимофей, преподобный Тит, преподобный Феодор Молчальник, преподобный Феодор — князь Острожский, преподобный Феофил — епископ Новгородский; пророчица Анна, святая Иулитта, мученица Сосанна

29 августа (11 сентября): мученик Анастасий, Иоанн Креститель

30 августа (12 сентября): князь Александр Невский [в схиме Алексий], преподобный Александр Свирский, святитель Александр — патриарх в Константинополе, святитель Арсений 1 — архиепископ, Гавриил 1 — патриарх, Григорий — епископ, Даниил — князь Московский, святой Дионисий, святитель Евстафий I — архиепископ, Ефремий II — патриарх, святитель Иаков — архиепископ, святой Игнатий, святитель Иоанн — патриарх, Иоанникий — патриарх, святой Корнилий, святой Леонид, Макарий — патриарх, святитель Никодим — архиепископ, святитель Павел — патриарх, святители Савва I и Савва II — архиепископы Сербские, Спиридон — патриарх, святой Ферапонт, преподобный Христофор

31 августа (13 сентября): святитель Геннадий — патриарх в Царьграде, священномученик Киприан — епископ в Карфагене

СЕНТЯБРЬ

1 сентября (14 сентября): преподобный Симеон Столпник; мученица Каллиста, святая Маргарита, праведная Марфа

2 сентября (15 сентября): преподобный Антоний Печерский, святой Диомид, святой Евтихий, преподобный Иоанн Постник — патриарх Цареградский, святой Иулиан, святой Леонид, святой Феодор, преподобный Феодосий Печерский, мученик Феодот, святой Филипп; мученица Руффина

3 сентября (16 сентября): священномученик Анфим, мученик Дорофей, мученик Евфимий, мученик Зинон, блаженный Иоанн, святой Константин, мученик Мардоний, мученик Петр, преподобный Феоктист, мученик Феофил, святой Харитон; мученица Василисса, мученица Домна дева, святая Фива

4 сентября (17 сентября): священномученик Вавила — епископ в Антиохии, мученик Вавила Никомидийский, мученик Донат, мученик Еполлоний, святитель Иоасаф — епископ Белгородский, мученик Иулиан, пророк Моисей Боговидец, мученик Феодор, апостол Филипп

5 сентября (18 сентября): мученик Авдий [или Авид], преподобный Афанасий Брестский, князь Глеб [в крещении Давид], пророк Захария, мученик Максим, апостол Петр, мученик Феодор; праведная Елизавета, мученица Раиса [или Ираида]

6 сентября (19 сентября): святой Андрей, преподобный Архипп, преподобный Давид, святой Дионисий, мученик Зинон, мученик Кириак, священномученик Кирилл — епископ в Гортине, мученик Макарий, архистратиг Михаил, мученик Фавст, святой Фетис; мученица Василисса, святая Фекла

7 сентября (20 сентября): святой Евтихий, святой Иоанн — архиепископ Новгородский, преподобный Лука, преподобномученик Макарий Каневский, святой Савва, преподобный Серапион Псковский

8 сентября (21 сентября): Рождество Пресвятой Богородицы Марии

9 сентября (22 сентября): праведные Богоотец Иоаким и Анна; святой Афанасий, преподобный Иосиф Волоцкий или Волоколамский, блаженный Никита Сокровенный, святитель Феодосий Углицкий [Черниговский], преподобный Феофан, мученик Харитон

10 сентября (23 сентября): преподобный князь Андрей [в иночестве Иоасаф], святой Каллиник, святой Кассиан, апостол Климент, апостол Лукий, святитель Павел — епископ в Никее, святитель Петр — епископ в Никее; царица Пульхерия

11 сентября (24 сентября): преподобный Герман — Валаамский чудотворец, мученик Димитрий, святой Диомид, преподобный Евфросин, святой Зинон, святой Лев, святой Роман, преподобный Сергий — Валаамский чудотворец; святая Евдокия, святая Иустина, мученица Ия, преподобная Феодора

12 сентября (25 сентября): преподобный Афанасий, святой Даниил, мученик Иулиан, святой Никодим, праведный Симеон Верхотурский, мученик Феодор

13 сентября (26 сентября): мученик Валериан, мученик Зотик, святой Иерофей, мученик Илия, священномученик Иулиан, священномученик Корнилий, мученик Кронид, мученик Леонтий, мученик Лукиан, преподобный Петр, мученик Серапион

14 сентября (27 сентября): святитель Иоанн Златоуст

15 сентября (28 сентября): святой Валериан, святой Виссарион, святой Герасим, святой Иоанн, святитель Иосиф — епископ Алавердский, святой Леонид, святой Макарий, мученик Максим, великомученик Никита, мученик Порфирий, первомученик и архидиакон Стефан, мученик Феодот; святая Мария

16 сентября (29 сентября): мученик Виктор, преподобный Дорофей, мученик Иосиф, мученик Исаак, святитель Киприан — митрополит Московский, святой Прокопий; великомученица Евфимия, мученица Людмила, мученица Мелитина

17 сентября (30 сентября): мученик Зинон, мученик Илия, святой Мирон, мученик Нил — епископ в Египте; мученица Вера, мученица Любовь, мученица Надежда и мать их мученица София, святая Лукия, мученица Феодотия

18 сентября (1 октября): Аркадий — епископ в Новгороде, преподобный Евмений — епископ г. Гортини; мученица Ариадна, святая Евфросиния, мученица Ирина, мученица София

19 сентября (2 октября): мученик Агапий, Давид — Ярославский чудотворец, мученик Доримедонт, мученик Евтихий, мученик Зосима, князь Игорь Черниговский и Киевский, Константин — Ярославский чудотворец, святой Макарий, мученик Прокл, мученик Савватий, мученик Тимофей, мученик Трофим, князь Феодор Смоленский; мученица Фекла

20 сентября (3 октября): великомученик Агапий, святой Анастасий, великомученик Евстафий Плакида, святой Иоанн, святой Иларион, мученик князь Михаил, князь Олег Романович Брянский, боярин Феодор — Черниговский чудотворец; святая Сусанна, святая Татиана

21 сентября (4 октября): священномученик Андрей, преподобный Даниил, святитель Димитрий — митрополит в Ростове, мученик Евсевий, святой Зинон, преподобный Иосиф, священномученик Ипатий, святитель Исаакий — епископ на Кипре, апостол Кодрат, святой Лаврентий, святитель Мелетий — епископ на Кипре, святой Нестор; святая Васса

22 сентября (5 октября): святой Александр, пророк Иона, преподобный Иона, святой Исаак, святой Косьма, преподобный Макарий чудотворец, святой Мартин, святой Николай, праведный Петр, преподобномученик Феодор Начертанный, преподобномученик Феофан Начертанный, священномученик Фока — епископ г. Синопа, мученик Фока вертоградарь

23 сентября (6 октября): мученик Андрей, мученик Антонин, святитель Иннокентий — митрополит Московский, мученик Иоанн, Иоанн Предтеча и Креститель, святой Николай, мученик Петр; преподобномученица Ираида дева, преподобная Поликсения

24 сентября (7 октября): святой Антоний, Авраамий Мирожский, Владислав Сербский, преподобный Галактион — Вологодский чудотворец, святой Давид, святой Димитрий, святой Евсевий, преподобный Никандр, Стефан Первовенчанный — король Сербии; равноапостольная Фекла первомученица

25 сентября (8 октября): святой Афанасий, святитель Герман — архиепископ Казанский, святой Евгений, святой Евфросин, святой Евстафий, святой Максим, святой Николай, святой Павел, преподобномученик Пафнутий, святой Прохор, святой Роман, преподобный Сергий Радонежский, святой Феодосий; преподобная Евфросиния Александрийская, преподобная Евфросиния Суздальская

26 сентября (9 октября): преподобный Ефрем, апостол и евангелист Иоанн Богослов, святой Тихон

27 сентября (10 октября): апостол Аристарх, святой Виктор, святой Зинон, преподобный Игнатий, мученик Каллистрат, апостол Марк или Иоанн, преподобный Савватий Соловецкий, святой Филимон; святая Акилина, святая Дорофея

28 сентября (11 октября): преподобный Авраамий Затворник, преподобный Авраамий Трудолюбивый, мученик Александр, преподобный Алексий, преподобный Анастасий, преподобный Анатолий, преподобный Антонин, преподобный Арефа, святой Аркадий, преподобный Афанасий, святой Валентин, преподобный Варлаам, преподобный Василий, князь Вячеслав, преподобный Григорий Иконописец, преподобный Григорий чудотворец, преподобный Дамиан, святой Евстаф, преподобный Евстратий, преподобный Ефрем — епископ Переяславский, мученик Зосима, преподобный Иеремия Прозорливый, мученик Илиодор, преподобный Илия Муромец, преподобный Иоанн Многострадальный, преподобный Иоанн Постник, преподобный Иоанн младенец, преподобный Исаакий, преподобный Исаия чудотворец, преподобный Лаврентий — епископ Туровский, преподобный Лука, преподобный Макарий, преподобный Марк, преподобный Матфей Прозорливый, преподобный Меркурий — епископ Смоленский, преподобный Моисей Угрин, преподобный Нестор Летописец, преподобный Никодим, преподобный Никола Святоша — князь Черниговский, преподобный Никон, преподобный Никон Сухой, преподобный Нифонт — епископ Новгородский, преподобный Онисим Затворник, преподобный Онуфрий Молчаливый, преподобный Пимен Многоболезненный, преподобный Пимен Постник, преподобный Поликарп — архимандрит Печерский, преподобный Прохор чудотворец, святой Родион, преподобный Савва, преподобный Сергий Послушливый, преподобный Сильвестр, преподобный Симон — епископ Суздальский, преподобный Сисой, преподобный Спиридон, святой Стефан, преподобный Тит иеромонах, преподобный Феодор, преподобный Феофан, преподобный Феофил, преподобный Харитон Исповедник; преподобная Иулиания дева — княгиня Ольшанская

29 сентября (12 октября): преподобный Киприан — Устюжский чудотворец, преподобный Кириак Отшельник, преподобный Феофан Милостивый

30 сентября (13 октября): преподобный Григорий Вологодский, священномученик Григорий — епископ, просветитель Армении, святой Мардоний, святитель Михаил — первый митрополит Киевский; мученица Мариамна, мученица Мария

ОКТЯБРЬ

1 октября (14 октября): святой Александр, апостол Анания, святой Григорий, святой Иоанн, преподобномученик Михаил, святой Петр, преподобный Роман, преподобный Савва Вишерский; святая Вера

2 октября (15 октября): Андрей юродивый, святой Борис, святой Василий, святой Георгий, мученик Давид, святой Димитрий, святой Иаков, святой Иоанн, преподобный Кассиан Угличский, священномученик Киприан, мученик Константин, святой Михаил, святой Петр, святой Стефан, святой Феодор, священномученик Феоктист; княгиня Анна Кашинская, священномученица Иустина

3 октября (16 октября): священномученик Дионисий Ареопагит, священномученик Елевферий, преподобный Иоанн Хозевит — епископ Кесарийский, святой Павел, святой Петр; святая Феодосия

4 октября (17 октября): святитель Варсонофий — епископ Тверской, Владимир Ярославич — князь Новгородский, святитель Гурий — архиепископ Казанский, мученик Евсевий, священномученик Иерофей — епископ в Афинах, святой Иона, преподобный Онисим Печерский, преподобный Павел, преподобномученик Петр — епископ в Капетолии, святитель Стефан, мученик Фавст; княжна Анна, мученица Вириней [Вероника], мученица Каллисфения

5 октября (18 октября): преподобный Григорий Хандзойский, преподобный Дамиан, священномученик Дионисий — епископ в Александрии, святой Евдоким, преподобный Иеремия, святой Косьма, преподобный Матфей, праздник святителей Алексия, Ионы, Петра, Филиппа; мученица Харитина

6 октября (19 октября): святой Макарий, святой Никанор, апостол Фома

7 октября (20 октября): святой Евсевий, мученик Иулиан, мученик Кесарий, святой Марк, мученик Сергий, преподобный Сергий Вологодский [или Муромский], преподобный Сергий Послушливый; мученица Пелагия

8 октября (21 октября): преподобный Досифей Псковский, святой Исидор, преподобный Трифон Вятский; преподобная Пелагия, преподобная Таисия

9 октября (22 октября): праведный Авраам, преподобный Андроник, апостол Иаков Алфеев, мученик Максим, преподобный Петр Галата; преподобная Афанасия

10 октября (23 октября): преподобный Амвросий Оптинский, блаженный Андрей Тотемский, святой Антон, святой Варсонофий, мученик Евлампий, святой Евфимий, святой Иаков, святой Иларион, святой Киприан, святой Кирилл, святой Косьма, святой Михей, святой Павел, святой Парфений, святой Савва, святой Сергий, святой Симон, преподобный Феофил Исповедник, святой Фома; мученица Евлампия

11 октября (24 октября): преподобный Феофан Исповедник — епископ Никейский, преподобный Феофан Печерский, апостол Филипп; святая Викторина, мученица Зинаида

12 октября (25 октября): мученик Андроник, Иоанн Креститель, преподобный Косма — епископ Муромский, святой Макарий, святитель Мартин — епископ в Туре, мученик Пров, святой Тарасий, святой Феодосий, святой Феодот

13 октября (26 октября): преподобный Вениамин Печерский, мученик Вениамин, мученик Карп — епископ, преподобный Никита Исповедник, святой Трофим, мученик Флорентий; мученица Агафоника

14 октября (27 октября): святой Игнатий, мученик Назарий, преподобный Никола Святоша — Печерский чудотворец, мученик Протасий, мученик Сильван; преподобная Параскева

15 октября (28 октября): святой Дионисий, преподобный Евфимий Солунский, святитель Иоанн — епископ Суздальский, преподобномученик Лукиан

16 октября (29 октября): святой Леонтий, святой Терентий; княгиня Евпраксия Псковская, святая Евфросиния

17 октября (30 октября): преподобномученик Андрей Критский, преподобный Антоний Леохновский, священномученик Анфим, мученик Дамиан, святой Исидор, мученик Косма, праведный Лазарь Четверодневный — епископ Китейский, священномученик Леонтий

18 октября (31 октября): святой Гавриил, святой Давид, преподобный Иосиф, преподобный Иулиан, апостол и евангелист Лука

19 октября (1 ноября): преподобный Иоанн Рыльский, мученик Иоанн, святой Леонтий, святой Феликс, святой Фрол

20 октября (2 ноября): великомученик Артемий, праведный Артемий — Веркольский чудотворец, святой Герасим; святая Матрона

21 октября (3 ноября): мученик Зотик, преподобный Иаков, преподобный Иларион Великий, преподобный Иларион — епископ, святой Иоанн, святой Феодот, преподобный Феофил; святая Аза

22 октября (4 ноября): равноапостольный Аверкий — епископ Иераполя, мученик Александр — епископ, мученик Антонин, мученик Дионисий, мученик Иоанн, мученик Ираклий, мученик Константин, мученик Максимилиан, мученик Мартиниан, преподобный Павел, преподобный Феодор; мученица Анна, святая Анфиса, мученица Гликерия, мученица Елисавета, мученица Феодотия

23 октября (5 ноября): преподобный Елиссей, апостол Иаков, преподобный Иаков Боровицкий, святитель Игнатий — патриарх в Константинополе, святой Максим, святой Никифор

24 октября (6 ноября): мученик Арефа, преподобный Арефа, святитель Афанасий — патриарх Цареградский, преподобный Феофил

25 октября (7 ноября): мученик Анастасий, святой Валерий, мученик Маркиан

26 октября (8 ноября): святой Антоний, преподобный Афанасий, святой Василий, великомученик Димитрий Солунский

27 октября (9 ноября): князь Андрей Смоленский, мученик Марк, мученик Нестор, преподобный Нестор Летописец; мученица Капитолина

28 октября (10 ноября): святитель Арсений — архиепископ Сербский, мученик Африкан, святой Георгий, святитель Димитрий — митрополит Ростовский, преподобный Иоанн, священномученик Кириак, мученик Максим, святой Мануил, преподобный Нестор, святой Николай, преподобный Стефан, мученик Терентий, мученик Фот; святая Анна, святая Валентина, мученица Неонила, мученица Параскева Пятница, святая Феврония

29 октября (11 ноября): преподобный Авраамий Затворник, преподобный Авраамий — архимандрит в Ростове, святой Афанасий, святой Кирилл, мученик Клавдий, святой Тимофей; преподобномученица Анастасия Римлянка, преподобная Анна, блаженная Мария

30 октября (12 ноября): святой Александр, апостол Артема, святой Герман, священномученик Зиновий, святой Иосиф, святой Иулиан, апостол Иуст, святой Макар, святой Максим, апостол Марк, священномученик Маркиан — епископ, святой Симеон, мученик Стефан — король Сербский; мученица Анастасия, мученица Елена, священномученица Зиновия

31 октября (13 ноября): святой Авраам, преподобный Анатолий, святой Артем, святой Герман, святой Дамиан, святой Доримедонт, святой Косьма, апостол Наркисс, преподобный Никодим, святой Роман, святой Савва, преподобный Спиридон, апостол Стахий, святой Стефан, святой Трофим; преподобная Мавра

НОЯБРЬ

1 ноября (14 ноября): мученик Агриппа, мученик Адриан, святой Давид, бессребреник и чудотворец Дамиан, священномученик Иаков, священномученик Иоанн — епископ, мученик Кесарий, бессребреник и чудотворец Косма, мученик Савва, святой Феодор, мученик Фома; мученица Иулиания, преподобная Феодотия

2 ноября (15 ноября): мученик Акиндин, мученик Аффоний, преподобный Маркиан

3 ноября (16 ноября): мученик Агапий, святой Андрон, великомученик Георгий, святой Евстратий, святой Клим, мученик Иосиф, святой Феодор, святой Феодот; преподобная Анна, святая Светлана [Фотиния]

4 ноября (17 ноября): мученик Еремей, святой Иоанн, преподобный Иоанникий Печерский, святой Меркурий, священномученик Никандр — епископ, святой Порфирий, блаженный Симон Юрьевецкий, святой Феодор

5 ноября (18 ноября): мученик Галактион, святитель Григорий — архиепископ Александрийский, святой Дорофей, апостол Ерма, святитель Иона — архиепископ Новгородский, апостол Лин, святой Памфил, святой Тимофей; мученица Епистима

6 ноября (19 ноября): преподобный Варлаам, святой Виктор, святитель Герман — архиепископ Казанский, преподобный Лука, святитель Павел Исповедник — патриарх в Царьграде; мученицы девы: Александра, Афанасия, Евфросиния, Клавдия, Матрона

7 ноября (20 ноября): мученик Аникита, мученик Антонин, мученик Афанасий, мученик Валерий, святой Григорий, мученик Дорофей, мученик Евгений, мученик Евтихий, мученик Епифаний, преподобный Зосима, мученик Иларион, мученик Каллиник, преподобный Кирилл Новоезерский, преподобный Лазарь, мученик Максимиан, мученик Никандр, мученик Никон, мученик Феаген, мученик Феодор, мученик Феодот, мученик Феофил

8 ноября (21 ноября): архангел Гавриил, святой Иеремия, архистратиг Михаил, архангел Рафаил, преподобная Марфа [в миру Мария]

9 ноября (22 ноября): мученик Александр, мученик Антоний, святой

Евфимий, преподобный Иоанн Коловой, мученик Порфирий, святой Симеон, святой Тимофей, святой Христофор; преподобная Евстолия, святая Мавра, преподобная Матрона Цареградская, преподобная Сосипатра, преподобная Феоктиста

10 ноября (23 ноября): великомученик Георгий, апостол Ераст, святой Ефрем, мученик Константин — князь Грузинский, священномученик Милий — епископ Персидский, святой Нестор, мученик Орест, апостол Родион, апостол Сосипатр

11 ноября (24 ноября): мученик Викентий, мученик Виктор, блаженный Максим — Московский чудотворец, мученик Стефан, преподобный Феодор Студит; мученица Стефанида

12 ноября (25 ноября): святой Афанасий, Иоанн Милостивый — патриарх Александрийский, святой Лев, святой Николай, преподобный Нил, святой Савва, святой Стефан

13 ноября (26 ноября): мученик Антонин, мученик Герман, святитель Иоанн Златоуст — архиепископ Константинопольский, мученик Никифор; мученица Манефа

14 ноября (27 ноября): святитель Григорий Палама — архиепископ Фессалонийский, царь Иустиниан, святой Константин, святой Пантелеимон, апостол Филипп; царица Феодора

15 ноября (28 ноября): мученик Гурий, мученик Димитрий, мученик Маркелл, святой Филипп, святой Фома

16 ноября (29 ноября): апостол и евангелист Матфей, святой Сергий, князь Фулвиан [в крещении Матфей]

17 ноября (30 ноября): святой Геннадий, святитель Григорий — епископ Неокессарийский, святой Захарий, святой Иоанн, святой Иустин, преподобный Лазарь иконописец, преподобный Никон

18 ноября (1 декабря): мученик Платон, мученик Роман

19 ноября (2 декабря): пророк Авдий, преподобномученик Адриан Пошехонский, мученик Аза, святой Анфимий, преподобный Варлаам, мученик Варлаам, преподобный Иларион чудотворец, мученик Илиодор, Иоасаф — царевич Индийский, мученик Роман, святой Фалалей, святой Феодор, святой Христофор; святая Евфимия

20 ноября (3 декабря): мученик Азат, мученик Анатолий, преподобный Григорий Декаполит, мученик Евстафий, мученик Иоанн — епископ Персидский, священномученик Иосиф — епископ Персидский, мученик Ипатий — епископ Персидский, мученик Исакий, святитель Прокл — архиепископ Константинопольский; мученица Анна, мученица Фекла

21 ноября (4 декабря): введение во храм Богородицы и Приснодевы Марии

22 ноября (5 декабря): святой Агапий, апостол Архипп, мученик Валериан, святой Каллист, мученик Максим, князь Михаил Ярославич Тверской, праведный Михаил, мученик Прокопий, апостол Филимон, князь Ярополк [в крещении Петр]; мученица Кекилия [Цецилия]

23 ноября (6 декабря): князь Александр Невский [в схиме Алексий], святитель Григорий — епископ, святитель Митрофан [в схиме Макарий] — епископ Воронежский, мученик Феодор

24 ноября (7 декабря): святой Александр, святой Григорий, святой Евгений, святой Марк, мученик Меркурий Смоленский, великомученик Меркурий, мученик Порфирий Стратилат, святой Прокофий, преподобный Симон Сойгинский, святой Христофор; мученица Августа, великомученица Екатерина

25 ноября (8 декабря): священномученик Климент — папа Римский, священномученик Петр — архиепископ Александрийский, преподобный Петр Молчальник

26 ноября (9 декабря): святой Афанасий, великомученик Георгий, преподобный Иаков Отшельник, святитель Иннокентий — епископ Иркутский, святой Иулиан, святой Феодосий

27 ноября (10 декабря): князь Всеволод [в крещении Гавриил] — Псковский чудотворец, великомученик Иаков Персянин, святитель Иаков — епископ Ростовский, преподобный Палладий, преподобный Роман; святая Фекла

28 ноября (11 декабря): святой Андрей, мученик Василий, мученик Григорий, святой Даниил, святой Евсевий, святой Иерофей, мученик Иоанн, святой Константин, святой Павел, святой Петр, святой Сергий, мученик Стефан, преподобномученик Стефан Новый, святой Тимофей, святитель Феодор — архиепископ Ростовский, святой Фома, святой Харитон; святая Анна

29 ноября (12 декабря): мученик Парамон

30 ноября (13 декабря): апостол Андрей Первозванный

ДЕКАБРЬ

1 декабря (14 декабря): мученик Анания, святой Антоний, святой Димитрий, пророк Наум, — святой Порфирий, праведный Филарет Милостивый

2 декабря (15 декабря): пророк Аввакум, преподобный Андрей, преподобный Афанасий Печерский, преподобный Иоанн, святой Кирилл, святой Соломон, Стефан Урош — царь Сербский, преподобный Феофил

3 декабоя (16 декабря): преподобный Иоанн — епископ, преподобный Савва Звенигородский [или Сторожевский], пророк Софония, священномученик Феодор — архиепископ в Александрии, преподобный Феодул; святая Гликерия

4 декабря (17 декабря): Геннадий — архиепископ Новгородский, преподобный Иоанн — епископ Поливотский, святой Серафим; великомученица Варвара, мученица Иулиания

5 декабря (18 декабря): мученик Анастасий, святитель Гурий — архиепископ Казанский, преподобный Захария, преподобный Савва Освященный

6 декабря (19 декабря): святитель Николай — архиепископ

7 декабря (20 декабря): святой Авраам, святитель Амвросий — епископ Медиоланский, преподобный Антоний Сийский, святой Григорий, святой Игнатий, преподобный Иоанн — Печерский постник, святой Лев, преподобный Нил Столобенский, преподобный Павел Послушливый

8 декабря (21 декабря): апостол Аполлос, апостол Кесарь, преподобный Кирилл, преподобный Потапий; мученица Анфиса

9 декабря (22 декабря): пророк Самуил, святитель Софроний — архиепископ Кипрский, преподобный Стефан; пророчица Анна

10 декабря (23 декабря): святой Евгений, мученик Евграф, блаженный Иоанн, святитель Иоасаф — епископ Белгородский, блаженный Стефан, преподобный Фома; блаженная Ангелина

11 декабря (24 декабря): святой Викентий, преподобный Даниил Столпник, святой Емилиан, святой Иоанн, святой Леонтий, преподобный Лука столпник, святой Никифор, преподобный Никон Печерский Сухий, святой Петр, святой Терентий, святой Филимон

12 декабря (25 декабря): священномученик Александр — епископ Иерусалимский, преподобный Спиридон, преподобный Ферапонт

13 декабря (26 декабря): мученик Авксентий, преподобный Аркадий, преподобный Арсений, святой Гавриил, мученик Евгений, мученик Евстратий, мученик Мардарий, преподобный Никодим, мученик Орест; святая Анастасия, мученица Лукия

14 декабря (27 декабря): мученик Аполлоний, святой Зосима, святой Иларион, святой Ипатий, мученик Каллиник, мученик Филимон, мученик Фирс

15 декабря (28 декабря): священномученик Елевферий, святой Иона, преподобный Павел, святитель Стефан — архиепископ Сурожский, преподобный Трифон Кольский; святая Иоанна

16 декабря (29 декабря): святой Амвросий, пророк Аггей, святой Николай, святой Симеон; преподобная княгиня София [Соломония], блаженная царица Феофания

17 декабря (30 декабря): отрок Азария, отрок Анания, пророк Даниил, преподобный Даниил Исповедник [в схиме Стефан], святой Дионисий, святой Иоанн, святой Никита

18 декабря (31 декабря): мученик Викторин, святой Георгий, святой Ермил, мученик Клавдий, мученик Марк, мученик Маркеллин, святой Мартин, преподобный Михаил, святитель Модест — архиепископ в Иерусалиме, святой Мокий, мученик Севастиан, праведный Симеон Верхотурский, святой Софроний, святой Феодор, преподобный Флор — епископ Амийский, святой Фока; святая Елизавета, мученица Зоя, святая София

19 декабря (1 января): святитель Вонифатий Милостивый — епископ Ферентийский, преподобный Григорий — епископ Омиритский, святой Евтихий, мученик Илия, преподобный Илия Муромский — чудотворец

Печерский, мученик Пров, мученик Тимофей, святой Трифон; мученица Аглаида

20 декабря (2 января): святитель Даниил — архиепископ Сербский, священномученик Игнатий Богоносец, святой Иоанн

21 декабря (3 января): святой Даниил, святой Иоанн, святитель Петр — митрополит Московский, блаженный Прокопий Вятский, мученик Фемистоклей, святой Феофан; мученица Иулиания, княгиня Иулиания Вяземская

22 декабря (4 января): великомученица Анастасия Узорешительница, великомученица Феодотия

23 декабря (5 января): святой Давид, мученик Зотик, преподобный Нифонт — епископ на Кипре, преподобный Павел — епископ Неокесарии, святитель Феоктист

24 декабря (6 января): мученик Иакинф, преподобный Николай, святой Филипп; святая Агафия, преподобномученица Евгения, мученица Клавдия

25 декабря (7 января): Рождество Христово

26 декабря (8 января): царь Давид, священномученик Евфимий, апостол Иаков, праведный Иосиф, преподобный Константин; святая Дева Мария Богородица

27 декабря (9 января): святой Лука, апостол Стефан, святитель Феодор — архиепископ, преподобный Феодор Начертанный, святой Ферапонт

28 декабря (10 января): святой Вавила, мученик Гликерий, мученик Дорофей, мученик Евфимий, мученик Зинон, преподобный Игнатий Ломский, мученик Мардоний, апостол Никанор, мученик Петр, святой Симон, мученик Феофил; святая Антония, мученица Агафия, мученица Домна, мученица Феофила

29 декабря (11 января): святой Вениамин, святой Георгий, преподобный Иоанн, преподобный Марк, преподобный Маркелл, преподобный Фаддей Исповедник, преподобный Феофил

30 декабря (12 января): святой Антоний, преподобный Зотик, святой Лев, святитель Макарий; святая Ирина, преподобная Феодора Кесарийская, преподобная Феодора Цареградская, святая Феодосия

31 декабря (13 января): праведный Давид, праведный Иаков, праведный Иосиф Обручник; преподобная Мелания Римляныня

Переходящие празднования

В некоторых случаях празднование дня святого связано не с датой, а с праздником. Приводим сведения о таких святых (в других разделах нашего Словаря данные о них отсутствуют).

Преподобный Варлаам Хутынский — переходящее празднование в 1-ю пятницу Петрова поста;

преподобный Василий Соколовский — переходящее празднование в 1-е воскресенье после 29 июня;

святитель Григорий Палама, архиепископ Фессалонитский — переходящее празднование во 2-ю неделю Великого поста;

праведный Иосиф Аримафейский — переходящее празднование в 3-ю неделю по Пасхе;

праведный Никодим — переходящее празднование в 3-ю неделю по Пасхе;

преподобный Никон Соколовский — переходящее празднование в 1-е воскресенье после 29 июня;

преподобный Пахомий Кенский — переходящее празднование в субботу по Богоявлении;

преподобный Тихон Соколовский — переходящее празднование в 1-е воскресенье после 29 июня;

великомученик Феодор Тирон — переходящее празднование в субботу 1-й недели Великого поста;

преподобная Мария Египетская — переходящее празднование в 5-ю неделю Великого поста;

благоверная Тамара, царица Грузинская — переходящее празднование в неделю жен-мироносиц;

святые жены-мироносицы (Иоанна, Мария Клеопова, Мария Магдалина, Марфа, Сусанна и иные) — переходящее празднование в 3-ю неделю по Пасхе.

Приложение 4

СПИСОК ИМЕН, КОТОРЫМИ НАЗЫВАЛИ НОВОРОЖДЕННЫХ ДЕТЕЙ В СМОЛЕНСКОЙ ОБЛАСТИ С 1989 ПО 1992 Г.Г.

1. МУЖСКИЕ ИМЕНА

1) **Алфавитный список**

ИМЯ	1989	1990	1991	1992
Абдулкачир			1	
Азат			1	
Азжаргал				1
Азиз			2	
Айдын	1			
Айзери				1
Айшет	1			
Аким			1	
Александр	357	313	303	262
Алексей	217	212	213	158
Алесь	1			
Али	1			
Алик		1		
Альберт	1		2	2
Альгис			1	
Амир		1		
Анатолий	21	23	35	12
Андрей	227	179	172	144
Андрюс	1			
Анзар				2
Антанас	1			
Антон	88	75	86	86
Антоний		1		
Араз			1	
Аркадий	2	1	5	1
Армен	1			

Арнольд			1	
Арсен	1			
Арсений	3	2	2	2
Арсентий	1	2		2
Арсылак	1			
Артем	128	135	130	106
Артемий				1
Артур	28	18	18	18
Асиф				1
Асман	1			
Астхик		1		
Багир		1		
Бакур			1	
Баходир	1			
Бислан			1	
Богдан	1	1		3
Борис	7	12	4	9
Вадим	31	35	19	20
Валентин	7	6	8	9
Валерий	20	16	17	15
Валех			1	
Вартан		1		
Василий	26	17	23	9
Вацлав	1			
Вениамин	1	1		
Виктор	58	44	35	29
Виталий	45	50	39	31
Витаутас				1
Владас	1			
Владимир	89	96	75	56
Владислав	29	49	32	48
Владлен			1	1
Всеволод			1	3
Вячеслав	32	17	34	21
Гаграмон		1		
Гамзат		1		
Гарик		2		
Геннадий	9	9	8	6
Генрих	1			
Георгий	8	5	8	10
Герман	3	1	3	1
Глеб	3	4	1	1
Григорий	10	9	3	2
Гусейн				1

Давид	1	2	3	1
Даниил	5		6	
Данил	1	1		
Данила		4		1
Демьян			1	
Денис	118	116	89	91
Дилтодбек				1
Дильшот	1			
Дионис				1
Длексой		1		
Дмитрий	249	230	203	173
Евгений	188	150	161	130
Егор	24	14	10	16
Емир			1	
Ефим	1	1	1	
Жан		1		
Заур	1			
Заурбек		1		
Захар	1			
Иван	104	90	75	69
Игнат		1		
Игорь	62	62	75	47
Ильнар	1			
Илларион		1		
Илья	74	78	76	65
Иннокентий	1			
Инсар				1
Иосиф		3		
Ираклий			1	
Ислам			1	
Камил		1		
Камо			1	
Карен			1	
Карим			1	
Каримжан				1
Ким	1			
Кирилл	76	65	72	76
Клим				2
Климентий			1	
Константин	67	60	41	36
Кристиан			1	
Лаврентий				1
Лаймутис			1	
Лев	3			

Левон		1	
Леонид	16	8	11	7
Леонтий		1	
Магомед			2	1
Макар				2
Максим	162	127	112	85
Марат	1	1	
Марк	3	1	4	2
Марсель			1	
Матвей			1	
Мирослав			1	
Михаил	107	83	79	74
Мурад	1		1	
Нариман	1		1	
Никита	50	48	48	65
Нико	1		
Николай	93	92	92	75
Олег	54	47	34	39
Олесь				1
Орест			1	
Павел	147	134	120	66
Петр	10	13	8	7
Прохор			1	
Радик		1	
Рамазан	1			1
Рамин			1	
Расим	1		
Расул		1	
Рафаэль	1	1	
Ренат			1	1
Роберт		1	1	
Родион	1	3	2	1
Роман	71	87	86	77
Ромас	1		
Ростислав	4	1	1	2
Рудольф	1	2	
Руслан	24	32	21	18
Рустам	2		2	3
Савва	1		
Самвел			1	
Самир	1		1	1
Санан	1		
Саним			1	
Святослав	3		1	1

Семен	5	6	7	7
Сергей	134	261	247	199
Сибат				1
Станислав	32	36	26	36
Стас		3	3	
Степан	6	2	3	1
Стеф				1
Табай	1			
Тамерлан		1		
Тарас	1	2	1	
Тахир	1			2
Темир				1
Тигран	1		1	
Тимофей	1	3	3	5
Тимур	6	1	5	4
Томас		1		
Тофик	1			
Фабрицио	1			
Фархад		1		
Федор	8	5	4	4
Филипп		4		5
Фотимат	1			
Ханлар				1
Хасан		1		
Штефан		1		
Эдгар	1		1	
Эдер	1			
Эдуард	9	8	7	5
Эйно	1			
Эльдар				1
Эмиль				1
Эманнуил			1	
Эрнест	1			1
Юлиан			1	
Юрий	60	49	43	48
Яков	2		2	4
Ян	1	3	6	3
Янис			2	
Януш				1
Ярослав	7	13	14	7
Ясон		1		

II ЖЕНСКИЕ ИМЕНА

1) Алфавитный список

ИМЯ	1989	1990	1991	1992
Августа				1
Аида			1	
Айнур		1	1	
Айнура	1			
Алевтина	3	1	3	1
Александра	62	57	51	56
Алеся	9	9	11	2
Алёна	22	40	64	46
Алида		1		
Алина	39	40	54	64
Алиса	22	8	10	12
Алла	9	14	4	6
Альбина	2	3	1	3
Альвина				1
Анастасия	216	225	238	213
Ангелина	5	8	3	3
Анесса		1		
Анжела	7	5	7	8
Анжелика	10	9	18	9
Аника		1		
Анита		1		
Аниссят		1		
Анна	225	239	177	146
Антонина	5	7	6	6
Аревина	1			
Арзу	1			
Арина	1	3	2	4
Асель			1	
Ася		3		
Атанаска			1	
Аэлита	1			
Альвина				1
Белла	1			
Бенета			1	
Божена	1			
Валентина	27	15	21	14
Валерия	8	7	24	28
Василина			1	
Василиса	2			

Варвара	8	2	6	3
Вера	25	18	17	13
Верена	1			
Вероника	13	27	23	26
Весна			1	
Виктория	109	112	100	67
Вилена		1		1
Виолана	1			
Виолетта	2	1	1	6
Виргиния		1		
Вита			1	
Виталия	1		2	1
Влада				1
Владислава				1
Владлена		1	1	2
Галина	16	16	10	16
Гелья		1		
Гермине			1	
Гульжанай	1			
Гюльнара	2		1	
Гюнель	1			
Даната	1			
Дарина			3	1
Дарья	58	73	69	72
Джанина				1
Джулия			1	
Диана	11	8	11	9
Дина	5	7	2	2
Донарьяна				1
Дуня	1			
Евгения	71	67	47	45
Евдокия	1	3	1	
Екатерина	297	273	221	178
Елена	245	194	163	129
Елизавета	16	9	17	18
Жаклина		1		
Жанна	8	6	7	8
Заира				1
Зарема		1		
Захра				1
Земфира		2		
Зинаида	7	4	5	5
Злата	3	1	1	1
Зорина		1		1

Имя				
Зоя	3	3	4	1
Зульфия		1		
Иванна				1
Илона	2	1	3	2
Инга	14	2	5	3
Инесса	2	1		
Инна	17	16	24	11
Ирина	145	129	94	77
Ия		2	1	
Камила			1	
Камилла				1
Капитолина	1			
Карина	10	6	13	12
Каринэ		1	1	
Катерина			1	
Каролина	1	2		1
Кира	8	5	3	1
Клавдия				2
Кристина	74	103	92	116
Ксения	56	36	57	77
Лада	1			
Лала			1	
Лариса	7	1	4	
Лейла	1	1	1	1
Лиана	3			
Лидия	5	15	4	6
Лика			1	
Лилия	13	11	10	6
Лина	3	1	1	2
Лия			1	1
Ловарка		1		
Лола	1	1		
Лолла				1
Любовь	22	21	18	23
Людмила	30	25	19	14
Майя		2	1	
Маргарита	54	34	29	43
Мариана			2	
Марианна		4	4	
Марина	127	97	93	84
Марине				1
Мария	140	138	136	121
Марта	2	2		1
Марьям	1			

Марьяна	1			1
Мая				2
Мигора		1		
Милана	2	4	1	
Мира			1	
Мирослава			1	
Михайлина	1			
Надежда	51	49	38	30
Надия			1	
Назира			1	
Насиба	1			
Настасья	1		1	
Наталья	178	157	139	104
Нейля		1		
Нелли	1	2		
Ника			1	1
Нина	21	11	16	12
Нусайиат			1	
Нэлли			3	
Оксана	51	39	49	49
Октябрина		1		
Олеся	64	39	64	28
Олёна				1
Ольга	229	192	151	142
Офелия			1	
Пелагея		2		
Полина	19	10	13	29
Прасковья				1
Рада		1	1	1
Раиса	5		9	1
Раксана			1	
Регина	1	5	1	2
Рената	1	3		1
Римма	1	2	1	5
Рита	1	1		
Роза	1	1		1
Розалина			1	
Румиса				1
Сабина	2	2	1	2
Сандра	1		1	
Светлана	133	78	78	65
Серафима				2
Сильва		1		
Симона			1	

Смиральда	1			
Снежана	5	1	4	8
Софика	1			
София			1	
Софья	4	5	4	6
Социта		1		
Сурена			1	
Сюзанна	1	1		1
Таисия	5	2	2	9
Тамара	10	10	19	9
Тамрико	1			
Татьяна	178	130	115	93
Тая			1	
Тульмира			1	
Ульяна	11	3	5	6
Фаина	5		2	
Фарида			1	
Фатима			1	
Хабсат				5
Эвелина				1
Элена	1			
Элеонора	1	1	1	3
Элина	4	1	1	1
Элита	1			
Элла		2	3	
Элона				1
Эльвира	4	2		1
Эльмира	2			
Эльнара	1			
Эмила				1
Эмилия		1	1	
Эсмира	2			
Юлиана	1			
Юлия	243	215	179	187
Юна		1		
Яна	71		53	57
Янина	3	3	1	4
Ярослава		1		1

Приложение 5

ИЗ ИНСТРУКЦИИ О ПОРЯДКЕ РЕГИСТРАЦИИ АКТОВ ГРАЖДАНСКОГО СОСТОЯНИЯ В РФ*

Утверждена постановлением Совета Министров РСФСР
от 17 октября 1969 г. № 592
с изменениями и дополнениями, внесенными постановлениями
Совета Министров РСФСР от 6 июня 1973 г.
№ 306, 18 марта 1981 г. № 156, 5 июня 1984 г. № 232
(СП РСФСР, 1969, № 22, ст. 123; 1973, № 15, ст.96;
1981, № 12, ст.73; 1984, № 16, ст. 137)

I. Общие положения

1. В соответствии со статьей 141 Кодекса о браке и семье РСФСР регистрация актов гражданского состояния в городах и районных центрах производится отделами (бюро) записи актов гражданского состояния исполнительных комитетов районных, городских и районных в городах Советов народных депутатов, а в поселках и сельских населенных пунктах — исполнительными комитетами поселковых и сельских Советов народных депутатов.

2. Отделы (бюро) записи актов гражданского состояния исполнительных комитетов районных, городских, районных в городах Советов народных депутатов в соответствии со статьей 142 Кодекса о браке и семье РСФСР производят регистрацию рождения, заключения брака, расторжения брака, усыновления (удочерения), установления отцовства, перемены фамилии, имени и отчества, смерти, изменяют, дополняют, исправляют и аннулируют записи актов гражданского состояния, восстанавливают утраченные записи, хранят актовые книги и выдают повторные свидетельства.

Исполнительные комитеты поселковых и сельских Советов народных депутатов производят регистрацию рождения, заключения брака, расторжения брака, установления отцовства, смерти.

---

*Эта инструкция, составленная на базе действующего Кодекса о браке и семье РСФСР, несмотря на некоторые устаревшие названия (СССР, РСФСР, советы и т. п.) имеет силу и в настоящее время.

3. При совершении записей актов гражданского состояния должны быть представлены документы, подтверждающие факты, подлежащие регистрации в органах записи актов гражданского состояния и предъявлены документы, подтверждающие факты, подлежащие регистрации в органах записи актов гражданского состояния, и предъявлены документы, удостоверяющие личность заявителей: паспорт гражданина Союза Советских Социалистических Республик; военнослужащими - удостоверение личности или военный билет; советскими гражданами, постоянно проживающими за границей и прибывшими на временное жительство в СССР, — общегражданский заграничный паспорт: иностранными гражданами — вид на жительство для иностранного гражданина и национальный паспорт, зарегистрированный в установленном порядке; лицами без гражданства — вид на жительство для лица без гражданства.

4. В соответствии со статьей 144 Кодекса о браке и семье РСФСР каждая запись, вносимая в книгу регистрации актов гражданского состояния, должна быть прочитана заявителям, подписана ими и должностным лицом, совершающим запись, и скреплена печатью.

О совершении записи акта гражданского состояния заявителям выдается соответствующее свидетельство.

5. Государственная пошлина за регистрацию актов гражданского состояния взимается в установленном порядке.

6. Работники органов записи актов гражданского состояния не вправе производить регистрацию актов гражданского состояния в отношении себя, супруга, своих родителей и детей.

7. Ответственность за обеспечение своевременной и полной регистрации рождений и смертей возлагается: в городах и районных центрах — на исполнительные комитеты районных, городских, районных в городах Советов народных депутатов, а в поселковых и сельских населенных пунктах — на исполнительные комитеты поселковых и сельских Советов народных депутатов.

II. Регистрация рождения

8. В соответствии со статьей 148 Кодекса о браке и семье РСФСР регистрация рождения производится в органах записи актов гражданского состояния по месту рождения детей либо по месту жительства родителей или одного из них по заявлению о рождении, которое делается в устной или письменной форме родителями или одним из них, а в случае болезни, смерти родителей или невозможности для них по иным причинам сделать заявление — по заявлению родственников, соседей, администрации медицинского учреждения, в котором находилась мать при рождении ребенка, и других лиц.

Заявление о рождении должно быть сделано не позднее месяца со дня рождения, а в случае рождения мертвого ребенка — не позднее трех суток с момента родов.

9. Если регистрация рождения ребенка производится по месту жительства родителей (родителя), а не по месту рождения ребенка, то в графе 6 записи акта о рождении ("Место рождения") местом рождения указывается место жительства родителей (родителя).

10. Органы записи актов гражданского состояния обеспечивают торжественную обстановку регистрации рождения.

Для регистрации рождения выделяются благоустроенные помещения. Помещения оборудуются специальной мебелью и инвентарем с таким расчетом, чтобы создать максимум торжественности и удобств для детей и родителей.

Торжественная регистрация рождения может проводиться в присутствии представителя исполнительного комитета местного Совета народных депутатов, представителей общественных организаций и администрации с места работы, учебы или жительства родителей, а также их родственников и знакомых.

11. Регистрация рождения производится при предъявлении:

а) справки медицинского учреждения о рождении ребенка.

В исключительных случаях факт рождения ребенка может быть подтвержден подписями двух свидетелей в графе 10 записи акта о рождении ("Документы, подтверждающие факт рождения ребенка") с указанием фамилии, имени, отчества и места жительства свидетелей;

б) документов, удостоверяющих личность родителей (родителя);

в) документа, являющегося основанием для записи сведений об отце в записи акта о рождении ребенка.

12. Отец и мать, состоящие в браке между собой, записываются родителями ребенка в книге регистрации актов о рождении по заявлению любого из них.

Если родители не состоят в браке между собой, запись о матери ребенка производится по заявлению матери, а запись об отце ребенка - по совместному заявлению отца и матери ребенка либо отец записывается согласно решению суда.

В случае смерти матери, признания матери недееспособной, лишения ее родительских прав, а также при невозможности установления ее местожительства запись об отце ребенка производится по заявлению отца.

При рождении ребенка у матери, не состоящей в браке, если не имеется совместного заявления родителей и решения суда об установлении отцовства, запись об отце ребенка в книге регистрации актов о рождении производится по фамилии матери; имя, отчество и национальность отца ребенка записываются по ее указанию.

Сведения об отце в записи акта о рождении ребенка в случаях, предусмотренных абзацами вторым и третьим настоящего пункта, указываются на основании записи акта об установлении отцовства.

13. В соответствии со статьей 51 Кодекса о браке и семье РСФСР фамилия ребенка в записи акта о рождении указывается по фамилии

родителей. При разных фамилиях родителей ребенку присваивается фамилия матери или отца по соглашению родителей, а при отсутствии соглашения — по указанию органа опеки и попечительства.

Имя ребенку дается по соглашению родителей.

Отчество ребенку присваивается по имени отца, а в случае, предусмотренном частью четвертой статьи 49 Кодекса о браке и семье РСФСР, — по имени лица, записанного отцом ребенка.

14. В соответствии со статьей 149 Кодекса о браке и семье РСФСР, если ребенок родился после смерти лица, состоявшего в браке с матерью новорожденного, в запись и в свидетельство о рождении умерший может быть записан отцом ребенка при условии, если со дня его смерти до рождения ребенка прошло не более десяти месяцев.

Регистрация рождения ребенка, зачатого в браке, но родившегося после расторжения или признания брака недействительным, если со дня расторжения брака или признания его недействительным до дня рождения ребенка прошло не более десяти месяцев, производится в том же порядке, что и регистрация рождения ребенка, родители которого состоят в браке.

В графе 23 записи акта о рождении ("Для отметок") указывается, где и когда было зарегистрировано расторжение брака или когда и каким судом было вынесено решение о признании брака недействительным.

15. При рождении близнецов на каждого из них составляется отдельная запись акта о рождении и выдается отдельное свидетельство о рождении.

16. Регистрация рождения найденного ребенка, родители которого неизвестны, производится в трехдневный срок со дня нахождения по заявлению органа опеки и попечительства, администрации детского учреждения, куда помещен ребенок, органа внутренних дел или лица, у которого ребенок находится. Одновременно с заявлением о регистрации рождения в орган записи актов гражданского состояния представляются документ (акт, протокол, справка) с указанием времени, места и обстоятельств обнаружения ребенка и справка медицинского учреждения о возрасте ребенка.

Фамилия, имя и отчество найденному ребенку записываются в записи акта о рождении по указанию органа опеки и попечительства, администрации детского учреждения, органа внутренних дел, лица, взявшего ребенка на воспитание или работников органов записи актов гражданского состояния.

Раздел записи акта о родителях не заполняется. В графе 23 записи акта о рождении ("Для отметок") указывается: "Ребенок найден, родители неизвестны", а также название и адрес детского учреждения или фамилия, имя, отчество и адрес лица, взявшего ребенка на воспитание.

17. Регистрация рождения детей, родившихся в экспедициях, на полярных станциях и в отдаленных местностях, где нет органов записи ак-

тов гражданского состояния, **производится по месту постоянного жительства** родителей одного из них.

18. Ребенок, родившийся мертвым, регистрируется в книге регистрации актов о рождении на основании медицинскго свидетельства о мертворождении. В графе 8 записи акта о рождении ("Живорожденный или мертворожденный") указывается: "Мертворожденный".

Если смерть ребенка наступила вскоре после его рождения (даже если он прожил несколько минут), составляются две записи: о рождении и смерти. В этих случаях выдается только свидетельство о смерти.

Обязанность сообщить в органы записи актов гражданского состояния о рождении мертвого ребенка возлагается на руководителей медицинских учреждений, где находилась мать во время родов, или на участкового врача, если роды проходили на дому.

19. При регистрации рождения в паспорта (удостоверения личности или военные билеты военнослужащих) родителей вносятся сведения о родившихся у них детях: фамилия, имя, отчество, число, месяц и год рождения.

Сведения о детях, родившихся от брака граждан СССР с иностранными гражданами и лицами без гражданства, записываются в документ родителя — гражданина СССР.

20. Если заявление о регистрации рождения поступило по истечении года после рождения ребенка, регистрация рождения производится отделом (бюро) записи актов гражданского состояния исполнительного комитета районного, городского, районного в городе Совета народных депутатов в книге регистрации восстановленных актов о рождении на общих основаниях как первичная, но с добавлением после порядкого номера слов: "регистрация с пропуском срока"

Вторые экземпляры записей актов о рождении в этих случаях в органы государственной статистики не направляются.

VI. Регистрация установления отцовства

42. В соответствии со статьей 157 Кодекса о браке и семье РСФСР регистрация установления отцовства производится в органах записи актов гражданского состояния по месту жительства одного из родителей или по месту вынесения решения суда об установлении отцовства на основании совместного заявления родителей или решения суда, а в случае смерти матери, признания метери недееспособной, лишения ее родительских прав или невозможности установить ее местожительство — заявление отца.

Если один из родителей по уважительной причине не может лично явиться в орган записи актов гражданского состояния для регистрации установления отцовства, то его подпись под совместным заявлением должна быть засвидетельствована в установленном порядке.

43. К заявлению о регистрации установления отцовства прилагается

свидетельство о рождении ребенка. В тех случаях, когда регистрация установления отцовства производится одновременно с регистрацией рождения ребенка,— свидетельство о рождении ребенка не прилагается.

В случае смерти матери, признания матери недееспособной, лишения ее родительских прав или невозможности установления ее места жительства к заявлению лица, признающего себя отцом ребенка, должны быть также приложены свидетельство о смерти матери, копия вступившего в законную силу решение суда о признании матери недееспособной или лишения ее родительских прав или документы, свидетельствующие о невозможности установления ее места жительства.

К заявлению о регистрации установления отцовства в отношении детей, достигших совершеннолетия, прилагается письменное согласие ребенка на установление отцовства, в котором должно быть также указано, желает ли ребенок принять фамилию отца или оставить прежнюю фамилию. О таком согласии должно быть указано в графе 19 записи акта об установлении отцовства ("Для отметок").

44. При регистрации установления отцовства, за исключением случаев, предусмотренных абзацем третьим пункта 43 настоящей Инструкции, фамилия ребенка определяется по соглашению его родителей, а при отсутствии соглашения — по указанию органа опеки и попечительства.

Отчество ребенка изменяется по имени отца.

45. На основании записи акта об установлении отцовства органы записи актов гражданского состояния вносят сведения об отце и связанные с этим изменения в первый и второй экземпляры записи акта о рождении ребенка и выдают новое свидетельство о рождении.

Если родители вступили в брак после рождения ребенка и при регистрации брака мать приняла фамилию своего супруга, то при установлении отцовства в записи акта о рождении ребенка производится изменение фамилии матери.

Прежнее свидетельство о рождении аннулируется.

Если запись акта о рождении ребенка находится в другом месте, то в орган записи актов гражданского состояния по месту нахождения первого экземпляра записи направляется извещение о внесении в запись необходимых изменений в связи с регистрацией установления отцовства и о высылке нового свидетельства о рождении.

На основании извещения отдел (бюро) записи актов гражданского состояния исполнительного комитета районного, городского, районного в городе Совета народных депутатов по месту нахождения записи акта о рождении вносит в запись необходимые изменения, высылает новое свидетельство о рождении и направляет извещение в архив органа загса для внесения изменений во второй экземпляр записи акта о рождении.

45[1]. Об изменении военнобязанными и призывниками фамилии, отчества в связи с регистрацией установления отцовства органы записи актов гражданского состояния обязаны сообщать военным комиссариатам по месту их воинского учета.

VII. Регистрация перемены фамилии, имени, отчества

46. Регистрация перемены фамилии, имени, отчества гражданам СССР по достижении ими совершеннолетия производится в отделе (бюро) записи актов гражданского состояния исполнительного комитета районного, городского, районного в городе Совета народных депутатов по месту их постоянного жительства на основании разрешений, выданных в установленном порядке.

47. После регистрации перемены фамилии, имени, отчества отдел (бюро) записи актов гражданского состояния исполнительного комитета районного, городского, районного в городе Совета народных депутатов вносит необходимые изменения в первые экземпляры записей актов гражданского состояния заявителя и о рождении его несовершеннолетних детей и направляет извещение в архив органа загса для внесения аналогичных изменений во вторые экземпляры этих записей.

48. Если в связи с регистрацией перемены фамилии, имени, отчества были внесены изменения в записи актов гражданского состояния, то органы записи актов гражданского состояния аннулируют ранее выданные свидетельства и выдают взамен них новые свидетельства с учетом внесенных в записи изменений.

49. Если записи актов гражданского состояния, в которые необходимо внести изменения в связи с регистрацией перемены фамили, имени, отчества, находятся в других органах записи актов гражданского состояния, то извещения о внесении в записи изменений направляются в отделы (бюро) записи актов гражданского состояния исполнительных комитетов районных, городских, районных в городах Советов народных депутатов по месту нахождения первых экземпляров этих записей.

На основании извещений органы записи актов гражданского состояния вносят изменения в первые экземпляры соответствующих записей, выписывают новые свидетельства о регистрации актов гражданского состояния, высылают их в отделы (бюро) записи актов гражданского состояния для вручения заявителю по месту его жительства и направляют извещения в соответствующий архив органа загса для внесения аналогичных изменений во вторые экземпляры записей актов.

50. В соответствии со статьей 158 Кодекса о браке и семье РСФСР при регистрации перемены имени отцом изменяется отчество его несовершеннолетних детей. Отчество совершеннолетних детей изменяется только по их заявлению.

Фамилия несовершеннолетних детей изменяется при перемене фамилии обоими родителями. Если фамилию переменил один из родителей, вопрос о перемене фамилии несовершеннолетних детей решается по соглашению родителей, а при отсутствии соглашения — органом опеки и попечительства.

51. В случае, если лицо, оставившее себе при вступлении в брак добрачную фамилию, впоследствии переменило ее на фамилию супруга, исправление фамилии производится не в записи акта о рождении, а в записи акта о заключении брака. В записи акта о заключении брака производится исправление фамилии также в случаях, когда изменяется фамилия, принятая при вступлении в брак, на добрачную фамилию.

Если лицо, оставившее себе после расторжения брака брачную фамилию, впоследствии переменило ее на добрачную фамилию, изменение фамилии производится в записи акта о расторжении брака.

51¹ О перемене военнообязанными и призывниками фамилии, имени, отчества органы записи актов гражданского состояния обязаны сообщать военным комиссариатам по месту их воинского учета.

СОДЕРЖАНИЕ

Учебное издание

Тихонов Александр Николаевич,
Бояринова Лариса Захаровна,
Рыжкова Альбина Григорьевна

СЛОВАРЬ
РУССКИХ
ЛИЧНЫХ
ИМЕН

ИБ №68
ЛР №020513 от 15.04.92
Сдано в набор 8.08.94. Подписано в печать 17.04.95.
Формат 60x90/16. Гарнитура Таймс. Усл. печ. л. 46,0.
Уч.-изд. л. 49,15. Тираж 30 000 экз. С92. Заказ 57214.

Редактор *М. А. Злобина*
Художественный редактор *Н. Д. Горбунова*
Технический редактор *И. И. Володина*
Компьютерная верстка *А. Н. Савин*

Издательство «Школа — Пресс»
103051, Москва, Цветной б-р, д. 21/2

Типография АО «Молодая гвардия».
103030, Москва, Сущевская ул., 21.